Steuergesetze

214. Ergänzungslieferung August 2023

(Anschluss an die Ergänzungslieferung Juni 2023)

Verlag C. H. BECK München

Anweisung zum Einordnen der Ergänzungslieferung August 2023

Herauszunehmen:	Zahl der Blätter	Einzufügen:	Zahl der Blätter
Titelblatt, Geleitwort	2	Titelblatt, Geleitwort	2
420a 1/2	1	**420a** 1/2	1
450 11/12	1	**450** 11/12	1
500 1/2	1	**500** 1/2	1
145–146a	2	145–146a	2
510 1/2	1	**510** 1/2	1
7/8	1	7/8	1
665 1–4	2	**665** 1–4a	3
806 39–44	3	**806** 39–42	2
841 1–10	5	**841** 1–12	6
850 1/2	1	**850** 1–2a	2
19–106	44	19–(98–106)	40
vor T1–T3 1/2	1	**vor T1–T3** 1/2	1
Vorbem. T2 1–a**T3** 258	248	**Vorbem. T2** 1–a**T3** 258	248
Insgesamt herauszunehmen:	313	Insgesamt einzufügen:	311

Wichtiger Hinweis für die Vorbereitung auf die Steuerberater-Prüfung

In den Ergänzungslieferungen wird das Werk auf den aktuellen Rechtsstand nach BGBl. gebracht. Dieser muss nicht mit dem Stand übereinstimmen, der für eine Prüfung benötigt wird.

Es gilt im Grundsatz:

Gleich lautende Erlasse der obersten Finanzbehörden der Länder über den Termin der schriftlichen Steuerberaterprüfung 2023 und die hierfür zugelassenen Hilfsmittel vom 14. Oktober 2022

„ … Es liegt in der Verantwortung der Bewerber, dafür Sorge zu tragen, dass ihnen neben dem aktuellen Rechtsstand des Prüfungsjahres 2023 die vorgenannten Vorschriften auch in der für das Kalenderjahr 2022 geltenden Fassung zur Verfügung stehen. Sofern bei der Lösung einzelner Aufgaben ein anderer Rechtsstand maßgeblich ist, werden die entsprechenden Rechtsvorschriften dem Aufgabentext als Anlage beigefügt.

Die Textausgaben (Loseblatt-Sammlung oder gebunden) beliebiger Verlage dürfen weitere Gesetzestexte, Verwaltungsanweisungen der Finanzbehörden, Leitsatzzusammenstellungen, Fußnoten und Stichwortverzeichnisse enthalten. …“ (Auszug)

Wir empfehlen daher vor dem bzw. beim Einsortieren:

- Besprechen Sie sich ggf. mit dem Leiter Ihres Vorbereitungskurses.
- Prüfen Sie den Rechtsstand der einsortierten Seiten im Hinblick auf Ihre Bedürfnisse (dies gilt insbesondere für die Steuertabellen).
- Bewahren Sie aussortierte Seiten noch über einen gewissen Zeitraum gesondert auf.

Hinweis in eigener Sache:

Das Lektorat kann keine Hinweise zum Ein- und Aussortieren im Hinblick auf Prüfungen geben. Sie können jedoch versehentlich aussortierte Seiten über unseren Loseblattservice (https://becksche.de/Druck/Loseblatt/Loseblatt Service) in gewissem Umfange (bis zu 5 Blätter) kostenfrei nachbestellen. Anderes bitte über kundenservice@beck.de anfragen.

Vielen Dank!

Ihr Verlag C.H.BECK – *Steuerrechtliches Lektorat*

STEUERGESETZE

Einkommen- und Lohnsteuer, Körperschaftsteuer,
Umwandlungssteuer, Bewertung, Erbschaftsteuer, Realsteuern,
Umsatzsteuer, sonstige Verkehrsteuern, Förderungsgesetze,
Abgabenordnung, Finanzverwaltungsvorschriften

Textsammlung
mit Verweisungen und Sachverzeichnis

Stand: 1.7.2023 (Tabellen)
1.8.2023 (Texte)

(214. Ergänzungslieferung)

C.H.BECK

Dieses Titelblatt stammt aus der 214. Ergänzungslieferung Juli/August 2023.

Die Ergänzungslieferung Juli/August 2023 schließt an die Ergänzungslieferung Juni 2023 an.

Redaktioneller Hinweis

Paragraphenüberschriften in eckigen Klammern sind nicht amtlich. Sie sind ebenso wie die Fußnoten urheber- und wettbewerbsrechtlich geschützt.
Die Angaben zum Stand der Sammlung auf dem Titelblatt beziehen sich auf das Verkündungsdatum der maßgeblichen Gesetz-, Verordnungs- und Amtsblätter.
Verbesserungsvorschläge und mögliche Fehlerhinweise sind jederzeit willkommen.

Verlag C. H. Beck oHG
Wilhelmstraße 9, 80801 München
Internet: www.beck.de
E-Mail: kundenservice@beck.de
Tel.: (0 89) 3 81 89-750

www.beck.de

Grundwerk (zur Fortsetzung) 978 3 406 78712 6
Grundwerk (ohne Fortsetzung) 978 3 406 66000 9
ergänzt bis 978 3 406 80270 6

Wilhelmstraße 9, 80801 München
Druck: Druckerei C. H. Beck, Nördlingen
(Adresse wie Verlag)

Gedruckt auf säurefreiem, alterungsbeständigem Papier
(hergestellt aus chlorfrei gebleichtem Zellstoff)

Geleitwort

Zur 214. Ergänzungslieferung August 2023

Mit der vorliegenden 214. Ergänzungslieferung wird Ihre rote Loseblattsammlung Steuergesetzte im Hinblick auf die **Texte** auf den Rechtsstand *August 2023* gebracht.
Die **Steuertabellen** erhalten den Rechtsstand 1.7.2023.

Sollten Sie sich in der Vorbereitung zur Steuerberater-Prüfung befinden, bitte beachten Sie den Hinweis nach der EOA.

1. Zu den Tabellen

Die in dieser Sammlung enthaltenen Lohnsteuertabellen beruhen auf den in § 39b EStG vorgeschriebenen Berechnungsgrundlagen und sind auf **Basis des vom BMF am 19.6.2023 bekannt gemachten geänderten Programmablaufplans** für die Erstellung von Lohnsteuertabellen 2023 erstellt worden. Zur Anwendung der Tabellen siehe die Vorbemerkungen zu T 2.

2. Folgende nationalen Änderungsgesetzte/-verordnungen sind u. a. berücksichtigt:

- Drittes Gesetz zur Änderung des Tabakerzeugnisgesetzes vom 19.7.2023 (BGBl I Nr. 194);
- Verordnung zum Neuerlass der Fahrzeug-Zulassungsverordnung und zur Änderung weiterer Vorschriften vom 30.7.2023 (BGBl. I Nr. 199);
- Verordnung zur Änderung der Steuerberaterplattform- und -postfachverordnung vom 19.6.2023 (BGBl. I Nr. 157);
- Gesetz zur Umsetzung der Richtlinie (EU) 2021/2101 im Hinblick auf die Offenlegung von Ertragsteuerinformationen durch bestimmte Unternehmen und Zweigniederlassungen sowie zur Änderung des Verbraucherstreitbeilegungsgesetzes und des Pflichtversicherungsgesetzes vom v. 19.6.2023 (BGBl. I Nr. 154).

Anregungen, Kritik und Hinweise zu Korrekturen sind willkommen unter steuerrecht@beck.de.

München im September 2023 *Verlag C.H.BECK*

420a. Grundsteuergesetz 2025 (GrStG 2025)[1)]

Vom 7. August 1973 (BGBl. I S. 965)

Geändert durch Einführungsgesetz zur Abgabenordnung vom 14.12.1976 (BGBl. I S. 3341), Einigungsvertrag vom 31.8.1990 (BGBl. II S. 889, 986), Standortsicherungsgesetz vom 13.9.1993 (BGBl. I S. 1569), Eisenbahnneuordnungsgesetz vom 27.12.1993 (BGBl. I S. 2378), Postneuordnungsgesetz vom 14.9.1994 (BGBl. I S. 2325), Gesetz zur Fortsetzung der Unternehmenssteuerreform vom 29.10.1997 (BGBl. I S. 2590), Gesetz zur Änderung des Einführungsgesetzes zur Insolvenzordnung und anderer Gesetze vom 19.12.1998 (BGBl. I S. 3836), Steuerbereinigungsgesetz 1999 vom 22.12.1999 (BGBl. I S. 2601), Steuer-Euroglättungsgesetz vom 19.12.2000 (BGBl. I S. 1790), Gesetz zur Umbenennung des Bundesgrenzschutzes in Bundespolizei vom 21.6.2005 (BGBl. I S. 1818), Gesetz zur Beschleunigung der Umsetzung von Öffentlich Privaten Partnerschaften und zur Verbesserung gesetzlicher Rahmenbedingungen für Öffentlich Private Partnerschaften vom 1.9.2005 (BGBl. I S. 2676), Jahressteuergesetz 2009 vom 19.12.2008 (BGBl. I S. 2794), Gesetz zur Reform des Grundsteuer- und Bewertungsrechts (Grundsteuer-Reformgesetz – GrStRefG) vom 26.11. 2019 (BGBl. I S. 1794), Gesetz zur Änderung des Grundsteuergesetzes zur Mobilisierung von baureifen Grundstücken für die Bebauung vom 30.11.2019 (BGBl. I S. 1875), Jahressteuergesetz 2020 (JStG 2020) vom 21.12.2020 (BGBl. I S. 3096), Gesetz zur erleichterten Umsetzung der Reform der Grundsteuer und Änderung weiterer steuerrechtlicher Vorschriften (Grundsteuerreform-Umsetzungsgesetz – GrStRefUG) vom 16.7.2021 (BGBl. I S. 2931) und Jahressteuergesetz 2022 (JStG 2022) vom 16.12.2022 (BGBl. I S. 2294)

BGBl. III/FNA 611-7

Inhaltsübersicht

---

1) Das Grundsteuergesetz wurde verkündet als Art. 1 des Gesetzes zur Reform des Grundsteuerrechts. **Die hier abgedruckte Fassung berücksichtigt die Grundsteuer-Reform zum 1.1.2025 (siehe § 37). Die bis zum 31.12.2024 gültige Fassung ist abgedruckt unter Nr. 420.**

Der Bundestag hat mit Zustimmung des Bundesrates das folgende Gesetz beschlossen:

Abschnitt I. Steuerpflicht

§ 1 Heberecht. (1) Die Gemeinde bestimmt, ob von dem in ihrem Gebiet liegenden Grundbesitz Grundsteuer zu erheben ist.

(2) Bestehen in einem Land keine Gemeinden, so stehen das Recht des Absatzes 1 und die in diesem Gesetz bestimmten weiteren Rechte dem Land zu.

(3) Für den in gemeindefreien Gebieten liegenden Grundbesitz bestimmt die Landesregierung durch Rechtsverordnung, wer die nach diesem Gesetz den Gemeinden zustehenden Befugnisse ausübt.

§ 2[1] Steuergegenstand. Steuergegenstand ist der inländische Grundbesitz im Sinne des Bewertungsgesetzes:

1. die Betriebe der Land- und Forstwirtschaft (§§ 232 bis 234, 240 des Bewertungsgesetzes); diesen stehen die in § 218 Satz 2 des Bewertungsgesetzes[2] bezeichneten Betriebsgrundstücke gleich;

[1] § 2 geänd. **mWv 1.1.2025** (§ 37 Abs. 1) durch G v. 26.11.2019 (BGBl. I S. 1794); § 2 Nr. 1 geänd. durch G v. 21.12.2020 (BGBl. I S. 3096).

[2] Nr. **200**.

Tätigkeit einer Personengesellschaft Gewerbebetrieb, so ist Steuerschuldner die Gesellschaft. [4] Wird das Gewerbe in der Rechtsform einer Europäischen wirtschaftlichen Interessenvereinigung mit Sitz im Geltungsbereich der Verordnung (EWG) Nr. 2137/85 des Rates vom 25. Juli 1985 über die Schaffung einer Europäischen wirtschaftlichen Interessenvereinigung (EWIV) (ABl. L 199 vom 31.7.1985, S. 1) betrieben, sind abweichend von Satz 3 die Mitglieder Gesamtschuldner.

(2) [1] Geht ein Gewerbebetrieb im Ganzen auf einen anderen Unternehmer über (§ 2 Abs. 5), so ist der bisherige Unternehmer bis zum Zeitpunkt des Übergangs Steuerschuldner. [2] Der andere Unternehmer ist von diesem Zeitpunkt an Steuerschuldner.

§ 6 Besteuerungsgrundlage. Besteuerungsgrundlage für die Gewerbesteuer ist der Gewerbeertrag.

Abschnitt II. Bemessung der Gewerbesteuer

§ 7[1)] Gewerbeertrag. [1] Gewerbeertrag ist der nach den Vorschriften des Einkommensteuergesetzes oder des Körperschaftsteuergesetzes zu ermittelnde Gewinn aus dem Gewerbebetrieb, der bei der Ermittlung des Einkommens für den dem Erhebungszeitraum (§ 14) entsprechenden Veranlagungszeitraum zu berücksichtigen ist, vermehrt und vermindert um die in den §§ 8 und 9 bezeichneten Beträge. [2] Zum Gewerbeertrag gehört auch der Gewinn aus der Veräußerung oder Aufgabe

1. des Betriebs oder eines Teilbetriebs einer Mitunternehmerschaft,
2. des Anteils eines Gesellschafters, der als Unternehmer (Mitunternehmer) des Betriebs einer Mitunternehmerschaft anzusehen ist,
3. des Anteils eines persönlich haftenden Gesellschafters einer Kommanditgesellschaft auf Aktien,

soweit er nicht auf eine natürliche Person als unmittelbar beteiligter Mitunternehmer entfällt. [3] Der nach § 5a des Einkommensteuergesetzes ermittelte Gewinn einschließlich der Hinzurechnungen nach § 5a Absatz 4 und 4a des Einkommensteuergesetzes und das nach § 8 Absatz 1 Satz *3* [***für EZ 2008:*** 2][2)] des Körperschaftsteuergesetzes ermittelte Einkommen gelten als Gewerbeertrag nach Satz 1. [4] § 3 Nr. 40 und § 3c Abs. 2 des Einkommensteuergesetzes sind bei der Ermittlung des Gewerbeertrags einer Mitunternehmerschaft anzuwenden, soweit an der Mitunternehmerschaft natürliche Personen unmittelbar oder mittelbar über eine oder mehrere Personengesellschaften beteiligt sind; im Übrigen ist § 8b des Körperschaftsteuergesetzes anzuwenden. [5] Bei der Ermittlung des Gewerbeertrags einer Kapitalgesellschaft, auf die § 8 Abs. 7 Satz 1 Nr. 2 des

---

[1)] § 7 Satz 4 angef. mWv EZ 2004 durch G v. 9.12.2004 (BGBl. I S. 3310); Satz 5 angef. mWv EZ 2009 durch G v. 19.12.2008 (BGBl. I S. 2794); Satz 6 angef. mWv EZ 2009 durch G v. 19.12.2008 (BGBl. I S. 2794); Sätze 7 bis 9 angef. (vgl. hierzu BFH v. 11.3.2015, BStBl. II S. 1049) durch G v. 20.12.2016 (BGBl. I S. 3000).

[2)] § 7 Satz 3 geänd. durch G v. 12.12.2019 (BGBl. I S. 2451); zur Anwendung siehe § 36 Abs. 3 Satz 1 (bzw. zur Fassung für EZ 2008: Satz 2).

Körperschaftsteuergesetzes anzuwenden ist, ist § 8 Abs. 9 Satz 1 bis 3 des Körperschaftssteuergesetzes entsprechend anzuwenden; ein sich danach bei der jeweiligen Sparte im Sinne des § 8 Abs. 9 Satz 1 des Körperschaftsteuergesetzes ergebender negativer Gewerbeertrag darf nicht mit einem positiven Gewerbeertrag aus einer anderen Sparte im Sinne des § 8 Abs. 9 Satz 1 des Körperschaftsteuergesetzes ausgeglichen werden. [6] § 50d Abs. 10 des Einkommensteuergesetzes ist bei der Ermittlung des Gewerbeertrags entsprechend anzuwenden. [7] Hinzurechnungsbeträge im Sinne des § 10 Absatz 1 des Außensteuergesetzes sind Einkünfte, die in einer inländischen Betriebsstätte anfallen.[1)] [8] Einkünfte im Sinne des § 20 Absatz 2 Satz 1 des Außensteuergesetzes gelten als in einer inländischen Betriebsstätte erzielt; das gilt auch, wenn sie nicht von einem Abkommen zur Vermeidung der Doppelbesteuerung erfasst werden oder das Abkommen zur Vermeidung der Doppelbesteuerung selbst die Steueranrechnung anordnet. [9] Satz 8 ist nicht anzuwenden, soweit auf die Einkünfte, würden sie in einer Zwischengesellschaft im Sinne des § 8 des Außensteuergesetzes erzielt, § 8 Absatz 2 [*ab **EZ 2022:*** bis 4][2)] des Außensteuergesetzes zur Anwendung käme.

§ 7a[3)] Sonderregelung bei der Ermittlung des Gewerbeertrags einer Organgesellschaft. (1) [1] Bei der Ermittlung des Gewerbeertrags einer Organgesellschaft ist § 9 Nummer 2a, 7 und 8 nicht anzuwenden. [2] In den Fällen des Satzes 1 ist § 8 Nummer 1 bei Aufwendungen, die im unmittelbaren Zusammenhang mit Gewinnen aus Anteilen im Sinne des § 9 Nummer 2a, 7 oder 8 stehen, nicht anzuwenden.

(2) [1] Sind im Gewinn einer Organgesellschaft

1. Gewinne aus Anteilen im Sinne des § 9 Nummer 2a, 7 oder 8 oder
2. in den Fällen der Nummer 1 auch Aufwendungen, die im unmittelbaren Zusammenhang mit diesen Gewinnen aus Anteilen stehen,

enthalten, sind § 15 Satz 1 Nummer 2 Satz 2 bis 4 des Körperschaftsteuergesetzes und § 8 Nummer 1 und 5 sowie § 9 Nummer 2a, 7 und 8 bei der Ermittlung des Gewerbeertrags der Organgesellschaft entsprechend anzuwenden. [2] Der bei der Ermittlung des Gewerbeertrags der Organgesellschaft berücksichtigte Betrag der Hinzurechnungen nach § 8 Nummer 1 ist dabei unter Berücksichtigung der Korrekturbeträge nach Absatz 1 und 2 Satz 1 zu berechnen.

(3) Die Absätze 1 und 2 gelten in den Fällen des § 15 Satz 2 des Körperschaftsteuergesetzes entsprechend.

§ 7b[4)] Sonderregelung bei der Ermittlung des Gewerbeertrags bei unternehmensbezogener Sanierung. (1) Die §§ 3a und 3c Absatz 4 des Einkommensteuergesetzes sind vorbehaltlich der nachfolgenden Absätze bei der Ermittlung des Gewerbeertrags entsprechend anzuwenden.

[1)] Zur Anwendung von § 7 Satz 7 siehe § 36 Abs. 3 Satz 3.

[2)] § 7 Satz 9 Verweis geänd. durch G v. 25.6.2021 (BGBl. I S. 2035); zur Anwendung siehe § 36 Abs. 3 Satz 4.

[3)] § 7a eingef. mWv 1.1.2017 (§ 36 Abs. 2b) durch G v. 20.12.2016 (BGBl. I S. 3000).

[4)] § 7b eingef. durch G v. 27.6.2017 (BGBl. I S. 2074); zur Anwendung siehe § 36 Abs. 2c (insbes. Satz 3).

500. Umsatzsteuergesetz (UStG)

In der Fassung der Bekanntmachung vom 21. Februar 2005
(BGBl. I S. 386)[1)]

Geändert durch Gesetz zur Neuorganisation der Bundesfinanzverwaltung und zur Schaffung eines Refinanzierungsregisters vom 22.9.2005 (BGBl. I S. 2809), Gesetz zur steuerlichen Förderung von Wachstum und Beschäftigung vom 26.4.2006 (BGBl. I S. 1091), Gesetz zur Eindämmung missbräuchlicher Steuergestaltungen vom 28.4.2006 (BGBl. I S. 1095), Haushaltsbegleitgesetz 2006 vom 29.6.2006 (BGBl. I S. 1402), Erstes Gesetz zum Abbau bürokratischer Hemmnisse insbesondere in der mittelständischen Wirtschaft vom 22.8.2006 (BGBl. I S. 1970), Jahressteuergesetz 2007 vom 13.12.2006 (BGBl. I S. 2878), Zweites Gesetz zum Abbau bürokratischer Hemmnisse insbesondere in der mittelständischen Wirtschaft vom 7.9.2007 (BGBl. I S. 2246), Gesetz zur weiteren Stärkung des bürgerschaftlichen Engagements vom 10.10.2007 (BGBl. I S. 2332), Jahressteuergesetz 2008 vom 20.12.2007 (BGBl. I S. 3150), Jahressteuergesetz 2009 vom 19.12.2008 (BGBl. I S. 2794), Steuerbürokratieabbaugesetz vom 20.12.2008 (BGBl. I S. 2850), Bürgerentlastungsgesetz Krankenversicherung vom 16.7.2009 (BGBl. I S. 1959), Wachstumsbeschleunigungsgesetz vom 22.12.2009 (BGBl. I S. 3950), Gesetz zur Umsetzung steuerlicher EU-Vorgaben sowie zur Änderung steuerlicher Vorschriften vom 8.4.2010 (BGBl. I S. 386), Gesetz zur Weiterentwicklung der Organisation der Grundsicherung für Arbeitsuchende vom 3.8.2010 (BGBl. I S. 1112), Jahressteuergesetz 2010 (JStG 2010) vom 8.12.2010 (BGBl. I S. 1768), Gesetz zur Ermittlung von Regelbedarfen und zur Änderung des Zweiten und Zwölften Buches Sozialgesetzbuch vom 24.3.2011 (BGBl. I S. 453), Gesetz zur bestätigenden Regelung verschiedener steuerlicher und verkehrsrechtlicher Vorschriften des Haushaltsbegleitgesetzes 2004 vom 5.4.2011 (BGBl. I S. 554), Sechstes Gesetz zur Änderung von Verbrauchsteuergesetzen vom 16.6.2011 (BGBl. I S. 1090), Gesetz zur Anpassung der Rechtsgrundlagen für die Fortentwicklung des Emissionshandels vom 21.7.2011 (BGBl. I S. 1475), Steuervereinfachungsgesetz 2011 vom 1.11.2011 (BGBl. I S. 2131), Drittes Gesetz zur Änderung des Umsatzsteuergesetzes vom 6.12.2011 (BGBl. I S. 2562), Beitreibungsrichtlinie-Umsetzungsgesetz (BeitrRLUmsG) vom 7.12.2011 (BGBl. I S. 2592), Gesetz zur Änderung des Gemeindefinanzreformgesetzes und von steuerlichen Vorschriften vom 8.5.2012 (BGBl. I S. 1030), Amtshilferichtlinie-Umsetzungsgesetz (AmtshilfeRLUmsG) vom 26.6.2013 (BGBl. I S. 1809), Gesetz zur Anpassung des Investmentsteuergesetzes und anderer Gesetze an das AIFM-Umsetzungsgesetz (AIFM-Steuer-Anpassungsgesetz – AIFM-StAnpG) vom 18.12.2013 (BGBl. I S. 4318), Gesetz zur Anpassung des nationalen Steuerrechts an den Beitritt Kroatiens zur EU und zur Änderung weiterer steuerlicher Vorschriften vom 25.7.2014 (BGBl. I S. 1266), Gesetz zur Anpassung der Abgabenordnung an den Zollkodex der Union und zur Änderung weiterer steuerlicher Vorschriften vom 22.12.2014 (BGBl. I S. 2417), Steueränderungsgesetz 2015 vom 2.11.2015 (BGBl. I S. 1834), Gesetz zur Modernisierung des Besteuerungsverfahrens vom 18.7.2016 (BGBl. I S. 1679), Gesetz zur Reform der Investmentbesteuerung (Investmentsteuerreformgesetz – InvStRefG) vom 19.7.2016 (BGBl. I S. 1730), Drittes Gesetz zur Stärkung der pflegerischen Versorgung und zur Änderung weiterer Vorschriften (Drittes Pflegestärkungsgesetz – PSG III) vom 23.12.2016 (BGBl. I S. 3191), Gesetz zur Stärkung der Teilhabe und Selbstbestimmung von Menschen mit Behinderungen (Bundesteilhabegesetz – BTHG) vom 23.12.2016 (BGBl. I S. 3234), Branntweinmonopolverwaltung-Auflösungsgesetz (BfBAG) vom 10.3.2017 (BGBl. I S. 420), Gesetz zur Umsetzung der Vierten EU-Geldwäscherichtlinie, zur Ausführung der EU-Geldtransferverordnung und zur Neuorganisation der Zentralstelle für Finanztransaktionsuntersuchungen vom 23.6.2017 (BGBl. I S. 1822), Zweites Gesetz zur Entlastung insbesondere der mittelständischen Wirtschaft von Bürokratie (Zweites Bürokratieentlastungsgesetz) vom 30.6.2017 (BGBl. I S. 2143), Gesetz zum Ausschluss verfassungsfeindlicher Parteien von der Parteienfinanzierung vom 18.7.2017 (BGBl. I S. 2730), Gesetz zur Durchführung der Verordnung (EU) Nr. 910/2014 des Europäi-

---

[1)] Neubekanntmachung des UStG idF der Bek. v. 9.6.1999 (BGBl. I S. 1270) auf Grund des § 26 Abs. 6 UStG in der ab 1.1.2005 geltenden Fassung.

schen Parlaments und des Rates vom 23. Juli 2014 über elektronische Identifizierung und Vertrauensdienste für elektronische Transaktionen im Binnenmarkt, zur Aufhebung der Richtlinie 1999/93/EG (eIDAS-Durchführungsgesetz) vom 18.7.2017 (BGBl. I S. 2745), Gesetz zur Vermeidung von Umsatzsteuerausfällen beim Handel mit Waren im Internet und zur Änderung weiterer steuerlicher Vorschriften vom 11.12.2018 (BGBl. I S. 2338), Zweites Gesetz zur Anpassung des Datenschutzrechts an die Verordnung (EU) 2016/679 und zur Umsetzung der Richtlinie (EU) 2016/680 (Zweites Datenschutz-Anpassungs- und Umsetzungsgesetz EU – 2. DSAnpUG-EU) vom 20.11.2019 (BGBl. I S. 1626), Drittes Gesetz zur Entlastung insbesondere der mittelständischen Wirtschaft von Bürokratie (Drittes Bürokratieentlastungsgesetz) vom 22.11.2019 (BGBl. I S. 1746), Gesetz zur Reform des Grundsteuer- und Bewertungsrechts (Grundsteuer-Reformgesetz – GrStRefG) vom 26.11.2019 (BGBl. I S. 1794), Gesetz zur weiteren steuerlichen Förderung der Elektromobilität und zur Änderung weiterer steuerlicher Vorschriften vom 12.12.2019 (BGBl. I S. 2451), Gesetz zur Regelung des Sozialen Entschädigungsrechts vom 12.12.2019 (BGBl. I S. 2652; geänd. durch G v. 21.12.2020, BGBl. I S. 3096 und durch G v. 20.8.2021, BGBl. I S. 3932), Gesetz zur Einführung einer Pflicht zur Mitteilung grenzüberschreitender Steuergestaltungen vom 21.12.2019 (BGBl. I S. 2875), Gesetz zur Umsetzung des Klimaschutzprogramms 2030 im Steuerrecht vom 21.12.2019 (BGBl. I S. 2886), Gesetz zur Umsetzung steuerlicher Hilfsmaßnahmen zur Bewältigung der Corona-Krise (Corona-Steuerhilfegesetz) vom 19.6.2020 (BGBl. I S. 1385), Zweites Gesetz zur Umsetzung steuerlicher Hilfsmaßnahmen zur Bewältigung der Corona-Krise (Zweites Corona-Steuerhilfegesetz) vom 29.6.2020 (BGBl. I S. 1512), Jahressteuergesetz 2020 (JStG 2020) vom 21.12.2020 (BGBl. I S. 3096; geänd. durch G v. 20.8.2021, BGBl. I S. 3932), Drittes Gesetz zur Umsetzung steuerlicher Hilfsmaßnahmen zur Bewältigung der Corona-Krise (Drittes Corona-Steuerhilfegesetz) vom 10.3.2021 (BGBl. I S. 330), Gesetz zur Reform des Vormundschafts- und Betreuungsrechts vom 4.5.2021 (BGBl. I S. 882), Gesetz zur Modernisierung der Entlastung von Abzugsteuern und der Bescheinigung der Kapitalertragsteuer (Abzugsteuerentlastungsmodernisierungsgesetz – AbzStEntModG) vom 2.6.2021 (BGBl. I S. 1259), Gesetz zur digitalen Modernisierung von Versorgung und Pflege (Digitale-Versorgung-und-Pflege-Modernisierungs-Gesetz – DVPMG) vom 3.6.2021 (BGBl. I S. 1309), Fondsstandortgesetz (FoStoG) vom 3.6.2021 (BGBl. I S. 1498), Gesetz über die Entschädigung der Soldatinnen und Soldaten und zur Neuordnung des Soldatenversorgungsrechts vom 20.8.2021 (BGBl. I S. 3932), Gesetz zur Umsetzung unionsrechtlicher Vorgaben im Umsatzsteuerrecht vom 21.12.2021 (BGBl. I S. 5250), Gesetz zur temporären Senkung des Umsatzsteuersatzes auf Gaslieferungen über das Erdgasnetz vom 19.10.2022 (BGBl. I S. 1743), Achtes Gesetz zur Änderung von Verbrauchsteuergesetzen vom 24.10.2022 (BGBl. I S. 1838), Jahressteuergesetz 2022 (JStG 2022) vom 16.12.2022 (BGBl. I S. 2294) und Drittes Gesetz zur Änderung des Tabakerzeugnisgesetzes vom 19.7.2023 (BGBl. I Nr. 194)

BGBl. III/FNA 611-10-14

Inhaltsübersicht

I. Steuergegenstand und Geltungsbereich

(37)[1] § 18g in der Fassung des Artikels 16 des Gesetzes vom 16. Dezember 2022 (BGBl. I S. 2294) ist erstmals auf die Übermittlung von Daten nach dem 31. Dezember 2022 anzuwenden.

§ 27a Umsatzsteuer-Identifikationsnummer. (1)[2] [1]Das Bundeszentralamt für Steuern[3] erteilt Unternehmern im Sinne des § 2 auf Antrag eine Umsatzsteuer-Identifikationsnummer. [2]Das Bundeszentralamt für Steuern[3] erteilt auch juristischen Personen, die nicht Unternehmer sind oder die Gegenstände nicht für ihr Unternehmen erwerben, eine Umsatzsteuer-Identifikationsnummer, wenn sie diese für innergemeinschaftliche Erwerbe benötigen. [3]Im Fall der Organschaft wird auf Antrag für jede juristische Person eine eigene Umsatzsteuer-Identifikationsnummer erteilt. [4]Der Antrag auf Erteilung einer Umsatzsteuer-Identifikationsnummer nach den Sätzen 1 bis 3 ist schriftlich zu stellen. [5]In dem Antrag sind Name, Anschrift und Steuernummer, unter der der Antragsteller umsatzsteuerlich geführt wird, anzugeben.

(1a)[4] [1]Das nach § 21 der Abgabenordnung für die Umsatzbesteuerung des Unternehmers zuständige Finanzamt kann die nach Absatz 1 Satz 1 bis 3 erteilte Umsatzsteuer-Identifikationsnummer begrenzen, wenn ernsthafte Anzeichen vorliegen oder nachgewiesen ist, dass die Umsatzsteuer-Identifikationsnummer zur Gefährdung des Umsatzsteueraufkommens verwendet wird. [2]Dies gilt auch, soweit das Umsatzsteueraufkommen anderer Mitgliedstaaten gefährdet wird.

(2)[5] [1]Die Landesfinanzbehörden übermitteln dem Bundeszentralamt für Steuern[3] die für die Erteilung der Umsatzsteuer-Identifikationsnummer nach Absatz 1 erforderlichen Angaben über die bei ihnen umsatzsteuerlich geführten natürlichen und juristischen Personen und Personenvereinigungen. [2]Diese Angaben dürfen nur für die Erteilung einer Umsatzsteuer-Identifikationsnummer, für Zwecke der Verordnung (EU) Nr. 904/2010 des Rates vom 7. Oktober 2010 über die Zusammenarbeit der Verwaltungsbehörden und die Betrugsbekämpfung auf dem Gebiet der Mehrwertsteuer (ABl. L 268 vom 12.10.2010, S. 1), für die Umsatzsteuerkontrolle, für Zwecke der Amtshilfe zwischen den zuständigen Behörden anderer Staaten in Umsatzsteuersachen sowie für Übermittlungen an das Statistische Bundesamt nach § 2a des Statistikregistergesetzes und an das Bundeskartellamt zur Überprüfung und Vervollständigung der Daten nach § 3 Absatz 1 Nummer 4 des Wettbewerbsregistergesetzes verarbeitet werden. [3]Bis zum Abschluss der erstmaligen Vergabe der Wirtschafts-Identifikationsnummer nach § 139c der Abgabenordnung

---

[1] § 27 Abs. 37 angef. durch G v. 16.12.2022 (BGBl. I S. 2294).

[2] § 27a Abs. 1 Sätze 2 und 3 ersetzt durch Satz 2, bish. Sätze 4 bis 6 werden Sätze 3 bis 5, neuer Satz 4 Verweis geänd. mWv 1.1.2010 durch G v. 8.4.2010 (BGBl. I S. 386).

[3] Bezeichnung geänd. durch G v. 22.9.2005 (BGBl. I S. 2809).

[4] § 27a Abs. 1a eingef. mWv 1.1.2021 durch G v. 21.12.2020 (BGBl. I S. 3096).

[5] § 27a Abs. 2 Satz 2 geänd. mWv 26.11.2019 durch G v. 20.11.2019 (BGBl. I S. 1626); Satz 3 eingef., bish. Satz 3 wird Satz 4 mWv 1.1.2021 durch G v. 21.12.2020 (BGBl. I S. 3096); Satz 2 neu gef. mWv 9.6.2021 durch G v. 2.6.2021 (BGBl. I S. 1259); Satz 3 eingef., bish. Sätze 3 und 4 werden Sätze 5 und 6 mWv 22.7.2023 durch G v. 19.7.2023 (BGBl. I Nr. 194).

dürfen die in Satz 1 genannten Daten sowie die vom Bundeszentralamt für Steuern erteilte Umsatzsteuer-Identifikationsnummer abweichend von Satz 2 auch für die Vergabe der Wirtschafts-Identifikationsnummern nach § 139c der Abgabenordnung verwendet sowie für die nach § 4 des Unternehmensbasisdatenregistergesetzes vorgesehenen Zwecke an das Statistische Bundesamt als Registerbehörde für das Basisregister übermittelt und von diesem nach Maßgabe des § 3 des Unternehmensbasisdatenregistergesetzes gespeichert und verarbeitet werden. 4 Außerdem übermitteln die Landesfinanzbehörden dem Bundeszentralamt für Steuern die nach Absatz 1a erforderlichen Daten. 5 Bundeszentralamt für Steuern[1)] übermittelt den Landesfinanzbehörden die erteilten Umsatzsteuer-Identifikationsnummern und die Daten, die sie für die Umsatzsteuerkontrolle benötigen.

§ 27b Umsatzsteuer-Nachschau. (1) 1 Zur Sicherstellung einer gleichmäßigen Festsetzung und Erhebung der Umsatzsteuer können die damit betrauten Amtsträger der Finanzbehörde ohne vorherige Ankündigung und außerhalb einer Außenprüfung Grundstücke und Räume von Personen, die eine gewerbliche oder berufliche Tätigkeit selbständig ausüben, während der Geschäfts- und Arbeitszeiten betreten, um Sachverhalte festzustellen, die für die Besteuerung erheblich sein können (Umsatzsteuer-Nachschau). 2 Wohnräume dürfen gegen den Willen des Inhabers nur zur Verhütung dringender Gefahren für die öffentliche Sicherheit und Ordnung betreten werden.

(2)[2)] 1 Soweit dies zur Feststellung einer steuerlichen Erheblichkeit zweckdienlich ist, haben die von der Umsatzsteuer-Nachschau betroffenen Personen den damit betrauten Amtsträgern auf Verlangen Aufzeichnungen, Bücher, Geschäftspapiere und andere Urkunden über die der Umsatzsteuer-Nachschau unterliegenden Sachverhalte vorzulegen und Auskünfte zu erteilen. 2 Wurden die in Satz 1 genannten Unterlagen mit Hilfe eines Datenverarbeitungssystems erstellt, können die mit der Umsatzsteuer-Nachschau betrauten Amtsträger auf Verlangen die gespeicherten Daten über die der Umsatzsteuer-Nachschau unterliegenden Sachverhalte einsehen und soweit erforderlich hierfür das Datenverarbeitungssystem nutzen. 3 Dies gilt auch für elektronische Rechnungen nach § 14 Absatz 1 Satz 8.

(3) 1 Wenn die bei der Umsatzsteuer-Nachschau getroffenen Feststellungen hierzu Anlass geben, kann ohne vorherige Prüfungsanordnung (§ 196 der Abgabenordnung) zu einer Außenprüfung nach § 193 der Abgabenordnung übergegangen werden. 2 Auf den Übergang zur Außenprüfung wird schriftlich hingewiesen.

(4) Werden anlässlich der Umsatzsteuer-Nachschau Verhältnisse festgestellt, die für die Festsetzung und Erhebung anderer Steuern als der Umsatzsteuer erheblich sein können, so ist die Auswertung der Feststellungen insoweit zulässig, als ihre Kenntnis für die Besteuerung der in Absatz 1 genannten Personen oder anderer Personen von Bedeutung sein kann.

---

1) Bezeichnung geänd. durch G v. 22.9.2005 (BGBl. I S. 2809).

2) § 27b Abs. 2 Sätze 2 und 3 angef. mWv 1.7.2011 durch G v. 1.11.2011 (BGBl. I S. 2131).

§ 28[1] Zeitlich begrenzte Fassungen einzelner Gesetzesvorschriften.
(1) § 12 Absatz 1 ist vom 1. Juli 2020 bis 31. Dezember 2020 mit der Maßgabe anzuwenden, dass die Steuer für jeden steuerpflichtigen Umsatz 16 Prozent der Bemessungsgrundlage (§§ 10, 11, 25 Absatz 3 und § 25a Absatz 3 und 4) beträgt.

(2) § 12 Absatz 2 ist vom 1. Juli 2020 bis 31. Dezember 2020 mit der Maßgabe anzuwenden, dass sich die Steuer für die in den Nummern 1 bis 15 genannten Umsätze auf 5 Prozent ermäßigt.

(3) § 24 Absatz 1 Satz 1 Nummer 2 ist vom 1. Juli 2020 bis 31. Dezember 2020 mit der Maßgabe anzuwenden, dass die Steuer für die Lieferungen der in der Anlage 2 nicht aufgeführten Sägewerkserzeugnisse und Getränke sowie von alkoholischen Flüssigkeiten, ausgenommen die Lieferungen in das Ausland und die im Ausland bewirkten Umsätze, und für sonstige Leistungen, soweit in der Anlage 2 nicht aufgeführte Getränke abgegeben werden, 16 Prozent beträgt.

(4) § 12 Abs. 2 Nr. 10 gilt bis zum 31. Dezember 2011[2] in folgender Fassung:

10. a) die Beförderungen von Personen mit Schiffen,
    b) die Beförderungen von Personen im Schienenbahnverkehr, im Verkehr mit Oberleitungsomnibussen, im genehmigten Linienverkehr mit Kraftfahrzeugen, im Verkehr mit Taxen, mit Drahtseilbahnen und sonstigen mechanischen Aufstiegshilfen aller Art und die Beförderungen im Fährverkehr
       aa) innerhalb einer Gemeinde oder
       bb) wenn die Beförderungsstrecke nicht mehr als 50 Kilometer beträgt.

(5)[3] § 12 Absatz 2 ist vom 1. Oktober 2022 bis 31. März 2024 mit der Maßgabe anzuwenden, dass der dort genannte Steuersatz auch für die Lieferung von Gas über das Erdgasnetz gilt.

(6)[3] § 12 Absatz 2 ist vom 1. Oktober 2022 bis 31. März 2024 mit der Maßgabe anzuwenden, dass der dort genannte Steuersatz auch für die Lieferung von Wärme über ein Wärmenetz gilt.

§ 29 Umstellung langfristiger Verträge. (1) [1]Beruht die Leistung auf einem Vertrag, der nicht später als vier Kalendermonate vor dem Inkrafttreten dieses Gesetzes[4] abgeschlossen worden ist, so kann, falls nach diesem Gesetz ein anderer Steuersatz anzuwenden ist, der Umsatz steuerpflichtig, steuerfrei oder nicht steuerbar wird, der eine Vertragsteil von dem anderen einen angemessenen Ausgleich der umsatzsteuerlichen Mehr- oder Minderbelastung verlangen. [2]Satz 1 gilt nicht, soweit die Parteien etwas anderes vereinbart haben. [3]Ist die Höhe der Mehr- oder Minderbelastung streitig, so ist § 287 Abs. 1 der Zivilprozessordnung[5] entsprechend anzuwenden.

(2) Absatz 1 gilt sinngemäß bei einer Änderung dieses Gesetzes.

---

[1] § 28 Abs. 1 bis 3 eingef. durch G v. 29.6.2020 (BGBl. I S. 1512).
[2] Frist verlängert durch G v. 20.12.2007 (BGBl. I S. 3150).
[3] § 28 Abs. 5 und 6 angef. durch G v. 19.10.2022 (BGBl. I S. 1743).
[4] D. h. „4 Monate vor einer Gesetzesänderung".
[5] **Habersack** Nr. **100.**

Anlage 1 (zu § 4 Nr. 4a)[1)]

Liste der Gegenstände, die der Umsatzsteuerlagerregelung unterliegen können

Lfd. Nr.	Warenbezeichnung	Zolltarif (Kapitel, Position, Unterposition)
1	Kartoffeln, frisch oder gekühlt	Position 0701
2	Oliven, vorläufig haltbar gemacht (z. B. durch Schwefeldioxid oder in Wasser, dem Salz, Schwefeldioxid oder andere vorläufig konservierend wirkende Stoffe zugesetzt sind), zum unmittelbaren Genuss nicht geeignet	Unterposition 0711 20
3	Schalenfrüchte, frisch oder getrocknet, auch ohne Schalen oder enthäutet	Positionen 0801 und 0802
4	Kaffee, nicht geröstet, nicht entkoffeiniert, entkoffeiniert	Unterpositionen 0901 11 00 und 0901 12 00

(Fortsetzung nächstes Blatt)

1) Anlage 1 neu gef. mWv 19.12.2006 durch G v. 13.12.2006 (BGBl. I S. 2878).

510. Umsatzsteuer-Durchführungsverordnung (UStDV)

In der Fassung der Bekanntmachung vom 21. Februar 2005 (BGBl. I S. 434)[1]

Geändert durch Gesetz zur Neuorganisation der Bundesfinanzverwaltung und zur Schaffung eines Refinanzierungsregisters vom 22.9.2005 (BGBl. I S. 2809), Erstes Gesetz zum Abbau bürokratischer Hemmnisse insbesondere in der mittelständischen Wirtschaft vom 22.8.2006 (BGBl. I S. 1970), Jahressteuergesetz 2007 vom 13.12.2006 (BGBl. I S. 2878), Jahressteuergesetz 2008 vom 20.12.2007 (BGBl. I S. 3150), Jahressteuergesetz 2009 vom 19.12.2008 (BGBl. I S. 2794), Steuerbürokratieabbaugesetz vom 20.12.2008 (BGBl. I S. 2850), Drittes Mittelstandsentlastungsgesetz vom 17.3.2009 (BGBl. I S. 550), Gesetz zur Umsetzung steuerlicher EU-Vorgaben sowie zur Änderung steuerlicher Vorschriften vom 8.4.2010 (BGBl. I S. 386), Verordnung zur Änderung steuerlicher Verordnungen vom 17.11.2010 (BGBl. I S. 1544), Zweite Verordnung zur Änderung steuerlicher Verordnungen vom 2.12.2011 (BGBl. I S. 2416), Verordnung zum Erlass und zur Änderung steuerlicher Verordnungen vom 11.12.2012 (BGBl. I S. 2637), Elfte Verordnung zur Änderung der Umsatzsteuer-Durchführungsverordnung vom 25.3.2013 (BGBl. I S. 602), Gesetz zur Anpassung des nationalen Steuerrechts an den Beitritt Kroatiens zur EU und zur Änderung weiterer steuerlicher Vorschriften vom 25.7.2014 (BGBl. I S. 1266), Verordnung zur Änderung steuerlicher Verordnungen und weiterer Vorschriften vom 22.12.2014 (BGBl. I S. 2392), Gesetz zur Modernisierung des Besteuerungsverfahrens vom 18.7.2016 (BGBl. I S. 1679), Dritte Verordnung zur Änderung steuerlicher Verordnungen vom 18.7.2016 (BGBl. I S. 1722), Zweites Gesetz zur Entlastung insbesondere der mittelständischen Wirtschaft von Bürokratie (Zweites Bürokratieentlastungsgesetz) vom 30.6.2017 (BGBl. I S. 2143), Vierte Verordnung zur Änderung Steuerlicher Verordnungen vom 12.7.2017 (BGBl. I S. 2360), Gesetz zur weiteren steuerlichen Förderung der Elektromobilität und zur Änderung weiterer steuerlicher Vorschriften vom 12.12.2019 (BGBl. I S. 2451), Gesetz zur Umsetzung des Klimaschutzprogramms 2030 im Steuerrecht vom 21.12.2019 (BGBl. I S. 2886), Fünfte Verordnung zur Änderung steuerlicher Verordnungen vom 25.6.2020 (BGBl. I S. 1495), Jahressteuergesetz 2020 (JStG 2020) vom 21.12.2020 (BGBl. I S. 3096), Jahressteuergesetz 2022 (JStG 2022) vom 16.12.2022 (BGBl. I S. 2294), Sechste Verordnung zur Änderung steuerlicher Verordnungen vom 19.12.2022 (BGBl. I S. 2432) und Verordnung zum Neuerlass der Fahrzeug-Zulassungsverordnung und zur Änderung weiterer Vorschriften vom 20.7.2023 (BGBl. I Nr. 199)

BGBl. III/FNA 611-10-14-1

Inhaltsübersicht

[1] Neubekanntmachung der UStDV idF der Bek. v. 9.6.1999 (BGBl. I S. 1308) auf Grund des § 26 Abs. 6 UStG in der ab 1.1.2005 geltenden Fassung.

(2)[1] [1]Bei der Ausfuhr von Fahrzeugen im Sinne des § 1b Absatz 2 Satz 1 Nummer 1 des Gesetzes, die zum bestimmungsmäßigen Gebrauch im Straßenverkehr einer Zulassung bedürfen, muss

1. der Beleg nach Absatz 1 auch die Fahrzeug-Identifikationsnummer im Sinne des § 6 Absatz *5* [***ab 1.9.2023:*** 6] Nummer *5* [***ab 1.9.2023:*** 6] der Fahrzeug-Zulassungsverordnung enthalten und
2. der Unternehmer zusätzlich über eine Bescheinigung über die Zulassung, die Verzollung oder die Einfuhrbesteuerung im Drittland verfügen.

[2]Satz 1 Nummer 2 gilt nicht in den Fällen, in denen das Fahrzeug mit einem Ausfuhrkennzeichen ausgeführt wird, wenn aus dem Beleg nach Satz 1 Nummer 1 die Nummer des Ausfuhrkennzeichens ersichtlich ist, oder in denen das Fahrzeug nicht im Sinne der Fahrzeug-Zulassungsverordnung *vom 3. Februar 2011 (BGBl. I S. 139), die durch Artikel 3 der Verordnung vom 10. Mai 2012 (BGBl. I S. 1086) geändert worden ist, in der jeweils geltenden Fassung* auf öffentlichen Straßen in Betrieb gesetzt worden ist und nicht auf eigener Achse in das Drittlandsgebiet ausgeführt wird.

(3)[2] [1]An die Stelle der Ausfuhrbestätigung nach Absatz 1 Satz 1 Nummer 2 Buchstabe d tritt bei einer Ausfuhr im gemeinsamen Versandverfahren oder im Unionsversandverfahren oder bei einer Ausfuhr mit Carnets TIR, wenn diese Verfahren nicht bei einer Grenzzollstelle beginnen, eine Ausfuhrbestätigung der Abgangsstelle. [2]Diese Ausfuhrbestätigung wird nach Eingang des Beendigungsnachweises für das Versandverfahren erteilt, sofern sich aus ihr die Ausfuhr ergibt.

(4)[3] Im Sinne dieser Verordnung gilt als Durchführungsverordnung zum Zollkodex der Union die Durchführungsverordnung (EU) 2015/2447 der Kommission vom 24. November 2015 mit Einzelheiten zur Umsetzung von Bestimmungen der Verordnung (EU) Nr. 952/2013 des Europäischen Parlaments und des Rates zur Festlegung des Zollkodex der Union (ABl. L 343 vom 29.12.2015, S. 558) in der jeweils geltenden Fassung.

§ 10[4] Ausfuhrnachweis bei Ausfuhrlieferungen in Versendungsfällen. (1)[5] [1]Hat der Unternehmer oder der Abnehmer den Gegenstand der Lieferung in das Drittlandsgebiet versendet, hat der Unternehmer den Ausfuhrnachweis durch folgenden Beleg zu führen:

1. bei Ausfuhranmeldung im elektronischen Ausfuhrverfahren nach Artikel 326 der Durchführungsverordnung zum Zollkodex der Union mit dem Ausgangsvermerk;
2. bei allen anderen Ausfuhranmeldungen:
   a) mit einem Versendungsbeleg, insbesondere durch handelsrechtlichen Frachtbrief, der vom Auftraggeber des Frachtführers unterzeichnet ist, mit einem Konnossement, mit einem Einlieferungsschein für im Postverkehr beförderte Sendungen oder deren Doppelstücke, oder

---

[1] § 9 Abs. 2 Satz 1 geänd., Satz 2 neu gef. mWv 20.12.2012 durch VO v. 11.12.2012 (BGBl. I S. 2637); Satz 1 Nr. 1 geänd., Satz 2 kursiver Satzteil aufgeh. mWv 1.9.2023 durch G v. 20.7.2023 (BGBl. I Nr. 199).

[2] § 9 Abs. 3 Satz 1 geänd. mWv 20.7.2017 durch VO v. 12.7.2017 (BGBl. I S. 2360).

[3] § 9 Abs. 4 neu gef. mWv 20.7.2017 durch VO v. 12.7.2017 (BGBl. I S. 2360).

[4] § 10 neu gef. mWv 1.1.2012 durch VO v. 2.12.2011 (BGBl. I S. 2416).

[5] § 10 Abs. 1 Satz 1 Nr. 1 geänd. mWv 20.7.2017 durch VO v. 12.7.2017 (BGBl. I S. 2360).

b)[1] mit einem anderen handelsüblichen Beleg als den Belegen nach Buchstabe a, insbesondere mit einer Bescheinigung des beauftragten Spediteurs; dieser Beleg hat folgende Angaben zu enthalten:

aa) den Namen und die Anschrift des mit der Beförderung beauftragten Unternehmers sowie das Ausstellungsdatum,

bb) den Namen und die Anschrift des liefernden Unternehmers und des Auftraggebers der Versendung,

cc) die Menge und die Art (handelsübliche Bezeichnung) des ausgeführten Gegenstands,

dd) den Ort und den Tag der Ausfuhr oder den Ort und den Tag der Versendung des ausgeführten Gegenstands in das Drittlandsgebiet,

ee) den Empfänger des ausgeführten Gegenstands und den Bestimmungsort im Drittlandsgebiet,

ff) eine Versicherung des mit der Beförderung beauftragten Unternehmers darüber, dass die Angaben im Beleg auf der Grundlage von Geschäftsunterlagen gemacht wurden, die im Gemeinschaftsgebiet nachprüfbar sind, sowie

gg) die Unterschrift des mit der Beförderung beauftragten Unternehmers.

2 Hat der Unternehmer statt des Ausgangsvermerks einen Alternativ-Ausgangsvermerk, gilt dieser als Ausfuhrnachweis.

(2)[2] 1 Bei der Ausfuhr von Fahrzeugen im Sinne des § 1b Absatz 2 Satz 1 Nummer 1 des Gesetzes, die zum bestimmungsmäßigen Gebrauch im Straßenverkehr einer Zulassung bedürfen, muss

1. der Beleg nach Absatz 1 auch die Fahrzeug-Identifikationsnummer enthalten und
2. der Unternehmer zusätzlich über eine Bescheinigung über die Zulassung, die Verzollung oder die Einfuhrbesteuerung im Drittland verfügen.

2 Satz 1 Nummer 2 gilt nicht in den Fällen, in denen das Fahrzeug mit einem Ausfuhrkennzeichen ausgeführt wird, wenn aus dem Beleg nach Satz 1 Nummer 1 die Nummer des Ausfuhrkennzeichens ersichtlich ist, oder in denen das Fahrzeug nicht im Sinne der Fahrzeug-Zulassungsverordnung auf öffentlichen Straßen in Betrieb gesetzt worden ist und nicht auf eigener Achse in das Drittlandsgebiet ausgeführt wird.

(3)[3] 1 Ist eine Ausfuhr elektronisch angemeldet worden und ist es dem Unternehmer nicht möglich oder nicht zumutbar, den Ausfuhrnachweis nach Absatz 1 Satz 1 Nummer 1 zu führen, kann dieser die Ausfuhr mit den in Absatz 1 Satz 1 Nummer 2 genannten Belegen nachweisen. 2 In den Fällen nach Satz 1 muss der Beleg zusätzlich zu den Angaben nach Absatz 1 Satz 1 Nummer 2 die Versendungsbezugsnummer der Ausfuhranmeldung nach Artikel 226 der Durchführungsverordnung zum Zollkodex der Union (Master Reference Number – MRN) enthalten.

---

[1] § 10 Abs. 1 Satz 1 Nr. 2 Buchst. b, DBuchst. aa, ff und gg geänd. durch VO v. 18.7.2016 (BGBl. I S. 1722).

[2] § 10 Abs. 2 Satz 1 geänd., Satz 2 neu gef. mWv 20.12.2012 durch VO v. 11.12.2012 (BGBl. I S. 2637).

[3] § 10 Abs. 3 Satz 2 geänd. mWv 20.7.2017 durch VO v. 12.7.2017 (BGBl. I S. 2360).

665. Kraftfahrzeugsteuer-Durchführungsverordnung (KraftStDV)[1)]

In der Fassung der Bekanntmachung vom 12. Juli 2017[2)]
(BGBl. I S. 2374)

Zuletzt geändert durch Verordnung zum Neuerlass der Fahrzeug-Zulassungsverordnung und zur Änderung weiterer Vorschriften vom 20.7.2023 (BGBl. I Nr. 199)

BGBl. III/FNA 611-17-2

Inhaltsübersicht

Abschnitt 1. Allgemeine Bestimmungen

§ 1 Zuständiges Hauptzollamt. Örtlich zuständig ist

1.[3)] für inländische Fahrzeuge und für besondere Kennzeichen nach § 1 Absatz 1 Nummer 4 des Gesetzes das Hauptzollamt, in dessen Bezirk die nach

---

[1)] Im ersten Halbjahr 2014 übernahm die Zollverwaltung mit ihren Hauptzollämtern die Aufgabe der Verwaltung der Kfz-Steuer.

[2)] Neubekanntmachung der KraftStDV idF der Bek. v. 26.9.2002 (BGBl. I S. 3856) auf Grund des § 15 Abs. 1 des KraftStG sowie § 150 Abs. 6 der AO.

[3)] § 1 Nr. 1 Verweis geänd. mWv 1.9.2023 durch G v. 20.7.2023 (BGBl. I Nr. 199).

§ 46 [***ab 1.9.2023:*** § 75] der Fahrzeug-Zulassungsverordnung örtlich zuständige Zulassungsbehörde ihren Sitz hat;

2. für ausländische Fahrzeuge
   a) zur steuerlichen Abfertigung beim Eingang in das Inland das Hauptzollamt, in dessen Bezirk die Hoheitsgrenze mit dem Fahrzeug überschritten wird,
   b) in den übrigen Fällen das Hauptzollamt, das zuerst mit der Sache befasst wird;
3. für widerrechtlich benutzte Fahrzeuge das Hauptzollamt, das zuerst mit der Sache befasst wird oder bei Einhaltung der verkehrsrechtlich vorgeschriebenen Zulassung nach Nummer 1 zuständig wäre.

§ 2[1] Mitwirkung des Bundesamtes für Logistik und Mobilität. Das Bundesamt für Logistik und Mobilität überwacht die Einhaltung der kraftfahrzeugsteuerrechtlichen Vorschriften nach § 11 Absatz 2 Nummer 3 Buchstabe d und Absatz 3 des Güterkraftverkehrsgesetzes.

Abschnitt 2. Inländische Fahrzeuge

§ 3 Steuererklärung. (1) Der Halter eines inländischen Fahrzeugs hat eine Steuererklärung nach amtlich vorgeschriebenem Vordruck bei der Zulassungsbehörde abzugeben, wenn das Fahrzeug

1. zum Verkehr zugelassen werden soll,
2. zum Verkehr zugelassen ist und der Halter wechselt oder
3. während der Dauer der Steuerpflicht verändert wird und sich dadurch die Höhe der Steuer ändert.

(2) Als Steuererklärung gilt auch die Fahrzeuganmeldung, wenn sie einen entsprechenden Hinweis enthält.

(3) Eine Steuererklärung ist nicht erforderlich, wenn das Halten des Fahrzeugs nach § 3 Nummer 1 oder 2 des Gesetzes von der Steuer befreit ist.

(4) Die Steuererklärung kann gemäß den §§ 87a bis 87d der Abgabenordnung elektronisch übermittelt werden.

§ 4 Anhängerzuschlag. (1) [1]Der Antrag auf Erhöhung der Steuer um den Anhängerzuschlag nach § 10 Absatz 2 des Gesetzes kann bei der Zulassungsbehörde zugleich mit dem Antrag auf verkehrsrechtliche Zulassung gestellt werden. [2]Er ist in diesem Fall in die Steuererklärung mit aufzunehmen.

(2) [1]In den übrigen Fällen ist der Antrag beim zuständigen Hauptzollamt zu stellen. [2]Der Antrag gilt als Steuererklärung im Sinne des § 150 der Abgabenordnung.

(3) Ein Antrag im Sinne des § 10 Absatz 2 des Gesetzes ist auch der Antrag, den Anhängerzuschlag nicht mehr in Anspruch nehmen zu wollen.

---

[1] § 2 geänd. durch G v. 2.3.2023 (BGBl. I Nr. 56).

§ 5 Mitwirkung der Zulassungsbehörden. (1) Die Zulassungsbehörden und die von Ihnen mit der Vorbereitung und Durchführung der Zulassung beauftragten Stellen und sind verpflichtet, bei der Durchführung des Kraftfahrzeugsteuergesetzes nach Maßgabeder Absätze 2 und 3 mitzuwirken.

(2)[1] Die Mitwirkung der Zulassungsbehörden gegenüber den Hauptzollämtern umfasst insbesondere

1. die Prüfung der Angaben in der Steuererklärung und die Bescheinigung, dass die Eintragungen mit den Angaben in den vorgelegten Urkunden übereinstimmen, sowie die Übersendung der Steuererklärung;
2. die Mitteilung der in *§ 36* [***ab 1.9.2023:*** § 63] Absatz 1 der Fahrzeug-Zulassungsverordnung bezeichneten Daten sowie
3. die Mitteilung folgender Daten:
   a) wenn eine schriftliche Ermächtigung zum Einzug der Kraftfahrzeugsteuer nach § 13 Absatz 1 Nummer 1 des Gesetzes erteilt wird, den für den Einzug der Kraftfahrzeugsteuer von einem Konto erforderlichen Datensatz,
   b) wenn das Kennzeichen geändert wird, das neue und das bisherige Kennzeichen sowie die übrigen für die Besteuerung notwendigen Angaben,
   c) wenn der Standort des Fahrzeugs verlegt wird, die neue Anschrift des Halters,
   d) wenn einem Kraftfahrzeuganhänger in den Fällen des § 10 Absatz 1 des Gesetzes
      aa) erstmals ein grünes Kennzeichen zugeteilt wird: das Kennzeichen und den Tag der Zuteilung,
      bb) anstelle eines grünen Kennzeichens ein Kennzeichen mit schwarzer Beschriftung auf weißem Grund zugeteilt wird: das Kennzeichen und den Tag der Zuteilung,
   e) wenn für einen zum Verkehr zugelassenen Personenkraftwagen in der Zulassungsbescheinigung Teil I (Fahrzeugschein)
      aa) die nachträgliche Anerkennung als schadstoffarm vermerkt wird, den Tag der Anerkennung als schadstoffarm,
      bb) der Vermerk „schadstoffarm" gelöscht wird, den Tag der Löschung,
      cc) die Anerkennung als besonders partikelreduziert gelöscht wird, den Tag der Löschung,
   f) wenn ein zum Verkehr zugelassenes Fahrzeug mit einer Abgasreinigungsanlage ausgestattet wird oder diese geändert oder ausgebaut wird,
      aa) die Art der Anlage,
      bb) die Änderung oder den Ausbau der Anlage,
      cc) die durch die Ausstattung, Änderung oder den Ausbau der Anlage erreichte Emissionsklasse und
      dd) den Tag der nach dem Gesetz maßgeblichen Feststellung durch die Zulassungsbehörde und

---

[1] § 5 Abs. 2 Nr. 2 Verweis geänd. mWv 1.9.2023 durch G v. 20.7.2023 (BGBl. 2023 I Nr. 199).

g) wenn ein Personenkraftwagen oder ein leichtes Nutzfahrzeug zum Verkehr zugelassen wird, die Kohlendioxidemissionen in Gramm je Kilometer nach Maßgabe des Gesetzes.

(3) [1]Die Steuererklärung nach Absatz 2 Nummer 1 und die sonstigen für das Besteuerungsverfahren erforderlichen Mitteilungen können mit Hilfe elektronischer Datenträger oder durch Datenfernübertragung gemäß den §§ 87a bis 87d und 93c der Abgabenordnung dem zuständigen Hauptzollamt oder der dafür bestimmten Datenverarbeitungsstelle übermittelt werden. [2]Voraussetzung ist, dass die Richtigkeit und Vollständigkeit der Datenübermittlung sichergestellt ist.

§ 6 Prüfung durch das Hauptzollamt. Zur Aufklärung von Zweifeln oder Unstimmigkeiten kann sich das zuständige Hauptzollamt das Fahrzeug vorführen und die Zulassungsbescheinigung Teil I und II (Fahrzeugschein und Fahrzeugbrief) sowie den Steuerbescheid vorlegen lassen.

§ 7[1)] Steuervergünstigungen. (1) Beabsichtigt ein Steuerpflichtiger, seinen Anspruch auf Steuerbefreiung, auf Steuerermäßigung oder auf Nichterhebung der Steuer für einen Kraftfahrzeuganhänger (§ 10 Absatz 1 des Gesetzes) geltend zu machen, so hat er dies unter Angabe der Gründe schriftlich beim zuständigen Hauptzollamt zu beantragen.

(2) Fallen die Voraussetzungen für eine Steuervergünstigung weg, so hat der Steuerpflichtige dies dem zuständigen Hauptzollamt unverzüglich schriftlich anzuzeigen.

(3) [1]Wird bei der Zulassung eines Fahrzeugs zum Verkehr eine Steuervergünstigung oder wird zu einem späteren Zeitpunkt die nachträgliche Anerkennung eines Personenkraftwagens als schadstoffarm beantragt, ist der Antrag bei der Zulassungsbehörde zu stellen. [2]Im Falle der internetbasierten Zulassung im Sinne *von § 15e* [***ab 1.9.2023:*** der §§ 27, 29 oder des § 30 Absatz 1 Nummer 2] der Fahrzeug-Zulassungsverordnung ist die Absicht der Inanspruchnahme einer Steuervergünstigung gegenüber der Zulassungsbehörde anzugeben.

(4) Der Antrag nach Absatz 1 oder Absatz 3 und die Anzeige nach Absatz 2 sind Steuererklärungen im Sinne des § 150 der Abgabenordnung.

(5) Ist eine Steuererklärung nach § 3 abzugeben, genügt in dieser ein entsprechender Hinweis, um eine Vergünstigung zu beantragen oder den Wegfall einer der Voraussetzungen hierfür anzuzeigen.

(6) Als Zeitraum, für den jeweils eine Steuerbefreiung nach § 3 Nummer 6 des Gesetzes beansprucht werden kann, kommt jeder Zeitraum in Betracht, der im Fall der Steuerpflicht als Entrichtungszeitraum zulässig wäre.

§ 8 Besondere Kennzeichen. Für besondere Kennzeichen nach § 1 Absatz 1 Nummer 4 des Gesetzes sind die §§ 3 bis 7 sinngemäß anzuwenden.

---

1) § 7 Abs. 3 Satz 2 geänd. mWv 1.9.2023 durch G v. 20.7.2023 (BGBl. 2023 I Nr. 199).

Abschnitt 3. Ausländische Fahrzeuge

§ 9 Grundsatz. Für ausländische Fahrzeuge gelten, soweit in den §§ 10 bis 14 nichts anderes bestimmt ist, die §§ 3 bis 7 entsprechend.

§ 10 Steuererklärung. [1] Der Steuerschuldner hat eine Steuererklärung nach amtlich vorgeschriebenem Vordruck abzugeben

1. am deutschen Teil der Grenze der Europäischen Union bei der Zollstelle, die für die amtliche Abfertigung zuständig ist, oder

(Fortsetzung nächstes Blatt)

Schreiben betr. Automatischer Austausch von Informationen über Finanzkonten in Steuersachen nach dem Finanzkonten-Informationsaustauschgesetz – FKAustG; Bekanntmachung einer vorläufigen Staatenaustauschliste im Sinne des § 1 Absatz 1 FKAustG für den automatischen Austausch von Informationen über Finanzkonten in Steuersachen zum 30. September 2023

Vom 20. Juli 2023

BMF IV B 6 – S 1315/19/10030 :057; DOK 2023/0525161

Nach den Vorgaben des Gesetzes zum automatischen Austausch von Informationen über Finanzkonten in Steuersachen (Finanzkonten-Informationsaustauschgesetz – FKAustG) werden Informationen über Finanzkonten in Steuersachen zwischen dem Bundeszentralamt für Steuern (BZSt) und der zuständigen Behörde des jeweils anderen Staates im Sinne des § 1 Absatz 1 FKAustG automatisch ausgetauscht (§ 27 Absatz 1 FKAustG).

Dem BZSt sind hierfür von den meldenden Finanzinstituten die Finanzkontendaten zu den meldepflichtigen Konten nach amtlich vorgeschriebenem Datensatz elektronisch im Wege der Datenfernübertragung zum 31. Juli 2023 zu übermitteln (§ 27 Absatz 2 FKAustG).

Zu den Staaten im Sinne des § 1 Absatz 1 FKAustG, bei denen die Voraussetzungen für einen automatischen Austausch von Informationen über Finanzkonten in Steuersachen vorliegen, zählen

1. Mitgliedstaaten der Europäischen Union aufgrund der Richtlinie 2011/16/EU des Rates vom 15. Februar 2011 über die Zusammenarbeit der Verwaltungsbehörden im Bereich der Besteuerung und zur Aufhebung der Richtlinie 77/799/EWG (ABl. L 64 vom 11. März 2011, Seite 1; Amtshilferichtlinie) in der Fassung der Richtlinie 2014/107/EU (ABl. L 359 vom 16. Dezember 2014, Seite 1),
2. Drittstaaten, die Vertragsparteien der von der Bundesrepublik Deutschland in Berlin unterzeichneten Mehrseitigen Vereinbarung vom 29. Oktober 2014 zwischen den zuständigen Behörden über den automatischen Austausch von Informationen über Finanzkonten (BGBl. 2015 II Seiten 1630, 1632) sind und diese in ihr nationales Recht verpflichtend aufgenommen haben sowie Vertragsparteien des Übereinkommens über die gegenseitige Amtshilfe in Steuersachen (BGBl. 2015 II Seiten 966, 967) sind und die gewährleisten, dass sie die Voraussetzungen des § 7 Absatz 1, insbesondere Buchstabe e der Mehrseitigen Vereinbarung vom 29. Oktober 2014 zwischen den zuständigen Behörden über den automatischen Austausch von Informationen über Finanzkonten erfüllen,
3. Drittstaaten, die Verträge mit der Europäischen Union zur Vereinbarung des automatischen Austauschs von Informationen über Finanzkonten im Sinne der unter Nummer 1 angeführten Richtlinie 2014/107/EU (ABl. L 359 vom 16. Dezember 2014, Seite 1) geschlossen haben, sowie
4. Drittstaaten, mit denen die Bundesrepublik Deutschland ein Abkommen über den steuerlichen Informationsaustausch geschlossen hat, nach dem ein automatischer Austausch von Informationen vereinbart werden kann.

Hiermit werden die Staaten im Sinne des § 1 Absatz 1 FKAustG bekanntgegeben, bei denen die Voraussetzungen für den automatischen Austausch von Informationen über Finanzkonten mit Stand vom 26. Mai 2023 vorliegen, mit denen der automatische Datenaustausch zum 30. September 2023 erfolgt und für welche die meldenden Finanzinstitute Finanzkontendaten zum 31. Juli 2023 dem BZSt zu übermitteln haben (finale FKAustG-Staatenaustauschliste 2023).

Für den Datenaustausch zum 30. September 2024 wird eine neue FKAustG-Staatenaustauschliste 2024 im Rahmen eines weiteren BMF-Schreibens bekanntgegeben.

Die finale FKAustG-Staatenaustauschliste 2023 wird nachfolgend dargestellt und steht auf der Internetseite des BZSt unter www.bzst.bund.de zur Ansicht und zum Abruf bereit.

Finale FKAustG-Staatenaustauschliste 2023

Nr.	Staaten nach § 1 Absatz 1 FKAustG mit automatischem Informationsaustausch zum 30. September 2023	Rechtsgrundlage nach § 1 Absatz 1 FKAustG
1.	Albanien	§ 1 Absatz 1 Nummer 2 FKAustG
2.	Andorra	§ 1 Absatz 1 Nummer 3 FKAustG
3.	Anguilla[1)]	§ 1 Absatz 1 Nummer 2 FKAustG
4.	Antigua und Barbuda	§ 1 Absatz 1 Nummer 2 FKAustG
5.	Argentinien	§ 1 Absatz 1 Nummer 2 FKAustG
6.	Aruba[1)]	§ 1 Absatz 1 Nummer 2 FKAustG
7.	Aserbaidschan	§ 1 Absatz 1 Nummer 2 FKAustG
8.	Australien	§ 1 Absatz 1 Nummer 2 FKAustG
9.	Bahamas[1)]	§ 1 Absatz 1 Nummer 2 FKAustG
10.	Bahrain[1)]	§ 1 Absatz 1 Nummer 2 FKAustG
11.	Barbados	§ 1 Absatz 1 Nummer 2 FKAustG
12.	Belgien	§ 1 Absatz 1 Nummer 1 FKAustG
13.	Belize[1)]	§ 1 Absatz 1 Nummer 2 FKAustG
14.	Bermuda[1)]	§ 1 Absatz 1 Nummer 2 FKAustG
15.	Brasilien	§ 1 Absatz 1 Nummer 2 FKAustG
16.	Britische Jungferninseln[1)]	§ 1 Absatz 1 Nummer 2 FKAustG
17.	Brunei Darussalam[1)]	§ 1 Absatz 1 Nummer 2 FKAustG
18.	Bulgarien	§ 1 Absatz 1 Nummer 1 FKAustG
19.	Chile	§ 1 Absatz 1 Nummer 2 FKAustG
20.	China	§ 1 Absatz 1 Nummer 2 FKAustG
21.	Cookinseln	§ 1 Absatz 1 Nummer 2 FKAustG
22.	Costa Rica	§ 1 Absatz 1 Nummer 2 FKAustG
23.	Curaçao	§ 1 Absatz 1 Nummer 2 FKAustG
24.	Dänemark	§ 1 Absatz 1 Nummer 1 FKAustG
25.	Dominica[1)]	§ 1 Absatz 1 Nummer 2 FKAustG
26.	Ecuador	§ 1 Absatz 1 Nummer 2 FKAustG
27.	Estland	§ 1 Absatz 1 Nummer 1 FKAustG
28.	Färöer	§ 1 Absatz 1 Nummer 2 FKAustG
29.	Finnland	§ 1 Absatz 1 Nummer 1 FKAustG
30.	Frankreich[2)]	§ 1 Absatz 1 Nummer 1 FKAustG
31.	Ghana	§ 1 Absatz 1 Nummer 2 FKAustG
32.	Gibraltar	§ 1 Absatz 1 Nummer 2 FKAustG
33.	Grenada	§ 1 Absatz 1 Nummer 2 FKAustG
34.	Griechenland	§ 1 Absatz 1 Nummer 1 FKAustG
35.	Grönland	§ 1 Absatz 1 Nummer 2 FKAustG
36.	Guernsey	§ 1 Absatz 1 Nummer 2 FKAustG
37.	Hongkong	§ 1 Absatz 1 Nummer 2 FKAustG
38.	Indien	§ 1 Absatz 1 Nummer 2 FKAustG
39.	Indonesien	§ 1 Absatz 1 Nummer 2 FKAustG

Nr.	Staaten nach § 1 Absatz 1 FKAustG mit automatischem Informationsaustausch zum 30. September 2023	Rechtsgrundlage nach § 1 Absatz 1 FKAustG
40.	Irland	§ 1 Absatz 1 Nummer 1 FKAustG
41.	Island	§ 1 Absatz 1 Nummer 2 FKAustG
42.	Isle of Man	§ 1 Absatz 1 Nummer 2 FKAustG
43.	Israel	§ 1 Absatz 1 Nummer 2 FKAustG
44.	Italien	§ 1 Absatz 1 Nummer 1 FKAustG
45.	Jamaika	§ 1 Absatz 1 Nummer 2 FKAustG
46.	Japan	§ 1 Absatz 1 Nummer 2 FKAustG
47.	Jersey	§ 1 Absatz 1 Nummer 2 FKAustG
48.	Kaimaninseln[1)]	§ 1 Absatz 1 Nummer 2 FKAustG
49.	Kanada	§ 1 Absatz 1 Nummer 2 FKAustG
50.	Kasachstan	§ 1 Absatz 1 Nummer 2 FKAustG
51.	Katar[1)]	§ 1 Absatz 1 Nummer 2 FKAustG
52.	Kolumbien	§ 1 Absatz 1 Nummer 2 FKAustG
53.	Korea, Republik	§ 1 Absatz 1 Nummer 2 FKAustG
54.	Kroatien	§ 1 Absatz 1 Nummer 1 FKAustG
55.	Kuwait[1)]	§ 1 Absatz 1 Nummer 2 FKAustG
56.	Lettland	§ 1 Absatz 1 Nummer 1 FKAustG
57.	Libanon[1)]	§ 1 Absatz 1 Nummer 2 FKAustG
58.	Liechtenstein	§ 1 Absatz 1 Nummer 3 FKAustG
59.	Litauen	§ 1 Absatz 1 Nummer 1 FKAustG
60.	Luxemburg	§ 1 Absatz 1 Nummer 1 FKAustG
61.	Macau[1)]	§ 1 Absatz 1 Nummer 2 FKAustG
62.	Malaysia	§ 1 Absatz 1 Nummer 2 FKAustG
63.	Malediven	§ 1 Absatz 1 Nummer 2 FKAustG
64.	Malta	§ 1 Absatz 1 Nummer 1 FKAustG
65.	Marshallinseln[1)]	§ 1 Absatz 1 Nummer 2 FKAustG
66.	Mauritius	§ 1 Absatz 1 Nummer 2 FKAustG
67.	Mexiko	§ 1 Absatz 1 Nummer 2 FKAustG
68.	Monaco	§ 1 Absatz 1 Nummer 3 FKAustG
69.	Montserrat[1)]	§ 1 Absatz 1 Nummer 2 FKAustG
70.	Nauru[1)]	§ 1 Absatz 1 Nummer 2 FKAustG
71.	Neukaledonien[1)]	§ 1 Absatz 1 Nummer 2 FKAustG
72.	Neuseeland	§ 1 Absatz 1 Nummer 2 FKAustG
73.	Niederlande[3)]	§ 1 Absatz 1 Nummer 1 FKAustG
74.	Nigeria	§ 1 Absatz 1 Nummer 2 FKAustG
75.	Niue[1)]	§ 1 Absatz 1 Nummer 2 FKAustG
76.	Norwegen	§ 1 Absatz 1 Nummer 2 FKAustG
77.	Österreich	§ 1 Absatz 1 Nummer 1 FKAustG
78.	Oman[1)]	§ 1 Absatz 1 Nummer 2 FKAustG
79.	Pakistan	§ 1 Absatz 1 Nummer 2 FKAustG
80.	Panama	§ 1 Absatz 1 Nummer 2 FKAustG

Nr.	Staaten nach § 1 Absatz 1 FKAustG mit automatischem Informationsaustausch zum 30. September 2023	Rechtsgrundlage nach § 1 Absatz 1 FKAustG
81.	Peru	§ 1 Absatz 1 Nummer 2 FKAustG
82.	Polen	§ 1 Absatz 1 Nummer 1 FKAustG
83.	Portugal	§ 1 Absatz 1 Nummer 1 FKAustG
84.	Rumänien	§ 1 Absatz 1 Nummer 1 FKAustG
85.	Samoa[1)]	§ 1 Absatz 1 Nummer 2 FKAustG
86.	San Marino	§ 1 Absatz 1 Nummer 3 FKAustG
87.	Saudi-Arabien	§ 1 Absatz 1 Nummer 2 FKAustG
88.	Schweden	§ 1 Absatz 1 Nummer 1 FKAustG
89.	Schweiz	§ 1 Absatz 1 Nummer 3 FKAustG
90.	Seychellen	§ 1 Absatz 1 Nummer 2 FKAustG
91.	Singapur	§ 1 Absatz 1 Nummer 2 FKAustG
92.	Sint Maarten[1)]	§ 1 Absatz 1 Nummer 2 FKAustG
93.	Slowakei	§ 1 Absatz 1 Nummer 1 FKAustG
94.	Slowenien	§ 1 Absatz 1 Nummer 1 FKAustG
95.	Spanien	§ 1 Absatz 1 Nummer 1 FKAustG
96.	St. Kitts und Nevis	§ 1 Absatz 1 Nummer 2 FKAustG
97.	St. Lucia	§ 1 Absatz 1 Nummer 2 FKAustG
98.	St. Vincent und die Grenadinen[1)]	§ 1 Absatz 1 Nummer 2 FKAustG
99.	Südafrika	§ 1 Absatz 1 Nummer 2 FKAustG
100.	Tschechien	§ 1 Absatz 1 Nummer 1 FKAustG
101.	Türkei	§ 1 Absatz 1 Nummer 2 FKAustG
102.	Turks- und Caicosinseln[1)]	§ 1 Absatz 1 Nummer 2 FKAustG
103.	Ungarn	§ 1 Absatz 1 Nummer 1 FKAustG
104.	Uruguay	§ 1 Absatz 1 Nummer 2 FKAustG
105.	Vanuatu[1)]	§ 1 Absatz 1 Nummer 2 FKAustG
106.	Vereinigte Arabische Emirate[1)]	§ 1 Absatz 1 Nummer 2 FKAustG
107.	Vereinigtes Königreich	§ 1 Absatz 1 Nummer 2 FKAustG
108.	Zypern	§ 1 Absatz 1 Nummer 1 FKAustG

[1)] **[Amtl. Anm.:]** Aufgrund einer Notifikation dieses Staates gemäß § 7 Absatz 1 Buchstabe b der Mehrseitigen Vereinbarung vom 29. Oktober 2014 zwischen den zuständigen Behörden über den automatischen Austausch von Informationen über Finanzkonten übermittelt die Bundesrepublik Deutschland nach § 2 Absatz 1.2 dieser Mehrseitigen Vereinbarung keine Finanzkonteninformationen an diesen Staat, erhält jedoch Finanzkonteninformationen von diesem. Deshalb sind auch in diesem Fall bis auf weiteres keine Finanzkontendaten durch meldende Finanzinstitute dem BZSt gemäß § 5 Absatz 1 FKAustG zu übermitteln.

[2)] **[Amtl. Anm.:]** Hierzu zählen auch Französisch-Guayana, Guadeloupe, Martinique, Mayotte, Réunion und Saint-Barthélemy.

[3)] **[Amtl. Anm.:]** Hierzu zählen auch Bonaire, Sint Eustatius und Saba.

841. Verordnung über die Steuerberaterplattform und die besonderen elektronischen Steuerberaterpostfächer (Steuerberaterplattform- und -postfachverordnung – StBPPV)

Vom 25. November 2022 (BGBl. I S. 2105)

Geändert durch Verordnung zur Änderung der Steuerberaterplattform- und -postfachverordnung vom 19.6.2023 (BGBl. I Nr. 157)

Auf Grund des § 86f des Steuerberatungsgesetzes, der durch Artikel 4 Nummer 35 des Gesetzes vom 7. Juli 2021 (BGBl. I S. 2363) eingefügt worden ist, verordnet das Bundesministerium der Finanzen nach Anhörung der Bundessteuerberaterkammer:

Inhaltsübersicht

Abschnitt 1. Steuerberaterplattform

§ 1 Führung der Steuerberaterplattform. (1) Die Bundessteuerberaterkammer hat die Steuerberaterplattform auf der Grundlage des Protokollstandards „Online Services Computer Interface – OSCI" oder eines künftig nach dem Stand der Technik an dessen Stelle tretenden Standards sowie der IT-Sicherheitsverordnung Portalverbund vom 6. Januar 2022 (BGBl. I S. 18) in der jeweils geltenden Fassung zu betreiben.

(2) [1]Die Steuerberaterplattform ist in ein Informationssicherheitsmanagementsystem einzubinden, das den Standards des Bundesamts für Sicherheit in der Informationstechnik entspricht. [2]Dabei hat die Bundessteuerberaterkammer insbesondere sicherzustellen, dass die aktuellen Standards der Informationssicherheit, der Betriebssicherheit, der Kryptographie einschließlich des Schlüsselmanagements sowie der Vorfalls- und Management-Anforderungen eingehalten werden. [3]Zudem hat sie die Vorgaben der Technischen Richtlinie BSI TR-03116-4 des Bundesamts für Sicherheit in der Informationstechnik in der jeweils geltenden Fassung zu beachten.

(3) [1]Die für die genutzten IT-Komponenten verantwortlichen Stellen haben ein IT-Sicherheitskonzept zu erstellen und umzusetzen, das den Standards 200-1, 200-2 und 200-3 des Bundesamtes für Sicherheit in der Informationstechnik oder den Vorgaben der ISO/IEC 27001 in der jeweils geltenden Fassung entspricht. [2]Als Mindestanforderung ist die Standard-Absicherung nach dem Standard 200-2 des Bundesamts für Sicherheit in der Informationstechnik umzusetzen. [3]Vor der erstmaligen Inbetriebnahme der Steuerberaterplattform ist die Umsetzung des IT-Sicherheitskonzepts durch eine Zertifizierung nach dem Standard „ISO 27001 auf der Basis von IT-Grundschutz" des Bundesamts für Sicherheit in der Informationstechnik nachzuweisen. [4]Die Zertifizierung ist über die gesamte Betriebsdauer der Steuerberaterplattform aufrecht zu erhalten. [5]Das Zertifikat ist zu veröffentlichen.

§ 2 Einrichtung der Nutzerkonten. (1) Die Bundessteuerberaterkammer richtet den Steuerberatern, den Steuerbevollmächtigten und den Berufsausübungsgesellschaften im Sinne der §§ 49 und 50 des Steuerberatungsgesetzes sowie den Steuerberaterkammern und sich selbst Nutzerkonten auf der Steuerberaterplattform ein.

(2) [1]Die Steuerberaterkammern unterrichten die Bundessteuerberaterkammer über die Eintragung einer Person oder einer Berufsausübungsgesellschaft in das Berufsregister. [2]Die Bundessteuerberaterkammer richtet unverzüglich nach der Unterrichtung über die Eintragung einer Person oder einer Berufsausübungsgesellschaft in das Berufsregister für diese ein Nutzerkonto auf der Steuerberaterplattform ein.

(3) Absatz 2 gilt nicht, wenn die betreffende Person oder Berufsausübungsgesellschaft von einer Steuerberaterkammer in eine andere wechselt.

(4) Die Bundessteuerberaterkammer informiert die Steuerberater, Steuerbevollmächtigten und Berufsausübungsgesellschaften im Sinne der §§ 49 und 50

des Steuerberatungsgesetzes darüber, dass sie nach § 86c Absatz 1 des Steuerberatungsgesetzes verpflichtet sind, sich bei der Steuerberaterplattform mit dem für sie eingerichteten Nutzerkonto zu registrieren

§ 3 Registrierung bei der Steuerberaterplattform und Erstanmeldung am besonderen elektronischen Steuerberaterpostfach. (1) Die Registrierung bei der Steuerberaterplattform und die Erstanmeldung am besonderen elektronischen Steuerberaterpostfach nach § 15 erfolgen in einem einheitlichen Vorgang.

(2) Für die Registrierung bei der Steuerberaterplattform ist eine Identifizierung und Authentisierung erforderlich.

§ 4 Identifizierung und Authentisierung bei der Registrierung.
(1) Die Identifizierung und Authentisierung des Steuerberaters, des Steuerbevollmächtigten oder der Leitungspersonen einer Berufsausübungsgesellschaft im Sinne des § 89a Nummer 1 oder 2 des Steuerberatungsgesetzes erfolgt durch

1. eines der folgenden Identifizierungsmittel:
   a) einen elektronischen Identitätsnachweis nach § 18 des Personalausweisgesetzes, nach § 12 des eID-Karte-Gesetzes oder nach § 78 Absatz 5 des Aufenthaltsgesetzes oder
   b) ein anderes elektronisches Identifizierungsmittel, das nach Artikel 6 der Verordnung (EU) Nr. 910/2014 des Europäischen Parlaments und des Rates vom 23. Juli 2014 über elektronische Identifizierung und Vertrauensdienste für elektronische Transaktionen im Binnenmarkt und zur Aufhebung der Richtlinie 1999/93/EG (ABl. L 257 vom 28.8.2014, S. 73; L 23 vom 29.1.2015, S. 19; L 155 vom 14.6.2016, S. 44) mit dem Sicherheitsniveau „hoch“ im Sinne des Artikels 8 Absatz 2 Buchstabe c der Verordnung notifiziert worden ist, sowie
2. einen Abgleich mit den im Berufsregister enthaltenen Daten.

(2) Steht aus Rechtsgründen keines der in Absatz 1 genannten Identifizierungsmittel zur Verfügung, so kann der im Rahmen der Registrierung gegenüber der Bundessteuerberaterkammer zu erbringende Identitätsnachweis auch durch eine in öffentlich beglaubigter Form abgegebene Erklärung über den Namen und die Anschrift des Inhabers des Nutzerkontos und des besonderen elektronischen Steuerberaterpostfachs erbracht werden, die die eindeutige Bezeichnung des besonderen elektronischen Steuerberaterpostfachs enthält.

(3) Für die Registrierung der Steuerberaterkammern und der Bundessteuerberaterkammer bei der Steuerberaterplattform gelten Absatz 1 Nummer 1 und Absatz 2 mit der Maßgabe entsprechend, dass eine vertretungsberechtigte Person zu identifizieren und zu authentisieren ist.

§ 5 Digitale Steuerberateridentität. (1) Steuerberater, Steuerbevollmächtigte und Berufsausübungsgesellschaften erhalten auf der Steuerberaterplattform ein Nutzerkonto, über das ihre Identität und ihre Berufsträgereigenschaft bereitgestellt wird (digitale Steuerberateridentität).

(2) Die digitale Steuerberateridentität wird für die besonderen elektronischen Steuerberaterpostfächer und die weiteren an die Steuerberaterplattform angeschlossenen Dienste bereitgestellt.

§ 6 Nutzung für hoheitliche elektronische Verwaltungsleistungen. [1]Die Bundessteuerberaterkammer und die Steuerberaterkammern können die Steuerberaterplattform für die Erfüllung ihrer Aufgaben nach dem Onlinezugangsgesetz nutzen. [2]Zu diesem Zweck können sie auch auf die digitale Steuerberateridentität zurückgreifen.

§ 7 Weitere Zugangsberechtigungen für das Nutzerkonto. (1) Wird für einen Steuerberater, einen Steuerbevollmächtigten oder eine Berufsausübungsgesellschaft ein Praxisabwickler, Praxistreuhänder oder Vertreter bestellt oder ein Zustellungsbevollmächtigter benannt, so räumt die Bundessteuerberaterkammer dieser Person für die Dauer ihrer Bestellung oder Benennung auf der Steuerberaterplattform einen Zugang zum Nutzerkonto der Person oder der Berufsausübungsgesellschaft ein, für die sie bestellt oder durch die sie benannt wurde.

(2) Zur Gewährung des Zugangs zum Nutzerkonto übermittelt die Steuerberaterkammer den Familiennamen und den oder die Vornamen sowie eine zustellungsfähige Anschrift des Praxisabwicklers, Praxistreuhänders, Vertreters oder Zustellungsbevollmächtigten an die Bundessteuerberaterkammer.

§ 8 Datensicherheit; unbefugter Zugriff. (1) Der Inhaber eines Nutzerkontos darf dieses keiner weiteren Person überlassen und hat die für ihn erstellten Zugangsdaten geheim zu halten.

(2) Der Inhaber eines Nutzerkontos hat unverzüglich alle erforderlichen Maßnahmen zu ergreifen, um einen unbefugten Zugriff auf sein Nutzerkonto zu verhindern, sofern Anhaltspunkte dafür bestehen, dass

1. Authentisierungsmittel in den Besitz einer unbefugten Person gelangt sind oder
2. einer unbefugten Person Zugangsdaten bekannt geworden sind.

(3) Die Bundessteuerberaterkammer hat einen Handlungsleitfaden für Fälle des unbefugten Zugriffs auf das Nutzerkonto zu erstellen und dauerhaft auf ihrer Internetseite zu veröffentlichen.

§ 9 Sperrung eines Nutzerkontos. (1) Sobald der Eintrag zu einer Person oder einer Berufsausübungsgesellschaft aus dem Berufsregister gelöscht wurde, übermittelt die Steuerberaterkammer der Bundessteuerberaterkammer unverzüglich

1. den Familiennamen und den oder die Vornamen sowie eine zustellungsfähige Anschrift dieser Person oder
2. den Namen oder die Firma sowie die Rechtsform und eine zustellungsfähige Anschrift dieser Berufsausübungsgesellschaft.

(2) [1]Die Bundessteuerberaterkammer sperrt in den Fällen des Absatzes 1 das Nutzerkonto der betreffenden Person oder Berufsausübungsgesellschaft auf der

Steuerberaterplattform. [2]Nach der Sperrung des Nutzerkontos besteht zu diesem kein Zugang mehr. [3]Die Zugangsberechtigung für Praxisabwickler und Praxistreuhänder nach § 7 bleibt unberührt.

(3) Die Absätze 1 und 2 gelten nicht, wenn der Inhaber eines Nutzerkontos von einer Steuerberaterkammer in eine andere wechselt.

§ 10 Löschung eines Nutzerkontos. (1) Gesperrte Nutzerkonten auf der Steuerberaterplattform werden nach Ablauf von sechs Monaten nach der Sperrung gelöscht.

(2) Ist für einen Steuerberater, einen Steuerbevollmächtigten oder eine Berufsausübungsgesellschaft ein Praxisabwickler oder Praxistreuhänder bestellt worden, so darf das gesperrte Nutzerkonto dieses Steuerberaters, dieses Steuerbevollmächtigten oder dieser Berufsausübungsgesellschaft nicht vor der Beendigung der Abwicklung oder des Treuhandverhältnisses gelöscht werden.

Abschnitt 2. Besonderes elektronisches Steuerberaterpostfach

§ 11 Zweck. (1) [1]Das besondere elektronische Steuerberaterpostfach dient der elektronischen Kommunikation der in das Steuerberaterverzeichnis eingetragenen Mitglieder der Steuerberaterkammern, der Steuerberaterkammern und der Bundessteuerberaterkammer mit den Gerichten auf einem sicheren Übermittlungsweg. [2]Ebenso dient es der elektronischen Kommunikation der Mitglieder der Steuerberaterkammern, der Steuerberaterkammern und der Bundessteuerberaterkammer untereinander.

(2) [1]Das besondere elektronische Steuerberaterpostfach kann auch zur elektronischen Kommunikation mit anderen Personen oder Stellen verwendet werden, soweit diese anderen Personen oder Stellen hierfür einen Zugang eröffnet haben. [2]Dies gilt nicht für die Kommunikation mit der Finanzverwaltung, soweit diese ein anderes sicheres elektronisches Verfahren für die Übermittlung von Nachrichten und Dokumenten zur Verfügung stellt.

(3) Die nach § 76a Absatz 2 des Steuerberatungsgesetzes in das Berufsregister eingetragenen Berufsausübungsgesellschaften stehen den Mitgliedern der Steuerberaterkammern gleich.

§ 12 Elektronische Adressatensuche. (1) Die Bundessteuerberaterkammer hat den Mitgliedern der Steuerberaterkammern, den nach § 76a Absatz 2 des Steuerberatungsgesetzes in das Berufsregister eingetragenen Berufsausübungsgesellschaften, den Steuerberaterkammern und sich selbst zum Zweck des Versendens von Nachrichten über das besondere elektronische Steuerberaterpostfach die elektronische Suche nach allen Personen und Stellen zu ermöglichen, die über das besondere elektronische Steuerberaterpostfach erreichbar sind.

(2) Die Bundessteuerberaterkammer hat zudem die Daten, die eine Suche im Sinne des Absatzes 1 ermöglichen, auch den Gerichten zugänglich zu machen.

(3) Die Bundessteuerberaterkammer kann die Daten auch anderen Personen und Stellen zugänglich machen, mit denen nach § 11 Absatz 2 eine Kommunikation ermöglicht wird.

§ 13 Führung der besonderen elektronischen Steuerberaterpostfächer. (1) [1]Die Bundessteuerberaterkammer hat die besonderen elektronischen Steuerberaterpostfächer auf der Grundlage des Protokollstandards „Online Services Computer Interface – OSCI" oder eines künftig nach dem Stand der Technik an dessen Stelle tretenden Standards zu betreiben. [2]Die Bundessteuerberaterkammer hat fortlaufend zu gewährleisten, dass die in § 11 Absatz 1 und 3 genannten Personen und Stellen miteinander sicher elektronisch kommunizieren können.

(2) Der Zugang zum besonderen elektronischen Steuerberaterpostfach soll barrierefrei im Sinne der Barrierefreie-Informationstechnik-Verordnung sein.

(3) Die Bundessteuerberaterkammer hat zu gewährleisten, dass

1. bei der Übermittlung eines Dokuments mit einer nicht-qualifizierten elektronischen Signatur auf einem sicheren Übermittlungsweg durch einen Steuerberater oder Steuerbevollmächtigten für den Empfänger feststellbar ist, dass die Nachricht von dem Steuerberater oder Steuerbevollmächtigten selbst versandt worden ist,
2. bei der Übermittlung eines Dokuments mit einer nicht-qualifizierten elektronischen Signatur auf einem sicheren Übermittlungsweg durch eine Berufsausübungsgesellschaft für den Empfänger feststellbar ist, dass die Nachricht durch einen Steuerberater, Steuerbevollmächtigten, Rechtsanwalt, Patentanwalt, Wirtschaftsprüfer oder vereidigten Buchprüfer versandt worden ist, der zur Vertretung der Berufsausübungsgesellschaft berechtigt ist, und
3. die besonderen elektronischen Steuerberaterpostfächer in ein Informationssicherheitsmanagementsystem eingebunden sind, das den Standards des Bundesamts für Sicherheit in der Informationstechnik entspricht, wobei sie insbesondere die aktuellen Standards der Informationssicherheit, der Betriebssicherheit, der Kryptographie einschließlich des Schlüsselmanagements sowie der Vorfalls- und Management-Anforderungen einzuhalten und die Vorgaben der Technischen Richtlinie BSI TR-03116-4 des Bundesamts für Sicherheit in der Informationstechnik in der jeweils geltenden Fassung zu beachten hat.

(4) § 1 Absatz 3 gilt entsprechend.

§ 14[1)] Einrichtung eines besonderen elektronischen Steuerberaterpostfachs. (1) [1]Die Bundessteuerberaterkammer richtet unverzüglich nach der Unterrichtung über die Eintragung einer Person oder einer Berufsausübungsgesellschaft in das Berufsregister für diese ein besonderes elektronisches Steuerberaterpostfach ein. [2]Sie informiert die Steuerberater, Steuerbevollmächtigten und Berufsausübungsgesellschaften über die Einrichtung des besonderen elektronischen Steuerberaterpostfachs.

(2) Absatz 1 gilt nicht, wenn die eingetragene Person oder Berufsausübungsgesellschaft von einer Steuerberaterkammer in eine andere wechselt.

(3) [1]Wird ein besonderes elektronisches Steuerberaterpostfach für eine Berufsausübungsgesellschaft eingerichtet, so hat die Berufsausübungsgesellschaft der Steuerberaterkammer die Familiennamen und Vornamen der vertretungs-

---

1) § 14 Abs. 4 eingef., bish. Absatz 4 wird Absatz 5 mWv 1.7.2023 durch VO v. 19.6.2023 (BGBl. I Nr. 157).

berechtigten Steuerberater, Steuerbevollmächtigten, Rechtsanwälte, Patentanwälte, Wirtschaftsprüfer und vereidigten Buchprüfer mitzuteilen, die befugt sein sollen, für die Berufsausübungsgesellschaft Dokumente mit einer nicht-qualifizierten elektronischen Signatur auf einem sicheren Übermittlungsweg zu versenden. 2 Die Berufsausübungsgesellschaft hat der Steuerberaterkammer unverzüglich jede Änderung der Vertretungsberechtigungen sowie der Namen der Vertretungsberechtigten mitzuteilen.

(4)[1] 1 Soll für eine weitere Beratungsstelle ein weiteres besonderes elektronisches Steuerberaterpostfach eingerichtet werden, so hat der Steuerberater, der Steuerbevollmächtigte oder die Berufsausübungsgesellschaft der Steuerberaterkammer den Familiennamen und den oder die Vornamen des Leiters der weiteren Beratungsstelle mitzuteilen, der befugt sein soll, für die weitere Beratungsstelle Dokumente mit einer nicht-qualifizierten elektronischen Signatur auf einem sicheren Übermittlungsweg zu versenden. 2 Eine solche Befugnis kann auch im Fall des § 34 Absatz 2 Satz 3 und 4 des Steuerberatungsgesetzes nur einer der in § 3 Satz 1 Nummer 1 des Steuerberatungsgesetzes genannten Personen erteilt werden. 3 Der Steuerberater, der Steuerbevollmächtigte oder die Berufsausübungsgesellschaft hat der Steuerberaterkammer unverzüglich jeden Wechsel des Leiters der weiteren Beratungsstelle mitzuteilen; dabei sind der Familienname und der oder die Vornamen des neuen Leiters der weiteren Beratungsstelle anzugeben. 4 Im Übrigen gelten für weitere besondere elektronische Steuerberaterpostfächer die §§ 11 bis 13, 15, 16, 18 und 19 Absatz 2 sowie die §§ 20 bis 22 und 23 Absatz 1 entsprechend.

(5)[1] Die Bundessteuerberaterkammer richtet für die Steuerberaterkammern und für sich besondere elektronische Steuerberaterpostfachfächer ein.

§ 15 Erstanmeldung am besonderen elektronischen Steuerberaterpostfach. (1) Die Erstanmeldung am besonderen elektronischen Steuerberaterpostfach erfolgt mittels

1. einer Identifizierung und Authentisierung im Sinne des § 4 Absatz 1 sowie
2. eines Registrierungstokens, den der Postfachinhaber von der Bundessteuerberaterkammer oder einer von ihr bestimmten Stelle erhält.

(2) 1 Der Postfachinhaber erzeugt bei der Erstanmeldung einen öffentlichen und einen privaten Schlüssel. 2 Der öffentliche Schlüssel wird in einem Verzeichnis der Bundessteuerberaterkammer abgelegt. 3 Der private Schlüssel ist vom Postfachinhaber eigenständig abzulegen. 4 Der private Schlüssel ist vom Postfachinhaber mit einem Passwort vor einer unbefugten Verwendung zu schützen (Zertifikats-Passwort).

(3) § 4 Absatz 2 gilt entsprechend.

§ 16 Weitere Zugangsberechtigungen für das besondere elektronische Steuerberaterpostfach. (1) 1 Der Postfachinhaber kann Dritten Zugang zu seinem besonderen elektronischen Steuerberaterpostfach gewähren, indem

[1] § 14 Abs. 4 eingef., bish. Abs. 4 wird Abs. 5 mWv 1.7.2023 durch VO v. 19.6.2023 (BGBl. I Nr. 157).

er ihnen den privaten Schlüssel und das Zertifikats-Passwort zur Verfügung stellt. 2 Das Zertifikats-Passwort darf nicht im Klartext überlassen werden.

(2) 1 Das Recht, Dokumente mit einer nicht-qualifizierten elektronischen Signatur auf einem sicheren Übermittlungsweg zu versenden, kann nicht auf andere Personen übertragen werden. 2 Dies gilt nicht für die Befugnis von Vertretern und Zustellungsbevollmächtigten, elektronische Empfangsbekenntnisse abzugeben. 3 Handelt es sich bei dem Postfachinhaber um eine Berufsausübungsgesellschaft, steht das Recht, Dokumente mit einer nicht-qualifizierten elektronischen Signatur für die Berufsausübungsgesellschaft auf einem sicheren Übermittlungsweg zu versenden, nur den vertretungsberechtigten Steuerberatern, Steuerbevollmächtigten, Rechtsanwälten, Patentanwälten, Wirtschaftsprüfern und vereidigten Buchprüfern zu und kann nicht auf andere Personen übertragen werden.

(3) Der Postfachinhaber kann die Zugangsberechtigungen für das besondere elektronische Steuerberaterpostfach jederzeit aufheben oder einschränken.

(4) Der Postfachinhaber hat durch geeignete technisch-organisatorische Maßnahmen sicherzustellen, dass der Zugang zu seinem besonderen elektronischen Steuerberaterpostfach nur den von ihm bestimmten Zugangsberechtigten in dem von ihm bestimmten Umfang möglich ist.

(5) 1 Der Postfachinhaber hat zu dokumentieren, welchen Personen er zu welchen Zeitpunkten Zugangsberechtigungen erteilt und entzogen hat. 2 Diese Dokumentation kann auch in einer sicheren, computergenerierten und zeitgestempelten elektronischen Aufzeichnung (Audit-Trail) eines Berechtigungsmanagementsystems einer Fachsoftware erfolgen, in die der private Schlüssel importiert wurde.

§ 17 Zugangsberechtigung für die besonderen elektronischen Steuerberaterpostfächer der Steuerberaterkammern und der Bundessteuerberaterkammer. (1) Die Steuerberaterkammern und die Bundessteuerberaterkammer bestimmen die natürlichen Personen, die Zugang zu ihrem besonderen elektronischen Steuerberaterpostfach erhalten sollen, und stellen diesen Personen den privaten Schlüssel und das Zertifikats-Passwort zur Verfügung.

(2) 1 Der Zugang zu den besonderen elektronischen Steuerberaterpostfächern der Steuerberaterkammern und der Bundessteuerberaterkammer erfolgt ausschließlich mithilfe des privaten Schlüssels und des Zertifikats-Passworts des Postfachinhabers. 2 § 16 Absatz 1 Satz 2 und Absatz 3 bis 5 gilt entsprechend.

§ 18 Anmeldung am besonderen elektronischen Steuerberaterpostfach; Übermittlung von Dokumenten mit nicht-qualifizierter Signatur. (1) Die Anmeldung des Postfachinhabers an seinem besonderen elektronischen Steuerberaterpostfach erfolgt mit dem privaten Schlüssel, der seinem besonderen elektronischen Steuerberaterpostfach zugeordnet ist, und dem zugehörigen Zertifikats-Passwort.

(2) 1 Personen, die zur Übermittlung von Dokumenten mit einer nicht-qualifizierten elektronischen Signatur auf sicheren Übermittlungsweg berech-

tigt sind, müssen sich beim Übermittlungsvorgang mittels des bei der Erstanmeldung nach § 15 Absatz 1 Nummer 1 genutzten Identifizierungsverfahrens authentisieren. [2]Bis zum 31. Dezember 2024 kann zur Authentisierung auch der Mitgliedsausweis der zuständigen Steuerberaterkammer genutzt werden.

§ 19 Praxisabwickler, Praxistreuhänder, Vertreter und Zustellungsbevollmächtigte. (1) [1]Wird für einen Steuerberater, einen Steuerbevollmächtigten oder eine Berufsausübungsgesellschaft ein Praxisabwickler oder Praxistreuhänder bestellt, übermittelt die Steuerberaterkammer der Bundessteuerberaterkammer unverzüglich dessen Familiennamen und den oder die Vornamen sowie seine zustellungsfähige Anschrift. [2]Die Bundessteuerberaterkammer räumt dieser Person für die Dauer ihrer Bestellung einen auf die Übersicht der eingegangenen Nachrichten beschränkten Zugang zum besonderen elektronischen Steuerberaterpostfach der Person oder der Berufsausübungsgesellschaft ein, für die sie bestellt wurde. [3]Dabei müssen für den Praxisabwickler oder Praxistreuhänder der Absender und der Eingangszeitpunkt der Nachricht einsehbar sein; der Betreff, der Text und die Anhänge der Nachricht dürfen nicht einsehbar sein. [4]Die Steuerberaterkammer unterrichtet die Bundessteuerberaterkammer unverzüglich über die Beendigung der Bestellung eines Praxisabwicklers oder Praxistreuhänders.

(2) [1]Hat es ein Steuerberater oder Steuerbevollmächtigter unterlassen, einem von ihm bestellten Vertreter oder einem von ihm benannten Zustellungsbevollmächtigten einen Zugang zu seinem besonderen elektronischen Steuerberaterpostfach einzuräumen, so hat die Bundessteuerberaterkammer dieser Person, wenn sie in das Berufsregister eingetragen ist, für die Dauer ihrer Bestellung oder Benennung auf Antrag einen auf die Übersicht der eingegangenen Nachrichten beschränkten Zugang zum besonderen elektronischen Steuerberaterpostfach des Steuerberaters oder Steuerbevollmächtigten einzuräumen, für den sie bestellt oder benannt wurde. [2]Wurde einer Person ein Zugang nach Satz 1 eingeräumt, so hat die Steuerberaterkammer die Bundessteuerberaterkammer unverzüglich über die Löschung der Eintragung der Person im Berufsregister zu informieren.

(3) Hat es eine Berufsausübungsgesellschaft unterlassen, einem von ihr benannten Zustellungsbevollmächtigten oder einem von ihr bestellten Vertreter einen Zugang zu ihrem besonderen elektronischen Steuerberaterpostfach einzuräumen, so gilt Absatz 2 entsprechend.

§ 20 Datensicherheit; unbefugter Zugriff. (1) Der Postfachinhaber darf den von ihm erzeugten privaten Schlüssel keiner unbefugten Person weitergeben und hat das dem privaten Schlüssel zugehörige Zertifikats-Passwort geheim zu halten.

(2) [1]Zugangsberechtigte, an die der private Schlüssel weitergegeben wird, dürfen diesen ihrerseits nicht weitergeben. [2]Der Postfachinhaber hat diejenigen Personen, denen er seinen privaten Schlüssel überlässt, hierüber zu belehren.

(3) [1]Der Postfachinhaber hat unverzüglich alle erforderlichen Maßnahmen zu ergreifen, um einen unbefugten Zugriff auf sein Postfach zu verhindern, sofern Anhaltspunkte dafür bestehen, dass

1. der von ihm erzeugte private Schlüssel in den Besitz einer unbefugten Person gelangt ist,
2. das dem privaten Schlüssel zugehörige Zertifikats-Passwort einer unbefugten Person bekannt geworden ist oder
3. sonst von einer Person auf das besondere elektronische Steuerberaterpostfach unbefugt zugegriffen werden könnte.

[2] Eine Maßnahme nach Satz 1 kann insbesondere die Beantragung der Sperrung des Postfachs bei der Bundessteuerberaterkammer sein.

(4) § 8 Absatz 3 gilt entsprechend.

§ 21 Automatisches Löschen von Nachrichten. (1) [1] Noch nicht abgerufene Nachrichten dürfen frühestens 90 Tage nach ihrem Eingang automatisch in den Papierkorb des besonderen elektronischen Steuerberaterpostfachs verschoben werden. [2] Abgerufene Nachrichten dürfen frühestens sieben Tage nach ihrem Abruf automatisch in den Papierkorb des besonderen elektronischen Steuerberaterpostfachs verschoben werden.

(2) Im Papierkorb des besonderen elektronischen Steuerberaterpostfachs befindliche Nachrichten dürfen frühestens nach 30 Tagen automatisch gelöscht werden.

§ 22 Sperrung des besonderen elektronischen Steuerberaterpostfachs. (1)[1)] [1] Die Bundessteuerberaterkammer sperrt ein besonderes elektronisches Steuerberaterpostfach, sobald

1. der Eintrag zum Postfachinhaber im Berufsregister gelöscht wurde oder
2. der Postfachinhaber die Sperrung beantragt hat.

[2] Ein für eine weitere Beratungsstelle eingerichtetes weiteres elektronisches Steuerberaterpostfach ist zudem zu sperren, sobald die weitere Beratungsstelle aufgegeben wird. [3] Die Steuerberaterkammer unterrichtet die Bundessteuerberaterkammer unverzüglich über die Löschung des Postfachinhabers aus dem Berufsregister. [4] Satz 1 Nummer 1 und Satz 3 gilt nicht, wenn der Postfachinhaber von einer Steuerberaterkammer in eine andere wechselt.

(2) [1] Nach der Sperrung des besonderen elektronischen Steuerberaterpostfachs besteht zu diesem kein Zugang mehr. [2] Die Zugangsberechtigung für Praxisabwickler und Praxistreuhänder nach § 19 Absatz 1 bleibt unberührt.

(3) Gesperrte besondere elektronische Steuerberaterpostfächer dürfen nicht adressierbar sein.

(4) Sofern die Sperrung aufgrund eines Antrags des Postfachinhabers erfolgt ist, ist sie auf dessen Antrag wieder aufzuheben.

§ 23 Löschung des besonderen elektronischen Steuerberaterpostfachs. (1) Gesperrte besondere elektronische Steuerberaterpostfächer werden

---

1) § 22 Abs. 1 Satz 2 eingef., bish. Sätze 2 und 3 werden Sätze 3 und 4 und neuer Satz 4 geänd. mWv 1.7.2023 durch VO v. 19.6.2023 (BGBl. I Nr. 157).

einschließlich der darin gespeicherten Nachrichten nach Ablauf von sechs Monaten nach der Sperrung gelöscht.

(2) Ist für einen Steuerberater, einen Steuerbevollmächtigten oder eine Berufsausübungsgesellschaft ein Praxisabwickler oder Praxistreuhänder bestellt worden, so darf das gesperrte besondere elektronische Steuerberaterpostfach dieses Steuerberaters, dieses Steuerbevollmächtigten oder dieser Berufsausübungsgesellschaft nicht vor der Beendigung der Abwicklung oder des Treuhandverhältnisses gelöscht werden.

Abschnitt 3. Inkrafttreten

§ 24 Inkrafttreten. Diese Verordnung tritt am 1. Januar 2023 in Kraft.

850. Gesetz über eine Berufsordnung der Wirtschaftsprüfer (Wirtschaftsprüferordnung – WPO)[1)]

In der Fassung der Bekanntmachung vom 5. November 1975 (BGBl. I S. 2803)

Geändert durch Gesetz zur Bereinigung wirtschaftsrechtlicher Vorschriften vom 27.2.1985 (BGBl. I S. 457), Bilanzrichtlinien-Gesetz vom 19.12.1985 (BGBl. I S. 2355), Erstes Gesetz zur Bereinigung des Verwaltungsverfahrensrechts vom 18.2.1986 (BGBl. I S. 265), Erstes Rechtsbereinigungsgesetz vom 24.4.1986 (BGBl. I S. 560), Zweites Gesetz zur Änderung der Wirtschaftsprüferordnung vom 20.7.1990 (BGBl. I S. 1462), Einigungsvertrag vom 31.8.1990 (BGBl. II S. 889, 998), Rechtspflege-Vereinfachungsgesetz vom 17.12.1990 (BGBl. I S. 2847), EWR-Ausführungsgesetz vom 27.4.1993 (BGBl. I S. 512, 2436), Drittes Gesetz zur Änderung der Wirtschaftsprüferordnung vom 15.7.1994 (BGBl. I S. 1569), Gesetz zur Schaffung von Partnerschaftsgesellschaften und zur Änderung anderer Gesetze vom 25.7.1994 (BGBl. I S. 1744), Gesetz zu dem Übereinkommen vom 15. April 1994 zur Errichtung der Welthandelsorganisation vom 30.8.1994 (BGBl. II S. 1438), Einführungsgesetz zur Insolvenzordnung vom 5.10.1994 (BGBl. I S. 2911, geänd. durch Gesetz zur Änderung des Einführungsgesetzes zur Insolvenzordnung und anderer Gesetze vom 19.12.1998, BGBl. I S. 3836), Gesetz zur Kontrolle und Transparenz im Unternehmensbereich vom 27.4.1998 (BGBl. I S. 786), Drittes Gesetz zur Änderung der Bundesnotarordnung und anderer Gesetze vom 31.8.1998 (BGBl. I S. 2585), Gesetz zur Änderung der Bundesrechtsanwaltsordnung, der Patentanwaltsordnung und anderer Gesetze vom 31.8.1998 (BGBl. I S. 2600), Kapitalgesellschaften- und Co-Richtlinie-Gesetz vom 24.2.2000 (BGBl. I S. 154), Wirtschaftsprüferordnungs-Änderungsgesetz vom 19.12.2000 (BGBl. I S. 1769), Gesetz zur Beendigung der Diskriminierung gleichgeschlechtlicher Gemeinschaften vom 16.2.2001 (BGBl. I S. 266), Euro-Bilanzgesetz vom 10.12.2001 (BGBl. I S. 3414), Gesetz zur Änderung der Strafprozessordnung vom 15.2.2002 (BGBl. I S. 682), Gesetz zur Gleichstellung behinderter Menschen und zur Änderung anderer Gesetze vom 27.4.2002 (BGBl. I S. 1467), Drittes Gesetz zur Änderung verwaltungsverfahrensrechtlicher Vorschriften vom 21.8.2002 (BGBl. I S. 3322), Gesetz zur Änderung des Gesetzes über die Tätigkeit europäischer Rechtsanwälte in Deutschland und weiterer berufsrechtlicher Vorschriften für Rechts- und Patentanwälte, Steuerberater und Wirtschaftsprüfer vom 26.10.2003 (BGBl. I S. 2074), Achte Zuständigkeitsanpassungsverordnung vom 25.11.2003 (BGBl. I S. 2304), Wirtschaftsprüfungsexamens-Reformgesetz vom 1.12.2003 (BGBl. I S. 2446)[2)], Kostenrechtsmodernisierungsgesetz vom 5.5.2004 (BGBl. I S. 718), Kommunales Optionsgesetz vom 30.7.2004 (BGBl. I S. 2014), Bilanzkontrollgesetz vom 15.12.2004 (BGBl. I S. 3408), Gesetz zur Vereinfachung und Vereinheitlichung der Verfahrensvorschriften zur Wahl und Berufung ehrenamtlicher Richter vom 21.12.2004 (BGBl. I S. 3599), Abschlussprüferaufsichtsgesetz vom 27.12.2004 (BGBl. I S. 3846), Neunte Zuständigkeitsanpassungsverordnung vom 31.10.2006 (BGBl. I S. 2407), 2. Justizmodernisierungsgesetz vom 22.12.2006 (BGBl. I S. 3416), Berufsaufsichtsreformgesetz vom 3.9.2007 (BGBl. I S. 2178), Gesetz zur Reform des Versicherungsvertragsrechts vom 23.11.2007 (BGBl. I S. 2631), Gesetz zur Neuregelung des Verbots der Vereinbarung von Erfolgshonoraren vom 12.6.2008 (BGBl. I S. 1000), FGG-Reformgesetz vom 17.12.2008 (BGBl. I S. 2586), Bilanzrechtsmodernisierungsgesetz vom 25.5.2009 (BGBl. I S. 1102), Gesetz zur Umsetzung der Dienstleistungsrichtlinie im Gewerberecht und in weiteren Rechtsvorschriften vom 17.7.2009 (BGBl. I S. 2091), Gesetz zur Reform der Sachaufklärung in der Zwangsvollstreckung vom 29.7.2009 (BGBl. I S. 2258), Gesetz zur Änderung des Untersuchungshaftrechts vom 29.7.2009 (BGBl. I S. 2274), Viertes Gesetz zur Änderung der Wirtschaftsprüferordnung

---

1) Neubekanntmachung der Wirtschaftsprüferordnung v. 24.7.1961 auf Grund des Artikels 6 des G zur Änderung der Wirtschaftsprüferordnung und anderer G v. 20.8.1975 (BGBl. I S. 2258) unter Berücksichtigung des G v. 24.7.1961 (BGBl. I S. 1049).

2) In Kraft ab 1.1.2004. Siehe Übergangsregelungen in §§ 134 ff.

vom 2.12.2010 (BGBl. I S. 1746), Gesetz zur Umsetzung der Dienstleistungsrichtlinie in der Justiz und zur Änderung weiterer Vorschriften vom 22.12.2010 (BGBl. I S. 2248), Gesetz zur Verbesserung der Feststellung und Anerkennung im Ausland erworbener Berufsqualifikationen vom 6.12.2011 (BGBl. I S. 2515), Gesetz zur Stärkung der Rechte von Opfern sexuellen Missbrauchs (StORMG) vom 26.6.2013 (BGBl. I S. 1805), Gesetz zur Einführung einer Partnerschaftsgesellschaft mit beschränkter Berufshaftung und zur Änderung des Berufsrechts der Rechtsanwälte, Patentanwälte, Steuerberater und Wirtschaftsprüfer vom 15.7.2013 (BGBl. I S. 2386), Gesetz zur Strukturreform des Gebührenrechts des Bundes vom 7.8.2013 (BGBl. I S. 3154), Gesetz zur Änderung des Prozesskostenhilfe- und Beratungshilferechts vom 31.8.2013 (BGBl. I S. 3533), Zehnte Zuständigkeitsanpassungsverordnung vom 31.8.2015 (BGBl. I S. 1474), Abschlussprüferaufsichtsreformgesetz (APAReG) vom 31.3.2016 (BGBl. I S. 518)[1)], Abschlussprüfungsreformgesetz (AReG) vom 10.5.2016 (BGBl. I S. 1142), Zweites Gesetz zur Novellierung von Finanzmarktvorschriften auf Grund europäischer Rechtsakte (Zweites Finanzmarktnovellierungsgesetz – 2. FiMaNoG) vom 23.6.2017 (BGBl. I S. 1693), Gesetz zur Umsetzung der Vierten EU-Geldwäscherichtlinie, zur Ausführung der EU-Geldtransferverordnung und zur Neuorganisation der Zentralstelle für Finanztransaktionsuntersuchungen vom 23.6.2017 (BGBl. I S. 1822), Gesetz zur Umsetzung der Zweiten Zahlungsdiensterichtlinie vom 17.7.2017 (BGBl. I S. 2446), Gesetz zur Neuregelung des Schutzes von Geheimnissen bei der Mitwirkung Dritter an der Berufsausübung schweigepflichtiger Personen vom 30.10.2017 (BGBl. I S. 3618), Zweites Gesetz zur Anpassung des Datenschutzrechts an die Verordnung (EU) 2016/679 und zur Umsetzung der Richtlinie (EU) 2016/680 (Zweites Datenschutz-Anpassungs- und Umsetzungsgesetz EU – 2. DSAnp-UG-EU) vom 20.11.2019 (BGBl. I S. 1626), Gesetz zur Umsetzung der Verhältnismäßigkeitsrichtlinie (Richtlinie (EU) 2018/958) im Bereich öffentlich-rechtlicher Körperschaften vom 19.6.2020 (BGBl. I S. 1403), Gesetz zur Reform des Vormundschafts- und Betreuungsrechts vom 4.5.2021 (BGBl. I S. 882) und Finanzmarktintegritätsstärkungsgesetz (FISG) vom 3.6.2021 (BGBl. I S. 1534), Gesetz zur Modernisierung des notariellen Berufsrechts und zur Änderung weiterer Vorschriften vom 25.6.2021 (BGBl. I S. 2154), Gesetz zur Neuregelung des Berufsrechts der anwaltlichen und steuerberatenden Berufsausübungsgesellschaften sowie zur Änderung weiterer Vorschriften im Bereich der rechtsberatenden Berufe vom 7.7.2021 (BGBl. I S. 2363), Gesetz zur Förderung verbrauchergerechter Angebote im Rechtsdienstleistungsmarkt vom 10.8.2021 (BGBl. I S. 3415), Gesetz zur Modernisierung des Personengesellschaftsrechts (Personengesellschaftsrechtsmodernisierungsgesetz – MoPeG) vom 10.8.2021 (BGBl. I S. 3436), Gesetz zur Stärkung der Aufsicht bei Rechtsdienstleistungen und zur Änderung weiterer Vorschriften vom 10.3.2023 (BGBl. I Nr. 64) und Gesetz zur Umsetzung der Richtlinie (EU) 2021/2101 im Hinblick auf die Offenlegung von Ertragsteuerinformationen durch bestimmte Unternehmen und Zweigniederlassungen sowie zur Änderung des Verbraucherstreitbeilegungsgesetzes und des Pflichtversicherungsgesetzes v. 19.6.2023 (BGBl. I Nr. 154)

BGBl. III/FNA 702-1

Inhaltsübersicht

Erster Teil. Allgemeine Vorschriften §§

[1)] **[Amtl. Anm.:]** Dieses Gesetz dient der Umsetzung der Richtlinie 2014/56/EU des Europäischen Parlaments und des Rates vom 16. April 2014 zur Änderung der Richtlinie 2006/43/EG über Abschlussprüfungen von Jahresabschlüssen und konsolidierten Abschlüssen (ABl. L 158 vom 27.5.2014, S. 196) sowie der Ausführung der Verordnung (EU) Nr. 537/2014 des Europäischen Parlaments und des Rates vom 16. April 2014 über spezifische Anforderungen an die Abschlussprüfung bei Unternehmen von öffentlichem Interesse und zur Aufhebung des Beschlusses 2005/909/EG der Kommission (ABl. L 158 vom 27.5.2014, S. 77).

(Fortsetzung nächstes Blatt)

(5) *(aufgehoben)*

(6)[1] [1] Sind Berufsangehörige wegen einer psychischen Krankheit oder einer körperlichen, geistigen oder seelischen Behinderung zur Wahrnehmung ihrer Rechte in dem Verfahren nicht in der Lage, bestellt das Betreuungsgericht auf Antrag der Wirtschaftsprüferkammer einen Betreuer als gesetzlichen Vertreter in dem Verfahren; die Vorschriften des Gesetzes über das Verfahren in Familiensachen und in den Angelegenheiten der freiwilligen Gerichtsbarkeit bei der Anordnung einer Betreuung nach den §§ 1814 bis 1881 des Bürgerlichen Gesetzbuches sind entsprechend anzuwenden. [2] Zum Betreuer soll ein Berufsangehöriger oder eine Berufsangehörige bestellt werden.

(7) [1] Entfällt die aufschiebende Wirkung einer Anfechtungsklage, sind § 116 Abs. 2 bis 4, § 117 Abs. 2 und § 121 entsprechend anzuwenden. [2] Die Anfechtungsklage gegen einen Widerruf aus den Gründen des Absatzes 2 Nr. 4 hat keine aufschiebende Wirkung.

§ 20a[2] Ärztliches Gutachten im Widerrufsverfahren. [1] Im Verfahren wegen des Widerrufs der Bestellung nach § 20 Abs. 2 Nr. 3 ist § 16a Abs. 1 und 2 entsprechend anzuwenden. [2] Wird das Gutachten ohne zureichenden Grund nicht innerhalb der von der Wirtschaftsprüferkammer gesetzten Frist vorgelegt, wird vermutet, daß der oder die Berufsangehörige aus dem Grund des § 20 Abs. 2 Nr. 3, der durch das Gutachten geklärt werden soll, nicht nur vorübergehend unfähig ist, seinen Beruf ordnungsgemäß auszuüben.

§ 21[3] Zuständigkeit. Über die Rücknahme und den Widerruf der Bestellung entscheidet die Wirtschaftsprüferkammer.

§ 22.[4] (weggefallen)

§ 23[5] Wiederbestellung. (1) Ein ehemaliger Wirtschaftsprüfer kann wiederbestellt werden, wenn

1. die Bestellung nach § 19 Abs. 1 Nr. 2 erloschen ist;
2. im Falle des Erlöschens der Bestellung nach § 19 Abs. 1 Nr. 3 die unanfechtbare Ausschließung aus dem Beruf im Gnadenwege aufgehoben worden ist oder seit der unanfechtbaren Ausschließung mindestens acht Jahre verstrichen sind;

---

[1] § 20 Abs. 6 Satz 1 geänd. mWv 1.1.2023 durch G v. 4.5.2021 (BGBl. I S. 882).

[2] § 20a eingef. mWv 1.1.1995 durch G v. 15.7.1994 (BGBl. I S. 1569); Satz 2 geänd. mWv 1.1.2002 durch G v. 19.12.2000 (BGBl. I S. 1769); Satz 1 Verweis geänd. mWv 6.9.2007 durch G v. 3.9.2007 (BGBl. I S. 2178); Satz 2 geänd. mWv 17.6.2016 durch G v. 31.3.2016 (BGBl. I S. 518).

[3] § 21 neu gef. mWv 1.1.2002 durch G v. 19.12.2000 (BGBl. I S. 1769).

[4] § 22 aufgeh. mWv 1.1.2002 durch G v. 19.12.2000 (BGBl. I S. 1769).

[5] § 23 Abs. 3 Satz 3 angef., Abs. 4 Satz 1 geänd. mWv 1.1.2001 durch G v. 19.12.2000 (BGBl. I S. 1769); Abs. 2 aufgeh., bish. Abs. 3 und 4 werden Abs. 2 und 3, neuer Abs. 2 Sätze 2 und 3 geänd. und Satz 4 angef., neuer Abs. 3 Satz 2 aufgeh. mWv 1.1.2002 durch G v. 19.12.2000 (BGBl. I S. 1769); Abs. 1 Nr. 3 geänd., Abs. 2 Satz 3 aufgeh., bish. Satz 4 wird Satz 3 mWv 1.1.2004 durch G v. 1.12.2003 (BGBl. I S. 2446); Abs. 1 Nr. 2 geänd. mWv 17.6.2016 durch G v. 31.3.2016 (BGBl. I S. 518).

3. die Bestellung zurückgenommen oder widerrufen ist und die Gründe, die für die Rücknahme oder den Widerruf maßgeblich gewesen sind, nicht mehr bestehen.

(2) [1] Eine erneute Prüfung ist nicht erforderlich. [2] Die Wirtschaftsprüferkammer kann im Einzelfall anordnen, daß sich der Bewerber der Prüfung oder Teilen derselben zu unterziehen hat, wenn die pflichtgemäße Ausübung des Berufes sonst nicht gewährleistet erscheint. [3] Für das Prüfungsverfahren gelten die §§ 7 und 12 sinngemäß.

(3) Die Wiederbestellung ist zu versagen, wenn die Voraussetzungen für die Wiederbestellung unter sinngemäßer Anwendung des § 16 nicht vorliegen.

§ 24.[1)] (weggefallen)

Vierter Abschnitt.[2)] (weggefallen)

§§ 25 und 26.[3)] (weggefallen)

Fünfter Abschnitt. Wirtschaftsprüfungsgesellschaften

§ 27[4)] **Rechtsform.** Europäische Gesellschaften, Gesellschaften nach deutschem Recht oder Gesellschaften in einer nach dem Recht eines Mitgliedstaats der Europäischen Union oder eines Vertragsstaats des Abkommens über den Europäischen Wirtschaftsraum zulässigen Rechtsform können nach Maßgabe der Vorschriften dieses Abschnitts als Wirtschaftsprüfungsgesellschaften anerkannt werden.

§ 28[5)] **Voraussetzungen für die Anerkennung.** (1) [1] Voraussetzung für die Anerkennung ist, dass die Mehrheit der Mitglieder des Vorstandes, der Geschäftsführer und Geschäftsführerinnen, der persönlich haftenden Gesellschafter und Gesellschafterinnen, der geschäftsführenden Direktoren und Direktorinnen oder der Partner und Partnerinnen (gesetzliche Vertreter) Berufs-

---

[1)] § 24 aufgeh. mWv 1.1.2002 durch G v. 19.12.2000 (BGBl. I S. 1769).

[2)] Vierter Abschnitt aufgeh. mWv 1.1.2001 durch G v. 19.12.2000 (BGBl. I S. 1769).

[3)] §§ 25, 26 aufgeh. mWv 1.1.2001 durch G v. 19.12.2000 (BGBl. I S. 1769).

[4)] § 27 Abs. 1 geänd. durch G v. 25.7.1994 (BGBl. I S. 1744); Abs. 1 geänd. mWv 6.9.2007 durch G v. 3.9.2007 (BGBl. I S. 2178); Abs. 1 neu gef. mWv 17.6.2016 durch G v. 31.3.2016 (BGBl. I S. 518); Abs. 2 aufgeh., Abs. 1 Absatzzählung gestrichen mWv 1.8.2022 durch G v. 7.7.2021 (BGBl. I S. 2363).

[5)] § 28 Abs. 1 Satz 2 und Abs. 2 neu gef. mWv 1.1.1995 durch G v. 15.7.1994 (BGBl. I S. 1569), Abs. 1 Sätze 1 und 2, Abs. 3 Satz 1, Abs. 4 Satz 1 Nr. 1 und Abs. 6 Satz 1 geänd., Abs. 2, Abs. 3 Satz 2 und Abs. 6 Satz 2 neu gef., Abs. 3 Satz 4 angef. mWv 1.1.2001 durch G v. 19.12.2000 (BGBl. I S. 1769), Abs. 2 Satz 2, Abs. 3 Satz 1 geänd. mWv 1.1.2002 durch G v. 19.12.2000 (BGBl. I S. 1769); Abs. 2 Satz 2 geänd., Abs. 4 Satz 1 Nr. 1 neu gef., Nrn. 1a und 3a eingef. mWv 1.1.2004 durch G v. 1.12.2003 (BGBl. I S. 2446); Abs. 1 bis 3 neu gef., Abs. 4 Satz 1 Nrn. 1, 3 bis 6 geänd. mWv 6.9.2007 durch G v. 3.9.2007 (BGBl. I S. 2178); Abs. 1 Sätze 1–3, Abs. 2 Satz 1, Abs. 3 Satz 1, Abs. 4 Satz 1 Nr. 1, 3, 4–6 geänd. mWv 29.5.2009 durch G v. 25.5.2009 (BGBl. I S. 1102); Abs. 1 Sätze 1–3, Abs. 2 Satz 1, Abs. 3 Satz 1, Abs. 4 Satz 1 Nr. 1, 3–6 geänd. mWv 17.6.2016 durch G v. 31.3.2016 (BGBl. I S. 518).

angehörige oder EU- oder EWR-Abschlussprüfer sind. [2]Persönlich haftende Gesellschafter und Gesellschafterinnen können auch Wirtschaftsprüfungsgesellschaften oder EU- oder EWR-Abschlussprüfungsgesellschaften sein. [3]Hat die Gesellschaft nur zwei gesetzliche Vertreter, so muss einer von ihnen Berufsangehöriger oder EU- oder EWR-Abschlussprüfer sein. [4]Mindestens eine in den Sätzen 1 bis 3 genannte Person oder Gesellschaft muss ihre berufliche Niederlassung am Sitz der Gesellschaft haben.

(2) [1]Neben Berufsangehörigen, Wirtschaftsprüfungsgesellschaften, EU- oder EWR-Abschlussprüfern und EU- oder EWR-Abschlussprüfungsgesellschaften sind vereidigte Buchprüfer und vereidigte Buchprüferinnen, Steuerberater und Steuerberaterinnen sowie Rechtsanwälte und Rechtsanwältinnen berechtigt, gesetzliche Vertreter von Wirtschaftsprüfungsgesellschaften zu sein. [2]Dieselbe Berechtigung kann die Wirtschaftsprüferkammer besonders befähigten Personen, die nicht in Satz 1 genannt werden und die einen mit dem Beruf des Wirtschaftsprüfers und der Wirtschaftsprüferin zu vereinbarenden Beruf ausüben, auf Antrag erteilen.

(3) [1]Die Wirtschaftsprüferkammer kann genehmigen, dass Personen, die in einem Drittstaat als sachverständige Prüfer oder Prüferinnen ermächtigt oder bestellt sind, neben Berufsangehörigen und EU- oder EWR-Abschlussprüfern gesetzliche Vertreter von Wirtschaftsprüfungsgesellschaften sein können, wenn die Voraussetzungen für ihre Ermächtigung oder Bestellung den Vorschriften dieses Gesetzes im Wesentlichen entsprechen. [2]Diejenigen sachverständigen, in einem Drittstaat ermächtigten oder bestellten Prüfer und Prüferinnen, die als persönlich haftende Gesellschafter oder Gesellschafterinnen von der Geschäftsführung ausgeschlossen sind, bleiben unberücksichtigt. [3]Die Sätze 1 und 2 gelten entsprechend für Rechtsanwälte und Rechtsanwältinnen, Patentanwälte und Patentanwältinnen sowie Steuerberater und Steuerberaterinnen anderer Staaten, wenn diese einen nach Ausbildung und Befugnissen der Bundesrechtsanwaltsordnung, der Patentanwaltsordnung oder des Steuerberatungsgesetzes entsprechenden Beruf ausüben.

(4) [1]Voraussetzung für die Anerkennung ist ferner, daß

1. Gesellschafter ausschließlich Berufsangehörige, Wirtschaftsprüfungsgesellschaften, welche die Voraussetzungen dieses Absatzes erfüllen, EU- oder EWR-Abschlussprüfer, EU- oder EWR-Abschlussprüfungsgesellschaften oder Personen nach Nummer 1a sind;

1a. Gesellschafter vereidigte Buchprüfer oder vereidigte Buchprüferinnen, Steuerberater oder Steuerberaterinnen, Steuerbevollmächtigte, Rechtsanwälte oder Rechtsanwältinnen, Personen, mit denen eine gemeinsame Berufsausübung nach § 44b Abs. 2 zulässig ist, oder Personen sind, deren Tätigkeit als Vorstandsmitglied, Geschäftsführer oder Geschäftsführerin, Partner oder Partnerin oder persönlich haftender Gesellschafter oder persönlich haftende Gesellschafterin nach Absatz 2 oder 3 genehmigt worden ist, und mindestens die Hälfte der Anzahl der in dieser Nummer genannten Personen in der Gesellschaft tätig ist;

2. die Anteile an der Wirtschaftsprüfungsgesellschaft nicht für Rechnung eines Dritten gehalten werden;

3. bei Kapitalgesellschaften die Mehrheit der Anteile Wirtschaftsprüfern oder Wirtschaftsprüfungsgesellschaften, die die Voraussetzungen dieses Absatzes erfüllen, EU- oder EWR-Abschlussprüfern oder EU- oder EWR-Abschlussprüfungsgesellschaften gehört;

3a. bei Kapitalgesellschaften, Kommanditgesellschaften und Kommanditgesellschaften auf Aktien denjenigen Personen nach Nummer 1a, die nicht in der Gesellschaft tätig sind, weniger als ein Viertel der Anteile am Nennkapital oder der im Handelsregister eingetragenen Einlagen der Kommanditisten gehören (einfache Minderheitenbeteiligung);

4. bei Kommanditgesellschaften die Mehrheit der im Handelsregister eingetragenen Einlagen der Kommanditisten von Wirtschaftsprüfern oder Wirtschaftsprüfungsgesellschaften, die die Voraussetzungen dieses Absatzes erfüllen, von EU- oder EWR-Abschlussprüfern oder EU- oder EWR-Abschlussprüfungsgesellschaften übernommen worden ist;

5. Wirtschaftsprüfern oder Wirtschaftsprüfungsgesellschaften, die die Voraussetzungen dieses Absatzes erfüllen, EU- oder EWR-Abschlussprüfern oder EU- oder EWR-Abschlussprüfungsgesellschaften zusammen die Mehrheit der Stimmrechte der Aktionäre, Kommanditaktionäre, Gesellschafter einer Gesellschaft mit beschränkter Haftung oder Kommanditisten zusteht und

6. im Gesellschaftsvertrag bestimmt ist, daß zur Ausübung von Gesellschafterrechten nur Gesellschafter bevollmächtigt werden können, die Berufsangehörige oder EU- oder EWR-Abschlussprüfer sind.

[2] Haben sich Berufsangehörige im Sinne von Satz 1 Nr. 1 zu einer *Gesellschaft bürgerlichen Rechts* [***ab 1.1.2024:*** rechtsfähigen Personengesellschaft][1)] zusammengeschlossen, deren Zweck ausschließlich das Halten von Anteilen an einer Wirtschaftsprüfungsgesellschaft ist, so werden ihnen die Anteile an der Wirtschaftsprüfungsgesellschaft im Verhältnis ihrer Beteiligung an der *Gesellschaft bürgerlichen Rechts* [***ab 1.1.2024:*** rechtsfähigen Personengesellschaft][1)] zugerechnet. [3] Stiftungen und eingetragene Vereine gelten als Berufsangehörige im Sinne von Satz 1 Nr. 1, wenn

a) sie ausschließlich der Altersversorgung von in der Wirtschaftsprüfungsgesellschaft tätigen Personen und deren Hinterbliebenen dienen oder ausschließlich die Berufsausbildung, Berufsfortbildung oder die Wissenschaft fördern und

b) die zur gesetzlichen Vertretung berufenen Organe mehrheitlich aus Wirtschaftsprüfern bestehen.

(5) [1] Bei Aktiengesellschaften und Kommanditgesellschaften auf Aktien müssen die Aktien auf Namen lauten. [2] Die Übertragung muß an die Zustimmung der Gesellschaft gebunden sein. [3] Dasselbe gilt für die Übertragung von Geschäftsanteilen an einer Gesellschaft mit beschränkter Haftung.

(6) [1] Bei Gesellschaften mit beschränkter Haftung muß das Stammkapital mindestens fünfundzwanzigtausend Euro betragen. [2] Bei Aktiengesellschaften, Kommanditgesellschaften auf Aktien und Gesellschaften mit beschränkter

---

[1)] Geänd. **mWv 1.1.2024 durch MoPeG** v. 10.8.2021 (BGBl. I S. 3436).

Haftung muss bei Antragstellung nachgeweisen werden, dass der Wert der einzelnen Vermögensgegenstände abzüglich der Schulden mindestens dem gesetzlichen Mindestbetrag des Grund- oder Stammkapitals enspricht.

(7) Die Anerkennung muß versagt werden, solange nicht die vorläufige Deckungszusage auf den Antrag zum Abschluß einer Berufshaftpflichtversicherung vorliegt.

§ 29[1)] **Zuständigkeit und Verfahren.** (1) Zuständig für die Anerkennung als Wirtschaftsprüfungsgesellschaft ist die Wirtschaftsprüferkammer.

(2) Die Wirtschaftsprüferkammer kann als Nachweis der Anerkennungsvoraussetzungen geeignete Belege, Ausfertigungen oder öffentlich beglaubigte Abschriften anfordern.

(3) Über die Anerkennung als Wirtschaftsprüfungsgesellschaft wird eine Urkunde ausgestellt.

§ 30[2)] **Änderungsanzeige.** [1]Jede Änderung des Gesellschaftsvertrages oder der Satzung oder in der Person der gesetzlichen Vertreter ist der Wirtschaftsprüferkammer unverzüglich anzuzeigen. [2]Die Wirtschaftsprüferkammer kann als Nachweis der Änderung geeignete Belege, Ausfertigungen oder öffentlich beglaubigte Abschriften anfordern. [3]Wird die Änderung im Handelsregister oder Partnerschaftsregister eingetragen, ist eine öffentlich beglaubigte Abschrift der Eintragung nachzureichen.

§ 31[3)] **Bezeichnung „Wirtschaftsprüfungsgesellschaft".** Die anerkannte Gesellschaft ist verpflichtet, die Bezeichnung „Wirtschaftsprüfungsgesellschaft" in die Firma oder den Namen aufzunehmen und im beruflichen Verkehr zu führen. [***bis 31.12.2023:*** *[2]Für eine Partnerschaftsgesellschaft entfällt die Pflicht nach § 2 Abs. 1 des Partnerschaftsgesellschaftsgesetzes vom 25. Juli 1994 (BGBl. I S. 1744), zusätzlich die Berufsbezeichnungen aller in der Partnerschaft vertretenen Berufe in den Namen aufzunehmen.*]

§ 32[4)] **Bestätigungsvermerke.** [1]Erteilen Wirtschaftsprüfungsgesellschaften gesetzlich vorgeschriebene Bestätigungsvermerke, so dürfen diese nur von Wirtschaftsprüfern unterzeichnet werden; sie dürfen auch von vereidigten Buchprüfern unterzeichnet werden, soweit diese gesetzlich befugt sind, Bestätigungsvermerke zu erteilen. [2]Gleiches gilt für sonstige Erklärungen im Rahmen von Tätigkeiten, die den Berufsangehörigen gesetzlich vorbehalten sind.

---

1) § 29 neu gef. mWv. 1.1.2002 durch G v. 19.12.2000 (BGBl. I S. 1769); Abs. 3 Satz 2 angef. mWv 1.2.2003 durch G v. 21.8.2002 (BGBl. I S. 3322); Abs. 2 neu gef., Abs. 3 Satz 2 aufgeh. mWv 17.6.2016 durch G v. 31.3.2016 (BGBl. I S. 518).

2) § 30 neu gef. mWv 1.1.2002 durch G v. 19.12.2000 (BGBl. I S. 1769); Satz 2 neu gef. mWv 17.6.2016 durch G v. 31.3.2016 (BGBl. I S. 518).

3) § 31 Satz 2 aufgeh., bish. Satz 1 wird § 31 **mWv 1.1.2024 durch MoPeG** v. 10.8.2021 (BGBl. I S. 3436).

4) § 32 neu gef. mWv 1.1.1995 durch G v. 15.7.1994 (BGBl. I S. 1569); Satz 2 angef., bish. Wortlaut wird Satz 1 mWv 6.9.2007 durch G v. 3.9.2007 (BGBl. I S. 2178).

§ 33[1)] Erlöschen der Anerkennung. (1) Die Anerkennung erlischt durch

1. Auflösung der Gesellschaft,
2. Verzicht auf die Anerkennung.

(2) [1]Der Verzicht ist schriftlich gegenüber der Wirtschaftsprüferkammer zu erklären. [2]Die Auflösung der Gesellschaft ist der Wirtschaftsprüferkammer unverzüglich anzuzeigen.

§ 34[2)] Rücknahme und Widerruf der Anerkennung. (1) Die Anerkennung ist zurückzunehmen oder zu widerrufen, wenn

1. für die Person eines Vorstandsmitgliedes, Geschäftsführers, persönlich haftenden Gesellschafters oder Partners die Bestellung zurückgenommen oder widerrufen ist, es sei denn, daß jede Vertretungs- und Geschäftsführungsbefugnis dieser Person unverzüglich widerrufen oder entzogen ist;
2. sich nach der Anerkennung ergibt, daß sie hätte versagt werden müssen, oder wenn die Voraussetzungen für die Anerkennung der Gesellschaft, auch bezogen auf § 54 Abs. 1, nachträglich fortfallen, es sei denn, daß die Gesellschaft innerhalb einer angemessenen, von der Wirtschaftsprüferkammer zu bestimmenden Frist, die bei Fortfall der in § 28 Abs. 2 Satz 3 und Abs. 3 Satz 2 genannten Voraussetzungen höchstens zwei Jahre betragen darf, den dem Gesetz entsprechenden Zustand herbeiführt; bei Fortfall der in § 28 Abs. 4 genannten Voraussetzungen wegen eines Erbfalls muß die Frist mindestens fünf Jahre betragen;
3. ein Mitglied des Vorstandes, ein Geschäftsführer, ein persönlich haftender Gesellschafter oder ein Partner durch eine unanfechtbare Entscheidung aus dem Beruf ausgeschlossen ist oder einer der in § 28 Abs. 2 Sätze 1, 2 und Abs. 3 genannten Personen die Eignung zur Vertretung und Geschäftsführung einer Wirtschaftsprüfungsgesellschaft aberkannt ist, es sei denn, daß die Wirtschaftsprüfungsgesellschaft der Wirtschaftsprüferkammer nachweist, daß jede Vertretungs- und Geschäftsführungsbefugnis der Person unverzüglich widerrufen oder entzogen ist.

(2) Die Anerkennung ist zu widerrufen, wenn die Gesellschaft in nicht geordnete wirtschaftliche Verhältnisse, insbesondere in Vermögensverfall, geraten ist, es sei denn, daß dadurch die Interessen der Auftraggeber oder anderer Personen nicht gefährdet sind.

(3) Über die Rücknahme und den Widerruf der Anerkennung entscheidet die Wirtschaftsprüferkammer.

[1)] § 33 Abs. 2 Satz 2 angef. mWv 1.1.1995 durch G v. 15.7.1994 (BGBl. I S. 1569), Abs. 2 geänd. mWv 1.1.2002 durch G v. 19.12.2000 (BGBl. I S. 1769).

[2)] § 34 Abs. 1 Nr. 3 geänd. sowie Abs. 2 neu gef. mWv 1.1.1995 durch G v. 15.7.1994 (BGBl. I S. 1569); Abs. 1 Nr. 1 und 3 geänd. mWv 1.1.2001 durch G v. 19.12.2000 (BGBl. I S. 1769); Abs. 1 Nrn. 2 und 3 geänd., Abs. 3 neu gef. mWv 1.1.2002 durch G v. 19.12.2000 (BGBl. I S. 1769); Abs. 1 Nr. 1 geänd. mWv 1.1.2004 durch G v. 1.12.2003 (BGBl. I S. 2446); Abs. 1 Nr. 2 HS 1 geänd. mWv 6.9.2007 durch G v. 3.9.2007 (BGBl. I S. 2178); Abs. 1 Nr. 3 und Abs. 2 geänd. mWv 17.6.2016 durch G v. 31.3.2016 (BGBl. I S. 518); Abs. 1 Nr. 3 geänd. mWv 1.8.2022 durch G v. 7.7.2021 (BGBl. I S. 2363).

§§ 35 und 36.[1] (weggefallen)

Sechster Abschnitt. Allgemeine Vorschriften für das Verwaltungsverfahren[2]

§ 36a[3] **Untersuchungsgrundsatz; Mitwirkungspflicht; Datenübermittlung.** (1) Die Wirtschaftsprüferkammer ermittelt den Sachverhalt von Amts wegen.

(2) [1] Die am Verfahren beteiligten Bewerber, Wirtschaftsprüfer oder Gesellschaften sollen bei der Ermittlung des Sachverhalts mitwirken und, soweit es dessen bedarf, ihr Einverständnis mit der Verwendung von Beweismitteln erklären. [2] Ihr Antrag auf Gewährung von Rechtsvorteilen ist zurückzuweisen, wenn die für die Entscheidung zuständige Stelle infolge ihrer Verweigerung der Mitwirkung den Sachverhalt nicht hinreichend klären kann. [3] Der Bewerber, Wirtschaftsprüfer oder die Gesellschaft ist auf diese Rechtsfolge hinzuweisen.

(3) [1] Es übermitteln

1. die Wirtschaftsprüferkammer, Gerichte und Behörden an die für die Entscheidung zuständige Stelle: Diejenigen Daten über natürliche und juristische Personen sowie rechtsfähige Personengesellschaften, deren Kenntnis aus Sicht der übermittelnden Stelle für die Zulassung zur oder die Durchführung der Prüfung oder Eignungsprüfung, für die Erteilung einer Ausnahmegenehmigung nach § 28 Absatz 2 oder 3 oder für die Rücknahme oder den Widerruf dieser Entscheidung erforderlich ist,
2. Gerichte und Behörden einschließlich der Berufskammern an die Wirtschaftsprüferkammer oder die für die Entscheidung zuständige Stelle: Diejenigen Daten über natürliche und juristische Personen sowie rechtsfähige Personengesellschaften, deren Kenntnis aus Sicht der übermittelnden Stelle für die Bestellung, die Wiederbestellung oder die Anerkennung, für die Rücknahme oder den Widerruf einer solchen Entscheidung oder für die Einleitung oder Durchführung eines berufsaufsichtlichen Verfahrens erforderlich ist.

(4)[4] [1] Die Übermittlung nach Absatz 3 unterbleibt, soweit

1. sie schutzwürdige Interessen einer betroffenen Person beeinträchtigen würde und das Informationsinteresse des Empfängers das Interesse der betroffenen Person an dem Unterbleiben der Übermittlung nicht überwiegt oder
2. besondere gesetzliche Verwendungsregelungen entgegenstehen.

---

[1] §§ 35, 36 aufgeh. mWv 1.1.2002 durch G v. 19.12.2000 (BGBl. I S. 1769).

[2] Sechster Abschnitt (§§ 36a, 36b) eingef. mWv 1.1.1995 durch G v. 15.7.1994 (BGBl. I S. 1569); Überschrift neu gef. mWv 1.1.2001 durch G v. 19.12.2000 (BGBl. I S. 1769).

[3] § 36a neu gef. mWv 1.1.2001 durch G v. 19.12.2000 (BGBl. I S. 1769), Abs. 1 geänd. mWv 1.1.2002 durch G v. 19.12.2000 (BGBl. I S. 1769); Abs. 1 und 4 geänd., Abs. 3 neu gef. mWv 1.1.2004 durch G v. 1.12.2003 (BGBl. I S. 2446); Abs. 3 neu gef. mWv 6.9.2007 durch G v. 3.9.2007 (BGBl. I S. 2178); Abs. 3 Satz 2 geänd. mWv 3.1.2021 durch G v. 23.6.2017 (BGBl. I S. 1693); Überschr. neu gef. mWv 26.11.2019 durch G v. 20.11.2019 (BGBl. I S. 1626); Abs. 3 Satz 2 geänd. (kursiver Satzteil aufgeh.) mWv 1.1.2022 durch G v. 3.6.2021 (BGBl. I S. 1534); geänd. mWv 1.8.2021 durch G v. 25.6.2021 (BGBl. I S. 2154).

[4] § 36a Abs. 4 Satz 2 geänd. mWv 22.6.2023 durch G v. 19.6.2023 (BGBl. I Nr. 154).

²Satz 1 Nummer 2 gilt nicht für die Verschwiegenheitspflichten der für eine Berufskammer eines freien Berufs im Geltungsbereich dieses Gesetzes tätigen Personen, für das Steuergeheimnis nach § 30 der Abgabenordnung und für die Verschwiegenheitspflichten der in § 66b Absatz 1 Satz 1 dieses Gesetzes, in § 9 Absatz 1 des Kreditwesengesetzes und in § 21 des Wertpapierhandelsgesetzes benannten Personen und Stellen.

(5) Die Wirtschaftsprüferkammer darf personenbezogene Daten ihrer Mitglieder an die Versorgungswerke der Wirtschaftsprüfer und der vereidigten Buchprüfer übermitteln, soweit sie für die Feststellung der Mitgliedschaft sowie von Art und Umfang der Beitragspflicht oder der Versorgungsleistung erforderlich sind.

Siebenter Abschnitt. Berufsregister[1)]

§ 37[2)] Registerführende Stelle. (1) ¹Die Wirtschaftsprüferkammer führt ein Berufsregister für Wirtschaftsprüfer und Wirtschaftsprüfungsgesellschaften. ²Alle einzutragenden Berufsangehörigen und Wirtschaftsprüfungsgesellschaften erhalten jeweils eine Registernummer. ³Das Berufsregister wird in deutscher Sprache elektronisch geführt und ist der Öffentlichkeit mit den aktuellen Daten mit Ausnahme des Geburtstags und des Geburtsortes elektronisch zugänglich. ⁴Liegt einer Eintragung eine Urkunde in einer anderen Sprache zugrunde, muss sich aus dem Berufsregister ergeben, ob es sich um eine beglaubigte Übersetzung handelt oder nicht.

(2) Die Wirtschaftsprüferkammer kann ein Mitgliederverzeichnis veröffentlichen, das weitere, über § 38 hinausgehende freiwillige Angaben der Berufsangehörigen und der Berufsgesellschaften enthalten kann.

(3) ¹Auf Verlangen des Mitgliedes muß die Eintragung in das Mitgliederverzeichnis unterbleiben. ²Das Mitglied ist von der Wirtschaftsprüferkammer auf sein Widerspruchsrecht hinzuweisen.

§ 38[3)] Eintragung. In das Berufsregister sind einleitend die für alle Berufsangehörigen und Wirtschaftsprüfungsgesellschaften verantwortlichen Stellen

---

1) Überschrift neu gef. mWv 1.1.1995 durch G v. 15.7.1994 (BGBl. I S. 1569).

2) § 37 Abs. 3 Sätze 2 und 3 sowie Abs. 4 angef. mWv 1.1.1995 durch G v. 15.7.1994 (BGBl. I S. 1569); Abs. 2 aufgeh., bish. Abs. 3 und 4 werden Abs. 2 und 3 mWv 1.1.2002 durch G v. 19.12.2000 (BGBl. I S. 1769); Abs. 2 Satz 2 neu gef. mWv 1.1.2004 durch G v. 1.12.2003 (BGBl. I S. 2446); Abs. 1 Sätze 2 und 3 angef., bish. Wortlaut wird Satz 1, Abs. 2 neu gef. mWv 6.9.2007 durch G v. 3.9.2007 (BGBl. I S. 2178); Abs. 1 Satz 3 geänd. mWv 28.12.2010 durch G v. 22.12.2010 (BGBl. I S. 2248); Abs. 1 Satz 3 geänd., Satz 4 angef. mWv 17.6.2016 durch G v. 31.3.2016 (BGBl. I S. 518).

3) § 38 Abs. 1 Nr. 1 Buchstabe b, Nr. 2 Buchst. b geänd. mWv 1.1.2002 durch G v. 19.12.2000 (BGBl. I S. 1769); Nr. 1 Buchst. c neu gef., Buchstaben d, e, g, h sowie Nrn. 2 und 3 geänd. mWv 1.1.2004 durch G v. 1.12.2003 (BGBl. I S. 2446); Nr. 1 Buchst. h und Nr. 2 Buchst. f geänd. mWv 1.1.2005 durch G v. 27.12.2004 (BGBl. I S. 3846); einl. Satzteil, Nr. 1 Buchstaben d, f und Nr. 2 Buchstabe c neu gef., Nr. 1 Buchstaben j, k und Nr. 4 angef., Nr. 2 Buchstabe h eingef., Nr. 1 Buchst. c, Nr. 2 abschließender Satzteil geänd. mWv 6.9.2007 durch G v. 3.9.2007 (BGBl. I S. 2178); Nr. 1 einl. Satzteil, Buchst. a, c, d und k, Nr. 2 Buchst. a, c, d und h, Nr. 2 abschl. Satzteil *und* Nr. 3 geänd., Nr. 1 Buchst. g aufgeh., Nr. 1 Buchst. e, f und h, Nr. 2 Buchst. f neu gef., Nr. 1 Buchst l und m sowie abschl. Satzteil, Nr. 2 Buchst. i und j angef., Nr. 4 eingef., bish. Nr. 4 wird Nr. 5 und geänd. mWv 17.6.2016 durch G v. 31.3.2016 (BGBl. I S. 518).

für die Zulassung, die Qualitätskontrolle, die Berufsaufsicht und die öffentliche Aufsicht nach § 66a (Bezeichnungen, Anschriften) und darauf folgend im Einzelnen neben der jeweiligen Registernummer einzutragen

1. Berufsangehörige, und zwar

   a) Name, Vorname, Geburtstag und Geburtsort,

   b) Tag der Bestellung und die Behörde, die die Bestellung vorgenommen hat,

   c) Datum der Begründung der beruflichen Niederlassung, deren Anschrift, in den Fällen des § 3 Abs. 1 Satz 1 Halbsatz 2 die inländische Zustellungsanschrift und , sofern der Berufsangehörige in ein Netzwerk eingebunden ist, Namen, Firmen und Anschriften der anderen Mitglieder des Netzwerks und der mit diesen durch gemeinsames Eigentum, gemeinsame Kontrolle oder gemeinsame Geschäftsführung verbundenen Unternehmen oder ein Hinweis darauf, wo diese Angaben öffentlich zugänglich sind,

   d) Art der beruflichen Tätigkeit nach § 43a Absatz 1 unter Angabe der Praxis,

   e) Name, Vorname, Berufe oder Firma und die Anschriften der beruflichen Niederlassungen der Gesellschafter einer [***ab 1.1.2024:*** rechtsfähigen][1] Personengesellschaft im Sinne des § 44b und Name oder Firma der [***ab 1.1.2024:*** rechtsfähigen][1] Personengesellschaft; dies gilt entsprechend im Fall der Kundmachung einer [***ab 1.1.2024:*** rechtsfähigen][1] Personengesellschaft, auch wenn die Voraussetzungen nach § 44b Absatz 1 Satz 1 und Absatz 2 nicht vorliegen,

   f) Firma, Anschrift, Internetadresse und Registernummer der Prüfungsgesellschaft, bei welcher die Berufsangehörigen angestellt oder in anderer Weise tätig sind oder der sie als Partner oder Partnerin angehören oder in ähnlicher Weise verbunden sind,

   g) (aufgehoben)

   h) Anzeige der Tätigkeit als gesetzlicher Abschlussprüfer nach § 57a Absatz 1 Satz 2,

   i) Registrierung als Prüfer für Qualitätskontrolle nach § 57a Abs. 3,

   j) alle anderen Registrierungen bei zuständigen Stellen anderer Staaten unter Angabe des Namens der betreffenden Registerstelle sowie der Registernummer,

   k) berufsaufsichtlich festgesetzte, auch vorläufige Tätigkeits- und Berufsverbote und bei Tätigkeitsverboten das Tätigkeitsgebiet, jeweils unter Angabe des Beginns und der Dauer,

   l) die sofort vollziehbare Aufhebung der Bestellung unter Angabe des Datums,

   m) die Beurlaubung

   sowie alle Veränderungen zu den Buchstaben a, c, d, e, f, h, i, j und m unter Angabe des Datums;

---

[1] Eingef. **mWv 1.1.2024 durch MoPeG** v. 10.8.2021 (BGBl. I S. 3436).

2. Wirtschaftsprüfungsgesellschaften, und zwar
   a) Name, Firma und Rechtsform,
   b) Tag der Anerkennung als Wirtschaftsprüfungsgesellschaft und die Behörde, die die Anerkennung ausgesprochen hat,
   c) Anschrift der Hauptniederlassung, Kontaktmöglichkeiten einschließlich einer Kontaktperson, Internetadresse und, sofern die Wirtschaftsprüfungsgesellschaft in ein Netzwerk eingebunden ist, Namen, Firmen und Anschriften der anderen Mitglieder des Netzwerks und der mit diesen durch gemeinsames Eigentum, gemeinsame Kontrolle oder gemeinsame Geschäftsführung verbundenen Unternehmen oder ein Hinweis darauf, wo diese Angaben öffentlich zugänglich sind,
   d) Namen, Berufe, Geburtsdaten und Anschriften der Gesellschafter und der Mitglieder des zur gesetzlichen Vertretung berufenen Organs einer juristischen Person und die Höhe ihrer Anteile sowie Namen, Berufe, Geburtsdaten und Anschriften der vertretungsberechtigten und der übrigen Gesellschafter einer [***ab 1.1.2024:*** rechtsfähigen][1] Personengesellschaft und die Höhe der im Handelsregister eingetragenen Einlagen der Kommanditisten,
   e) Namen, Geschäftsanschriften und Registernummern der im Namen der Gesellschaft tätigen Wirtschaftsprüfer,
   f) Anzeige der Tätigkeit als gesetzlicher Abschlussprüfer nach § 57a Absatz 1 Satz 2,
   g) Registrierung als Prüfer für Qualitätskontrolle nach § 57a Abs. 3,
   h) alle anderen Registrierungen bei zuständigen Stellen anderer Staaten unter Angabe des Namens der Registerstelle sowie der Registernummer,
   i) berufsaufsichtlich festgesetzte, auch vorläufige Tätigkeits- und Berufsverbote und bei Tätigkeitsverboten das Tätigkeitsgebiet, jeweils unter Angabe des Beginns und der Dauer,
   j) die sofort vollziehbare Aufhebung der Anerkennung unter Angabe des Datums

   sowie alle Veränderungen zu Buchstaben a, c, d, e, f, g, h und i unter Angabe des Datums;
3. Zweigniederlassungen von Wirtschaftsprüfern und Wirtschaftsprüfungsgesellschaften, und zwar
   a) Name,
   b) Anschrift der Zweigniederlassung,
   c) Namen und Anschriften der die Zweigniederlassung leitenden Personen

   sowie alle Veränderungen zu Buchstaben a bis c unter Angabe des Datums;
4. EU- und EWR-Abschlussprüfungsgesellschaften gemäß § 131; die Nummern 2 und 3 gelten entsprechend mit der Maßgabe, dass nur EU- und EWR-Abschlussprüfer und Niederlassungen, die im Geltungsbereich dieses Gesetzes tätig werden, einzutragen sind;

---

[1] Eingef. **mWv 1.1.2024 durch MoPeG** v. 10.8.2021 (BGBl. I S. 3436).

5. Drittstaatsprüfer und Drittstaatsprüfungsgesellschaften gemäß § 134; die Nummern 1 bis 3 gelten entsprechend.

§ 39[1] **Löschung.** (1) Im Berufsregister sind zu löschen

1. Berufsangehörige, wenn die Bestellung als Wirtschaftsprüfer erloschen oder unanfechtbar zurückgenommen oder widerrufen ist;
2. Wirtschaftsprüfungsgesellschaften, wenn die Anerkennung als Wirtschaftsprüfungsgesellschaft erloschen oder unanfechtbar zurückgenommen oder widerrufen ist;
3. Zweigniederlassungen,
   a) wenn die Zweigniederlassung aufgehoben ist oder
   b) wenn die Zweigniederlassung nicht mehr von einem Berufsangehörigen verantwortlich geleitet wird und eine Ausnahmegenehmigung der Wirtschaftsprüferkammer nicht vorliegt;
4. EU- und EWR-Abschlussprüfungsgesellschaften gemäß § 131, wenn
   a) die Zulassung der Prüfungsgesellschaft in dem Herkunftsmitgliedstaat erloschen ist oder unanfechtbar zurückgenommen, widerrufen oder in sonstiger Weise aufgehoben wurde oder
   b) die Prüfungsgesellschaft in dem Herkunftsmitgliedstaat nicht mehr registriert ist.

(2) [1]Die Angaben nach § 38 Nummer 1 Buchstabe h und Nummer 2 Buchstabe f sind zu löschen, wenn die Kommission für Qualitätskontrolle auf die Löschung der Eintragung als gesetzlicher Abschlussprüfer entschieden hat oder wenn die eingetragenen Berufsangehörigen oder Wirtschaftsprüfungsgesellschaften auf die Durchführung gesetzlicher Abschlussprüfungen verzichtet haben. [2]Die Angaben nach § 38 Nummer 1 Buchstabe i und Nummer 2 Buchstabe g sind zu löschen, wenn die Registrierung als Prüfer für Qualitätskontrolle unanfechtbar zurückgenommen oder widerrufen worden ist. [3]Die Angaben nach § 38 Nummer 1 Buchstabe k und i sind zu löschen, wenn die Tätigkeits- oder Berufsverbote erloschen sind.

(3) Die Berufsangehörigen haben ihre Auftraggeber während eines laufenden Mandats unverzüglich über die Löschung der Eintragung im Berufsregister nach Absatz 2 Satz 1 zu informieren.

§ 40[2] **Verfahren.** (1) Eintragungen und Löschungen werden von der Wirtschaftsprüferkammer unverzüglich von Amts wegen vorgenommen.

---

[1] § 39 bish. Wortlaut wird Abs. 1, Abs. 2 und 3 angef. mWv 1.1.2001 durch G v. 19.12.2000 (BGBl. I S. 1769); Abs. 2 Satz 2 geänd. mWv 1.1.2004 durch G v. 1.12.2003 (BGBl. I S. 2446); Abs. 2 Satz 2 und Abs. 3 geänd. mWv 1.1.2005 durch G v. 27.12.2004 (BGBl. I S. 3846); Abs. 3 Satz 2 angef., bish. Wortlaut wird Satz 1 mWv 6.9.2007 durch G v. 3.9.2007 (BGBl. I S. 2178); Abs. 1 Nr. 1, Abs. 2 und 3 neu gef., Abs. 1 Nr. 3 Buchst. a und b geänd., Nr. 4 angef. mWv 17.6.2016 durch G v. 31.3.2016 (BGBl. I S. 518).

[2] § 40 neu gef. mWv 1.1.2002 durch G v. 19.12.2000 (BGBl. I S. 1769); Abs. 2 Satz 1 geänd., Satz 2 angef. mWv 1.1.2004 durch G v. 1.12.2003 (BGBl. I S. 2446); Abs. 2 Satz 1 geänd. mWv 6.9.2007 durch G v. 3.9.2007 (BGBl. I S. 2178); Abs. 1 geänd., Abs. 3 angef. mWv 17.6.2016 durch G v. 31.3.2016 (BGBl. I S. 518).

(2) [1]Die Mitglieder der Wirtschaftsprüferkammer sind verpflichtet, die Tatsachen, die eine Eintragung, ihre Veränderung oder eine Löschung erforderlich machen, der Wirtschaftsprüferkammer unverzüglich in einer den §§ 126, 126a des Bürgerlichen Gesetzbuchs entsprechenden Form mitzuteilen. [2]§ 62a gilt entsprechend.

(3) Auf Antrag der Berufsangehörigen oder der Wirtschaftsprüfungsgesellschaften stellt die Wirtschaftsprüferkammer einen Registerauszug über die jeweilige Eintragung nach § 38 Nummer 1 Buchstabe h oder Nummer 2 Buchstabe f zur Verfügung.

§ 40a[1)] Register für genossenschaftliche Prüfungsverbände und Prüfungsstellen der Sparkassen- und Giroverbände. (1) [1]Bei der Wirtschaftsprüferkammer werden auch die genossenschaftlichen Prüfungsverbände eingetragen, die gesetzlich vorgeschriebene Abschlussprüfungen im Sinne des § 53 Absatz 2 des Genossenschaftsgesetzes, des § 340k Abs. 2 Satz 1 des Handelsgesetzbuchs oder des Artikels 25 Abs. 1 Satz 1 des Einführungsgesetzes zum Handelsgesetzbuch durchführen, sowie die Prüfungsstellen der Sparkassen- und Giroverbände. [2]§ 37 Abs. 1 gilt entsprechend. [3]Auf Antrag des Prüfungsverbands oder der Prüfungsstelle stellt die Wirtschaftsprüferkammer einen Registerauszug über die jeweilige Eintragung zur Verfügung.

(2) In das Register sind im Einzelnen neben der jeweiligen Registernummer einzutragen:

1. Name und Rechtsform des Prüfungsverbands oder Name der Prüfungsstelle sowie Name und Rechtsform des Trägers der Prüfungsstelle;
2. Tag der Verleihung des Prüfungsrechts und die Behörde, die das Recht verliehen hat oder gesetzliche Ermächtigung der Prüfungsstelle;
3. Anschrift des Hauptbüros sowie Kontaktmöglichkeiten einschließlich einer Kontaktperson, Internetadresse und, sofern der Prüfungsverband oder die Prüfungsstelle Mitglied in einem Netzwerk ist, Namen und Anschriften aller Mitglieder des Netzwerkes und der mit diesen durch gemeinsames Eigentum, gemeinsame Kontrolle oder gemeinsame Geschäftsführung verbundenen Unternehmen oder ein Hinweis darauf, wo diese Informationen öffentlich zugänglich sind;
4. Anschriften von weiteren Büros in Deutschland;
5. Namen und Geschäftsadressen aller Mitglieder des Vorstands des Prüfungsverbands oder des Leiters der Prüfungsstelle;
6. Namen und Registernummern der im Namen des Prüfungsverbands oder der Prüfungsstelle tätigen Wirtschaftsprüfer;
7. alle anderen Registrierungen bei zuständigen Stellen anderer Staaten unter Angabe des Namens der Registerstelle sowie der Registernummer;
8. Name und Anschrift der zuständigen Aufsichtsbehörde.

[1)] § 40a eingef. mWv 29.5.2009 durch G v. 25.5.2009 (BGBl. I S. 1102); Abs. 1 Satz 1, Abs. 2 Nr. 3, Abs. 4 Satz 1 geänd., Abs. 1 Satz 3, Abs. 5 und 6 angef. mWv 17.6.2016 durch G v. 31.3.2016 (BGBl. I S. 518).

(3) [1]Die in Absatz 1 genannten Prüfungsverbände und Prüfungsstellen sind verpflichtet, der Wirtschaftsprüferkammer die in Absatz 2 genannten Tatsachen sowie jede Änderung dieser Tatsachen mitzuteilen. [2]Die Wirtschaftsprüferkammer hat die mitgeteilten Tatsachen sowie Änderungen einzutragen.

(4) [1]Die in Absatz 1 genannten genossenschaftlichen Prüfungsverbände sind verpflichtet, der Wirtschaftsprüferkammer Mitteilung zu machen, wenn sie keine gesetzlich vorgeschriebenen Abschlussprüfungen im Sinne des § 53 Absatz 2 des Genossenschaftsgesetzes, des § 340k Abs. 2 Satz 1 des Handelsgesetzbuchs oder des Artikels 25 Abs. 1 Satz 1 des Einführungsgesetzes zum Handelsgesetzbuch mehr durchführen oder wenn ihr Prüfungsrecht unanfechtbar entzogen worden ist. [2]Die in Absatz 1 genannten Prüfungsstellen der Sparkassen- und Giroverbände sind verpflichtet der Wirtschaftsprüferkammer mitzuteilen, wenn ihr Prüfungsrecht unanfechtbar entzogen worden ist. [3]In diesen Fällen hat die Wirtschaftsprüferkammer die Eintragung zu löschen.

(5) [1]Die Eintragung eines in Absatz 1 Satz 1 genannten genossenschaftlichen Prüfungsverbands wird gelöscht, wenn
1. die Qualitätskontrolle
   a) nicht innerhalb der nach § 63e Absatz 1 des Genossenschaftsgesetzes vorgegebenen Frist durchgeführt worden ist oder
   b) unter Verstoß gegen § 63f Absatz 1 des Genossenschaftsgesetzes in Verbindung mit § 57a Absatz 3 Satz 1 und 5 der Wirtschaftsprüferordnung, gegen § 63f Absatz 2 Satz 2 des Genossenschaftsgesetzes oder gegen § 63f Absatz 3 des Genossenschaftsgesetzes in Verbindung mit § 57a Absatz 4 der Wirtschaftsprüferordnung durchgeführt worden ist,
2. wesentliche Prüfungshemmnisse festgestellt worden sind oder
3. wesentliche Mängel im Qualitätssicherungssystem festgestellt worden sind, die das Qualitätssicherungssystem als unangemessen oder unwirksam erscheinen lassen.

[2]Erkennt die Wirtschaftsprüferkammer, dass die Eintragung zu löschen ist, so ist der Vorgang vor der Entscheidung der nach § 63 des Genossenschaftsgesetzes zuständigen Aufsichtsbehörde vorzulegen.

(6) [1]Ein genossenschaftlicher Prüfungsverband, der erstmalig eine gesetzlich vorgeschriebene Abschlussprüfung durchführt, hat dies der Wirtschaftsprüferkammer spätestens zwei Wochen nach Beginn dieser Prüfung anzuzeigen. [2]Er ist mit dem Zusatz „(vorläufige Eintragung bis zur erstmaligen Durchführung der Qualitätskontrolle)" einzutragen. [3]Der Zusatz ist nach Durchführung der Qualitätskontrolle zu löschen.

Achter Abschnitt. Verwaltungsgerichtliches Verfahren[1)]

§ 41[2)] Unmittelbare Klage gegen Bescheide der Wirtschaftsprüferkammer. Vor Erhebung einer Klage gegen Bescheide der Wirtschaftsprüfer-

---

[1)] Abschnittsüberschrift eingef. mWv 1.1.2002 durch G v. 10.12.2001 (BGBl. I S. 3414).
[2)] § 41 neu gef. mWv 1.1.2002 durch G v. 10.12.2001 (BGBl. I S. 3414).

kammer, die aufgrund von Vorschriften des Dritten und Fünften Abschnitts des Zweiten Teils und § 134a Abs. 1 und 2 dieses Gesetzes erlassen worden sind, bedarf es keiner Nachprüfung in einem Vorverfahren.

§ 42. (weggefallen)

Dritter Teil. Rechte und Pflichten der Wirtschaftsprüfer

§ 43[1)] Allgemeine Berufspflichten. (1) [1]Berufsangehörige haben ihren Beruf unabhängig, gewissenhaft, verschwiegen und eigenverantwortlich auszuüben. [2]Sie haben sich insbesondere bei der Erstattung von Prüfungsberichten und Gutachten unparteiisch zu verhalten.

(2) [1]Berufsangehörige haben sich jeder Tätigkeit zu enthalten, die mit ihrem Beruf oder mit dem Ansehen des Berufs unvereinbar ist. [2]Sie haben sich der besonderen Berufspflichten bewusst zu sein, die ihnen aus der Befugnis erwachsen, gesetzlich vorgeschriebene Bestätigungsvermerke zu erteilen. [3]Sie haben sich auch außerhalb der Berufstätigkeit des Vertrauens und der Achtung würdig zu erweisen, die der Beruf erfordert. [4]Sie sind verpflichtet, sich fortzubilden.

(3)[2)] [1]Wer Abschlussprüfer eines Unternehmens von öffentlichem Interesse nach § 316a Satz 2 des Handelsgesetzbuchs war oder wer als verantwortlicher Prüfungspartner im Sinne der Sätze 3 oder 4 bei der Abschlussprüfung eines solchen Unternehmens tätig war, darf dort innerhalb von zwei Jahren nach der Beendigung der Prüfungstätigkeit keine wichtige Führungstätigkeit ausüben, nicht als Mitglied des Aufsichtsrats, des Prüfungsausschusses des Aufsichtsrats oder des Verwaltungsrats tätig sein und sich nicht zur Übernahme einer der vorgenannten Tätigkeiten verpflichten. [2]Satz 1 gilt mit der Maßgabe, dass die Frist ein Jahr beträgt, entsprechend für

1. Personen, die als Abschlussprüfer oder verantwortliche Prüfungspartner gesetzliche Abschlussprüfungen eines sonstigen Unternehmens durchgeführt haben,
2. Partner und Mitarbeiter des Abschlussprüfers, die zwar nicht selbst als Abschlussprüfer oder verantwortlicher Prüfungspartner tätig, aber unmittelbar am Prüfungsauftrag beteiligt waren und die als Wirtschaftsprüfer, vereidigter Buchprüfer oder EU- oder EWR-Abschlussprüfer zugelassen sind, und
3. alle anderen Berufsangehörigen, vereidigten Buchprüfer oder EU- oder EWR-Abschlussprüfer, deren Leistungen der Abschlussprüfer des Unternehmens in Anspruch nehmen oder kontrollieren kann und die unmittelbar am Prüfungsauftrag beteiligt waren.

[3]Verantwortlicher Prüfungspartner ist, wer den Bestätigungsvermerk nach § 322 des Handelsgesetzbuchs unterzeichnet oder als Wirtschaftsprüfer von ei-

---

1) § 43 neu gef. mWv 17.6.2016 durch G v. 31.3.2016 (BGBl. I S. 518).

2) § 43 Abs. 3 Satz 1 geänd., Sätze 3 und 4 angef. mWv 1.7.2021 durch G v. 3.6.2021 (BGBl. I S. 1534); Satz 1 neu gef. mWv 16.3.2023 durch G v. 10.3.2023 (BGBl. I Nr. 64).

ner Wirtschaftsprüfungsgesellschaft als für die Durchführung einer Abschlussprüfung vorrangig verantwortlich bestimmt worden ist. [4]Als verantwortlicher Prüfungspartner gilt auf Konzernebene auch, wer als Wirtschaftsprüfer auf der Ebene bedeutender Tochterunternehmen als für die Durchführung von deren Abschlussprüfung vorrangig verantwortlich bestimmt worden ist.

(4)[1)] [1]Berufsangehörige haben während der gesamten Prüfung eine kritische Grundhaltung zu wahren. [2]Dazu gehört es,

1. Angaben zu hinterfragen,
2. ungeachtet ihrer bisherigen Erfahrung mit der Aufrichtigkeit und Integrität des Führungspersonals des geprüften Unternehmens und der mit der Unternehmensüberwachung betrauten Personen die Möglichkeit in Betracht zu ziehen, dass es auf Grund von Sachverhalten oder Verhaltensweisen, die auf Unregelmäßigkeiten wie Betrug oder Unrichtigkeiten hindeuten, zu einer wesentlichen falschen Darstellung gekommen sein könnte,
3. auf Gegebenheiten zu achten, die auf eine falsche Darstellung hindeuten könnten, und
4. die Prüfungsnachweise kritisch zu beurteilen.

[3]Ihre kritische Grundhaltung haben Berufsangehörige insbesondere bei der Beurteilung der Schätzungen des Unternehmens in Bezug auf Zeitwertangaben, Wertminderungen von Vermögensgegenständen, Rückstellungen und künftige Cashflows, die für die Beurteilung der Fähigkeit des Unternehmens zur Fortführung der Unternehmenstätigkeit von Bedeutung sind, beizubehalten.

(5) Berufsangehörige haben bei der Durchführung von Abschlussprüfungen ausreichend Zeit für den Auftrag aufzuwenden und die zur angemessenen Wahrnehmung der Aufgaben erforderlichen Mittel, insbesondere – soweit erforderlich – Personal mit den notwendigen Kenntnissen und Fähigkeiten, einzusetzen.

(6)[2)] [1]Wirtschaftsprüfungsgesellschaften haben darüber hinaus bei Durchführung der Abschlussprüfung

1. den verantwortlichen Prüfungspartner insbesondere anhand der Kriterien der Prüfungsqualität, Unabhängigkeit und Kompetenz auszuwählen,
2. dem verantwortlichen Prüfungspartner die zur angemessenen Wahrnehmung der Aufgaben erforderlichen Mittel, insbesondere Personal mit den notwendigen Kenntnissen und Fähigkeiten, zur Verfügung zu stellen und
3. den verantwortlichen Prüfungspartner aktiv an der Durchführung der Abschlussprüfung zu beteiligen.

[2]Die für die Durchführung einer gesetzlichen Abschlussprüfung bei einem Unternehmen von öffentlichem Interesse nach § 316a Satz 2 des Handelsge-

[1)] § 43 Abs. 4 Satz 2 neu gef., Satz 3 angef. mWv 1.7.2021 durch G v. 3.6.2021 (BGBl. I S. 1534).

[2)] § 43 Abs. 6 Satz 2 angef., bish. Text wird Satz 1 mWv 1.7.2021 durch G v. 3.6.2021 (BGBl. I S. 1534); **zur Anwendung siehe § 135 Satz 1.**

setzbuchs verantwortlichen Prüfungspartner beenden ihre Teilnahme an der Abschlussprüfung des geprüften Unternehmens abweichend von Artikel 17 Absatz 7 Unterabsatz 1 Satz 1 der Verordnung (EU) Nr. 537/2014 des Europäischen Parlaments und des Rates vom 16. April 2014 über spezifische Anforderungen an die Abschlussprüfung bei Unternehmen von öffentlichem Interesse und zur Aufhebung des Beschlusses 2005/909/EG der Kommission (ABl. L 158 vom 27.5.2014, S. 77; L 170 vom 11.6.2014, S. 66) spätestens fünf Jahre nach dem Datum ihrer Bestellung.

§ 43a[1)] Regeln der Berufsausübung. (1) Berufsangehörige üben ihren Beruf aus

1. in eigener Praxis oder in gemeinsamer Berufsausübung gemäß § 44b,
2. als Vorstandsmitglieder, Geschäftsführer, persönlich haftende oder nach dem Partnerschaftsgesellschaftsgesetz verbundene Personen von Wirtschaftsprüfungsgesellschaften,
3. als zeichnungsberechtigte Vertreter oder zeichnungsberechtigte Angestellte bei Berufsangehörigen, Wirtschaftsprüfungsgesellschaften, [***ab 1.1.2024:*** rechtsfähigen][2)] Personengesellschaften nach § 44b Absatz 1, EU- oder EWR-Abschlussprüfern, EU- oder EWR-Abschlussprüfungsgesellschaften, genossenschaftlichen Prüfungsverbänden, Prüfungsstellen von Sparkassen- und Giroverbänden oder überörtlichen Prüfungseinrichtungen für Körperschaften und Anstalten des öffentlichen Rechts,
4. als Vorstandsmitglieder, Geschäftsführer, persönlich haftende oder nach dem Partnerschaftsgesellschaftsgesetz verbundene Personen einer Buchprüfungsgesellschaft, einer Berufsausübungsgesellschaft nach der Bundesrechtsanwaltsordnung oder einer Berufsausübungsgesellschaft nach dem Steuerberatungsgesetz,
5. als zeichnungsberechtigte Vertreter oder zeichnungsberechtigte Angestellte bei einem Angehörigen eines ausländischen Prüferberufs oder einer ausländischen Prüfungsgesellschaft oder als gesetzliche Vertreter oder Mitglieder des zur gesetzlichen Vertretung berufenen Organs einer ausländischen Prüfungsgesellschaft, wenn die Voraussetzungen für deren Berufsausübung den Vorschriften dieses Gesetzes im Wesentlichen entsprechen,
6. als gesetzliche Vertreter oder Mitglieder des zur gesetzlichen Vertretung berufenen Organs einer ausländischen Rechtsberatungsgesellschaft oder Steuerberatungsgesellschaft, wenn die Voraussetzungen für deren Berufsausübung den Vorschriften der Bundesrechtsanwaltsordnung oder des Steuerberatungsgesetzes im Wesentlichen entsprechen,
7. als Angestellte der Wirtschaftsprüferkammer,
8. als Angestellte des Bundesamts für Wirtschaft und Ausfuhrkontrolle, soweit es sich um eine Tätigkeit bei der Abschlussprüferaufsichtsstelle handelt,

---

[1)] § 43a neu gef. mWv 17.6.2016 durch G v. 31.3.2016 (BGBl. I S. 518); Abs. 1 Nr. 4 geänd. mWv 1.8.2022 durch G v. 7.7.2021 (BGBl. I S. 2363).

[2)] Eingef. **mWv 1.1.2024 durch MoPeG** v. 10.8.2021 (BGBl. I S. 3436).

9.[1]) als Angestellte einer

a) nach § 342q Absatz 1 des Handelsgesetzbuchs vom Bundesministerium der Justiz durch Vertrag anerkannten Einrichtung oder

b) nicht gewerblich tätigen Personenvereinigung,

aa) deren ordentliche Mitglieder Berufsangehörige, Wirtschaftsprüfungsgesellschaften, vereidigte Buchprüfer oder Buchprüfungsgesellschaften oder Personen oder [*ab 1.1.2024:* rechtsfähige][2]) Personengesellschaften sind, die die Voraussetzungen des § 44b Absatz 2 Satz 1 erfüllen,

bb) deren ausschließlicher Zweck die Vertretung der beruflichen Belange der Wirtschaftsprüfer oder vereidigten Buchprüfer ist und

cc) in der Berufsangehörige, Wirtschaftsprüfungsgesellschaften, vereidigte Buchprüfer oder Buchprüfungsgesellschaften die Mehrheit haben,

10. als Angestellte der Bundesanstalt für Finanzdienstleistungsaufsicht, wenn es sich um eine Tätigkeit

a) nach Abschnitt 16[3]) des Wertpapierhandelsgesetzes oder

b) zur Vorbereitung, Durchführung und Analyse von Prüfungen bei einem von einer Aufsichtsbehörde beaufsichtigten Unternehmen

handelt, oder

11. als Angestellte eines Prüfungsverbands nach § 26 Absatz 2 des Gesetzes über das Kreditwesen.

(2) Vereinbar mit dem Beruf des Wirtschaftsprüfers ist

1. die Ausübung eines freien Berufs auf dem Gebiet der Technik und des Rechtswesens sowie eines Berufs, mit dem die gemeinsame Berufsausübung im Sinne des § 44b zulässig ist,
2. die Tätigkeit als Lehrer oder wissenschaftlicher Mitarbeiter an wissenschaftlichen Instituten oder Hochschulen,
3. die Tätigkeit als Geschäftsführer einer Europäischen wirtschaftlichen Interessenvereinigung, deren Mitglieder ausschließlich Personen sind, mit denen die gemeinsame Berufsausübung im Sinne des § 44b zulässig ist,
4. die Durchführung von Lehr- und Vortragsveranstaltungen zur Vorbereitung auf die Prüfungen zum Wirtschaftsprüfer, zum vereidigten Buchprüfer oder zum Steuerberater sowie zur Fortbildung der Mitglieder der Wirtschaftsprüferkammer und
5. die freie schriftstellerische, wissenschaftliche und künstlerische Tätigkeit sowie die freie Vortragstätigkeit.

(3) [1] Berufsangehörige dürfen keine der folgenden Tätigkeiten ausüben:

1. gewerbliche Tätigkeiten;

---

[1]) § 43a Abs. 1 Nr. 9 neu gef. mWv 1.1.2022 durch G v. 3.6.2021 (BGBl. I S. 1534); Buchst. a geänd. mWv 22.6.2023 durch G v. 19.6.2023 (BGBl. I Nr. 154).

[2]) Eingef. **mWv 1.1.2024 durch MoPeG** v. 10.8.2021 (BGBl. I S. 3436).

[3]) Verweis geänd. mWv 3.1.2018 durch G v. 23.6.2017 (BGBl. I S. 1693).

2. Tätigkeiten in einem Anstellungsverhältnis mit Ausnahme der in den Absätzen 1 und 2 genannten Fälle;
3. Tätigkeiten in einem Beamtenverhältnis oder einem nicht ehrenamtlich ausgeübten Richterverhältnis mit Ausnahme des in Absatz 2 Nummer 2 genannten Falls; § 44a bleibt unberührt.

[2] Auf Antrag kann die Wirtschaftsprüferkammer Berufsangehörigen genehmigen, eine Tätigkeit nach Satz 1 auszuüben, wenn diese einer der Tätigkeiten nach Absatz 1 oder 2 vergleichbar ist und durch die Tätigkeit das Vertrauen in die Einhaltung der Berufspflichten nicht gefährdet werden kann. [3] Auf Antrag kann die Wirtschaftsprüferkammer die Eingehung eines außerberuflichen Anstellungsverhältnisses vorübergehend genehmigen, wenn es der Übernahme einer Notgeschäftsführung oder der Sanierung einer gewerblichen Gesellschaft dient.

§ 44[1)] Eigenverantwortliche Tätigkeit. (1) [1] Eine eigenverantwortliche Tätigkeit übt nicht aus, wer sich als zeichnungsberechtigter Vertreter oder als zeichnungsberechtigter Angestellter an Weisungen zu halten hat, die ihn verpflichten, Prüfungsberichte und Gutachten auch dann zu unterzeichnen, wenn ihr Inhalt sich mit seiner Überzeugung nicht deckt. [2] Weisungen, die solche Verpflichtungen enthalten, sind unzulässig. [3] Anteilseigner einer Wirtschaftsprüfungsgesellschaft und Mitglieder der Verwaltungs-, Leitungs- und Aufsichtsorgane dieser oder einer verbundenen Wirtschaftsprüfungsgesellschaft dürfen auf die Durchführung von Abschlussprüfungen nicht in einer Weise Einfluss nehmen, die die Unabhängigkeit der verantwortlichen Berufsangehörigen beeinträchtigt.

(2) Die Eigenverantwortlichkeit wird nicht schon dadurch ausgeschlossen, daß für gesetzliche Vertreter von Wirtschaftsprüfungsgesellschaften und für bei Wirtschaftsprüfern oder Wirtschaftsprüfungsgesellschaften angestellte Wirtschaftsprüfer eine Mitzeichnung durch einen anderen Wirtschaftsprüfer oder bei genossenschaftlichen Prüfungsverbänden, Prüfungsstellen von Sparkassen- und Giroverbänden oder überörtlichen Prüfungseinrichtungen für Körperschaften und Anstalten des öffentlichen Rechts durch einen zeichnungsberechtigten Vertreter des Prüfungsverbandes, der Prüfungsstelle oder der Prüfungseinrichtung vereinbart ist.

§ 44a[2)] Wirtschaftsprüfer im öffentlich-rechtlichen Dienst- oder Amtsverhältnis. [1] Ist ein Wirtschaftsprüfer ein öffentlich-rechtliches Dienstverhältnis als Wahlbeamter auf Zeit oder ein öffentlich-rechtliches Amtsverhältnis eingegangen, so darf er seinen Beruf als Wirtschaftsprüfer nicht ausüben, es sei denn, daß er die ihm übertragene Aufgabe ehrenamtlich wahrnimmt. [2] Die Wirtschaftsprüferkammer kann dem Wirtschaftsprüfer auf seinen Antrag einen Vertreter bestellen oder ihm gestatten, seinen Beruf selbst auszuüben, wenn die Einhaltung der allgemeinen Berufspflichten dadurch nicht gefährdet wird.

[1)] § 44 neu gef. mWv 1.1.1995 durch G v. 15.7.1994 (BGBl. I S. 1569); Abs. 1 Satz 3 neu gef. mWv 17.6.2016 durch G v. 31.3.2016 (BGBl. I S. 518).

[2)] § 44a Satz 3 aufgeh. mWv 1.1.2002 durch G v. 19.12.2000 (BGBl. I S. 1769).

§ 44b[1] **Gemeinsame Berufsausübung.** (1) Wirtschaftsprüfer dürfen ihren Beruf mit natürlichen und juristischen Personen sowie mit [***ab 1.1.2024:*** rechtsfähigen][2] Personengesellschaften, die der Berufsaufsicht einer Berufskammer eines freien Berufes im Geltungsbereich dieses Gesetzes unterliegen und ein Zeugnisverweigerungsrecht nach § 53 Abs. 1 Satz 1 Nr. 3 der Strafprozeßordnung haben, örtlich und überörtlich in [***ab 1.1.2024:*** rechtsfähigen][2] Personengesellschaften gemeinsam ausüben.

(2) [1] Eine gemeinsame Berufsausübung mit natürlichen und juristischen Personen sowie mit [***ab 1.1.2024:*** rechtsfähigen][2] Personengesellschaften, die in einem ausländischen Staat als sachverständige Prüfer ermächtigt oder bestellt sind, ist zulässig, wenn die Voraussetzungen für ihre Ermächtigung oder Bestellung den Vorschriften dieses Gesetzes im wesentlichen entsprechen und sie in dem ausländischen Staat ihren Beruf gemeinsam mit Wirtschaftsprüfern ausüben dürfen. [2] Eine gemeinsame Berufsausübung ist weiter zulässig mit Rechtsanwälten, Patentanwälten und Steuerberatern anderer Staaten, wenn diese einen nach Ausbildung und Befugnissen der Bundesrechtsanwaltsordnung, der Patentanwaltsordnung oder dem Steuerberatungsgesetz entsprechenden Beruf ausüben und mit Rechtsanwälten, Patentanwälten oder Steuerberatern im Geltungsbereich dieses Gesetzes ihren Beruf ausüben dürfen. [3] Absatz 1 Satz 2 und 3 gilt entsprechend.

(3) [1] Die Wirtschaftsprüferkammer hat ein Einsichtsrecht in die Verträge über die gemeinsame Berufsausübung. [2] Erforderliche Auskünfte sind auf Verlangen zu erteilen.

(4) Berufsangehörige dürfen ihren Beruf in [***ab 1.1.2024:*** rechtsfähigen][2] Personengesellschaften mit Personen im Sinne von Absatz 1 Satz 1, die selbst nicht als Berufsangehörige oder als vereidigte Buchprüfer oder vereidigte Buchprüferin bestellt oder als Wirtschaftsprüfungsgesellschaft oder Buchprüfungsgesellschaft anerkannt sind, nur dann gemeinsam ausüben, wenn sie der Wirtschaftsprüferkammer bei Aufnahme einer solchen Tätigkeit nachweisen, dass ihnen auch bei gesamtschuldnerischer Inanspruchnahme der nach § 54 vorgeschriebene Versicherungsschutz für jeden Versicherungsfall uneingeschränkt zur Verfügung steht.

(5) Wirtschaftsprüfer haben die gemeinsame Berufsausübung unverzüglich zu beenden, wenn sie auf Grund des Verhaltens eines Mitglieds der [***ab 1.1.2024:*** rechtsfähigen][2] Personengesellschaft ihren beruflichen Pflichten nicht mehr uneingeschränkt nachkommen können.

(6) Wird eine gemeinsame Berufsausübung im Sinne des Absatzes 1 kundgemacht, sind die Vorschriften der Absätze 4 und 5 entsprechend anzuwenden.

---

[1] § 44b eingef. mWv 1.1.1995 durch G v. 15.7.1994 (BGBl. I S. 1569), Abs. 1 geänd. mWv 8.9.1998 durch G v. 31.8.1998 (BGBl. I S. 2585), Abs. 1, 4 und 5 geänd. mWv 1.1.2001 durch G v. 19.12.2000 (BGBl. I S. 1769), Abs. 1 geänd. mWv 23.2.2002 durch G v. 15.2.2002 (BGBl. I S. 682); Überschrift geänd., Abs. 1 Sätze 2 und 3, Abs. 2 Satz 3, Abs. 6 angef., Abs. 4 neu gef. mWv 1.1.2004 durch G v. 1.12.2003 (BGBl. I S. 2446); Überschrift, Abs. 1 Sätze 1 und 2, Abs. 2 Satz 2, Abs. 4 und 5 geänd. mWv 17.6.2016 durch G v. 31.3.2016 (BGBl. I S. 518); Abs. 1 Sätze 2 und 3 aufgeh., bish. Satz 1 wird Abs. 1 mWv 1.8.2022 durch G v. 7.7.2021 (BGBl. I S. 2363).

[2] Eingef. **mWv 1.1.2024 durch MoPeG** v. 10.8.2021 (BGBl. I S. 3436).

§ 45[1] Prokuristen. [1]Wirtschaftsprüfer sollen als Angestellte von Wirtschaftsprüfungsgesellschaften die Rechtsstellung von Prokuristen haben. [2]Angestellte Wirtschaftsprüfer gelten als leitende Angestellte im Sinne des § 5 Abs. 3 des Betriebsverfassungsgesetzes.

§ 46[2] Beurlaubung. (1) Wirtschaftsprüfer, die vorübergehend eine mit dem Beruf unvereinbare Tätigkeit aufnehmen oder aufgrund besonderer Umstände, insbesondere um Kinder zu erziehen oder Angehörige zu pflegen, nicht den Beruf des Wirtschaftsprüfers ausüben wollen, können auf Antrag von der Wirtschaftsprüfertätigkeit beurlaubt werden.

(2) [1]Sie dürfen während der Zeit ihrer Beurlaubung die Tätigkeit als Wirtschaftsprüfer nicht ausüben. [2]Die Gesamtzeit der Beurlaubung soll fünf aufeinanderfolgende Jahre nicht überschreiten.

§ 47[3] Zweigniederlassungen. [1]Zweigniederlassungen müssen jeweils von wenigstens einem Berufsangehörigen oder EU- oder EWR-Abschlussprüfer geleitet werden, der seine berufliche Niederlassung am Ort der Zweigniederlassung hat. [2]Für Zweigniederlassungen von in eigener Praxis tätigen Berufsangehörigen kann die Wirtschaftsprüferkammer Ausnahmen zulassen.

§ 48[4] Siegel. (1) [1]Wirtschaftsprüfer und Wirtschaftsprüfungsgesellschaften sind verpflichtet, ein Siegel zu benutzen, wenn sie Erklärungen abgeben, die den Berufsangehörigen gesetzlich vorbehalten sind. [2]Sie können ein Siegel führen, wenn sie in ihrer Berufseigenschaft Erklärungen über Prüfungsergebnisse abgeben oder Gutachten erstatten.

(2) Die Wirtschaftsprüferkammer trifft im Rahmen der Berufssatzung die näheren Bestimmungen über die Gestaltung des Siegels und die Führung des Siegels.

§ 49 Versagung der Tätigkeit. Der Wirtschaftsprüfer hat seine Tätigkeit zu versagen, wenn sie für eine pflichtwidrige Handlung in Anspruch genommen werden soll oder die Besorgnis der Befangenheit bei der Durchführung eines Auftrages besteht.

---

[1] § 45 Satz 2 angef., bish. Wortlaut wird Satz 1 mWv 6.9.2007 durch G v. 3.9.2007 (BGBl. I S. 2178).

[2] § 46 Abs. 2 Satz 2 aufgeh. und Satz 3 geänd. mWv 1.1.2002 durch G v. 19.12.2000 (BGBl. I S. 1769); Abs. 1, Abs. 2 Satz 1 geänd., Abs. 2 Satz 2 aufgeh., bish. Satz 3 wird Satz 2 und geänd. mWv 17.6.2016 durch G v. 31.3.2016 (BGBl. I S. 518).

[3] § 47 neu gef. mWv 1.1.1995 durch G v. 15.7.1994 (BGBl. I S. 1569); Sätze 1 und 2 geänd. mWv 17.6.2016 durch G v. 31.3.2016 (BGBl. I S. 518).

[4] § 48 Abs. 2 geänd. mWv 1.1.1995 durch G v. 15.7.1995 (BGBl. I S. 1569) und mWv 1.1.2001 durch G v. 19.12.2000 (BGBl. I S. 1769); Abs. 2 geänd. mWv 28.11.2003 durch VO v. 25.11.2003 (BGBl. I S. 2304); Abs. 2 neu gef. mWv 6.8.2004 durch G v. 30.7.2004 (BGBl. I S. 2014); Abs. 2 Satz 1 geänd. mWv 8.11.2006 durch VO v. 31.10.2006 (BGBl. I S. 2407); Abs. 1 Satz 1 geänd., Abs. 2 neu gef. mWv 6.9.2007 durch G v. 3.9.2007 (BGBl. I S. 2178).

§ 50[1] Verschwiegenheitspflicht beschäftigter Personen. [1]Der Wirtschaftsprüfer hat die von ihm beschäftigten Personen in Textform zur Verschwiegenheit zu verpflichten und sie dabei über die strafrechtlichen Folgen einer Pflichtverletzung zu belehren. [2]Zudem hat er bei ihnen in geeigneter Weise auf die Einhaltung der Verschwiegenheitspflicht hinzuwirken. [3]Den von dem Wirtschaftsprüfer beschäftigten Personen stehen die Personen gleich, die im Rahmen einer berufsvorbereitenden Tätigkeit oder einer sonstigen Hilfstätigkeit an seiner beruflichen Tätigkeit mitwirken. [4]Satz 1 gilt nicht für angestellte Personen, die im Hinblick auf die Verschwiegenheitspflicht den gleichen Anforderungen wie der Wirtschaftsprüfer unterliegen. [5]Hat sich ein Wirtschaftsprüfer mit anderen Personen, die im Hinblick auf die Verschwiegenheitspflicht den gleichen Anforderungen unterliegen wie er, zur gemeinschaftlichen Berufsausübung zusammengeschlossen und besteht zu den beschäftigten Personen ein einheitliches Beschäftigungsverhältnis, so genügt auch der Nachweis, dass eine andere dieser Personen die Verpflichtung nach Satz 1 vorgenommen hat.

§ 50a[2] Inanspruchnahme von Dienstleistungen. (1) [1]Der Wirtschaftsprüfer darf Dienstleistern den Zugang zu Tatsachen eröffnen, auf die sich die Verpflichtung zur Verschwiegenheit gemäß § 43 bezieht, soweit dies für die Inanspruchnahme der Dienstleistung erforderlich ist. [2]Dienstleister ist eine andere Person oder Stelle, die vom Wirtschaftsprüfer im Rahmen seiner Berufsausübung mit Dienstleistungen beauftragt wird.

(2) [1]Der Wirtschaftsprüfer ist verpflichtet, den Dienstleister sorgfältig auszuwählen. [2]Die Zusammenarbeit muss unverzüglich beendet werden, wenn die Einhaltung der dem Dienstleister gemäß Absatz 3 zu machenden Vorgaben nicht gewährleistet ist.

(3) [1]Der Vertrag mit dem Dienstleister bedarf der Textform. [2]In ihm ist

1. der Dienstleister unter Belehrung über die strafrechtlichen Folgen einer Pflichtverletzung zur Verschwiegenheit zu verpflichten,
2. der Dienstleister zu verpflichten, sich nur insoweit Kenntnis von fremden Geheimnissen zu verschaffen, als dies zur Vertragserfüllung erforderlich ist, und
3. festzulegen, ob der Dienstleister befugt ist, weitere Personen zur Erfüllung des Vertrags heranzuziehen; für diesen Fall ist dem Dienstleister aufzuerlegen, diese Personen in Textform zur Verschwiegenheit zu verpflichten.

(4) Bei der Inanspruchnahme von Dienstleistungen, die im Ausland erbracht werden, darf der Wirtschaftsprüfer dem Dienstleister den Zugang zu fremden Geheimnissen unbeschadet der übrigen Voraussetzungen dieser Vorschrift nur dann eröffnen, wenn der dort bestehende Schutz der Geheimnisse dem Schutz im Inland vergleichbar ist, es sei denn, dass der Schutz der Geheimnisse dies nicht gebietet.

---

[1] § 50 neu gef. mWv 9.11.2017 durch G v. 30.10.2017 (BGBl. I S. 3618); Satz 1 geänd. mWv 1.8.2021 durch G v. 25.6.2021 (BGBl. I S. 2154).

[2] § 50a eingef. mWv 9.11.2017 durch G v. 30.10.2017 (BGBl. I S. 3618).

(5) Bei der Inanspruchnahme von Dienstleistungen, die unmittelbar einem einzelnen Mandat dienen, darf der Wirtschaftsprüfer dem Dienstleister den Zugang zu fremden Geheimnissen nur dann eröffnen, wenn der Mandant darin eingewilligt hat.

(6) Die Absätze 2 und 3 gelten auch im Fall der Inanspruchnahme von Dienstleistungen, in die der Mandant eingewilligt hat, sofern der Mandant nicht ausdrücklich auf die Einhaltung der in den Absätzen 2 und 3 genannten Anforderungen verzichtet hat.

(7) [1]Die Absätze 1 bis 6 gelten nicht, soweit Dienstleistungen aufgrund besonderer gesetzlicher Vorschriften in Anspruch genommen werden. [2]Absatz 3 Satz 2 gilt nicht, soweit der Dienstleister hinsichtlich der zu erbringenden Dienstleistung gesetzlich zur Verschwiegenheit verpflichtet ist.

(8) Die Vorschriften zum Schutz personenbezogener Daten bleiben unberührt.

§ 51 Mitteilung der Ablehnung eines Auftrages. [1]Der Wirtschaftsprüfer, der einen Auftrag nicht annehmen will, hat die Ablehnung unverzüglich zu erklären. [2]Er hat den Schaden zu ersetzen, der aus einer schuldhaften Verzögerung dieser Erklärung entsteht.

§ 51a[1)] Pflicht zur Übernahme der Beratungshilfe. [1]Wirtschaftsprüfer und vereidigte Buchprüfer sind verpflichtet, die in dem Beratungshilfegesetz vorgesehene Beratungshilfe zu übernehmen. [2]Sie können die Beratungshilfe im Einzelfall aus wichtigem Grund ablehnen.

§ 51b[2)] Handakten. (1) Berufsangehörige müssen durch Anlegung von Handakten ein zutreffendes Bild über die von ihnen entfaltete Tätigkeit geben können.

(2) [1]Berufsangehörige haben ihre Handakten für die Dauer von zehn Jahren nach Beendigung des Auftrags aufzubewahren. [2]Diese Verpflichtung erlischt jedoch schon vor Beendigung dieses Zeitraums, wenn die Berufsangehörigen ihre Auftraggeber aufgefordert haben, die Handakten in Empfang zu nehmen, und die Auftraggeber dieser Aufforderung binnen sechs Monaten, nachdem sie sie erhalten haben, nicht nachgekommen sind.

(3) [1]Berufsangehörige können ihren Auftraggebern die Herausgabe der Handakten verweigern, bis sie wegen ihrer Vergütung und Auslagen befriedigt sind. [2]Dies gilt nicht, soweit die Vorenthaltung der Handakten oder einzelner Schriftstücke nach den Umständen unangemessen wäre.

(4) Handakten im Sinne der Absätze 2 und 3 sind nur solche Schriftstücke, die Berufsangehörige aus Anlass ihrer beruflichen Tätigkeit von ihren Auftraggebern oder für diese erhalten haben, nicht aber die Briefwechsel zwischen den Berufsangehörigen und ihren Auftraggebern, die Schriftstücke, die die Auftraggeber bereits in Urschrift oder Abschrift erhalten haben, sowie die zu internen Zwecken gefertigten Arbeitspapiere.

[1)] § 51a neu gef. mWv 1.1.2014 durch G v. 31.8.2013 (BGBl. I S. 3533).

[2)] § 51b neu gef. mWv 17.6.2016 durch G v. 31.3.2016 (BGBl. I S. 518).

(5)[1] [1]Bei gesetzlichen Abschlussprüfungen nach § 316 des Handelsgesetzbuchs ist für jede Abschlussprüfung eine Handakte nach Absatz 1 (Prüfungsakte) anzulegen, die spätestens 60 Tage nach Unterzeichnung des Bestätigungsvermerks im Sinne des § 322 des Handelsgesetzbuchs zu schließen ist. [2]Berufsangehörige haben in der Prüfungsakte auch zu dokumentieren,

1. ob sie die Anforderungen an ihre Unabhängigkeit im Sinne des § 319 Absatz 2 bis 5 des Handelsgesetzbuchs erfüllen, ob ihre Unabhängigkeit gefährdende Umstände vorliegen und welche Schutzmaßnahmen sie gegebenenfalls zur Verminderung dieser Gefahren ergriffen haben,
2. ob sie über die Zeit, das Personal und die sonstigen Mittel verfügen, die nach § 43 Absatz 5 zur angemessenen Durchführung der Abschlussprüfung erforderlich sind,
3. wenn sie den Rat externer Sachverständiger einholen, die entsprechenden Anfragen und die erhaltenen Antworten.

[3]Wirtschaftsprüfungsgesellschaften haben darüber hinaus den verantwortlichen Prüfungspartner zu benennen und zu dokumentieren, dass dieser nach dem Zweiten oder Neunten Teil zugelassen ist. [4]Die Berufsangehörigen haben alle Informationen und Unterlagen aufzubewahren, die zur Begründung des Bestätigungsvermerks im Sinne des § 322 des Handelsgesetzbuchs, des Prüfungsberichts im Sinne des § 321 des Handelsgesetzbuchs oder zur Kontrolle der Einhaltung von Berufspflichten von Bedeutung sind oder die schriftliche Beschwerden über die Durchführung der Abschlussprüfungen beinhalten. [5]Die Dokumentationspflichten nach den Artikeln 6 bis 8 der Verordnung (EU) Nr. 537/2014 in der jeweils geltenden Fassung und die Aufbewahrungspflicht nach Artikel 15 der Verordnung (EU) Nr. 537/2014 bleiben unberührt.

(6) [1]Berufsangehörige, die eine Konzernabschlussprüfung durchführen, haben der Wirtschaftsprüferkammer auf deren schriftliche oder elektronische Aufforderung die Unterlagen über die Arbeit von Drittstaatsprüfern und Drittstaatsprüfungsgesellschaften, die in den Konzernabschluss einbezogene Tochterunternehmen prüfen, zu übergeben, soweit diese nicht gemäß § 134 Absatz 1 eingetragen sind und keine Vereinbarung zur Zusammenarbeit gemäß § 57 Absatz 9 Satz 5 Nummer 3 besteht. [2]Erhalten Berufsangehörige keinen Zugang zu den Unterlagen über die Arbeit von Drittstaatsprüfern und Drittstaatsprüfungsgesellschaften, so haben sie den Versuch ihrer Erlangung und die Hindernisse zu dokumentieren und der Wirtschaftsprüferkammer auf deren schriftliche oder elektronische Aufforderung die Gründe dafür mitzuteilen.

(7) [1]Die Absätze 1 bis 6 gelten entsprechend, soweit sich Berufsangehörige zum Führen von Handakten der elektronischen Datenverarbeitung bedienen. [2]In anderen Gesetzen getroffene Regelungen über die Pflichten zur Aufbewahrung von Geschäftsunterlagen bleiben unberührt.

§ 51c[2] **Auftragsdatei.** Berufsangehörige müssen für gesetzlich vorgeschriebene Abschlussprüfungen nach § 316 des Handelsgesetzbuchs eine Auf-

---

[1] § 51b Abs. 5 Sätze 1, 2 Nr. 1, 4 und 5 geänd. mWv 1.7.2021 durch G v. 3.6.2021 (BGBl. I S. 1534).

[2] § 51c eingef. mWv 17.6.2016 durch G v. 31.3.2016 (BGBl. I S. 518).

tragsdatei führen, die für jeden ihrer Auftraggeber folgende Angaben enthält:

1. Name, Anschrift und Ort,
2. bei Wirtschaftsprüfungsgesellschaften die Namen der jeweils verantwortlichen Prüfungspartner und
3. für jedes Geschäftsjahr die für die Abschlussprüfung und für andere Leistungen in Rechnung gestellten Honorare.

§ 52[1] **Werbung.** Werbung ist zulässig, es sei denn, sie ist unlauter.

§ 53[2] **Wechsel des Auftraggebers.** Berufsangehörige dürfen keine widerstreitenden Interessen vertreten; sie dürfen insbesondere in einer Sache, in der sie oder eine Person oder eine [***ab 1.1.2024:*** rechtsfähige] Personengesellschaft, mit der sie ihren Beruf gemeinsam ausüben, bereits tätig waren, für andere Auftraggebende nur tätig werden, wenn die bisherigen und die neuen Auftraggebenden einverstanden sind.

§ 54[3] **Berufshaftpflichtversicherung.** (1) [1]Berufsangehörige, die ihren Beruf nach § 43a Absatz 1 Nummer 1 ausüben, und Wirtschaftsprüfungsgesellschaften sind verpflichtet, eine Berufshaftpflichtversicherung zur Deckung der sich aus ihrer Berufstätigkeit ergebenden Haftpflichtgefahren für Vermögensschäden zu unterhalten. [2]Die Berufshaftpflichtversicherung einer Partnerschaft mit beschränkter Berufshaftung nach § 8 Absatz 4 des Partnerschaftsgesellschaftsgesetzes, die nicht selbst als Wirtschaftsprüfungsgesellschaft zugelassen ist, muss die Haftpflichtgefahren für Vermögensschäden decken, die sich aus ihrer Berufstätigkeit im Sinne der §§ 2 oder 129 ergeben. [3]Die Versicherung muss sich auch auf solche Vermögensschäden erstrecken, für die ein Berufsangehöriger nach den §§ 278 oder 831 des Bürgerlichen Gesetzbuchs einzustehen hat.

(2) [1]Der Versicherungsvertrag muss vorsehen, dass Versicherungsschutz für jede einzelne während der Geltung des Versicherungsvertrages begangene Pflichtverletzung zu gewähren ist, die gesetzliche Haftpflichtansprüche privatrechtlichen Inhalts gegen den Versicherungsnehmer zur Folge haben könnte. [2]Der Versicherungsvertrag kann vorsehen, dass die Versicherungssumme den Höchstbetrag der dem Versicherer in jedem einzelnen Schadensfall obliegenden Leistung darstellt, und zwar mit der Maßgabe, dass nur eine einmalige Leistung der Versicherungssumme in Frage kommt

1. gegenüber mehreren entschädigungspflichtigen Personen, auf welche sich der Versicherungsschutz erstreckt,
2. bezüglich eines aus mehreren Pflichtverletzungen stammenden einheitlichen Schadens,

---

[1] § 52 neu gef. mWv 6.9.2007 durch G v. 3.9.2007 (BGBl. I S. 2178).
[2] § 53 neu gef. mWv 6.9.2007 durch G v. 3.9.2007 (BGBl. I S. 2178); geänd. **mWv 1.1.2024 durch MoPeG** v. 10.8.2021 (BGBl. I S. 3436).
[3] § 54 neu gef. mWv 17.6.2016 durch G v. 31.3.2016 (BGBl. I S. 518).

3. bezüglich sämtlicher Folgen einer Pflichtverletzung ohne Rücksicht darauf, ob Schäden in einem oder in mehreren aufeinanderfolgenden Jahren entstanden sind.

[3]Im Fall des Satzes 2 Nummer 3 gilt mehrfaches auf gleicher oder gleichartiger Fehlerquelle beruhendes Tun oder Unterlassen als einheitliche Pflichtverletzung, wenn die betreffenden Angelegenheiten miteinander in rechtlichem oder wirtschaftlichem Zusammenhang stehen. [4]In diesem Fall kann die Leistung des Versicherers auf das Fünffache der Mindestversicherungssumme nach Absatz 4 Satz 1 begrenzt werden, soweit es sich nicht um gesetzlich vorgeschriebene Pflichtprüfungen handelt.

(3) Von der Versicherung kann der Versicherungsschutz ausgeschlossen werden für

1. Ersatzansprüche wegen wissentlicher Pflichtverletzung,
2. Ersatzansprüche wegen Schäden, die durch Fehlbeträge bei der Kassenführung, durch Pflichtverletzungen beim Zahlungsakt oder durch Veruntreuung durch das Personal des Versicherungsnehmers entstehen,
3. Ersatzansprüche, die vor Gerichten in Drittstaaten geltend gemacht werden, und
4. Ersatzansprüche wegen Verletzung oder Nichtbeachtung des Rechts von Drittstaaten, soweit die Ansprüche nicht bei der das Abgabenrecht dieser Staaten betreffenden geschäftsmäßigen Hilfeleistung in Steuersachen entstehen und soweit das den Ersatzansprüchen zugrunde liegende Auftragsverhältnis zwischen Versicherungsnehmer und Auftraggeber nicht deutschem Recht unterliegt.

(4)[1)] [1]Die Mindestversicherungssumme für den einzelnen Versicherungsfall beträgt 1 Million Euro. [2]Die Leistungen des Versicherers für alle innerhalb eines Versicherungsjahres verursachten Schäden können bei Berufsangehörigen auf den vierfachen Betrag der Mindestversicherungssumme begrenzt werden. [3]Bei Wirtschaftsprüfungsgesellschaften können die Leistungen des Versicherers für alle innerhalb eines Versicherungsjahres verursachten Schäden auf den Betrag der Mindestversicherungssumme, vervielfacht mit der Zahl der Gesellschafter, der Partner und der Geschäftsführer, die nicht Gesellschafter sind, begrenzt werden, wobei sich die Jahreshöchstleistung jedoch mindestens auf den vierfachen Betrag der Mindestversicherungssumme belaufen muss. [4]Die Vereinbarung eines Selbstbehalts bis zur Höhe von 1 Prozent der Mindestversicherungssumme ist zulässig. [5]Zuständige Stelle im Sinne des § 117 Absatz 2 des Versicherungsvertragsgesetzes ist die Wirtschaftsprüferkammer.

(5) Die Wirtschaftsprüferkammer erteilt Dritten zur Geltendmachung von Schadensersatzansprüchen auf Antrag Auskunft über den Namen, die Adresse und die Versicherungsnummer der Berufshaftpflichtversicherung der Berufsangehörigen, der Wirtschaftsprüfungsgesellschaften oder der Partnerschaften mit beschränkter Berufshaftung, soweit diese kein überwiegendes schutzwürdiges Interesse an der Nichterteilung der Auskunft haben.

[1)] § 54 Abs. 4 Satz 1 geänd., Sätze 2 und 3 eingef., bish. Sätze 2 und 3 werden Sätze 4 und 5 durch G v. 3.6.2021 (BGBl. I S. 1534); **zur Anwendung siehe § 135 Sätze 1 und 2.**

(6) Die Wirtschaftsprüferkammer trifft im Rahmen der Berufssatzung die näheren Bestimmungen über den Versicherungsinhalt, den Versicherungsnachweis, das Anzeigeverfahren und die Überwachung der Versicherungspflicht.

§ 54a[1] Vertragliche Begrenzung von Ersatzansprüchen. (1) Der Anspruch der Auftraggeber aus den zwischen ihnen und den Berufsangehörigen bestehenden Vertragsverhältnissen auf Ersatz eines fahrlässig verursachten Schadens kann beschränkt werden

1. durch schriftliche Vereinbarung im Einzelfall bis zur Mindesthöhe der Deckungssumme nach § 54 Absatz 4 Satz 1 oder
2. durch vorformulierte Vertragsbedingungen auf den vierfachen Betrag der Mindesthöhe der Deckungssumme nach § 54 Absatz 4 Satz 1, wenn insoweit Versicherungsschutz besteht.

(2) Die persönliche Haftung von Mitgliedern einer [***ab 1.1.2024:*** rechtsfähigen][2] Personengesellschaft (§ 44b) auf Schadensersatz kann auch durch vorformulierte Vertragsbedingungen auf einzelne namentlich bezeichnete Mitglieder der [***ab 1.1.2024:*** rechtsfähigen][2] Personengesellschaft beschränkt werden, die die vertragliche Leistung erbringen sollen.

(3) Werden im Rahmen der gesetzlichen Abschlussprüfung Prüfungstätigkeiten durch Berufsangehörige auf Dritte übertragen, so bleibt die Pflichtenstellung der Berufsangehörigen gegenüber ihren Auftraggebern hiervon unberührt.

§ 55[3] Vergütung. (1) [1]Unbeschadet des Artikels 4 der Verordnung (EU) Nr. 537/2014 dürfen Berufsangehörige für Tätigkeiten nach § 2 Abs. 1 und 3 Nr. 1 und 3 keine Vereinbarung schließen, durch welche die Höhe der Vergütung vom Ergebnis ihrer Tätigkeit als Wirtschaftsprüfer abhängig gemacht wird. [2]Für Tätigkeiten nach § 2 Abs. 2 gilt dies, soweit § 55a nichts anderes bestimmt. [3]Die Vergütung für gesetzlich vorgeschriebene Abschlussprüfungen darf über Satz 1 hinaus nicht an weitere Bedingungen geknüpft sein und sie darf auch nicht von der Erbringung zusätzlicher Leistungen für das geprüfte Unternehmen beeinflusst oder bestimmt sein. [4]Satz 3 gilt entsprechend für die Vergütung oder Leistungsbewertung von Personen, die an der Abschlussprüfung beteiligt sind oder auf andere Weise in der Lage sind, das Ergebnis der Abschlussprüfung zu beeinflussen. [5]Besteht zwischen der erbrachten Leistung

---

[1] § 54a eingef. mWv 1.1.1995 durch G v. 15.7.1994 (BGBl. I S. 1569); Abs. 1 Nrn. 1 und 2 mWv 1.5.1998 geänd. durch G v. 27.4.1998 (BGBl. I S. 786); Abs. 2 geänd. mWv 1.1.2001 durch G v. 19.12.2000 (BGBl. I S. 1769); Abs. 1 neu gef., Abs. 2 geänd., Abs. 3 angef. mWv 17.6.2016 durch G v. 31.3.2016 (BGBl. I S. 518).

[2] Eingef. **mWv 1.1.2024 durch MoPeG** v. 10.8.2021 (BGBl. I S. 3436).

[3] § 55a eingef. mWv 1.1.1995 durch G v. 15.7.1994 (BGBl. I S. 1569); Abs. 1 Satz 1 geänd., Sätze 2 und 3 angef., Abs. 3 neu gef. mWv 6.9.2007 durch G v. 3.9.2007 (BGBl. I S. 2178); bish. § 55a wird § 55 und Abs. 1 Satz 1 geänd., Satz 2 eingef., bish. Sätze 2 und 3 werden Sätze 3 und 4 mWv 1.7.2008 durch G v. 12.6.2008 (BGBl. I S. 1000); Abs. 1 Satz 1 geänd., Satz 4 eingef., bish. Satz 4 wird Satz 5 und geänd., Abs. 2 geänd. mWv 17.6.2016 durch G v. 31.3.2016 (BGBl. I S. 518).

und der vereinbarten Vergütung ein erhebliches Missverhältnis, muss der Wirtschaftsprüferkammer oder der Abschlussprüferaufsichtsstelle auf Verlangen nachgewiesen werden können, dass für die Prüfung eine angemessene Zeit aufgewandt und qualifiziertes Personal eingesetzt wurde.

(2) Die Abgabe und Entgegennahme eines Teils der Vergütung oder sonstiger Vorteile für die Vermittlung von Aufträgen, gleichviel ob im Verhältnis zu Berufsangehörigen oder Dritten, ist unzulässig.

(3) [1]Die Abtretung von Vergütungsforderungen oder die Übertragung ihrer Einziehung an Berufsangehörige, an Berufsgesellschaften oder an Berufsausübungsgemeinschaften ist auch ohne Zustimmung der auftraggebenden Person zulässig; diese sind in gleicher Weise zur Verschwiegenheit verpflichtet wie die beauftragte Person. [2]Satz 1 gilt auch bei einer Abtretung oder Übertragung an Berufsangehörige anderer freier Berufe, die einer entsprechenden gesetzlichen Verschwiegenheitspflicht unterliegen. [3]Die Abtretung von Vergütungsforderungen oder die Übertragung ihrer Einziehung an andere Personen ist entweder bei rechtskräftiger Feststellung der Vergütungsforderung oder mit Zustimmung der auftraggebenden Person zulässig.

§ 55a[1)] Erfolgshonorar für Hilfeleistung in Steuersachen. (1) [1]Vereinbarungen, durch die eine Vergütung für eine Hilfeleistung in Steuersachen oder ihre Höhe vom Ausgang der Sache oder vom Erfolg der Tätigkeit des Wirtschaftsprüfers abhängig gemacht wird oder nach denen der Wirtschaftsprüfer einen Teil der zu erzielenden Steuerermäßigung, Steuerersparnis oder Steuervergütung als Honorar erhält (Erfolgshonorar), sind unzulässig, soweit nachfolgend nichts anderes bestimmt ist. [2]Vereinbarungen, durch die der Wirtschaftsprüfer sich verpflichtet, Gerichtskosten, Verwaltungskosten oder Kosten anderer Beteiligter zu tragen, sind unzulässig.

(2) Ein Erfolgshonorar darf nur für den Einzelfall und nur dann vereinbart werden, wenn der Auftraggeber bei verständiger Betrachtung ohne die Vereinbarung eines Erfolgshonorars von der Rechtsverfolgung abgehalten würde.

(3) [1]Die Vereinbarung bedarf der Textform. [2]Sie muss als Vergütungsvereinbarung oder in vergleichbarer Weise bezeichnet werden, von anderen Vereinbarungen mit Ausnahme der Auftragserteilung deutlich abgesetzt sein und darf nicht in der Vollmacht enthalten sein. [3]Die Vereinbarung muss enthalten:

1. die erfolgsunabhängige Vergütung, zu der der Wirtschaftsprüfer bereit wäre, den Auftrag zu übernehmen, sowie
2. die Angabe, welche Vergütung bei Eintritt welcher Bedingungen verdient sein soll.

(4) [1]In der Vereinbarung sind außerdem die wesentlichen Gründe anzugeben, die für die Bemessung des Erfolgshonorars bestimmend sind. [2]Ferner ist ein Hinweis aufzunehmen, dass die Vereinbarung keinen Einfluss auf die gegebenenfalls vom Auftraggeber zu zahlenden Gerichtskosten, Verwaltungskosten und die von ihm zu erstattenden Kosten anderer Beteiligter hat.

---

1) § 55a eingef. mWv 1.7.2008 durch G v. 12.6.2008 (BGBl. I S. 1000); Abs. 2 geänd. mWv 1.10.2021 durch G v. 10.8.2021 (BGBl. I S. 3415).

(5) [1]Aus einer Vergütungsvereinbarung, die nicht den Anforderungen der Absätze 2 und 3 entspricht, erhält der Wirtschaftsprüfer keine höhere als eine nach den Vorschriften des bürgerlichen Rechts bemessene Vergütung. [2]Die Vorschriften des bürgerlichen Rechts über die ungerechtfertigte Bereicherung bleiben unberührt.

§ 55b[1)] Internes Qualitätssicherungssystem. (1) [1]Berufsangehörige haben für ihre Praxis Regelungen zu schaffen, die die Einhaltung ihrer Berufspflichten gewährleisten, und deren Anwendung zu überwachen und durchzusetzen (internes Qualitätssicherungssystem). [2]Das interne Qualitätssicherungssystem soll in einem angemessenen Verhältnis zum Umfang und zur Komplexität der beruflichen Tätigkeit stehen. [3]Das interne Qualitätssicherungssystem ist zu dokumentieren und den Mitarbeitern der Berufsangehörigen zur Kenntnis zu geben.

(2) [1]Bei Berufsangehörigen, die Abschlussprüfungen nach § 316 des Handelsgesetzbuchs durchführen, haben die Regelungen nach Absatz 1 angemessene Grundsätze und Verfahren zur ordnungsgemäßen Durchführung und Sicherung der Qualität der Abschlussprüfung zu umfassen. [2]Dazu gehören zumindest

1. solide Verwaltungs- und Rechnungslegungsverfahren, interne Qualitätssicherungsmechanismen, wirksame Verfahren zur Risikobewertung sowie wirksame Kontroll- und Sicherheitsvorkehrungen für Datenverarbeitungssysteme,
2. Vorkehrungen zum Einsatz angemessener und wirksamer Systeme und Verfahren sowie der zur angemessenen Wahrnehmung der Aufgaben erforderlichen Mittel und des dafür erforderlichen Personals,
3. Grundsätze und Verfahren, die die Einhaltung der Anforderungen an die Eigenverantwortlichkeit des verantwortlichen Abschlussprüfers nach § 44 Absatz 1 Satz 3 dieses Gesetzes und an die Unabhängigkeit nach den §§ 319 und 319b des Handelsgesetzbuchs sowie nach den Artikeln 4 und 5 der Verordnung (EU) Nr. 537/2014 gewährleisten,
4. Grundsätze und Verfahren, die sicherstellen, dass Mitarbeiter sowie sonstige unmittelbar an den Prüfungstätigkeiten beteiligte Personen über angemessene Kenntnisse und Erfahrungen für die ihnen zugewiesenen Aufgaben verfügen sowie fortgebildet, angeleitet und kontrolliert werden,
5. die Führung von Prüfungsakten nach § 51b Absatz 5,
6. organisatorische und administrative Vorkehrungen für den Umgang mit Vorfällen, die die ordnungsmäßige Durchführung der Prüfungstätigkeiten beeinträchtigen können, und für die Dokumentation dieser Vorfälle,
7. Verfahren, die es den Mitarbeitern unter Wahrung der Vertraulichkeit ihrer Identität ermöglichen, potenzielle oder tatsächliche Verstöße gegen die Verordnung (EU) Nr. 537/2014 oder gegen Berufspflichten sowie etwaige strafbare Handlungen oder Ordnungswidrigkeiten innerhalb der Praxis an geeignete Stellen zu berichten,

---

1) § 55b neu gef. mWv 17.6.2016 durch G v. 31.3.2016 (BGBl. I S. 518); Abs. 2 Satz 2 Nr. 3 geänd. mWv 1.7.2021 durch G v. 3.6.2021 (BGBl. I S. 1534).

8. Grundsätze der Vergütung und Gewinnbeteiligung nach § 55 und
9. Grundsätze und Verfahren, die gewährleisten, dass im Fall der Auslagerung wichtiger Prüfungstätigkeiten die interne Qualitätssicherung und die Berufsaufsicht nicht beeinträchtigt werden.

(3) [1]Im Rahmen der Überwachung nach Absatz 1 Satz 1 haben Berufsangehörige, die Abschlussprüfungen nach § 316 des Handelsgesetzbuchs durchführen, das interne Qualitätssicherungssystem zumindest hinsichtlich der Grundsätze und Verfahren für die Abschlussprüfung, für die Fortbildung, Anleitung und Kontrolle der Mitarbeiter sowie für die Handakte einmal jährlich zu bewerten. [2]Im Fall von Mängeln des internen Qualitätssicherungssystems haben sie die zu deren Behebung erforderlichen Maßnahmen zu ergreifen. [3]Die Berufsangehörigen haben einmal jährlich in einem Bericht zu dokumentieren:

1. die Ergebnisse der Bewertung nach Satz 1,
2. Maßnahmen, die nach Satz 2 ergriffen oder vorgeschlagen wurden,
3. Verstöße gegen Berufspflichten oder gegen die Verordnung (EU) Nr. 537/2014, soweit diese nicht nur geringfügig sind, sowie
4. die aus Verstößen nach Nummer 3 erwachsenden Folgen und die zur Behebung der Verstöße ergriffenen Maßnahmen.

(4) Bei Wirtschaftsprüfungsgesellschaften, die gesetzlich vorgeschriebene Abschlussprüfungen durchführen, liegt die Verantwortung für das interne Qualitätssicherungssystem bei Berufsangehörigen, vereidigten Buchprüfern oder vereidigten Buchprüferinnen oder EU- oder EWR-Abschlussprüfern.

§ 55c[1)] Bestellung eines Praxisabwicklers. (1) [1]Ist ein Berufsangehöriger oder eine Berufsangehörige verstorben, kann die Wirtschaftsprüferkammer einen anderen Berufsangehörigen oder eine andere Berufsangehörige zum Abwickler der Praxis bestellen. [2]Ein Abwickler kann auch für die Praxis früherer Berufsangehöriger bestellt werden, deren Bestellung erloschen, zurückgenommen oder widerrufen worden ist. [3]Die Bestellung erstreckt sich nicht auf Aufträge zur Durchführung gesetzlich vorgeschriebener Abschlussprüfungen nach § 316 des Handelsgesetzbuchs.

(2) [1]Der Abwickler ist in der Regel nicht länger als für die Dauer eines Jahres zu bestellen. [2]Auf Antrag des Abwicklers ist die Bestellung jeweils höchstens um ein Jahr zu verlängern, wenn er glaubhaft macht, dass schwebende Angelegenheiten noch nicht zu Ende geführt werden konnten.

(3) [1]Dem Abwickler obliegt es, die schwebenden Angelegenheiten abzuwickeln. [2]Er führt die laufenden Aufträge fort; innerhalb der ersten sechs Monate ist er auch berechtigt, neue Aufträge anzunehmen. [3]Ihm stehen die gleichen Befugnisse zu, die die ehemaligen Berufsangehörigen hatten. [4]Der Abwickler gilt für die schwebenden Angelegenheiten als von der Partei bevollmächtigt, sofern diese nicht für die Wahrnehmung ihrer Rechte in anderer Weise gesorgt hat.

[1)] § 55c neu gef. mWv 17.6.2016 durch G v. 31.3.2016 (BGBl. I S. 518).

(4) [1]Berufsangehörige, die zum Abwickler bestellt werden sollen, können die Abwicklung nur aus einem wichtigen Grund ablehnen. [2]Über die Zulässigkeit der Ablehnung entscheidet die Wirtschaftsprüferkammer.

(5) [1]Dem Abwickler stehen im Rahmen der eigenen Befugnisse die rechtlichen Befugnisse der Berufsangehörigen zu, deren Praxis er abwickelt. [2]Der Abwickler wird in eigener Verantwortung, jedoch im Interesse, für Rechnung und auf Kosten der abzuwickelnden Praxis tätig. [3]Die §§ 666, 667 und 670 des Bürgerlichen Gesetzbuchs gelten entsprechend.

(6) [1]Der Abwickler ist berechtigt, die Praxisräume zu betreten und die zur Praxis gehörenden Gegenstände einschließlich des den ehemaligen Berufsangehörigen zur Verwahrung unterliegenden Treugutes in Besitz zu nehmen, herauszuverlangen und hierüber zu verfügen. [2]An Weisungen der ehemaligen Berufsangehörigen oder deren Erben ist er nicht gebunden. [3]Die ehemaligen Berufsangehörigen oder deren Erben dürfen die Tätigkeit des Abwicklers nicht beeinträchtigen. [4]Die ehemaligen Berufsangehörigen oder deren Erben haben dem Abwickler eine angemessene Vergütung zu zahlen, für die Sicherheit zu leisten ist, wenn die Umstände es erfordern. [5]Können sich die Beteiligten über die Höhe der Vergütung oder über die Sicherheit nicht einigen oder wird die geschuldete Sicherheit nicht geleistet, setzt der Vorstand der Wirtschaftsprüferkammer auf Antrag der ehemaligen Berufsangehörigen oder deren Erben oder des Abwicklers die Vergütung fest. [6]Der Abwickler ist befugt, Vorschüsse auf die vereinbarte oder festgesetzte Vergütung zu entnehmen. [7]Für die festgesetzte Vergütung haftet die Wirtschaftsprüferkammer wie ein Ausfallbürge.

(7) Der Abwickler ist berechtigt, jedoch außer im Rahmen eines Kostenfestsetzungsverfahrens nicht verpflichtet, Gebührenansprüche und Kostenforderungen der ehemaligen Berufsangehörigen im eigenen Namen geltend zu machen, im Falle verstorbener Berufsangehöriger allerdings nur für Rechnung der Erben.

(8) Die Bestellung kann widerrufen werden.

(9) Der Abwickler darf für die Dauer von zwei Jahren nach Ablauf der Bestellung nicht für Auftraggeber tätig werden, die er in seiner Eigenschaft als Abwickler betreut hat, es sei denn, es liegt eine schriftliche Einwilligung der ehemaligen Berufsangehörigen oder deren Erben vor.

§ 56[1)] Anwendung der Vorschriften über die Rechte und Pflichten der Wirtschaftsprüfer auf Wirtschaftsprüfungsgesellschaften. (1) Die §§ 43, 43a Absatz 2 und 3, §§ 44b, 49 bis 53, 54a und 55 bis 55c gelten sinngemäß für Wirtschaftsprüfungsgesellschaften sowie für Vorstandsmitglieder, Geschäftsführer, Partner und persönlich haftende Gesellschafter einer Wirtschaftsprüfungsgesellschaft, die nicht Wirtschaftsprüfer sind.

1) § 56 Abs. 1 geänd. mWv 1.1.1995 durch G v. 15.7.1994 (BGBl. I S. 1569); Abs. 1 geänd. mWv 1.1.2005 durch G v. 27.12.2004 (BGBl. I S. 3846); Abs. 1 geänd. mWv 6.9.2007 durch G v. 3.9.2007 (BGBl. I S. 2178); Abs. 1 geänd. mWv 17.6.2016 durch G v. 31.3.2016 (BGBl. I S. 518).

(2) Die Mitglieder der durch Gesetz, Satzung oder Gesellschaftsvertrag vorgesehenen Aufsichtsorgane der Gesellschaften sind zur Verschwiegenheit verpflichtet.

Vierter Teil. Organisation des Berufs

§ 57[1)] **Aufgaben der Wirtschaftsprüferkammer.** (1) Die Wirtschaftsprüferkammer erfüllt die ihr durch Gesetz zugewiesenen Aufgaben; sie hat die beruflichen Belange der Gesamtheit ihrer Mitglieder zu wahren und die Erfüllung der beruflichen Pflichten zu überwachen.

(2) Der Wirtschaftsprüferkammer obliegt insbesondere:

1. die Mitglieder in Fragen der Berufspflichten zu beraten und zu belehren;
2. auf Antrag bei Streitigkeiten unter den Mitgliedern zu vermitteln;
3. auf Antrag bei Streitigkeiten zwischen Mitgliedern und ihren Auftraggebern zu vermitteln;
4. die Erfüllung der den Mitgliedern obliegenden Pflichten zu überwachen und unbeschadet des § 66a Absatz 4 Satz 2 und Absatz 6 berufsaufsichtliche Maßnahmen zu verhängen;
5. (aufgehoben)
6. in allen die Gesamtheit der Mitglieder berührenden Angelegenheiten die Auffassung der Wirtschaftsprüferkammer den zuständigen Gerichten, Behörden und Organisationen gegenüber zur Geltung zu bringen;
7. Gutachten zu erstatten, die ein Gericht oder eine Verwaltungsbehörde oder eine an der Gesetzgebung beteiligte Körperschaft des Bundes oder Landes anfordert;
8. die durch Gesetz zugewiesenen Aufgaben im Bereich der Berufsbildung wahrzunehmen;
9. *(aufgehoben)*

---

1) § 57 Abs. 2 Nr. 11 geänd., Abs. 2 Nr. 13 sowie Abs. 3 und Abs. 4 angef. mWv 1.1.1995 durch G v. 15.7.1994 (BGBl. I S. 1569), Abs. 3 Satz 2 geänd., Abs. 2 Nr. 14 angef. mWv 1.1.2001 und Nr. 15 angef. mWv 1.1.2002 durch G v. 19.12.2000 (BGBl. I S. 1769); Abs. 5 angef. mWv 1.1.2002 durch G v. 10.12.2001 (BGBl. I S. 3414); Abs. 2 Nr. 15 geänd., Nrn. 16 und 17 angef., Abs. 3 Satz 2 geänd. mWv 1.1.2004 durch G v. 1.12.2003 (BGBl. I S. 2446); Abs. 1 neu gef., Abs. 2 Nr. 9 aufgeh., Abs. 3 Satz 1 Halbs. 1 und Abs. 4 Nr. 5 geänd. mWv 1.1.2005 durch G v. 27.12.2004 (BGBl. I S. 3846); Abs. 3 Satz 2 geänd. mWv 8.11.2006 durch VO v. 31.10.2006 (BGBl. I S. 2407); Abs. 2 Nr. 5 aufgeh., Abs. 3 Satz 1 und Satz 2 geänd., Abs. 4 Nr. 1 Buchst. e und i und Nr. 4 neu gef., Abs. 3 Satz 3, Abs. 4 Nr. 1 Buchstabe l und Abs. 6 bis 9 angef. mWv 6.9.2007 durch G v. 3.9.2007 (BGBl. I S. 2178); Abs. 6 Satz 1 geänd., Abs. 9 Satz 5 neu gef. mWv 29.5.2009 durch G v. 25.5.2009 (BGBl. I S. 1102); Abs. 4 Nr. 3 Buchst. f geänd., Buchst. g angef. mWv 1.1.2014 durch G v. 31.8.2013 (BGBl. I S. 3533); Abs. 2 Nr. 11 und Abs. 3 Satz 2 geänd. mWv 8.9.2015 durch VO v. 31.8.2015 (BGBl. I S. 1474); Abs. 2 Nr. 4, Abs. 3 Satz 1, Abs. 4 Nr. 1 Buchst e, Abs. 5 Satz 2, Abs. 6 Satz 1, Abs. 8 Satz 1, Abs. 9 Satz 5 Nr. 2 geänd., Abs. 4 Nr. 4 neu gef. mWv 17.6.2016 durch G v. 31.3.2016 (BGBl. I S. 518); Abs. 2 Nr. 11 geänd. mWv 22.6.2023 durch G v. 19.6.2023 (BGBl. I Nr. 154).

10. die berufliche Fortbildung der Mitglieder und Ausbildung des Berufsnachwuchses zu fördern;
11. die Vorschlagsliste der ehrenamtlichen Beisitzer bei den Berufsgerichten der Landesjustizverwaltungen und dem Bundesministerium der Justiz einzureichen;
12. das Berufsregister zu führen;
13. Fürsorgeeinrichtungen für Wirtschaftsprüfer und vereidigte Buchprüfer sowie deren Hinterbliebene zu schaffen;
14. ein System der Qualitätskontrolle zu betreiben;
15. Wirtschaftsprüfer sowie vereidigte Buchprüfer zu bestellen, Wirtschaftsprüfungsgesellschaften sowie Buchprüfungsgesellschaften anzuerkennen und Bestellungen sowie Anerkennungen zurückzunehmen oder zu widerrufen;
16. eine selbstständige Prüfungsstelle einzurichten und zu unterhalten;
17. die ihr als Bundesberufskammer gesetzlich eingeräumten Befugnisse im Rahmen der Geldwäschebekämpfung wahrzunehmen.

(3)[1] [1]Die Wirtschaftsprüferkammer kann eine Satzung über die Rechte und Pflichten bei der Ausübung der Berufe des Wirtschaftsprüfers und des vereidigten Buchprüfers (Berufssatzung) erlassen; die Berufssatzung wird vom Beirat der Wirtschaftsprüferkammer beschlossen. [2]Die Satzung und deren Änderungen müssen im Einklang mit den Vorgaben des auf sie anzuwendenden europäischen Rechts stehen. [3]Insbesondere sind bei neuen oder zu ändernden Vorschriften, die dem Anwendungsbereich der Richtlinie 2005/36/EG des Europäischen Parlaments und des Rates vom 7. September 2005 über die Anerkennung von Berufsqualifikationen (ABl. L 255 vom 30.9.2005, S. 22; L 271 vom 16.10.2007, S. 18; L 93 vom 4.4.2008, S. 28; L 33 vom 3.2.2009, S. 49; L 305 vom 24.10.2014, S. 115), die zuletzt durch die Richtlinie 2013/55/EU (ABl. L 354 vom 28.12.2013, S. 132; L 268 vom 15.10.2015, S. 35; L 95 vom 9.4.2016, S. 20) geändert worden ist, in der jeweils geltenden Fassung unterfallen, die Vorgaben der Richtlinie (EU) 2018/958 des Europäischen Parlaments und des Rates vom 28. Juni 2018 über eine Verhältnismäßigkeitsprüfung vor Erlass neuer Berufsreglementierungen (ABl. L 173 vom 9.7.2018, S. 25) in der jeweils geltenden Fassung einzuhalten.

(3a)[2] [1]Eine Vorschrift im Sinne des Absatzes 3 Satz 3 ist anhand der in den Artikeln 5 bis 7 der Richtlinie (EU) 2018/958 festgelegten Kriterien auf ihre Verhältnismäßigkeit zu prüfen. [2]Der Umfang der Prüfung muss im Verhältnis zu der Art, dem Inhalt und den Auswirkungen der Vorschrift stehen. [3]Die Vorschrift ist so ausführlich zu erläutern, dass ihre Übereinstimmung mit dem Verhältnismäßigkeitsgrundsatz bewertet werden kann. [4]Die Gründe, aus denen sich ergibt, dass sie gerechtfertigt und verhältnismäßig ist, sind durch qualitative und, soweit möglich und relevant, quantitative Elemente zu substantiieren. [5]Mindestens zwei Wochen vor der Beschlussfassung im Beirat über die

---

[1] § 57 Abs. 3 Sätze 2 und 3 neu gef. mWv 30.7.2020 durch G v. 19.6.2020 (BGBl. I S. 1403).

[2] § 57 Abs. 3a eingef. mWv 30.7.2020 durch G v. 19.6.2020 (BGBl. I S. 1403).

Vorschrift ist auf der Internetseite der Wirtschaftsprüferkammer ein Entwurf mit der Gelegenheit zur Stellungnahme zu veröffentlichen. [6] Nach dem Erlass der Vorschrift ist ihre Übereinstimmung mit dem Verhältnismäßigkeitsgrundsatz zu überwachen und bei einer Änderung der Umstände zu prüfen, ob die Vorschrift anzupassen ist.

(3b)[1)] [1] Die Satzung und deren Änderungen bedürfen zu ihrer Wirksamkeit der Genehmigung des Bundesministeriums für Wirtschaft und Energie. [2] Dieses hat bei der Genehmigung zu prüfen, ob die Vorgaben der Richtlinie (EU) 2018/958 in der jeweils geltenden Fassung eingehalten wurden. [3] Zu diesem Zweck hat ihm die Wirtschaftsprüferkammer die Unterlagen zuzuleiten, aus denen sich die Einhaltung der Vorgaben ergibt. [4] Insbesondere sind die Gründe zu übermitteln, auf Grund derer der Beirat der Wirtschaftsprüferkammer die Satzung oder deren Änderungen als gerechtfertigt, notwendig und verhältnismäßig beurteilt hat. [5] Nach der Genehmiguung sind die Satzung und deren Änderungen unter Angabe des Datums ihres Inkrafttretens dauerhaft auf der Internetseite der Wirtschaftsprüferkammer zu veröffentlichen.

(4) Die Berufssatzung kann im Rahmen der Vorschriften dieses Gesetzes näher regeln:

1. Allgemeine Berufspflichten
   a) Unabhängigkeit, Gewissenhaftigkeit, Verschwiegenheit, Eigenverantwortlichkeit;
   b) berufswürdiges Verhalten;
   c) Wechsel des Auftraggebers und Verbot der Vertretung widerstreitender Interessen;
   d) vereinbare und unvereinbare Tätigkeiten;
   e) Inhalt, Umfang und Nachweis der Berufshaftpflichtversicherung nach § 54 Absatz 6;
   f) Vereinbarung und Abrechnung der Vergütung der beruflichen Tätigkeit und deren Beitreibung;
   g) Umgang mit fremden Vermögenswerten;
   h) Ausbildung des Berufsnachwuchses sowie der Fachgehilfen in steuer- und wirtschaftsberatenden Berufen;
   i) Siegelgestaltung (Form, Größe, Art und Beschriftung) und Siegelführung nach § 48 Abs. 2;
   j) Verbot der Mitwirkung bei unbefugter Hilfeleistung in Steuersachen;
   k) Verbot der Verwertung von Berufsgeheimnissen;
   l) Art, Umfang und Nachweis der allgemeinen Fortbildungspflicht nach § 43 Abs. 2 Satz 4, wobei der Umfang der vorgeschriebenen Teilnahme an Fortbildungsveranstaltungen 20 Stunden im Jahr nicht überschreiten darf.
2. Besondere Berufspflichten bei der Durchführung von Prüfungen und der Erstattung von Gutachten

---

1) § 57 Abs. 3b eingef. mWv 30.7.2020 durch G v. 19.6.2020 (BGBl. I S. 1403); Satz 5 angef. mWv 1.8.2021 durch G v. 25.6.2021 (BGBl. I S. 2154).

a) Unbefangenheit, Unparteilichkeit und Versagung der Tätigkeit;

b) Ausschluß als Prüfer oder Gutachter.

3. Besondere Berufspflichten

a) im Zusammenhang mit der Annahme, Wahrnehmung und Beendigung eines Auftrags und bei der Nachfolge im Mandat;

b) bei der Führung von Handakten;

c) bei der gemeinsamen Berufsausübung;

d) bei der Errichtung und Tätigkeit von Berufsgesellschaften;

e) bei grenzüberschreitender Tätigkeit;

f) gegenüber Gerichten, Behörden, der Wirtschaftsprüferkammer und anderen Mitgliedern der Wirtschaftsprüferkammer;

g) im Zusammenhang mit der Beratungshilfe.

4. Durchführungsvorschriften zu den Kriterien zur Beschreibung der Vergütungsgrundlagen im Sinne von Artikel 13 Absatz 2 Buchstabe i der Verordnung (EU) Nr. 537/2014.

5. Besondere Berufspflichten zur Sicherung der Qualität der Berufsarbeit (§ 55b).

(5) [1]Die Wirtschaftsprüferkammer kann die in Absatz 2 Nr. 1 bis 3 bezeichneten Aufgaben einzelnen Mitgliedern des Vorstandes übertragen; weitere Aufgaben können Abteilungen im Sinne des § 59a übertragen werden. [2]Im Falle des Absatzes 2 Nr. 4 zweite Alternative entscheidet der Vorstand über den Einspruch (§ 68 Absatz 5 Satz 2).

(6)[1)] [1]Soweit nicht die Zuständigkeit der der Abschlussprüferaufsichtsstelle nach § 66c Absatz 2 gegeben ist, leistet die Wirtschaftsprüferkammer einer für die Bestellung, Anerkennung, Berufsaufsicht und Qualitätskontrolle zuständigen Stelle in einem anderen Mitgliedstaat der Europäischen Union oder Vertragsstaat des Abkommens über den Europäischen Wirtschaftsraum Amtshilfe, soweit dies für die Wahrnehmung der genannten Aufgaben der zuständigen Stelle im Einzelfall erforderlich ist. [2]Ist die Erledigung einer Anfrage innerhalb einer angemessenen Frist nicht möglich, teilt die Wirtschaftsprüferkammer dies unter Angabe von Gründen mit. [3]Die Wirtschaftsprüferkammer lehnt es ab, auf eine Anfrage eigene Ermittlungen durchzuführen, wenn

1. aufgrund derselben Handlung und gegen dieselbe Person in Deutschland bereits ein berufsaufsichtliches Verfahren anhängig ist oder

2. gegen die betreffende Person aufgrund derselben Handlung in Deutschland bereits eine rechtskräftige Entscheidung ergangen ist.

[4]Macht die Wirtschaftsprüferkammer von ihrem Recht nach Satz 3 Gebrauch, so teilt sie dies unverzüglich der ersuchenden Stelle unter Angabe der Gründe mit und übermittelt genaue Informationen über das berufsaufsichtliche Verfahren oder die rechtskräftige Entscheidung.

---

1) § 57 Abs. 6 Satz 3 Nrn. 1 und 2, Satz 4 geänd. mWv 1.8.2022 durch G v. 7.7.2021 (BGBl. I S. 2363).

(7) [1]Die Wirtschaftsprüferkammer darf Informationen, einschließlich personenbezogener Daten, an die in Absatz 6 Satz 1 genannten Stellen auf Ersuchen übermitteln, soweit die Kenntnis der Informationen zur Wahrnehmung der in Absatz 6 Satz 1 genannten Aufgaben der zuständigen Stelle im Einzelfall erforderlich ist. [2]Informationen, die einer Geheimhaltungspflicht unterliegen, dürfen nur übermittelt werden, wenn zusätzlich sichergestellt ist, dass sie bei diesen Stellen in gleicher Weise geheim gehalten werden. [3]Bei der Übermittlung personenbezogener Daten ist auf den Zweck hinzuweisen, für den die Daten übermittelt werden. [4]Die Übermittlung von Informationen einschließlich personenbezogener Daten unterbleibt, soweit hierdurch die öffentliche Sicherheit oder Ordnung beeinträchtigt werden könnte.

(8) [1]Soweit nicht die Zuständigkeit der Abschlussprüferaufsichtsstelle nach § 66c Absatz 5 gegeben ist, arbeitet die Wirtschaftsprüferkammer mit den für die Bestellung, Anerkennung, Berufsaufsicht und Qualitätskontrolle zuständigen Stellen anderer als der in Absatz 6 Satz 1 genannten Staaten zusammen, soweit dies für die Wahrnehmung der jeweiligen Aufgabe der zuständigen Stelle im Einzelfall erforderlich ist. [2]Absatz 6 Satz 2 bis 4 gilt entsprechend.

(9)[1] [1]Die Wirtschaftsprüferkammer darf Informationen, einschließlich personenbezogener Daten, an die in Absatz 8 Satz 1 genannten Stellen auf Ersuchen übermitteln, soweit die Kenntnis der Informationen zur Wahrnehmung der in Absatz 8 Satz 1 genannten Aufgaben der zuständigen Stelle im Einzelfall erforderlich ist. [2]Informationen, die einer Geheimhaltungspflicht unterliegen, dürfen nur übermittelt werden, wenn zusätzlich sichergestellt ist, dass sie bei diesen Stellen in gleicher Weise geheim gehalten werden. [3]Die Übermittlung personenbezogener Daten muss im Einklang stehen mit

1. Kapitel V der Verordnung (EU) 2016/679 der Europäischen Parlaments und des Rates vom 27. April 2016 zum Schutz natürlicher Personen bei der Verarbeitung personenbezogener Daten, zum freien Datenverkehr und zur Aufhebung der Richtlinie 95/46/EG (Datenschutz-Grundverordnung) (ABl. L 119 vom 4.5.2016, S. 1; L 314 vom 22.11.2016, S. 72; L 127 vom 23.5.2018, S. 2) in der jeweils geltenden Fassung und
2. den sonstigen allgemeinen datenschutzrechtlichen Vorschriften.

[4]Die Übermittlung von Informationen, einschließlich personenbezogener Daten, unterbleibt, soweit hierdurch die öffentliche Sicherheit oder Ordnung beeinträchtigt werden könnte. [5]Legt die zuständige Stelle begründet dar, dass sie mit der Erledigung durch die Wirtschaftsprüferkammer nicht einverstanden ist, kann die Wirtschaftsprüferkammer unter den Voraussetzungen der Sätze 1 bis 4 Arbeitsunterlagen und andere Dokumente auf Anforderung der zuständigen Stelle an diese herausgeben, wenn

1. diese Arbeitsunterlagen oder Dokumente sich auf Prüfungen von Unternehmen beziehen, die Wertpapiere in diesem Drittstaat ausgegeben haben oder Teile eines Konzerns sind, der in diesem Staat einen Konzernabschluss vorlegt,

---

[1] § 57 Abs. 9 Satz 3 neu gef. mWv 26.11.2019 durch G v. 20.11.2019 (BGBl. I S. 1626).

2. die zuständige Stelle die Anforderungen erfüllt, auf die in Artikel 47 Abs. 3 der Richtlinie 2006/43/EG Bezug genommen wird und die von der Kommission der Europäischen Gemeinschaften als angemessen erklärt wurden,
3. auf der Grundlage der Gegenseitigkeit eine Vereinbarung zur Zusammenarbeit zwischen der Wirtschaftsprüferkammer und der jeweiligen Stelle getroffen wurde.

§ 57a[1] Qualitätskontrolle. (1) [1]Berufsangehörige in eigener Praxis und Wirtschaftsprüfungsgesellschaften sind verpflichtet, sich einer Qualitätskontrolle zu unterziehen, wenn sie gesetzlich vorgeschriebene Abschlussprüfungen nach § 316 des Handelsgesetzbuchs durchführen. [2]Sie sind verpflichtet, dies bei der Wirtschaftsprüferkammer spätestens zwei Wochen nach Annahme eines Prüfungsauftrages anzuzeigen. [3]Mit der Anzeige sind Art und Umfang der Tätigkeit mitzuteilen. [4]Wesentliche Änderungen von Art und Umfang der Prüfungstätigkeit sind ebenfalls mitzuteilen.

(2) [1]Die Qualitätskontrolle dient der Überwachung, ob die Regelungen zur Qualitätssicherung nach Maßgabe der gesetzlichen Vorschriften und der Berufssatzung insgesamt und bei der Durchführung einzelner Aufträge eingehalten werden. [2]Sie erstreckt sich auf Abschlussprüfungen nach § 316 des Handelsgesetzbuchs und auf betriebswirtschaftliche Prüfungen, die von der Bundesanstalt für Finanzdienstleistungsaufsicht beauftragt werden. [3]Sie umfasst auf der Grundlage einer angemessenen Überprüfung ausgewählter Prüfungsunterlagen eine Beurteilung der Angemessenheit und Wirksamkeit des Qualitätssicherungssystems nach § 55b, insbesondere bezogen auf die Einhaltung der einschlägigen Berufsausübungsregelungen, die Unabhängigkeitsanforderungen, die Quantität und Qualität der eingesetzten Mittel und des Personals sowie die berechnete Vergütung. [4]Die Qualitätskontrolle findet auf der Grundlage einer Risikoanalyse mindestens alle sechs Jahre statt. [5]Haben zu Prüfende erstmals nach Absatz 1 Satz 2 angezeigt, gesetzlich vorgeschriebene Abschlussprüfungen nach § 316 des Handelsgesetzbuchs durchzuführen, hat die Qualitätskontrolle spätestens drei Jahre nach Beginn der ersten derartigen Prüfung stattzufinden. [6]Die Entscheidung über den Zeitpunkt der Qualitätskontrolle und die Anordnung gegenüber den zu Prüfenden trifft die Kommission für Qualitätskontrolle.

(3) [1]Die Qualitätskontrolle wird durch bei der Wirtschaftsprüferkammer registrierte Berufsangehörige in eigener Praxis oder durch Wirtschaftsprüfungsgesellschaften (Prüfer für Qualitätskontrolle) durchgeführt. [2]Berufsangehörige sind auf Antrag zu registrieren, wenn
1. sie seit mindestens drei Jahren als Wirtschaftsprüfer bestellt und dabei im Bereich der gesetzlichen Abschlussprüfung tätig sind;
2. sie eine spezielle Ausbildung in der Qualitätskontrolle absolviert haben und
3. gegen sie in den letzten fünf Jahren keine berufsaufsichtliche Maßnahme nach § 68 Absatz 1 Satz 2 Nummer 2 bis 6 wegen der Verletzung einer Be-

---
[1] § 57a neu gef. mWv 17.6.2016 durch G v. 31.3.2016 (BGBl. I S. 518).

rufspflicht verhängt worden ist, die ihre Eignung als Prüfer für Qualitätskontrolle ausschließt.

3 Die Registrierung setzt für Berufsangehörige in eigener Praxis voraus, dass sie nach § 38 Nummer 1 Buchstabe h als gesetzlicher Abschlussprüfer eingetragen sind. 4 Wirtschaftsprüfungsgesellschaften sind auf Antrag zu registrieren, wenn mindestens ein gesetzlicher Vertreter oder ein Mitglied des zur gesetzlichen Vertretung berufenen Organs nach Satz 2 registriert ist, sie nach § 38 Nummer 2 Buchstabe f als gesetzliche Abschlussprüfer eingetragen sind und sie die Anforderungen nach Satz 2 Nummer 3 erfüllen. 5 Wird einer Wirtschaftsprüfungsgesellschaft der Auftrag zur Durchführung einer Qualitätskontrolle erteilt, so müssen die für die Qualitätskontrolle verantwortlichen Berufsangehörigen entweder dem Personenkreis nach Satz 4 angehören oder Gesellschafter der Wirtschaftsprüfungsgesellschaft und nach Satz 2 registriert sein. 6 Sind als Prüfer für Qualitätskontrolle registrierte Berufsangehörige, welche die Voraussetzung von Satz 3 nicht erfüllen, in eigener Praxis und in sonstiger Weise tätig, dürfen sie keine Qualitätskontrolle in eigener Praxis durchführen.

(3a) 1 Die Registrierung als Prüfer für Qualitätskontrolle ist zu widerrufen, wenn die Voraussetzungen für die Registrierung als Prüfer für Qualitätskontrolle entfallen sind. 2 Sie ist insbesondere zu widerrufen, wenn

1. die Eintragung als gesetzlicher Abschlussprüfer gemäß Absatz 6a Satz 2 gelöscht worden ist,
2. der Prüfer für Qualitätskontrolle in den letzten drei Jahren nicht mehr im Bereich der gesetzlichen Abschlussprüfungen tätig gewesen ist,
3. gegen den Prüfer für Qualitätskontrolle eine unanfechtbare berufsaufsichtliche Maßnahme nach § 68 Absatz 1 Satz 2 Nummer 2 bis 6 verhängt worden ist, die seine Eignung als Prüfer für Qualitätskontrolle ausschließt, oder
4. der Prüfer für Qualitätskontrolle in den letzten drei Jahren keine spezielle Fortbildung in der Qualitätskontrolle nachweisen kann.

3 Die Registrierung einer als Prüfer für Qualitätskontrolle registrierten Wirtschaftsprüfungsgesellschaft ist zu widerrufen, wenn sie die Voraussetzungen nach Absatz 3 Satz 4 nicht mehr erfüllt.

(4) 1 Berufsangehörige oder Wirtschaftsprüfungsgesellschaften dürfen nicht als Prüfer für Qualitätskontrolle tätig werden, wenn kapitalmäßige, finanzielle oder persönliche Bindungen, insbesondere als Teilhaber oder Mitarbeiter, zu den zu prüfenden Berufsangehörigen oder Wirtschaftsprüfungsgesellschaften oder sonstige Umstände, welche die Besorgnis der Befangenheit begründen, bestehen oder in den letzten drei Jahren vor ihrer Beauftragung bestanden haben. 2 Ferner sind wechselseitige Qualitätskontrollen ausgeschlossen. 3 Prüfer für Qualitätskontrolle haben zu erklären, dass keine Ausschlussgründe oder sonstigen Interessenkonflikte zwischen ihnen und den zu Prüfenden bestehen.

(5) 1 Prüfer für Qualitätskontrolle haben das Ergebnis der Qualitätskontrolle in einem Bericht (Qualitätskontrollbericht) zusammenzufassen. 2 Der Qualitätskontrollbericht hat zu enthalten:

1. die Nennung der Kommission für Qualitätskontrolle und der Geprüften als Empfänger oder Empfängerinnen des Berichts,

2. eine Beschreibung von Gegenstand, Art und Umfang der Prüfung, einschließlich einer Beschreibung des Qualitätssicherungssystems nach § 55b,
3. eine nach Prüfungsart gegliederte Angabe der Stundenanzahl,
4. die Zusammensetzung und Qualifikation der Prüfer für Qualitätskontrolle und
5. eine Beurteilung des Prüfungsergebnisses nach Absatz 2 Satz 3.

3 Zum Inhalt und zur Vereinheitlichung des Aufbaus des Qualitätskontrollberichts nach § 57c Absatz 2 Nummer 6 getroffene weitere Bestimmungen sind zu beachten. 4 Sind von den Prüfern für Qualitätskontrolle keine wesentlichen Mängel im Qualitätssicherungssystem festgestellt worden, haben sie zu erklären, dass ihnen keine Sachverhalte bekannt geworden sind, die gegen die Annahme sprechen, dass das Qualitätssicherungssystem der Praxis in Einklang mit den gesetzlichen oder satzungsmäßigen Anforderungen steht und mit hinreichender Sicherheit eine ordnungsgemäße Abwicklung von Abschlussprüfungen nach § 316 des Handelsgesetzbuchs und von betriebswirtschaftlichen Prüfungen, die von der Bundesanstalt für Finanzdienstleistungsaufsicht beauftragt werden, gewährleistet. 5 Sind Mängel im Qualitätssicherungssystem oder Prüfungshemmnisse festgestellt worden, so haben die Prüfer für Qualitätskontrolle diese zu benennen, Empfehlungen zur Beseitigung der Mängel zu geben und, sofern die festgestellten Mängel wesentlich sind, ihre Erklärung nach Satz 4 einzuschränken oder zu versagen. 6 Eine Einschränkung oder Versagung ist zu begründen.

(5a)[1] 1 Bei Berufsangehörigen, die gesetzlich vorgeschriebene Abschlussprüfungen bei Unternehmen von öffentlichem Interesse nach § 316a Satz 2 des Handelsgesetzbuchs durchführen, sind im Rahmen der Qualitätskontrolle die Ergebnisse der Inspektion nach Artikel 26 der Verordnung (EU) Nr. 537/2014 zu berücksichtigen. 2 Die Qualitätskontrolle und der Qualitätskontrollbericht haben nicht die in Artikel 26 Absatz 6 der Verordnung (EU) Nr. 537/2014 genannten Bereiche zu betreffen. 3 Auf der Grundlage des aktuellen Inspektionsberichts beurteilen die Prüfer für Qualitätskontrolle ausschließlich die Wirksamkeit des Qualitätssicherungssystems bei gesetzlich vorgeschriebenen Abschlussprüfungen von Unternehmen, die nicht von öffentlichem Interesse im Sinne des § 316a Satz 2 des Handelsgesetzbuchs sind, und bei betriebswirtschaftlichen Prüfungen, die von der Bundesanstalt für Finanzdienstleistungsaufsicht beauftragt werden, und benennen gegebenenfalls festgestellte Mängel in Bezug auf diese Prüfungen. 4 Der Qualitätskontrollbericht ist der Kommission für Qualitätskontrolle, den Geprüften und der Abschlussprüferaufsichtsstelle zu übermitteln. 5 Im Übrigen gilt Absatz 5 entsprechend.

(5b) 1 Die Qualitätskontrolle muss im Hinblick auf den Umfang und die Komplexität der Tätigkeit der Geprüften geeignet und angemessen sein. 2 Dies ist insbesondere bei der gesetzlichen Abschlussprüfung von mittleren und kleinen Unternehmen nach § 267 Absatz 1 und 2 des Handelsgesetzbuchs zu berücksichtigen, wobei der Art, der Anzahl der Mandate und der Größe der Praxis des Geprüften besondere Bedeutung zukommt.

[1] § 57a Abs. 5a Satz 1 und 3 geänd. mWv 1.7.2021 durch G v. 3.6.2021 (BGBl. I S. 1534).

(6) [1]Die zu Prüfenden haben bei der Kommission für Qualitätskontrolle bis zu drei Vorschläge für mögliche Prüfer für Qualitätskontrolle einzureichen. [2]Die eingereichten Vorschläge müssen jeweils um eine Unabhängigkeitsbestätigung der Prüfer für Qualitätskontrolle nach Maßgabe der Satzung für Qualitätskontrolle ergänzt sein (§ 57c Absatz 2 Nummer 7). [3]Von den Vorschlägen kann die Kommission für Qualitätskontrolle unter Angabe der Gründe einzelne oder alle ablehnen; dies ist den zu Prüfenden innerhalb von vier Wochen seit Einreichung der Vorschläge mitzuteilen, ansonsten gelten die Vorschläge als anerkannt. [4]Bei Ablehnung aller Vorschläge können die zu Prüfenden bis zu drei neue Vorschläge einreichen; die Sätze 2 und 3 finden Anwendung. [5]Im Fall der erneuten Ablehnung aller Vorschläge hat die Kommission für Qualitätskontrolle einen zu beauftragenden Prüfer für Qualitätskontrolle zu benennen. [6]Die Prüfer für Qualitätskontrolle sind von den zu Prüfenden eigenverantwortlich zu beauftragen.

(6a) [1]Nach Abschluss der Prüfung leiten die Prüfer für Qualitätskontrolle eine Ausfertigung des Qualitätskontrollberichts unverzüglich und möglichst elektronisch der Wirtschaftsprüferkammer zu. [2]Die Kommission für Qualitätskontrolle entscheidet auf Löschung der Eintragung nach § 38 Nummer 1 Buchstabe h oder Nummer 2 Buchstabe f, wenn

1. die Qualitätskontrolle nicht innerhalb der von der Kommission für Qualitätskontrolle vorgegebenen Frist oder unter Verstoß gegen Absatz 3 Satz 1 und 5 oder Absatz 4 durchgeführt worden ist,
2. wesentliche Prüfungshemmnisse festgestellt worden sind oder
3. wesentliche Mängel im Qualitätssicherungssystem festgestellt worden sind, die das Qualitätssicherungssystem als unangemessen oder unwirksam erscheinen lassen.

(7) [1]Aufträge zur Durchführung der Qualitätskontrolle können nur aus wichtigem Grund gekündigt werden. [2]Meinungsverschiedenheiten über den Inhalt des Qualitätskontrollberichts gelten nicht als wichtiger Grund. [3]Prüfer für Qualitätskontrolle haben der Kommission für Qualitätskontrolle über das Ergebnis ihrer bisherigen Prüfung und den Kündigungsgrund zu berichten. [4]Der Bericht ist von den zu Prüfenden im Fall einer späteren Qualitätskontrolle den nächsten Prüfern für Qualitätskontrolle vorzulegen.

(8)[1)] [1]Die Wirtschaftsprüferkammer hat den Qualitätskontrollbericht und den damit in Zusammenhang stehenden Vorgang sieben Jahre nach Eingang des Berichts aufzubewahren und anschließend zu vernichten. [2]Im Fall eines anhängigen Rechtsstreits über Maßnahmen der Kommission für Qualitätskontrolle verlängert sich die Frist bis zur Rechtskraft des Urteils.

§ 57b[2)] Verschwiegenheitspflicht und Verantwortlichkeit. (1) Der Prüfer für Qualitätskontrolle und seine Gehilfen, die Mitglieder der Kommission für Qualitätskontrolle (§ 57e) und die Bediensteten der Wirtschaftsprü-

---

[1)] § 57a Abs. 8 Satz 1 geänd. mWv 1.8.2021 durch G v. 25.6.2021 (BGBl. I S. 2154).

[2)] § 57b eingef. mWv 1.1.2001 durch G v. 19.12.2000 (BGBl. I S. 1769); Abs. 1 und Abs. 2 Satz 1 geänd. mWv 6.9.2007 durch G v. 3.9.2007 (BGBl. I S. 2178); Abs. 2 Satz 1 und Abs. 3 geänd. mWv 1.8.2021 durch G v. 25.6.2021 (BGBl. I S. 2154).

ferkammer sind, auch nach Beendigung ihrer Tätigkeit, verpflichtet, über die ihnen im Rahmen der Qualitätskontrolle bekannt gewordenen Angelegenheiten Verschwiegenheit zu bewahren.

(2) [1] Für die Mitglieder der Kommission für Qualitätskontrolle und die Bediensteten der Wirtschaftsprüferkammer gilt § 59c Absatz 4 Satz 1 entsprechend. [2] Der Genehmigung bedarf auch die Vorlegung oder Auslieferung von Schriftstücken durch die Wirtschaftsprüferkammer an Gerichte oder Behörden. [3] Die Genehmigung erteilt in den Fällen der Sätze 1 und 2 die Kommission für Qualitätskontrolle. [4] Sie kann nur erteilt werden, wenn der Beschuldigte den geprüften Wirtschaftsprüfer, die geprüfte Wirtschaftsprüfungsgesellschaft oder den Prüfer für Qualitätskontrolle von der Pflicht zur Verschwiegenheit entbunden hat.

(3) Soweit dies zur Durchführung der Qualitätskontrolle erforderlich ist, ist die Pflicht zur Verschwiegenheit nach Absatz 1, § 43 Abs. 1 Satz 1, § 59c Absatz 1 und 2 Satz 1 Nummer 1 dieses Gesetzes und § 323 Abs. 1 Satz 1 des Handelsgesetzbuchs sowie die Pflicht zur Verschwiegenheit der Personen, die den Beruf gemeinsam mit dem Wirtschaftsprüfer in eigener Praxis ausüben, eingeschränkt.

(4) § 323 des Handelsgesetzbuchs gilt vorbehaltlich des Absatzes 3 entsprechend.

§ 57c[1)] Satzung für Qualitätskontrolle. (1) [1] Die Wirtschaftsprüferkammer erlässt eine Satzung für Qualitätskontrolle; die Satzung wird vom Beirat der Wirtschaftsprüferkammer beschlossen. [2] Die Satzung und deren Änderungen müssen im Einklang mit den Vorgaben des auf sie anzuwendenden europäischen Rechts stehen. [3] Insbesondere sind bei neuen oder zu ändernden Vorschriften, die dem Anwendungsbereich der Richtlinie 2005/36/EG in der jeweils geltenden Fassung unterfallen, die Vorgaben der Richtlinie (EU) 2018/958 in der jeweils geltenden Fassung einzuhalten. [4] § 57 Absatz 3a gilt entsprechend. [5] Die Satzung und deren Änderungen bedürfen zu ihrer Wirksamkeit der Genehmigung des Bundesministeriums für Wirtschaft und Energie im Einvernehmen mit dem Bundesministerium der Justiz. [6] Das Bundesministerium für Wirtschaft und Energie hat bei der Genehmigung zu prüfen, ob die Vorgaben der Richtlinie (EU) 2018/958 in der jeweils geltenden Fassung eingehalten wurden. [7] Zu diesem Zweck hat ihm die Wirtschaftsprüferkammer die Unterlagen zuzuleiten, aus denen sich die Einhaltung der Vorgaben ergibt. [8] Insbesondere sind die Gründe zu übermitteln, auf Grund derer

---

1) § 57c eingef. mWv 1.1.2001 durch G v. 19.12.2000 (BGBl. I S. 1769); Abs. 2 Nr. 1 geänd. mWv 11.12.2001 durch G v. 10.12.1002 (BGBl. I S. 3414); Abs. 1 Satz 2 geänd. mWv 1.1.2004 durch G v. 1.12.2003 (BGBl. I S. 2446); Abs. 2 Nr. 5 geänd., Nr. 6 und 7 angef. mWv 1.1.2005 durch G v. 27.12.2004 (BGBl. I S. 3846); Abs. 1 Satz 2 geänd. mWv 8.11.2006 durch VO v. 31.10.2006 (BGBl. I S. 2407); Abs. 2 Nr. 4, Nr. 6 neu gef., Nr. 7 eingef., bish. Nr. 7 wird neue Nr. 8 mWv 6.9.2007 durch G v. 3.9.2007 (BGBl. I S. 2178); Abs. 1 Satz 2 geänd. mWv 8.9.2015 durch VO v. 31.8.2015 (BGBl. I S. 1474); Abs. 2 Nr. 1 geänd., Nr. 4, 6 und 8 neu gef. mWv 17.6.2016 durch G v. 31.3.2016 (BGBl. I S. 518); Abs. 1 neu gef. mWv 30.7.2020 durch G v. 19.6.2020 (BGBl. I S. 1403); Abs. 1 Satz 9 angef. mWv 1.8.2021 durch G v. 25.6.2021 (BGBl. I S. 2154); Abs. 1 Satz 5 geänd. mWv 22.6.2023 durch G v. 19.6.2023 (BGBl. I Nr. 154).

der Beirat der Wirtschaftsprüferkammer die Satzung oder deren Änderungen als gerechtfertigt, notwendig und verhältnismäßig beurteilt hat. [9]Nach der Genehmigung sind die Satzung und deren Änderungen unter Angabe des Datums ihres Inkrafttretens dauerhaft auf der Internetseite der Wirtschaftsprüferkammer zu veröffentlichen.

(2) Die Satzung für Qualitätskontrolle hat im Rahmen der Vorschriften dieses Gesetzes näher zu regeln:

1. die Voraussetzungen und das Verfahren der Registrierung der Prüfer für Qualitätskontrolle sowie des Widerrufs der Registrierung nach § 57a Absatz 3 und 3a sowie nach § 63f Abs. 2 des Gesetzes betreffend die Erwerbs- und Wirtschaftsgenossenschaften;
2. Ausschlussgründe des Prüfers für Qualitätskontrolle nach § 57a Abs. 4;
3. das Verfahren nach den §§ 57a ff. innerhalb der Wirtschaftsprüferkammer;
4. die Mitteilungspflichten nach § 57a Absatz 1 Satz 3 und 4, die Risikoanalyse nach § 57a Absatz 2 Satz 4 und die Anordnung der Qualitätskontrolle nach § 57a Absatz 2 Satz 6;
5. die Maßnahmen der Kommission für Qualitätskontrolle;
6. Umfang und Inhalt der Qualitätskontrolle nach § 57a Absatz 2 Satz 3 und des Qualitätskontrollberichts nach § 57a Absatz 5;
7. Bestimmungen zu Inhalt und Aufbau der Unabhängigkeitsbestätigung nach § 57a Abs. 6 Satz 2;
8. Umfang und Inhalt der speziellen Ausbildungsverpflichtung nach § 57a Absatz 3 Satz 2 Nummer 2, der in § 57a Absatz 3a genannten speziellen Fortbildung sowie den entsprechenden Aus- oder Fortbildungsnachweis.

§ 57d[1)] Mitwirkungspflichten. [1]Wirtschaftsprüfer in eigener Praxis, Wirtschaftsprüfungsgesellschaften sowie die Personen, die den Beruf gemeinsam mit diesen ausüben, sind verpflichtet, dem Prüfer Zutritt zu den Praxisräumen zu gewähren, Aufklärungen zu geben sowie die verlangten Nachweise vorzulegen, soweit dies für eine sorgfältige Prüfung erforderlich ist. [2]§ 62 Absatz 2 und 3 gilt entsprechend. [3]Die Mitwirkung kann nicht im Wege des Verwaltungszwangs nach § 57e Abs. 3 erzwungen werden.

§ 57e[2)] Kommission für Qualitätskontrolle. (1) [1]In der Wirtschaftsprüferkammer wird eine Kommission für Qualitätskontrolle eingerichtet. [2]Mitglieder der Kommission für Qualitätskontrolle sind Berufsangehörige und ver-

---

1) § 57d eingef. mWv 1.1.2001 durch G v. 19.12.2000 (BGBl. I S. 1769); Satz 2 eingef., bish. Satz 2 wird Satz 3 mWv 17.6.2016 durch G v. 31.3.2016 (BGBl. I S. 518).

2) § 57e eingef. mWv 1.1.2001, Abs. 3 Satz 1 geänd. mWv 1.1.2002 durch G v. 19.12.2000 (BGBl. I S. 1769); Abs. 1 Satz 2 geänd. mWv 15.12.2001 durch G v. 10.12.2001 (BGBl. I S. 3414); Abs. 1 Satz 4, Abs. 3 Satz 1 und 2, Abs. 4 Satz 2 geänd., Abs. 2 neu gef. mWv 1.1.2005 durch G v. 27.12.2004 (BGBl. I S. 3846); Abs. 2 Satz 1, Abs. 3 Satz 2 neu gef., Abs. 6 angef. mWv 6.9.2007 durch G v. 3.9.2007 (BGBl. I S. 2178); Abs. 1 Sätze 2, 4 und 5 Nr. 3, Abs. 3 Satz 2, Abs. 4 Satz 1 und Abs. 6 geänd., Abs. 1 Satz 5 Nr. 1, 4 und 5, Abs. 2, Abs. 3 Satz 1 und Abs. 5 neu gef., Abs. 4 Satz 2 aufgeh., Abs. 1 Sätze 6 und Abs. 7 angef. mWv 17.6.2016 durch G v. 31.3.2016 (BGBl. I S. 518).

eidigte Buchprüfer, die auf Vorschlag des Vorstands vom Beirat gewählt werden; mindestens ein Mitglied soll im genossenschaftlichen Prüfungswesen erfahren und tätig sein. [3]Sie sind unabhängig und nicht weisungsgebunden. [4]Die Kommission für Qualitätskontrolle ist innerhalb der Wirtschaftsprüferkammer zuständig für alle Angelegenheiten der Qualitätskontrolle im Sinne von § 57a, soweit nicht die Abschlussprüferaufsichtsstelle zuständig ist. [5]Ihr obliegt insbesondere:

1. Anordnungen zur Durchführung einer Qualitätskontrolle nach § 57a Absatz 2 Satz 6 zu treffen;
2. Prüfer für Qualitätskontrolle nach § 57a Abs. 3 zu registrieren;
3. Qualitätskontrollberichte entgegenzunehmen und auszuwerten;
4. die Aufsicht über die Prüfer für Qualitätskontrolle nach Absatz 7 sowie Entscheidungen über die Rücknahme oder den Widerruf der Registrierung als Prüfer für Qualitätskontrolle zu treffen;
5. über Maßnahmen nach den Absätzen 2 und 3 und die Löschung der Eintragung nach § 57a Absatz 6a Satz 2 zu entscheiden;
6. Widersprüche gegen Entscheidungen im Zusammenhang mit der Qualitätskontrolle zu bescheiden.

[6]Die Kommission für Qualitätskontrolle kann im Einvernehmen mit der Abschlussprüferaufsichtsstelle an Qualitätskontrollen teilnehmen und sich Arbeitsunterlagen des Prüfers für Qualitätskontrolle vorlegen lassen.

(2) [1]Liegen bei Berufsangehörigen in eigener Praxis oder bei Wirtschaftsprüfungsgesellschaften Mängel vor, wurden Verletzungen von Berufsrecht, die auf Mängeln des Qualitätssicherungssystems beruhen, festgestellt oder wurde die Qualitätskontrolle nicht nach Maßgabe der §§ 57a bis 57d und der Satzung für Qualitätskontrolle durchgeführt, kann die Kommission für Qualitätskontrolle Auflagen zur Beseitigung der Mängel erteilen oder eine Sonderprüfung anordnen. [2]Werden Auflagen erteilt, haben die Geprüften diese in einer von der Kommission für Qualitätskontrolle vorgegebenen Frist umzusetzen und hierüber unverzüglich einen Bericht vorzulegen. [3]Die Kommission für Qualitätskontrolle kann bestimmen, dass mit der Sonderprüfung ein anderer Prüfer für Qualitätskontrolle beauftragt wird. [4]Sind die Voraussetzungen des § 57a Absatz 6a Satz 2 gegeben, entscheidet die Kommission für Qualitätskontrolle über die Löschung der Eintragung. [5]Die Berufsangehörigen oder Wirtschaftsprüfungsgesellschaften sind vor dem Erlass der Maßnahmen nach den Sätzen 1 bis 4 anzuhören. [6]Beabsichtigt die Wirtschaftsprüferkammer, eine Eintragung nach § 57a Absatz 6a Satz 2 zu löschen, hat sie den Vorgang zuvor der Abschlussprüferaufsichtsstelle vorzulegen. [7]Für Maßnahmen nach den Sätzen 1 bis 4 gegenüber Berufsangehörigen, die gesetzlich vorgeschriebene Abschlussprüfungen bei Unternehmen von öffentlichem Interesse nach § 316a Satz 2[1)] des Handelsgesetzbuchs durchführen, bleibt die Zuständigkeit der Abschlussprüferaufsichtsstelle nach § 66a Absatz 6 unberührt.

(3) [1]Befolgen Berufsangehörige oder Wirtschaftsprüfungsgesellschaften Maßnahmen nach Absatz 2 nicht, kann die Kommission für Qualitätskontrolle

---

[1)] Verweis geänd. mWv 1.7.2021 durch G v. 3.6.2021 (BGBl. I S. 1534).

ein Zwangsgeld bis zu 25 000 Euro verhängen. [2]Werden trotz wiederholter Festsetzung eines Zwangsgeldes Auflagen und sonstige Maßnahmen nach Absatz 2 nicht fristgerecht oder nicht vollständig umgesetzt, ist die Eintragung der Anzeige nach § 38 Nummer 1 Buchstabe h oder Nummer 2 Buchstabe f zu löschen.

(4) Die Kommission für Qualitätskontrolle hat den Vorstand der Wirtschaftsprüferkammer zu unterrichten, wenn ein Widerruf der Bestellung als Wirtschaftsprüfer oder der Anerkennung als Wirtschaftsprüfungsgesellschaft oder die Einleitung eines berufsaufsichtlichen Verfahrens in Betracht zu ziehen ist.

(5) [1]Die im Rahmen der Qualitätskontrolle nach § 57d oder bei Maßnahmen nach den Absätzen 2 und 3 erteilten Auskünfte und übermittelten Unterlagen und Daten dürfen auch für solche Aufsichtsverfahren verwendet werden, die sonst von der Wirtschaftsprüferkammer oder der Abschlussprüferaufsichtsstelle eingeleitet oder geführt werden. [2]Sobald die Unterlagen oder Daten nicht mehr erforderlich sind, sind sie unverzüglich zurückzugeben oder zu löschen.

(6) [1]Die Absätze 2 bis 4 gelten entsprechend, wenn sich außerhalb einer Qualitätskontrolle im Sinne des § 57a Anhaltspunkte für Mängel im Qualitätssicherungssystem von Berufsangehörigen oder Wirtschaftsprüfungsgesellschaften ergeben. [2]Die Kommission für Qualitätskontrolle ist dabei an die im Verfahren nach § 62b getroffenen Feststellungen gebunden.

(7) [1]Die Kommission für Qualitätskontrolle untersucht bei Prüfern für Qualitätskontrolle (§ 57a Absatz 3), ob diese bei den Qualitätskontrollen die gesetzlichen Anforderungen und die Berufsausübungsregelungen eingehalten haben. [2]Absatz 2 Satz 1 bis 4 und 7, Absatz 3 Satz 1 und die Absätze 4 und 5 gelten entsprechend.

§ 57f.[1)] (weggefallen)

§ 57g[2)] **Freiwillige Qualitätskontrolle.** § 57a Absatz 2 bis 6a und die §§ 57b bis 57e gelten entsprechend für die freiwillige Durchführung einer Qualitätskontrolle bei Wirtschaftsprüfern in eigener Praxis und Wirtschaftsprüfungsgesellschaften.

§ 57h[3)] **Qualitätskontrolle bei Prüfungsstellen der Sparkassen- und Giroverbände.** (1) [1]§ 57a Absatz 1 Satz 1, Absatz 3 bis 5 und 5b bis 8, die

---

1) § 57f aufgeh. mWv 6.9.2007 durch G v. 3.9.2007 (BGBl. I S. 2178).

2) § 57g eingef. mWv 1.1.2001 durch G v. 19.12.2000 (BGBl. I S. 1769); geänd. mWv 17.6.2016 durch G v. 31.3.2016 (BGBl. I S. 518).

3) § 57h eingef. mWv 1.1.2001 durch G v. 19.12.2000 (BGBl. I S. 1769); Abs. 1 Satz 1 geänd. mWv 15.12.2001 durch G v. 10.12.2001 (BGBl. I S. 3414); Abs. 2 Satz 3 angef. mWv 1.1.2004 durch G v. 1.12.2003 (BGBl. I S. 2446); Abs. 1 Satz 1 geänd. und Satz 4 angef. mWv 1.1.2005 durch G v. 27.12.2004 (BGBl. I S. 3846); Abs. 1 Satz 1 geänd. mWv 6.9.2007 durch G v. 3.9.2007 (BGBl. I S. 2178); Abs. 1 Satz 1 geänd. mWv 29.5.2009 durch G v. 25.5.2009 (BGBl. I S. 1102); Abs. 1 Sätze 1 und 2 geänd., Satz 4 neu gef., Abs. 3 angef. mWv 17.6.2016 durch G v. 31.3.2016 (BGBl. I S. 518); Abs. 3 Satz 2 geänd. mWv 1.7.2021 durch G v. 3.6.2021 (BGBl. I S. 1534).

§§ 57b bis 57d und 66a Absatz 1 Satz 1, Absatz 3 Satz 1 bis 3, Absatz 5 Satz 1 und Absatz 8, § 66b und § 136 gelten entsprechend für die Qualitätskontrolle bei Prüfungsstellen der Sparkassen- und Giroverbände, soweit diese Mitglieder der Wirtschaftsprüferkammer sind und das Landesrecht hinsichtlich der Verpflichtung zur Durchführung der Qualitätskontrolle nichts anderes vorsieht. [2]Maßstab, Reichweite und Zeitpunkt der Qualitätskontrolle werden in entsprechender Anwendung von § 57a Abs. 2 durch die nach Landesrecht zuständige Aufsichtsbehörde bestimmt. [3]§ 57e Abs. 2 findet mit der Maßgabe entsprechende Anwendung, dass die Kommission für Qualitätskontrolle nicht über belastende Maßnahmen gegenüber den Prüfungsstellen entscheidet, sondern der nach Landesrecht zuständigen Aufsichtsbehörde unverzüglich die Tatsachen und Schlussfolgerungen mitteilt, die Grundlage solcher Maßnahmen sein können. [4]Erkennt die Wirtschaftsprüferkammer, dass eine Eintragung nach § 57a Absatz 6a Satz 2 zu löschen ist, so ist § 57e Absatz 2 Satz 4 mit der Maßgabe anzuwenden, dass der Vorgang der nach Landesrecht zuständigen Aufsichtsbehörde zur Entscheidung vorzulegen ist.

(2) [1]Prüfer für Qualitätskontrolle können im Falle des Absatzes 1 auch Prüfungsstellen der Sparkassen- und Giroverbände sein. [2]Eine Prüfungsstelle ist auf Antrag nach § 57a Abs. 3 zu registrieren, wenn der Leiter der Prüfungsstelle nach § 57a Abs. 3 Satz 2 registriert ist und die Prüfungsstelle die Voraussetzung nach § 57a Abs. 3 Satz 3 erfüllt. [3]Wird einer Prüfungsstelle eines Sparkassen- und Giroverbandes der Auftrag zur Durchführung einer Qualitätskontrolle erteilt, so muss die für die Qualitätskontrolle nach § 57a Abs. 3 Satz 5 verantwortliche berufsangehörige Person der Leiter oder die Leiterin der Prüfungsstelle des Sparkassen- und Giroverbandes sein und nach § 57a Abs. 3 Satz 2 registriert sein.

(3) [1]Artikel 26 der Verordnung (EU) Nr. 537/2014 findet keine Anwendung auf die Prüfungsstellen der Sparkassen- und Giroverbände, soweit Landesrecht nichts anderes vorsieht. [2]Gehört die zu prüfende Sparkasse zu den in § 316a Satz 2 des Handelsgesetzbuchs genannten Unternehmen und hat sie eine Bilanzsumme von mehr als 3 Milliarden Euro, hat, soweit Landesrecht nichts anderes vorsieht, in entsprechender Anwendung des Artikels 8 der Verordnung (EU) Nr. 537/2014 eine prüfungsbegleitende Qualitätssicherung stattzufinden. [3]Die prüfungsbegleitende Qualitätssicherung darf nur von solchen fachlich und persönlich geeigneten Personen wahrgenommen werden, die an der Durchführung der Prüfung nicht beteiligt sind.

§ 58[1)] Mitgliedschaft. (1) [1]Mitglieder der Wirtschaftsprüferkammer sind die Wirtschaftsprüfer, die nach diesem Gesetz bestellt sind, und Mitglieder des Vorstandes, nach dem Partnerschaftsgesellschaftsgesetz verbundene Personen, Geschäftsführer oder persönlich haftende Gesellschafter von Wirtschaftsprüfungsgesellschaften, die nicht Wirtschaftsprüfer sind, sowie die anerkannten

---

[1)] § 58 Abs. 1 Satz 1 geänd. mWv 1.1.1995 durch G v. 15.7.1994 (BGBl. I S. 1569); Abs. 1 Satz 1 geänd. mWv 1.1.2004 durch G v. 1.12.2003 (BGBl. I S. 2446); Abs. 2 Satz 2 neu gef. mWv 6.9.2007 durch G v. 3.9.2007 (BGBl. I S. 2178); Abs. 1 Satz 1 geänd. mWv 17.6.2016 durch G v. 31.3.2016 (BGBl. I S. 518); Abs. 1 Satz 3 geänd. mWv 1.8.2022 durch G v. 7.7.2021 (BGBl. I S. 2363).

Wirtschaftsprüfungsgesellschaften. [2]Für beurlaubte Wirtschaftsprüfer ruht die Mitgliedschaft während der Dauer ihrer Beurlaubung. [3]Sie bleiben der Berufsaufsicht unterworfen.

(2) [1]Die genossenschaftlichen Prüfungsverbände, die Sparkassen- und Giroverbände für ihre Prüfungsstellen sowie die überörtlichen Prüfungseinrichtungen für öffentliche Körperschaften können die Mitgliedschaft bei der Wirtschaftsprüferkammer erwerben. [2]Die Vorschriften des § 57 Abs. 1 bis 4 sind auf diese Mitglieder nicht anzuwenden.

§ 58a[1)] Mitgliederakten. (1) [1]Die Wirtschaftsprüferkammer führt zur Erfüllung ihrer Aufgaben Akten über ihre Mitglieder (§ 58). [2]Mitgliederakten können teilweise oder vollständig elektronisch geführt werden. [3]Zu den Mitgliederakten sind insbesondere die Dokumente zu nehmen, die im Zusammenhang mit der Bestellung oder Anerkennung, der Mitgliedschaft oder der Qualifikation des Mitglieds stehen oder die in Bezug auf das Mitglied geführte berufsaufsichtliche Verfahren betreffen.

(2) [1]Die Mitglieder der Wirtschaftsprüferkammer haben das Recht, die über sie geführten Akten einzusehen. [2]Bei einer Einsichtnahme dürfen Aufzeichnungen über den Inhalt der Akten oder Kopien der Dokumente gefertigt werden. [3]Bei einer elektronischen Aktenführung hat die Wirtschaftsprüferkammer den Inhalt elektronisch oder durch Ausdrucke zugänglich zu machen. [4]Die Akteneinsicht kann verweigert werden, solange die in § 29 Absatz 1 Satz 2 und Absatz 2 des Verwaltungsverfahrensgesetzes und § 147 Absatz 2 Satz 1 der Strafprozessordnung genannten Gründe vorliegen.

(3) [1]Mitgliederakten sind dreißig Jahre nach dem Ende des Jahres, in dem die Mitgliedschaft in der Wirtschaftsprüferkammer erloschen war, zu vernichten. [2]Davon abweichende Pflichten, Aktenbestandteile früher zu vernichten, bleiben unberührt. [3]Satz 1 gilt nicht, wenn das Mitglied in eine längere Aufbewahrung eingewilligt hat oder die Akte einem öffentlichen Archiv angeboten wird. [4]Wurde die Bestellung oder Anerkennung des Mitglieds wegen Unzuverlässigkeit, Ungeeignetheit oder Unwürdigkeit zurückgenommen oder widerrufen oder wurde das Mitglied aus dem Beruf ausgeschlossen, darf die Akte nicht vernichtet werden, bevor die entsprechende Eintragung im Bundeszentralregister entfernt wurde. [5]Satz 4 gilt auch, wenn das Mitglied während eines Rücknahme- oder Widerrufsverfahrens wegen Unzuverlässigkeit, Ungeeignetheit oder Unwürdigkeit auf die Bestellung verzichtet hat. [6]Bei einer elektronischen Aktenführung tritt an die Stelle der Vernichtung der Akten die Löschung der Daten.

(4) Nach dem Tod eines Mitglieds kann die Wirtschaftsprüferkammer zu Zwecken wissenschaftlicher Forschung Einsicht in die Mitgliederakte gewähren, soweit das wissenschaftliche Interesse die Persönlichkeitsrechte und Interessen der von einer Einsicht betroffenen Personen überwiegt und der Zweck der Forschung auf andere Weise nicht oder nur mit unverhältnismäßigem Aufwand erreicht werden kann.

[1)] § 58a eingef. mWv 1.8.2021 durch G v. 25.6.2021 (BGBl. I S. 2154).

(5) [1]Auf Personen, die einen Antrag auf Bestellung oder Anerkennung durch die Wirtschaftsprüferkammer gestellt haben, sind die Absätze 1 bis 4 entsprechend anzuwenden. [2]Absatz 2 gilt auch für frühere Mitglieder.

§ 59[1)] Organe; Kammerversammlungen. (1) Organe der Wirtschaftsprüferkammer sind

1. der Beirat,
2. der Vorstand,
3. der Präsident,
4. die Kommission für Qualitätskontrolle.

(2) [1]Die Beiratsmitglieder werden von den Mitgliedern der Wirtschaftsprüferkammer in unmittelbarer, freier und geheimer Briefwahl gewählt. [2]Der Vorstand wird vom Beirat gewählt. [3]Werden die Vorstandsmitglieder aus der Mitte des Beirats gewählt, so scheiden sie aus dem Beirat aus; wird der Beirat durch personalisierte Verhältniswahl gewählt, rücken Mitglieder der jeweiligen Listen als Beiratsmitglieder nach. [4]Zum Mitglied des Beirates und des Vorstandes kann nur gewählt werden, wer persönlich Mitglied der Wirtschaftsprüferkammer ist.

(3) [1]Die Wahl der Beiratsmitglieder erfolgt getrennt nach Gruppen. [2]Die Gruppe der Wirtschaftsprüfer und Wirtschaftsprüfungsgesellschaften wählt entsprechend der Zahl der Mitglieder der Wirtschaftsprüferkammer, die dieser Gruppe nach dem öffentlichen Berufsregister am 1. Dezember des dem Wahltag vorangehenden Kalenderjahres angehören, eine in der Satzung bestimmte Anzahl von Beiratsmitgliedern. [3]Die Gruppe der anderen stimmberechtigten Mitglieder wählt eine Anzahl von Beiratsmitgliedern, die sich nach der Zahl der stimmberechtigten Mitglieder der Wirtschaftsprüferkammer, die dieser Gruppe an dem in Satz 2 bezeichneten Tag angehören, bemißt. [4]Mindestens eine Zahl von einem Beiratsmitglied mehr als die Hälfte der Zahl aller Beiratsmitglieder muß jedoch von der Gruppe der Wirtschaftsprüfer und Wirtschaftsprüfungsgesellschaften gewählt werden. [5]Satz 1 bis 4 finden auf die Wahl der Vorstandsmitglieder entsprechende Anwendung; die Wahl des Präsidenten der Wirtschaftsprüferkammer erfolgt durch den gesamten Beirat.

(4) [1]Beirat und Vorstand erstatten den Mitgliedern jährlich Bericht. [2]Dazu kann die Wirtschaftsprüferkammer regionale Kammerversammlungen ausrichten. [3]Auf Verlangen des Beirats oder wenn mindestens ein Zwanzigstel der Mitglieder dies schriftlich unter Angabe des zu behandelnden Gegenstandes beantragt, richtet die Wirtschaftsprüferkammer eine Kammerversammlung aus, zu der alle Mitglieder eingeladen werden.

[1)] § 59 Abs. 1 Nr. 4 angef., Abs. 2 Satz 3 aufgeh., Abs. 3 Satz 2 geänd. mWv 1.1.2001 durch G v. 19.12.2000 (BGBl. I S. 1769); Abs. 4 angef. mWv 1.1.2004 durch G v. 1.12.2003 (BGBl. I S. 2446); Abs. 4 aufgeh. mWv 1.1.2005 durch G v. 27.12.2004 (BGBl. I S. 3846); Überschrift geänd., Abs. 1 Nr. 1 aufgeh., bish. Nr. 2–4 werden Nr. 1–3, Abs. 2 Satz 1 neu gef., Satz 2 eingef., bish. Satz 2 wird Satz 3, Abs. 3 Satz 2 geänd., Abs. 4 neu gef., Abs. 5 angef. mWv 9.12.2010 durch G v. 2.12.2010 (BGBl. I S. 1746); Abs. 1 Nr. 3 eingef., bish. Nr. 3 wird Nr. 4, Abs. 2 Satz 3 eingef., bish. Satz 3 wird Satz 4 mWv 17.6.2016 durch G v. 31.3.2016 (BGBl. I S. 518).

(5) Das Nähere regelt die Wirtschaftsprüferkammer in der Satzung und in der Wahlordnung gemäß § 60 Absatz 1.

§ 59a[1] **Abteilungen des Vorstandes und der Kommission für Qualitätskontrolle.** (1) [1]Der Vorstand kann mehrere Abteilungen bilden, wenn die Satzung der Wirtschaftsprüferkammer es zuläßt. [2]Er überträgt den Abteilungen die Geschäfte, die sie selbständig führen.

(2) [1]Jede Abteilung muss aus mindestens drei Mitgliedern des Vorstandes bestehen. [2]Die Mitglieder der Abteilung wählen aus ihren Reihen einen Abteilungsvorsitzenden und einen Stellvertreter.

(3) [1]Der Vorstand setzt die Zahl der Abteilungen und ihrer Mitglieder fest, überträgt den Abteilungen die Geschäfte und bestimmt die Mitglieder der einzelnen Abteilungen. [2]Jedes Mitglied des Vorstandes kann mehreren Abteilungen angehören. [3]Die Anordnungen können im Laufe der Amtsperiode nur getroffen oder geändert werden, wenn dies wegen Überlastung des Vorstandes, der Abteilung oder infolge Wechsels oder dauernder Verhinderung einzelner Mitglieder der Abteilung erforderlich wird.

(4) Die Abteilungen besitzen innerhalb ihrer Zuständigkeit die Rechte und Pflichten des Vorstandes.

(5) Anstelle der Abteilung entscheidet der Vorstand, wenn er es für angemessen hält oder wenn die Abteilung oder ihr Vorsitzender es beantragt.

(6) [1]Die Kommission für Qualitätskontrolle kann Abteilungen bilden. [2]Die Zuständigkeiten der Abteilungen sind in der Geschäftsordnung der Kommission für Qualitätskontrolle zu regeln. [3]Absatz 1 Satz 2 und die Absätze 2 bis 5 gelten entsprechend. [4]Über Widersprüche (§ 57e Abs. 1 Satz 5 Nr. 6) gegen Beschlüsse von Abteilungen entscheidet die Kommission für Qualitätskontrolle.

§ 59b[2] **Ehrenamtliche Tätigkeit.** [1]Die Mitglieder der Organe der Wirtschaftsprüferkammer (§ 59 Absatz 1) und der Aufgabenkommission, der Prüfungskommission und der Widerspruchskommission sowie die von der Wirtschaftsprüferkammer Beauftragten üben ihre Tätigkeit ehrenamtlich aus. [2]Die ehrenamtlich Tätigen können eine angemessene, auch pauschalisierte Entschädigung für den mit ihrer Tätigkeit verbundenen Aufwand, auch für Zeitaufwand und Verdienstausfall, sowie eine Erstattung von Reisekosten erhalten. [3]Die Richtlinien für die Aufwandsentschädigung und die Erstattung von Reisekosten werden vom Beirat der Wirtschaftsprüferkammer beschlossen. [4]Die Sätze 1 bis 3 gelten entsprechend für

1. Mitglieder von Gremien, die nach der Satzung oder Wahlordnung nach § 60 Absatz 1 gebildet wurden,
2. Leiter von Landesvertretungen der Wirtschaftsprüferkammer (Landespräsidenten) und

---

[1] § 59a eingef. mWv 1.1.2002 durch G v. 10.12.2001 (BGBl. I S. 3414); Abs. 3 Sätze 1 und 3 geänd. mWv 1.1.2004 durch G v. 1.12.2003 (BGBl. I S. 2446); Überschrift und Abs. 3 neu gef., Abs. 6 angef. mWv 1.1.2005 durch G v. 27.12.2004 (BGBl. I S. 3846).

[2] § 59b eingef. mWv 30.7.2020 durch G v. 19.6.2020 (BGBl. I S. 1403).

3. Mitglieder von Ausschüssen, die nach dem Berufsbildungsgesetz bei der Wirtschaftsprüferkammer eingerichtet wurden.

§ 59c[1)] Verschwiegenheitspflicht; Inanspruchnahme von Dienstleistungen. (1) [1] Die Mitglieder des Vorstands, des Beirats und der Ausschüsse haben über die Angelegenheiten, die ihnen bei ihrer jeweiligen Tätigkeit über Mitglieder der Wirtschaftsprüferkammer und andere Personen bekannt werden, Verschwiegenheit zu bewahren. [2] Dies gilt auch nach ihrem Ausscheiden aus dem Vorstand, dem Beirat oder dem Ausschuss. [3] Die Verschwiegenheitspflicht gilt nicht für Tatsachen,

1. deren Weitergabe zur Erfüllung ihrer Aufgaben erforderlich ist,
2. in deren Weitergabe die Betroffenen eingewilligt haben,
3. die offenkundig sind oder
4. die ihrer Bedeutung nach keiner Geheimhaltung bedürfen.

(2) [1] Absatz 1 gilt auch für

1. Angestellte der Wirtschaftsprüferkammer,
2. Mitglieder der Wirtschaftsprüferkammer, die von der Wirtschaftsprüferkammer zur Mitarbeit im Vorstand, im Beirat oder in den Ausschüssen herangezogen werden, und
3. Mitglieder der Wirtschaftsprüferkammer, die
   a) im Verfahren nach § 62 zur Anhörung geladen werden oder
   b) im Rahmen einer Aufsichts- oder Beschwerdesache oder eines Widerrufsverfahrens um Auskunft gebeten werden.
   c)[2)] *(aufgehoben).*

[2] Die in Satz 1 Nummer 1 und 2 genannten Personen sind in Textform über ihre Verschwiegenheitspflicht zu belehren.

(3)[3)] [1] Wurde im Rahmen eines Vertretungsverhältnisses eine Berufspflichtverletzung begangen, dürfen die in den Absätzen 1 und 2 Satz 1 Nummer 1 und 2 bezeichneten Personen den Vertretenen über ein gegen ein Mitglied der Wirtschaftsprüferkammer geführtes berufsaufsichtliches Verfahren unterrichten. [2] Abweichend von Absatz 1 dürfen die in den Absätzen 1 und 2 Satz 1 Nummer 1 und 2 bezeichneten Personen in Fällen von öffentlichem Interesse, die mögliche Pflichtverletzungen im Zusammenhang mit gesetzlichen Abschlussprüfungen betreffen, auf Anfrage darüber Auskunft geben, ob berufsaufsichtliche Verfahren eingeleitet wurden und ob diese noch andauern oder bereits abgeschlossen wurden. [3] Die Auskunft darf auch Informationen zur Art des Abschlusses und der getroffenen Maßnahmen, jedoch keine personenbezogenen Daten enthalten. [4] § 69 bleibt unberührt.

(4) [1] In Verfahren vor Gerichten und Behörden dürfen die in Absatz 1 und 2 Satz 1 Nummer 1 und 2 genannten Personen über Angelegenheiten, die ihrer

---

1) § 59c eingef. mWv 1.8.2021 durch G v. 25.6.2021 (BGBl. I S. 2154).

2) § 59c Abs. 2 Satz 1 Nr. 3 Buchst. c aufgeh. mWv 1.8.2022 durch G v. 7.7.2021 (BGBl. I S. 2363).

3) § 59c Abs. 3 Satz 3 geänd. mWv 16.3.2023 durch G v. 10.3.2023 (BGBl. I Nr. 64).

Verschwiegenheitspflicht unterliegen, ohne Genehmigung nicht aussagen. [2]Die Genehmigung zur Aussage erteilt der Vorstand der Wirtschaftsprüferkammer nach pflichtgemäßem Ermessen. [3]Die Genehmigung soll nur versagt werden, wenn dies mit Rücksicht auf die Stellung oder die Aufgaben der Wirtschaftsprüferkammer oder berechtigte Belange der Personen, über welche die Tatsachen bekannt geworden sind, unabweisbar erforderlich ist. [4]§ 28 Absatz 2 des Bundesverfassungsgerichtsgesetzes bleibt unberührt.

(5) Für die Inanspruchnahme von Dienstleistungen durch die Wirtschaftsprüferkammer gilt in Bezug auf Angelegenheiten, die der Verschwiegenheitspflicht der Wirtschaftsprüfer nach § 43 Absatz 1 unterliegen, § 50a Absatz 1 bis 4, 7 und 8 sinngemäß.

§ 60[1)] **Satzung; Wirtschaftsplan.** (1) [1]Die Organisation und Verwaltung der Wirtschaftsprüferkammer, insbesondere die Einrichtung von Landesgeschäftsstellen, werden in der Satzung der Wirtschaftsprüferkammer geregelt, die vom Beirat der Wirtschaftsprüferkammer beschlossen wird. [2]Die Satzung, die Wahlordnung und deren Änderungen bedürfen zu ihrer Wirksamkeit der Genehmigung des Bundesministeriums für Wirtschaft und Energie. [3]§ 57 Absatz 3b Satz 5 gilt entsprechend.

(2) [1]Die Wirtschaftsprüferkammer legt jährlich ihren Wirtschaftsplan für das darauffolgende Kalenderjahr vor Feststellung dem Bundesministerium für Wirtschaft und Energie vor. [2]Die auf die Qualitätskontrolle und die Arbeit der Berufsaufsicht bezogenen Teile des Wirtschaftsplans bedürfen der Genehmigung des Bundesministeriums für Wirtschaft und Energie.

§ 61[2)] **Beiträge und Gebühren.** (1) [1]Die Mitglieder sind verpflichtet, die Beiträge nach Maßgabe der Beitragsordnung zu leisten; die Beitragsordnung kann je nach Tätigkeitsfeld des Mitglieds verschiedene Beiträge vorsehen. [2]Der 2. Abschnitt des Verwaltungskostengesetzes in der bis zum 14. August

---

[1)] § 60 Satz 2 geänd. mWv 1.1.1995 durch G v. 15.7.1995 (BGBl. I S. 1569); Satz 1 und 2 geänd. mWv 1.1.2001 durch G v. 19.12.2000 (BGBl. I S. 1769); Sätze 1 und 2 geänd. mWv 1.1.2004 durch G v. 1.12.2003 (BGBl. I S. 2446); Überschrift neu gef., Abs. 2 angef., bish. Wortlaut wird Abs. 1 mWv 1.1.2005 durch G v. 27.12.2004 (BGBl. I S. 3846); Abs. 1 Satz 2, Abs. 2 Sätze 1 und 2 geänd. mWv 8.11.2006 durch VO v. 31.10.2006 (BGBl. I S. 2407); Abs. 1 Satz 1 geänd. mWv 6.9.2007 durch G v. 3.9.2007 (BGBl. I S. 2178); Abs. 1 Sätze 1 und 2 geänd. mWv 9.12.2010 durch G v. 2.12.2010 (BGBl. I S. 1746); Abs. 1 Satz 2 und Abs. 2 Sätze 1 und 2 geänd. mWv 8.9.2015 durch VO v. 31.8.2015 (BGBl. I S. 1474); Abs. 2 Satz 2 geänd. mWv 17.6.2016 durch G v. 31.3.2016 (BGBl. I S. 518); Abs. 1 Satz 3 angef. mWv 1.8.2021 durch G v. 25.6.2021 (BGBl. I S. 2154).

[2)] § 61 Abs. 1 Satz 1, Abs. 2 Satz 2 zuletzt geänd. mWv 1.1.2001, Abs. 2 Satz 1 geänd. mWv 1.1.2002 durch G v. 19.12.2000 (BGBl. I S. 1769); Abs. 1, Abs. 2 Satz 2 neu gef., Satz 1 geänd., Abs. 3 Satz 3 angef. mWv 1.1.2004 durch G v. 1.12.2003 (BGBl. I S. 2446); Abs. 2 Satz 1 geänd. mWv 1.1.2005 durch G v. 27.12.2004 (BGBl. I S. 3846); Abs. 1 Satz 2 und Abs. 2 Satz 2 geänd. mWv 8.11.2006 durch VO v. 31.10.2006 (BGBl. I S. 2407); Abs. 1 Satz 1 neu gef. mWv 6.9.2007 durch G v. 3.9.2007 (BGBl. I S. 2178); Abs. 1 Satz 2 eingef., bish. Sätze 2 und 3 werden Sätze 3 und 4, Abs. 3 Satz 2 geänd. mWv 15.8.2013 durch G v. 7.8.2013 (BGBl. I S. 3154); Abs. 1 Satz 3 und Abs. 2 Satz 2 geänd. mWv 8.9.2015 durch VO v. 31.8.2015 (BGBl. I S. 1474); Abs. 1 Sätze 5 und 6, Abs. 2 Satz 3 angef., Abs. 3 Sätze 1 und 2 aufgeh. mWv 17.6.2016 durch G v. 31.3.2016 (BGBl. I S. 518).

2013 geltenden Fassung ist entsprechend anzuwenden. [3]Die Beitragsordnung sowie deren Änderungen bedürfen zu ihrer Wirksamkeit der Genehmigung des Bundesministeriums für Wirtschaft und Energie. [4]Die Höhe der Beiträge bestimmt der Beirat der Wirtschaftsprüferkammer. [5]Der Anspruch der Wirtschaftsprüferkammer auf Zahlung von Beiträgen unterliegt der Verjährung. [6]§ 20 des Verwaltungskostengesetzes in der bis zum 14. August 2013 geltenden Fassung ist sinngemäß anzuwenden.

(2) [1]Die Wirtschaftsprüferkammer kann für die Inanspruchnahme von besonderen Einrichtungen oder Tätigkeiten, insbesondere im Zulassungs-, Prüfungs- und Widerspruchsverfahren sowie im Qualitätskontroll- und Berufsaufsichtsverfahren, für die Bestellung und Wiederbestellung als Wirtschaftsprüfer, die Anerkennung als Wirtschaftsprüfungsgesellschaft und die Erteilung von Ausnahmegenehmigungen nach § 28 Abs. 2 und 3, Gebühren nach Maßgabe einer Gebührenordnung erheben. [2]Die Gebührenordnung und deren Änderungen bedürfen der Genehmigung des Bundesministeriums für Wirtschaft und Energie. [3]Die §§ 3 bis 7 und 9 bis 21 des Bundesgebührengesetzes sind entsprechend anzuwenden.

(3) Beiträge und Gebühren werden nach Maßgabe der Vorschriften des Verwaltungsvollstreckungsgesetzes beigetrieben.

Fünfter Teil. Berufsaufsicht[1)]

§ 61a[2)] Zuständigkeit. [1]Für die Berufsaufsicht ist unbeschadet des § 66a die Wirtschaftsprüferkammer zuständig. [2]Liegen konkrete Anhaltspunkte für einen Verstoß gegen Berufspflichten vor, ermittelt sie den Sachverhalt und entscheidet, ob berufsaufsichtliche Maßnahmen nach § 68 veranlasst sind. [3]Beabsichtigt die Wirtschaftsprüferkammer, ein nach Satz 2 eingeleitetes Verfahren einzustellen, weil eine Berufspflichtverletzung nicht feststellbar ist oder keiner Sanktion bedarf, hat sie den Vorgang zuvor der Abschlussprüferaufsichtsstelle vorzulegen. [4]Wenn Berufsangehörige, die bei der Abschlussprüferaufsichtsstelle angestellt sind, für diese tätig sind, gelten die Sätze 1 bis 3 nicht.

§ 62[3)] Pflicht zum Erscheinen vor der Wirtschaftsprüferkammer; Auskunfts- und Vorlagepflichten; Betretens- und Einsichtsrecht.

(1) [1]Persönliche Mitglieder der Wirtschaftsprüferkammer haben in Aufsichts- und Beschwerdesachen vor der Wirtschaftsprüferkammer zu erscheinen, wenn sie zur Anhörung geladen werden. [2]Sie haben dem Vorstand, einer Abteilung im Sinne des § 59a, dem Beirat oder einem Beauftragten des Vor-

---

1) 5. Teil (§§ 61a–66b) Überschrift vor § 61a eingef. mWv 1.1.2005 durch G v. 27.12.2004 (BGBl. I S. 3846); 5. Teil (§§ 61a–71) geänd. mWv 17.6.2016 durch G v. 31.3.2016 (BGBl. I S. 518).

2) § 61a neu gef. mWv 17.6.2016 durch G v. 31.3.2016 (BGBl. I S. 518).

3) § 62 neu gef. mWv 6.9.2007 durch G v. 3.9.2007 (BGBl. I S. 2178); Abs. 1 Sätze 3 und 4 angef., Abs. 3 Satz 1 geänd., Satz 2 eingef., bish. Satz 2 wird Satz 3, Abs. 4 und 5 neu gef. mWv 17.6.2016 durch G v. 31.3.2016 (BGBl. I S. 518).

standes, des Beirates oder eines Ausschusses auf Verlangen Auskunft zu geben und ihre Handakten oder sonstige Unterlagen, die für das Aufsichts- und Beschwerdeverfahren von Bedeutung sein können, vorzulegen. [3]Sind die Unterlagen nach Satz 2 mit Hilfe eines Datenverarbeitungssystems elektronisch gespeichert worden, sind sie auf einem maschinell verwertbaren Datenträger zur Verfügung zu stellen. [4]Die Sätze 1 bis 3 gelten sinngemäß für sonstige Mitglieder der Wirtschaftsprüferkammer, soweit die Anhörung, das Auskunftsverlangen oder die Aufforderung zur Vorlage von Unterlagen die gesetzlich vorgeschriebene Abschlussprüfung betreffen.

(2) [1]Die Auskunft und die Vorlage von Unterlagen können verweigert werden, wenn und soweit dadurch die Pflicht zur Verschwiegenheit verletzt würde. [2]Die Auskunft kann verweigert werden, wenn und soweit sich dadurch die Gefahr ergäbe, wegen einer Straftat, einer Ordnungswidrigkeit oder einer Berufspflichtverletzung verfolgt zu werden, und sich das Mitglied hierauf beruft. [3]Auf ein Recht zur Auskunftsverweigerung ist hinzuweisen. [4]Wenn die Auskunft oder die Vorlage von Unterlagen nicht verweigert wurde, besteht die Verpflichtung, richtige und vollständige Auskünfte zu erteilen und richtige und vollständige Unterlagen vorzulegen.

(3) [1]Die richtige und vollständige Auskunft und Vorlage von Unterlagen können nicht von denjenigen Mitgliedern der Wirtschaftsprüferkammer verweigert werden, die zur Durchführung gesetzlich vorgeschriebener Abschlussprüfungen befugt sind oder solche ohne diese Befugnis tatsächlich durchführen, wenn die Auskunft und die Vorlage von Unterlagen im Zusammenhang mit der Prüfung eines der gesetzlichen Pflicht zur Abschlussprüfung unterliegenden Unternehmens stehen. [2]Satz 1 gilt auch für Prüfer für Qualitätskontrolle für Auskünfte und die Vorlage von Unterlagen, die mit dieser Tätigkeit im Zusammenhang stehen. [3]Absatz 2 Satz 2 und 3 gilt entsprechend.

(4) [1]Die Angestellten der Wirtschaftsprüferkammer sowie die sonstigen Personen, derer sich die Wirtschaftsprüferkammer bei der Berufsaufsicht bedient, können die Grundstücke und Geschäftsräume von Berufsangehörigen und Wirtschaftsprüfungsgesellschaften sowie von Personen, die den Beruf gemeinsam mit diesen ausüben, innerhalb der üblichen Betriebs- und Geschäftszeiten betreten und besichtigen, Einsicht in Unterlagen nehmen und hieraus Abschriften und Ablichtungen anfertigen. [2]Sind die Unterlagen mit Hilfe eines Datenverarbeitungssystems elektronisch gespeichert, haben die in Satz 1 genannten Angestellten und Personen das Recht, Einsicht in die gespeicherten Daten zu nehmen, das Datenverarbeitungssystem zur Prüfung dieser Unterlagen zu nutzen und Kopien elektronischer Daten anzufertigen. [3]Die betroffenen Berufsangehörigen und Wirtschaftsprüfungsgesellschaften sowie die Personen, die den Beruf gemeinsam mit diesen ausüben, haben diese Maßnahmen zu dulden.

(5) [1]Die bei Maßnahmen nach den Absätzen 1 bis 4 gegebenen Auskünfte und übermittelten Unterlagen und Daten dürfen auch für solche Aufsichtsverfahren verwendet werden, die sonst von der Wirtschaftsprüferkammer oder der Abschlussprüferaufsichtsstelle eingeleitet oder geführt werden. [2]Sobald die Unterlagen oder Daten nicht mehr erforderlich sind, sind sie unverzüglich zurückzugeben oder zu löschen.

§ 62a[1)] Zwangsgeld bei Verletzung von Mitwirkungspflichten.

(1) [1]Um Mitglieder der Wirtschaftsprüferkammer zur Erfüllung ihrer Pflichten nach § 62 Abs. 1 bis 3 anzuhalten, kann die Wirtschaftsprüferkammer gegen sie, auch mehrfach, ein Zwangsgeld festsetzen. [2]Das einzelne Zwangsgeld darf 1000 Euro nicht übersteigen.

(2) [1]Das Zwangsgeld muss vorher schriftlich angedroht werden. [2]Die Androhung und die Festsetzung des Zwangsgeldes sind den Betroffenen zuzustellen.

(3) [1]Gegen die Androhung und gegen die Festsetzung des Zwangsgeldes kann innerhalb eines Monats nach der Zustellung die Entscheidung des Gerichts (§ 72 Abs. 1) beantragt werden. [2]Der Antrag ist bei der Wirtschaftsprüferkammer schriftlich einzureichen. [3]Erachtet die Wirtschaftsprüferkammer den Antrag für begründet, so hat sie ihm abzuhelfen; anderenfalls hat die Wirtschaftsprüferkammer den Antrag unter Beachtung des § 66a Abs. 5 Satz 2 unverzüglich dem Gericht vorzulegen. [4]Die Vorschriften der Strafprozessordnung über die Beschwerde sind sinngemäß anzuwenden. [5]Die Gegenerklärung wird von der Wirtschaftsprüferkammer abgegeben. [6]Die Staatsanwaltschaft ist an dem Verfahren nicht beteiligt. [7]Der Beschluss des Gerichts kann nicht angefochten werden.

(4) [1]Das Zwangsgeld fließt dem Haushalt der Wirtschaftsprüferkammer zu. [2]Es wird auf Grund einer von ihr erteilten, mit der Bescheinigung der Vollstreckbarkeit versehenen beglaubigten Abschrift des Festsetzungsbescheids entsprechend § 61 Abs. 3 Satz 3 beigetrieben.

§ 62b[2)] Inspektionen. (1) [1]Berufsangehörige in eigener Praxis und Wirtschaftsprüfungsgesellschaften sind verpflichtet, sich einer Inspektion durch die Abschlussprüferaufsichtsstelle nach Artikel 26 der Verordnung (EU) Nr. 537/2014 zu unterziehen, wenn sie gesetzlich vorgeschriebene Abschlussprüfungen bei Unternehmen von öffentlichem Interesse nach § 316a Satz 2 des Handelsgesetzbuchs oder Abschlussprüfungen im Sinne von § 134 Absatz 1 dieses Gesetzes durchführen. [2]Im Fall von Beanstandungen können in die Inspektionen andere gesetzlich vorgeschriebene Abschlussprüfungen einbezogen werden. [3]Wird im Zusammenhang mit einer Anfrage zur internationalen Zusammenarbeit gemäß § 66c eine Inspektion durchgeführt, können andere Prüfungen bei den in § 57 Absatz 9 Satz 5 Nummer 1 genannten Unternehmen in die Inspektion nach Satz 1 einbezogen werden.

(2) Soweit Artikel 26 der Verordnung (EU) Nr. 537/2014 nichts anderes regelt, gelten § 62 Absatz 1 bis 5 und § 62a entsprechend.

(3) [1]Erkenntnisse aus den Inspektionen werden zur Entlastung der Qualitätskontrollen nach den von der Wirtschaftsprüferkammer im Einvernehmen mit der Abschlussprüferaufsichtsstelle festgelegten Grundsätzen berücksichtigt.

[1)] § 62a eingef. mWv 1.1.2004 durch G v. 1.12.2003 (BGBl. I S. 2446); Abs. 1 Satz 1 und Abs. 3 neu gef., Abs. 4 Satz 1 geänd. mWv 6.9.2007 durch G v. 3.9.2007 (BGBl. I S. 2178); Abs. 1 Satz 1 geänd. mWv 17.6.2016 durch G v. 31.3.2016 (BGBl. I S. 518).

[2)] § 62b neu gef. mWv 17.6.2016 durch G v. 31.3.2016 (BGBl. I S. 518); Abs. 1 Satz 1 geänd. mWv 1.7.2021 durch G v. 3.6.2021 (BGBl. I S. 1534).

[2]Die Abschlussprüferaufsichtsstelle übermittelt der geprüften Praxis den Inspektionsbericht. [3]Für den Inspektionsbericht gilt unbeschadet des Artikels 26 Absatz 8 und 9 der Verordnung (EU) Nr. 537/2014 § 57a Absatz 5 entsprechend.

§ 63.[1)] (weggefallen)

§ 64[2)] **Auskünfte von Nichtkammerangehörigen.** [1]Zur Durchführung von Ermittlungen in Aufsichts- und Beschwerdesachen sowie in Widerrufsverfahren sind die in § 59c Absatz 1 Satz 1 und Absatz 2 Satz 1 Nummer 1 und 2 genannten Personen berechtigt, Nichtkammerangehörige um Auskunft zu bitten. [2]Nichtkammerangehörige sind nicht zur Auskunft verpflichtet, es sei denn, die Auskunft bezieht sich auf gesetzlich vorgeschriebene Abschlussprüfungen bei Unternehmen von öffentlichem Interesse nach § 316a Satz 2 des Handelsgesetzbuchs und die Nichtkammerangehörigen fallen unter Artikel 23 Absatz 3 Unterabsatz 2 Buchstabe b bis e der Verordnung (EU) Nr. 537/2014.

§ 65[3)] **Unterrichtung der Staatsanwaltschaft.** (1) [1]Erhalten die Wirtschaftsprüferkammer oder die Abschlussprüferaufsichtsstelle Kenntnis von Tatsachen, die den Verdacht begründen, dass Berufsangehörige Straftaten im Zusammenhang mit der Berufsausübung begangen haben, teilen sie die Tatsachen der zuständigen Staatsanwaltschaft unverzüglich oder nach Ermittlung (§ 61a Satz 2) mit. [2]Der Mitteilung kann eine fachliche Bewertung beigefügt werden.

(2) [1]Erhält die Staatsanwaltschaft Kenntnis von Tatsachen, die den Verdacht einer schuldhaften, eine berufsaufsichtliche Maßnahme nach § 68 Absatz 1 rechtfertigenden Pflichtverletzung eines Mitglieds der Wirtschaftsprüferkammer begründen, teilt sie die Tatsachen der Abschlussprüferaufsichtsstelle mit. [2]Soweit die Mitteilung den Zuständigkeitsbereich der Wirtschaftsprüferkammer betrifft, leitet die Abschlussprüferaufsichtsstelle die Mitteilung an die Wirtschaftsprüferkammer weiter.

§ 66[4)] **Rechtsaufsicht.** (1) [1]Das Bundesministerium für Wirtschaft und Energie führt die Rechtsaufsicht über die Wirtschaftsprüferkammer einschließlich der Prüfungsstelle, soweit diese nicht nach § 66a Absatz 1 Satz 1 von der Abschlussprüferaufsichtsstelle überwacht werden. [2]Insoweit hat es darüber zu wachen, dass die Aufgaben im Rahmen der geltenden Gesetze und Satzungen erfüllt werden. [3]Es kann unter anderem den Erlass der Satzungen nach § 57 Absatz 3 und § 57c Absatz 1 oder Änderungen dieser Satzungen anordnen und, wenn die Wirtschaftsprüferkammer dieser Anordnung nicht innerhalb einer angemessenen Frist nachkommt, im Wege der Ersatzvornahme

---

[1)] § 63 aufgeh. mWv 17.6.2016 durch G v. 31.3.2016 (BGBl. I S. 518).
[2)] § 64 neu gef. mWv 1.8.2021 durch G v. 25.6.2021 (BGBl. I S. 2154).
[3)] § 65 neu gef. mWv 17.6.2016 durch G v. 31.3.2016 (BGBl. I S. 518).
[4)] § 66 neu gef. mWv 17.6.2016 durch G v. 31.3.2016 (BGBl. I S. 518).

die Satzungen oder Änderungen der Satzungen anstelle der Wirtschaftsprüferkammer erlassen.

(2) [1]Das Bundesministerium für Wirtschaft und Energie führt darüber hinaus die Rechtsaufsicht über die Abschlussprüferaufsichtsstelle; Absatz 1 Satz 2 gilt entsprechend. [2]Im Übrigen bleibt die Aufsicht des Bundesministeriums für Wirtschaft und Energie über das Bundesamt für Wirtschaft und Ausfuhrkontrolle unberührt.

§ 66a[1)] Abschlussprüferaufsicht. (1) [1]Die Abschlussprüferaufsichtsstelle führt eine öffentliche fachbezogene Aufsicht über die Wirtschaftsprüferkammer, soweit diese Aufgaben nach § 4 Absatz 1 Satz 1 erfüllt, die gegenüber Berufsangehörigen und Gesellschaften wahrzunehmen sind, die zur Durchführung gesetzlich vorgeschriebener Abschlussprüfungen befugt sind oder solche ohne diese Befugnis tatsächlich durchführen; § 61a Satz 3 bleibt unberührt. [2]Die Wirtschaftsprüferkammer hat vor dem Erlass und vor Änderungen von Berufsausübungsregelungen (§ 57 Absatz 3 und § 57c) die Stellungnahme der Abschlussprüferaufsichtsstelle einzuholen und dem Bundesministerium für Wirtschaft und Energie vorzulegen.

(2) Die Abschlussprüferaufsichtsstelle ist zuständige Behörde im Sinne des Artikels 13 Absatz 1 Unterabsatz 3, der Artikel 14 und 17 Absatz 8 Unterabsatz 3 sowie des Artikels 20 Absatz 1 der Verordnung (EU) Nr. 537/2014.

(3) [1]Die Abschlussprüferaufsichtsstelle beaufsichtigt die Wirtschaftsprüferkammer, ob diese ihre in Absatz 1 Satz 1 genannten Aufgaben geeignet, angemessen und verhältnismäßig erfüllt. [2]Die Abschlussprüferaufsichtsstelle kann hierzu an Sitzungen der Wirtschaftsprüferkammer teilnehmen und hat ein Informations- und Einsichtsrecht. [3]Die Abschlussprüferaufsichtsstelle kann an Qualitätskontrollen teilnehmen. [4]Die Abschlussprüferaufsichtsstelle kann die Wirtschaftsprüferkammer beauftragen, bei Hinweisen auf Berufspflichtverletzungen und bei Anfragen im Rahmen der Zusammenarbeit nach § 66c berufsaufsichtliche Ermittlungen nach § 61a Satz 2 durchzuführen. [5]Die Abschlussprüferaufsichtsstelle kann an Ermittlungen der Wirtschaftsprüferkammer teilnehmen. [6]Zur Ausführung ihrer Aufgaben kann die Abschlussprüferaufsichtsstelle Vertreter oder Vertreterinnen der Wirtschaftsprüferkammer, Berufsangehörige und Dritte als Sachverständige fallweise zur Beratung heranziehen. [7]Soweit die Abschlussprüferaufsichtsstelle Aufträge von sachverständigen Dritten ausführen lässt, stellt sie sicher, dass bei diesen im Hinblick auf die zu Prüfenden keine Interessenkonflikte bestehen und dass die sachverständigen Dritten über eine angemessene Ausbildung sowie angemessene Kenntnisse und Erfahrungen verfügen.

(4) [1]Die Abschlussprüferaufsichtsstelle kann Entscheidungen der Wirtschaftsprüferkammer unter Angabe der Gründe zur nochmaligen Prüfung an diese zurückverweisen (Zweitprüfung). [2]Ändert die Wirtschaftsprüferkammer beanstandete Entscheidungen nicht ab, kann die Abschlussprüferaufsichtsstelle die Entscheidungen der Wirtschaftsprüferkammer aufheben und ihr Weisungen erteilen oder selbst im Wege der Ersatzvornahme Entscheidungen treffen

---

[1)] § 66a neu gef. mWv 17.6.2016 durch G v. 31.3.2016 (BGBl. I S. 518).

und die erforderlichen Maßnahmen erlassen (Letztentscheidung). [3]Die Wirtschaftsprüferkammer ist verpflichtet, Vorgänge in Umsetzung der Weisungen abzuschließen. [4]Hält sie Weisungen oder Ersatzvornahmen der Abschlussprüferaufsichtsstelle für rechtswidrig, hat sie die Vorgänge dem Bundesministerium für Wirtschaft und Energie vorzulegen.

(5) [1]Die Wirtschaftsprüferkammer ist verpflichtet, auf Anforderung der Abschlussprüferaufsichtsstelle im Einzelfall oder von sich aus aufgrund genereller von der Abschlussprüferaufsichtsstelle festgelegter Kriterien über einzelne aufsichtsrelevante Vorgänge nach Sachverhaltsaufklärung zeitnah und in angemessener Form zu berichten. [2]Aufsichtsrelevant ist ein Vorgang insbesondere dann, wenn er von der Wirtschaftsprüferkammer abschließend bearbeitet wurde und eine Entscheidung mit unmittelbarer Rechtswirkung nach außen ergehen soll. [3]Ein unmittelbarer oder mittelbarer Bezug zur Durchführung einer gesetzlich vorgeschriebenen Abschlussprüfung ist nicht erforderlich.

(6)[1)] [1]Die Abschlussprüferaufsichtsstelle ermittelt bei Berufsangehörigen und Wirtschaftsprüfungsgesellschaften, die gesetzlich vorgeschriebene Abschlussprüfungen bei Unternehmen von öffentlichem Interesse nach § 316a Satz 2 des Handelsgesetzbuchs durchgeführt haben,

1. ohne besonderen Anlass gemäß Artikel 26 der Verordnung (EU) Nr. 537/2014,
2. soweit sich aus den unter Nummer 1 genannten Inspektionen oder sonstigen Umständen konkrete Anhaltspunkte für Verstöße gegen Berufspflichten bei der Durchführung von gesetzlich vorgeschriebenen Abschlussprüfungen bei Unternehmen von öffentlichem Interesse nach § 316a Satz 2 des Handelsgesetzbuchs ergeben,
3. aufgrund von Mitteilungen der Bundesanstalt für Finanzdienstleistungsaufsicht nach § 110 Absatz 2 Satz 1 des Wertpapierhandelsgesetzes oder einer anderen nationalen oder internationalen Stelle.

[2]Werden bei den Ermittlungen nach Satz 1 Verletzungen von Berufsrecht festgestellt, kann die Abschlussprüferaufsichtsstelle Auflagen zur Beseitigung der Mängel erteilen oder eine Sonderprüfung anordnen; § 57e Absatz 2, 3 und 5 gilt entsprechend. [3]Die Abschlussprüferaufsichtsstelle entscheidet auch über die Verhängung von berufsaufsichtlichen Maßnahmen, Untersagungsverfügungen sowie vorläufigen Untersagungsverfügungen; die §§ 67 bis 68a, 68b Satz 1, 3 und 4, die §§ 68c sowie 69a bis 71 gelten entsprechend, § 68 Absatz 7 mit der Maßgabe, dass die Geldbußen, die nicht berufsgerichtlich überprüft werden, dem Bundeshaushalt zufließen, § 68c Absatz 3 in Verbindung mit § 62a Absatz 4 Satz 1 mit der Maßgabe, dass die Ordnungsgelder dem Bundeshaushalt zufließen.

(7) [1]Soweit Artikel 23 Absatz 3 und Artikel 26 der Verordnung (EU) Nr. 537/2014 nichts anderes regeln, gelten die §§ 62 und 62a im Inspektions- und Berufsaufsichtsverfahren entsprechend, § 62a Absatz 4 mit der Maßgabe,

---

[1)] § 66a Abs. 6 Satz 1 Nr. 3 geänd. mWv 3.1.2018 durch G v. 23.6.2017 (BGBl. I S. 1693), Satzteil vor Nr. 1 geänd. mWv 1.7.2021, Nr. 3 geänd. mWv 1.1.2022 durch G v. 3.6.2021 (BGBl. I S. 1534); Nr. 2 Verweis geänd. durch G v. 10.3.2023 (BGBl. I Nr. 64).

dass die Zwangsgelder dem Bundeshaushalt zufließen. [2]Ermittlungsmaßnahmen in Bezug auf Abschlussprüfungen von Unternehmen von öffentlichem Interesse nach § 316a Satz 2[1)] des Handelsgesetzbuchs dürfen auch gegenüber den in Artikel 23 Absatz 3 Unterabsatz 2 Buchstabe b bis e der Verordnung (EU) Nr. 537/2014 Genannten ausgeübt werden. [3]Die Abschlussprüferaufsichtsstelle kann unbeschadet des Artikels 26 Absatz 5 Unterabsatz 2 der Verordnung (EU) Nr. 537/2014 bei Tätigkeiten nach diesem Gesetz Überprüfungen oder Untersuchungen durch solche Sachverständige vornehmen lassen, die in die Entscheidungsprozesse der Abschlussprüferaufsichtsstelle nicht eingebunden sind.

(8) Die Abschlussprüferaufsichtsstelle veröffentlicht jährlich ein Arbeitsprogramm und einen Tätigkeitsbericht.

§ 66b[2)] Verschwiegenheit; Schutz von Privatgeheimnissen. (1) [1]Beamte und Angestellte, die in der Abschlussprüferaufsichtsstelle tätig sind, Mitglieder des bei ihr eingerichteten Fachbeirats und sonstige von ihr Beauftragte sind zur Verschwiegenheit verpflichtet; die Artikel 31 bis 34 der Verordnung (EU) Nr. 537/2014 und § 66c Absatz 4 und 6 bleiben unberührt. [2]Die §§ 59c und 64 gelten sinngemäß. [3]In den Fällen des § 59c Absatz 3 Satz 2 darf auch darüber Auskunft gegeben werden, ob eine der betroffenen Abschlussprüfungen Gegenstand eines Inspektionsverfahrens nach § 62b ist oder war. [4]Eine erforderliche Ausnahmegenehmigung nach § 59c Absatz 4 erteilt das Bundesministerium für Wirtschaft und Klimaschutz.

(2) Die in Absatz 1 Satz 1 genannten Personen dürfen, auch nach Beendigung ihrer Tätigkeit, ein fremdes Geheimnis, namentlich ein Geschäfts- oder Betriebsgeheimnis, das ihnen bei ihrer Tätigkeit bekannt geworden ist, nicht offenbaren und nicht verwerten.

§ 66c[3)] Zusammenarbeit mit anderen Stellen und internationale Zusammenarbeit. (1) [1]Die Abschlussprüferaufsichtsstelle übermittelt den folgenden Stellen, soweit es zur Erfüllung der jeweiligen Aufgaben dieser Stellen erforderlich ist, vertrauliche Informationen übermitteln:

1. den Strafverfolgungsbehörden,
2. der Bundesanstalt für Finanzdienstleistungsaufsicht,
2a. dem Bundesamt für Justiz,
3. den Aufsichtsbehörden über die genossenschaftlichen Prüfungsverbände,
4. den Aufsichtsbehörden über die Prüfungsstellen der Sparkassen- und Giroverbände,

---

[1)] Verweis geänd. mWv 1.7.2021 durch G v 3.6.2021 (BGBl. I S. 1534).

[2)] § 66b neu gef. mWv 17.6.2016 durch G v. 31.3.2016 (BGBl. I S. 518); Abs. 1 Satz 2 geänd. mWv 1.8.2021 durch G v. 25.6.2021 (BGBl. I S. 2154); Abs. 1 Satz 2 ersetzt durch Sätze 2 bis 4 durch G v. 10.3.2023 (BGBl. I Nr. 64).

[3)] § 66c eingef. mWv 17.6.2016 durch G v. 31.3.2016 (BGBl. I S. 518); Abs. 1 Satz 1 Nr. 2a eingef. mWv 17.6.2016 durch G v. 10.5.2016 (BGBl. I S. 1142); Abs. 1 Satz 1 Text vor Nr. 1 geänd., kursiver Satzteil aufgeh., Nr. 1 neu gef., Satz 2 neu gef. mWv 1.1.2022 durch G v. 3.6.2021 (BGBl. I S. 1534).

5. der Deutschen Bundesbank,
6. der Europäischen Zentralbank,
7. den Zentralbanken der Mitgliedstaaten der Europäischen Union sowie
8. dem Europäischen Ausschuss für Systemrisiken.

2 Für den Informationsaustausch zwischen der Abschlussprüferaufsichtsstelle und der Bundesanstalt für Finanzdienstleistungsaufsicht gilt § 109a des Wertpapierhandelsgesetzes. 3 Die in Satz 1 Nummer 1 bis 5 genannten Stellen können der Abschlussprüferaufsichtsstelle Informationen übermitteln, soweit dies zur Erfüllung der Aufgaben der Abschlussprüferaufsichtsstelle erforderlich ist.

(2) 1 Unbeschadet der Artikel 31 bis 33 der Verordnung (EU) Nr. 537/2014 hat die Abschlussprüferaufsichtsstelle in Bezug auf die in § 66a genannten Aufgaben mit den entsprechend zuständigen Stellen der Mitgliedstaaten der Europäischen Union und der Vertragsstaaten des Europäischen Wirtschaftsraums sowie den europäischen Aufsichtsbehörden zusammenzuarbeiten, soweit dies für die Wahrnehmung der jeweiligen Aufgaben der zuständigen Stellen im Einzelfall erforderlich ist. 2 In diesem Rahmen leisten die Stellen sich insbesondere Amtshilfe, tauschen Informationen aus und arbeiten bei Untersuchungen zusammen. 3 § 57 Absatz 6 Satz 2 bis 4 gilt entsprechend.

(3) 1 Die Zusammenarbeit der zuständigen Stellen der Mitgliedstaaten findet insbesondere im Rahmen des Ausschusses der Aufsichtsstellen nach Artikel 30 der Verordnung (EU) Nr. 537/2014 statt. 2 Sie erstreckt sich auch auf die Bereiche der Angleichung

1. der theoretischen und praktischen Ausbildung von Wirtschaftsprüfern sowie der Prüfungsanforderungen nach dem Zweiten Teil und
2. der Anforderungen in Bezug auf die Eignungsprüfung nach dem Neunten Teil.

(4) 1 Hat die Abschlussprüferaufsichtsstelle konkrete Hinweise darauf, dass Berufsangehörige aus anderen Mitglied- oder Vertragsstaaten gegen das Recht der Europäischen Union über die Abschlussprüfungen von Jahresabschlüssen und Konzernabschlüssen verstoßen, hat sie diese der zuständigen Stelle des anderen Mitglied- oder Vertragsstaats mitzuteilen. 2 Erhält die Abschlussprüferaufsichtsstelle entsprechende Hinweise von der zuständigen Stelle eines anderen Mitglied- oder Vertragsstaats in Bezug auf deutsche Berufsangehörige, hat sie geeignete Maßnahmen zu treffen und kann der zuständigen Stelle des anderen Mitglied- oder Vertragsstaats das Ergebnis mitteilen. 3 Darüber hinaus kann die zuständige Stelle eines anderen Mitglied- oder Vertragsstaats über die Abschlussprüferaufsichtsstelle Ermittlungen verlangen, an denen Vertreter der zuständigen Stelle teilnehmen dürfen, wenn diese zur Verschwiegenheit verpflichtet sind. 4 Sind Berufsangehörige oder Wirtschaftsprüfungsgesellschaften auch in einem anderen Mitglied- oder Vertragsstaat registriert, informiert die Abschlussprüferaufsichtsstelle von Amts wegen die zuständigen Behörden des anderen Mitglied- oder Vertragsstaats über das Erlöschen, die unanfechtbare Rücknahme oder den unanfechtbaren Widerruf der Bestellung der Berufsangehörigen oder die Löschung der Wirtschaftsprüfungsgesellschaften einschließlich der Gründe hierfür. 5 § 57 Absatz 7 Satz 2 bis 4 gilt entsprechend.

(5) [1]Unbeschadet der Artikel 36 bis 38 der Verordnung (EU) Nr. 537/2014 hat die Abschlussprüferaufsichtsstelle in Bezug auf die in § 66a Absatz 1 Satz 1 genannten Aufgaben mit den entsprechend zuständigen Stellen anderer als in Absatz 2 Satz 1 genannter Staaten zusammenzuarbeiten, soweit dies für die Wahrnehmung der jeweiligen Aufgaben der zuständigen Stellen im Einzelfall erforderlich ist oder wenn von diesen Stellen Sonderuntersuchungen oder Ermittlungen erbeten werden. [2]§ 57 Absatz 6 Satz 2 bis 4 gilt entsprechend.

(6) [1]§ 57 Absatz 9 gilt entsprechend. [2]Abweichend von § 57 Absatz 9 Satz 5 können Berufsangehörige und Prüfungsgesellschaften unter den Voraussetzungen des § 57 Absatz 9 Satz 1 bis 4 selbst Arbeitsunterlagen und andere Dokumente auf Anforderung der zuständigen Stellen an diese herausgeben, wenn sie zuvor die Abschlussprüferaufsichtsstelle über die Anfrage informiert haben und die in § 57 Absatz 9 Satz 5 genannten Bedingungen erfüllt sind.

§ 67[1)] Ahndung einer Pflichtverletzung. (1) Gegen einen Wirtschaftsprüfer, der seine Pflichten schuldhaft verletzt, wird eine berufsaufsichtliche Maßnahme verhängt.

(2) Ein außerhalb des Berufs liegendes Verhalten eines Wirtschaftsprüfers ist eine berufsaufsichtlich zu ahndende Pflichtverletzung, wenn es nach den Umständen des Einzelfalls in besonderem Maße geeignet ist, Achtung und Vertrauen in einer für die Ausübung der Berufstätigkeit oder für das Ansehen des Berufs bedeutsamen Weise zu beeinträchtigen.

(3) Eine berufsaufsichtliche Maßnahme kann nicht verhängt werden, wenn der Wirtschaftsprüfer zur Zeit der Tat der Berufsaufsicht nicht unterstand.

§ 68[2)] Berufsaufsichtliche Maßnahmen. (1) [1]Der Vorstand der Wirtschaftsprüferkammer kann gegen Berufsangehörige berufsaufsichtliche Maßnahmen verhängen, wenn diese mit ihrem Verhalten ihnen obliegende Pflichten verletzt haben. [2]Berufsaufsichtliche Maßnahmen sind:

1. Rüge,
2. Geldbuße bis zu fünfhunderttausend Euro, bei einer berufsaufsichtlichen Maßnahme gegen eine Wirtschaftsprüfungsgesellschaft bis zu einer Million Euro,
3. Verbot, auf bestimmten Tätigkeitsgebieten für die Dauer von einem Jahr bis zu fünf Jahren tätig zu werden,
4. Verbot, bei Unternehmen von öffentlichem Interesse nach § 316a Satz 2 des Handelsgesetzbuchs für die Dauer von einem Jahr bis zu drei Jahren tätig zu werden,
5. Berufsverbot von einem Jahr bis zu fünf Jahren,
6. Ausschließung aus dem Beruf und

---

1) § 67 Abs. 1 bis 3 geänd. mWv 17.6.2016 durch G v. 31.3.2016 (BGBl. I S. 518).

2) § 68 neu gef. mWv 17.6.2016 durch G v. 31.3.2016 (BGBl. I S. 518); Abs. 1 Satz 2 Nrn. 2 und 4 geänd. mWv 1.7.2021 durch G v. 3.6.2021 (BGBl. I S. 1534); Abs. 1 Satz 2 Nr. 2 geänd. durch G v. 7.7.2021 (BGBl. I S. 2363); Abs. 1 Satz 2 Nr. 7 geänd. mWv 16.3.2023 durch G v. 10.3.2023 (BGBl. I Nr. 64).

7. Feststellung, dass der Bestätigungsvermerk nicht die Anforderungen des § 322 des Handelsgesetzbuchs und, soweit Unternehmen von öffentlichem Interesse nach § 316a Satz 2 des Handelsgesetzbuchs betroffen sind, des Artikels 10 der Verordnung (EU) Nr. 537/2014 erfüllt.

(2) 1 Die berufsaufsichtlichen Maßnahmen nach Absatz 1 können nebeneinander verhängt werden. 2 Der Vorstand der Wirtschaftsprüferkammer soll in die Entscheidung über die Verhängung berufsaufsichtlicher Maßnahmen alle Pflichtverletzungen einbeziehen, die ihm im Zeitpunkt der Verhängung der Maßnahme bekannt sind.

(3) 1 Bei der Festlegung der Art und der Höhe der Maßnahme hat der Vorstand der Wirtschaftsprüferkammer alle relevanten Umstände zu berücksichtigen. 2 Dazu gehören insbesondere die Art, die Schwere und die Dauer der Pflichtverletzung, die Verantwortung der Berufsangehörigen für die Pflichtverletzung, die Höhe etwaiger durch die Pflichtverletzung erzielter Mehrerlöse oder verhinderter Verluste, das Vorliegen früherer Verstöße und die Finanzkraft der Berufsangehörigen. 3 Zugunsten der Berufsangehörigen ist zudem zu berücksichtigen, wenn sie an der Aufklärung der Pflichtverletzung mitgewirkt haben. 4 Eine Rüge für einen fahrlässig begangenen fachlichen Fehler kann in der Regel nur verhängt werden, wenn der Fehler von einigem Gewicht ist.

(4) 1 Bevor Maßnahmen verhängt werden, sind die Berufsangehörigen anzuhören. 2 Bescheide, durch die Maßnahmen verhängt werden, sind zu begründen. 3 Sie sind mit einer Rechtsbehelfsbelehrung zu versehen und den Berufsangehörigen zuzustellen.

(5) 1 Gegen einen Bescheid nach Absatz 4 können Berufsangehörige binnen eines Monats nach der Zustellung beim Vorstand der Wirtschaftsprüferkammer Einspruch erheben. 2 Über den Einspruch entscheidet der Vorstand; Absatz 4 Satz 2 und 3 ist entsprechend anzuwenden.

(6) 1 Soweit der Einspruch nach Absatz 5 gegen eine berufsaufsichtliche Maßnahme nach Absatz 1 Satz 2 Nummer 2 bis 7 erfolgreich ist, sind die Aufwendungen für einen Rechtsanwalt oder einen sonstigen Bevollmächtigten erstattungsfähig, wenn dessen Zuziehung notwendig war. 2 Die Aufwendungen sind von der Wirtschaftsprüferkammer zu tragen. 3 Die Wirtschaftsprüferkammer bestimmt auf Antrag der Berufsangehörigen, ob die Zuziehung eines Bevollmächtigten notwendig war, und setzt die Höhe der zu erstattenden Auslagen fest. 4 Gegen die Entscheidung nach Satz 3 kann innerhalb eines Monats nach der Zustellung die Entscheidung des Gerichts beantragt werden. 5 § 62a Absatz 3 gilt entsprechend.

(7) 1 Geldbußen, die nicht berufsgerichtlich überprüft werden, fließen unbeschadet des § 66a Absatz 6 Satz 3 dem Haushalt der Wirtschaftsprüferkammer zu. 2 § 61 Absatz 3 gilt entsprechend.

§ 68a[1] **Untersagungsverfügung.** 1 Wird gegen Berufsangehörige eine berufsaufsichtliche Maßnahme wegen einer Pflichtverletzung, die im Zeitpunkt der Verhängung der Maßnahme noch nicht abgeschlossen ist, verhängt, so

[1] § 68a neu gef. mWv 17.6.2016 durch G v. 31.3.2016 (BGBl. I S. 518).

kann die Wirtschaftsprüferkammer neben der Verhängung der Maßnahme die Aufrechterhaltung des pflichtwidrigen Verhaltens untersagen. [2] Im Fall einer im Zeitpunkt der Verhängung der Maßnahme bereits abgeschlossenen Pflichtverletzung kann die Wirtschaftsprüferkammer die künftige Vornahme einer gleichgearteten Pflichtverletzung untersagen, wenn gegen die betreffenden Berufsangehörigen wegen einer solchen Pflichtverletzung bereits zuvor eine berufsaufsichtliche Maßnahme verhängt worden war oder sie von der Wirtschaftsprüferkammer über die Pflichtwidrigkeit ihres Verhaltens belehrt worden waren.

§ 68b[1)] Vorläufige Untersagungsverfügung. [1] Wird gegen Berufsangehörige eine Untersagungsverfügung nach § 68a erlassen, so kann die Wirtschaftsprüferkammer zusammen mit dem Erlass oder bis zur Einleitung des berufsgerichtlichen Verfahrens gegen die Untersagungsverfügung eine vorläufige Untersagungsverfügung verhängen. [2] Zur Verhängung der vorläufigen Untersagungsverfügung ist eine Mehrheit von zwei Dritteln der Stimmen des Vorstands der Wirtschaftsprüferkammer erforderlich. [3] Vorläufige Untersagungsverfügungen werden mit ihrer Zustellung wirksam. [4] § 62a Absatz 3, § 68 Absatz 4 sowie die §§ 119 und 120 Absatz 1 gelten entsprechend.

§ 68c[2)] Ordnungsgeld. (1) [1] Handeln Berufsangehörige einem Tätigkeits- oder Berufsverbot (§ 68 Absatz 1 Satz 2 Nummer 3 bis 5), einer Untersagungsverfügung (§ 68a) oder einer vorläufigen Untersagungsverfügung (§ 68b) wissentlich zuwider, so kann gegen sie wegen einer jeden Zuwiderhandlung von der Wirtschaftsprüferkammer ein Ordnungsgeld verhängt werden. [2] Das einzelne Ordnungsgeld darf den Betrag von 100 000 Euro nicht übersteigen. [3] § 68 Absatz 4 gilt entsprechend.

(2) Im Fall der Verhängung eines Ordnungsgelds gilt § 62a Absatz 3 entsprechend.

(3) § 62a Absatz 4 gilt entsprechend.

§ 69[3)] Bekanntmachung von Maßnahmen, Bußgeldentscheidungen und strafrechtlichen Verurteilungen. (1) [1] Die Wirtschaftsprüferkammer und die Abschlussprüferaufsichtsstelle machen jede ihrer unanfechtbaren berufsaufsichtlichen Maßnahmen unverzüglich auf ihren Internetseiten öffentlich bekannt und teilen dabei auch Informationen zu Art und Charakter des Verstoßes mit. [2] Bei berufsaufsichtlichen Maßnahmen nach § 68 Absatz 1 Satz 2 Nummer 2 bis 7 gegen Berufsangehörige ist in der Bekanntmachung der

---

1) § 68b eingef. mWv 17.6.2016 durch G v. 31.3.2016 (BGBl. I S. 518).

2) § 68c eingef. mWv 17.6.2016 durch G v. 31.3.2016 (BGBl. I S. 518).

3) § 69 neu gef. mWv 17.6.2016 durch G v. 31.3.2016 (BGBl. I S. 518); Überschrift, Abs. 2 und 3 geänd., Abs. 1a eingef., Abs. 4 Satz 2 neu gef. mWv 17.6.2016 durch G v. 10.5.2016 (BGBl. I S. 1142); Abs. 1a Satz 1 Nr. 1 und Abs. 4 Satz 2 Nr. 2 Verweis geänd. mWv 22.7.2017 durch G v. 17.7.2017 (BGBl. I S. 2446); Abs. 1 Satz 1 geänd., Satz 2 ersetzt durch Sätze 2 bis 5, Abs. 1a Satz 1 Nrn. 1 und 2 sowie Satz 3 geänd., Abs. 2 Satz 2 angef., bish. Text wird Satz 1 und geänd., Abs. 3 neu gef., Abs. 4 Satz 2 Nrn. 2 und 3 geänd. mWv 1.7.2021 durch G v. 3.6.2021 (BGBl. I S. 1534).

Name des Berufsangehörigen und die Wirtschaftsprüfungsgesellschaft zu nennen, für die der Berufsangehörige bei der Verwirklichung der Berufspflichtverletzung gehandelt hat. [3]Bei berufsaufsichtlichen Maßnahmen nach § 68 Absatz 1 Satz 2 Nummer 1 bis 7 gegen eine Wirtschaftsprüfungsgesellschaft ist die Wirtschaftsprüfungsgesellschaft in der Bekanntmachung zu nennen. [4]Wenn der Berufsangehörige oder die Wirtschaftsprüfungsgesellschaft eine Stellungnahme zu der unanfechtbaren berufsaufsichtlichen Maßnahme abgegeben hat, ist diese in der Bekanntmachung mit zu veröffentlichen. [5]Darüber hinausgehende personenbezogene Daten darf die Bekanntmachung nicht enthalten.

(1a) [1]Die Abschlussprüferaufsichtsstelle soll neben der Bekanntmachung nach Absatz 1 unverzüglich auf ihrer Internetseite öffentlich bekannt machen:

1. jede rechtskräftige Bußgeldentscheidung nach § 334 Absatz 2 und 2a, § 340n Absatz 2 und 2a und § 341n Absatz 2 und 2a des Handelsgesetzbuchs, § 20 Absatz 2 bis 2c des Publizitätsgesetzes, § 405 Absatz 3b und 3c des Aktiengesetzes, § 87 Absatz 1 bis 3 des Gesetzes betreffend die Gesellschaften mit beschränkter Haftung, § 152 Absatz 1a des Genossenschaftsgesetzes und § 332 Absatz 4a und 4b des Versicherungsaufsichtsgesetzes sowie
2. jede rechtskräftige Verurteilung wegen einer Straftat nach den §§ 332, 333, jeweils auch in Verbindung mit § 340m Absatz 1 Satz 1 oder § 341m Absatz 1 Satz 1, nach den §§ 333a, 340m Absatz 2 und nach § 341m Absatz 2 des Handelsgesetzbuchs, nach den §§ 18 bis 19a des Publizitätsgesetzes, § 404a des Aktiengesetzes, § 86 des Gesetzes betreffend die Gesellschaften mit beschränkter Haftung, § 151a des Genossenschaftsgesetzes und § 331 Absatz 2a des Versicherungsaufsichtsgesetzes.

[2]Bei der Bekanntmachung nach Satz 1 sollen auch Informationen zu Art und Charakter des Verstoßes mitgeteilt werden. [3]Absatz 1 Satz 2 bis 5 gilt entsprechend.

(2) [1]Maßnahmen, Bußgeldentscheidungen und strafrechtliche Verurteilungen werden anonymisiert bekannt gemacht, wenn im Fall einer Bekanntmachung nach Absatz 1 oder Absatz 1a die Stabilität der Finanzmärkte oder laufende strafrechtliche Ermittlungen erheblich gefährdet oder den Beteiligten ein unverhältnismäßig großer Schaden zugefügt würde. [2]Gegen Berufsangehörige verhängte Maßnahmen sowie Bußgeldentscheidungen und strafrechtliche Verurteilungen werden anonymisiert bekannt gemacht, wenn eine öffentliche Bekanntmachung der personenbezogenen Daten unverhältnismäßig wäre.

(3) Eine Bekanntmachung nach den Absätzen 1 und 1a ist fünf Jahre nach ihrer Veröffentlichung zu löschen.

(4) [1]Die Abschlussprüferaufsichtsstelle unterrichtet den Ausschuss der Aufsichtsstellen (Artikel 30 der Verordnung (EU) Nr. 537/2014) unverzüglich über alle berufsaufsichtlichen Maßnahmen nach § 68 Absatz 1 Satz 2 Nummer 3 bis 6. [2]Die Abschlussprüferaufsichtsstelle übermittelt dem Ausschuss der Aufsichtsstellen jährlich aggregierte Informationen über

1. alle berufsaufsichtlichen Maßnahmen,

2. alle Bußgeldentscheidungen nach § 334 Absatz 2 und 2a, § 340n Absatz 2 und 2a und § 341n Absatz 2 und 2a des Handelsgesetzbuchs, § 20 Absatz 2 bis 2c des Publizitätsgesetzes, § 405 Absatz 3b und 3c des Aktiengesetzes, § 87 Absatz 1 bis 3 des Gesetzes betreffend die Gesellschaften mit beschränkter Haftung, § 152 Absatz 1a des Genossenschaftsgesetzes und § 332 Absatz 4a und 4b des Versicherungsaufsichtsgesetzes sowie
3. alle Verurteilungen wegen einer Straftat nach den §§ 333a, 340m Absatz 2 und nach § 341m Absatz 2 des Handelsgesetzbuchs, § 19a des Publizitätsgesetzes, § 404a des Aktiengesetzes, § 86 des Gesetzes betreffend die Gesellschaften mit beschränkter Haftung, § 151a des Genossenschaftsgesetzes und § 331 Absatz 2a und 2b des Versicherungsaufsichtsgesetzes.

(5) [1] Wird in einem Beschwerdeverfahren eine Maßnahme nach § 68 Absatz 1 verhängt und nach Absatz 1 veröffentlicht, so ist dies dem Beschwerdeführer mitzuteilen. [2] Die Mitteilung ist nicht anfechtbar.

§ 69a[1)] Anderweitige Ahndung. (1) [1] Von einer berufsaufsichtlichen Ahndung ist abzusehen, wenn
1. durch ein Gericht oder eine Behörde wegen desselben Verhaltens bereits eine Strafe, eine Geldbuße nach dem Gesetz über Ordnungswidrigkeiten oder eine berufsaufsichtliche Maßnahme verhängt worden ist oder
2. das Verhalten nach § 153a Absatz 1 Satz 5, auch in Verbindung mit Absatz 2 Satz 2, der Strafprozessordnung nicht mehr als Vergehen verfolgt werden kann.

[2] Satz 1 gilt nicht, wenn eine berufsaufsichtliche Maßnahme zusätzlich erforderlich ist, um den Berufsangehörigen zur Erfüllung seiner Pflichten anzuhalten. [3] Die Erforderlichkeit einer Maßnahme nach § 68 Absatz 1 Satz 2 Nummer 3 bis 6 bleibt durch eine anderweitige Ahndung unberührt.

(2) § 83 gilt sinngemäß.

(3) [1] Über eine Pflichtverletzung eines Berufsangehörigen, die zugleich Pflichten eines anderen Berufs verletzt, dessen Berufsaufsicht er untersteht, ist zunächst im berufsaufsichtlichen Verfahren nach diesem Gesetz zu entscheiden, wenn die Pflichtverletzung überwiegend mit dem nach diesem Gesetz ausgeübten Beruf des Berufsangehörigen in Zusammenhang steht. [2] Ist kein Schwerpunkt der Pflichtverletzung erkennbar oder besteht kein Zusammenhang der Pflichtverletzung mit der Ausübung eines Berufs, ist zunächst im berufsaufsichtlichen Verfahren nach diesem Gesetz zu entscheiden, wenn der Berufsangehörige hauptsächlich in dem nach diesem Gesetz ausgeübten Beruf tätig ist.

(4) Kommt eine Maßnahme nach § 68 Absatz 1 Satz 2 Nummer 3 bis 6 in Betracht, ist stets im berufsaufsichtlichen Verfahren nach diesem Gesetz zu entscheiden.

(5) Gegenstand der Entscheidung im berufsaufsichtlichen Verfahren nach diesem Gesetz ist nur die Verletzung der dem Berufsangehörigen nach diesem Gesetz obliegenden Pflichten.

---

1) § 69a neu gef. mWv 1.8.2022 durch G v. 7.7.2021 (BGBl. I S. 2363).

§ 70[1)] Verjährung von Pflichtverletzungen. (1) [1]Die Verfolgung einer Pflichtverletzung verjährt nach fünf Jahren. [2]Abweichend davon verjährt sie

1. nach zehn Jahren, wenn die Pflichtverletzung eine Maßnahme nach § 68 Absatz 1 Satz 2 Nummer 3 bis 5 rechtfertigt,
2. nach 20 Jahren, wenn die Pflichtverletzung eine Maßnahme nach § 68 Absatz 1 Satz 2 Nummer 6 rechtfertigt.

[3]Die Verjährung beginnt, sobald die Tat beendet ist.

(2) [1]Für das Ruhen der Verjährung gilt § 78b Absatz 1 bis 3 des Strafgesetzbuches entsprechend. [2]Die Verjährung ruht zudem für die Dauer

1. eines wegen desselben Verhaltens eingeleiteten Straf- oder Bußgeldverfahrens,
2. eines wegen desselben Verhaltens eingeleiteten vorrangigen berufsaufsichtlichen Verfahrens und
3. einer Aussetzung des Verfahrens nach § 83b Nummer 2 oder 3.

(3) [1]Für die Unterbrechung der Verjährung gilt § 78c Absatz 1 bis 4 des Strafgesetzbuches entsprechend. [2]Der Vernehmung nach § 78c Absatz 1 Satz 1 Nummer 1 des Strafgesetzbuches steht die erste Anhörung durch die Wirtschaftsprüferkammer (§ 68 Absatz 4 Satz 1) oder die Abschlussprüferaufsichtsstelle gleich.

§ 71[2)] Vorschriften für Mitglieder der Wirtschaftsprüferkammer, die nicht Wirtschaftsprüfer sind, und Wirtschaftsprüfungsgesellschaften.

(1) [1]Die Vorschriften des Fünften und Sechsten Teils gelten entsprechend für Vorstandsmitglieder, Geschäftsführer oder persönlich haftende Gesellschafter einer Wirtschaftsprüfungsgesellschaft, die nicht Wirtschaftsprüfer sind. [2]An die Stelle der Ausschließung aus dem Beruf tritt die Aberkennung der Eignung, eine Wirtschaftsprüfungsgesellschaft zu vertreten und ihre Geschäfte zu führen.

(2) [1]Die Vorschriften des Fünften und Sechsten Teils gelten entsprechend für Wirtschaftsprüfungsgesellschaften, wenn jemand

1. als vertretungsberechtigtes Organ der Wirtschaftsprüfungsgesellschaft oder als Mitglied eines solchen Organs,
2. als vertretungsberechtigter Gesellschafter der Wirtschaftsprüfungsgesellschaft,
3. als Generalbevollmächtigter oder in leitender Stellung als Prokurist oder Handlungsbevollmächtigter der Wirtschaftsprüfungsgesellschaft,
4. als verantwortlicher Prüfungspartner nach § 43 Absatz 3 Satz 3 und 4 oder
5. als sonstige Person, die für die Leitung der Wirtschaftsprüfungsgesellschaft verantwortlich handelt, wozu auch die Überwachung der Geschäftsführung

---

[1)] § 70 neu gef. mWv 1.8.2022 durch G v. 7.7.2021 (BGBl. I S. 2363).

[2)] § 71 Satz 1 geänd. mWv 1.1.2005 durch G v. 27.12.2004 (BGBl. I S. 3846) und geänd. mWv 6.9.2007 durch G v. 3.9.2007 (BGBl. I S. 2178); Überschrift geänd., Abs. 2 angef. mWv 17.6.2016 durch G v. 31.3.2016 (BGBl. I S. 518); Abs. 2 Satz 1 Nr. 4 geänd., Satz 3 aufgeh., bish. Satz 4 wird Satz 3 mWv 1.7.2021 durch G v. 3.6.2021 (BGBl. I S. 1534).

oder die sonstige Ausübung von Kontrollbefugnissen in leitender Stellung gehört,

Berufspflichten der Wirtschaftsprüfungsgesellschaft betreffend die Durchführung von gesetzlichen Abschlussprüfungen verletzt hat. [2] Bei der Entscheidung, ob berufsaufsichtliche Maßnahmen gegen eine Wirtschaftsprüfungsgesellschaft verhängt werden und ob diese zusätzlich zu berufsaufsichtlichen Maßnahmen gegen die die Gesellschaft vertretenden Berufsangehörigen verhängt werden, hat der Vorstand der Wirtschaftsprüferkammer alle relevanten Umstände zu berücksichtigen. [3] § 68 Absatz 1 Satz 2 Nummer 4 und 6 findet keine Anwendung.

Sechster Teil.[1)] Berufsgerichtsbarkeit

Erster Abschnitt.[1)] Berufsgerichtliche Entscheidung

§ 71a[1)] Antrag auf berufsgerichtliche Entscheidung. Wird der Einspruch gegen eine berufsaufsichtliche Maßnahme zurückgewiesen, so können Berufsangehörige innerhalb eines Monats nach der Zustellung schriftlich die berufsgerichtliche Entscheidung beantragen.

Zweiter Abschnitt. Gerichte

§ 72[2)] Kammer für Wirtschaftsprüfersachen. (1) In dem berufsgerichtlichen Verfahren entscheidet im ersten Rechtszug eine Kammer des Landgerichts (Kammer für Wirtschaftsprüfersachen), in dessen Bezirk die Wirtschaftsprüferkammer ihren Sitz hat.

(2) [1] Die Kammer für Wirtschaftsprüfersachen entscheidet außerhalb der Hauptverhandlung in der Besetzung von drei Mitgliedern mit Einschluß des Vorsitzenden. [2] In der Hauptverhandlung ist sie mit dem Vorsitzenden und zwei Berufsangehörigen als Beisitzern besetzt. [3] Abweichend von Satz 2 beschließt die Kammer bis zur Anberaumung der Hauptverhandlung für diese eine Besetzung mit drei Richtern mit Einschluss des Vorsitzenden und zweier Berufsangehöriger als Beisitzer, wenn dies nach dem Umfang, der Schwierigkeit oder der besonderen Bedeutung des Falles erforderlich erscheint. [4] Der Beschluss ist unanfechtbar.

§ 73[3)] Senat für Wirtschaftsprüfersachen beim Oberlandesgericht. (1) In dem berufsgerichtlichen Verfahren entscheidet im zweiten Rechtszug ein Senat des Oberlandesgerichts (Senat für Wirtschaftsprüfersachen beim Oberlandesgericht).

---

1) Überschrift 6. Teil (§§ 71a–127) und 1. Abschnitt (§ 71a) neu gef. mWv 17.6.2016 durch G v. 31.3.2016 (BGBl. I S. 518).

2) § 72 Abs. 2 Satz 2 geänd. mWv 17.6.2016 durch G v. 31.3.2016 (BGBl. I S. 518); Abs. 2 Sätze 3 und 4 angef. mWv 16.3.2023 durch G v. 10.3.2023 (BGBl. I Nr. 64).

3) § 73 Abs. 2 Satz 2 geänd. mWv 17.6.2016 durch G v. 31.3.2016 (BGBl. I S. 518).

(2) [1]Der Senat für Wirtschaftsprüfersachen beim Oberlandesgericht entscheidet außerhalb der Hauptverhandlung in der Besetzung von drei Mitgliedern mit Einschluß des Vorsitzenden. [2]In der Hauptverhandlung wirken außerdem als Beisitzer zwei Berufsangehörige mit.

§ 74[1)] Senat für Wirtschaftsprüfersachen beim Bundesgerichtshof.

(1) [1]In dem berufsgerichtlichen Verfahren entscheidet im dritten Rechtszug ein Senat des Bundesgerichtshofes (Senat für Wirtschaftsprüfersachen beim Bundesgerichtshof). [2]Er gilt als Strafsenat im Sinne des § 132 des Gerichtsverfassungsgesetzes.

(2) Der Senat für Wirtschaftsprüfersachen beim Bundesgerichtshof besteht aus einem Vorsitzenden sowie zwei Mitgliedern des Bundesgerichtshofs und zwei Berufsangehörigen als Beisitzern.

§ 75[2)] Berufsangehörige als Beisitzer. (1) Die Beisitzer aus den Reihen der Berufsangehörigen sind ehrenamtliche Richter.

(2) [1]Die ehrenamtlichen Richter werden für die Gerichte des ersten und zweiten Rechtszuges von der Landesjustizverwaltung und für den Bundesgerichtshof von dem Bundesministerium der Justiz auf die Dauer von fünf Jahren berufen. [2]Sie können nach Ablauf ihrer Amtszeit wieder berufen werden.

(3) [1]Die ehrenamtlichen Richter werden den Vorschlagslisten entnommen, die der Vorstand der Wirtschaftsprüferkammer im Einvernehmen mit der Abschlussprüferaufsichtsstelle der Landesjustizverwaltung für die Gerichte des ersten und zweiten Rechtszuges und dem Bundesministerium der Justiz für den Bundesgerichtshof einreicht. [2]Die Landesjustizverwaltung und das Bundesministerium der Justiz bestimmen, welche Zahl von Beisitzern für jedes Gericht erforderlich ist; sie haben vorher den Vorstand der Wirtschaftsprüferkammer zu hören. [3]Jede Vorschlagsliste soll mindestens die doppelte Zahl der zu berufenden Berufsangehörigen enthalten.

(4) Scheidet ein ehrenamtlicher Richter vorzeitig aus, so wird für den Rest seiner Amtszeit ein Nachfolger berufen.

(5) Die Landesjustizverwaltung und das Bundesministerium der Justiz können einen von ihnen berufenen ehrenamtlichen Richter auf seinen Antrag aus dem Amt entlassen, wenn er aus gesundheitlichen Gründen auf nicht absehbare Zeit gehindert ist, sein Amt ordnungsgemäß auszuüben.

[1)] § 74 Abs. 2 neu gef. mWv 1.1.1995 durch G v. 15.7.1994 (BGBl. I S. 1569); Abs. 2 geänd. mWv 17.6.2016 durch G v. 31.3.2016 (BGBl. I S. 518).

[2)] § 75 Abs. 2 Satz 1, Abs. 3 Satz 1 und 2 geänd., Abs. 5 und Abs. 6 angef. mWv 1.1.1995 durch G v. 15.7.1994 (BGBl. I S. 1569), Abs. 5 geänd. mWv. 1.5.2002 durch G v. 27.4.2002 (BGBl. I S. 1467); Abs. 2 Satz 1 geänd., Abs. 5 eingef., bish. Abs. 5 und 6 werden Abs. 6 und 7 mWv 1.1.2005 durch G v. 21.12.2004 (BGBl. I S. 3599); Abs. 2 Satz 1, Abs. 3 Sätze 1 und 2 und Abs. 6 geänd. mWv 8.9.2015 durch VO v. 31.8.2015 (BGBl. I S. 1474); Überschrift und Abs. 1, Abs. 3 Sätze 1 und 3 geänd. mWv 17.6.2016 durch G v. 31.3.2016 (BGBl. I S. 518); Abs. 5 aufgeh., bish. Abs. 6 und 7 werden Abs. 5 und 6 mWv 1.8.2021 durch G v. 25.6.2021 (BGBl. I S. 2154); Abs. 2 Satz 1, Abs. 3 Satz 1 und 2 und Abs. 5 geänd. mWv 22.6.2023 durch G v. 19.6.2023 (BGBl. I Nr. 154).

(6) Das Amt eines ehrenamtlichen Richters, der zum ehrenamtlichen Richter bei einem Gericht des höheren Rechtszuges berufen wird, endet mit seiner Ernennung.

§ 76[1)] Voraussetzungen für die Berufung zum Beisitzer und Recht zur Ablehnung. (1) [1]Zu ehrenamtlichen Richtern können nur Berufsangehörige berufen werden, die in den Vorstand der Wirtschaftsprüferkammer gewählt werden können. [2]Sie dürfen als Beisitzer nur für die Kammer für Wirtschaftsprüfersachen, den Senat für Wirtschaftsprüfersachen beim Oberlandesgericht oder den Senat für Wirtschaftsprüfersachen beim Bundesgerichtshof berufen werden.

(2) Die ehrenamtlichen Richter dürfen nicht gleichzeitig dem Vorstand oder dem Beirat der Wirtschaftsprüferkammer angehören oder bei der Wirtschaftsprüferkammer im Haupt- oder Nebenberuf tätig sein.

(3) Die Übernahme des Beisitzeramtes kann ablehnen,

1. wer das fünfundsechzigste Lebensjahr vollendet hat;
2. wer in den letzten vier Jahren Mitglied des Vorstandes der Wirtschaftsprüferkammer gewesen ist;
3. wer in gesundheitlicher Hinsicht beeinträchtigt ist.

§ 77[2)] Enthebung vom Amt des Beisitzers. (1) Ein ehrenamtlicher Richter ist auf Antrag der Justizverwaltung, die ihn berufen hat, seines Amtes zu entheben,

1. wenn nachträglich bekannt wird, daß er nicht hätte zum Beisitzer berufen werden dürfen;
2. wenn nachträglich ein Umstand eintritt, welcher der Berufung zum Beisitzer entgegensteht;
3. wenn der oder die Berufsangehörige seine oder ihre Amtspflicht als Beisitzer grob verletzt.

(2) [1]Über den Antrag der Landesjustizverwaltung entscheidet ein Zivilsenat des Oberlandesgerichts, über den Antrag des Bundesministeriums der Justiz ein Zivilsenat des Bundesgerichtshofes. [2]Bei der Entscheidung dürfen die Mitglieder der Senate für Wirtschaftsprüfersachen nicht mitwirken.

(3) [1]Vor der Entscheidung ist der ehrenamtliche Richter zu hören. [2]Die Entscheidung ist endgültig.

§ 78[3)] Stellung der ehrenamtlichen Richter und Pflicht zur Verschwiegenheit. (1) Die ehrenamtlichen Richter haben in der Sitzung, zu der sie herangezogen werden, die Stellung eines Berufsrichters.

[1)] § 76 Abs. 3 Nr. 3 neu gef. mWv 1.5.2002 durch G v. 27.4.2002 (BGBl. I S. 1467); Abs. 1 neu gef. mWv 17.6.2016 durch G v. 31.3.2016 (BGBl. I S. 518).

[2)] § 77 Abs. 2 Satz 1 geänd. mWv 1.1.1995 durch G v. 15.7.1995 (BGBl. I S. 1569); Abs. 2 Satz 1 geänd. mWv 8.9.2015 durch VO v. 31.8.2015 (BGBl. I S. 1474); Abs. 1 Nr. 3 geänd. mWv 17.6.2016 durch G v. 31.3.2016 (BGBl. I S. 518); Abs. 2 Satz 1 geänd. mWv 22.6.2023 durch G v. 19.6.2023 (BGBl. I Nr. 154).

[3)] § 78 Abs. 2 Satz 1 und 2 geänd. mWv 1.8.2021 durch G v. 25.6.2021 (BGBl. I S. 2154).

(2) [1]Die ehrenamtlichen Richter haben über Angelegenheiten, die ihnen bei ihrer Tätigkeit bekannt werden, Verschwiegenheit zu bewahren. [2]§ 59c Absatz 1 Satz 2 und 3 und Absatz 4 ist entsprechend anzuwenden. [3]Die Genehmigung zur Aussage erteilt der Präsident des Gerichts.

§ 79 Reihenfolge der Teilnahme an den Sitzungen. (1) Die ehrenamtlichen Richter sind zu den einzelnen Sitzungen in der Reihenfolge einer Liste heranzuziehen, die der Vorsitzende nach Anhörung der beiden ältesten der berufenen ehrenamtlichen Richter vor Beginn des Geschäftsjahres aufstellt.

(2) Für die Entbindung eines ehrenamtlichen Richters von der Dienstleistung an bestimmten Sitzungstagen gilt § 54 des Gerichtsverfassungsgesetzes sinngemäß.

§ 80[1)] Entschädigung der ehrenamtlichen Richter. Die ehrenamtlichen Richter erhalten eine Entschädigung nach dem Justizvergütungs- und -entschädigungsgesetz.

Dritter Abschnitt. Verfahrensvorschriften

Erster Unterabschnitt. Allgemeines

§ 81[2)] Vorschriften für das Verfahren. Für das berufsgerichtliche Verfahren gelten die nachstehenden Vorschriften sowie § 62 entsprechend.

§ 82[3)] Keine Verhaftung von Berufsangehörigen. [1]Berufsangehörige dürfen zur Durchführung des berufsgerichtlichen Verfahrens weder vorläufig festgenommen noch verhaftet oder vorgeführt werden. [2]Sie dürfen zudem nicht zur Vorbereitung eines Gutachtens über ihren psychischen Zustand in ein psychiatrisches Krankenhaus gebracht werden.

§ 82a[4)] Verteidigung. (1) Zu Verteidigern im berufsgerichtlichen Verfahren vor dem Landgericht und vor dem Oberlandesgericht können außer den in § 138 Abs. 1 der Strafprozeßordnung genannten Personen auch Berufsangehörige gewählt werden.

(2) § 140 Abs. 1 Nr. 1 bis 3, 6, 7 und 9 der Strafprozeßordnung ist auf die Verteidigung im berufsgerichtlichen Verfahren nicht anzuwenden.

§ 82b[5)] Akteneinsicht; Beteiligung der Wirtschaftsprüferkammer und der Abschlussprüferaufsichtsstelle. (1) [1]Die Wirtschaftsprüferkam-

---

1) § 80 geänd. mWv 1.1.2004 durch G v. 1.12.2003 (BGBl. I S. 2446); geänd. mWv 1.7.2004 durch G v. 5.5.2004 (BGBl. I S. 718).

2) § 81 geänd. mWv 6.9.2007 durch G v. 3.9.2007 (BGBl. I S. 2178).

3) § 82 Überschrift, Sätze 1 und 2 geänd. mWv 17.6.2016 durch G v. 31.3.2016 (BGBl. I S. 518).

4) § 82a Abs. 2 geänd. mWv 1.9.2013 durch G v. 26.6.2013 (BGBl. I S. 1805); Abs. 1 geänd. mWv 17.6.2016 durch G v. 31.3.2016 (BGBl. I S. 518).

5) § 82b neu gef. mWv 17.6.2016 durch G v. 31.3.2016 (BGBl. I S. 518).

mer, die Abschlussprüferaufsichtsstelle und die betroffenen Berufsangehörigen sind befugt, die Akten, die dem Gericht vorliegen, einzusehen sowie amtlich verwahrte Beweisstücke zu besichtigen. 2 § 147 Absatz 2 Satz 1, Absatz 3, 5 und 6 der Strafprozessordnung ist insoweit entsprechend anzuwenden.

(2)[1] 1 Der Wirtschaftsprüferkammer und der Abschlussprüferaufsichtsstelle sind Ort und Zeit der Hauptverhandlung mitzuteilen; die von dort entsandten Personen erhalten auf Verlangen das Wort. 2 Einstellungen nach den §§ 153 bis 153b und 154 der Strafprozessordnung bedürfen zusätzlich der Zustimmung der Abschlussprüferaufsichtsstelle. 3 Entsprechendes gilt für den Fall, dass nach § 154a der Strafprozessordnung von der Verfolgung von Teilen einer Tat abgesehen werden soll. 4 Erfolgt die Einstellung oder das Absehen von der Verfolgung in der Hauptverhandlung, gelten die Sätze 3 und 4 nur, wenn ein Vertreter der Abschlussprüferaufsichtsstelle an der Hauptverhandlung teilnimmt.

§ 83[2] Verhältnis des berufsgerichtlichen Verfahrens zum Straf- oder Bußgeldverfahren. 1 Werden Berufsangehörige im gerichtlichen Verfahren wegen einer Straftat oder einer Ordnungswidrigkeit verurteilt oder freigesprochen, so sind für die Entscheidung im berufsgerichtlichen Verfahren die tatsächlichen Feststellungen des Urteils im Strafverfahren oder Bußgeldverfahren bindend, auf denen die Entscheidung des Gerichts beruht. 2 In dem berufsgerichtlichen Verfahren kann ein Gericht jedoch die nochmalige Prüfung solcher Feststellungen beschließen, deren Richtigkeit seine Mitglieder mit Stimmenmehrheit bezweifeln; dies ist in den Gründen der berufsgerichtlichen Entscheidung zum Ausdruck zu bringen.

§ 83a.[3] (weggefallen)

§ 83b[4] Aussetzung des berufsgerichtlichen Verfahrens. Das berufsgerichtliche Verfahren kann ausgesetzt werden, wenn

1. gegen den Berufsangehörigen oder die Berufsangehörige in einem anderen berufsaufsichtlichen Verfahren der Wirtschaftsprüferkammer oder der Abschlussprüferaufsichtsstelle wegen weiterer Berufspflichtverletzungen ermittelt wird und für den Fall, dass in dem anderen berufsaufsichtlichen Verfahren ein Antrag auf berufsgerichtliche Entscheidung gestellt wird, eine Verbindung beider Verfahren zweckmäßig wäre,
2. in einem anderen gesetzlich geregelten Verfahren ein Sachverhalt aufzuklären oder eine Rechtsfrage zu entscheiden ist, ohne deren Beurteilung eine Entscheidung im berufsgerichtlichen Verfahren nicht möglich oder nicht zweckmäßig ist oder

---

[1] § 82b Abs. 2 Satz 2 aufgeh., bish. Sätze 3 bis 5 werden Sätze 2 bis 4 **mWv 1.8.2022** durch G v. 7.7.2021 (BGBl. I S. 2363).

[2] § 83 neu gef. mWv 17.6.2016 durch G v. 31.3.2016 (BGBl. I S. 518).

[3] § 83a aufgeh. mWv 17.6.2016 durch G v. 31.3.2016 (BGBl. I S. 518).

[4] § 83b neu gef. mWv 1.1.2004 durch G v. 1.12.2003 (BGBl. I S. 2446); Nr. 1 geänd. mWv 6.9.2007 durch G v. 3.9.2007 (BGBl. I S. 2178); einl. Satzteil geänd., Nr. 1 eingef., bish. Nr. 1 und 2 werden Nr. 2 und 3 mWv 17.6.2016 durch G v. 31.3.2016 (BGBl. I S. 518).

3. der rechtskräftige Abschluss eines anderen gesetzlich geregelten Verfahrens, in dem über einen Sachverhalt oder eine Rechtsfrage zu entscheiden ist, deren Beurteilung für die Entscheidung im berufsgerichtlichen Verfahren von Bedeutung ist, innerhalb von sechs Monaten zu erwarten ist.

§ 83c[1] Wiederaufnahme des berufsgerichtlichen Verfahrens. [1] Die Wiederaufnahme eines rechtskräftig abgeschlossenen berufsgerichtlichen Verfahrens ist zulässig, wenn die tatsächlichen Feststellungen, auf denen die Verurteilung oder der Freispruch im berufsgerichtlichen Verfahren beruht, den Feststellungen in einem strafgerichtlichen Verfahren wegen desselben Verhaltens widersprechen. [2] Den Antrag auf Wiederaufnahme des Verfahrens können die Staatsanwaltschaft oder die betroffenen Berufsangehörigen binnen eines Monats nach Rechtskraft des Urteils im strafgerichtlichen Verfahren stellen.

Zweiter Unterabschnitt. Verfahren im ersten Rechtszug

§ 84 Mitwirkung der Staatsanwaltschaft. Die Staatsanwaltschaft bei dem Oberlandesgericht, bei dem der Senat für Wirtschaftsprüfersachen besteht, nimmt in den Verfahren vor der Kammer für Wirtschaftsprüfersachen die Aufgaben der Staatsanwaltschaft wahr.

§ 85[2] Einleitung des berufsgerichtlichen Verfahrens. Das berufsgerichtliche Verfahren wird dadurch eingeleitet, dass der oder die Berufsangehörige den Antrag nach § 71a schriftlich bei dem Landgericht einreicht.

§ 86[3] Verfahren. (1) Ist der Antrag auf berufsgerichtliche Entscheidung verspätet eingelegt oder sonst unzulässig, verwirft ihn das Landgericht ohne Hauptverhandlung durch Beschluss; gegen den Beschluss ist sofortige Beschwerde zulässig.

(2) [1] Anderenfalls beraumt das Landgericht eine Hauptverhandlung an. [2] Für diese gelten die Vorschriften der Strafprozessordnung sinngemäß, soweit dieses Gesetz nichts anderes bestimmt.

§§ 87 bis 93. (weggefallen)

§ 94[4] Verlesung der berufsaufsichtlichen Entscheidung. In der Hauptverhandlung tritt an die Stelle der Verlesung des Anklagesatzes nach § 243 Absatz 3 der Strafprozessordnung die Verlesung des Tenors der angefochtenen Entscheidung über die Verhängung der berufsaufsichtlichen Maßnahme.

§§ 95 bis 97.[5] (weggefallen)

---

[1] § 83c eingef. mWv 1.1.2004 durch G v. 1.12.2003 (BGBl. I S. 2446).
[2] § 85 neu gef. mWv 17.6.2016 durch G v. 31.3.2016 (BGBl. I S. 518).
[3] § 86 neu gef. mWv 17.6.2016 durch G v. 31.3.2016 (BGBl. I S. 518).
[4] § 94 neu gef. mWv 17.6.2016 durch G v. 31.3.2016 (BGBl. I S. 518).
[5] §§ 95–97 aufgeh. mWv 17.6.2016 durch G v. 31.3.2016 (BGBl. I S. 518).

§ 98[1] **Hauptverhandlung trotz Ausbleibens der Berufsangehörigen.** 1 Die Hauptverhandlung kann gegen Berufsangehörige, die nicht erschienen sind, durchgeführt werden, wenn diese ordnungsmäßig geladen wurden und in der Ladung darauf hingewiesen wurde, dass in ihrer Abwesenheit verhandelt werden kann. 2 Eine öffentliche Ladung ist nicht zulässig.

§ 99[2] *(aufgehoben)*

§ 100. (weggefallen)

§ 101[3] **Beweisaufnahme durch einen ersuchten Richter.** 1 Die Kammer für Wirtschaftsprüfersachen kann ein Amtsgericht um die Vernehmung von Zeugen oder Sachverständigen ersuchen. 2 Der Zeuge oder Sachverständige ist jedoch auf Antrag der Staatsanwaltschaft oder der Berufsangehörigen in der Hauptverhandlung zu vernehmen, es sei denn, daß er voraussichtlich am Erscheinen in der Hauptverhandlung verhindert ist oder ihm das Erscheinen wegen großer Entfernung nicht zugemutet werden kann.

§ 102[4] **Verlesen von Protokollen.** (1) Die Kammer für Wirtschaftsprüfersachen beschließt nach pflichtmäßigem Ermessen, ob die Aussage eines Zeugen oder eines Sachverständigen, der bereits in dem berufsgerichtlichen oder in einem anderen gesetzlich geordneten Verfahren vernommen worden ist, zu verlesen sei.

(2) 1 Bevor der Gerichtsbeschluß ergeht, können die Staatsanwaltschaft oder die Berufsangehörigen beantragen, den Zeugen oder Sachverständigen in der Hauptverhandlung zu vernehmen. 2 Einem solchen Antrag ist zu entsprechen, es sei denn, daß der Zeuge oder Sachverständige voraussichtlich am Erscheinen in der Hauptverhandlung verhindert ist oder ihm das Erscheinen wegen großer Entfernung nicht zugemutet werden kann. 3 Wird dem Antrag stattgegeben, so darf das Protokoll über die frühere Vernehmung nicht verlesen werden.

(3) 1 Ist ein Zeuge oder Sachverständiger durch einen ersuchten Richter vernommen worden (§ 101), so kann der Verlesung des Protokolls nicht widersprochen werden. 2 Die Staatsanwaltschaft oder die Berufsangehörigen können jedoch der Verlesung widersprechen, wenn ein Antrag gemäß § 101 Satz 2 abgelehnt worden ist und Gründe für eine Ablehnung des Antrags jetzt nicht mehr bestehen.

§ 103[5] **Entscheidung.** (1) Die mündliche Verhandlung schließt mit der auf die Beratung folgenden Verkündung des Urteils.

(2) 1 Das Gericht entscheidet in der Sache selbst über alle Berufspflichtverletzungen, die Gegenstand der angefochtenen berufsaufsichtlichen Entschei-

---

[1] § 98 neu gef. mWv 17.6.2016 durch G v. 31.3.2016 (BGBl. I S. 518).

[2] § 99 aufgeh. mWv 1.8.2022 durch G v. 7.7.2021 (BGBl. I S. 2363).

[3] § 101 Satz 2 geänd. mWv 17.6.2016 durch G v. 31.3.2016 (BGBl. I S. 518).

[4] § 102 Abs. 2 Satz 1, Abs. 3 Satz 2 geänd. mWv 17.6.2016 durch G v. 31.3.2016 (BGBl. I S. 518).

[5] § 103 neu gef. mWv 17.6.2016 durch G v. 31.3.2016 (BGBl. I S. 518).

dung nach § 68 sind. [2]Es entscheidet auf Zurückweisung des Antrags auf berufsgerichtliche Entscheidung oder unter Aufhebung der angefochtenen Entscheidung auf Verurteilung zu einer oder mehreren der in § 68 Absatz 1 und § 68a genannten Maßnahmen, auf Freisprechung oder auf Einstellung des Verfahrens nach Absatz 3.

(3) Das berufsgerichtliche Verfahren ist, abgesehen von dem Fall des § 260 Absatz 3 der Strafprozessordnung, einzustellen,

1. wenn die Bestellung als Wirtschaftsprüfer oder die Anerkennung als Wirtschaftsprüfungsgesellschaft erloschen, zurückgenommen oder widerrufen ist (§§ 19, 20, 33, 34) oder
2. wenn nach § 69a Absatz 1 von einer berufsgerichtlichen Ahndung abzusehen ist.

Dritter Unterabschnitt. Rechtsmittel

§ 104 Beschwerde. Für die Verhandlung und Entscheidung über Beschwerden ist der Senat für Wirtschaftsprüfersachen beim Oberlandesgericht zuständig.

§ 105[1] Berufung. (1) Gegen das Urteil der Kammer für Wirtschaftsprüfersachen ist die Berufung an den Senat für Wirtschaftsprüfersachen zulässig.

(2) [1]Die Berufung muß binnen einer Woche nach Verkündung des Urteils bei der Kammer für Wirtschaftsprüfersachen schriftlich eingelegt werden. [2]Ist das Urteil nicht in Anwesenheit des oder der Berufsangehörigen verkündet worden, so beginnt für diesen oder diese die Frist mit der Zustellung.

(3) Die Berufung kann nur schriftlich gerechtfertigt werden.

(4) Die §§ 98 und 101 bis 103 sind auf das Berufungsverfahren sinngemäß anzuwenden; hierbei lässt die sinngemäße Anwendung des § 98 die sinngemäße Anwendung des § 329 Absatz 1 der Strafprozessordnung unberührt.

§ 106 Mitwirkung der Staatsanwaltschaft vor dem Senat für Wirtschaftsprüfersachen. Die Aufgaben der Staatsanwaltschaft in dem Verfahren vor dem Senat für Wirtschaftsprüfersachen werden von der Staatsanwaltschaft bei dem Oberlandesgericht wahrgenommen, bei dem der Senat besteht.

§ 107 Revision. (1) Gegen ein Urteil des Senats für Wirtschaftsprüfersachen bei dem Oberlandesgericht ist die Revision an den Bundesgerichtshof zulässig,

1. wenn das Urteil auf Ausschließung aus dem Beruf lautet;
2. wenn der Senat für Wirtschaftsprüfersachen bei dem Oberlandesgericht entgegen einem Antrag der Staatsanwaltschaft nicht auf Ausschließung erkannt hat;

---

[1] § 105 Abs. 2 Satz 2 und Abs. 4 geänd. mWv 17.6.2016 durch G v. 31.3.2016 (BGBl. I S. 518); Abs. 4 neu gef. mWv 1.8.2022 durch G v. 7.7.2021 (BGBl. I S. 2363).

3. wenn der Senat für Wirtschaftsprüfersachen beim Oberlandesgericht sie in dem Urteil zugelassen hat.

(2) Der Senat für Wirtschaftsprüfersachen beim Oberlandesgericht darf die Revision nur zulassen, wenn er über Rechtsfragen oder Fragen der Berufspflichten entschieden hat, die von grundsätzlicher Bedeutung sind.

(3) [1]Die Nichtzulassung der Revision kann selbständig durch Beschwerde innerhalb eines Monats nach Zustellung des Urteils angefochten werden. [2]Die Beschwerde ist bei dem Oberlandesgericht einzulegen. [3]In der Beschwerdeschrift muß die grundsätzliche Rechtsfrage ausdrücklich bezeichnet werden.

(4) Die Beschwerde hemmt die Rechtskraft des Urteils.

(5) [1]Wird der Beschwerde nicht abgeholfen, so entscheidet der Bundesgerichtshof durch Beschluß. [2]Der Beschluß bedarf keiner Begründung, wenn die Beschwerde einstimmig verworfen oder zurückgewiesen wird. [3]Mit Ablehnung der Beschwerde durch den Bundesgerichtshof wird das Urteil rechtskräftig. [4]Wird der Beschwerde stattgegeben, so beginnt mit Zustellung des Beschwerdebescheids die Revisionsfrist.

§ 107a[1]) Einlegung der Revision und Verfahren. (1) [1]Die Revision ist binnen einer Woche bei dem Oberlandesgericht schriftlich einzulegen. [2]Die Frist beginnt mit der Verkündung des Urteils. [3]Ist das Urteil nicht in Anwesenheit der Berufsangehörigen verkündet worden, so beginnt für diesen oder diese die Frist mit der Zustellung.

(2) Berufsangehörige können die Revisionsanträge und deren Begründung nur schriftlich anbringen.

(3) [1]§ 103 Absatz 3 ist auf das Verfahren vor dem Bundesgerichtshof sinngemäß anzuwenden. [2]In den Fällen des § 354 Absatz 2 der Strafprozessordnung ist an den nach § 73 zuständigen Senat für Wirtschaftsprüfersachen beim Oberlandesgericht zurückzuverweisen.

§ 108 Mitwirkung der Staatsanwaltschaft vor dem Bundesgerichtshof. Die Aufgaben der Staatsanwaltschaft in den Verfahren vor dem Bundesgerichtshof werden von dem Generalbundesanwalt wahrgenommen.

Vierter Unterabschnitt. Sicherung von Beweisen

§ 109[2]) Anordnung der Beweissicherung. (1) [1]Wird ein berufsgerichtliches Verfahren eingestellt, weil die Bestellung als Wirtschaftsprüfer erloschen oder zurückgenommen ist, so kann in der Entscheidung zugleich auf Antrag der Staatsanwaltschaft die Sicherung der Beweise angeordnet werden, wenn zu erwarten ist, daß auf Ausschließung aus dem Beruf erkannt worden wäre. [2]Die Anordnung kann nicht angefochten werden.

---

[1]) § 107a Abs. 1 Satz 3 und Abs. 2 geänd. mWv 17.6.2016 durch G v. 31.3.2016 (BGBl. I S. 518); Abs. 3 neu gef. mWv 1.8.2022 durch G v. 7.7.2021 (BGBl. I S. 2363).

[2]) § 109 Abs. 1 Satz 1 geänd. mWv 17.6.2016 durch G v. 31.3.2016 (BGBl. I S. 518).

(2) 1 Die Beweise werden von der Kammer für Wirtschaftsprüfersachen beim Landgericht aufgenommen. 2 Die Kammer kann eines ihrer berufsrichterlichen Mitglieder mit der Beweisaufnahme beauftragen.

§ 110[1)] **Verfahren.** (1) 1 Die Kammer für Wirtschaftsprüfersachen beim Landgericht hat vom Amts wegen alle Beweise zu erheben, die eine Entscheidung darüber begründen können, ob das eingestellte Verfahren zur Ausschließung aus dem Beruf geführt hätte. 2 Den Umfang des Verfahrens bestimmt die Kammer für Wirtschaftsprüfersachen beim Landgericht nach pflichtmäßigem Ermessen, ohne an Anträge gebunden zu sein; ihre Verfügungen können insoweit nicht angefochten werden.

(2) Zeugen sind, soweit nicht Ausnahmen vorgeschrieben oder zugelassen sind, eidlich zu vernehmen.

(3) 1 Die Staatsanwaltschaft und der oder die frühere Berufsangehörige sind an dem Verfahren zu beteiligen. 2 Ein Anspruch auf Benachrichtigung von den Terminen, die zum Zwecke der Beweissicherung anberaumt werden, steht den früheren Berufsangehörigen nur zu, wenn sie sich im Inland aufhalten und sie ihre Anschrift dem Landgericht angezeigt haben.

Fünfter Unterabschnitt. Vorläufiges Tätigkeits- und Berufsverbot[2)]

§ 111[3)] **Voraussetzung des Verbots.** (1) Sind dringende Gründe für die Annahme vorhanden, dass gegen Berufsangehörige auf Ausschließung aus dem Beruf erkannt werden wird, so kann durch Beschluss ein vorläufiges Tätigkeits- oder Berufsverbot verhängt werden.

(2) 1 Die Wirtschaftsprüferkammer oder die Abschlussprüferaufsichtsstelle kann in ihren jeweiligen Zuständigkeitsbereichen vor Einleitung des berufsgerichtlichen Verfahrens den Antrag auf Verhängung eines vorläufigen Tätigkeits- oder Berufsverbots stellen. 2 In dem Antrag sind die Pflichtverletzung, die dem oder der Berufsangehörigen zur Last gelegt wird, sowie die Beweismittel anzugeben.

(3) Für die Verhandlung und Entscheidung ist das Gericht zuständig, das im berufsgerichtlichen Verfahren gegen die Berufsangehörigen zu entscheiden hat oder vor dem das berufsgerichtliche Verfahren anhängig ist.

§ 112[4)] **Mündliche Verhandlung.** (1) Der Beschluß, durch den ein vorläufiges Tätigkeits- oder Berufsverbot verhängt wird, kann nur auf Grund mündlicher Verhandlung ergehen.

---

1) § 110 Abs. 3 neu gef. mWv 17.6.2016 durch G v. 31.3.2016 (BGBl. I S. 518).

2) Überschrift neu gef. mWv 6.9.2007 durch G v. 3.9.2007 (BGBl. I S. 2178).

3) § 111 Abs. 1 neu gef. mWv 1.1.1995 durch G v. 15.7.1994 (BGBl. I S. 1569); Abs. 1 Satz 2 aufgeh. mWv 1.1.2004 durch G v. 1.12.2003 (BGBl. I S. 2446); Abs. 1 neu gef., Abs. 2 Satz 1 geänd. mWv 6.9.2007 durch G v. 3.9.2007 (BGBl. I S. 2178); Abs. 1, Abs. 2 Sätze 1 und 2 und Abs. 3 geänd. mWv 17.6.2016 durch G v. 31.3.2016 (BGBl. I S. 518).

4) § 112 Abs. 3 Satz 1 neu gef. mWv 1.1.1995 durch G v. 15.7.1994 (BGBl. I S. 1569); Abs. 1 geänd. mWv 6.9.2007 durch G v. 3.9.2007 (BGBl. I S. 2178); Abs. 3 Sätze 1 und 2 und Abs. 4 geänd. mWv 17.6.2016 durch G v. 31.3.2016 (BGBl. I S. 518).

(2) Auf die Besetzung des Gerichts, die Ladung und die mündliche Verhandlung sind die Vorschriften entsprechend anzuwenden, die für die Hauptverhandlung vor dem erkennenden Gericht maßgebend sind, soweit sich nicht aus den folgenden Vorschriften etwas anderes ergibt.

(3) [1]In der ersten Ladung ist die den Berufsangehörigen zur Last gelegte Pflichtverletzung durch Anführung der sie begründenden Tatsachen zu bezeichnen; ferner sind die Beweismittel anzugeben. [2]Dies ist jedoch nicht erforderlich, wenn den Berufsangehörigen die Anschuldigungsschrift bereits mitgeteilt worden ist.

(4) Den Umfang der Beweisaufnahme bestimmt das Gericht nach pflichtmäßigem Ermessen, ohne an Anträge der Staatsanwaltschaft oder der Berufsangehörigen gebunden zu sein.

§ 113[1)] Abstimmung über das Verbot. Zur Verhängung des vorläufigen Tätigkeits- oder Berufsverbots ist eine Mehrheit von zwei Dritteln der Stimmen erforderlich.

§ 114[2)] Verbot im Anschluss an die Hauptverhandlung. [1]Hat das Gericht auf Ausschließung aus dem Beruf erkannt, so kann es im unmittelbaren Anschluß an die Hauptverhandlung über die Verhängung des vorläufigen Tätigkeits- oder Berufsverbots verhandeln und entscheiden. [2]Dies gilt auch dann, wenn die Berufsangehörigen zu der Hauptverhandlung nicht erschienen sind.

§ 115[3)] Zustellung des Beschlusses. [1]Der Beschluß ist mit Gründen zu versehen. [2]Er ist den Berufsangehörigen zuzustellen. [3]Waren die Berufsangehörigen bei der Verkündung des Beschlusses nicht anwesend, ist ihnen zusätzlich der Beschluß ohne Gründe unverzüglich nach der Verkündung zuzustellen.

§ 116[4)] Wirkungen des Verbots. (1) Der Beschluß wird mit der Verkündung wirksam.

(2) [1]Berufsangehörige, gegen die ein vorläufiges Tätigkeitsverbot verhängt ist, dürfen die in der Entscheidung genannten Tätigkeiten nicht ausüben. [2]Berufsangehörige, gegen die ein vorläufiges Berufsverbot verhängt ist, dürfen ihren Beruf nicht ausüben.

(3) Berufsangehörige, gegen die ein vorläufiges Tätigkeits- oder Berufsverbot verhängt ist, dürfen jedoch ihre eigenen Angelegenheiten sowie die Angelegenheiten ihrer Ehegatten, Lebenspartner und minderjährigen Kinder wahrnehmen, soweit es sich nicht um die Erteilung von Prüfungsvermerken handelt.

---

1) § 113 geänd. mWv 6.9.2007 durch G v. 3.9.2007 (BGBl. I S. 2178).

2) § 114 Satz 1 geänd. mWv 6.9.2007 durch G v. 3.9.2007 (BGBl. I S. 2178); Satz 2 geänd. mWv 17.6.2016 durch G v. 31.3.2016 (BGBl. I S. 518).

3) § 115 Satz 3 angef. mWv 1.1.1995 durch G v. 15.7.1994 (BGBl. I S. 1569); Satz 2 und 3 geänd. mWv 17.6.2016 durch G v. 31.3.2016 (BGBl. I S. 518).

4) § 116 Abs. 3 geänd. mWv 1.8.2001 durch G v. 16.2.2001 (BGBl I S. 266); Abs. 2 bis 4 Satz 1 geänd. mWv 6.9.2007 durch G v. 3.9.2007 (BGBl. I S. 2178); Abs. 2 bis 4 neu gef. mWv 17.6.2016 durch G v. 31.3.2016 (BGBl. I S. 518).

(4) [1]Die Wirksamkeit von Rechtshandlungen, die Berufsangehörige vornehmen, wird durch vorläufige Tätigkeits- oder Berufsverbote nicht berührt. [2]Das Gleiche gilt für Rechtshandlungen, die ihnen gegenüber vorgenommen werden.

§ 117[1)] Zuwiderhandlungen gegen das Verbot. (1) Berufsangehörige, die gegen sie ergangene vorläufige Tätigkeits- oder Berufsverbote wissentlich zuwiderhandeln, werden aus dem Beruf ausgeschlossen, sofern nicht wegen besonderer Umstände eine mildere berufsgerichtliche Maßnahme ausreichend erscheint.

(2) Gerichte und Behörden sollen Berufsangehörige, die entgegen einem vorläufigen Tätigkeits- oder Berufsverbot vor ihnen auftreten, zurückweisen.

§ 118[2)] Beschwerde. (1) [1]Gegen den Beschluß, durch den das Landgericht oder das Oberlandesgericht ein vorläufige Tätigkeits- oder Berufsverbot verhängt, ist die sofortige Beschwerde zulässig. [2]Die Beschwerde hat keine aufschiebende Wirkung.

(2) Gegen den Beschluß, durch den das Landgericht oder das Oberlandesgericht es ablehnt, ein vorläufige Tätigkeits- oder Berufsverbot zu verhängen, steht der Staatsanwaltschaft die sofortige Beschwerde zu.

(3) [1]Über die sofortige Beschwerde entscheidet, sofern der angefochtene Beschluß von dem Landgericht erlassen ist, das Oberlandesgericht und, sofern er vor dem Oberlandesgericht ergangen ist, der Bundesgerichtshof. [2]Für das Verfahren gelten neben den Vorschriften der Strafprozeßordnung über die Beschwerde § 112 Abs. 1, 2 und 4 sowie §§ 113 und 115 dieses Gesetzes entsprechend.

§ 119[3)] Außerkrafttreten des Verbots. [1]Vorläufige Tätigkeits- und Berufsverbote treten außer Kraft, wenn das ihrer Verhängung zugrundeliegende berufsgerichtliche Verfahren eingestellt oder rechtskräftig abgeschlossen wird. [2]Ein vorläufiges Berufsverbot tritt über Satz 1 hinaus außer Kraft, wenn ein Urteil ergeht, in dem nicht auf eine Ausschließung aus dem Beruf oder ein Berufsverbot erkannt wird. [3]Ein vorläufiges Tätigkeitsverbot tritt über Satz 1 hinaus außer Kraft, wenn ein Urteil ergeht, in dem weder auf eine Ausschließung aus dem Beruf oder ein Berufsverbot noch ein dem vorläufigen entsprechendes Tätigkeitsverbot erkannt wird.

§ 120[4)] Aufhebung des Verbots. (1) Das vorläufige Tätigkeits- oder Berufsverbot wird aufgehoben, wenn sich ergibt, daß die Voraussetzungen für seine Verhängung nicht oder nicht mehr vorliegen.

---

1) § 117 neu gef. mWv 17.6.2016 durch G v. 31.3.2016 (BGBl. I S. 518).

2) § 118 Abs. 1 Satz 1 und Abs. 2 geänd. mWv 6.9.2007 durch G v. 3.9.2007 (BGBl. I S. 2178).

3) § 119 neu gef. mWv 17.6.2016 durch G v. 31.3.2016 (BGBl. I S. 518).

4) § 120 Abs. 1 geänd. mWv 6.9.2007 durch G v. 3.9.2007 (BGBl. I S. 2178); Abs. 3 Sätze 1 und 2 geänd. mWv 17.6.2016 durch G v. 31.3.2016 (BGBl. I S. 518).

(2) Über die Aufhebung entscheidet das nach § 111 Abs. 3 zuständige Gericht.

(3) 1 Auf Antrag der Berufsangehörigen, das Verbot aufzuheben, kann eine erneute mündliche Verhandlung angeordnet werden. 2 Der Antrag kann nicht gestellt werden, solange über eine sofortige Beschwerde von Berufsangehörigen nach § 118 Abs. 1 noch nicht entschieden ist. 3 Gegen den Beschluß, durch den der Antrag abgelehnt wird, ist eine Beschwerde nicht zulässig.

§ 120a[1] Mitteilung des Verbots. (1) Der Beschluß, durch den ein vorläufiges Tätigkeits- oder Berufsverbot verhängt wird, ist alsbald der Wirtschaftsprüferkammer in beglaubigter Abschrift mitzuteilen.

(2) Tritt das vorläufige Tätigkeits- oder Berufsverbot außer Kraft oder wird es aufgehoben, so gilt Absatz 1 entsprechend.

§ 121[2] Bestellung eines Vertreters. (1) 1 Für Berufsangehörige, gegen die ein vorläufiges Tätigkeits- oder Berufsverbot verhängt ist, wird im Fall des Bedürfnisses von der Wirtschaftsprüferkammer ein Vertreter bestellt. 2 Vor der Bestellung sind die vom vorläufigen Tätigkeits- oder Berufsverbot betroffenen Berufsangehörigen zu hören; sie können geeignete Vertreter vorschlagen.

(2) Die Vertreter müssen Berufsangehörige sein.

(3) 1 Berufsangehörige, denen die Vertretung übertragen wird, können sie nur aus einem wichtigen Grund ablehnen. 2 Über die Ablehnung entscheidet die Wirtschaftsprüferkammer.

(4) 1 Die Vertreter führen ihr Amt unter eigener Verantwortung, jedoch für Rechnung und auf Kosten der Vertretenen. 2 An Weisungen der Vertretenen sind sie nicht gebunden.

(5) 1 Die Vertretenen haben den Vertretern eine angemessene Vergütung zu zahlen. 2 Auf Antrag der Vertretenen oder der Vertreter setzt der Vorstand der Wirtschaftsprüferkammer die Vergütung fest. 3 Die Vertreter sind befugt, Vorschüsse auf die vereinbarte oder festgesetzte Vergütung zu entnehmen. 4 Für die festgesetzte Vergütung haftet die Wirtschaftsprüferkammer wie ein Bürge.

Sechster Unterabschnitt. Vorläufige Untersagung[3]

§ 121a[4] Voraussetzung des Verfahrens. (1) Sind dringende Gründe für die Annahme vorhanden, dass den betroffenen Berufsangehörigen die Aufrechterhaltung oder Vornahme eines pflichtwidrigen Verhaltens untersagt werden wird, so kann gegen sie durch Beschluss eine vorläufige Untersagung ausgesprochen werden.

(2) Für das weitere Verfahren gelten § 111 Abs. 2 bis § 120a sinngemäß.

---

[1] § 120a Abs. 1 geänd. mWv 1.1.2002 durch G v. 19.12.2000 (BGBl. I S. 1769); Abs. 1 und 2 geänd. mWv 6.9.2007 durch G v. 3.9.2007 (BGBl. I S. 2178).

[2] § 121 neu gef. mWv 17.6.2016 durch G v. 31.3.2016 (BGBl. I S. 518).

[3] 6. Unterabschnitt eingef. mWv 1.1.2004 durch G v. 1.12.2003 (BGBl. I S. 2446).

[4] § 121a eingef. mWv 1.1.2004 durch G v. 1.12.2003 (BGBl. I S. 2446).

Vierter Abschnitt. Kosten des berufsgerichtlichen Verfahrens; Vollstreckung der berufsaufsichtlichen Maßnahmen und der Kosten; Tilgung[1)]

§ 122[2)] **Gerichtskosten.** [1]In gerichtlichen Verfahren nach diesem Gesetz werden Gebühren nach dem Gebührenverzeichnis der Anlage zu diesem Gesetz erhoben. [2]Im Übrigen sind die für Kosten in Strafsachen geltenden Vorschriften des Gerichtskostengesetzes entsprechend anzuwenden.

§ 123.[3)] (weggefallen)

§ 124[4)] **Kostenpflicht.** (1) [1]Berufsangehörigen, die ihren Antrag auf berufsgerichtliche Entscheidung zurücknehmen, deren Antrag auf berufsgerichtliche Entscheidung zurückgewiesen wird oder die in dem berufsgerichtlichen Verfahren verurteilt werden, sind die in dem Verfahren entstandenen Kosten ganz oder teilweise aufzuerlegen. [2]Dasselbe gilt, wenn das berufsgerichtliche Verfahren wegen Erlöschens, Rücknahme oder Widerrufs der Bestellung eingestellt wird und nach dem Ergebnis des bisherigen Verfahrens die Verhängung einer berufsaufsichtlichen Maßnahme gerechtfertigt war; zu den Kosten des berufsgerichtlichen Verfahrens gehören in diesem Fall auch diejenigen, die in einem anschließenden Verfahren zum Zwecke der Beweissicherung (§§ 109 und 110) entstehen. [3]Wird das Verfahren nach § 103 Absatz 3 Nummer 2 eingestellt, kann das Gericht den Berufsangehörigen die in dem Verfahren entstandenen Kosten ganz oder teilweise auferlegen, wenn es dies für angemessen erachtet.

(2) [1]Den Berufsangehörigen, die in dem berufsgerichtlichen Verfahren ein Rechtsmittel zurückgenommen oder ohne Erfolg eingelegt haben, sind die durch dieses Verfahren entstandenen Kosten aufzuerlegen. [2]Hatte das Rechtsmittel teilweise Erfolg, so kann den Berufsangehörigen ein angemessener Teil dieser Kosten auferlegt werden.

(3) Für die Kosten, die durch einen Antrag auf Wiederaufnahme des durch ein rechtskräftiges Urteil abgeschlossenen Verfahrens verursacht worden sind, ist Absatz 2 entsprechend anzuwenden.

(4) [1]Werden Berufsangehörige unter Aufhebung der angefochtenen Entscheidung freigesprochen, so sind die notwendigen Auslagen der Berufsangehörigen der Staatskasse aufzuerlegen. [2]Auslagen, die weder den Berufsangehörigen noch Dritten auferlegt oder die von den Berufsangehörigen nicht eingezogen werden können, fallen der Staatskasse zur Last.

§ 125.[5)] (weggefallen)

---

1) Überschrift 4. Abschn. geänd. mWv 17.6.2016 durch G v. 31.3.2016 (BGBl. I S. 518); geänd. mWv 1.8.2022 durch G v. 7.7.2021 (BGBl. I S. 2363).

2) § 122 neu gef. mWv 17.6.2016 durch G v. 31.3.2016 (BGBl. I S. 518).

3) § 123 aufgeh. mWv 17.6.2016 durch G v. 31.3.2016 (BGBl. I S. 518).

4) § 124 neu gef. mWv 17.6.2016 durch G v. 31.3.2016 (BGBl. I S. 518).

5) § 125 aufgeh. mWv 17.6.2016 durch G v. 31.3.2016 (BGBl. I S. 518).

§ 126[1] Vollstreckung der berufsaufsichtlichen Maßnahmen und der Kosten. (1) Die Ausschließung aus dem Beruf wird mit der Unanfechtbarkeit der Entscheidung über die berufsaufsichtliche Maßnahme wirksam.

(2) [1]Die Vollstreckung einer Geldbuße und eines Tätigkeitsverbots nach § 68 Absatz 1 Satz 2 Nummer 4 sowie die Beitreibung der Kosten werden nicht dadurch gehindert, dass der oder die Berufsangehörige nach rechtskräftigem Abschluss des Verfahrens aus dem Beruf ausgeschieden ist. [2]Werden zusammen mit einer Geldbuße die Kosten des Verfahrens beigetrieben, so gelten auch für die Kosten die Vorschriften über die Vollstreckung der Geldbuße.

§ 126a[2] Tilgung. (1) [1]Eintragungen in den über Berufsangehörige geführten Akten über die in den Sätzen 4 und 5 genannten Maßnahmen und Entscheidungen sind nach Ablauf der dort bestimmten Fristen zu tilgen. [2]Dabei sind die über diese Maßnahmen und Entscheidungen entstandenen Vorgänge aus den Akten zu entfernen und zu vernichten. [3]Die Sätze 1 und 2 gelten sinngemäß, wenn die Akten über Berufsangehörige elektronisch geführt werden. [4]Die Fristen betragen

1. fünf Jahre bei
   a) Rügen,
   b) Belehrungen,
   c) Geldbußen nach § 68 Absatz 1 Satz 2 Nummer 2 bis zu zehntausend Euro,
   d) Feststellungen nach § 68 Absatz 1 Satz 2 Nummer 7,
   e) Entscheidungen in Verfahren wegen der Verletzung von Berufspflichten nach diesem Gesetz, die nicht zu einer Maßnahme nach § 68 Absatz 1 Satz 2 geführt haben,
   f) Entscheidungen und nicht Satz 5 unterfallende Maßnahmen in Verfahren wegen Straftaten oder Ordnungswidrigkeiten oder in berufsaufsichtlichen Verfahren anderer Berufe;
2. zehn Jahre bei Geldbußen nach § 68 Absatz 1 Satz 2 Nummer 2 über zehntausend Euro und Verboten nach § 68 Absatz 1 Satz 2 Nummer 3 und 4;
3. 20 Jahre bei Berufsverboten nach § 68 Absatz 1 Satz 2 Nummer 5 und bei einer Ausschließung aus dem Beruf, nach der eine Wiederbestellung erfolgt ist.

[5]Für Maßnahmen, die in Verfahren wegen Straftaten oder Ordnungswidrigkeiten oder in berufsaufsichtlichen Verfahren anderer Berufe getroffen wurden und bei denen das zugrundeliegende Verhalten zugleich die Berufspflichten nach diesem Gesetz verletzt hat, gelten die für die Tilgung der jeweiligen Maßnahmen geltenden Fristen entsprechend.

---

[1] § 126 neu gef. mWv 17.6.2016 durch G v. 31.3.2016 (BGBl. I S. 518); Überschr. geänd. mWv 1.8.2022 durch G v. 7.7.2021 (BGBl. I S. 2363).

[2] § 126a neu gef. mWv 1.8.2022 durch G v. 7.7.2021 (BGBl. I S. 2363).

(2) [1]Die Frist beginnt mit dem Tag, an dem die Maßnahme oder Entscheidung unanfechtbar geworden ist. [2]Im Fall der Wiederbestellung nach einer Ausschließung beginnt die Frist mit der Wiederbestellung. [3]Nach Fristablauf kann die Entfernung und Vernichtung nach Absatz 1 Satz 2 bis zum Ende des Kalenderjahres aufgeschoben werden.

(3) Die Frist endet mit Ausnahme der Fälle des Absatzes 1 Satz 4 Nummer 1 Buchstabe e und f nicht, solange

1. eine andere Eintragung über eine strafrechtliche Verurteilung, eine Ordnungswidrigkeit oder eine berufsaufsichtliche Maßnahme berücksichtigt werden darf,
2. ein Verfahren anhängig ist, das eine in Nummer 1 bezeichnete Eintragung zur Folge haben kann, oder
3. eine Geldbuße nach § 68 Absatz 1 Satz 2 Nummer 2 noch nicht vollstreckt ist.

(4) Nach Ablauf der Frist gelten Berufsangehörige als von den Maßnahmen oder Entscheidungen nach Absatz 1 nicht betroffen.

Fünfter Abschnitt. Anzuwendende Vorschriften

§ 127[1)] **Anzuwendende Vorschriften.** Für die Berufsgerichtsbarkeit sind ergänzend das Gerichtsverfassungsgesetz und die Strafprozeßordnung sinngemäß anzuwenden.

Siebenter Teil. Vereidigte Buchprüfer und Buchprüfungsgesellschaften[2)]

§ 128[3)] **Berufszugehörigkeit und Berufsbezeichnung.** (1) [1]Vereidigter Buchprüfer ist, wer nach den Vorschriften dieses Gesetzes als solcher anerkannt oder bestellt ist; wird ein vereidigter Buchprüfer zum Wirtschaftsprüfer bestellt, so erlischt die Bestellung als vereidigter Buchprüfer. [2]Buchprüfungsgesellschaften sind die nach den Vorschriften dieses Gesetzes anerkannten Buchprüfungsgesellschaften; wird eine Buchprüfungsgesellschaft als Wirtschaftsprüfungsgesellschaft anerkannt, so erlischt die Anerkennung als Buchprüfungsgesellschaft.

(2) [1]Vereidigte Buchprüfer haben im beruflichen Verkehr die Berufsbezeichnung „vereidigter Buchprüfer", Buchprüfungsgesellschaften die Bezeichnung „Buchprüfungsgesellschaft" zu führen. [2]Frauen können die Berufsbezeichnung „vereidigte Buchprüferin" führen.

(3) [1]Vereidigte Buchprüfer und Buchprüfungsgesellschaften sind Mitglieder der Wirtschaftsprüferkammer. [2]Im übrigen gilt § 58 Abs. 1 entsprechend.

---

1) § 127 geänd. mWv 31.12.2006 durch G v. 22.12.2006 (BGBl. I S. 3416).
2) Bish. 6. Teil wird 7. Teil mWv 1.1.2005 durch G v. 27.12.2004 (BGBl. I S. 3846).
3) § 128 Abs. 2 Satz 2 angef. mWv 1.1.1995 durch G v. 15.7.1994 (BGBl. I S. 1569).

§ 129[1]) Inhalt der Tätigkeit. (1) [1]Vereidigte Buchprüfer haben die berufliche Aufgabe, Prüfungen auf dem Gebiete des betrieblichen Rechnungswesens, insbesondere Buch- und Bilanzprüfungen, durchzuführen. [2]Sie können über das Ergebnis ihrer Prüfungen Prüfungsvermerke erteilen. [3]Zu den Prüfungsvermerken gehören auch Bestätigungen und Feststellungen, die vereidigte Buchprüfer auf Grund gesetzlicher Vorschriften vornehmen. [4]Zu den beruflichen Aufgaben des vereidigten Buchprüfers gehört es insbesondere, die Prüfung des Jahresabschlusses von mittelgroßen Gesellschaften mit beschränkter Haftung und Personenhandelsgesellschaften im Sinne des § 264a des Handelsgesetzbuchs (§ 267 Abs. 2des Handelsgesetzbuchs) nach § 316 Abs. 1 Satz 1 des Handelsgesetzbuchs durchzuführen.

(Fortsetzung nächstes Blatt)

---

1) § 129 Abs. 2 und 3 neu gef. mWv 1.1.1995 durch G v. 15.7.1994 (BGBl. I S. 1569); Abs. 1 Satz 4 geänd. mWv 9.3.2000 durch G v. 24.2.2000 (BGBl. I S. 154).

vor T 1–T 3
Einkommensteuertabellen 2023
Lohnsteuertabellen Juli 2023
Übergangstabellen Solidaritätszuschlag 2023

Die in dieser Sammlung enthaltenen Einkommensteuertabellen wurden nach den in § 32a EStG i. d. F. des Jahressteuergesetzes 2022 vom 16. Dezember 2022 (BGBl. I Seite 2294) vorgegebenen Berechnungsgrundlagen ermittelt. Für die Berechnung der Einkommensteuer kommt der stufenlose Steuertarif zur Anwendung. Zur Anwendung der Tabellen siehe die Vorbemerkungen zu T 1.

Die in dieser Sammlung enthaltenen Lohnsteuertabellen beruhen auf den in § 39b EStG vorgeschriebenen Berechnungsgrundlagen und sind auf Basis des vom BMF am 19.6.2023 bekannt gemachten geänderten Programmablaufplans für die Erstellung von **Lohnsteuertabellen 2023** erstellt worden.

Zur Anwendung der Tabellen siehe die Vorbemerkungen zu T 2.

Hinweis: *Die Zahlen der Tabellen sind nach amtlichen Unterlagen ermittelt. Ihre Wiedergabe erfolgt ohne Gewähr.*

Vorbemerkungen

Die zur manuellen Berechnung der Lohnsteuer erstellten Lohnsteuertabellen wurden auf Basis des gem. § 51 Abs. 4 Nr. 1a EStG vom BMF veröffentlichten geänderten Programmablaufplans für die Erstellung von **Lohnsteuertabellen 2023** vom 19.6.2023 berechnet und sind ab 1.7.2023 verpflichtend anzuwenden. Entgegen der maschinellen Berechnung der Lohnsteuer (sogenannter Formeltarif) kommt zur manuellen Berechnung der Lohnsteuer auch weiterhin der sogenannte **Stufentarif** zur Anwendung. Die Berechnung nach diesem Stufentarif ist auch weiterhin zulässig, es kommt allerdings zu geringfügigen Abweichungen gegenüber der Berechnung nach dem sogenannten Formeltarif, also der elektronischen Berechnung. Beide Berechnungsarten werden von der Finanzverwaltung ausdrücklich gebilligt. Zur genauen Berechnung der Lohnsteuer nach dem Formeltarif benutzen Sie bitte das über den link https://ch.beck.de/lohnsteuerrechner für Sie freigeschaltete online-Berechnungsprogramm.

Die Lohnsteuertabellen 2023 sind aus dem Einkommensteuertarif gem. § 32a EStG abgeleitet und zwar die Steuerbeträge der Steuerklassen I, II und IV aus dem Einkommensteuertarif nach § 32a Abs. 1, die Steuerbeträge der Steuerklasse III aus dem in § 32a Abs. 5 festgelegten Splitting-Verfahren. Die Steuerbeträge der Steuerklassen V und VI sind aus dem Einkommensteuertarif in der Weise abgeleitet worden, dass für das zu versteuernde Einkommen jeweils der Betrag als Jahressteuer ermittelt worden ist (§ 39b Abs. 2 EStG), der sich aus dem Zweifachen des Unterschiedsbetrags zwischen dem Steuerbetrag für das Eineinviertelfache und dem Steuerbetrag für das Dreiviertelfache des abgerundeten zu versteuernden Jahresbetrags nach § 32a Abs. 1 EStG ergibt. Hierdurch wird im Ergebnis unterstellt, dass das nach der Steuerklasse V oder VI zu versteuernde Einkommen 40 v. H. des gesamten zu versteuernden Einkommens beträgt, das gesamte zu versteuernde Einkommen nach dem Einkommensteuer-Splittingtarif zu versteuern ist und bereits 60 v. H. des gesamten zu versteuernden Einkommens entsprechend versteuert werden. Im Übrigen ist besonders vorgeschrieben worden, dass die Steuerbeträge in den Steuerklassen V und VI mindestens 14 v. H. und höchstens 42 v. H. sowie für den 277 826 Euro übersteigenden Teil 45 v. H. des maßgebenden zu versteuernden Jahresbetrags betragen.

Die Beträge des zu versteuernden Einkommens sind durch Hinzurechnung verschiedener Beträge unter Bildung von Steuerklassen in Jahresarbeitslöhne umgerechnet worden (§ 39b Abs. 2 bis 3 EStG). Auf diese Weise sind folgende Beträge in die Jahreslohnsteuertabelle eingearbeitet worden:

- der tarifliche Grundfreibetrag (§ 32a Abs. 1 EStG) von 10908 Euro in den Steuerklassen I, II und IV, von 21816 Euro in der Steuerklasse III,
- der Arbeitnehmer-Pauschbetrag (§ 9a Satz 1 Nr. 1 Buchstabe a EStG) von 1230 Euro oder bei Versorgungsbezügen der Pauschbetrag (§ 9a Satz 1 Nr. 1 Buchstabe b) von 102 Euro in den Steuerklassen I bis V,
- der Sonderausgaben-Pauschbetrag (§ 10c Satz 1 EStG) von 36 Euro in den Steuerklassen I bis V,
- eine Vorsorgepauschale aus den Teilbeträgen
  a) für die RV bei Arbeitnehmern, die in der gesetzlichen RV pflichtversichert oder von der gesetzlichen RV nach § 6 Absatz 1 Nr. 1 SGB VI befreit sind, in den Steuerklassen I bis VI in Höhe des Betrags, der bezogen auf den Arbeitslohn 50 Prozent des Beitrags in der allgemeinen RV unter Berücksichtigung der jeweiligen Beitragsbemessungsgrenzen entspricht. Im Kalenderjahr 2023 ist der so ermittelte Betrag auf 92 v.H. begrenzt (§ 39b Abs. 4 EStG),
  b) für die KV bei Arbeitnehmern, die in der gesetzlichen KV versichert sind, in den Steuerklassen I bis VI in Höhe des Betrags, der bezogen auf den Arbeitslohn unter Berücksichtigung der Beitragsbemessungsgrenzen und den ermäßigten Beitragssatz (§ 243 SGB V) dem Arbeitnehmeranteil eines pflichtversicherten Arbeitnehmers entspricht,
  c) für die PflegeV bei Arbeitnehmern, die in der sozialen PflegeV versichert sind, in den Steuerklassen I bis VI in Höhe des Betrags, der bezogen auf den Arbeitslohn unter Berücksichtigung der Beitragsbemessungsgrenzen und den bundeseinheitlichen Beitragssatz dem Arbeitnehmeranteil eines pflichtversicherten Arbeitnehmers entspricht, erhöht um den Beitragszuschlag des Arbeitnehmers nach § 55 Absatz 3 SGB XI (Beitragszuschlag für Kinderlose), wenn die Voraussetzungen dafür vorliegen, der Abschlag in der zweiten Jahreshälfte 2023 ab dem zweiten bis zum fünften Kind bleibt unberücksichtigt,
  d) für die KV und für die private Pflege-PflichtV bei Arbeitnehmern, die nicht unter Buchstabe b und c fallen, in den Steuerklassen I bis V in Höhe der dem Arbeitgeber mitgeteilten Beiträge im Sinne des § 10 Absatz 1 Nummer 3 EStG, etwaig vervielfältigt unter sinngemäßer Anwendung von Satz 2 auf einen Jahresbetrag, vermindert um den Betrag, der bezogen auf den Arbeitslohn unter Berücksichtigung der Beitragsbemessungsgrenzen und den ermäßigten Beitragssatz in der gesetzlichen KV sowie den bundeseinheitlichen Beitragssatz in der sozialen PflegeV dem Arbeitgeberanteil für einen pflichtversicherten Arbeitnehmer entspricht, wenn

der Arbeitgeber gesetzlich verpflichtet ist, Zuschüsse zu den KV- und PflegeV-Beiträgen des Arbeitnehmers zu leisten;

– Entschädigungen im Sinne des § 24 Nummer 1 EStG sind bei Anwendung der Buchstaben a bis c nicht zu berücksichtigen; mindestens ist für die Summe der Teilbeträge nach den Buchstaben b und c oder für den Teilbetrag nach Buchstabe d ein Betrag in Höhe von 12 Prozent des Arbeitslohns, höchstens 1900 Euro in den Steuerklassen I, II, IV, V, VI und höchstens 3000 Euro in der Steuerklasse III anzusetzen,
– der Entlastungsbetrag für Alleinerziehende (§ 24b EStG) von 4260 Euro in der Steuerklasse II, der sich für jedes weitere Kind um 240 Euro erhöht.

Die **Monatslohnsteuertabellen,** die **Wochenlohnsteuertabellen** und die **Tageslohnsteuertabellen** sind nach § 39b Abs. 2 EStG aus den Jahreslohnsteuertabellen abgeleitet worden. Dabei sind die Anfangsbeträge der Arbeitslohnstufen und die Lohnsteuerbeträge für die Monatslohnsteuertabelle mit einem Zwölftel, für die Wochenlohnsteuertabelle mit $^{7}/_{360}$ und für die Tageslohnsteuertabelle mit $^{1}/_{360}$ der Jahresbeträge angesetzt worden. Für Lohnzahlungszeiträume, für die keine Lohnsteuertabellen bestehen, ist die Lohnsteuer aus den mit der Zahl der Kalendertage oder Wochen dieser Zeiträume vervielfachten Beträgen der maßgebenden Tageslohnsteuertabelle oder Wochenlohnsteuertabelle zu ermitteln.

Vor Ermittlung der Lohnsteuer aus der maßgebenden Lohnsteuertabelle hat der Arbeitgeber ggf. den auf den Lohnzahlungszeitraum entfallenden Anteil des **Versorgungs-Freibetrags** und des **Zuschlags zum Versorgungs-Freibetrag** (§ 19 Abs. 2 EStG) oder des **Altersentlastungsbetrags** (§ 24a EStG) und einen etwaigen als Lohnsteuerabzugsmerkmal für den Lohnzahlungszeitraum mitgeteilten Freibetrag (§ 39a Abs. 1 EStG) des Arbeitnehmers **vom Arbeitslohn abzuziehen** oder um einen etwaigen **Hinzurechnungsbetrag** (§ 39a Abs. 1 Nr. 7 EStG) zu erhöhen. Dabei ist der Versorgungs-Freibetrag mit 13,6 v. H. der Versorgungsbezüge, höchstens mit monatlich 85 Euro, wöchentlich 19,83 Euro und täglich 2,83 Euro zu berücksichtigen. Der Zuschlag zum Versorgungs-Freibetrag ist höchstens mit monatlich 25,50 Euro, wöchentlich 5,95 Euro und täglich mit 0,85 Euro anzusetzen. Der Altersentlastungsbetrag ist mit 13,6 v. H. des Arbeitslohns ohne etwaige Versorgungsbezüge, höchstens mit monatlich 53,83 Euro, wöchentlich 12,56 Euro und täglich 1,79 Euro zu berücksichtigen.

Die **besonderen Lohnsteuertabellen** gelten **für Arbeitnehmer, die** in der gesetzlichen Rentenversicherung **nicht versicherungspflichtig** sind, wie Beamte, Richter, Berufssoldaten, Arbeitnehmer der Sozialversicherungsträger und Geistliche der öffentlich-rechtlichen Religionsgemeinschaften, Bezieher von Ruhegehältern u. dgl. Für diesen Personenkreis sowie **Arbeitnehmer,** die **privat kranken- und pflegeversichert** sind (Lohnsteuerberechnung nach der allgemeinen Lohnsteuertabelle), kann die Lohnsteuer nicht mehr direkt aus den Lohnsteuertabellen entnommen werden, sondern es muss zunächst eine Zwischenrechnung vorgenommen werden. Dabei werden die nachgewiesenen Basiskranken- und Pflegeversicherungsbeiträge des Arbeitnehmers um die nach den Lohnsteuertabellen für den tatsächlichen Bruttojahresarbeitslohn berücksichtigte Mindestvorsorgepauschale (BVSP) gemindert. Von dem verbleibenden Betrag ist der typisierte Arbeitgeberzuschuss (TAGZ) zur Kranken- und Pflegeversicherung abzuziehen, wenn der Arbeitgeber verpflichtet ist, einen Zuschuss zur Kranken- und Pflegeversicherung zu zahlen. Der so ermittelte Wert ist von dem maßgeblichen Bruttoarbeitslohn abzuziehen. Die Lohnsteuer ist für den geminderten Bruttoarbeitslohn in der Tabelle abzulesen. Für diese Nebenrechnung weisen die allgemeinen und besonderen Lohnsteuertabellen für privat versicherte Arbeitnehmer den typisierten Arbeitgeberzuschuss (TAGZ) und die Mindestvorsorgepauschale (BVSP) für die Basiskranken- und Pflegepflichtversicherungsbeiträge aus.

Berechnungsbeispiele

Beispiel 1: Allgemeine Lohnsteuertabelle, private KV und PflegeV

Ein Arbeitnehmer in der Steuerklasse III (keine Kinder, Beitragsbemessungsgrenze West) erhält einen Bruttojahresarbeitslohn von 75 000 Euro. Er ist in der gesetzlichen Rentenversicherung pflichtversichert und **privat kranken- und pflegeversichert.** Seine nachgewiesenen Basiskranken- und Pflegepflichtversicherungsbeiträge betragen 12 000 Euro im Jahr. Dazu erhält er einen Zuschuss von seinem Arbeitgeber.

Die Lohnsteuer nach der **allgemeinen Lohnsteuertabelle** beträgt 9736 Euro im Jahr, dabei ist durch die Berücksichtigung der Vorsorgepauschale ein Aufwand für eine Basiskranken- und Pflegepflichtversicherung von 5633 Euro berücksichtigt, der typisierte Arbeitgeberzuschuss beträgt in 2023 ebenfalls 5633 Euro. Um die nachgewiesenen Basiskranken- und Pflegepflichtversicherungsbeiträge zu berücksichtigen, sind in einer Nebenrechnung diese Beiträge um den nach der allgemeinen Lohnsteuertabelle berücksichtigten Aufwand für die gesetzliche Kranken- und soziale Pflegeversicherung und den typisierten Arbeitgeberzuschuss zu mindern. Es verbleiben (12 000 Euro – 5633 Euro – 5633 Euro =) 734 Euro, die den Bruttojahresarbeitslohn mindern. In diesem Fall ist die Lohnsteuer bei einem Bruttojahresarbeitslohn von (75 000 Euro – 734 Euro =) 74 266 Euro abzulesen. Die Lohnsteuer beträgt in der Steuerklasse III 9520 Euro.

Beispiel 2: Besondere Lohnsteuertabelle, rentenversicherungsfrei und private KV und PflegeV

Ein **Beamter** in der Steuerklasse I ohne Kinder erhält einen Jahresarbeitslohn von 15 000 Euro. Seine nachgewiesenen Basiskranken- und

Pflegepflichtversicherungsbeiträge betragen 2400 Euro im Jahr. Er erhält keinen Zuschuss von seinem Arbeitgeber.

Die Lohnsteuer nach der besonderen Lohnsteuertabelle beträgt 155 Euro im Jahr; dabei ist durch die Berücksichtigung der Mindestvorsorgepauschale bereits ein Aufwand von 1801 Euro berücksichtigt. Um die nachgewiesenen Basiskranken- und Pflege-Pflichtversicherungsbeiträge zu berücksichtigen, sind in einer Nebenrechnung diese Beiträge um die nach der besonderen Lohnsteuertabelle berücksichtigte Mindestvorsorgepauschale zu mindern. Es verbleiben (2400 Euro - 1801 Euro =) 599 Euro, die den Jahresarbeitslohn mindern. In diesem Fall ist die Lohnsteuer bei einem Jahresarbeitslohn von (15 000 Euro – 599 Euro =) 14 401 Euro abzulesen. Die Lohnsteuer beträgt in der Steuerklasse I 76 Euro.

Für Fälle, in denen die Lohnsteuertabellen keine Möglichkeit zur Berechnung anbieten, wird auf das über den link https://ch.beck.de/lohnsteuerrechner für Sie freigeschaltete online-Berechnungsprogramm verwiesen.

Für die Ermittlung der Lohnsteuer sind die Lohnsteuerabzugsmerkmale des Arbeitnehmers maßgebend. Nach § 39 Abs. 4 EStG sind dies

1. Steuerklasse (§ 38b Absatz 1) und Faktor (§ 39f EStG),
2. Zahl der Kinderfreibeträge bei den Steuerklassen I bis IV (§ 38b Absatz 2 EStG),
3. Freibetrag und Hinzurechnungsbetrag (§ 39a EStG),
4. Höhe der Beiträge für eine private Krankenversicherung und für eine private Pflege-Pflichtversicherung (§ 39b Absatz 2 Satz 5 Nummer 3 Buchstabe d EStG) für die Dauer von zwölf Monaten, wenn der Arbeitnehmer dies beantragt,
5. Mitteilung, dass der von einem Arbeitgeber gezahlte Arbeitslohn nach einem Abkommen zur Vermeidung der Doppelbesteuerung von der Lohnsteuer freizustellen ist, wenn der Arbeitnehmer oder der Arbeitgeber dies beantragt.

Die Einreihung der Arbeitnehmer in die verschiedenen Steuerklassen ergibt sich aus § 38b EStG. In die Steuerklasse I gehören Arbeitnehmer, die unbeschränkt einkommensteuerpflichtig und ledig sind, verheiratet, verwitwet oder geschieden sind und bei denen die Voraussetzungen für die Steuerklasse III oder IV nicht erfüllt sind oder beschränkt einkommensteuerpflichtig sind. **Ehegatten,** die unbeschränkt steuerpflichtig sind, nicht dauernd getrennt leben und beide Arbeitslohn beziehen, können **wählen,** ob sie beide nach der Steuerklasse IV oder ob einer der Ehegatten nach Steuerklasse III und der andere Ehegatte nach Steuerklasse V besteuert werden sollen. Anstelle der Steuerklassenkombination III/V kann auch das **Faktorverfahren** (§ 39f EStG) bei Ehegatten angewendet werden. Bei Ehegatten, die in die Steuerklasse IV gehören (§ 38b Abs. 1

Satz 2 Nr. 4 EStG), kann auf Antrag beider Ehegatten anstelle der Steuerklassenkombination III/V als Lohnsteuerabzugsmerkmal jeweils die Steuerklasse IV in Verbindung mit einem Faktor zur Ermittlung der Lohnsteuer berücksichtigt werden, wenn der Faktor kleiner als 1 ist. Der Faktor ist Y : X und vom Finanzamt mit drei Nachkommastellen ohne Rundung zu berechnen. „Y" ist die voraussichtliche Einkommensteuer für beide Ehegatten nach dem Splittingverfahren (§ 32a Abs. 5 EStG) unter Berücksichtigung der in § 39b Abs. 2 EStG genannten Abzugsbeträge. „X" ist die Summe der voraussichtlichen Lohnsteuer bei Anwendung der Steuerklasse IV für jeden Ehegatten. In die Bemessungsgrundlage für Y werden jeweils neben den Jahresarbeitslöhnen der ersten Dienstverhältnisse zusätzlich nur Beträge einbezogen, die nach § 39a Abs. 1 Satz 1 Nr. 1 bis 6 EStG als Freibetrag ermittelt und als Lohnsteuerabzugsmerkmal gebildet werden könnten; Freibeträge werden neben dem Faktor nicht als Lohnsteuerabzugsmerkmal gebildet. In den Fällen des § 39a Abs. 1 Satz 1 Nr. 7 EStG sind bei der Ermittlung von Y und X die Hinzurechnungsbeträge zu berücksichtigen; die Hinzurechnungsbeträge sind zusätzlich als Lohnsteuerabzugsmerkmal für das erste Dienstverhältnis zu bilden. Arbeitslöhne aus zweiten und weiteren Dienstverhältnissen (Steuerklasse VI) sind im Faktorverfahren nicht zu berücksichtigen.

Für die Einbehaltung der Lohnsteuer vom Arbeitslohn hat der Arbeitgeber Steuerklasse IV und den Faktor anzuwenden.

Bei Anwendung des Faktorverfahrens ist zwingend eine Veranlagung durchzuführen (§ 46 Abs. 2 Nr. 3a EStG), ebenso bei Vorliegen anderer Einkünfte von mehr als 410 Euro (§ 46 Abs. 2 EStG).

Die für die Ehegatten günstigste Steuerklassenkombination hängt in erster Linie von der Höhe ihrer Arbeitslöhne, vom Verhältnis dieser Arbeitslöhne zueinander und von der Inanspruchnahme eines etwaigen Freibetrags und seiner Verteilung auf die Ehegatten ab. Bei der Steuerklassenkombination III/V kann die einbehaltene Lohnsteuer im Verhältnis zur Jahressteuerschuld zu gering sein, wenn das gemeinsam zu versteuernde Einkommen der Ehegatten der progressiven Besteuerung unterliegt. Daher müssen Ehegatten, die die Steuerklassen III/V gewählt haben, in jedem Fall zur Einkommensteuer veranlagt werden.
Bei **erweiterter unbeschränkter Steuerpflicht** erhalten die Arbeitnehmer auf Antrag vom Betriebsstättenfinanzamt eine Abzugsbescheinigung und einen etwa in Betracht kommenden Freibetrag (§ 39a Abs. 1 EStG). Erweitert unbeschränkt steuerpflichtig sind zum einen deutsche Staatsangehörige, die nicht im Inland wohnen und zu einer inländischen juristischen Person des öffentlichen Rechts in einem Dienstverhältnis stehen und dafür Arbeitslohn aus einer inländischen öffentlichen Kasse beziehen sowie bestimmte zu ihrem Haushalt gehörende Angehörige (§ 1 Abs. 2 EStG). Zum anderen können auf Antrag

auch andere Staatsangehörige, die nicht im Inland wohnen, als unbeschränkt steuerpflichtig behandelt werden, soweit sie inländische Einkünfte haben, die mindestens zu 90 v. H. der deutschen Einkommensteuer unterliegen oder wenn die nicht der deutschen Einkommensteuer unterliegenden Einkünfte nicht mehr als 9744 Euro betragen, wobei eine Kürzung dieses Betrages nach den Verhältnissen des Wohnsitzstaates in Betracht kommt (§ 1 Abs. 3 EStG).

Neben der allgemeinen und besonderen Lohnsteuertabelle, die der Ermittlung der vom Arbeitgeber einzubehaltenden und abzuführenden Lohnsteuer dient, ohne dass hierbei Kinderfreibeträge zu berücksichtigen sind, besteht noch eine **Lohnsteuertabelle, in der die Kinderfreibeträge eingearbeitet** sind. Sie dient aber im Rahmen des laufenden Lohnsteuerabzugs nur dazu, die Lohnsteuer zu ermitteln, die die Bemessungsgrundlage für die sog. **Annexsteuern** darstellt (§ 51a Abs. 2a EStG), das sind die Kirchensteuer und der Solidaritätszuschlag. Ist für den Arbeitnehmer die Berücksichtigung von Freibeträgen für Kinder nach § 32 EStG günstiger als das Kindergeld, wird dies bei der Einkommensteuerveranlagung berücksichtigt und entsprechend verrechnet (§ 31 EStG).

Lohnsteuerklassen nach § 38b EStG:

(1) Für die Durchführung des Lohnsteuerabzugs werden Arbeitnehmer in Steuerklassen eingereiht. Dabei gilt Folgendes:

1. In die Steuerklasse I gehören Arbeitnehmer, die
   a) unbeschränkt einkommensteuerpflichtig und
      aa) ledig sind,
      bb) verheiratet, verwitwet oder geschieden sind und bei denen die Voraussetzungen für die Steuerklasse III oder IV nicht erfüllt sind; oder
   b) beschränkt einkommensteuerpflichtig sind;
2. in die Steuerklasse II gehören die unter Nummer 1 Buchstabe a bezeichneten Arbeitnehmer, wenn bei ihnen der Entlastungsbetrag für Alleinerziehende (§ 24b EStG) zu berücksichtigen ist;
3. in die Steuerklasse III gehören Arbeitnehmer,
   a) die verheiratet sind, wenn beide Ehegatten unbeschränkt einkommensteuerpflichtig sind und nicht dauernd getrennt leben und der Ehegatte des Arbeitnehmers auf Antrag beider Ehegatten in die Steuerklasse V eingereiht wird,
   b) die verwitwet sind, wenn sie und ihr verstorbener Ehegatte im Zeitpunkt seines Todes unbeschränkt einkommensteuerpflichtig waren und in diesem Zeitpunkt nicht dauernd getrennt gelebt haben, für das Kalenderjahr, das dem Kalenderjahr folgt, in dem der Ehegatte verstorben ist,

c) deren Ehe aufgelöst worden ist, wenn
   aa) im Kalenderjahr der Auflösung der Ehe beide Ehegatten unbeschränkt einkommensteuerpflichtig waren und nicht dauernd getrennt gelebt haben und
   bb) der andere Ehegatte wieder geheiratet hat, von seinem neuen Ehegatten nicht dauernd getrennt lebt und er und sein neuer Ehegatte unbeschränkt einkommensteuerpflichtig sind,

   für das Kalenderjahr, in dem die Ehe aufgelöst worden ist;

4. in die Steuerklasse IV gehören Arbeitnehmer, die verheiratet sind, wenn beide Ehegatten unbeschränkt einkommensteuerpflichtig sind und nicht dauernd getrennt leben; dies gilt auch, wenn einer der Ehegatten keinen Arbeitslohn bezieht und kein Antrag nach Nummer 3 Buchstabe a gestellt worden ist;
5. in die Steuerklasse V gehören die unter Nummer 4 bezeichneten Arbeitnehmer, wenn der Ehegatte des Arbeitnehmers auf Antrag beider Ehegatten in die Steuerklasse III eingereiht wird;
6. die Steuerklasse VI gilt bei Arbeitnehmern, die nebeneinander von mehreren Arbeitgebern Arbeitslohn beziehen, für die Einbehaltung der Lohnsteuer vom Arbeitslohn aus dem zweiten und einem weiteren Dienstverhältnis sowie in den Fällen des § 39c EStG.

Als unbeschränkt einkommensteuerpflichtig im Sinne der Nummern 3 und 4 gelten nur Personen, die die Voraussetzungen des § 1 Absatz 1 oder 2 oder des § 1a erfüllen.

(2) Für ein minderjähriges und nach § 1 Absatz 1 unbeschränkt einkommensteuerpflichtiges Kind im Sinne des § 32 Absatz 1 Nummer 1 und Absatz 3 werden bei der Anwendung der Steuerklassen I bis IV die Kinderfreibeträge als Lohnsteuerabzugsmerkmal nach § 39 Absatz 1 wie folgt berücksichtigt:

1. mit Zähler 0,5, wenn dem Arbeitnehmer der Kinderfreibetrag nach § 32 Absatz 6 Satz 1 zusteht, oder
2. mit Zähler 1, wenn dem Arbeitnehmer der Kinderfreibetrag zusteht, weil
   a) die Voraussetzungen des § 32 Absatz 6 Satz 2 vorliegen oder
   b) der andere Elternteil vor dem Beginn des Kalenderjahres verstorben ist oder
   c) der Arbeitnehmer allein das Kind angenommen hat.

Soweit dem Arbeitnehmer Kinderfreibeträge nach § 32 Absatz 1 bis 6 zustehen, die nicht nach Satz 1 berücksichtigt werden, ist die Zahl der Kinderfreibeträge auf Antrag vorbehaltlich des § 39a Absatz 1 Nummer 6 zu Grunde zu legen. In den Fällen des Satzes 2 können die Kinderfreibeträge für mehrere Jahre gelten, wenn nach den tatsächlichen Verhältnissen zu erwarten ist, dass die Voraussetzungen bestehen bleiben. Bei Anwendung der Steuerklassen III und IV sind auch Kinder des Ehegatten bei der Zahl der Kinderfreibeträge zu berücksichtigen. Der Antrag kann nur nach amtlich vorgeschriebenem Vordruck gestellt werden.

(3) Auf Antrag des Arbeitnehmers kann abweichend von Absatz 1 oder 2 eine für ihn ungünstigere Steuerklasse oder geringere Zahl der Kinderfreibeträge als Lohnsteuerabzugsmerkmal gebildet werden. Der Wechsel von der Steuerklasse III oder V in die Steuerklasse IV ist auch auf Antrag nur eines Ehegatten möglich mit der Folge, dass beide Ehegatten in die Steuerklasse IV eingereiht werden. Diese Anträge sind nach amtlich vorgeschriebenem Vordruck zu stellen und vom Antragsteller eigenhändig zu unterschreiben.

Eine elektronische **Lohnsteuerbescheinigung** hat der Arbeitgeber bei Abschluss des Lohnkontos, d. h. bei Beendigung des Dienstverhältnisses oder am Ende des Kalenderjahres auszustellen (§ 41b Abs. 1 EStG). Arbeitgeber ohne maschinelle Lohnabrechnung, die ausschließlich Arbeitnehmer im Rahmen einer geringfügigen Beschäftigung in ihrem Privathaushalt beschäftigen und keine elektronische Lohnsteuerbescheinigung erteilen können, haben eine entsprechende Lohnsteuerbescheinigung nach amtlich vorgeschriebenem Muster auszustellen (§ 41b Abs. 3 EStG).

Erhebung des Solidaritätszuschlags

Gem. § 3 Abs. 4 SolZG ist der Solidaritätszuschlag in Höhe von 5,5 % beim Abzug vom **laufenden** Arbeitslohn nur zu erheben, wenn die Bemessungsgrundlage (Lohnsteuer) im jeweiligen Lohnzahlungszeitraum

1. bei monatlicher Lohnzahlung
   a) in der Steuerklasse III mehr als 2923,83 Euro und
   b) in den Steuerklassen I, II, IV bis VI mehr als 1461,92 Euro,
2. bei wöchentlicher Lohnzahlung
   a) in der Steuerklasse III mehr als 682,23 Euro und
   b) in den Steuerklassen I, II, IV bis VI mehr als 341,11 Euro,
3. bei täglicher Lohnzahlung
   a) in der Steuerklasse III mehr als 97,46 Euro und
   b) in den Steuerklassen I, II, IV bis VI mehr als 48,73 Euro beträgt.

Beim Lohnsteuer-Jahresausgleich ist der Solidaritätszuschlag nur zu ermitteln, wenn die Bemessungsgrundlage in Steuerklasse III mehr als 35 086 Euro und in den Steuerklassen I, II oder IV mehr als 17 543 Euro beträgt.

Der Solidaritätszuschlag beträgt darüber hinaus nicht mehr als 11,9 v. H. des Unterschiedsbetrags zwischen der Bemessungsgrundlage und den o. g. Freigrenzen. Dieser „Übergangswert" ist den einzelnen Tabellen jeweils vorangestellten „Übergangstabellen Solidaritätszuschlag" zu entnehmen, wobei diese auf **„Sonstige Bezüge"** nicht anzuwenden sind.

Berechnungsprogramm 2023

Grundlage des vorliegenden Programms ist der vom Bundesministerium der Finanzen bekannt gemachte Euro-Programmablaufplan für die maschinelle Berechnung der vom Arbeitslohn einzubehaltenen Lohnsteuer, des Solidaritätszuschlages und der Maßstabsteuer für die Kirchenlohnsteuer 2023 vom 19.6.2023.

Für die maschinelle Berechnung der Lohn- und Einkommensteuer kommt der *stufenlose* Steuertarif (sog. Formeltarif) zur Anwendung, mit dem die Lohn- und Einkommensteuer exakt für den sich bei der Lohnsteuerberechnung bzw. Steuerveranlagung ergebenden Einzelwert berechnet wird.

Das Berechnungsprogramm (Lohnsteuerrechner 2023) mit ausführlicher Programmanleitung erreichen Sie über den für Sie freigeschalteten link https://ch.beck.de/lohnsteuerrechner

Solidaritätszuschlag beim Lohnsteuer-Jahresausgleich durch den Arbeitgeber*

Steuerklasse III		Steuerklasse III		Steuerklasse III		Steuerklasse III	
Maßstabs-lohnsteuer €	Solidaritäts-zuschlag €	Maßstabs-lohnsteuer €	Solidaritäts-zuschlag €	Maßstabs-lohnsteuer €	Solidaritäts-zuschlag €	Maßstabs-lohnsteuer €	Solidaritäts-zuschlag €
35076,00	0,00	35968,00	104,95	36860,00	211,10	37752,00	317,25
35092,00	0,71	35984,00	106,86	36876,00	213,01	37768,00	319,15
35106,00	2,38	35998,00	108,52	36890,00	214,67	37782,00	320,82
35122,00	4,28	36014,00	110,43	36906,00	216,58	37798,00	322,72
35136,00	5,95	36028,00	112,09	36922,00	218,48	37814,00	324,63
35152,00	7,85	36044,00	114,00	36936,00	220,15	37828,00	326,29
35168,00	9,75	36060,00	115,90	36952,00	222,05	37844,00	328,20
35182,00	11,42	36074,00	117,57	36966,00	223,72	37858,00	329,86
35198,00	13,32	36090,00	119,47	36982,00	225,62	37874,00	331,77
35212,00	14,99	36104,00	121,14	36996,00	227,29	37888,00	333,43
35228,00	16,89	36120,00	123,04	37012,00	229,19	37904,00	335,34
35242,00	18,56	36134,00	124,71	37026,00	230,86	37918,00	337,00
35258,00	20,46	36150,00	126,61	37042,00	232,76	37934,00	338,91
35272,00	22,13	36166,00	128,52	37058,00	234,66	37950,00	340,81
35288,00	24,03	36180,00	130,18	37072,00	236,33	37964,00	342,48
35304,00	25,94	36196,00	132,09	37088,00	238,23	37980,00	344,38
35318,00	27,60	36210,00	133,75	37102,00	239,90	37994,00	346,05
35334,00	29,51	36226,00	135,66	37118,00	241,80	38010,00	347,95
35348,00	31,17	36240,00	137,32	37132,00	243,47	38024,00	349,62
35364,00	33,08	36256,00	139,23	37148,00	245,37	38040,00	351,52
35378,00	34,74	36270,00	140,89	37162,00	247,04	38056,00	353,43
35394,00	36,65	36286,00	142,80	37178,00	248,94	38070,00	355,09
35410,00	38,55	36302,00	144,70	37194,00	250,85	38086,00	357,00
35424,00	40,22	36316,00	146,37	37208,00	252,51	38100,00	358,66
35440,00	42,12	36332,00	148,27	37224,00	254,42	38116,00	360,57
35454,00	43,79	36346,00	149,94	37238,00	256,08	38130,00	362,23
35470,00	45,69	36362,00	151,84	37254,00	257,99	38146,00	364,14
35484,00	47,36	36376,00	153,51	37268,00	259,65	38160,00	365,80
35500,00	49,26	36392,00	155,41	37284,00	261,56	38176,00	367,71
35514,00	50,93	36406,00	157,08	37300,00	263,46	38192,00	369,61
35530,00	52,83	36422,00	158,98	37314,00	265,13	38206,00	371,28
35546,00	54,74	36438,00	160,88	37330,00	267,03	38222,00	373,18
35560,00	56,40	36452,00	162,55	37344,00	268,70	38236,00	374,85
35576,00	58,31	36468,00	164,45	37360,00	270,60	38252,00	376,75
35590,00	59,97	36482,00	166,12	37374,00	272,27	38266,00	378,42
35606,00	61,88	36498,00	168,02	37390,00	274,17	38282,00	380,32
35620,00	63,54	36512,00	169,69	37404,00	275,84	38296,00	381,99
35636,00	65,45	36528,00	171,59	37420,00	277,74	38312,00	383,89
35650,00	67,11	36544,00	173,50	37436,00	279,65	38328,00	385,79
35666,00	69,02	36558,00	175,16	37450,00	281,31	38342,00	387,46
35682,00	70,92	36574,00	177,07	37466,00	283,22	38358,00	389,36
35696,00	72,59	36588,00	178,73	37480,00	284,88	38372,00	391,03
35712,00	74,49	36604,00	180,64	37496,00	286,79	38388,00	392,93
35726,00	76,16	36618,00	182,30	37510,00	288,45	38402,00	394,60
35742,00	78,06	36634,00	184,21	37526,00	290,36	38418,00	396,50
35756,00	79,73	36648,00	185,87	37540,00	292,02	38434,00	398,41
35772,00	81,63	36664,00	187,78	37556,00	293,93	38448,00	400,07
35788,00	83,53	36680,00	189,68	37572,00	295,83	38464,00	401,98
35802,00	85,20	36694,00	191,35	37586,00	297,50	38478,00	403,64
35818,00	87,10	36710,00	193,25	37602,00	299,40	38494,00	405,55
35832,00	88,77	36724,00	194,92	37616,00	301,07	38508,00	407,21
35848,00	90,67	36740,00	196,82	37632,00	302,97	38524,00	409,12
35862,00	92,34	36754,00	198,49	37646,00	304,64	38538,00	410,78
35878,00	94,24	36770,00	200,39	37662,00	306,54	38554,00	412,69
35892,00	95,91	36784,00	202,06	37678,00	308,44	38570,00	414,59
35908,00	97,81	36800,00	203,96	37692,00	310,11	38584,00	416,26
35924,00	99,72	36816,00	205,87	37708,00	312,01	38600,00	418,16
35938,00	101,38	36830,00	207,53	37722,00	313,68	38614,00	419,83
35954,00	103,29	36846,00	209,44	37738,00	315,58	38630,00	421,73

* Nur anzuwenden bei Lohnsteuer-Jahresausgleich durch den Arbeitgeber.

Steuerklasse III		Steuerklasse III		Steuerklasse III		Steuerklasse III	
Maßstabs-lohnsteuer €	Solidaritäts-zuschlag €	Maßstabs-lohnsteuer €	Solidaritäts-zuschlag €	Maßstabs-lohnsteuer €	Solidaritäts-zuschlag €	Maßstabs-lohnsteuer €	Solidaritäts-zuschlag €
38644,00	423,40	39672,00	545,73	40702,00	668,30	41730,00	790,63
38660,00	425,30	39688,00	547,63	40716,00	669,97	41744,00	792,30
38674,00	426,97	39704,00	549,54	40732,00	671,87	41760,00	794,20
38690,00	428,87	39718,00	551,20	40746,00	673,54	41774,00	795,87
38706,00	430,78	39734,00	553,11	40762,00	675,44	41790,00	797,77
38720,00	432,44	39748,00	554,77	40776,00	677,11	41804,00	799,44
38736,00	434,35	39764,00	556,68	40792,00	679,01	41820,00	801,34
38750,00	436,01	39778,00	558,34	40806,00	680,68	41836,00	803,25
38766,00	437,92	39794,00	560,25	40822,00	682,58	41850,00	804,91
38780,00	439,58	39808,00	561,91	40838,00	684,48	41866,00	806,82
38796,00	441,49	39824,00	563,82	40852,00	686,15	41880,00	808,48
38812,00	443,39	39840,00	565,72	40868,00	688,05	41896,00	810,39
38826,00	445,06	39854,00	567,39	40882,00	689,72	41910,00	812,05
38842,00	446,96	39870,00	569,29	40898,00	691,62	41926,00	813,96
38856,00	448,63	39884,00	570,96	40912,00	693,29	41940,00	815,62
38872,00	450,53	39900,00	572,86	40928,00	695,19	41956,00	817,53
38886,00	452,20	39914,00	574,53	40942,00	696,86	41972,00	819,43
38902,00	454,10	39930,00	576,43	40958,00	698,76	41986,00	821,10
38916,00	455,77	39946,00	578,34	40974,00	700,67	42002,00	823,00
38932,00	457,67	39960,00	580,00	40988,00	702,33	42016,00	824,67
38948,00	459,57	39976,00	581,91	41004,00	704,24	42032,00	826,57
38962,00	461,24	39990,00	583,57	41018,00	705,90	42046,00	828,24
38978,00	463,14	40006,00	585,48	41034,00	707,81	42062,00	830,14
38992,00	464,81	40020,00	587,14	41048,00	709,47	42076,00	831,81
39008,00	466,71	40036,00	589,05	41064,00	711,38	42092,00	833,71
39022,00	468,38	40050,00	590,71	41080,00	713,28	42108,00	835,61
39038,00	470,28	40066,00	592,62	41094,00	714,95	42122,00	837,28
39052,00	471,95	40082,00	594,52	41110,00	716,85	42138,00	839,18
39068,00	473,85	40096,00	596,19	41124,00	718,52	42152,00	840,85
39084,00	475,76	40112,00	598,09	41140,00	720,42	42168,00	842,75
39098,00	477,42	40126,00	599,76	41154,00	722,09	42182,00	844,42
39114,00	479,33	40142,00	601,66	41170,00	723,99	42198,00	846,32
39128,00	480,99	40156,00	603,33	41184,00	725,66	42214,00	848,23
39144,00	482,90	40172,00	605,23	41200,00	727,56	42228,00	849,89
39158,00	484,56	40186,00	606,90	41216,00	729,47	42244,00	851,80
39174,00	486,47	40202,00	608,80	41230,00	731,13	42258,00	853,46
39190,00	488,37	40218,00	610,70	41246,00	733,04	42274,00	855,37
39204,00	490,04	40232,00	612,37	41260,00	734,70	42288,00	857,03
39220,00	491,94	40248,00	614,27	41276,00	736,61	42304,00	858,94
39234,00	493,61	40262,00	615,94	41290,00	738,27	42318,00	860,60
39250,00	495,51	40278,00	617,84	41306,00	740,18	42334,00	862,51
39264,00	497,18	40292,00	619,51	41320,00	741,84	42350,00	864,41
39280,00	499,08	40308,00	621,41	41336,00	743,75	42364,00	866,08
39294,00	500,75	40324,00	623,32	41352,00	745,65	42380,00	867,98
39310,00	502,65	40338,00	624,98	41366,00	747,32	42394,00	869,65
39326,00	504,56	40354,00	626,89	41382,00	749,22	42410,00	871,55
39340,00	506,22	40368,00	628,55	41396,00	750,89	42424,00	873,22
39356,00	508,13	40384,00	630,46	41412,00	752,79	42440,00	875,12
39370,00	509,79	40398,00	632,12	41426,00	754,46	42454,00	876,79
39386,00	511,70	40414,00	634,03	41442,00	756,36	42470,00	878,69
39400,00	513,36	40428,00	635,69	41458,00	758,26	42486,00	880,60
39416,00	515,27	40444,00	637,60	41472,00	759,93	42500,00	882,26
39430,00	516,93	40460,00	639,50	41488,00	761,83	42516,00	884,17
39446,00	518,84	40474,00	641,17	41502,00	763,50	42530,00	885,83
39462,00	520,74	40490,00	643,07	41518,00	765,40	42546,00	887,74
39476,00	522,41	40504,00	644,74	41532,00	767,07	42560,00	889,40
39492,00	524,31	40520,00	646,64	41548,00	768,97	42576,00	891,31
39506,00	525,98	40534,00	648,31	41562,00	770,64	42592,00	893,21
39522,00	527,88	40550,00	650,21	41578,00	772,54	42606,00	894,88
39536,00	529,55	40564,00	651,88	41594,00	774,45	42622,00	896,78
39552,00	531,45	40580,00	653,78	41608,00	776,11	42636,00	898,45
39568,00	533,35	40596,00	655,69	41624,00	778,02	42652,00	900,35
39582,00	535,02	40610,00	657,35	41638,00	779,68	42666,00	902,02
39598,00	536,92	40626,00	659,26	41654,00	781,59	42682,00	903,92
39612,00	538,59	40640,00	660,92	41668,00	783,25	42696,00	905,59
39628,00	540,49	40656,00	662,83	41684,00	785,16	42712,00	907,49
39642,00	542,16	40670,00	664,49	41698,00	786,82	42728,00	909,39
39658,00	544,06	40686,00	666,40	41714,00	788,73	42742,00	911,06

Steuerklasse III		Steuerklasse III		Steuerklasse III		Steuerklasse III	
Maßstabs-lohnsteuer €	Solidaritäts-zuschlag €	Maßstabs-lohnsteuer €	Solidaritäts-zuschlag €	Maßstabs-lohnsteuer €	Solidaritäts-zuschlag €	Maßstabs-lohnsteuer €	Solidaritäts-zuschlag €
42758,00	912,96	43786,00	1035,30	44814,00	1157,63	45842,00	1279,96
42772,00	914,63	43800,00	1036,96	44828,00	1159,29	45856,00	1281,63
42788,00	916,53	43816,00	1038,87	44844,00	1161,20	45872,00	1283,53
42802,00	918,20	43830,00	1040,53	44860,00	1163,10	45888,00	1285,43
42818,00	920,10	43846,00	1042,44	44874,00	1164,77	45902,00	1287,10
42832,00	921,77	43862,00	1044,34	44890,00	1166,67	45918,00	1289,00
42848,00	923,67	43876,00	1046,01	44904,00	1168,34	45932,00	1290,67
42864,00	925,58	43892,00	1047,91	44920,00	1170,24	45948,00	1292,57
42878,00	927,24	43906,00	1049,58	44934,00	1171,91	45962,00	1294,24
42894,00	929,15	43922,00	1051,48	44950,00	1173,81	45978,00	1296,14
42908,00	930,81	43936,00	1053,15	44964,00	1175,48	45994,00	1298,05
42924,00	932,72	43952,00	1055,05	44980,00	1177,38	46008,00	1299,71
42938,00	934,38	43966,00	1056,72	44996,00	1179,29	46024,00	1301,62
42954,00	936,29	43982,00	1058,62	45010,00	1180,95	46038,00	1303,28
42970,00	938,19	43998,00	1060,52	45026,00	1182,86	46054,00	1305,19
42984,00	939,86	44012,00	1062,19	45040,00	1184,52	46068,00	1306,85
43000,00	941,76	44028,00	1064,09	45056,00	1186,43	46084,00	1308,76
43014,00	943,43	44042,00	1065,76	45070,00	1188,09	46098,00	1310,42
43030,00	945,33	44058,00	1067,66	45086,00	1190,00	46114,00	1312,33
43044,00	947,00	44072,00	1069,33	45100,00	1191,66	46130,00	1314,23
43060,00	948,90	44088,00	1071,23	45116,00	1193,57	46144,00	1315,90
43074,00	950,57	44104,00	1073,14	45132,00	1195,47	46160,00	1317,80
43090,00	952,47	44118,00	1074,80	45146,00	1197,14	46174,00	1319,47
43106,00	954,38	44134,00	1076,71	45162,00	1199,04	46190,00	1321,37
43120,00	956,04	44148,00	1078,37	45176,00	1200,71	46204,00	1323,04
43136,00	957,95	44164,00	1080,28	45192,00	1202,61	46220,00	1324,94
43150,00	959,61	44178,00	1081,94	45206,00	1204,28	46234,00	1326,61
43166,00	961,52	44194,00	1083,85	45222,00	1206,18	46250,00	1328,51
43180,00	963,18	44208,00	1085,51	45238,00	1208,08	46266,00	1330,42
43196,00	965,09	44224,00	1087,42	45252,00	1209,75	46280,00	1332,08
43210,00	966,75	44240,00	1089,32	45268,00	1211,65	46296,00	1333,99
43226,00	968,66	44254,00	1090,99	45282,00	1213,32	46310,00	1335,65
43242,00	970,56	44270,00	1092,89	45298,00	1215,22	46326,00	1337,56
43256,00	972,23	44284,00	1094,56	45312,00	1216,89	46340,00	1339,22
43272,00	974,13	44300,00	1096,46	45328,00	1218,79	46356,00	1341,13
43286,00	975,80	44314,00	1098,13	45342,00	1220,46	46372,00	1343,03
43302,00	977,70	44330,00	1100,03	45358,00	1222,36	46386,00	1344,70
43316,00	979,37	44344,00	1101,70	45374,00	1224,27	46402,00	1346,60
43332,00	981,27	44360,00	1103,60	45388,00	1225,93	46416,00	1348,27
43348,00	983,17	44376,00	1105,51	45404,00	1227,84	46432,00	1350,17
43362,00	984,84	44390,00	1107,17	45418,00	1229,50	46446,00	1351,84
43378,00	986,74	44406,00	1109,08	45434,00	1231,41	46462,00	1353,74
43392,00	988,41	44420,00	1110,74	45448,00	1233,07	46476,00	1355,41
43408,00	990,31	44436,00	1112,65	45464,00	1234,98	46492,00	1357,31
43422,00	991,98	44450,00	1114,31	45478,00	1236,64	46508,00	1359,21
43438,00	993,88	44466,00	1116,22	45494,00	1238,55	46522,00	1360,88
43452,00	995,55	44482,00	1118,12	45510,00	1240,45	46538,00	1362,78
43468,00	997,45	44496,00	1119,79	45524,00	1242,12	46552,00	1364,45
43484,00	999,36	44512,00	1121,69	45540,00	1244,02	46568,00	1366,35
43498,00	1001,02	44526,00	1123,36	45554,00	1245,69	46582,00	1368,02
43514,00	1002,93	44542,00	1125,26	45570,00	1247,59	46598,00	1369,92
43528,00	1004,59	44556,00	1126,93	45584,00	1249,26	46612,00	1371,59
43544,00	1006,50	44572,00	1128,83	45600,00	1251,16	46628,00	1373,49
43558,00	1008,16	44586,00	1130,50	45616,00	1253,07	46644,00	1375,40
43574,00	1010,07	44602,00	1132,40	45630,00	1254,73	46658,00	1377,06
43588,00	1011,73	44618,00	1134,30	45646,00	1256,64	46674,00	1378,97
43604,00	1013,64	44632,00	1135,97	45660,00	1258,30	46688,00	1380,63
43620,00	1015,54	44648,00	1137,87	45676,00	1260,21	46704,00	1382,54
43634,00	1017,21	44662,00	1139,54	45690,00	1261,87	46718,00	1384,20
43650,00	1019,11	44678,00	1141,44	45706,00	1263,78	46734,00	1386,11
43664,00	1020,78	44692,00	1143,11	45720,00	1265,44	46750,00	1388,01
43680,00	1022,68	44708,00	1145,01	45736,00	1267,35	46764,00	1389,68
43694,00	1024,35	44722,00	1146,68	45752,00	1269,25	46780,00	1391,58
43710,00	1026,25	44738,00	1148,58	45766,00	1270,92	46794,00	1393,25
43726,00	1028,16	44754,00	1150,49	45782,00	1272,82	46810,00	1395,15
43740,00	1029,82	44768,00	1152,15	45796,00	1274,49	46824,00	1396,82
43756,00	1031,73	44784,00	1154,06	45812,00	1276,39	46840,00	1398,72
43770,00	1033,39	44798,00	1155,72	45826,00	1278,06	46854,00	1400,39

Steuerklasse III		Steuerklasse III		Steuerklasse III		Steuerklasse III	
Maßstabs-lohnsteuer €	Solidaritäts-zuschlag €	Maßstabs-lohnsteuer €	Solidaritäts-zuschlag €	Maßstabs-lohnsteuer €	Solidaritäts-zuschlag €	Maßstabs-lohnsteuer €	Solidaritäts-zuschlag €
46870,00	1402,29	47898,00	1524,62	48926,00	1646,96	49954,00	1769,29
46886,00	1404,20	47914,00	1526,53	48942,00	1648,86	49970,00	1771,19
46900,00	1405,86	47928,00	1528,19	48956,00	1650,53	49984,00	1772,86
46916,00	1407,77	47944,00	1530,10	48972,00	1652,43	50000,00	1774,76
46930,00	1409,43	47958,00	1531,76	48986,00	1654,10	50014,00	1776,43
46946,00	1411,34	47974,00	1533,67	49002,00	1656,00	50030,00	1778,33
46960,00	1413,00	47988,00	1535,33	49018,00	1657,90	50046,00	1780,24
46976,00	1414,91	48004,00	1537,24	49032,00	1659,57	50060,00	1781,90
46990,00	1416,57	48020,00	1539,14	49048,00	1661,47	50076,00	1783,81
47006,00	1418,48	48034,00	1540,81	49062,00	1663,14	50090,00	1785,47
47022,00	1420,38	48050,00	1542,71	49078,00	1665,04	50106,00	1787,38
47036,00	1422,05	48064,00	1544,38	49092,00	1666,71	50120,00	1789,04
47052,00	1423,95	48080,00	1546,28	49108,00	1668,61	50136,00	1790,95
47066,00	1425,62	48094,00	1547,95	49122,00	1670,28	50152,00	1792,85
47082,00	1427,52	48110,00	1549,85	49138,00	1672,18	50166,00	1794,52
47096,00	1429,19	48124,00	1551,52	49154,00	1674,09	50182,00	1796,42
47112,00	1431,09	48140,00	1553,42	49168,00	1675,75	50196,00	1798,09
47128,00	1432,99	48156,00	1555,33	49184,00	1677,66	50212,00	1799,99
47142,00	1434,66	48170,00	1556,99	49198,00	1679,32	50226,00	1801,66
47158,00	1436,56	48186,00	1558,90	49214,00	1681,23	50242,00	1803,56
47172,00	1438,23	48200,00	1560,56	49228,00	1682,89	50256,00	1805,23
47188,00	1440,13	48216,00	1562,47	49244,00	1684,80	50272,00	1807,13
47202,00	1441,80	48230,00	1564,13	49258,00	1686,46	50288,00	1809,03
47218,00	1443,70	48246,00	1566,04	49274,00	1688,37	50302,00	1810,70
47232,00	1445,37	48262,00	1567,94	49290,00	1690,27	50318,00	1812,60
47248,00	1447,27	48276,00	1569,61	49304,00	1691,94	50332,00	1814,27
47264,00	1449,18	48292,00	1571,51	49320,00	1693,84	50348,00	1816,17
47278,00	1450,84	48306,00	1573,18	49334,00	1695,51	50362,00	1817,84
47294,00	1452,75	48322,00	1575,08	49350,00	1697,41	50378,00	1819,74
47308,00	1454,41	48336,00	1576,75	49364,00	1699,08	50392,00	1821,41
47324,00	1456,32	48352,00	1578,65	49380,00	1700,98	50408,00	1823,31
47338,00	1457,98	48366,00	1580,32	49396,00	1702,89	50424,00	1825,22
47354,00	1459,89	48382,00	1582,22	49410,00	1704,55	50438,00	1826,88
47368,00	1461,55	48398,00	1584,12	49426,00	1706,46	50454,00	1828,79
47384,00	1463,46	48412,00	1585,79	49440,00	1708,12	50468,00	1830,45
47400,00	1465,36	48428,00	1587,69	49456,00	1710,03	50484,00	1832,36
47414,00	1467,03	48442,00	1589,36	49470,00	1711,69	50498,00	1834,02
47430,00	1468,93	48458,00	1591,26	49486,00	1713,60	50514,00	1835,93
47444,00	1470,60	48472,00	1592,93	49500,00	1715,26	50530,00	1837,83
47460,00	1472,50	48488,00	1594,83	49516,00	1717,17	50544,00	1839,50
47474,00	1474,17	48502,00	1596,50	49532,00	1719,07	50560,00	1841,40
47490,00	1476,07	48518,00	1598,40	49546,00	1720,74	50574,00	1843,07
47506,00	1477,98	48534,00	1600,31	49562,00	1722,64	50590,00	1844,97
47520,00	1479,64	48548,00	1601,97	49576,00	1724,31	50604,00	1846,64
47536,00	1481,55	48564,00	1603,88	49592,00	1726,21	50620,00	1848,54
47550,00	1483,21	48578,00	1605,54	49606,00	1727,88	50634,00	1850,21
47566,00	1485,12	48594,00	1607,45	49622,00	1729,78	50650,00	1852,11
47580,00	1486,78	48608,00	1609,11	49636,00	1731,45	50666,00	1854,02
47596,00	1488,69	48624,00	1611,02	49652,00	1733,35	50680,00	1855,68
47610,00	1490,35	48640,00	1612,92	49668,00	1735,25	50696,00	1857,59
47626,00	1492,26	48654,00	1614,59	49682,00	1736,92	50710,00	1859,25
47642,00	1494,16	48670,00	1616,49	49698,00	1738,82	50726,00	1861,16
47656,00	1495,83	48684,00	1618,16	49712,00	1740,49	50740,00	1862,82
47672,00	1497,73	48700,00	1620,06	49728,00	1742,39	50756,00	1864,73
47686,00	1499,40	48714,00	1621,73	49742,00	1744,06	50770,00	1866,39
47702,00	1501,30	48730,00	1623,63	49758,00	1745,96	50786,00	1868,30
47716,00	1502,97	48744,00	1625,30	49774,00	1747,87	50802,00	1870,20
47732,00	1504,87	48760,00	1627,20	49788,00	1749,53	50816,00	1871,87
47746,00	1506,54	48776,00	1629,11	49804,00	1751,44	50832,00	1873,77
47762,00	1508,44	48790,00	1630,77	49818,00	1753,10	50846,00	1875,44
47778,00	1510,34	48806,00	1632,68	49834,00	1755,01	50862,00	1877,34
47792,00	1512,01	48820,00	1634,34	49848,00	1756,67	50876,00	1879,01
47808,00	1513,91	48836,00	1636,25	49864,00	1758,58	50892,00	1880,91
47822,00	1515,58	48850,00	1637,91	49878,00	1760,24	50908,00	1882,81
47838,00	1517,48	48866,00	1639,82	49894,00	1762,15	50922,00	1884,48
47852,00	1519,15	48880,00	1641,48	49910,00	1764,05	50938,00	1886,38
47868,00	1521,05	48896,00	1643,39	49924,00	1765,72	50952,00	1888,05
47884,00	1522,96	48912,00	1645,29	49940,00	1767,62	50968,00	1889,95

Steuerklasse III		Steuerklasse III		Steuerklasse III		Steuerklasse III	
Maßstabs-lohnsteuer €	Solidaritäts-zuschlag €	Maßstabs-lohnsteuer €	Solidaritäts-zuschlag €	Maßstabs-lohnsteuer €	Solidaritäts-zuschlag €	Maßstabs-lohnsteuer €	Solidaritäts-zuschlag €
50982,00	1891,62	52010,00	2013,95	53038,00	2136,28	54068,00	2258,85
50998,00	1893,52	52026,00	2015,86	53054,00	2138,19	54082,00	2260,52
51012,00	1895,19	52042,00	2017,76	53070,00	2140,09	54098,00	2262,42
51028,00	1897,09	52056,00	2019,43	53084,00	2141,76	54112,00	2264,09
51044,00	1899,00	52072,00	2021,33	53100,00	2143,66	54128,00	2265,99
51058,00	1900,66	52086,00	2023,00	53114,00	2145,33	54142,00	2267,66
51074,00	1902,57	52102,00	2024,90	53130,00	2147,23	54158,00	2269,56
51088,00	1904,23	52116,00	2026,57	53144,00	2148,90	54172,00	2271,23
51104,00	1906,14	52132,00	2028,47	53160,00	2150,80	54188,00	2273,13
51118,00	1907,80	52146,00	2030,14	53176,00	2152,71	54204,00	2275,04
51134,00	1909,71	52162,00	2032,04	53190,00	2154,37	54218,00	2276,70
51148,00	1911,37	52178,00	2033,94	53206,00	2156,28	54234,00	2278,61
51164,00	1913,28	52192,00	2035,61	53220,00	2157,94	54248,00	2280,27
51180,00	1915,18	52208,00	2037,51	53236,00	2159,85	54264,00	2282,18
51194,00	1916,85	52222,00	2039,18	53250,00	2161,51	54278,00	2283,84
51210,00	1918,75	52238,00	2041,08	53266,00	2163,42	54294,00	2285,75
51224,00	1920,42	52252,00	2042,75	53280,00	2165,08	54310,00	2287,65
51240,00	1922,32	52268,00	2044,65	53296,00	2166,99	54324,00	2289,32
51254,00	1923,99	52282,00	2046,32	53312,00	2168,89	54340,00	2291,22
51270,00	1925,89	52298,00	2048,22	53326,00	2170,56	54354,00	2292,89
51286,00	1927,80	52314,00	2050,13	53342,00	2172,46	54370,00	2294,79
51300,00	1929,46	52328,00	2051,79	53356,00	2174,13	54384,00	2296,46
51316,00	1931,37	52344,00	2053,70	53372,00	2176,03	54400,00	2298,36
51330,00	1933,03	52358,00	2055,36	53386,00	2177,70	54414,00	2300,03
51346,00	1934,94	52374,00	2057,27	53402,00	2179,60	54430,00	2301,93
51360,00	1936,60	52388,00	2058,93	53416,00	2181,27	54446,00	2303,84
51376,00	1938,51	52404,00	2060,84	53432,00	2183,17	54460,00	2305,50
51390,00	1940,17	52420,00	2062,74	53448,00	2185,07	54476,00	2307,41
51406,00	1942,08	52434,00	2064,41	53462,00	2186,74	54490,00	2309,07
51422,00	1943,98	52450,00	2066,31	53478,00	2188,64	54506,00	2310,98
51436,00	1945,65	52464,00	2067,98	53492,00	2190,31	54520,00	2312,64
51452,00	1947,55	52480,00	2069,88	53508,00	2192,21	54536,00	2314,55
51466,00	1949,22	52494,00	2071,55	53522,00	2193,88	54550,00	2316,21
51482,00	1951,12	52510,00	2073,45	53538,00	2195,78	54566,00	2318,12
51496,00	1952,79	52524,00	2075,12	53554,00	2197,69	54582,00	2320,02
51512,00	1954,69	52540,00	2077,02	53568,00	2199,35	54596,00	2321,69
51526,00	1956,36	52556,00	2078,93	53584,00	2201,26	54612,00	2323,59
51542,00	1958,26	52570,00	2080,59	53598,00	2202,92	54626,00	2325,26
51558,00	1960,16	52586,00	2082,50	53614,00	2204,83	54642,00	2327,16
51572,00	1961,83	52600,00	2084,16	53628,00	2206,49	54656,00	2328,83
51588,00	1963,73	52616,00	2086,07	53644,00	2208,40	54672,00	2330,73
51602,00	1965,40	52630,00	2087,73	53658,00	2210,06	54688,00	2332,63
51618,00	1967,30	52646,00	2089,64	53674,00	2211,97	54702,00	2334,30
51632,00	1968,97	52660,00	2091,30	53690,00	2213,87	54718,00	2336,20
51648,00	1970,87	52676,00	2093,21	53704,00	2215,54	54732,00	2337,87
51664,00	1972,78	52692,00	2095,11	53720,00	2217,44	54748,00	2339,77
51678,00	1974,44	52706,00	2096,78	53734,00	2219,11	54762,00	2341,44
51694,00	1976,35	52722,00	2098,68	53750,00	2221,01	54778,00	2343,34
51708,00	1978,01	52736,00	2100,35	53764,00	2222,68	54792,00	2345,01
51724,00	1979,92	52752,00	2102,25	53780,00	2224,58	54808,00	2346,91
51738,00	1981,58	52766,00	2103,92	53794,00	2226,25	54824,00	2348,82
51754,00	1983,49	52782,00	2105,82	53810,00	2228,15	54838,00	2350,48
51768,00	1985,15	52798,00	2107,72	53826,00	2230,06	54854,00	2352,39
51784,00	1987,06	52812,00	2109,39	53840,00	2231,72	54868,00	2354,05
51800,00	1988,96	52828,00	2111,29	53856,00	2233,63	54884,00	2355,96
51814,00	1990,63	52842,00	2112,96	53870,00	2235,29	54898,00	2357,62
51830,00	1992,53	52858,00	2114,86	53886,00	2237,20	54914,00	2359,53
51844,00	1994,20	52872,00	2116,53	53900,00	2238,86	54928,00	2361,19
51860,00	1996,10	52888,00	2118,43	53916,00	2240,77	54944,00	2363,10
51874,00	1997,77	52902,00	2120,10	53932,00	2242,67	54960,00	2365,00
51890,00	1999,67	52918,00	2122,00	53946,00	2244,34	54974,00	2366,67
51904,00	2001,34	52934,00	2123,91	53962,00	2246,24	54990,00	2368,57
51920,00	2003,24	52948,00	2125,57	53976,00	2247,91	55004,00	2370,24
51936,00	2005,15	52964,00	2127,48	53992,00	2249,81	55020,00	2372,14
51950,00	2006,81	52978,00	2129,14	54006,00	2251,48	55034,00	2373,81
51966,00	2008,72	52994,00	2131,05	54022,00	2253,38	55050,00	2375,71
51980,00	2010,38	53008,00	2132,71	54036,00	2255,05	55066,00	2377,62
51996,00	2012,29	53024,00	2134,62	54052,00	2256,95	55080,00	2379,28

Steuerklasse III		Steuerklasse III		Steuerklasse III		Steuerklasse III	
Maßstabs-lohnsteuer €	Solidaritäts-zuschlag €	Maßstabs-lohnsteuer €	Solidaritäts-zuschlag €	Maßstabs-lohnsteuer €	Solidaritäts-zuschlag €	Maßstabs-lohnsteuer €	Solidaritäts-zuschlag €
55096,00	2381,19	56124,00	2503,52	57152,00	2625,85	58180,00	2748,18
55110,00	2382,85	56138,00	2505,18	57166,00	2627,52	58194,00	2749,85
55126,00	2384,76	56154,00	2507,09	57182,00	2629,42	58210,00	2751,75
55140,00	2386,42	56168,00	2508,75	57196,00	2631,09	58226,00	2753,66
55156,00	2388,33	56184,00	2510,66	57212,00	2632,99	58240,00	2755,32
55170,00	2389,99	56200,00	2512,56	57228,00	2634,89	58256,00	2757,23
55186,00	2391,90	56214,00	2514,23	57242,00	2636,56	58270,00	2758,89
55202,00	2393,80	56230,00	2516,13	57258,00	2638,46	58286,00	2760,80
55216,00	2395,47	56244,00	2517,80	57272,00	2640,13	58300,00	2762,46
55232,00	2397,37	56260,00	2519,70	57288,00	2642,03	58316,00	2764,37
55246,00	2399,04	56274,00	2521,37	57302,00	2643,70	58330,00	2766,03
55262,00	2400,94	56290,00	2523,27	57318,00	2645,60	58346,00	2767,94
55276,00	2402,61	56304,00	2524,94	57334,00	2647,51	58362,00	2769,84
55292,00	2404,51	56320,00	2526,84	57348,00	2649,17	58376,00	2771,51
55306,00	2406,18	56336,00	2528,75	57364,00	2651,08	58392,00	2773,41
55322,00	2408,08	56350,00	2530,41	57378,00	2652,74	58406,00	2775,08
55338,00	2409,98	56366,00	2532,32	57394,00	2654,65	58422,00	2776,98
55352,00	2411,65	56380,00	2533,98	57408,00	2656,31	58436,00	2778,65
55368,00	2413,55	56396,00	2535,89	57424,00	2658,22	58452,00	2780,55
55382,00	2415,22	56410,00	2537,55	57438,00	2659,88	58468,00	2782,45
55398,00	2417,12	56426,00	2539,46	57454,00	2661,79	58482,00	2784,12
55412,00	2418,79	56440,00	2541,12	57470,00	2663,69	58498,00	2786,02
55428,00	2420,69	56456,00	2543,03	57484,00	2665,36	58512,00	2787,69
55444,00	2422,60	56472,00	2544,93	57500,00	2667,26	58528,00	2789,59
55458,00	2424,26	56486,00	2546,60	57514,00	2668,93	58542,00	2791,26
55474,00	2426,17	56502,00	2548,50	57530,00	2670,83	58558,00	2793,16
55488,00	2427,83	56516,00	2550,17	57544,00	2672,50	58572,00	2794,83
55504,00	2429,74	56532,00	2552,07	57560,00	2674,40	58588,00	2796,73
55518,00	2431,40	56546,00	2553,74	57574,00	2676,07	58604,00	2798,64
55534,00	2433,31	56562,00	2555,64	57590,00	2677,97	58618,00	2800,30
55548,00	2434,97	56578,00	2557,54	57606,00	2679,88	58634,00	2802,21
55564,00	2436,88	56592,00	2559,21	57620,00	2681,54	58648,00	2803,87
55580,00	2438,78	56608,00	2561,11	57636,00	2683,45	58664,00	2805,78
55594,00	2440,45	56622,00	2562,78	57650,00	2685,11	58678,00	2807,44
55610,00	2442,35	56638,00	2564,68	57666,00	2687,02	58694,00	2809,35
55624,00	2444,02	56652,00	2566,35	57680,00	2688,68	58708,00	2811,01
55640,00	2445,92	56668,00	2568,25	57696,00	2690,59	58724,00	2812,92
55654,00	2447,59	56682,00	2569,92	57712,00	2692,49	58740,00	2814,82
55670,00	2449,49	56698,00	2571,82	57726,00	2694,16	58754,00	2816,49
55684,00	2451,16	56714,00	2573,73	57742,00	2696,06	58770,00	2818,39
55700,00	2453,06	56728,00	2575,39	57756,00	2697,73	58784,00	2820,06
55716,00	2454,97	56744,00	2577,30	57772,00	2699,63	58800,00	2821,96
55730,00	2456,63	56758,00	2578,96	57786,00	2701,30	58814,00	2823,63
55746,00	2458,54	56774,00	2580,87	57802,00	2703,20	58830,00	2825,53
55760,00	2460,20	56788,00	2582,53	57816,00	2704,87	58846,00	2827,44
55776,00	2462,11	56804,00	2584,44	57832,00	2706,77	58860,00	2829,10
55790,00	2463,77	56818,00	2586,10	57848,00	2708,67	58876,00	2831,01
55806,00	2465,68	56834,00	2588,01	57862,00	2710,34	58890,00	2832,67
55822,00	2467,58	56850,00	2589,91	57878,00	2712,24	58906,00	2834,58
55836,00	2469,25	56864,00	2591,58	57892,00	2713,91	58920,00	2836,24
55852,00	2471,15	56880,00	2593,48	57908,00	2715,81	58936,00	2838,15
55866,00	2472,82	56894,00	2595,15	57922,00	2717,48	58950,00	2839,81
55882,00	2474,72	56910,00	2597,05	57938,00	2719,38	58966,00	2841,72
55896,00	2476,39	56924,00	2598,72	57952,00	2721,05	58982,00	2843,62
55912,00	2478,29	56940,00	2600,62	57968,00	2722,95	58996,00	2845,29
55926,00	2479,96	56956,00	2602,53	57984,00	2724,86	59012,00	2847,19
55942,00	2481,86	56970,00	2604,19	57998,00	2726,52	59026,00	2848,86
55958,00	2483,76	56986,00	2606,10	58014,00	2728,43	59042,00	2850,76
55972,00	2485,43	57000,00	2607,76	58028,00	2730,09	59056,00	2852,43
55988,00	2487,33	57016,00	2609,67	58044,00	2732,00	59072,00	2854,33
56002,00	2489,00	57030,00	2611,33	58058,00	2733,66	59086,00	2856,00
56018,00	2490,90	57046,00	2613,24	58074,00	2735,57	59102,00	2857,90
56032,00	2492,57	57060,00	2614,90	58090,00	2737,47	59118,00	2859,80
56048,00	2494,47	57076,00	2616,81	58104,00	2739,14	59132,00	2861,47
56062,00	2496,14	57092,00	2618,71	58120,00	2741,04	59148,00	2863,37
56078,00	2498,04	57106,00	2620,38	58134,00	2742,71	59162,00	2865,04
56094,00	2499,95	57122,00	2622,28	58150,00	2744,61	59178,00	2866,94
56108,00	2501,61	57136,00	2623,95	58164,00	2746,28	59192,00	2868,61

Steuerklasse III		Steuerklasse III		Steuerklasse III		Steuerklasse III	
Maßstabs-lohnsteuer €	Solidaritäts-zuschlag €	Maßstabs-lohnsteuer €	Solidaritäts-zuschlag €	Maßstabs-lohnsteuer €	Solidaritäts-zuschlag €	Maßstabs-lohnsteuer €	Solidaritäts-zuschlag €
59208,00	2870,51	60236,00	2992,85	61264,00	3115,18	62292,00	3237,51
59224,00	2872,42	60252,00	2994,75	61280,00	3117,08	62308,00	3239,41
59238,00	2874,08	60266,00	2996,42	61294,00	3118,75	62322,00	3241,08
59254,00	2875,99	60282,00	2998,32	61310,00	3120,65	62338,00	3242,98
59268,00	2877,65	60296,00	2999,99	61324,00	3122,32	62352,00	3244,65
59284,00	2879,56	60312,00	3001,89	61340,00	3124,22	62368,00	3246,55
59298,00	2881,22	60326,00	3003,56	61354,00	3125,89	62384,00	3248,46
59314,00	2883,13	60342,00	3005,46	61370,00	3127,79	62398,00	3250,12
59328,00	2884,79	60358,00	3007,36	61386,00	3129,70	62414,00	3252,03
59344,00	2886,70	60372,00	3009,03	61400,00	3131,36	62428,00	3253,69
59360,00	2888,60	60388,00	3010,93	61416,00	3133,27	62444,00	3255,60
59374,00	2890,27	60402,00	3012,60	61430,00	3134,93	62458,00	3257,26
59390,00	2892,17	60418,00	3014,50	61446,00	3136,84	62474,00	3259,17
59404,00	2893,84	60432,00	3016,17	61460,00	3138,50	62488,00	3260,83
59420,00	2895,74	60448,00	3018,07	61476,00	3140,41	62504,00	3262,74
59434,00	2897,41	60462,00	3019,74	61492,00	3142,31	62520,00	3264,64
59450,00	2899,31	60478,00	3021,64	61506,00	3143,98	62534,00	3266,31
59464,00	2900,98	60494,00	3023,55	61522,00	3145,88	62550,00	3268,21
59480,00	2902,88	60508,00	3025,21	61536,00	3147,55	62564,00	3269,88
59496,00	2904,79	60524,00	3027,12	61552,00	3149,45	62580,00	3271,78
59510,00	2906,45	60538,00	3028,78	61566,00	3151,12	62594,00	3273,45
59526,00	2908,36	60554,00	3030,69	61582,00	3153,02	62610,00	3275,35
59540,00	2910,02	60568,00	3032,35	61596,00	3154,69	62626,00	3277,26
59556,00	2911,93	60584,00	3034,26	61612,00	3156,59	62640,00	3278,92
59570,00	2913,59	60598,00	3035,92	61628,00	3158,49	62656,00	3280,83
59586,00	2915,50	60614,00	3037,83	61642,00	3160,16	62670,00	3282,49
59602,00	2917,40	60630,00	3039,73	61658,00	3162,06	62686,00	3284,40
59616,00	2919,07	60644,00	3041,40	61672,00	3163,73	62700,00	3286,06
59632,00	2920,97	60660,00	3043,30	61688,00	3165,63	62716,00	3287,97
59646,00	2922,64	60674,00	3044,97	61702,00	3167,30	62730,00	3289,63
59662,00	2924,54	60690,00	3046,87	61718,00	3169,20	62746,00	3291,54
59676,00	2926,21	60704,00	3048,54	61732,00	3170,87	62762,00	3293,44
59692,00	2928,11	60720,00	3050,44	61748,00	3172,77	62776,00	3295,11
59706,00	2929,78	60736,00	3052,35	61764,00	3174,68	62792,00	3297,01
59722,00	2931,68	60750,00	3054,01	61778,00	3176,34	62806,00	3298,68
59738,00	2933,58	60766,00	3055,92	61794,00	3178,25	62822,00	3300,58
59752,00	2935,25	60780,00	3057,58	61808,00	3179,91	62836,00	3302,25
59768,00	2937,15	60796,00	3059,49	61824,00	3181,82	62852,00	3304,15
59782,00	2938,82	60810,00	3061,15	61838,00	3183,48	62866,00	3305,82
59798,00	2940,72	60826,00	3063,06	61854,00	3185,39	62882,00	3307,72
59812,00	2942,39	60840,00	3064,72	61870,00	3187,29	62898,00	3309,62
59828,00	2944,29	60856,00	3066,63	61884,00	3188,96	62912,00	3311,29
59842,00	2945,96	60872,00	3068,53	61900,00	3190,86	62928,00	3313,19
59858,00	2947,86	60886,00	3070,20	61914,00	3192,53	62942,00	3314,86
59874,00	2949,77	60902,00	3072,10	61930,00	3194,43	62958,00	3316,76
59888,00	2951,43	60916,00	3073,77	61944,00	3196,10	62972,00	3318,43
59904,00	2953,34	60932,00	3075,67	61960,00	3198,00	62988,00	3320,33
59918,00	2955,00	60946,00	3077,34	61974,00	3199,67	63004,00	3322,24
59934,00	2956,91	60962,00	3079,24	61990,00	3201,57	63018,00	3323,90
59948,00	2958,57	60976,00	3080,91	62006,00	3203,48	63034,00	3325,81
59964,00	2960,48	60992,00	3082,81	62020,00	3205,14	63048,00	3327,47
59980,00	2962,38	61008,00	3084,71	62036,00	3207,05	63064,00	3329,38
59994,00	2964,05	61022,00	3086,38	62050,00	3208,71	63078,00	3331,04
60010,00	2965,95	61038,00	3088,28	62066,00	3210,62	63094,00	3332,95
60024,00	2967,62	61052,00	3089,95	62080,00	3212,28	63108,00	3334,61
60040,00	2969,52	61068,00	3091,85	62096,00	3214,19	63124,00	3336,52
60054,00	2971,19	61082,00	3093,52	62110,00	3215,85	63140,00	3338,42
60070,00	2973,09	61098,00	3095,42	62126,00	3217,76	63154,00	3340,09
60084,00	2974,76	61114,00	3097,33	62142,00	3219,66	63170,00	3341,99
60100,00	2976,66	61128,00	3098,99	62156,00	3221,33	63184,00	3343,66
60116,00	2978,57	61144,00	3100,90	62172,00	3223,23	63200,00	3345,56
60130,00	2980,23	61158,00	3102,56	62186,00	3224,90	63214,00	3347,23
60146,00	2982,14	61174,00	3104,47	62202,00	3226,80	63230,00	3349,13
60160,00	2983,80	61188,00	3106,13	62216,00	3228,47	63244,00	3350,80
60176,00	2985,71	61204,00	3108,04	62232,00	3230,37	63260,00	3352,70
60190,00	2987,37	61218,00	3109,70	62248,00	3232,27	63276,00	3354,61
60206,00	2989,28	61234,00	3111,61	62262,00	3233,94	63290,00	3356,27
60220,00	2990,94	61250,00	3113,51	62278,00	3235,84	63306,00	3358,18

Steuerklasse III		Steuerklasse III		Steuerklasse III		Steuerklasse III	
Maßstabs-lohnsteuer €	Solidaritäts-zuschlag €	Maßstabs-lohnsteuer €	Solidaritäts-zuschlag €	Maßstabs-lohnsteuer €	Solidaritäts-zuschlag €	Maßstabs-lohnsteuer €	Solidaritäts-zuschlag €
63320,00	3359,84	63804,00	3417,44	64288,00	3475,03	64772,00	3532,63
63336,00	3361,75	63820,00	3419,34	64304,00	3476,94	64788,00	3534,53
63350,00	3363,41	63834,00	3421,01	64318,00	3478,60	64802,00	3536,20
63366,00	3365,32	63850,00	3422,91	64334,00	3480,51	64818,00	3538,10
63382,00	3367,22	63864,00	3424,58	64348,00	3482,17	64832,00	3539,77
63396,00	3368,89	63880,00	3426,48	64364,00	3484,08	64848,00	3541,67
63412,00	3370,79	63896,00	3428,39	64378,00	3485,74	64862,00	3543,34
63426,00	3372,46	63910,00	3430,05	64394,00	3487,65	64878,00	3545,24
63442,00	3374,36	63926,00	3431,96	64410,00	3489,55	64894,00	3547,15
63456,00	3376,03	63940,00	3433,62	64424,00	3491,22	64908,00	3548,81
63472,00	3377,93	63956,00	3435,53	64440,00	3493,12	64924,00	3550,72
63486,00	3379,60	63970,00	3437,19	64454,00	3494,79	64938,00	3552,38
63502,00	3381,50	63986,00	3439,10	64470,00	3496,69	64954,00	3554,29
63518,00	3383,40	64000,00	3440,76	64484,00	3498,36	64968,00	3555,95
63532,00	3385,07	64016,00	3442,67	64500,00	3500,26	64984,00	3557,86
63548,00	3386,97	64032,00	3444,57	64516,00	3502,17	64998,00	3559,52
63562,00	3388,64	64046,00	3446,24	64530,00	3503,83	65014,00	3561,43
63578,00	3390,54	64062,00	3448,14	64546,00	3505,74	65030,00	3563,33
63592,00	3392,21	64076,00	3449,81	64560,00	3507,40	65044,00	3565,00
63608,00	3394,11	64092,00	3451,71	64576,00	3509,31	65060,00	3566,90
63622,00	3395,78	64106,00	3453,38	64590,00	3510,97	65074,00	3568,57
63638,00	3397,68	64122,00	3455,28	64606,00	3512,88	65090,00	3570,47
63654,00	3399,59	64138,00	3457,18	64620,00	3514,54	65104,00	3572,14
63668,00	3401,25	64152,00	3458,85	64636,00	3516,45	65120,00	3574,04
63684,00	3403,16	64168,00	3460,75	64652,00	3518,35	65134,00	3575,71
63698,00	3404,82	64182,00	3462,42	64666,00	3520,02	65150,00	3577,61
63714,00	3406,73	64198,00	3464,32	64682,00	3521,92	65166,00	3579,52
63728,00	3408,39	64212,00	3465,99	64696,00	3523,59	65180,00	3581,18
63744,00	3410,30	64228,00	3467,89	64712,00	3525,49	65196,00	3583,09
63760,00	3412,20	64242,00	3469,56	64726,00	3527,16	65210,00	3584,75
63774,00	3413,87	64258,00	3471,46	64742,00	3529,06	65226,00	3586,66
63790,00	3415,77	64274,00	3473,37	64756,00	3530,73	65240,00	3588,20

Steuerklasse I, II, IV, V, VI		Steuerklasse I, II, IV, V, VI		Steuerklasse I, II, IV, V, VI		Steuerklasse I, II, IV, V, VI	
Maßstabs-lohnsteuer €	Solidaritäts-zuschlag €	Maßstabs-lohnsteuer €	Solidaritäts-zuschlag €	Maßstabs-lohnsteuer €	Solidaritäts-zuschlag €	Maßstabs-lohnsteuer €	Solidaritäts-zuschlag €
17536,00	0,00	17947,00	48,07	18358,00	96,98	18770,00	146,01
17550,00	0,83	17961,00	49,74	18372,00	98,65	18784,00	147,67
17563,00	2,38	17975,00	51,40	18386,00	100,31	18797,00	149,22
17577,00	4,04	17988,00	52,95	18400,00	101,98	18811,00	150,89
17591,00	5,71	18002,00	54,62	18413,00	103,53	18825,00	152,55
17604,00	7,25	18016,00	56,28	18427,00	105,19	18839,00	154,22
17618,00	8,92	18030,00	57,95	18441,00	106,86	18852,00	155,77
17632,00	10,59	18043,00	59,50	18455,00	108,52	18866,00	157,43
17645,00	12,13	18057,00	61,16	18469,00	110,19	18880,00	159,10
17659,00	13,80	18071,00	62,83	18482,00	111,74	18894,00	160,76
17673,00	15,47	18084,00	64,37	18496,00	113,40	18907,00	162,31
17686,00	17,01	18098,00	66,04	18509,00	114,95	18921,00	163,98
17700,00	18,68	18112,00	67,71	18523,00	116,62	18935,00	165,64
17714,00	20,34	18125,00	69,25	18537,00	118,28	18948,00	167,19
17728,00	22,01	18139,00	70,92	18550,00	119,83	18962,00	168,86
17741,00	23,56	18153,00	72,59	18564,00	121,49	18976,00	170,52
17755,00	25,22	18167,00	74,25	18578,00	123,16	18989,00	172,07
17769,00	26,89	18180,00	75,80	18592,00	124,83	19003,00	173,74
17783,00	28,56	18194,00	77,46	18605,00	126,37	19017,00	175,40
17797,00	30,22	18208,00	79,13	18619,00	128,04	19030,00	176,95
17810,00	31,77	18222,00	80,80	18633,00	129,71	19044,00	178,61
17824,00	33,43	18235,00	82,34	18647,00	131,37	19058,00	180,28
17838,00	35,10	18249,00	84,01	18660,00	132,92	19072,00	181,95
17851,00	36,65	18263,00	85,68	18674,00	134,58	19085,00	183,49
17865,00	38,31	18276,00	87,22	18688,00	136,25	19099,00	185,16
17878,00	39,86	18290,00	88,89	18702,00	137,92	19113,00	186,83
17892,00	41,53	18304,00	90,55	18715,00	139,46	19127,00	188,49
17906,00	43,19	18317,00	92,10	18729,00	141,13	19140,00	190,04
17920,00	44,86	18331,00	93,77	18743,00	142,80	19154,00	191,70
17933,00	46,41	18345,00	95,43	18756,00	144,34	19168,00	193,37

Steuerklasse I, II, IV, V, VI		Steuerklasse I, II, IV, V, VI		Steuerklasse I, II, IV, V, VI		Steuerklasse I, II, IV, V, VI	
Maßstabs-lohnsteuer €	Solidaritäts-zuschlag €	Maßstabs-lohnsteuer €	Solidaritäts-zuschlag €	Maßstabs-lohnsteuer €	Solidaritäts-zuschlag €	Maßstabs-lohnsteuer €	Solidaritäts-zuschlag €
19181,00	194,92	20114,00	305,94	21115,00	425,06	22143,00	547,40
19195,00	196,58	20128,00	307,61	21130,00	426,85	22158,00	549,18
19209,00	198,25	20141,00	309,16	21145,00	428,63	22173,00	550,97
19222,00	199,80	20155,00	310,82	21160,00	430,42	22188,00	552,75
19236,00	201,46	20169,00	312,49	21175,00	432,20	22204,00	554,65
19250,00	203,13	20183,00	314,16	21191,00	434,11	22219,00	556,44
19264,00	204,79	20196,00	315,70	21206,00	435,89	22234,00	558,22
19277,00	206,34	20210,00	317,37	21221,00	437,68	22249,00	560,01
19291,00	208,01	20224,00	319,03	21236,00	439,46	22264,00	561,79
19305,00	209,67	20238,00	320,70	21251,00	441,25	22279,00	563,58
19319,00	211,34	20251,00	322,25	21266,00	443,03	22294,00	565,36
19332,00	212,89	20265,00	323,91	21281,00	444,82	22309,00	567,15
19346,00	214,55	20279,00	325,58	21296,00	446,60	22325,00	569,05
19360,00	216,22	20292,00	327,13	21311,00	448,39	22340,00	570,84
19374,00	217,88	20306,00	328,79	21327,00	450,29	22355,00	572,62
19387,00	219,43	20320,00	330,46	21342,00	452,08	22370,00	574,41
19401,00	221,10	20333,00	332,01	21357,00	453,86	22385,00	576,19
19415,00	222,76	20347,00	333,67	21372,00	455,65	22400,00	577,98
19428,00	224,31	20361,00	335,34	21387,00	457,43	22415,00	579,76
19442,00	225,98	20374,00	336,88	21402,00	459,22	22430,00	581,55
19456,00	227,64	20389,00	338,67	21417,00	461,00	22445,00	583,33
19469,00	229,19	20404,00	340,45	21432,00	462,79	22461,00	585,24
19483,00	230,86	20419,00	342,24	21448,00	464,69	22476,00	587,02
19497,00	232,52	20435,00	344,14	21463,00	466,48	22491,00	588,81
19511,00	234,19	20450,00	345,93	21478,00	468,26	22506,00	590,59
19524,00	235,73	20465,00	347,71	21493,00	470,05	22521,00	592,38
19538,00	237,40	20480,00	349,50	21508,00	471,83	22536,00	594,16
19552,00	239,07	20495,00	351,28	21523,00	473,62	22551,00	595,95
19566,00	240,73	20510,00	353,07	21538,00	475,40	22566,00	597,73
19579,00	242,28	20525,00	354,85	21553,00	477,19	22582,00	599,64
19593,00	243,95	20540,00	356,64	21569,00	479,09	22597,00	601,42
19607,00	245,61	20555,00	358,42	21584,00	480,87	22612,00	603,21
19620,00	247,16	20571,00	360,33	21599,00	482,66	22627,00	604,99
19634,00	248,82	20586,00	362,11	21614,00	484,44	22642,00	606,78
19648,00	250,49	20601,00	363,90	21629,00	486,23	22657,00	608,56
19661,00	252,04	20616,00	365,68	21644,00	488,01	22672,00	610,35
19675,00	253,70	20631,00	367,47	21659,00	489,80	22687,00	612,13
19689,00	255,37	20646,00	369,25	21674,00	491,58	22703,00	614,04
19702,00	256,92	20661,00	371,04	21689,00	493,37	22718,00	615,82
19716,00	258,58	20676,00	372,82	21705,00	495,27	22733,00	617,61
19730,00	260,25	20692,00	374,73	21720,00	497,06	22748,00	619,39
19744,00	261,91	20707,00	376,51	21735,00	498,84	22763,00	621,18
19757,00	263,46	20722,00	378,30	21750,00	500,63	22778,00	622,96
19771,00	265,13	20737,00	380,08	21765,00	502,41	22793,00	624,75
19785,00	266,79	20752,00	381,87	21780,00	504,20	22808,00	626,53
19799,00	268,46	20767,00	383,65	21795,00	505,98	22823,00	628,32
19812,00	270,01	20782,00	385,44	21810,00	507,77	22839,00	630,22
19826,00	271,67	20797,00	387,22	21826,00	509,67	22854,00	632,00
19840,00	273,34	20813,00	389,13	21841,00	511,46	22869,00	633,79
19853,00	274,89	20828,00	390,91	21856,00	513,24	22884,00	635,57
19867,00	276,55	20843,00	392,70	21871,00	515,03	22899,00	637,36
19881,00	278,22	20858,00	394,48	21886,00	516,81	22914,00	639,14
19894,00	279,76	20873,00	396,27	21901,00	518,60	22929,00	640,93
19908,00	281,43	20888,00	398,05	21916,00	520,38	22944,00	642,71
19922,00	283,10	20903,00	399,84	21931,00	522,17	22960,00	644,62
19936,00	284,76	20918,00	401,62	21947,00	524,07	22975,00	646,40
19949,00	286,31	20933,00	403,41	21962,00	525,86	22990,00	648,19
19963,00	287,98	20949,00	405,31	21977,00	527,64	23005,00	649,97
19977,00	289,64	20964,00	407,09	21992,00	529,43	23020,00	651,76
19991,00	291,31	20979,00	408,88	22007,00	531,21	23035,00	653,54
20004,00	292,85	20994,00	410,66	22022,00	533,00	23050,00	655,33
20018,00	294,52	21009,00	412,45	22037,00	534,78	23065,00	657,11
20032,00	296,19	21024,00	414,23	22052,00	536,57	23081,00	659,02
20046,00	297,85	21039,00	416,02	22067,00	538,35	23096,00	660,80
20059,00	299,40	21054,00	417,80	22083,00	540,26	23111,00	662,59
20073,00	301,07	21070,00	419,71	22098,00	542,04	23126,00	664,37
20086,00	302,61	21085,00	421,49	22113,00	543,83	23141,00	666,16
20100,00	304,28	21100,00	423,28	22128,00	545,61	23156,00	667,94

Steuerklasse I, II, IV, V, VI		Steuerklasse I, II, IV, V, VI		Steuerklasse I, II, IV, V, VI		Steuerklasse I, II, IV, V, VI	
Maßstabslohnsteuer €	Solidaritätszuschlag €	Maßstabslohnsteuer €	Solidaritätszuschlag €	Maßstabslohnsteuer €	Solidaritätszuschlag €	Maßstabslohnsteuer €	Solidaritätszuschlag €
23171,00	669,73	24199,00	792,06	25228,00	914,51	26256,00	1036,84
23186,00	671,51	24215,00	793,96	25243,00	916,30	26271,00	1038,63
23201,00	673,30	24230,00	795,75	25258,00	918,08	26286,00	1040,41
23217,00	675,20	24245,00	797,53	25273,00	919,87	26301,00	1042,20
23232,00	676,99	24260,00	799,32	25288,00	921,65	26316,00	1043,98
23247,00	678,77	24275,00	801,10	25303,00	923,44	26331,00	1045,77
23262,00	680,56	24290,00	802,89	25318,00	925,22	26346,00	1047,55
23277,00	682,34	24305,00	804,67	25333,00	927,01	26362,00	1049,46
23292,00	684,13	24320,00	806,46	25349,00	928,91	26377,00	1051,24
23307,00	685,91	24335,00	808,24	25364,00	930,69	26392,00	1053,03
23322,00	687,70	24351,00	810,15	25379,00	932,48	26407,00	1054,81
23338,00	689,60	24366,00	811,93	25394,00	934,26	26422,00	1056,60
23353,00	691,39	24381,00	813,72	25409,00	936,05	26437,00	1058,38
23368,00	693,17	24396,00	815,50	25424,00	937,83	26452,00	1060,17
23383,00	694,96	24411,00	817,29	25439,00	939,62	26467,00	1061,95
23398,00	696,74	24426,00	819,07	25454,00	941,40	26483,00	1063,86
23413,00	698,53	24441,00	820,86	25469,00	943,19	26498,00	1065,64
23428,00	700,31	24456,00	822,64	25485,00	945,09	26513,00	1067,43
23443,00	702,10	24472,00	824,55	25500,00	946,88	26528,00	1069,21
23459,00	704,00	24487,00	826,33	25515,00	948,66	26543,00	1071,00
23474,00	705,78	24502,00	828,12	25530,00	950,45	26558,00	1072,78
23489,00	707,57	24517,00	829,90	25545,00	952,23	26573,00	1074,57
23504,00	709,35	24532,00	831,69	25560,00	954,02	26588,00	1076,35
23519,00	711,14	24547,00	833,47	25575,00	955,80	26603,00	1078,14
23534,00	712,92	24562,00	835,26	25590,00	957,59	26619,00	1080,04
23549,00	714,71	24577,00	837,04	25606,00	959,49	26634,00	1081,82
23564,00	716,49	24593,00	838,95	25621,00	961,28	26649,00	1083,61
23579,00	718,28	24608,00	840,73	25636,00	963,06	26664,00	1085,39
23595,00	720,18	24623,00	842,52	25651,00	964,85	26679,00	1087,18
23610,00	721,97	24638,00	844,30	25666,00	966,63	26694,00	1088,96
23625,00	723,75	24653,00	846,09	25681,00	968,42	26709,00	1090,75
23640,00	725,54	24668,00	847,87	25696,00	970,20	26724,00	1092,53
23655,00	727,32	24683,00	849,66	25711,00	971,99	26740,00	1094,44
23670,00	729,11	24698,00	851,44	25727,00	973,89	26755,00	1096,22
23685,00	730,89	24713,00	853,23	25742,00	975,68	26770,00	1098,01
23700,00	732,68	24729,00	855,13	25757,00	977,46	26785,00	1099,79
23716,00	734,58	24744,00	856,91	25772,00	979,25	26800,00	1101,58
23731,00	736,37	24759,00	858,70	25787,00	981,03	26815,00	1103,36
23746,00	738,15	24774,00	860,48	25802,00	982,82	26830,00	1105,15
23761,00	739,94	24789,00	862,27	25817,00	984,60	26845,00	1106,93
23776,00	741,72	24804,00	864,05	25832,00	986,39	26861,00	1108,84
23791,00	743,51	24819,00	865,84	25847,00	988,17	26876,00	1110,62
23806,00	745,29	24834,00	867,62	25863,00	990,08	26891,00	1112,41
23821,00	747,08	24850,00	869,53	25878,00	991,86	26906,00	1114,19
23837,00	748,98	24865,00	871,31	25893,00	993,65	26921,00	1115,98
23852,00	750,77	24880,00	873,10	25908,00	995,43	26936,00	1117,76
23867,00	752,55	24895,00	874,88	25923,00	997,22	26951,00	1119,55
23882,00	754,34	24910,00	876,67	25938,00	999,00	26966,00	1121,33
23897,00	756,12	24925,00	878,45	25953,00	1000,79	26981,00	1123,12
23912,00	757,91	24940,00	880,24	25968,00	1002,57	26997,00	1125,02
23927,00	759,69	24955,00	882,02	25984,00	1004,47	27012,00	1126,81
23942,00	761,48	24971,00	883,93	25999,00	1006,26	27027,00	1128,59
23957,00	763,26	24986,00	885,71	26014,00	1008,04	27042,00	1130,38
23973,00	765,17	25001,00	887,50	26029,00	1009,83	27057,00	1132,16
23988,00	766,95	25016,00	889,28	26044,00	1011,61	27072,00	1133,95
24003,00	768,74	25031,00	891,07	26059,00	1013,40	27087,00	1135,73
24018,00	770,52	25046,00	892,85	26074,00	1015,18	27102,00	1137,52
24033,00	772,31	25061,00	894,64	26089,00	1016,97	27118,00	1139,42
24048,00	774,09	25076,00	896,42	26105,00	1018,87	27133,00	1141,21
24063,00	775,88	25091,00	898,21	26120,00	1020,66	27148,00	1142,99
24078,00	777,66	25107,00	900,11	26135,00	1022,44	27163,00	1144,78
24094,00	779,56	25122,00	901,90	26150,00	1024,23	27178,00	1146,56
24109,00	781,35	25137,00	903,68	26165,00	1026,01	27193,00	1148,35
24124,00	783,13	25152,00	905,47	26180,00	1027,80	27208,00	1150,13
24139,00	784,92	25167,00	907,25	26195,00	1029,58	27223,00	1151,92
24154,00	786,70	25182,00	909,04	26210,00	1031,37	27239,00	1153,82
24169,00	788,49	25197,00	910,82	26225,00	1033,15	27254,00	1155,60
24184,00	790,27	25212,00	912,61	26241,00	1035,06	27269,00	1157,39

Steuerklasse I, II, IV, V, VI		Steuerklasse I, II, IV, V, VI		Steuerklasse I, II, IV, V, VI		Steuerklasse I, II, IV, V, VI	
Maßstabs-lohnsteuer €	Solidaritäts-zuschlag €	Maßstabs-lohnsteuer €	Solidaritäts-zuschlag €	Maßstabs-lohnsteuer €	Solidaritäts-zuschlag €	Maßstabs-lohnsteuer €	Solidaritäts-zuschlag €
27284,00	1159,17	28312,00	1281,51	29340,00	1403,84	30368,00	1526,17
27299,00	1160,96	28327,00	1283,29	29355,00	1405,62	30383,00	1527,96
27314,00	1162,74	28342,00	1285,08	29370,00	1407,41	30399,00	1529,86
27329,00	1164,53	28357,00	1286,86	29386,00	1409,31	30414,00	1531,64
27344,00	1166,31	28373,00	1288,77	29401,00	1411,10	30429,00	1533,43
27359,00	1168,10	28388,00	1290,55	29416,00	1412,88	30444,00	1535,21
27375,00	1170,00	28403,00	1292,34	29431,00	1414,67	30459,00	1537,00
27390,00	1171,79	28418,00	1294,12	29446,00	1416,45	30474,00	1538,78
27405,00	1173,57	28433,00	1295,91	29461,00	1418,24	30489,00	1540,57
27420,00	1175,36	28448,00	1297,69	29476,00	1420,02	30504,00	1542,35
27435,00	1177,14	28463,00	1299,48	29491,00	1421,81	30520,00	1544,26
27450,00	1178,93	28478,00	1301,26	29507,00	1423,71	30535,00	1546,04
27465,00	1180,71	28493,00	1303,05	29522,00	1425,50	30550,00	1547,83
27480,00	1182,50	28509,00	1304,95	29537,00	1427,28	30565,00	1549,61
27496,00	1184,40	28524,00	1306,73	29552,00	1429,07	30580,00	1551,40
27511,00	1186,19	28539,00	1308,52	29567,00	1430,85	30595,00	1553,18
27526,00	1187,97	28554,00	1310,30	29582,00	1432,64	30610,00	1554,97
27541,00	1189,76	28569,00	1312,09	29597,00	1434,42	30625,00	1556,75
27556,00	1191,54	28584,00	1313,87	29612,00	1436,21	30641,00	1558,66
27571,00	1193,33	28599,00	1315,66	29627,00	1437,99	30656,00	1560,44
27586,00	1195,11	28614,00	1317,44	29643,00	1439,90	30671,00	1562,23
27601,00	1196,90	28630,00	1319,35	29658,00	1441,68	30686,00	1564,01
27617,00	1198,80	28645,00	1321,13	29673,00	1443,47	30701,00	1565,80
27632,00	1200,59	28660,00	1322,92	29688,00	1445,25	30716,00	1567,58
27647,00	1202,37	28675,00	1324,70	29703,00	1447,04	30731,00	1569,37
27662,00	1204,16	28690,00	1326,49	29718,00	1448,82	30746,00	1571,15
27677,00	1205,94	28705,00	1328,27	29733,00	1450,61	30761,00	1572,94
27692,00	1207,73	28720,00	1330,06	29748,00	1452,39	30777,00	1574,84
27707,00	1209,51	28735,00	1331,84	29764,00	1454,29	30792,00	1576,63
27722,00	1211,30	28751,00	1333,75	29779,00	1456,08	30807,00	1578,41
27737,00	1213,08	28766,00	1335,53	29794,00	1457,86	30822,00	1580,20
27753,00	1214,99	28781,00	1337,32	29809,00	1459,65	30837,00	1581,98
27768,00	1216,77	28796,00	1339,10	29824,00	1461,43	30852,00	1583,77
27783,00	1218,56	28811,00	1340,89	29839,00	1463,22	30867,00	1585,55
27798,00	1220,34	28826,00	1342,67	29854,00	1465,00	30882,00	1587,34
27813,00	1222,13	28841,00	1344,46	29869,00	1466,79	30898,00	1589,24
27828,00	1223,91	28856,00	1346,24	29885,00	1468,69	30913,00	1591,03
27843,00	1225,70	28871,00	1348,03	29900,00	1470,48	30928,00	1592,81
27858,00	1227,48	28887,00	1349,93	29915,00	1472,26	30943,00	1594,60
27874,00	1229,38	28902,00	1351,72	29930,00	1474,05	30958,00	1596,38
27889,00	1231,17	28917,00	1353,50	29945,00	1475,83	30973,00	1598,17
27904,00	1232,95	28932,00	1355,29	29960,00	1477,62	30988,00	1599,95
27919,00	1234,74	28947,00	1357,07	29975,00	1479,40	31003,00	1601,74
27934,00	1236,52	28962,00	1358,86	29990,00	1481,19	31019,00	1603,64
27949,00	1238,31	28977,00	1360,64	30005,00	1482,97	31034,00	1605,42
27964,00	1240,09	28992,00	1362,43	30021,00	1484,88	31049,00	1607,21
27979,00	1241,88	29008,00	1364,33	30036,00	1486,66	31064,00	1608,99
27995,00	1243,78	29023,00	1366,12	30051,00	1488,45	31079,00	1610,78
28010,00	1245,57	29038,00	1367,90	30066,00	1490,23	31094,00	1612,56
28025,00	1247,35	29053,00	1369,69	30081,00	1492,02	31109,00	1614,35
28040,00	1249,14	29068,00	1371,47	30096,00	1493,80	31124,00	1616,13
28055,00	1250,92	29083,00	1373,26	30111,00	1495,59	31139,00	1617,92
28070,00	1252,71	29098,00	1375,04	30126,00	1497,37	31155,00	1619,82
28085,00	1254,49	29113,00	1376,83	30142,00	1499,28	31170,00	1621,61
28100,00	1256,28	29129,00	1378,73	30157,00	1501,06	31185,00	1623,39
28115,00	1258,06	29144,00	1380,51	30172,00	1502,85	31200,00	1625,18
28131,00	1259,97	29159,00	1382,30	30187,00	1504,63	31215,00	1626,96
28146,00	1261,75	29174,00	1384,08	30202,00	1506,42	31230,00	1628,75
28161,00	1263,54	29189,00	1385,87	30217,00	1508,20	31245,00	1630,53
28176,00	1265,32	29204,00	1387,65	30232,00	1509,99	31260,00	1632,32
28191,00	1267,11	29219,00	1389,44	30247,00	1511,77	31276,00	1634,22
28206,00	1268,89	29234,00	1391,22	30263,00	1513,68	31291,00	1636,01
28221,00	1270,68	29249,00	1393,01	30278,00	1515,46	31306,00	1637,79
28236,00	1272,46	29265,00	1394,91	30293,00	1517,25	31321,00	1639,58
28252,00	1274,37	29280,00	1396,70	30308,00	1519,03	31336,00	1641,36
28267,00	1276,15	29295,00	1398,48	30323,00	1520,82	31351,00	1643,15
28282,00	1277,94	29310,00	1400,27	30338,00	1522,60	31366,00	1644,93
28297,00	1279,72	29325,00	1402,05	30353,00	1524,39	31381,00	1646,72

Steuerklasse I, II, IV, V, VI		Steuerklasse I, II, IV, V, VI		Steuerklasse I, II, IV, V, VI		Steuerklasse I, II, IV, V, VI	
Maßstabs-lohnsteuer €	Solidaritäts-zuschlag €	Maßstabs-lohnsteuer €	Solidaritäts-zuschlag €	Maßstabs-lohnsteuer €	Solidaritäts-zuschlag €	Maßstabs-lohnsteuer €	Solidaritäts-zuschlag €
31397,00	1648,62	31714,00	1686,34	32032,00	1724,19	32349,00	1761,91
31412,00	1650,41	31729,00	1688,13	32047,00	1725,97	32364,00	1763,69
31427,00	1652,19	31744,00	1689,91	32062,00	1727,76	32379,00	1765,48
31442,00	1653,98	31759,00	1691,70	32077,00	1729,54	32394,00	1767,26
31457,00	1655,76	31775,00	1693,60	32092,00	1731,33	32410,00	1769,17
31472,00	1657,55	31790,00	1695,39	32107,00	1733,11	32425,00	1770,95
31487,00	1659,33	31805,00	1697,17	32122,00	1734,90	32440,00	1772,74
31502,00	1661,12	31820,00	1698,96	32137,00	1736,68	32455,00	1774,52
31517,00	1662,90	31835,00	1700,74	32153,00	1738,59	32470,00	1776,31
31533,00	1664,81	31850,00	1702,53	32168,00	1740,37	32485,00	1778,09
31548,00	1666,59	31865,00	1704,31	32183,00	1742,16	32500,00	1779,88
31563,00	1668,38	31880,00	1706,10	32198,00	1743,94	32515,00	1781,66
31578,00	1670,16	31895,00	1707,88	32213,00	1745,73	32531,00	1783,57
31593,00	1671,95	31911,00	1709,79	32228,00	1747,51	32546,00	1785,35
31608,00	1673,73	31926,00	1711,57	32243,00	1749,30	32561,00	1787,14
31623,00	1675,52	31941,00	1713,36	32258,00	1751,08	32576,00	1788,92
31638,00	1677,30	31956,00	1715,14	32273,00	1752,87	32591,00	1790,71
31654,00	1679,20	31971,00	1716,93	32289,00	1754,77	32606,00	1792,49
31669,00	1680,99	31986,00	1718,71	32304,00	1756,55	32621,00	1794,15
31684,00	1682,77	32001,00	1720,50	32319,00	1758,34		
31699,00	1684,56	32016,00	1722,28	32334,00	1760,12		

Lohn/ Gehalt in € bis	Steuerklasse	Lohn- steuer*	BVSP**	TAGZ***
35,99	I,IV		4	3
	II		4	3
	III		4	3
	V		4	3
	VI	**3**	4	3
71,99	I,IV		8	6
	II		8	6
	III		8	6
	V		8	6
	VI	**7**	8	6
107,99	I,IV		12	10
	II		12	10
	III		12	10
	V		12	10
	VI	**11**	12	10
143,99	I,IV		17	13
	II		17	13
	III		17	13
	V		17	13
	VI	**15**	17	13
179,99	I,IV		21	16
	II		21	16
	III		21	16
	V		21	16
	VI	**19**	21	16
215,99	I,IV		25	20
	II		25	20
	III		25	20
	V		25	20
	VI	**23**	25	20
251,99	I,IV		30	23
	II		30	23
	III		30	23
	V		30	23
	VI	**27**	30	23
287,99	I,IV		34	27
	II		34	27
	III		34	27
	V		34	27
	VI	**31**	34	27
323,99	I,IV		38	30
	II		38	30
	III		38	30
	V		38	30
	VI	**35**	38	30
359,99	I,IV		43	33
	II		43	33
	III		43	33
	V		43	33
	VI	**39**	43	33
395,99	I,IV		47	37
	II		47	37
	III		47	37
	V		47	37
	VI	**43**	47	37
431,99	I,IV		51	40
	II		51	40
	III		51	40
	V		51	40
	VI	**47**	51	40

Lohn/ Gehalt in € bis	Steuerklasse	Lohn- steuer*	BVSP**	TAGZ***
467,99	I,IV		56	44
	II		56	44
	III		56	44
	V		56	44
	VI	**51**	56	44
503,99	I,IV		60	47
	II		60	47
	III		60	47
	V		60	47
	VI	**55**	60	47
539,99	I,IV		64	50
	II		64	50
	III		64	50
	V		64	50
	VI	**59**	64	50
575,99	I,IV		69	54
	II		69	54
	III		69	54
	V		69	54
	VI	**63**	69	54
611,99	I,IV		73	57
	II		73	57
	III		73	57
	V		73	57
	VI	**67**	73	57
647,99	I,IV		77	60
	II		77	60
	III		77	60
	V		77	60
	VI	**71**	77	60
683,99	I,IV		82	64
	II		82	64
	III		82	64
	V		82	64
	VI	**75**	82	64
719,99	I,IV		86	67
	II		86	67
	III		86	67
	V		86	67
	VI	**79**	86	67
755,99	I,IV		90	71
	II		90	71
	III		90	71
	V		90	71
	VI	**83**	90	71
791,99	I,IV		95	74
	II		95	74
	III		95	74
	V		95	74
	VI	**87**	95	74
827,99	I,IV		99	77
	II		99	77
	III		99	77
	V		99	77
	VI	**91**	99	77
863,99	I,IV		103	81
	II		103	81
	III		103	81
	V		103	81
	VI	**94**	103	81

* Zur LSt-Berechnung für privat versicherte Arbeitnehmer s. Beispiele **Vorbemerkung S. 4 f.**
** Basisvorsorgepauschale KV und PV *** Typisierter Arbeitgeberzuschuss

Lohn/ Gehalt in € bis	Steuerklasse	Lohn-steuer*	BVSP**	TAGZ***
899,99	I,IV		107	84
	II		107	84
	III		107	84
	V		107	84
	VI	**98**	107	84
935,99	I,IV		112	88
	II		112	88
	III		112	88
	V		112	88
	VI	**102**	112	88
971,99	I,IV		116	91
	II		116	91
	III		116	91
	V		116	91
	VI	**106**	116	91
1 007,99	I,IV		120	94
	II		120	94
	III		120	94
	V		120	94
	VI	**110**	120	94
1 043,99	I,IV		125	98
	II		125	98
	III		125	98
	V		125	98
	VI	**114**	125	98
1 079,99	I,IV		129	101
	II		129	101
	III		129	101
	V		129	101
	VI	**118**	129	101
1 115,99	I,IV		133	105
	II		133	105
	III		133	105
	V		133	105
	VI	**122**	133	105
1 151,99	I,IV		138	108
	II		138	108
	III		138	108
	V		138	108
	VI	**126**	138	108
1 187,99	I,IV		142	111
	II		142	111
	III		142	111
	V		142	111
	VI	**130**	142	111
1 223,99	I,IV		146	115
	II		146	115
	III		146	115
	V		146	115
	VI	**134**	146	115
1 259,99	I,IV		151	118
	II		151	118
	III		151	118
	V		151	118
	VI	**138**	151	118
1 295,99	I,IV		155	121
	II		155	121
	III		155	121
	V		155	121
	VI	**142**	155	121

Lohn/ Gehalt in € bis	Steuerklasse	Lohn-steuer*	BVSP**	TAGZ***
1 331,99	I,IV		159	125
	II		159	125
	III		159	125
	V		159	125
	VI	**146**	159	125
1 367,99	I,IV		164	128
	II		164	128
	III		164	128
	V		164	128
	VI	**150**	164	128
1 403,99	I,IV		168	132
	II		168	132
	III		168	132
	V		168	132
	VI	**154**	168	132
1 439,99	I,IV		172	135
	II		172	135
	III		172	135
	V		172	135
	VI	**158**	172	135
1 475,99	I,IV		177	138
	II		177	138
	III		177	138
	V		177	138
	VI	**162**	177	138
1 511,99	I,IV		181	142
	II		181	142
	III		181	142
	V		181	142
	VI	**166**	181	142
1 547,99	I,IV		185	145
	II		185	145
	III		185	145
	V		185	145
	VI	**170**	185	145
1 583,99	I,IV		190	149
	II		190	149
	III		190	149
	V		190	149
	VI	**174**	190	149
1 619,99	I,IV		194	152
	II		194	152
	III		194	152
	V		194	152
	VI	**178**	194	152
1 655,99	I,IV		198	155
	II		198	155
	III		198	155
	V	**5**	198	155
	VI	**182**	198	155
1 691,99	I,IV		203	159
	II		203	159
	III		203	159
	V	**8**	203	159
	VI	**186**	203	159
1 727,99	I,IV		207	162
	II		207	162
	III		207	162
	V	**12**	207	162
	VI	**190**	207	162

* Zur LSt-Berechnung für privat versicherte Arbeitnehmer s. Beispiele **Vorbemerkung S. 4 f.**
** Basisvorsorgepauschale KV und PV *** Typisierter Arbeitgeberzuschuss

Lohn/ Gehalt in € bis	Steuerklasse	Lohn-steuer*	BVSP**	TAGZ***
1 763,99	I,IV		211	166
	II		211	166
	III		211	166
	V	**16**	211	166
	VI	**194**	211	166
1 799,99	I,IV		215	169
	II		215	169
	III		215	169
	V	**20**	215	169
	VI	**198**	215	169
1 835,99	I,IV		220	172
	II		220	172
	III		220	172
	V	**24**	220	172
	VI	**202**	220	172
1 871,99	I,IV		224	176
	II		224	176
	III		224	176
	V	**28**	224	176
	VI	**206**	224	176
1 907,99	I,IV		228	179
	II		228	179
	III		228	179
	V	**32**	228	179
	VI	**210**	228	179
1 943,99	I,IV		233	182
	II		233	182
	III		233	182
	V	**36**	233	182
	VI	**213**	233	182
1 979,99	I,IV		237	186
	II		237	186
	III		237	186
	V	**40**	237	186
	VI	**217**	237	186
2 015,99	I,IV		241	189
	II		241	189
	III		241	189
	V	**44**	241	189
	VI	**221**	241	189
2 051,99	I,IV		246	193
	II		246	193
	III		246	193
	V	**48**	246	193
	VI	**225**	246	193
2 087,99	I,IV		250	196
	II		250	196
	III		250	196
	V	**52**	250	196
	VI	**229**	250	196
2 123,99	I,IV		254	199
	II		254	199
	III		254	199
	V	**56**	254	199
	VI	**233**	254	199
2 159,99	I,IV		259	203
	II		259	203
	III		259	203
	V	**60**	259	203
	VI	**237**	259	203
2 195,99	I,IV		263	206
	II		263	206
	III		263	206
	V	**64**	263	206
	VI	**241**	263	206
2 231,99	I,IV		267	210
	II		267	210
	III		267	210
	V	**68**	267	210
	VI	**245**	267	210
2 267,99	I,IV		272	213
	II		272	213
	III		272	213
	V	**72**	272	213
	VI	**249**	272	213
2 303,99	I,IV		276	216
	II		276	216
	III		276	216
	V	**76**	276	216
	VI	**253**	276	216
2 339,99	I,IV		280	220
	II		280	220
	III		280	220
	V	**80**	280	220
	VI	**257**	280	220
2 375,99	I,IV		285	223
	II		285	223
	III		285	223
	V	**84**	285	223
	VI	**261**	285	223
2 411,99	I,IV		289	227
	II		289	227
	III		289	227
	V	**88**	289	227
	VI	**265**	289	227
2 447,99	I,IV		293	230
	II		293	230
	III		293	230
	V	**92**	293	230
	VI	**269**	293	230
2 483,99	I,IV		298	233
	II		298	233
	III		298	233
	V	**96**	298	233
	VI	**273**	298	233
2 519,99	I,IV		302	237
	II		302	237
	III		302	237
	V	**100**	302	237
	VI	**277**	302	237
2 555,99	I,IV		306	240
	II		306	240
	III		306	240
	V	**104**	306	240
	VI	**281**	306	240
2 591,99	I,IV		311	243
	II		311	243
	III		311	243
	V	**108**	311	243
	VI	**285**	311	243

* Zur LSt-Berechnung für privat versicherte Arbeitnehmer s. Beispiele **Vorbemerkung S. 4 f.**
** Basisvorsorgepauschale KV und PV *** Typisierter Arbeitgeberzuschuss

Lohn/ Gehalt in € bis	Steuerklasse	Lohnsteuer*	BVSP**	TAGZ***
2627,99	I,IV		315	247
	II		315	247
	III		315	247
	V	**112**	315	247
	VI	**289**	315	247
2663,99	I,IV		319	250
	II		319	250
	III		319	250
	V	**116**	319	250
	VI	**293**	319	250
2699,99	I,IV		323	254
	II		323	254
	III		323	254
	V	**119**	323	254
	VI	**297**	323	254
2735,99	I,IV		328	257
	II		328	257
	III		328	257
	V	**124**	328	257
	VI	**301**	328	257
2771,99	I,IV		332	260
	II		332	260
	III		332	260
	V	**127**	332	260
	VI	**305**	332	260
2807,99	I,IV		336	264
	II		336	264
	III		336	264
	V	**131**	336	264
	VI	**309**	336	264
2843,99	I,IV		341	267
	II		341	267
	III		341	267
	V	**135**	341	267
	VI	**313**	341	267
2879,99	I,IV		345	271
	II		345	271
	III		345	271
	V	**139**	345	271
	VI	**317**	345	271
2915,99	I,IV		349	274
	II		349	274
	III		349	274
	V	**143**	349	274
	VI	**321**	349	274
2951,99	I,IV		354	277
	II		354	277
	III		354	277
	V	**147**	354	277
	VI	**325**	354	277
2987,99	I,IV		358	281
	II		358	281
	III		358	281
	V	**151**	358	281
	VI	**329**	358	281
3023,99	I,IV		362	284
	II		362	284
	III		362	284
	V	**155**	362	284
	VI	**332**	362	284

Lohn/ Gehalt in € bis	Steuerklasse	Lohnsteuer*	BVSP**	TAGZ***
3059,99	I,IV		367	288
	II		367	288
	III		367	288
	V	**159**	367	288
	VI	**336**	367	288
3095,99	I,IV		371	291
	II		371	291
	III		371	291
	V	**163**	371	291
	VI	**340**	371	291
3131,99	I,IV		375	294
	II		375	294
	III		375	294
	V	**167**	375	294
	VI	**344**	375	294
3167,99	I,IV		380	298
	II		380	298
	III		380	298
	V	**171**	380	298
	VI	**348**	380	298
3203,99	I,IV		384	301
	II		384	301
	III		384	301
	V	**175**	384	301
	VI	**352**	384	301
3239,99	I,IV		388	304
	II		388	304
	III		388	304
	V	**179**	388	304
	VI	**356**	388	304
3275,99	I,IV		393	308
	II		393	308
	III		393	308
	V	**183**	393	308
	VI	**360**	393	308
3311,99	I,IV		397	311
	II		397	311
	III		397	311
	V	**187**	397	311
	VI	**364**	397	311
3347,99	I,IV		401	315
	II		401	315
	III		401	315
	V	**191**	401	315
	VI	**368**	401	315
3383,99	I,IV		406	318
	II		406	318
	III		406	318
	V	**195**	406	318
	VI	**372**	406	318
3419,99	I,IV		410	321
	II		410	321
	III		410	321
	V	**199**	410	321
	VI	**376**	410	321
3455,99	I,IV		414	325
	II		414	325
	III		414	325
	V	**203**	414	325
	VI	**380**	414	325

* Zur LSt-Berechnung für privat versicherte Arbeitnehmer s. Beispiele **Vorbemerkung S. 4 f.**
** Basisvorsorgepauschale KV und PV *** Typisierter Arbeitgeberzuschuss

Lohn/ Gehalt in € bis	Steuerklasse	Lohn- steuer*	BVSP**	TAGZ***
3491,99	I,IV		419	328
	II		419	328
	III		419	328
	V	**207**	419	328
	VI	**384**	419	328
3527,99	I,IV		423	332
	II		423	332
	III		423	332
	V	**211**	423	332
	VI	**388**	423	332
3563,99	I,IV		427	335
	II		427	335
	III		427	335
	V	**215**	427	335
	VI	**392**	427	335
3599,99	I,IV		431	338
	II		431	338
	III		431	338
	V	**219**	431	338
	VI	**396**	431	338
3635,99	I,IV		436	342
	II		436	342
	III		436	342
	V	**223**	436	342
	VI	**400**	436	342
3671,99	I,IV		440	345
	II		440	345
	III		440	345
	V	**227**	440	345
	VI	**404**	440	345
3707,99	I,IV		444	349
	II		444	349
	III		444	349
	V	**231**	444	349
	VI	**408**	444	349
3743,99	I,IV		449	352
	II		449	352
	III		449	352
	V	**235**	449	352
	VI	**412**	449	352
3779,99	I,IV		453	355
	II		453	355
	III		453	355
	V	**238**	453	355
	VI	**416**	453	355
3815,99	I,IV		457	359
	II		457	359
	III		457	359
	V	**243**	457	359
	VI	**420**	457	359
3851,99	I,IV		462	362
	II		462	362
	III		462	362
	V	**246**	462	362
	VI	**424**	462	362
3887,99	I,IV		466	365
	II		466	365
	III		466	365
	V	**250**	466	365
	VI	**428**	466	365

Lohn/ Gehalt in € bis	Steuerklasse	Lohn- steuer*	BVSP**	TAGZ***
3923,99	I,IV		470	369
	II		470	369
	III		470	369
	V	**254**	470	369
	VI	**432**	470	369
3959,99	I,IV		475	372
	II		475	372
	III		475	372
	V	**258**	475	372
	VI	**436**	475	372
3995,99	I,IV		479	376
	II		479	376
	III		479	376
	V	**262**	479	376
	VI	**440**	479	376
4031,99	I,IV		483	379
	II		483	379
	III		483	379
	V	**266**	483	379
	VI	**444**	483	379
4067,99	I,IV		488	382
	II		488	382
	III		488	382
	V	**270**	488	382
	VI	**448**	488	382
4103,99	I,IV		492	386
	II		492	386
	III		492	386
	V	**274**	492	386
	VI	**451**	492	386
4139,99	I,IV		496	389
	II		496	389
	III		496	389
	V	**278**	496	389
	VI	**455**	496	389
4175,99	I,IV		501	393
	II		501	393
	III		501	393
	V	**282**	501	393
	VI	**459**	501	393
4211,99	I,IV		505	396
	II		505	396
	III		505	396
	V	**286**	505	396
	VI	**463**	505	396
4247,99	I,IV		509	399
	II		509	399
	III		509	399
	V	**290**	509	399
	VI	**467**	509	399
4283,99	I,IV		514	403
	II		514	403
	III		514	403
	V	**294**	514	403
	VI	**471**	514	403
4319,99	I,IV		518	406
	II		518	406
	III		518	406
	V	**298**	518	406
	VI	**475**	518	406

* Zur LSt-Berechnung für privat versicherte Arbeitnehmer s. Beispiele **Vorbemerkung S. 4 f.**
** Basisvorsorgepauschale KV und PV *** Typisierter Arbeitgeberzuschuss

Lohn/ Gehalt in € bis	Steuerklasse	Lohn-steuer*	BVSP**	TAGZ***
4 355,99	I,IV		522	410
	II		522	410
	III		522	410
	V	**302**	522	410
	VI	**479**	522	410
4 391,99	I,IV		527	413
	II		527	413
	III		527	413
	V	**306**	527	413
	VI	**483**	527	413
4 427,99	I,IV		531	416
	II		531	416
	III		531	416
	V	**310**	531	416
	VI	**487**	531	416
4 463,99	I,IV		535	420
	II		535	420
	III		535	420
	V	**314**	535	420
	VI	**491**	535	420
4 499,99	I,IV		539	423
	II		539	423
	III		539	423
	V	**318**	539	423
	VI	**495**	539	423
4 535,99	I,IV		544	426
	II		544	426
	III		544	426
	V	**322**	544	426
	VI	**499**	544	426
4 571,99	I,IV		548	430
	II		548	430
	III		548	430
	V	**326**	548	430
	VI	**503**	548	430
4 607,99	I,IV		552	433
	II		552	433
	III		552	433
	V	**330**	552	433
	VI	**507**	552	433
4 643,99	I,IV		557	437
	II		557	437
	III		557	437
	V	**334**	557	437
	VI	**511**	557	437
4 679,99	I,IV		561	440
	II		561	440
	III		561	440
	V	**338**	561	440
	VI	**515**	561	440
4 715,99	I,IV		565	443
	II		565	443
	III		565	443
	V	**342**	565	443
	VI	**519**	565	443
4 751,99	I,IV		570	447
	II		570	447
	III		570	447
	V	**346**	570	447
	VI	**523**	570	447

Lohn/ Gehalt in € bis	Steuerklasse	Lohn-steuer*	BVSP**	TAGZ***
4 787,99	I,IV		574	450
	II		574	450
	III		574	450
	V	**350**	574	450
	VI	**527**	574	450
4 823,99	I,IV		578	454
	II		578	454
	III		578	454
	V	**354**	578	454
	VI	**531**	578	454
4 859,99	I,IV		583	457
	II		583	457
	III		583	457
	V	**357**	583	457
	VI	**535**	583	457
4 895,99	I,IV		587	460
	II		587	460
	III		587	460
	V	**362**	587	460
	VI	**539**	587	460
4 931,99	I,IV		591	464
	II		591	464
	III		591	464
	V	**365**	591	464
	VI	**543**	591	464
4 967,99	I,IV		596	467
	II		596	467
	III		596	467
	V	**369**	596	467
	VI	**547**	596	467
5 003,99	I,IV		600	471
	II		600	471
	III		600	471
	V	**373**	600	471
	VI	**551**	600	471
5 039,99	I,IV		604	474
	II		604	474
	III		604	474
	V	**377**	604	474
	VI	**555**	604	474
5 075,99	I,IV		609	477
	II		609	477
	III		609	477
	V	**381**	609	477
	VI	**559**	609	477
5 111,99	I,IV		613	481
	II		613	481
	III		613	481
	V	**385**	613	481
	VI	**563**	613	481
5 147,99	I,IV		617	484
	II		617	484
	III		617	484
	V	**389**	617	484
	VI	**567**	617	484
5 183,99	I,IV		622	487
	II		622	487
	III		622	487
	V	**393**	622	487
	VI	**570**	622	487

* Zur LSt-Berechnung für privat versicherte Arbeitnehmer s. Beispiele **Vorbemerkung S. 4f.**
** Basisvorsorgepauschale KV und PV *** Typisierter Arbeitgeberzuschuss

Lohn/ Gehalt in € bis	Steuerklasse	Lohn- steuer*	BVSP**	TAGZ***
5 219,99	I,IV		626	491
	II		626	491
	III		626	491
	V	**397**	626	491
	VI	**574**	626	491
5 255,99	I,IV		630	494
	II		630	494
	III		630	494
	V	**401**	630	494
	VI	**578**	630	494
5 291,99	I,IV		635	498
	II		635	498
	III		635	498
	V	**405**	635	498
	VI	**582**	635	498
5 327,99	I,IV		639	501
	II		639	501
	III		639	501
	V	**409**	639	501
	VI	**586**	639	501
5 363,99	I,IV		643	504
	II		643	504
	III		643	504
	V	**413**	643	504
	VI	**590**	643	504
5 399,99	I,IV		647	508
	II		647	508
	III		647	508
	V	**417**	647	508
	VI	**594**	647	508
5 435,99	I,IV		652	511
	II		652	511
	III		652	511
	V	**421**	652	511
	VI	**598**	652	511
5 471,99	I,IV		656	515
	II		656	515
	III		656	515
	V	**425**	656	515
	VI	**602**	656	515
5 507,99	I,IV		660	518
	II		660	518
	III		660	518
	V	**429**	660	518
	VI	**606**	660	518
5 543,99	I,IV		665	521
	II		665	521
	III		665	521
	V	**433**	665	521
	VI	**610**	665	521
5 579,99	I,IV		669	525
	II		669	525
	III		669	525
	V	**437**	669	525
	VI	**614**	669	525
5 615,99	I,IV		673	528
	II		673	528
	III		673	528
	V	**441**	673	528
	VI	**618**	673	528
5 651,99	I,IV		678	531
	II		678	531
	III		678	531
	V	**445**	678	531
	VI	**622**	678	531
5 687,99	I,IV		682	535
	II		682	535
	III		682	535
	V	**449**	682	535
	VI	**626**	682	535
5 723,99	I,IV		686	538
	II		686	538
	III		686	538
	V	**453**	686	538
	VI	**630**	686	538
5 759,99	I,IV		691	542
	II		691	542
	III		691	542
	V	**457**	691	542
	VI	**634**	691	542
5 795,99	I,IV		695	545
	II		695	545
	III		695	545
	V	**461**	695	545
	VI	**638**	695	545
5 831,99	I,IV		699	548
	II		699	548
	III		699	548
	V	**465**	699	548
	VI	**642**	699	548
5 867,99	I,IV		704	552
	II		704	552
	III		704	552
	V	**469**	704	552
	VI	**646**	704	552
5 903,99	I,IV		708	555
	II		708	555
	III		708	555
	V	**473**	708	555
	VI	**650**	708	555
5 939,99	I,IV		712	559
	II		712	559
	III		712	559
	V	**476**	712	559
	VI	**654**	712	559
5 975,99	I,IV		717	562
	II		717	562
	III		717	562
	V	**481**	717	562
	VI	**658**	717	562
6 011,99	I,IV		721	565
	II		721	565
	III		721	565
	V	**484**	721	565
	VI	**662**	721	565
6 047,99	I,IV		725	569
	II		725	569
	III		725	569
	V	**488**	725	569
	VI	**666**	725	569

* Zur LSt-Berechnung für privat versicherte Arbeitnehmer s. Beispiele **Vorbemerkung S. 4f.**
** Basisvorsorgepauschale KV und PV *** Typisierter Arbeitgeberzuschuss

Lohn/ Gehalt in € bis	Steuerklasse	Lohn-steuer*	BVSP**	TAGZ***
6083,99	I,IV		730	572
	II		730	572
	III		730	572
	V	**492**	730	572
	VI	**670**	730	572
6119,99	I,IV		734	576
	II		734	576
	III		734	576
	V	**496**	734	576
	VI	**674**	734	576
6155,99	I,IV		738	579
	II		738	579
	III		738	579
	V	**500**	738	579
	VI	**678**	738	579
6191,99	I,IV		743	582
	II		743	582
	III		743	582
	V	**504**	743	582
	VI	**682**	743	582
6227,99	I,IV		747	586
	II		747	586
	III		747	586
	V	**508**	747	586
	VI	**686**	747	586
6263,99	I,IV		751	589
	II		751	589
	III		751	589
	V	**512**	751	589
	VI	**689**	751	589
6299,99	I,IV		755	592
	II		755	592
	III		755	592
	V	**516**	755	592
	VI	**693**	755	592
6335,99	I,IV		760	596
	II		760	596
	III		760	596
	V	**520**	760	596
	VI	**697**	760	596
6371,99	I,IV		764	599
	II		764	599
	III		764	599
	V	**524**	764	599
	VI	**701**	764	599
6407,99	I,IV		768	603
	II		768	603
	III		768	603
	V	**528**	768	603
	VI	**705**	768	603
6443,99	I,IV		773	606
	II		773	606
	III		773	606
	V	**532**	773	606
	VI	**709**	773	606
6479,99	I,IV		777	609
	II		777	609
	III		777	609
	V	**536**	777	609
	VI	**713**	777	609
6515,99	I,IV		781	613
	II		781	613
	III		781	613
	V	**540**	781	613
	VI	**717**	781	613
6551,99	I,IV		786	616
	II		786	616
	III		786	616
	V	**544**	786	616
	VI	**721**	786	616
6587,99	I,IV		790	620
	II		790	620
	III		790	620
	V	**548**	790	620
	VI	**725**	790	620
6623,99	I,IV		794	623
	II		794	623
	III		794	623
	V	**552**	794	623
	VI	**729**	794	623
6659,99	I,IV		799	626
	II		799	626
	III		799	626
	V	**556**	799	626
	VI	**733**	799	626
6695,99	I,IV		803	630
	II		803	630
	III		803	630
	V	**560**	803	630
	VI	**737**	803	630
6731,99	I,IV		807	633
	II		807	633
	III		807	633
	V	**564**	807	633
	VI	**741**	807	633
6767,99	I,IV		812	637
	II		812	637
	III		812	637
	V	**568**	812	637
	VI	**745**	812	637
6803,99	I,IV		816	640
	II		816	640
	III		816	640
	V	**572**	816	640
	VI	**749**	816	640
6839,99	I,IV		820	643
	II		820	643
	III		820	643
	V	**576**	820	643
	VI	**753**	820	643
6875,99	I,IV		825	647
	II		825	647
	III		825	647
	V	**580**	825	647
	VI	**757**	825	647
6911,99	I,IV		829	650
	II		829	650
	III		829	650
	V	**584**	829	650
	VI	**761**	829	650

* Zur LSt-Berechnung für privat versicherte Arbeitnehmer s. Beispiele **Vorbemerkung S. 4 f.**
** Basisvorsorgepauschale KV und PV *** Typisierter Arbeitgeberzuschuss

Lohn/ Gehalt in € bis	Steuerklasse	Lohn-steuer*	BVSP**	TAGZ***
6 947,99	I,IV		833	653
	II		833	653
	III		833	653
	V	**588**	833	653
	VI	**765**	833	653
6 983,99	I,IV		838	657
	II		838	657
	III		838	657
	V	**592**	838	657
	VI	**769**	838	657
7 019,99	I,IV		842	660
	II		842	660
	III		842	660
	V	**595**	842	660
	VI	**773**	842	660
7 055,99	I,IV		846	664
	II		846	664
	III		846	664
	V	**600**	846	664
	VI	**777**	846	664
7 091,99	I,IV		851	667
	II		851	667
	III		851	667
	V	**603**	851	667
	VI	**781**	851	667
7 127,99	I,IV		855	670
	II		855	670
	III		855	670
	V	**607**	855	670
	VI	**785**	855	670
7 163,99	I,IV		859	674
	II		859	674
	III		859	674
	V	**611**	859	674
	VI	**789**	859	674
7 199,99	I,IV		863	677
	II		863	677
	III		863	677
	V	**615**	863	677
	VI	**793**	863	677
7 235,99	I,IV		868	681
	II		868	681
	III		868	681
	V	**619**	868	681
	VI	**797**	868	681
7 271,99	I,IV		872	684
	II		872	684
	III		872	684
	V	**623**	872	684
	VI	**801**	872	684
7 307,99	I,IV		876	687
	II		876	687
	III		876	687
	V	**627**	876	687
	VI	**805**	876	687
7 343,99	I,IV		881	691
	II		881	691
	III		881	691
	V	**631**	881	691
	VI	**808**	881	691

Lohn/ Gehalt in € bis	Steuerklasse	Lohn-steuer*	BVSP**	TAGZ***
7 379,99	I,IV		885	694
	II		885	694
	III		885	694
	V	**635**	885	694
	VI	**812**	885	694
7 415,99	I,IV		889	698
	II		889	698
	III		889	698
	V	**639**	889	698
	VI	**816**	889	698
7 451,99	I,IV		894	701
	II		894	701
	III		894	701
	V	**643**	894	701
	VI	**820**	894	701
7 487,99	I,IV		898	704
	II		898	704
	III		898	704
	V	**647**	898	704
	VI	**824**	898	704
7 523,99	I,IV		902	708
	II		902	708
	III		902	708
	V	**651**	902	708
	VI	**828**	902	708
7 559,99	I,IV		907	711
	II		907	711
	III		907	711
	V	**655**	907	711
	VI	**832**	907	711
7 595,99	I,IV		911	714
	II		911	714
	III		911	714
	V	**659**	911	714
	VI	**836**	911	714
7 631,99	I,IV		915	718
	II		915	718
	III		915	718
	V	**663**	915	718
	VI	**840**	915	718
7 667,99	I,IV		920	721
	II		920	721
	III		920	721
	V	**667**	920	721
	VI	**844**	920	721
7 703,99	I,IV		924	725
	II		924	725
	III		924	725
	V	**671**	924	725
	VI	**848**	924	725
7 739,99	I,IV		928	728
	II		928	728
	III		928	728
	V	**675**	928	728
	VI	**852**	928	728
7 775,99	I,IV		933	731
	II		933	731
	III		933	731
	V	**679**	933	731
	VI	**856**	933	731

* Zur LSt-Berechnung für privat versicherte Arbeitnehmer s. Beispiele **Vorbemerkung S. 4 f.**
** Basisvorsorgepauschale KV und PV *** Typisierter Arbeitgeberzuschuss

Lohn/ Gehalt in € bis	Steuerklasse	Lohn- steuer*	BVSP**	TAGZ***
7 811,99	I,IV		937	735
	II		937	735
	III		937	735
	V	**683**	937	735
	VI	**860**	937	735
7 847,99	I,IV		941	738
	II		941	738
	III		941	738
	V	**687**	941	738
	VI	**864**	941	738
7 883,99	I,IV		946	742
	II		946	742
	III		946	742
	V	**691**	946	742
	VI	**868**	946	742
7 919,99	I,IV		950	745
	II		950	745
	III		950	745
	V	**695**	950	745
	VI	**872**	950	745
7 955,99	I,IV		954	748
	II		954	748
	III		954	748
	V	**699**	954	748
	VI	**876**	954	748
7 991,99	I,IV		959	752
	II		959	752
	III		959	752
	V	**703**	959	752
	VI	**880**	959	752
8 027,99	I,IV		963	755
	II		963	755
	III		963	755
	V	**707**	963	755
	VI	**884**	963	755
8 063,99	I,IV		967	759
	II		967	759
	III		967	759
	V	**711**	967	759
	VI	**888**	967	759
8 099,99	I,IV		971	762
	II		971	762
	III		971	762
	V	**714**	971	762
	VI	**892**	971	762
8 135,99	I,IV		976	765
	II		976	765
	III		976	765
	V	**719**	976	765
	VI	**896**	976	765
8 171,99	I,IV		980	769
	II		980	769
	III		980	769
	V	**722**	980	769
	VI	**900**	980	769
8 207,99	I,IV		984	772
	II		984	772
	III		984	772
	V	**726**	984	772
	VI	**904**	984	772

Lohn/ Gehalt in € bis	Steuerklasse	Lohn- steuer*	BVSP**	TAGZ***
8 243,99	I,IV		989	775
	II		989	775
	III		989	775
	V	**730**	989	775
	VI	**908**	989	775
8 279,99	I,IV		993	779
	II		993	779
	III		993	779
	V	**734**	993	779
	VI	**912**	993	779
8 315,99	I,IV		997	782
	II		997	782
	III		997	782
	V	**738**	997	782
	VI	**916**	997	782
8 351,99	I,IV		1 002	786
	II		1 002	786
	III		1 002	786
	V	**742**	1 002	786
	VI	**920**	1 002	786
8 387,99	I,IV		1 006	789
	II		1 006	789
	III		1 006	789
	V	**746**	1 006	789
	VI	**924**	1 006	789
8 423,99	I,IV		1 010	792
	II		1 010	792
	III		1 010	792
	V	**750**	1 010	792
	VI	**927**	1 010	792
8 459,99	I,IV		1 015	796
	II		1 015	796
	III		1 015	796
	V	**754**	1 015	796
	VI	**931**	1 015	796
8 495,99	I,IV		1 019	799
	II		1 019	799
	III		1 019	799
	V	**758**	1 019	799
	VI	**935**	1 019	799
8 531,99	I,IV		1 023	803
	II		1 023	803
	III		1 023	803
	V	**762**	1 023	803
	VI	**939**	1 023	803
8 567,99	I,IV		1 028	806
	II		1 028	806
	III		1 028	806
	V	**766**	1 028	806
	VI	**943**	1 028	806
8 603,99	I,IV		1 032	809
	II		1 032	809
	III		1 032	809
	V	**770**	1 032	809
	VI	**947**	1 032	809
8 639,99	I,IV		1 036	813
	II		1 036	813
	III		1 036	813
	V	**774**	1 036	813
	VI	**951**	1 036	813

* Zur LSt-Berechnung für privat versicherte Arbeitnehmer s. Beispiele **Vorbemerkung S. 4 f.**
** Basisvorsorgepauschale KV und PV *** Typisierter Arbeitgeberzuschuss

Lohn/ Gehalt in € bis	Steuerklasse	Lohnsteuer*	BVSP**	TAGZ***
8 675,99	I,IV		1 041	816
	II		1 041	816
	III		1 041	816
	V	**778**	1 041	816
	VI	**955**	1 041	816
8 711,99	I,IV		1 045	820
	II		1 045	820
	III		1 045	820
	V	**782**	1 045	820
	VI	**959**	1 045	820
8 747,99	I,IV		1 049	823
	II		1 049	823
	III		1 049	823
	V	**786**	1 049	823
	VI	**963**	1 049	823
8 783,99	I,IV		1 054	826
	II		1 054	826
	III		1 054	826
	V	**790**	1 054	826
	VI	**967**	1 054	826
8 819,99	I,IV		1 058	830
	II		1 058	830
	III		1 058	830
	V	**794**	1 058	830
	VI	**971**	1 058	830
8 855,99	I,IV		1 062	833
	II		1 062	833
	III		1 062	833
	V	**798**	1 062	833
	VI	**975**	1 062	833
8 891,99	I,IV		1 067	836
	II		1 067	836
	III		1 067	836
	V	**802**	1 067	836
	VI	**979**	1 067	836
8 927,99	I,IV		1 071	840
	II		1 071	840
	III		1 071	840
	V	**806**	1 071	840
	VI	**983**	1 071	840
8 963,99	I,IV		1 075	843
	II		1 075	843
	III		1 075	843
	V	**810**	1 075	843
	VI	**987**	1 075	843
8 999,99	I,IV		1 079	847
	II		1 079	847
	III		1 079	847
	V	**814**	1 079	847
	VI	**991**	1 079	847
9 035,99	I,IV		1 084	850
	II		1 084	850
	III		1 084	850
	V	**818**	1 084	850
	VI	**995**	1 084	850
9 071,99	I,IV		1 088	853
	II		1 088	853
	III		1 088	853
	V	**822**	1 088	853
	VI	**999**	1 088	853
9 107,99	I,IV		1 092	857
	II		1 092	857
	III		1 092	857
	V	**826**	1 092	857
	VI	**1 003**	1 092	857
9 143,99	I,IV		1 097	860
	II		1 097	860
	III		1 097	860
	V	**830**	1 097	860
	VI	**1 007**	1 097	860
9 179,99	I,IV		1 101	864
	II		1 101	864
	III		1 101	864
	V	**833**	1 101	864
	VI	**1 011**	1 101	864
9 215,99	I,IV		1 105	867
	II		1 105	867
	III		1 105	867
	V	**838**	1 105	867
	VI	**1 015**	1 105	867
9 251,99	I,IV		1 110	870
	II		1 110	870
	III		1 110	870
	V	**841**	1 110	870
	VI	**1 019**	1 110	870
9 287,99	I,IV		1 114	874
	II		1 114	874
	III		1 114	874
	V	**845**	1 114	874
	VI	**1 023**	1 114	874
9 323,99	I,IV		1 118	877
	II		1 118	877
	III		1 118	877
	V	**849**	1 118	877
	VI	**1 027**	1 118	877
9 359,99	I,IV		1 123	881
	II		1 123	881
	III		1 123	881
	V	**853**	1 123	881
	VI	**1 031**	1 123	881
9 395,99	I,IV		1 127	884
	II		1 127	884
	III		1 127	884
	V	**857**	1 127	884
	VI	**1 035**	1 127	884
9 431,99	I,IV		1 131	887
	II		1 131	887
	III		1 131	887
	V	**861**	1 131	887
	VI	**1 039**	1 131	887
9 467,99	I,IV		1 136	891
	II		1 136	891
	III		1 136	891
	V	**865**	1 136	891
	VI	**1 043**	1 136	891
9 503,99	I,IV		1 140	894
	II		1 140	894
	III		1 140	894
	V	**869**	1 140	894
	VI	**1 046**	1 140	894

* Zur LSt-Berechnung für privat versicherte Arbeitnehmer s. Beispiele **Vorbemerkung S. 4 f.**
** Basisvorsorgepauschale KV und PV *** Typisierter Arbeitgeberzuschuss

Lohn/ Gehalt in € bis	Steuerklasse	Lohn-steuer*	BVSP**	TAGZ***
9 539,99	I,IV		1 144	897
	II		1 144	897
	III		1 144	897
	V	**873**	1 144	897
	VI	**1 050**	1 144	897
9 575,99	I,IV		1 149	901
	II		1 149	901
	III		1 149	901
	V	**877**	1 149	901
	VI	**1 054**	1 149	901
9 611,99	I,IV		1 153	904
	II		1 153	904
	III		1 153	904
	V	**881**	1 153	904
	VI	**1 058**	1 153	904
9 647,99	I,IV		1 157	908
	II		1 157	908
	III		1 157	908
	V	**885**	1 157	908
	VI	**1 062**	1 157	908
9 683,99	I,IV		1 162	911
	II		1 162	911
	III		1 162	911
	V	**889**	1 162	911
	VI	**1 066**	1 162	911
9 719,99	I,IV		1 166	914
	II		1 166	914
	III		1 166	914
	V	**893**	1 166	914
	VI	**1 070**	1 166	914
9 755,99	I,IV		1 170	918
	II		1 170	918
	III		1 170	918
	V	**897**	1 170	918
	VI	**1 074**	1 170	918
9 791,99	I,IV		1 175	921
	II		1 175	921
	III		1 175	921
	V	**901**	1 175	921
	VI	**1 078**	1 175	921
9 827,99	I,IV		1 179	925
	II		1 179	925
	III		1 179	925
	V	**905**	1 179	925
	VI	**1 082**	1 179	925
9 863,99	I,IV		1 183	928
	II		1 183	928
	III		1 183	928
	V	**909**	1 183	928
	VI	**1 086**	1 183	928
9 899,99	I,IV		1 187	931
	II		1 187	931
	III		1 187	931
	V	**913**	1 187	931
	VI	**1 090**	1 187	931
9 935,99	I,IV		1 192	935
	II		1 192	935
	III		1 192	935
	V	**917**	1 192	935
	VI	**1 094**	1 192	935

Lohn/ Gehalt in € bis	Steuerklasse	Lohn-steuer*	BVSP**	TAGZ***
9 971,99	I,IV		1 196	938
	II		1 196	938
	III		1 196	938
	V	**921**	1 196	938
	VI	**1 098**	1 196	938
10 007,99	I,IV		1 200	942
	II		1 200	942
	III		1 200	942
	V	**925**	1 200	942
	VI	**1 102**	1 200	942
10 043,99	I,IV		1 205	945
	II		1 205	945
	III		1 205	945
	V	**929**	1 205	945
	VI	**1 106**	1 205	945
10 079,99	I,IV		1 209	948
	II		1 209	948
	III		1 209	948
	V	**933**	1 209	948
	VI	**1 110**	1 209	948
10 115,99	I,IV		1 213	952
	II		1 213	952
	III		1 213	952
	V	**937**	1 213	952
	VI	**1 114**	1 213	952
10 151,99	I,IV		1 218	955
	II		1 218	955
	III		1 218	955
	V	**941**	1 218	955
	VI	**1 118**	1 218	955
10 187,99	I,IV		1 222	958
	II		1 222	958
	III		1 222	958
	V	**945**	1 222	958
	VI	**1 122**	1 222	958
10 223,99	I,IV		1 226	962
	II		1 226	962
	III		1 226	962
	V	**949**	1 226	962
	VI	**1 126**	1 226	962
10 259,99	I,IV		1 231	965
	II		1 231	965
	III		1 231	965
	V	**952**	1 231	965
	VI	**1 130**	1 231	965
10 295,99	I,IV		1 235	969
	II		1 235	969
	III		1 235	969
	V	**956**	1 235	969
	VI	**1 134**	1 235	969
10 331,99	I,IV		1 239	972
	II		1 239	972
	III		1 239	972
	V	**960**	1 239	972
	VI	**1 138**	1 239	972
10 367,99	I,IV		1 244	975
	II		1 244	975
	III		1 244	975
	V	**964**	1 244	975
	VI	**1 142**	1 244	975

* Zur LSt-Berechnung für privat versicherte Arbeitnehmer s. Beispiele **Vorbemerkung S. 4 f.**
** Basisvorsorgepauschale KV und PV *** Typisierter Arbeitgeberzuschuss

Lohn/ Gehalt in € bis	Steuerklasse	Lohn-steuer*	BVSP**	TAGZ***
10403,99	I,IV		1248	979
	II		1248	979
	III		1248	979
	V	**968**	1248	979
	VI	**1146**	1248	979
10439,99	I,IV		1252	982
	II		1252	982
	III		1252	982
	V	**972**	1252	982
	VI	**1150**	1252	982
10475,99	I,IV		1257	986
	II		1257	986
	III		1257	986
	V	**976**	1257	986
	VI	**1154**	1257	986
10511,99	I,IV		1261	989
	II		1261	989
	III		1261	989
	V	**980**	1261	989
	VI	**1157**	1261	989
10547,99	I,IV		1265	992
	II		1265	992
	III		1265	992
	V	**984**	1265	992
	VI	**1162**	1265	992
10583,99	I,IV		1270	996
	II		1270	996
	III		1270	996
	V	**988**	1270	996
	VI	**1165**	1270	996
10619,99	I,IV		1274	999
	II		1274	999
	III		1274	999
	V	**992**	1274	999
	VI	**1169**	1274	999
10655,99	I,IV		1278	1002
	II		1278	1002
	III		1278	1002
	V	**996**	1278	1002
	VI	**1173**	1278	1002
10691,99	I,IV		1283	1006
	II		1283	1006
	III		1283	1006
	V	**1000**	1283	1006
	VI	**1177**	1283	1006
10727,99	I,IV		1287	1009
	II		1287	1009
	III		1287	1009
	V	**1004**	1287	1009
	VI	**1181**	1287	1009
10763,99	I,IV		1291	1013
	II		1291	1013
	III		1291	1013
	V	**1008**	1291	1013
	VI	**1185**	1291	1013
10799,99	I,IV		1295	1016
	II		1295	1016
	III		1295	1016
	V	**1012**	1295	1016
	VI	**1189**	1295	1016

Lohn/ Gehalt in € bis	Steuerklasse	Lohn-steuer*	BVSP**	TAGZ***
10835,99	I,IV		1300	1019
	II		1300	1019
	III		1300	1019
	V	**1016**	1300	1019
	VI	**1193**	1300	1019
10871,99	I,IV		1304	1023
	II		1304	1023
	III		1304	1023
	V	**1020**	1304	1023
	VI	**1197**	1304	1023
10907,99	I,IV		1308	1026
	II		1308	1026
	III		1308	1026
	V	**1024**	1308	1026
	VI	**1201**	1308	1026
10943,99	I,IV		1313	1030
	II		1313	1030
	III		1313	1030
	V	**1028**	1313	1030
	VI	**1205**	1313	1030
10979,99	I,IV		1317	1033
	II		1317	1033
	III		1317	1033
	V	**1032**	1317	1033
	VI	**1209**	1317	1033
11015,99	I,IV		1321	1036
	II		1321	1036
	III		1321	1036
	V	**1036**	1321	1036
	VI	**1213**	1321	1036
11051,99	I,IV		1326	1040
	II		1326	1040
	III		1326	1040
	V	**1040**	1326	1040
	VI	**1217**	1326	1040
11087,99	I,IV		1330	1043
	II		1330	1043
	III		1330	1043
	V	**1044**	1330	1043
	VI	**1221**	1330	1043
11123,99	I,IV		1334	1047
	II		1334	1047
	III		1334	1047
	V	**1048**	1334	1047
	VI	**1225**	1334	1047
11159,99	I,IV		1339	1050
	II		1339	1050
	III		1339	1050
	V	**1052**	1339	1050
	VI	**1229**	1339	1050
11195,99	I,IV		1343	1053
	II		1343	1053
	III		1343	1053
	V	**1056**	1343	1053
	VI	**1233**	1343	1053
11231,99	I,IV		1347	1057
	II		1347	1057
	III		1347	1057
	V	**1060**	1347	1057
	VI	**1237**	1347	1057

* Zur LSt-Berechnung für privat versicherte Arbeitnehmer s. Beispiele **Vorbemerkung S. 4f.**
** Basisvorsorgepauschale KV und PV *** Typisierter Arbeitgeberzuschuss

Lohn/ Gehalt in € bis	Steuerklasse	Lohn-steuer*	BVSP**	TAGZ***
11 267,99	I,IV		1 352	1 060
	II		1 352	1 060
	III		1 352	1 060
	V	**1 064**	1 352	1 060
	VI	**1 241**	1 352	1 060
11 303,99	I,IV		1 356	1 063
	II		1 356	1 063
	III		1 356	1 063
	V	**1 068**	1 356	1 063
	VI	**1 245**	1 356	1 063
11 339,99	I,IV		1 360	1 067
	II		1 360	1 067
	III		1 360	1 067
	V	**1 071**	1 360	1 067
	VI	**1 249**	1 360	1 067
11 375,99	I,IV		1 365	1 070
	II		1 365	1 070
	III		1 365	1 070
	V	**1 075**	1 365	1 070
	VI	**1 253**	1 365	1 070
11 411,99	I,IV		1 369	1 074
	II		1 369	1 074
	III		1 369	1 074
	V	**1 079**	1 369	1 074
	VI	**1 257**	1 369	1 074
11 447,99	I,IV		1 373	1 077
	II		1 373	1 077
	III		1 373	1 077
	V	**1 083**	1 373	1 077
	VI	**1 261**	1 373	1 077
11 483,99	I,IV		1 378	1 080
	II		1 378	1 080
	III		1 378	1 080
	V	**1 087**	1 378	1 080
	VI	**1 265**	1 378	1 080
11 519,99	I,IV		1 382	1 084
	II		1 382	1 084
	III		1 382	1 084
	V	**1 091**	1 382	1 084
	VI	**1 269**	1 382	1 084
11 555,99	I,IV		1 386	1 087
	II		1 386	1 087
	III		1 386	1 087
	V	**1 095**	1 386	1 087
	VI	**1 273**	1 386	1 087
11 591,99	I,IV		1 391	1 091
	II		1 391	1 091
	III		1 391	1 091
	V	**1 099**	1 391	1 091
	VI	**1 276**	1 391	1 091
11 627,99	I,IV		1 395	1 094
	II		1 395	1 094
	III		1 395	1 094
	V	**1 103**	1 395	1 094
	VI	**1 281**	1 395	1 094
11 663,99	I,IV		1 399	1 097
	II		1 399	1 097
	III		1 399	1 097
	V	**1 107**	1 399	1 097
	VI	**1 284**	1 399	1 097

Lohn/ Gehalt in € bis	Steuerklasse	Lohn-steuer*	BVSP**	TAGZ***
11 699,99	I,IV		1 403	1 101
	II		1 403	1 101
	III		1 403	1 101
	V	**1 111**	1 403	1 101
	VI	**1 288**	1 403	1 101
11 735,99	I,IV		1 408	1 104
	II		1 408	1 104
	III		1 408	1 104
	V	**1 115**	1 408	1 104
	VI	**1 292**	1 408	1 104
11 771,99	I,IV		1 412	1 108
	II		1 412	1 108
	III		1 412	1 108
	V	**1 119**	1 412	1 108
	VI	**1 296**	1 412	1 108
11 807,99	I,IV		1 416	1 111
	II		1 416	1 111
	III		1 416	1 111
	V	**1 123**	1 416	1 111
	VI	**1 300**	1 416	1 111
11 843,99	I,IV		1 421	1 114
	II		1 421	1 114
	III		1 421	1 114
	V	**1 127**	1 421	1 114
	VI	**1 304**	1 421	1 114
11 879,99	I,IV		1 425	1 118
	II		1 425	1 118
	III		1 425	1 118
	V	**1 131**	1 425	1 118
	VI	**1 308**	1 425	1 118
11 915,99	I,IV		1 429	1 121
	II		1 429	1 121
	III		1 429	1 121
	V	**1 135**	1 429	1 121
	VI	**1 312**	1 429	1 121
11 951,99	I,IV		1 434	1 124
	II		1 434	1 124
	III		1 434	1 124
	V	**1 139**	1 434	1 124
	VI	**1 316**	1 434	1 124
11 987,99	I,IV		1 438	1 128
	II		1 438	1 128
	III		1 438	1 128
	V	**1 143**	1 438	1 128
	VI	**1 320**	1 438	1 128
12 023,99	I,IV		1 442	1 131
	II		1 442	1 131
	III		1 442	1 131
	V	**1 147**	1 442	1 131
	VI	**1 324**	1 442	1 131
12 059,99	I,IV		1 447	1 135
	II		1 447	1 135
	III		1 447	1 135
	V	**1 151**	1 447	1 135
	VI	**1 328**	1 447	1 135
12 095,99	I,IV		1 451	1 138
	II		1 451	1 138
	III		1 451	1 138
	V	**1 155**	1 451	1 138
	VI	**1 332**	1 451	1 138

* Zur LSt-Berechnung für privat versicherte Arbeitnehmer s. Beispiele **Vorbemerkung S. 4 f.**
** Basisvorsorgepauschale KV und PV *** Typisierter Arbeitgeberzuschuss

Lohn/ Gehalt in € bis	Steuerklasse	Lohn- steuer*	BVSP**	TAGZ***
12 131,99	I,IV		1 455	1 141
	II		1 455	1 141
	III		1 455	1 141
	V	**1 159**	1 455	1 141
	VI	**1 336**	1 455	1 141
12 167,99	I,IV		1 460	1 145
	II		1 460	1 145
	III		1 460	1 145
	V	**1 163**	1 460	1 145
	VI	**1 340**	1 460	1 145
12 203,99	I,IV		1 464	1 148
	II		1 464	1 148
	III		1 464	1 148
	V	**1 167**	1 464	1 148
	VI	**1 344**	1 464	1 148
12 239,99	I,IV		1 468	1 152
	II		1 468	1 152
	III		1 468	1 152
	V	**1 171**	1 468	1 152
	VI	**1 348**	1 468	1 152
12 275,99	I,IV		1 473	1 155
	II		1 473	1 155
	III		1 473	1 155
	V	**1 175**	1 473	1 155
	VI	**1 352**	1 473	1 155
12 311,99	I,IV		1 477	1 158
	II		1 477	1 158
	III		1 477	1 158
	V	**1 179**	1 477	1 158
	VI	**1 356**	1 477	1 158
12 347,99	I,IV		1 481	1 162
	II		1 481	1 162
	III		1 481	1 162
	V	**1 183**	1 481	1 162
	VI	**1 360**	1 481	1 162
12 383,99	I,IV		1 486	1 165
	II		1 486	1 165
	III		1 486	1 165
	V	**1 187**	1 486	1 165
	VI	**1 364**	1 486	1 165
12 419,99	I,IV		1 490	1 169
	II		1 490	1 169
	III		1 490	1 169
	V	**1 190**	1 490	1 169
	VI	**1 368**	1 490	1 169
12 455,99	I,IV		1 494	1 172
	II		1 494	1 172
	III		1 494	1 172
	V	**1 194**	1 494	1 172
	VI	**1 372**	1 494	1 172
12 491,99	I,IV		1 499	1 175
	II		1 499	1 175
	III		1 499	1 175
	V	**1 198**	1 499	1 175
	VI	**1 376**	1 499	1 175
12 527,99	I,IV		1 503	1 179
	II		1 503	1 179
	III		1 503	1 179
	V	**1 202**	1 503	1 179
	VI	**1 380**	1 503	1 179

Lohn/ Gehalt in € bis	Steuerklasse	Lohn- steuer*	BVSP**	TAGZ***
12 563,99	I,IV		1 507	1 182
	II		1 507	1 182
	III		1 507	1 182
	V	**1 206**	1 507	1 182
	VI	**1 384**	1 507	1 182
12 599,99	I,IV		1 511	1 185
	II		1 511	1 185
	III		1 511	1 185
	V	**1 210**	1 511	1 185
	VI	**1 388**	1 511	1 185
12 635,99	I,IV		1 516	1 189
	II		1 516	1 189
	III		1 516	1 189
	V	**1 214**	1 516	1 189
	VI	**1 392**	1 516	1 189
12 671,99	I,IV		1 520	1 192
	II		1 520	1 192
	III		1 520	1 192
	V	**1 218**	1 520	1 192
	VI	**1 395**	1 520	1 192
12 707,99	I,IV		1 524	1 196
	II		1 524	1 196
	III		1 524	1 196
	V	**1 222**	1 524	1 196
	VI	**1 400**	1 524	1 196
12 743,99	I,IV		1 529	1 199
	II		1 529	1 199
	III		1 529	1 199
	V	**1 226**	1 529	1 199
	VI	**1 403**	1 529	1 199
12 779,99	I,IV		1 533	1 202
	II		1 533	1 202
	III		1 533	1 202
	V	**1 230**	1 533	1 202
	VI	**1 407**	1 533	1 202
12 815,99	I,IV		1 537	1 206
	II		1 537	1 206
	III		1 537	1 206
	V	**1 234**	1 537	1 206
	VI	**1 411**	1 537	1 206
12 851,99	I,IV		1 542	1 209
	II		1 542	1 209
	III		1 542	1 209
	V	**1 238**	1 542	1 209
	VI	**1 415**	1 542	1 209
12 887,99	I,IV		1 546	1 213
	II		1 546	1 213
	III		1 546	1 213
	V	**1 242**	1 546	1 213
	VI	**1 419**	1 546	1 213
12 923,99	I,IV		1 550	1 216
	II		1 550	1 216
	III		1 550	1 216
	V	**1 246**	1 550	1 216
	VI	**1 423**	1 550	1 216
12 959,99	I,IV		1 555	1 219
	II		1 555	1 219
	III		1 555	1 219
	V	**1 250**	1 555	1 219
	VI	**1 427**	1 555	1 219

* Zur LSt-Berechnung für privat versicherte Arbeitnehmer s. Beispiele **Vorbemerkung S. 4f.**
** Basisvorsorgepauschale KV und PV *** Typisierter Arbeitgeberzuschuss

Lohn/ Gehalt in € bis	Steuerklasse	Lohn- steuer*	BVSP**	TAGZ***
12 995,99	I,IV		1 559	1 223
	II		1 559	1 223
	III		1 559	1 223
	V	**1 254**	1 559	1 223
	VI	**1 431**	1 559	1 223
13 031,99	I,IV		1 563	1 226
	II		1 563	1 226
	III		1 563	1 226
	V	**1 258**	1 563	1 226
	VI	**1 435**	1 563	1 226
13 067,99	I,IV		1 568	1 230
	II		1 568	1 230
	III		1 568	1 230
	V	**1 262**	1 568	1 230
	VI	**1 439**	1 568	1 230
13 103,99	I,IV		1 572	1 233
	II		1 572	1 233
	III		1 572	1 233
	V	**1 266**	1 572	1 233
	VI	**1 443**	1 572	1 233
13 139,99	I,IV		1 576	1 236
	II		1 576	1 236
	III		1 576	1 236
	V	**1 270**	1 576	1 236
	VI	**1 447**	1 576	1 236
13 175,99	I,IV		1 581	1 240
	II		1 581	1 240
	III		1 581	1 240
	V	**1 274**	1 581	1 240
	VI	**1 451**	1 581	1 240
13 211,99	I,IV		1 585	1 243
	II		1 585	1 243
	III		1 585	1 243
	V	**1 278**	1 585	1 243
	VI	**1 455**	1 585	1 243
13 247,99	I,IV		1 589	1 246
	II		1 589	1 246
	III		1 589	1 246
	V	**1 282**	1 589	1 246
	VI	**1 459**	1 589	1 246
13 283,99	I,IV		1 594	1 250
	II		1 594	1 250
	III		1 594	1 250
	V	**1 286**	1 594	1 250
	VI	**1 463**	1 594	1 250
13 319,99	I,IV		1 598	1 253
	II		1 598	1 253
	III		1 598	1 253
	V	**1 290**	1 598	1 253
	VI	**1 467**	1 598	1 253
13 355,99	I,IV		1 602	1 257
	II		1 602	1 257
	III		1 602	1 257
	V	**1 294**	1 602	1 257
	VI	**1 471**	1 602	1 257
13 391,99	I,IV		1 607	1 260
	II		1 607	1 260
	III		1 607	1 260
	V	**1 298**	1 607	1 260
	VI	**1 475**	1 607	1 260
13 427,99	I,IV		1 611	1 263
	II		1 611	1 263
	III		1 611	1 263
	V	**1 302**	1 611	1 263
	VI	**1 479**	1 611	1 263
13 463,99	I,IV		1 615	1 267
	II		1 615	1 267
	III		1 615	1 267
	V	**1 306**	1 615	1 267
	VI	**1 483**	1 615	1 267
13 499,99	I,IV		1 619	1 270
	II		1 619	1 270
	III		1 619	1 270
	V	**1 309**	1 619	1 270
	VI	**1 487**	1 619	1 270
13 535,99	I,IV		1 624	1 274
	II		1 624	1 274
	III		1 624	1 274
	V	**1 313**	1 624	1 274
	VI	**1 491**	1 624	1 274
13 571,99	I,IV		1 628	1 277
	II		1 628	1 277
	III		1 628	1 277
	V	**1 317**	1 628	1 277
	VI	**1 495**	1 628	1 277
13 607,99	I,IV		1 632	1 280
	II		1 632	1 280
	III		1 632	1 280
	V	**1 321**	1 632	1 280
	VI	**1 499**	1 632	1 280
13 643,99	I,IV		1 637	1 284
	II		1 637	1 284
	III		1 637	1 284
	V	**1 325**	1 637	1 284
	VI	**1 503**	1 637	1 284
13 679,99	I,IV		1 641	1 287
	II		1 641	1 287
	III		1 641	1 287
	V	**1 329**	1 641	1 287
	VI	**1 507**	1 641	1 287
13 715,99	I,IV		1 645	1 291
	II		1 645	1 291
	III		1 645	1 291
	V	**1 333**	1 645	1 291
	VI	**1 511**	1 645	1 291
13 751,99	I,IV		1 650	1 294
	II		1 650	1 294
	III		1 650	1 294
	V	**1 337**	1 650	1 294
	VI	**1 514**	1 650	1 294
13 787,99	I,IV		1 654	1 297
	II		1 654	1 297
	III		1 654	1 297
	V	**1 341**	1 654	1 297
	VI	**1 519**	1 654	1 297
13 823,99	I,IV		1 658	1 301
	II		1 658	1 301
	III		1 658	1 301
	V	**1 345**	1 658	1 301
	VI	**1 522**	1 658	1 301

* Zur LSt-Berechnung für privat versicherte Arbeitnehmer s. Beispiele **Vorbemerkung S. 4 f.**
** Basisvorsorgepauschale KV und PV *** Typisierter Arbeitgeberzuschuss

Lohn/ Gehalt in € bis	Steuerklasse	Lohn-steuer*	BVSP**	TAGZ***
13 859,99	I,IV		1 663	1 304
	II		1 663	1 304
	III		1 663	1 304
	V	**1 349**	1 663	1 304
	VI	**1 526**	1 663	1 304
13 895,99	I,IV		1 667	1 307
	II		1 667	1 307
	III		1 667	1 307
	V	**1 353**	1 667	1 307
	VI	**1 530**	1 667	1 307
13 931,99	I,IV		1 671	1 311
	II		1 671	1 311
	III		1 671	1 311
	V	**1 357**	1 671	1 311
	VI	**1 534**	1 671	1 311
13 967,99	I,IV		1 676	1 314
	II		1 676	1 314
	III		1 676	1 314
	V	**1 361**	1 676	1 314
	VI	**1 538**	1 676	1 314
14 003,99	I,IV		1 680	1 318
	II		1 680	1 318
	III		1 680	1 318
	V	**1 365**	1 680	1 318
	VI	**1 542**	1 680	1 318
14 039,99	I,IV		1 684	1 321
	II		1 684	1 321
	III		1 684	1 321
	V	**1 369**	1 684	1 321
	VI	**1 546**	1 684	1 321
14 075,99	I,IV		1 689	1 324
	II		1 689	1 324
	III		1 689	1 324
	V	**1 373**	1 689	1 324
	VI	**1 550**	1 689	1 324
14 111,99	I,IV		1 693	1 328
	II		1 693	1 328
	III		1 693	1 328
	V	**1 377**	1 693	1 328
	VI	**1 554**	1 693	1 328
14 147,99	I,IV		1 697	1 331
	II		1 697	1 331
	III		1 697	1 331
	V	**1 381**	1 697	1 331
	VI	**1 558**	1 697	1 331
14 183,99	I,IV		1 702	1 335
	II		1 702	1 335
	III		1 702	1 335
	V	**1 385**	1 702	1 335
	VI	**1 562**	1 702	1 335
14 219,99	I,IV		1 706	1 338
	II		1 706	1 338
	III		1 706	1 338
	V	**1 389**	1 706	1 338
	VI	**1 566**	1 706	1 338
14 255,99	I,IV		1 710	1 341
	II		1 710	1 341
	III		1 710	1 341
	V	**1 393**	1 710	1 341
	VI	**1 570**	1 710	1 341

Lohn/ Gehalt in € bis	Steuerklasse	Lohn-steuer*	BVSP**	TAGZ***
14 291,99	I,IV		1 715	1 345
	II		1 715	1 345
	III		1 715	1 345
	V	**1 397**	1 715	1 345
	VI	**1 574**	1 715	1 345
14 327,99	I,IV		1 719	1 348
	II		1 719	1 348
	III		1 719	1 348
	V	**1 401**	1 719	1 348
	VI	**1 578**	1 719	1 348
14 363,99	I,IV		1 723	1 352
	II		1 723	1 352
	III		1 723	1 352
	V	**1 405**	1 723	1 352
	VI	**1 582**	1 723	1 352
14 399,99	I,IV		1 727	1 355
	II		1 727	1 355
	III		1 727	1 355
	V	**1 409**	1 727	1 355
	VI	**1 586**	1 727	1 355
14 435,99	I,IV		1 732	1 358
	II		1 732	1 358
	III		1 732	1 358
	V	**1 413**	1 732	1 358
	VI	**1 590**	1 732	1 358
14 471,99	I,IV		1 736	1 362
	II		1 736	1 362
	III		1 736	1 362
	V	**1 417**	1 736	1 362
	VI	**1 594**	1 736	1 362
14 507,99	I,IV		1 740	1 365
	II		1 740	1 365
	III		1 740	1 365
	V	**1 421**	1 740	1 365
	VI	**1 598**	1 740	1 365
14 543,99	I,IV		1 745	1 368
	II		1 745	1 368
	III		1 745	1 368
	V	**1 425**	1 745	1 368
	VI	**1 602**	1 745	1 368
14 579,99	I,IV		1 749	1 372
	II		1 749	1 372
	III		1 749	1 372
	V	**1 428**	1 749	1 372
	VI	**1 606**	1 749	1 372
14 615,99	I,IV		1 753	1 375
	II		1 753	1 375
	III		1 753	1 375
	V	**1 432**	1 753	1 375
	VI	**1 610**	1 753	1 375
14 651,99	I,IV		1 758	1 379
	II		1 758	1 379
	III		1 758	1 379
	V	**1 436**	1 758	1 379
	VI	**1 614**	1 758	1 379
14 687,99	I,IV		1 762	1 382
	II		1 762	1 382
	III		1 762	1 382
	V	**1 440**	1 762	1 382
	VI	**1 618**	1 762	1 382

* Zur LSt-Berechnung für privat versicherte Arbeitnehmer s. Beispiele **Vorbemerkung S. 4 f.**
** Basisvorsorgepauschale KV und PV *** Typisierter Arbeitgeberzuschuss

Lohn/Gehalt in € bis	Steuerklasse	Lohnsteuer*	BVSP**	TAGZ***
14723,99	I,IV		1766	1385
	II		1766	1385
	III		1766	1385
	V	**1444**	1766	1385
	VI	**1622**	1766	1385
14759,99	I,IV		1771	1389
	II		1771	1389
	III		1771	1389
	V	**1448**	1771	1389
	VI	**1626**	1771	1389
14795,99	I,IV		1775	1392
	II		1775	1392
	III		1775	1392
	V	**1452**	1775	1392
	VI	**1630**	1775	1392
14831,99	I,IV		1779	1396
	II		1779	1396
	III		1779	1396
	V	**1456**	1779	1396
	VI	**1633**	1779	1396
14867,99	I,IV		1784	1399
	II		1784	1399
	III		1784	1399
	V	**1460**	1784	1399
	VI	**1638**	1784	1399
14903,99	I,IV		1788	1402
	II		1788	1402
	III		1788	1402
	V	**1464**	1788	1402
	VI	**1641**	1788	1402
14939,99	I,IV		1792	1406
	II		1792	1406
	III		1792	1406
	V	**1468**	1792	1406
	VI	**1645**	1792	1406
14975,99	I,IV		1797	1409
	II		1797	1409
	III		1797	1409
	V	**1472**	1797	1409
	VI	**1649**	1797	1409
15011,99	I,IV		1801	1413
	II		1801	1413
	III		1801	1413
	V	**1476**	1801	1413
	VI	**1653**	1801	1413
15047,99	I,IV		1805	1416
	II		1805	1416
	III		1805	1416
	V	**1480**	1805	1416
	VI	**1657**	1805	1416
15083,99	I,IV		1810	1419
	II		1810	1419
	III		1810	1419
	V	**1484**	1810	1419
	VI	**1661**	1810	1419
15119,99	I,IV		1814	1423
	II		1814	1423
	III		1814	1423
	V	**1488**	1814	1423
	VI	**1665**	1814	1423

Lohn/Gehalt in € bis	Steuerklasse	Lohnsteuer*	BVSP**	TAGZ***
15155,99	I,IV		1818	1426
	II		1818	1426
	III		1818	1426
	V	**1492**	1818	1426
	VI	**1669**	1818	1426
15191,99	I,IV		1823	1429
	II		1823	1429
	III		1823	1429
	V	**1496**	1823	1429
	VI	**1673**	1823	1429
15227,99	I,IV		1827	1433
	II		1827	1433
	III		1827	1433
	V	**1500**	1827	1433
	VI	**1677**	1827	1433
15263,99	I,IV		1831	1436
	II		1831	1436
	III		1831	1436
	V	**1504**	1831	1436
	VI	**1681**	1831	1436
15299,99	I,IV		1835	1440
	II		1835	1440
	III		1835	1440
	V	**1508**	1835	1440
	VI	**1685**	1835	1440
15335,99	I,IV		1840	1443
	II		1840	1443
	III		1840	1443
	V	**1512**	1840	1443
	VI	**1689**	1840	1443
15371,99	I,IV		1844	1446
	II		1844	1446
	III		1844	1446
	V	**1516**	1844	1446
	VI	**1693**	1844	1446
15407,99	I,IV		1848	1450
	II		1848	1450
	III		1848	1450
	V	**1520**	1848	1450
	VI	**1697**	1848	1450
15443,99	I,IV		1853	1453
	II		1853	1453
	III		1853	1453
	V	**1524**	1853	1453
	VI	**1701**	1853	1453
15479,99	I,IV		1857	1457
	II		1857	1457
	III		1857	1457
	V	**1528**	1857	1457
	VI	**1705**	1857	1457
15515,99	I,IV	**5**	1861	1460
	II		1861	1460
	III		1861	1460
	V	**1532**	1861	1460
	VI	**1709**	1861	1460
15551,99	I,IV	**9**	1866	1463
	II		1866	1463
	III		1866	1463
	V	**1536**	1866	1463
	VI	**1713**	1866	1463

* Zur LSt-Berechnung für privat versicherte Arbeitnehmer s. Beispiele **Vorbemerkung S. 4f.**
** Basisvorsorgepauschale KV und PV *** Typisierter Arbeitgeberzuschuss

Lohn/ Gehalt in € bis	Steuerklasse	**Lohn- steuer***	BVSP**	TAGZ***
15587,99	I,IV	**12**	1870	1467
	II		1870	1467
	III		1870	1467
	V	**1540**	1870	1467
	VI	**1717**	1870	1467
15623,99	I,IV	**17**	1874	1470
	II		1874	1470
	III		1874	1470
	V	**1544**	1874	1470
	VI	**1721**	1874	1470
15659,99	I,IV	**21**	1879	1473
	II		1879	1473
	III		1879	1473
	V	**1547**	1879	1473
	VI	**1725**	1879	1473
15695,99	I,IV	**25**	1883	1477
	II		1883	1477
	III		1883	1477
	V	**1551**	1883	1477
	VI	**1729**	1883	1477
15731,99	I,IV	**29**	1887	1480
	II		1887	1480
	III		1887	1480
	V	**1555**	1887	1480
	VI	**1733**	1887	1480
15767,99	I,IV	**33**	1892	1484
	II		1892	1484
	III		1892	1484
	V	**1559**	1892	1484
	VI	**1737**	1892	1484
15803,99	I,IV	**37**	1896	1487
	II		1896	1487
	III		1896	1487
	V	**1563**	1896	1487
	VI	**1741**	1896	1487
15839,99	I,IV	**41**	1900	1490
	II		1900	1490
	III		1900	1490
	V	**1567**	1900	1490
	VI	**1745**	1900	1490
15875,99	I,IV	**46**	1900	1494
	II		1900	1494
	III		1905	1494
	V	**1572**	1900	1494
	VI	**1752**	1900	1494
15911,99	I,IV	**51**	1900	1497
	II		1900	1497
	III		1909	1497
	V	**1577**	1900	1497
	VI	**1766**	1900	1497
15947,99	I,IV	**55**	1900	1501
	II		1900	1501
	III		1913	1501
	V	**1581**	1900	1501
	VI	**1779**	1900	1501
15983,99	I,IV	**60**	1900	1504
	II		1900	1504
	III		1918	1504
	V	**1586**	1900	1504
	VI	**1793**	1900	1504

Lohn/ Gehalt in € bis	Steuerklasse	**Lohn- steuer***	BVSP**	TAGZ***
16019,99	I,IV	**65**	1900	1507
	II		1900	1507
	III		1922	1507
	V	**1590**	1900	1507
	VI	**1807**	1900	1507
16055,99	I,IV	**70**	1900	1511
	II		1900	1511
	III		1926	1511
	V	**1595**	1900	1511
	VI	**1820**	1900	1511
16091,99	I,IV	**75**	1900	1514
	II		1900	1514
	III		1931	1514
	V	**1599**	1900	1514
	VI	**1834**	1900	1514
16127,99	I,IV	**80**	1900	1518
	II		1900	1518
	III		1935	1518
	V	**1604**	1900	1518
	VI	**1848**	1900	1518
16163,99	I,IV	**85**	1900	1521
	II		1900	1521
	III		1939	1521
	V	**1609**	1900	1521
	VI	**1862**	1900	1521
16199,99	I,IV	**90**	1900	1524
	II		1900	1524
	III		1943	1524
	V	**1613**	1900	1524
	VI	**1875**	1900	1524
16235,99	I,IV	**95**	1900	1528
	II		1900	1528
	III		1948	1528
	V	**1618**	1900	1528
	VI	**1889**	1900	1528
16271,99	I,IV	**100**	1900	1531
	II		1900	1531
	III		1952	1531
	V	**1622**	1900	1531
	VI	**1903**	1900	1531
16307,99	I,IV	**105**	1900	1534
	II		1900	1534
	III		1956	1534
	V	**1627**	1900	1534
	VI	**1917**	1900	1534
16343,99	I,IV	**110**	1900	1538
	II		1900	1538
	III		1961	1538
	V	**1631**	1900	1538
	VI	**1930**	1900	1538
16379,99	I,IV	**115**	1900	1541
	II		1900	1541
	III		1965	1541
	V	**1636**	1900	1541
	VI	**1944**	1900	1541
16415,99	I,IV	**120**	1900	1545
	II		1900	1545
	III		1969	1545
	V	**1641**	1900	1545
	VI	**1958**	1900	1545

* Zur LSt-Berechnung für privat versicherte Arbeitnehmer s. Beispiele **Vorbemerkung S. 4f.**
** Basisvorsorgepauschale KV und PV *** Typisierter Arbeitgeberzuschuss

Lohn/ Gehalt in € bis	Steuerklasse	Lohnsteuer*	BVSP**	TAGZ***
16451,99	I,IV	**125**	1900	1548
	II		1900	1548
	III		1974	1548
	V	**1645**	1900	1548
	VI	**1971**	1900	1548
16487,99	I,IV	**130**	1900	1551
	II		1900	1551
	III		1978	1551
	V	**1650**	1900	1551
	VI	**1985**	1900	1551
16523,99	I,IV	**135**	1900	1555
	II		1900	1555
	III		1982	1555
	V	**1654**	1900	1555
	VI	**1999**	1900	1555
16559,99	I,IV	**140**	1900	1558
	II		1900	1558
	III		1987	1558
	V	**1659**	1900	1558
	VI	**2012**	1900	1558
16595,99	I,IV	**146**	1900	1562
	II		1900	1562
	III		1991	1562
	V	**1663**	1900	1562
	VI	**2026**	1900	1562
16631,99	I,IV	**151**	1900	1565
	II		1900	1565
	III		1995	1565
	V	**1668**	1900	1565
	VI	**2040**	1900	1565
16667,99	I,IV	**156**	1900	1568
	II		1900	1568
	III		2000	1568
	V	**1673**	1900	1568
	VI	**2054**	1900	1568
16703,99	I,IV	**161**	1900	1572
	II		1900	1572
	III		2004	1572
	V	**1677**	1900	1572
	VI	**2067**	1900	1572
16739,99	I,IV	**167**	1900	1575
	II		1900	1575
	III		2008	1575
	V	**1682**	1900	1575
	VI	**2081**	1900	1575
16775,99	I,IV	**172**	1900	1579
	II		1900	1579
	III		2013	1579
	V	**1686**	1900	1579
	VI	**2095**	1900	1579
16811,99	I,IV	**177**	1900	1582
	II		1900	1582
	III		2017	1582
	V	**1691**	1900	1582
	VI	**2109**	1900	1582
16847,99	I,IV	**183**	1900	1585
	II		1900	1585
	III		2021	1585
	V	**1695**	1900	1585
	VI	**2122**	1900	1585

Lohn/ Gehalt in € bis	Steuerklasse	Lohnsteuer*	BVSP**	TAGZ***
16883,99	I,IV	**188**	1900	1589
	II		1900	1589
	III		2026	1589
	V	**1700**	1900	1589
	VI	**2136**	1900	1589
16919,99	I,IV	**193**	1900	1592
	II		1900	1592
	III		2030	1592
	V	**1705**	1900	1592
	VI	**2150**	1900	1592
16955,99	I,IV	**199**	1900	1595
	II		1900	1595
	III		2034	1595
	V	**1709**	1900	1595
	VI	**2164**	1900	1595
16991,99	I,IV	**204**	1900	1599
	II		1900	1599
	III		2039	1599
	V	**1714**	1900	1599
	VI	**2177**	1900	1599
17027,99	I,IV	**210**	1900	1602
	II		1900	1602
	III		2043	1602
	V	**1718**	1900	1602
	VI	**2191**	1900	1602
17063,99	I,IV	**215**	1900	1606
	II		1900	1606
	III		2047	1606
	V	**1723**	1900	1606
	VI	**2205**	1900	1606
17099,99	I,IV	**220**	1900	1609
	II		1900	1609
	III		2051	1609
	V	**1727**	1900	1609
	VI	**2218**	1900	1609
17135,99	I,IV	**226**	1900	1612
	II		1900	1612
	III		2056	1612
	V	**1732**	1900	1612
	VI	**2232**	1900	1612
17171,99	I,IV	**232**	1900	1616
	II		1900	1616
	III		2060	1616
	V	**1737**	1900	1616
	VI	**2246**	1900	1616
17207,99	I,IV	**237**	1900	1619
	II		1900	1619
	III		2064	1619
	V	**1741**	1900	1619
	VI	**2259**	1900	1619
17243,99	I,IV	**243**	1900	1623
	II		1900	1623
	III		2069	1623
	V	**1746**	1900	1623
	VI	**2273**	1900	1623
17279,99	I,IV	**248**	1900	1626
	II		1900	1626
	III		2073	1626
	V	**1755**	1900	1626
	VI	**2287**	1900	1626

* Zur LSt-Berechnung für privat versicherte Arbeitnehmer s. Beispiele **Vorbemerkung S. 4 f.**
** Basisvorsorgepauschale KV und PV *** Typisierter Arbeitgeberzuschuss

Lohn/ Gehalt in € bis	Steuerklasse	Lohn-steuer*	BVSP**	TAGZ***	Steuerklasse	Bemessungsgrundlage für Kirchensteuer und Solidaritätszuschlag – Freibeträge für ... Kinder 0,5	1,0	1,5	2,0	2,5	3,0
17 315,99	I,IV	**254**	1900	1629	I						
	II		1900	1629	II						
	III		2077	1629	III						
	V	**1769**	1900	1629	IV						
	VI	**2300**	1900	1629							
17 351,99	I,IV	**259**	1900	1633	I						
	II		1900	1633	II						
	III		2082	1633	III						
	V	**1783**	1900	1633	IV						
	VI	**2314**	1900	1633							
17 387,99	I,IV	**265**	1900	1636	I						
	II		1900	1636	II						
	III		2086	1636	III						
	V	**1796**	1900	1636	IV						
	VI	**2328**	1900	1636							
17 423,99	I,IV	**271**	1900	1640	I						
	II		1900	1640	II						
	III		2090	1640	III						
	V	**1810**	1900	1640	IV						
	VI	**2342**	1900	1640							
17 459,99	I,IV	**276**	1900	1643	I						
	II		1900	1643	II						
	III		2095	1643	III						
	V	**1824**	1900	1643	IV						
	VI	**2356**	1900	1643							
17 495,99	I,IV	**282**	1900	1646	I						
	II		1900	1646	II						
	III		2099	1646	III						
	V	**1837**	1900	1646	IV						
	VI	**2369**	1900	1646							
17 531,99	I,IV	**288**	1900	1650	I						
	II		1900	1650	II						
	III		2103	1650	III						
	V	**1851**	1900	1650	IV						
	VI	**2383**	1900	1650							
17 567,99	I,IV	**294**	1900	1653	I						
	II		1900	1653	II						
	III		2108	1653	III						
	V	**1865**	1900	1653	IV						
	VI	**2397**	1900	1653							
17 603,99	I,IV	**299**	1900	1656	I						
	II		1900	1656	II						
	III		2112	1656	III						
	V	**1878**	1900	1656	IV						
	VI	**2410**	1900	1656							
17 639,99	I,IV	**305**	1900	1660	I						
	II		1900	1660	II						
	III		2116	1660	III						
	V	**1892**	1900	1660	IV						
	VI	**2424**	1900	1660							
17 675,99	I,IV	**311**	1900	1663	I						
	II		1900	1663	II						
	III		2121	1663	III						
	V	**1906**	1900	1663	IV						
	VI	**2438**	1900	1663							
17 711,99	I,IV	**317**	1900	1667	I						
	II		1900	1667	II						
	III		2125	1667	III						
	V	**1920**	1900	1667	IV						
	VI	**2451**	1900	1667							

* Zur LSt-Berechnung für privat versicherte Arbeitnehmer s. Beispiele **Vorbemerkung S. 4f.**
** Basisvorsorgepauschale KV und PV *** Typisierter Arbeitgeberzuschuss

Lohn/ Gehalt in € bis	Steuerklasse	Lohn- steuer*	BVSP**	TAGZ***	Steuerklasse	Bemessungsgrundlage für Kirchensteuer und Solidaritätszuschlag					
						Freibeträge für ... Kinder					
						0,5	**1,0**	1,5	**2,0**	2,5	**3,0**
17 747,99	I,IV	**323**	1 900	1 670	I						
	II		1 900	1 670	II						
	III		2 129	1 670	III						
	V	**1 933**	1 900	1 670	IV						
	VI	**2 465**	1 900	1 670							
17 783,99	I,IV	**329**	1 900	1 673	I						
	II		1 900	1 673	II						
	III		2 134	1 673	III						
	V	**1 947**	1 900	1 673	IV						
	VI	**2 479**	1 900	1 673							
17 819,99	I,IV	**334**	1 900	1 677	I						
	II		1 900	1 677	II						
	III		2 138	1 677	III						
	V	**1 961**	1 900	1 677	IV						
	VI	**2 492**	1 900	1 677							
17 855,99	I,IV	**340**	1 900	1 680	I						
	II		1 900	1 680	II						
	III		2 142	1 680	III						
	V	**1 975**	1 900	1 680	IV						
	VI	**2 506**	1 900	1 680							
17 891,99	I,IV	**346**	1 900	1 684	I						
	II		1 900	1 684	II						
	III		2 147	1 684	III						
	V	**1 988**	1 900	1 684	IV						
	VI	**2 520**	1 900	1 684							
17 927,99	I,IV	**352**	1 900	1 687	I						
	II		1 900	1 687	II						
	III		2 151	1 687	III						
	V	**2 002**	1 900	1 687	IV						
	VI	**2 534**	1 900	1 687							
17 963,99	I,IV	**358**	1 900	1 690	I						
	II		1 900	1 690	II						
	III		2 155	1 690	III						
	V	**2 016**	1 900	1 690	IV						
	VI	**2 547**	1 900	1 690							
17 999,99	I,IV	**364**	1 900	1 694	I						
	II		1 900	1 694	II						
	III		2 159	1 694	III						
	V	**2 030**	1 900	1 694	IV	1					
	VI	**2 561**	1 900	1 694							
18 035,99	I,IV	**370**	1 900	1 697	I						
	II		1 900	1 697	II						
	III		2 164	1 697	III						
	V	**2 043**	1 900	1 697	IV	6					
	VI	**2 575**	1 900	1 697							
18 071,99	I,IV	**376**	1 900	1 701	I						
	II		1 900	1 701	II						
	III		2 168	1 701	III						
	V	**2 057**	1 900	1 701	IV	10					
	VI	**2 589**	1 900	1 701							
18 107,99	I,IV	**382**	1 900	1 704	I						
	II		1 900	1 704	II						
	III		2 172	1 704	III						
	V	**2 070**	1 900	1 704	IV	15					
	VI	**2 602**	1 900	1 704							
18 143,99	I,IV	**388**	1 900	1 707	I						
	II		1 900	1 707	II						
	III		2 177	1 707	III						
	V	**2 084**	1 900	1 707	IV	20					
	VI	**2 616**	1 900	1 707							

* Zur LSt-Berechnung für privat versicherte Arbeitnehmer s. Beispiele **Vorbemerkung S. 4 f.**
** Basisvorsorgepauschale KV und PV *** Typisierter Arbeitgeberzuschuss

Lohn/ Gehalt in € bis	Steuerklasse	Lohn- steuer*	BVSP**	TAGZ***	Steuerklasse	Bemessungsgrundlage für Kirchensteuer und Solidaritätszuschlag					
						Freibeträge für ... Kinder					
						0,5	**1,0**	1,5	**2,0**	2,5	**3,0**
18179,99	I,IV	**395**	1900	1711	I						
	II		1900	1711	II						
	III		2181	1711	III						
	V	**2098**	1900	1711	IV	24					
	VI	**2630**	1900	1711							
18215,99	I,IV	**401**	1900	1714	I						
	II		1900	1714	II						
	III		2185	1714	III						
	V	**2111**	1900	1714	IV	29					
	VI	**2643**	1900	1714							
18251,99	I,IV	**407**	1900	1717	I						
	II		1900	1717	II						
	III		2190	1717	III						
	V	**2125**	1900	1717	IV	34					
	VI	**2657**	1900	1717							
18287,99	I,IV	**413**	1900	1721	I						
	II		1900	1721	II						
	III		2194	1721	III						
	V	**2139**	1900	1721	IV	39					
	VI	**2671**	1900	1721							
18323,99	I,IV	**419**	1900	1724	I						
	II		1900	1724	II						
	III		2198	1724	III						
	V	**2153**	1900	1724	IV	43					
	VI	**2684**	1900	1724							
18359,99	I,IV	**425**	1900	1728	I						
	II		1900	1728	II						
	III		2203	1728	III						
	V	**2167**	1900	1728	IV	48					
	VI	**2698**	1900	1728							
18395,99	I,IV	**432**	1900	1731	I						
	II		1900	1731	II						
	III		2207	1731	III						
	V	**2180**	1900	1731	IV	53					
	VI	**2712**	1900	1731							
18431,99	I,IV	**438**	1900	1734	I						
	II		1900	1734	II						
	III		2211	1734	III						
	V	**2194**	1900	1734	IV	58					
	VI	**2726**	1900	1734							
18467,99	I,IV	**444**	1900	1738	I						
	II		1900	1738	II						
	III		2216	1738	III						
	V	**2208**	1900	1738	IV	63					
	VI	**2739**	1900	1738							
18503,99	I,IV	**450**	1900	1741	I						
	II		1900	1741	II						
	III		2220	1741	III						
	V	**2222**	1900	1741	IV	67					
	VI	**2753**	1900	1741							
18539,99	I,IV	**457**	1900	1745	I						
	II		1900	1745	II						
	III		2224	1745	III						
	V	**2235**	1900	1745	IV	72					
	VI	**2767**	1900	1745							
18575,99	I,IV	**463**	1900	1748	I						
	II		1900	1748	II						
	III		2229	1748	III						
	V	**2249**	1900	1748	IV	77					
	VI	**2781**	1900	1748							

* Zur LSt-Berechnung für privat versicherte Arbeitnehmer s. Beispiele **Vorbemerkung S. 4 f.**
** Basisvorsorgepauschale KV und PV *** Typisierter Arbeitgeberzuschuss

Lohn/ Gehalt in € bis	Steuerklasse	Lohn-steuer*	BVSP**	TAGZ***	Steuerklasse	Bemessungsgrundlage für Kirchensteuer und Solidaritätszuschlag – Freibeträge für ... Kinder 0,5	1,0	1,5	2,0	2,5	3,0
18611,99	I,IV	**469**	1900	1751	I						
	II		1900	1751	II						
	III		2233	1751	III						
	V	**2263**	1900	1751	IV	82					
	VI	**2794**	1900	1751							
18647,99	I,IV	**476**	1900	1755	I						
	II		1900	1755	II						
	III		2237	1755	III						
	V	**2276**	1900	1755	IV	87					
	VI	**2808**	1900	1755							
18683,99	I,IV	**482**	1900	1758	I						
	II		1900	1758	II						
	III		2242	1758	III						
	V	**2290**	1900	1758	IV	92					
	VI	**2822**	1900	1758							
18719,99	I,IV	**489**	1900	1762	I						
	II		1900	1762	II						
	III		2246	1762	III						
	V	**2304**	1900	1762	IV	97					
	VI	**2836**	1900	1762							
18755,99	I,IV	**495**	1900	1765	I						
	II		1900	1765	II						
	III		2250	1765	III						
	V	**2317**	1900	1765	IV	102					
	VI	**2849**	1900	1765							
18791,99	I,IV	**501**	1900	1768	I						
	II		1900	1768	II						
	III		2255	1768	III						
	V	**2331**	1900	1768	IV	107					
	VI	**2863**	1900	1768							
18827,99	I,IV	**508**	1900	1772	I						
	II		1900	1772	II						
	III		2259	1772	III						
	V	**2345**	1900	1772	IV	112					
	VI	**2877**	1900	1772							
18863,99	I,IV	**514**	1900	1775	I						
	II		1900	1775	II						
	III		2263	1775	III						
	V	**2358**	1900	1775	IV	117					
	VI	**2890**	1900	1775							
18899,99	I,IV	**521**	1900	1778	I						
	II		1900	1778	II						
	III		2267	1778	III						
	V	**2372**	1900	1778	IV	122					
	VI	**2904**	1900	1778							
18935,99	I,IV	**527**	1900	1782	I						
	II		1900	1782	II						
	III		2272	1782	III						
	V	**2386**	1900	1782	IV	127					
	VI	**2917**	1900	1782							
18971,99	I,IV	**534**	1900	1785	I						
	II		1900	1785	II						
	III		2276	1785	III						
	V	**2400**	1900	1785	IV	132					
	VI	**2931**	1900	1785							
19007,99	I,IV	**541**	1900	1789	I						
	II		1900	1789	II						
	III		2280	1789	III						
	V	**2413**	1900	1789	IV	138					
	VI	**2945**	1900	1789							

* Zur LSt-Berechnung für privat versicherte Arbeitnehmer s. Beispiele **Vorbemerkung S. 4f.**
** Basisvorsorgepauschale KV und PV *** Typisierter Arbeitgeberzuschuss

Lohn/Gehalt in € bis	Steuerklasse	Lohnsteuer*	BVSP**	TAGZ***	Steuerklasse	Bemessungsgrundlage für Kirchensteuer und Solidaritätszuschlag – Freibeträge für ... Kinder 0,5	1,0	1,5	2,0	2,5	3,0
19043,99	I,IV	**547**	1900	1792	I						
	II		1900	1792	II						
	III		2285	1792	III						
	V	**2427**	1900	1792	IV	143					
	VI	**2959**	1900	1792							
19079,99	I,IV	**554**	1900	1795	I						
	II		1900	1795	II						
	III		2289	1795	III						
	V	**2441**	1900	1795	IV	148					
	VI	**2972**	1900	1795							
19115,99	I,IV	**561**	1900	1799	I						
	II		1900	1799	II						
	III		2293	1799	III						
	V	**2455**	1900	1799	IV	153					
	VI	**2986**	1900	1799							
19151,99	I,IV	**567**	1900	1802	I						
	II		1900	1802	II						
	III		2298	1802	III						
	V	**2468**	1900	1802	IV	158					
	VI	**3000**	1900	1802							
19187,99	I,IV	**574**	1900	1806	I						
	II		1900	1806	II						
	III		2302	1806	III						
	V	**2482**	1900	1806	IV	164					
	VI	**3014**	1900	1806							
19223,99	I,IV	**581**	1900	1809	I						
	II		1900	1809	II						
	III		2306	1809	III						
	V	**2496**	1900	1809	IV	169					
	VI	**3028**	1900	1809							
19259,99	I,IV	**587**	1900	1812	I						
	II		1900	1812	II						
	III		2311	1812	III						
	V	**2509**	1900	1812	IV	174					
	VI	**3041**	1900	1812							
19295,99	I,IV	**594**	1900	1816	I						
	II		1900	1816	II						
	III		2315	1816	III						
	V	**2523**	1900	1816	IV	180					
	VI	**3055**	1900	1816							
19331,99	I,IV	**601**	1900	1819	I						
	II		1900	1819	II						
	III		2319	1819	III						
	V	**2537**	1900	1819	IV	185					
	VI	**3069**	1900	1819							
19367,99	I,IV	**608**	1900	1823	I						
	II		1900	1823	II						
	III		2324	1823	III						
	V	**2550**	1900	1823	IV	190					
	VI	**3082**	1900	1823							
19403,99	I,IV	**614**	1900	1826	I						
	II		1900	1826	II						
	III		2328	1826	III						
	V	**2564**	1900	1826	IV	196					
	VI	**3096**	1900	1826							
19439,99	I,IV	**621**	1900	1829	I						
	II		1900	1829	II						
	III		2332	1829	III						
	V	**2578**	1900	1829	IV	201					
	VI	**3110**	1900	1829							

* Zur LSt-Berechnung für privat versicherte Arbeitnehmer s. Beispiele **Vorbemerkung S. 4f.**
** Basisvorsorgepauschale KV und PV *** Typisierter Arbeitgeberzuschuss

Lohn/ Gehalt in € bis	Steuerklasse	Lohnsteuer*	BVSP**	TAGZ***	Steuerklasse	Bemessungsgrundlage für Kirchensteuer und Solidaritätszuschlag – Freibeträge für ... Kinder 0,5	**1,0**	1,5	**2,0**	2,5	**3,0**
19475,99	I,IV	**628**	1900	1833	I						
	II		1900	1833	II						
	III		2337	1833	III						
	V	**2592**	1900	1833	IV	207					
	VI	**3123**	1900	1833							
19511,99	I,IV	**635**	1900	1836	I						
	II		1900	1836	II						
	III		2341	1836	III						
	V	**2605**	1900	1836	IV	212					
	VI	**3137**	1900	1836							
19547,99	I,IV	**642**	1900	1839	I						
	II		1900	1839	II						
	III		2345	1839	III						
	V	**2619**	1900	1839	IV	218					
	VI	**3151**	1900	1839							
19583,99	I,IV	**649**	1900	1843	I						
	II		1900	1843	II						
	III		2350	1843	III						
	V	**2633**	1900	1843	IV	223					
	VI	**3164**	1900	1843							
19619,99	I,IV	**656**	1900	1846	I						
	II		1900	1846	II						
	III		2354	1846	III						
	V	**2647**	1900	1846	IV	228					
	VI	**3178**	1900	1846							
19655,99	I,IV	**663**	1900	1850	I						
	II		1900	1850	II						
	III		2358	1850	III						
	V	**2660**	1900	1850	IV	234					
	VI	**3192**	1900	1850							
19691,99	I,IV	**670**	1900	1853	I						
	II		1900	1853	II						
	III		2363	1853	III						
	V	**2674**	1900	1853	IV	240					
	VI	**3206**	1900	1853							
19727,99	I,IV	**677**	1900	1856	I						
	II		1900	1856	II						
	III		2367	1856	III						
	V	**2688**	1900	1856	IV	245					
	VI	**3219**	1900	1856							
19763,99	I,IV	**684**	1900	1860	I						
	II		1900	1860	II						
	III		2371	1860	III						
	V	**2701**	1900	1860	IV	251					
	VI	**3233**	1900	1860							
19799,99	I,IV	**691**	1900	1863	I						
	II		1900	1863	II						
	III		2375	1863	III						
	V	**2715**	1900	1863	IV	256					
	VI	**3247**	1900	1863							
19835,99	I,IV	**698**	1900	1867	I						
	II		1900	1867	II						
	III		2380	1867	III						
	V	**2729**	1900	1867	IV	262					
	VI	**3261**	1900	1867							
19871,99	I,IV	**705**	1900	1870	I						
	II		1900	1870	II						
	III		2384	1870	III						
	V	**2742**	1900	1870	IV	268					
	VI	**3274**	1900	1870							

* Zur LSt-Berechnung für privat versicherte Arbeitnehmer s. Beispiele **Vorbemerkung S. 4 f.**
** Basisvorsorgepauschale KV und PV   *** Typisierter Arbeitgeberzuschuss

Lohn/ Gehalt in € bis	Steuerklasse	**Lohn-steuer***	BVSP**	TAGZ***	Steuerklasse	Bemessungsgrundlage für Kirchensteuer und Solidaritätszuschlag – Freibeträge für ... Kinder 0,5	**1,0**	1,5	**2,0**	2,5	**3,0**
19907,99	I,IV	**712**	1900	1873	I						
	II		1900	1873	II						
	III		2388	1873	III						
	V	**2756**	1900	1873	IV	273					
	VI	**3288**	1900	1873							
19943,99	I,IV	**719**	1900	1877	I						
	II		1900	1877	II						
	III		2393	1877	III						
	V	**2770**	1900	1877	IV	279					
	VI	**3302**	1900	1877							
19979,99	I,IV	**726**	1900	1880	I						
	II		1900	1880	II						
	III		2397	1880	III						
	V	**2783**	1900	1880	IV	285					
	VI	**3315**	1900	1880							
20015,99	I,IV	**733**	1900	1884	I						
	II		1900	1884	II						
	III		2401	1884	III						
	V	**2797**	1900	1884	IV	290					
	VI	**3329**	1900	1884							
20051,99	I,IV	**741**	1900	1887	I						
	II		1900	1887	II						
	III		2406	1887	III						
	V	**2811**	1900	1887	IV	296					
	VI	**3343**	1900	1887							
20087,99	I,IV	**748**	1900	1890	I						
	II		1900	1890	II						
	III		2410	1890	III						
	V	**2825**	1900	1890	IV	302					
	VI	**3356**	1900	1890							
20123,99	I,IV	**755**	1900	1894	I						
	II		1900	1894	II						
	III		2414	1894	III						
	V	**2839**	1900	1894	IV	308					
	VI	**3370**	1900	1894							
20159,99	I,IV	**762**	1900	1897	I						
	II		1900	1897	II						
	III		2419	1897	III						
	V	**2852**	1900	1897	IV	314					
	VI	**3384**	1900	1897							
20195,99	I,IV	**769**	1900	1900	I						
	II		1900	1900	II						
	III		2423	1900	III						
	V	**2865**	1900	1900	IV	319					
	VI	**3397**	1900	1900							
20231,99	I,IV	**776**	1904	1904	I						
	II	**1**	1904	1904	II						
	III		2427	1904	III						
	V	**2878**	1904	1904	IV	325					
	VI	**3410**	1904	1904							
20267,99	I,IV	**783**	1907	1907	I						
	II	**5**	1907	1907	II						
	III		2432	1907	III						
	V	**2890**	1907	1907	IV	330					
	VI	**3422**	1907	1907							
20303,99	I,IV	**789**	1911	1911	I						
	II	**9**	1911	1911	II						
	III		2436	1911	III						
	V	**2902**	1911	1911	IV	335					
	VI	**3434**	1911	1911							

* Zur LSt-Berechnung für privat versicherte Arbeitnehmer s. Beispiele **Vorbemerkung S. 4f.**
** Basisvorsorgepauschale KV und PV *** Typisierter Arbeitgeberzuschuss

Lohn/ Gehalt in € bis	Steuerklasse	Lohn-steuer*	BVSP**	TAGZ***	Steuerklasse	Bemessungsgrundlage für Kirchensteuer und Solidaritätszuschlag					
						Freibeträge für ... Kinder					
						0,5	1,0	1,5	2,0	2,5	3,0
20339,99	I,IV	796	1914	1914	I						
	II	13	1914	1914	II						
	III		2440	1914	III						
	V	2915	1914	1914	IV	340					
	VI	3446	1914	1914							
20375,99	I,IV	802	1917	1917	I						
	II	18	1917	1917	II						
	III		2445	1917	III						
	V	2927	1917	1917	IV	346					
	VI	3459	1917	1917							
20411,99	I,IV	809	1921	1921	I						
	II	22	1921	1921	II						
	III		2449	1921	III						
	V	2939	1921	1921	IV	351					
	VI	3471	1921	1921							
20447,99	I,IV	815	1924	1924	I						
	II	26	1924	1924	II						
	III		2453	1924	III						
	V	2951	1924	1924	IV	356					
	VI	3483	1924	1924							
20483,99	I,IV	822	1928	1928	I						
	II	30	1928	1928	II						
	III		2458	1928	III						
	V	2964	1928	1928	IV	362					
	VI	3495	1928	1928							
20519,99	I,IV	829	1931	1931	I	4					
	II	34	1931	1931	II						
	III		2462	1931	III						
	V	2976	1931	1931	IV	367	4				
	VI	3508	1931	1931							
20555,99	I,IV	836	1934	1934	I	8					
	II	39	1934	1934	II						
	III		2466	1934	III						
	V	2988	1934	1934	IV	373	8				
	VI	3520	1934	1934							
20591,99	I,IV	842	1938	1938	I	12					
	II	43	1938	1938	II						
	III		2471	1938	III						
	V	3001	1938	1938	IV	378	12				
	VI	3532	1938	1938							
20627,99	I,IV	849	1941	1941	I	16					
	II	47	1941	1941	II						
	III		2475	1941	III						
	V	3013	1941	1941	IV	384	16				
	VI	3545	1941	1941							
20663,99	I,IV	856	1944	1944	I	20					
	II	51	1944	1944	II						
	III		2479	1944	III						
	V	3025	1944	1944	IV	389	20				
	VI	3557	1944	1944							
20699,99	I,IV	862	1948	1948	I	24					
	II	56	1948	1948	II						
	III		2483	1948	III						
	V	3038	1948	1948	IV	394	24				
	VI	3569	1948	1948							
20735,99	I,IV	869	1951	1951	I	28					
	II	60	1951	1951	II						
	III		2488	1951	III						
	V	3050	1951	1951	IV	400	28				
	VI	3581	1951	1951							

* Zur LSt-Berechnung für privat versicherte Arbeitnehmer s. Beispiele **Vorbemerkung S. 4 f.**
** Basisvorsorgepauschale KV und PV *** Typisierter Arbeitgeberzuschuss

Lohn/ Gehalt in € bis	Steuerklasse	Lohn-steuer*	BVSP**	TAGZ***	Steuerklasse	Bemessungsgrundlage für Kirchensteuer und Solidaritätszuschlag					
						Freibeträge für ... Kinder					
						0,5	**1,0**	1,5	**2,0**	2,5	**3,0**
20 771,99	I,IV	**876**	1955	1955	I	33					
	II	**64**	1955	1955	II						
	III		2492	1955	III						
	V	**3062**	1955	1955	IV	405	33				
	VI	**3594**	1955	1955							
20 807,99	I,IV	**883**	1958	1958	I	37					
	II	**69**	1958	1958	II						
	III		2496	1958	III						
	V	**3075**	1958	1958	IV	411	37				
	VI	**3606**	1958	1958							
20 843,99	I,IV	**890**	1961	1961	I	41					
	II	**73**	1961	1961	II						
	III		2501	1961	III						
	V	**3087**	1961	1961	IV	416	41				
	VI	**3618**	1961	1961							
20 879,99	I,IV	**896**	1965	1965	I	45					
	II	**78**	1965	1965	II						
	III		2505	1965	III						
	V	**3099**	1965	1965	IV	422	45				
	VI	**3631**	1965	1965							
20 915,99	I,IV	**903**	1968	1968	I	50					
	II	**82**	1968	1968	II						
	III		2509	1968	III						
	V	**3112**	1968	1968	IV	428	50				
	VI	**3643**	1968	1968							
20 951,99	I,IV	**910**	1972	1972	I	54					
	II	**86**	1972	1972	II						
	III		2514	1972	III						
	V	**3124**	1972	1972	IV	433	54				
	VI	**3655**	1972	1972							
20 987,99	I,IV	**917**	1975	1975	I	58					
	II	**91**	1975	1975	II						
	III		2518	1975	III						
	V	**3136**	1975	1975	IV	439	58				
	VI	**3668**	1975	1975							
21 023,99	I,IV	**924**	1978	1978	I	63					
	II	**95**	1978	1978	II						
	III		2522	1978	III						
	V	**3148**	1978	1978	IV	444	63				
	VI	**3680**	1978	1978							
21 059,99	I,IV	**931**	1982	1982	I	67					
	II	**100**	1982	1982	II						
	III		2527	1982	III						
	V	**3161**	1982	1982	IV	450	67				
	VI	**3692**	1982	1982							
21 095,99	I,IV	**938**	1985	1985	I	71					
	II	**104**	1985	1985	II						
	III		2531	1985	III						
	V	**3173**	1985	1985	IV	456	71				
	VI	**3705**	1985	1985							
21 131,99	I,IV	**945**	1989	1989	I	76					
	II	**109**	1989	1989	II						
	III		2535	1989	III						
	V	**3185**	1989	1989	IV	461	76				
	VI	**3717**	1989	1989							
21 167,99	I,IV	**952**	1992	1992	I	80					
	II	**113**	1992	1992	II						
	III		2540	1992	III						
	V	**3197**	1992	1992	IV	467	80				
	VI	**3729**	1992	1992							

* Zur LSt-Berechnung für privat versicherte Arbeitnehmer s. Beispiele **Vorbemerkung S. 4f.**
** Basisvorsorgepauschale KV und PV *** Typisierter Arbeitgeberzuschuss

Lohn/ Gehalt in € bis	Steuerklasse	Lohn-steuer*	BVSP**	TAGZ***	Steuerklasse	Bemessungsgrundlage für Kirchensteuer und Solidaritätszuschlag					
						Freibeträge für ... Kinder					
						0,5	**1,0**	1,5	**2,0**	2,5	**3,0**
21 203,99	I,IV	**959**	1 995	1 995	I	85					
	II	**118**	1 995	1 995	II						
	III		2 544	1 995	III						
	V	**3 210**	1 995	1 995	IV	473	85				
	VI	**3 742**	1 995	1 995							
21 239,99	I,IV	**966**	1 999	1 999	I	89					
	II	**122**	1 999	1 999	II						
	III		2 548	1 999	III						
	V	**3 222**	1 999	1 999	IV	478	89				
	VI	**3 754**	1 999	1 999							
21 275,99	I,IV	**973**	2 002	2 002	I	94					
	II	**127**	2 002	2 002	II						
	III		2 553	2 002	III						
	V	**3 234**	2 002	2 002	IV	484	94				
	VI	**3 766**	2 002	2 002							
21 311,99	I,IV	**980**	2 005	2 005	I	98					
	II	**132**	2 005	2 005	II						
	III		2 557	2 005	III						
	V	**3 247**	2 005	2 005	IV	490	98				
	VI	**3 778**	2 005	2 005							
21 347,99	I,IV	**987**	2 009	2 009	I	103					
	II	**136**	2 009	2 009	II						
	III		2 561	2 009	III						
	V	**3 259**	2 009	2 009	IV	496	103				
	VI	**3 791**	2 009	2 009							
21 383,99	I,IV	**994**	2 012	2 012	I	107					
	II	**141**	2 012	2 012	II						
	III		2 566	2 012	III						
	V	**3 271**	2 012	2 012	IV	501	107				
	VI	**3 803**	2 012	2 012							
21 419,99	I,IV	**1 001**	2 016	2 016	I	112					
	II	**145**	2 016	2 016	II						
	III		2 570	2 016	III						
	V	**3 283**	2 016	2 016	IV	507	112				
	VI	**3 815**	2 016	2 016							
21 455,99	I,IV	**1 008**	2 019	2 019	I	116					
	II	**150**	2 019	2 019	II						
	III		2 574	2 019	III						
	V	**3 296**	2 019	2 019	IV	513	116				
	VI	**3 828**	2 019	2 019							
21 491,99	I,IV	**1 015**	2 022	2 022	I	121					
	II	**155**	2 022	2 022	II						
	III		2 579	2 022	III						
	V	**3 308**	2 022	2 022	IV	519	121				
	VI	**3 840**	2 022	2 022							
21 527,99	I,IV	**1 022**	2 026	2 026	I	125					
	II	**160**	2 026	2 026	II						
	III		2 583	2 026	III						
	V	**3 320**	2 026	2 026	IV	525	125				
	VI	**3 852**	2 026	2 026							
21 563,99	I,IV	**1 029**	2 029	2 029	I	130					
	II	**164**	2 029	2 029	II						
	III		2 587	2 029	III						
	V	**3 332**	2 029	2 029	IV	531	130				
	VI	**3 864**	2 029	2 029							
21 599,99	I,IV	**1 036**	2 033	2 033	I	135					
	II	**169**	2 033	2 033	II						
	III		2 591	2 033	III						
	V	**3 345**	2 033	2 033	IV	537	135				
	VI	**3 877**	2 033	2 033							

* Zur LSt-Berechnung für privat versicherte Arbeitnehmer s. Beispiele **Vorbemerkung S. 4 f.**
** Basisvorsorgepauschale KV und PV *** Typisierter Arbeitgeberzuschuss

Lohn/ Gehalt in € bis	Steuerklasse	**Lohn-steuer***	BVSP**	TAGZ***	Steuerklasse	Bemessungsgrundlage für Kirchensteuer und Solidaritätszuschlag					
						Freibeträge für ... Kinder					
						0,5	**1,0**	1,5	**2,0**	2,5	**3,0**
21 635,99	I,IV	**1 043**	2 036	2 036	I	139					
	II	**174**	2 036	2 036	II						
	III		2 596	2 036	III						
	V	**3 357**	2 036	2 036	IV	543	139				
	VI	**3 889**	2 036	2 036							
21 671,99	I,IV	**1 050**	2 039	2 039	I	144					
	II	**178**	2 039	2 039	II						
	III		2 600	2 039	III						
	V	**3 369**	2 039	2 039	IV	548	144				
	VI	**3 901**	2 039	2 039							
21 707,99	I,IV	**1 057**	2 043	2 043	I	148					
	II	**183**	2 043	2 043	II						
	III		2 604	2 043	III						
	V	**3 382**	2 043	2 043	IV	554	148				
	VI	**3 913**	2 043	2 043							
21 743,99	I,IV	**1 064**	2 046	2 046	I	153					
	II	**188**	2 046	2 046	II						
	III		2 609	2 046	III						
	V	**3 394**	2 046	2 046	IV	560	153				
	VI	**3 926**	2 046	2 046							
21 779,99	I,IV	**1 071**	2 050	2 050	I	158					
	II	**193**	2 050	2 050	II						
	III		2 613	2 050	III						
	V	**3 406**	2 050	2 050	IV	566	158				
	VI	**3 938**	2 050	2 050							
21 815,99	I,IV	**1 078**	2 053	2 053	I	162					
	II	**198**	2 053	2 053	II						
	III		2 617	2 053	III						
	V	**3 419**	2 053	2 053	IV	572	162				
	VI	**3 950**	2 053	2 053							
21 851,99	I,IV	**1 085**	2 056	2 056	I	167					
	II	**203**	2 056	2 056	II						
	III		2 622	2 056	III						
	V	**3 431**	2 056	2 056	IV	578	167				
	VI	**3 962**	2 056	2 056							
21 887,99	I,IV	**1 093**	2 060	2 060	I	172					
	II	**208**	2 060	2 060	II						
	III		2 626	2 060	III						
	V	**3 443**	2 060	2 060	IV	584	172				
	VI	**3 975**	2 060	2 060							
21 923,99	I,IV	**1 100**	2 063	2 063	I	177					
	II	**212**	2 063	2 063	II						
	III		2 630	2 063	III						
	V	**3 455**	2 063	2 063	IV	590	177				
	VI	**3 987**	2 063	2 063							
21 959,99	I,IV	**1 107**	2 066	2 066	I	181					
	II	**217**	2 066	2 066	II						
	III		2 635	2 066	III						
	V	**3 468**	2 066	2 066	IV	596	181				
	VI	**3 999**	2 066	2 066							
21 995,99	I,IV	**1 114**	2 070	2 070	I	186					
	II	**222**	2 070	2 070	II						
	III		2 639	2 070	III						
	V	**3 480**	2 070	2 070	IV	603	186				
	VI	**4 012**	2 070	2 070							
22 031,99	I,IV	**1 121**	2 073	2 073	I	191					
	II	**227**	2 073	2 073	II						
	III		2 643	2 073	III						
	V	**3 492**	2 073	2 073	IV	609	191				
	VI	**4 024**	2 073	2 073							

* Zur LSt-Berechnung für privat versicherte Arbeitnehmer s. Beispiele **Vorbemerkung S. 4 f.**
** Basisvorsorgepauschale KV und PV *** Typisierter Arbeitgeberzuschuss

Lohn/ Gehalt in € bis	Steuerklasse	Lohn- steuer*	BVSP**	TAGZ***	Steuerklasse	Bemessungsgrundlage für Kirchensteuer und Solidaritätszuschlag – Freibeträge für ... Kinder 0,5	**1,0**	1,5	**2,0**	2,5	**3,0**
22067,99	I,IV	**1128**	2077	2077	I	196					
	II	**232**	2077	2077	II						
	III		2648	2077	III						
	V	**3505**	2077	2077	IV	615	196				
	VI	**4036**	2077	2077							
22103,99	I,IV	**1135**	2080	2080	I	201					
	II	**237**	2080	2080	II						
	III		2652	2080	III						
	V	**3517**	2080	2080	IV	621	201				
	VI	**4049**	2080	2080							
22139,99	I,IV	**1142**	2083	2083	I	206					
	II	**242**	2083	2083	II						
	III		2656	2083	III						
	V	**3529**	2083	2083	IV	627	206				
	VI	**4061**	2083	2083							
22175,99	I,IV	**1149**	2087	2087	I	211					
	II	**247**	2087	2087	II						
	III		2661	2087	III						
	V	**3542**	2087	2087	IV	633	211				
	VI	**4073**	2087	2087							
22211,99	I,IV	**1156**	2090	2090	I	215					
	II	**252**	2090	2090	II						
	III		2665	2090	III						
	V	**3554**	2090	2090	IV	639	215				
	VI	**4085**	2090	2090							
22247,99	I,IV	**1163**	2094	2094	I	220					
	II	**257**	2094	2094	II						
	III		2669	2094	III						
	V	**3566**	2094	2094	IV	645	220				
	VI	**4098**	2094	2094							
22283,99	I,IV	**1171**	2097	2097	I	225					
	II	**262**	2097	2097	II						
	III		2674	2097	III						
	V	**3579**	2097	2097	IV	652	225				
	VI	**4110**	2097	2097							
22319,99	I,IV	**1178**	2100	2100	I	230					
	II	**267**	2100	2100	II						
	III		2678	2100	III						
	V	**3591**	2100	2100	IV	658	230				
	VI	**4122**	2100	2100							
22355,99	I,IV	**1185**	2104	2104	I	235					
	II	**272**	2104	2104	II						
	III		2682	2104	III						
	V	**3603**	2104	2104	IV	664	235				
	VI	**4135**	2104	2104							
22391,99	I,IV	**1192**	2107	2107	I	240					
	II	**277**	2107	2107	II						
	III		2687	2107	III						
	V	**3615**	2107	2107	IV	670	240				
	VI	**4147**	2107	2107							
22427,99	I,IV	**1199**	2111	2111	I	245					
	II	**283**	2111	2111	II						
	III		2691	2111	III						
	V	**3628**	2111	2111	IV	677	245				
	VI	**4159**	2111	2111							
22463,99	I,IV	**1206**	2114	2114	I	250					
	II	**288**	2114	2114	II						
	III		2695	2114	III						
	V	**3640**	2114	2114	IV	683	250				
	VI	**4172**	2114	2114							

* Zur LSt-Berechnung für privat versicherte Arbeitnehmer s. Beispiele **Vorbemerkung S. 4 f.**
** Basisvorsorgepauschale KV und PV *** Typisierter Arbeitgeberzuschuss

Lohn/ Gehalt in € bis	Steuerklasse	Lohn- steuer*	BVSP**	TAGZ***	Steuerklasse	Bemessungsgrundlage für Kirchensteuer und Solidaritätszuschlag					
						Freibeträge für ... Kinder					
						0,5	**1,0**	1,5	**2,0**	2,5	**3,0**
22 499,99	I,IV	**1 213**	2 117	2 117	I	255					
	II	**293**	2 117	2 117	II						
	III		2 699	2 117	III						
	V	**3 652**	2 117	2 117	IV	689	255				
	VI	**4 184**	2 117	2 117							
22 535,99	I,IV	**1 220**	2 121	2 121	I	260					
	II	**298**	2 121	2 121	II						
	III		2 704	2 121	III						
	V	**3 664**	2 121	2 121	IV	696	260				
	VI	**4 196**	2 121	2 121							
22 571,99	I,IV	**1 228**	2 124	2 124	I	265					
	II	**303**	2 124	2 124	II						
	III		2 708	2 124	III						
	V	**3 677**	2 124	2 124	IV	702	265				
	VI	**4 209**	2 124	2 124							
22 607,99	I,IV	**1 235**	2 127	2 127	I	270					
	II	**308**	2 127	2 127	II						
	III		2 712	2 127	III						
	V	**3 689**	2 127	2 127	IV	708	270				
	VI	**4 221**	2 127	2 127							
22 643,99	I,IV	**1 242**	2 131	2 131	I	275					
	II	**313**	2 131	2 131	II						
	III		2 717	2 131	III						
	V	**3 701**	2 131	2 131	IV	715	275				
	VI	**4 233**	2 131	2 131							
22 679,99	I,IV	**1 249**	2 134	2 134	I	281					
	II	**319**	2 134	2 134	II						
	III		2 721	2 134	III						
	V	**3 714**	2 134	2 134	IV	721	281				
	VI	**4 246**	2 134	2 134							
22 715,99	I,IV	**1 256**	2 138	2 138	I	286					
	II	**324**	2 138	2 138	II						
	III		2 725	2 138	III						
	V	**3 726**	2 138	2 138	IV	728	286				
	VI	**4 258**	2 138	2 138							
22 751,99	I,IV	**1 263**	2 141	2 141	I	291					
	II	**329**	2 141	2 141	II						
	III		2 730	2 141	III						
	V	**3 738**	2 141	2 141	IV	734	291				
	VI	**4 270**	2 141	2 141							
22 787,99	I,IV	**1 270**	2 144	2 144	I	296					
	II	**335**	2 144	2 144	II						
	III		2 734	2 144	III						
	V	**3 750**	2 144	2 144	IV	740	296				
	VI	**4 282**	2 144	2 144							
22 823,99	I,IV	**1 278**	2 148	2 148	I	301					
	II	**340**	2 148	2 148	II						
	III		2 738	2 148	III						
	V	**3 763**	2 148	2 148	IV	747	301				
	VI	**4 295**	2 148	2 148							
22 859,99	I,IV	**1 285**	2 151	2 151	I	306					
	II	**345**	2 151	2 151	II						
	III		2 743	2 151	III						
	V	**3 775**	2 151	2 151	IV	753	306				
	VI	**4 307**	2 151	2 151							
22 895,99	I,IV	**1 292**	2 155	2 155	I	312					
	II	**351**	2 155	2 155	II						
	III		2 747	2 155	III						
	V	**3 787**	2 155	2 155	IV	760	312				
	VI	**4 319**	2 155	2 155							

* Zur LSt-Berechnung für privat versicherte Arbeitnehmer s. Beispiele **Vorbemerkung S. 4 f.**
** Basisvorsorgepauschale KV und PV *** Typisierter Arbeitgeberzuschuss

Lohn/ Gehalt in € bis	Steuerklasse	Lohn-steuer*	BVSP**	TAGZ***	Steuerklasse	Bemessungsgrundlage für Kirchensteuer und Solidaritätszuschlag – Freibeträge für ... Kinder 0,5	1,0	1,5	2,0	2,5	3,0
22 931,99	I,IV	**1 299**	2 158	2 158	I	317					
	II	**356**	2 158	2 158	II						
	III		2 751	2 158	III						
	V	**3 799**	2 158	2 158	IV	766	317				
	VI	**4 331**	2 158	2 158							
22 967,99	I,IV	**1 306**	2 161	2 161	I	322					
	II	**361**	2 161	2 161	II						
	III		2 756	2 161	III						
	V	**3 812**	2 161	2 161	IV	773	322				
	VI	**4 344**	2 161	2 161							
23 003,99	I,IV	**1 313**	2 165	2 165	I	327					
	II	**367**	2 165	2 165	II						
	III		2 760	2 165	III						
	V	**3 824**	2 165	2 165	IV	779	327				
	VI	**4 356**	2 165	2 165							
23 039,99	I,IV	**1 321**	2 168	2 168	I	333					
	II	**372**	2 168	2 168	II						
	III		2 764	2 168	III						
	V	**3 836**	2 168	2 168	IV	786	333				
	VI	**4 368**	2 168	2 168							
23 075,99	I,IV	**1 328**	2 172	2 172	I	338					
	II	**377**	2 172	2 172	II						
	III		2 769	2 172	III						
	V	**3 849**	2 172	2 172	IV	792	338				
	VI	**4 380**	2 172	2 172							
23 111,99	I,IV	**1 335**	2 175	2 175	I	343					
	II	**383**	2 175	2 175	II						
	III		2 773	2 175	III						
	V	**3 861**	2 175	2 175	IV	799	343				
	VI	**4 393**	2 175	2 175							
23 147,99	I,IV	**1 342**	2 178	2 178	I	348					
	II	**388**	2 178	2 178	II						
	III		2 777	2 178	III						
	V	**3 873**	2 178	2 178	IV	806	348				
	VI	**4 405**	2 178	2 178							
23 183,99	I,IV	**1 349**	2 182	2 182	I	354					
	II	**394**	2 182	2 182	II						
	III		2 782	2 182	III						
	V	**3 886**	2 182	2 182	IV	812	354				
	VI	**4 417**	2 182	2 182							
23 219,99	I,IV	**1 356**	2 185	2 185	I	359					
	II	**399**	2 185	2 185	II						
	III		2 786	2 185	III						
	V	**3 898**	2 185	2 185	IV	819	359				
	VI	**4 429**	2 185	2 185							
23 255,99	I,IV	**1 364**	2 188	2 188	I	365					
	II	**405**	2 188	2 188	II						
	III		2 790	2 188	III						
	V	**3 910**	2 188	2 188	IV	826	365	2			
	VI	**4 442**	2 188	2 188							
23 291,99	I,IV	**1 371**	2 192	2 192	I	370					
	II	**410**	2 192	2 192	II						
	III		2 795	2 192	III						
	V	**3 923**	2 192	2 192	IV	832	370	6			
	VI	**4 454**	2 192	2 192							
23 327,99	I,IV	**1 378**	2 195	2 195	I	375					
	II	**416**	2 195	2 195	II						
	III		2 799	2 195	III						
	V	**3 935**	2 195	2 195	IV	839	375	10			
	VI	**4 466**	2 195	2 195							

* Zur LSt-Berechnung für privat versicherte Arbeitnehmer s. Beispiele **Vorbemerkung S. 4 f.**
** Basisvorsorgepauschale KV und PV *** Typisierter Arbeitgeberzuschuss

Lohn/ Gehalt in € bis	Steuerklasse	**Lohn-steuer***	BVSP**	TAGZ***	Steuerklasse	Bemessungsgrundlage für Kirchensteuer und Solidaritätszuschlag					
						Freibeträge für ... Kinder					
						0,5	**1,0**	1,5	**2,0**	2,5	**3,0**
23363,99	I,IV	**1385**	2199	2199	I	381					
	II	**422**	2199	2199	II						
	III		2803	2199	III						
	V	**3947**	2199	2199	IV	846	381	14			
	VI	**4479**	2199	2199							
23399,99	I,IV	**1393**	2202	2202	I	386					
	II	**427**	2202	2202	II						
	III		2807	2202	III						
	V	**3959**	2202	2202	IV	853	386	18			
	VI	**4491**	2202	2202							
23435,99	I,IV	**1400**	2205	2205	I	392					
	II	**433**	2205	2205	II						
	III		2812	2205	III						
	V	**3972**	2205	2205	IV	859	392	22			
	VI	**4503**	2205	2205							
23471,99	I,IV	**1407**	2209	2209	I	397					
	II	**438**	2209	2209	II						
	III		2816	2209	III						
	V	**3984**	2209	2209	IV	866	397	26			
	VI	**4516**	2209	2209							
23507,99	I,IV	**1414**	2212	2212	I	403					
	II	**444**	2212	2212	II						
	III		2820	2212	III						
	V	**3996**	2212	2212	IV	873	403	31			
	VI	**4528**	2212	2212							
23543,99	I,IV	**1421**	2216	2216	I	408					
	II	**449**	2216	2216	II						
	III		2825	2216	III						
	V	**4009**	2216	2216	IV	880	408	35			
	VI	**4540**	2216	2216							
23579,99	I,IV	**1429**	2219	2219	I	414					
	II	**455**	2219	2219	II						
	III		2829	2219	III						
	V	**4021**	2219	2219	IV	886	414	39			
	VI	**4553**	2219	2219							
23615,99	I,IV	**1436**	2222	2222	I	419					
	II	**461**	2222	2222	II						
	III		2833	2222	III						
	V	**4033**	2222	2222	IV	893	419	43			
	VI	**4565**	2222	2222							
23651,99	I,IV	**1443**	2226	2226	I	425					
	II	**467**	2226	2226	II						
	III		2838	2226	III						
	V	**4046**	2226	2226	IV	900	425	48			
	VI	**4577**	2226	2226							
23687,99	I,IV	**1450**	2229	2229	I	430					
	II	**472**	2229	2229	II						
	III		2842	2229	III						
	V	**4058**	2229	2229	IV	907	430	52			
	VI	**4589**	2229	2229							
23723,99	I,IV	**1458**	2233	2233	I	436					
	II	**478**	2233	2233	II						
	III		2846	2233	III						
	V	**4070**	2233	2233	IV	914	436	56			
	VI	**4602**	2233	2233							
23759,99	I,IV	**1465**	2236	2236	I	442					
	II	**484**	2236	2236	II						
	III		2851	2236	III						
	V	**4082**	2236	2236	IV	921	442	61			
	VI	**4614**	2236	2236							

* Zur LSt-Berechnung für privat versicherte Arbeitnehmer s. Beispiele **Vorbemerkung S. 4f.**
** Basisvorsorgepauschale KV und PV *** Typisierter Arbeitgeberzuschuss

Lohn/ Gehalt in € bis	Steuerklasse	Lohn-steuer*	BVSP**	TAGZ***	Steuerklasse	Bemessungsgrundlage für Kirchensteuer und Solidaritätszuschlag – Freibeträge für ... Kinder 0,5	1,0	1,5	2,0	2,5	3,0
23795,99	I,IV	**1472**	2239	2239	I	447					
	II	**489**	2239	2239	II						
	III		2855	2239	III						
	V	**4095**	2239	2239	IV	928	447	65			
	VI	**4626**	2239	2239							
23831,99	I,IV	**1479**	2243	2243	I	453					
	II	**495**	2243	2243	II						
	III		2859	2243	III						
	V	**4107**	2243	2243	IV	935	453	69			
	VI	**4639**	2243	2243							
23867,99	I,IV	**1487**	2246	2246	I	459					
	II	**501**	2246	2246	II						
	III		2864	2246	III						
	V	**4119**	2246	2246	IV	941	459	74			
	VI	**4651**	2246	2246							
23903,99	I,IV	**1494**	2249	2249	I	464					
	II	**507**	2249	2249	II						
	III		2868	2249	III						
	V	**4131**	2249	2249	IV	948	464	78			
	VI	**4663**	2249	2249							
23939,99	I,IV	**1501**	2253	2253	I	470					
	II	**513**	2253	2253	II						
	III		2872	2253	III						
	V	**4144**	2253	2253	IV	955	470	83			
	VI	**4676**	2253	2253							
23975,99	I,IV	**1508**	2256	2256	I	476					
	II	**518**	2256	2256	II						
	III		2877	2256	III						
	V	**4156**	2256	2256	IV	962	476	87			
	VI	**4688**	2256	2256							
24011,99	I,IV	**1516**	2260	2260	I	481					
	II	**524**	2260	2260	II						
	III		2881	2260	III						
	V	**4168**	2260	2260	IV	969	481	91			
	VI	**4700**	2260	2260							
24047,99	I,IV	**1523**	2263	2263	I	487					
	II	**530**	2263	2263	II						
	III		2885	2263	III						
	V	**4181**	2263	2263	IV	977	487	96			
	VI	**4713**	2263	2263							
24083,99	I,IV	**1530**	2266	2266	I	493					
	II	**536**	2266	2266	II						
	III		2890	2266	III						
	V	**4193**	2266	2266	IV	984	493	100			
	VI	**4725**	2266	2266							
24119,99	I,IV	**1537**	2270	2270	I	499					
	II	**542**	2270	2270	II						
	III		2894	2270	III						
	V	**4205**	2270	2270	IV	990	499	105			
	VI	**4737**	2270	2270							
24155,99	I,IV	**1545**	2273	2273	I	504					
	II	**548**	2273	2273	II						
	III		2898	2273	III						
	V	**4217**	2273	2273	IV	997	504	109			
	VI	**4749**	2273	2273							
24191,99	I,IV	**1552**	2277	2277	I	510					
	II	**554**	2277	2277	II						
	III		2903	2277	III						
	V	**4230**	2277	2277	IV	1005	510	114			
	VI	**4762**	2277	2277							

* Zur LSt-Berechnung für privat versicherte Arbeitnehmer s. Beispiele **Vorbemerkung S. 4 f.**
** Basisvorsorgepauschale KV und PV *** Typisierter Arbeitgeberzuschuss

Lohn/ Gehalt in € bis	Steuerklasse	Lohn-steuer*	BVSP**	TAGZ***	Steuerklasse	Bemessungsgrundlage für Kirchensteuer und Solidaritätszuschlag – Freibeträge für ... Kinder 0,5	**1,0**	1,5	**2,0**	2,5	**3,0**
24 227,99	I,IV	**1 559**	2 280	2 280	I	516					
	II	**560**	2 280	2 280	II						
	III		2 907	2 280	III						
	V	**4 242**	2 280	2 280	IV	1 012	516	119			
	VI	**4 774**	2 280	2 280							
24 263,99	I,IV	**1 567**	2 283	2 283	I	522					
	II	**566**	2 283	2 283	II						
	III		2 911	2 283	III						
	V	**4 254**	2 283	2 283	IV	1 019	522	123			
	VI	**4 786**	2 283	2 283							
24 299,99	I,IV	**1 574**	2 287	2 287	I	528					
	II	**572**	2 287	2 287	II						
	III		2 915	2 287	III						
	V	**4 267**	2 287	2 287	IV	1 026	528	128			
	VI	**4 798**	2 287	2 287							
24 335,99	I,IV	**1 581**	2 290	2 290	I	534					
	II	**578**	2 290	2 290	II						
	III		2 920	2 290	III						
	V	**4 279**	2 290	2 290	IV	1 033	534	132			
	VI	**4 811**	2 290	2 290							
24 371,99	I,IV	**1 589**	2 294	2 294	I	540					
	II	**584**	2 294	2 294	II						
	III		2 924	2 294	III						
	V	**4 291**	2 294	2 294	IV	1 040	540	137			
	VI	**4 823**	2 294	2 294							
24 407,99	I,IV	**1 596**	2 297	2 297	I	546					
	II	**590**	2 297	2 297	II						
	III		2 928	2 297	III						
	V	**4 303**	2 297	2 297	IV	1 047	546	141			
	VI	**4 835**	2 297	2 297							
24 443,99	I,IV	**1 603**	2 300	2 300	I	551					
	II	**596**	2 300	2 300	II						
	III		2 933	2 300	III						
	V	**4 316**	2 300	2 300	IV	1 054	551	146			
	VI	**4 847**	2 300	2 300							
24 479,99	I,IV	**1 611**	2 304	2 304	I	558					
	II	**602**	2 304	2 304	II						
	III		2 937	2 304	III						
	V	**4 328**	2 304	2 304	IV	1 061	558	151			
	VI	**4 860**	2 304	2 304							
24 515,99	I,IV	**1 618**	2 307	2 307	I	563					
	II	**608**	2 307	2 307	II						
	III		2 941	2 307	III						
	V	**4 340**	2 307	2 307	IV	1 068	563	156			
	VI	**4 872**	2 307	2 307							
24 551,99	I,IV	**1 625**	2 310	2 310	I	569					
	II	**614**	2 310	2 310	II						
	III		2 946	2 310	III						
	V	**4 353**	2 310	2 310	IV	1 075	569	160			
	VI	**4 884**	2 310	2 310							
24 587,99	I,IV	**1 632**	2 314	2 314	I	575					
	II	**620**	2 314	2 314	II						
	III		2 950	2 314	III						
	V	**4 365**	2 314	2 314	IV	1 082	575	165			
	VI	**4 897**	2 314	2 314							
24 623,99	I,IV	**1 640**	2 317	2 317	I	581					
	II	**626**	2 317	2 317	II						
	III		2 954	2 317	III						
	V	**4 377**	2 317	2 317	IV	1 089	581	170			
	VI	**4 909**	2 317	2 317							

* Zur LSt-Berechnung für privat versicherte Arbeitnehmer s. Beispiele **Vorbemerkung S. 4 f.**
** Basisvorsorgepauschale KV und PV *** Typisierter Arbeitgeberzuschuss

Lohn/ Gehalt in € bis	Steuerklasse	Lohn-steuer*	BVSP**	TAGZ***	Steuerklasse	Bemessungsgrundlage für Kirchensteuer und Solidaritätszuschlag – Freibeträge für ... Kinder 0,5	1,0	1,5	2,0	2,5	3,0
24659,99	I,IV	**1647**	2321	2321	I	587					
	II	**633**	2321	2321	II						
	III		2959	2321	III						
	V	**4390**	2321	2321	IV	1096	587	174			
	VI	**4921**	2321	2321							
24695,99	I,IV	**1654**	2324	2324	I	593					
	II	**639**	2324	2324	II						
	III		2963	2324	III						
	V	**4402**	2324	2324	IV	1103	593	179			
	VI	**4933**	2324	2324							
24731,99	I,IV	**1662**	2327	2327	I	600					
	II	**645**	2327	2327	II						
	III		2967	2327	III						
	V	**4414**	2327	2327	IV	1111	600	184			
	VI	**4946**	2327	2327							
24767,99	I,IV	**1669**	2331	2331	I	606					
	II	**651**	2331	2331	II						
	III		2972	2331	III						
	V	**4427**	2331	2331	IV	1118	606	189			
	VI	**4958**	2331	2331							
24803,99	I,IV	**1676**	2334	2334	I	612					
	II	**657**	2334	2334	II						
	III		2976	2334	III						
	V	**4439**	2334	2334	IV	1125	612	194			
	VI	**4970**	2334	2334							
24839,99	I,IV	**1684**	2338	2338	I	618					
	II	**663**	2338	2338	II						
	III		2980	2338	III						
	V	**4451**	2338	2338	IV	1132	618	198			
	VI	**4983**	2338	2338							
24875,99	I,IV	**1691**	2341	2341	I	624					
	II	**670**	2341	2341	II						
	III		2985	2341	III						
	V	**4463**	2341	2341	IV	1139	624	203			
	VI	**4995**	2341	2341							
24911,99	I,IV	**1698**	2344	2344	I	630					
	II	**676**	2344	2344	II						
	III		2989	2344	III						
	V	**4476**	2344	2344	IV	1146	630	208			
	VI	**5007**	2344	2344							
24947,99	I,IV	**1706**	2348	2348	I	636					
	II	**682**	2348	2348	II						
	III		2993	2348	III						
	V	**4488**	2348	2348	IV	1153	636	213			
	VI	**5020**	2348	2348							
24983,99	I,IV	**1713**	2351	2351	I	642					
	II	**689**	2351	2351	II						
	III		2998	2351	III						
	V	**4500**	2351	2351	IV	1160	642	218			
	VI	**5032**	2351	2351							
25019,99	I,IV	**1721**	2355	2355	I	649					
	II	**695**	2355	2355	II						
	III		3000	2355	III						
	V	**4513**	2355	2355	IV	1167	649	223			
	VI	**5044**	2355	2355							
25055,99	I,IV	**1728**	2358	2358	I	655					
	II	**701**	2358	2358	II						
	III		3000	2358	III						
	V	**4525**	2358	2358	IV	1174	655	228			
	VI	**5057**	2358	2358							

* Zur LSt-Berechnung für privat versicherte Arbeitnehmer s. Beispiele **Vorbemerkung S. 4f.**
** Basisvorsorgepauschale KV und PV *** Typisierter Arbeitgeberzuschuss

Lohn/ Gehalt in € bis	Steuerklasse	Lohn- steuer*	BVSP**	TAGZ***	Steuerklasse	Bemessungsgrundlage für Kirchensteuer und Solidaritätszuschlag					
						Freibeträge für ... Kinder					
						0,5	**1,0**	1,5	**2,0**	2,5	**3,0**
25 091,99	I,IV	**1 735**	2 361	2 361	I	661					
	II	**708**	2 361	2 361	II						
	III		3 000	2 361	III						
	V	**4 537**	2 361	2 361	IV	1 181	661	233			
	VI	**5 069**	2 361	2 361							
25 127,99	I,IV	**1 742**	2 365	2 365	I	667					
	II	**714**	2 365	2 365	II						
	III		3 000	2 365	III						
	V	**4 549**	2 365	2 365	IV	1 188	667	238			
	VI	**5 081**	2 365	2 365							
25 163,99	I,IV	**1 750**	2 368	2 368	I	674					
	II	**721**	2 368	2 368	II						
	III		3 000	2 368	III						
	V	**4 562**	2 368	2 368	IV	1 196	674	243			
	VI	**5 093**	2 368	2 368							
25 199,99	I,IV	**1 757**	2 371	2 371	I	680					
	II	**727**	2 371	2 371	II						
	III		3 000	2 371	III						
	V	**4 574**	2 371	2 371	IV	1 203	680	248			
	VI	**5 106**	2 371	2 371							
25 235,99	I,IV	**1 765**	2 375	2 375	I	686					
	II	**733**	2 375	2 375	II						
	III		3 000	2 375	III						
	V	**4 586**	2 375	2 375	IV	1 210	686	253			
	VI	**5 118**	2 375	2 375							
25 271,99	I,IV	**1 772**	2 378	2 378	I	692					
	II	**740**	2 378	2 378	II						
	III		3 000	2 378	III						
	V	**4 598**	2 378	2 378	IV	1 217	692	258			
	VI	**5 130**	2 378	2 378							
25 307,99	I,IV	**1 780**	2 382	2 382	I	699					
	II	**746**	2 382	2 382	II						
	III		3 000	2 382	III						
	V	**4 611**	2 382	2 382	IV	1 224	699	263			
	VI	**5 143**	2 382	2 382							
25 343,99	I,IV	**1 787**	2 385	2 385	I	705					
	II	**753**	2 385	2 385	II						
	III		3 000	2 385	III						
	V	**4 623**	2 385	2 385	IV	1 231	705	268			
	VI	**5 155**	2 385	2 385							
25 379,99	I,IV	**1 794**	2 388	2 388	I	712					
	II	**759**	2 388	2 388	II						
	III		3 000	2 388	III						
	V	**4 635**	2 388	2 388	IV	1 238	712	273			
	VI	**5 167**	2 388	2 388							
25 415,99	I,IV	**1 802**	2 392	2 392	I	718					
	II	**766**	2 392	2 392	II						
	III		3 000	2 392	III						
	V	**4 648**	2 392	2 392	IV	1 246	718	278			
	VI	**5 180**	2 392	2 392							
25 451,99	I,IV	**1 809**	2 395	2 395	I	724					
	II	**772**	2 395	2 395	II						
	III		3 000	2 395	III						
	V	**4 660**	2 395	2 395	IV	1 253	724	283			
	VI	**5 192**	2 395	2 395							
25 487,99	I,IV	**1 816**	2 399	2 399	I	731					
	II	**779**	2 399	2 399	II						
	III		3 000	2 399	III						
	V	**4 672**	2 399	2 399	IV	1 260	731	288			
	VI	**5 204**	2 399	2 399							

* Zur LSt-Berechnung für privat versicherte Arbeitnehmer s. Beispiele **Vorbemerkung S. 4 f.**
** Basisvorsorgepauschale KV und PV *** Typisierter Arbeitgeberzuschuss

Lohn/ Gehalt in € bis	Steuerklasse	Lohn-steuer*	BVSP**	TAGZ***	Steuerklasse	Bemessungsgrundlage für Kirchensteuer und Solidaritätszuschlag					
						Freibeträge für ... Kinder					
						0,5	**1,0**	1,5	**2,0**	2,5	**3,0**
25 523,99	I,IV	**1 824**	2402	2402	I	737					
	II	**785**	2402	2402	II						
	III		3000	2402	III						
	V	**4 684**	2402	2402	IV	1 267	737	293			
	VI	**5 216**	2402	2402							
25 559,99	I,IV	**1 831**	2405	2405	I	744					
	II	**792**	2405	2405	II						
	III		3000	2405	III						
	V	**4 697**	2405	2405	IV	1 274	744	299			
	VI	**5 229**	2405	2405							
25 595,99	I,IV	**1 839**	2409	2409	I	750					
	II	**799**	2409	2409	II						
	III		3000	2409	III						
	V	**4 709**	2409	2409	IV	1 281	750	304			
	VI	**5 241**	2409	2409							
25 631,99	I,IV	**1 846**	2412	2412	I	757					
	II	**805**	2412	2412	II						
	III		3000	2412	III						
	V	**4 721**	2412	2412	IV	1 288	757	309			
	VI	**5 253**	2412	2412							
25 667,99	I,IV	**1 853**	2415	2415	I	763					
	II	**812**	2415	2415	II						
	III		3000	2415	III						
	V	**4 734**	2415	2415	IV	1 296	763	314			
	VI	**5 265**	2415	2415							
25 703,99	I,IV	**1 861**	2419	2419	I	770					
	II	**818**	2419	2419	II						
	III		3000	2419	III						
	V	**4 746**	2419	2419	IV	1 303	770	320			
	VI	**5 278**	2419	2419							
25 739,99	I,IV	**1 868**	2422	2422	I	776					
	II	**825**	2422	2422	II	1					
	III		3000	2422	III						
	V	**4 758**	2422	2422	IV	1 310	776	325			
	VI	**5 290**	2422	2422							
25 775,99	I,IV	**1 876**	2426	2426	I	783					
	II	**832**	2426	2426	II	5					
	III		3000	2426	III						
	V	**4 771**	2426	2426	IV	1 317	783	330			
	VI	**5 302**	2426	2426							
25 811,99	I,IV	**1 883**	2429	2429	I	789					
	II	**838**	2429	2429	II	9					
	III		3000	2429	III						
	V	**4 783**	2429	2429	IV	1 324	789	335			
	VI	**5 314**	2429	2429							
25 847,99	I,IV	**1 891**	2432	2432	I	796					
	II	**845**	2432	2432	II	14					
	III		3000	2432	III						
	V	**4 795**	2432	2432	IV	1 332	796	341			
	VI	**5 327**	2432	2432							
25 883,99	I,IV	**1 898**	2436	2436	I	803					
	II	**852**	2436	2436	II	18					
	III		3000	2436	III						
	V	**4 807**	2436	2436	IV	1 339	803	346			
	VI	**5 339**	2436	2436							
25 919,99	I,IV	**1 905**	2439	2439	I	809					
	II	**859**	2439	2439	II	22					
	III		3000	2439	III						
	V	**4 820**	2439	2439	IV	1 346	809	351			
	VI	**5 351**	2439	2439							

* Zur LSt-Berechnung für privat versicherte Arbeitnehmer s. Beispiele **Vorbemerkung S. 4 f.**
** Basisvorsorgepauschale KV und PV *** Typisierter Arbeitgeberzuschuss

Lohn/ Gehalt in € bis	Steuerklasse	Lohn-steuer*	BVSP**	TAGZ***	Steuerklasse	Bemessungsgrundlage für Kirchensteuer und Solidaritätszuschlag					
						Freibeträge für ... Kinder					
						0,5	**1,0**	1,5	**2,0**	2,5	**3,0**
25 955,99	I,IV	**1 913**	2 443	2 443	I	816					
	II	**865**	2 443	2 443	II	26					
	III		3 000	2 443	III						
	V	**4 832**	2 443	2 443	IV	1 353	816	357			
	VI	**5 364**	2 443	2 443							
25 991,99	I,IV	**1 920**	2 446	2 446	I	823					
	II	**872**	2 446	2 446	II	30					
	III		3 000	2 446	III						
	V	**4 844**	2 446	2 446	IV	1 360	823	362			
	VI	**5 376**	2 446	2 446							
26 027,99	I,IV	**1 928**	2 449	2 449	I	829	4				
	II	**879**	2 449	2 449	II	35					
	III		3 000	2 449	III						
	V	**4 857**	2 449	2 449	IV	1 368	829	367	4		
	VI	**5 388**	2 449	2 449							
26 063,99	I,IV	**1 935**	2 453	2 453	I	836	8				
	II	**886**	2 453	2 453	II	39					
	III		3 000	2 453	III						
	V	**4 869**	2 453	2 453	IV	1 375	836	373	8		
	VI	**5 401**	2 453	2 453							
26 099,99	I,IV	**1 943**	2 456	2 456	I	843	12				
	II	**893**	2 456	2 456	II	43					
	III		3 000	2 456	III						
	V	**4 881**	2 456	2 456	IV	1 382	843	378	12		
	VI	**5 413**	2 456	2 456							
26 135,99	I,IV	**1 950**	2 460	2 460	I	849	16				
	II	**899**	2 460	2 460	II	47					
	III		3 000	2 460	III						
	V	**4 894**	2 460	2 460	IV	1 389	849	384	16		
	VI	**5 425**	2 460	2 460							
26 171,99	I,IV	**1 958**	2 463	2 463	I	856	20				
	II	**906**	2 463	2 463	II	52					
	III		3 000	2 463	III						
	V	**4 906**	2 463	2 463	IV	1 396	856	389	20		
	VI	**5 437**	2 463	2 463							
26 207,99	I,IV	**1 965**	2 466	2 466	I	863	24				
	II	**913**	2 466	2 466	II	56					
	III		3 000	2 466	III						
	V	**4 918**	2 466	2 466	IV	1 403	863	395	24		
	VI	**5 450**	2 466	2 466							
26 243,99	I,IV	**1 973**	2 470	2 470	I	870	29				
	II	**920**	2 470	2 470	II	60					
	III		3 000	2 470	III						
	V	**4 931**	2 470	2 470	IV	1 411	870	400	29		
	VI	**5 462**	2 470	2 470							
26 279,99	I,IV	**1 980**	2 473	2 473	I	876	33				
	II	**927**	2 473	2 473	II	65					
	III		3 000	2 473	III						
	V	**4 943**	2 473	2 473	IV	1 418	876	406	33		
	VI	**5 474**	2 473	2 473							
26 315,99	I,IV	**1 988**	2 476	2 476	I	883	37				
	II	**934**	2 476	2 476	II	69					
	III		3 000	2 476	III						
	V	**4 955**	2 476	2 476	IV	1 425	883	411	37		
	VI	**5 487**	2 476	2 476							
26 351,99	I,IV	**1 995**	2 480	2 480	I	890	41				
	II	**941**	2 480	2 480	II	73					
	III		3 000	2 480	III						
	V	**4 967**	2 480	2 480	IV	1 432	890	417	41		
	VI	**5 499**	2 480	2 480							

* Zur LSt-Berechnung für privat versicherte Arbeitnehmer s. Beispiele **Vorbemerkung S. 4 f.**
** Basisvorsorgepauschale KV und PV *** Typisierter Arbeitgeberzuschuss

Lohn/ Gehalt in € bis	Steuerklasse	Lohn-steuer*	BVSP**	TAGZ***	Steuerklasse	Bemessungsgrundlage für Kirchensteuer und Solidaritätszuschlag – Freibeträge für ... Kinder 0,5	1,0	1,5	2,0	2,5	3,0
26 387,99	I,IV	**2 003**	2 483	2 483	I	897	46				
	II	**948**	2 483	2 483	II	78					
	III		3 000	2 483	III						
	V	**4 980**	2 483	2 483	IV	1 440	897	422	46		
	VI	**5 511**	2 483	2 483							
26 423,99	I,IV	**2 010**	2 487	2 487	I	904	50				
	II	**955**	2 487	2 487	II	82					
	III		3 000	2 487	III						
	V	**4 992**	2 487	2 487	IV	1 447	904	428	50		
	VI	**5 524**	2 487	2 487							
26 459,99	I,IV	**2 017**	2 490	2 490	I	910	54				
	II	**962**	2 490	2 490	II	87					
	III		3 000	2 490	III						
	V	**5 004**	2 490	2 490	IV	1 454	910	433	54		
	VI	**5 536**	2 490	2 490							
26 495,99	I,IV	**2 025**	2 493	2 493	I	917	59				
	II	**969**	2 493	2 493	II	91					
	III		3 000	2 493	III						
	V	**5 016**	2 493	2 493	IV	1 461	917	439	59		
	VI	**5 548**	2 493	2 493							
26 531,99	I,IV	**2 033**	2 497	2 497	I	924	63				
	II	**976**	2 497	2 497	II	96					
	III		3 000	2 497	III						
	V	**5 029**	2 497	2 497	IV	1 469	924	445	63		
	VI	**5 561**	2 497	2 497							
26 567,99	I,IV	**2 040**	2 500	2 500	I	931	67				
	II	**983**	2 500	2 500	II	100					
	III		3 000	2 500	III						
	V	**5 041**	2 500	2 500	IV	1 476	931	450	67		
	VI	**5 573**	2 500	2 500							
26 603,99	I,IV	**2 047**	2 504	2 504	I	938	72				
	II	**990**	2 504	2 504	II	104					
	III		3 000	2 504	III						
	V	**5 053**	2 504	2 504	IV	1 483	938	456	72		
	VI	**5 585**	2 504	2 504							
26 639,99	I,IV	**2 055**	2 507	2 507	I	945	76				
	II	**997**	2 507	2 507	II	109					
	III		3 000	2 507	III						
	V	**5 066**	2 507	2 507	IV	1 491	945	462	76		
	VI	**5 597**	2 507	2 507							
26 675,99	I,IV	**2 063**	2 510	2 510	I	952	81				
	II	**1 004**	2 510	2 510	II	114					
	III		3 000	2 510	III						
	V	**5 078**	2 510	2 510	IV	1 498	952	467	81		
	VI	**5 610**	2 510	2 510							
26 711,99	I,IV	**2 070**	2 514	2 514	I	959	85				
	II	**1 011**	2 514	2 514	II	118					
	III		3 000	2 514	III						
	V	**5 090**	2 514	2 514	IV	1 505	959	473	85		
	VI	**5 622**	2 514	2 514							
26 747,99	I,IV	**2 078**	2 517	2 517	I	966	89				
	II	**1 018**	2 517	2 517	II	123					
	III		3 000	2 517	III						
	V	**5 102**	2 517	2 517	IV	1 512	966	479	89		
	VI	**5 634**	2 517	2 517							
26 783,99	I,IV	**2 085**	2 521	2 521	I	973	94				
	II	**1 025**	2 521	2 521	II	127					
	III		3 000	2 521	III						
	V	**5 115**	2 521	2 521	IV	1 520	973	485	94		
	VI	**5 647**	2 521	2 521							

* Zur LSt-Berechnung für privat versicherte Arbeitnehmer s. Beispiele **Vorbemerkung S. 4 f.**
** Basisvorsorgepauschale KV und PV *** Typisierter Arbeitgeberzuschuss

Lohn/ Gehalt in € bis	Steuerklasse	Lohn-steuer*	BVSP**	TAGZ***	Steuerklasse	Bemessungsgrundlage für Kirchensteuer und Solidaritätszuschlag – Freibeträge für ... Kinder 0,5	1,0	1,5	2,0	2,5	3,0
26 819,99	I,IV	**2 093**	2 524	2 524	I	980	98				
	II	**1 032**	2 524	2 524	II	132					
	III		3 000	2 524	III						
	V	**5 127**	2 524	2 524	IV	1 527	980	490	98		
	VI	**5 659**	2 524	2 524							
26 855,99	I,IV	**2 100**	2 527	2 527	I	987	103				
	II	**1 039**	2 527	2 527	II	136					
	III		3 000	2 527	III						
	V	**5 139**	2 527	2 527	IV	1 534	987	496	103		
	VI	**5 671**	2 527	2 527							
26 891,99	I,IV	**2 108**	2 531	2 531	I	994	107				
	II	**1 046**	2 531	2 531	II	141					
	III		3 000	2 531	III						
	V	**5 151**	2 531	2 531	IV	1 541	994	502	107		
	VI	**5 683**	2 531	2 531							
26 927,99	I,IV	**2 115**	2 534	2 534	I	1 001	112				
	II	**1 053**	2 534	2 534	II	146					
	III		3 000	2 534	III						
	V	**5 164**	2 534	2 534	IV	1 549	1 001	508	112		
	VI	**5 696**	2 534	2 534							
26 963,99	I,IV	**2 123**	2 537	2 537	I	1 008	116				
	II	**1 060**	2 537	2 537	II	150					
	III		3 000	2 537	III						
	V	**5 176**	2 537	2 537	IV	1 556	1 008	513	116		
	VI	**5 708**	2 537	2 537							
26 999,99	I,IV	**2 130**	2 541	2 541	I	1 015	121				
	II	**1 067**	2 541	2 541	II	155					
	III		3 000	2 541	III						
	V	**5 188**	2 541	2 541	IV	1 563	1 015	519	121		
	VI	**5 720**	2 541	2 541							
27 035,99	I,IV	**2 138**	2 544	2 544	I	1 022	125				
	II	**1 074**	2 544	2 544	II	160					
	III		3 000	2 544	III						
	V	**5 201**	2 544	2 544	IV	1 570	1 022	525	125		
	VI	**5 732**	2 544	2 544							
27 071,99	I,IV	**2 145**	2 548	2 548	I	1 029	130				
	II	**1 082**	2 548	2 548	II	165					
	III		3 000	2 548	III						
	V	**5 213**	2 548	2 548	IV	1 578	1 029	531	130		
	VI	**5 745**	2 548	2 548							
27 107,99	I,IV	**2 153**	2 551	2 551	I	1 036	135				
	II	**1 089**	2 551	2 551	II	169					
	III		3 000	2 551	III						
	V	**5 225**	2 551	2 551	IV	1 585	1 036	537	135		
	VI	**5 757**	2 551	2 551							
27 143,99	I,IV	**2 160**	2 554	2 554	I	1 043	139				
	II	**1 096**	2 554	2 554	II	174					
	III		3 000	2 554	III						
	V	**5 238**	2 554	2 554	IV	1 592	1 043	543	139		
	VI	**5 769**	2 554	2 554							
27 179,99	I,IV	**2 168**	2 558	2 558	I	1 050	144				
	II	**1 103**	2 558	2 558	II	179					
	III		3 000	2 558	III						
	V	**5 250**	2 558	2 558	IV	1 600	1 050	549	144		
	VI	**5 781**	2 558	2 558							
27 215,99	I,IV	**2 176**	2 561	2 561	I	1 058	149				
	II	**1 110**	2 561	2 561	II	184					
	III		3 000	2 561	III						
	V	**5 262**	2 561	2 561	IV	1 607	1 058	555	149		
	VI	**5 794**	2 561	2 561							

* Zur LSt-Berechnung für privat versicherte Arbeitnehmer s. Beispiele **Vorbemerkung S. 4 f.**
** Basisvorsorgepauschale KV und PV *** Typisierter Arbeitgeberzuschuss

Lohn/ Gehalt in € bis	Steuerklasse	Lohnsteuer*	BVSP**	TAGZ***	Steuerklasse	Bemessungsgrundlage für Kirchensteuer und Solidaritätszuschlag – Freibeträge für ... Kinder 0,5	1,0	1,5	2,0	2,5	3,0
27 251,99	I,IV	**2 183**	2 565	2 565	I	1 065	153				
	II	**1 117**	2 565	2 565	II	188					
	III		3 000	2 565	III						
	V	**5 275**	2 565	2 565	IV	1 614	1 065	561	153		
	VI	**5 806**	2 565	2 565							
27 287,99	I,IV	**2 191**	2 568	2 568	I	1 072	158				
	II	**1 124**	2 568	2 568	II	193					
	III		3 000	2 568	III						
	V	**5 287**	2 568	2 568	IV	1 622	1 072	566	158		
	VI	**5 818**	2 568	2 568							
27 323,99	I,IV	**2 198**	2 571	2 571	I	1 079	163				
	II	**1 131**	2 571	2 571	II	198					
	III		3 000	2 571	III						
	V	**5 299**	2 571	2 571	IV	1 629	1 079	573	163		
	VI	**5 831**	2 571	2 571							
27 359,99	I,IV	**2 206**	2 575	2 575	I	1 086	167				
	II	**1 138**	2 575	2 575	II	203					
	III		3 000	2 575	III						
	V	**5 311**	2 575	2 575	IV	1 636	1 086	579	167		
	VI	**5 843**	2 575	2 575							
27 395,99	I,IV	**2 213**	2 578	2 578	I	1 093	172				
	II	**1 145**	2 578	2 578	II	208					
	III		3 000	2 578	III						
	V	**5 324**	2 578	2 578	IV	1 644	1 093	585	172		
	VI	**5 855**	2 578	2 578							
27 431,99	I,IV	**2 221**	2 582	2 582	I	1 100	177				
	II	**1 152**	2 582	2 582	II	213					
	III		3 000	2 582	III						
	V	**5 336**	2 582	2 582	IV	1 651	1 100	591	177		
	VI	**5 868**	2 582	2 582							
27 467,99	I,IV	**2 229**	2 585	2 585	I	1 107	182				
	II	**1 160**	2 585	2 585	II	218					
	III		3 000	2 585	III						
	V	**5 348**	2 585	2 585	IV	1 658	1 107	597	182		
	VI	**5 880**	2 585	2 585							
27 503,99	I,IV	**2 236**	2 588	2 588	I	1 114	187				
	II	**1 167**	2 588	2 588	II	222					
	III		3 000	2 588	III						
	V	**5 361**	2 588	2 588	IV	1 666	1 114	603	187		
	VI	**5 892**	2 588	2 588							
27 539,99	I,IV	**2 244**	2 592	2 592	I	1 121	191				
	II	**1 174**	2 592	2 592	II	227					
	III		3 000	2 592	III						
	V	**5 373**	2 592	2 592	IV	1 673	1 121	609	191		
	VI	**5 905**	2 592	2 592							
27 575,99	I,IV	**2 251**	2 595	2 595	I	1 128	196				
	II	**1 181**	2 595	2 595	II	232					
	III		3 000	2 595	III						
	V	**5 385**	2 595	2 595	IV	1 680	1 128	615	196		
	VI	**5 917**	2 595	2 595							
27 611,99	I,IV	**2 259**	2 598	2 598	I	1 135	201				
	II	**1 188**	2 598	2 598	II	237					
	III		3 000	2 598	III						
	V	**5 398**	2 598	2 598	IV	1 688	1 135	621	201		
	VI	**5 929**	2 598	2 598							
27 647,99	I,IV	**2 267**	2 602	2 602	I	1 143	206				
	II	**1 195**	2 602	2 602	II	242					
	III		3 000	2 602	III						
	V	**5 410**	2 602	2 602	IV	1 695	1 143	627	206		
	VI	**5 941**	2 602	2 602							

* Zur LSt-Berechnung für privat versicherte Arbeitnehmer s. Beispiele **Vorbemerkung S. 4 f.**
** Basisvorsorgepauschale KV und PV *** Typisierter Arbeitgeberzuschuss

Lohn/ Gehalt in € bis	Steuerklasse	**Lohn-steuer***	BVSP**	TAGZ***	Steuerklasse	Bemessungsgrundlage für Kirchensteuer und Solidaritätszuschlag – Freibeträge für ... Kinder 0,5	**1,0**	1,5	**2,0**	2,5	**3,0**
27 683,99	I,IV	**2 274**	2 605	2 605	I	1 150	211				
	II	**1 202**	2 605	2 605	II	247					
	III		3 000	2 605	III						
	V	**5 422**	2 605	2 605	IV	1 702	1 150	633	211		
	VI	**5 954**	2 605	2 605							
27 719,99	I,IV	**2 282**	2 609	2 609	I	1 157	216				
	II	**1 209**	2 609	2 609	II	252					
	III		3 000	2 609	III						
	V	**5 434**	2 609	2 609	IV	1 709	1 157	639	216		
	VI	**5 966**	2 609	2 609							
27 755,99	I,IV	**2 289**	2 612	2 612	I	1 164	221				
	II	**1 216**	2 612	2 612	II	257					
	III		3 000	2 612	III						
	V	**5 447**	2 612	2 612	IV	1 717	1 164	646	221		
	VI	**5 978**	2 612	2 612							
27 791,99	I,IV	**2 297**	2 615	2 615	I	1 171	225				
	II	**1 223**	2 615	2 615	II	262					
	III		3 000	2 615	III						
	V	**5 459**	2 615	2 615	IV	1 724	1 171	652	225		
	VI	**5 988**	2 615	2 615							
27 827,99	I,IV	**2 305**	2 619	2 619	I	1 178	230				
	II	**1 231**	2 619	2 619	II	267					
	III		3 000	2 619	III						
	V	**5 471**	2 619	2 619	IV	1 732	1 178	658	230		
	VI	**5 998**	2 619	2 619							
27 863,99	I,IV	**2 312**	2 622	2 622	I	1 185	235				
	II	**1 238**	2 622	2 622	II	272					
	III		3 000	2 622	III						
	V	**5 483**	2 622	2 622	IV	1 739	1 185	664	235		
	VI	**6 010**	2 622	2 622							
27 899,99	I,IV	**2 320**	2 626	2 626	I	1 192	240				
	II	**1 245**	2 626	2 626	II	278					
	III		3 000	2 626	III						
	V	**5 496**	2 626	2 626	IV	1 746	1 192	671	240		
	VI	**6 020**	2 626	2 626							
27 935,99	I,IV	**2 328**	2 629	2 629	I	1 199	245				
	II	**1 252**	2 629	2 629	II	283					
	III		3 000	2 629	III						
	V	**5 508**	2 629	2 629	IV	1 754	1 199	677	245		
	VI	**6 030**	2 629	2 629							
27 971,99	I,IV	**2 335**	2 632	2 632	I	1 206	250				
	II	**1 259**	2 632	2 632	II	288					
	III		3 000	2 632	III						
	V	**5 520**	2 632	2 632	IV	1 761	1 206	683	250		
	VI	**6 038**	2 632	2 632							
28 007,99	I,IV	**2 343**	2 636	2 636	I	1 214	255				
	II	**1 266**	2 636	2 636	II	293					
	III		3 000	2 636	III						
	V	**5 533**	2 636	2 636	IV	1 769	1 214	690	255		
	VI	**6 050**	2 636	2 636							
28 043,99	I,IV	**2 350**	2 639	2 639	I	1 221	260				
	II	**1 274**	2 639	2 639	II	298					
	III		3 000	2 639	III						
	V	**5 545**	2 639	2 639	IV	1 776	1 221	696	260		
	VI	**6 062**	2 639	2 639							
28 079,99	I,IV	**2 358**	2 643	2 643	I	1 228	265				
	II	**1 281**	2 643	2 643	II	303					
	III		3 000	2 643	III						
	V	**5 557**	2 643	2 643	IV	1 783	1 228	702	265		
	VI	**6 070**	2 643	2 643							

* Zur LSt-Berechnung für privat versicherte Arbeitnehmer s. Beispiele **Vorbemerkung S. 4 f.**
** Basisvorsorgepauschale KV und PV *** Typisierter Arbeitgeberzuschuss

Lohn/ Gehalt in € bis	Steuerklasse	Lohn- steuer*	BVSP**	TAGZ***	Steuerklasse	Bemessungsgrundlage für Kirchensteuer und Solidaritätszuschlag					
						Freibeträge für ... Kinder					
						0,5	**1,0**	1,5	**2,0**	2,5	**3,0**
28 115,99	I,IV	**2 366**	2 646	2 646	I	1 235	270				
	II	**1 288**	2 646	2 646	II	308					
	III		3 000	2 646	III						
	V	**5 569**	2 646	2 646	IV	1 791	1 235	709	270		
	VI	**6 082**	2 646	2 646							
28 151,99	I,IV	**2 373**	2 649	2 649	I	1 242	276				
	II	**1 295**	2 649	2 649	II	314					
	III		3 000	2 649	III						
	V	**5 582**	2 649	2 649	IV	1 798	1 242	715	276		
	VI	**6 092**	2 649	2 649							
28 187,99	I,IV	**2 381**	2 653	2 653	I	1 249	281				
	II	**1 302**	2 653	2 653	II	319					
	III		3 000	2 653	III						
	V	**5 594**	2 653	2 653	IV	1 806	1 249	721	281		
	VI	**6 102**	2 653	2 653							
28 223,99	I,IV	**2 389**	2 656	2 656	I	1 256	286				
	II	**1 309**	2 656	2 656	II	324					
	III		3 000	2 656	III						
	V	**5 606**	2 656	2 656	IV	1 813	1 256	728	286		
	VI	**6 112**	2 656	2 656							
28 259,99	I,IV	**2 396**	2 659	2 659	I	1 264	291				
	II	**1 316**	2 659	2 659	II	329					
	III		3 000	2 659	III						
	V	**5 618**	2 659	2 659	IV	1 820	1 264	734	291		
	VI	**6 124**	2 659	2 659							
28 295,99	I,IV	**2 404**	2 663	2 663	I	1 271	296				
	II	**1 324**	2 663	2 663	II	335					
	III		3 000	2 663	III						
	V	**5 631**	2 663	2 663	IV	1 828	1 271	741	296		
	VI	**6 134**	2 663	2 663							
28 331,99	I,IV	**2 412**	2 666	2 666	I	1 278	301				
	II	**1 331**	2 666	2 666	II	340					
	III		3 000	2 666	III						
	V	**5 643**	2 666	2 666	IV	1 835	1 278	747	301		
	VI	**6 144**	2 666	2 666							
28 367,99	I,IV	**2 419**	2 670	2 670	I	1 285	307				
	II	**1 338**	2 670	2 670	II	345					
	III		3 000	2 670	III						
	V	**5 655**	2 670	2 670	IV	1 843	1 285	754	307		
	VI	**6 154**	2 670	2 670							
28 403,99	I,IV	**2 427**	2 673	2 673	I	1 292	312				
	II	**1 345**	2 673	2 673	II	351					
	III		3 000	2 673	III						
	V	**5 668**	2 673	2 673	IV	1 850	1 292	760	312		
	VI	**6 164**	2 673	2 673							
28 439,99	I,IV	**2 435**	2 676	2 676	I	1 300	317				
	II	**1 353**	2 676	2 676	II	356					
	III		3 000	2 676	III						
	V	**5 680**	2 676	2 676	IV	1 857	1 300	767	317		
	VI	**6 176**	2 676	2 676							
28 475,99	I,IV	**2 442**	2 680	2 680	I	1 307	322				
	II	**1 360**	2 680	2 680	II	361					
	III		3 000	2 680	III						
	V	**5 692**	2 680	2 680	IV	1 865	1 307	773	322		
	VI	**6 184**	2 680	2 680							
28 511,99	I,IV	**2 450**	2 683	2 683	I	1 314	327				
	II	**1 367**	2 683	2 683	II	367					
	III		3 000	2 683	III						
	V	**5 705**	2 683	2 683	IV	1 872	1 314	780	327		
	VI	**6 196**	2 683	2 683							

* Zur LSt-Berechnung für privat versicherte Arbeitnehmer s. Beispiele **Vorbemerkung S. 4 f.**
** Basisvorsorgepauschale KV und PV *** Typisierter Arbeitgeberzuschuss

Lohn/ Gehalt in € bis	Steuerklasse	Lohn-steuer*	BVSP**	TAGZ***	Steuerklasse	Bemessungsgrundlage für Kirchensteuer und Solidaritätszuschlag – Freibeträge für ... Kinder 0,5	**1,0**	1,5	**2,0**	2,5	**3,0**
28547,99	I,IV	**2458**	2687	2687	I	1321	333				
	II	**1374**	2687	2687	II	372					
	III		3000	2687	III						
	V	**5717**	2687	2687	IV	1880	1321	786	333		
	VI	**6206**	2687	2687							
28583,99	I,IV	**2465**	2690	2690	I	1328	338				
	II	**1381**	2690	2690	II	378					
	III		3000	2690	III						
	V	**5729**	2690	2690	IV	1887	1328	793	338		
	VI	**6216**	2690	2690							
28619,99	I,IV	**2473**	2693	2693	I	1335	343				
	II	**1388**	2693	2693	II	383					
	III		3000	2693	III						
	V	**5742**	2693	2693	IV	1895	1335	799	343		
	VI	**6228**	2693	2693							
28655,99	I,IV	**2481**	2697	2697	I	1342	349				
	II	**1396**	2697	2697	II	389					
	III		3000	2697	III						
	V	**5754**	2697	2697	IV	1902	1342	806	349		
	VI	**6236**	2697	2697							
28691,99	I,IV	**2489**	2700	2700	I	1350	354				
	II	**1403**	2700	2700	II	394					
	III		3000	2700	III						
	V	**5766**	2700	2700	IV	1910	1350	813	354		
	VI	**6248**	2700	2700							
28727,99	I,IV	**2496**	2704	2704	I	1357	359				
	II	**1410**	2704	2704	II	400					
	III		3000	2704	III						
	V	**5779**	2704	2704	IV	1917	1357	819	359		
	VI	**6260**	2704	2704							
28763,99	I,IV	**2504**	2707	2707	I	1364	365				
	II	**1417**	2707	2707	II	405					
	III		3000	2707	III						
	V	**5791**	2707	2707	IV	1924	1364	826	365	2	
	VI	**6268**	2707	2707							
28799,99	I,IV	**2511**	2710	2710	I	1371	370				
	II	**1424**	2710	2710	II	411					
	III	**4**	3000	2710	III						
	V	**5803**	2710	2710	IV	1932	1371	833	370	6	
	VI	**6280**	2710	2710							
28835,99	I,IV	**2519**	2714	2714	I	1379	376				
	II	**1432**	2714	2714	II	416					
	III	**8**	3000	2714	III						
	V	**5815**	2714	2714	IV	1939	1379	839	376	10	
	VI	**6290**	2714	2714							
28871,99	I,IV	**2527**	2717	2717	I	1386	381				
	II	**1439**	2717	2717	II	422					
	III	**14**	3000	2717	III						
	V	**5828**	2717	2717	IV	1947	1386	846	381	14	
	VI	**6300**	2717	2717							
28907,99	I,IV	**2535**	2720	2720	I	1393	386				
	II	**1446**	2720	2720	II	427					
	III	**18**	3000	2720	III						
	V	**5840**	2720	2720	IV	1954	1393	853	386	18	
	VI	**6312**	2720	2720							
28943,99	I,IV	**2542**	2724	2724	I	1400	392				
	II	**1453**	2724	2724	II	433					
	III	**22**	3000	2724	III						
	V	**5852**	2724	2724	IV	1962	1400	859	392	22	
	VI	**6320**	2724	2724							

* Zur LSt-Berechnung für privat versicherte Arbeitnehmer s. Beispiele **Vorbemerkung S. 4f.**
** Basisvorsorgepauschale KV und PV *** Typisierter Arbeitgeberzuschuss

Lohn/ Gehalt in € bis	Steuerklasse	Lohn-steuer*	BVSP**	TAGZ***	Steuerklasse	Bemessungsgrundlage für Kirchensteuer und Solidaritätszuschlag – Freibeträge für ... Kinder 0,5	1,0	1,5	2,0	2,5	3,0
28979,99	I,IV	**2550**	2727	2727	I	1407	398				
	II	**1461**	2727	2727	II	438					
	III	**28**	3000	2727	III						
	V	**5865**	2727	2727	IV	1969	1407	866	398	27	
	VI	**6332**	2727	2727							
29015,99	I,IV	**2558**	2731	2731	I	1415	403				
	II	**1468**	2731	2731	II	444					
	III	**32**	3000	2731	III						
	V	**5877**	2731	2731	IV	1977	1415	873	403	31	
	VI	**6342**	2731	2731							
29051,99	I,IV	**2566**	2734	2734	I	1422	408				
	II	**1475**	2734	2734	II	450					
	III	**36**	3000	2734	III						
	V	**5889**	2734	2734	IV	1984	1422	880	408	35	
	VI	**6352**	2734	2734							
29087,99	I,IV	**2573**	2737	2737	I	1429	414				
	II	**1482**	2737	2737	II	455					
	III	**42**	3000	2737	III						
	V	**5901**	2737	2737	IV	1991	1429	887	414	39	
	VI	**6364**	2737	2737							
29123,99	I,IV	**2581**	2741	2741	I	1436	420				
	II	**1490**	2741	2741	II	461					
	III	**46**	3000	2741	III						
	V	**5914**	2741	2741	IV	1999	1436	894	420	44	
	VI	**6374**	2741	2741							
29159,99	I,IV	**2589**	2744	2744	I	1443	425				
	II	**1497**	2744	2744	II	467					
	III	**50**	3000	2744	III						
	V	**5926**	2744	2744	IV	2006	1443	900	425	48	
	VI	**6384**	2744	2744							
29195,99	I,IV	**2596**	2748	2748	I	1451	431				
	II	**1504**	2748	2748	II	472					
	III	**56**	3000	2748	III						
	V	**5938**	2748	2748	IV	2014	1451	907	431	52	
	VI	**6394**	2748	2748							
29231,99	I,IV	**2604**	2751	2751	I	1458	436				
	II	**1511**	2751	2751	II	478					
	III	**60**	3000	2751	III						
	V	**5950**	2751	2751	IV	2021	1458	914	436	56	
	VI	**6406**	2751	2751							
29267,99	I,IV	**2612**	2754	2754	I	1465	442				
	II	**1519**	2754	2754	II	484					
	III	**64**	3000	2754	III						
	V	**5963**	2754	2754	IV	2029	1465	921	442	61	
	VI	**6418**	2754	2754							
29303,99	I,IV	**2620**	2758	2758	I	1472	448				
	II	**1526**	2758	2758	II	490					
	III	**70**	3000	2758	III						
	V	**5975**	2758	2758	IV	2036	1472	928	448	65	
	VI	**6426**	2758	2758							
29339,99	I,IV	**2627**	2761	2761	I	1480	453				
	II	**1533**	2761	2761	II	495					
	III	**74**	3000	2761	III						
	V	**5986**	2761	2761	IV	2044	1480	935	453	70	
	VI	**6438**	2761	2761							
29375,99	I,IV	**2635**	2765	2765	I	1487	459				
	II	**1541**	2765	2765	II	501					
	III	**78**	3000	2765	III						
	V	**5996**	2765	2765	IV	2052	1487	942	459	74	
	VI	**6448**	2765	2765							

* Zur LSt-Berechnung für privat versicherte Arbeitnehmer s. Beispiele **Vorbemerkung S. 4f.**
** Basisvorsorgepauschale KV und PV *** Typisierter Arbeitgeberzuschuss

Lohn/ Gehalt in € bis	Steuerklasse	**Lohn-steuer***	BVSP**	TAGZ***	Steuerklasse	Bemessungsgrundlage für Kirchensteuer und Solidaritätszuschlag – Freibeträge für ... Kinder 0,5	**1,0**	1,5	**2,0**	2,5	**3,0**
29411,99	I,IV	**2643**	2768	2768	I	1494	465				
	II	**1548**	2768	2768	II	507					
	III	**84**	3000	2768	III						
	V	**6006**	2768	2768	IV	2059	1494	949	465	78	
	VI	**6458**	2768	2768							
29447,99	I,IV	**2651**	2771	2771	I	1501	470				
	II	**1555**	2771	2771	II	513					
	III	**88**	3000	2771	III						
	V	**6016**	2771	2771	IV	2066	1501	956	470	83	
	VI	**6468**	2771	2771							
29483,99	I,IV	**2658**	2775	2775	I	1509	476				
	II	**1562**	2775	2775	II	519					
	III	**94**	3000	2775	III						
	V	**6026**	2775	2775	IV	2074	1509	963	476	87	
	VI	**6480**	2775	2775							
29519,99	I,IV	**2666**	2778	2778	I	1516	482				
	II	**1570**	2778	2778	II	525					
	III	**98**	3000	2778	III						
	V	**6038**	2778	2778	IV	2082	1516	970	482	92	
	VI	**6492**	2778	2778							
29555,99	I,IV	**2674**	2781	2781	I	1523	487				
	II	**1577**	2781	2781	II	530					
	III	**102**	3000	2781	III						
	V	**6046**	2781	2781	IV	2089	1523	977	487	96	
	VI	**6500**	2781	2781							
29591,99	I,IV	**2682**	2785	2785	I	1531	493				
	II	**1584**	2785	2785	II	536					
	III	**108**	3000	2785	III						
	V	**6058**	2785	2785	IV	2097	1531	984	493	101	
	VI	**6512**	2785	2785							
29627,99	I,IV	**2690**	2788	2788	I	1538	499				
	II	**1592**	2788	2788	II	542					
	III	**112**	3000	2788	III						
	V	**6068**	2788	2788	IV	2104	1538	991	499	105	
	VI	**6522**	2788	2788							
29663,99	I,IV	**2698**	2792	2792	I	1545	505				
	II	**1599**	2792	2792	II	548					
	III	**118**	3000	2792	III						
	V	**6078**	2792	2792	IV	2112	1545	998	505	110	
	VI	**6534**	2792	2792							
29699,99	I,IV	**2705**	2795	2795	I	1552	511				
	II	**1606**	2795	2795	II	554					
	III	**122**	3000	2795	III						
	V	**6088**	2795	2795	IV	2119	1552	1005	511	114	
	VI	**6542**	2795	2795							
29735,99	I,IV	**2713**	2798	2798	I	1560	516				
	II	**1614**	2798	2798	II	560					
	III	**126**	3000	2798	III						
	V	**6100**	2798	2798	IV	2127	1560	1012	516	119	
	VI	**6554**	2798	2798							
29771,99	I,IV	**2721**	2802	2802	I	1567	522				
	II	**1621**	2802	2802	II	566					
	III	**132**	3000	2802	III						
	V	**6108**	2802	2802	IV	2134	1567	1019	522	123	
	VI	**6566**	2802	2802							
29807,99	I,IV	**2729**	2805	2805	I	1574	528				
	II	**1628**	2805	2805	II	572					
	III	**136**	3000	2805	III						
	V	**6120**	2805	2805	IV	2142	1574	1026	528	128	
	VI	**6576**	2805	2805							

* Zur LSt-Berechnung für privat versicherte Arbeitnehmer s. Beispiele **Vorbemerkung S. 4f.**
** Basisvorsorgepauschale KV und PV *** Typisierter Arbeitgeberzuschuss

Lohn/ Gehalt in € bis	Steuerklasse	Lohnsteuer*	BVSP**	TAGZ***	Steuerklasse	Bemessungsgrundlage für Kirchensteuer und Solidaritätszuschlag – Freibeträge für ... Kinder 0,5	1,0	1,5	2,0	2,5	3,0
29843,99	I,IV	**2736**	2809	2809	I	1582	534				
	II	**1636**	2809	2809	II	578					
	III	**142**	3000	2809	III						
	V	**6132**	2809	2809	IV	2149	1582	1033	534	132	
	VI	**6586**	2809	2809							
29879,99	I,IV	**2744**	2812	2812	I	1589	540				
	II	**1643**	2812	2812	II	584					
	III	**146**	3000	2812	III						
	V	**6140**	2812	2812	IV	2157	1589	1040	540	137	
	VI	**6596**	2812	2812							
29915,99	I,IV	**2752**	2815	2815	I	1596	546				
	II	**1650**	2815	2815	II	590					
	III	**152**	3000	2815	III						
	V	**6152**	2815	2815	IV	2164	1596	1047	546	142	
	VI	**6608**	2815	2815							
29951,99	I,IV	**2760**	2819	2819	I	1604	552				
	II	**1658**	2819	2819	II	596					
	III	**156**	3000	2819	III						
	V	**6160**	2819	2819	IV	2172	1604	1054	552	146	
	VI	**6618**	2819	2819							
29987,99	I,IV	**2768**	2822	2822	I	1611	558				
	II	**1665**	2822	2822	II	602					
	III	**162**	3000	2822	III						
	V	**6172**	2822	2822	IV	2180	1611	1061	558	151	
	VI	**6630**	2822	2822							
30023,99	I,IV	**2775**	2826	2826	I	1618	564				
	II	**1672**	2826	2826	II	608					
	III	**166**	3000	2826	III						
	V	**6182**	2826	2826	IV	2187	1618	1068	564	156	
	VI	**6638**	2826	2826							
30059,99	I,IV	**2783**	2829	2829	I	1626	570				
	II	**1680**	2829	2829	II	614					
	III	**172**	3000	2829	III						
	V	**6192**	2829	2829	IV	2195	1626	1075	570	161	
	VI	**6650**	2829	2829							
30095,99	I,IV	**2791**	2832	2832	I	1633	576				
	II	**1687**	2832	2832	II	621					
	III	**176**	3000	2832	III						
	V	**6204**	2832	2832	IV	2202	1633	1082	576	165	
	VI	**6660**	2832	2832							
30131,99	I,IV	**2799**	2836	2836	I	1640	582				
	II	**1694**	2836	2836	II	627					
	III	**182**	3000	2836	III						
	V	**6214**	2836	2836	IV	2210	1640	1090	582	170	
	VI	**6672**	2836	2836							
30167,99	I,IV	**2807**	2839	2839	I	1647	588				
	II	**1701**	2839	2839	II	633					
	III	**186**	3000	2839	III						
	V	**6224**	2839	2839	IV	2217	1647	1097	588	175	
	VI	**6684**	2839	2839							
30203,99	I,IV	**2815**	2842	2842	I	1655	594				
	II	**1709**	2842	2842	II	639					
	III	**192**	3000	2842	III						
	V	**6236**	2842	2842	IV	2225	1655	1104	594	179	
	VI	**6694**	2842	2842							
30239,99	I,IV	**2822**	2846	2846	I	1662	600				
	II	**1716**	2846	2846	II	645					
	III	**196**	3000	2846	III						
	V	**6244**	2846	2846	IV	2233	1662	1111	600	184	
	VI	**6704**	2846	2846							

* Zur LSt-Berechnung für privat versicherte Arbeitnehmer s. Beispiele **Vorbemerkung S. 4 f.**
** Basisvorsorgepauschale KV und PV *** Typisierter Arbeitgeberzuschuss

Lohn/ Gehalt in € bis	Steuerklasse	Lohn-steuer*	BVSP**	TAGZ***	Steuerklasse	Bemessungsgrundlage für Kirchensteuer und Solidaritätszuschlag – Freibeträge für ... Kinder 0,5	1,0	1,5	2,0	2,5	3,0
30 275,99	I,IV	**2 830**	2 849	2 849	I	1 669	606				
	II	**1 724**	2 849	2 849	II	651					
	III	**200**	3 000	2 849	III						
	V	**6 256**	2 849	2 849	IV	2 240	1 669	1 118	606	189	
	VI	**6 714**	2 849	2 849							
30 311,99	I,IV	**2 838**	2 853	2 853	I	1 677	612				
	II	**1 731**	2 853	2 853	II	658					
	III	**206**	3 000	2 853	III						
	V	**6 266**	2 853	2 853	IV	2 248	1 677	1 125	612	194	
	VI	**6 726**	2 853	2 853							
30 347,99	I,IV	**2 846**	2 856	2 856	I	1 684	618				
	II	**1 738**	2 856	2 856	II	664					
	III	**212**	3 000	2 856	III						
	V	**6 276**	2 856	2 856	IV	2 255	1 684	1 132	618	199	
	VI	**6 736**	2 856	2 856							
30 383,99	I,IV	**2 854**	2 859	2 859	I	1 691	624				
	II	**1 746**	2 859	2 859	II	670					
	III	**216**	3 000	2 859	III						
	V	**6 288**	2 859	2 859	IV	2 263	1 691	1 139	624	204	
	VI	**6 748**	2 859	2 859							
30 419,99	I,IV	**2 862**	2 863	2 863	I	1 699	630				
	II	**1 753**	2 863	2 863	II	676					
	III	**220**	3 000	2 863	III						
	V	**6 298**	2 863	2 863	IV	2 271	1 699	1 146	630	208	
	VI	**6 758**	2 863	2 863							
30 455,99	I,IV	**2 869**	2 866	2 866	I	1 706	637				
	II	**1 760**	2 866	2 866	II	683					
	III	**226**	3 000	2 866	III						
	V	**6 308**	2 866	2 866	IV	2 278	1 706	1 153	637	213	
	VI	**6 768**	2 866	2 866							
30 491,99	I,IV	**2 877**	2 870	2 870	I	1 714	643				
	II	**1 768**	2 870	2 870	II	689					
	III	**232**	3 000	2 870	III						
	V	**6 320**	2 870	2 870	IV	2 286	1 714	1 160	643	218	
	VI	**6 780**	2 870	2 870							
30 527,99	I,IV	**2 885**	2 873	2 873	I	1 721	649				
	II	**1 775**	2 873	2 873	II	695					
	III	**236**	3 000	2 873	III						
	V	**6 328**	2 873	2 873	IV	2 293	1 721	1 168	649	223	
	VI	**6 790**	2 873	2 873							
30 563,99	I,IV	**2 893**	2 876	2 876	I	1 728	655				
	II	**1 783**	2 876	2 876	II	702					
	III	**242**	3 000	2 876	III						
	V	**6 340**	2 876	2 876	IV	2 301	1 728	1 175	655	228	
	VI	**6 800**	2 876	2 876							
30 599,99	I,IV	**2 901**	2 880	2 880	I	1 735	661				
	II	**1 790**	2 880	2 880	II	708					
	III	**246**	3 000	2 880	III						
	V	**6 350**	2 880	2 880	IV	2 308	1 735	1 182	661	233	
	VI	**6 812**	2 880	2 880							
30 635,99	I,IV	**2 909**	2 883	2 883	I	1 743	668				
	II	**1 797**	2 883	2 883	II	714					
	III	**252**	3 000	2 883	III						
	V	**6 360**	2 883	2 883	IV	2 316	1 743	1 189	668	238	
	VI	**6 822**	2 883	2 883							
30 671,99	I,IV	**2 917**	2 887	2 887	I	1 750	674				
	II	**1 805**	2 887	2 887	II	721					
	III	**256**	3 000	2 887	III						
	V	**6 372**	2 887	2 887	IV	2 324	1 750	1 196	674	243	
	VI	**6 834**	2 887	2 887							

* Zur LSt-Berechnung für privat versicherte Arbeitnehmer s. Beispiele **Vorbemerkung S. 4 f.**
** Basisvorsorgepauschale KV und PV *** Typisierter Arbeitgeberzuschuss

Lohn/ Gehalt in € bis	Steuerklasse	Lohn- steuer*	BVSP**	TAGZ***	Steuerklasse	Bemessungsgrundlage für Kirchensteuer und Solidaritätszuschlag					
						Freibeträge für ... Kinder					
						0,5	**1,0**	1,5	**2,0**	2,5	**3,0**
30 707,99	I,IV	**2 925**	2 890	2 890	I	1 758	680				
	II	**1 812**	2 890	2 890	II	727					
	III	**262**	3 000	2 890	III						
	V	**6 382**	2 890	2 890	IV	2 331	1 758	1 203	680	248	
	VI	**6 844**	2 890	2 890							
30 743,99	I,IV	**2 933**	2 893	2 893	I	1 765	687				
	II	**1 820**	2 893	2 893	II	734					
	III	**266**	3 000	2 893	III						
	V	**6 394**	2 893	2 893	IV	2 339	1 765	1 210	687	253	
	VI	**6 856**	2 893	2 893							
30 779,99	I,IV	**2 940**	2 897	2 897	I	1 772	693				
	II	**1 827**	2 897	2 897	II	740					
	III	**272**	3 000	2 897	III						
	V	**6 402**	2 897	2 897	IV	2 347	1 772	1 217	693	258	
	VI	**6 866**	2 897	2 897							
30 815,99	I,IV	**2 948**	2 900	2 900	I	1 780	699				
	II	**1 834**	2 900	2 900	II	746					
	III	**278**	3 000	2 900	III						
	V	**6 414**	2 900	2 900	IV	2 354	1 780	1 224	699	263	
	VI	**6 878**	2 900	2 900							
30 851,99	I,IV	**2 956**	2 903	2 903	I	1 787	705				
	II	**1 842**	2 903	2 903	II	753					
	III	**282**	3 000	2 903	III						
	V	**6 424**	2 903	2 903	IV	2 362	1 787	1 232	705	268	
	VI	**6 888**	2 903	2 903							
30 887,99	I,IV	**2 964**	2 907	2 907	I	1 795	712				
	II	**1 849**	2 907	2 907	II	760					
	III	**288**	3 000	2 907	III						
	V	**6 434**	2 907	2 907	IV	2 370	1 795	1 239	712	273	
	VI	**6 900**	2 907	2 907							
30 923,99	I,IV	**2 972**	2 910	2 910	I	1 802	718				
	II	**1 857**	2 910	2 910	II	766					
	III	**292**	3 000	2 910	III						
	V	**6 446**	2 910	2 910	IV	2 377	1 802	1 246	718	278	
	VI	**6 908**	2 910	2 910							
30 959,99	I,IV	**2 980**	2 914	2 914	I	1 809	725				
	II	**1 864**	2 914	2 914	II	772					
	III	**298**	3 000	2 914	III						
	V	**6 456**	2 914	2 914	IV	2 385	1 809	1 253	725	283	
	VI	**6 920**	2 914	2 914							
30 995,99	I,IV	**2 988**	2 917	2 917	I	1 817	731				
	II	**1 871**	2 917	2 917	II	779					
	III	**304**	3 000	2 917	III						
	V	**6 466**	2 917	2 917	IV	2 393	1 817	1 260	731	288	
	VI	**6 932**	2 917	2 917							
31 031,99	I,IV	**2 996**	2 920	2 920	I	1 824	738				
	II	**1 879**	2 920	2 920	II	786					
	III	**308**	3 000	2 920	III						
	V	**6 476**	2 920	2 920	IV	2 400	1 824	1 267	738	294	
	VI	**6 942**	2 920	2 920							
31 067,99	I,IV	**3 004**	2 924	2 924	I	1 832	744				
	II	**1 886**	2 924	2 924	II	792					
	III	**314**	3 000	2 924	III						
	V	**6 488**	2 924	2 924	IV	2 408	1 832	1 275	744	299	
	VI	**6 952**	2 924	2 924							
31 103,99	I,IV	**3 011**	2 927	2 927	I	1 839	750				
	II	**1 894**	2 927	2 927	II	799					
	III	**320**	3 000	2 927	III						
	V	**6 498**	2 927	2 927	IV	2 416	1 839	1 282	750	304	
	VI	**6 964**	2 927	2 927							

* Zur LSt-Berechnung für privat versicherte Arbeitnehmer s. Beispiele **Vorbemerkung S. 4 f.**
** Basisvorsorgepauschale KV und PV *** Typisierter Arbeitgeberzuschuss

Lohn/ Gehalt in € bis	Steuerklasse	Lohn-steuer*	BVSP**	TAGZ***	Steuerklasse	Bemessungsgrundlage für Kirchensteuer und Solidaritätszuschlag – Freibeträge für ... Kinder 0,5	**1,0**	1,5	**2,0**	2,5	**3,0**
31 139,99	I,IV	**3019**	2931	2931	I	1846	757				
	II	**1901**	2931	2931	II	805					
	III	**324**	3000	2931	III						
	V	**6508**	2931	2931	IV	2423	1846	1289	757	309	
	VI	**6974**	2931	2931							
31 175,99	I,IV	**3027**	2934	2934	I	1854	764				
	II	**1909**	2934	2934	II	812					
	III	**330**	3000	2934	III						
	V	**6520**	2934	2934	IV	2431	1854	1296	764	315	
	VI	**6986**	2934	2934							
31 211,99	I,IV	**3035**	2937	2937	I	1861	770				
	II	**1916**	2937	2937	II	819					
	III	**334**	3000	2937	III						
	V	**6530**	2937	2937	IV	2439	1861	1303	770	320	
	VI	**6996**	2937	2937							
31 247,99	I,IV	**3043**	2941	2941	I	1869	777				
	II	**1924**	2941	2941	II	825	1				
	III	**340**	3000	2941	III						
	V	**6540**	2941	2941	IV	2446	1869	1310	777	325	
	VI	**7008**	2941	2941							
31 283,99	I,IV	**3051**	2944	2944	I	1876	783				
	II	**1931**	2944	2944	II	832	5				
	III	**346**	3000	2944	III						
	V	**6552**	2944	2944	IV	2454	1876	1317	783	330	
	VI	**7018**	2944	2944							
31 319,99	I,IV	**3059**	2947	2947	I	1884	790				
	II	**1939**	2947	2947	II	839	10				
	III	**350**	3000	2947	III						
	V	**6562**	2947	2947	IV	2462	1884	1325	790	336	
	VI	**7030**	2947	2947							
31 355,99	I,IV	**3067**	2951	2951	I	1891	796				
	II	**1946**	2951	2951	II	845	14				
	III	**356**	3000	2951	III						
	V	**6574**	2951	2951	IV	2469	1891	1332	796	341	
	VI	**7040**	2951	2951							
31 391,99	I,IV	**3075**	2954	2954	I	1898	803				
	II	**1953**	2954	2954	II	852	18				
	III	**362**	3000	2954	III						
	V	**6584**	2954	2954	IV	2477	1898	1339	803	346	
	VI	**7052**	2954	2954							
31 427,99	I,IV	**3083**	2958	2958	I	1906	810				
	II	**1961**	2958	2958	II	859	22				
	III	**366**	3000	2958	III						
	V	**6596**	2958	2958	IV	2485	1906	1346	810	352	
	VI	**7062**	2958	2958							
31 463,99	I,IV	**3091**	2961	2961	I	1913	816				
	II	**1968**	2961	2961	II	866	26				
	III	**372**	3000	2961	III						
	V	**6604**	2961	2961	IV	2492	1913	1353	816	357	
	VI	**7074**	2961	2961							
31 499,99	I,IV	**3099**	2964	2964	I	1921	823				
	II	**1976**	2964	2964	II	872	30				
	III	**378**	3000	2964	III						
	V	**6616**	2964	2964	IV	2500	1921	1361	823	362	
	VI	**7084**	2964	2964							
31 535,99	I,IV	**3107**	2968	2968	I	1928	829	4			
	II	**1983**	2968	2968	II	879	35				
	III	**382**	3000	2968	III						
	V	**6626**	2968	2968	IV	2508	1928	1368	829	368	4
	VI	**7096**	2968	2968							

* Zur LSt-Berechnung für privat versicherte Arbeitnehmer s. Beispiele **Vorbemerkung S. 4 f.**
** Basisvorsorgepauschale KV und PV *** Typisierter Arbeitgeberzuschuss

Lohn/ Gehalt in € bis	Steuerklasse	Lohn- steuer*	BVSP**	TAGZ***	Steuerklasse	Bemessungsgrundlage für Kirchensteuer und Solidaritätszuschlag – Freibeträge für ... Kinder 0,5	1,0	1,5	2,0	2,5	3,0
31 571,99	I,IV	**3 115**	2 971	2 971	I	1 936	836	8			
	II	**1 991**	2 971	2 971	II	886	39				
	III	**388**	3 000	2 971	III						
	V	**6 638**	2 971	2 971	IV	2 516	1 936	1 375	836	373	8
	VI	**7 106**	2 971	2 971							
31 607,99	I,IV	**3 123**	2 975	2 975	I	1 943	843	12			
	II	**1 998**	2 975	2 975	II	893	43				
	III	**394**	3 000	2 975	III						
	V	**6 648**	2 975	2 975	IV	2 523	1 943	1 382	843	378	12
	VI	**7 118**	2 975	2 975							
31 643,99	I,IV	**3 131**	2 978	2 978	I	1 951	850	16			
	II	**2 006**	2 978	2 978	II	900	47				
	III	**400**	3 000	2 978	III						
	V	**6 658**	2 978	2 978	IV	2 531	1 951	1 389	850	384	16
	VI	**7 128**	2 978	2 978							
31 679,99	I,IV	**3 139**	2 981	2 981	I	1 958	856	20			
	II	**2 013**	2 981	2 981	II	906	52				
	III	**404**	3 000	2 981	III						
	V	**6 670**	2 981	2 981	IV	2 539	1 958	1 397	856	389	20
	VI	**7 140**	2 981	2 981							
31 715,99	I,IV	**3 147**	2 985	2 985	I	1 966	863	25			
	II	**2 021**	2 985	2 985	II	914	56				
	III	**410**	3 000	2 985	III						
	V	**6 680**	2 985	2 985	IV	2 547	1 966	1 404	863	395	25
	VI	**7 150**	2 985	2 985							
31 751,99	I,IV	**3 155**	2 988	2 988	I	1 973	870	29			
	II	**2 028**	2 988	2 988	II	920	60				
	III	**416**	3 000	2 988	III						
	V	**6 692**	2 988	2 988	IV	2 554	1 973	1 411	870	400	29
	VI	**7 160**	2 988	2 988							
31 787,99	I,IV	**3 163**	2 992	2 992	I	1 980	877	33			
	II	**2 036**	2 992	2 992	II	927	65				
	III	**420**	3 000	2 992	III						
	V	**6 702**	2 992	2 992	IV	2 562	1 980	1 418	877	406	33
	VI	**7 172**	2 992	2 992							
31 823,99	I,IV	**3 170**	2 995	2 995	I	1 988	883	37			
	II	**2 043**	2 995	2 995	II	934	69				
	III	**426**	3 000	2 995	III						
	V	**6 712**	2 995	2 995	IV	2 569	1 988	1 425	883	411	37
	VI	**7 182**	2 995	2 995							
31 859,99	I,IV	**3 179**	2 998	2 998	I	1 995	890	42			
	II	**2 051**	2 998	2 998	II	941	74				
	III	**432**	3 000	2 998	III						
	V	**6 722**	2 998	2 998	IV	2 577	1 995	1 433	890	417	42
	VI	**7 196**	2 998	2 998							
31 895,99	I,IV	**3 187**	3 002	3 002	I	2 003	897	46			
	II	**2 058**	3 002	3 002	II	948	78				
	III	**436**	3 002	3 002	III						
	V	**6 734**	3 002	3 002	IV	2 585	2 003	1 440	897	422	46
	VI	**7 206**	3 002	3 002							
31 931,99	I,IV	**3 194**	3 005	3 005	I	2 010	904	50			
	II	**2 066**	3 005	3 005	II	955	82				
	III	**442**	3 005	3 005	III						
	V	**6 744**	3 005	3 005	IV	2 593	2 010	1 447	904	428	50
	VI	**7 218**	3 005	3 005							
31 967,99	I,IV	**3 203**	3 008	3 008	I	2 018	911	55			
	II	**2 073**	3 008	3 008	II	962	87				
	III	**446**	3 008	3 008	III						
	V	**6 756**	3 008	3 008	IV	2 601	2 018	1 455	911	434	55
	VI	**7 228**	3 008	3 008							

* Zur LSt-Berechnung für privat versicherte Arbeitnehmer s. Beispiele **Vorbemerkung S. 4 f.**
** Basisvorsorgepauschale KV und PV *** Typisierter Arbeitgeberzuschuss

Lohn/ Gehalt in € bis	Steuerklasse	Lohn-steuer*	BVSP**	TAGZ***	Steuerklasse	Bemessungsgrundlage für Kirchensteuer und Solidaritätszuschlag – Freibeträge für ... Kinder 0,5	**1,0**	1,5	**2,0**	2,5	**3,0**
32 003,99	I,IV	**3 211**	3 012	3 012	I	2 025	918	59			
	II	**2 081**	3 012	3 012	II	969	91				
	III	**452**	3 012	3 012	III						
	V	**6 766**	3 012	3 012	IV	2 608	2 025	1 462	918	439	59
	VI	**7 240**	3 012	3 012							
32 039,99	I,IV	**3 219**	3 015	3 015	I	2 033	925	63			
	II	**2 088**	3 015	3 015	II	976	96				
	III	**456**	3 015	3 015	III						
	V	**6 778**	3 015	3 015	IV	2 616	2 033	1 469	925	445	63
	VI	**7 250**	3 015	3 015							
32 075,99	I,IV	**3 226**	3 019	3 019	I	2 040	931	67			
	II	**2 096**	3 019	3 019	II	983	100				
	III	**462**	3 019	3 019	III						
	V	**6 786**	3 019	3 019	IV	2 624	2 040	1 476	931	450	67
	VI	**7 260**	3 019	3 019							
32 111,99	I,IV	**3 235**	3 022	3 022	I	2 048	939	72			
	II	**2 103**	3 022	3 022	II	990	105				
	III	**466**	3 022	3 022	III						
	V	**6 800**	3 022	3 022	IV	2 632	2 048	1 484	939	456	72
	VI	**7 272**	3 022	3 022							
32 147,99	I,IV	**3 243**	3 025	3 025	I	2 055	945	76			
	II	**2 111**	3 025	3 025	II	997	109				
	III	**472**	3 025	3 025	III						
	V	**6 808**	3 025	3 025	IV	2 639	2 055	1 491	945	462	76
	VI	**7 282**	3 025	3 025							
32 183,99	I,IV	**3 251**	3 029	3 029	I	2 063	952	81			
	II	**2 118**	3 029	3 029	II	1 004	114				
	III	**476**	3 029	3 029	III						
	V	**6 820**	3 029	3 029	IV	2 647	2 063	1 498	952	467	81
	VI	**7 294**	3 029	3 029							
32 219,99	I,IV	**3 258**	3 032	3 032	I	2 070	959	85			
	II	**2 126**	3 032	3 032	II	1 011	118				
	III	**482**	3 032	3 032	III						
	V	**6 830**	3 032	3 032	IV	2 655	2 070	1 505	959	473	85
	VI	**7 304**	3 032	3 032							
32 255,99	I,IV	**3 267**	3 036	3 036	I	2 078	967	90			
	II	**2 134**	3 036	3 036	II	1 018	123				
	III	**486**	3 036	3 036	III						
	V	**6 842**	3 036	3 036	IV	2 663	2 078	1 513	967	479	90
	VI	**7 318**	3 036	3 036							
32 291,99	I,IV	**3 275**	3 039	3 039	I	2 085	973	94			
	II	**2 141**	3 039	3 039	II	1 025	127				
	III	**492**	3 039	3 039	III						
	V	**6 852**	3 039	3 039	IV	2 670	2 085	1 520	973	485	94
	VI	**7 328**	3 039	3 039							
32 327,99	I,IV	**3 283**	3 042	3 042	I	2 093	980	98			
	II	**2 149**	3 042	3 042	II	1 032	132				
	III	**496**	3 042	3 042	III						
	V	**6 864**	3 042	3 042	IV	2 678	2 093	1 527	980	490	98
	VI	**7 338**	3 042	3 042							
32 363,99	I,IV	**3 291**	3 046	3 046	I	2 100	987	103			
	II	**2 156**	3 046	3 046	II	1 039	137				
	III	**502**	3 046	3 046	III						
	V	**6 874**	3 046	3 046	IV	2 686	2 100	1 534	987	496	103
	VI	**7 350**	3 046	3 046							
32 399,99	I,IV	**3 299**	3 049	3 049	I	2 108	995	108			
	II	**2 164**	3 049	3 049	II	1 047	141				
	III	**506**	3 049	3 049	III						
	V	**6 886**	3 049	3 049	IV	2 694	2 108	1 542	995	502	108
	VI	**7 360**	3 049	3 049							

* Zur LSt-Berechnung für privat versicherte Arbeitnehmer s. Beispiele **Vorbemerkung S. 4 f.**
** Basisvorsorgepauschale KV und PV *** Typisierter Arbeitgeberzuschuss

Lohn/ Gehalt in € bis	Steuerklasse	Lohn-steuer*	BVSP**	TAGZ***	Steuerklasse	Bemessungsgrundlage für Kirchensteuer und Solidaritätszuschlag					
						Freibeträge für ... Kinder					
						0,5	**1,0**	1,5	**2,0**	2,5	**3,0**
32435,99	I,IV	**3307**	3053	3053	I	2116	1002	112			
	II	**2171**	3053	3053	II	1054	146				
	III	**512**	3053	3053	III						
	V	**6896**	3053	3053	IV	2702	2116	1549	1002	508	112
	VI	**7372**	3053	3053							
32471,99	I,IV	**3315**	3056	3056	I	2123	1009	117			
	II	**2179**	3056	3056	II	1061	151				
	III	**516**	3056	3056	III						
	V	**6906**	3056	3056	IV	2709	2123	1556	1009	514	117
	VI	**7384**	3056	3056							
32507,99	I,IV	**3323**	3059	3059	I	2131	1015	121			
	II	**2186**	3059	3059	II	1068	155				
	III	**522**	3059	3059	III						
	V	**6916**	3059	3059	IV	2717	2131	1563	1015	519	121
	VI	**7396**	3059	3059							
32543,99	I,IV	**3331**	3063	3063	I	2138	1023	126			
	II	**2194**	3063	3063	II	1075	160				
	III	**526**	3063	3063	III						
	V	**6930**	3063	3063	IV	2725	2138	1571	1023	525	126
	VI	**7406**	3063	3063							
32579,99	I,IV	**3339**	3066	3066	I	2146	1030	130			
	II	**2202**	3066	3066	II	1082	165				
	III	**532**	3066	3066	III						
	V	**6938**	3066	3066	IV	2733	2146	1578	1030	531	130
	VI	**7416**	3066	3066							
32615,99	I,IV	**3347**	3069	3069	I	2153	1037	135			
	II	**2209**	3069	3069	II	1089	169				
	III	**536**	3069	3069	III						
	V	**6950**	3069	3069	IV	2740	2153	1585	1037	537	135
	VI	**7428**	3069	3069							
32651,99	I,IV	**3355**	3073	3073	I	2161	1044	140			
	II	**2217**	3073	3073	II	1096	174				
	III	**542**	3073	3073	III						
	V	**6960**	3073	3073	IV	2748	2161	1593	1044	543	140
	VI	**7440**	3073	3073							
32687,99	I,IV	**3363**	3076	3076	I	2168	1051	144			
	II	**2224**	3076	3076	II	1103	179				
	III	**546**	3076	3076	III						
	V	**6972**	3076	3076	IV	2756	2168	1600	1051	549	144
	VI	**7452**	3076	3076							
32723,99	I,IV	**3371**	3080	3080	I	2176	1058	149			
	II	**2232**	3080	3080	II	1110	184				
	III	**552**	3080	3080	III						
	V	**6982**	3080	3080	IV	2764	2176	1607	1058	555	149
	VI	**7462**	3080	3080							
32759,99	I,IV	**3379**	3083	3083	I	2183	1065	153			
	II	**2239**	3083	3083	II	1117	188				
	III	**558**	3083	3083	III						
	V	**6994**	3083	3083	IV	2772	2183	1615	1065	561	153
	VI	**7472**	3083	3083							
32795,99	I,IV	**3387**	3086	3086	I	2191	1072	158			
	II	**2247**	3086	3086	II	1124	193				
	III	**562**	3086	3086	III						
	V	**7004**	3086	3086	IV	2780	2191	1622	1072	567	158
	VI	**7484**	3086	3086							
32831,99	I,IV	**3395**	3090	3090	I	2199	1079	163			
	II	**2255**	3090	3090	II	1131	198				
	III	**568**	3090	3090	III						
	V	**7016**	3090	3090	IV	2787	2199	1629	1079	573	163
	VI	**7496**	3090	3090							

* Zur LSt-Berechnung für privat versicherte Arbeitnehmer s. Beispiele **Vorbemerkung S. 4 f.**
** Basisvorsorgepauschale KV und PV *** Typisierter Arbeitgeberzuschuss

Lohn/ Gehalt in € bis	Steuerklasse	**Lohn-steuer***	BVSP**	TAGZ***	Steuerklasse	Bemessungsgrundlage für Kirchensteuer und Solidaritätszuschlag – Freibeträge für ... Kinder 0,5	**1,0**	1,5	**2,0**	2,5	**3,0**
32 867,99	I,IV	**3 403**	3 093	3 093	I	2 206	1 086	168			
	II	**2 262**	3 093	3 093	II	1 138	203				
	III	**572**	3 093	3 093	III						
	V	**7 026**	3 093	3 093	IV	2 795	2 206	1 637	1 086	579	168
	VI	**7 508**	3 093	3 093							
32 903,99	I,IV	**3 411**	3 097	3 097	I	2 214	1 093	172			
	II	**2 270**	3 097	3 097	II	1 145	208				
	III	**578**	3 097	3 097	III						
	V	**7 038**	3 097	3 097	IV	2 803	2 214	1 644	1 093	585	172
	VI	**7 518**	3 097	3 097							
32 939,99	I,IV	**3 420**	3 100	3 100	I	2 221	1 100	177			
	II	**2 278**	3 100	3 100	II	1 153	213				
	III	**582**	3 100	3 100	III						
	V	**7 048**	3 100	3 100	IV	2 811	2 221	1 651	1 100	591	177
	VI	**7 528**	3 100	3 100							
32 975,99	I,IV	**3 428**	3 103	3 103	I	2 229	1 107	182			
	II	**2 285**	3 103	3 103	II	1 160	218				
	III	**588**	3 103	3 103	III						
	V	**7 060**	3 103	3 103	IV	2 819	2 229	1 659	1 107	597	182
	VI	**7 540**	3 103	3 103							
33 011,99	I,IV	**3 436**	3 107	3 107	I	2 237	1 114	187			
	II	**2 293**	3 107	3 107	II	1 167	223				
	III	**592**	3 107	3 107	III						
	V	**7 070**	3 107	3 107	IV	2 827	2 237	1 666	1 114	603	187
	VI	**7 552**	3 107	3 107							
33 047,99	I,IV	**3 444**	3 110	3 110	I	2 244	1 121	191			
	II	**2 300**	3 110	3 110	II	1 174	227				
	III	**598**	3 110	3 110	III						
	V	**7 082**	3 110	3 110	IV	2 834	2 244	1 673	1 121	609	191
	VI	**7 564**	3 110	3 110							
33 083,99	I,IV	**3 452**	3 114	3 114	I	2 252	1 129	196			
	II	**2 308**	3 114	3 114	II	1 181	233				
	III	**604**	3 114	3 114	III						
	V	**7 092**	3 114	3 114	IV	2 842	2 252	1 681	1 129	615	196
	VI	**7 574**	3 114	3 114							
33 119,99	I,IV	**3 460**	3 117	3 117	I	2 259	1 136	201			
	II	**2 316**	3 117	3 117	II	1 188	237				
	III	**608**	3 117	3 117	III						
	V	**7 104**	3 117	3 117	IV	2 850	2 259	1 688	1 136	621	201
	VI	**7 584**	3 117	3 117							
33 155,99	I,IV	**3 468**	3 120	3 120	I	2 267	1 143	206			
	II	**2 323**	3 120	3 120	II	1 195	242				
	III	**614**	3 120	3 120	III						
	V	**7 114**	3 120	3 120	IV	2 858	2 267	1 695	1 143	627	206
	VI	**7 598**	3 120	3 120							
33 191,99	I,IV	**3 476**	3 124	3 124	I	2 274	1 150	211			
	II	**2 331**	3 124	3 124	II	1 202	247				
	III	**618**	3 124	3 124	III						
	V	**7 126**	3 124	3 124	IV	2 866	2 274	1 702	1 150	634	211
	VI	**7 608**	3 124	3 124							
33 227,99	I,IV	**3 485**	3 127	3 127	I	2 282	1 157	216			
	II	**2 338**	3 127	3 127	II	1 210	253				
	III	**624**	3 127	3 127	III						
	V	**7 136**	3 127	3 127	IV	2 874	2 282	1 710	1 157	640	216
	VI	**7 618**	3 127	3 127							
33 263,99	I,IV	**3 493**	3 130	3 130	I	2 290	1 164	221			
	II	**2 346**	3 130	3 130	II	1 217	258				
	III	**630**	3 130	3 130	III						
	V	**7 146**	3 130	3 130	IV	2 882	2 290	1 717	1 164	646	221
	VI	**7 630**	3 130	3 130							

* Zur LSt-Berechnung für privat versicherte Arbeitnehmer s. Beispiele **Vorbemerkung S. 4 f.**
** Basisvorsorgepauschale KV und PV *** Typisierter Arbeitgeberzuschuss

Lohn/ Gehalt in € bis	Steuerklasse	Lohnsteuer*	BVSP**	TAGZ***	Steuerklasse	Bemessungsgrundlage für Kirchensteuer und Solidaritätszuschlag – Freibeträge für ... Kinder 0,5	1,0	1,5	2,0	2,5	3,0
33 299,99	I,IV	**3 501**	3 134	3 134	I	2 297	1 171	226			
	II	**2 354**	3 134	3 134	II	1 224	263				
	III	**634**	3 134	3 134	III						
	V	**7 158**	3 134	3 134	IV	2 889	2 297	1 725	1 171	652	226
	VI	**7 642**	3 134	3 134							
33 335,99	I,IV	**3 509**	3 137	3 137	I	2 305	1 178	231			
	II	**2 361**	3 137	3 137	II	1 231	268				
	III	**640**	3 137	3 137	III						
	V	**7 170**	3 137	3 137	IV	2 897	2 305	1 732	1 178	659	231
	VI	**7 654**	3 137	3 137							
33 371,99	I,IV	**3 517**	3 141	3 141	I	2 313	1 186	236			
	II	**2 369**	3 141	3 141	II	1 238	273				
	III	**646**	3 141	3 141	III						
	V	**7 182**	3 141	3 141	IV	2 905	2 313	1 739	1 186	665	236
	VI	**7 664**	3 141	3 141							
33 407,99	I,IV	**3 525**	3 144	3 144	I	2 320	1 193	241			
	II	**2 377**	3 144	3 144	II	1 245	278				
	III	**650**	3 144	3 144	III						
	V	**7 192**	3 144	3 144	IV	2 913	2 320	1 747	1 193	671	241
	VI	**7 676**	3 144	3 144							
33 443,99	I,IV	**3 533**	3 147	3 147	I	2 328	1 200	245			
	II	**2 384**	3 147	3 147	II	1 252	283				
	III	**656**	3 147	3 147	III						
	V	**7 204**	3 147	3 147	IV	2 921	2 328	1 754	1 200	677	245
	VI	**7 688**	3 147	3 147							
33 479,99	I,IV	**3 541**	3 151	3 151	I	2 336	1 207	251			
	II	**2 392**	3 151	3 151	II	1 260	288				
	III	**662**	3 151	3 151	III						
	V	**7 214**	3 151	3 151	IV	2 929	2 336	1 762	1 207	684	251
	VI	**7 698**	3 151	3 151							
33 515,99	I,IV	**3 550**	3 154	3 154	I	2 343	1 214	256			
	II	**2 400**	3 154	3 154	II	1 267	293				
	III	**666**	3 154	3 154	III						
	V	**7 226**	3 154	3 154	IV	2 937	2 343	1 769	1 214	690	256
	VI	**7 710**	3 154	3 154							
33 551,99	I,IV	**3 558**	3 158	3 158	I	2 351	1 221	261			
	II	**2 407**	3 158	3 158	II	1 274	298				
	III	**672**	3 158	3 158	III						
	V	**7 236**	3 158	3 158	IV	2 945	2 351	1 776	1 221	696	261
	VI	**7 722**	3 158	3 158							
33 587,99	I,IV	**3 566**	3 161	3 161	I	2 358	1 228	266			
	II	**2 415**	3 161	3 161	II	1 281	304				
	III	**676**	3 161	3 161	III						
	V	**7 248**	3 161	3 161	IV	2 952	2 358	1 784	1 228	702	266
	VI	**7 732**	3 161	3 161							
33 623,99	I,IV	**3 574**	3 164	3 164	I	2 366	1 235	271			
	II	**2 423**	3 164	3 164	II	1 288	309				
	III	**682**	3 164	3 164	III						
	V	**7 258**	3 164	3 164	IV	2 960	2 366	1 791	1 235	709	271
	VI	**7 746**	3 164	3 164							
33 659,99	I,IV	**3 582**	3 168	3 168	I	2 374	1 243	276			
	II	**2 430**	3 168	3 168	II	1 295	314				
	III	**688**	3 168	3 168	III						
	V	**7 268**	3 168	3 168	IV	2 968	2 374	1 798	1 243	715	276
	VI	**7 756**	3 168	3 168							
33 695,99	I,IV	**3 590**	3 171	3 171	I	2 381	1 250	281			
	II	**2 438**	3 171	3 171	II	1 302	319				
	III	**692**	3 171	3 171	III						
	V	**7 280**	3 171	3 171	IV	2 976	2 381	1 806	1 250	722	281
	VI	**7 766**	3 171	3 171							

* Zur LSt-Berechnung für privat versicherte Arbeitnehmer s. Beispiele **Vorbemerkung S. 4 f.**
** Basisvorsorgepauschale KV und PV *** Typisierter Arbeitgeberzuschuss

Lohn/ Gehalt in € bis	Steuerklasse	Lohn-steuer*	BVSP**	TAGZ***	Steuerklasse	Bemessungsgrundlage für Kirchensteuer und Solidaritätszuschlag – Freibeträge für ... Kinder					
						0,5	**1,0**	1,5	**2,0**	2,5	**3,0**
33731,99	I,IV	**3598**	3175	3175	I	2389	1257	286			
	II	**2445**	3175	3175	II	1310	324				
	III	**698**	3175	3175	III						
	V	**7290**	3175	3175	IV	2984	2389	1813	1257	728	286
	VI	**7778**	3175	3175							
33767,99	I,IV	**3607**	3178	3178	I	2397	1264	291			
	II	**2453**	3178	3178	II	1317	330				
	III	**704**	3178	3178	III						
	V	**7304**	3178	3178	IV	2992	2397	1821	1264	735	291
	VI	**7790**	3178	3178							
33803,99	I,IV	**3615**	3181	3181	I	2404	1271	296			
	II	**2461**	3181	3181	II	1324	335				
	III	**708**	3181	3181	III						
	V	**7314**	3181	3181	IV	3000	2404	1828	1271	741	296
	VI	**7800**	3181	3181							
33839,99	I,IV	**3623**	3185	3185	I	2412	1278	302			
	II	**2469**	3185	3185	II	1331	340				
	III	**714**	3185	3185	III						
	V	**7326**	3185	3185	IV	3008	2412	1835	1278	747	302
	VI	**7812**	3185	3185							
33875,99	I,IV	**3631**	3188	3188	I	2420	1285	307			
	II	**2476**	3188	3188	II	1338	346				
	III	**720**	3188	3188	III						
	V	**7336**	3188	3188	IV	3016	2420	1843	1285	754	307
	VI	**7824**	3188	3188							
33911,99	I,IV	**3639**	3191	3191	I	2427	1293	312			
	II	**2484**	3191	3191	II	1346	351				
	III	**724**	3191	3191	III						
	V	**7346**	3191	3191	IV	3024	2427	1850	1293	760	312
	VI	**7834**	3191	3191							
33947,99	I,IV	**3647**	3195	3195	I	2435	1300	317			
	II	**2492**	3195	3195	II	1353	356				
	III	**730**	3195	3195	III	4					
	V	**7358**	3195	3195	IV	3032	2435	1858	1300	767	317
	VI	**7848**	3195	3195							
33983,99	I,IV	**3655**	3198	3198	I	2443	1307	322			
	II	**2499**	3198	3198	II	1360	362				
	III	**736**	3198	3198	III	8					
	V	**7368**	3198	3198	IV	3039	2443	1865	1307	773	322
	VI	**7858**	3198	3198							
34019,99	I,IV	**3664**	3202	3202	I	2450	1314	328			
	II	**2507**	3202	3202	II	1367	367				
	III	**742**	3202	3202	III	12					
	V	**7382**	3202	3202	IV	3048	2450	1873	1314	780	328
	VI	**7870**	3202	3202							
34055,99	I,IV	**3672**	3205	3205	I	2458	1321	333			
	II	**2515**	3205	3205	II	1374	373				
	III	**746**	3205	3205	III	16					
	V	**7392**	3205	3205	IV	3055	2458	1880	1321	787	333
	VI	**7882**	3205	3205							
34091,99	I,IV	**3680**	3208	3208	I	2466	1328	338			
	II	**2523**	3208	3208	II	1382	378				
	III	**752**	3208	3208	III	20					
	V	**7402**	3208	3208	IV	3063	2466	1887	1328	793	338
	VI	**7892**	3208	3208							
34127,99	I,IV	**3688**	3212	3212	I	2473	1336	344			
	II	**2530**	3212	3212	II	1389	383				
	III	**758**	3212	3212	III	24					
	V	**7414**	3212	3212	IV	3071	2473	1895	1336	800	344
	VI	**7902**	3212	3212							

* Zur LSt-Berechnung für privat versicherte Arbeitnehmer s. Beispiele **Vorbemerkung S. 4 f.**
** Basisvorsorgepauschale KV und PV *** Typisierter Arbeitgeberzuschuss

Lohn/Gehalt in € bis	Steuerklasse	Lohnsteuer*	BVSP**	TAGZ***	Steuerklasse	Bemessungsgrundlage für Kirchensteuer und Solidaritätszuschlag – Freibeträge für ... Kinder 0,5	1,0	1,5	2,0	2,5	3,0
34163,99	I,IV	**3697**	3215	3215	I	2481	1343	349			
	II	**2538**	3215	3215	II	1396	389				
	III	**762**	3215	3215	III	28					
	V	**7426**	3215	3215	IV	3079	2481	1902	1343	806	349
	VI	**7916**	3215	3215							
34199,99	I,IV	**3705**	3219	3219	I	2489	1350	354			
	II	**2546**	3219	3219	II	1403	394				
	III	**768**	3219	3219	III	32					
	V	**7438**	3219	3219	IV	3087	2489	1910	1350	813	354
	VI	**7926**	3219	3219							
34235,99	I,IV	**3713**	3222	3222	I	2496	1357	360			
	II	**2553**	3222	3222	II	1410	400				
	III	**774**	3222	3222	III	38					
	V	**7448**	3222	3222	IV	3095	2496	1917	1357	820	360
	VI	**7938**	3222	3222							
34271,99	I,IV	**3721**	3225	3225	I	2504	1364	365			
	II	**2561**	3225	3225	II	1418	405				
	III	**778**	3225	3225	III	42					
	V	**7460**	3225	3225	IV	3103	2504	1925	1364	826	365
	VI	**7950**	3225	3225							
34307,99	I,IV	**3729**	3229	3229	I	2512	1372	371			
	II	**2569**	3229	3229	II	1425	411				
	III	**784**	3229	3229	III	46					
	V	**7470**	3229	3229	IV	3111	2512	1932	1372	833	371
	VI	**7962**	3229	3229							
34343,99	I,IV	**3738**	3232	3232	I	2520	1379	376			
	II	**2577**	3232	3232	II	1432	416				
	III	**790**	3232	3232	III	50					
	V	**7480**	3232	3232	IV	3119	2520	1940	1379	840	376
	VI	**7972**	3232	3232							
34379,99	I,IV	**3746**	3236	3236	I	2527	1386	381			
	II	**2584**	3236	3236	II	1439	422				
	III	**796**	3236	3236	III	54					
	V	**7492**	3236	3236	IV	3127	2527	1947	1386	846	381
	VI	**7984**	3236	3236							
34415,99	I,IV	**3754**	3239	3239	I	2535	1393	387			
	II	**2592**	3239	3239	II	1446	427				
	III	**802**	3239	3239	III	58					
	V	**7504**	3239	3239	IV	3135	2535	1954	1393	853	387
	VI	**7996**	3239	3239							
34451,99	I,IV	**3762**	3242	3242	I	2543	1401	392			
	II	**2600**	3242	3242	II	1454	433				
	III	**806**	3242	3242	III	62					
	V	**7514**	3242	3242	IV	3143	2543	1962	1401	860	392
	VI	**8006**	3242	3242							
34487,99	I,IV	**3770**	3246	3246	I	2550	1408	398			
	II	**2608**	3246	3246	II	1461	439				
	III	**812**	3246	3246	III	66					
	V	**7526**	3246	3246	IV	3151	2550	1969	1408	867	398
	VI	**8020**	3246	3246							
34523,99	I,IV	**3779**	3249	3249	I	2558	1415	403			
	II	**2615**	3249	3249	II	1468	444				
	III	**818**	3249	3249	III	70					
	V	**7536**	3249	3249	IV	3159	2558	1977	1415	873	403
	VI	**8030**	3249	3249							
34559,99	I,IV	**3787**	3252	3252	I	2566	1422	409			
	II	**2623**	3252	3252	II	1475	450				
	III	**822**	3252	3252	III	74					
	V	**7548**	3252	3252	IV	3167	2566	1984	1422	880	409
	VI	**8042**	3252	3252							

* Zur LSt-Berechnung für privat versicherte Arbeitnehmer s. Beispiele **Vorbemerkung S. 4 f.**
** Basisvorsorgepauschale KV und PV *** Typisierter Arbeitgeberzuschuss

Lohn/ Gehalt in € bis	Steuerklasse	Lohn- steuer*	BVSP**	TAGZ***	Steuerklasse	Bemessungsgrundlage für Kirchensteuer und Solidaritätszuschlag					
						Freibeträge für ... Kinder					
						0,5	**1,0**	1,5	**2,0**	2,5	**3,0**
34595,99	I,IV	**3795**	3256	3256	I	2574	1429	414			
	II	**2631**	3256	3256	II	1483	456				
	III	**828**	3256	3256	III	80					
	V	**7560**	3256	3256	IV	3175	2574	1992	1429	887	414
	VI	**8054**	3256	3256							
34631,99	I,IV	**3803**	3259	3259	I	2581	1437	420			
	II	**2639**	3259	3259	II	1490	461				
	III	**834**	3259	3259	III	84					
	V	**7570**	3259	3259	IV	3183	2581	1999	1437	894	420
	VI	**8066**	3259	3259							
34667,99	I,IV	**3812**	3263	3263	I	2589	1444	425			
	II	**2646**	3263	3263	II	1497	467				
	III	**840**	3263	3263	III	88					
	V	**7582**	3263	3263	IV	3191	2589	2007	1444	901	425
	VI	**8076**	3263	3263							
34703,99	I,IV	**3820**	3266	3266	I	2597	1451	431			
	II	**2654**	3266	3266	II	1505	473				
	III	**846**	3266	3266	III	92					
	V	**7594**	3266	3266	IV	3199	2597	2014	1451	908	431
	VI	**8088**	3266	3266							
34739,99	I,IV	**3828**	3269	3269	I	2605	1458	437			
	II	**2662**	3269	3269	II	1512	478				
	III	**850**	3269	3269	III	96					
	V	**7606**	3269	3269	IV	3207	2605	2022	1458	914	437
	VI	**8100**	3269	3269							
34775,99	I,IV	**3836**	3273	3273	I	2612	1466	442			
	II	**2670**	3273	3273	II	1519	484				
	III	**856**	3273	3273	III	100					
	V	**7616**	3273	3273	IV	3215	2612	2029	1466	921	442
	VI	**8112**	3273	3273							
34811,99	I,IV	**3845**	3276	3276	I	2620	1473	448			
	II	**2677**	3276	3276	II	1526	490				
	III	**862**	3276	3276	III	104					
	V	**7626**	3276	3276	IV	3223	2620	2037	1473	928	448
	VI	**8122**	3276	3276							
34847,99	I,IV	**3853**	3280	3280	I	2628	1480	454			
	II	**2685**	3280	3280	II	1534	496				
	III	**868**	3280	3280	III	110					
	V	**7640**	3280	3280	IV	3231	2628	2044	1480	935	454
	VI	**8136**	3280	3280							
34883,99	I,IV	**3861**	3283	3283	I	2636	1487	459			
	II	**2693**	3283	3283	II	1541	501				
	III	**874**	3283	3283	III	114					
	V	**7650**	3283	3283	IV	3239	2636	2052	1487	942	459
	VI	**8146**	3283	3283							
34919,99	I,IV	**3869**	3286	3286	I	2643	1495	465			
	II	**2701**	3286	3286	II	1548	507				
	III	**878**	3286	3286	III	118					
	V	**7662**	3286	3286	IV	3247	2643	2059	1495	949	465
	VI	**8158**	3286	3286							
34955,99	I,IV	**3878**	3290	3290	I	2651	1502	470			
	II	**2708**	3290	3290	II	1555	513				
	III	**884**	3290	3290	III	122					
	V	**7672**	3290	3290	IV	3255	2651	2067	1502	956	470
	VI	**8170**	3290	3290							
34991,99	I,IV	**3886**	3293	3293	I	2659	1509	476			
	II	**2716**	3293	3293	II	1563	519				
	III	**890**	3293	3293	III	126					
	V	**7684**	3293	3293	IV	3263	2659	2074	1509	963	476
	VI	**8182**	3293	3293							

* Zur LSt-Berechnung für privat versicherte Arbeitnehmer s. Beispiele **Vorbemerkung S. 4f.**
** Basisvorsorgepauschale KV und PV *** Typisierter Arbeitgeberzuschuss

Lohn/ Gehalt in € bis	Steuerklasse	Lohnsteuer*	BVSP**	TAGZ***	Steuerklasse	Bemessungsgrundlage für Kirchensteuer und Solidaritätszuschlag – Freibeträge für ... Kinder 0,5	**1,0**	1,5	**2,0**	2,5	**3,0**
35027,99	I,IV	**3894**	3297	3297	I	2667	1516	482			
	II	**2724**	3297	3297	II	1570	525				
	III	**896**	3297	3297	III	132					
	V	**7696**	3297	3297	IV	3271	2667	2082	1516	970	482
	VI	**8192**	3297	3297							
35063,99	I,IV	**3902**	3300	3300	I	2674	1524	488			
	II	**2732**	3300	3300	II	1577	531				
	III	**902**	3300	3300	III	136					
	V	**7706**	3300	3300	IV	3279	2674	2089	1524	977	488
	VI	**8204**	3300	3300							
35099,99	I,IV	**3911**	3303	3303	I	2682	1531	493			
	II	**2740**	3303	3303	II	1585	536				
	III	**908**	3303	3303	III	140					
	V	**7718**	3303	3303	IV	3287	2682	2097	1531	984	493
	VI	**8216**	3303	3303							
35135,99	I,IV	**3919**	3307	3307	I	2690	1538	499			
	II	**2748**	3307	3307	II	1592	543				
	III	**912**	3307	3307	III	144					
	V	**7730**	3307	3307	IV	3295	2690	2105	1538	991	499
	VI	**8228**	3307	3307							
35171,99	I,IV	**3927**	3310	3310	I	2698	1545	505			
	II	**2755**	3310	3310	II	1599	548				
	III	**918**	3310	3310	III	148					
	V	**7740**	3310	3310	IV	3303	2698	2112	1545	998	505
	VI	**8238**	3310	3310							
35207,99	I,IV	**3936**	3313	3313	I	2706	1553	511			
	II	**2763**	3313	3313	II	1607	554				
	III	**924**	3313	3313	III	152					
	V	**7752**	3313	3313	IV	3311	2706	2119	1553	1005	511
	VI	**8252**	3313	3313							
35243,99	I,IV	**3944**	3317	3317	I	2713	1560	517			
	II	**2771**	3317	3317	II	1614	560				
	III	**930**	3317	3317	III	158					
	V	**7764**	3317	3317	IV	3319	2713	2127	1560	1012	517
	VI	**8262**	3317	3317							
35279,99	I,IV	**3952**	3320	3320	I	2721	1567	523			
	II	**2779**	3320	3320	II	1621	566				
	III	**936**	3320	3320	III	162					
	V	**7776**	3320	3320	IV	3327	2721	2135	1567	1019	523
	VI	**8274**	3320	3320							
35315,99	I,IV	**3961**	3324	3324	I	2729	1575	528			
	II	**2787**	3324	3324	II	1629	572				
	III	**942**	3324	3324	III	166					
	V	**7786**	3324	3324	IV	3335	2729	2142	1575	1026	528
	VI	**8286**	3324	3324							
35351,99	I,IV	**3969**	3327	3327	I	2737	1582	534			
	II	**2794**	3327	3327	II	1636	578				
	III	**946**	3327	3327	III	170					
	V	**7798**	3327	3327	IV	3343	2737	2150	1582	1033	534
	VI	**8298**	3327	3327							
35387,99	I,IV	**3977**	3330	3330	I	2745	1589	540			
	II	**2802**	3330	3330	II	1643	584				
	III	**952**	3330	3330	III	174					
	V	**7810**	3330	3330	IV	3351	2745	2157	1589	1041	540
	VI	**8310**	3330	3330							
35423,99	I,IV	**3986**	3334	3334	I	2752	1597	546			
	II	**2810**	3334	3334	II	1651	590				
	III	**958**	3334	3334	III	180					
	V	**7820**	3334	3334	IV	3359	2752	2165	1597	1048	546
	VI	**8320**	3334	3334							

* Zur LSt-Berechnung für privat versicherte Arbeitnehmer s. Beispiele **Vorbemerkung S. 4f.**
** Basisvorsorgepauschale KV und PV *** Typisierter Arbeitgeberzuschuss

Lohn/ Gehalt in € bis	Steuerklasse	Lohn-steuer*	BVSP**	TAGZ***	Steuerklasse	Bemessungsgrundlage für Kirchensteuer und Solidaritätszuschlag					
						Freibeträge für ... Kinder					
						0,5	**1,0**	1,5	**2,0**	2,5	**3,0**
35 459,99	I,IV	**3 994**	3 337	3 337	I	2 760	1 604	552			
	II	**2 818**	3 337	3 337	II	1 658	596				
	III	**964**	3 337	3 337	III	184					
	V	**7 832**	3 337	3 337	IV	3 367	2 760	2 172	1 604	1 055	552
	VI	**8 332**	3 337	3 337							
35 495,99	I,IV	**4 002**	3 341	3 341	I	2 768	1 611	558			
	II	**2 826**	3 341	3 341	II	1 665	602				
	III	**970**	3 341	3 341	III	188					
	V	**7 842**	3 341	3 341	IV	3 375	2 768	2 180	1 611	1 061	558
	VI	**8 344**	3 341	3 341							
35 531,99	I,IV	**4 011**	3 344	3 344	I	2 776	1 619	564			
	II	**2 834**	3 344	3 344	II	1 673	609				
	III	**976**	3 344	3 344	III	192					
	V	**7 854**	3 344	3 344	IV	3 384	2 776	2 188	1 619	1 069	564
	VI	**8 356**	3 344	3 344							
35 567,99	I,IV	**4 019**	3 347	3 347	I	2 784	1 626	570			
	II	**2 842**	3 347	3 347	II	1 680	615				
	III	**982**	3 347	3 347	III	198					
	V	**7 866**	3 347	3 347	IV	3 392	2 784	2 195	1 626	1 076	570
	VI	**8 368**	3 347	3 347							
35 603,99	I,IV	**4 027**	3 351	3 351	I	2 791	1 633	576			
	II	**2 849**	3 351	3 351	II	1 687	621				
	III	**988**	3 351	3 351	III	202					
	V	**7 878**	3 351	3 351	IV	3 400	2 791	2 203	1 633	1 083	576
	VI	**8 380**	3 351	3 351							
35 639,99	I,IV	**4 035**	3 354	3 354	I	2 799	1 640	582			
	II	**2 857**	3 354	3 354	II	1 694	627				
	III	**992**	3 354	3 354	III	206					
	V	**7 890**	3 354	3 354	IV	3 408	2 799	2 210	1 640	1 090	582
	VI	**8 392**	3 354	3 354							
35 675,99	I,IV	**4 044**	3 358	3 358	I	2 807	1 648	588			
	II	**2 865**	3 358	3 358	II	1 702	633				
	III	**998**	3 358	3 358	III	210					
	V	**7 902**	3 358	3 358	IV	3 416	2 807	2 218	1 648	1 097	588
	VI	**8 404**	3 358	3 358							
35 711,99	I,IV	**4 052**	3 361	3 361	I	2 815	1 655	594			
	II	**2 873**	3 361	3 361	II	1 709	639				
	III	**1 004**	3 361	3 361	III	216					
	V	**7 912**	3 361	3 361	IV	3 424	2 815	2 225	1 655	1 104	594
	VI	**8 414**	3 361	3 361							
35 747,99	I,IV	**4 060**	3 364	3 364	I	2 823	1 662	600			
	II	**2 881**	3 364	3 364	II	1 717	645				
	III	**1 010**	3 364	3 364	III	220					
	V	**7 924**	3 364	3 364	IV	3 432	2 823	2 233	1 662	1 111	600
	VI	**8 428**	3 364	3 364							
35 783,99	I,IV	**4 069**	3 368	3 368	I	2 831	1 670	606			
	II	**2 889**	3 368	3 368	II	1 724	652				
	III	**1 016**	3 368	3 368	III	224					
	V	**7 936**	3 368	3 368	IV	3 440	2 831	2 240	1 670	1 118	606
	VI	**8 438**	3 368	3 368							
35 819,99	I,IV	**4 077**	3 371	3 371	I	2 839	1 677	612			
	II	**2 897**	3 371	3 371	II	1 731	658				
	III	**1 022**	3 371	3 371	III	230					
	V	**7 946**	3 371	3 371	IV	3 448	2 839	2 248	1 677	1 125	612
	VI	**8 450**	3 371	3 371							
35 855,99	I,IV	**4 085**	3 374	3 374	I	2 846	1 684	618			
	II	**2 904**	3 374	3 374	II	1 739	664				
	III	**1 028**	3 374	3 374	III	234					
	V	**7 960**	3 374	3 374	IV	3 456	2 846	2 256	1 684	1 132	618
	VI	**8 462**	3 374	3 374							

* Zur LSt-Berechnung für privat versicherte Arbeitnehmer s. Beispiele **Vorbemerkung S. 4f.**
** Basisvorsorgepauschale KV und PV *** Typisierter Arbeitgeberzuschuss

Lohn/ Gehalt in € bis	Steuerklasse	Lohnsteuer*	BVSP**	TAGZ***	Steuerklasse	Bemessungsgrundlage für Kirchensteuer und Solidaritätszuschlag – Freibeträge für ... Kinder 0,5	1,0	1,5	2,0	2,5	3,0
35 891,99	I,IV	**4 094**	3 378	3 378	I	2 854	1 692	625			
	II	**2 912**	3 378	3 378	II	1 746	670				
	III	**1 034**	3 378	3 378	III	238					
	V	**7 970**	3 378	3 378	IV	3 464	2 854	2 263	1 692	1 139	625
	VI	**8 474**	3 378	3 378							
35 927,99	I,IV	**4 102**	3 381	3 381	I	2 862	1 699	631			
	II	**2 920**	3 381	3 381	II	1 753	677				
	III	**1 040**	3 381	3 381	III	242					
	V	**7 980**	3 381	3 381	IV	3 472	2 862	2 271	1 699	1 146	631
	VI	**8 486**	3 381	3 381							
35 963,99	I,IV	**4 111**	3 385	3 385	I	2 870	1 706	637			
	II	**2 928**	3 385	3 385	II	1 761	683				
	III	**1 046**	3 385	3 385	III	248					
	V	**7 992**	3 385	3 385	IV	3 481	2 870	2 279	1 706	1 154	637
	VI	**8 498**	3 385	3 385							
35 999,99	I,IV	**4 119**	3 388	3 388	I	2 878	1 714	643			
	II	**2 936**	3 388	3 388	II	1 768	689				
	III	**1 052**	3 388	3 388	III	252					
	V	**8 004**	3 388	3 388	IV	3 489	2 878	2 286	1 714	1 161	643
	VI	**8 508**	3 388	3 388							
36 035,99	I,IV	**4 127**	3 391	3 391	I	2 886	1 721	649			
	II	**2 944**	3 391	3 391	II	1 775	696				
	III	**1 056**	3 391	3 391	III	256					
	V	**8 016**	3 391	3 391	IV	3 497	2 886	2 294	1 721	1 168	649
	VI	**8 522**	3 391	3 391							
36 071,99	I,IV	**4 136**	3 395	3 395	I	2 894	1 729	656			
	II	**2 952**	3 395	3 395	II	1 783	702				
	III	**1 062**	3 395	3 395	III	260					
	V	**8 026**	3 395	3 395	IV	3 505	2 894	2 301	1 729	1 175	656
	VI	**8 534**	3 395	3 395							
36 107,99	I,IV	**4 144**	3 398	3 398	I	2 901	1 736	662			
	II	**2 960**	3 398	3 398	II	1 790	708				
	III	**1 068**	3 398	3 398	III	266					
	V	**8 040**	3 398	3 398	IV	3 513	2 901	2 309	1 736	1 182	662
	VI	**8 544**	3 398	3 398							
36 143,99	I,IV	**4 152**	3 402	3 402	I	2 909	1 743	668			
	II	**2 967**	3 402	3 402	II	1 798	715				
	III	**1 074**	3 402	3 402	III	270					
	V	**8 050**	3 402	3 402	IV	3 521	2 909	2 317	1 743	1 189	668
	VI	**8 556**	3 402	3 402							
36 179,99	I,IV	**4 161**	3 405	3 405	I	2 917	1 751	674			
	II	**2 975**	3 405	3 405	II	1 805	721				
	III	**1 080**	3 405	3 405	III	274					
	V	**8 060**	3 405	3 405	IV	3 529	2 917	2 324	1 751	1 196	674
	VI	**8 568**	3 405	3 405							
36 215,99	I,IV	**4 169**	3 408	3 408	I	2 925	1 758	681			
	II	**2 983**	3 408	3 408	II	1 813	728				
	III	**1 086**	3 408	3 408	III	280					
	V	**8 074**	3 408	3 408	IV	3 538	2 925	2 332	1 758	1 204	681
	VI	**8 582**	3 408	3 408							
36 251,99	I,IV	**4 178**	3 412	3 412	I	2 933	1 765	687			
	II	**2 991**	3 412	3 412	II	1 820	734				
	III	**1 092**	3 412	3 412	III	284					
	V	**8 086**	3 412	3 412	IV	3 546	2 933	2 340	1 765	1 211	687
	VI	**8 592**	3 412	3 412							
36 287,99	I,IV	**4 186**	3 415	3 415	I	2 941	1 773	693			
	II	**2 999**	3 415	3 415	II	1 827	740				
	III	**1 098**	3 415	3 415	III	288					
	V	**8 096**	3 415	3 415	IV	3 554	2 941	2 347	1 773	1 218	693
	VI	**8 604**	3 415	3 415							

* Zur LSt-Berechnung für privat versicherte Arbeitnehmer s. Beispiele **Vorbemerkung S. 4 f.**
** Basisvorsorgepauschale KV und PV *** Typisierter Arbeitgeberzuschuss

Lohn/ Gehalt in € bis	Steuerklasse	Lohn-steuer*	BVSP**	TAGZ***	Steuerklasse	Bemessungsgrundlage für Kirchensteuer und Solidaritätszuschlag – Freibeträge für ... Kinder 0,5	1,0	1,5	2,0	2,5	3,0
36 323,99	I,IV	**4 194**	3418	3418	I	2 949	1 780	699			
	II	**3 007**	3418	3418	II	1 835	747				
	III	**1 104**	3418	3418	III	294					
	V	**8 108**	3418	3418	IV	3 562	2 949	2 355	1 780	1 225	699
	VI	**8 614**	3418	3418							
36 359,99	I,IV	**4 203**	3422	3422	I	2 957	1 788	706			
	II	**3 015**	3422	3422	II	1 842	753				
	III	**1 110**	3422	3422	III	298					
	V	**8 120**	3422	3422	IV	3 570	2 957	2 362	1 788	1 232	706
	VI	**8 626**	3422	3422							
36 395,99	I,IV	**4 211**	3425	3425	I	2 964	1 795	712			
	II	**3 023**	3425	3425	II	1 850	760				
	III	**1 116**	3425	3425	III	302					
	V	**8 132**	3425	3425	IV	3 578	2 964	2 370	1 795	1 239	712
	VI	**8 640**	3425	3425							
36 431,99	I,IV	**4 219**	3429	3429	I	2 972	1 802	719			
	II	**3 031**	3429	3429	II	1 857	766				
	III	**1 122**	3429	3429	III	308					
	V	**8 144**	3429	3429	IV	3 586	2 972	2 378	1 802	1 246	719
	VI	**8 652**	3429	3429							
36 467,99	I,IV	**4 228**	3432	3432	I	2 980	1 810	725			
	II	**3 039**	3432	3432	II	1 864	773				
	III	**1 128**	3432	3432	III	312					
	V	**8 154**	3432	3432	IV	3 594	2 980	2 385	1 810	1 253	725
	VI	**8 662**	3432	3432							
36 503,99	I,IV	**4 236**	3435	3435	I	2 988	1 817	732			
	II	**3 047**	3435	3435	II	1 872	779				
	III	**1 134**	3435	3435	III	316					
	V	**8 166**	3435	3435	IV	3 603	2 988	2 393	1 817	1 261	732
	VI	**8 674**	3435	3435							
36 539,99	I,IV	**4 245**	3439	3439	I	2 996	1 825	738			
	II	**3 055**	3439	3439	II	1 879	786				
	III	**1 140**	3439	3439	III	322					
	V	**8 178**	3439	3439	IV	3 611	2 996	2 401	1 825	1 268	738
	VI	**8 688**	3439	3439							
36 575,99	I,IV	**4 253**	3442	3442	I	3 004	1 832	744			
	II	**3 062**	3442	3442	II	1 887	792				
	III	**1 146**	3442	3442	III	326					
	V	**8 190**	3442	3442	IV	3 619	3 004	2 408	1 832	1 275	744
	VI	**8 700**	3442	3442							
36 611,99	I,IV	**4 261**	3446	3446	I	3 012	1 839	751			
	II	**3 070**	3446	3446	II	1 894	799				
	III	**1 152**	3446	3446	III	330					
	V	**8 200**	3446	3446	IV	3 627	3 012	2 416	1 839	1 282	751
	VI	**8 710**	3446	3446							
36 647,99	I,IV	**4 270**	3449	3449	I	3 020	1 847	757			
	II	**3 078**	3449	3449	II	1 902	806				
	III	**1 158**	3449	3449	III	336					
	V	**8 212**	3449	3449	IV	3 635	3 020	2 424	1 847	1 289	757
	VI	**8 722**	3449	3449							
36 683,99	I,IV	**4 278**	3452	3452	I	3 028	1 854	764			
	II	**3 086**	3452	3452	II	1 909	812				
	III	**1 164**	3452	3452	III	340					
	V	**8 226**	3452	3452	IV	3 643	3 028	2 431	1 854	1 296	764
	VI	**8 734**	3452	3452							
36 719,99	I,IV	**4 287**	3456	3456	I	3 036	1 862	770			
	II	**3 094**	3456	3456	II	1 916	819				
	III	**1 170**	3456	3456	III	344					
	V	**8 236**	3456	3456	IV	3 652	3 036	2 439	1 862	1 303	770
	VI	**8 748**	3456	3456							

* Zur LSt-Berechnung für privat versicherte Arbeitnehmer s. Beispiele **Vorbemerkung S. 4 f.**
** Basisvorsorgepauschale KV und PV *** Typisierter Arbeitgeberzuschuss

Lohn/ Gehalt in € bis	Steuerklasse	Lohn-steuer*	BVSP**	TAGZ***	Steuerklasse	Bemessungsgrundlage für Kirchensteuer und Solidaritätszuschlag					
						Freibeträge für ... Kinder					
						0,5	**1,0**	1,5	**2,0**	2,5	**3,0**
36 755,99	I,IV	**4 295**	3 459	3 459	I	3 044	1 869	777			
	II	**3 102**	3 459	3 459	II	1 924	826	2			
	III	**1 176**	3 459	3 459	III	350					
	V	**8 248**	3 459	3 459	IV	3 660	3 044	2 447	1 869	1 311	777
	VI	**8 760**	3 459	3 459							
36 791,99	I,IV	**4 304**	3 463	3 463	I	3 052	1 876	783			
	II	**3 110**	3 463	3 463	II	1 931	832	6			
	III	**1 182**	3 463	3 463	III	354					
	V	**8 258**	3 463	3 463	IV	3 668	3 052	2 454	1 876	1 318	783
	VI	**8 770**	3 463	3 463							
36 827,99	I,IV	**4 312**	3 466	3 466	I	3 059	1 884	790			
	II	**3 118**	3 466	3 466	II	1 939	839	10			
	III	**1 188**	3 466	3 466	III	360					
	V	**8 272**	3 466	3 466	IV	3 676	3 059	2 462	1 884	1 325	790
	VI	**8 782**	3 466	3 466							
36 863,99	I,IV	**4 321**	3 469	3 469	I	3 067	1 891	796			
	II	**3 126**	3 469	3 469	II	1 946	846	14			
	III	**1 194**	3 469	3 469	III	364					
	V	**8 282**	3 469	3 469	IV	3 684	3 067	2 470	1 891	1 332	796
	VI	**8 794**	3 469	3 469							
36 899,99	I,IV	**4 329**	3 473	3 473	I	3 075	1 899	803			
	II	**3 134**	3 473	3 473	II	1 954	853	18			
	III	**1 200**	3 473	3 473	III	370					
	V	**8 294**	3 473	3 473	IV	3 693	3 075	2 478	1 899	1 339	803
	VI	**8 806**	3 473	3 473							
36 935,99	I,IV	**4 338**	3 476	3 476	I	3 083	1 906	810			
	II	**3 142**	3 476	3 476	II	1 961	859	22			
	III	**1 206**	3 476	3 476	III	374					
	V	**8 306**	3 476	3 476	IV	3 701	3 083	2 485	1 906	1 347	810
	VI	**8 818**	3 476	3 476							
36 971,99	I,IV	**4 346**	3 479	3 479	I	3 091	1 914	816			
	II	**3 150**	3 479	3 479	II	1 969	866	26			
	III	**1 212**	3 479	3 479	III	378					
	V	**8 318**	3 479	3 479	IV	3 709	3 091	2 493	1 914	1 354	816
	VI	**8 830**	3 479	3 479							
37 007,99	I,IV	**4 354**	3 483	3 483	I	3 099	1 921	823			
	II	**3 158**	3 483	3 483	II	1 976	873	31			
	III	**1 218**	3 483	3 483	III	384					
	V	**8 330**	3 483	3 483	IV	3 717	3 099	2 500	1 921	1 361	823
	VI	**8 842**	3 483	3 483							
37 043,99	I,IV	**4 363**	3 486	3 486	I	3 107	1 929	830	4		
	II	**3 166**	3 486	3 486	II	1 984	880	35			
	III	**1 224**	3 486	3 486	III	388					
	V	**8 342**	3 486	3 486	IV	3 725	3 107	2 508	1 929	1 368	830
	VI	**8 854**	3 486	3 486							
37 079,99	I,IV	**4 371**	3 490	3 490	I	3 115	1 936	836	8		
	II	**3 174**	3 490	3 490	II	1 991	886	39			
	III	**1 232**	3 490	3 490	III	394					
	V	**8 352**	3 490	3 490	IV	3 734	3 115	2 516	1 936	1 375	836
	VI	**8 866**	3 490	3 490							
37 115,99	I,IV	**4 380**	3 493	3 493	I	3 123	1 943	843	12		
	II	**3 182**	3 493	3 493	II	1 999	893	43			
	III	**1 236**	3 493	3 493	III	398					
	V	**8 366**	3 493	3 493	IV	3 742	3 123	2 524	1 943	1 383	843
	VI	**8 878**	3 493	3 493							
37 151,99	I,IV	**4 388**	3 496	3 496	I	3 131	1 951	850	16		
	II	**3 190**	3 496	3 496	II	2 006	900	48			
	III	**1 244**	3 496	3 496	III	402					
	V	**8 376**	3 496	3 496	IV	3 750	3 131	2 531	1 951	1 390	850
	VI	**8 890**	3 496	3 496							

* Zur LSt-Berechnung für privat versicherte Arbeitnehmer s. Beispiele **Vorbemerkung S. 4 f.**
** Basisvorsorgepauschale KV und PV *** Typisierter Arbeitgeberzuschuss

Lohn/ Gehalt in € bis	Steuerklasse	Lohn-steuer*	BVSP**	TAGZ***	Steuerklasse	Bemessungsgrundlage für Kirchensteuer und Solidaritätszuschlag					
						Freibeträge für ... Kinder					
						0,5	**1,0**	1,5	**2,0**	2,5	**3,0**
37 187,99	I,IV	**4 397**	3 500	3 500	I	3 139	1 958	857	21		
	II	**3 198**	3 500	3 500	II	2 014	907	52			
	III	**1 250**	3 500	3 500	III	408					
	V	**8 388**	3 500	3 500	IV	3 758	3 139	2 539	1 958	1 397	857
	VI	**8 902**	3 500	3 500							
37 223,99	I,IV	**4 405**	3 503	3 503	I	3 147	1 966	863	25		
	II	**3 206**	3 503	3 503	II	2 021	914	56			
	III	**1 256**	3 503	3 503	III	412					
	V	**8 400**	3 503	3 503	IV	3 766	3 147	2 547	1 966	1 404	863
	VI	**8 914**	3 503	3 503							
37 259,99	I,IV	**4 414**	3 507	3 507	I	3 155	1 973	870	29		
	II	**3 214**	3 507	3 507	II	2 029	921	61			
	III	**1 262**	3 507	3 507	III	418					
	V	**8 412**	3 507	3 507	IV	3 775	3 155	2 554	1 973	1 411	870
	VI	**8 926**	3 507	3 507							
37 295,99	I,IV	**4 422**	3 510	3 510	I	3 163	1 981	877	33		
	II	**3 222**	3 510	3 510	II	2 036	928	65			
	III	**1 268**	3 510	3 510	III	422					
	V	**8 424**	3 510	3 510	IV	3 783	3 163	2 562	1 981	1 419	877
	VI	**8 938**	3 510	3 510							
37 331,99	I,IV	**4 431**	3 513	3 513	I	3 171	1 988	884	38		
	II	**3 230**	3 513	3 513	II	2 044	935	69			
	III	**1 274**	3 513	3 513	III	428					
	V	**8 434**	3 513	3 513	IV	3 791	3 171	2 570	1 988	1 426	884
	VI	**8 952**	3 513	3 513							
37 367,99	I,IV	**4 439**	3 517	3 517	I	3 179	1 996	891	42		
	II	**3 238**	3 517	3 517	II	2 051	941	74			
	III	**1 280**	3 517	3 517	III	432					
	V	**8 448**	3 517	3 517	IV	3 799	3 179	2 578	1 996	1 433	891
	VI	**8 962**	3 517	3 517							
37 403,99	I,IV	**4 448**	3 520	3 520	I	3 187	2 003	897	46		
	II	**3 246**	3 520	3 520	II	2 059	948	78			
	III	**1 286**	3 520	3 520	III	436					
	V	**8 458**	3 520	3 520	IV	3 808	3 187	2 585	2 003	1 440	897
	VI	**8 974**	3 520	3 520							
37 439,99	I,IV	**4 456**	3 524	3 524	I	3 195	2 011	904	50		
	II	**3 254**	3 524	3 524	II	2 066	955	83			
	III	**1 292**	3 524	3 524	III	442					
	V	**8 470**	3 524	3 524	IV	3 816	3 195	2 593	2 011	1 448	904
	VI	**8 986**	3 524	3 524							
37 475,99	I,IV	**4 465**	3 527	3 527	I	3 203	2 018	911	55		
	II	**3 262**	3 527	3 527	II	2 074	962	87			
	III	**1 298**	3 527	3 527	III	446					
	V	**8 482**	3 527	3 527	IV	3 824	3 203	2 601	2 018	1 455	911
	VI	**8 998**	3 527	3 527							
37 511,99	I,IV	**4 473**	3 530	3 530	I	3 211	2 026	918	59		
	II	**3 270**	3 530	3 530	II	2 081	969	91			
	III	**1 304**	3 530	3 530	III	452					
	V	**8 496**	3 530	3 530	IV	3 832	3 211	2 609	2 026	1 462	918
	VI	**9 012**	3 530	3 530							
37 547,99	I,IV	**4 482**	3 534	3 534	I	3 219	2 033	925	63		
	II	**3 278**	3 534	3 534	II	2 089	976	96			
	III	**1 312**	3 534	3 534	III	456					
	V	**8 506**	3 534	3 534	IV	3 841	3 219	2 616	2 033	1 469	925
	VI	**9 024**	3 534	3 534							
37 583,99	I,IV	**4 490**	3 537	3 537	I	3 227	2 041	932	68		
	II	**3 286**	3 537	3 537	II	2 096	984	100			
	III	**1 318**	3 537	3 537	III	462					
	V	**8 518**	3 537	3 537	IV	3 849	3 227	2 624	2 041	1 477	932
	VI	**9 036**	3 537	3 537							

* Zur LSt-Berechnung für privat versicherte Arbeitnehmer s. Beispiele **Vorbemerkung S. 4 f.**
** Basisvorsorgepauschale KV und PV *** Typisierter Arbeitgeberzuschuss

Lohn/ Gehalt in € bis	Steuerklasse	Lohn-steuer*	BVSP**	TAGZ***	Steuerklasse	Bemessungsgrundlage für Kirchensteuer und Solidaritätszuschlag					
						Freibeträge für ... Kinder					
						0,5	**1,0**	1,5	**2,0**	2,5	**3,0**
37619,99	I,IV	**4499**	3540	3540	I	3235	2048	939	72		
	II	**3294**	3540	3540	II	2104	990	105			
	III	**1324**	3540	3540	III	466					
	V	**8530**	3540	3540	IV	3857	3235	2632	2048	1484	939
	VI	**9048**	3540	3540							
37655,99	I,IV	**4507**	3544	3544	I	3243	2056	946	76		
	II	**3302**	3544	3544	II	2111	997	109			
	III	**1330**	3544	3544	III	472					
	V	**8540**	3544	3544	IV	3865	3243	2640	2056	1491	946
	VI	**9058**	3544	3544							
37691,99	I,IV	**4516**	3547	3547	I	3251	2063	953	81		
	II	**3310**	3547	3547	II	2119	1004	114			
	III	**1336**	3547	3547	III	476					
	V	**8554**	3547	3547	IV	3874	3251	2647	2063	1498	953
	VI	**9070**	3547	3547							
37727,99	I,IV	**4524**	3551	3551	I	3259	2071	960	85		
	II	**3318**	3551	3551	II	2126	1012	119			
	III	**1342**	3551	3551	III	482					
	V	**8566**	3551	3551	IV	3882	3259	2655	2071	1506	960
	VI	**9082**	3551	3551							
37763,99	I,IV	**4533**	3554	3554	I	3267	2078	967	90		
	II	**3326**	3554	3554	II	2134	1019	123			
	III	**1348**	3554	3554	III	486					
	V	**8576**	3554	3554	IV	3890	3267	2663	2078	1513	967
	VI	**9096**	3554	3554							
37799,99	I,IV	**4541**	3557	3557	I	3275	2086	974	94		
	II	**3334**	3557	3557	II	2141	1026	128			
	III	**1354**	3557	3557	III	492					
	V	**8588**	3557	3557	IV	3898	3275	2671	2086	1520	974
	VI	**9108**	3557	3557							
37835,99	I,IV	**4550**	3561	3561	I	3283	2093	981	99		
	II	**3342**	3561	3561	II	2149	1033	132			
	III	**1362**	3561	3561	III	496					
	V	**8602**	3561	3561	IV	3907	3283	2678	2093	1527	981
	VI	**9120**	3561	3561							
37871,99	I,IV	**4559**	3564	3564	I	3291	2101	988	103		
	II	**3351**	3564	3564	II	2157	1040	137			
	III	**1368**	3564	3564	III	502					
	V	**8614**	3564	3564	IV	3915	3291	2686	2101	1535	988
	VI	**9132**	3564	3564							
37907,99	I,IV	**4567**	3568	3568	I	3299	2108	995	108		
	II	**3359**	3568	3568	II	2164	1047	141			
	III	**1374**	3568	3568	III	506					
	V	**8624**	3568	3568	IV	3923	3299	2694	2108	1542	995
	VI	**9144**	3568	3568							
37943,99	I,IV	**4575**	3571	3571	I	3307	2116	1002	112		
	II	**3366**	3571	3571	II	2172	1054	146			
	III	**1380**	3571	3571	III	512					
	V	**8636**	3571	3571	IV	3932	3307	2702	2116	1549	1002
	VI	**9156**	3571	3571							
37979,99	I,IV	**4584**	3574	3574	I	3315	2124	1009	117		
	II	**3375**	3574	3574	II	2179	1061	151			
	III	**1386**	3574	3574	III	516					
	V	**8648**	3574	3574	IV	3940	3315	2710	2124	1557	1009
	VI	**9168**	3574	3574							
38015,99	I,IV	**4593**	3578	3578	I	3323	2131	1016	121		
	II	**3383**	3578	3578	II	2187	1068	156			
	III	**1392**	3578	3578	III	522					
	V	**8660**	3578	3578	IV	3948	3323	2718	2131	1564	1016
	VI	**9182**	3578	3578							

* Zur LSt-Berechnung für privat versicherte Arbeitnehmer s. Beispiele **Vorbemerkung S. 4 f.**
** Basisvorsorgepauschale KV und PV *** Typisierter Arbeitgeberzuschuss

Lohn/ Gehalt in € bis	Steuerklasse	Lohn- steuer*	BVSP**	TAGZ***	Steuerklasse	Bemessungsgrundlage für Kirchensteuer und Solidaritätszuschlag – Freibeträge für ... Kinder 0,5	1,0	1,5	2,0	2,5	3,0
38051,99	I,IV	**4601**	3581	3581	I	3331	2139	1023	126		
	II	**3391**	3581	3581	II	2194	1075	160			
	III	**1400**	3581	3581	III	526					
	V	**8672**	3581	3581	IV	3957	3331	2725	2139	1571	1023
	VI	**9194**	3581	3581							
38087,99	I,IV	**4610**	3585	3585	I	3339	2146	1030	130		
	II	**3399**	3585	3585	II	2202	1082	165			
	III	**1406**	3585	3585	III	532					
	V	**8684**	3585	3585	IV	3965	3339	2733	2146	1578	1030
	VI	**9206**	3585	3585							
38123,99	I,IV	**4618**	3588	3588	I	3347	2154	1037	135		
	II	**3407**	3588	3588	II	2210	1089	170			
	III	**1412**	3588	3588	III	536					
	V	**8696**	3588	3588	IV	3973	3347	2741	2154	1586	1037
	VI	**9218**	3588	3588							
38159,99	I,IV	**4627**	3591	3591	I	3355	2161	1044	140		
	II	**3415**	3591	3591	II	2217	1096	174			
	III	**1418**	3591	3591	III	542					
	V	**8706**	3591	3591	IV	3982	3355	2749	2161	1593	1044
	VI	**9230**	3591	3591							
38195,99	I,IV	**4635**	3595	3595	I	3363	2169	1051	144		
	II	**3423**	3595	3595	II	2225	1103	179			
	III	**1424**	3595	3595	III	546					
	V	**8720**	3595	3595	IV	3990	3363	2756	2169	1600	1051
	VI	**9242**	3595	3595							
38231,99	I,IV	**4644**	3598	3598	I	3371	2176	1058	149		
	II	**3431**	3598	3598	II	2232	1110	184			
	III	**1432**	3598	3598	III	552					
	V	**8732**	3598	3598	IV	3998	3371	2764	2176	1608	1058
	VI	**9252**	3598	3598							
38267,99	I,IV	**4653**	3601	3601	I	3380	2184	1065	154		
	II	**3439**	3601	3601	II	2240	1118	189			
	III	**1438**	3601	3601	III	558					
	V	**8744**	3601	3601	IV	4007	3380	2772	2184	1615	1065
	VI	**9266**	3601	3601							
38303,99	I,IV	**4661**	3605	3605	I	3388	2191	1072	158		
	II	**3447**	3605	3605	II	2247	1125	194			
	III	**1444**	3605	3605	III	562					
	V	**8754**	3605	3605	IV	4015	3388	2780	2191	1622	1072
	VI	**9280**	3605	3605							
38339,99	I,IV	**4670**	3608	3608	I	3396	2199	1079	163		
	II	**3455**	3608	3608	II	2255	1132	198			
	III	**1450**	3608	3608	III	568					
	V	**8768**	3608	3608	IV	4023	3396	2788	2199	1630	1079
	VI	**9290**	3608	3608							
38375,99	I,IV	**4678**	3612	3612	I	3404	2206	1086	168		
	II	**3463**	3612	3612	II	2262	1139	203			
	III	**1456**	3612	3612	III	572					
	V	**8780**	3612	3612	IV	4031	3404	2795	2206	1637	1086
	VI	**9302**	3612	3612							
38411,99	I,IV	**4687**	3615	3615	I	3412	2214	1094	173		
	II	**3472**	3615	3615	II	2270	1146	208			
	III	**1464**	3615	3615	III	578					
	V	**8792**	3615	3615	IV	4040	3412	2803	2214	1644	1094
	VI	**9316**	3615	3615							
38447,99	I,IV	**4695**	3618	3618	I	3420	2222	1101	177		
	II	**3480**	3618	3618	II	2278	1153	213			
	III	**1470**	3618	3618	III	582					
	V	**8804**	3618	3618	IV	4048	3420	2811	2222	1652	1101
	VI	**9328**	3618	3618							

* Zur LSt-Berechnung für privat versicherte Arbeitnehmer s. Beispiele **Vorbemerkung S. 4 f.**
** Basisvorsorgepauschale KV und PV *** Typisierter Arbeitgeberzuschuss

Lohn/ Gehalt in € bis	Steuerklasse	Lohn-steuer*	BVSP**	TAGZ***	Steuerklasse	Bemessungsgrundlage für Kirchensteuer und Solidaritätszuschlag – Freibeträge für ... Kinder 0,5	**1,0**	1,5	**2,0**	2,5	**3,0**
38 483,99	I,IV	**4 704**	3 622	3 622	I	3 428	2 229	1 108	182		
	II	**3 488**	3 622	3 622	II	2 285	1 160	218			
	III	**1 476**	3 622	3 622	III	588					
	V	**8 814**	3 622	3 622	IV	4 056	3 428	2 819	2 229	1 659	1 108
	VI	**9 340**	3 622	3 622							
38 519,99	I,IV	**4 713**	3 625	3 625	I	3 436	2 237	1 115	187		
	II	**3 496**	3 625	3 625	II	2 293	1 167	223			
	III	**1 482**	3 625	3 625	III	594					
	V	**8 828**	3 625	3 625	IV	4 065	3 436	2 827	2 237	1 666	1 115
	VI	**9 350**	3 625	3 625							
38 555,99	I,IV	**4 721**	3 629	3 629	I	3 444	2 245	1 122	192		
	II	**3 504**	3 629	3 629	II	2 301	1 174	228			
	III	**1 488**	3 629	3 629	III	598					
	V	**8 840**	3 629	3 629	IV	4 073	3 444	2 835	2 245	1 674	1 122
	VI	**9 364**	3 629	3 629							
38 591,99	I,IV	**4 730**	3 632	3 632	I	3 452	2 252	1 129	197		
	II	**3 512**	3 632	3 632	II	2 308	1 181	233			
	III	**1 496**	3 632	3 632	III	604					
	V	**8 852**	3 632	3 632	IV	4 081	3 452	2 843	2 252	1 681	1 129
	VI	**9 376**	3 632	3 632							
38 627,99	I,IV	**4 738**	3 635	3 635	I	3 460	2 260	1 136	201		
	II	**3 520**	3 635	3 635	II	2 316	1 188	238			
	III	**1 502**	3 635	3 635	III	608					
	V	**8 862**	3 635	3 635	IV	4 090	3 460	2 850	2 260	1 688	1 136
	VI	**9 390**	3 635	3 635							
38 663,99	I,IV	**4 747**	3 639	3 639	I	3 469	2 267	1 143	206		
	II	**3 529**	3 639	3 639	II	2 324	1 196	243			
	III	**1 508**	3 639	3 639	III	614					
	V	**8 876**	3 639	3 639	IV	4 098	3 469	2 858	2 267	1 696	1 143
	VI	**9 400**	3 639	3 639							
38 699,99	I,IV	**4 756**	3 642	3 642	I	3 477	2 275	1 150	211		
	II	**3 537**	3 642	3 642	II	2 331	1 203	248			
	III	**1 514**	3 642	3 642	III	620					
	V	**8 886**	3 642	3 642	IV	4 107	3 477	2 866	2 275	1 703	1 150
	VI	**9 412**	3 642	3 642							
38 735,99	I,IV	**4 764**	3 646	3 646	I	3 485	2 282	1 157	216		
	II	**3 545**	3 646	3 646	II	2 339	1 210	253			
	III	**1 522**	3 646	3 646	III	624					
	V	**8 900**	3 646	3 646	IV	4 115	3 485	2 874	2 282	1 710	1 157
	VI	**9 424**	3 646	3 646							
38 771,99	I,IV	**4 773**	3 649	3 649	I	3 493	2 290	1 164	221		
	II	**3 553**	3 649	3 649	II	2 346	1 217	258			
	III	**1 528**	3 649	3 649	III	630					
	V	**8 912**	3 649	3 649	IV	4 123	3 493	2 882	2 290	1 718	1 164
	VI	**9 436**	3 649	3 649							
38 807,99	I,IV	**4 782**	3 652	3 652	I	3 501	2 298	1 172	226		
	II	**3 561**	3 652	3 652	II	2 354	1 224	263			
	III	**1 534**	3 652	3 652	III	634					
	V	**8 924**	3 652	3 652	IV	4 132	3 501	2 890	2 298	1 725	1 172
	VI	**9 449**	3 652	3 652							
38 843,99	I,IV	**4 790**	3 656	3 656	I	3 509	2 305	1 179	231		
	II	**3 569**	3 656	3 656	II	2 362	1 231	268			
	III	**1 540**	3 656	3 656	III	640					
	V	**8 936**	3 656	3 656	IV	4 140	3 509	2 898	2 305	1 732	1 179
	VI	**9 461**	3 656	3 656							
38 879,99	I,IV	**4 799**	3 659	3 659	I	3 517	2 313	1 186	236		
	II	**3 577**	3 659	3 659	II	2 369	1 238	273			
	III	**1 548**	3 659	3 659	III	646					
	V	**8 946**	3 659	3 659	IV	4 148	3 517	2 905	2 313	1 740	1 186
	VI	**9 473**	3 659	3 659							

* Zur LSt-Berechnung für privat versicherte Arbeitnehmer s. Beispiele **Vorbemerkung S. 4 f.**
** Basisvorsorgepauschale KV und PV *** Typisierter Arbeitgeberzuschuss

Lohn/ Gehalt in € bis	Steuerklasse	**Lohn-steuer***	BVSP**	TAGZ***	Steuerklasse	Bemessungsgrundlage für Kirchensteuer und Solidaritätszuschlag					
						Freibeträge für ... Kinder					
						0,5	**1,0**	1,5	**2,0**	2,5	**3,0**
38 915,99	I,IV	**4 807**	3 662	3 662	I	3 525	2 320	1 193	241		
	II	**3 585**	3 662	3 662	II	2 377	1 245	278			
	III	**1 554**	3 662	3 662	III	650					
	V	**8 958**	3 662	3 662	IV	4 157	3 525	2 913	2 320	1 747	1 193
	VI	**9 485**	3 662	3 662							
38 951,99	I,IV	**4 816**	3 666	3 666	I	3 534	2 328	1 200	246		
	II	**3 594**	3 666	3 666	II	2 385	1 253	283			
	III	**1 560**	3 666	3 666	III	656					
	V	**8 970**	3 666	3 666	IV	4 165	3 534	2 921	2 328	1 755	1 200
	VI	**9 498**	3 666	3 666							
38 987,99	I,IV	**4 825**	3 669	3 669	I	3 542	2 336	1 207	251		
	II	**3 602**	3 669	3 669	II	2 392	1 260	288			
	III	**1 566**	3 669	3 669	III	662					
	V	**8 984**	3 669	3 669	IV	4 174	3 542	2 929	2 336	1 762	1 207
	VI	**9 510**	3 669	3 669							
39 023,99	I,IV	**4 833**	3 673	3 673	I	3 550	2 343	1 214	256		
	II	**3 610**	3 673	3 673	II	2 400	1 267	293			
	III	**1 574**	3 673	3 673	III	666					
	V	**8 996**	3 673	3 673	IV	4 182	3 550	2 937	2 343	1 769	1 214
	VI	**9 522**	3 673	3 673							
39 059,99	I,IV	**4 842**	3 676	3 676	I	3 558	2 351	1 221	261		
	II	**3 618**	3 676	3 676	II	2 407	1 274	299			
	III	**1 580**	3 676	3 676	III	672					
	V	**9 008**	3 676	3 676	IV	4 190	3 558	2 945	2 351	1 776	1 221
	VI	**9 534**	3 676	3 676							
39 095,99	I,IV	**4 851**	3 679	3 679	I	3 566	2 359	1 229	266		
	II	**3 626**	3 679	3 679	II	2 415	1 281	304			
	III	**1 586**	3 679	3 679	III	676					
	V	**9 020**	3 679	3 679	IV	4 199	3 566	2 953	2 359	1 784	1 229
	VI	**9 547**	3 679	3 679							
39 131,99	I,IV	**4 859**	3 683	3 683	I	3 574	2 366	1 236	271		
	II	**3 635**	3 683	3 683	II	2 423	1 288	309			
	III	**1 594**	3 683	3 683	III	682					
	V	**9 032**	3 683	3 683	IV	4 207	3 574	2 961	2 366	1 791	1 236
	VI	**9 559**	3 683	3 683							
39 167,99	I,IV	**4 868**	3 686	3 686	I	3 582	2 374	1 243	276		
	II	**3 643**	3 686	3 686	II	2 431	1 296	314			
	III	**1 600**	3 686	3 686	III	688					
	V	**9 044**	3 686	3 686	IV	4 215	3 582	2 969	2 374	1 799	1 243
	VI	**9 571**	3 686	3 686							
39 203,99	I,IV	**4 876**	3 690	3 690	I	3 590	2 382	1 250	281		
	II	**3 651**	3 690	3 690	II	2 438	1 303	319			
	III	**1 606**	3 690	3 690	III	692					
	V	**9 056**	3 690	3 690	IV	4 224	3 590	2 976	2 382	1 806	1 250
	VI	**9 584**	3 690	3 690							
39 239,99	I,IV	**4 885**	3 693	3 693	I	3 599	2 389	1 257	286		
	II	**3 659**	3 693	3 693	II	2 446	1 310	325			
	III	**1 614**	3 693	3 693	III	698					
	V	**9 068**	3 693	3 693	IV	4 232	3 599	2 984	2 389	1 814	1 257
	VI	**9 596**	3 693	3 693							
39 275,99	I,IV	**4 894**	3 696	3 696	I	3 607	2 397	1 264	291		
	II	**3 667**	3 696	3 696	II	2 454	1 317	330			
	III	**1 620**	3 696	3 696	III	704					
	V	**9 080**	3 696	3 696	IV	4 241	3 607	2 992	2 397	1 821	1 264
	VI	**9 608**	3 696	3 696							
39 311,99	I,IV	**4 903**	3 700	3 700	I	3 615	2 405	1 271	297		
	II	**3 675**	3 700	3 700	II	2 461	1 324	335			
	III	**1 626**	3 700	3 700	III	710					
	V	**9 092**	3 700	3 700	IV	4 249	3 615	3 000	2 405	1 828	1 271
	VI	**9 621**	3 700	3 700							

* Zur LSt-Berechnung für privat versicherte Arbeitnehmer s. Beispiele **Vorbemerkung S. 4 f.**
** Basisvorsorgepauschale KV und PV *** Typisierter Arbeitgeberzuschuss

Lohn/ Gehalt in € bis	Steuerklasse	Lohn- steuer*	BVSP**	TAGZ***	Steuerklasse	Bemessungsgrundlage für Kirchensteuer und Solidaritätszuschlag – Freibeträge für ... Kinder 0,5	1,0	1,5	2,0	2,5	3,0
39 347,99	I,IV	4 911	3 703	3 703	I	3 623	2 412	1 279	302		
	II	3 684	3 703	3 703	II	2 469	1 332	341			
	III	1 634	3 703	3 703	III	714					
	V	9 104	3 703	3 703	IV	4 258	3 623	3 008	2 412	1 836	1 279
	VI	9 633	3 703	3 703							
39 383,99	I,IV	4 920	3 707	3 707	I	3 631	2 420	1 286	307		
	II	3 692	3 707	3 707	II	2 477	1 339	346			
	III	1 640	3 707	3 707	III	720					
	V	9 116	3 707	3 707	IV	4 266	3 631	3 016	2 420	1 843	1 286
	VI	9 645	3 707	3 707							
39 419,99	I,IV	4 929	3 710	3 710	I	3 640	2 428	1 293	312		
	II	3 700	3 710	3 710	II	2 484	1 346	351			
	III	1 646	3 710	3 710	III	726					
	V	9 130	3 710	3 710	IV	4 274	3 640	3 024	2 428	1 851	1 293
	VI	9 657	3 710	3 710							
39 455,99	I,IV	4 937	3 713	3 713	I	3 648	2 435	1 300	317		
	II	3 708	3 713	3 713	II	2 492	1 353	357			
	III	1 652	3 713	3 713	III	730	4				
	V	9 142	3 713	3 713	IV	4 283	3 648	3 032	2 435	1 858	1 300
	VI	9 670	3 713	3 713							
39 491,99	I,IV	4 946	3 717	3 717	I	3 656	2 443	1 307	323		
	II	3 717	3 717	3 717	II	2 500	1 360	362			
	III	1 660	3 717	3 717	III	736	8				
	V	9 154	3 717	3 717	IV	4 291	3 656	3 040	2 443	1 866	1 307
	VI	9 682	3 717	3 717							
39 527,99	I,IV	4 955	3 720	3 720	I	3 664	2 451	1 314	328		
	II	3 725	3 720	3 720	II	2 507	1 368	367			
	III	1 666	3 720	3 720	III	742	12				
	V	9 166	3 720	3 720	IV	4 300	3 664	3 048	2 451	1 873	1 314
	VI	9 694	3 720	3 720							
39 563,99	I,IV	4 963	3 723	3 723	I	3 672	2 458	1 322	333		
	II	3 733	3 723	3 723	II	2 515	1 375	373			
	III	1 672	3 723	3 723	III	746	16				
	V	9 178	3 723	3 723	IV	4 308	3 672	3 056	2 458	1 880	1 322
	VI	9 707	3 723	3 723							
39 599,99	I,IV	4 972	3 727	3 727	I	3 680	2 466	1 329	338		
	II	3 741	3 727	3 727	II	2 523	1 382	378			
	III	1 680	3 727	3 727	III	752	20				
	V	9 188	3 727	3 727	IV	4 317	3 680	3 064	2 466	1 888	1 329
	VI	9 719	3 727	3 727							
39 635,99	I,IV	4 981	3 730	3 730	I	3 689	2 474	1 336	344		
	II	3 749	3 730	3 730	II	2 531	1 389	384			
	III	1 686	3 730	3 730	III	758	24				
	V	9 202	3 730	3 730	IV	4 325	3 689	3 072	2 474	1 895	1 336
	VI	9 731	3 730	3 730							
39 671,99	I,IV	4 990	3 734	3 734	I	3 697	2 481	1 343	349		
	II	3 757	3 734	3 734	II	2 538	1 396	389			
	III	1 694	3 734	3 734	III	762	28				
	V	9 214	3 734	3 734	IV	4 334	3 697	3 080	2 481	1 903	1 343
	VI	9 744	3 734	3 734							
39 707,99	I,IV	4 998	3 737	3 737	I	3 705	2 489	1 350	355		
	II	3 766	3 737	3 737	II	2 546	1 403	395			
	III	1 700	3 737	3 737	III	768	34				
	V	9 226	3 737	3 737	IV	4 342	3 705	3 087	2 489	1 910	1 350
	VI	9 756	3 737	3 737							
39 743,99	I,IV	5 007	3 740	3 740	I	3 713	2 497	1 357	360		
	II	3 774	3 740	3 740	II	2 554	1 411	400			
	III	1 706	3 740	3 740	III	774	38				
	V	9 238	3 740	3 740	IV	4 350	3 713	3 095	2 497	1 917	1 357
	VI	9 768	3 740	3 740							

* Zur LSt-Berechnung für privat versicherte Arbeitnehmer s. Beispiele **Vorbemerkung S. 4 f.**
** Basisvorsorgepauschale KV und PV *** Typisierter Arbeitgeberzuschuss

Lohn/ Gehalt in € bis	Steuerklasse	Lohn- steuer*	BVSP**	TAGZ***	Steuerklasse	Bemessungsgrundlage für Kirchensteuer und Solidaritätszuschlag – Freibeträge für … Kinder 0,5	1,0	1,5	2,0	2,5	3,0
39 779,99	I,IV	**5 016**	3 744	3 744	I	3 722	2 505	1 365	365		
	II	**3 782**	3 744	3 744	II	2 562	1 418	406			
	III	**1 714**	3 744	3 744	III	780	42				
	V	**9 252**	3 744	3 744	IV	4 359	3 722	3 103	2 505	1 925	1 365
	VI	**9 781**	3 744	3 744							
39 815,99	I,IV	**5 024**	3 747	3 747	I	3 730	2 512	1 372	371		
	II	**3 790**	3 747	3 747	II	2 569	1 425	411			
	III	**1 720**	3 747	3 747	III	784	46				
	V	**9 262**	3 747	3 747	IV	4 367	3 730	3 111	2 512	1 932	1 372
	VI	**9 793**	3 747	3 747							
39 851,99	I,IV	**5 033**	3 751	3 751	I	3 738	2 520	1 379	376		
	II	**3 799**	3 751	3 751	II	2 577	1 432	417			
	III	**1 726**	3 751	3 751	III	790	50				
	V	**9 274**	3 751	3 751	IV	4 376	3 738	3 119	2 520	1 940	1 379
	VI	**9 805**	3 751	3 751							
39 887,99	I,IV	**5 042**	3 754	3 754	I	3 746	2 528	1 386	381		
	II	**3 807**	3 754	3 754	II	2 585	1 440	422			
	III	**1 734**	3 754	3 754	III	796	54				
	V	**9 286**	3 754	3 754	IV	4 384	3 746	3 127	2 528	1 947	1 386
	VI	**9 817**	3 754	3 754							
39 923,99	I,IV	**5 051**	3 757	3 757	I	3 754	2 535	1 394	387		
	II	**3 815**	3 757	3 757	II	2 592	1 447	428			
	III	**1 740**	3 757	3 757	III	802	58				
	V	**9 300**	3 757	3 757	IV	4 393	3 754	3 135	2 535	1 955	1 394
	VI	**9 830**	3 757	3 757							
39 959,99	I,IV	**5 059**	3 761	3 761	I	3 763	2 543	1 401	392		
	II	**3 823**	3 761	3 761	II	2 600	1 454	433			
	III	**1 748**	3 761	3 761	III	806	62				
	V	**9 310**	3 761	3 761	IV	4 401	3 763	3 143	2 543	1 962	1 401
	VI	**9 842**	3 761	3 761							
39 995,99	I,IV	**5 068**	3 764	3 764	I	3 771	2 551	1 408	398		
	II	**3 832**	3 764	3 764	II	2 608	1 461	439			
	III	**1 754**	3 764	3 764	III	812	66				
	V	**9 324**	3 764	3 764	IV	4 410	3 771	3 151	2 551	1 970	1 408
	VI	**9 854**	3 764	3 764							
40 031,99	I,IV	**5 077**	3 768	3 768	I	3 779	2 559	1 415	404		
	II	**3 840**	3 768	3 768	II	2 616	1 469	445			
	III	**1 762**	3 768	3 768	III	818	72				
	V	**9 338**	3 768	3 768	IV	4 418	3 779	3 159	2 559	1 977	1 415
	VI	**9 867**	3 768	3 768							
40 067,99	I,IV	**5 085**	3 771	3 771	I	3 787	2 566	1 422	409		
	II	**3 848**	3 771	3 771	II	2 623	1 476	450			
	III	**1 768**	3 771	3 771	III	824	76				
	V	**9 350**	3 771	3 771	IV	4 427	3 787	3 167	2 566	1 985	1 422
	VI	**9 879**	3 771	3 771							
40 103,99	I,IV	**5 094**	3 774	3 774	I	3 795	2 574	1 430	414		
	II	**3 856**	3 774	3 774	II	2 631	1 483	456			
	III	**1 774**	3 774	3 774	III	828	80				
	V	**9 360**	3 774	3 774	IV	4 435	3 795	3 175	2 574	1 992	1 430
	VI	**9 891**	3 774	3 774							
40 139,99	I,IV	**5 103**	3 778	3 778	I	3 804	2 582	1 437	420		
	II	**3 865**	3 778	3 778	II	2 639	1 490	461			
	III	**1 782**	3 778	3 778	III	834	84				
	V	**9 372**	3 778	3 778	IV	4 444	3 804	3 183	2 582	2 000	1 437
	VI	**9 903**	3 778	3 778							
40 175,99	I,IV	**5 112**	3 781	3 781	I	3 812	2 590	1 444	426		
	II	**3 873**	3 781	3 781	II	2 647	1 498	467			
	III	**1 788**	3 781	3 781	III	840	88				
	V	**9 386**	3 781	3 781	IV	4 452	3 812	3 191	2 590	2 007	1 444
	VI	**9 916**	3 781	3 781							

* Zur LSt-Berechnung für privat versicherte Arbeitnehmer s. Beispiele **Vorbemerkung S. 4f.**
** Basisvorsorgepauschale KV und PV *** Typisierter Arbeitgeberzuschuss

Lohn/ Gehalt in € bis	Steuerklasse	Lohn- steuer*	BVSP**	TAGZ***	Steuerklasse	Bemessungsgrundlage für Kirchensteuer und Solidaritätszuschlag – Freibeträge für ... Kinder 0,5	1,0	1,5	2,0	2,5	3,0
40 211,99	I,IV	**5 120**	3 784	3 784	I	3 820	2 597	1 451	431		
	II	**3 881**	3 784	3 784	II	2 654	1 505	473			
	III	**1 796**	3 784	3 784	III	846	92				
	V	**9 396**	3 784	3 784	IV	4 461	3 820	3 199	2 597	2 015	1 451
	VI	**9 928**	3 784	3 784							
40 247,99	I,IV	**5 129**	3 788	3 788	I	3 828	2 605	1 459	437		
	II	**3 889**	3 788	3 788	II	2 662	1 512	479			
	III	**1 802**	3 788	3 788	III	850	96				
	V	**9 408**	3 788	3 788	IV	4 469	3 828	3 207	2 605	2 022	1 459
	VI	**9 940**	3 788	3 788							
40 283,99	I,IV	**5 138**	3 791	3 791	I	3 837	2 613	1 466	442		
	II	**3 898**	3 791	3 791	II	2 670	1 519	484			
	III	**1 808**	3 791	3 791	III	856	100				
	V	**9 421**	3 791	3 791	IV	4 478	3 837	3 215	2 613	2 030	1 466
	VI	**9 952**	3 791	3 791							
40 319,99	I,IV	**5 147**	3 795	3 795	I	3 845	2 621	1 473	448		
	II	**3 906**	3 795	3 795	II	2 678	1 527	490			
	III	**1 816**	3 795	3 795	III	862	106				
	V	**9 433**	3 795	3 795	IV	4 486	3 845	3 223	2 621	2 037	1 473
	VI	**9 965**	3 795	3 795							
40 355,99	I,IV	**5 155**	3 798	3 798	I	3 853	2 628	1 480	454		
	II	**3 914**	3 798	3 798	II	2 686	1 534	496			
	III	**1 822**	3 798	3 798	III	868	110				
	V	**9 445**	3 798	3 798	IV	4 495	3 853	3 231	2 628	2 045	1 480
	VI	**9 977**	3 798	3 798							
40 391,99	I,IV	**5 164**	3 801	3 801	I	3 861	2 636	1 488	459		
	II	**3 923**	3 801	3 801	II	2 693	1 541	502			
	III	**1 830**	3 801	3 801	III	874	114				
	V	**9 458**	3 801	3 801	IV	4 503	3 861	3 239	2 636	2 052	1 488
	VI	**9 989**	3 801	3 801							
40 427,99	I,IV	**5 173**	3 805	3 805	I	3 870	2 644	1 495	465		
	II	**3 931**	3 805	3 805	II	2 701	1 548	507			
	III	**1 836**	3 805	3 805	III	878	118				
	V	**9 470**	3 805	3 805	IV	4 512	3 870	3 247	2 644	2 060	1 495
	VI	**10 001**	3 805	3 805							
40 463,99	I,IV	**5 182**	3 808	3 808	I	3 878	2 652	1 502	471		
	II	**3 939**	3 808	3 808	II	2 709	1 556	513			
	III	**1 844**	3 808	3 808	III	884	122				
	V	**9 482**	3 808	3 808	IV	4 520	3 878	3 255	2 652	2 067	1 502
	VI	**10 014**	3 808	3 808							
40 499,99	I,IV	**5 191**	3 812	3 812	I	3 886	2 659	1 509	476		
	II	**3 947**	3 812	3 812	II	2 717	1 563	519			
	III	**1 850**	3 812	3 812	III	890	126				
	V	**9 495**	3 812	3 812	IV	4 529	3 886	3 263	2 659	2 075	1 509
	VI	**10 026**	3 812	3 812							
40 535,99	I,IV	**5 199**	3 815	3 815	I	3 895	2 667	1 517	482		
	II	**3 956**	3 815	3 815	II	2 724	1 570	525			
	III	**1 856**	3 815	3 815	III	896	132				
	V	**9 507**	3 815	3 815	IV	4 537	3 895	3 271	2 667	2 082	1 517
	VI	**10 038**	3 815	3 815							
40 571,99	I,IV	**5 208**	3 818	3 818	I	3 903	2 675	1 524	488		
	II	**3 964**	3 818	3 818	II	2 732	1 578	531			
	III	**1 864**	3 818	3 818	III	902	136				
	V	**9 519**	3 818	3 818	IV	4 546	3 903	3 279	2 675	2 090	1 524
	VI	**10 051**	3 818	3 818							
40 607,99	I,IV	**5 217**	3 822	3 822	I	3 911	2 683	1 531	494		
	II	**3 972**	3 822	3 822	II	2 740	1 585	537			
	III	**1 872**	3 822	3 822	III	908	140				
	V	**9 531**	3 822	3 822	IV	4 554	3 911	3 287	2 683	2 097	1 531
	VI	**10 063**	3 822	3 822							

* Zur LSt-Berechnung für privat versicherte Arbeitnehmer s. Beispiele **Vorbemerkung S. 4 f.**
** Basisvorsorgepauschale KV und PV *** Typisierter Arbeitgeberzuschuss

Lohn/ Gehalt in € bis	Steuerklasse	Lohn- steuer*	BVSP**	TAGZ***	Steuerklasse	Bemessungsgrundlage für Kirchensteuer und Solidaritätszuschlag – Freibeträge für ... Kinder 0,5	1,0	1,5	2,0	2,5	3,0
40 643,99	I,IV	**5 226**	3 825	3 825	I	3 919	2 690	1 538	499		
	II	**3 981**	3 825	3 825	II	2 748	1 592	543			
	III	**1 878**	3 825	3 825	III	912	144				
	V	**9 544**	3 825	3 825	IV	4 563	3 919	3 295	2 690	2 105	1 538
	VI	**10 075**	3 825	3 825							
40 679,99	I,IV	**5 234**	3 829	3 829	I	3 928	2 698	1 546	505		
	II	**3 989**	3 829	3 829	II	2 756	1 600	549			
	III	**1 884**	3 829	3 829	III	918	148				
	V	**9 556**	3 829	3 829	IV	4 571	3 928	3 303	2 698	2 112	1 546
	VI	**10 088**	3 829	3 829							
40 715,99	I,IV	**5 243**	3 832	3 832	I	3 936	2 706	1 553	511		
	II	**3 997**	3 832	3 832	II	2 764	1 607	555			
	III	**1 892**	3 832	3 832	III	924	154				
	V	**9 568**	3 832	3 832	IV	4 580	3 936	3 311	2 706	2 120	1 553
	VI	**10 100**	3 832	3 832							
40 751,99	I,IV	**5 252**	3 835	3 835	I	3 944	2 714	1 560	517		
	II	**4 006**	3 835	3 835	II	2 771	1 614	561			
	III	**1 898**	3 835	3 835	III	930	158				
	V	**9 581**	3 835	3 835	IV	4 589	3 944	3 319	2 714	2 127	1 560
	VI	**10 112**	3 835	3 835							
40 787,99	I,IV	**5 261**	3 839	3 839	I	3 953	2 722	1 568	523		
	II	**4 014**	3 839	3 839	II	2 779	1 622	566			
	III	**1 906**	3 839	3 839	III	936	162				
	V	**9 593**	3 839	3 839	IV	4 597	3 953	3 327	2 722	2 135	1 568
	VI	**10 125**	3 839	3 839							
40 823,99	I,IV	**5 270**	3 842	3 842	I	3 961	2 729	1 575	529		
	II	**4 022**	3 842	3 842	II	2 787	1 629	572			
	III	**1 912**	3 842	3 842	III	942	166				
	V	**9 605**	3 842	3 842	IV	4 606	3 961	3 335	2 729	2 142	1 575
	VI	**10 137**	3 842	3 842							
40 859,99	I,IV	**5 279**	3 845	3 845	I	3 969	2 737	1 582	535		
	II	**4 031**	3 845	3 845	II	2 795	1 636	579			
	III	**1 920**	3 845	3 845	III	948	170				
	V	**9 618**	3 845	3 845	IV	4 614	3 969	3 344	2 737	2 150	1 582
	VI	**10 149**	3 845	3 845							
40 895,99	I,IV	**5 287**	3 849	3 849	I	3 978	2 745	1 590	540		
	II	**4 039**	3 849	3 849	II	2 803	1 644	585			
	III	**1 926**	3 849	3 849	III	952	176				
	V	**9 630**	3 849	3 849	IV	4 623	3 978	3 352	2 745	2 158	1 590
	VI	**10 161**	3 849	3 849							
40 931,99	I,IV	**5 296**	3 852	3 852	I	3 986	2 753	1 597	546		
	II	**4 047**	3 852	3 852	II	2 810	1 651	591			
	III	**1 934**	3 852	3 852	III	958	180				
	V	**9 642**	3 852	3 852	IV	4 631	3 986	3 360	2 753	2 165	1 597
	VI	**10 174**	3 852	3 852							
40 967,99	I,IV	**5 305**	3 856	3 856	I	3 994	2 760	1 604	552		
	II	**4 056**	3 856	3 856	II	2 818	1 658	597			
	III	**1 940**	3 856	3 856	III	964	184				
	V	**9 654**	3 856	3 856	IV	4 640	3 994	3 368	2 760	2 173	1 604
	VI	**10 186**	3 856	3 856							
41 003,99	I,IV	**5 314**	3 859	3 859	I	4 003	2 768	1 612	558		
	II	**4 064**	3 859	3 859	II	2 826	1 666	603			
	III	**1 948**	3 859	3 859	III	970	188				
	V	**9 667**	3 859	3 859	IV	4 649	4 003	3 376	2 768	2 180	1 612
	VI	**10 198**	3 859	3 859							
41 039,99	I,IV	**5 323**	3 862	3 862	I	4 011	2 776	1 619	564		
	II	**4 072**	3 862	3 862	II	2 834	1 673	609			
	III	**1 954**	3 862	3 862	III	976	192				
	V	**9 679**	3 862	3 862	IV	4 657	4 011	3 384	2 776	2 188	1 619
	VI	**10 211**	3 862	3 862							

* Zur LSt-Berechnung für privat versicherte Arbeitnehmer s. Beispiele **Vorbemerkung S. 4 f.**
** Basisvorsorgepauschale KV und PV *** Typisierter Arbeitgeberzuschuss

Lohn/ Gehalt in € bis	Steuerklasse	Lohnsteuer*	BVSP**	TAGZ***	Steuerklasse	Bemessungsgrundlage für Kirchensteuer und Solidaritätszuschlag					
						Freibeträge für ... Kinder					
						0,5	**1,0**	1,5	**2,0**	2,5	**3,0**
41 075,99	I,IV	**5 331**	3 866	3 866	I	4 019	2 784	1 626	570		
	II	**4 081**	3 866	3 866	II	2 842	1 680	615			
	III	**1 962**	3 866	3 866	III	982	198				
	V	**9 691**	3 866	3 866	IV	4 666	4 019	3 392	2 784	2 195	1 626
	VI	**10 223**	3 866	3 866							
41 111,99	I,IV	**5 340**	3 869	3 869	I	4 027	2 792	1 633	576		
	II	**4 089**	3 869	3 869	II	2 850	1 687	621			
	III	**1 968**	3 869	3 869	III	988	202				
	V	**9 703**	3 869	3 869	IV	4 674	4 027	3 400	2 792	2 203	1 633
	VI	**10 235**	3 869	3 869							
41 147,99	I,IV	**5 349**	3 873	3 873	I	4 036	2 800	1 641	582		
	II	**4 097**	3 873	3 873	II	2 858	1 695	627			
	III	**1 976**	3 873	3 873	III	994	206				
	V	**9 716**	3 873	3 873	IV	4 683	4 036	3 408	2 800	2 211	1 641
	VI	**10 248**	3 873	3 873							
41 183,99	I,IV	**5 358**	3 876	3 876	I	4 044	2 807	1 648	588		
	II	**4 106**	3 876	3 876	II	2 865	1 702	633			
	III	**1 982**	3 876	3 876	III	998	212				
	V	**9 728**	3 876	3 876	IV	4 691	4 044	3 416	2 807	2 218	1 648
	VI	**10 260**	3 876	3 876							
41 219,99	I,IV	**5 367**	3 879	3 879	I	4 052	2 815	1 655	594		
	II	**4 114**	3 879	3 879	II	2 873	1 709	639			
	III	**1 990**	3 879	3 879	III	1 004	216				
	V	**9 740**	3 879	3 879	IV	4 700	4 052	3 424	2 815	2 226	1 655
	VI	**10 272**	3 879	3 879							
41 255,99	I,IV	**5 375**	3 883	3 883	I	4 061	2 823	1 663	600		
	II	**4 122**	3 883	3 883	II	2 881	1 717	646			
	III	**1 996**	3 883	3 883	III	1 010	220				
	V	**9 752**	3 883	3 883	IV	4 708	4 061	3 432	2 823	2 233	1 663
	VI	**10 284**	3 883	3 883							
41 291,99	I,IV	**5 385**	3 886	3 886	I	4 069	2 831	1 670	607		
	II	**4 131**	3 886	3 886	II	2 889	1 724	652			
	III	**2 004**	3 886	3 886	III	1 016	224				
	V	**9 765**	3 886	3 886	IV	4 717	4 069	3 440	2 831	2 241	1 670
	VI	**10 297**	3 886	3 886							
41 327,99	I,IV	**5 393**	3 889	3 889	I	4 077	2 839	1 677	613		
	II	**4 139**	3 889	3 889	II	2 897	1 732	658			
	III	**2 010**	3 889	3 889	III	1 022	230				
	V	**9 777**	3 889	3 889	IV	4 726	4 077	3 449	2 839	2 248	1 677
	VI	**10 309**	3 889	3 889							
41 363,99	I,IV	**5 402**	3 893	3 893	I	4 086	2 847	1 685	619		
	II	**4 148**	3 893	3 893	II	2 905	1 739	664			
	III	**2 018**	3 893	3 893	III	1 028	234				
	V	**9 789**	3 893	3 893	IV	4 734	4 086	3 457	2 847	2 256	1 685
	VI	**10 321**	3 893	3 893							
41 399,99	I,IV	**5 411**	3 896	3 896	I	4 094	2 855	1 692	625		
	II	**4 156**	3 896	3 896	II	2 913	1 746	671			
	III	**2 026**	3 896	3 896	III	1 034	238				
	V	**9 802**	3 896	3 896	IV	4 743	4 094	3 465	2 855	2 264	1 692
	VI	**10 334**	3 896	3 896							
41 435,99	I,IV	**5 420**	3 900	3 900	I	4 103	2 862	1 699	631		
	II	**4 164**	3 900	3 900	II	2 921	1 754	677			
	III	**2 032**	3 900	3 900	III	1 040	242				
	V	**9 814**	3 900	3 900	IV	4 752	4 103	3 473	2 862	2 271	1 699
	VI	**10 346**	3 900	3 900							
41 471,99	I,IV	**5 429**	3 903	3 903	I	4 111	2 870	1 707	637		
	II	**4 173**	3 903	3 903	II	2 928	1 761	683			
	III	**2 040**	3 903	3 903	III	1 046	248				
	V	**9 826**	3 903	3 903	IV	4 760	4 111	3 481	2 870	2 279	1 707
	VI	**10 358**	3 903	3 903							

* Zur LSt-Berechnung für privat versicherte Arbeitnehmer s. Beispiele **Vorbemerkung S. 4 f.**
** Basisvorsorgepauschale KV und PV *** Typisierter Arbeitgeberzuschuss

Lohn/ Gehalt in € bis	Steuerklasse	Lohn-steuer*	BVSP**	TAGZ***	Steuerklasse	Bemessungsgrundlage für Kirchensteuer und Solidaritätszuschlag					
						Freibeträge für ... Kinder					
						0,5	**1,0**	1,5	**2,0**	2,5	**3,0**
41 507,99	I,IV	**5438**	3906	3906	I	4119	2878	1714	643		
	II	**4181**	3906	3906	II	2936	1768	689			
	III	**2046**	3906	3906	III	1052	252				
	V	**9838**	3906	3906	IV	4769	4119	3489	2878	2286	1714
	VI	**10 370**	3906	3906							
41 543,99	I,IV	**5447**	3910	3910	I	4128	2886	1722	650		
	II	**4190**	3910	3910	II	2944	1776	696			
	III	**2054**	3910	3910	III	1058	256				
	V	**9851**	3910	3910	IV	4778	4128	3497	2886	2294	1722
	VI	**10 383**	3910	3910							
41 579,99	I,IV	**5455**	3913	3913	I	4136	2894	1729	656		
	II	**4198**	3913	3913	II	2952	1783	702			
	III	**2060**	3913	3913	III	1064	262				
	V	**9863**	3913	3913	IV	4786	4136	3505	2894	2302	1729
	VI	**10 395**	3913	3913							
41 615,99	I,IV	**5464**	3917	3917	I	4144	2902	1736	662		
	II	**4206**	3917	3917	II	2960	1791	709			
	III	**2068**	3917	3917	III	1068	266				
	V	**9875**	3917	3917	IV	4795	4144	3513	2902	2309	1736
	VI	**10 407**	3917	3917							
41 651,99	I,IV	**5473**	3920	3920	I	4153	2909	1743	668		
	II	**4215**	3920	3920	II	2968	1798	715			
	III	**2074**	3920	3920	III	1074	270				
	V	**9888**	3920	3920	IV	4803	4153	3521	2909	2317	1743
	VI	**10 419**	3920	3920							
41 687,99	I,IV	**5482**	3923	3923	I	4161	2918	1751	675		
	II	**4223**	3923	3923	II	2976	1806	721			
	III	**2082**	3923	3923	III	1080	276				
	V	**9900**	3923	3923	IV	4812	4161	3530	2918	2325	1751
	VI	**10 432**	3923	3923							
41 723,99	I,IV	**5491**	3927	3927	I	4170	2925	1758	681		
	II	**4232**	3927	3927	II	2984	1813	728			
	III	**2088**	3927	3927	III	1086	280				
	V	**9912**	3927	3927	IV	4821	4170	3538	2925	2332	1758
	VI	**10 444**	3927	3927							
41 759,99	I,IV	**5500**	3930	3930	I	4178	2933	1766	687		
	II	**4240**	3930	3930	II	2991	1820	734			
	III	**2096**	3930	3930	III	1092	284				
	V	**9925**	3930	3930	IV	4829	4178	3546	2933	2340	1766
	VI	**10 456**	3930	3930							
41 795,99	I,IV	**5509**	3934	3934	I	4186	2941	1773	693		
	II	**4248**	3934	3934	II	2999	1828	741			
	III	**2102**	3934	3934	III	1098	288				
	V	**9937**	3934	3934	IV	4838	4186	3554	2941	2347	1773
	VI	**10 468**	3934	3934							
41 831,99	I,IV	**5518**	3937	3937	I	4195	2949	1781	700		
	II	**4257**	3937	3937	II	3007	1835	747			
	III	**2110**	3937	3937	III	1104	294				
	V	**9949**	3937	3937	IV	4847	4195	3562	2949	2355	1781
	VI	**10 481**	3937	3937							
41 867,99	I,IV	**5527**	3940	3940	I	4203	2957	1788	706		
	II	**4265**	3940	3940	II	3015	1843	754			
	III	**2116**	3940	3940	III	1110	298				
	V	**9962**	3940	3940	IV	4855	4203	3570	2957	2363	1788
	VI	**10 493**	3940	3940							
41 903,99	I,IV	**5535**	3944	3944	I	4211	2965	1795	712		
	II	**4274**	3944	3944	II	3023	1850	760			
	III	**2124**	3944	3944	III	1116	302				
	V	**9974**	3944	3944	IV	4864	4211	3578	2965	2370	1795
	VI	**10 505**	3944	3944							

* Zur LSt-Berechnung für privat versicherte Arbeitnehmer s. Beispiele **Vorbemerkung S. 4 f.**
** Basisvorsorgepauschale KV und PV *** Typisierter Arbeitgeberzuschuss

Lohn/ Gehalt in € bis	Steuerklasse	Lohn-steuer*	BVSP**	TAGZ***	Steuerklasse	Bemessungsgrundlage für Kirchensteuer und Solidaritätszuschlag					
						Freibeträge für ... Kinder					
						0,5	**1,0**	1,5	**2,0**	2,5	**3,0**
41 939,99	I,IV	**5 544**	3 947	3 947	I	4 220	2 973	1 803	719		
	II	**4 282**	3 947	3 947	II	3 031	1 857	766			
	III	**2 130**	3 947	3 947	III	1 122	308				
	V	**9 986**	3 947	3 947	IV	4 872	4 220	3 587	2 973	2 378	1 803
	VI	**10 518**	3 947	3 947							
41 975,99	I,IV	**5 553**	3 950	3 950	I	4 228	2 981	1 810	725		
	II	**4 291**	3 950	3 950	II	3 039	1 865	773			
	III	**2 138**	3 950	3 950	III	1 128	312				
	V	**9 999**	3 950	3 950	IV	4 881	4 228	3 595	2 981	2 386	1 810
	VI	**10 530**	3 950	3 950							
42 011,99	I,IV	**5 562**	3 954	3 954	I	4 237	2 989	1 817	732		
	II	**4 299**	3 954	3 954	II	3 047	1 872	780			
	III	**2 144**	3 954	3 954	III	1 134	316				
	V	**10 011**	3 954	3 954	IV	4 890	4 237	3 603	2 989	2 393	1 817
	VI	**10 542**	3 954	3 954							
42 047,99	I,IV	**5 571**	3 957	3 957	I	4 245	2 996	1 825	738		
	II	**4 307**	3 957	3 957	II	3 055	1 880	786			
	III	**2 152**	3 957	3 957	III	1 140	322				
	V	**10 023**	3 957	3 957	IV	4 898	4 245	3 611	2 996	2 401	1 825
	VI	**10 555**	3 957	3 957							
42 083,99	I,IV	**5 580**	3 961	3 961	I	4 254	3 004	1 832	745		
	II	**4 316**	3 961	3 961	II	3 063	1 887	793			
	III	**2 160**	3 961	3 961	III	1 146	326				
	V	**10 035**	3 961	3 961	IV	4 907	4 254	3 619	3 004	2 409	1 832
	VI	**10 567**	3 961	3 961							
42 119,99	I,IV	**5 589**	3 964	3 964	I	4 262	3 012	1 840	751		
	II	**4 324**	3 964	3 964	II	3 071	1 895	799			
	III	**2 166**	3 964	3 964	III	1 152	332				
	V	**10 048**	3 964	3 964	IV	4 916	4 262	3 628	3 012	2 416	1 840
	VI	**10 579**	3 964	3 964							
42 155,99	I,IV	**5 598**	3 967	3 967	I	4 270	3 020	1 847	758		
	II	**4 333**	3 967	3 967	II	3 079	1 902	806			
	III	**2 174**	3 967	3 967	III	1 158	336				
	V	**10 060**	3 967	3 967	IV	4 924	4 270	3 636	3 020	2 424	1 847
	VI	**10 592**	3 967	3 967							
42 191,99	I,IV	**5 607**	3 971	3 971	I	4 279	3 028	1 854	764		
	II	**4 341**	3 971	3 971	II	3 087	1 909	813			
	III	**2 180**	3 971	3 971	III	1 164	340				
	V	**10 072**	3 971	3 971	IV	4 933	4 279	3 644	3 028	2 432	1 854
	VI	**10 604**	3 971	3 971							
42 227,99	I,IV	**5 616**	3 974	3 974	I	4 287	3 036	1 862	771		
	II	**4 350**	3 974	3 974	II	3 095	1 917	819			
	III	**2 188**	3 974	3 974	III	1 170	346				
	V	**10 085**	3 974	3 974	IV	4 942	4 287	3 652	3 036	2 439	1 862
	VI	**10 616**	3 974	3 974							
42 263,99	I,IV	**5 625**	3 978	3 978	I	4 296	3 044	1 869	777		
	II	**4 358**	3 978	3 978	II	3 103	1 924	826	2		
	III	**2 194**	3 978	3 978	III	1 176	350				
	V	**10 097**	3 978	3 978	IV	4 951	4 296	3 660	3 044	2 447	1 869
	VI	**10 629**	3 978	3 978							
42 299,99	I,IV	**5 634**	3 981	3 981	I	4 304	3 052	1 877	784		
	II	**4 366**	3 981	3 981	II	3 111	1 932	833	6		
	III	**2 202**	3 981	3 981	III	1 182	354				
	V	**10 109**	3 981	3 981	IV	4 959	4 304	3 668	3 052	2 455	1 877
	VI	**10 641**	3 981	3 981							
42 335,99	I,IV	**5 642**	3 984	3 984	I	4 312	3 060	1 884	790		
	II	**4 375**	3 984	3 984	II	3 118	1 939	839	10		
	III	**2 208**	3 984	3 984	III	1 188	360				
	V	**10 121**	3 984	3 984	IV	4 968	4 312	3 676	3 060	2 462	1 884
	VI	**10 653**	3 984	3 984							

* Zur LSt-Berechnung für privat versicherte Arbeitnehmer s. Beispiele **Vorbemerkung S. 4 f.**
** Basisvorsorgepauschale KV und PV *** Typisierter Arbeitgeberzuschuss

Lohn/ Gehalt in € bis	Steuerklasse	Lohn- steuer*	BVSP**	TAGZ***	Steuerklasse	Bemessungsgrundlage für Kirchensteuer und Solidaritätszuschlag					
						Freibeträge für ... Kinder					
						0,5	**1,0**	1,5	**2,0**	2,5	**3,0**
42 371,99	I,IV	**5 652**	3 988	3 988	I	4 321	3 068	1 892	797		
	II	**4 384**	3 988	3 988	II	3 127	1 947	846	14		
	III	**2 216**	3 988	3 988	III	1 194	364				
	V	**10 134**	3 988	3 988	IV	4 977	4 321	3 685	3 068	2 470	1 892
	VI	**10 665**	3 988	3 988							
42 407,99	I,IV	**5 660**	3 991	3 991	I	4 330	3 076	1 899	803		
	II	**4 392**	3 991	3 991	II	3 134	1 954	853	18		
	III	**2 222**	3 991	3 991	III	1 200	370				
	V	**10 146**	3 991	3 991	IV	4 985	4 330	3 693	3 076	2 478	1 899
	VI	**10 678**	3 991	3 991							
42 443,99	I,IV	**5 669**	3 995	3 995	I	4 338	3 084	1 906	810		
	II	**4 400**	3 995	3 995	II	3 142	1 962	859	22		
	III	**2 230**	3 995	3 995	III	1 206	374				
	V	**10 158**	3 995	3 995	IV	4 994	4 338	3 701	3 084	2 485	1 906
	VI	**10 690**	3 995	3 995							
42 479,99	I,IV	**5 678**	3 998	3 998	I	4 346	3 091	1 914	817		
	II	**4 409**	3 998	3 998	II	3 150	1 969	866	27		
	III	**2 236**	3 998	3 998	III	1 212	378				
	V	**10 170**	3 998	3 998	IV	5 003	4 346	3 709	3 091	2 493	1 914
	VI	**10 702**	3 998	3 998							
42 515,99	I,IV	**5 687**	4 001	4 001	I	4 355	3 100	1 921	823		
	II	**4 417**	4 001	4 001	II	3 158	1 977	873	31		
	III	**2 244**	4 001	4 001	III	1 218	384				
	V	**10 183**	4 001	4 001	IV	5 012	4 355	3 718	3 100	2 501	1 921
	VI	**10 715**	4 001	4 001							
42 551,99	I,IV	**5 696**	4 005	4 005	I	4 363	3 108	1 929	830	4	
	II	**4 426**	4 005	4 005	II	3 166	1 984	880	35		
	III	**2 252**	4 005	4 005	III	1 226	388				
	V	**10 195**	4 005	4 005	IV	5 020	4 363	3 726	3 108	2 509	1 929
	VI	**10 727**	4 005	4 005							
42 587,99	I,IV	**5 705**	4 008	4 008	I	4 372	3 115	1 936	837	8	
	II	**4 434**	4 008	4 008	II	3 174	1 991	887	39		
	III	**2 258**	4 008	4 008	III	1 232	394				
	V	**10 207**	4 008	4 008	IV	5 029	4 372	3 734	3 115	2 516	1 936
	VI	**10 739**	4 008	4 008							
42 623,99	I,IV	**5 714**	4 011	4 011	I	4 380	3 123	1 944	843	12	
	II	**4 443**	4 011	4 011	II	3 182	1 999	893	44		
	III	**2 266**	4 011	4 011	III	1 238	398				
	V	**10 219**	4 011	4 011	IV	5 037	4 380	3 742	3 123	2 524	1 944
	VI	**10 751**	4 011	4 011							
42 659,99	I,IV	**5 723**	4 015	4 015	I	4 389	3 131	1 951	850	17	
	II	**4 451**	4 015	4 015	II	3 190	2 006	900	48		
	III	**2 272**	4 015	4 015	III	1 244	404				
	V	**10 232**	4 015	4 015	IV	5 046	4 389	3 750	3 131	2 532	1 951
	VI	**10 764**	4 015	4 015							
42 695,99	I,IV	**5 732**	4 018	4 018	I	4 397	3 139	1 959	857	21	
	II	**4 460**	4 018	4 018	II	3 198	2 014	907	52		
	III	**2 280**	4 018	4 018	III	1 250	408				
	V	**10 244**	4 018	4 018	IV	5 055	4 397	3 759	3 139	2 539	1 959
	VI	**10 776**	4 018	4 018							
42 731,99	I,IV	**5 741**	4 022	4 022	I	4 406	3 147	1 966	864	25	
	II	**4 468**	4 022	4 022	II	3 206	2 021	914	56		
	III	**2 286**	4 022	4 022	III	1 256	412				
	V	**10 256**	4 022	4 022	IV	5 064	4 406	3 767	3 147	2 547	1 966
	VI	**10 788**	4 022	4 022							
42 767,99	I,IV	**5 750**	4 025	4 025	I	4 414	3 155	1 974	871	29	
	II	**4 477**	4 025	4 025	II	3 214	2 029	921	61		
	III	**2 294**	4 025	4 025	III	1 262	418				
	V	**10 269**	4 025	4 025	IV	5 073	4 414	3 775	3 155	2 555	1 974
	VI	**10 801**	4 025	4 025							

* Zur LSt-Berechnung für privat versicherte Arbeitnehmer s. Beispiele **Vorbemerkung S. 4 f.**
** Basisvorsorgepauschale KV und PV *** Typisierter Arbeitgeberzuschuss

Lohn/ Gehalt in € bis	Steuerklasse	Lohn-steuer*	BVSP**	TAGZ***	Steuerklasse	Bemessungsgrundlage für Kirchensteuer und Solidaritätszuschlag – Freibeträge für ... Kinder 0,5	1,0	1,5	2,0	2,5	3,0
42803,99	I,IV	**5759**	4028	4028	I	4423	3163	1981	877	34	
	II	**4485**	4028	4028	II	3222	2036	928	65		
	III	**2300**	4028	4028	III	1268	422				
	V	**10281**	4028	4028	IV	5081	4423	3783	3163	2563	1981
	VI	**10813**	4028	4028							
42839,99	I,IV	**5768**	4032	4032	I	4431	3171	1989	884	38	
	II	**4494**	4032	4032	II	3230	2044	935	70		
	III	**2308**	4032	4032	III	1274	428				
	V	**10293**	4032	4032	IV	5090	4431	3792	3171	2570	1989
	VI	**10825**	4032	4032							
42875,99	I,IV	**5777**	4035	4035	I	4440	3179	1996	891	42	
	II	**4502**	4035	4035	II	3238	2051	942	74		
	III	**2314**	4035	4035	III	1280	432				
	V	**10306**	4035	4035	IV	5099	4440	3800	3179	2578	1996
	VI	**10837**	4035	4035							
42911,99	I,IV	**5786**	4039	4039	I	4448	3187	2004	898	46	
	II	**4511**	4039	4039	II	3246	2059	949	78		
	III	**2322**	4039	4039	III	1286	438				
	V	**10318**	4039	4039	IV	5108	4448	3808	3187	2586	2004
	VI	**10850**	4039	4039							
42947,99	I,IV	**5795**	4042	4042	I	4457	3195	2011	905	51	
	II	**4519**	4042	4042	II	3254	2066	956	83		
	III	**2330**	4042	4042	III	1292	442				
	V	**10330**	4042	4042	IV	5116	4457	3816	3195	2594	2011
	VI	**10862**	4042	4042							
42983,99	I,IV	**5804**	4045	4045	I	4465	3203	2019	911	55	
	II	**4528**	4045	4045	II	3262	2074	963	87		
	III	**2336**	4045	4045	III	1298	446				
	V	**10342**	4045	4045	IV	5125	4465	3824	3203	2601	2019
	VI	**10874**	4045	4045							
43019,99	I,IV	**5813**	4049	4049	I	4473	3211	2026	918	59	
	II	**4536**	4049	4049	II	3270	2081	970	92		
	III	**2344**	4049	4049	III	1306	452				
	V	**10355**	4049	4049	IV	5134	4473	3833	3211	2609	2026
	VI	**10886**	4049	4049							
43055,99	I,IV	**5822**	4052	4052	I	4482	3219	2034	925	64	
	II	**4545**	4052	4052	II	3279	2089	977	96		
	III	**2350**	4052	4052	III	1312	456				
	V	**10367**	4052	4052	IV	5143	4482	3841	3219	2617	2034
	VI	**10899**	4052	4052							
43091,99	I,IV	**5831**	4056	4056	I	4491	3227	2041	932	68	
	II	**4554**	4056	4056	II	3286	2097	984	101		
	III	**2358**	4056	4056	III	1318	462				
	V	**10379**	4056	4056	IV	5151	4491	3849	3227	2625	2041
	VI	**10911**	4056	4056							
43127,99	I,IV	**5840**	4059	4059	I	4499	3235	2049	939	72	
	II	**4562**	4059	4059	II	3294	2104	991	105		
	III	**2364**	4059	4059	III	1324	466				
	V	**10392**	4059	4059	IV	5160	4499	3857	3235	2632	2049
	VI	**10923**	4059	4059							
43163,99	I,IV	**5849**	4062	4062	I	4508	3243	2056	946	77	
	II	**4570**	4062	4062	II	3302	2111	998	110		
	III	**2372**	4062	4062	III	1330	472				
	V	**10404**	4062	4062	IV	5169	4508	3866	3243	2640	2056
	VI	**10936**	4062	4062							
43199,99	I,IV	**5858**	4066	4066	I	4516	3251	2064	953	81	
	II	**4579**	4066	4066	II	3311	2119	1005	114		
	III	**2378**	4066	4066	III	1336	476				
	V	**10416**	4066	4066	IV	5178	4516	3874	3251	2648	2064
	VI	**10948**	4066	4066							

* Zur LSt-Berechnung für privat versicherte Arbeitnehmer s. Beispiele **Vorbemerkung S. 4f.**
** Basisvorsorgepauschale KV und PV *** Typisierter Arbeitgeberzuschuss

Lohn/ Gehalt in € bis	Steuerklasse	Lohn-steuer*	BVSP**	TAGZ***	Steuerklasse	Bemessungsgrundlage für Kirchensteuer und Solidaritätszuschlag – Freibeträge für ... Kinder 0,5	**1,0**	1,5	**2,0**	2,5	**3,0**
43 235,99	I,IV	**5 867**	4 069	4 069	I	4 525	3 259	2 071	960	86	
	II	**4 588**	4 069	4 069	II	3 319	2 127	1 012	119		
	III	**2 386**	4 069	4 069	III	1 342	482				
	V	**10 429**	4 069	4 069	IV	5 186	4 525	3 882	3 259	2 656	2 071
	VI	**10 960**	4 069	4 069							
43 271,99	I,IV	**5 876**	4 072	4 072	I	4 533	3 267	2 079	967	90	
	II	**4 596**	4 072	4 072	II	3 327	2 134	1 019	123		
	III	**2 392**	4 072	4 072	III	1 348	486				
	V	**10 441**	4 072	4 072	IV	5 195	4 533	3 891	3 267	2 663	2 079
	VI	**10 972**	4 072	4 072							
43 307,99	I,IV	**5 885**	4 076	4 076	I	4 542	3 275	2 086	974	94	
	II	**4 605**	4 076	4 076	II	3 335	2 142	1 026	128		
	III	**2 400**	4 076	4 076	III	1 356	492				
	V	**10 453**	4 076	4 076	IV	5 204	4 542	3 899	3 275	2 671	2 086
	VI	**10 985**	4 076	4 076							
43 343,99	I,IV	**5 894**	4 079	4 079	I	4 550	3 283	2 094	981	99	
	II	**4 613**	4 079	4 079	II	3 343	2 149	1 033	132		
	III	**2 408**	4 079	4 079	III	1 362	496				
	V	**10 466**	4 079	4 079	IV	5 213	4 550	3 907	3 283	2 679	2 094
	VI	**10 997**	4 079	4 079							
43 379,99	I,IV	**5 903**	4 083	4 083	I	4 559	3 291	2 101	988	103	
	II	**4 622**	4 083	4 083	II	3 351	2 157	1 040	137		
	III	**2 414**	4 083	4 083	III	1 368	502				
	V	**10 478**	4 083	4 083	IV	5 221	4 559	3 915	3 291	2 687	2 101
	VI	**11 009**	4 083	4 083							
43 415,99	I,IV	**5 912**	4 086	4 086	I	4 567	3 299	2 109	995	108	
	II	**4 630**	4 086	4 086	II	3 359	2 164	1 047	142		
	III	**2 422**	4 086	4 086	III	1 374	506				
	V	**10 490**	4 086	4 086	IV	5 230	4 567	3 924	3 299	2 694	2 109
	VI	**11 022**	4 086	4 086							
43 451,99	I,IV	**5 922**	4 089	4 089	I	4 576	3 308	2 116	1 002	112	
	II	**4 639**	4 089	4 089	II	3 367	2 172	1 054	146		
	III	**2 428**	4 089	4 089	III	1 380	512				
	V	**10 503**	4 089	4 089	IV	5 239	4 576	3 932	3 308	2 702	2 116
	VI	**11 034**	4 089	4 089							
43 487,99	I,IV	**5 931**	4 093	4 093	I	4 585	3 316	2 124	1 009	117	
	II	**4 648**	4 093	4 093	II	3 375	2 180	1 061	151		
	III	**2 436**	4 093	4 093	III	1 386	516				
	V	**10 515**	4 093	4 093	IV	5 248	4 585	3 940	3 316	2 710	2 124
	VI	**11 046**	4 093	4 093							
43 523,99	I,IV	**5 940**	4 096	4 096	I	4 593	3 324	2 131	1 016	122	
	II	**4 656**	4 096	4 096	II	3 383	2 187	1 068	156		
	III	**2 444**	4 096	4 096	III	1 394	522				
	V	**10 527**	4 096	4 096	IV	5 257	4 593	3 949	3 324	2 718	2 131
	VI	**11 059**	4 096	4 096							
43 559,99	I,IV	**5 949**	4 100	4 100	I	4 601	3 332	2 139	1 023	126	
	II	**4 665**	4 100	4 100	II	3 391	2 195	1 075	160		
	III	**2 450**	4 100	4 100	III	1 400	526				
	V	**10 539**	4 100	4 100	IV	5 265	4 601	3 957	3 332	2 726	2 139
	VI	**11 071**	4 100	4 100							
43 595,99	I,IV	**5 958**	4 103	4 103	I	4 610	3 340	2 147	1 030	131	
	II	**4 673**	4 103	4 103	II	3 399	2 202	1 082	165		
	III	**2 458**	4 103	4 103	III	1 406	532				
	V	**10 552**	4 103	4 103	IV	5 274	4 610	3 965	3 340	2 733	2 147
	VI	**11 083**	4 103	4 103							
43 631,99	I,IV	**5 967**	4 106	4 106	I	4 619	3 348	2 154	1 037	135	
	II	**4 682**	4 106	4 106	II	3 407	2 210	1 090	170		
	III	**2 464**	4 106	4 106	III	1 412	538				
	V	**10 564**	4 106	4 106	IV	5 283	4 619	3 974	3 348	2 741	2 154
	VI	**11 096**	4 106	4 106							

* Zur LSt-Berechnung für privat versicherte Arbeitnehmer s. Beispiele **Vorbemerkung S. 4 f.**
** Basisvorsorgepauschale KV und PV *** Typisierter Arbeitgeberzuschuss

Lohn/ Gehalt in € bis	Steuerklasse	Lohn- steuer*	BVSP**	TAGZ***	Steuerklasse	Bemessungsgrundlage für Kirchensteuer und Solidaritätszuschlag – Freibeträge für ... Kinder 0,5	1,0	1,5	2,0	2,5	3,0
43 667,99	I,IV	**5 976**	4 110	4 110	I	4 627	3 356	2 161	1 044	140	
	II	**4 690**	4 110	4 110	II	3 415	2 217	1 097	175		
	III	**2 472**	4 110	4 110	III	1 418	542				
	V	**10 576**	4 110	4 110	IV	5 292	4 627	3 982	3 356	2 749	2 161
	VI	**11 108**	4 110	4 110							
43 703,99	I,IV	**5 985**	4 113	4 113	I	4 636	3 364	2 169	1 051	145	
	II	**4 699**	4 113	4 113	II	3 423	2 225	1 104	179		
	III	**2 478**	4 113	4 113	III	1 424	548				
	V	**10 588**	4 113	4 113	IV	5 301	4 636	3 990	3 364	2 757	2 169
	VI	**11 120**	4 113	4 113							
43 739,99	I,IV	**5 994**	4 117	4 117	I	4 644	3 372	2 177	1 059	149	
	II	**4 708**	4 117	4 117	II	3 432	2 233	1 111	184		
	III	**2 486**	4 117	4 117	III	1 432	552				
	V	**10 601**	4 117	4 117	IV	5 310	4 644	3 999	3 372	2 765	2 177
	VI	**11 133**	4 117	4 117							
43 775,99	I,IV	**6 003**	4 120	4 120	I	4 653	3 380	2 184	1 066	154	
	II	**4 716**	4 120	4 120	II	3 440	2 240	1 118	189		
	III	**2 492**	4 120	4 120	III	1 438	558				
	V	**10 613**	4 120	4 120	IV	5 318	4 653	4 007	3 380	2 772	2 184
	VI	**11 145**	4 120	4 120							
43 811,99	I,IV	**6 012**	4 123	4 123	I	4 661	3 388	2 192	1 073	159	
	II	**4 725**	4 123	4 123	II	3 448	2 248	1 125	194		
	III	**2 500**	4 123	4 123	III	1 444	562				
	V	**10 625**	4 123	4 123	IV	5 327	4 661	4 015	3 388	2 780	2 192
	VI	**11 157**	4 123	4 123							
43 847,99	I,IV	**6 021**	4 127	4 127	I	4 670	3 396	2 199	1 080	163	
	II	**4 733**	4 127	4 127	II	3 456	2 255	1 132	199		
	III	**2 508**	4 127	4 127	III	1 450	568				
	V	**10 637**	4 127	4 127	IV	5 336	4 670	4 023	3 396	2 788	2 199
	VI	**11 169**	4 127	4 127							
43 883,99	I,IV	**6 030**	4 130	4 130	I	4 679	3 404	2 207	1 087	168	
	II	**4 742**	4 130	4 130	II	3 464	2 263	1 139	204		
	III	**2 514**	4 130	4 130	III	1 456	572				
	V	**10 650**	4 130	4 130	IV	5 345	4 679	4 032	3 404	2 796	2 207
	VI	**11 182**	4 130	4 130							
43 919,99	I,IV	**6 039**	4 133	4 133	I	4 687	3 412	2 214	1 094	173	
	II	**4 751**	4 133	4 133	II	3 472	2 271	1 146	208		
	III	**2 522**	4 133	4 133	III	1 464	578				
	V	**10 662**	4 133	4 133	IV	5 354	4 687	4 040	3 412	2 804	2 214
	VI	**11 194**	4 133	4 133							
43 955,99	I,IV	**6 048**	4 137	4 137	I	4 696	3 420	2 222	1 101	178	
	II	**4 759**	4 137	4 137	II	3 480	2 278	1 153	213		
	III	**2 528**	4 137	4 137	III	1 470	582				
	V	**10 674**	4 137	4 137	IV	5 362	4 696	4 048	3 420	2 812	2 222
	VI	**11 206**	4 137	4 137							
43 991,99	I,IV	**6 058**	4 140	4 140	I	4 705	3 429	2 230	1 108	182	
	II	**4 768**	4 140	4 140	II	3 488	2 286	1 160	218		
	III	**2 536**	4 140	4 140	III	1 476	588				
	V	**10 687**	4 140	4 140	IV	5 372	4 705	4 057	3 429	2 820	2 230
	VI	**11 219**	4 140	4 140							
44 027,99	I,IV	**6 067**	4 144	4 144	I	4 713	3 437	2 237	1 115	187	
	II	**4 777**	4 144	4 144	II	3 496	2 293	1 168	223		
	III	**2 544**	4 144	4 144	III	1 482	594				
	V	**10 699**	4 144	4 144	IV	5 380	4 713	4 065	3 437	2 827	2 237
	VI	**11 231**	4 144	4 144							
44 063,99	I,IV	**6 076**	4 147	4 147	I	4 722	3 445	2 245	1 122	192	
	II	**4 785**	4 147	4 147	II	3 504	2 301	1 175	228		
	III	**2 550**	4 147	4 147	III	1 488	598				
	V	**10 711**	4 147	4 147	IV	5 389	4 722	4 073	3 445	2 835	2 245
	VI	**11 243**	4 147	4 147							

* Zur LSt-Berechnung für privat versicherte Arbeitnehmer s. Beispiele **Vorbemerkung S. 4 f.**
** Basisvorsorgepauschale KV und PV *** Typisierter Arbeitgeberzuschuss

Lohn/ Gehalt in € bis	Steuerklasse	Lohn-steuer*	BVSP**	TAGZ***	Steuerklasse	Bemessungsgrundlage für Kirchensteuer und Solidaritätszuschlag					
						Freibeträge für ... Kinder					
						0,5	**1,0**	1,5	**2,0**	2,5	**3,0**
44 099,99	I,IV	**6 085**	4 150	4 150	I	4 730	3 453	2 252	1 129	197	
	II	**4 794**	4 150	4 150	II	3 513	2 308	1 182	233		
	III	**2 558**	4 150	4 150	III	1 496	604				
	V	**10 723**	4 150	4 150	IV	5 398	4 730	4 082	3 453	2 843	2 252
	VI	**11 255**	4 150	4 150							
44 135,99	I,IV	**6 094**	4 154	4 154	I	4 739	3 461	2 260	1 136	202	
	II	**4 803**	4 154	4 154	II	3 521	2 316	1 189	238		
	III	**2 564**	4 154	4 154	III	1 502	610				
	V	**10 736**	4 154	4 154	IV	5 407	4 739	4 090	3 461	2 851	2 260
	VI	**11 268**	4 154	4 154							
44 171,99	I,IV	**6 103**	4 157	4 157	I	4 748	3 469	2 268	1 143	207	
	II	**4 811**	4 157	4 157	II	3 529	2 324	1 196	243		
	III	**2 572**	4 157	4 157	III	1 508	614				
	V	**10 748**	4 157	4 157	IV	5 416	4 748	4 099	3 469	2 859	2 268
	VI	**11 280**	4 157	4 157							
44 207,99	I,IV	**6 112**	4 161	4 161	I	4 756	3 477	2 275	1 151	211	
	II	**4 820**	4 161	4 161	II	3 537	2 331	1 203	248		
	III	**2 578**	4 161	4 161	III	1 516	620				
	V	**10 760**	4 161	4 161	IV	5 424	4 756	4 107	3 477	2 866	2 275
	VI	**11 292**	4 161	4 161							
44 243,99	I,IV	**6 121**	4 164	4 164	I	4 765	3 485	2 283	1 158	216	
	II	**4 828**	4 164	4 164	II	3 545	2 339	1 210	253		
	III	**2 586**	4 164	4 164	III	1 522	624				
	V	**10 773**	4 164	4 164	IV	5 433	4 765	4 115	3 485	2 874	2 283
	VI	**11 304**	4 164	4 164							
44 279,99	I,IV	**6 131**	4 167	4 167	I	4 773	3 493	2 291	1 165	221	
	II	**4 837**	4 167	4 167	II	3 553	2 347	1 217	258		
	III	**2 594**	4 167	4 167	III	1 528	630				
	V	**10 785**	4 167	4 167	IV	5 442	4 773	4 124	3 493	2 882	2 291
	VI	**11 317**	4 167	4 167							
44 315,99	I,IV	**6 140**	4 171	4 171	I	4 782	3 501	2 298	1 172	226	
	II	**4 846**	4 171	4 171	II	3 561	2 354	1 224	263		
	III	**2 600**	4 171	4 171	III	1 534	636				
	V	**10 797**	4 171	4 171	IV	5 451	4 782	4 132	3 501	2 890	2 298
	VI	**11 329**	4 171	4 171							
44 351,99	I,IV	**6 149**	4 174	4 174	I	4 791	3 509	2 306	1 179	231	
	II	**4 854**	4 174	4 174	II	3 570	2 362	1 232	268		
	III	**2 608**	4 174	4 174	III	1 540	640				
	V	**10 810**	4 174	4 174	IV	5 460	4 791	4 140	3 509	2 898	2 306
	VI	**11 341**	4 174	4 174							
44 387,99	I,IV	**6 158**	4 178	4 178	I	4 799	3 518	2 313	1 186	236	
	II	**4 863**	4 178	4 178	II	3 578	2 370	1 239	273		
	III	**2 614**	4 178	4 178	III	1 548	646				
	V	**10 822**	4 178	4 178	IV	5 469	4 799	4 149	3 518	2 906	2 313
	VI	**11 353**	4 178	4 178							
44 423,99	I,IV	**6 167**	4 181	4 181	I	4 808	3 526	2 321	1 193	241	
	II	**4 872**	4 181	4 181	II	3 586	2 377	1 246	278		
	III	**2 622**	4 181	4 181	III	1 554	650				
	V	**10 834**	4 181	4 181	IV	5 478	4 808	4 157	3 526	2 914	2 321
	VI	**11 366**	4 181	4 181							
44 459,99	I,IV	**6 176**	4 184	4 184	I	4 816	3 534	2 329	1 200	246	
	II	**4 880**	4 184	4 184	II	3 594	2 385	1 253	283		
	III	**2 628**	4 184	4 184	III	1 560	656				
	V	**10 846**	4 184	4 184	IV	5 487	4 816	4 166	3 534	2 922	2 329
	VI	**11 378**	4 184	4 184							
44 495,99	I,IV	**6 185**	4 188	4 188	I	4 825	3 542	2 336	1 207	251	
	II	**4 889**	4 188	4 188	II	3 602	2 393	1 260	288		
	III	**2 636**	4 188	4 188	III	1 568	662				
	V	**10 859**	4 188	4 188	IV	5 495	4 825	4 174	3 542	2 929	2 336
	VI	**11 390**	4 188	4 188							

* Zur LSt-Berechnung für privat versicherte Arbeitnehmer s. Beispiele **Vorbemerkung S. 4 f.**
** Basisvorsorgepauschale KV und PV *** Typisierter Arbeitgeberzuschuss

Lohn/ Gehalt in € bis	Steuerklasse	Lohn- steuer*	BVSP**	TAGZ***	Steuerklasse	Bemessungsgrundlage für Kirchensteuer und Solidaritätszuschlag					
						Freibeträge für ... Kinder					
						0,5	**1,0**	1,5	**2,0**	2,5	**3,0**
44531,99	I,IV	**6194**	4191	4191	I	4834	3550	2344	1214	256	
	II	**4897**	4191	4191	II	3610	2400	1267	294		
	III	**2644**	4191	4191	III	1574	666				
	V	**10871**	4191	4191	IV	5504	4834	4182	3550	2937	2344
	VI	**11403**	4191	4191							
44567,99	I,IV	**6204**	4194	4194	I	4842	3558	2352	1222	261	
	II	**4906**	4194	4194	II	3619	2408	1275	299		
	III	**2650**	4194	4194	III	1580	672				
	V	**10883**	4194	4194	IV	5513	4842	4191	3558	2945	2352
	VI	**11415**	4194	4194							
44603,99	I,IV	**6213**	4198	4198	I	4851	3566	2359	1229	266	
	II	**4915**	4198	4198	II	3627	2416	1282	304		
	III	**2658**	4198	4198	III	1588	678				
	V	**10896**	4198	4198	IV	5522	4851	4199	3566	2953	2359
	VI	**11427**	4198	4198							
44639,99	I,IV	**6222**	4201	4201	I	4860	3575	2367	1236	271	
	II	**4924**	4201	4201	II	3635	2423	1289	309		
	III	**2664**	4201	4201	III	1594	682				
	V	**10908**	4201	4201	IV	5531	4860	4207	3575	2961	2367
	VI	**11440**	4201	4201							
44675,99	I,IV	**6231**	4205	4205	I	4868	3583	2374	1243	276	
	II	**4932**	4205	4205	II	3643	2431	1296	315		
	III	**2672**	4205	4205	III	1600	688				
	V	**10920**	4205	4205	IV	5540	4868	4216	3583	2969	2374
	VI	**11452**	4205	4205							
44711,99	I,IV	**6240**	4208	4208	I	4877	3591	2382	1250	281	
	II	**4941**	4208	4208	II	3651	2439	1303	320		
	III	**2680**	4208	4208	III	1606	694				
	V	**10933**	4208	4208	IV	5549	4877	4224	3591	2977	2382
	VI	**11464**	4208	4208							
44747,99	I,IV	**6249**	4211	4211	I	4886	3599	2390	1257	287	
	II	**4950**	4211	4211	II	3659	2446	1310	325		
	III	**2686**	4211	4211	III	1614	698				
	V	**10945**	4211	4211	IV	5558	4886	4233	3599	2985	2390
	VI	**11476**	4211	4211							
44783,99	I,IV	**6258**	4215	4215	I	4894	3607	2397	1265	292	
	II	**4958**	4215	4215	II	3667	2454	1317	330		
	III	**2694**	4215	4215	III	1620	704				
	V	**10957**	4215	4215	IV	5567	4894	4241	3607	2993	2397
	VI	**11489**	4215	4215							
44819,99	I,IV	**6268**	4218	4218	I	4903	3616	2405	1272	297	
	II	**4967**	4218	4218	II	3676	2462	1325	336		
	III	**2702**	4218	4218	III	1626	710				
	V	**10970**	4218	4218	IV	5576	4903	4250	3616	3001	2405
	VI	**11501**	4218	4218							
44855,99	I,IV	**6277**	4222	4222	I	4912	3624	2413	1279	302	
	II	**4976**	4222	4222	II	3684	2469	1332	341		
	III	**2708**	4222	4222	III	1634	714				
	V	**10982**	4222	4222	IV	5585	4912	4258	3624	3009	2413
	VI	**11513**	4222	4222							
44891,99	I,IV	**6286**	4225	4225	I	4920	3632	2420	1286	307	
	II	**4984**	4225	4225	II	3692	2477	1339	346		
	III	**2716**	4225	4225	III	1640	720				
	V	**10994**	4225	4225	IV	5594	4920	4266	3632	3016	2420
	VI	**11526**	4225	4225							
44927,99	I,IV	**6295**	4228	4228	I	4929	3640	2428	1293	312	
	II	**4993**	4228	4228	II	3700	2485	1346	351		
	III	**2722**	4228	4228	III	1646	726				
	V	**11006**	4228	4228	IV	5602	4929	4275	3640	3024	2428
	VI	**11538**	4228	4228							

* Zur LSt-Berechnung für privat versicherte Arbeitnehmer s. Beispiele **Vorbemerkung S. 4f.**
** Basisvorsorgepauschale KV und PV *** Typisierter Arbeitgeberzuschuss

Lohn/ Gehalt in € bis	Steuerklasse	**Lohnsteuer***	BVSP**	TAGZ***	Steuerklasse	Bemessungsgrundlage für Kirchensteuer und Solidaritätszuschlag – Freibeträge für ... Kinder 0,5	**1,0**	1,5	**2,0**	2,5	**3,0**
44 963,99	I,IV	**6 305**	4 232	4 232	I	4 938	3 648	2 436	1 300	318	
	II	**5 002**	4 232	4 232	II	3 709	2 492	1 353	357		
	III	**2 730**	4 232	4 232	III	1 654	730	4			
	V	**11 019**	4 232	4 232	IV	5 612	4 938	4 283	3 648	3 032	2 436
	VI	**11 550**	4 232	4 232							
44 999,99	I,IV	**6 314**	4 235	4 235	I	4 946	3 656	2 443	1 308	323	
	II	**5 011**	4 235	4 235	II	3 717	2 500	1 361	362		
	III	**2 738**	4 235	4 235	III	1 660	736	8			
	V	**11 031**	4 235	4 235	IV	5 620	4 946	4 292	3 656	3 040	2 443
	VI	**11 563**	4 235	4 235							
45 035,99	I,IV	**6 323**	4 239	4 239	I	4 955	3 664	2 451	1 315	328	
	II	**5 019**	4 239	4 239	II	3 725	2 508	1 368	368		
	III	**2 744**	4 239	4 239	III	1 666	742	12			
	V	**11 043**	4 239	4 239	IV	5 629	4 955	4 300	3 664	3 048	2 451
	VI	**11 575**	4 239	4 239							
45 071,99	I,IV	**6 332**	4 242	4 242	I	4 964	3 673	2 459	1 322	333	
	II	**5 028**	4 242	4 242	II	3 733	2 515	1 375	373		
	III	**2 752**	4 242	4 242	III	1 674	746	16			
	V	**11 055**	4 242	4 242	IV	5 638	4 964	4 308	3 673	3 056	2 459
	VI	**11 587**	4 242	4 242							
45 107,99	I,IV	**6 341**	4 245	4 245	I	4 973	3 681	2 466	1 329	339	
	II	**5 037**	4 245	4 245	II	3 741	2 523	1 382	378		
	III	**2 758**	4 245	4 245	III	1 680	752	20			
	V	**11 068**	4 245	4 245	IV	5 647	4 973	4 317	3 681	3 064	2 466
	VI	**11 600**	4 245	4 245							
45 143,99	I,IV	**6 350**	4 249	4 249	I	4 981	3 689	2 474	1 336	344	
	II	**5 045**	4 249	4 249	II	3 750	2 531	1 389	384		
	III	**2 766**	4 249	4 249	III	1 686	758	24			
	V	**11 080**	4 249	4 249	IV	5 656	4 981	4 325	3 689	3 072	2 474
	VI	**11 612**	4 249	4 249							
45 179,99	I,IV	**6 360**	4 252	4 252	I	4 990	3 697	2 482	1 343	349	
	II	**5 054**	4 252	4 252	II	3 758	2 539	1 397	389		
	III	**2 772**	4 252	4 252	III	1 694	764	30			
	V	**11 092**	4 252	4 252	IV	5 665	4 990	4 334	3 697	3 080	2 482
	VI	**11 624**	4 252	4 252							
45 215,99	I,IV	**6 369**	4 255	4 255	I	4 998	3 705	2 489	1 351	355	
	II	**5 063**	4 255	4 255	II	3 766	2 546	1 404	395		
	III	**2 780**	4 255	4 255	III	1 700	768	34			
	V	**11 104**	4 255	4 255	IV	5 674	4 998	4 342	3 705	3 088	2 489
	VI	**11 636**	4 255	4 255							
45 251,99	I,IV	**6 378**	4 259	4 259	I	5 007	3 714	2 497	1 358	360	
	II	**5 072**	4 259	4 259	II	3 774	2 554	1 411	400		
	III	**2 788**	4 259	4 259	III	1 706	774	38			
	V	**11 117**	4 259	4 259	IV	5 683	5 007	4 351	3 714	3 096	2 497
	VI	**11 649**	4 259	4 259							
45 287,99	I,IV	**6 387**	4 262	4 262	I	5 016	3 722	2 505	1 365	366	
	II	**5 080**	4 262	4 262	II	3 783	2 562	1 418	406		
	III	**2 794**	4 262	4 262	III	1 714	780	42			
	V	**11 129**	4 262	4 262	IV	5 692	5 016	4 359	3 722	3 104	2 505
	VI	**11 661**	4 262	4 262							
45 323,99	I,IV	**6 396**	4 266	4 266	I	5 025	3 730	2 513	1 372	371	
	II	**5 089**	4 266	4 266	II	3 791	2 569	1 425	411		
	III	**2 802**	4 266	4 266	III	1 720	784	46			
	V	**11 141**	4 266	4 266	IV	5 701	5 025	4 368	3 730	3 112	2 513
	VI	**11 673**	4 266	4 266							
45 359,99	I,IV	**6 406**	4 269	4 269	I	5 034	3 738	2 520	1 380	376	
	II	**5 098**	4 269	4 269	II	3 799	2 577	1 433	417		
	III	**2 808**	4 269	4 269	III	1 728	790	50			
	V	**11 154**	4 269	4 269	IV	5 710	5 034	4 376	3 738	3 120	2 520
	VI	**11 686**	4 269	4 269							

* Zur LSt-Berechnung für privat versicherte Arbeitnehmer s. Beispiele **Vorbemerkung S. 4 f.**
** Basisvorsorgepauschale KV und PV *** Typisierter Arbeitgeberzuschuss

Lohn/ Gehalt in € bis	Steuerklasse	Lohn-steuer*	BVSP**	TAGZ***	Steuerklasse	Bemessungsgrundlage für Kirchensteuer und Solidaritätszuschlag — Freibeträge für ... Kinder 0,5	1,0	1,5	2,0	2,5	3,0
45 395,99	I,IV	**6 415**	4 272	4 272	I	5 042	3 747	2 528	1 387	382	
	II	**5 107**	4 272	4 272	II	3 807	2 585	1 440	422		
	III	**2 816**	4 272	4 272	III	1 734	796	54			
	V	**11 166**	4 272	4 272	IV	5 719	5 042	4 385	3 747	3 128	2 528
	VI	**11 698**	4 272	4 272							
45 431,99	I,IV	**6 424**	4 276	4 276	I	5 051	3 755	2 536	1 394	387	
	II	**5 115**	4 276	4 276	II	3 815	2 593	1 447	428		
	III	**2 824**	4 276	4 276	III	1 740	802	58			
	V	**11 178**	4 276	4 276	IV	5 728	5 051	4 393	3 755	3 136	2 536
	VI	**11 710**	4 276	4 276							
45 467,99	I,IV	**6 433**	4 279	4 279	I	5 060	3 763	2 543	1 401	393	
	II	**5 124**	4 279	4 279	II	3 824	2 600	1 454	434		
	III	**2 830**	4 279	4 279	III	1 748	808	62			
	V	**11 190**	4 279	4 279	IV	5 737	5 060	4 402	3 763	3 143	2 543
	VI	**11 722**	4 279	4 279							
45 503,99	I,IV	**6 443**	4 283	4 283	I	5 068	3 771	2 551	1 408	398	
	II	**5 133**	4 283	4 283	II	3 832	2 608	1 462	439		
	III	**2 838**	4 283	4 283	III	1 754	812	68			
	V	**11 203**	4 283	4 283	IV	5 746	5 068	4 410	3 771	3 152	2 551
	VI	**11 735**	4 283	4 283							
45 539,99	I,IV	**6 452**	4 286	4 286	I	5 077	3 779	2 559	1 416	404	
	II	**5 142**	4 286	4 286	II	3 840	2 616	1 469	445		
	III	**2 844**	4 286	4 286	III	1 762	818	72			
	V	**11 215**	4 286	4 286	IV	5 755	5 077	4 419	3 779	3 160	2 559
	VI	**11 747**	4 286	4 286							
45 575,99	I,IV	**6 461**	4 289	4 289	I	5 086	3 788	2 567	1 423	409	
	II	**5 150**	4 289	4 289	II	3 848	2 624	1 476	450		
	III	**2 852**	4 289	4 289	III	1 768	824	76			
	V	**11 227**	4 289	4 289	IV	5 764	5 086	4 427	3 788	3 167	2 567
	VI	**11 759**	4 289	4 289							
45 611,99	I,IV	**6 470**	4 293	4 293	I	5 094	3 796	2 574	1 430	415	
	II	**5 159**	4 293	4 293	II	3 857	2 631	1 483	456		
	III	**2 860**	4 293	4 293	III	1 774	828	80			
	V	**11 240**	4 293	4 293	IV	5 773	5 094	4 435	3 796	3 175	2 574
	VI	**11 771**	4 293	4 293							
45 647,99	I,IV	**6 480**	4 296	4 296	I	5 103	3 804	2 582	1 437	420	
	II	**5 168**	4 296	4 296	II	3 865	2 639	1 491	462		
	III	**2 866**	4 296	4 296	III	1 782	834	84			
	V	**11 252**	4 296	4 296	IV	5 782	5 103	4 444	3 804	3 184	2 582
	VI	**11 784**	4 296	4 296							
45 683,99	I,IV	**6 489**	4 300	4 300	I	5 112	3 812	2 590	1 444	426	
	II	**5 177**	4 300	4 300	II	3 873	2 647	1 498	467		
	III	**2 874**	4 300	4 300	III	1 788	840	88			
	V	**11 264**	4 300	4 300	IV	5 791	5 112	4 453	3 812	3 191	2 590
	VI	**11 796**	4 300	4 300							
45 719,99	I,IV	**6 498**	4 303	4 303	I	5 121	3 821	2 598	1 452	431	
	II	**5 185**	4 303	4 303	II	3 882	2 655	1 505	473		
	III	**2 882**	4 303	4 303	III	1 796	846	92			
	V	**11 277**	4 303	4 303	IV	5 800	5 121	4 461	3 821	3 199	2 598
	VI	**11 808**	4 303	4 303							
45 755,99	I,IV	**6 507**	4 306	4 306	I	5 129	3 829	2 605	1 459	437	
	II	**5 194**	4 306	4 306	II	3 890	2 662	1 512	479		
	III	**2 888**	4 306	4 306	III	1 802	852	96			
	V	**11 289**	4 306	4 306	IV	5 809	5 129	4 469	3 829	3 207	2 605
	VI	**11 820**	4 306	4 306							
45 791,99	I,IV	**6 517**	4 310	4 310	I	5 138	3 837	2 613	1 466	443	
	II	**5 203**	4 310	4 310	II	3 898	2 670	1 520	485		
	III	**2 896**	4 310	4 310	III	1 810	858	102			
	V	**11 301**	4 310	4 310	IV	5 818	5 138	4 478	3 837	3 216	2 613
	VI	**11 833**	4 310	4 310							

* Zur LSt-Berechnung für privat versicherte Arbeitnehmer s. Beispiele **Vorbemerkung S. 4 f.**
** Basisvorsorgepauschale KV und PV *** Typisierter Arbeitgeberzuschuss

Lohn/ Gehalt in € bis	Steuerklasse	Lohn-steuer*	BVSP**	TAGZ***	Steuerklasse	Bemessungsgrundlage für Kirchensteuer und Solidaritätszuschlag					
						Freibeträge für ... Kinder					
						0,5	**1,0**	1,5	**2,0**	2,5	**3,0**
45 827,99	I,IV	**6 526**	4 313	4 313	I	5 147	3 845	2 621	1 473	448	
	II	**5 212**	4 313	4 313	II	3 906	2 678	1 527	490		
	III	**2 902**	4 313	4 313	III	1 816	862	106			
	V	**11 314**	4 313	4 313	IV	5 827	5 147	4 487	3 845	3 223	2 621
	VI	**11 845**	4 313	4 313							
45 863,99	I,IV	**6 535**	4 316	4 316	I	5 156	3 854	2 628	1 481	454	
	II	**5 221**	4 316	4 316	II	3 915	2 686	1 534	496		
	III	**2 910**	4 316	4 316	III	1 822	868	110			
	V	**11 326**	4 316	4 316	IV	5 836	5 156	4 495	3 854	3 231	2 628
	VI	**11 857**	4 316	4 316							
45 899,99	I,IV	**6 544**	4 320	4 320	I	5 164	3 862	2 636	1 488	460	
	II	**5 229**	4 320	4 320	II	3 923	2 694	1 541	502		
	III	**2 918**	4 320	4 320	III	1 830	874	114			
	V	**11 338**	4 320	4 320	IV	5 845	5 164	4 503	3 862	3 239	2 636
	VI	**11 870**	4 320	4 320							
45 935,99	I,IV	**6 554**	4 323	4 323	I	5 173	3 870	2 644	1 495	465	
	II	**5 238**	4 323	4 323	II	3 931	2 702	1 549	508		
	III	**2 924**	4 323	4 323	III	1 836	880	118			
	V	**11 350**	4 323	4 323	IV	5 854	5 173	4 512	3 870	3 248	2 644
	VI	**11 882**	4 323	4 323							
45 971,99	I,IV	**6 563**	4 327	4 327	I	5 182	3 878	2 652	1 502	471	
	II	**5 247**	4 327	4 327	II	3 940	2 709	1 556	514		
	III	**2 932**	4 327	4 327	III	1 844	886	122			
	V	**11 363**	4 327	4 327	IV	5 863	5 182	4 521	3 878	3 255	2 652
	VI	**11 894**	4 327	4 327							
46 007,99	I,IV	**6 572**	4 330	4 330	I	5 191	3 887	2 660	1 510	477	
	II	**5 256**	4 330	4 330	II	3 948	2 717	1 563	519		
	III	**2 938**	4 330	4 330	III	1 850	890	126			
	V	**11 375**	4 330	4 330	IV	5 872	5 191	4 529	3 887	3 263	2 660
	VI	**11 907**	4 330	4 330							
46 043,99	I,IV	**6 582**	4 333	4 333	I	5 200	3 895	2 668	1 517	483	
	II	**5 265**	4 333	4 333	II	3 956	2 725	1 571	525		
	III	**2 946**	4 333	4 333	III	1 858	896	132			
	V	**11 387**	4 333	4 333	IV	5 881	5 200	4 538	3 895	3 272	2 668
	VI	**11 919**	4 333	4 333							
46 079,99	I,IV	**6 591**	4 337	4 337	I	5 209	3 903	2 675	1 524	488	
	II	**5 273**	4 337	4 337	II	3 965	2 733	1 578	531		
	III	**2 954**	4 337	4 337	III	1 864	902	136			
	V	**11 400**	4 337	4 337	IV	5 890	5 209	4 546	3 903	3 280	2 675
	VI	**11 931**	4 337	4 337							
46 115,99	I,IV	**6 600**	4 340	4 340	I	5 217	3 911	2 683	1 532	494	
	II	**5 282**	4 340	4 340	II	3 973	2 740	1 585	537		
	III	**2 960**	4 340	4 340	III	1 872	908	140			
	V	**11 412**	4 340	4 340	IV	5 899	5 217	4 555	3 911	3 288	2 683
	VI	**11 944**	4 340	4 340							
46 151,99	I,IV	**6 609**	4 344	4 344	I	5 226	3 920	2 691	1 539	500	
	II	**5 291**	4 344	4 344	II	3 981	2 748	1 593	543		
	III	**2 968**	4 344	4 344	III	1 878	914	144			
	V	**11 424**	4 344	4 344	IV	5 908	5 226	4 563	3 920	3 296	2 691
	VI	**11 956**	4 344	4 344							
46 187,99	I,IV	**6 619**	4 347	4 347	I	5 235	3 928	2 699	1 546	506	
	II	**5 300**	4 347	4 347	II	3 989	2 756	1 600	549		
	III	**2 976**	4 347	4 347	III	1 886	920	148			
	V	**11 437**	4 347	4 347	IV	5 917	5 235	4 572	3 928	3 304	2 699
	VI	**11 968**	4 347	4 347							
46 223,99	I,IV	**6 628**	4 350	4 350	I	5 244	3 936	2 706	1 553	511	
	II	**5 309**	4 350	4 350	II	3 998	2 764	1 607	555		
	III	**2 982**	4 350	4 350	III	1 892	924	154			
	V	**11 449**	4 350	4 350	IV	5 926	5 244	4 580	3 936	3 312	2 706
	VI	**11 980**	4 350	4 350							

* Zur LSt-Berechnung für privat versicherte Arbeitnehmer s. Beispiele **Vorbemerkung S. 4 f.**
** Basisvorsorgepauschale KV und PV *** Typisierter Arbeitgeberzuschuss

Lohn/ Gehalt in € bis	Steuerklasse	Lohnsteuer*	BVSP**	TAGZ***	Steuerklasse	Bemessungsgrundlage für Kirchensteuer und Solidaritätszuschlag					
						Freibeträge für ... Kinder					
						0,5	**1,0**	1,5	**2,0**	2,5	**3,0**
46 259,99	I,IV	**6 637**	4 354	4 354	I	5 252	3 945	2 714	1 561	517	
	II	**5 317**	4 354	4 354	II	4 006	2 772	1 615	561		
	III	**2 990**	4 354	4 354	III	1 900	930	158			
	V	**11 461**	4 354	4 354	IV	5 935	5 252	4 589	3 945	3 320	2 714
	VI	**11 993**	4 354	4 354							
46 295,99	I,IV	**6 647**	4 357	4 357	I	5 261	3 953	2 722	1 568	523	
	II	**5 326**	4 357	4 357	II	4 014	2 779	1 622	567		
	III	**2 996**	4 357	4 357	III	1 906	936	162			
	V	**11 473**	4 357	4 357	IV	5 944	5 261	4 597	3 953	3 328	2 722
	VI	**12 005**	4 357	4 357							
46 331,99	I,IV	**6 656**	4 360	4 360	I	5 270	3 961	2 730	1 575	529	
	II	**5 335**	4 360	4 360	II	4 023	2 787	1 629	573		
	III	**3 004**	4 360	4 360	III	1 912	942	166			
	V	**11 486**	4 360	4 360	IV	5 953	5 270	4 606	3 961	3 336	2 730
	VI	**12 017**	4 360	4 360							
46 367,99	I,IV	**6 665**	4 364	4 364	I	5 279	3 970	2 737	1 583	535	
	II	**5 344**	4 364	4 364	II	4 031	2 795	1 637	579		
	III	**3 012**	4 364	4 364	III	1 920	948	172			
	V	**11 498**	4 364	4 364	IV	5 962	5 279	4 615	3 970	3 344	2 737
	VI	**12 030**	4 364	4 364							
46 403,99	I,IV	**6 675**	4 367	4 367	I	5 288	3 978	2 745	1 590	541	
	II	**5 353**	4 367	4 367	II	4 039	2 803	1 644	585		
	III	**3 018**	4 367	4 367	III	1 926	952	176			
	V	**11 510**	4 367	4 367	IV	5 971	5 288	4 623	3 978	3 352	2 745
	VI	**12 042**	4 367	4 367							
46 439,99	I,IV	**6 684**	4 371	4 371	I	5 296	3 986	2 753	1 597	547	
	II	**5 362**	4 371	4 371	II	4 048	2 811	1 651	591		
	III	**3 026**	4 371	4 371	III	1 934	958	180			
	V	**11 522**	4 371	4 371	IV	5 980	5 296	4 632	3 986	3 360	2 753
	VI	**12 054**	4 371	4 371							
46 475,99	I,IV	**6 693**	4 374	4 374	I	5 305	3 995	2 761	1 605	553	
	II	**5 371**	4 374	4 374	II	4 056	2 819	1 659	597		
	III	**3 034**	4 374	4 374	III	1 942	964	184			
	V	**11 535**	4 374	4 374	IV	5 990	5 305	4 640	3 995	3 368	2 761
	VI	**12 067**	4 374	4 374							
46 511,99	I,IV	**6 703**	4 377	4 377	I	5 314	4 003	2 769	1 612	559	
	II	**5 379**	4 377	4 377	II	4 064	2 827	1 666	603		
	III	**3 040**	4 377	4 377	III	1 948	970	188			
	V	**11 547**	4 377	4 377	IV	5 999	5 314	4 649	4 003	3 376	2 769
	VI	**12 079**	4 377	4 377							
46 547,99	I,IV	**6 712**	4 381	4 381	I	5 323	4 011	2 776	1 619	564	
	II	**5 388**	4 381	4 381	II	4 073	2 834	1 673	609		
	III	**3 048**	4 381	4 381	III	1 956	976	194			
	V	**11 559**	4 381	4 381	IV	6 008	5 323	4 657	4 011	3 384	2 776
	VI	**12 091**	4 381	4 381							
46 583,99	I,IV	**6 721**	4 384	4 384	I	5 332	4 019	2 784	1 626	570	
	II	**5 397**	4 384	4 384	II	4 081	2 842	1 680	615		
	III	**3 056**	4 384	4 384	III	1 962	982	198			
	V	**11 571**	4 384	4 384	IV	6 017	5 332	4 666	4 019	3 392	2 784
	VI	**12 103**	4 384	4 384							
46 619,99	I,IV	**6 731**	4 388	4 388	I	5 341	4 028	2 792	1 634	577	
	II	**5 406**	4 388	4 388	II	4 089	2 850	1 688	621		
	III	**3 062**	4 388	4 388	III	1 968	988	202			
	V	**11 584**	4 388	4 388	IV	6 026	5 341	4 675	4 028	3 400	2 792
	VI	**12 116**	4 388	4 388							
46 655,99	I,IV	**6 740**	4 391	4 391	I	5 349	4 036	2 800	1 641	583	
	II	**5 415**	4 391	4 391	II	4 098	2 858	1 695	627		
	III	**3 070**	4 391	4 391	III	1 976	994	206			
	V	**11 596**	4 391	4 391	IV	6 035	5 349	4 683	4 036	3 408	2 800
	VI	**12 128**	4 391	4 391							

* Zur LSt-Berechnung für privat versicherte Arbeitnehmer s. Beispiele **Vorbemerkung S. 4 f.**
** Basisvorsorgepauschale KV und PV *** Typisierter Arbeitgeberzuschuss

Lohn/ Gehalt in € bis	Steuerklasse	Lohn-steuer*	BVSP**	TAGZ***	Steuerklasse	Bemessungsgrundlage für Kirchensteuer und Solidaritätszuschlag – Freibeträge für ... Kinder 0,5	**1,0**	1,5	**2,0**	2,5	**3,0**
46 691,99	I,IV	**6 749**	4 394	4 394	I	5 358	4 044	2 808	1 648	588	
	II	**5 424**	4 394	4 394	II	4 106	2 866	1 702	634		
	III	**3 076**	4 394	4 394	III	1 982	998	212			
	V	**11 608**	4 394	4 394	IV	6 044	5 358	4 692	4 044	3 416	2 808
	VI	**12 140**	4 394	4 394							
46 727,99	I,IV	**6 759**	4 398	4 398	I	5 367	4 053	2 816	1 656	595	
	II	**5 433**	4 398	4 398	II	4 115	2 874	1 710	640		
	III	**3 084**	4 398	4 398	III	1 990	1 004	216			
	V	**11 621**	4 398	4 398	IV	6 053	5 367	4 700	4 053	3 425	2 816
	VI	**12 153**	4 398	4 398							
46 763,99	I,IV	**6 768**	4 401	4 401	I	5 376	4 061	2 824	1 663	601	
	II	**5 441**	4 401	4 401	II	4 123	2 882	1 717	646		
	III	**3 092**	4 401	4 401	III	1 998	1 010	220			
	V	**11 633**	4 401	4 401	IV	6 062	5 376	4 709	4 061	3 433	2 824
	VI	**12 165**	4 401	4 401							
46 799,99	I,IV	**6 777**	4 405	4 405	I	5 385	4 069	2 831	1 670	607	
	II	**5 450**	4 405	4 405	II	4 131	2 889	1 725	652		
	III	**3 098**	4 405	4 405	III	2 004	1 016	224			
	V	**11 645**	4 405	4 405	IV	6 071	5 385	4 718	4 069	3 441	2 831
	VI	**12 177**	4 405	4 405							
46 835,99	I,IV	**6 787**	4 408	4 408	I	5 394	4 078	2 839	1 678	613	
	II	**5 459**	4 408	4 408	II	4 139	2 897	1 732	658		
	III	**3 106**	4 408	4 408	III	2 012	1 022	230			
	V	**11 658**	4 408	4 408	IV	6 080	5 394	4 726	4 078	3 449	2 839
	VI	**12 189**	4 408	4 408							
46 871,99	I,IV	**6 796**	4 411	4 411	I	5 403	4 086	2 847	1 685	619	
	II	**5 468**	4 411	4 411	II	4 148	2 905	1 739	665		
	III	**3 114**	4 411	4 411	III	2 018	1 028	234			
	V	**11 670**	4 411	4 411	IV	6 090	5 403	4 735	4 086	3 457	2 847
	VI	**12 202**	4 411	4 411							
46 907,99	I,IV	**6 805**	4 415	4 415	I	5 411	4 095	2 855	1 692	625	
	II	**5 477**	4 415	4 415	II	4 156	2 913	1 747	671		
	III	**3 120**	4 415	4 415	III	2 026	1 034	238			
	V	**11 682**	4 415	4 415	IV	6 099	5 411	4 743	4 095	3 465	2 855
	VI	**12 214**	4 415	4 415							
46 943,99	I,IV	**6 815**	4 418	4 418	I	5 420	4 103	2 863	1 700	631	
	II	**5 486**	4 418	4 418	II	4 165	2 921	1 754	677		
	III	**3 128**	4 418	4 418	III	2 032	1 040	244			
	V	**11 694**	4 418	4 418	IV	6 108	5 420	4 752	4 103	3 473	2 863
	VI	**12 226**	4 418	4 418							
46 979,99	I,IV	**6 824**	4 421	4 421	I	5 429	4 111	2 871	1 707	637	
	II	**5 495**	4 421	4 421	II	4 173	2 929	1 761	683		
	III	**3 136**	4 421	4 421	III	2 040	1 046	248			
	V	**11 707**	4 421	4 421	IV	6 117	5 429	4 760	4 111	3 481	2 871
	VI	**12 238**	4 421	4 421							
47 015,99	I,IV	**6 834**	4 425	4 425	I	5 438	4 120	2 879	1 715	644	
	II	**5 504**	4 425	4 425	II	4 182	2 937	1 769	690		
	III	**3 142**	4 425	4 425	III	2 046	1 052	252			
	V	**11 719**	4 425	4 425	IV	6 126	5 438	4 769	4 120	3 490	2 879
	VI	**12 251**	4 425	4 425							
47 051,99	I,IV	**6 843**	4 428	4 428	I	5 447	4 128	2 886	1 722	650	
	II	**5 513**	4 428	4 428	II	4 190	2 945	1 776	696		
	III	**3 150**	4 428	4 428	III	2 054	1 058	256			
	V	**11 731**	4 428	4 428	IV	6 135	5 447	4 778	4 128	3 498	2 886
	VI	**12 263**	4 428	4 428							
47 087,99	I,IV	**6 852**	4 432	4 432	I	5 456	4 136	2 894	1 729	656	
	II	**5 521**	4 432	4 432	II	4 198	2 952	1 784	702		
	III	**3 158**	4 432	4 432	III	2 060	1 064	262			
	V	**11 744**	4 432	4 432	IV	6 144	5 456	4 786	4 136	3 506	2 894
	VI	**12 275**	4 432	4 432							

* Zur LSt-Berechnung für privat versicherte Arbeitnehmer s. Beispiele **Vorbemerkung S. 4 f.**
** Basisvorsorgepauschale KV und PV *** Typisierter Arbeitgeberzuschuss

Lohn/ Gehalt in € bis	Steuerklasse	Lohn- steuer*	BVSP**	TAGZ***	Steuerklasse	Bemessungsgrundlage für Kirchensteuer und Solidaritätszuschlag – Freibeträge für ... Kinder 0,5	**1,0**	1,5	**2,0**	2,5	**3,0**
47 123,99	I,IV	**6 862**	4 435	4 435	I	5 465	4 145	2 902	1 736	662	
	II	**5 530**	4 435	4 435	II	4 207	2 960	1 791	709		
	III	**3 164**	4 435	4 435	III	2 068	1 070	266			
	V	**11 756**	4 435	4 435	IV	6 153	5 465	4 795	4 145	3 514	2 902
	VI	**12 288**	4 435	4 435							
47 159,99	I,IV	**6 871**	4 438	4 438	I	5 474	4 153	2 910	1 744	669	
	II	**5 539**	4 438	4 438	II	4 215	2 968	1 798	715		
	III	**3 172**	4 438	4 438	III	2 074	1 076	270			
	V	**11 768**	4 438	4 438	IV	6 163	5 474	4 804	4 153	3 522	2 910
	VI	**12 300**	4 438	4 438							
47 195,99	I,IV	**6 880**	4 442	4 442	I	5 482	4 162	2 918	1 751	675	
	II	**5 548**	4 442	4 442	II	4 224	2 976	1 806	722		
	III	**3 180**	4 442	4 442	III	2 082	1 080	276			
	V	**11 781**	4 442	4 442	IV	6 172	5 482	4 812	4 162	3 530	2 918
	VI	**12 312**	4 442	4 442							
47 231,99	I,IV	**6 890**	4 445	4 445	I	5 491	4 170	2 926	1 759	681	
	II	**5 557**	4 445	4 445	II	4 232	2 984	1 813	728		
	III	**3 186**	4 445	4 445	III	2 088	1 088	280			
	V	**11 793**	4 445	4 445	IV	6 181	5 491	4 821	4 170	3 538	2 926
	VI	**12 324**	4 445	4 445							
47 267,99	I,IV	**6 899**	4 449	4 449	I	5 500	4 178	2 933	1 766	687	
	II	**5 566**	4 449	4 449	II	4 240	2 992	1 820	734		
	III	**3 194**	4 449	4 449	III	2 096	1 092	284			
	V	**11 805**	4 449	4 449	IV	6 190	5 500	4 829	4 178	3 546	2 933
	VI	**12 337**	4 449	4 449							
47 303,99	I,IV	**6 909**	4 452	4 452	I	5 509	4 187	2 942	1 773	694	
	II	**5 575**	4 452	4 452	II	4 249	3 000	1 828	741		
	III	**3 202**	4 452	4 452	III	2 102	1 098	290			
	V	**11 818**	4 452	4 452	IV	6 199	5 509	4 838	4 187	3 555	2 942
	VI	**12 349**	4 452	4 452							
47 339,99	I,IV	**6 918**	4 455	4 455	I	5 518	4 195	2 949	1 781	700	
	II	**5 584**	4 455	4 455	II	4 257	3 008	1 835	747		
	III	**3 208**	4 455	4 455	III	2 110	1 104	294			
	V	**11 830**	4 455	4 455	IV	6 208	5 518	4 847	4 195	3 563	2 949
	VI	**12 361**	4 455	4 455							
47 375,99	I,IV	**6 927**	4 459	4 459	I	5 527	4 203	2 957	1 788	706	
	II	**5 593**	4 459	4 459	II	4 266	3 016	1 843	754		
	III	**3 216**	4 459	4 459	III	2 116	1 110	298			
	V	**11 842**	4 459	4 459	IV	6 217	5 527	4 855	4 203	3 571	2 957
	VI	**12 374**	4 459	4 459							
47 411,99	I,IV	**6 937**	4 462	4 462	I	5 536	4 212	2 965	1 796	713	
	II	**5 602**	4 462	4 462	II	4 274	3 024	1 850	760		
	III	**3 224**	4 462	4 462	III	2 124	1 116	304			
	V	**11 854**	4 462	4 462	IV	6 227	5 536	4 864	4 212	3 579	2 965
	VI	**12 386**	4 462	4 462							
47 447,99	I,IV	**6 946**	4 466	4 466	I	5 545	4 220	2 973	1 803	719	
	II	**5 611**	4 466	4 466	II	4 282	3 032	1 858	767		
	III	**3 230**	4 466	4 466	III	2 132	1 122	308			
	V	**11 867**	4 466	4 466	IV	6 236	5 545	4 873	4 220	3 587	2 973
	VI	**12 398**	4 466	4 466							
47 483,99	I,IV	**6 956**	4 469	4 469	I	5 554	4 229	2 981	1 810	726	
	II	**5 619**	4 469	4 469	II	4 291	3 039	1 865	773		
	III	**3 238**	4 469	4 469	III	2 138	1 128	312			
	V	**11 879**	4 469	4 469	IV	6 245	5 554	4 882	4 229	3 595	2 981
	VI	**12 411**	4 469	4 469							
47 519,99	I,IV	**6 965**	4 472	4 472	I	5 562	4 237	2 989	1 818	732	
	II	**5 628**	4 472	4 472	II	4 299	3 047	1 872	780		
	III	**3 246**	4 472	4 472	III	2 146	1 134	318			
	V	**11 891**	4 472	4 472	IV	6 254	5 562	4 890	4 237	3 603	2 989
	VI	**12 423**	4 472	4 472							

* Zur LSt-Berechnung für privat versicherte Arbeitnehmer s. Beispiele **Vorbemerkung S. 4 f.**
** Basisvorsorgepauschale KV und PV *** Typisierter Arbeitgeberzuschuss

Lohn/ Gehalt in € bis	Steuerklasse	Lohn- steuer*	BVSP**	TAGZ***	Steuerklasse	Bemessungsgrundlage für Kirchensteuer und Solidaritätszuschlag					
						Freibeträge für ... Kinder					
						0,5	**1,0**	1,5	**2,0**	2,5	**3,0**
47 555,99	I,IV	**6 975**	4 476	4 476	I	5 572	4 246	2 997	1 825	739	
	II	**5 638**	4 476	4 476	II	4 308	3 055	1 880	787		
	III	**3 252**	4 476	4 476	III	2 152	1 140	322			
	V	**11 904**	4 476	4 476	IV	6 263	5 572	4 899	4 246	3 612	2 997
	VI	**12 435**	4 476	4 476							
47 591,99	I,IV	**6 984**	4 479	4 479	I	5 580	4 254	3 005	1 833	745	
	II	**5 646**	4 479	4 479	II	4 316	3 063	1 887	793		
	III	**3 260**	4 479	4 479	III	2 160	1 146	326			
	V	**11 916**	4 479	4 479	IV	6 273	5 580	4 908	4 254	3 620	3 005
	VI	**12 448**	4 479	4 479							
47 627,99	I,IV	**6 993**	4 482	4 482	I	5 589	4 262	3 013	1 840	751	
	II	**5 655**	4 482	4 482	II	4 325	3 071	1 895	800		
	III	**3 268**	4 482	4 482	III	2 166	1 152	332			
	V	**11 928**	4 482	4 482	IV	6 282	5 589	4 916	4 262	3 628	3 013
	VI	**12 460**	4 482	4 482							
47 663,99	I,IV	**7 003**	4 486	4 486	I	5 598	4 271	3 020	1 847	758	
	II	**5 664**	4 486	4 486	II	4 333	3 079	1 902	806		
	III	**3 274**	4 486	4 486	III	2 174	1 158	336			
	V	**11 940**	4 486	4 486	IV	6 291	5 598	4 925	4 271	3 636	3 020
	VI	**12 472**	4 486	4 486							
47 699,99	I,IV	**7 012**	4 489	4 489	I	5 607	4 279	3 029	1 855	764	
	II	**5 673**	4 489	4 489	II	4 342	3 087	1 910	813		
	III	**3 282**	4 489	4 489	III	2 180	1 164	340			
	V	**11 953**	4 489	4 489	IV	6 300	5 607	4 934	4 279	3 644	3 029
	VI	**12 484**	4 489	4 489							
47 735,99	I,IV	**7 022**	4 493	4 493	I	5 616	4 288	3 036	1 862	771	
	II	**5 682**	4 493	4 493	II	4 350	3 095	1 917	820		
	III	**3 290**	4 493	4 493	III	2 188	1 170	346			
	V	**11 965**	4 493	4 493	IV	6 309	5 616	4 942	4 288	3 652	3 036
	VI	**12 497**	4 493	4 493							
47 771,99	I,IV	**7 031**	4 496	4 496	I	5 625	4 296	3 044	1 870	777	
	II	**5 691**	4 496	4 496	II	4 358	3 103	1 925	826	2	
	III	**3 296**	4 496	4 496	III	2 194	1 176	350			
	V	**11 977**	4 496	4 496	IV	6 318	5 625	4 951	4 296	3 661	3 044
	VI	**12 509**	4 496	4 496							
47 807,99	I,IV	**7 040**	4 499	4 499	I	5 634	4 304	3 052	1 877	784	
	II	**5 700**	4 499	4 499	II	4 367	3 111	1 932	833	6	
	III	**3 304**	4 499	4 499	III	2 202	1 182	356			
	V	**11 989**	4 499	4 499	IV	6 328	5 634	4 959	4 304	3 669	3 052
	VI	**12 521**	4 499	4 499							
47 843,99	I,IV	**7 050**	4 503	4 503	I	5 643	4 313	3 060	1 885	791	
	II	**5 709**	4 503	4 503	II	4 375	3 119	1 940	840	10	
	III	**3 312**	4 503	4 503	III	2 208	1 188	360			
	V	**12 002**	4 503	4 503	IV	6 337	5 643	4 968	4 313	3 677	3 060
	VI	**12 534**	4 503	4 503							
47 879,99	I,IV	**7 060**	4 506	4 506	I	5 652	4 321	3 068	1 892	797	
	II	**5 718**	4 506	4 506	II	4 384	3 127	1 947	846	14	
	III	**3 318**	4 506	4 506	III	2 216	1 194	364			
	V	**12 014**	4 506	4 506	IV	6 346	5 652	4 977	4 321	3 685	3 068
	VI	**12 546**	4 506	4 506							
47 915,99	I,IV	**7 069**	4 510	4 510	I	5 661	4 330	3 076	1 899	804	
	II	**5 727**	4 510	4 510	II	4 392	3 135	1 954	853	18	
	III	**3 326**	4 510	4 510	III	2 224	1 202	370			
	V	**12 026**	4 510	4 510	IV	6 355	5 661	4 986	4 330	3 693	3 076
	VI	**12 558**	4 510	4 510							
47 951,99	I,IV	**7 078**	4 513	4 513	I	5 670	4 338	3 084	1 907	810	
	II	**5 736**	4 513	4 513	II	4 401	3 143	1 962	860	23	
	III	**3 332**	4 513	4 513	III	2 230	1 206	374			
	V	**12 038**	4 513	4 513	IV	6 364	5 670	4 994	4 338	3 701	3 084
	VI	**12 570**	4 513	4 513							

* Zur LSt-Berechnung für privat versicherte Arbeitnehmer s. Beispiele **Vorbemerkung S. 4 f.**
** Basisvorsorgepauschale KV und PV *** Typisierter Arbeitgeberzuschuss

Lohn/ Gehalt in € bis	Steuerklasse	Lohn-steuer*	BVSP**	TAGZ***	Steuerklasse	Bemessungsgrundlage für Kirchensteuer und Solidaritätszuschlag – Freibeträge für ... Kinder 0,5	1,0	1,5	2,0	2,5	3,0
47 987,99	I,IV	**7 088**	4 516	4 516	I	5 679	4 347	3 092	1 914	817	
	II	**5 745**	4 516	4 516	II	4 409	3 151	1 969	867	27	
	III	**3 340**	4 516	4 516	III	2 238	1 214	378			
	V	**12 051**	4 516	4 516	IV	6 374	5 679	5 003	4 347	3 710	3 092
	VI	**12 583**	4 516	4 516							
48 023,99	I,IV	**7 097**	4 520	4 520	I	5 688	4 355	3 100	1 922	824	
	II	**5 754**	4 520	4 520	II	4 418	3 159	1 977	873	31	
	III	**3 348**	4 520	4 520	III	2 244	1 220	384			
	V	**12 063**	4 520	4 520	IV	6 383	5 688	5 012	4 355	3 718	3 100
	VI	**12 595**	4 520	4 520							
48 059,99	I,IV	**7 107**	4 523	4 523	I	5 697	4 364	3 108	1 929	830	4
	II	**5 763**	4 523	4 523	II	4 426	3 167	1 984	880	35	
	III	**3 354**	4 523	4 523	III	2 252	1 226	388			
	V	**12 075**	4 523	4 523	IV	6 392	5 697	5 020	4 364	3 726	3 108
	VI	**12 607**	4 523	4 523							
48 095,99	I,IV	**7 116**	4 527	4 527	I	5 706	4 372	3 116	1 937	837	9
	II	**5 772**	4 527	4 527	II	4 435	3 175	1 992	887	40	
	III	**3 362**	4 527	4 527	III	2 258	1 232	394			
	V	**12 088**	4 527	4 527	IV	6 401	5 706	5 029	4 372	3 734	3 116
	VI	**12 620**	4 527	4 527							
48 131,99	I,IV	**7 126**	4 530	4 530	I	5 715	4 381	3 124	1 944	844	13
	II	**5 781**	4 530	4 530	II	4 443	3 183	1 999	894	44	
	III	**3 370**	4 530	4 530	III	2 266	1 238	398			
	V	**12 100**	4 530	4 530	IV	6 411	5 715	5 038	4 381	3 743	3 124
	VI	**12 632**	4 530	4 530							
48 167,99	I,IV	**7 135**	4 533	4 533	I	5 724	4 389	3 132	1 952	850	17
	II	**5 790**	4 533	4 533	II	4 452	3 191	2 007	901	48	
	III	**3 376**	4 533	4 533	III	2 272	1 244	404			
	V	**12 112**	4 533	4 533	IV	6 420	5 724	5 047	4 389	3 751	3 132
	VI	**12 644**	4 533	4 533							
48 203,99	I,IV	**7 145**	4 537	4 537	I	5 732	4 397	3 140	1 959	857	21
	II	**5 799**	4 537	4 537	II	4 460	3 199	2 014	907	52	
	III	**3 384**	4 537	4 537	III	2 280	1 250	408			
	V	**12 125**	4 537	4 537	IV	6 429	5 732	5 055	4 397	3 759	3 140
	VI	**12 656**	4 537	4 537							
48 239,99	I,IV	**7 154**	4 540	4 540	I	5 742	4 406	3 148	1 967	864	25
	II	**5 808**	4 540	4 540	II	4 469	3 207	2 022	914	57	
	III	**3 392**	4 540	4 540	III	2 286	1 256	414			
	V	**12 137**	4 540	4 540	IV	6 438	5 742	5 064	4 406	3 767	3 148
	VI	**12 669**	4 540	4 540							
48 275,99	I,IV	**7 164**	4 543	4 543	I	5 751	4 415	3 156	1 974	871	29
	II	**5 817**	4 543	4 543	II	4 477	3 215	2 029	921	61	
	III	**3 398**	4 543	4 543	III	2 294	1 262	418			
	V	**12 149**	4 543	4 543	IV	6 448	5 751	5 073	4 415	3 775	3 156
	VI	**12 681**	4 543	4 543							
48 311,99	I,IV	**7 173**	4 547	4 547	I	5 759	4 423	3 164	1 981	878	34
	II	**5 826**	4 547	4 547	II	4 486	3 223	2 037	928	65	
	III	**3 406**	4 547	4 547	III	2 302	1 268	422			
	V	**12 162**	4 547	4 547	IV	6 457	5 759	5 082	4 423	3 784	3 164
	VI	**12 693**	4 547	4 547							
48 347,99	I,IV	**7 183**	4 550	4 550	I	5 768	4 431	3 172	1 989	884	38
	II	**5 835**	4 550	4 550	II	4 494	3 231	2 044	935	70	
	III	**3 414**	4 550	4 550	III	2 308	1 274	428			
	V	**12 174**	4 550	4 550	IV	6 466	5 768	5 090	4 431	3 792	3 172
	VI	**12 705**	4 550	4 550							
48 383,99	I,IV	**7 192**	4 554	4 554	I	5 778	4 440	3 180	1 997	891	42
	II	**5 844**	4 554	4 554	II	4 503	3 239	2 052	942	74	
	III	**3 422**	4 554	4 554	III	2 316	1 280	432			
	V	**12 186**	4 554	4 554	IV	6 475	5 778	5 099	4 440	3 800	3 180
	VI	**12 718**	4 554	4 554							

* Zur LSt-Berechnung für privat versicherte Arbeitnehmer s. Beispiele **Vorbemerkung S. 4 f.**
** Basisvorsorgepauschale KV und PV *** Typisierter Arbeitgeberzuschuss

Lohn/ Gehalt in € bis	Steuerklasse	Lohn-steuer*	BVSP**	TAGZ***	Steuerklasse	Bemessungsgrundlage für Kirchensteuer und Solidaritätszuschlag					
						Freibeträge für ... Kinder					
						0,5	**1,0**	1,5	**2,0**	2,5	**3,0**
48419,99	I,IV	**7202**	4557	4557	I	5787	4449	3188	2004	898	46
	II	**5853**	4557	4557	II	4511	3247	2059	949	79	
	III	**3428**	4557	4557	III	2322	1286	438			
	V	**12198**	4557	4557	IV	6485	5787	5108	4449	3808	3188
	VI	**12730**	4557	4557							
48455,99	I,IV	**7211**	4560	4560	I	5795	4457	3196	2011	905	51
	II	**5862**	4560	4560	II	4520	3255	2067	956	83	
	III	**3436**	4560	4560	III	2330	1292	442			
	V	**12211**	4560	4560	IV	6494	5795	5117	4457	3817	3196
	VI	**12742**	4560	4560							
48491,99	I,IV	**7221**	4564	4564	I	5804	4465	3203	2019	912	55
	II	**5871**	4564	4564	II	4528	3263	2074	963	87	
	III	**3444**	4564	4564	III	2336	1300	448			
	V	**12223**	4564	4564	IV	6503	5804	5125	4465	3825	3203
	VI	**12755**	4564	4564							
48527,99	I,IV	**7230**	4567	4567	I	5814	4474	3212	2026	919	59
	II	**5880**	4567	4567	II	4537	3271	2082	970	92	
	III	**3450**	4567	4567	III	2344	1306	452			
	V	**12235**	4567	4567	IV	6512	5814	5134	4474	3833	3212
	VI	**12767**	4567	4567							
48563,99	I,IV	**7240**	4571	4571	I	5823	4482	3220	2034	926	64
	II	**5889**	4571	4571	II	4545	3279	2089	977	96	
	III	**3458**	4571	4571	III	2350	1312	456			
	V	**12248**	4571	4571	IV	6522	5823	5143	4482	3841	3220
	VI	**12779**	4571	4571							
48599,99	I,IV	**7249**	4574	4574	I	5831	4491	3228	2041	932	68
	II	**5898**	4574	4574	II	4554	3287	2097	984	101	
	III	**3466**	4574	4574	III	2358	1318	462			
	V	**12260**	4574	4574	IV	6531	5831	5152	4491	3850	3228
	VI	**12792**	4574	4574							
48635,99	I,IV	**7259**	4577	4577	I	5841	4500	3236	2049	940	73
	II	**5907**	4577	4577	II	4563	3295	2105	991	105	
	III	**3472**	4577	4577	III	2366	1324	468			
	V	**12272**	4577	4577	IV	6540	5841	5161	4500	3858	3236
	VI	**12804**	4577	4577							
48671,99	I,IV	**7268**	4581	4581	I	5850	4508	3244	2056	946	77
	II	**5916**	4581	4581	II	4571	3303	2112	998	110	
	III	**3480**	4581	4581	III	2372	1330	472			
	V	**12285**	4581	4581	IV	6549	5850	5169	4508	3866	3244
	VI	**12816**	4581	4581							
48707,99	I,IV	**7278**	4584	4584	I	5859	4517	3252	2064	953	81
	II	**5925**	4584	4584	II	4580	3311	2119	1005	114	
	III	**3488**	4584	4584	III	2380	1336	476			
	V	**12297**	4584	4584	IV	6559	5859	5178	4517	3874	3252
	VI	**12828**	4584	4584							
48743,99	I,IV	**7287**	4588	4588	I	5868	4525	3260	2071	960	86
	II	**5934**	4588	4588	II	4588	3319	2127	1012	119	
	III	**3494**	4588	4588	III	2386	1342	482			
	V	**12309**	4588	4588	IV	6568	5868	5187	4525	3883	3260
	VI	**12841**	4588	4588							
48779,99	I,IV	**7297**	4591	4591	I	5877	4534	3268	2079	967	90
	II	**5944**	4591	4591	II	4597	3327	2135	1019	124	
	III	**3502**	4591	4591	III	2394	1350	486			
	V	**12322**	4591	4591	IV	6577	5877	5196	4534	3891	3268
	VI	**12853**	4591	4591							
48815,99	I,IV	**7307**	4594	4594	I	5886	4542	3276	2087	974	95
	II	**5953**	4594	4594	II	4605	3335	2142	1026	128	
	III	**3510**	4594	4594	III	2400	1356	492			
	V	**12334**	4594	4594	IV	6587	5886	5204	4542	3899	3276
	VI	**12865**	4594	4594							

* Zur LSt-Berechnung für privat versicherte Arbeitnehmer s. Beispiele **Vorbemerkung S. 4f.**
** Basisvorsorgepauschale KV und PV *** Typisierter Arbeitgeberzuschuss

Lohn/ Gehalt in € bis	Steuerklasse	Lohn-steuer*	BVSP**	TAGZ***	Steuerklasse	Bemessungsgrundlage für Kirchensteuer und Solidaritätszuschlag – Freibeträge für ... Kinder 0,5	**1,0**	1,5	**2,0**	2,5	**3,0**
48 851,99	I,IV	**7 316**	4 598	4 598	I	5 895	4 551	3 284	2 094	981	99
	II	**5 962**	4 598	4 598	II	4 614	3 343	2 150	1 033	133	
	III	**3 516**	4 598	4 598	III	2 408	1 362	496			
	V	**12 346**	4 598	4 598	IV	6 596	5 895	5 213	4 551	3 908	3 284
	VI	**12 878**	4 598	4 598							
48 887,99	I,IV	**7 325**	4 601	4 601	I	5 904	4 559	3 292	2 101	988	104
	II	**5 971**	4 601	4 601	II	4 622	3 351	2 157	1 040	137	
	III	**3 524**	4 601	4 601	III	2 414	1 368	502			
	V	**12 358**	4 601	4 601	IV	6 605	5 904	5 222	4 559	3 916	3 292
	VI	**12 890**	4 601	4 601							
48 923,99	I,IV	**7 335**	4 604	4 604	I	5 913	4 568	3 300	2 109	996	108
	II	**5 980**	4 604	4 604	II	4 631	3 359	2 165	1 048	142	
	III	**3 532**	4 604	4 604	III	2 422	1 374	508			
	V	**12 371**	4 604	4 604	IV	6 614	5 913	5 231	4 568	3 924	3 300
	VI	**12 902**	4 604	4 604							
48 959,99	I,IV	**7 345**	4 608	4 608	I	5 922	4 576	3 308	2 117	1 003	113
	II	**5 989**	4 608	4 608	II	4 639	3 367	2 172	1 055	147	
	III	**3 538**	4 608	4 608	III	2 428	1 380	512			
	V	**12 383**	4 608	4 608	IV	6 624	5 922	5 239	4 576	3 932	3 308
	VI	**12 915**	4 608	4 608							
48 995,99	I,IV	**7 354**	4 611	4 611	I	5 931	4 585	3 316	2 124	1 009	117
	II	**5 998**	4 611	4 611	II	4 648	3 375	2 180	1 061	151	
	III	**3 546**	4 611	4 611	III	2 436	1 388	518			
	V	**12 395**	4 611	4 611	IV	6 633	5 931	5 248	4 585	3 941	3 316
	VI	**12 927**	4 611	4 611							
49 031,99	I,IV	**7 364**	4 615	4 615	I	5 940	4 593	3 324	2 132	1 016	122
	II	**6 007**	4 615	4 615	II	4 656	3 383	2 187	1 068	156	
	III	**3 554**	4 615	4 615	III	2 444	1 394	522			
	V	**12 407**	4 615	4 615	IV	6 642	5 940	5 257	4 593	3 949	3 324
	VI	**12 939**	4 615	4 615							
49 067,99	I,IV	**7 373**	4 618	4 618	I	5 949	4 602	3 332	2 139	1 024	126
	II	**6 016**	4 618	4 618	II	4 665	3 392	2 195	1 076	161	
	III	**3 562**	4 618	4 618	III	2 450	1 400	528			
	V	**12 420**	4 618	4 618	IV	6 652	5 949	5 266	4 602	3 957	3 332
	VI	**12 952**	4 618	4 618							
49 103,99	I,IV	**7 383**	4 621	4 621	I	5 958	4 611	3 340	2 147	1 031	131
	II	**6 025**	4 621	4 621	II	4 674	3 400	2 203	1 083	165	
	III	**3 568**	4 621	4 621	III	2 458	1 406	532			
	V	**12 432**	4 621	4 621	IV	6 661	5 958	5 275	4 611	3 966	3 340
	VI	**12 964**	4 621	4 621							
49 139,99	I,IV	**7 392**	4 625	4 625	I	5 967	4 619	3 348	2 154	1 038	135
	II	**6 034**	4 625	4 625	II	4 682	3 408	2 210	1 090	170	
	III	**3 576**	4 625	4 625	III	2 464	1 412	538			
	V	**12 444**	4 625	4 625	IV	6 670	5 967	5 283	4 619	3 974	3 348
	VI	**12 976**	4 625	4 625							
49 175,99	I,IV	**7 402**	4 628	4 628	I	5 976	4 627	3 356	2 162	1 045	140
	II	**6 043**	4 628	4 628	II	4 691	3 416	2 218	1 097	175	
	III	**3 584**	4 628	4 628	III	2 472	1 418	542			
	V	**12 456**	4 628	4 628	IV	6 679	5 976	5 292	4 627	3 982	3 356
	VI	**12 988**	4 628	4 628							
49 211,99	I,IV	**7 412**	4 632	4 632	I	5 985	4 636	3 364	2 169	1 052	145
	II	**6 052**	4 632	4 632	II	4 700	3 424	2 225	1 104	180	
	III	**3 590**	4 632	4 632	III	2 480	1 426	548			
	V	**12 469**	4 632	4 632	IV	6 689	5 985	5 301	4 636	3 991	3 364
	VI	**13 001**	4 632	4 632							
49 247,99	I,IV	**7 421**	4 635	4 635	I	5 994	4 645	3 372	2 177	1 059	149
	II	**6 061**	4 635	4 635	II	4 708	3 432	2 233	1 111	184	
	III	**3 598**	4 635	4 635	III	2 486	1 432	552			
	V	**12 481**	4 635	4 635	IV	6 698	5 994	5 310	4 645	3 999	3 372
	VI	**13 013**	4 635	4 635							

* Zur LSt-Berechnung für privat versicherte Arbeitnehmer s. Beispiele **Vorbemerkung S. 4 f.**
** Basisvorsorgepauschale KV und PV *** Typisierter Arbeitgeberzuschuss

Lohn/ Gehalt in € bis	Steuerklasse	Lohn- steuer*	BVSP**	TAGZ***	Steuerklasse	Bemessungsgrundlage für Kirchensteuer und Solidaritätszuschlag					
						Freibeträge für ... Kinder					
						0,5	**1,0**	1,5	**2,0**	2,5	**3,0**
49 283,99	I,IV	**7 431**	4 638	4 638	I	6 003	4 653	3 380	2 184	1 066	154
	II	**6 071**	4 638	4 638	II	4 717	3 440	2 240	1 118	189	
	III	**3 606**	4 638	4 638	III	2 494	1 438	558			
	V	**12 493**	4 638	4 638	IV	6 707	6 003	5 319	4 653	4 007	3 380
	VI	**13 025**	4 638	4 638							
49 319,99	I,IV	**7 441**	4 642	4 642	I	6 013	4 662	3 389	2 192	1 073	159
	II	**6 080**	4 642	4 642	II	4 725	3 448	2 248	1 125	194	
	III	**3 614**	4 642	4 642	III	2 500	1 444	562			
	V	**12 506**	4 642	4 642	IV	6 717	6 013	5 328	4 662	4 016	3 389
	VI	**13 038**	4 642	4 642							
49 355,99	I,IV	**7 450**	4 645	4 645	I	6 022	4 671	3 397	2 200	1 080	164
	II	**6 089**	4 645	4 645	II	4 734	3 456	2 256	1 132	199	
	III	**3 620**	4 645	4 645	III	2 508	1 450	568			
	V	**12 518**	4 645	4 645	IV	6 726	6 022	5 336	4 671	4 024	3 397
	VI	**13 050**	4 645	4 645							
49 391,99	I,IV	**7 460**	4 649	4 649	I	6 031	4 679	3 405	2 207	1 087	168
	II	**6 098**	4 649	4 649	II	4 743	3 464	2 263	1 139	204	
	III	**3 628**	4 649	4 649	III	2 514	1 458	574			
	V	**12 530**	4 649	4 649	IV	6 735	6 031	5 345	4 679	4 032	3 405
	VI	**13 062**	4 649	4 649							
49 427,99	I,IV	**7 469**	4 652	4 652	I	6 040	4 688	3 413	2 215	1 094	173
	II	**6 107**	4 652	4 652	II	4 751	3 472	2 271	1 146	209	
	III	**3 634**	4 652	4 652	III	2 522	1 464	578			
	V	**12 542**	4 652	4 652	IV	6 745	6 040	5 354	4 688	4 040	3 413
	VI	**13 074**	4 652	4 652							
49 463,99	I,IV	**7 479**	4 655	4 655	I	6 049	4 696	3 421	2 223	1 101	178
	II	**6 116**	4 655	4 655	II	4 760	3 481	2 279	1 154	214	
	III	**3 642**	4 655	4 655	III	2 530	1 470	584			
	V	**12 555**	4 655	4 655	IV	6 754	6 049	5 363	4 696	4 049	3 421
	VI	**13 087**	4 655	4 655							
49 499,99	I,IV	**7 488**	4 659	4 659	I	6 058	4 705	3 429	2 230	1 108	183
	II	**6 125**	4 659	4 659	II	4 768	3 489	2 286	1 161	218	
	III	**3 650**	4 659	4 659	III	2 536	1 476	588			
	V	**12 567**	4 659	4 659	IV	6 764	6 058	5 372	4 705	4 057	3 429
	VI	**13 099**	4 659	4 659							
49 535,99	I,IV	**7 498**	4 662	4 662	I	6 067	4 713	3 437	2 238	1 115	187
	II	**6 134**	4 662	4 662	II	4 777	3 497	2 294	1 168	223	
	III	**3 658**	4 662	4 662	III	2 544	1 482	594			
	V	**12 579**	4 662	4 662	IV	6 773	6 067	5 381	4 713	4 066	3 437
	VI	**13 111**	4 662	4 662							
49 571,99	I,IV	**7 507**	4 665	4 665	I	6 076	4 722	3 445	2 245	1 122	192
	II	**6 143**	4 665	4 665	II	4 786	3 505	2 301	1 175	228	
	III	**3 664**	4 665	4 665	III	2 550	1 490	598			
	V	**12 592**	4 665	4 665	IV	6 782	6 076	5 389	4 722	4 074	3 445
	VI	**13 123**	4 665	4 665							
49 607,99	I,IV	**7 517**	4 669	4 669	I	6 085	4 731	3 453	2 253	1 130	197
	II	**6 153**	4 669	4 669	II	4 794	3 513	2 309	1 182	233	
	III	**3 672**	4 669	4 669	III	2 558	1 496	604			
	V	**12 604**	4 669	4 669	IV	6 792	6 085	5 398	4 731	4 082	3 453
	VI	**13 136**	4 669	4 669							
49 643,99	I,IV	**7 527**	4 672	4 672	I	6 094	4 739	3 461	2 260	1 137	202
	II	**6 162**	4 672	4 672	II	4 803	3 521	2 317	1 189	238	
	III	**3 680**	4 672	4 672	III	2 564	1 502	610			
	V	**12 616**	4 672	4 672	IV	6 801	6 094	5 407	4 739	4 091	3 461
	VI	**13 148**	4 672	4 672							
49 679,99	I,IV	**7 536**	4 676	4 676	I	6 104	4 748	3 469	2 268	1 144	207
	II	**6 171**	4 676	4 676	II	4 811	3 529	2 324	1 196	243	
	III	**3 688**	4 676	4 676	III	2 572	1 508	614			
	V	**12 629**	4 676	4 676	IV	6 810	6 104	5 416	4 748	4 099	3 469
	VI	**13 160**	4 676	4 676							

* Zur LSt-Berechnung für privat versicherte Arbeitnehmer s. Beispiele **Vorbemerkung S. 4 f.**
** Basisvorsorgepauschale KV und PV *** Typisierter Arbeitgeberzuschuss

Lohn/ Gehalt in € bis	Steuerklasse	Lohn- steuer*	BVSP**	TAGZ***	Steuerklasse	Bemessungsgrundlage für Kirchensteuer und Solidaritätszuschlag – Freibeträge für ... Kinder 0,5	1,0	1,5	2,0	2,5	3,0
49715,99	I,IV	**7546**	4679	4679	I	6113	4756	3477	2275	1151	212
	II	**6180**	4679	4679	II	4820	3537	2332	1203	248	
	III	**3694**	4679	4679	III	2578	1516	620			
	V	**12641**	4679	4679	IV	6820	6113	5425	4756	4107	3477
	VI	**13172**	4679	4679							
49751,99	I,IV	**7556**	4682	4682	I	6122	4765	3486	2283	1158	217
	II	**6189**	4682	4682	II	4829	3546	2340	1211	253	
	III	**3702**	4682	4682	III	2586	1522	624			
	V	**12653**	4682	4682	IV	6829	6122	5434	4765	4116	3486
	VI	**13185**	4682	4682							
49787,99	I,IV	**7565**	4686	4686	I	6131	4774	3494	2291	1165	221
	II	**6198**	4686	4686	II	4837	3554	2347	1218	258	
	III	**3710**	4686	4686	III	2594	1528	630			
	V	**12666**	4686	4686	IV	6838	6131	5443	4774	4124	3494
	VI	**13197**	4686	4686							
49823,99	I,IV	**7575**	4689	4689	I	6140	4782	3502	2298	1172	226
	II	**6207**	4689	4689	II	4846	3562	2355	1225	263	
	III	**3716**	4689	4689	III	2600	1534	636			
	V	**12678**	4689	4689	IV	6848	6140	5451	4782	4132	3502
	VI	**13209**	4689	4689							
49859,99	I,IV	**7584**	4693	4693	I	6149	4791	3510	2306	1179	231
	II	**6217**	4693	4693	II	4855	3570	2362	1232	268	
	III	**3724**	4693	4693	III	2608	1542	640			
	V	**12690**	4693	4693	IV	6857	6149	5460	4791	4141	3510
	VI	**13222**	4693	4693							
49895,99	I,IV	**7594**	4696	4696	I	6158	4800	3518	2314	1186	236
	II	**6226**	4696	4696	II	4863	3578	2370	1239	273	
	III	**3732**	4696	4696	III	2616	1548	646			
	V	**12702**	4696	4696	IV	6867	6158	5469	4800	4149	3518
	VI	**13234**	4696	4696							
49931,99	I,IV	**7604**	4699	4699	I	6167	4808	3526	2321	1194	241
	II	**6235**	4699	4699	II	4872	3586	2378	1246	279	
	III	**3738**	4699	4699	III	2622	1554	650			
	V	**12715**	4699	4699	IV	6876	6167	5478	4808	4158	3526
	VI	**13246**	4699	4699							
49967,99	I,IV	**7613**	4703	4703	I	6176	4817	3534	2329	1201	246
	II	**6244**	4703	4703	II	4881	3594	2385	1253	284	
	III	**3746**	4703	4703	III	2630	1562	656			
	V	**12727**	4703	4703	IV	6885	6176	5487	4817	4166	3534
	VI	**13259**	4703	4703							
50003,99	I,IV	**7623**	4706	4706	I	6186	4826	3543	2337	1208	251
	II	**6253**	4706	4706	II	4889	3603	2393	1261	289	
	III	**3754**	4706	4706	III	2636	1568	662			
	V	**12739**	4706	4706	IV	6895	6186	5496	4826	4174	3543
	VI	**13271**	4706	4706							
50039,99	I,IV	**7633**	4710	4710	I	6195	4834	3551	2344	1215	256
	II	**6263**	4710	4710	II	4898	3611	2401	1268	294	
	III	**3762**	4710	4710	III	2644	1574	666			
	V	**12752**	4710	4710	IV	6904	6195	5505	4834	4183	3551
	VI	**13283**	4710	4710							
50075,99	I,IV	**7642**	4713	4713	I	6204	4843	3559	2352	1222	261
	II	**6272**	4713	4713	II	4907	3619	2408	1275	299	
	III	**3768**	4713	4713	III	2650	1580	672			
	V	**12764**	4713	4713	IV	6914	6204	5514	4843	4191	3559
	VI	**13296**	4713	4713							
50111,99	I,IV	**7652**	4716	4716	I	6213	4851	3567	2359	1229	266
	II	**6281**	4716	4716	II	4915	3627	2416	1282	304	
	III	**3776**	4716	4716	III	2658	1588	678			
	V	**12776**	4716	4716	IV	6923	6213	5523	4851	4199	3567
	VI	**13308**	4716	4716							

* Zur LSt-Berechnung für privat versicherte Arbeitnehmer s. Beispiele **Vorbemerkung S. 4f.**
** Basisvorsorgepauschale KV und PV *** Typisierter Arbeitgeberzuschuss

Lohn/ Gehalt in € bis	Steuerklasse	Lohn-steuer*	BVSP**	TAGZ***	Steuerklasse	Bemessungsgrundlage für Kirchensteuer und Solidaritätszuschlag					
						Freibeträge für ... Kinder					
						0,5	**1,0**	1,5	**2,0**	2,5	**3,0**
50 147,99	I,IV	**7 662**	4 720	4 720	I	6 222	4 860	3 575	2 367	1 236	272
	II	**6 290**	4 720	4 720	II	4 924	3 635	2 424	1 289	310	
	III	**3 784**	4 720	4 720	III	2 666	1 594	682			
	V	**12 789**	4 720	4 720	IV	6 933	6 222	5 532	4 860	4 208	3 575
	VI	**13 320**	4 720	4 720							
50 183,99	I,IV	**7 671**	4 723	4 723	I	6 232	4 869	3 583	2 375	1 243	277
	II	**6 299**	4 723	4 723	II	4 933	3 643	2 431	1 296	315	
	III	**3 792**	4 723	4 723	III	2 672	1 600	688			
	V	**12 801**	4 723	4 723	IV	6 942	6 232	5 541	4 869	4 216	3 583
	VI	**13 332**	4 723	4 723							
50 219,99	I,IV	**7 681**	4 726	4 726	I	6 241	4 877	3 591	2 382	1 251	282
	II	**6 308**	4 726	4 726	II	4 941	3 652	2 439	1 303	320	
	III	**3 798**	4 726	4 726	III	2 680	1 606	694			
	V	**12 813**	4 726	4 726	IV	6 951	6 241	5 549	4 877	4 225	3 591
	VI	**13 345**	4 726	4 726							
50 255,99	I,IV	**7 691**	4 730	4 730	I	6 250	4 886	3 599	2 390	1 258	287
	II	**6 317**	4 730	4 730	II	4 950	3 660	2 447	1 311	325	
	III	**3 806**	4 730	4 730	III	2 686	1 614	698			
	V	**12 825**	4 730	4 730	IV	6 961	6 250	5 558	4 886	4 233	3 599
	VI	**13 357**	4 730	4 730							
50 291,99	I,IV	**7 701**	4 733	4 733	I	6 259	4 895	3 608	2 398	1 265	292
	II	**6 327**	4 733	4 733	II	4 959	3 668	2 454	1 318	331	
	III	**3 814**	4 733	4 733	III	2 694	1 620	704			
	V	**12 838**	4 733	4 733	IV	6 970	6 259	5 567	4 895	4 242	3 608
	VI	**13 369**	4 733	4 733							
50 327,99	I,IV	**7 710**	4 737	4 737	I	6 268	4 903	3 616	2 405	1 272	297
	II	**6 336**	4 737	4 737	II	4 968	3 676	2 462	1 325	336	
	III	**3 820**	4 737	4 737	III	2 702	1 626	710			
	V	**12 850**	4 737	4 737	IV	6 980	6 268	5 576	4 903	4 250	3 616
	VI	**13 382**	4 737	4 737							
50 363,99	I,IV	**7 720**	4 740	4 740	I	6 277	4 912	3 624	2 413	1 279	302
	II	**6 345**	4 740	4 740	II	4 976	3 684	2 470	1 332	341	
	III	**3 828**	4 740	4 740	III	2 708	1 634	714			
	V	**12 862**	4 740	4 740	IV	6 989	6 277	5 585	4 912	4 258	3 624
	VI	**13 394**	4 740	4 740							
50 399,99	I,IV	**7 729**	4 743	4 743	I	6 286	4 921	3 632	2 421	1 286	307
	II	**6 354**	4 743	4 743	II	4 985	3 692	2 477	1 339	346	
	III	**3 836**	4 743	4 743	III	2 716	1 640	720			
	V	**12 874**	4 743	4 743	IV	6 998	6 286	5 594	4 921	4 267	3 632
	VI	**13 406**	4 743	4 743							
50 435,99	I,IV	**7 739**	4 747	4 747	I	6 296	4 930	3 640	2 428	1 294	313
	II	**6 364**	4 747	4 747	II	4 994	3 701	2 485	1 347	352	
	III	**3 842**	4 747	4 747	III	2 722	1 646	726			
	V	**12 887**	4 747	4 747	IV	7 008	6 296	5 603	4 930	4 275	3 640
	VI	**13 419**	4 747	4 747							
50 471,99	I,IV	**7 749**	4 750	4 750	I	6 305	4 938	3 648	2 436	1 301	318
	II	**6 373**	4 750	4 750	II	5 002	3 709	2 493	1 354	357	
	III	**3 850**	4 750	4 750	III	2 730	1 654	732	4		
	V	**12 899**	4 750	4 750	IV	7 017	6 305	5 612	4 938	4 284	3 648
	VI	**13 431**	4 750	4 750							
50 507,99	I,IV	**7 758**	4 754	4 754	I	6 314	4 947	3 657	2 444	1 308	323
	II	**6 382**	4 754	4 754	II	5 011	3 717	2 500	1 361	362	
	III	**3 858**	4 754	4 754	III	2 738	1 660	736	8		
	V	**12 911**	4 754	4 754	IV	7 027	6 314	5 621	4 947	4 292	3 657
	VI	**13 443**	4 754	4 754							
50 543,99	I,IV	**7 768**	4 757	4 757	I	6 323	4 955	3 665	2 451	1 315	328
	II	**6 391**	4 757	4 757	II	5 020	3 725	2 508	1 368	368	
	III	**3 866**	4 757	4 757	III	2 744	1 666	742	12		
	V	**12 923**	4 757	4 757	IV	7 036	6 323	5 630	4 955	4 300	3 665
	VI	**13 455**	4 757	4 757							

* Zur LSt-Berechnung für privat versicherte Arbeitnehmer s. Beispiele **Vorbemerkung S. 4 f.**
** Basisvorsorgepauschale KV und PV *** Typisierter Arbeitgeberzuschuss

Lohn/ Gehalt in € bis	Steuerklasse	Lohn- steuer*	BVSP**	TAGZ***	Steuerklasse	Bemessungsgrundlage für Kirchensteuer und Solidaritätszuschlag – Freibeträge für ... Kinder 0,5	1,0	1,5	2,0	2,5	3,0
50 579,99	I,IV	**7 778**	4 760	4 760	I	6 333	4 964	3 673	2 459	1 322	334
	II	**6 401**	4 760	4 760	II	5 028	3 734	2 516	1 375	373	
	III	**3 874**	4 760	4 760	III	2 752	1 674	748	18		
	V	**12 936**	4 760	4 760	IV	7 046	6 333	5 639	4 964	4 309	3 673
	VI	**13 468**	4 760	4 760							
50 615,99	I,IV	**7 788**	4 764	4 764	I	6 342	4 973	3 681	2 467	1 329	339
	II	**6 410**	4 764	4 764	II	5 037	3 742	2 524	1 383	379	
	III	**3 880**	4 764	4 764	III	2 758	1 680	752	20		
	V	**12 948**	4 764	4 764	IV	7 055	6 342	5 648	4 973	4 317	3 681
	VI	**13 480**	4 764	4 764							
50 651,99	I,IV	**7 797**	4 767	4 767	I	6 351	4 981	3 689	2 474	1 337	344
	II	**6 419**	4 767	4 767	II	5 046	3 750	2 531	1 390	384	
	III	**3 888**	4 767	4 767	III	2 766	1 688	758	26		
	V	**12 960**	4 767	4 767	IV	7 064	6 351	5 656	4 981	4 326	3 689
	VI	**13 492**	4 767	4 767							
50 687,99	I,IV	**7 807**	4 771	4 771	I	6 360	4 990	3 698	2 482	1 344	350
	II	**6 428**	4 771	4 771	II	5 055	3 758	2 539	1 397	390	
	III	**3 896**	4 771	4 771	III	2 774	1 694	764	30		
	V	**12 973**	4 771	4 771	IV	7 074	6 360	5 666	4 990	4 334	3 698
	VI	**13 505**	4 771	4 771							
50 723,99	I,IV	**7 817**	4 774	4 774	I	6 369	4 999	3 706	2 490	1 351	355
	II	**6 437**	4 774	4 774	II	5 063	3 766	2 547	1 404	395	
	III	**3 902**	4 774	4 774	III	2 780	1 700	768	34		
	V	**12 985**	4 774	4 774	IV	7 083	6 369	5 675	4 999	4 343	3 706
	VI	**13 517**	4 774	4 774							
50 759,99	I,IV	**7 826**	4 777	4 777	I	6 378	5 008	3 714	2 497	1 358	360
	II	**6 447**	4 777	4 777	II	5 072	3 775	2 554	1 411	401	
	III	**3 910**	4 777	4 777	III	2 788	1 708	774	38		
	V	**12 997**	4 777	4 777	IV	7 093	6 378	5 683	5 008	4 351	3 714
	VI	**13 529**	4 777	4 777							
50 795,99	I,IV	**7 836**	4 781	4 781	I	6 388	5 016	3 722	2 505	1 365	366
	II	**6 456**	4 781	4 781	II	5 081	3 783	2 562	1 419	406	
	III	**3 918**	4 781	4 781	III	2 794	1 714	780	42		
	V	**13 009**	4 781	4 781	IV	7 102	6 388	5 692	5 016	4 360	3 722
	VI	**13 541**	4 781	4 781							
50 831,99	I,IV	**7 846**	4 784	4 784	I	6 397	5 025	3 731	2 513	1 373	371
	II	**6 465**	4 784	4 784	II	5 090	3 791	2 570	1 426	412	
	III	**3 926**	4 784	4 784	III	2 802	1 720	786	46		
	V	**13 022**	4 784	4 784	IV	7 112	6 397	5 701	5 025	4 368	3 731
	VI	**13 554**	4 784	4 784							
50 867,99	I,IV	**7 856**	4 787	4 787	I	6 406	5 034	3 739	2 521	1 380	377
	II	**6 474**	4 787	4 787	II	5 098	3 799	2 578	1 433	417	
	III	**3 932**	4 787	4 787	III	2 810	1 728	790	50		
	V	**13 034**	4 787	4 787	IV	7 121	6 406	5 710	5 034	4 377	3 739
	VI	**13 566**	4 787	4 787							
50 903,99	I,IV	**7 865**	4 791	4 791	I	6 415	5 043	3 747	2 528	1 387	382
	II	**6 484**	4 791	4 791	II	5 107	3 808	2 585	1 440	423	
	III	**3 940**	4 791	4 791	III	2 816	1 734	796	54		
	V	**13 046**	4 791	4 791	IV	7 131	6 415	5 719	5 043	4 385	3 747
	VI	**13 578**	4 791	4 791							
50 939,99	I,IV	**7 875**	4 794	4 794	I	6 424	5 051	3 755	2 536	1 394	387
	II	**6 493**	4 794	4 794	II	5 116	3 816	2 593	1 447	428	
	III	**3 948**	4 794	4 794	III	2 824	1 742	802	58		
	V	**13 059**	4 794	4 794	IV	7 140	6 424	5 728	5 051	4 393	3 755
	VI	**13 590**	4 794	4 794							
50 975,99	I,IV	**7 885**	4 798	4 798	I	6 434	5 060	3 763	2 544	1 402	393
	II	**6 502**	4 798	4 798	II	5 125	3 824	2 601	1 455	434	
	III	**3 956**	4 798	4 798	III	2 832	1 748	808	62		
	V	**13 071**	4 798	4 798	IV	7 150	6 434	5 737	5 060	4 402	3 763
	VI	**13 603**	4 798	4 798							

* Zur LSt-Berechnung für privat versicherte Arbeitnehmer s. Beispiele **Vorbemerkung S. 4 f.**
** Basisvorsorgepauschale KV und PV *** Typisierter Arbeitgeberzuschuss

Lohn/ Gehalt in € bis	Steuerklasse	Lohn-steuer*	BVSP**	TAGZ***	Steuerklasse	Bemessungsgrundlage für Kirchensteuer und Solidaritätszuschlag — Freibeträge für ... Kinder 0,5	1,0	1,5	2,0	2,5	3,0
51 011,99	I,IV	**7 895**	4 801	4 801	I	6 443	5 069	3 772	2 552	1 409	398
	II	**6 511**	4 801	4 801	II	5 133	3 832	2 609	1 462	439	
	III	**3 962**	4 801	4 801	III	2 838	1 754	812	68		
	V	**13 083**	4 801	4 801	IV	7 159	6 443	5 746	5 069	4 411	3 772
	VI	**13 615**	4 801	4 801							
51 047,99	I,IV	**7 904**	4 804	4 804	I	6 452	5 077	3 780	2 559	1 416	404
	II	**6 521**	4 804	4 804	II	5 142	3 841	2 616	1 469	445	
	III	**3 970**	4 804	4 804	III	2 846	1 762	818	72		
	V	**13 096**	4 804	4 804	IV	7 169	6 452	5 755	5 077	4 419	3 780
	VI	**13 627**	4 804	4 804							
51 083,99	I,IV	**7 914**	4 808	4 808	I	6 461	5 086	3 788	2 567	1 423	409
	II	**6 530**	4 808	4 808	II	5 151	3 849	2 624	1 476	451	
	III	**3 978**	4 808	4 808	III	2 852	1 768	824	76		
	V	**13 108**	4 808	4 808	IV	7 178	6 461	5 764	5 086	4 427	3 788
	VI	**13 639**	4 808	4 808							
51 119,99	I,IV	**7 924**	4 811	4 811	I	6 471	5 095	3 796	2 575	1 430	415
	II	**6 539**	4 811	4 811	II	5 160	3 857	2 632	1 484	456	
	III	**3 984**	4 811	4 811	III	2 860	1 776	830	80		
	V	**13 120**	4 811	4 811	IV	7 188	6 471	5 773	5 095	4 436	3 796
	VI	**13 652**	4 811	4 811							
51 155,99	I,IV	**7 934**	4 815	4 815	I	6 480	5 104	3 804	2 582	1 438	421
	II	**6 548**	4 815	4 815	II	5 168	3 865	2 640	1 491	462	
	III	**3 992**	4 815	4 815	III	2 868	1 782	836	84		
	V	**13 133**	4 815	4 815	IV	7 197	6 480	5 782	5 104	4 444	3 804
	VI	**13 664**	4 815	4 815							
51 191,99	I,IV	**7 943**	4 818	4 818	I	6 489	5 112	3 813	2 590	1 445	426
	II	**6 558**	4 818	4 818	II	5 177	3 874	2 647	1 498	468	
	III	**4 000**	4 818	4 818	III	2 874	1 788	840	88		
	V	**13 145**	4 818	4 818	IV	7 207	6 489	5 791	5 112	4 453	3 813
	VI	**13 676**	4 818	4 818							
51 227,99	I,IV	**7 953**	4 821	4 821	I	6 498	5 121	3 821	2 598	1 452	432
	II	**6 567**	4 821	4 821	II	5 186	3 882	2 655	1 505	473	
	III	**4 008**	4 821	4 821	III	2 882	1 796	846	92		
	V	**13 157**	4 821	4 821	IV	7 216	6 498	5 800	5 121	4 461	3 821
	VI	**13 689**	4 821	4 821							
51 263,99	I,IV	**7 963**	4 825	4 825	I	6 508	5 130	3 829	2 606	1 459	437
	II	**6 576**	4 825	4 825	II	5 195	3 890	2 663	1 513	479	
	III	**4 016**	4 825	4 825	III	2 888	1 802	852	98		
	V	**13 170**	4 825	4 825	IV	7 226	6 508	5 809	5 130	4 470	3 829
	VI	**13 701**	4 825	4 825							
51 299,99	I,IV	**7 973**	4 828	4 828	I	6 517	5 139	3 837	2 613	1 466	443
	II	**6 586**	4 828	4 828	II	5 203	3 898	2 671	1 520	485	
	III	**4 022**	4 828	4 828	III	2 896	1 810	858	102		
	V	**13 182**	4 828	4 828	IV	7 235	6 517	5 818	5 139	4 478	3 837
	VI	**13 713**	4 828	4 828							
51 335,99	I,IV	**7 982**	4 832	4 832	I	6 526	5 147	3 846	2 621	1 474	448
	II	**6 595**	4 832	4 832	II	5 212	3 907	2 678	1 527	491	
	III	**4 030**	4 832	4 832	III	2 904	1 816	862	106		
	V	**13 194**	4 832	4 832	IV	7 245	6 526	5 827	5 147	4 487	3 846
	VI	**13 726**	4 832	4 832							
51 371,99	I,IV	**7 992**	4 835	4 835	I	6 536	5 156	3 854	2 629	1 481	454
	II	**6 604**	4 835	4 835	II	5 221	3 915	2 686	1 535	497	
	III	**4 038**	4 835	4 835	III	2 910	1 824	868	110		
	V	**13 206**	4 835	4 835	IV	7 254	6 536	5 836	5 156	4 496	3 854
	VI	**13 738**	4 835	4 835							
51 407,99	I,IV	**8 002**	4 838	4 838	I	6 545	5 165	3 862	2 637	1 488	460
	II	**6 614**	4 838	4 838	II	5 230	3 923	2 694	1 542	502	
	III	**4 044**	4 838	4 838	III	2 918	1 830	874	114		
	V	**13 219**	4 838	4 838	IV	7 264	6 545	5 845	5 165	4 504	3 862
	VI	**13 750**	4 838	4 838							

* Zur LSt-Berechnung für privat versicherte Arbeitnehmer s. Beispiele **Vorbemerkung S. 4f.**
** Basisvorsorgepauschale KV und PV *** Typisierter Arbeitgeberzuschuss

Lohn/ Gehalt in € bis	Steuerklasse	Lohn- steuer*	BVSP**	TAGZ***	Steuerklasse	Bemessungsgrundlage für Kirchensteuer und Solidaritätszuschlag – Freibeträge für ... Kinder 0,5	1,0	1,5	2,0	2,5	3,0
51 443,99	I,IV	**8012**	4842	4842	I	6554	5174	3870	2644	1495	466
	II	**6623**	4842	4842	II	5239	3932	2702	1549	508	
	III	**4052**	4842	4842	III	2926	1836	880	118		
	V	**13231**	4842	4842	IV	7273	6554	5854	5174	4512	3870
	VI	**13763**	4842	4842							
51 479,99	I,IV	**8021**	4845	4845	I	6563	5182	3879	2652	1503	471
	II	**6632**	4845	4845	II	5247	3940	2710	1556	514	
	III	**4060**	4845	4845	III	2932	1844	886	122		
	V	**13243**	4845	4845	IV	7283	6563	5863	5182	4521	3879
	VI	**13775**	4845	4845							
51 515,99	I,IV	**8031**	4848	4848	I	6573	5191	3887	2660	1510	477
	II	**6641**	4848	4848	II	5256	3948	2718	1564	520	
	III	**4068**	4848	4848	III	2940	1850	890	128		
	V	**13256**	4848	4848	IV	7293	6573	5873	5191	4530	3887
	VI	**13787**	4848	4848							
51 551,99	I,IV	**8041**	4852	4852	I	6582	5200	3895	2668	1517	483
	II	**6651**	4852	4852	II	5265	3957	2725	1571	526	
	III	**4074**	4852	4852	III	2946	1858	896	132		
	V	**13268**	4852	4852	IV	7302	6582	5881	5200	4538	3895
	VI	**13800**	4852	4852							
51 587,99	I,IV	**8051**	4855	4855	I	6591	5209	3904	2675	1525	488
	II	**6660**	4855	4855	II	5274	3965	2733	1578	531	
	III	**4082**	4855	4855	III	2954	1864	902	136		
	V	**13280**	4855	4855	IV	7311	6591	5890	5209	4547	3904
	VI	**13812**	4855	4855							
51 623,99	I,IV	**8061**	4859	4859	I	6600	5218	3912	2683	1532	494
	II	**6669**	4859	4859	II	5283	3973	2741	1586	537	
	III	**4090**	4859	4859	III	2962	1872	908	140		
	V	**13292**	4859	4859	IV	7321	6600	5899	5218	4555	3912
	VI	**13824**	4859	4859							
51 659,99	I,IV	**8071**	4862	4862	I	6610	5227	3920	2691	1539	500
	II	**6679**	4862	4862	II	5292	3982	2749	1593	543	
	III	**4098**	4862	4862	III	2968	1878	914	144		
	V	**13305**	4862	4862	IV	7331	6610	5909	5227	4564	3920
	VI	**13836**	4862	4862							
51 695,99	I,IV	**8080**	4865	4865	I	6619	5235	3928	2699	1546	506
	II	**6688**	4865	4865	II	5300	3990	2756	1600	549	
	III	**4104**	4865	4865	III	2976	1886	920	148		
	V	**13317**	4865	4865	IV	7340	6619	5918	5235	4572	3928
	VI	**13849**	4865	4865							
51 731,99	I,IV	**8090**	4869	4869	I	6628	5244	3937	2707	1554	512
	II	**6697**	4869	4869	II	5309	3998	2764	1608	555	
	III	**4112**	4869	4869	III	2984	1892	924	154		
	V	**13329**	4869	4869	IV	7350	6628	5927	5244	4581	3937
	VI	**13861**	4869	4869							
51 767,99	I,IV	**8100**	4872	4872	I	6638	5253	3945	2714	1561	517
	II	**6706**	4872	4872	II	5318	4006	2772	1615	561	
	III	**4120**	4872	4872	III	2990	1900	930	158		
	V	**13341**	4872	4872	IV	7359	6638	5936	5253	4589	3945
	VI	**13873**	4872	4872							
51 803,99	I,IV	**8110**	4876	4876	I	6647	5262	3953	2722	1568	523
	II	**6716**	4876	4876	II	5327	4015	2780	1622	567	
	III	**4128**	4876	4876	III	2998	1906	936	162		
	V	**13354**	4876	4876	IV	7369	6647	5945	5262	4598	3953
	VI	**13886**	4876	4876							
51 839,99	I,IV	**8120**	4879	4879	I	6656	5270	3962	2730	1576	529
	II	**6725**	4879	4879	II	5336	4023	2788	1630	573	
	III	**4134**	4879	4879	III	3004	1914	942	166		
	V	**13366**	4879	4879	IV	7378	6656	5954	5270	4606	3962
	VI	**13898**	4879	4879							

* Zur LSt-Berechnung für privat versicherte Arbeitnehmer s. Beispiele **Vorbemerkung S. 4 f.**
** Basisvorsorgepauschale KV und PV *** Typisierter Arbeitgeberzuschuss

Lohn/ Gehalt in € bis	Steuerklasse	Lohn-steuer*	BVSP**	TAGZ***	Steuerklasse	Bemessungsgrundlage für Kirchensteuer und Solidaritätszuschlag – Freibeträge für ... Kinder 0,5	1,0	1,5	2,0	2,5	3,0
51 875,99	I,IV	**8129**	4882	4882	I	6666	5279	3970	2738	1583	535
	II	**6735**	4882	4882	II	5344	4031	2795	1637	579	
	III	**4142**	4882	4882	III	3012	1920	948	172		
	V	**13378**	4882	4882	IV	7388	6666	5963	5279	4615	3970
	VI	**13910**	4882	4882							
51 911,99	I,IV	**8139**	4886	4886	I	6675	5288	3978	2746	1590	541
	II	**6744**	4886	4886	II	5353	4040	2803	1644	585	
	III	**4150**	4886	4886	III	3020	1928	954	176		
	V	**13390**	4886	4886	IV	7397	6675	5972	5288	4623	3978
	VI	**13922**	4886	4886							
51 947,99	I,IV	**8149**	4889	4889	I	6684	5297	3987	2754	1598	547
	II	**6753**	4889	4889	II	5362	4048	2811	1652	591	
	III	**4158**	4889	4889	III	3026	1934	960	180		
	V	**13403**	4889	4889	IV	7407	6684	5981	5297	4632	3987
	VI	**13935**	4889	4889							
51 983,99	I,IV	**8159**	4892	4892	I	6694	5306	3995	2761	1605	553
	II	**6763**	4892	4892	II	5371	4056	2819	1659	597	
	III	**4164**	4892	4892	III	3034	1942	964	184		
	V	**13415**	4892	4892	IV	7417	6694	5990	5306	4641	3995
	VI	**13947**	4892	4892							
52 019,99	I,IV	**8169**	4896	4896	I	6703	5314	4003	2769	1612	559
	II	**6772**	4896	4896	II	5380	4065	2827	1666	603	
	III	**4172**	4896	4896	III	3042	1948	970	188		
	V	**13427**	4896	4896	IV	7426	6703	5999	5314	4649	4003
	VI	**13959**	4896	4896							
52 055,99	I,IV	**8179**	4899	4899	I	6713	5324	4012	2777	1620	565
	II	**6781**	4899	4899	II	5389	4073	2835	1674	609	
	III	**4180**	4899	4899	III	3048	1956	976	194		
	V	**13440**	4899	4899	IV	7436	6713	6008	5324	4658	4012
	VI	**13972**	4899	4899							
52 091,99	I,IV	**8188**	4903	4903	I	6722	5332	4020	2785	1627	571
	II	**6791**	4903	4903	II	5398	4081	2843	1681	616	
	III	**4188**	4903	4903	III	3056	1962	982	198		
	V	**13452**	4903	4903	IV	7445	6722	6017	5332	4666	4020
	VI	**13984**	4903	4903							
52 127,99	I,IV	**8198**	4906	4906	I	6731	5341	4028	2793	1634	577
	II	**6800**	4906	4906	II	5406	4090	2850	1688	622	
	III	**4196**	4906	4906	III	3064	1970	988	202		
	V	**13464**	4906	4906	IV	7455	6731	6026	5341	4675	4028
	VI	**13996**	4906	4906							
52 163,99	I,IV	**8208**	4909	4909	I	6740	5350	4036	2800	1641	583
	II	**6809**	4909	4909	II	5415	4098	2858	1695	628	
	III	**4202**	4909	4909	III	3070	1976	994	206		
	V	**13477**	4909	4909	IV	7464	6740	6035	5350	4683	4036
	VI	**14008**	4909	4909							
52 199,99	I,IV	**8218**	4913	4913	I	6750	5359	4045	2808	1649	589
	II	**6819**	4913	4913	II	5424	4107	2866	1703	634	
	III	**4210**	4913	4913	III	3078	1984	1000	212		
	V	**13489**	4913	4913	IV	7474	6750	6045	5359	4692	4045
	VI	**14021**	4913	4913							
52 235,99	I,IV	**8228**	4916	4916	I	6759	5368	4053	2816	1656	595
	II	**6828**	4916	4916	II	5433	4115	2874	1710	640	
	III	**4218**	4916	4916	III	3084	1990	1006	216		
	V	**13501**	4916	4916	IV	7484	6759	6054	5368	4701	4053
	VI	**14033**	4916	4916							
52 271,99	I,IV	**8238**	4920	4920	I	6768	5376	4062	2824	1663	601
	II	**6838**	4920	4920	II	5442	4123	2882	1718	646	
	III	**4224**	4920	4920	III	3092	1998	1010	220		
	V	**13513**	4920	4920	IV	7493	6768	6063	5376	4709	4062
	VI	**14045**	4920	4920							

* Zur LSt-Berechnung für privat versicherte Arbeitnehmer s. Beispiele **Vorbemerkung S. 4 f.**
** Basisvorsorgepauschale KV und PV *** Typisierter Arbeitgeberzuschuss

Lohn/ Gehalt in € bis	Steuerklasse	Lohn- steuer*	BVSP**	TAGZ***	Steuerklasse	Bemessungsgrundlage für Kirchensteuer und Solidaritätszuschlag – Freibeträge für ... Kinder 0,5	1,0	1,5	2,0	2,5	3,0
52 307,99	I,IV	**8 247**	4 923	4 923	I	6 778	5 385	4 070	2 832	1 671	607
	II	**6 847**	4 923	4 923	II	5 451	4 131	2 890	1 725	652	
	III	**4 232**	4 923	4 923	III	3 100	2 004	1 016	224		
	V	**13 526**	4 923	4 923	IV	7 503	6 778	6 072	5 385	4 718	4 070
	VI	**14 057**	4 923	4 923							
52 343,99	I,IV	**8 257**	4 926	4 926	I	6 787	5 394	4 078	2 840	1 678	613
	II	**6 856**	4 926	4 926	II	5 460	4 140	2 898	1 732	659	
	III	**4 240**	4 926	4 926	III	3 106	2 012	1 022	230		
	V	**13 538**	4 926	4 926	IV	7 513	6 787	6 081	5 394	4 727	4 078
	VI	**14 070**	4 926	4 926							
52 379,99	I,IV	**8 267**	4 930	4 930	I	6 797	5 403	4 087	2 847	1 685	619
	II	**6 866**	4 930	4 930	II	5 468	4 148	2 905	1 740	665	
	III	**4 248**	4 930	4 930	III	3 114	2 018	1 028	234		
	V	**13 550**	4 930	4 930	IV	7 522	6 797	6 090	5 403	4 735	4 087
	VI	**14 082**	4 930	4 930							
52 415,99	I,IV	**8 277**	4 933	4 933	I	6 806	5 412	4 095	2 855	1 693	625
	II	**6 875**	4 933	4 933	II	5 477	4 157	2 913	1 747	671	
	III	**4 256**	4 933	4 933	III	3 122	2 026	1 034	238		
	V	**13 563**	4 933	4 933	IV	7 532	6 806	6 099	5 412	4 744	4 095
	VI	**14 094**	4 933	4 933							
52 451,99	I,IV	**8 287**	4 937	4 937	I	6 815	5 421	4 103	2 863	1 700	631
	II	**6 884**	4 937	4 937	II	5 486	4 165	2 921	1 754	677	
	III	**4 262**	4 937	4 937	III	3 128	2 032	1 040	244		
	V	**13 575**	4 937	4 937	IV	7 541	6 815	6 108	5 421	4 752	4 103
	VI	**14 107**	4 937	4 937							
52 487,99	I,IV	**8 297**	4 940	4 940	I	6 825	5 430	4 112	2 871	1 707	638
	II	**6 894**	4 940	4 940	II	5 495	4 174	2 929	1 762	684	
	III	**4 270**	4 940	4 940	III	3 136	2 040	1 046	248		
	V	**13 587**	4 940	4 940	IV	7 551	6 825	6 118	5 430	4 761	4 112
	VI	**14 119**	4 940	4 940							
52 523,99	I,IV	**8 307**	4 943	4 943	I	6 834	5 438	4 120	2 879	1 715	644
	II	**6 903**	4 943	4 943	II	5 504	4 182	2 937	1 769	690	
	III	**4 278**	4 943	4 943	III	3 144	2 046	1 052	252		
	V	**13 600**	4 943	4 943	IV	7 561	6 834	6 127	5 438	4 770	4 120
	VI	**14 131**	4 943	4 943							
52 559,99	I,IV	**8 317**	4 947	4 947	I	6 843	5 447	4 128	2 887	1 722	650
	II	**6 913**	4 947	4 947	II	5 513	4 190	2 945	1 776	696	
	III	**4 286**	4 947	4 947	III	3 150	2 054	1 058	256		
	V	**13 612**	4 947	4 947	IV	7 570	6 843	6 136	5 447	4 778	4 128
	VI	**14 143**	4 947	4 947							
52 595,99	I,IV	**8 326**	4 950	4 950	I	6 853	5 456	4 137	2 894	1 729	656
	II	**6 922**	4 950	4 950	II	5 522	4 199	2 953	1 784	703	
	III	**4 294**	4 950	4 950	III	3 158	2 060	1 064	262		
	V	**13 624**	4 950	4 950	IV	7 580	6 853	6 145	5 456	4 787	4 137
	VI	**14 156**	4 950	4 950							
52 631,99	I,IV	**8 336**	4 953	4 953	I	6 862	5 465	4 145	2 902	1 737	663
	II	**6 932**	4 953	4 953	II	5 531	4 207	2 961	1 791	709	
	III	**4 300**	4 953	4 953	III	3 166	2 068	1 070	266		
	V	**13 637**	4 953	4 953	IV	7 590	6 862	6 154	5 465	4 796	4 145
	VI	**14 168**	4 953	4 953							
52 667,99	I,IV	**8 346**	4 957	4 957	I	6 872	5 474	4 154	2 910	1 744	669
	II	**6 941**	4 957	4 957	II	5 540	4 215	2 969	1 799	716	
	III	**4 308**	4 957	4 957	III	3 172	2 074	1 076	270		
	V	**13 649**	4 957	4 957	IV	7 599	6 872	6 163	5 474	4 804	4 154
	VI	**14 180**	4 957	4 957							
52 703,99	I,IV	**8 356**	4 960	4 960	I	6 881	5 483	4 162	2 918	1 752	675
	II	**6 950**	4 960	4 960	II	5 548	4 224	2 976	1 806	722	
	III	**4 316**	4 960	4 960	III	3 180	2 082	1 082	276		
	V	**13 661**	4 960	4 960	IV	7 609	6 881	6 172	5 483	4 813	4 162
	VI	**14 193**	4 960	4 960							

* Zur LSt-Berechnung für privat versicherte Arbeitnehmer s. Beispiele **Vorbemerkung S. 4 f.**
** Basisvorsorgepauschale KV und PV *** Typisierter Arbeitgeberzuschuss

Lohn/ Gehalt in € bis	Steuerklasse	Lohn- steuer*	BVSP**	TAGZ***	Steuerklasse	Bemessungsgrundlage für Kirchensteuer und Solidaritätszuschlag Freibeträge für ... Kinder 0,5	1,0	1,5	2,0	2,5	3,0
52739,99	I,IV	**8366**	4964	4964	I	6890	5492	4170	2926	1759	681
	II	**6960**	4964	4964	II	5558	4232	2984	1814	728	
	III	**4324**	4964	4964	III	3188	2090	1088	280		
	V	**13674**	4964	4964	IV	7619	6890	6181	5492	4821	4170
	VI	**14205**	4964	4964							
52775,99	I,IV	**8376**	4967	4967	I	6900	5501	4179	2934	1766	688
	II	**6969**	4967	4967	II	5566	4241	2992	1821	735	
	III	**4330**	4967	4967	III	3194	2096	1094	284		
	V	**13686**	4967	4967	IV	7628	6900	6191	5501	4830	4179
	VI	**14217**	4967	4967							
52811,99	I,IV	**8386**	4970	4970	I	6909	5509	4187	2942	1774	694
	II	**6979**	4970	4970	II	5575	4249	3000	1828	741	
	III	**4338**	4970	4970	III	3202	2104	1100	290		
	V	**13698**	4970	4970	IV	7638	6909	6200	5509	4839	4187
	VI	**14230**	4970	4970							
52847,99	I,IV	**8396**	4974	4974	I	6918	5518	4195	2950	1781	700
	II	**6988**	4974	4974	II	5584	4257	3008	1836	748	
	III	**4346**	4974	4974	III	3208	2110	1104	294		
	V	**13710**	4974	4974	IV	7647	6918	6209	5518	4847	4195
	VI	**14242**	4974	4974							
52883,99	I,IV	**8406**	4977	4977	I	6928	5527	4204	2958	1789	707
	II	**6998**	4977	4977	II	5593	4266	3016	1843	754	
	III	**4354**	4977	4977	III	3216	2118	1110	298		
	V	**13723**	4977	4977	IV	7657	6928	6218	5527	4856	4204
	VI	**14254**	4977	4977							
52919,99	I,IV	**8416**	4981	4981	I	6937	5536	4212	2966	1796	713
	II	**7007**	4981	4981	II	5602	4274	3024	1851	761	
	III	**4362**	4981	4981	III	3224	2124	1118	304		
	V	**13735**	4981	4981	IV	7667	6937	6227	5536	4865	4212
	VI	**14267**	4981	4981							
52955,99	I,IV	**8425**	4984	4984	I	6947	5545	4221	2973	1803	719
	II	**7016**	4984	4984	II	5611	4283	3032	1858	767	
	III	**4368**	4984	4984	III	3230	2132	1122	308		
	V	**13747**	4984	4984	IV	7676	6947	6236	5545	4873	4221
	VI	**14279**	4984	4984							
52991,99	I,IV	**8435**	4987	4987	I	6956	5554	4229	2981	1811	726
	II	**7026**	4987	4987	II	5620	4291	3040	1865	774	
	III	**4376**	4987	4987	III	3238	2138	1128	312		
	V	**13759**	4987	4987	IV	7686	6956	6245	5554	4882	4229
	VI	**14291**	4987	4987							
53027,99	I,IV	**8445**	4991	4991	I	6966	5563	4238	2989	1818	732
	II	**7035**	4991	4991	II	5629	4300	3048	1873	780	
	III	**4384**	4991	4991	III	3246	2146	1136	318		
	V	**13772**	4991	4991	IV	7696	6966	6255	5563	4891	4238
	VI	**14304**	4991	4991							
53063,99	I,IV	**8455**	4994	4994	I	6975	5572	4246	2997	1826	739
	II	**7045**	4994	4994	II	5638	4308	3056	1880	787	
	III	**4392**	4994	4994	III	3252	2152	1140	322		
	V	**13784**	4994	4994	IV	7706	6975	6264	5572	4899	4246
	VI	**14316**	4994	4994							
53099,99	I,IV	**8465**	4998	4998	I	6984	5581	4254	3005	1833	745
	II	**7054**	4998	4998	II	5647	4317	3064	1888	793	
	III	**4398**	4998	4998	III	3260	2160	1146	326		
	V	**13796**	4998	4998	IV	7715	6984	6273	5581	4908	4254
	VI	**14328**	4998	4998							
53135,99	I,IV	**8475**	5001	5001	I	6994	5590	4263	3013	1840	752
	II	**7063**	5001	5001	II	5656	4325	3071	1895	800	
	III	**4406**	5001	5001	III	3268	2166	1152	332		
	V	**13808**	5001	5001	IV	7725	6994	6282	5590	4916	4263
	VI	**14340**	5001	5001							

* Zur LSt-Berechnung für privat versicherte Arbeitnehmer s. Beispiele **Vorbemerkung S. 4f.**
** Basisvorsorgepauschale KV und PV *** Typisierter Arbeitgeberzuschuss

Lohn/ Gehalt in € bis	Steuerklasse	Lohn-steuer*	BVSP**	TAGZ***	Steuerklasse	Bemessungsgrundlage für Kirchensteuer und Solidaritätszuschlag – Freibeträge für ... Kinder 0,5	**1,0**	1,5	**2,0**	2,5	**3,0**
53171,99	I,IV	**8485**	5004	5004	I	7003	5599	4271	3021	1848	758
	II	**7073**	5004	5004	II	5665	4334	3080	1903	807	
	III	**4414**	5004	5004	III	3274	2174	1158	336		
	V	**13821**	5004	5004	IV	7735	7003	6291	5599	4925	4271
	VI	**14353**	5004	5004							
53207,99	I,IV	**8495**	5008	5008	I	7013	5608	4280	3029	1855	765
	II	**7082**	5008	5008	II	5674	4342	3087	1910	813	
	III	**4422**	5008	5008	III	3282	2180	1166	342		
	V	**13833**	5008	5008	IV	7744	7013	6301	5608	4934	4280
	VI	**14365**	5008	5008							
53243,99	I,IV	**8505**	5011	5011	I	7022	5616	4288	3037	1863	771
	II	**7092**	5011	5011	II	5683	4350	3095	1917	820	
	III	**4428**	5011	5011	III	3290	2188	1170	346		
	V	**13845**	5011	5011	IV	7754	7022	6310	5616	4943	4288
	VI	**14377**	5011	5011							
53279,99	I,IV	**8515**	5014	5014	I	7032	5626	4297	3045	1870	778
	II	**7102**	5014	5014	II	5692	4359	3103	1925	827	2
	III	**4436**	5014	5014	III	3296	2194	1176	350		
	V	**13858**	5014	5014	IV	7764	7032	6319	5626	4951	4297
	VI	**14390**	5014	5014							
53315,99	I,IV	**8525**	5018	5018	I	7041	5634	4305	3053	1878	784
	II	**7111**	5018	5018	II	5701	4367	3111	1932	833	6
	III	**4444**	5018	5018	III	3304	2202	1184	356		
	V	**13870**	5018	5018	IV	7773	7041	6328	5634	4960	4305
	VI	**14402**	5018	5018							
53351,99	I,IV	**8535**	5021	5021	I	7050	5643	4313	3061	1885	791
	II	**7120**	5021	5021	II	5709	4376	3119	1940	840	10
	III	**4452**	5021	5021	III	3312	2208	1188	360		
	V	**13882**	5021	5021	IV	7783	7050	6337	5643	4969	4313
	VI	**14414**	5021	5021							
53387,99	I,IV	**8545**	5025	5025	I	7060	5652	4322	3068	1892	797
	II	**7130**	5025	5025	II	5718	4384	3127	1947	847	14
	III	**4460**	5025	5025	III	3318	2216	1196	364		
	V	**13894**	5025	5025	IV	7793	7060	6346	5652	4977	4322
	VI	**14426**	5025	5025							
53423,99	I,IV	**8555**	5028	5028	I	7070	5661	4330	3077	1900	804
	II	**7139**	5028	5028	II	5728	4393	3135	1955	853	19
	III	**4468**	5028	5028	III	3326	2224	1202	370		
	V	**13907**	5028	5028	IV	7803	7070	6356	5661	4986	4330
	VI	**14439**	5028	5028							
53459,99	I,IV	**8565**	5031	5031	I	7079	5670	4339	3084	1907	811
	II	**7149**	5031	5031	II	5736	4401	3143	1962	860	23
	III	**4474**	5031	5031	III	3334	2230	1208	374		
	V	**13919**	5031	5031	IV	7812	7079	6365	5670	4995	4339
	VI	**14451**	5031	5031							
53495,99	I,IV	**8575**	5035	5035	I	7088	5679	4347	3092	1915	817
	II	**7158**	5035	5035	II	5745	4410	3151	1970	867	27
	III	**4482**	5035	5035	III	3340	2238	1214	380		
	V	**13931**	5035	5035	IV	7822	7088	6374	5679	5003	4347
	VI	**14463**	5035	5035							
53531,99	I,IV	**8585**	5038	5038	I	7098	5688	4356	3100	1922	824
	II	**7168**	5038	5038	II	5754	4418	3159	1977	874	31
	III	**4490**	5038	5038	III	3348	2244	1220	384		
	V	**13944**	5038	5038	IV	7831	7098	6383	5688	5012	4356
	VI	**14475**	5038	5038							
53567,99	I,IV	**8595**	5042	5042	I	7107	5697	4364	3108	1930	831
	II	**7177**	5042	5042	II	5763	4427	3167	1985	881	36
	III	**4498**	5042	5042	III	3356	2252	1226	388		
	V	**13956**	5042	5042	IV	7841	7107	6393	5697	5021	4364
	VI	**14488**	5042	5042							

* Zur LSt-Berechnung für privat versicherte Arbeitnehmer s. Beispiele **Vorbemerkung S. 4f.**
** Basisvorsorgepauschale KV und PV *** Typisierter Arbeitgeberzuschuss

Lohn/ Gehalt in € bis	Steuerklasse	Lohnsteuer*	BVSP**	TAGZ***	Steuerklasse	Bemessungsgrundlage für Kirchensteuer und Solidaritätszuschlag – Freibeträge für ... Kinder 0,5	**1,0**	1,5	**2,0**	2,5	**3,0**
53603,99	I,IV	**8605**	5045	5045	I	7117	5706	4373	3116	1937	837
	II	**7187**	5045	5045	II	5772	4435	3175	1992	887	40
	III	**4506**	5045	5045	III	3362	2258	1232	394		
	V	**13968**	5045	5045	IV	7851	7117	6402	5706	5030	4373
	VI	**14500**	5045	5045							
53639,99	I,IV	**8615**	5048	5048	I	7126	5715	4381	3124	1944	844
	II	**7196**	5048	5048	II	5781	4444	3183	2000	894	44
	III	**4512**	5048	5048	III	3370	2266	1238	398		
	V	**13981**	5048	5048	IV	7861	7126	6411	5715	5038	4381
	VI	**14512**	5048	5048							
53675,99	I,IV	**8624**	5052	5052	I	7136	5724	4389	3132	1952	851
	II	**7206**	5052	5052	II	5790	4452	3191	2007	901	48
	III	**4520**	5052	5052	III	3378	2272	1244	404		
	V	**13993**	5052	5052	IV	7870	7136	6420	5724	5047	4389
	VI	**14524**	5052	5052							
53711,99	I,IV	**8635**	5055	5055	I	7145	5733	4398	3140	1959	858
	II	**7215**	5055	5055	II	5799	4461	3199	2015	908	53
	III	**4528**	5055	5055	III	3384	2280	1250	408		
	V	**14005**	5055	5055	IV	7880	7145	6430	5733	5056	4398
	VI	**14537**	5055	5055							
53747,99	I,IV	**8645**	5059	5059	I	7155	5742	4406	3148	1967	864
	II	**7225**	5059	5059	II	5808	4469	3207	2022	915	57
	III	**4536**	5059	5059	III	3392	2286	1256	414		
	V	**14017**	5059	5059	IV	7890	7155	6439	5742	5065	4406
	VI	**14549**	5059	5059							
53783,99	I,IV	**8654**	5062	5062	I	7164	5751	4415	3156	1974	871
	II	**7234**	5062	5062	II	5817	4478	3215	2030	922	61
	III	**4544**	5062	5062	III	3400	2294	1262	418		
	V	**14030**	5062	5062	IV	7900	7164	6448	5751	5073	4415
	VI	**14561**	5062	5062							
53819,99	I,IV	**8664**	5065	5065	I	7174	5760	4423	3164	1982	878
	II	**7244**	5065	5065	II	5826	4486	3223	2037	928	66
	III	**4550**	5065	5065	III	3406	2302	1268	422		
	V	**14042**	5065	5065	IV	7909	7174	6457	5760	5082	4423
	VI	**14574**	5065	5065							
53855,99	I,IV	**8675**	5069	5069	I	7183	5769	4432	3172	1989	885
	II	**7253**	5069	5069	II	5835	4495	3231	2045	936	70
	III	**4558**	5069	5069	III	3414	2308	1274	428		
	V	**14054**	5069	5069	IV	7919	7183	6466	5769	5091	4432
	VI	**14586**	5069	5069							
53891,99	I,IV	**8685**	5072	5072	I	7193	5778	4440	3180	1997	891
	II	**7263**	5072	5072	II	5844	4503	3239	2052	942	74
	III	**4566**	5072	5072	III	3422	2316	1282	432		
	V	**14067**	5072	5072	IV	7929	7193	6476	5778	5100	4440
	VI	**14598**	5072	5072							
53927,99	I,IV	**8694**	5075	5075	I	7202	5787	4449	3188	2004	898
	II	**7272**	5075	5075	II	5853	4512	3247	2060	949	79
	III	**4574**	5075	5075	III	3428	2322	1286	438		
	V	**14079**	5075	5075	IV	7939	7202	6485	5787	5108	4449
	VI	**14611**	5075	5075							
53963,99	I,IV	**8704**	5079	5079	I	7212	5796	4457	3196	2012	905
	II	**7282**	5079	5079	II	5862	4520	3255	2067	956	83
	III	**4582**	5079	5079	III	3436	2330	1294	442		
	V	**14091**	5079	5079	IV	7948	7212	6494	5796	5117	4457
	VI	**14623**	5079	5079							
53999,99	I,IV	**8715**	5082	5082	I	7221	5805	4466	3204	2019	912
	II	**7292**	5082	5082	II	5872	4529	3263	2075	963	88
	III	**4588**	5082	5082	III	3444	2336	1300	448		
	V	**14104**	5082	5082	IV	7958	7221	6503	5805	5126	4466
	VI	**14635**	5082	5082							

* Zur LSt-Berechnung für privat versicherte Arbeitnehmer s. Beispiele **Vorbemerkung S. 4f.**
** Basisvorsorgepauschale KV und PV *** Typisierter Arbeitgeberzuschuss

Lohn/ Gehalt in € bis	Steuerklasse	Lohnsteuer*	BVSP**	TAGZ***	Steuerklasse	Bemessungsgrundlage für Kirchensteuer und Solidaritätszuschlag – Freibeträge für ... Kinder 0,5	1,0	1,5	2,0	2,5	3,0
54 035,99	I,IV	**8 725**	5 086	5 086	I	7 231	5 814	4 474	3 212	2 027	919
	II	**7 301**	5 086	5 086	II	5 881	4 537	3 271	2 082	970	92
	III	**4 596**	5 086	5 086	III	3 450	2 344	1 306	452		
	V	**14 116**	5 086	5 086	IV	7 968	7 231	6 513	5 814	5 134	4 474
	VI	**14 647**	5 086	5 086							
54 071,99	I,IV	**8 735**	5 089	5 089	I	7 240	5 823	4 483	3 220	2 034	926
	II	**7 310**	5 089	5 089	II	5 889	4 546	3 279	2 090	977	96
	III	**4 604**	5 089	5 089	III	3 458	2 352	1 312	458		
	V	**14 128**	5 089	5 089	IV	7 978	7 240	6 522	5 823	5 143	4 483
	VI	**14 660**	5 089	5 089							
54 107,99	I,IV	**8 745**	5 092	5 092	I	7 250	5 832	4 492	3 228	2 042	933
	II	**7 320**	5 092	5 092	II	5 899	4 554	3 287	2 097	984	101
	III	**4 612**	5 092	5 092	III	3 466	2 358	1 318	462		
	V	**14 141**	5 092	5 092	IV	7 988	7 250	6 531	5 832	5 152	4 492
	VI	**14 672**	5 092	5 092							
54 143,99	I,IV	**8 755**	5 096	5 096	I	7 259	5 841	4 500	3 236	2 049	940
	II	**7 330**	5 096	5 096	II	5 908	4 563	3 295	2 105	991	106
	III	**4 620**	5 096	5 096	III	3 472	2 366	1 324	468		
	V	**14 153**	5 096	5 096	IV	7 997	7 259	6 541	5 841	5 161	4 500
	VI	**14 684**	5 096	5 096							
54 179,99	I,IV	**8 765**	5 099	5 099	I	7 269	5 850	4 508	3 244	2 057	947
	II	**7 339**	5 099	5 099	II	5 917	4 571	3 303	2 112	998	110
	III	**4 626**	5 099	5 099	III	3 480	2 372	1 330	472		
	V	**14 165**	5 099	5 099	IV	8 007	7 269	6 550	5 850	5 170	4 508
	VI	**14 697**	5 099	5 099							
54 215,99	I,IV	**8 775**	5 103	5 103	I	7 278	5 859	4 517	3 252	2 064	954
	II	**7 349**	5 103	5 103	II	5 926	4 580	3 311	2 120	1 005	115
	III	**4 634**	5 103	5 103	III	3 488	2 380	1 336	476		
	V	**14 177**	5 103	5 103	IV	8 017	7 278	6 559	5 859	5 178	4 517
	VI	**14 709**	5 103	5 103							
54 251,99	I,IV	**8 785**	5 106	5 106	I	7 288	5 868	4 526	3 260	2 072	961
	II	**7 358**	5 106	5 106	II	5 935	4 589	3 319	2 127	1 013	119
	III	**4 642**	5 106	5 106	III	3 494	2 386	1 344	482		
	V	**14 190**	5 106	5 106	IV	8 027	7 288	6 568	5 868	5 187	4 526
	VI	**14 721**	5 106	5 106							
54 287,99	I,IV	**8 795**	5 109	5 109	I	7 297	5 877	4 534	3 268	2 079	968
	II	**7 368**	5 109	5 109	II	5 944	4 597	3 327	2 135	1 020	124
	III	**4 650**	5 109	5 109	III	3 502	2 394	1 350	488		
	V	**14 202**	5 109	5 109	IV	8 036	7 297	6 578	5 877	5 196	4 534
	VI	**14 734**	5 109	5 109							
54 323,99	I,IV	**8 805**	5 113	5 113	I	7 307	5 886	4 542	3 276	2 087	975
	II	**7 377**	5 113	5 113	II	5 953	4 606	3 335	2 142	1 027	128
	III	**4 658**	5 113	5 113	III	3 510	2 400	1 356	492		
	V	**14 214**	5 113	5 113	IV	8 046	7 307	6 587	5 886	5 205	4 542
	VI	**14 746**	5 113	5 113							
54 359,99	I,IV	**8 815**	5 116	5 116	I	7 316	5 895	4 551	3 284	2 094	982
	II	**7 387**	5 116	5 116	II	5 962	4 614	3 343	2 150	1 034	133
	III	**4 664**	5 116	5 116	III	3 518	2 408	1 362	498		
	V	**14 226**	5 116	5 116	IV	8 056	7 316	6 596	5 895	5 213	4 551
	VI	**14 758**	5 116	5 116							
54 395,99	I,IV	**8 825**	5 120	5 120	I	7 326	5 904	4 560	3 292	2 102	989
	II	**7 397**	5 120	5 120	II	5 971	4 623	3 352	2 158	1 041	138
	III	**4 672**	5 120	5 120	III	3 524	2 416	1 368	502		
	V	**14 239**	5 120	5 120	IV	8 066	7 326	6 606	5 904	5 222	4 560
	VI	**14 771**	5 120	5 120							
54 431,99	I,IV	**8 835**	5 123	5 123	I	7 336	5 913	4 568	3 300	2 109	996
	II	**7 406**	5 123	5 123	II	5 980	4 631	3 360	2 165	1 048	142
	III	**4 680**	5 123	5 123	III	3 532	2 422	1 374	508		
	V	**14 251**	5 123	5 123	IV	8 076	7 336	6 615	5 913	5 231	4 568
	VI	**14 783**	5 123	5 123							

* Zur LSt-Berechnung für privat versicherte Arbeitnehmer s. Beispiele **Vorbemerkung S. 4 f.**
** Basisvorsorgepauschale KV und PV *** Typisierter Arbeitgeberzuschuss

Lohn/ Gehalt in € bis	Steuerklasse	Lohn- steuer*	BVSP**	TAGZ***	Steuerklasse	Bemessungsgrundlage für Kirchensteuer und Solidaritätszuschlag					
						Freibeträge für ... Kinder					
						0,5	**1,0**	1,5	**2,0**	2,5	**3,0**
54467,99	I,IV	**8845**	5126	5126	I	7345	5922	4577	3308	2117	1003
	II	**7416**	5126	5126	II	5989	4640	3368	2173	1055	147
	III	**4688**	5126	5126	III	3540	2430	1382	512		
	V	**14263**	5126	5126	IV	8085	7345	6624	5922	5240	4577
	VI	**14795**	5126	5126							
54503,99	I,IV	**8855**	5130	5130	I	7355	5931	4585	3316	2124	1010
	II	**7425**	5130	5130	II	5998	4648	3376	2180	1062	151
	III	**4696**	5130	5130	III	3546	2436	1388	518		
	V	**14275**	5130	5130	IV	8095	7355	6633	5931	5249	4585
	VI	**14807**	5130	5130							
54539,99	I,IV	**8865**	5133	5133	I	7364	5940	4594	3324	2132	1017
	II	**7435**	5133	5133	II	6007	4657	3384	2188	1069	156
	III	**4704**	5133	5133	III	3554	2444	1394	522		
	V	**14288**	5133	5133	IV	8105	7364	6643	5940	5258	4594
	VI	**14820**	5133	5133							
54575,99	I,IV	**8875**	5136	5136	I	7374	5949	4602	3332	2140	1024
	II	**7444**	5136	5136	II	6016	4666	3392	2195	1076	161
	III	**4710**	5136	5136	III	3562	2450	1400	528		
	V	**14300**	5136	5136	IV	8115	7374	6652	5949	5266	4602
	VI	**14832**	5136	5136							
54611,99	I,IV	**8885**	5140	5140	I	7383	5958	4611	3340	2147	1031
	II	**7454**	5140	5140	II	6025	4674	3400	2203	1083	166
	III	**4718**	5140	5140	III	3568	2458	1406	532		
	V	**14312**	5140	5140	IV	8125	7383	6661	5958	5275	4611
	VI	**14844**	5140	5140							
54647,99	I,IV	**8896**	5143	5143	I	7393	5968	4620	3349	2155	1038
	II	**7464**	5143	5143	II	6035	4683	3408	2211	1090	170
	III	**4726**	5143	5143	III	3576	2466	1412	538		
	V	**14325**	5143	5143	IV	8135	7393	6671	5968	5284	4620
	VI	**14857**	5143	5143							
54683,99	I,IV	**8906**	5147	5147	I	7403	5977	4628	3357	2162	1045
	II	**7473**	5147	5147	II	6044	4691	3416	2218	1097	175
	III	**4734**	5147	5147	III	3584	2472	1420	542		
	V	**14337**	5147	5147	IV	8144	7403	6680	5977	5293	4628
	VI	**14869**	5147	5147							
54719,99	I,IV	**8916**	5150	5150	I	7412	5986	4637	3365	2170	1052
	II	**7483**	5150	5150	II	6053	4700	3424	2226	1104	180
	III	**4742**	5150	5150	III	3590	2480	1426	548		
	V	**14349**	5150	5150	IV	8154	7412	6689	5986	5301	4637
	VI	**14881**	5150	5150							
54755,99	I,IV	**8926**	5153	5153	I	7422	5995	4645	3373	2177	1059
	II	**7492**	5153	5153	II	6062	4708	3432	2233	1111	185
	III	**4748**	5153	5153	III	3598	2486	1432	552		
	V	**14361**	5153	5153	IV	8164	7422	6698	5995	5310	4645
	VI	**14893**	5153	5153							
54791,99	I,IV	**8936**	5157	5157	I	7431	6004	4654	3381	2185	1066
	II	**7502**	5157	5157	II	6071	4717	3440	2241	1119	189
	III	**4756**	5157	5157	III	3606	2494	1438	558		
	V	**14374**	5157	5157	IV	8174	7431	6708	6004	5319	4654
	VI	**14906**	5157	5157							
54827,99	I,IV	**8946**	5160	5160	I	7441	6013	4662	3389	2192	1073
	II	**7512**	5160	5160	II	6080	4726	3449	2248	1126	194
	III	**4764**	5160	5160	III	3614	2500	1444	562		
	V	**14386**	5160	5160	IV	8184	7441	6717	6013	5328	4662
	VI	**14918**	5160	5160							
54863,99	I,IV	**8956**	5164	5164	I	7450	6022	4671	3397	2200	1080
	II	**7521**	5164	5164	II	6089	4734	3457	2256	1133	199
	III	**4772**	5164	5164	III	3620	2508	1452	568		
	V	**14398**	5164	5164	IV	8193	7450	6727	6022	5337	4671
	VI	**14930**	5164	5164							

* Zur LSt-Berechnung für privat versicherte Arbeitnehmer s. Beispiele **Vorbemerkung S. 4f.**

** Basisvorsorgepauschale KV und PV *** Typisierter Arbeitgeberzuschuss

Lohn/ Gehalt in € bis	Steuerklasse	Lohn-steuer*	BVSP**	TAGZ***	Steuerklasse	Bemessungsgrundlage für Kirchensteuer und Solidaritätszuschlag – Freibeträge für ... Kinder 0,5	**1,0**	1,5	**2,0**	2,5	**3,0**
54 899,99	I,IV	**8 966**	5 167	5 167	I	7 460	6 031	4 679	3 405	2 207	1 087
	II	**7 531**	5 167	5 167	II	6 098	4 743	3 465	2 264	1 140	204
	III	**4 780**	5 167	5 167	III	3 628	2 514	1 458	574		
	V	**14 411**	5 167	5 167	IV	8 203	7 460	6 736	6 031	5 346	4 679
	VI	**14 942**	5 167	5 167							
54 935,99	I,IV	**8 976**	5 170	5 170	I	7 470	6 040	4 688	3 413	2 215	1 095
	II	**7 541**	5 170	5 170	II	6 108	4 752	3 473	2 271	1 147	209
	III	**4 788**	5 170	5 170	III	3 636	2 522	1 464	578		
	V	**14 423**	5 170	5 170	IV	8 213	7 470	6 745	6 040	5 355	4 688
	VI	**14 955**	5 170	5 170							
54 971,99	I,IV	**8 986**	5 174	5 174	I	7 479	6 049	4 697	3 421	2 223	1 102
	II	**7 550**	5 174	5 174	II	6 117	4 760	3 481	2 279	1 154	214
	III	**4 796**	5 174	5 174	III	3 642	2 530	1 470	584		
	V	**14 435**	5 174	5 174	IV	8 223	7 479	6 755	6 049	5 363	4 697
	VI	**14 967**	5 174	5 174							
55 007,99	I,IV	**8 996**	5 177	5 177	I	7 489	6 058	4 705	3 429	2 230	1 109
	II	**7 560**	5 177	5 177	II	6 126	4 769	3 489	2 286	1 161	219
	III	**4 802**	5 177	5 177	III	3 650	2 536	1 476	588		
	V	**14 448**	5 177	5 177	IV	8 233	7 489	6 764	6 058	5 372	4 705
	VI	**14 979**	5 177	5 177							
55 043,99	I,IV	**9 006**	5 181	5 181	I	7 498	6 067	4 714	3 437	2 238	1 116
	II	**7 569**	5 181	5 181	II	6 135	4 777	3 497	2 294	1 168	223
	III	**4 810**	5 181	5 181	III	3 658	2 544	1 484	594		
	V	**14 460**	5 181	5 181	IV	8 243	7 498	6 773	6 067	5 381	4 714
	VI	**14 991**	5 181	5 181							
55 079,99	I,IV	**9 017**	5 184	5 184	I	7 508	6 077	4 723	3 445	2 246	1 123
	II	**7 579**	5 184	5 184	II	6 144	4 786	3 505	2 302	1 175	228
	III	**4 818**	5 184	5 184	III	3 666	2 552	1 490	600		
	V	**14 472**	5 184	5 184	IV	8 253	7 508	6 783	6 077	5 390	4 723
	VI	**15 004**	5 184	5 184							
55 115,99	I,IV	**9 027**	5 187	5 187	I	7 518	6 086	4 731	3 453	2 253	1 130
	II	**7 589**	5 187	5 187	II	6 153	4 795	3 513	2 309	1 182	233
	III	**4 826**	5 187	5 187	III	3 672	2 558	1 496	604		
	V	**14 485**	5 187	5 187	IV	8 263	7 518	6 792	6 086	5 399	4 731
	VI	**15 016**	5 187	5 187							
55 151,99	I,IV	**9 037**	5 191	5 191	I	7 527	6 095	4 740	3 462	2 261	1 137
	II	**7 598**	5 191	5 191	II	6 162	4 803	3 521	2 317	1 189	238
	III	**4 834**	5 191	5 191	III	3 680	2 566	1 502	610		
	V	**14 497**	5 191	5 191	IV	8 272	7 527	6 801	6 095	5 408	4 740
	VI	**15 028**	5 191	5 191							
55 187,99	I,IV	**9 047**	5 194	5 194	I	7 537	6 104	4 748	3 470	2 268	1 144
	II	**7 608**	5 194	5 194	II	6 171	4 812	3 529	2 324	1 196	243
	III	**4 840**	5 194	5 194	III	3 688	2 572	1 508	614		
	V	**14 509**	5 194	5 194	IV	8 282	7 537	6 811	6 104	5 416	4 748
	VI	**15 041**	5 194	5 194							
55 223,99	I,IV	**9 057**	5 197	5 197	I	7 547	6 113	4 757	3 478	2 276	1 151
	II	**7 618**	5 197	5 197	II	6 181	4 821	3 538	2 332	1 204	248
	III	**4 848**	5 197	5 197	III	3 694	2 580	1 516	620		
	V	**14 521**	5 197	5 197	IV	8 292	7 547	6 820	6 113	5 425	4 757
	VI	**15 053**	5 197	5 197							
55 259,99	I,IV	**9 067**	5 201	5 201	I	7 556	6 122	4 765	3 486	2 284	1 158
	II	**7 627**	5 201	5 201	II	6 190	4 829	3 546	2 340	1 211	253
	III	**4 856**	5 201	5 201	III	3 702	2 586	1 522	626		
	V	**14 534**	5 201	5 201	IV	8 302	7 556	6 830	6 122	5 434	4 765
	VI	**15 065**	5 201	5 201							
55 295,99	I,IV	**9 077**	5 204	5 204	I	7 566	6 131	4 774	3 494	2 291	1 165
	II	**7 637**	5 204	5 204	II	6 199	4 838	3 554	2 347	1 218	258
	III	**4 864**	5 204	5 204	III	3 710	2 594	1 528	630		
	V	**14 546**	5 204	5 204	IV	8 312	7 566	6 839	6 131	5 443	4 774
	VI	**15 078**	5 204	5 204							

* Zur LSt-Berechnung für privat versicherte Arbeitnehmer s. Beispiele **Vorbemerkung S. 4 f.**
** Basisvorsorgepauschale KV und PV *** Typisierter Arbeitgeberzuschuss

Lohn/ Gehalt in € bis	Steuerklasse	Lohn-steuer*	BVSP**	TAGZ***	Steuerklasse	Bemessungsgrundlage für Kirchensteuer und Solidaritätszuschlag – Freibeträge für ... Kinder 0,5	**1,0**	1,5	**2,0**	2,5	**3,0**
55331,99	I,IV	**9088**	5208	5208	I	7576	6141	4783	3502	2299	1173
	II	**7647**	5208	5208	II	6208	4847	3562	2355	1225	264
	III	**4872**	5208	5208	III	3716	2600	1536	636		
	V	**14558**	5208	5208	IV	8322	7576	6848	6141	5452	4783
	VI	**15090**	5208	5208							
55367,99	I,IV	**9098**	5211	5211	I	7585	6150	4791	3510	2306	1180
	II	**7656**	5211	5211	II	6217	4855	3570	2363	1232	269
	III	**4880**	5211	5211	III	3724	2608	1542	640		
	V	**14571**	5211	5211	IV	8332	7585	6858	6150	5461	4791
	VI	**15102**	5211	5211							
55403,99	I,IV	**9108**	5214	5214	I	7595	6159	4800	3518	2314	1187
	II	**7666**	5214	5214	II	6226	4864	3578	2370	1239	274
	III	**4886**	5214	5214	III	3732	2616	1548	646		
	V	**14583**	5214	5214	IV	8342	7595	6867	6159	5470	4800
	VI	**15115**	5214	5214							
55439,99	I,IV	**9118**	5218	5218	I	7604	6168	4809	3526	2322	1194
	II	**7675**	5218	5218	II	6235	4872	3587	2378	1246	279
	III	**4894**	5218	5218	III	3740	2622	1554	652		
	V	**14595**	5218	5218	IV	8351	7604	6876	6168	5478	4809
	VI	**15127**	5218	5218							
55475,99	I,IV	**9128**	5221	5221	I	7614	6177	4817	3535	2329	1201
	II	**7685**	5221	5221	II	6245	4881	3595	2386	1254	284
	III	**4902**	5221	5221	III	3746	2630	1562	656		
	V	**14608**	5221	5221	IV	8361	7614	6886	6177	5488	4817
	VI	**15139**	5221	5221							
55511,99	I,IV	**9138**	5225	5225	I	7624	6186	4826	3543	2337	1208
	II	**7695**	5225	5225	II	6254	4890	3603	2393	1261	289
	III	**4910**	5225	5225	III	3754	2636	1568	662		
	V	**14620**	5225	5225	IV	8371	7624	6895	6186	5496	4826
	VI	**15151**	5225	5225							
55547,99	I,IV	**9148**	5228	5228	I	7633	6195	4834	3551	2344	1215
	II	**7705**	5228	5228	II	6263	4898	3611	2401	1268	294
	III	**4918**	5228	5228	III	3762	2644	1574	668		
	V	**14632**	5228	5228	IV	8381	7633	6905	6195	5505	4834
	VI	**15164**	5228	5228							
55583,99	I,IV	**9158**	5231	5231	I	7643	6204	4843	3559	2352	1222
	II	**7714**	5231	5231	II	6272	4907	3619	2409	1275	299
	III	**4926**	5231	5231	III	3768	2650	1580	672		
	V	**14644**	5231	5231	IV	8391	7643	6914	6204	5514	4843
	VI	**15176**	5231	5231							
55619,99	I,IV	**9169**	5235	5235	I	7653	6214	4852	3567	2360	1230
	II	**7724**	5235	5235	II	6281	4916	3628	2416	1282	305
	III	**4932**	5235	5235	III	3776	2658	1588	678		
	V	**14657**	5235	5235	IV	8401	7653	6924	6214	5523	4852
	VI	**15188**	5235	5235							
55655,99	I,IV	**9179**	5238	5238	I	7662	6223	4860	3575	2367	1237
	II	**7734**	5238	5238	II	6290	4924	3636	2424	1289	310
	III	**4940**	5238	5238	III	3784	2666	1594	684		
	V	**14669**	5238	5238	IV	8411	7662	6933	6223	5532	4860
	VI	**15201**	5238	5238							
55691,99	I,IV	**9189**	5242	5242	I	7672	6232	4869	3583	2375	1244
	II	**7743**	5242	5242	II	6300	4933	3644	2432	1297	315
	III	**4948**	5242	5242	III	3792	2672	1600	688		
	V	**14681**	5242	5242	IV	8421	7672	6942	6232	5541	4869
	VI	**15213**	5242	5242							
55727,99	I,IV	**9199**	5245	5245	I	7681	6241	4878	3592	2383	1251
	II	**7753**	5245	5245	II	6309	4942	3652	2439	1304	320
	III	**4956**	5245	5245	III	3798	2680	1608	694		
	V	**14693**	5245	5245	IV	8431	7681	6952	6241	5550	4878
	VI	**15225**	5245	5245							

* Zur LSt-Berechnung für privat versicherte Arbeitnehmer s. Beispiele **Vorbemerkung S. 4f.**
** Basisvorsorgepauschale KV und PV *** Typisierter Arbeitgeberzuschuss

Lohn/ Gehalt in € bis	Steuerklasse	Lohn-steuer*	BVSP**	TAGZ***	Steuerklasse	Bemessungsgrundlage für Kirchensteuer und Solidaritätszuschlag					
						Freibeträge für ... Kinder					
						0,5	**1,0**	1,5	**2,0**	2,5	**3,0**
55 763,99	I,IV	**9 209**	5 248	5 248	I	7 691	6 250	4 887	3 600	2 390	1 258
	II	**7 763**	5 248	5 248	II	6 318	4 951	3 660	2 447	1 311	325
	III	**4 964**	5 248	5 248	III	3 806	2 688	1 614	700		
	V	**14 706**	5 248	5 248	IV	8 441	7 691	6 961	6 250	5 559	4 887
	VI	**15 238**	5 248	5 248							
55 799,99	I,IV	**9 220**	5 252	5 252	I	7 701	6 259	4 895	3 608	2 398	1 265
	II	**7 772**	5 252	5 252	II	6 327	4 959	3 668	2 455	1 318	331
	III	**4 972**	5 252	5 252	III	3 814	2 694	1 620	704		
	V	**14 718**	5 252	5 252	IV	8 451	7 701	6 971	6 259	5 568	4 895
	VI	**15 250**	5 252	5 252							
55 835,99	I,IV	**9 230**	5 255	5 255	I	7 710	6 269	4 904	3 616	2 406	1 272
	II	**7 782**	5 255	5 255	II	6 336	4 968	3 676	2 462	1 325	336
	III	**4 980**	5 255	5 255	III	3 822	2 702	1 628	710		
	V	**14 730**	5 255	5 255	IV	8 460	7 710	6 980	6 269	5 576	4 904
	VI	**15 262**	5 255	5 255							
55 871,99	I,IV	**9 240**	5 258	5 258	I	7 720	6 278	4 912	3 624	2 413	1 279
	II	**7 792**	5 258	5 258	II	6 345	4 976	3 685	2 470	1 332	341
	III	**4 986**	5 258	5 258	III	3 828	2 708	1 634	714		
	V	**14 742**	5 258	5 258	IV	8 470	7 720	6 989	6 278	5 585	4 912
	VI	**15 274**	5 258	5 258							
55 907,99	I,IV	**9 250**	5 262	5 262	I	7 730	6 287	4 921	3 633	2 421	1 287
	II	**7 802**	5 262	5 262	II	6 355	4 985	3 693	2 478	1 340	347
	III	**4 994**	5 262	5 262	III	3 836	2 716	1 640	720		
	V	**14 755**	5 262	5 262	IV	8 480	7 730	6 999	6 287	5 594	4 921
	VI	**15 287**	5 262	5 262							
55 943,99	I,IV	**9 260**	5 265	5 265	I	7 740	6 296	4 930	3 641	2 429	1 294
	II	**7 811**	5 265	5 265	II	6 364	4 994	3 701	2 485	1 347	352
	III	**5 002**	5 265	5 265	III	3 844	2 724	1 648	726		
	V	**14 767**	5 265	5 265	IV	8 490	7 740	7 008	6 296	5 603	4 930
	VI	**15 299**	5 265	5 265							
55 979,99	I,IV	**9 270**	5 269	5 269	I	7 749	6 305	4 938	3 649	2 436	1 301
	II	**7 821**	5 269	5 269	II	6 373	5 003	3 709	2 493	1 354	357
	III	**5 010**	5 269	5 269	III	3 850	2 730	1 654	732	4	
	V	**14 779**	5 269	5 269	IV	8 500	7 749	7 018	6 305	5 612	4 938
	VI	**15 311**	5 269	5 269							
56 015,99	I,IV	**9 281**	5 272	5 272	I	7 759	6 315	4 947	3 657	2 444	1 308
	II	**7 831**	5 272	5 272	II	6 383	5 012	3 718	2 501	1 361	363
	III	**5 018**	5 272	5 272	III	3 858	2 738	1 660	736	8	
	V	**14 792**	5 272	5 272	IV	8 510	7 759	7 027	6 315	5 621	4 947
	VI	**15 324**	5 272	5 272							
56 051,99	I,IV	**9 291**	5 275	5 275	I	7 769	6 324	4 956	3 665	2 452	1 315
	II	**7 840**	5 275	5 275	II	6 392	5 020	3 726	2 509	1 369	368
	III	**5 026**	5 275	5 275	III	3 866	2 744	1 668	742	14	
	V	**14 804**	5 275	5 275	IV	8 520	7 769	7 037	6 324	5 630	4 956
	VI	**15 336**	5 275	5 275							
56 087,99	I,IV	**9 301**	5 279	5 279	I	7 778	6 333	4 965	3 673	2 459	1 323
	II	**7 850**	5 279	5 279	II	6 401	5 029	3 734	2 516	1 376	373
	III	**5 032**	5 279	5 279	III	3 874	2 752	1 674	748	18	
	V	**14 816**	5 279	5 279	IV	8 530	7 778	7 046	6 333	5 639	4 965
	VI	**15 348**	5 279	5 279							
56 123,99	I,IV	**9 311**	5 282	5 282	I	7 788	6 342	4 973	3 681	2 467	1 330
	II	**7 860**	5 282	5 282	II	6 410	5 037	3 742	2 524	1 383	379
	III	**5 040**	5 282	5 282	III	3 880	2 760	1 680	752	22	
	V	**14 829**	5 282	5 282	IV	8 540	7 788	7 055	6 342	5 648	4 973
	VI	**15 360**	5 282	5 282							
56 159,99	I,IV	**9 322**	5 286	5 286	I	7 798	6 351	4 982	3 690	2 475	1 337
	II	**7 870**	5 286	5 286	II	6 419	5 046	3 750	2 532	1 390	384
	III	**5 048**	5 286	5 286	III	3 888	2 766	1 688	758	26	
	V	**14 841**	5 286	5 286	IV	8 550	7 798	7 065	6 351	5 657	4 982
	VI	**15 373**	5 286	5 286							

* Zur LSt-Berechnung für privat versicherte Arbeitnehmer s. Beispiele **Vorbemerkung S. 4 f.**
** Basisvorsorgepauschale KV und PV *** Typisierter Arbeitgeberzuschuss

Lohn/ Gehalt in € bis	Steuerklasse	Lohn-steuer*	BVSP**	TAGZ***	Steuerklasse	Bemessungsgrundlage für Kirchensteuer und Solidaritätszuschlag – Freibeträge für ... Kinder 0,5	**1,0**	1,5	**2,0**	2,5	**3,0**
56 195,99	I,IV	**9 332**	5 289	5 289	I	7 808	6 361	4 991	3 698	2 483	1 344
	II	**7 879**	5 289	5 289	II	6 429	5 055	3 759	2 539	1 397	390
	III	**5 056**	5 289	5 289	III	3 896	2 774	1 694	764	30	
	V	**14 853**	5 289	5 289	IV	8 560	7 808	7 074	6 361	5 666	4 991
	VI	**15 385**	5 289	5 289							
56 231,99	I,IV	**9 342**	5 292	5 292	I	7 817	6 370	4 999	3 706	2 490	1 351
	II	**7 889**	5 292	5 292	II	6 438	5 064	3 767	2 547	1 404	395
	III	**5 064**	5 292	5 292	III	3 904	2 780	1 700	770	34	
	V	**14 865**	5 292	5 292	IV	8 570	7 817	7 084	6 370	5 675	4 999
	VI	**15 397**	5 292	5 292							
56 267,99	I,IV	**9 352**	5 296	5 296	I	7 827	6 379	5 008	3 714	2 498	1 358
	II	**7 899**	5 296	5 296	II	6 447	5 072	3 775	2 555	1 412	401
	III	**5 072**	5 296	5 296	III	3 910	2 788	1 708	774	38	
	V	**14 878**	5 296	5 296	IV	8 580	7 827	7 093	6 379	5 684	5 008
	VI	**15 409**	5 296	5 296							
56 303,99	I,IV	**9 362**	5 299	5 299	I	7 837	6 388	5 017	3 723	2 506	1 366
	II	**7 909**	5 299	5 299	II	6 456	5 081	3 783	2 563	1 419	406
	III	**5 080**	5 299	5 299	III	3 918	2 796	1 714	780	42	
	V	**14 890**	5 299	5 299	IV	8 590	7 837	7 103	6 388	5 693	5 017
	VI	**15 422**	5 299	5 299							
56 339,99	I,IV	**9 373**	5 303	5 303	I	7 846	6 397	5 026	3 731	2 513	1 373
	II	**7 918**	5 303	5 303	II	6 466	5 090	3 792	2 570	1 426	412
	III	**5 088**	5 303	5 303	III	3 926	2 802	1 722	786	46	
	V	**14 902**	5 303	5 303	IV	8 600	7 846	7 112	6 397	5 702	5 026
	VI	**15 434**	5 303	5 303							
56 375,99	I,IV	**9 383**	5 306	5 306	I	7 856	6 407	5 034	3 739	2 521	1 380
	II	**7 928**	5 306	5 306	II	6 475	5 099	3 800	2 578	1 433	417
	III	**5 094**	5 306	5 306	III	3 932	2 810	1 728	790	50	
	V	**14 915**	5 306	5 306	IV	8 610	7 856	7 122	6 407	5 711	5 034
	VI	**15 446**	5 306	5 306							
56 411,99	I,IV	**9 393**	5 309	5 309	I	7 866	6 416	5 043	3 747	2 529	1 387
	II	**7 938**	5 309	5 309	II	6 484	5 107	3 808	2 586	1 441	423
	III	**5 102**	5 309	5 309	III	3 940	2 816	1 734	796	54	
	V	**14 927**	5 309	5 309	IV	8 620	7 866	7 131	6 416	5 720	5 043
	VI	**15 459**	5 309	5 309							
56 447,99	I,IV	**9 403**	5 313	5 313	I	7 876	6 425	5 052	3 756	2 536	1 395
	II	**7 948**	5 313	5 313	II	6 493	5 116	3 816	2 594	1 448	429
	III	**5 110**	5 313	5 313	III	3 948	2 824	1 742	802	58	
	V	**14 939**	5 313	5 313	IV	8 630	7 876	7 141	6 425	5 729	5 052
	VI	**15 471**	5 313	5 313							
56 483,99	I,IV	**9 414**	5 316	5 316	I	7 885	6 434	5 060	3 764	2 544	1 402
	II	**7 957**	5 316	5 316	II	6 503	5 125	3 824	2 601	1 455	434
	III	**5 118**	5 316	5 316	III	3 956	2 832	1 748	808	62	
	V	**14 952**	5 316	5 316	IV	8 640	7 885	7 150	6 434	5 738	5 060
	VI	**15 483**	5 316	5 316							
56 519,99	I,IV	**9 424**	5 319	5 319	I	7 895	6 443	5 069	3 772	2 552	1 409
	II	**7 967**	5 319	5 319	II	6 512	5 134	3 833	2 609	1 462	440
	III	**5 126**	5 319	5 319	III	3 962	2 838	1 756	814	68	
	V	**14 964**	5 319	5 319	IV	8 650	7 895	7 160	6 443	5 747	5 069
	VI	**15 495**	5 319	5 319							
56 555,99	I,IV	**9 434**	5 323	5 323	I	7 905	6 453	5 078	3 780	2 559	1 416
	II	**7 977**	5 323	5 323	II	6 521	5 142	3 841	2 617	1 469	445
	III	**5 134**	5 323	5 323	III	3 970	2 846	1 762	818	72	
	V	**14 976**	5 323	5 323	IV	8 660	7 905	7 169	6 453	5 756	5 078
	VI	**15 508**	5 323	5 323							
56 591,99	I,IV	**9 444**	5 326	5 326	I	7 915	6 462	5 087	3 788	2 567	1 423
	II	**7 987**	5 326	5 326	II	6 530	5 151	3 849	2 625	1 477	451
	III	**5 142**	5 326	5 326	III	3 978	2 852	1 768	824	76	
	V	**14 989**	5 326	5 326	IV	8 670	7 915	7 179	6 462	5 765	5 087
	VI	**15 520**	5 326	5 326							

* Zur LSt-Berechnung für privat versicherte Arbeitnehmer s. Beispiele **Vorbemerkung S. 4 f.**
** Basisvorsorgepauschale KV und PV *** Typisierter Arbeitgeberzuschuss

Lohn/ Gehalt in € bis	Steuerklasse	Lohn-steuer*	BVSP**	TAGZ***	Steuerklasse	Bemessungsgrundlage für Kirchensteuer und Solidaritätszuschlag – Freibeträge für ... Kinder 0,5	1,0	1,5	2,0	2,5	3,0
56627,99	I,IV	**9455**	5330	5330	I	7924	6471	5095	3797	2575	1431
	II	**7996**	5330	5330	II	6540	5160	3857	2632	1484	457
	III	**5150**	5330	5330	III	3986	2860	1776	830	80	
	V	**15001**	5330	5330	IV	8680	7924	7188	6471	5774	5095
	VI	**15532**	5330	5330							
56663,99	I,IV	**9465**	5333	5333	I	7934	6480	5104	3805	2583	1438
	II	**8006**	5333	5333	II	6549	5169	3866	2640	1491	462
	III	**5156**	5333	5333	III	3992	2868	1782	836	84	
	V	**15013**	5333	5333	IV	8690	7934	7198	6480	5783	5104
	VI	**15545**	5333	5333							
56699,99	I,IV	**9475**	5336	5336	I	7944	6490	5113	3813	2591	1445
	II	**8016**	5336	5336	II	6558	5178	3874	2648	1499	468
	III	**5164**	5336	5336	III	4000	2874	1790	840	88	
	V	**15025**	5336	5336	IV	8700	7944	7207	6490	5792	5113
	VI	**15557**	5336	5336							
56735,99	I,IV	**9485**	5340	5340	I	7954	6499	5122	3821	2598	1452
	II	**8026**	5340	5340	II	6567	5186	3882	2656	1506	474
	III	**5172**	5340	5340	III	4008	2882	1796	846	92	
	V	**15038**	5340	5340	IV	8710	7954	7217	6499	5801	5122
	VI	**15569**	5340	5340							
56771,99	I,IV	**9496**	5343	5343	I	7963	6508	5130	3830	2606	1460
	II	**8035**	5343	5343	II	6577	5195	3891	2663	1513	479
	III	**5180**	5343	5343	III	4016	2888	1802	852	98	
	V	**15050**	5343	5343	IV	8720	7963	7226	6508	5810	5130
	VI	**15582**	5343	5343							
56807,99	I,IV	**9506**	5347	5347	I	7973	6517	5139	3838	2614	1467
	II	**8045**	5347	5347	II	6586	5204	3899	2671	1520	485
	III	**5188**	5347	5347	III	4022	2896	1810	858	102	
	V	**15062**	5347	5347	IV	8730	7973	7236	6517	5819	5139
	VI	**15594**	5347	5347							
56843,99	I,IV	**9516**	5350	5350	I	7983	6527	5148	3846	2622	1474
	II	**8055**	5350	5350	II	6595	5213	3907	2679	1528	491
	III	**5196**	5350	5350	III	4030	2904	1816	864	106	
	V	**15075**	5350	5350	IV	8740	7983	7245	6527	5828	5148
	VI	**15606**	5350	5350							
56879,99	I,IV	**9526**	5353	5353	I	7993	6536	5157	3854	2629	1481
	II	**8065**	5353	5353	II	6605	5221	3915	2687	1535	497
	III	**5202**	5353	5353	III	4038	2910	1824	868	110	
	V	**15087**	5353	5353	IV	8750	7993	7255	6536	5837	5157
	VI	**15619**	5353	5353							
56915,99	I,IV	**9537**	5357	5357	I	8002	6545	5165	3863	2637	1489
	II	**8075**	5357	5357	II	6614	5230	3924	2694	1542	502
	III	**5210**	5357	5357	III	4046	2918	1830	874	114	
	V	**15099**	5357	5357	IV	8760	8002	7264	6545	5846	5165
	VI	**15631**	5357	5357							
56951,99	I,IV	**9547**	5360	5360	I	8012	6554	5174	3871	2645	1496
	II	**8084**	5360	5360	II	6623	5239	3932	2702	1549	508
	III	**5218**	5360	5360	III	4052	2926	1836	880	118	
	V	**15111**	5360	5360	IV	8770	8012	7274	6554	5855	5174
	VI	**15643**	5360	5360							
56987,99	I,IV	**9557**	5363	5363	I	8022	6564	5183	3879	2653	1503
	II	**8094**	5363	5363	II	6633	5248	3940	2710	1557	514
	III	**5226**	5363	5363	III	4060	2932	1844	886	124	
	V	**15124**	5363	5363	IV	8780	8022	7283	6564	5864	5183
	VI	**15655**	5363	5363							
57023,99	I,IV	**9568**	5367	5367	I	8032	6573	5192	3887	2660	1510
	II	**8104**	5367	5367	II	6642	5257	3949	2718	1564	520
	III	**5234**	5367	5367	III	4068	2940	1852	892	128	
	V	**15136**	5367	5367	IV	8790	8032	7293	6573	5873	5192
	VI	**15668**	5367	5367							

* Zur LSt-Berechnung für privat versicherte Arbeitnehmer s. Beispiele **Vorbemerkung S. 4f.**
** Basisvorsorgepauschale KV und PV *** Typisierter Arbeitgeberzuschuss

Lohn/ Gehalt in € bis	Steuerklasse	Lohnsteuer*	BVSP**	TAGZ***	Steuerklasse	Bemessungsgrundlage für Kirchensteuer und Solidaritätszuschlag – Freibeträge für ... Kinder 0,5	**1,0**	1,5	**2,0**	2,5	**3,0**
57 059,99	I,IV	**9 578**	5 370	5 370	I	8 042	6 582	5 200	3 896	2 668	1 518
	II	**8 114**	5 370	5 370	II	6 651	5 265	3 957	2 726	1 571	526
	III	**5 242**	5 370	5 370	III	4 074	2 946	1 858	896	132	
	V	**15 148**	5 370	5 370	IV	8 800	8 042	7 302	6 582	5 882	5 200
	VI	**15 680**	5 370	5 370							
57 095,99	I,IV	**9 588**	5 374	5 374	I	8 051	6 592	5 209	3 904	2 676	1 525
	II	**8 124**	5 374	5 374	II	6 660	5 274	3 965	2 733	1 579	532
	III	**5 250**	5 374	5 374	III	4 082	2 954	1 864	902	136	
	V	**15 160**	5 374	5 374	IV	8 810	8 051	7 312	6 592	5 891	5 209
	VI	**15 692**	5 374	5 374							
57 131,99	I,IV	**9 599**	5 377	5 377	I	8 061	6 601	5 218	3 912	2 684	1 532
	II	**8 134**	5 377	5 377	II	6 670	5 283	3 974	2 741	1 586	538
	III	**5 258**	5 377	5 377	III	4 090	2 962	1 872	908	140	
	V	**15 173**	5 377	5 377	IV	8 820	8 061	7 322	6 601	5 900	5 218
	VI	**15 705**	5 377	5 377							
57 167,99	I,IV	**9 609**	5 380	5 380	I	8 071	6 610	5 227	3 921	2 691	1 539
	II	**8 143**	5 380	5 380	II	6 679	5 292	3 982	2 749	1 593	544
	III	**5 264**	5 380	5 380	III	4 098	2 968	1 878	914	144	
	V	**15 185**	5 380	5 380	IV	8 830	8 071	7 331	6 610	5 909	5 227
	VI	**15 717**	5 380	5 380							
57 203,99	I,IV	**9 619**	5 384	5 384	I	8 081	6 620	5 236	3 929	2 699	1 547
	II	**8 153**	5 384	5 384	II	6 688	5 301	3 990	2 757	1 601	549
	III	**5 272**	5 384	5 384	III	4 106	2 976	1 886	920	150	
	V	**15 197**	5 384	5 384	IV	8 840	8 081	7 340	6 620	5 918	5 236
	VI	**15 729**	5 384	5 384							
57 239,99	I,IV	**9 629**	5 387	5 387	I	8 090	6 629	5 244	3 937	2 707	1 554
	II	**8 163**	5 387	5 387	II	6 698	5 309	3 998	2 764	1 608	555
	III	**5 280**	5 387	5 387	III	4 112	2 984	1 892	924	154	
	V	**15 209**	5 387	5 387	IV	8 850	8 090	7 350	6 629	5 927	5 244
	VI	**15 741**	5 387	5 387							
57 275,99	I,IV	**9 640**	5 391	5 391	I	8 100	6 638	5 253	3 945	2 715	1 561
	II	**8 173**	5 391	5 391	II	6 707	5 318	4 007	2 772	1 615	561
	III	**5 288**	5 391	5 391	III	4 120	2 990	1 900	930	158	
	V	**15 222**	5 391	5 391	IV	8 860	8 100	7 360	6 638	5 936	5 253
	VI	**15 754**	5 391	5 391							
57 311,99	I,IV	**9 650**	5 394	5 394	I	8 110	6 648	5 262	3 954	2 723	1 569
	II	**8 183**	5 394	5 394	II	6 716	5 327	4 015	2 780	1 623	567
	III	**5 296**	5 394	5 394	III	4 128	2 998	1 906	936	162	
	V	**15 234**	5 394	5 394	IV	8 870	8 110	7 369	6 648	5 945	5 262
	VI	**15 766**	5 394	5 394							
57 347,99	I,IV	**9 660**	5 397	5 397	I	8 120	6 657	5 271	3 962	2 730	1 576
	II	**8 192**	5 397	5 397	II	6 726	5 336	4 023	2 788	1 630	573
	III	**5 304**	5 397	5 397	III	4 134	3 004	1 914	942	166	
	V	**15 246**	5 397	5 397	IV	8 880	8 120	7 379	6 657	5 954	5 271
	VI	**15 778**	5 397	5 397							
57 383,99	I,IV	**9 671**	5 401	5 401	I	8 130	6 666	5 280	3 970	2 738	1 583
	II	**8 203**	5 401	5 401	II	6 735	5 345	4 032	2 796	1 637	579
	III	**5 312**	5 401	5 401	III	4 142	3 012	1 920	948	172	
	V	**15 259**	5 401	5 401	IV	8 891	8 130	7 388	6 666	5 963	5 280
	VI	**15 791**	5 401	5 401							
57 419,99	I,IV	**9 681**	5 404	5 404	I	8 140	6 676	5 289	3 979	2 746	1 591
	II	**8 212**	5 404	5 404	II	6 744	5 354	4 040	2 804	1 645	585
	III	**5 320**	5 404	5 404	III	4 150	3 020	1 928	954	176	
	V	**15 271**	5 404	5 404	IV	8 901	8 140	7 398	6 676	5 972	5 289
	VI	**15 803**	5 404	5 404							
57 455,99	I,IV	**9 691**	5 408	5 408	I	8 149	6 685	5 297	3 987	2 754	1 598
	II	**8 222**	5 408	5 408	II	6 754	5 362	4 048	2 812	1 652	591
	III	**5 328**	5 408	5 408	III	4 158	3 026	1 934	960	180	
	V	**15 283**	5 408	5 408	IV	8 911	8 149	7 407	6 685	5 981	5 297
	VI	**15 815**	5 408	5 408							

* Zur LSt-Berechnung für privat versicherte Arbeitnehmer s. Beispiele **Vorbemerkung S. 4 f.**
** Basisvorsorgepauschale KV und PV *** Typisierter Arbeitgeberzuschuss

Lohn/ Gehalt in € bis	Steuerklasse	Lohnsteuer*	BVSP**	TAGZ***	Steuerklasse	Bemessungsgrundlage für Kirchensteuer und Solidaritätszuschlag – Freibeträge für ... Kinder 0,5	1,0	1,5	2,0	2,5	3,0
57491,99	I,IV	**9702**	5411	5411	I	8159	6694	5306	3995	2762	1605
	II	**8232**	5411	5411	II	6763	5371	4057	2819	1659	597
	III	**5336**	5411	5411	III	4166	3034	1942	966	184	
	V	**15296**	5411	5411	IV	8921	8159	7417	6694	5990	5306
	VI	**15827**	5411	5411							
57527,99	I,IV	**9712**	5414	5414	I	8169	6704	5315	4004	2770	1613
	II	**8242**	5414	5414	II	6773	5380	4065	2827	1667	604
	III	**5342**	5414	5414	III	4174	3042	1948	970	190	
	V	**15308**	5414	5414	IV	8931	8169	7427	6704	6000	5315
	VI	**15840**	5414	5414							
57563,99	I,IV	**9722**	5418	5418	I	8179	6713	5324	4012	2777	1620
	II	**8252**	5418	5418	II	6782	5389	4073	2835	1674	610
	III	**5350**	5418	5418	III	4180	3048	1956	976	194	
	V	**15320**	5418	5418	IV	8941	8179	7436	6713	6009	5324
	VI	**15852**	5418	5418							
57599,99	I,IV	**9733**	5421	5421	I	8189	6722	5333	4020	2785	1627
	II	**8262**	5421	5421	II	6791	5398	4082	2843	1681	616
	III	**5358**	5421	5421	III	4188	3056	1962	982	198	
	V	**15333**	5421	5421	IV	8951	8189	7446	6722	6018	5333
	VI	**15864**	5421	5421							
57635,99	I,IV	**9743**	5424	5424	I	8199	6731	5341	4028	2793	1634
	II	**8271**	5424	5424	II	6800	5407	4090	2851	1688	622
	III	**5366**	5424	5424	III	4196	3064	1970	988	202	
	V	**15345**	5424	5424	IV	8961	8199	7455	6731	6027	5341
	VI	**15876**	5424	5424							
57671,99	I,IV	**9753**	5428	5428	I	8209	6741	5350	4037	2801	1642
	II	**8281**	5428	5428	II	6810	5416	4099	2859	1696	628
	III	**5374**	5428	5428	III	4202	3070	1976	994	208	
	V	**15357**	5428	5428	IV	8971	8209	7465	6741	6036	5350
	VI	**15889**	5428	5428							
57707,99	I,IV	**9764**	5431	5431	I	8218	6750	5359	4045	2809	1649
	II	**8291**	5431	5431	II	6819	5424	4107	2866	1703	634
	III	**5382**	5431	5431	III	4210	3078	1984	1000	212	
	V	**15369**	5431	5431	IV	8981	8218	7475	6750	6045	5359
	VI	**15901**	5431	5431							
57743,99	I,IV	**9774**	5435	5435	I	8228	6759	5368	4054	2816	1656
	II	**8301**	5435	5435	II	6829	5433	4115	2874	1711	640
	III	**5390**	5435	5435	III	4218	3084	1990	1006	216	
	V	**15382**	5435	5435	IV	8991	8228	7484	6759	6054	5368
	VI	**15913**	5435	5435							
57779,99	I,IV	**9784**	5438	5438	I	8238	6769	5377	4062	2824	1664
	II	**8311**	5438	5438	II	6838	5442	4123	2882	1718	646
	III	**5398**	5438	5438	III	4226	3092	1998	1012	220	
	V	**15394**	5438	5438	IV	9001	8238	7494	6769	6063	5377
	VI	**15926**	5438	5438							
57815,99	I,IV	**9795**	5441	5441	I	8248	6778	5386	4070	2832	1671
	II	**8321**	5441	5441	II	6847	5451	4132	2890	1725	653
	III	**5406**	5441	5441	III	4234	3100	2006	1018	226	
	V	**15406**	5441	5441	IV	9012	8248	7504	6778	6072	5386
	VI	**15938**	5441	5441							
57851,99	I,IV	**9805**	5445	5445	I	8258	6788	5395	4079	2840	1678
	II	**8331**	5445	5445	II	6857	5460	4140	2898	1733	659
	III	**5412**	5445	5445	III	4240	3106	2012	1022	230	
	V	**15419**	5445	5445	IV	9022	8258	7513	6788	6081	5395
	VI	**15950**	5445	5445							
57887,99	I,IV	**9815**	5448	5448	I	8268	6797	5403	4087	2848	1686
	II	**8340**	5448	5448	II	6866	5469	4149	2906	1740	665
	III	**5420**	5448	5448	III	4248	3114	2018	1028	234	
	V	**15431**	5448	5448	IV	9032	8268	7523	6797	6090	5403
	VI	**15963**	5448	5448							

* Zur LSt-Berechnung für privat versicherte Arbeitnehmer s. Beispiele **Vorbemerkung S. 4f.**
** Basisvorsorgepauschale KV und PV *** Typisierter Arbeitgeberzuschuss

Lohn/ Gehalt in € bis	Steuerklasse	Lohn- steuer*	BVSP**	TAGZ***	Steuerklasse	Bemessungsgrundlage für Kirchensteuer und Solidaritätszuschlag					
						Freibeträge für ... Kinder					
						0,5	**1,0**	1,5	**2,0**	2,5	**3,0**
57923,99	I,IV	**9826**	5452	5452	I	8277	6806	5412	4095	2855	1693
	II	**8350**	5452	5452	II	6875	5478	4157	2914	1747	671
	III	**5428**	5452	5452	III	4256	3122	2026	1034	238	
	V	**15443**	5452	5452	IV	9042	8277	7532	6806	6099	5412
	VI	**15975**	5452	5452							
57959,99	I,IV	**9836**	5455	5455	I	8287	6816	5421	4104	2864	1700
	II	**8360**	5455	5455	II	6885	5487	4166	2922	1755	678
	III	**5436**	5455	5455	III	4264	3128	2032	1040	244	
	V	**15456**	5455	5455	IV	9052	8287	7542	6816	6109	5421
	VI	**15987**	5455	5455							
57995,99	I,IV	**9847**	5458	5458	I	8297	6825	5430	4112	2871	1708
	II	**8370**	5458	5458	II	6894	5495	4174	2929	1762	684
	III	**5444**	5458	5458	III	4270	3136	2040	1046	248	
	V	**15468**	5458	5458	IV	9062	8297	7551	6825	6118	5430
	VI	**15999**	5458	5458							
58031,99	I,IV	**9857**	5462	5462	I	8307	6834	5439	4120	2879	1715
	II	**8380**	5462	5462	II	6904	5504	4182	2937	1769	690
	III	**5452**	5462	5462	III	4278	3144	2046	1052	252	
	V	**15480**	5462	5462	IV	9072	8307	7561	6834	6127	5439
	VI	**16012**	5462	5462							
58067,99	I,IV	**9868**	5465	5465	I	8317	6844	5448	4129	2887	1723
	II	**8390**	5465	5465	II	6913	5513	4191	2945	1777	697
	III	**5460**	5465	5465	III	4286	3150	2054	1058	258	
	V	**15493**	5465	5465	IV	9083	8317	7571	6844	6136	5448
	VI	**16024**	5465	5465							
58103,99	I,IV	**9878**	5469	5469	I	8327	6853	5457	4137	2895	1730
	II	**8400**	5469	5469	II	6923	5522	4199	2953	1784	703
	III	**5468**	5469	5469	III	4294	3158	2062	1064	262	
	V	**15505**	5469	5469	IV	9093	8327	7580	6853	6145	5457
	VI	**16036**	5469	5469							
58139,99	I,IV	**9888**	5472	5472	I	8337	6863	5465	4146	2903	1737
	II	**8410**	5472	5472	II	6932	5531	4207	2961	1792	709
	III	**5474**	5472	5472	III	4300	3166	2068	1070	266	
	V	**15517**	5472	5472	IV	9103	8337	7590	6863	6154	5465
	VI	**16049**	5472	5472							
58175,99	I,IV	**9899**	5475	5475	I	8347	6872	5474	4154	2911	1744
	II	**8420**	5475	5475	II	6941	5540	4216	2969	1799	716
	III	**5482**	5475	5475	III	4308	3172	2076	1076	270	
	V	**15529**	5475	5475	IV	9113	8347	7600	6872	6163	5474
	VI	**16061**	5475	5475							
58211,99	I,IV	**9909**	5479	5479	I	8357	6881	5483	4162	2919	1752
	II	**8430**	5479	5479	II	6951	5549	4224	2977	1807	722
	III	**5492**	5479	5479	III	4316	3180	2082	1082	276	
	V	**15542**	5479	5479	IV	9123	8357	7609	6881	6173	5483
	VI	**16073**	5479	5479							
58247,99	I,IV	**9919**	5482	5482	I	8367	6891	5492	4171	2926	1759
	II	**8440**	5482	5482	II	6960	5558	4233	2985	1814	729
	III	**5498**	5482	5482	III	4324	3188	2090	1088	280	
	V	**15554**	5482	5482	IV	9133	8367	7619	6891	6182	5492
	VI	**16086**	5482	5482							
58283,99	I,IV	**9930**	5485	5485	I	8376	6900	5501	4179	2934	1767
	II	**8450**	5485	5485	II	6970	5567	4241	2993	1821	735
	III	**5506**	5485	5485	III	4332	3194	2096	1094	284	
	V	**15566**	5485	5485	IV	9143	8376	7629	6900	6191	5501
	VI	**16098**	5485	5485							
58319,99	I,IV	**9940**	5489	5489	I	8386	6909	5510	4187	2942	1774
	II	**8459**	5489	5489	II	6979	5576	4249	3000	1829	741
	III	**5514**	5489	5489	III	4338	3202	2104	1100	290	
	V	**15578**	5489	5489	IV	9153	8386	7638	6909	6200	5510
	VI	**16110**	5489	5489							

* Zur LSt-Berechnung für privat versicherte Arbeitnehmer s. Beispiele **Vorbemerkung S. 4f.**
** Basisvorsorgepauschale KV und PV *** Typisierter Arbeitgeberzuschuss

Lohn/ Gehalt in € bis	Steuerklasse	Lohn-steuer*	BVSP**	TAGZ***	Steuerklasse	Bemessungsgrundlage für Kirchensteuer und Solidaritätszuschlag – Freibeträge für ... Kinder 0,5	1,0	1,5	2,0	2,5	3,0
58355,99	I,IV	**9951**	5492	5492	I	8396	6919	5519	4196	2950	1782
	II	**8470**	5492	5492	II	6989	5585	4258	3009	1836	748
	III	**5522**	5492	5492	III	4346	3210	2110	1106	294	
	V	**15591**	5492	5492	IV	9164	8396	7648	6919	6209	5519
	VI	**16123**	5492	5492							
58391,99	I,IV	**9961**	5496	5496	I	8406	6928	5528	4204	2958	1789
	II	**8479**	5496	5496	II	6998	5594	4266	3016	1844	754
	III	**5530**	5496	5496	III	4354	3216	2118	1112	298	
	V	**15603**	5496	5496	IV	9174	8406	7658	6928	6218	5528
	VI	**16135**	5496	5496							
58427,99	I,IV	**9971**	5499	5499	I	8416	6938	5537	4213	2966	1796
	II	**8489**	5499	5499	II	7007	5602	4275	3024	1851	761
	III	**5538**	5499	5499	III	4362	3224	2124	1118	304	
	V	**15615**	5499	5499	IV	9184	8416	7667	6938	6227	5537
	VI	**16147**	5499	5499							
58463,99	I,IV	**9982**	5502	5502	I	8426	6947	5545	4221	2974	1804
	II	**8499**	5502	5502	II	7017	5611	4283	3032	1858	767
	III	**5546**	5502	5502	III	4368	3232	2132	1124	308	
	V	**15627**	5502	5502	IV	9194	8426	7677	6947	6237	5545
	VI	**16159**	5502	5502							
58499,99	I,IV	**9992**	5506	5506	I	8436	6957	5555	4230	2982	1811
	II	**8509**	5506	5506	II	7026	5620	4292	3040	1866	774
	III	**5554**	5506	5506	III	4376	3238	2138	1130	312	
	V	**15640**	5506	5506	IV	9205	8436	7687	6957	6246	5555
	VI	**16172**	5506	5506							
58535,99	I,IV	**10003**	5509	5509	I	8446	6966	5563	4238	2990	1818
	II	**8519**	5509	5509	II	7036	5629	4300	3048	1873	781
	III	**5560**	5509	5509	III	4384	3246	2146	1136	318	
	V	**15652**	5509	5509	IV	9215	8446	7696	6966	6255	5563
	VI	**16184**	5509	5509							
58571,99	I,IV	**10013**	5513	5513	I	8456	6975	5572	4246	2997	1826
	II	**8529**	5513	5513	II	7045	5638	4308	3056	1881	787
	III	**5568**	5513	5513	III	4392	3254	2152	1142	322	
	V	**15664**	5513	5513	IV	9225	8456	7706	6975	6264	5572
	VI	**16196**	5513	5513							
58607,99	I,IV	**10023**	5516	5516	I	8465	6985	5581	4255	3005	1833
	II	**8539**	5516	5516	II	7054	5647	4317	3064	1888	794
	III	**5576**	5516	5516	III	4398	3260	2160	1146	326	
	V	**15676**	5516	5516	IV	9235	8465	7715	6985	6273	5581
	VI	**16208**	5516	5516							
58643,99	I,IV	**10034**	5519	5519	I	8476	6994	5590	4263	3013	1841
	II	**8549**	5519	5519	II	7064	5656	4325	3072	1896	800
	III	**5584**	5519	5519	III	4406	3268	2166	1154	332	
	V	**15689**	5519	5519	IV	9245	8476	7725	6994	6283	5590
	VI	**16221**	5519	5519							
58679,99	I,IV	**10045**	5523	5523	I	8486	7004	5599	4272	3021	1848
	II	**8559**	5523	5523	II	7073	5665	4334	3080	1903	807
	III	**5592**	5523	5523	III	4414	3276	2174	1160	336	
	V	**15701**	5523	5523	IV	9255	8486	7735	7004	6292	5599
	VI	**16233**	5523	5523							
58715,99	I,IV	**10055**	5526	5526	I	8495	7013	5608	4280	3029	1855
	II	**8569**	5526	5526	II	7083	5674	4342	3088	1910	813
	III	**5600**	5526	5526	III	4422	3282	2180	1166	342	
	V	**15713**	5526	5526	IV	9265	8495	7745	7013	6301	5608
	VI	**16245**	5526	5526							
58751,99	I,IV	**10066**	5530	5530	I	8506	7023	5617	4289	3037	1863
	II	**8579**	5530	5530	II	7093	5683	4351	3096	1918	820
	III	**5608**	5530	5530	III	4430	3290	2188	1172	346	
	V	**15726**	5530	5530	IV	9276	8506	7755	7023	6310	5617
	VI	**16258**	5530	5530							

* Zur LSt-Berechnung für privat versicherte Arbeitnehmer s. Beispiele **Vorbemerkung S. 4f.**
** Basisvorsorgepauschale KV und PV *** Typisierter Arbeitgeberzuschuss

Lohn/ Gehalt in € bis	Steuerklasse	**Lohn-steuer***	BVSP**	TAGZ***	Steuerklasse	Bemessungsgrundlage für Kirchensteuer und Solidaritätszuschlag – Freibeträge für ... Kinder 0,5	**1,0**	1,5	**2,0**	2,5	**3,0**
58787,99	I,IV	**10076**	5533	5533	I	8515	7032	5626	4297	3045	1870
	II	**8589**	5533	5533	II	7102	5692	4359	3104	1925	827
	III	**5616**	5533	5533	III	4438	3298	2196	1178	350	
	V	**15738**	5533	5533	IV	9286	8515	7764	7032	6319	5626
	VI	**16270**	5533	5533							
58823,99	I,IV	**10086**	5536	5536	I	8525	7041	5635	4305	3053	1878
	II	**8599**	5536	5536	II	7111	5701	4368	3112	1933	833
	III	**5624**	5536	5536	III	4444	3304	2202	1184	356	
	V	**15750**	5536	5536	IV	9296	8525	7774	7041	6328	5635
	VI	**16282**	5536	5536							
58859,99	I,IV	**10097**	5540	5540	I	8535	7051	5644	4314	3061	1885
	II	**8609**	5540	5540	II	7121	5710	4376	3119	1940	840
	III	**5632**	5540	5540	III	4452	3312	2210	1190	360	
	V	**15763**	5540	5540	IV	9306	8535	7783	7051	6338	5644
	VI	**16294**	5540	5540							
58895,99	I,IV	**10107**	5543	5543	I	8545	7061	5653	4322	3069	1893
	II	**8619**	5543	5543	II	7130	5719	4385	3128	1948	847
	III	**5640**	5543	5543	III	4460	3320	2216	1196	366	
	V	**15775**	5543	5543	IV	9317	8545	7793	7061	6347	5653
	VI	**16307**	5543	5543							
58931,99	I,IV	**10118**	5546	5546	I	8555	7070	5662	4331	3077	1900
	II	**8629**	5546	5546	II	7140	5728	4393	3136	1955	854
	III	**5648**	5546	5546	III	4468	3326	2224	1202	370	
	V	**15787**	5546	5546	IV	9327	8555	7803	7070	6356	5662
	VI	**16319**	5546	5546							
58967,99	I,IV	**10128**	5550	5550	I	8565	7079	5671	4339	3085	1907
	II	**8639**	5550	5550	II	7149	5737	4402	3143	1963	860
	III	**5656**	5550	5550	III	4476	3334	2230	1208	374	
	V	**15800**	5550	5550	IV	9337	8565	7813	7079	6365	5671
	VI	**16331**	5550	5550							
59003,99	I,IV	**10139**	5553	5553	I	8575	7089	5679	4347	3093	1915
	II	**8649**	5553	5553	II	7159	5746	4410	3151	1970	867
	III	**5662**	5553	5553	III	4482	3340	2238	1214	380	
	V	**15812**	5553	5553	IV	9347	8575	7822	7089	6374	5679
	VI	**16343**	5553	5553							
59039,99	I,IV	**10149**	5557	5557	I	8585	7098	5689	4356	3101	1923
	II	**8659**	5557	5557	II	7168	5755	4419	3160	1978	874
	III	**5670**	5557	5557	III	4490	3348	2244	1220	384	
	V	**15824**	5557	5557	IV	9358	8585	7832	7098	6384	5689
	VI	**16356**	5557	5557							
59075,99	I,IV	**10160**	5560	5560	I	8595	7108	5698	4364	3109	1930
	II	**8669**	5560	5560	II	7178	5764	4427	3167	1985	881
	III	**5678**	5560	5560	III	4498	3356	2252	1226	390	
	V	**15837**	5560	5560	IV	9368	8595	7842	7108	6393	5698
	VI	**16368**	5560	5560							
59111,99	I,IV	**10170**	5563	5563	I	8605	7117	5706	4373	3116	1937
	II	**8679**	5563	5563	II	7187	5773	4435	3175	1992	888
	III	**5686**	5563	5563	III	4506	3362	2258	1232	394	
	V	**15849**	5563	5563	IV	9378	8605	7851	7117	6402	5706
	VI	**16380**	5563	5563							
59147,99	I,IV	**10180**	5567	5567	I	8615	7127	5715	4381	3124	1945
	II	**8689**	5567	5567	II	7197	5782	4444	3183	2000	894
	III	**5694**	5567	5567	III	4512	3370	2266	1238	398	
	V	**15861**	5567	5567	IV	9388	8615	7861	7127	6411	5715
	VI	**16393**	5567	5567							
59183,99	I,IV	**10191**	5570	5570	I	8625	7136	5724	4390	3133	1952
	II	**8699**	5570	5570	II	7206	5791	4453	3191	2008	901
	III	**5702**	5570	5570	III	4520	3378	2274	1244	404	
	V	**15873**	5570	5570	IV	9399	8625	7871	7136	6421	5724
	VI	**16405**	5570	5570							

* Zur LSt-Berechnung für privat versicherte Arbeitnehmer s. Beispiele **Vorbemerkung S. 4f.**
** Basisvorsorgepauschale KV und PV *** Typisierter Arbeitgeberzuschuss

Lohn/ Gehalt in € bis	Steuerklasse	Lohn- steuer*	BVSP**	TAGZ***	Steuerklasse	Bemessungsgrundlage für Kirchensteuer und Solidaritätszuschlag					
						Freibeträge für ... Kinder					
						0,5	**1,0**	1,5	**2,0**	2,5	**3,0**
59219,99	I,IV	**10202**	5574	5574	I	8635	7146	5733	4398	3140	1960
	II	**8709**	5574	5574	II	7216	5800	4461	3199	2015	908
	III	**5710**	5574	5574	III	4528	3384	2280	1250	408	
	V	**15886**	5574	5574	IV	9409	8635	7881	7146	6430	5733
	VI	**16417**	5574	5574							
59255,99	I,IV	**10212**	5577	5577	I	8645	7155	5742	4407	3148	1967
	II	**8719**	5577	5577	II	7225	5809	4469	3207	2022	915
	III	**5718**	5577	5577	III	4536	3392	2288	1256	414	
	V	**15898**	5577	5577	IV	9419	8645	7890	7155	6439	5742
	VI	**16430**	5577	5577							
59291,99	I,IV	**10223**	5580	5580	I	8655	7165	5752	4415	3157	1975
	II	**8729**	5580	5580	II	7235	5818	4478	3216	2030	922
	III	**5726**	5580	5580	III	4544	3400	2294	1262	418	
	V	**15910**	5580	5580	IV	9429	8655	7900	7165	6448	5752
	VI	**16442**	5580	5580							
59327,99	I,IV	**10233**	5584	5584	I	8665	7174	5760	4424	3164	1982
	II	**8739**	5584	5584	II	7244	5827	4487	3223	2037	929
	III	**5734**	5584	5584	III	4550	3406	2302	1268	424	
	V	**15923**	5584	5584	IV	9439	8665	7910	7174	6458	5760
	VI	**16454**	5584	5584							
59363,99	I,IV	**10244**	5587	5587	I	8675	7184	5769	4432	3172	1990
	II	**8749**	5587	5587	II	7254	5836	4495	3231	2045	936
	III	**5742**	5587	5587	III	4558	3414	2308	1276	428	
	V	**15935**	5587	5587	IV	9450	8675	7920	7184	6467	5769
	VI	**16467**	5587	5587							
59399,99	I,IV	**10254**	5591	5591	I	8685	7193	5778	4441	3180	1997
	II	**8759**	5591	5591	II	7263	5845	4503	3239	2052	943
	III	**5750**	5591	5591	III	4566	3422	2316	1282	432	
	V	**15947**	5591	5591	IV	9460	8685	7929	7193	6476	5778
	VI	**16479**	5591	5591							
59435,99	I,IV	**10265**	5594	5594	I	8695	7203	5787	4449	3188	2005
	II	**8769**	5594	5594	II	7273	5854	4512	3248	2060	950
	III	**5758**	5594	5594	III	4574	3430	2322	1288	438	
	V	**15960**	5594	5594	IV	9470	8695	7939	7203	6485	5787
	VI	**16491**	5594	5594							
59471,99	I,IV	**10275**	5597	5597	I	8705	7212	5796	4458	3196	2012
	II	**8779**	5597	5597	II	7282	5863	4521	3255	2067	957
	III	**5766**	5597	5597	III	4582	3436	2330	1294	442	
	V	**15972**	5597	5597	IV	9480	8705	7949	7212	6495	5796
	VI	**16503**	5597	5597							
59507,99	I,IV	**10286**	5601	5601	I	8715	7222	5805	4466	3204	2020
	II	**8789**	5601	5601	II	7292	5872	4529	3263	2075	964
	III	**5772**	5601	5601	III	4588	3444	2336	1300	448	
	V	**15984**	5601	5601	IV	9491	8715	7959	7222	6504	5805
	VI	**16516**	5601	5601							
59543,99	I,IV	**10296**	5604	5604	I	8725	7231	5814	4475	3212	2027
	II	**8799**	5604	5604	II	7301	5881	4538	3271	2082	971
	III	**5780**	5604	5604	III	4596	3452	2344	1306	452	
	V	**15996**	5604	5604	IV	9501	8725	7968	7231	6513	5814
	VI	**16528**	5604	5604							
59579,99	I,IV	**10307**	5607	5607	I	8735	7241	5823	4483	3220	2035
	II	**8809**	5607	5607	II	7311	5890	4546	3280	2090	978
	III	**5788**	5607	5607	III	4604	3458	2352	1312	458	
	V	**16009**	5607	5607	IV	9511	8735	7978	7241	6522	5823
	VI	**16540**	5607	5607							
59615,99	I,IV	**10317**	5611	5611	I	8745	7250	5832	4492	3228	2042
	II	**8819**	5611	5611	II	7321	5899	4555	3288	2098	985
	III	**5796**	5611	5611	III	4612	3466	2358	1318	462	
	V	**16021**	5611	5611	IV	9522	8745	7988	7250	6532	5832
	VI	**16553**	5611	5611							

* Zur LSt-Berechnung für privat versicherte Arbeitnehmer s. Beispiele **Vorbemerkung S. 4f.**
** Basisvorsorgepauschale KV und PV *** Typisierter Arbeitgeberzuschuss

Lohn/ Gehalt in € bis	Steuerklasse	**Lohn-steuer***	BVSP**	TAGZ***	Steuerklasse	Bemessungsgrundlage für Kirchensteuer und Solidaritätszuschlag – Freibeträge für ... Kinder 0,5	**1,0**	1,5	**2,0**	2,5	**3,0**
59651,99	I,IV	**10328**	5614	5614	I	8755	7260	5841	4500	3236	2050
	II	**8829**	5614	5614	II	7330	5908	4563	3296	2105	992
	III	**5804**	5614	5614	III	4620	3474	2366	1324	468	
	V	**16033**	5614	5614	IV	9532	8755	7998	7260	6541	5841
	VI	**16565**	5614	5614							
59687,99	I,IV	**10338**	5618	5618	I	8765	7269	5850	4509	3244	2057
	II	**8839**	5618	5618	II	7339	5917	4572	3303	2112	999
	III	**5812**	5618	5618	III	4626	3480	2372	1330	472	
	V	**16045**	5618	5618	IV	9542	8765	8007	7269	6550	5850
	VI	**16577**	5618	5618							
59723,99	I,IV	**10349**	5621	5621	I	8775	7279	5860	4517	3252	2065
	II	**8849**	5621	5621	II	7349	5926	4580	3312	2120	1006
	III	**5820**	5621	5621	III	4634	3488	2380	1338	478	
	V	**16058**	5621	5621	IV	9552	8775	8017	7279	6560	5860
	VI	**16590**	5621	5621							
59759,99	I,IV	**10359**	5624	5624	I	8785	7288	5868	4526	3260	2072
	II	**8859**	5624	5624	II	7359	5935	4589	3320	2128	1013
	III	**5828**	5624	5624	III	4642	3496	2388	1344	482	
	V	**16070**	5624	5624	IV	9563	8785	8027	7288	6569	5868
	VI	**16602**	5624	5624							
59795,99	I,IV	**10370**	5628	5628	I	8795	7298	5877	4534	3268	2080
	II	**8869**	5628	5628	II	7368	5944	4597	3328	2135	1020
	III	**5836**	5628	5628	III	4650	3502	2394	1350	488	
	V	**16082**	5628	5628	IV	9573	8795	8037	7298	6578	5877
	VI	**16614**	5628	5628							
59831,99	I,IV	**10380**	5631	5631	I	8805	7307	5886	4543	3276	2087
	II	**8879**	5631	5631	II	7378	5953	4606	3336	2143	1027
	III	**5844**	5631	5631	III	4658	3510	2402	1356	492	
	V	**16094**	5631	5631	IV	9583	8805	8047	7307	6587	5886
	VI	**16626**	5631	5631							
59867,99	I,IV	**10391**	5633	5633	I	8816	7317	5896	4552	3285	2095
	II	**8890**	5633	5633	II	7388	5963	4615	3344	2151	1034
	III	**5852**	5633	5633	III	4666	3518	2408	1362	498	
	V	**16107**	5633	5633	IV	9594	8816	8057	7317	6597	5896
	VI	**16639**	5633	5633							
59903,99	I,IV	**10403**	5633	5633	I	8827	7328	5906	4561	3294	2103
	II	**8901**	5633	5633	II	7399	5973	4625	3353	2159	1042
	III	**5860**	5633	5633	III	4674	3526	2416	1370	504	
	V	**16121**	5633	5633	IV	9606	8827	8068	7328	6607	5906
	VI	**16653**	5633	5633							
59939,99	I,IV	**10415**	5633	5633	I	8838	7339	5916	4571	3303	2112
	II	**8913**	5633	5633	II	7409	5983	4634	3362	2168	1050
	III	**5870**	5633	5633	III	4682	3534	2424	1376	508	
	V	**16135**	5633	5633	IV	9617	8838	8079	7339	6618	5916
	VI	**16667**	5633	5633							
59975,99	I,IV	**10427**	5633	5633	I	8849	7349	5926	4580	3312	2120
	II	**8924**	5633	5633	II	7420	5993	4644	3371	2176	1058
	III	**5878**	5633	5633	III	4692	3542	2432	1384	514	
	V	**16149**	5633	5633	IV	9629	8849	8090	7349	6628	5926
	VI	**16680**	5633	5633							
60011,99	I,IV	**10439**	5633	5633	I	8861	7360	5936	4590	3321	2129
	II	**8935**	5633	5633	II	7431	6003	4653	3380	2184	1066
	III	**5888**	5633	5633	III	4700	3550	2440	1392	520	
	V	**16162**	5633	5633	IV	9640	8861	8101	7360	6639	5936
	VI	**16694**	5633	5633							
60047,99	I,IV	**10451**	5633	5633	I	8872	7371	5947	4600	3330	2137
	II	**8947**	5633	5633	II	7442	6014	4663	3389	2193	1074
	III	**5896**	5633	5633	III	4708	3560	2448	1398	526	
	V	**16176**	5633	5633	IV	9652	8872	8112	7371	6649	5947
	VI	**16708**	5633	5633							

* Zur LSt-Berechnung für privat versicherte Arbeitnehmer s. Beispiele **Vorbemerkung S. 4 f.**
** Basisvorsorgepauschale KV und PV *** Typisierter Arbeitgeberzuschuss

Lohn/ Gehalt in € bis	Steuerklasse	Lohn-steuer*	BVSP**	TAGZ***	Steuerklasse	Bemessungsgrundlage für Kirchensteuer und Solidaritätszuschlag					
						Freibeträge für ... Kinder					
						0,5	**1,0**	1,5	**2,0**	2,5	**3,0**
60 083,99	I,IV	**10 462**	5 633	5 633	I	8 883	7 381	5 957	4 609	3 339	2 145
	II	**8 958**	5 633	5 633	II	7 452	6 024	4 672	3 398	2 201	1 082
	III	**5 904**	5 633	5 633	III	4 716	3 568	2 456	1 404	532	
	V	**16 190**	5 633	5 633	IV	9 663	8 883	8 123	7 381	6 659	5 957
	VI	**16 721**	5 633	5 633							
60 119,99	I,IV	**10 474**	5 633	5 633	I	8 895	7 392	5 967	4 619	3 348	2 154
	II	**8 969**	5 633	5 633	II	7 463	6 034	4 682	3 407	2 210	1 090
	III	**5 914**	5 633	5 633	III	4 726	3 576	2 464	1 412	538	
	V	**16 204**	5 633	5 633	IV	9 675	8 895	8 134	7 392	6 670	5 967
	VI	**16 735**	5 633	5 633							
60 155,99	I,IV	**10 486**	5 633	5 633	I	8 906	7 403	5 977	4 628	3 357	2 163
	II	**8 980**	5 633	5 633	II	7 474	6 044	4 692	3 416	2 218	1 097
	III	**5 922**	5 633	5 633	III	4 734	3 584	2 472	1 420	542	
	V	**16 217**	5 633	5 633	IV	9 686	8 906	8 145	7 403	6 680	5 977
	VI	**16 749**	5 633	5 633							
60 191,99	I,IV	**10 498**	5 633	5 633	I	8 917	7 413	5 987	4 638	3 366	2 171
	II	**8 991**	5 633	5 633	II	7 484	6 054	4 701	3 425	2 227	1 105
	III	**5 932**	5 633	5 633	III	4 742	3 592	2 480	1 426	548	
	V	**16 231**	5 633	5 633	IV	9 698	8 917	8 155	7 413	6 691	5 987
	VI	**16 763**	5 633	5 633							
60 227,99	I,IV	**10 510**	5 633	5 633	I	8 928	7 424	5 997	4 647	3 375	2 179
	II	**9 003**	5 633	5 633	II	7 495	6 064	4 711	3 434	2 235	1 113
	III	**5 940**	5 633	5 633	III	4 752	3 600	2 488	1 434	554	
	V	**16 245**	5 633	5 633	IV	9 709	8 928	8 167	7 424	6 701	5 997
	VI	**16 776**	5 633	5 633							
60 263,99	I,IV	**10 522**	5 633	5 633	I	8 940	7 435	6 007	4 657	3 384	2 188
	II	**9 014**	5 633	5 633	II	7 506	6 075	4 720	3 444	2 244	1 121
	III	**5 948**	5 633	5 633	III	4 760	3 608	2 496	1 440	560	
	V	**16 259**	5 633	5 633	IV	9 721	8 940	8 178	7 435	6 712	6 007
	VI	**16 790**	5 633	5 633							
60 299,99	I,IV	**10 533**	5 633	5 633	I	8 951	7 445	6 017	4 666	3 393	2 196
	II	**9 025**	5 633	5 633	II	7 516	6 085	4 730	3 452	2 252	1 129
	III	**5 958**	5 633	5 633	III	4 768	3 616	2 504	1 448	566	
	V	**16 272**	5 633	5 633	IV	9 732	8 951	8 188	7 445	6 722	6 017
	VI	**16 804**	5 633	5 633							
60 335,99	I,IV	**10 545**	5 633	5 633	I	8 962	7 456	6 028	4 676	3 402	2 205
	II	**9 037**	5 633	5 633	II	7 527	6 095	4 740	3 462	2 261	1 137
	III	**5 966**	5 633	5 633	III	4 776	3 626	2 512	1 456	572	
	V	**16 286**	5 633	5 633	IV	9 744	8 962	8 200	7 456	6 732	6 028
	VI	**16 818**	5 633	5 633							
60 371,99	I,IV	**10 557**	5 633	5 633	I	8 973	7 467	6 038	4 686	3 411	2 213
	II	**9 048**	5 633	5 633	II	7 538	6 105	4 749	3 471	2 269	1 145
	III	**5 976**	5 633	5 633	III	4 786	3 634	2 520	1 462	576	
	V	**16 300**	5 633	5 633	IV	9 756	8 973	8 211	7 467	6 743	6 038
	VI	**16 831**	5 633	5 633							
60 407,99	I,IV	**10 569**	5 633	5 633	I	8 985	7 478	6 048	4 695	3 420	2 221
	II	**9 059**	5 633	5 633	II	7 549	6 115	4 759	3 480	2 278	1 153
	III	**5 984**	5 633	5 633	III	4 794	3 642	2 528	1 470	582	
	V	**16 313**	5 633	5 633	IV	9 767	8 985	8 221	7 478	6 753	6 048
	VI	**16 845**	5 633	5 633							
60 443,99	I,IV	**10 581**	5 633	5 633	I	8 996	7 488	6 058	4 705	3 429	2 230
	II	**9 071**	5 633	5 633	II	7 559	6 125	4 768	3 489	2 286	1 161
	III	**5 994**	5 633	5 633	III	4 802	3 650	2 536	1 476	588	
	V	**16 327**	5 633	5 633	IV	9 779	8 996	8 233	7 488	6 764	6 058
	VI	**16 859**	5 633	5 633							
60 479,99	I,IV	**10 592**	5 633	5 633	I	9 007	7 499	6 068	4 714	3 438	2 238
	II	**9 082**	5 633	5 633	II	7 570	6 135	4 778	3 498	2 294	1 168
	III	**6 002**	5 633	5 633	III	4 810	3 658	2 544	1 484	594	
	V	**16 341**	5 633	5 633	IV	9 790	9 007	8 243	7 499	6 774	6 068
	VI	**16 872**	5 633	5 633							

* Zur LSt-Berechnung für privat versicherte Arbeitnehmer s. Beispiele **Vorbemerkung S. 4 f.**
** Basisvorsorgepauschale KV und PV *** Typisierter Arbeitgeberzuschuss

Lohn/ Gehalt in € bis	Steuerklasse	**Lohn-steuer***	BVSP**	TAGZ***	Steuerklasse	Bemessungsgrundlage für Kirchensteuer und Solidaritätszuschlag – Freibeträge für ... Kinder 0,5	**1,0**	1,5	**2,0**	2,5	**3,0**
60515,99	I,IV	**10604**	5633	5633	I	9018	7510	6078	4724	3447	2247
	II	**9093**	5633	5633	II	7581	6146	4788	3507	2303	1177
	III	**6010**	5633	5633	III	4820	3666	2552	1490	600	
	V	**16354**	5633	5633	IV	9802	9018	8254	7510	6784	6078
	VI	**16886**	5633	5633							
60551,99	I,IV	**10616**	5633	5633	I	9030	7521	6089	4734	3456	2255
	II	**9105**	5633	5633	II	7592	6156	4797	3516	2312	1185
	III	**6020**	5633	5633	III	4828	3674	2560	1498	606	
	V	**16368**	5633	5633	IV	9813	9030	8266	7521	6795	6089
	VI	**16900**	5633	5633							
60587,99	I,IV	**10628**	5633	5633	I	9041	7531	6099	4743	3465	2264
	II	**9116**	5633	5633	II	7602	6166	4807	3525	2320	1192
	III	**6028**	5633	5633	III	4836	3682	2568	1506	612	
	V	**16382**	5633	5633	IV	9825	9041	8276	7531	6805	6099
	VI	**16913**	5633	5633							
60623,99	I,IV	**10640**	5633	5633	I	9052	7542	6109	4753	3474	2272
	II	**9127**	5633	5633	II	7613	6176	4816	3534	2329	1200
	III	**6038**	5633	5633	III	4844	3692	2576	1512	618	
	V	**16396**	5633	5633	IV	9836	9052	8287	7542	6816	6109
	VI	**16927**	5633	5633							
60659,99	I,IV	**10652**	5633	5633	I	9064	7553	6119	4763	3483	2281
	II	**9139**	5633	5633	II	7624	6186	4826	3543	2337	1208
	III	**6046**	5633	5633	III	4854	3700	2584	1520	624	
	V	**16409**	5633	5633	IV	9848	9064	8299	7553	6826	6119
	VI	**16941**	5633	5633							
60695,99	I,IV	**10663**	5633	5633	I	9075	7563	6129	4772	3492	2289
	II	**9150**	5633	5633	II	7635	6197	4836	3552	2346	1216
	III	**6054**	5633	5633	III	4862	3708	2592	1528	630	
	V	**16423**	5633	5633	IV	9859	9075	8309	7563	6837	6129
	VI	**16955**	5633	5633							
60731,99	I,IV	**10675**	5633	5633	I	9086	7574	6139	4782	3501	2298
	II	**9161**	5633	5633	II	7645	6207	4845	3561	2354	1224
	III	**6064**	5633	5633	III	4870	3716	2600	1534	634	
	V	**16437**	5633	5633	IV	9871	9086	8321	7574	6847	6139
	VI	**16968**	5633	5633							
60767,99	I,IV	**10687**	5633	5633	I	9098	7585	6150	4791	3510	2306
	II	**9173**	5633	5633	II	7656	6217	4855	3570	2363	1232
	III	**6072**	5633	5633	III	4880	3724	2608	1542	640	
	V	**16451**	5633	5633	IV	9883	9098	8332	7585	6858	6150
	VI	**16982**	5633	5633							
60803,99	I,IV	**10699**	5633	5633	I	9109	7596	6160	4801	3519	2315
	II	**9184**	5633	5633	II	7667	6227	4865	3579	2371	1240
	III	**6082**	5633	5633	III	4888	3732	2616	1548	646	
	V	**16464**	5633	5633	IV	9894	9109	8343	7596	6868	6160
	VI	**16996**	5633	5633							
60839,99	I,IV	**10711**	5633	5633	I	9120	7606	6170	4811	3528	2323
	II	**9195**	5633	5633	II	7678	6237	4874	3588	2380	1248
	III	**6090**	5633	5633	III	4896	3740	2624	1556	652	
	V	**16478**	5633	5633	IV	9906	9120	8354	7606	6879	6170
	VI	**17010**	5633	5633							
60875,99	I,IV	**10723**	5633	5633	I	9132	7617	6180	4820	3538	2332
	II	**9207**	5633	5633	II	7689	6248	4884	3598	2388	1256
	III	**6100**	5633	5633	III	4906	3750	2632	1564	658	
	V	**16492**	5633	5633	IV	9918	9132	8365	7617	6889	6180
	VI	**17023**	5633	5633							
60911,99	I,IV	**10735**	5633	5633	I	9143	7628	6190	4830	3546	2340
	II	**9218**	5633	5633	II	7699	6258	4894	3607	2397	1264
	III	**6108**	5633	5633	III	4914	3758	2640	1570	664	
	V	**16505**	5633	5633	IV	9929	9143	8376	7628	6899	6190
	VI	**17037**	5633	5633							

* Zur LSt-Berechnung für privat versicherte Arbeitnehmer s. Beispiele **Vorbemerkung S. 4 f.**
** Basisvorsorgepauschale KV und PV *** Typisierter Arbeitgeberzuschuss

Lohn/ Gehalt in € bis	Steuerklasse	Lohn-steuer*	BVSP**	TAGZ***	Steuerklasse	Bemessungsgrundlage für Kirchensteuer und Solidaritätszuschlag – Freibeträge für ... Kinder 0,5	1,0	1,5	2,0	2,5	3,0
60947,99	I,IV	**10747**	5633	5633	I	9154	7639	6201	4840	3556	2349
	II	**9229**	5633	5633	II	7710	6268	4903	3616	2405	1272
	III	**6116**	5633	5633	III	4922	3766	2648	1578	670	
	V	**16519**	5633	5633	IV	9941	9154	8387	7639	6910	6201
	VI	**17051**	5633	5633							
60983,99	I,IV	**10759**	5633	5633	I	9166	7650	6211	4849	3565	2358
	II	**9241**	5633	5633	II	7721	6279	4913	3625	2414	1280
	III	**6126**	5633	5633	III	4930	3774	2656	1586	676	
	V	**16533**	5633	5633	IV	9953	9166	8398	7650	6921	6211
	VI	**17065**	5633	5633							
61019,99	I,IV	**10770**	5633	5633	I	9177	7660	6221	4859	3574	2366
	II	**9252**	5633	5633	II	7732	6289	4923	3634	2422	1288
	III	**6134**	5633	5633	III	4940	3782	2664	1592	682	
	V	**16546**	5633	5633	IV	9964	9177	8409	7660	6931	6221
	VI	**17078**	5633	5633							
61055,99	I,IV	**10782**	5633	5633	I	9188	7671	6231	4868	3583	2374
	II	**9263**	5633	5633	II	7743	6299	4932	3643	2431	1296
	III	**6144**	5633	5633	III	4948	3790	2672	1600	688	
	V	**16560**	5633	5633	IV	9976	9188	8420	7671	6942	6231
	VI	**17092**	5633	5633							
61091,99	I,IV	**10795**	5633	5633	I	9200	7682	6242	4878	3592	2383
	II	**9275**	5633	5633	II	7754	6309	4942	3652	2440	1304
	III	**6152**	5633	5633	III	4956	3800	2680	1608	694	
	V	**16574**	5633	5633	IV	9987	9200	8431	7682	6952	6242
	VI	**17106**	5633	5633							
61127,99	I,IV	**10806**	5633	5633	I	9211	7693	6252	4888	3601	2391
	II	**9286**	5633	5633	II	7764	6319	4952	3661	2448	1312
	III	**6162**	5633	5633	III	4966	3808	2688	1616	700	
	V	**16587**	5633	5633	IV	9999	9211	8442	7693	6962	6252
	VI	**17119**	5633	5633							
61163,99	I,IV	**10818**	5633	5633	I	9222	7704	6262	4897	3610	2400
	II	**9298**	5633	5633	II	7775	6330	4962	3671	2457	1320
	III	**6170**	5633	5633	III	4974	3816	2696	1622	706	
	V	**16601**	5633	5633	IV	10011	9222	8453	7704	6973	6262
	VI	**17133**	5633	5633							
61199,99	I,IV	**10830**	5633	5633	I	9234	7714	6272	4907	3619	2409
	II	**9309**	5633	5633	II	7786	6340	4971	3680	2465	1328
	III	**6180**	5633	5633	III	4982	3824	2704	1630	712	
	V	**16615**	5633	5633	IV	10022	9234	8464	7714	6984	6272
	VI	**17147**	5633	5633							
61235,99	I,IV	**10842**	5633	5633	I	9245	7725	6282	4917	3628	2417
	II	**9320**	5633	5633	II	7797	6350	4981	3689	2474	1336
	III	**6188**	5633	5633	III	4990	3832	2712	1638	718	
	V	**16629**	5633	5633	IV	10034	9245	8475	7725	6994	6282
	VI	**17160**	5633	5633							
61271,99	I,IV	**10854**	5633	5633	I	9256	7736	6293	4927	3638	2426
	II	**9332**	5633	5633	II	7808	6361	4991	3698	2483	1344
	III	**6196**	5633	5633	III	5000	3840	2720	1644	724	
	V	**16642**	5633	5633	IV	10046	9256	8487	7736	7005	6293
	VI	**17174**	5633	5633							
61307,99	I,IV	**10866**	5633	5633	I	9268	7747	6303	4936	3647	2434
	II	**9343**	5633	5633	II	7818	6371	5000	3707	2491	1352
	III	**6206**	5633	5633	III	5008	3848	2728	1652	730	4
	V	**16656**	5633	5633	IV	10057	9268	8497	7747	7015	6303
	VI	**17188**	5633	5633							
61343,99	I,IV	**10878**	5633	5633	I	9279	7757	6313	4946	3656	2443
	II	**9354**	5633	5633	II	7829	6381	5010	3716	2500	1360
	III	**6214**	5633	5633	III	5016	3858	2736	1660	736	8
	V	**16670**	5633	5633	IV	10069	9279	8509	7757	7026	6313
	VI	**17202**	5633	5633							

* Zur LSt-Berechnung für privat versicherte Arbeitnehmer s. Beispiele **Vorbemerkung S. 4f.**
** Basisvorsorgepauschale KV und PV *** Typisierter Arbeitgeberzuschuss

Lohn/ Gehalt in € bis	Steuerklasse	Lohn-steuer*	BVSP**	TAGZ***	Steuerklasse	Bemessungsgrundlage für Kirchensteuer und Solidaritätszuschlag – Freibeträge für ... Kinder 0,5	1,0	1,5	2,0	2,5	3,0
61 379,99	I,IV	**10 890**	5 633	5 633	I	9 291	7 768	6 323	4 956	3 665	2 451
	II	**9 366**	5 633	5 633	II	7 840	6 391	5 020	3 725	2 508	1 368
	III	**6 224**	5 633	5 633	III	5 026	3 866	2 744	1 666	742	12
	V	**16 684**	5 633	5 633	IV	10 081	9 291	8 520	7 768	7 036	6 323
	VI	**17 215**	5 633	5 633							
61 415,99	I,IV	**10 902**	5 633	5 633	I	9 302	7 779	6 333	4 965	3 674	2 460
	II	**9 377**	5 633	5 633	II	7 851	6 401	5 029	3 734	2 517	1 376
	III	**6 232**	5 633	5 633	III	5 034	3 874	2 752	1 674	748	18
	V	**16 697**	5 633	5 633	IV	10 092	9 302	8 531	7 779	7 047	6 333
	VI	**17 229**	5 633	5 633							
61 451,99	I,IV	**10 914**	5 633	5 633	I	9 313	7 790	6 344	4 975	3 683	2 469
	II	**9 389**	5 633	5 633	II	7 862	6 412	5 039	3 744	2 525	1 384
	III	**6 242**	5 633	5 633	III	5 042	3 882	2 760	1 682	754	22
	V	**16 711**	5 633	5 633	IV	10 104	9 313	8 542	7 790	7 057	6 344
	VI	**17 243**	5 633	5 633							
61 487,99	I,IV	**10 926**	5 633	5 633	I	9 325	7 801	6 354	4 985	3 692	2 477
	II	**9 400**	5 633	5 633	II	7 873	6 422	5 049	3 753	2 534	1 392
	III	**6 250**	5 633	5 633	III	5 050	3 890	2 768	1 690	760	26
	V	**16 725**	5 633	5 633	IV	10 116	9 325	8 553	7 801	7 068	6 354
	VI	**17 257**	5 633	5 633							
61 523,99	I,IV	**10 938**	5 633	5 633	I	9 336	7 812	6 364	4 994	3 701	2 486
	II	**9 411**	5 633	5 633	II	7 883	6 432	5 059	3 762	2 543	1 400
	III	**6 258**	5 633	5 633	III	5 060	3 898	2 776	1 696	766	32
	V	**16 738**	5 633	5 633	IV	10 127	9 336	8 564	7 812	7 078	6 364
	VI	**17 270**	5 633	5 633							
61 559,99	I,IV	**10 950**	5 633	5 633	I	9 347	7 823	6 375	5 004	3 711	2 494
	II	**9 423**	5 633	5 633	II	7 894	6 443	5 068	3 771	2 551	1 408
	III	**6 268**	5 633	5 633	III	5 068	3 908	2 784	1 704	772	36
	V	**16 752**	5 633	5 633	IV	10 139	9 347	8 575	7 823	7 089	6 375
	VI	**17 284**	5 633	5 633							
61 595,99	I,IV	**10 962**	5 633	5 633	I	9 359	7 833	6 385	5 014	3 720	2 503
	II	**9 435**	5 633	5 633	II	7 905	6 453	5 078	3 781	2 560	1 417
	III	**6 276**	5 633	5 633	III	5 076	3 916	2 792	1 712	778	40
	V	**16 766**	5 633	5 633	IV	10 151	9 359	8 587	7 833	7 100	6 385
	VI	**17 298**	5 633	5 633							
61 631,99	I,IV	**10 973**	5 633	5 633	I	9 370	7 844	6 395	5 023	3 729	2 511
	II	**9 446**	5 633	5 633	II	7 916	6 463	5 088	3 790	2 568	1 424
	III	**6 286**	5 633	5 633	III	5 086	3 924	2 800	1 720	784	46
	V	**16 779**	5 633	5 633	IV	10 162	9 370	8 597	7 844	7 110	6 395
	VI	**17 311**	5 633	5 633							
61 667,99	I,IV	**10 986**	5 633	5 633	I	9 382	7 855	6 406	5 033	3 738	2 520
	II	**9 457**	5 633	5 633	II	7 927	6 474	5 098	3 799	2 577	1 433
	III	**6 294**	5 633	5 633	III	5 094	3 932	2 808	1 728	790	50
	V	**16 793**	5 633	5 633	IV	10 174	9 382	8 609	7 855	7 121	6 406
	VI	**17 325**	5 633	5 633							
61 703,99	I,IV	**10 998**	5 633	5 633	I	9 393	7 866	6 416	5 043	3 747	2 529
	II	**9 469**	5 633	5 633	II	7 938	6 484	5 108	3 808	2 586	1 441
	III	**6 304**	5 633	5 633	III	5 102	3 940	2 816	1 734	796	54
	V	**16 807**	5 633	5 633	IV	10 186	9 393	8 620	7 866	7 131	6 416
	VI	**17 339**	5 633	5 633							
61 739,99	I,IV	**11 009**	5 633	5 633	I	9 404	7 877	6 426	5 053	3 756	2 537
	II	**9 480**	5 633	5 633	II	7 949	6 494	5 117	3 817	2 594	1 449
	III	**6 312**	5 633	5 633	III	5 110	3 948	2 824	1 742	802	60
	V	**16 821**	5 633	5 633	IV	10 197	9 404	8 631	7 877	7 142	6 426
	VI	**17 352**	5 633	5 633							
61 775,99	I,IV	**11 022**	5 633	5 633	I	9 416	7 888	6 436	5 062	3 766	2 546
	II	**9 492**	5 633	5 633	II	7 960	6 505	5 127	3 826	2 603	1 457
	III	**6 322**	5 633	5 633	III	5 120	3 958	2 834	1 750	808	64
	V	**16 834**	5 633	5 633	IV	10 209	9 416	8 642	7 888	7 152	6 436
	VI	**17 366**	5 633	5 633							

* Zur LSt-Berechnung für privat versicherte Arbeitnehmer s. Beispiele **Vorbemerkung S. 4 f.**
** Basisvorsorgepauschale KV und PV *** Typisierter Arbeitgeberzuschuss

Lohn/ Gehalt in € bis	Steuerklasse	Lohn-steuer*	BVSP**	TAGZ***	Steuerklasse	Bemessungsgrundlage für Kirchensteuer und Solidaritätszuschlag – Freibeträge für ... Kinder 0,5	1,0	1,5	2,0	2,5	3,0
61 811,99	I,IV	**11 034**	5 633	5 633	I	9 428	7 899	6 447	5 072	3 775	2 555
	II	**9 503**	5 633	5 633	II	7 971	6 515	5 137	3 836	2 612	1 465
	III	**6 330**	5 633	5 633	III	5 128	3 966	2 842	1 758	814	68
	V	**16 848**	5 633	5 633	IV	10 221	9 428	8 653	7 899	7 163	6 447
	VI	**17 380**	5 633	5 633							
61 847,99	I,IV	**11 045**	5 633	5 633	I	9 439	7 909	6 457	5 082	3 784	2 563
	II	**9 515**	5 633	5 633	II	7 981	6 525	5 146	3 845	2 620	1 473
	III	**6 338**	5 633	5 633	III	5 136	3 974	2 848	1 764	822	74
	V	**16 862**	5 633	5 633	IV	10 232	9 439	8 664	7 909	7 174	6 457
	VI	**17 393**	5 633	5 633							
61 883,99	I,IV	**11 058**	5 633	5 633	I	9 450	7 920	6 467	5 092	3 793	2 572
	II	**9 526**	5 633	5 633	II	7 992	6 536	5 156	3 854	2 629	1 481
	III	**6 348**	5 633	5 633	III	5 146	3 982	2 858	1 772	828	78
	V	**16 876**	5 633	5 633	IV	10 244	9 450	8 676	7 920	7 184	6 467
	VI	**17 407**	5 633	5 633							
61 919,99	I,IV	**11 070**	5 633	5 633	I	9 462	7 931	6 478	5 102	3 803	2 581
	II	**9 538**	5 633	5 633	II	8 003	6 546	5 166	3 863	2 638	1 489
	III	**6 356**	5 633	5 633	III	5 154	3 990	2 866	1 780	834	84
	V	**16 889**	5 633	5 633	IV	10 256	9 462	8 687	7 931	7 195	6 478
	VI	**17 421**	5 633	5 633							
61 955,99	I,IV	**11 081**	5 633	5 633	I	9 473	7 942	6 488	5 111	3 812	2 589
	II	**9 549**	5 633	5 633	II	8 014	6 556	5 176	3 872	2 646	1 497
	III	**6 366**	5 633	5 633	III	5 162	3 998	2 874	1 788	840	88
	V	**16 903**	5 633	5 633	IV	10 268	9 473	8 698	7 942	7 205	6 488
	VI	**17 435**	5 633	5 633							
61 991,99	I,IV	**11 094**	5 633	5 633	I	9 485	7 953	6 498	5 121	3 821	2 598
	II	**9 561**	5 633	5 633	II	8 025	6 567	5 186	3 882	2 655	1 505
	III	**6 374**	5 633	5 633	III	5 172	4 008	2 882	1 796	846	92
	V	**16 917**	5 633	5 633	IV	10 279	9 485	8 709	7 953	7 216	6 498
	VI	**17 448**	5 633	5 633							
62 027,99	I,IV	**11 106**	5 633	5 633	I	9 496	7 964	6 509	5 131	3 830	2 607
	II	**9 572**	5 633	5 633	II	8 036	6 577	5 196	3 891	2 664	1 514
	III	**6 384**	5 633	5 633	III	5 180	4 016	2 890	1 804	852	98
	V	**16 931**	5 633	5 633	IV	10 291	9 496	8 720	7 964	7 227	6 509
	VI	**17 462**	5 633	5 633							
62 063,99	I,IV	**11 118**	5 633	5 633	I	9 508	7 975	6 519	5 140	3 839	2 615
	II	**9 583**	5 633	5 633	II	8 047	6 587	5 205	3 900	2 672	1 522
	III	**6 392**	5 633	5 633	III	5 188	4 024	2 898	1 810	858	102
	V	**16 944**	5 633	5 633	IV	10 303	9 508	8 731	7 975	7 237	6 519
	VI	**17 476**	5 633	5 633							
62 099,99	I,IV	**11 130**	5 633	5 633	I	9 519	7 986	6 529	5 150	3 848	2 624
	II	**9 595**	5 633	5 633	II	8 058	6 598	5 215	3 910	2 681	1 530
	III	**6 402**	5 633	5 633	III	5 198	4 032	2 906	1 818	864	108
	V	**16 958**	5 633	5 633	IV	10 315	9 519	8 743	7 986	7 248	6 529
	VI	**17 490**	5 633	5 633							
62 135,99	I,IV	**11 141**	5 633	5 633	I	9 530	7 996	6 540	5 160	3 857	2 632
	II	**9 606**	5 633	5 633	II	8 069	6 608	5 225	3 919	2 690	1 538
	III	**6 410**	5 633	5 633	III	5 206	4 040	2 914	1 826	870	112
	V	**16 971**	5 633	5 633	IV	10 326	9 530	8 754	7 996	7 258	6 540
	VI	**17 503**	5 633	5 633							
62 171,99	I,IV	**11 154**	5 633	5 633	I	9 542	8 007	6 550	5 170	3 867	2 641
	II	**9 618**	5 633	5 633	II	8 080	6 619	5 235	3 928	2 698	1 546
	III	**6 418**	5 633	5 633	III	5 214	4 048	2 922	1 834	876	116
	V	**16 985**	5 633	5 633	IV	10 338	9 542	8 765	8 007	7 269	6 550
	VI	**17 517**	5 633	5 633							
62 207,99	I,IV	**11 166**	5 633	5 633	I	9 554	8 018	6 560	5 180	3 876	2 650
	II	**9 630**	5 633	5 633	II	8 091	6 629	5 245	3 937	2 707	1 554
	III	**6 428**	5 633	5 633	III	5 224	4 058	2 930	1 842	884	122
	V	**16 999**	5 633	5 633	IV	10 350	9 554	8 776	8 018	7 280	6 560
	VI	**17 531**	5 633	5 633							

* Zur LSt-Berechnung für privat versicherte Arbeitnehmer s. Beispiele **Vorbemerkung S. 4 f.**
** Basisvorsorgepauschale KV und PV *** Typisierter Arbeitgeberzuschuss

Lohn/ Gehalt in € bis	Steuerklasse	Lohn-steuer*	BVSP**	TAGZ***	Steuerklasse	Bemessungsgrundlage für Kirchensteuer und Solidaritätszuschlag – Freibeträge für ... Kinder 0,5	**1,0**	1,5	**2,0**	2,5	**3,0**
62 243,99	I,IV	**11 178**	5 633	5 633	I	9 565	8 029	6 571	5 189	3 885	2 658
	II	**9 641**	5 633	5 633	II	8 101	6 639	5 254	3 946	2 716	1 562
	III	**6 438**	5 633	5 633	III	5 232	4 066	2 938	1 850	890	126
	V	**17 013**	5 633	5 633	IV	10 362	9 565	8 787	8 029	7 290	6 571
	VI	**17 544**	5 633	5 633							
62 279,99	I,IV	**11 190**	5 633	5 633	I	9 576	8 040	6 581	5 199	3 895	2 667
	II	**9 652**	5 633	5 633	II	8 113	6 650	5 264	3 956	2 724	1 570
	III	**6 446**	5 633	5 633	III	5 240	4 074	2 946	1 856	896	132
	V	**17 026**	5 633	5 633	IV	10 373	9 576	8 799	8 040	7 301	6 581
	VI	**17 558**	5 633	5 633							
62 315,99	I,IV	**11 202**	5 633	5 633	I	9 588	8 051	6 592	5 209	3 904	2 676
	II	**9 664**	5 633	5 633	II	8 124	6 660	5 274	3 965	2 733	1 579
	III	**6 456**	5 633	5 633	III	5 250	4 082	2 954	1 864	902	136
	V	**17 040**	5 633	5 633	IV	10 385	9 588	8 810	8 051	7 312	6 592
	VI	**17 572**	5 633	5 633							
62 351,99	I,IV	**11 214**	5 633	5 633	I	9 599	8 062	6 602	5 219	3 913	2 684
	II	**9 675**	5 633	5 633	II	8 134	6 670	5 284	3 974	2 742	1 587
	III	**6 464**	5 633	5 633	III	5 258	4 090	2 962	1 872	908	140
	V	**17 054**	5 633	5 633	IV	10 397	9 599	8 821	8 062	7 322	6 602
	VI	**17 585**	5 633	5 633							
62 387,99	I,IV	**11 226**	5 633	5 633	I	9 611	8 073	6 612	5 229	3 922	2 693
	II	**9 687**	5 633	5 633	II	8 145	6 681	5 294	3 984	2 751	1 595
	III	**6 472**	5 633	5 633	III	5 266	4 100	2 970	1 880	914	146
	V	**17 068**	5 633	5 633	IV	10 409	9 611	8 832	8 073	7 333	6 612
	VI	**17 599**	5 633	5 633							
62 423,99	I,IV	**11 238**	5 633	5 633	I	9 623	8 084	6 623	5 239	3 932	2 702
	II	**9 699**	5 633	5 633	II	8 157	6 691	5 304	3 993	2 759	1 603
	III	**6 482**	5 633	5 633	III	5 276	4 108	2 978	1 888	922	150
	V	**17 081**	5 633	5 633	IV	10 421	9 623	8 844	8 084	7 344	6 623
	VI	**17 613**	5 633	5 633							
62 459,99	I,IV	**11 250**	5 633	5 633	I	9 634	8 095	6 633	5 248	3 941	2 710
	II	**9 710**	5 633	5 633	II	8 167	6 702	5 313	4 002	2 768	1 611
	III	**6 490**	5 633	5 633	III	5 284	4 116	2 986	1 896	928	156
	V	**17 095**	5 633	5 633	IV	10 432	9 634	8 855	8 095	7 354	6 633
	VI	**17 627**	5 633	5 633							
62 495,99	I,IV	**11 262**	5 633	5 633	I	9 645	8 106	6 643	5 258	3 950	2 719
	II	**9 722**	5 633	5 633	II	8 178	6 712	5 323	4 011	2 777	1 619
	III	**6 500**	5 633	5 633	III	5 292	4 124	2 994	1 904	934	160
	V	**17 109**	5 633	5 633	IV	10 444	9 645	8 866	8 106	7 365	6 643
	VI	**17 640**	5 633	5 633							
62 531,99	I,IV	**11 274**	5 633	5 633	I	9 657	8 117	6 654	5 268	3 959	2 728
	II	**9 733**	5 633	5 633	II	8 189	6 723	5 333	4 021	2 786	1 628
	III	**6 508**	5 633	5 633	III	5 302	4 132	3 002	1 912	940	166
	V	**17 123**	5 633	5 633	IV	10 456	9 657	8 877	8 117	7 376	6 654
	VI	**17 654**	5 633	5 633							
62 567,99	I,IV	**11 286**	5 633	5 633	I	9 668	8 128	6 664	5 278	3 968	2 736
	II	**9 745**	5 633	5 633	II	8 200	6 733	5 343	4 030	2 794	1 636
	III	**6 518**	5 633	5 633	III	5 310	4 142	3 010	1 920	946	170
	V	**17 136**	5 633	5 633	IV	10 468	9 668	8 888	8 128	7 386	6 664
	VI	**17 668**	5 633	5 633							
62 603,99	I,IV	**11 298**	5 633	5 633	I	9 680	8 139	6 675	5 288	3 978	2 745
	II	**9 756**	5 633	5 633	II	8 211	6 743	5 353	4 039	2 803	1 644
	III	**6 526**	5 633	5 633	III	5 318	4 150	3 018	1 926	952	176
	V	**17 150**	5 633	5 633	IV	10 480	9 680	8 900	8 139	7 397	6 675
	VI	**17 682**	5 633	5 633							
62 639,99	I,IV	**11 311**	5 633	5 633	I	9 692	8 150	6 685	5 298	3 987	2 754
	II	**9 768**	5 633	5 633	II	8 222	6 754	5 363	4 049	2 812	1 652
	III	**6 536**	5 633	5 633	III	5 328	4 158	3 028	1 934	960	180
	V	**17 164**	5 633	5 633	IV	10 492	9 692	8 911	8 150	7 408	6 685
	VI	**17 695**	5 633	5 633							

* Zur LSt-Berechnung für privat versicherte Arbeitnehmer s. Beispiele **Vorbemerkung S. 4 f.**
** Basisvorsorgepauschale KV und PV *** Typisierter Arbeitgeberzuschuss

Lohn/ Gehalt in € bis	Steuerklasse	Lohn-steuer*	BVSP**	TAGZ***	Steuerklasse	Bemessungsgrundlage für Kirchensteuer und Solidaritätszuschlag – Freibeträge für ... Kinder 0,5	1,0	1,5	2,0	2,5	3,0
62 675,99	I,IV	**11 323**	5 633	5 633	I	9 703	8 161	6 695	5 307	3 996	2 763
	II	**9 779**	5 633	5 633	II	8 233	6 764	5 372	4 058	2 820	1 660
	III	**6 544**	5 633	5 633	III	5 336	4 166	3 036	1 942	966	186
	V	**17 177**	5 633	5 633	IV	10 503	9 703	8 922	8 161	7 418	6 695
	VI	**17 709**	5 633	5 633							
62 711,99	I,IV	**11 335**	5 633	5 633	I	9 715	8 172	6 706	5 317	4 006	2 771
	II	**9 791**	5 633	5 633	II	8 244	6 775	5 382	4 067	2 829	1 668
	III	**6 554**	5 633	5 633	III	5 344	4 174	3 044	1 950	972	190
	V	**17 191**	5 633	5 633	IV	10 515	9 715	8 933	8 172	7 429	6 706
	VI	**17 723**	5 633	5 633							
62 747,99	I,IV	**11 347**	5 633	5 633	I	9 726	8 183	6 716	5 327	4 015	2 780
	II	**9 803**	5 633	5 633	II	8 255	6 785	5 392	4 077	2 838	1 677
	III	**6 562**	5 633	5 633	III	5 354	4 184	3 052	1 958	978	196
	V	**17 205**	5 633	5 633	IV	10 527	9 726	8 945	8 183	7 440	6 716
	VI	**17 737**	5 633	5 633							
62 783,99	I,IV	**11 359**	5 633	5 633	I	9 738	8 193	6 727	5 337	4 024	2 789
	II	**9 814**	5 633	5 633	II	8 266	6 796	5 402	4 086	2 847	1 685
	III	**6 572**	5 633	5 633	III	5 362	4 192	3 060	1 966	986	200
	V	**17 218**	5 633	5 633	IV	10 539	9 738	8 956	8 193	7 450	6 727
	VI	**17 750**	5 633	5 633							
62 819,99	I,IV	**11 371**	5 633	5 633	I	9 749	8 205	6 737	5 347	4 034	2 798
	II	**9 826**	5 633	5 633	II	8 277	6 806	5 412	4 095	2 855	1 693
	III	**6 580**	5 633	5 633	III	5 370	4 200	3 068	1 974	992	206
	V	**17 232**	5 633	5 633	IV	10 551	9 749	8 967	8 205	7 461	6 737
	VI	**17 764**	5 633	5 633							
62 855,99	I,IV	**11 383**	5 633	5 633	I	9 761	8 216	6 748	5 357	4 043	2 806
	II	**9 837**	5 633	5 633	II	8 288	6 817	5 422	4 105	2 864	1 701
	III	**6 590**	5 633	5 633	III	5 380	4 208	3 076	1 982	998	210
	V	**17 246**	5 633	5 633	IV	10 562	9 761	8 979	8 216	7 472	6 748
	VI	**17 778**	5 633	5 633							
62 891,99	I,IV	**11 395**	5 633	5 633	I	9 772	8 226	6 758	5 366	4 052	2 815
	II	**9 849**	5 633	5 633	II	8 299	6 827	5 432	4 114	2 873	1 709
	III	**6 598**	5 633	5 633	III	5 388	4 216	3 084	1 990	1 004	216
	V	**17 259**	5 633	5 633	IV	10 574	9 772	8 990	8 226	7 483	6 758
	VI	**17 791**	5 633	5 633							
62 927,99	I,IV	**11 407**	5 633	5 633	I	9 784	8 238	6 768	5 376	4 062	2 824
	II	**9 861**	5 633	5 633	II	8 310	6 838	5 442	4 123	2 882	1 718
	III	**6 606**	5 633	5 633	III	5 396	4 224	3 092	1 998	1 010	220
	V	**17 273**	5 633	5 633	IV	10 586	9 784	9 001	8 238	7 493	6 768
	VI	**17 805**	5 633	5 633							
62 963,99	I,IV	**11 419**	5 633	5 633	I	9 795	8 248	6 779	5 386	4 071	2 832
	II	**9 872**	5 633	5 633	II	8 321	6 848	5 451	4 132	2 890	1 726
	III	**6 616**	5 633	5 633	III	5 406	4 234	3 100	2 006	1 018	226
	V	**17 287**	5 633	5 633	IV	10 598	9 795	9 012	8 248	7 504	6 779
	VI	**17 818**	5 633	5 633							
62 999,99	I,IV	**11 432**	5 633	5 633	I	9 807	8 259	6 789	5 396	4 080	2 841
	II	**9 884**	5 633	5 633	II	8 332	6 858	5 461	4 142	2 899	1 734
	III	**6 626**	5 633	5 633	III	5 414	4 242	3 108	2 014	1 024	230
	V	**17 301**	5 633	5 633	IV	10 610	9 807	9 024	8 259	7 515	6 789
	VI	**17 832**	5 633	5 633							
63 035,99	I,IV	**11 444**	5 633	5 633	I	9 819	8 271	6 800	5 406	4 089	2 850
	II	**9 895**	5 633	5 633	II	8 344	6 869	5 472	4 151	2 908	1 742
	III	**6 634**	5 633	5 633	III	5 422	4 250	3 116	2 020	1 030	236
	V	**17 314**	5 633	5 633	IV	10 622	9 819	9 035	8 271	7 526	6 800
	VI	**17 846**	5 633	5 633							
63 071,99	I,IV	**11 456**	5 633	5 633	I	9 830	8 281	6 810	5 416	4 099	2 859
	II	**9 907**	5 633	5 633	II	8 354	6 879	5 481	4 160	2 917	1 750
	III	**6 642**	5 633	5 633	III	5 432	4 258	3 124	2 028	1 036	240
	V	**17 328**	5 633	5 633	IV	10 633	9 830	9 046	8 281	7 536	6 810
	VI	**17 860**	5 633	5 633							

* Zur LSt-Berechnung für privat versicherte Arbeitnehmer s. Beispiele **Vorbemerkung S. 4 f.**
** Basisvorsorgepauschale KV und PV *** Typisierter Arbeitgeberzuschuss

Lohn/ Gehalt in € bis	Steuerklasse	Lohn- steuer*	BVSP**	TAGZ***	Steuerklasse	Bemessungsgrundlage für Kirchensteuer und Solidaritätszuschlag – Freibeträge für ... Kinder 0,5	1,0	1,5	2,0	2,5	3,0
63 107,99	I,IV	**11 468**	5 633	5 633	I	9 842	8 293	6 821	5 426	4 108	2 868
	II	**9 918**	5 633	5 633	II	8 366	6 890	5 491	4 170	2 926	1 759
	III	**6 652**	5 633	5 633	III	5 440	4 268	3 132	2 036	1 044	246
	V	**17 342**	5 633	5 633	IV	10 645	9 842	9 057	8 293	7 547	6 821
	VI	**17 874**	5 633	5 633							
63 143,99	I,IV	**11 480**	5 633	5 633	I	9 853	8 304	6 831	5 436	4 117	2 876
	II	**9 930**	5 633	5 633	II	8 377	6 900	5 501	4 179	2 935	1 767
	III	**6 660**	5 633	5 633	III	5 448	4 276	3 140	2 044	1 050	250
	V	**17 356**	5 633	5 633	IV	10 657	9 853	9 069	8 304	7 558	6 831
	VI	**17 887**	5 633	5 633							
63 179,99	I,IV	**11 492**	5 633	5 633	I	9 865	8 314	6 841	5 445	4 127	2 885
	II	**9 942**	5 633	5 633	II	8 388	6 911	5 511	4 188	2 943	1 775
	III	**6 670**	5 633	5 633	III	5 458	4 284	3 148	2 052	1 056	256
	V	**17 369**	5 633	5 633	IV	10 669	9 865	9 080	8 314	7 568	6 841
	VI	**17 901**	5 633	5 633							
63 215,99	I,IV	**11 505**	5 633	5 633	I	9 876	8 326	6 852	5 455	4 136	2 894
	II	**9 953**	5 633	5 633	II	8 399	6 921	5 521	4 198	2 952	1 783
	III	**6 680**	5 633	5 633	III	5 466	4 292	3 158	2 060	1 064	262
	V	**17 383**	5 633	5 633	IV	10 681	9 876	9 091	8 326	7 579	6 852
	VI	**17 915**	5 633	5 633							
63 251,99	I,IV	**11 517**	5 633	5 633	I	9 888	8 337	6 863	5 465	4 146	2 903
	II	**9 965**	5 633	5 633	II	8 410	6 932	5 531	4 207	2 961	1 792
	III	**6 688**	5 633	5 633	III	5 474	4 300	3 166	2 068	1 070	266
	V	**17 397**	5 633	5 633	IV	10 693	9 888	9 103	8 337	7 590	6 863
	VI	**17 929**	5 633	5 633							
63 287,99	I,IV	**11 529**	5 633	5 633	I	9 900	8 348	6 873	5 475	4 155	2 911
	II	**9 976**	5 633	5 633	II	8 421	6 942	5 541	4 217	2 970	1 800
	III	**6 696**	5 633	5 633	III	5 484	4 310	3 174	2 076	1 076	272
	V	**17 410**	5 633	5 633	IV	10 705	9 900	9 114	8 348	7 601	6 873
	VI	**17 942**	5 633	5 633							
63 323,99	I,IV	**11 541**	5 633	5 633	I	9 911	8 359	6 883	5 485	4 164	2 920
	II	**9 988**	5 633	5 633	II	8 432	6 953	5 551	4 226	2 979	1 808
	III	**6 706**	5 633	5 633	III	5 492	4 318	3 182	2 084	1 082	276
	V	**17 424**	5 633	5 633	IV	10 717	9 911	9 125	8 359	7 611	6 883
	VI	**17 956**	5 633	5 633							
63 359,99	I,IV	**11 553**	5 633	5 633	I	9 923	8 370	6 894	5 495	4 174	2 929
	II	**10 000**	5 633	5 633	II	8 443	6 963	5 561	4 236	2 987	1 816
	III	**6 714**	5 633	5 633	III	5 502	4 326	3 190	2 092	1 090	282
	V	**17 438**	5 633	5 633	IV	10 729	9 923	9 137	8 370	7 622	6 894
	VI	**17 970**	5 633	5 633							
63 395,99	I,IV	**11 565**	5 633	5 633	I	9 934	8 381	6 904	5 505	4 183	2 938
	II	**10 011**	5 633	5 633	II	8 454	6 974	5 571	4 245	2 996	1 825
	III	**6 724**	5 633	5 633	III	5 510	4 334	3 198	2 100	1 096	286
	V	**17 451**	5 633	5 633	IV	10 740	9 934	9 148	8 381	7 633	6 904
	VI	**17 983**	5 633	5 633							
63 431,99	I,IV	**11 578**	5 633	5 633	I	9 946	8 392	6 915	5 515	4 192	2 947
	II	**10 023**	5 633	5 633	II	8 465	6 984	5 581	4 254	3 005	1 833
	III	**6 732**	5 633	5 633	III	5 518	4 344	3 206	2 108	1 102	292
	V	**17 465**	5 633	5 633	IV	10 752	9 946	9 159	8 392	7 644	6 915
	VI	**17 997**	5 633	5 633							
63 467,99	I,IV	**11 590**	5 633	5 633	I	9 958	8 403	6 925	5 525	4 202	2 956
	II	**10 035**	5 633	5 633	II	8 476	6 995	5 591	4 264	3 014	1 841
	III	**6 742**	5 633	5 633	III	5 528	4 352	3 214	2 116	1 110	298
	V	**17 479**	5 633	5 633	IV	10 764	9 958	9 171	8 403	7 655	6 925
	VI	**18 011**	5 633	5 633							
63 503,99	I,IV	**11 602**	5 633	5 633	I	9 969	8 414	6 936	5 535	4 211	2 964
	II	**10 046**	5 633	5 633	II	8 487	7 005	5 601	4 273	3 023	1 849
	III	**6 750**	5 633	5 633	III	5 536	4 360	3 222	2 122	1 116	302
	V	**17 493**	5 633	5 633	IV	10 776	9 969	9 182	8 414	7 665	6 936
	VI	**18 024**	5 633	5 633							

* Zur LSt-Berechnung für privat versicherte Arbeitnehmer s. Beispiele **Vorbemerkung S. 4 f.**
** Basisvorsorgepauschale KV und PV *** Typisierter Arbeitgeberzuschuss

Lohn/ Gehalt in € bis	Steuerklasse	Lohn-steuer*	BVSP**	TAGZ***	Steuerklasse	Bemessungsgrundlage für Kirchensteuer und Solidaritätszuschlag					
						Freibeträge für ... Kinder					
						0,5	**1,0**	1,5	**2,0**	2,5	**3,0**
63539,99	I,IV	**11614**	5633	5633	I	9981	8425	6946	5545	4220	2973
	II	**10058**	5633	5633	II	8498	7016	5611	4282	3032	1858
	III	**6760**	5633	5633	III	5544	4368	3230	2132	1122	308
	V	**17506**	5633	5633	IV	10788	9981	9193	8425	7676	6946
	VI	**18038**	5633	5633							
63575,99	I,IV	**11626**	5633	5633	I	9993	8436	6957	5555	4230	2982
	II	**10070**	5633	5633	II	8510	7027	5621	4292	3040	1866
	III	**6768**	5633	5633	III	5554	4376	3238	2138	1130	312
	V	**17520**	5633	5633	IV	10800	9993	9205	8436	7687	6957
	VI	**18052**	5633	5633							
63611,99	I,IV	**11638**	5633	5633	I	10004	8447	6967	5565	4239	2991
	II	**10081**	5633	5633	II	8521	7037	5630	4301	3049	1874
	III	**6778**	5633	5633	III	5562	4384	3246	2146	1136	318
	V	**17534**	5633	5633	IV	10812	10004	9216	8447	7698	6967
	VI	**18065**	5633	5633							
63647,99	I,IV	**11651**	5633	5633	I	10016	8458	6978	5575	4249	3000
	II	**10093**	5633	5633	II	8532	7048	5641	4311	3058	1883
	III	**6788**	5633	5633	III	5572	4394	3256	2154	1142	324
	V	**17548**	5633	5633	IV	10824	10016	9228	8458	7708	6978
	VI	**18079**	5633	5633							
63683,99	I,IV	**11663**	5633	5633	I	10028	8470	6989	5585	4258	3009
	II	**10105**	5633	5633	II	8543	7058	5651	4320	3067	1891
	III	**6796**	5633	5633	III	5580	4402	3264	2162	1150	328
	V	**17561**	5633	5633	IV	10836	10028	9239	8470	7719	6989
	VI	**18093**	5633	5633							
63719,99	I,IV	**11675**	5633	5633	I	10039	8480	6999	5594	4267	3017
	II	**10116**	5633	5633	II	8554	7069	5660	4330	3076	1899
	III	**6804**	5633	5633	III	5588	4410	3272	2170	1156	334
	V	**17575**	5633	5633	IV	10847	10039	9250	8480	7730	6999
	VI	**18107**	5633	5633							
63755,99	I,IV	**11687**	5633	5633	I	10051	8492	7010	5605	4277	3026
	II	**10128**	5633	5633	II	8565	7079	5671	4339	3085	1907
	III	**6814**	5633	5633	III	5598	4420	3280	2178	1162	340
	V	**17589**	5633	5633	IV	10860	10051	9262	8492	7741	7010
	VI	**18120**	5633	5633							
63791,99	I,IV	**11699**	5633	5633	I	10062	8503	7020	5614	4286	3035
	II	**10140**	5633	5633	II	8576	7090	5680	4348	3093	1916
	III	**6822**	5633	5633	III	5606	4428	3288	2186	1170	344
	V	**17602**	5633	5633	IV	10871	10062	9273	8503	7752	7020
	VI	**18134**	5633	5633							
63827,99	I,IV	**11712**	5633	5633	I	10074	8514	7030	5624	4295	3044
	II	**10151**	5633	5633	II	8587	7100	5690	4358	3102	1924
	III	**6832**	5633	5633	III	5614	4436	3296	2194	1176	350
	V	**17616**	5633	5633	IV	10883	10074	9284	8514	7762	7030
	VI	**18148**	5633	5633							
63863,99	I,IV	**11724**	5633	5633	I	10086	8525	7041	5634	4305	3053
	II	**10163**	5633	5633	II	8599	7111	5701	4367	3111	1932
	III	**6842**	5633	5633	III	5624	4444	3304	2202	1184	356
	V	**17630**	5633	5633	IV	10895	10086	9296	8525	7773	7041
	VI	**18162**	5633	5633							
63899,99	I,IV	**11736**	5633	5633	I	10097	8536	7051	5644	4314	3061
	II	**10175**	5633	5633	II	8609	7121	5710	4377	3120	1941
	III	**6850**	5633	5633	III	5632	4452	3312	2210	1190	360
	V	**17643**	5633	5633	IV	10907	10097	9307	8536	7784	7051
	VI	**18175**	5633	5633							
63935,99	I,IV	**11748**	5633	5633	I	10109	8547	7062	5654	4324	3070
	II	**10187**	5633	5633	II	8621	7132	5721	4386	3129	1949
	III	**6858**	5633	5633	III	5640	4462	3320	2218	1196	366
	V	**17657**	5633	5633	IV	10919	10109	9318	8547	7795	7062
	VI	**18189**	5633	5633							

* Zur LSt-Berechnung für privat versicherte Arbeitnehmer s. Beispiele **Vorbemerkung S. 4f.**
** Basisvorsorgepauschale KV und PV *** Typisierter Arbeitgeberzuschuss

Lohn/ Gehalt in € bis	Steuerklasse	Lohn-steuer*	BVSP**	TAGZ***	Steuerklasse	Bemessungsgrundlage für Kirchensteuer und Solidaritätszuschlag					
						Freibeträge für ... Kinder					
						0,5	**1,0**	1,5	**2,0**	2,5	**3,0**
63971,99	I,IV	**11761**	5633	5633	I	10121	8558	7073	5664	4333	3079
	II	**10198**	5633	5633	II	8632	7143	5731	4396	3138	1957
	III	**6868**	5633	5633	III	5650	4470	3328	2226	1204	372
	V	**17671**	5633	5633	IV	10931	10121	9330	8558	7806	7073
	VI	**18203**	5633	5633							
64007,99	I,IV	**11773**	5633	5633	I	10132	8569	7083	5674	4343	3088
	II	**10210**	5633	5633	II	8643	7153	5740	4405	3147	1966
	III	**6878**	5633	5633	III	5658	4478	3336	2234	1210	376
	V	**17685**	5633	5633	IV	10943	10132	9341	8569	7817	7083
	VI	**18216**	5633	5633							
64043,99	I,IV	**11785**	5633	5633	I	10144	8580	7094	5684	4352	3097
	II	**10222**	5633	5633	II	8654	7164	5751	4415	3156	1974
	III	**6886**	5633	5633	III	5666	4486	3344	2242	1216	382
	V	**17698**	5633	5633	IV	10955	10144	9353	8580	7827	7094
	VI	**18230**	5633	5633							
64079,99	I,IV	**11798**	5633	5633	I	10156	8592	7104	5694	4362	3106
	II	**10234**	5633	5633	II	8665	7174	5761	4424	3165	1982
	III	**6896**	5633	5633	III	5676	4496	3354	2250	1224	388
	V	**17712**	5633	5633	IV	10967	10156	9364	8592	7838	7104
	VI	**18244**	5633	5633							
64115,99	I,IV	**11810**	5633	5633	I	10168	8603	7115	5704	4371	3115
	II	**10245**	5633	5633	II	8676	7185	5771	4433	3173	1991
	III	**6904**	5633	5633	III	5684	4504	3362	2258	1230	392
	V	**17726**	5633	5633	IV	10979	10168	9375	8603	7849	7115
	VI	**18257**	5633	5633							
64151,99	I,IV	**11822**	5633	5633	I	10179	8614	7126	5714	4380	3124
	II	**10257**	5633	5633	II	8688	7196	5781	4443	3182	1999
	III	**6914**	5633	5633	III	5694	4512	3370	2266	1238	398
	V	**17740**	5633	5633	IV	10991	10179	9387	8614	7860	7126
	VI	**18271**	5633	5633							
64187,99	I,IV	**11834**	5633	5633	I	10191	8625	7136	5724	4390	3133
	II	**10269**	5633	5633	II	8699	7206	5791	4453	3191	2008
	III	**6922**	5633	5633	III	5702	4520	3378	2274	1244	404
	V	**17753**	5633	5633	IV	11003	10191	9399	8625	7871	7136
	VI	**18285**	5633	5633							
64223,99	I,IV	**11846**	5633	5633	I	10203	8636	7147	5734	4399	3141
	II	**10280**	5633	5633	II	8710	7217	5801	4462	3200	2016
	III	**6932**	5633	5633	III	5710	4530	3386	2282	1252	410
	V	**17767**	5633	5633	IV	11015	10203	9410	8636	7882	7147
	VI	**18299**	5633	5633							
64259,99	I,IV	**11859**	5633	5633	I	10214	8647	7157	5744	4409	3150
	II	**10292**	5633	5633	II	8721	7227	5811	4471	3209	2024
	III	**6940**	5633	5633	III	5720	4538	3394	2288	1258	414
	V	**17781**	5633	5633	IV	11027	10214	9421	8647	7893	7157
	VI	**18312**	5633	5633							
64295,99	I,IV	**11871**	5633	5633	I	10226	8659	7168	5755	4418	3159
	II	**10304**	5633	5633	II	8732	7238	5821	4481	3218	2033
	III	**6950**	5633	5633	III	5728	4546	3402	2298	1266	420
	V	**17795**	5633	5633	IV	11039	10226	9433	8659	7904	7168
	VI	**18326**	5633	5633							
64331,99	I,IV	**11883**	5633	5633	I	10238	8670	7178	5764	4428	3168
	II	**10315**	5633	5633	II	8743	7249	5831	4490	3227	2041
	III	**6958**	5633	5633	III	5738	4554	3410	2304	1272	426
	V	**17808**	5633	5633	IV	11051	10238	9444	8670	7914	7178
	VI	**18340**	5633	5633							
64367,99	I,IV	**11896**	5633	5633	I	10250	8681	7189	5775	4437	3177
	II	**10327**	5633	5633	II	8755	7259	5841	4500	3236	2049
	III	**6968**	5633	5633	III	5746	4562	3418	2312	1278	430
	V	**17822**	5633	5633	IV	11063	10250	9456	8681	7925	7189
	VI	**18354**	5633	5633							

* Zur LSt-Berechnung für privat versicherte Arbeitnehmer s. Beispiele **Vorbemerkung S. 4f.**
** Basisvorsorgepauschale KV und PV *** Typisierter Arbeitgeberzuschuss

Lohn/ Gehalt in € bis	Steuerklasse	Lohn- steuer*	BVSP**	TAGZ***	Steuerklasse	Bemessungsgrundlage für Kirchensteuer und Solidaritätszuschlag – Freibeträge für ... Kinder 0,5	1,0	1,5	2,0	2,5	3,0
64403,99	I,IV	**11908**	5633	5633	I	10262	8692	7200	5785	4447	3186
	II	**10339**	5633	5633	II	8766	7270	5851	4510	3245	2058
	III	**6976**	5633	5633	III	5754	4572	3428	2320	1286	436
	V	**17836**	5633	5633	IV	11075	10262	9467	8692	7936	7200
	VI	**18367**	5633	5633							
64439,99	I,IV	**11920**	5633	5633	I	10273	8703	7210	5795	4456	3195
	II	**10351**	5633	5633	II	8777	7280	5861	4519	3254	2066
	III	**6986**	5633	5633	III	5764	4580	3436	2328	1292	442
	V	**17849**	5633	5633	IV	11087	10273	9478	8703	7947	7210
	VI	**18381**	5633	5633							
64475,99	I,IV	**11933**	5633	5633	I	10285	8714	7221	5805	4466	3204
	II	**10363**	5633	5633	II	8788	7291	5871	4528	3263	2074
	III	**6994**	5633	5633	III	5772	4588	3444	2336	1300	448
	V	**17863**	5633	5633	IV	11099	10285	9490	8714	7958	7221
	VI	**18395**	5633	5633							
64511,99	I,IV	**11945**	5633	5633	I	10297	8726	7232	5815	4475	3213
	II	**10375**	5633	5633	II	8800	7302	5881	4538	3272	2083
	III	**7004**	5633	5633	III	5782	4598	3452	2344	1306	452
	V	**17877**	5633	5633	IV	11111	10297	9502	8726	7969	7232
	VI	**18409**	5633	5633							
64547,99	I,IV	**11957**	5633	5633	I	10308	8737	7242	5825	4485	3222
	II	**10386**	5633	5633	II	8811	7312	5891	4547	3281	2091
	III	**7012**	5633	5633	III	5790	4606	3460	2352	1314	458
	V	**17890**	5633	5633	IV	11123	10308	9513	8737	7980	7242
	VI	**18422**	5633	5633							
64583,99	I,IV	**11970**	5633	5633	I	10320	8748	7253	5835	4494	3231
	II	**10398**	5633	5633	II	8822	7323	5902	4557	3290	2100
	III	**7022**	5633	5633	III	5798	4614	3468	2360	1320	464
	V	**17904**	5633	5633	IV	11135	10320	9524	8748	7991	7253
	VI	**18436**	5633	5633							
64619,99	I,IV	**11982**	5633	5633	I	10332	8759	7263	5845	4503	3239
	II	**10410**	5633	5633	II	8833	7334	5911	4566	3299	2108
	III	**7030**	5633	5633	III	5808	4622	3476	2368	1326	470
	V	**17918**	5633	5633	IV	11147	10332	9536	8759	8001	7263
	VI	**18449**	5633	5633							
64655,99	I,IV	**11994**	5633	5633	I	10344	8770	7274	5855	4513	3248
	II	**10421**	5633	5633	II	8844	7344	5922	4576	3308	2116
	III	**7040**	5633	5633	III	5816	4632	3484	2376	1334	474
	V	**17931**	5633	5633	IV	11159	10344	9547	8770	8012	7274
	VI	**18463**	5633	5633							
64691,99	I,IV	**12007**	5633	5633	I	10355	8781	7285	5865	4523	3257
	II	**10433**	5633	5633	II	8856	7355	5932	4586	3317	2125
	III	**7048**	5633	5633	III	5824	4640	3492	2384	1342	480
	V	**17945**	5633	5633	IV	11171	10355	9559	8781	8023	7285
	VI	**18477**	5633	5633							
64727,99	I,IV	**12019**	5633	5633	I	10367	8792	7295	5875	4532	3266
	II	**10445**	5633	5633	II	8867	7366	5942	4595	3325	2133
	III	**7058**	5633	5633	III	5834	4648	3500	2392	1348	486
	V	**17959**	5633	5633	IV	11183	10367	9570	8792	8034	7295
	VI	**18490**	5633	5633							
64763,99	I,IV	**12031**	5633	5633	I	10379	8804	7306	5885	4542	3275
	II	**10457**	5633	5633	II	8878	7376	5952	4605	3335	2142
	III	**7068**	5633	5633	III	5842	4656	3510	2400	1356	492
	V	**17973**	5633	5633	IV	11195	10379	9582	8804	8045	7306
	VI	**18504**	5633	5633							
64799,99	I,IV	**12044**	5633	5633	I	10391	8815	7317	5895	4551	3284
	II	**10469**	5633	5633	II	8889	7387	5962	4614	3344	2150
	III	**7076**	5633	5633	III	5852	4664	3518	2408	1362	498
	V	**17986**	5633	5633	IV	11208	10391	9593	8815	8056	7317
	VI	**18518**	5633	5633							

* Zur LSt-Berechnung für privat versicherte Arbeitnehmer s. Beispiele **Vorbemerkung S. 4f.**
** Basisvorsorgepauschale KV und PV *** Typisierter Arbeitgeberzuschuss

Lohn/ Gehalt in € bis	Steuerklasse	**Lohn-steuer***	BVSP**	TAGZ***	Steuerklasse	Bemessungsgrundlage für Kirchensteuer und Solidaritätszuschlag – Freibeträge für ... Kinder 0,5	**1,0**	1,5	**2,0**	2,5	**3,0**
64 835,99	I,IV	**12 056**	5 633	5 633	I	10 402	8 826	7 327	5 905	4 561	3 293
	II	**10 480**	5 633	5 633	II	8 900	7 398	5 972	4 624	3 352	2 158
	III	**7 086**	5 633	5 633	III	5 860	4 674	3 526	2 416	1 370	502
	V	**18 000**	5 633	5 633	IV	11 219	10 402	9 605	8 826	8 067	7 327
	VI	**18 532**	5 633	5 633							
64 871,99	I,IV	**12 068**	5 633	5 633	I	10 414	8 837	7 338	5 915	4 570	3 302
	II	**10 492**	5 633	5 633	II	8 912	7 408	5 982	4 633	3 362	2 167
	III	**7 094**	5 633	5 633	III	5 870	4 682	3 534	2 424	1 376	508
	V	**18 014**	5 633	5 633	IV	11 232	10 414	9 616	8 837	8 078	7 338
	VI	**18 546**	5 633	5 633							
64 907,99	I,IV	**12 081**	5 633	5 633	I	10 426	8 849	7 349	5 926	4 580	3 311
	II	**10 504**	5 633	5 633	II	8 923	7 419	5 993	4 643	3 371	2 175
	III	**7 104**	5 633	5 633	III	5 878	4 690	3 542	2 432	1 384	514
	V	**18 028**	5 633	5 633	IV	11 244	10 426	9 628	8 849	8 089	7 349
	VI	**18 559**	5 633	5 633							
64 943,99	I,IV	**12 093**	5 633	5 633	I	10 438	8 860	7 359	5 936	4 589	3 320
	II	**10 516**	5 633	5 633	II	8 934	7 430	6 002	4 652	3 379	2 184
	III	**7 112**	5 633	5 633	III	5 886	4 698	3 550	2 440	1 390	520
	V	**18 041**	5 633	5 633	IV	11 256	10 438	9 639	8 860	8 100	7 359
	VI	**18 573**	5 633	5 633							
64 979,99	I,IV	**12 105**	5 633	5 633	I	10 450	8 871	7 370	5 946	4 599	3 329
	II	**10 528**	5 633	5 633	II	8 946	7 441	6 013	4 662	3 389	2 192
	III	**7 122**	5 633	5 633	III	5 896	4 708	3 558	2 448	1 398	526
	V	**18 055**	5 633	5 633	IV	11 268	10 450	9 651	8 871	8 111	7 370
	VI	**18 587**	5 633	5 633							
65 015,99	I,IV	**12 118**	5 633	5 633	I	10 462	8 882	7 381	5 956	4 608	3 338
	II	**10 540**	5 633	5 633	II	8 957	7 451	6 023	4 672	3 398	2 201
	III	**7 130**	5 633	5 633	III	5 904	4 716	3 566	2 456	1 404	530
	V	**18 069**	5 633	5 633	IV	11 280	10 462	9 662	8 882	8 122	7 381
	VI	**18 601**	5 633	5 633							
65 051,99	I,IV	**12 130**	5 633	5 633	I	10 473	8 894	7 391	5 966	4 618	3 347
	II	**10 551**	5 633	5 633	II	8 968	7 462	6 033	4 681	3 406	2 209
	III	**7 140**	5 633	5 633	III	5 912	4 724	3 574	2 464	1 412	536
	V	**18 082**	5 633	5 633	IV	11 292	10 473	9 674	8 894	8 133	7 391
	VI	**18 614**	5 633	5 633							
65 087,99	I,IV	**12 142**	5 633	5 633	I	10 485	8 905	7 402	5 976	4 627	3 356
	II	**10 563**	5 633	5 633	II	8 979	7 473	6 043	4 691	3 416	2 218
	III	**7 150**	5 633	5 633	III	5 922	4 734	3 584	2 472	1 418	542
	V	**18 096**	5 633	5 633	IV	11 304	10 485	9 685	8 905	8 144	7 402
	VI	**18 628**	5 633	5 633							
65 123,99	I,IV	**12 155**	5 633	5 633	I	10 497	8 916	7 413	5 986	4 637	3 365
	II	**10 575**	5 633	5 633	II	8 991	7 483	6 053	4 700	3 425	2 226
	III	**7 158**	5 633	5 633	III	5 930	4 742	3 592	2 480	1 426	548
	V	**18 110**	5 633	5 633	IV	11 316	10 497	9 697	8 916	8 155	7 413
	VI	**18 642**	5 633	5 633							
65 159,99	I,IV	**12 167**	5 633	5 633	I	10 509	8 927	7 423	5 996	4 647	3 374
	II	**10 587**	5 633	5 633	II	9 002	7 494	6 063	4 710	3 434	2 234
	III	**7 166**	5 633	5 633	III	5 940	4 750	3 600	2 488	1 432	554
	V	**18 123**	5 633	5 633	IV	11 328	10 509	9 708	8 927	8 166	7 423
	VI	**18 655**	5 633	5 633							
65 195,99	I,IV	**12 179**	5 633	5 633	I	10 520	8 939	7 434	6 007	4 656	3 383
	II	**10 599**	5 633	5 633	II	9 013	7 505	6 074	4 720	3 443	2 243
	III	**7 176**	5 633	5 633	III	5 948	4 758	3 608	2 496	1 440	560
	V	**18 137**	5 633	5 633	IV	11 340	10 520	9 720	8 939	8 177	7 434
	VI	**18 669**	5 633	5 633							
65 231,99	I,IV	**12 192**	5 633	5 633	I	10 532	8 950	7 445	6 017	4 666	3 392
	II	**10 611**	5 633	5 633	II	9 025	7 516	6 084	4 729	3 452	2 252
	III	**7 186**	5 633	5 633	III	5 958	4 768	3 616	2 504	1 448	566
	V	**18 151**	5 633	5 633	IV	11 353	10 532	9 732	8 950	8 188	7 445
	VI	**18 683**	5 633	5 633							

* Zur LSt-Berechnung für privat versicherte Arbeitnehmer s. Beispiele **Vorbemerkung S. 4 f.**
** Basisvorsorgepauschale KV und PV *** Typisierter Arbeitgeberzuschuss

Lohn/ Gehalt in € bis	Steuerklasse	Lohn-steuer*	BVSP**	TAGZ***	Steuerklasse	Bemessungsgrundlage für Kirchensteuer und Solidaritätszuschlag – Freibeträge für ... Kinder 0,5	1,0	1,5	2,0	2,5	3,0
65 267,99	I,IV	**12 204**	5 633	5 633	I	10 544	8 961	7 455	6 027	4 675	3 401
	II	**10 622**	5 633	5 633	II	9 036	7 526	6 094	4 739	3 461	2 260
	III	**7 194**	5 633	5 633	III	5 966	4 776	3 624	2 512	1 454	570
	V	**18 165**	5 633	5 633	IV	11 364	10 544	9 743	8 961	8 199	7 455
	VI	**18 696**	5 633	5 633							
65 303,99	I,IV	**12 217**	5 633	5 633	I	10 556	8 972	7 466	6 037	4 685	3 410
	II	**10 634**	5 633	5 633	II	9 047	7 537	6 104	4 748	3 470	2 268
	III	**7 204**	5 633	5 633	III	5 974	4 784	3 632	2 520	1 462	576
	V	**18 178**	5 633	5 633	IV	11 377	10 556	9 755	8 972	8 210	7 466
	VI	**18 710**	5 633	5 633							
65 339,99	I,IV	**12 229**	5 633	5 633	I	10 568	8 984	7 477	6 047	4 695	3 419
	II	**10 646**	5 633	5 633	II	9 059	7 548	6 114	4 758	3 479	2 277
	III	**7 212**	5 633	5 633	III	5 984	4 792	3 640	2 528	1 468	582
	V	**18 192**	5 633	5 633	IV	11 389	10 568	9 766	8 984	8 221	7 477
	VI	**18 724**	5 633	5 633							
65 375,99	I,IV	**12 241**	5 633	5 633	I	10 580	8 995	7 487	6 057	4 704	3 428
	II	**10 658**	5 633	5 633	II	9 070	7 558	6 124	4 768	3 488	2 285
	III	**7 222**	5 633	5 633	III	5 992	4 802	3 650	2 536	1 476	588
	V	**18 206**	5 633	5 633	IV	11 401	10 580	9 778	8 995	8 232	7 487
	VI	**18 737**	5 633	5 633							
65 411,99	I,IV	**12 254**	5 633	5 633	I	10 591	9 006	7 498	6 067	4 714	3 437
	II	**10 670**	5 633	5 633	II	9 081	7 569	6 135	4 777	3 497	2 294
	III	**7 232**	5 633	5 633	III	6 002	4 810	3 658	2 544	1 484	594
	V	**18 220**	5 633	5 633	IV	11 413	10 591	9 789	9 006	8 243	7 498
	VI	**18 751**	5 633	5 633							
65 447,99	I,IV	**12 266**	5 633	5 633	I	10 603	9 017	7 509	6 077	4 723	3 446
	II	**10 682**	5 633	5 633	II	9 092	7 580	6 145	4 787	3 506	2 302
	III	**7 240**	5 633	5 633	III	6 010	4 818	3 666	2 552	1 490	600
	V	**18 233**	5 633	5 633	IV	11 425	10 603	9 801	9 017	8 253	7 509
	VI	**18 765**	5 633	5 633							
65 483,99	I,IV	**12 279**	5 633	5 633	I	10 615	9 029	7 520	6 088	4 733	3 455
	II	**10 694**	5 633	5 633	II	9 104	7 591	6 155	4 796	3 515	2 311
	III	**7 248**	5 633	5 633	III	6 018	4 826	3 674	2 560	1 498	606
	V	**18 247**	5 633	5 633	IV	11 437	10 615	9 812	9 029	8 265	7 520
	VI	**18 779**	5 633	5 633							
65 519,99	I,IV	**12 291**	5 633	5 633	I	10 627	9 040	7 530	6 098	4 743	3 464
	II	**10 706**	5 633	5 633	II	9 115	7 602	6 165	4 806	3 524	2 319
	III	**7 258**	5 633	5 633	III	6 028	4 836	3 682	2 568	1 504	612
	V	**18 261**	5 633	5 633	IV	11 449	10 627	9 824	9 040	8 276	7 530
	VI	**18 792**	5 633	5 633							
65 555,99	I,IV	**12 303**	5 633	5 633	I	10 639	9 051	7 541	6 108	4 752	3 473
	II	**10 717**	5 633	5 633	II	9 126	7 612	6 175	4 816	3 533	2 328
	III	**7 268**	5 633	5 633	III	6 036	4 844	3 690	2 576	1 512	616
	V	**18 274**	5 633	5 633	IV	11 461	10 639	9 835	9 051	8 286	7 541
	VI	**18 806**	5 633	5 633							
65 591,99	I,IV	**12 316**	5 633	5 633	I	10 651	9 063	7 552	6 118	4 762	3 482
	II	**10 729**	5 633	5 633	II	9 138	7 623	6 186	4 825	3 542	2 336
	III	**7 276**	5 633	5 633	III	6 046	4 852	3 698	2 584	1 520	622
	V	**18 288**	5 633	5 633	IV	11 474	10 651	9 847	9 063	8 298	7 552
	VI	**18 820**	5 633	5 633							
65 627,99	I,IV	**12 328**	5 633	5 633	I	10 663	9 074	7 563	6 128	4 771	3 491
	II	**10 741**	5 633	5 633	II	9 149	7 634	6 196	4 835	3 551	2 345
	III	**7 286**	5 633	5 633	III	6 054	4 862	3 708	2 592	1 526	628
	V	**18 302**	5 633	5 633	IV	11 486	10 663	9 859	9 074	8 309	7 563
	VI	**18 834**	5 633	5 633							
65 663,99	I,IV	**12 341**	5 633	5 633	I	10 674	9 085	7 573	6 138	4 781	3 500
	II	**10 753**	5 633	5 633	II	9 160	7 644	6 206	4 845	3 560	2 353
	III	**7 294**	5 633	5 633	III	6 064	4 870	3 716	2 600	1 534	634
	V	**18 315**	5 633	5 633	IV	11 498	10 674	9 870	9 085	8 320	7 573
	VI	**18 847**	5 633	5 633							

* Zur LSt-Berechnung für privat versicherte Arbeitnehmer s. Beispiele **Vorbemerkung S. 4f.**
** Basisvorsorgepauschale KV und PV *** Typisierter Arbeitgeberzuschuss

Lohn/ Gehalt in € bis	Steuerklasse	Lohn-steuer*	BVSP**	TAGZ***	Steuerklasse	Bemessungsgrundlage für Kirchensteuer und Solidaritätszuschlag					
						Freibeträge für ... Kinder					
						0,5	**1,0**	1,5	**2,0**	2,5	**3,0**
65 699,99	I,IV	**12 353**	5 633	5 633	I	10 686	9 097	7 584	6 149	4 791	3 509
	II	**10 765**	5 633	5 633	II	9 172	7 655	6 216	4 854	3 570	2 362
	III	**7 304**	5 633	5 633	III	6 072	4 878	3 724	2 608	1 540	640
	V	**18 329**	5 633	5 633	IV	11 510	10 686	9 882	9 097	8 331	7 584
	VI	**18 861**	5 633	5 633							
65 735,99	I,IV	**12 366**	5 633	5 633	I	10 698	9 108	7 595	6 159	4 800	3 519
	II	**10 777**	5 633	5 633	II	9 183	7 666	6 227	4 864	3 579	2 371
	III	**7 314**	5 633	5 633	III	6 080	4 888	3 732	2 616	1 548	646
	V	**18 343**	5 633	5 633	IV	11 522	10 698	9 894	9 108	8 342	7 595
	VI	**18 875**	5 633	5 633							
65 771,99	I,IV	**12 378**	5 633	5 633	I	10 710	9 119	7 605	6 169	4 810	3 528
	II	**10 789**	5 633	5 633	II	9 194	7 677	6 237	4 874	3 588	2 379
	III	**7 322**	5 633	5 633	III	6 090	4 896	3 740	2 624	1 556	652
	V	**18 357**	5 633	5 633	IV	11 534	10 710	9 905	9 119	8 353	7 605
	VI	**18 888**	5 633	5 633							
65 807,99	I,IV	**12 391**	5 633	5 633	I	10 722	9 131	7 616	6 179	4 819	3 537
	II	**10 801**	5 633	5 633	II	9 206	7 688	6 247	4 883	3 597	2 388
	III	**7 332**	5 633	5 633	III	6 098	4 904	3 748	2 632	1 562	658
	V	**18 370**	5 633	5 633	IV	11 547	10 722	9 917	9 131	8 364	7 616
	VI	**18 902**	5 633	5 633							
65 843,99	I,IV	**12 403**	5 633	5 633	I	10 734	9 142	7 627	6 190	4 829	3 546
	II	**10 813**	5 633	5 633	II	9 217	7 699	6 257	4 893	3 606	2 396
	III	**7 340**	5 633	5 633	III	6 108	4 912	3 758	2 640	1 570	664
	V	**18 384**	5 633	5 633	IV	11 559	10 734	9 928	9 142	8 375	7 627
	VI	**18 916**	5 633	5 633							
65 879,99	I,IV	**12 415**	5 633	5 633	I	10 746	9 153	7 638	6 200	4 839	3 555
	II	**10 824**	5 633	5 633	II	9 228	7 709	6 267	4 903	3 615	2 405
	III	**7 350**	5 633	5 633	III	6 116	4 922	3 766	2 648	1 578	670
	V	**18 398**	5 633	5 633	IV	11 571	10 746	9 940	9 153	8 386	7 638
	VI	**18 929**	5 633	5 633							
65 915,99	I,IV	**12 428**	5 633	5 633	I	10 758	9 165	7 649	6 210	4 848	3 564
	II	**10 837**	5 633	5 633	II	9 240	7 720	6 278	4 912	3 624	2 413
	III	**7 358**	5 633	5 633	III	6 124	4 930	3 774	2 656	1 584	676
	V	**18 412**	5 633	5 633	IV	11 583	10 758	9 952	9 165	8 397	7 649
	VI	**18 943**	5 633	5 633							
65 951,99	I,IV	**12 441**	5 633	5 633	I	10 770	9 176	7 660	6 220	4 858	3 573
	II	**10 849**	5 633	5 633	II	9 251	7 731	6 288	4 922	3 633	2 422
	III	**7 368**	5 633	5 633	III	6 134	4 938	3 782	2 664	1 592	682
	V	**18 425**	5 633	5 633	IV	11 595	10 770	9 963	9 176	8 408	7 660
	VI	**18 957**	5 633	5 633							
65 987,99	I,IV	**12 453**	5 633	5 633	I	10 781	9 187	7 670	6 230	4 868	3 582
	II	**10 860**	5 633	5 633	II	9 262	7 742	6 298	4 932	3 642	2 430
	III	**7 376**	5 633	5 633	III	6 142	4 948	3 790	2 672	1 600	688
	V	**18 439**	5 633	5 633	IV	11 607	10 781	9 975	9 187	8 419	7 670
	VI	**18 971**	5 633	5 633							
66 023,99	I,IV	**12 465**	5 633	5 633	I	10 793	9 199	7 681	6 241	4 877	3 591
	II	**10 872**	5 633	5 633	II	9 274	7 753	6 308	4 941	3 652	2 439
	III	**7 386**	5 633	5 633	III	6 152	4 956	3 798	2 680	1 606	694
	V	**18 453**	5 633	5 633	IV	11 620	10 793	9 986	9 199	8 430	7 681
	VI	**18 984**	5 633	5 633							
66 059,99	I,IV	**12 478**	5 633	5 633	I	10 805	9 210	7 692	6 251	4 887	3 600
	II	**10 884**	5 633	5 633	II	9 285	7 763	6 319	4 951	3 661	2 448
	III	**7 396**	5 633	5 633	III	6 160	4 964	3 806	2 688	1 614	700
	V	**18 467**	5 633	5 633	IV	11 632	10 805	9 998	9 210	8 441	7 692
	VI	**18 998**	5 633	5 633							
66 095,99	I,IV	**12 490**	5 633	5 633	I	10 817	9 221	7 703	6 261	4 897	3 609
	II	**10 896**	5 633	5 633	II	9 297	7 774	6 329	4 961	3 670	2 456
	III	**7 404**	5 633	5 633	III	6 170	4 972	3 814	2 696	1 622	706
	V	**18 480**	5 633	5 633	IV	11 644	10 817	10 010	9 221	8 452	7 703
	VI	**19 012**	5 633	5 633							

* Zur LSt-Berechnung für privat versicherte Arbeitnehmer s. Beispiele **Vorbemerkung S. 4 f.**
** Basisvorsorgepauschale KV und PV *** Typisierter Arbeitgeberzuschuss

Lohn/ Gehalt in € bis	Steuerklasse	Lohn-steuer*	BVSP**	TAGZ***	Steuerklasse	Bemessungsgrundlage für Kirchensteuer und Solidaritätszuschlag – Freibeträge für ... Kinder 0,5	1,0	1,5	2,0	2,5	3,0
66131,99	I,IV	**12503**	5633	5633	I	10829	9233	7713	6271	4906	3619
	II	**10908**	5633	5633	II	9308	7785	6339	4970	3679	2465
	III	**7414**	5633	5633	III	6178	4982	3824	2704	1630	712
	V	**18494**	5633	5633	IV	11656	10829	10021	9233	8463	7713
	VI	**19026**	5633	5633							
66167,99	I,IV	**12515**	5633	5633	I	10841	9244	7724	6282	4916	3628
	II	**10920**	5633	5633	II	9320	7796	6350	4980	3688	2473
	III	**7422**	5633	5633	III	6188	4990	3832	2712	1636	718
	V	**18508**	5633	5633	IV	11669	10841	10033	9244	8475	7724
	VI	**19039**	5633	5633							
66203,99	I,IV	**12528**	5633	5633	I	10853	9255	7735	6292	4926	3637
	II	**10932**	5633	5633	II	9331	7807	6360	4990	3697	2482
	III	**7432**	5633	5633	III	6196	4998	3840	2720	1644	724
	V	**18521**	5633	5633	IV	11681	10853	10045	9255	8486	7735
	VI	**19053**	5633	5633							
66239,99	I,IV	**12540**	5633	5633	I	10865	9267	7746	6302	4935	3646
	II	**10944**	5633	5633	II	9342	7818	6370	5000	3706	2490
	III	**7440**	5633	5633	III	6204	5008	3848	2728	1652	730
	V	**18535**	5633	5633	IV	11693	10865	10056	9267	8497	7746
	VI	**19067**	5633	5633							
66275,99	I,IV	**12553**	5633	5633	I	10877	9278	7756	6312	4945	3655
	II	**10956**	5633	5633	II	9353	7828	6380	5009	3715	2499
	III	**7450**	5633	5633	III	6214	5016	3856	2736	1658	736
	V	**18548**	5633	5633	IV	11705	10877	10068	9278	8508	7756
	VI	**19080**	5633	5633							
66311,99	I,IV	**12565**	5633	5633	I	10889	9290	7767	6322	4955	3664
	II	**10968**	5633	5633	II	9365	7839	6390	5019	3725	2507
	III	**7460**	5633	5633	III	6222	5024	3864	2744	1666	742
	V	**18562**	5633	5633	IV	11717	10889	10080	9290	8519	7767
	VI	**19094**	5633	5633							
66347,99	I,IV	**12578**	5633	5633	I	10901	9301	7778	6333	4965	3673
	II	**10980**	5633	5633	II	9376	7850	6401	5029	3734	2516
	III	**7468**	5633	5633	III	6232	5032	3874	2752	1674	748
	V	**18576**	5633	5633	IV	11730	10901	10091	9301	8530	7778
	VI	**19108**	5633	5633							
66383,99	I,IV	**12590**	5633	5633	I	10913	9312	7789	6343	4974	3682
	II	**10992**	5633	5633	II	9388	7861	6411	5038	3743	2525
	III	**7478**	5633	5633	III	6240	5042	3882	2760	1682	754
	V	**18590**	5633	5633	IV	11742	10913	10103	9312	8541	7789
	VI	**19121**	5633	5633							
66419,99	I,IV	**12603**	5633	5633	I	10925	9324	7800	6353	4984	3692
	II	**11004**	5633	5633	II	9399	7872	6421	5048	3752	2533
	III	**7486**	5633	5633	III	6250	5050	3890	2768	1688	760
	V	**18603**	5633	5633	IV	11754	10925	10115	9324	8552	7800
	VI	**19135**	5633	5633							
66455,99	I,IV	**12615**	5633	5633	I	10937	9335	7811	6364	4994	3701
	II	**11016**	5633	5633	II	9411	7883	6432	5058	3761	2542
	III	**7496**	5633	5633	III	6258	5058	3898	2776	1696	766
	V	**18617**	5633	5633	IV	11766	10937	10126	9335	8563	7811
	VI	**19149**	5633	5633							
66491,99	I,IV	**12628**	5633	5633	I	10949	9346	7822	6374	5003	3710
	II	**11028**	5633	5633	II	9422	7893	6442	5068	3770	2550
	III	**7504**	5633	5633	III	6266	5068	3906	2784	1704	772
	V	**18631**	5633	5633	IV	11778	10949	10138	9346	8574	7822
	VI	**19162**	5633	5633							
66527,99	I,IV	**12640**	5633	5633	I	10961	9358	7832	6384	5013	3719
	II	**11040**	5633	5633	II	9434	7904	6452	5077	3780	2559
	III	**7514**	5633	5633	III	6276	5076	3914	2792	1712	778
	V	**18645**	5633	5633	IV	11791	10961	10150	9358	8586	7832
	VI	**19176**	5633	5633							

* Zur LSt-Berechnung für privat versicherte Arbeitnehmer s. Beispiele **Vorbemerkung S. 4 f.**
** Basisvorsorgepauschale KV und PV *** Typisierter Arbeitgeberzuschuss

Lohn/ Gehalt in € bis	Steuerklasse	Lohn-steuer*	BVSP**	TAGZ***	Steuerklasse	Bemessungsgrundlage für Kirchensteuer und Solidaritätszuschlag					
						Freibeträge für ... Kinder					
						0,5	**1,0**	1,5	**2,0**	2,5	**3,0**
66 563,99	I,IV	**12 653**	5 633	5 633	I	10 973	9 369	7 843	6 395	5 023	3 728
	II	**11 052**	5 633	5 633	II	9 445	7 915	6 463	5 087	3 789	2 568
	III	**7 524**	5 633	5 633	III	6 284	5 084	3 924	2 800	1 718	784
	V	**18 658**	5 633	5 633	IV	11 803	10 973	10 161	9 369	8 597	7 843
	VI	**19 190**	5 633	5 633							
66 599,99	I,IV	**12 665**	5 633	5 633	I	10 984	9 381	7 854	6 405	5 032	3 737
	II	**11 064**	5 633	5 633	II	9 456	7 926	6 473	5 097	3 798	2 576
	III	**7 532**	5 633	5 633	III	6 294	5 094	3 932	2 808	1 726	790
	V	**18 672**	5 633	5 633	IV	11 815	10 984	10 173	9 381	8 608	7 854
	VI	**19 204**	5 633	5 633							
66 635,99	I,IV	**12 678**	5 633	5 633	I	10 997	9 392	7 865	6 415	5 042	3 747
	II	**11 076**	5 633	5 633	II	9 468	7 937	6 483	5 107	3 807	2 585
	III	**7 542**	5 633	5 633	III	6 302	5 102	3 940	2 816	1 734	796
	V	**18 686**	5 633	5 633	IV	11 828	10 997	10 185	9 392	8 619	7 865
	VI	**19 218**	5 633	5 633							
66 671,99	I,IV	**12 691**	5 633	5 633	I	11 009	9 404	7 876	6 425	5 052	3 756
	II	**11 088**	5 633	5 633	II	9 479	7 948	6 494	5 117	3 817	2 594
	III	**7 550**	5 633	5 633	III	6 312	5 110	3 948	2 824	1 742	802
	V	**18 700**	5 633	5 633	IV	11 840	11 009	10 197	9 404	8 630	7 876
	VI	**19 231**	5 633	5 633							
66 707,99	I,IV	**12 703**	5 633	5 633	I	11 020	9 415	7 887	6 436	5 062	3 765
	II	**11 100**	5 633	5 633	II	9 491	7 959	6 504	5 126	3 826	2 602
	III	**7 560**	5 633	5 633	III	6 320	5 118	3 956	2 832	1 748	808
	V	**18 713**	5 633	5 633	IV	11 852	11 020	10 208	9 415	8 641	7 887
	VI	**19 245**	5 633	5 633							
66 743,99	I,IV	**12 716**	5 633	5 633	I	11 033	9 427	7 898	6 446	5 071	3 774
	II	**11 112**	5 633	5 633	II	9 502	7 970	6 514	5 136	3 835	2 611
	III	**7 570**	5 633	5 633	III	6 330	5 128	3 964	2 840	1 756	814
	V	**18 727**	5 633	5 633	IV	11 864	11 033	10 220	9 427	8 652	7 898
	VI	**19 259**	5 633	5 633							
66 779,99	I,IV	**12 728**	5 633	5 633	I	11 045	9 438	7 909	6 456	5 081	3 783
	II	**11 124**	5 633	5 633	II	9 514	7 981	6 525	5 146	3 844	2 620
	III	**7 578**	5 633	5 633	III	6 338	5 136	3 974	2 848	1 764	820
	V	**18 741**	5 633	5 633	IV	11 877	11 045	10 232	9 438	8 664	7 909
	VI	**19 273**	5 633	5 633							
66 815,99	I,IV	**12 741**	5 633	5 633	I	11 056	9 449	7 919	6 466	5 091	3 792
	II	**11 136**	5 633	5 633	II	9 525	7 991	6 535	5 155	3 853	2 628
	III	**7 588**	5 633	5 633	III	6 346	5 144	3 982	2 856	1 772	826
	V	**18 754**	5 633	5 633	IV	11 889	11 056	10 243	9 449	8 675	7 919
	VI	**19 286**	5 633	5 633							
66 851,99	I,IV	**12 753**	5 633	5 633	I	11 069	9 461	7 930	6 477	5 101	3 802
	II	**11 148**	5 633	5 633	II	9 537	8 002	6 545	5 165	3 863	2 637
	III	**7 598**	5 633	5 633	III	6 356	5 154	3 990	2 864	1 780	834
	V	**18 768**	5 633	5 633	IV	11 901	11 069	10 255	9 461	8 686	7 930
	VI	**19 300**	5 633	5 633							
66 887,99	I,IV	**12 766**	5 633	5 633	I	11 081	9 472	7 941	6 487	5 111	3 811
	II	**11 160**	5 633	5 633	II	9 548	8 013	6 556	5 175	3 872	2 646
	III	**7 606**	5 633	5 633	III	6 364	5 162	3 998	2 872	1 788	840
	V	**18 782**	5 633	5 633	IV	11 914	11 081	10 267	9 472	8 697	7 941
	VI	**19 314**	5 633	5 633							
66 923,99	I,IV	**12 778**	5 633	5 633	I	11 092	9 484	7 952	6 497	5 120	3 820
	II	**11 172**	5 633	5 633	II	9 560	8 024	6 566	5 185	3 881	2 654
	III	**7 616**	5 633	5 633	III	6 374	5 170	4 006	2 880	1 794	846
	V	**18 795**	5 633	5 633	IV	11 926	11 092	10 278	9 484	8 708	7 952
	VI	**19 327**	5 633	5 633							
66 959,99	I,IV	**12 791**	5 633	5 633	I	11 105	9 495	7 963	6 508	5 130	3 829
	II	**11 184**	5 633	5 633	II	9 571	8 035	6 576	5 195	3 890	2 663
	III	**7 624**	5 633	5 633	III	6 382	5 180	4 016	2 888	1 802	852
	V	**18 809**	5 633	5 633	IV	11 938	11 105	10 290	9 495	8 719	7 963
	VI	**19 341**	5 633	5 633							

* Zur LSt-Berechnung für privat versicherte Arbeitnehmer s. Beispiele **Vorbemerkung S. 4 f.**
** Basisvorsorgepauschale KV und PV *** Typisierter Arbeitgeberzuschuss

Lohn/ Gehalt in € bis	Steuerklasse	Lohn-steuer*	BVSP**	TAGZ***	Steuerklasse	Bemessungsgrundlage für Kirchensteuer und Solidaritätszuschlag					
						Freibeträge für ... Kinder					
						0,5	**1,0**	1,5	**2,0**	2,5	**3,0**
66995,99	I,IV	**12804**	5633	5633	I	11117	9507	7974	6518	5140	3839
	II	**11196**	5633	5633	II	9583	8046	6587	5205	3900	2672
	III	**7634**	5633	5633	III	6392	5188	4024	2896	1810	858
	V	**18823**	5633	5633	IV	11951	11117	10302	9507	8731	7974
	VI	**19355**	5633	5633							
67031,99	I,IV	**12816**	5633	5633	I	11129	9518	7985	6528	5149	3848
	II	**11208**	5633	5633	II	9594	8057	6597	5214	3909	2680
	III	**7642**	5633	5633	III	6400	5196	4032	2904	1818	864
	V	**18837**	5633	5633	IV	11963	11129	10314	9518	8742	7985
	VI	**19368**	5633	5633							
67067,99	I,IV	**12829**	5633	5633	I	11141	9530	7996	6539	5159	3857
	II	**11220**	5633	5633	II	9606	8068	6607	5224	3918	2689
	III	**7652**	5633	5633	III	6410	5206	4040	2914	1826	870
	V	**18850**	5633	5633	IV	11975	11141	10326	9530	8753	7996
	VI	**19382**	5633	5633							
67103,99	I,IV	**12841**	5633	5633	I	11153	9541	8006	6549	5169	3866
	II	**11232**	5633	5633	II	9617	8079	6618	5234	3927	2698
	III	**7662**	5633	5633	III	6418	5214	4048	2922	1834	876
	V	**18864**	5633	5633	IV	11987	11153	10337	9541	8764	8006
	VI	**19396**	5633	5633							
67139,99	I,IV	**12854**	5633	5633	I	11165	9552	8017	6560	5179	3875
	II	**11244**	5633	5633	II	9629	8090	6628	5244	3936	2706
	III	**7670**	5633	5633	III	6428	5222	4056	2930	1840	882
	V	**18878**	5633	5633	IV	12000	11165	10349	9552	8775	8017
	VI	**19409**	5633	5633							
67175,99	I,IV	**12867**	5633	5633	I	11177	9564	8028	6570	5189	3885
	II	**11257**	5633	5633	II	9640	8101	6639	5254	3946	2715
	III	**7680**	5633	5633	III	6436	5232	4066	2938	1848	890
	V	**18892**	5633	5633	IV	12012	11177	10361	9564	8787	8028
	VI	**19423**	5633	5633							
67211,99	I,IV	**12879**	5633	5633	I	11189	9575	8039	6580	5198	3894
	II	**11268**	5633	5633	II	9651	8112	6649	5263	3955	2724
	III	**7690**	5633	5633	III	6446	5240	4074	2946	1856	896
	V	**18905**	5633	5633	IV	12024	11189	10372	9575	8798	8039
	VI	**19437**	5633	5633							
67247,99	I,IV	**12892**	5633	5633	I	11201	9587	8050	6591	5208	3903
	II	**11281**	5633	5633	II	9663	8123	6659	5273	3964	2732
	III	**7698**	5633	5633	III	6454	5248	4082	2954	1864	902
	V	**18919**	5633	5633	IV	12037	11201	10384	9587	8809	8050
	VI	**19451**	5633	5633							
67283,99	I,IV	**12905**	5633	5633	I	11213	9599	8061	6601	5218	3912
	II	**11293**	5633	5633	II	9675	8134	6670	5283	3974	2741
	III	**7708**	5633	5633	III	6464	5258	4090	2962	1872	908
	V	**18933**	5633	5633	IV	12049	11213	10396	9599	8820	8061
	VI	**19464**	5633	5633							
67319,99	I,IV	**12917**	5633	5633	I	11225	9610	8072	6611	5228	3921
	II	**11305**	5633	5633	II	9686	8144	6680	5293	3983	2750
	III	**7716**	5633	5633	III	6472	5266	4098	2970	1880	914
	V	**18946**	5633	5633	IV	12061	11225	10408	9610	8831	8072
	VI	**19478**	5633	5633							
67355,99	I,IV	**12930**	5633	5633	I	11237	9621	8083	6622	5238	3931
	II	**11317**	5633	5633	II	9698	8155	6691	5303	3992	2759
	III	**7726**	5633	5633	III	6480	5274	4106	2978	1888	920
	V	**18960**	5633	5633	IV	12074	11237	10420	9621	8843	8083
	VI	**19492**	5633	5633							
67391,99	I,IV	**12943**	5633	5633	I	11249	9633	8094	6632	5248	3940
	II	**11329**	5633	5633	II	9709	8167	6701	5313	4001	2767
	III	**7736**	5633	5633	III	6490	5284	4116	2986	1896	928
	V	**18974**	5633	5633	IV	12086	11249	10432	9633	8854	8094
	VI	**19506**	5633	5633							

* Zur LSt-Berechnung für privat versicherte Arbeitnehmer s. Beispiele **Vorbemerkung S. 4 f.**
** Basisvorsorgepauschale KV und PV *** Typisierter Arbeitgeberzuschuss

Lohn/ Gehalt in € bis	Steuerklasse	Lohn- steuer*	BVSP**	TAGZ***	Steuerklasse	Bemessungsgrundlage für Kirchensteuer und Solidaritätszuschlag – Freibeträge für ... Kinder 0,5	**1,0**	1,5	**2,0**	2,5	**3,0**
67427,99	I,IV	**12955**	5633	5633	I	11261	9644	8105	6642	5257	3949
	II	**11341**	5633	5633	II	9721	8177	6711	5322	4011	2776
	III	**7744**	5633	5633	III	6498	5292	4124	2994	1902	934
	V	**18987**	5633	5633	IV	12098	11261	10443	9644	8865	8105
	VI	**19519**	5633	5633							
67463,99	I,IV	**12968**	5633	5633	I	11273	9656	8116	6653	5267	3959
	II	**11353**	5633	5633	II	9732	8188	6722	5332	4020	2785
	III	**7754**	5633	5633	III	6508	5300	4132	3002	1910	940
	V	**19001**	5633	5633	IV	12111	11273	10455	9656	8876	8116
	VI	**19533**	5633	5633							
67499,99	I,IV	**12981**	5633	5633	I	11286	9668	8127	6663	5277	3968
	II	**11366**	5633	5633	II	9744	8200	6732	5342	4029	2794
	III	**7764**	5633	5633	III	6516	5310	4140	3010	1918	946
	V	**19015**	5633	5633	IV	12123	11286	10467	9668	8888	8127
	VI	**19547**	5633	5633							
67535,99	I,IV	**12993**	5633	5633	I	11297	9679	8138	6674	5287	3977
	II	**11377**	5633	5633	II	9755	8210	6743	5352	4038	2802
	III	**7772**	5633	5633	III	6526	5318	4148	3018	1926	952
	V	**19029**	5633	5633	IV	12135	11297	10478	9679	8899	8138
	VI	**19560**	5633	5633							
67571,99	I,IV	**13006**	5633	5633	I	11310	9691	8149	6684	5297	3986
	II	**11390**	5633	5633	II	9767	8221	6753	5362	4048	2811
	III	**7782**	5633	5633	III	6534	5326	4158	3026	1934	958
	V	**19042**	5633	5633	IV	12148	11310	10490	9691	8910	8149
	VI	**19574**	5633	5633							
67607,99	I,IV	**13019**	5633	5633	I	11322	9702	8160	6695	5307	3996
	II	**11402**	5633	5633	II	9779	8233	6764	5372	4057	2820
	III	**7790**	5633	5633	III	6544	5336	4166	3034	1942	966
	V	**19056**	5633	5633	IV	12161	11322	10502	9702	8921	8160
	VI	**19588**	5633	5633							
67643,99	I,IV	**13031**	5633	5633	I	11334	9714	8171	6705	5316	4005
	II	**11414**	5633	5633	II	9790	8243	6774	5382	4066	2828
	III	**7800**	5633	5633	III	6552	5344	4174	3042	1950	972
	V	**19070**	5633	5633	IV	12173	11334	10514	9714	8932	8171
	VI	**19601**	5633	5633							
67679,99	I,IV	**13044**	5633	5633	I	11346	9725	8182	6715	5326	4014
	II	**11426**	5633	5633	II	9802	8254	6784	5391	4076	2837
	III	**7808**	5633	5633	III	6562	5352	4182	3050	1958	978
	V	**19084**	5633	5633	IV	12185	11346	10526	9725	8944	8182
	VI	**19615**	5633	5633							
67715,99	I,IV	**13057**	5633	5633	I	11358	9737	8193	6726	5336	4024
	II	**11438**	5633	5633	II	9813	8266	6795	5401	4085	2846
	III	**7818**	5633	5633	III	6570	5362	4192	3060	1966	984
	V	**19097**	5633	5633	IV	12198	11358	10538	9737	8955	8193
	VI	**19629**	5633	5633							
67751,99	I,IV	**13069**	5633	5633	I	11370	9748	8204	6736	5346	4033
	II	**11450**	5633	5633	II	9825	8276	6805	5411	4094	2855
	III	**7828**	5633	5633	III	6580	5370	4200	3066	1974	992
	V	**19111**	5633	5633	IV	12210	11370	10549	9748	8966	8204
	VI	**19643**	5633	5633							
67787,99	I,IV	**13082**	5633	5633	I	11382	9760	8215	6747	5356	4042
	II	**11462**	5633	5633	II	9836	8287	6816	5421	4104	2864
	III	**7836**	5633	5633	III	6588	5378	4208	3074	1980	998
	V	**19125**	5633	5633	IV	12222	11382	10561	9760	8978	8215
	VI	**19656**	5633	5633							
67823,99	I,IV	**13094**	5633	5633	I	11394	9771	8225	6757	5365	4051
	II	**11474**	5633	5633	II	9848	8298	6826	5431	4113	2872
	III	**7846**	5633	5633	III	6598	5388	4216	3082	1988	1004
	V	**19138**	5633	5633	IV	12234	11394	10573	9771	8989	8225
	VI	**19670**	5633	5633							

* Zur LSt-Berechnung für privat versicherte Arbeitnehmer s. Beispiele **Vorbemerkung S. 4 f.**
** Basisvorsorgepauschale KV und PV *** Typisierter Arbeitgeberzuschuss

Lohn/ Gehalt in € bis	Steuerklasse	Lohn-steuer*	BVSP**	TAGZ***	Steuerklasse	Bemessungsgrundlage für Kirchensteuer und Solidaritätszuschlag – Freibeträge für ... Kinder 0,5	1,0	1,5	2,0	2,5	3,0
67 859,99	I,IV	**13 107**	5 633	5 633	I	11 406	9 783	8 237	6 767	5 375	4 061
	II	**11 487**	5 633	5 633	II	9 859	8 309	6 837	5 441	4 122	2 881
	III	**7 856**	5 633	5 633	III	6 606	5 396	4 224	3 092	1 996	1 010
	V	**19 152**	5 633	5 633	IV	12 247	11 406	10 585	9 783	9 000	8 237
	VI	**19 684**	5 633	5 633							
67 895,99	I,IV	**13 120**	5 633	5 633	I	11 419	9 795	8 248	6 778	5 385	4 070
	II	**11 499**	5 633	5 633	II	9 871	8 321	6 847	5 451	4 132	2 890
	III	**7 864**	5 633	5 633	III	6 616	5 404	4 232	3 100	2 004	1 016
	V	**19 166**	5 633	5 633	IV	12 260	11 419	10 597	9 795	9 011	8 248
	VI	**19 698**	5 633	5 633							
67 931,99	I,IV	**13 132**	5 633	5 633	I	11 430	9 806	8 258	6 788	5 395	4 079
	II	**11 511**	5 633	5 633	II	9 883	8 331	6 857	5 461	4 141	2 898
	III	**7 874**	5 633	5 633	III	6 624	5 414	4 240	3 108	2 012	1 024
	V	**19 179**	5 633	5 633	IV	12 272	11 430	10 609	9 806	9 023	8 258
	VI	**19 711**	5 633	5 633							
67 967,99	I,IV	**13 145**	5 633	5 633	I	11 443	9 818	8 270	6 799	5 405	4 089
	II	**11 523**	5 633	5 633	II	9 894	8 343	6 868	5 471	4 150	2 907
	III	**7 884**	5 633	5 633	III	6 634	5 422	4 250	3 116	2 020	1 030
	V	**19 193**	5 633	5 633	IV	12 284	11 443	10 621	9 818	9 034	8 270
	VI	**19 725**	5 633	5 633							
68 003,99	I,IV	**13 158**	5 633	5 633	I	11 455	9 829	8 281	6 809	5 415	4 098
	II	**11 535**	5 633	5 633	II	9 906	8 354	6 879	5 481	4 160	2 916
	III	**7 892**	5 633	5 633	III	6 642	5 430	4 258	3 124	2 028	1 036
	V	**19 207**	5 633	5 633	IV	12 297	11 455	10 633	9 829	9 045	8 281
	VI	**19 739**	5 633	5 633							
68 039,99	I,IV	**13 170**	5 633	5 633	I	11 467	9 841	8 292	6 820	5 425	4 107
	II	**11 547**	5 633	5 633	II	9 917	8 365	6 889	5 490	4 169	2 925
	III	**7 902**	5 633	5 633	III	6 650	5 440	4 266	3 132	2 036	1 042
	V	**19 220**	5 633	5 633	IV	12 309	11 467	10 644	9 841	9 056	8 292
	VI	**19 752**	5 633	5 633							
68 075,99	I,IV	**13 183**	5 633	5 633	I	11 479	9 852	8 303	6 830	5 435	4 117
	II	**11 560**	5 633	5 633	II	9 929	8 376	6 899	5 500	4 178	2 934
	III	**7 910**	5 633	5 633	III	6 660	5 448	4 274	3 140	2 044	1 050
	V	**19 234**	5 633	5 633	IV	12 322	11 479	10 656	9 852	9 068	8 303
	VI	**19 766**	5 633	5 633							
68 111,99	I,IV	**13 196**	5 633	5 633	I	11 491	9 864	8 314	6 841	5 445	4 126
	II	**11 572**	5 633	5 633	II	9 941	8 387	6 910	5 510	4 188	2 943
	III	**7 920**	5 633	5 633	III	6 670	5 456	4 284	3 148	2 052	1 056
	V	**19 248**	5 633	5 633	IV	12 334	11 491	10 668	9 864	9 079	8 314
	VI	**19 780**	5 633	5 633							
68 147,99	I,IV	**13 209**	5 633	5 633	I	11 503	9 875	8 325	6 851	5 455	4 135
	II	**11 584**	5 633	5 633	II	9 952	8 398	6 920	5 520	4 197	2 951
	III	**7 930**	5 633	5 633	III	6 678	5 466	4 292	3 156	2 060	1 062
	V	**19 262**	5 633	5 633	IV	12 346	11 503	10 680	9 875	9 090	8 325
	VI	**19 793**	5 633	5 633							
68 183,99	I,IV	**13 221**	5 633	5 633	I	11 516	9 887	8 336	6 862	5 465	4 145
	II	**11 596**	5 633	5 633	II	9 964	8 409	6 931	5 530	4 207	2 960
	III	**7 938**	5 633	5 633	III	6 688	5 474	4 300	3 164	2 068	1 070
	V	**19 275**	5 633	5 633	IV	12 359	11 516	10 692	9 887	9 102	8 336
	VI	**19 807**	5 633	5 633							
68 219,99	I,IV	**13 234**	5 633	5 633	I	11 528	9 899	8 347	6 872	5 475	4 154
	II	**11 609**	5 633	5 633	II	9 976	8 420	6 942	5 540	4 216	2 969
	III	**7 948**	5 633	5 633	III	6 696	5 482	4 308	3 172	2 076	1 076
	V	**19 289**	5 633	5 633	IV	12 371	11 528	10 704	9 899	9 113	8 347
	VI	**19 821**	5 633	5 633							
68 255,99	I,IV	**13 247**	5 633	5 633	I	11 540	9 910	8 358	6 882	5 484	4 163
	II	**11 621**	5 633	5 633	II	9 987	8 431	6 952	5 550	4 225	2 978
	III	**7 956**	5 633	5 633	III	6 704	5 492	4 316	3 180	2 082	1 082
	V	**19 303**	5 633	5 633	IV	12 384	11 540	10 715	9 910	9 124	8 358
	VI	**19 834**	5 633	5 633							

* Zur LSt-Berechnung für privat versicherte Arbeitnehmer s. Beispiele **Vorbemerkung S. 4 f.**
** Basisvorsorgepauschale KV und PV *** Typisierter Arbeitgeberzuschuss

Lohn/ Gehalt in € bis	Steuerklasse	Lohn-steuer*	BVSP**	TAGZ***	Steuerklasse	Bemessungsgrundlage für Kirchensteuer und Solidaritätszuschlag – Freibeträge für ... Kinder					
						0,5	**1,0**	1,5	**2,0**	2,5	**3,0**
68291,99	I,IV	**13260**	5633	5633	I	11552	9922	8369	6893	5494	4173
	II	**11633**	5633	5633	II	9999	8442	6962	5560	4235	2987
	III	**7966**	5633	5633	III	6714	5500	4326	3190	2092	1090
	V	**19317**	5633	5633	IV	12396	11552	10727	9922	9136	8369
	VI	**19848**	5633	5633							
68327,99	I,IV	**13272**	5633	5633	I	11565	9934	8380	6904	5504	4182
	II	**11645**	5633	5633	II	10011	8453	6973	5570	4244	2996
	III	**7976**	5633	5633	III	6724	5510	4334	3198	2098	1096
	V	**19330**	5633	5633	IV	12409	11565	10739	9934	9147	8380
	VI	**19862**	5633	5633							
68363,99	I,IV	**13285**	5633	5633	I	11576	9945	8391	6914	5514	4191
	II	**11657**	5633	5633	II	10022	8464	6983	5580	4253	3004
	III	**7984**	5633	5633	III	6732	5518	4342	3206	2106	1102
	V	**19344**	5633	5633	IV	12421	11576	10751	9945	9158	8391
	VI	**19876**	5633	5633							
68399,99	I,IV	**13298**	5633	5633	I	11589	9957	8402	6924	5524	4201
	II	**11669**	5633	5633	II	10034	8475	6994	5590	4263	3013
	III	**7994**	5633	5633	III	6742	5526	4350	3214	2114	1108
	V	**19358**	5633	5633	IV	12434	11589	10763	9957	9170	8402
	VI	**19890**	5633	5633							
68435,99	I,IV	**13311**	5633	5633	I	11601	9969	8413	6935	5534	4210
	II	**11682**	5633	5633	II	10046	8487	7005	5600	4272	3022
	III	**8004**	5633	5633	III	6750	5536	4360	3222	2122	1116
	V	**19372**	5633	5633	IV	12446	11601	10775	9969	9181	8413
	VI	**19903**	5633	5633							
68471,99	I,IV	**13323**	5633	5633	I	11613	9980	8424	6945	5544	4219
	II	**11694**	5633	5633	II	10057	8497	7015	5610	4282	3031
	III	**8012**	5633	5633	III	6758	5544	4368	3230	2130	1122
	V	**19385**	5633	5633	IV	12458	11613	10787	9980	9192	8424
	VI	**19917**	5633	5633							
68507,99	I,IV	**13336**	5633	5633	I	11625	9992	8435	6956	5554	4229
	II	**11706**	5633	5633	II	10069	8509	7026	5620	4291	3040
	III	**8022**	5633	5633	III	6768	5552	4376	3238	2138	1128
	V	**19399**	5633	5633	IV	12471	11625	10799	9992	9204	8435
	VI	**19931**	5633	5633							
68543,99	I,IV	**13349**	5633	5633	I	11638	10004	8446	6967	5564	4238
	II	**11719**	5633	5633	II	10081	8520	7036	5630	4301	3049
	III	**8032**	5633	5633	III	6778	5562	4384	3246	2146	1136
	V	**19413**	5633	5633	IV	12484	11638	10811	10004	9215	8446
	VI	**19945**	5633	5633							
68579,99	I,IV	**13362**	5633	5633	I	11650	10015	8457	6977	5574	4248
	II	**11730**	5633	5633	II	10092	8531	7047	5640	4310	3057
	III	**8040**	5633	5633	III	6786	5570	4392	3254	2154	1142
	V	**19426**	5633	5633	IV	12496	11650	10823	10015	9226	8457
	VI	**19958**	5633	5633							
68615,99	I,IV	**13374**	5633	5633	I	11662	10027	8469	6988	5584	4257
	II	**11743**	5633	5633	II	10104	8542	7057	5650	4319	3066
	III	**8050**	5633	5633	III	6796	5580	4402	3262	2162	1148
	V	**19440**	5633	5633	IV	12509	11662	10835	10027	9238	8469
	VI	**19972**	5633	5633							
68651,99	I,IV	**13387**	5633	5633	I	11674	10038	8479	6998	5594	4266
	II	**11755**	5633	5633	II	10115	8553	7068	5660	4329	3075
	III	**8060**	5633	5633	III	6804	5588	4410	3270	2170	1156
	V	**19454**	5633	5633	IV	12521	11674	10846	10038	9249	8479
	VI	**19985**	5633	5633							
68687,99	I,IV	**13400**	5633	5633	I	11686	10050	8491	7009	5604	4276
	II	**11767**	5633	5633	II	10127	8564	7078	5670	4338	3084
	III	**8068**	5633	5633	III	6812	5596	4418	3278	2178	1162
	V	**19467**	5633	5633	IV	12533	11686	10858	10050	9261	8491
	VI	**19999**	5633	5633							

* Zur LSt-Berechnung für privat versicherte Arbeitnehmer s. Beispiele **Vorbemerkung S. 4 f.**
** Basisvorsorgepauschale KV und PV   *** Typisierter Arbeitgeberzuschuss

Lohn/ Gehalt in € bis	Steuerklasse	Lohn-steuer*	BVSP**	TAGZ***	Steuerklasse	Bemessungsgrundlage für Kirchensteuer und Solidaritätszuschlag – Freibeträge für ... Kinder 0,5	1,0	1,5	2,0	2,5	3,0
68723,99	I,IV	**13413**	5633	5633	I	11699	10062	8502	7019	5614	4285
	II	**11780**	5633	5633	II	10139	8575	7089	5680	4348	3093
	III	**8078**	5633	5633	III	6822	5606	4426	3288	2186	1170
	V	**19481**	5633	5633	IV	12546	11699	10871	10062	9272	8502
	VI	**20013**	5633	5633							
68759,99	I,IV	**13425**	5633	5633	I	11711	10073	8513	7030	5623	4295
	II	**11792**	5633	5633	II	10150	8586	7099	5690	4357	3102
	III	**8088**	5633	5633	III	6832	5614	4436	3296	2194	1176
	V	**19495**	5633	5633	IV	12558	11711	10882	10073	9283	8513
	VI	**20026**	5633	5633							
68795,99	I,IV	**13438**	5633	5633	I	11723	10085	8524	7040	5634	4304
	II	**11804**	5633	5633	II	10162	8597	7110	5700	4366	3111
	III	**8096**	5633	5633	III	6840	5622	4444	3304	2202	1182
	V	**19509**	5633	5633	IV	12571	11723	10894	10085	9295	8524
	VI	**20040**	5633	5633							
68831,99	I,IV	**13451**	5633	5633	I	11735	10097	8535	7051	5644	4314
	II	**11816**	5633	5633	II	10174	8609	7121	5710	4376	3119
	III	**8106**	5633	5633	III	6850	5632	4452	3312	2210	1190
	V	**19522**	5633	5633	IV	12584	11735	10906	10097	9306	8535
	VI	**20054**	5633	5633							
68867,99	I,IV	**13464**	5633	5633	I	11747	10108	8546	7061	5653	4323
	II	**11828**	5633	5633	II	10185	8620	7131	5720	4385	3128
	III	**8116**	5633	5633	III	6858	5640	4460	3320	2218	1196
	V	**19536**	5633	5633	IV	12596	11747	10918	10108	9317	8546
	VI	**20068**	5633	5633							
68903,99	I,IV	**13477**	5633	5633	I	11760	10120	8557	7072	5664	4332
	II	**11841**	5633	5633	II	10197	8631	7142	5730	4395	3137
	III	**8124**	5633	5633	III	6868	5648	4468	3328	2224	1202
	V	**19550**	5633	5633	IV	12609	11760	10930	10120	9329	8557
	VI	**20081**	5633	5633							
68939,99	I,IV	**13490**	5633	5633	I	11772	10132	8569	7082	5674	4342
	II	**11853**	5633	5633	II	10209	8642	7152	5740	4404	3146
	III	**8134**	5633	5633	III	6876	5658	4478	3336	2234	1210
	V	**19564**	5633	5633	IV	12621	11772	10942	10132	9340	8569
	VI	**20095**	5633	5633							
68975,99	I,IV	**13502**	5633	5633	I	11784	10143	8579	7093	5683	4351
	II	**11865**	5633	5633	II	10221	8653	7163	5750	4414	3155
	III	**8142**	5633	5633	III	6886	5666	4486	3344	2240	1216
	V	**19577**	5633	5633	IV	12634	11784	10954	10143	9352	8579
	VI	**20109**	5633	5633							
69011,99	I,IV	**13515**	5633	5633	I	11796	10155	8591	7104	5694	4361
	II	**11878**	5633	5633	II	10232	8664	7174	5760	4423	3164
	III	**8152**	5633	5633	III	6894	5674	4494	3352	2248	1224
	V	**19591**	5633	5633	IV	12646	11796	10966	10155	9363	8591
	VI	**20123**	5633	5633							
69047,99	I,IV	**13528**	5633	5633	I	11809	10167	8602	7114	5704	4370
	II	**11890**	5633	5633	II	10244	8676	7184	5770	4433	3173
	III	**8162**	5633	5633	III	6904	5684	4504	3360	2256	1230
	V	**19605**	5633	5633	IV	12659	11809	10978	10167	9375	8602
	VI	**20136**	5633	5633							
69083,99	I,IV	**13541**	5633	5633	I	11821	10178	8613	7125	5713	4380
	II	**11902**	5633	5633	II	10256	8687	7195	5780	4442	3182
	III	**8170**	5633	5633	III	6912	5692	4512	3368	2264	1236
	V	**19618**	5633	5633	IV	12671	11821	10990	10178	9386	8613
	VI	**20150**	5633	5633							
69119,99	I,IV	**13554**	5633	5633	I	11833	10190	8624	7135	5724	4389
	II	**11915**	5633	5633	II	10268	8698	7205	5790	4452	3191
	III	**8180**	5633	5633	III	6922	5702	4520	3376	2272	1244
	V	**19632**	5633	5633	IV	12684	11833	11002	10190	9397	8624
	VI	**20164**	5633	5633							

* Zur LSt-Berechnung für privat versicherte Arbeitnehmer s. Beispiele **Vorbemerkung S. 4 f.**
** Basisvorsorgepauschale KV und PV *** Typisierter Arbeitgeberzuschuss

Lohn/ Gehalt in € bis	Steuerklasse	Lohn-steuer*	BVSP**	TAGZ***	Steuerklasse	Bemessungsgrundlage für Kirchensteuer und Solidaritätszuschlag – Freibeträge für ... Kinder 0,5	1,0	1,5	2,0	2,5	3,0
69155,99	I,IV	**13567**	5633	5633	I	11846	10202	8635	7146	5734	4399
	II	**11927**	5633	5633	II	10279	8709	7216	5800	4461	3200
	III	**8190**	5633	5633	III	6930	5710	4528	3386	2280	1250
	V	**19646**	5633	5633	IV	12697	11846	11014	10202	9409	8635
	VI	**20178**	5633	5633							
69191,99	I,IV	**13579**	5633	5633	I	11858	10213	8646	7156	5744	4408
	II	**11939**	5633	5633	II	10291	8720	7226	5810	4471	3208
	III	**8198**	5633	5633	III	6940	5718	4536	3394	2288	1258
	V	**19659**	5633	5633	IV	12709	11858	11026	10213	9420	8646
	VI	**20191**	5633	5633							
69227,99	I,IV	**13592**	5633	5633	I	11870	10225	8658	7167	5754	4417
	II	**11951**	5633	5633	II	10303	8731	7237	5820	4480	3217
	III	**8208**	5633	5633	III	6948	5728	4546	3402	2296	1264
	V	**19673**	5633	5633	IV	12722	11870	11038	10225	9432	8658
	VI	**20205**	5633	5633							
69263,99	I,IV	**13605**	5633	5633	I	11883	10237	8669	7178	5764	4427
	II	**11964**	5633	5633	II	10315	8743	7248	5830	4490	3226
	III	**8218**	5633	5633	III	6958	5736	4554	3410	2304	1272
	V	**19687**	5633	5633	IV	12734	11883	11050	10237	9443	8669
	VI	**20219**	5633	5633							
69299,99	I,IV	**13618**	5633	5633	I	11895	10249	8680	7188	5774	4436
	II	**11976**	5633	5633	II	10326	8754	7258	5840	4499	3235
	III	**8226**	5633	5633	III	6966	5746	4562	3418	2312	1278
	V	**19701**	5633	5633	IV	12747	11895	11062	10249	9455	8680
	VI	**20232**	5633	5633							
69335,99	I,IV	**13631**	5633	5633	I	11907	10260	8691	7199	5784	4446
	II	**11988**	5633	5633	II	10338	8765	7269	5850	4509	3244
	III	**8236**	5633	5633	III	6976	5754	4570	3426	2320	1284
	V	**19714**	5633	5633	IV	12759	11907	11074	10260	9466	8691
	VI	**20246**	5633	5633							
69371,99	I,IV	**13644**	5633	5633	I	11919	10272	8702	7210	5794	4455
	II	**12001**	5633	5633	II	10350	8776	7280	5860	4518	3253
	III	**8246**	5633	5633	III	6986	5764	4580	3434	2328	1292
	V	**19728**	5633	5633	IV	12772	11919	11086	10272	9478	8702
	VI	**20260**	5633	5633							
69407,99	I,IV	**13656**	5633	5633	I	11931	10284	8713	7220	5804	4465
	II	**12013**	5633	5633	II	10362	8787	7290	5870	4528	3262
	III	**8254**	5633	5633	III	6994	5772	4588	3442	2336	1298
	V	**19742**	5633	5633	IV	12784	11931	11098	10284	9489	8713
	VI	**20273**	5633	5633							
69443,99	I,IV	**13669**	5633	5633	I	11944	10296	8725	7231	5814	4474
	II	**12025**	5633	5633	II	10373	8799	7301	5881	4537	3271
	III	**8264**	5633	5633	III	7002	5780	4596	3450	2344	1306
	V	**19756**	5633	5633	IV	12797	11944	11110	10296	9500	8725
	VI	**20287**	5633	5633							
69479,99	I,IV	**13682**	5633	5633	I	11956	10307	8736	7241	5824	4484
	II	**12038**	5633	5633	II	10385	8810	7311	5890	4547	3280
	III	**8274**	5633	5633	III	7012	5788	4604	3458	2352	1312
	V	**19769**	5633	5633	IV	12809	11956	11122	10307	9512	8736
	VI	**20301**	5633	5633							
69515,99	I,IV	**13695**	5633	5633	I	11968	10319	8747	7252	5834	4493
	II	**12050**	5633	5633	II	10397	8821	7322	5901	4556	3289
	III	**8284**	5633	5633	III	7022	5798	4614	3468	2360	1320
	V	**19783**	5633	5633	IV	12822	11968	11134	10319	9523	8747
	VI	**20315**	5633	5633							
69551,99	I,IV	**13708**	5633	5633	I	11981	10331	8758	7263	5844	4503
	II	**12062**	5633	5633	II	10409	8832	7333	5911	4566	3298
	III	**8292**	5633	5633	III	7030	5806	4622	3476	2368	1326
	V	**19797**	5633	5633	IV	12835	11981	11146	10331	9535	8758
	VI	**20328**	5633	5633							

* Zur LSt-Berechnung für privat versicherte Arbeitnehmer s. Beispiele **Vorbemerkung S. 4f.**
** Basisvorsorgepauschale KV und PV *** Typisierter Arbeitgeberzuschuss

Lohn/ Gehalt in € bis	Steuerklasse	Lohn-steuer*	BVSP**	TAGZ***	Steuerklasse	Bemessungsgrundlage für Kirchensteuer und Solidaritätszuschlag – Freibeträge für ... Kinder 0,5	1,0	1,5	2,0	2,5	3,0
69 587,99	I,IV	**13 721**	5 633	5 633	I	11 993	10 342	8 769	7 273	5 854	4 512
	II	**12 075**	5 633	5 633	II	10 420	8 843	7 343	5 921	4 575	3 307
	III	**8 302**	5 633	5 633	III	7 038	5 816	4 630	3 484	2 376	1 334
	V	**19 810**	5 633	5 633	IV	12 847	11 993	11 158	10 342	9 546	8 769
	VI	**20 342**	5 633	5 633							
69 623,99	I,IV	**13 734**	5 633	5 633	I	12 005	10 354	8 780	7 284	5 864	4 522
	II	**12 087**	5 633	5 633	II	10 432	8 855	7 354	5 931	4 585	3 316
	III	**8 312**	5 633	5 633	III	7 048	5 824	4 638	3 492	2 384	1 340
	V	**19 824**	5 633	5 633	IV	12 860	12 005	11 170	10 354	9 558	8 780
	VI	**20 356**	5 633	5 633							
69 659,99	I,IV	**13 747**	5 633	5 633	I	12 018	10 366	8 792	7 294	5 874	4 531
	II	**12 100**	5 633	5 633	II	10 444	8 866	7 365	5 941	4 594	3 325
	III	**8 320**	5 633	5 633	III	7 058	5 832	4 648	3 500	2 392	1 348
	V	**19 838**	5 633	5 633	IV	12 873	12 018	11 182	10 366	9 569	8 792
	VI	**20 370**	5 633	5 633							
69 695,99	I,IV	**13 759**	5 633	5 633	I	12 030	10 378	8 803	7 305	5 884	4 541
	II	**12 112**	5 633	5 633	II	10 456	8 877	7 375	5 951	4 604	3 334
	III	**8 330**	5 633	5 633	III	7 066	5 842	4 656	3 508	2 400	1 354
	V	**19 851**	5 633	5 633	IV	12 885	12 030	11 194	10 378	9 581	8 803
	VI	**20 383**	5 633	5 633							
69 731,99	I,IV	**13 772**	5 633	5 633	I	12 042	10 390	8 814	7 316	5 894	4 550
	II	**12 124**	5 633	5 633	II	10 468	8 888	7 386	5 961	4 613	3 343
	III	**8 340**	5 633	5 633	III	7 076	5 850	4 664	3 516	2 408	1 362
	V	**19 865**	5 633	5 633	IV	12 898	12 042	11 206	10 390	9 592	8 814
	VI	**20 397**	5 633	5 633							
69 767,99	I,IV	**13 785**	5 633	5 633	I	12 055	10 402	8 825	7 326	5 905	4 560
	II	**12 137**	5 633	5 633	II	10 480	8 900	7 397	5 971	4 623	3 352
	III	**8 348**	5 633	5 633	III	7 084	5 860	4 672	3 524	2 416	1 368
	V	**19 879**	5 633	5 633	IV	12 910	12 055	11 219	10 402	9 604	8 825
	VI	**20 411**	5 633	5 633							
69 803,99	I,IV	**13 798**	5 633	5 633	I	12 067	10 413	8 836	7 337	5 915	4 569
	II	**12 149**	5 633	5 633	II	10 491	8 911	7 407	5 981	4 632	3 361
	III	**8 358**	5 633	5 633	III	7 094	5 868	4 682	3 532	2 424	1 376
	V	**19 892**	5 633	5 633	IV	12 923	12 067	11 230	10 413	9 615	8 836
	VI	**20 424**	5 633	5 633							
69 839,99	I,IV	**13 811**	5 633	5 633	I	12 079	10 425	8 848	7 348	5 925	4 579
	II	**12 161**	5 633	5 633	II	10 503	8 922	7 418	5 992	4 642	3 370
	III	**8 368**	5 633	5 633	III	7 102	5 878	4 690	3 542	2 432	1 382
	V	**19 906**	5 633	5 633	IV	12 936	12 079	11 243	10 425	9 627	8 848
	VI	**20 438**	5 633	5 633							
69 875,99	I,IV	**13 824**	5 633	5 633	I	12 092	10 437	8 859	7 358	5 935	4 589
	II	**12 174**	5 633	5 633	II	10 515	8 933	7 429	6 002	4 652	3 379
	III	**8 376**	5 633	5 633	III	7 112	5 886	4 698	3 550	2 440	1 390
	V	**19 920**	5 633	5 633	IV	12 948	12 092	11 255	10 437	9 638	8 859
	VI	**20 452**	5 633	5 633							
69 911,99	I,IV	**13 837**	5 633	5 633	I	12 104	10 449	8 870	7 369	5 945	4 598
	II	**12 186**	5 633	5 633	II	10 527	8 945	7 440	6 012	4 661	3 388
	III	**8 386**	5 633	5 633	III	7 120	5 894	4 706	3 558	2 446	1 396
	V	**19 934**	5 633	5 633	IV	12 961	12 104	11 267	10 449	9 650	8 870
	VI	**20 465**	5 633	5 633							
69 947,99	I,IV	**13 850**	5 633	5 633	I	12 117	10 460	8 881	7 380	5 955	4 608
	II	**12 198**	5 633	5 633	II	10 539	8 956	7 450	6 022	4 671	3 397
	III	**8 396**	5 633	5 633	III	7 130	5 904	4 716	3 566	2 456	1 404
	V	**19 947**	5 633	5 633	IV	12 974	12 117	11 279	10 460	9 661	8 881
	VI	**20 479**	5 633	5 633							
69 983,99	I,IV	**13 863**	5 633	5 633	I	12 129	10 472	8 893	7 390	5 965	4 617
	II	**12 211**	5 633	5 633	II	10 551	8 967	7 461	6 032	4 681	3 406
	III	**8 404**	5 633	5 633	III	7 140	5 912	4 724	3 574	2 464	1 410
	V	**19 961**	5 633	5 633	IV	12 986	12 129	11 291	10 472	9 673	8 893
	VI	**20 493**	5 633	5 633							

* Zur LSt-Berechnung für privat versicherte Arbeitnehmer s. Beispiele **Vorbemerkung S. 4 f.**
** Basisvorsorgepauschale KV und PV *** Typisierter Arbeitgeberzuschuss

Lohn/ Gehalt in € bis	Steuerklasse	Lohn- steuer*	BVSP**	TAGZ***	Steuerklasse	Bemessungsgrundlage für Kirchensteuer und Solidaritätszuschlag – Freibeträge für ... Kinder 0,5	**1,0**	1,5	**2,0**	2,5	**3,0**
70 019,99	I,IV	**13 876**	5 633	5 633	I	12 141	10 484	8 904	7 401	5 975	4 627
	II	**12 223**	5 633	5 633	II	10 562	8 978	7 472	6 042	4 690	3 415
	III	**8 414**	5 633	5 633	III	7 148	5 920	4 732	3 582	2 470	1 418
	V	**19 975**	5 633	5 633	IV	12 999	12 141	11 303	10 484	9 684	8 904
	VI	**20 506**	5 633	5 633							
70 055,99	I,IV	**13 889**	5 633	5 633	I	12 154	10 496	8 915	7 412	5 985	4 636
	II	**12 236**	5 633	5 633	II	10 574	8 990	7 483	6 052	4 700	3 424
	III	**8 424**	5 633	5 633	III	7 158	5 930	4 742	3 590	2 480	1 426
	V	**19 989**	5 633	5 633	IV	13 012	12 154	11 315	10 496	9 696	8 915
	VI	**20 520**	5 633	5 633							
70 091,99	I,IV	**13 902**	5 633	5 633	I	12 166	10 508	8 927	7 423	5 996	4 646
	II	**12 248**	5 633	5 633	II	10 586	9 001	7 493	6 063	4 709	3 433
	III	**8 432**	5 633	5 633	III	7 166	5 938	4 750	3 598	2 486	1 432
	V	**20 002**	5 633	5 633	IV	13 024	12 166	11 327	10 508	9 708	8 927
	VI	**20 534**	5 633	5 633							
70 127,99	I,IV	**13 914**	5 633	5 633	I	12 178	10 519	8 938	7 433	6 006	4 655
	II	**12 260**	5 633	5 633	II	10 598	9 012	7 504	6 073	4 719	3 442
	III	**8 442**	5 633	5 633	III	7 176	5 948	4 758	3 608	2 494	1 440
	V	**20 016**	5 633	5 633	IV	13 037	12 178	11 339	10 519	9 719	8 938
	VI	**20 548**	5 633	5 633							
70 163,99	I,IV	**13 928**	5 633	5 633	I	12 191	10 531	8 949	7 444	6 016	4 665
	II	**12 273**	5 633	5 633	II	10 610	9 024	7 515	6 083	4 728	3 451
	III	**8 452**	5 633	5 633	III	7 184	5 956	4 766	3 616	2 504	1 446
	V	**20 030**	5 633	5 633	IV	13 050	12 191	11 351	10 531	9 731	8 949
	VI	**20 562**	5 633	5 633							
70 199,99	I,IV	**13 941**	5 633	5 633	I	12 203	10 543	8 960	7 455	6 026	4 675
	II	**12 285**	5 633	5 633	II	10 622	9 035	7 526	6 093	4 738	3 460
	III	**8 460**	5 633	5 633	III	7 194	5 966	4 776	3 624	2 510	1 454
	V	**20 044**	5 633	5 633	IV	13 062	12 203	11 364	10 543	9 742	8 960
	VI	**20 575**	5 633	5 633							
70 235,99	I,IV	**13 953**	5 633	5 633	I	12 216	10 555	8 971	7 465	6 036	4 684
	II	**12 298**	5 633	5 633	II	10 633	9 046	7 536	6 103	4 748	3 469
	III	**8 470**	5 633	5 633	III	7 202	5 974	4 784	3 632	2 518	1 460
	V	**20 057**	5 633	5 633	IV	13 075	12 216	11 376	10 555	9 753	8 971
	VI	**20 589**	5 633	5 633							
70 271,99	I,IV	**13 966**	5 633	5 633	I	12 228	10 567	8 983	7 476	6 046	4 694
	II	**12 310**	5 633	5 633	II	10 645	9 057	7 547	6 113	4 757	3 478
	III	**8 480**	5 633	5 633	III	7 212	5 982	4 792	3 640	2 528	1 468
	V	**20 071**	5 633	5 633	IV	13 088	12 228	11 388	10 567	9 765	8 983
	VI	**20 603**	5 633	5 633							
70 307,99	I,IV	**13 979**	5 633	5 633	I	12 240	10 578	8 994	7 486	6 056	4 703
	II	**12 322**	5 633	5 633	II	10 657	9 069	7 557	6 123	4 767	3 487
	III	**8 488**	5 633	5 633	III	7 222	5 992	4 800	3 648	2 534	1 476
	V	**20 084**	5 633	5 633	IV	13 100	12 240	11 400	10 578	9 777	8 994
	VI	**20 616**	5 633	5 633							
70 343,99	I,IV	**13 992**	5 633	5 633	I	12 253	10 590	9 005	7 497	6 066	4 713
	II	**12 335**	5 633	5 633	II	10 669	9 080	7 568	6 134	4 776	3 496
	III	**8 498**	5 633	5 633	III	7 230	6 000	4 810	3 656	2 542	1 482
	V	**20 098**	5 633	5 633	IV	13 113	12 253	11 412	10 590	9 788	9 005
	VI	**20 630**	5 633	5 633							
70 379,99	I,IV	**14 005**	5 633	5 633	I	12 265	10 602	9 017	7 508	6 077	4 723
	II	**12 347**	5 633	5 633	II	10 681	9 091	7 579	6 144	4 786	3 505
	III	**8 508**	5 633	5 633	III	7 240	6 010	4 818	3 666	2 552	1 490
	V	**20 112**	5 633	5 633	IV	13 126	12 265	11 424	10 602	9 800	9 017
	VI	**20 644**	5 633	5 633							
70 415,99	I,IV	**14 018**	5 633	5 633	I	12 277	10 614	9 028	7 519	6 087	4 732
	II	**12 360**	5 633	5 633	II	10 692	9 103	7 590	6 154	4 796	3 514
	III	**8 518**	5 633	5 633	III	7 248	6 018	4 826	3 674	2 558	1 496
	V	**20 126**	5 633	5 633	IV	13 138	12 277	11 436	10 614	9 811	9 028
	VI	**20 657**	5 633	5 633							

* Zur LSt-Berechnung für privat versicherte Arbeitnehmer s. Beispiele **Vorbemerkung S. 4 f.**
** Basisvorsorgepauschale KV und PV *** Typisierter Arbeitgeberzuschuss

Lohn/ Gehalt in € bis	Steuerklasse	Lohn-steuer*	BVSP**	TAGZ***	Steuerklasse	Bemessungsgrundlage für Kirchensteuer und Solidaritätszuschlag – Freibeträge für ... Kinder 0,5	1,0	1,5	2,0	2,5	3,0
70451,99	I,IV	**14031**	5633	5633	I	12290	10626	9039	7529	6097	4742
	II	**12372**	5633	5633	II	10705	9114	7601	6164	4805	3523
	III	**8526**	5633	5633	III	7258	6026	4834	3682	2566	1504
	V	**20139**	5633	5633	IV	13151	12290	11448	10626	9823	9039
	VI	**20671**	5633	5633							
70487,99	I,IV	**14044**	5633	5633	I	12303	10638	9051	7540	6107	4751
	II	**12385**	5633	5633	II	10717	9125	7611	6175	4815	3533
	III	**8536**	5633	5633	III	7266	6036	4844	3690	2576	1512
	V	**20153**	5633	5633	IV	13164	12303	11461	10638	9835	9051
	VI	**20685**	5633	5633							
70523,99	I,IV	**14057**	5633	5633	I	12315	10650	9062	7551	6117	4761
	II	**12397**	5633	5633	II	10728	9136	7622	6185	4824	3541
	III	**8546**	5633	5633	III	7276	6044	4852	3698	2582	1518
	V	**20167**	5633	5633	IV	13176	12315	11473	10650	9846	9062
	VI	**20698**	5633	5633							
70559,99	I,IV	**14070**	5633	5633	I	12327	10662	9073	7562	6127	4770
	II	**12410**	5633	5633	II	10740	9148	7633	6195	4834	3551
	III	**8554**	5633	5633	III	7284	6054	4860	3706	2590	1526
	V	**20181**	5633	5633	IV	13189	12327	11485	10662	9858	9073
	VI	**20712**	5633	5633							
70595,99	I,IV	**14083**	5633	5633	I	12340	10674	9084	7573	6138	4780
	II	**12422**	5633	5633	II	10752	9159	7644	6205	4844	3560
	III	**8564**	5633	5633	III	7294	6062	4870	3714	2600	1534
	V	**20194**	5633	5633	IV	13202	12340	11497	10674	9869	9084
	VI	**20726**	5633	5633							
70631,99	I,IV	**14096**	5633	5633	I	12352	10685	9096	7583	6148	4790
	II	**12434**	5633	5633	II	10764	9171	7654	6215	4853	3569
	III	**8574**	5633	5633	III	7304	6072	4878	3724	2606	1540
	V	**20208**	5633	5633	IV	13214	12352	11509	10685	9881	9096
	VI	**20740**	5633	5633							
70667,99	I,IV	**14109**	5633	5633	I	12365	10697	9107	7594	6158	4799
	II	**12447**	5633	5633	II	10776	9182	7665	6226	4863	3578
	III	**8582**	5633	5633	III	7312	6080	4886	3732	2614	1548
	V	**20222**	5633	5633	IV	13227	12365	11521	10697	9892	9107
	VI	**20753**	5633	5633							
70703,99	I,IV	**14122**	5633	5633	I	12377	10709	9118	7605	6168	4809
	II	**12460**	5633	5633	II	10788	9193	7676	6236	4873	3587
	III	**8592**	5633	5633	III	7322	6090	4896	3740	2624	1556
	V	**20236**	5633	5633	IV	13240	12377	11534	10709	9904	9118
	VI	**20767**	5633	5633							
70739,99	I,IV	**14135**	5633	5633	I	12389	10721	9130	7615	6178	4819
	II	**12472**	5633	5633	II	10800	9205	7687	6246	4882	3596
	III	**8602**	5633	5633	III	7330	6098	4904	3748	2630	1562
	V	**20249**	5633	5633	IV	13253	12389	11545	10721	9916	9130
	VI	**20781**	5633	5633							
70775,99	I,IV	**14148**	5633	5633	I	12402	10733	9141	7626	6189	4828
	II	**12484**	5633	5633	II	10812	9216	7698	6256	4892	3605
	III	**8612**	5633	5633	III	7340	6106	4912	3756	2638	1570
	V	**20263**	5633	5633	IV	13265	12402	11558	10733	9927	9141
	VI	**20795**	5633	5633							
70811,99	I,IV	**14161**	5633	5633	I	12415	10745	9152	7637	6199	4838
	II	**12497**	5633	5633	II	10824	9228	7708	6267	4902	3614
	III	**8620**	5633	5633	III	7348	6116	4920	3764	2648	1578
	V	**20277**	5633	5633	IV	13278	12415	11570	10745	9939	9152
	VI	**20808**	5633	5633							
70847,99	I,IV	**14174**	5633	5633	I	12427	10757	9164	7648	6209	4847
	II	**12509**	5633	5633	II	10835	9239	7719	6277	4911	3623
	III	**8630**	5633	5633	III	7358	6124	4930	3772	2654	1584
	V	**20290**	5633	5633	IV	13291	12427	11582	10757	9950	9164
	VI	**20822**	5633	5633							

* Zur LSt-Berechnung für privat versicherte Arbeitnehmer s. Beispiele **Vorbemerkung S. 4 f.**
** Basisvorsorgepauschale KV und PV *** Typisierter Arbeitgeberzuschuss

Lohn/ Gehalt in € bis	Steuerklasse	Lohn-steuer*	BVSP**	TAGZ***	Steuerklasse	Bemessungsgrundlage für Kirchensteuer und Solidaritätszuschlag – Freibeträge für ... Kinder 0,5	**1,0**	1,5	**2,0**	2,5	**3,0**
70883,99	I,IV	**14187**	5633	5633	I	12439	10769	9175	7659	6219	4857
	II	**12522**	5633	5633	II	10847	9250	7730	6287	4921	3633
	III	**8640**	5633	5633	III	7366	6132	4938	3780	2662	1592
	V	**20304**	5633	5633	IV	13304	12439	11594	10769	9962	9175
	VI	**20836**	5633	5633							
70919,99	I,IV	**14201**	5633	5633	I	12452	10781	9186	7669	6230	4867
	II	**12535**	5633	5633	II	10860	9262	7741	6297	4931	3642
	III	**8650**	5633	5633	III	7376	6142	4946	3790	2672	1600
	V	**20318**	5633	5633	IV	13317	12452	11607	10781	9974	9186
	VI	**20850**	5633	5633							
70955,99	I,IV	**14213**	5633	5633	I	12464	10792	9198	7680	6240	4876
	II	**12547**	5633	5633	II	10871	9273	7752	6307	4940	3651
	III	**8658**	5633	5633	III	7386	6150	4956	3798	2678	1606
	V	**20331**	5633	5633	IV	13329	12464	11619	10792	9985	9198
	VI	**20863**	5633	5633							
70991,99	I,IV	**14226**	5633	5633	I	12477	10804	9209	7691	6250	4886
	II	**12559**	5633	5633	II	10883	9284	7762	6318	4950	3660
	III	**8668**	5633	5633	III	7394	6160	4964	3806	2686	1614
	V	**20345**	5633	5633	IV	13342	12477	11631	10804	9997	9209
	VI	**20877**	5633	5633							
71027,99	I,IV	**14240**	5633	5633	I	12489	10816	9221	7702	6260	4896
	II	**12572**	5633	5633	II	10895	9296	7773	6328	4960	3669
	III	**8678**	5633	5633	III	7404	6168	4972	3814	2696	1622
	V	**20359**	5633	5633	IV	13355	12489	11643	10816	10009	9221
	VI	**20891**	5633	5633							
71063,99	I,IV	**14252**	5633	5633	I	12502	10828	9232	7712	6270	4905
	II	**12584**	5633	5633	II	10907	9307	7784	6338	4970	3678
	III	**8686**	5633	5633	III	7412	6178	4980	3822	2704	1628
	V	**20373**	5633	5633	IV	13367	12502	11655	10828	10020	9232
	VI	**20904**	5633	5633							
71099,99	I,IV	**14266**	5633	5633	I	12514	10840	9243	7723	6281	4915
	II	**12597**	5633	5633	II	10919	9318	7795	6349	4979	3687
	III	**8696**	5633	5633	III	7422	6186	4990	3830	2710	1636
	V	**20386**	5633	5633	IV	13380	12514	11668	10840	10032	9243
	VI	**20918**	5633	5633							
71135,99	I,IV	**14278**	5633	5633	I	12527	10852	9254	7734	6291	4925
	II	**12609**	5633	5633	II	10931	9330	7806	6359	4989	3696
	III	**8706**	5633	5633	III	7430	6194	4998	3838	2718	1644
	V	**20400**	5633	5633	IV	13393	12527	11680	10852	10043	9254
	VI	**20932**	5633	5633							
71171,99	I,IV	**14292**	5633	5633	I	12539	10864	9266	7745	6301	4935
	II	**12622**	5633	5633	II	10943	9341	7817	6369	4999	3706
	III	**8716**	5633	5633	III	7440	6204	5006	3848	2728	1652
	V	**20414**	5633	5633	IV	13406	12539	11692	10864	10055	9266
	VI	**20945**	5633	5633							
71207,99	I,IV	**14305**	5633	5633	I	12552	10876	9277	7756	6312	4944
	II	**12635**	5633	5633	II	10955	9353	7827	6379	5009	3715
	III	**8724**	5633	5633	III	7450	6212	5014	3856	2736	1658
	V	**20428**	5633	5633	IV	13419	12552	11704	10876	10067	9277
	VI	**20959**	5633	5633							
71243,99	I,IV	**14318**	5633	5633	I	12564	10888	9288	7766	6322	4954
	II	**12647**	5633	5633	II	10967	9364	7838	6390	5018	3724
	III	**8734**	5633	5633	III	7458	6222	5024	3864	2742	1666
	V	**20441**	5633	5633	IV	13431	12564	11716	10888	10078	9288
	VI	**20973**	5633	5633							
71279,99	I,IV	**14331**	5633	5633	I	12577	10900	9300	7777	6332	4964
	II	**12660**	5633	5633	II	10979	9375	7849	6400	5028	3733
	III	**8744**	5633	5633	III	7468	6230	5032	3872	2752	1674
	V	**20455**	5633	5633	IV	13444	12577	11729	10900	10090	9300
	VI	**20987**	5633	5633							

* Zur LSt-Berechnung für privat versicherte Arbeitnehmer s. Beispiele **Vorbemerkung S. 4f.**
** Basisvorsorgepauschale KV und PV *** Typisierter Arbeitgeberzuschuss

Lohn/ Gehalt in € bis	Steuerklasse	Lohnsteuer*	BVSP**	TAGZ***	Steuerklasse	Bemessungsgrundlage für Kirchensteuer und Solidaritätszuschlag – Freibeträge für ... Kinder 0,5	1,0	1,5	2,0	2,5	3,0
71 315,99	I,IV	**14 344**	5 633	5 633	I	12 589	10 912	9 312	7 788	6 342	4 973
	II	**12 672**	5 633	5 633	II	10 991	9 387	7 860	6 410	5 038	3 742
	III	**8 752**	5 633	5 633	III	7 476	6 240	5 040	3 880	2 760	1 680
	V	**20 469**	5 633	5 633	IV	13 457	12 589	11 741	10 912	10 102	9 312
	VI	**21 000**	5 633	5 633							
71 351,99	I,IV	**14 357**	5 633	5 633	I	12 602	10 924	9 323	7 799	6 352	4 983
	II	**12 685**	5 633	5 633	II	11 003	9 398	7 871	6 420	5 047	3 751
	III	**8 762**	5 633	5 633	III	7 486	6 248	5 050	3 888	2 768	1 688
	V	**20 482**	5 633	5 633	IV	13 470	12 602	11 753	10 924	10 113	9 323
	VI	**21 014**	5 633	5 633							
71 387,99	I,IV	**14 370**	5 633	5 633	I	12 614	10 936	9 334	7 810	6 363	4 993
	II	**12 697**	5 633	5 633	II	11 015	9 410	7 882	6 431	5 057	3 761
	III	**8 772**	5 633	5 633	III	7 496	6 258	5 058	3 898	2 776	1 696
	V	**20 496**	5 633	5 633	IV	13 483	12 614	11 765	10 936	10 125	9 334
	VI	**21 028**	5 633	5 633							
71 423,99	I,IV	**14 383**	5 633	5 633	I	12 627	10 948	9 346	7 821	6 373	5 003
	II	**12 710**	5 633	5 633	II	11 027	9 421	7 893	6 441	5 067	3 770
	III	**8 782**	5 633	5 633	III	7 504	6 266	5 066	3 906	2 784	1 704
	V	**20 510**	5 633	5 633	IV	13 496	12 627	11 778	10 948	10 137	9 346
	VI	**21 042**	5 633	5 633							
71 459,99	I,IV	**14 396**	5 633	5 633	I	12 639	10 959	9 357	7 831	6 383	5 012
	II	**12 722**	5 633	5 633	II	11 039	9 432	7 903	6 451	5 077	3 779
	III	**8 790**	5 633	5 633	III	7 514	6 274	5 076	3 914	2 792	1 710
	V	**20 523**	5 633	5 633	IV	13 508	12 639	11 790	10 959	10 149	9 357
	VI	**21 055**	5 633	5 633							
71 495,99	I,IV	**14 409**	5 633	5 633	I	12 652	10 972	9 368	7 842	6 394	5 022
	II	**12 735**	5 633	5 633	II	11 051	9 444	7 914	6 462	5 086	3 788
	III	**8 800**	5 633	5 633	III	7 522	6 284	5 084	3 922	2 800	1 718
	V	**20 537**	5 633	5 633	IV	13 521	12 652	11 802	10 972	10 160	9 368
	VI	**21 069**	5 633	5 633							
71 531,99	I,IV	**14 423**	5 633	5 633	I	12 665	10 984	9 380	7 853	6 404	5 032
	II	**12 748**	5 633	5 633	II	11 063	9 456	7 925	6 472	5 096	3 797
	III	**8 810**	5 633	5 633	III	7 532	6 292	5 092	3 930	2 808	1 726
	V	**20 551**	5 633	5 633	IV	13 534	12 665	11 815	10 984	10 172	9 380
	VI	**21 083**	5 633	5 633							
71 567,99	I,IV	**14 436**	5 633	5 633	I	12 677	10 995	9 391	7 864	6 414	5 041
	II	**12 760**	5 633	5 633	II	11 075	9 467	7 936	6 482	5 106	3 806
	III	**8 818**	5 633	5 633	III	7 540	6 302	5 100	3 938	2 816	1 734
	V	**20 564**	5 633	5 633	IV	13 547	12 677	11 827	10 995	10 184	9 391
	VI	**21 096**	5 633	5 633							
71 603,99	I,IV	**14 449**	5 633	5 633	I	12 690	11 008	9 403	7 875	6 424	5 051
	II	**12 773**	5 633	5 633	II	11 087	9 478	7 947	6 493	5 116	3 816
	III	**8 828**	5 633	5 633	III	7 550	6 310	5 110	3 948	2 824	1 742
	V	**20 578**	5 633	5 633	IV	13 560	12 690	11 839	11 008	10 195	9 403
	VI	**21 110**	5 633	5 633							
71 639,99	I,IV	**14 462**	5 633	5 633	I	12 702	11 020	9 414	7 886	6 435	5 061
	II	**12 785**	5 633	5 633	II	11 099	9 490	7 958	6 503	5 126	3 825
	III	**8 838**	5 633	5 633	III	7 560	6 320	5 118	3 956	2 832	1 748
	V	**20 592**	5 633	5 633	IV	13 573	12 702	11 851	11 020	10 207	9 414
	VI	**21 124**	5 633	5 633							
71 675,99	I,IV	**14 475**	5 633	5 633	I	12 715	11 031	9 425	7 897	6 445	5 071
	II	**12 798**	5 633	5 633	II	11 111	9 501	7 969	6 513	5 135	3 834
	III	**8 848**	5 633	5 633	III	7 568	6 328	5 126	3 964	2 840	1 756
	V	**20 606**	5 633	5 633	IV	13 585	12 715	11 863	11 031	10 219	9 425
	VI	**21 137**	5 633	5 633							
71 711,99	I,IV	**14 488**	5 633	5 633	I	12 727	11 044	9 437	7 908	6 455	5 080
	II	**12 810**	5 633	5 633	II	11 123	9 513	7 980	6 524	5 145	3 843
	III	**8 856**	5 633	5 633	III	7 578	6 338	5 136	3 972	2 848	1 764
	V	**20 619**	5 633	5 633	IV	13 598	12 727	11 876	11 044	10 231	9 437
	VI	**21 151**	5 633	5 633							

* Zur LSt-Berechnung für privat versicherte Arbeitnehmer s. Beispiele **Vorbemerkung S. 4 f.**
** Basisvorsorgepauschale KV und PV *** Typisierter Arbeitgeberzuschuss

Lohn/ Gehalt in € bis	Steuerklasse	Lohn-steuer*	BVSP**	TAGZ***	Steuerklasse	Bemessungsgrundlage für Kirchensteuer und Solidaritätszuschlag					
						Freibeträge für ... Kinder					
						0,5	**1,0**	1,5	**2,0**	2,5	**3,0**
71 747,99	I,IV	**14 501**	5 633	5 633	I	12 740	11 056	9 449	7 919	6 466	5 090
	II	**12 823**	5 633	5 633	II	11 135	9 524	7 991	6 534	5 155	3 853
	III	**8 866**	5 633	5 633	III	7 586	6 346	5 144	3 980	2 856	1 772
	V	**20 633**	5 633	5 633	IV	13 611	12 740	11 888	11 056	10 242	9 449
	VI	**21 165**	5 633	5 633							
71 783,99	I,IV	**14 514**	5 633	5 633	I	12 752	11 067	9 460	7 929	6 476	5 100
	II	**12 836**	5 633	5 633	II	11 147	9 536	8 001	6 544	5 164	3 862
	III	**8 876**	5 633	5 633	III	7 596	6 356	5 152	3 988	2 864	1 778
	V	**20 647**	5 633	5 633	IV	13 624	12 752	11 900	11 067	10 254	9 460
	VI	**21 178**	5 633	5 633							
71 819,99	I,IV	**14 528**	5 633	5 633	I	12 765	11 080	9 471	7 940	6 486	5 110
	II	**12 848**	5 633	5 633	II	11 159	9 547	8 012	6 555	5 174	3 871
	III	**8 886**	5 633	5 633	III	7 606	6 364	5 162	3 998	2 872	1 786
	V	**20 661**	5 633	5 633	IV	13 637	12 765	11 913	11 080	10 266	9 471
	VI	**21 192**	5 633	5 633							
71 855,99	I,IV	**14 541**	5 633	5 633	I	12 778	11 092	9 483	7 951	6 497	5 120
	II	**12 861**	5 633	5 633	II	11 171	9 559	8 023	6 565	5 184	3 880
	III	**8 894**	5 633	5 633	III	7 614	6 374	5 170	4 006	2 880	1 794
	V	**20 674**	5 633	5 633	IV	13 650	12 778	11 925	11 092	10 278	9 483
	VI	**21 206**	5 633	5 633							
71 891,99	I,IV	**14 554**	5 633	5 633	I	12 790	11 104	9 494	7 962	6 507	5 129
	II	**12 873**	5 633	5 633	II	11 183	9 570	8 034	6 575	5 194	3 889
	III	**8 904**	5 633	5 633	III	7 624	6 382	5 178	4 014	2 888	1 802
	V	**20 688**	5 633	5 633	IV	13 662	12 790	11 937	11 104	10 289	9 494
	VI	**21 220**	5 633	5 633							
71 927,99	I,IV	**14 567**	5 633	5 633	I	12 803	11 116	9 506	7 973	6 517	5 139
	II	**12 886**	5 633	5 633	II	11 195	9 582	8 045	6 586	5 204	3 899
	III	**8 914**	5 633	5 633	III	7 634	6 392	5 188	4 022	2 896	1 810
	V	**20 702**	5 633	5 633	IV	13 675	12 803	11 950	11 116	10 301	9 506
	VI	**21 234**	5 633	5 633							
71 963,99	I,IV	**14 580**	5 633	5 633	I	12 815	11 127	9 517	7 984	6 528	5 149
	II	**12 899**	5 633	5 633	II	11 207	9 593	8 056	6 596	5 213	3 908
	III	**8 924**	5 633	5 633	III	7 642	6 400	5 196	4 030	2 904	1 818
	V	**20 715**	5 633	5 633	IV	13 688	12 815	11 962	11 127	10 313	9 517
	VI	**21 247**	5 633	5 633							
71 999,99	I,IV	**14 593**	5 633	5 633	I	12 828	11 140	9 529	7 995	6 538	5 158
	II	**12 911**	5 633	5 633	II	11 219	9 605	8 067	6 607	5 223	3 917
	III	**8 932**	5 633	5 633	III	7 652	6 408	5 204	4 040	2 912	1 824
	V	**20 729**	5 633	5 633	IV	13 701	12 828	11 974	11 140	10 324	9 529
	VI	**21 261**	5 633	5 633							
72 035,99	I,IV	**14 607**	5 633	5 633	I	12 841	11 152	9 540	8 006	6 548	5 168
	II	**12 924**	5 633	5 633	II	11 232	9 616	8 078	6 617	5 233	3 927
	III	**8 942**	5 633	5 633	III	7 660	6 418	5 214	4 048	2 920	1 832
	V	**20 743**	5 633	5 633	IV	13 714	12 841	11 987	11 152	10 336	9 540
	VI	**21 275**	5 633	5 633							
72 071,99	I,IV	**14 619**	5 633	5 633	I	12 853	11 164	9 551	8 016	6 559	5 178
	II	**12 936**	5 633	5 633	II	11 243	9 627	8 089	6 627	5 243	3 936
	III	**8 952**	5 633	5 633	III	7 670	6 426	5 222	4 056	2 928	1 840
	V	**20 756**	5 633	5 633	IV	13 727	12 853	11 999	11 164	10 348	9 551
	VI	**21 288**	5 633	5 633							
72 107,99	I,IV	**14 633**	5 633	5 633	I	12 866	11 176	9 563	8 027	6 569	5 188
	II	**12 949**	5 633	5 633	II	11 256	9 639	8 100	6 638	5 253	3 945
	III	**8 960**	5 633	5 633	III	7 678	6 436	5 230	4 064	2 936	1 848
	V	**20 770**	5 633	5 633	IV	13 740	12 866	12 011	11 176	10 360	9 563
	VI	**21 302**	5 633	5 633							
72 143,99	I,IV	**14 646**	5 633	5 633	I	12 878	11 188	9 575	8 038	6 580	5 198
	II	**12 962**	5 633	5 633	II	11 268	9 651	8 111	6 648	5 263	3 954
	III	**8 970**	5 633	5 633	III	7 688	6 444	5 240	4 072	2 944	1 856
	V	**20 784**	5 633	5 633	IV	13 753	12 878	12 024	11 188	10 372	9 575
	VI	**21 316**	5 633	5 633							

* Zur LSt-Berechnung für privat versicherte Arbeitnehmer s. Beispiele **Vorbemerkung S. 4 f.**
** Basisvorsorgepauschale KV und PV *** Typisierter Arbeitgeberzuschuss

Lohn/ Gehalt in € bis	Steuerklasse	Lohn-steuer*	BVSP**	TAGZ***	Steuerklasse	Bemessungsgrundlage für Kirchensteuer und Solidaritätszuschlag — Freibeträge für ... Kinder 0,5	1,0	1,5	2,0	2,5	3,0
72179,99	I,IV	**14659**	5633	5633	I	12891	11200	9586	8049	6590	5207
	II	**12974**	5633	5633	II	11280	9662	8122	6658	5272	3963
	III	**8980**	5633	5633	III	7698	6454	5248	4082	2952	1864
	V	**20798**	5633	5633	IV	13765	12891	12036	11200	10383	9586
	VI	**21329**	5633	5633							
72215,99	I,IV	**14672**	5633	5633	I	12904	11212	9598	8060	6600	5217
	II	**12987**	5633	5633	II	11292	9674	8133	6669	5282	3973
	III	**8990**	5633	5633	III	7706	6462	5256	4090	2960	1872
	V	**20811**	5633	5633	IV	13778	12904	12048	11212	10395	9598
	VI	**21343**	5633	5633							
72251,99	I,IV	**14686**	5633	5633	I	12916	11224	9609	8071	6611	5227
	II	**13000**	5633	5633	II	11304	9685	8144	6679	5292	3982
	III	**9000**	5633	5633	III	7716	6472	5266	4098	2970	1880
	V	**20825**	5633	5633	IV	13791	12916	12061	11224	10407	9609
	VI	**21357**	5633	5633							
72287,99	I,IV	**14699**	5633	5633	I	12929	11236	9620	8082	6621	5237
	II	**13012**	5633	5633	II	11316	9697	8154	6690	5302	3991
	III	**9008**	5633	5633	III	7726	6480	5274	4106	2978	1886
	V	**20839**	5633	5633	IV	13804	12929	12073	11236	10419	9620
	VI	**21370**	5633	5633							
72323,99	I,IV	**14712**	5633	5633	I	12941	11248	9632	8093	6631	5247
	II	**13025**	5633	5633	II	11328	9708	8166	6700	5312	4001
	III	**9018**	5633	5633	III	7734	6490	5282	4114	2986	1894
	V	**20853**	5633	5633	IV	13817	12941	12085	11248	10430	9632
	VI	**21384**	5633	5633							
72359,99	I,IV	**14725**	5633	5633	I	12954	11260	9644	8104	6642	5257
	II	**13038**	5633	5633	II	11340	9720	8177	6711	5322	4010
	III	**9028**	5633	5633	III	7744	6498	5292	4124	2994	1902
	V	**20866**	5633	5633	IV	13830	12954	12098	11260	10442	9644
	VI	**21398**	5633	5633							
72395,99	I,IV	**14738**	5633	5633	I	12967	11272	9655	8115	6652	5266
	II	**13050**	5633	5633	II	11352	9731	8187	6721	5331	4019
	III	**9038**	5633	5633	III	7752	6508	5300	4132	3002	1910
	V	**20880**	5633	5633	IV	13843	12967	12110	11272	10454	9655
	VI	**21412**	5633	5633							
72431,99	I,IV	**14752**	5633	5633	I	12979	11284	9667	8126	6662	5276
	II	**13063**	5633	5633	II	11364	9743	8199	6731	5341	4028
	III	**9046**	5633	5633	III	7762	6516	5308	4140	3010	1918
	V	**20894**	5633	5633	IV	13856	12979	12122	11284	10466	9667
	VI	**21425**	5633	5633							
72467,99	I,IV	**14765**	5633	5633	I	12992	11297	9678	8137	6673	5286
	II	**13076**	5633	5633	II	11377	9755	8210	6742	5351	4038
	III	**9056**	5633	5633	III	7772	6526	5318	4148	3018	1926
	V	**20908**	5633	5633	IV	13869	12992	12135	11297	10478	9678
	VI	**21439**	5633	5633							
72503,99	I,IV	**14778**	5633	5633	I	13005	11308	9690	8148	6683	5296
	II	**13088**	5633	5633	II	11389	9766	8220	6752	5361	4047
	III	**9066**	5633	5633	III	7780	6534	5326	4156	3026	1934
	V	**20921**	5633	5633	IV	13882	13005	12147	11308	10489	9690
	VI	**21453**	5633	5633							
72539,99	I,IV	**14791**	5633	5633	I	13017	11321	9701	8159	6694	5306
	II	**13101**	5633	5633	II	11401	9778	8232	6763	5371	4056
	III	**9076**	5633	5633	III	7790	6542	5334	4164	3034	1942
	V	**20935**	5633	5633	IV	13895	13017	12159	11321	10501	9701
	VI	**21467**	5633	5633							
72575,99	I,IV	**14805**	5633	5633	I	13030	11333	9713	8170	6704	5316
	II	**13114**	5633	5633	II	11413	9789	8243	6773	5381	4066
	III	**9084**	5633	5633	III	7800	6552	5344	4174	3042	1950
	V	**20949**	5633	5633	IV	13908	13030	12172	11333	10513	9713
	VI	**21480**	5633	5633							

* Zur LSt-Berechnung für privat versicherte Arbeitnehmer s. Beispiele **Vorbemerkung S. 4f.**
** Basisvorsorgepauschale KV und PV *** Typisierter Arbeitgeberzuschuss

Lohn/ Gehalt in € bis	Steuerklasse	Lohn-steuer*	BVSP**	TAGZ***	Steuerklasse	Bemessungsgrundlage für Kirchensteuer und Solidaritätszuschlag – Freibeträge für ... Kinder 0,5	1,0	1,5	2,0	2,5	3,0
72611,99	I,IV	**14818**	5633	5633	I	13043	11345	9724	8181	6714	5325
	II	**13126**	5633	5633	II	11425	9801	8253	6783	5391	4075
	III	**9094**	5633	5633	III	7808	6560	5352	4182	3050	1956
	V	**20962**	5633	5633	IV	13920	13043	12184	11345	10525	9724
	VI	**21494**	5633	5633							
72647,99	I,IV	**14831**	5633	5633	I	13055	11357	9736	8192	6725	5335
	II	**13139**	5633	5633	II	11437	9812	8265	6794	5401	4084
	III	**9104**	5633	5633	III	7818	6570	5360	4190	3058	1964
	V	**20976**	5633	5633	IV	13933	13055	12197	11357	10537	9736
	VI	**21508**	5633	5633							
72683,99	I,IV	**14844**	5633	5633	I	13068	11369	9747	8203	6735	5345
	II	**13152**	5633	5633	II	11449	9824	8276	6805	5411	4094
	III	**9114**	5633	5633	III	7826	6578	5370	4198	3066	1972
	V	**20990**	5633	5633	IV	13947	13068	12209	11369	10549	9747
	VI	**21522**	5633	5633							
72719,99	I,IV	**14857**	5633	5633	I	13081	11381	9759	8214	6746	5355
	II	**13165**	5633	5633	II	11461	9835	8286	6815	5420	4103
	III	**9122**	5633	5633	III	7836	6588	5378	4206	3074	1980
	V	**21003**	5633	5633	IV	13959	13081	12221	11381	10560	9759
	VI	**21535**	5633	5633							
72755,99	I,IV	**14871**	5633	5633	I	13093	11393	9770	8225	6756	5365
	II	**13177**	5633	5633	II	11474	9847	8298	6825	5430	4112
	III	**9132**	5633	5633	III	7846	6596	5386	4216	3082	1988
	V	**21017**	5633	5633	IV	13972	13093	12234	11393	10572	9770
	VI	**21549**	5633	5633							
72791,99	I,IV	**14884**	5633	5633	I	13106	11405	9782	8236	6766	5375
	II	**13190**	5633	5633	II	11486	9858	8308	6836	5440	4121
	III	**9142**	5633	5633	III	7854	6606	5396	4224	3090	1996
	V	**21031**	5633	5633	IV	13985	13106	12246	11405	10584	9782
	VI	**21562**	5633	5633							
72827,99	I,IV	**14897**	5633	5633	I	13119	11417	9793	8247	6777	5385
	II	**13203**	5633	5633	II	11498	9870	8320	6846	5450	4131
	III	**9152**	5633	5633	III	7864	6614	5404	4232	3098	2004
	V	**21045**	5633	5633	IV	13998	13119	12258	11417	10596	9793
	VI	**21576**	5633	5633							
72863,99	I,IV	**14910**	5633	5633	I	13131	11430	9805	8258	6788	5395
	II	**13216**	5633	5633	II	11510	9882	8331	6857	5460	4140
	III	**9160**	5633	5633	III	7872	6624	5412	4240	3106	2012
	V	**21058**	5633	5633	IV	14011	13131	12271	11430	10608	9805
	VI	**21590**	5633	5633							
72899,99	I,IV	**14923**	5633	5633	I	13144	11442	9817	8269	6798	5404
	II	**13228**	5633	5633	II	11522	9893	8342	6867	5470	4150
	III	**9170**	5633	5633	III	7882	6632	5422	4248	3114	2020
	V	**21072**	5633	5633	IV	14024	13144	12283	11442	10619	9817
	VI	**21604**	5633	5633							
72935,99	I,IV	**14937**	5633	5633	I	13157	11454	9828	8280	6808	5414
	II	**13241**	5633	5633	II	11534	9905	8353	6878	5480	4159
	III	**9180**	5633	5633	III	7892	6642	5430	4258	3124	2028
	V	**21086**	5633	5633	IV	14037	13157	12296	11454	10631	9828
	VI	**21617**	5633	5633							
72971,99	I,IV	**14950**	5633	5633	I	13170	11466	9840	8291	6819	5424
	II	**13254**	5633	5633	II	11547	9917	8364	6888	5490	4168
	III	**9190**	5633	5633	III	7900	6650	5438	4266	3132	2036
	V	**21100**	5633	5633	IV	14050	13170	12308	11466	10643	9840
	VI	**21631**	5633	5633							
73007,99	I,IV	**14963**	5633	5633	I	13182	11478	9851	8302	6829	5434
	II	**13266**	5633	5633	II	11559	9928	8375	6898	5499	4178
	III	**9198**	5633	5633	III	7910	6660	5448	4274	3140	2044
	V	**21113**	5633	5633	IV	14063	13182	12320	11478	10655	9851
	VI	**21645**	5633	5633							

* Zur LSt-Berechnung für privat versicherte Arbeitnehmer s. Beispiele **Vorbemerkung S. 4 f.**
** Basisvorsorgepauschale KV und PV *** Typisierter Arbeitgeberzuschuss

Lohn/ Gehalt in € bis	Steuerklasse	Lohn- steuer*	BVSP**	TAGZ***	Steuerklasse	Bemessungsgrundlage für Kirchensteuer und Solidaritätszuschlag					
						Freibeträge für ... Kinder					
						0,5	**1,0**	1,5	**2,0**	2,5	**3,0**
73043,99	I,IV	**14977**	5633	5633	I	13195	11490	9863	8313	6840	5444
	II	**13279**	5633	5633	II	11571	9940	8386	6909	5509	4187
	III	**9208**	5633	5633	III	7920	6668	5456	4282	3148	2052
	V	**21127**	5633	5633	IV	14076	13195	12333	11490	10667	9863
	VI	**21659**	5633	5633							
73079,99	I,IV	**14990**	5633	5633	I	13208	11503	9875	8324	6850	5454
	II	**13292**	5633	5633	II	11583	9952	8397	6920	5520	4197
	III	**9218**	5633	5633	III	7928	6678	5464	4290	3156	2058
	V	**21141**	5633	5633	IV	14089	13208	12346	11503	10679	9875
	VI	**21672**	5633	5633							
73115,99	I,IV	**15003**	5633	5633	I	13220	11515	9886	8335	6861	5464
	II	**13304**	5633	5633	II	11595	9963	8408	6930	5529	4206
	III	**9228**	5633	5633	III	7938	6686	5474	4300	3164	2066
	V	**21154**	5633	5633	IV	14102	13220	12358	11515	10691	9886
	VI	**21686**	5633	5633							
73151,99	I,IV	**15016**	5633	5633	I	13233	11527	9898	8346	6871	5474
	II	**13317**	5633	5633	II	11607	9975	8419	6941	5539	4215
	III	**9238**	5633	5633	III	7948	6696	5482	4308	3172	2074
	V	**21168**	5633	5633	IV	14115	13233	12370	11527	10703	9898
	VI	**21700**	5633	5633							
73187,99	I,IV	**15030**	5633	5633	I	13246	11539	9910	8357	6882	5484
	II	**13330**	5633	5633	II	11620	9986	8430	6951	5549	4225
	III	**9246**	5633	5633	III	7956	6704	5492	4316	3180	2082
	V	**21182**	5633	5633	IV	14128	13246	12383	11539	10715	9910
	VI	**21714**	5633	5633							
73223,99	I,IV	**15043**	5633	5633	I	13258	11551	9921	8368	6892	5493
	II	**13343**	5633	5633	II	11632	9998	8441	6961	5559	4234
	III	**9256**	5633	5633	III	7966	6714	5500	4324	3188	2090
	V	**21195**	5633	5633	IV	14141	13258	12395	11551	10726	9921
	VI	**21727**	5633	5633							
73259,99	I,IV	**15056**	5633	5633	I	13271	11563	9933	8379	6903	5503
	II	**13356**	5633	5633	II	11644	10010	8452	6972	5569	4243
	III	**9266**	5633	5633	III	7976	6722	5508	4334	3196	2098
	V	**21209**	5633	5633	IV	14154	13271	12408	11563	10738	9933
	VI	**21741**	5633	5633							
73295,99	I,IV	**15070**	5633	5633	I	13284	11576	9944	8390	6913	5513
	II	**13369**	5633	5633	II	11656	10021	8463	6983	5579	4253
	III	**9276**	5633	5633	III	7984	6732	5518	4342	3204	2106
	V	**21223**	5633	5633	IV	14167	13284	12420	11576	10750	9944
	VI	**21755**	5633	5633							
73331,99	I,IV	**15083**	5633	5633	I	13297	11588	9956	8401	6924	5523
	II	**13381**	5633	5633	II	11668	10033	8474	6993	5589	4262
	III	**9284**	5633	5633	III	7994	6740	5526	4350	3212	2114
	V	**21236**	5633	5633	IV	14180	13297	12433	11588	10762	9956
	VI	**21768**	5633	5633							
73367,99	I,IV	**15096**	5633	5633	I	13310	11600	9968	8412	6934	5533
	II	**13394**	5633	5633	II	11681	10045	8486	7004	5599	4272
	III	**9294**	5633	5633	III	8002	6750	5534	4358	3222	2122
	V	**21250**	5633	5633	IV	14193	13310	12445	11600	10774	9968
	VI	**21782**	5633	5633							
73403,99	I,IV	**15110**	5633	5633	I	13322	11612	9979	8423	6945	5543
	II	**13407**	5633	5633	II	11693	10056	8497	7014	5609	4281
	III	**9304**	5633	5633	III	8012	6758	5544	4366	3230	2130
	V	**21264**	5633	5633	IV	14206	13322	12458	11612	10786	9979
	VI	**21796**	5633	5633							
73439,99	I,IV	**15123**	5633	5633	I	13335	11624	9991	8434	6955	5553
	II	**13419**	5633	5633	II	11705	10068	8508	7025	5619	4290
	III	**9314**	5633	5633	III	8022	6768	5552	4376	3238	2138
	V	**21278**	5633	5633	IV	14219	13335	12470	11624	10798	9991
	VI	**21809**	5633	5633							

* Zur LSt-Berechnung für privat versicherte Arbeitnehmer s. Beispiele **Vorbemerkung S. 4f.**
** Basisvorsorgepauschale KV und PV *** Typisierter Arbeitgeberzuschuss

Lohn/ Gehalt in € bis	Steuerklasse	Lohn- steuer*	BVSP**	TAGZ***	Steuerklasse	Bemessungsgrundlage für Kirchensteuer und Solidaritätszuschlag					
						Freibeträge für ... Kinder					
						0,5	**1,0**	1,5	**2,0**	2,5	**3,0**
73475,99	I,IV	**15136**	5633	5633	I	13348	11637	10002	8445	6966	5563
	II	**13432**	5633	5633	II	11717	10080	8519	7035	5629	4300
	III	**9324**	5633	5633	III	8030	6776	5560	4384	3246	2146
	V	**21291**	5633	5633	IV	14232	13348	12483	11637	10810	10002
	VI	**21823**	5633	5633							
73511,99	I,IV	**15150**	5633	5633	I	13361	11649	10014	8457	6976	5573
	II	**13445**	5633	5633	II	11730	10091	8530	7046	5639	4309
	III	**9332**	5633	5633	III	8040	6786	5570	4392	3254	2154
	V	**21305**	5633	5633	IV	14246	13361	12495	11649	10822	10014
	VI	**21837**	5633	5633							
73547,99	I,IV	**15163**	5633	5633	I	13373	11661	10026	8468	6987	5583
	II	**13458**	5633	5633	II	11742	10103	8541	7056	5649	4319
	III	**9342**	5633	5633	III	8048	6794	5578	4400	3262	2162
	V	**21319**	5633	5633	IV	14258	13373	12507	11661	10834	10026
	VI	**21850**	5633	5633							
73583,99	I,IV	**15176**	5633	5633	I	13386	11673	10037	8479	6997	5593
	II	**13471**	5633	5633	II	11754	10115	8552	7067	5659	4328
	III	**9352**	5633	5633	III	8058	6804	5588	4410	3270	2170
	V	**21333**	5633	5633	IV	14272	13386	12520	11673	10846	10037
	VI	**21864**	5633	5633							
73619,99	I,IV	**15189**	5633	5633	I	13399	11685	10049	8490	7008	5603
	II	**13483**	5633	5633	II	11766	10126	8563	7077	5669	4337
	III	**9362**	5633	5633	III	8068	6812	5596	4418	3278	2178
	V	**21346**	5633	5633	IV	14284	13399	12532	11685	10857	10049
	VI	**21878**	5633	5633							
73655,99	I,IV	**15203**	5633	5633	I	13412	11698	10061	8501	7018	5613
	II	**13496**	5633	5633	II	11778	10138	8574	7088	5679	4347
	III	**9372**	5633	5633	III	8076	6822	5604	4426	3286	2184
	V	**21360**	5633	5633	IV	14298	13412	12545	11698	10869	10061
	VI	**21892**	5633	5633							
73691,99	I,IV	**15216**	5633	5633	I	13425	11710	10072	8512	7029	5623
	II	**13509**	5633	5633	II	11791	10150	8586	7099	5689	4356
	III	**9380**	5633	5633	III	8086	6830	5614	4434	3294	2194
	V	**21374**	5633	5633	IV	14311	13425	12558	11710	10881	10072
	VI	**21906**	5633	5633							
73727,99	I,IV	**15230**	5633	5633	I	13437	11722	10084	8523	7039	5633
	II	**13522**	5633	5633	II	11803	10161	8596	7109	5699	4366
	III	**9390**	5633	5633	III	8096	6840	5622	4442	3302	2200
	V	**21387**	5633	5633	IV	14324	13437	12570	11722	10893	10084
	VI	**21919**	5633	5633							
73763,99	I,IV	**15243**	5633	5633	I	13450	11734	10096	8534	7050	5643
	II	**13535**	5633	5633	II	11815	10173	8608	7120	5709	4375
	III	**9400**	5633	5633	III	8104	6848	5630	4452	3310	2208
	V	**21401**	5633	5633	IV	14337	13450	12582	11734	10905	10096
	VI	**21933**	5633	5633							
73799,99	I,IV	**15257**	5633	5633	I	13463	11747	10107	8545	7061	5653
	II	**13548**	5633	5633	II	11828	10185	8619	7130	5719	4385
	III	**9410**	5633	5633	III	8114	6858	5640	4460	3320	2216
	V	**21415**	5633	5633	IV	14350	13463	12595	11747	10917	10107
	VI	**21947**	5633	5633							
73835,99	I,IV	**15270**	5633	5633	I	13476	11759	10119	8556	7071	5663
	II	**13560**	5633	5633	II	11840	10196	8630	7141	5729	4394
	III	**9420**	5633	5633	III	8124	6866	5648	4468	3328	2224
	V	**21428**	5633	5633	IV	14363	13476	12607	11759	10929	10119
	VI	**21960**	5633	5633							
73871,99	I,IV	**15283**	5633	5633	I	13488	11771	10131	8568	7082	5673
	II	**13573**	5633	5633	II	11852	10208	8641	7151	5739	4404
	III	**9428**	5633	5633	III	8132	6876	5656	4476	3336	2232
	V	**21442**	5633	5633	IV	14376	13488	12620	11771	10941	10131
	VI	**21974**	5633	5633							

* Zur LSt-Berechnung für privat versicherte Arbeitnehmer s. Beispiele **Vorbemerkung S. 4f.**
** Basisvorsorgepauschale KV und PV *** Typisierter Arbeitgeberzuschuss

Lohn/ Gehalt in € bis	Steuerklasse	Lohnsteuer*	BVSP**	TAGZ***	Steuerklasse	Bemessungsgrundlage für Kirchensteuer und Solidaritätszuschlag — Freibeträge für ... Kinder 0,5	**1,0**	1,5	**2,0**	2,5	**3,0**
73 907,99	I,IV	**15 297**	5 633	5 633	I	13 501	11 783	10 142	8 579	7 092	5 683
	II	**13 586**	5 633	5 633	II	11 864	10 220	8 652	7 162	5 749	4 413
	III	**9 438**	5 633	5 633	III	8 142	6 884	5 666	4 486	3 344	2 240
	V	**21 456**	5 633	5 633	IV	14 389	13 501	12 633	11 783	10 953	10 142
	VI	**21 988**	5 633	5 633							
73 943,99	I,IV	**15 310**	5 633	5 633	I	13 514	11 795	10 154	8 590	7 103	5 693
	II	**13 599**	5 633	5 633	II	11 877	10 231	8 663	7 173	5 759	4 422
	III	**9 448**	5 633	5 633	III	8 152	6 894	5 674	4 494	3 352	2 248
	V	**21 470**	5 633	5 633	IV	14 402	13 514	12 645	11 795	10 965	10 154
	VI	**22 001**	5 633	5 633							
73 979,99	I,IV	**15 323**	5 633	5 633	I	13 527	11 808	10 166	8 601	7 113	5 703
	II	**13 612**	5 633	5 633	II	11 889	10 243	8 675	7 183	5 769	4 432
	III	**9 458**	5 633	5 633	III	8 160	6 902	5 684	4 502	3 360	2 256
	V	**21 483**	5 633	5 633	IV	14 415	13 527	12 658	11 808	10 977	10 166
	VI	**22 015**	5 633	5 633							
74 015,99	I,IV	**15 337**	5 633	5 633	I	13 540	11 820	10 178	8 612	7 124	5 713
	II	**13 625**	5 633	5 633	II	11 901	10 255	8 686	7 194	5 779	4 442
	III	**9 468**	5 633	5 633	III	8 170	6 912	5 692	4 510	3 368	2 264
	V	**21 497**	5 633	5 633	IV	14 429	13 540	12 670	11 820	10 989	10 178
	VI	**22 029**	5 633	5 633							
74 051,99	I,IV	**15 350**	5 633	5 633	I	13 552	11 832	10 189	8 623	7 134	5 723
	II	**13 637**	5 633	5 633	II	11 913	10 267	8 697	7 204	5 789	4 451
	III	**9 476**	5 633	5 633	III	8 180	6 920	5 700	4 520	3 376	2 272
	V	**21 511**	5 633	5 633	IV	14 442	13 552	12 683	11 832	11 001	10 189
	VI	**22 042**	5 633	5 633							
74 087,99	I,IV	**15 363**	5 633	5 633	I	13 565	11 845	10 201	8 634	7 145	5 733
	II	**13 650**	5 633	5 633	II	11 926	10 278	8 708	7 215	5 799	4 460
	III	**9 486**	5 633	5 633	III	8 188	6 930	5 710	4 528	3 384	2 280
	V	**21 525**	5 633	5 633	IV	14 455	13 565	12 695	11 845	11 013	10 201
	VI	**22 056**	5 633	5 633							
74 123,99	I,IV	**15 377**	5 633	5 633	I	13 578	11 857	10 213	8 646	7 156	5 743
	II	**13 663**	5 633	5 633	II	11 938	10 290	8 719	7 226	5 809	4 470
	III	**9 496**	5 633	5 633	III	8 198	6 940	5 718	4 536	3 392	2 288
	V	**21 538**	5 633	5 633	IV	14 468	13 578	12 708	11 857	11 025	10 213
	VI	**22 070**	5 633	5 633							
74 159,99	I,IV	**15 390**	5 633	5 633	I	13 591	11 869	10 224	8 657	7 166	5 753
	II	**13 676**	5 633	5 633	II	11 950	10 302	8 730	7 236	5 819	4 479
	III	**9 506**	5 633	5 633	III	8 208	6 948	5 728	4 544	3 400	2 296
	V	**21 552**	5 633	5 633	IV	14 481	13 591	12 720	11 869	11 037	10 224
	VI	**22 084**	5 633	5 633							
74 195,99	I,IV	**15 404**	5 633	5 633	I	13 604	11 881	10 236	8 668	7 177	5 763
	II	**13 689**	5 633	5 633	II	11 963	10 314	8 742	7 247	5 829	4 489
	III	**9 516**	5 633	5 633	III	8 216	6 956	5 736	4 552	3 408	2 304
	V	**21 566**	5 633	5 633	IV	14 494	13 604	12 733	11 881	11 049	10 236
	VI	**22 097**	5 633	5 633							
74 231,99	I,IV	**15 417**	5 633	5 633	I	13 617	11 894	10 248	8 679	7 187	5 773
	II	**13 702**	5 633	5 633	II	11 975	10 326	8 753	7 258	5 840	4 498
	III	**9 526**	5 633	5 633	III	8 226	6 966	5 744	4 562	3 418	2 312
	V	**21 580**	5 633	5 633	IV	14 507	13 617	12 746	11 894	11 061	10 248
	VI	**22 111**	5 633	5 633							
74 267,99	I,IV	**15 430**	5 633	5 633	I	13 630	11 906	10 259	8 690	7 198	5 783
	II	**13 715**	5 633	5 633	II	11 987	10 337	8 764	7 268	5 849	4 508
	III	**9 534**	5 633	5 633	III	8 236	6 976	5 754	4 570	3 426	2 320
	V	**21 593**	5 633	5 633	IV	14 520	13 630	12 758	11 906	11 073	10 259
	VI	**22 125**	5 633	5 633							
74 303,99	I,IV	**15 444**	5 633	5 633	I	13 643	11 918	10 271	8 701	7 209	5 793
	II	**13 728**	5 633	5 633	II	12 000	10 349	8 775	7 279	5 860	4 517
	III	**9 544**	5 633	5 633	III	8 244	6 984	5 762	4 578	3 434	2 328
	V	**21 607**	5 633	5 633	IV	14 534	13 643	12 771	11 918	11 085	10 271
	VI	**22 139**	5 633	5 633							

* Zur LSt-Berechnung für privat versicherte Arbeitnehmer s. Beispiele **Vorbemerkung S. 4 f.**
** Basisvorsorgepauschale KV und PV *** Typisierter Arbeitgeberzuschuss

Lohn/ Gehalt in € bis	Steuerklasse	Lohn-steuer*	BVSP**	TAGZ***	Steuerklasse	Bemessungsgrundlage für Kirchensteuer und Solidaritätszuschlag – Freibeträge für ... Kinder 0,5	1,0	1,5	2,0	2,5	3,0
74 339,99	I,IV	**15 458**	5 633	5 633	I	13 656	11 931	10 283	8 713	7 219	5 803
	II	**13 741**	5 633	5 633	II	12 012	10 361	8 787	7 290	5 870	4 527
	III	**9 554**	5 633	5 633	III	8 254	6 994	5 772	4 588	3 442	2 336
	V	**21 621**	5 633	5 633	IV	14 547	13 656	12 784	11 931	11 097	10 283
	VI	**22 152**	5 633	5 633							
74 375,99	I,IV	**15 471**	5 633	5 633	I	13 668	11 943	10 295	8 724	7 230	5 813
	II	**13 753**	5 633	5 633	II	12 024	10 372	8 798	7 300	5 880	4 536
	III	**9 564**	5 633	5 633	III	8 264	7 002	5 780	4 596	3 450	2 344
	V	**21 634**	5 633	5 633	IV	14 560	13 668	12 796	11 943	11 109	10 295
	VI	**22 166**	5 633	5 633							
74 411,99	I,IV	**15 484**	5 633	5 633	I	13 681	11 955	10 306	8 735	7 240	5 823
	II	**13 766**	5 633	5 633	II	12 037	10 384	8 809	7 311	5 890	4 546
	III	**9 572**	5 633	5 633	III	8 272	7 012	5 788	4 604	3 458	2 352
	V	**21 648**	5 633	5 633	IV	14 573	13 681	12 809	11 955	11 121	10 306
	VI	**22 180**	5 633	5 633							
74 447,99	I,IV	**15 497**	5 633	5 633	I	13 694	11 967	10 318	8 746	7 251	5 833
	II	**13 779**	5 633	5 633	II	12 049	10 396	8 820	7 321	5 900	4 555
	III	**9 582**	5 633	5 633	III	8 282	7 020	5 796	4 612	3 466	2 358
	V	**21 661**	5 633	5 633	IV	14 586	13 694	12 821	11 967	11 133	10 318
	VI	**22 193**	5 633	5 633							
74 483,99	I,IV	**15 511**	5 633	5 633	I	13 707	11 980	10 330	8 757	7 262	5 843
	II	**13 792**	5 633	5 633	II	12 061	10 408	8 831	7 332	5 910	4 565
	III	**9 592**	5 633	5 633	III	8 292	7 030	5 806	4 622	3 474	2 368
	V	**21 675**	5 633	5 633	IV	14 599	13 707	12 834	11 980	11 145	10 330
	VI	**22 207**	5 633	5 633							
74 519,99	I,IV	**15 525**	5 633	5 633	I	13 720	11 992	10 342	8 768	7 272	5 853
	II	**13 805**	5 633	5 633	II	12 074	10 420	8 843	7 343	5 920	4 575
	III	**9 602**	5 633	5 633	III	8 300	7 038	5 814	4 630	3 482	2 374
	V	**21 689**	5 633	5 633	IV	14 613	13 720	12 846	11 992	11 157	10 342
	VI	**22 221**	5 633	5 633							
74 555,99	I,IV	**15 538**	5 633	5 633	I	13 732	12 004	10 353	8 779	7 283	5 863
	II	**13 818**	5 633	5 633	II	12 086	10 431	8 854	7 353	5 930	4 584
	III	**9 612**	5 633	5 633	III	8 310	7 048	5 824	4 638	3 490	2 382
	V	**21 703**	5 633	5 633	IV	14 625	13 732	12 859	12 004	11 169	10 353
	VI	**22 234**	5 633	5 633							
74 591,99	I,IV	**15 551**	5 633	5 633	I	13 745	12 017	10 365	8 791	7 294	5 873
	II	**13 831**	5 633	5 633	II	12 098	10 443	8 865	7 364	5 940	4 594
	III	**9 622**	5 633	5 633	III	8 320	7 056	5 832	4 646	3 500	2 390
	V	**21 717**	5 633	5 633	IV	14 639	13 745	12 871	12 017	11 181	10 365
	VI	**22 248**	5 633	5 633							
74 627,99	I,IV	**15 565**	5 633	5 633	I	13 759	12 029	10 377	8 802	7 304	5 884
	II	**13 844**	5 633	5 633	II	12 111	10 455	8 876	7 375	5 950	4 603
	III	**9 630**	5 633	5 633	III	8 328	7 066	5 842	4 656	3 508	2 398
	V	**21 730**	5 633	5 633	IV	14 652	13 759	12 884	12 029	11 193	10 377
	VI	**22 262**	5 633	5 633							
74 663,99	I,IV	**15 578**	5 633	5 633	I	13 771	12 041	10 389	8 813	7 315	5 893
	II	**13 857**	5 633	5 633	II	12 123	10 467	8 887	7 385	5 960	4 613
	III	**9 640**	5 633	5 633	III	8 338	7 074	5 850	4 664	3 516	2 406
	V	**21 744**	5 633	5 633	IV	14 665	13 771	12 897	12 041	11 205	10 389
	VI	**22 276**	5 633	5 633							
74 699,99	I,IV	**15 592**	5 633	5 633	I	13 784	12 054	10 400	8 824	7 325	5 904
	II	**13 870**	5 633	5 633	II	12 135	10 478	8 899	7 396	5 971	4 622
	III	**9 650**	5 633	5 633	III	8 348	7 084	5 858	4 672	3 524	2 414
	V	**21 758**	5 633	5 633	IV	14 678	13 784	12 909	12 054	11 217	10 400
	VI	**22 289**	5 633	5 633							
74 735,99	I,IV	**15 605**	5 633	5 633	I	13 797	12 066	10 412	8 836	7 336	5 914
	II	**13 883**	5 633	5 633	II	12 148	10 490	8 910	7 407	5 981	4 632
	III	**9 660**	5 633	5 633	III	8 356	7 092	5 868	4 680	3 532	2 422
	V	**21 772**	5 633	5 633	IV	14 692	13 797	12 922	12 066	11 230	10 412
	VI	**22 303**	5 633	5 633							

* Zur LSt-Berechnung für privat versicherte Arbeitnehmer s. Beispiele **Vorbemerkung S. 4 f.**
** Basisvorsorgepauschale KV und PV *** Typisierter Arbeitgeberzuschuss

Lohn/ Gehalt in € bis	Steuerklasse	Lohn- steuer*	BVSP**	TAGZ***	Steuerklasse	Bemessungsgrundlage für Kirchensteuer und Solidaritätszuschlag Freibeträge für ... Kinder 0,5	1,0	1,5	2,0	2,5	3,0
74771,99	I,IV	**15619**	5633	5633	I	13810	12078	10424	8847	7347	5924
	II	**13895**	5633	5633	II	12160	10502	8921	7417	5991	4641
	III	**9668**	5633	5633	III	8366	7102	5876	4688	3540	2430
	V	**21785**	5633	5633	IV	14705	13810	12934	12078	11241	10424
	VI	**22317**	5633	5633							
74807,99	I,IV	**15632**	5633	5633	I	13823	12091	10436	8858	7357	5934
	II	**13908**	5633	5633	II	12173	10514	8932	7428	6001	4651
	III	**9680**	5633	5633	III	8376	7112	5886	4698	3548	2438
	V	**21799**	5633	5633	IV	14718	13823	12947	12091	11254	10436
	VI	**22331**	5633	5633							
74843,99	I,IV	**15646**	5633	5633	I	13836	12103	10448	8869	7368	5944
	II	**13922**	5633	5633	II	12185	10526	8944	7439	6011	4661
	III	**9688**	5633	5633	III	8386	7120	5894	4706	3558	2446
	V	**21813**	5633	5633	IV	14731	13836	12960	12103	11266	10448
	VI	**22344**	5633	5633							
74879,99	I,IV	**15659**	5633	5633	I	13849	12115	10459	8880	7379	5954
	II	**13934**	5633	5633	II	12197	10537	8955	7449	6021	4670
	III	**9698**	5633	5633	III	8394	7130	5902	4714	3566	2454
	V	**21826**	5633	5633	IV	14744	13849	12972	12115	11278	10459
	VI	**22358**	5633	5633							
74915,99	I,IV	**15673**	5633	5633	I	13862	12128	10471	8892	7389	5964
	II	**13947**	5633	5633	II	12210	10549	8966	7460	6031	4680
	III	**9708**	5633	5633	III	8404	7138	5912	4724	3574	2462
	V	**21840**	5633	5633	IV	14758	13862	12985	12128	11290	10471
	VI	**22372**	5633	5633							
74951,99	I,IV	**15686**	5633	5633	I	13875	12140	10483	8903	7400	5975
	II	**13960**	5633	5633	II	12222	10561	8978	7471	6042	4689
	III	**9718**	5633	5633	III	8414	7148	5920	4732	3582	2470
	V	**21854**	5633	5633	IV	14771	13875	12998	12140	11302	10483
	VI	**22386**	5633	5633							
74987,99	I,IV	**15700**	5633	5633	I	13887	12153	10495	8914	7411	5984
	II	**13973**	5633	5633	II	12234	10573	8989	7482	6052	4699
	III	**9726**	5633	5633	III	8422	7156	5928	4740	3590	2478
	V	**21867**	5633	5633	IV	14784	13887	13010	12153	11314	10495
	VI	**22399**	5633	5633							
75023,99	I,IV	**15713**	5633	5633	I	13901	12165	10507	8926	7422	5995
	II	**13986**	5633	5633	II	12247	10585	9000	7492	6062	4708
	III	**9736**	5633	5633	III	8432	7166	5938	4748	3598	2486
	V	**21881**	5633	5633	IV	14797	13901	13023	12165	11326	10507
	VI	**22413**	5633	5633							
75059,99	I,IV	**15727**	5633	5633	I	13914	12178	10519	8937	7432	6005
	II	**13999**	5633	5633	II	12260	10597	9011	7503	6072	4718
	III	**9746**	5633	5633	III	8442	7174	5946	4758	3606	2494
	V	**21895**	5633	5633	IV	14811	13914	13036	12178	11338	10519
	VI	**22427**	5633	5633							
75095,99	I,IV	**15740**	5633	5633	I	13926	12190	10530	8948	7443	6015
	II	**14012**	5633	5633	II	12272	10609	9023	7514	6082	4728
	III	**9756**	5633	5633	III	8450	7184	5956	4766	3614	2502
	V	**21908**	5633	5633	IV	14824	13926	13048	12190	11350	10530
	VI	**22440**	5633	5633							
75131,99	I,IV	**15754**	5633	5633	I	13939	12202	10542	8959	7454	6025
	II	**14025**	5633	5633	II	12284	10621	9034	7525	6092	4737
	III	**9766**	5633	5633	III	8460	7194	5964	4774	3624	2510
	V	**21922**	5633	5633	IV	14837	13939	13061	12202	11363	10542
	VI	**22454**	5633	5633							
75167,99	I,IV	**15767**	5633	5633	I	13953	12215	10554	8971	7464	6035
	II	**14038**	5633	5633	II	12297	10633	9045	7535	6103	4747
	III	**9776**	5633	5633	III	8470	7202	5974	4782	3632	2518
	V	**21936**	5633	5633	IV	14850	13953	13074	12215	11375	10554
	VI	**22468**	5633	5633							

* Zur LSt-Berechnung für privat versicherte Arbeitnehmer s. Beispiele **Vorbemerkung S. 4f.**
** Basisvorsorgepauschale KV und PV *** Typisierter Arbeitgeberzuschuss

Lohn/ Gehalt in € bis	Steuerklasse	Lohn- steuer*	BVSP**	TAGZ***	Steuerklasse	Bemessungsgrundlage für Kirchensteuer und Solidaritätszuschlag					
						Freibeträge für ... Kinder					
						0,5	**1,0**	1,5	**2,0**	2,5	**3,0**
75 203,99	I,IV	**15 781**	5 633	5 633	I	13 965	12 227	10 566	8 982	7 475	6 045
	II	**14 051**	5 633	5 633	II	12 309	10 644	9 056	7 546	6 113	4 756
	III	**9 784**	5 633	5 633	III	8 478	7 210	5 982	4 792	3 640	2 526
	V	**21 950**	5 633	5 633	IV	14 863	13 965	13 086	12 227	11 387	10 566
	VI	**22 481**	5 633	5 633							
75 239,99	I,IV	**15 794**	5 633	5 633	I	13 978	12 239	10 578	8 993	7 486	6 056
	II	**14 064**	5 633	5 633	II	12 322	10 656	9 068	7 557	6 123	4 766
	III	**9 794**	5 633	5 633	III	8 488	7 220	5 992	4 800	3 648	2 534
	V	**21 963**	5 633	5 633	IV	14 877	13 978	13 099	12 239	11 399	10 578
	VI	**22 495**	5 633	5 633							
75 275,99	I,IV	**15 808**	5 633	5 633	I	13 991	12 252	10 589	9 004	7 496	6 066
	II	**14 077**	5 633	5 633	II	12 334	10 668	9 079	7 567	6 133	4 775
	III	**9 804**	5 633	5 633	III	8 498	7 230	6 000	4 808	3 656	2 542
	V	**21 977**	5 633	5 633	IV	14 890	13 991	13 112	12 252	11 411	10 589
	VI	**22 509**	5 633	5 633							
75 311,99	I,IV	**15 821**	5 633	5 633	I	14 004	12 264	10 601	9 016	7 507	6 076
	II	**14 090**	5 633	5 633	II	12 346	10 680	9 090	7 578	6 143	4 785
	III	**9 814**	5 633	5 633	III	8 506	7 238	6 008	4 818	3 664	2 550
	V	**21 991**	5 633	5 633	IV	14 903	14 004	13 124	12 264	11 423	10 601
	VI	**22 522**	5 633	5 633							
75 347,99	I,IV	**15 835**	5 633	5 633	I	14 017	12 277	10 613	9 027	7 518	6 086
	II	**14 103**	5 633	5 633	II	12 359	10 692	9 102	7 589	6 153	4 795
	III	**9 824**	5 633	5 633	III	8 516	7 248	6 018	4 826	3 672	2 558
	V	**22 005**	5 633	5 633	IV	14 916	14 017	13 137	12 277	11 435	10 613
	VI	**22 536**	5 633	5 633							
75 383,99	I,IV	**15 848**	5 633	5 633	I	14 030	12 289	10 625	9 038	7 528	6 096
	II	**14 116**	5 633	5 633	II	12 371	10 703	9 113	7 600	6 163	4 804
	III	**9 834**	5 633	5 633	III	8 526	7 256	6 026	4 834	3 680	2 566
	V	**22 018**	5 633	5 633	IV	14 929	14 030	13 150	12 289	11 447	10 625
	VI	**22 550**	5 633	5 633							
75 419,99	I,IV	**15 862**	5 633	5 633	I	14 043	12 301	10 637	9 050	7 539	6 106
	II	**14 129**	5 633	5 633	II	12 384	10 715	9 124	7 610	6 174	4 814
	III	**9 842**	5 633	5 633	III	8 536	7 266	6 034	4 842	3 690	2 574
	V	**22 032**	5 633	5 633	IV	14 943	14 043	13 163	12 301	11 459	10 637
	VI	**22 564**	5 633	5 633							
75 455,99	I,IV	**15 876**	5 633	5 633	I	14 056	12 314	10 649	9 061	7 550	6 117
	II	**14 142**	5 633	5 633	II	12 396	10 727	9 136	7 621	6 184	4 824
	III	**9 854**	5 633	5 633	III	8 544	7 276	6 044	4 852	3 698	2 582
	V	**22 046**	5 633	5 633	IV	14 956	14 056	13 175	12 314	11 472	10 649
	VI	**22 578**	5 633	5 633							
75 491,99	I,IV	**15 889**	5 633	5 633	I	14 069	12 326	10 660	9 072	7 561	6 127
	II	**14 155**	5 633	5 633	II	12 408	10 739	9 147	7 632	6 194	4 833
	III	**9 862**	5 633	5 633	III	8 554	7 284	6 052	4 860	3 706	2 590
	V	**22 059**	5 633	5 633	IV	14 969	14 069	13 188	12 326	11 484	10 660
	VI	**22 591**	5 633	5 633							
75 527,99	I,IV	**15 903**	5 633	5 633	I	14 082	12 339	10 672	9 083	7 572	6 137
	II	**14 168**	5 633	5 633	II	12 421	10 751	9 158	7 643	6 204	4 843
	III	**9 872**	5 633	5 633	III	8 564	7 294	6 062	4 868	3 714	2 598
	V	**22 073**	5 633	5 633	IV	14 983	14 082	13 201	12 339	11 496	10 672
	VI	**22 605**	5 633	5 633							
75 563,99	I,IV	**15 916**	5 633	5 633	I	14 095	12 351	10 684	9 095	7 582	6 147
	II	**14 181**	5 633	5 633	II	12 434	10 763	9 170	7 654	6 215	4 853
	III	**9 882**	5 633	5 633	III	8 574	7 302	6 070	4 878	3 722	2 606
	V	**22 087**	5 633	5 633	IV	14 996	14 095	13 214	12 351	11 508	10 684
	VI	**22 619**	5 633	5 633							
75 599,99	I,IV	**15 930**	5 633	5 633	I	14 108	12 363	10 696	9 106	7 593	6 157
	II	**14 194**	5 633	5 633	II	12 446	10 775	9 181	7 664	6 225	4 862
	III	**9 892**	5 633	5 633	III	8 582	7 312	6 080	4 886	3 730	2 614
	V	**22 100**	5 633	5 633	IV	15 009	14 108	13 226	12 363	11 520	10 696
	VI	**22 632**	5 633	5 633							

* Zur LSt-Berechnung für privat versicherte Arbeitnehmer s. Beispiele **Vorbemerkung S. 4f.**
** Basisvorsorgepauschale KV und PV *** Typisierter Arbeitgeberzuschuss

Lohn/ Gehalt in € bis	Steuerklasse	Lohn-steuer*	BVSP**	TAGZ***	Steuerklasse	Bemessungsgrundlage für Kirchensteuer und Solidaritätszuschlag – Freibeträge für ... Kinder 0,5	1,0	1,5	2,0	2,5	3,0
75 635,99	I,IV	**15 943**	5 633	5 633	I	14 121	12 376	10 708	9 117	7 604	6 167
	II	**14 207**	5 633	5 633	II	12 458	10 787	9 192	7 675	6 235	4 872
	III	**9 902**	5 633	5 633	III	8 592	7 320	6 088	4 894	3 738	2 622
	V	**22 114**	5 633	5 633	IV	15 023	14 121	13 239	12 376	11 532	10 708
	VI	**22 646**	5 633	5 633							
75 671,99	I,IV	**15 957**	5 633	5 633	I	14 134	12 389	10 720	9 129	7 615	6 178
	II	**14 220**	5 633	5 633	II	12 471	10 799	9 204	7 686	6 245	4 882
	III	**9 912**	5 633	5 633	III	8 602	7 330	6 098	4 902	3 748	2 630
	V	**22 128**	5 633	5 633	IV	15 036	14 134	13 252	12 389	11 545	10 720
	VI	**22 660**	5 633	5 633							
75 707,99	I,IV	**15 970**	5 633	5 633	I	14 147	12 401	10 732	9 140	7 625	6 188
	II	**14 233**	5 633	5 633	II	12 483	10 811	9 215	7 697	6 255	4 891
	III	**9 920**	5 633	5 633	III	8 610	7 338	6 106	4 912	3 756	2 638
	V	**22 142**	5 633	5 633	IV	15 049	14 147	13 264	12 401	11 557	10 732
	VI	**22 673**	5 633	5 633							
75 743,99	I,IV	**15 984**	5 633	5 633	I	14 160	12 413	10 744	9 151	7 636	6 198
	II	**14 246**	5 633	5 633	II	12 496	10 823	9 226	7 708	6 266	4 901
	III	**9 930**	5 633	5 633	III	8 620	7 348	6 114	4 920	3 764	2 646
	V	**22 155**	5 633	5 633	IV	15 063	14 160	13 277	12 413	11 569	10 744
	VI	**22 687**	5 633	5 633							
75 779,99	I,IV	**15 998**	5 633	5 633	I	14 173	12 426	10 756	9 163	7 647	6 208
	II	**14 260**	5 633	5 633	II	12 509	10 835	9 238	7 718	6 276	4 911
	III	**9 940**	5 633	5 633	III	8 630	7 358	6 124	4 928	3 772	2 654
	V	**22 169**	5 633	5 633	IV	15 076	14 173	13 290	12 426	11 581	10 756
	VI	**22 701**	5 633	5 633							
75 815,99	I,IV	**16 011**	5 633	5 633	I	14 186	12 438	10 768	9 174	7 658	6 218
	II	**14 272**	5 633	5 633	II	12 521	10 846	9 249	7 729	6 286	4 920
	III	**9 950**	5 633	5 633	III	8 638	7 366	6 132	4 938	3 780	2 662
	V	**22 183**	5 633	5 633	IV	15 089	14 186	13 303	12 438	11 593	10 768
	VI	**22 714**	5 633	5 633							
75 851,99	I,IV	**16 025**	5 633	5 633	I	14 199	12 451	10 780	9 185	7 669	6 229
	II	**14 286**	5 633	5 633	II	12 533	10 858	9 261	7 740	6 296	4 930
	III	**9 960**	5 633	5 633	III	8 648	7 376	6 142	4 946	3 788	2 670
	V	**22 197**	5 633	5 633	IV	15 102	14 199	13 315	12 451	11 606	10 780
	VI	**22 728**	5 633	5 633							
75 887,99	I,IV	**16 039**	5 633	5 633	I	14 212	12 463	10 792	9 197	7 679	6 239
	II	**14 299**	5 633	5 633	II	12 546	10 871	9 272	7 751	6 307	4 940
	III	**9 970**	5 633	5 633	III	8 658	7 384	6 150	4 954	3 798	2 678
	V	**22 210**	5 633	5 633	IV	15 116	14 212	13 328	12 463	11 618	10 792
	VI	**22 742**	5 633	5 633							
75 923,99	I,IV	**16 052**	5 633	5 633	I	14 225	12 476	10 803	9 208	7 690	6 249
	II	**14 312**	5 633	5 633	II	12 558	10 882	9 283	7 761	6 317	4 949
	III	**9 980**	5 633	5 633	III	8 668	7 394	6 160	4 962	3 806	2 686
	V	**22 224**	5 633	5 633	IV	15 129	14 225	13 341	12 476	11 630	10 803
	VI	**22 756**	5 633	5 633							
75 959,99	I,IV	**16 066**	5 633	5 633	I	14 238	12 488	10 815	9 220	7 701	6 259
	II	**14 325**	5 633	5 633	II	12 571	10 894	9 295	7 772	6 327	4 959
	III	**9 988**	5 633	5 633	III	8 676	7 402	6 168	4 972	3 814	2 694
	V	**22 238**	5 633	5 633	IV	15 142	14 238	13 354	12 488	11 642	10 815
	VI	**22 769**	5 633	5 633							
75 995,99	I,IV	**16 080**	5 633	5 633	I	14 252	12 501	10 827	9 231	7 712	6 270
	II	**14 338**	5 633	5 633	II	12 584	10 906	9 306	7 783	6 338	4 969
	III	**9 998**	5 633	5 633	III	8 686	7 412	6 176	4 980	3 822	2 702
	V	**22 252**	5 633	5 633	IV	15 156	14 252	13 367	12 501	11 655	10 827
	VI	**22 783**	5 633	5 633							
76 031,99	I,IV	**16 093**	5 633	5 633	I	14 264	12 513	10 839	9 242	7 722	6 280
	II	**14 351**	5 633	5 633	II	12 596	10 918	9 317	7 794	6 348	4 979
	III	**10 008**	5 633	5 633	III	8 696	7 422	6 186	4 988	3 830	2 710
	V	**22 265**	5 633	5 633	IV	15 169	14 264	13 379	12 513	11 666	10 839
	VI	**22 797**	5 633	5 633							

* Zur LSt-Berechnung für privat versicherte Arbeitnehmer s. Beispiele **Vorbemerkung S. 4 f.**
** Basisvorsorgepauschale KV und PV *** Typisierter Arbeitgeberzuschuss

Lohn/ Gehalt in € bis	Steuerklasse	Lohnsteuer*	BVSP**	TAGZ***	Steuerklasse	Bemessungsgrundlage für Kirchensteuer und Solidaritätszuschlag – Freibeträge für ... Kinder 0,5	**1,0**	1,5	**2,0**	2,5	**3,0**
76067,99	I,IV	**16107**	5633	5633	I	14278	12526	10851	9254	7733	6290
	II	**14364**	5633	5633	II	12609	10930	9329	7805	6358	4988
	III	**10018**	5633	5633	III	8704	7430	6194	4998	3838	2718
	V	**22279**	5633	5633	IV	15182	14278	13392	12526	11679	10851
	VI	**22811**	5633	5633							
76103,99	I,IV	**16120**	5633	5633	I	14290	12538	10863	9265	7744	6300
	II	**14377**	5633	5633	II	12621	10942	9340	7816	6368	4998
	III	**10028**	5633	5633	III	8714	7440	6204	5006	3846	2726
	V	**22292**	5633	5633	IV	15196	14290	13405	12538	11691	10863
	VI	**22824**	5633	5633							
76139,99	I,IV	**16134**	5633	5633	I	14304	12551	10875	9276	7755	6311
	II	**14390**	5633	5633	II	12634	10954	9352	7826	6378	5008
	III	**10038**	5633	5633	III	8724	7448	6212	5014	3856	2734
	V	**22306**	5633	5633	IV	15209	14304	13418	12551	11703	10875
	VI	**22838**	5633	5633							
76175,99	I,IV	**16148**	5633	5633	I	14317	12563	10887	9288	7766	6321
	II	**14403**	5633	5633	II	12646	10966	9363	7837	6389	5017
	III	**10046**	5633	5633	III	8732	7458	6222	5022	3864	2742
	V	**22320**	5633	5633	IV	15223	14317	13430	12563	11716	10887
	VI	**22852**	5633	5633							
76211,99	I,IV	**16161**	5633	5633	I	14330	12576	10899	9299	7776	6331
	II	**14416**	5633	5633	II	12658	10978	9374	7848	6399	5027
	III	**10056**	5633	5633	III	8742	7466	6230	5032	3872	2750
	V	**22333**	5633	5633	IV	15236	14330	13443	12576	11727	10899
	VI	**22865**	5633	5633							
76247,99	I,IV	**16175**	5633	5633	I	14343	12588	10911	9310	7787	6341
	II	**14430**	5633	5633	II	12671	10990	9386	7859	6409	5037
	III	**10066**	5633	5633	III	8752	7476	6238	5040	3880	2758
	V	**22347**	5633	5633	IV	15249	14343	13456	12588	11740	10911
	VI	**22879**	5633	5633							
76283,99	I,IV	**16188**	5633	5633	I	14356	12601	10923	9322	7798	6352
	II	**14443**	5633	5633	II	12684	11002	9397	7870	6420	5047
	III	**10076**	5633	5633	III	8762	7486	6248	5048	3888	2766
	V	**22361**	5633	5633	IV	15263	14356	13469	12601	11752	10923
	VI	**22893**	5633	5633							
76319,99	I,IV	**16202**	5633	5633	I	14369	12613	10935	9333	7809	6362
	II	**14456**	5633	5633	II	12696	11014	9409	7881	6430	5056
	III	**10086**	5633	5633	III	8770	7494	6256	5058	3896	2774
	V	**22375**	5633	5633	IV	15276	14369	13481	12613	11764	10935
	VI	**22906**	5633	5633							
76355,99	I,IV	**16216**	5633	5633	I	14382	12626	10947	9345	7820	6372
	II	**14469**	5633	5633	II	12709	11026	9420	7892	6440	5066
	III	**10096**	5633	5633	III	8780	7504	6266	5066	3906	2782
	V	**22389**	5633	5633	IV	15289	14382	13494	12626	11777	10947
	VI	**22920**	5633	5633							
76391,99	I,IV	**16229**	5633	5633	I	14395	12638	10959	9356	7831	6383
	II	**14482**	5633	5633	II	12722	11038	9432	7903	6451	5076
	III	**10106**	5633	5633	III	8790	7512	6274	5074	3914	2790
	V	**22402**	5633	5633	IV	15303	14395	13507	12638	11789	10959
	VI	**22934**	5633	5633							
76427,99	I,IV	**16243**	5633	5633	I	14408	12651	10971	9367	7841	6393
	II	**14495**	5633	5633	II	12734	11050	9443	7913	6461	5085
	III	**10114**	5633	5633	III	8798	7522	6284	5082	3922	2798
	V	**22416**	5633	5633	IV	15316	14408	13520	12651	11801	10971
	VI	**22948**	5633	5633							
76463,99	I,IV	**16257**	5633	5633	I	14421	12663	10983	9379	7852	6403
	II	**14508**	5633	5633	II	12747	11062	9455	7924	6471	5095
	III	**10124**	5633	5633	III	8808	7532	6292	5092	3930	2806
	V	**22430**	5633	5633	IV	15329	14421	13533	12663	11813	10983
	VI	**22961**	5633	5633							

* Zur LSt-Berechnung für privat versicherte Arbeitnehmer s. Beispiele **Vorbemerkung S. 4f.**
** Basisvorsorgepauschale KV und PV *** Typisierter Arbeitgeberzuschuss

Lohn/ Gehalt in € bis	Steuerklasse	Lohn- steuer*	BVSP**	TAGZ***	Steuerklasse	Bemessungsgrundlage für Kirchensteuer und Solidaritätszuschlag – Freibeträge für ... Kinder 0,5	1,0	1,5	2,0	2,5	3,0
76499,99	I,IV	**16270**	5633	5633	I	14435	12676	10995	9390	7863	6413
	II	**14522**	5633	5633	II	12759	11074	9466	7935	6482	5105
	III	**10134**	5633	5633	III	8818	7540	6302	5100	3938	2814
	V	**22444**	5633	5633	IV	15343	14435	13546	12676	11826	10995
	VI	**22975**	5633	5633							
76535,99	I,IV	**16284**	5633	5633	I	14448	12688	11006	9402	7874	6424
	II	**14534**	5633	5633	II	12772	11086	9477	7946	6492	5115
	III	**10144**	5633	5633	III	8828	7550	6310	5108	3946	2822
	V	**22457**	5633	5633	IV	15356	14448	13558	12688	11838	11006
	VI	**22989**	5633	5633							
76571,99	I,IV	**16298**	5633	5633	I	14461	12701	11019	9413	7885	6434
	II	**14548**	5633	5633	II	12784	11098	9489	7957	6502	5125
	III	**10154**	5633	5633	III	8838	7558	6320	5118	3956	2832
	V	**22471**	5633	5633	IV	15370	14461	13571	12701	11850	11019
	VI	**23003**	5633	5633							
76607,99	I,IV	**16312**	5633	5633	I	14474	12714	11031	9425	7896	6444
	II	**14561**	5633	5633	II	12797	11110	9500	7968	6513	5134
	III	**10164**	5633	5633	III	8846	7568	6328	5126	3964	2840
	V	**22485**	5633	5633	IV	15383	14474	13584	12714	11863	11031
	VI	**23016**	5633	5633							
76643,99	I,IV	**16325**	5633	5633	I	14487	12726	11042	9436	7907	6454
	II	**14574**	5633	5633	II	12809	11122	9512	7979	6523	5144
	III	**10174**	5633	5633	III	8856	7576	6336	5134	3972	2846
	V	**22498**	5633	5633	IV	15396	14487	13597	12726	11875	11042
	VI	**23030**	5633	5633							
76679,99	I,IV	**16339**	5633	5633	I	14500	12739	11055	9448	7918	6465
	II	**14587**	5633	5633	II	12822	11134	9523	7990	6533	5154
	III	**10184**	5633	5633	III	8866	7586	6346	5144	3980	2856
	V	**22512**	5633	5633	IV	15410	14500	13610	12739	11887	11055
	VI	**23044**	5633	5633							
76715,99	I,IV	**16353**	5633	5633	I	14514	12752	11067	9459	7929	6475
	II	**14600**	5633	5633	II	12835	11146	9535	8001	6544	5164
	III	**10194**	5633	5633	III	8874	7596	6354	5152	3988	2864
	V	**22526**	5633	5633	IV	15423	14514	13623	12752	11899	11067
	VI	**23058**	5633	5633							
76751,99	I,IV	**16366**	5633	5633	I	14526	12764	11079	9470	7939	6485
	II	**14613**	5633	5633	II	12847	11158	9546	8011	6554	5173
	III	**10202**	5633	5633	III	8884	7604	6364	5160	3996	2872
	V	**22539**	5633	5633	IV	15437	14526	13635	12764	11912	11079
	VI	**23071**	5633	5633							
76787,99	I,IV	**16380**	5633	5633	I	14540	12777	11091	9482	7950	6496
	II	**14627**	5633	5633	II	12860	11170	9558	8022	6564	5183
	III	**10212**	5633	5633	III	8894	7614	6372	5170	4006	2880
	V	**22553**	5633	5633	IV	15450	14540	13648	12777	11924	11091
	VI	**23085**	5633	5633							
76823,99	I,IV	**16393**	5633	5633	I	14553	12789	11102	9493	7961	6506
	II	**14640**	5633	5633	II	12872	11182	9569	8033	6574	5193
	III	**10222**	5633	5633	III	8904	7624	6382	5178	4014	2888
	V	**22567**	5633	5633	IV	15463	14553	13661	12789	11936	11102
	VI	**23098**	5633	5633							
76859,99	I,IV	**16407**	5633	5633	I	14566	12802	11115	9505	7972	6516
	II	**14653**	5633	5633	II	12885	11194	9581	8044	6585	5203
	III	**10232**	5633	5633	III	8912	7632	6390	5186	4022	2896
	V	**22580**	5633	5633	IV	15477	14566	13674	12802	11948	11115
	VI	**23112**	5633	5633							
76895,99	I,IV	**16421**	5633	5633	I	14579	12814	11127	9516	7983	6527
	II	**14666**	5633	5633	II	12898	11206	9592	8055	6595	5213
	III	**10242**	5633	5633	III	8922	7642	6400	5196	4030	2904
	V	**22594**	5633	5633	IV	15490	14579	13687	12814	11961	11127
	VI	**23126**	5633	5633							

* Zur LSt-Berechnung für privat versicherte Arbeitnehmer s. Beispiele **Vorbemerkung S. 4 f.**
** Basisvorsorgepauschale KV und PV *** Typisierter Arbeitgeberzuschuss

Lohn/ Gehalt in € bis	Steuerklasse	Lohnsteuer*	BVSP**	TAGZ***	Steuerklasse	Bemessungsgrundlage für Kirchensteuer und Solidaritätszuschlag					
						Freibeträge für ... Kinder					
						0,5	**1,0**	1,5	**2,0**	2,5	**3,0**
76 931,99	I,IV	**16 434**	5 633	5 633	I	14 592	12 827	11 139	9 528	7 994	6 537
	II	**14 679**	5 633	5 633	II	12 910	11 218	9 603	8 066	6 606	5 222
	III	**10 252**	5 633	5 633	III	8 932	7 650	6 408	5 204	4 038	2 912
	V	**22 608**	5 633	5 633	IV	15 504	14 592	13 700	12 827	11 973	11 139
	VI	**23 139**	5 633	5 633							
76 967,99	I,IV	**16 448**	5 633	5 633	I	14 605	12 839	11 151	9 539	8 005	6 547
	II	**14 692**	5 633	5 633	II	12 923	11 230	9 615	8 077	6 616	5 232
	III	**10 262**	5 633	5 633	III	8 942	7 660	6 416	5 212	4 046	2 920
	V	**22 622**	5 633	5 633	IV	15 517	14 605	13 713	12 839	11 985	11 151
	VI	**23 153**	5 633	5 633							
77 003,99	I,IV	**16 462**	5 633	5 633	I	14 619	12 852	11 163	9 551	8 016	6 558
	II	**14 706**	5 633	5 633	II	12 936	11 243	9 627	8 088	6 627	5 242
	III	**10 272**	5 633	5 633	III	8 952	7 670	6 426	5 222	4 056	2 928
	V	**22 635**	5 633	5 633	IV	15 531	14 619	13 726	12 852	11 998	11 163
	VI	**23 167**	5 633	5 633							
77 039,99	I,IV	**16 476**	5 633	5 633	I	14 632	12 865	11 175	9 562	8 026	6 568
	II	**14 719**	5 633	5 633	II	12 948	11 254	9 638	8 099	6 637	5 252
	III	**10 280**	5 633	5 633	III	8 960	7 678	6 434	5 230	4 064	2 936
	V	**22 649**	5 633	5 633	IV	15 544	14 632	13 738	12 865	12 010	11 175
	VI	**23 181**	5 633	5 633							
77 075,99	I,IV	**16 489**	5 633	5 633	I	14 645	12 877	11 187	9 574	8 037	6 579
	II	**14 732**	5 633	5 633	II	12 961	11 267	9 650	8 110	6 647	5 262
	III	**10 290**	5 633	5 633	III	8 970	7 688	6 444	5 238	4 072	2 944
	V	**22 663**	5 633	5 633	IV	15 558	14 645	13 751	12 877	12 022	11 187
	VI	**23 194**	5 633	5 633							
77 111,99	I,IV	**16 503**	5 633	5 633	I	14 658	12 890	11 199	9 585	8 049	6 589
	II	**14 745**	5 633	5 633	II	12 974	11 279	9 661	8 121	6 658	5 272
	III	**10 300**	5 633	5 633	III	8 980	7 696	6 452	5 248	4 080	2 952
	V	**22 677**	5 633	5 633	IV	15 571	14 658	13 764	12 890	12 035	11 199
	VI	**23 208**	5 633	5 633							
77 147,99	I,IV	**16 517**	5 633	5 633	I	14 671	12 902	11 211	9 596	8 059	6 599
	II	**14 758**	5 633	5 633	II	12 986	11 291	9 673	8 132	6 668	5 281
	III	**10 310**	5 633	5 633	III	8 988	7 706	6 462	5 256	4 088	2 960
	V	**22 690**	5 633	5 633	IV	15 584	14 671	13 777	12 902	12 047	11 211
	VI	**23 222**	5 633	5 633							
77 183,99	I,IV	**16 531**	5 633	5 633	I	14 684	12 915	11 223	9 608	8 070	6 610
	II	**14 772**	5 633	5 633	II	12 999	11 303	9 684	8 143	6 678	5 291
	III	**10 320**	5 633	5 633	III	8 998	7 714	6 470	5 264	4 098	2 968
	V	**22 704**	5 633	5 633	IV	15 598	14 684	13 790	12 915	12 059	11 223
	VI	**23 236**	5 633	5 633							
77 219,99	I,IV	**16 544**	5 633	5 633	I	14 698	12 928	11 235	9 620	8 081	6 620
	II	**14 785**	5 633	5 633	II	13 012	11 315	9 696	8 154	6 689	5 301
	III	**10 330**	5 633	5 633	III	9 008	7 724	6 480	5 274	4 106	2 976
	V	**22 718**	5 633	5 633	IV	15 612	14 698	13 803	12 928	12 072	11 235
	VI	**23 250**	5 633	5 633							
77 255,99	I,IV	**16 558**	5 633	5 633	I	14 711	12 940	11 247	9 631	8 092	6 630
	II	**14 798**	5 633	5 633	II	13 024	11 327	9 707	8 165	6 699	5 311
	III	**10 340**	5 633	5 633	III	9 018	7 734	6 488	5 282	4 114	2 984
	V	**22 731**	5 633	5 633	IV	15 625	14 711	13 816	12 940	12 084	11 247
	VI	**23 263**	5 633	5 633							
77 291,99	I,IV	**16 572**	5 633	5 633	I	14 724	12 953	11 259	9 643	8 103	6 641
	II	**14 811**	5 633	5 633	II	13 037	11 339	9 719	8 176	6 710	5 321
	III	**10 350**	5 633	5 633	III	9 026	7 742	6 498	5 290	4 122	2 992
	V	**22 745**	5 633	5 633	IV	15 638	14 724	13 829	12 953	12 096	11 259
	VI	**23 277**	5 633	5 633							
77 327,99	I,IV	**16 586**	5 633	5 633	I	14 737	12 966	11 271	9 654	8 114	6 651
	II	**14 825**	5 633	5 633	II	13 050	11 351	9 731	8 187	6 720	5 331
	III	**10 360**	5 633	5 633	III	9 036	7 752	6 506	5 300	4 130	3 000
	V	**22 759**	5 633	5 633	IV	15 652	14 737	13 842	12 966	12 109	11 271
	VI	**23 291**	5 633	5 633							

* Zur LSt-Berechnung für privat versicherte Arbeitnehmer s. Beispiele **Vorbemerkung S. 4f.**
** Basisvorsorgepauschale KV und PV *** Typisierter Arbeitgeberzuschuss

Lohn/ Gehalt in € bis	Steuerklasse	Lohn- steuer*	BVSP**	TAGZ***	Steuerklasse	Bemessungsgrundlage für Kirchensteuer und Solidaritätszuschlag					
						Freibeträge für ... Kinder					
						0,5	**1,0**	1,5	**2,0**	2,5	**3,0**
77 363,99	I,IV	**16 599**	5 633	5 633	I	14 750	12 978	11 283	9 666	8 125	6 662
	II	**14 838**	5 633	5 633	II	13 062	11 363	9 742	8 198	6 730	5 340
	III	**10 370**	5 633	5 633	III	9 046	7 762	6 516	5 308	4 140	3 008
	V	**22 772**	5 633	5 633	IV	15 665	14 750	13 855	12 978	12 121	11 283
	VI	**23 304**	5 633	5 633							
77 399,99	I,IV	**16 613**	5 633	5 633	I	14 764	12 991	11 295	9 677	8 136	6 672
	II	**14 851**	5 633	5 633	II	13 075	11 376	9 753	8 209	6 741	5 350
	III	**10 378**	5 633	5 633	III	9 056	7 770	6 524	5 316	4 148	3 016
	V	**22 786**	5 633	5 633	IV	15 679	14 764	13 868	12 991	12 134	11 295
	VI	**23 318**	5 633	5 633							
77 435,99	I,IV	**16 627**	5 633	5 633	I	14 777	13 004	11 308	9 689	8 147	6 683
	II	**14 865**	5 633	5 633	II	13 088	11 388	9 765	8 220	6 751	5 360
	III	**10 388**	5 633	5 633	III	9 066	7 780	6 534	5 326	4 156	3 026
	V	**22 800**	5 633	5 633	IV	15 693	14 777	13 881	13 004	12 146	11 308
	VI	**23 332**	5 633	5 633							
77 471,99	I,IV	**16 640**	5 633	5 633	I	14 790	13 016	11 320	9 700	8 158	6 693
	II	**14 878**	5 633	5 633	II	13 100	11 400	9 777	8 231	6 762	5 370
	III	**10 398**	5 633	5 633	III	9 074	7 790	6 542	5 334	4 164	3 034
	V	**22 814**	5 633	5 633	IV	15 706	14 790	13 893	13 016	12 158	11 320
	VI	**23 345**	5 633	5 633							
77 507,99	I,IV	**16 654**	5 633	5 633	I	14 803	13 029	11 332	9 712	8 169	6 703
	II	**14 891**	5 633	5 633	II	13 113	11 412	9 788	8 242	6 772	5 380
	III	**10 408**	5 633	5 633	III	9 084	7 798	6 550	5 342	4 172	3 042
	V	**22 827**	5 633	5 633	IV	15 719	14 803	13 907	13 029	12 171	11 332
	VI	**23 359**	5 633	5 633							
77 543,99	I,IV	**16 668**	5 633	5 633	I	14 817	13 042	11 344	9 723	8 180	6 714
	II	**14 904**	5 633	5 633	II	13 126	11 424	9 800	8 253	6 783	5 390
	III	**10 418**	5 633	5 633	III	9 094	7 808	6 560	5 352	4 182	3 050
	V	**22 841**	5 633	5 633	IV	15 733	14 817	13 920	13 042	12 183	11 344
	VI	**23 373**	5 633	5 633							
77 579,99	I,IV	**16 681**	5 633	5 633	I	14 830	13 054	11 356	9 735	8 191	6 724
	II	**14 917**	5 633	5 633	II	13 138	11 436	9 811	8 264	6 793	5 400
	III	**10 428**	5 633	5 633	III	9 104	7 816	6 570	5 360	4 190	3 058
	V	**22 855**	5 633	5 633	IV	15 746	14 830	13 932	13 054	12 195	11 356
	VI	**23 386**	5 633	5 633							
77 615,99	I,IV	**16 695**	5 633	5 633	I	14 843	13 067	11 368	9 746	8 202	6 735
	II	**14 931**	5 633	5 633	II	13 151	11 448	9 823	8 275	6 804	5 410
	III	**10 438**	5 633	5 633	III	9 112	7 826	6 578	5 368	4 198	3 066
	V	**22 869**	5 633	5 633	IV	15 760	14 843	13 945	13 067	12 208	11 368
	VI	**23 400**	5 633	5 633							
77 651,99	I,IV	**16 709**	5 633	5 633	I	14 856	13 079	11 380	9 758	8 213	6 745
	II	**14 944**	5 633	5 633	II	13 163	11 460	9 834	8 285	6 814	5 419
	III	**10 448**	5 633	5 633	III	9 122	7 834	6 586	5 378	4 206	3 074
	V	**22 882**	5 633	5 633	IV	15 773	14 856	13 958	13 079	12 220	11 380
	VI	**23 414**	5 633	5 633							
77 687,99	I,IV	**16 723**	5 633	5 633	I	14 869	13 092	11 392	9 769	8 224	6 755
	II	**14 957**	5 633	5 633	II	13 176	11 473	9 846	8 297	6 824	5 429
	III	**10 458**	5 633	5 633	III	9 132	7 844	6 596	5 386	4 214	3 082
	V	**22 896**	5 633	5 633	IV	15 787	14 869	13 971	13 092	12 233	11 392
	VI	**23 428**	5 633	5 633							
77 723,99	I,IV	**16 736**	5 633	5 633	I	14 883	13 105	11 404	9 781	8 235	6 766
	II	**14 971**	5 633	5 633	II	13 189	11 485	9 858	8 308	6 835	5 439
	III	**10 466**	5 633	5 633	III	9 140	7 854	6 604	5 394	4 222	3 090
	V	**22 910**	5 633	5 633	IV	15 801	14 883	13 984	13 105	12 245	11 404
	VI	**23 441**	5 633	5 633							
77 759,99	I,IV	**16 750**	5 633	5 633	I	14 896	13 117	11 416	9 792	8 246	6 776
	II	**14 984**	5 633	5 633	II	13 202	11 497	9 869	8 319	6 845	5 449
	III	**10 476**	5 633	5 633	III	9 150	7 862	6 614	5 404	4 232	3 098
	V	**22 923**	5 633	5 633	IV	15 814	14 896	13 997	13 117	12 257	11 416
	VI	**23 455**	5 633	5 633							

* Zur LSt-Berechnung für privat versicherte Arbeitnehmer s. Beispiele **Vorbemerkung S. 4f.**
** Basisvorsorgepauschale KV und PV *** Typisierter Arbeitgeberzuschuss

Lohn/ Gehalt in € bis	Steuerklasse	Lohnsteuer*	BVSP**	TAGZ***	Steuerklasse	Bemessungsgrundlage für Kirchensteuer und Solidaritätszuschlag					
						Freibeträge für ... Kinder					
						0,5	**1,0**	1,5	**2,0**	2,5	**3,0**
77 795,99	I,IV	**16 764**	5 633	5 633	I	14 909	13 130	11 429	9 804	8 257	6 787
	II	**14 997**	5 633	5 633	II	13 214	11 509	9 881	8 330	6 856	5 459
	III	**10 486**	5 633	5 633	III	9 160	7 872	6 622	5 412	4 240	3 106
	V	**22 937**	5 633	5 633	IV	15 828	14 909	14 010	13 130	12 270	11 429
	VI	**23 469**	5 633	5 633							
77 831,99	I,IV	**16 778**	5 633	5 633	I	14 923	13 143	11 441	9 816	8 268	6 797
	II	**15 010**	5 633	5 633	II	13 227	11 521	9 892	8 341	6 866	5 469
	III	**10 496**	5 633	5 633	III	9 170	7 882	6 632	5 420	4 248	3 114
	V	**22 951**	5 633	5 633	IV	15 841	14 923	14 023	13 143	12 282	11 441
	VI	**23 483**	5 633	5 633							
77 867,99	I,IV	**16 791**	5 633	5 633	I	14 936	13 156	11 453	9 827	8 279	6 807
	II	**15 023**	5 633	5 633	II	13 240	11 533	9 904	8 352	6 877	5 479
	III	**10 506**	5 633	5 633	III	9 178	7 890	6 640	5 430	4 256	3 122
	V	**22 964**	5 633	5 633	IV	15 854	14 936	14 036	13 156	12 295	11 453
	VI	**23 496**	5 633	5 633							
77 903,99	I,IV	**16 805**	5 633	5 633	I	14 949	13 168	11 465	9 839	8 290	6 818
	II	**15 037**	5 633	5 633	II	13 253	11 545	9 916	8 363	6 887	5 489
	III	**10 516**	5 633	5 633	III	9 188	7 900	6 650	5 438	4 266	3 130
	V	**22 978**	5 633	5 633	IV	15 868	14 949	14 049	13 168	12 307	11 465
	VI	**23 510**	5 633	5 633							
77 939,99	I,IV	**16 819**	5 633	5 633	I	14 962	13 181	11 477	9 851	8 301	6 829
	II	**15 050**	5 633	5 633	II	13 265	11 558	9 927	8 374	6 898	5 499
	III	**10 526**	5 633	5 633	III	9 198	7 910	6 658	5 446	4 274	3 138
	V	**22 992**	5 633	5 633	IV	15 882	14 962	14 062	13 181	12 320	11 477
	VI	**23 524**	5 633	5 633							
77 975,99	I,IV	**16 832**	5 633	5 633	I	14 975	13 194	11 489	9 862	8 312	6 839
	II	**15 063**	5 633	5 633	II	13 278	11 570	9 939	8 385	6 908	5 509
	III	**10 536**	5 633	5 633	III	9 208	7 918	6 668	5 456	4 282	3 146
	V	**23 005**	5 633	5 633	IV	15 895	14 975	14 075	13 194	12 332	11 489
	VI	**23 537**	5 633	5 633							
78 011,99	I,IV	**16 846**	5 633	5 633	I	14 989	13 207	11 502	9 874	8 323	6 849
	II	**15 077**	5 633	5 633	II	13 291	11 582	9 950	8 396	6 919	5 519
	III	**10 546**	5 633	5 633	III	9 218	7 928	6 676	5 464	4 290	3 156
	V	**23 019**	5 633	5 633	IV	15 909	14 989	14 088	13 207	12 344	11 502
	VI	**23 551**	5 633	5 633							
78 047,99	I,IV	**16 860**	5 633	5 633	I	15 002	13 219	11 514	9 885	8 334	6 860
	II	**15 090**	5 633	5 633	II	13 304	11 594	9 962	8 407	6 929	5 529
	III	**10 556**	5 633	5 633	III	9 226	7 936	6 686	5 472	4 298	3 164
	V	**23 033**	5 633	5 633	IV	15 923	15 002	14 101	13 219	12 357	11 514
	VI	**23 565**	5 633	5 633							
78 083,99	I,IV	**16 873**	5 633	5 633	I	15 015	13 232	11 526	9 897	8 345	6 870
	II	**15 103**	5 633	5 633	II	13 316	11 606	9 974	8 418	6 940	5 538
	III	**10 566**	5 633	5 633	III	9 236	7 946	6 694	5 482	4 306	3 172
	V	**23 047**	5 633	5 633	IV	15 936	15 015	14 114	13 232	12 369	11 526
	VI	**23 578**	5 633	5 633							
78 119,99	I,IV	**16 887**	5 633	5 633	I	15 029	13 245	11 538	9 908	8 356	6 881
	II	**15 117**	5 633	5 633	II	13 329	11 619	9 985	8 429	6 950	5 548
	III	**10 576**	5 633	5 633	III	9 246	7 956	6 704	5 490	4 316	3 180
	V	**23 061**	5 633	5 633	IV	15 950	15 029	14 127	13 245	12 382	11 538
	VI	**23 592**	5 633	5 633							
78 155,99	I,IV	**16 901**	5 633	5 633	I	15 042	13 258	11 550	9 920	8 367	6 891
	II	**15 130**	5 633	5 633	II	13 342	11 631	9 997	8 440	6 961	5 558
	III	**10 584**	5 633	5 633	III	9 256	7 964	6 712	5 500	4 324	3 188
	V	**23 074**	5 633	5 633	IV	15 963	15 042	14 140	13 258	12 394	11 550
	VI	**23 606**	5 633	5 633							
78 191,99	I,IV	**16 915**	5 633	5 633	I	15 055	13 270	11 562	9 932	8 378	6 902
	II	**15 143**	5 633	5 633	II	13 355	11 643	10 008	8 451	6 971	5 568
	III	**10 594**	5 633	5 633	III	9 264	7 974	6 722	5 508	4 332	3 196
	V	**23 088**	5 633	5 633	IV	15 977	15 055	14 153	13 270	12 407	11 562
	VI	**23 620**	5 633	5 633							

* Zur LSt-Berechnung für privat versicherte Arbeitnehmer s. Beispiele **Vorbemerkung S. 4 f.**
** Basisvorsorgepauschale KV und PV *** Typisierter Arbeitgeberzuschuss

Lohn/ Gehalt in € bis	Steuerklasse	Lohn- steuer*	BVSP**	TAGZ***	Steuerklasse	Bemessungsgrundlage für Kirchensteuer und Solidaritätszuschlag – Freibeträge für ... Kinder 0,5	1,0	1,5	2,0	2,5	3,0
78 227,99	I,IV	**16 928**	5 633	5 633	I	15 069	13 283	11 575	9 943	8 389	6 912
	II	**15 157**	5 633	5 633	II	13 367	11 655	10 020	8 462	6 982	5 578
	III	**10 604**	5 633	5 633	III	9 274	7 984	6 730	5 516	4 342	3 204
	V	**23 102**	5 633	5 633	IV	15 990	15 069	14 166	13 283	12 419	11 575
	VI	**23 633**	5 633	5 633							
78 263,99	I,IV	**16 942**	5 633	5 633	I	15 082	13 296	11 587	9 955	8 400	6 923
	II	**15 170**	5 633	5 633	II	13 380	11 668	10 032	8 474	6 992	5 588
	III	**10 614**	5 633	5 633	III	9 284	7 992	6 740	5 526	4 350	3 212
	V	**23 116**	5 633	5 633	IV	16 004	15 082	14 179	13 296	12 432	11 587
	VI	**23 647**	5 633	5 633							
78 299,99	I,IV	**16 956**	5 633	5 633	I	15 095	13 308	11 599	9 966	8 411	6 933
	II	**15 183**	5 633	5 633	II	13 393	11 680	10 043	8 485	7 003	5 598
	III	**10 624**	5 633	5 633	III	9 294	8 002	6 748	5 534	4 358	3 220
	V	**23 129**	5 633	5 633	IV	16 017	15 095	14 192	13 308	12 444	11 599
	VI	**23 661**	5 633	5 633							
78 335,99	I,IV	**16 970**	5 633	5 633	I	15 109	13 321	11 611	9 978	8 422	6 944
	II	**15 197**	5 633	5 633	II	13 406	11 692	10 055	8 496	7 013	5 608
	III	**10 634**	5 633	5 633	III	9 304	8 012	6 758	5 542	4 366	3 228
	V	**23 143**	5 633	5 633	IV	16 031	15 109	14 205	13 321	12 457	11 611
	VI	**23 675**	5 633	5 633							
78 371,99	I,IV	**16 983**	5 633	5 633	I	15 122	13 334	11 623	9 990	8 434	6 954
	II	**15 210**	5 633	5 633	II	13 419	11 704	10 067	8 507	7 024	5 618
	III	**10 644**	5 633	5 633	III	9 312	8 020	6 766	5 552	4 374	3 236
	V	**23 157**	5 633	5 633	IV	16 045	15 122	14 218	13 334	12 469	11 623
	VI	**23 688**	5 633	5 633							
78 407,99	I,IV	**16 997**	5 633	5 633	I	15 135	13 347	11 635	10 001	8 444	6 965
	II	**15 223**	5 633	5 633	II	13 431	11 716	10 078	8 518	7 034	5 628
	III	**10 654**	5 633	5 633	III	9 322	8 030	6 776	5 560	4 382	3 244
	V	**23 170**	5 633	5 633	IV	16 058	15 135	14 231	13 347	12 481	11 635
	VI	**23 702**	5 633	5 633							
78 443,99	I,IV	**17 011**	5 633	5 633	I	15 149	13 360	11 648	10 013	8 456	6 975
	II	**15 237**	5 633	5 633	II	13 444	11 729	10 090	8 529	7 045	5 638
	III	**10 664**	5 633	5 633	III	9 332	8 040	6 784	5 568	4 392	3 254
	V	**23 184**	5 633	5 633	IV	16 072	15 149	14 244	13 360	12 494	11 648
	VI	**23 716**	5 633	5 633							
78 479,99	I,IV	**17 024**	5 633	5 633	I	15 162	13 372	11 660	10 025	8 467	6 986
	II	**15 250**	5 633	5 633	II	13 457	11 741	10 102	8 540	7 055	5 648
	III	**10 674**	5 633	5 633	III	9 342	8 048	6 794	5 578	4 400	3 262
	V	**23 197**	5 633	5 633	IV	16 085	15 162	14 257	13 372	12 506	11 660
	VI	**23 729**	5 633	5 633							
78 515,99	I,IV	**17 038**	5 633	5 633	I	15 175	13 385	11 672	10 036	8 478	6 996
	II	**15 263**	5 633	5 633	II	13 470	11 753	10 113	8 551	7 066	5 658
	III	**10 684**	5 633	5 633	III	9 352	8 058	6 802	5 586	4 408	3 270
	V	**23 211**	5 633	5 633	IV	16 099	15 175	14 270	13 385	12 519	11 672
	VI	**23 743**	5 633	5 633							
78 551,99	I,IV	**17 052**	5 633	5 633	I	15 189	13 398	11 684	10 048	8 489	7 007
	II	**15 277**	5 633	5 633	II	13 483	11 765	10 125	8 562	7 077	5 668
	III	**10 694**	5 633	5 633	III	9 362	8 068	6 812	5 596	4 418	3 278
	V	**23 225**	5 633	5 633	IV	16 113	15 189	14 284	13 398	12 532	11 684
	VI	**23 757**	5 633	5 633							
78 587,99	I,IV	**17 065**	5 633	5 633	I	15 202	13 410	11 696	10 060	8 500	7 017
	II	**15 290**	5 633	5 633	II	13 495	11 777	10 137	8 573	7 087	5 678
	III	**10 704**	5 633	5 633	III	9 370	8 076	6 820	5 604	4 426	3 286
	V	**23 239**	5 633	5 633	IV	16 126	15 202	14 296	13 410	12 544	11 696
	VI	**23 770**	5 633	5 633							
78 623,99	I,IV	**17 079**	5 633	5 633	I	15 215	13 423	11 709	10 071	8 511	7 028
	II	**15 304**	5 633	5 633	II	13 508	11 790	10 149	8 585	7 098	5 688
	III	**10 712**	5 633	5 633	III	9 380	8 086	6 830	5 612	4 434	3 294
	V	**23 252**	5 633	5 633	IV	16 140	15 215	14 310	13 423	12 556	11 709
	VI	**23 784**	5 633	5 633							

* Zur LSt-Berechnung für privat versicherte Arbeitnehmer s. Beispiele **Vorbemerkung S. 4 f.**
** Basisvorsorgepauschale KV und PV *** Typisierter Arbeitgeberzuschuss

Lohn/ Gehalt in € bis	Steuerklasse	Lohn-steuer*	BVSP**	TAGZ***	Steuerklasse	Bemessungsgrundlage für Kirchensteuer und Solidaritätszuschlag – Freibeträge für ... Kinder 0,5	1,0	1,5	2,0	2,5	3,0
78 659,99	I,IV	**17 093**	5 633	5 633	I	15 229	13 436	11 721	10 083	8 522	7 039
	II	**15 317**	5 633	5 633	II	13 521	11 802	10 160	8 596	7 108	5 698
	III	**10 724**	5 633	5 633	III	9 390	8 096	6 838	5 622	4 442	3 302
	V	**23 266**	5 633	5 633	IV	16 154	15 229	14 323	13 436	12 569	11 721
	VI	**23 798**	5 633	5 633							
78 695,99	I,IV	**17 106**	5 633	5 633	I	15 242	13 449	11 733	10 095	8 533	7 049
	II	**15 330**	5 633	5 633	II	13 534	11 814	10 172	8 607	7 119	5 708
	III	**10 732**	5 633	5 633	III	9 400	8 104	6 848	5 630	4 450	3 310
	V	**23 280**	5 633	5 633	IV	16 167	15 242	14 336	13 449	12 581	11 733
	VI	**23 811**	5 633	5 633							
78 731,99	I,IV	**17 120**	5 633	5 633	I	15 255	13 462	11 745	10 106	8 544	7 060
	II	**15 344**	5 633	5 633	II	13 547	11 827	10 184	8 618	7 129	5 718
	III	**10 742**	5 633	5 633	III	9 408	8 114	6 856	5 638	4 460	3 318
	V	**23 294**	5 633	5 633	IV	16 181	15 255	14 349	13 462	12 594	11 745
	VI	**23 825**	5 633	5 633							
78 767,99	I,IV	**17 134**	5 633	5 633	I	15 269	13 475	11 758	10 118	8 556	7 070
	II	**15 357**	5 633	5 633	II	13 560	11 839	10 195	8 629	7 140	5 728
	III	**10 752**	5 633	5 633	III	9 418	8 124	6 866	5 648	4 468	3 326
	V	**23 307**	5 633	5 633	IV	16 195	15 269	14 362	13 475	12 607	11 758
	VI	**23 839**	5 633	5 633							
78 803,99	I,IV	**17 148**	5 633	5 633	I	15 282	13 487	11 770	10 130	8 566	7 081
	II	**15 370**	5 633	5 633	II	13 572	11 851	10 207	8 640	7 150	5 738
	III	**10 762**	5 633	5 633	III	9 428	8 132	6 874	5 656	4 476	3 334
	V	**23 321**	5 633	5 633	IV	16 208	15 282	14 375	13 487	12 619	11 770
	VI	**23 853**	5 633	5 633							
78 839,99	I,IV	**17 161**	5 633	5 633	I	15 295	13 500	11 782	10 141	8 578	7 091
	II	**15 384**	5 633	5 633	II	13 585	11 863	10 219	8 651	7 161	5 748
	III	**10 772**	5 633	5 633	III	9 438	8 142	6 884	5 664	4 484	3 342
	V	**23 335**	5 633	5 633	IV	16 222	15 295	14 388	13 500	12 632	11 782
	VI	**23 866**	5 633	5 633							
78 875,99	I,IV	**17 175**	5 633	5 633	I	15 309	13 513	11 795	10 153	8 589	7 102
	II	**15 398**	5 633	5 633	II	13 598	11 876	10 231	8 663	7 172	5 758
	III	**10 782**	5 633	5 633	III	9 448	8 150	6 894	5 674	4 494	3 352
	V	**23 349**	5 633	5 633	IV	16 236	15 309	14 401	13 513	12 644	11 795
	VI	**23 880**	5 633	5 633							
78 911,99	I,IV	**17 189**	5 633	5 633	I	15 322	13 526	11 807	10 165	8 600	7 112
	II	**15 411**	5 633	5 633	II	13 611	11 888	10 242	8 674	7 182	5 768
	III	**10 792**	5 633	5 633	III	9 456	8 160	6 902	5 682	4 502	3 360
	V	**23 362**	5 633	5 633	IV	16 249	15 322	14 414	13 526	12 657	11 807
	VI	**23 894**	5 633	5 633							
78 947,99	I,IV	**17 203**	5 633	5 633	I	15 336	13 539	11 819	10 176	8 611	7 123
	II	**15 424**	5 633	5 633	II	13 624	11 900	10 254	8 685	7 193	5 778
	III	**10 802**	5 633	5 633	III	9 466	8 170	6 910	5 692	4 510	3 368
	V	**23 376**	5 633	5 633	IV	16 263	15 336	14 428	13 539	12 669	11 819
	VI	**23 908**	5 633	5 633							
78 983,99	I,IV	**17 216**	5 633	5 633	I	15 349	13 552	11 831	10 188	8 622	7 134
	II	**15 438**	5 633	5 633	II	13 637	11 913	10 266	8 696	7 204	5 788
	III	**10 812**	5 633	5 633	III	9 476	8 178	6 920	5 700	4 518	3 376
	V	**23 390**	5 633	5 633	IV	16 277	15 349	14 441	13 552	12 682	11 831
	VI	**23 922**	5 633	5 633							
79 019,99	I,IV	**17 230**	5 633	5 633	I	15 362	13 564	11 843	10 200	8 633	7 144
	II	**15 451**	5 633	5 633	II	13 649	11 925	10 277	8 707	7 214	5 798
	III	**10 822**	5 633	5 633	III	9 486	8 188	6 930	5 708	4 528	3 384
	V	**23 403**	5 633	5 633	IV	16 290	15 362	14 454	13 564	12 694	11 843
	VI	**23 935**	5 633	5 633							
79 055,99	I,IV	**17 244**	5 633	5 633	I	15 376	13 577	11 856	10 212	8 645	7 155
	II	**15 465**	5 633	5 633	II	13 662	11 937	10 289	8 718	7 225	5 808
	III	**10 832**	5 633	5 633	III	9 496	8 198	6 938	5 718	4 536	3 392
	V	**23 417**	5 633	5 633	IV	16 304	15 376	14 467	13 577	12 707	11 856
	VI	**23 949**	5 633	5 633							

* Zur LSt-Berechnung für privat versicherte Arbeitnehmer s. Beispiele **Vorbemerkung S. 4 f.**
** Basisvorsorgepauschale KV und PV *** Typisierter Arbeitgeberzuschuss

Lohn/ Gehalt in € bis	Steuerklasse	Lohn- steuer*	BVSP**	TAGZ***	Steuerklasse	Bemessungsgrundlage für Kirchensteuer und Solidaritätszuschlag – Freibeträge für ... Kinder 0,5	1,0	1,5	2,0	2,5	3,0
79 091,99	I,IV	**17 258**	5 633	5 633	I	15 389	13 590	11 868	10 223	8 656	7 165
	II	**15 478**	5 633	5 633	II	13 675	11 950	10 301	8 730	7 236	5 819
	III	**10 842**	5 633	5 633	III	9 506	8 206	6 948	5 726	4 544	3 400
	V	**23 431**	5 633	5 633	IV	16 318	15 389	14 480	13 590	12 720	11 868
	VI	**23 963**	5 633	5 633							
79 127,99	I,IV	**17 271**	5 633	5 633	I	15 402	13 603	11 880	10 235	8 667	7 176
	II	**15 491**	5 633	5 633	II	13 688	11 962	10 313	8 741	7 246	5 828
	III	**10 852**	5 633	5 633	III	9 514	8 216	6 956	5 736	4 552	3 408
	V	**23 444**	5 633	5 633	IV	16 331	15 402	14 493	13 603	12 732	11 880
	VI	**23 976**	5 633	5 633							
79 163,99	I,IV	**17 285**	5 633	5 633	I	15 416	13 616	11 893	10 247	8 678	7 186
	II	**15 505**	5 633	5 633	II	13 701	11 974	10 324	8 752	7 257	5 839
	III	**10 862**	5 633	5 633	III	9 524	8 226	6 966	5 744	4 560	3 416
	V	**23 458**	5 633	5 633	IV	16 345	15 416	14 506	13 616	12 745	11 893
	VI	**23 990**	5 633	5 633							
79 199,99	I,IV	**17 299**	5 633	5 633	I	15 430	13 629	11 905	10 259	8 689	7 197
	II	**15 518**	5 633	5 633	II	13 714	11 987	10 336	8 763	7 267	5 849
	III	**10 872**	5 633	5 633	III	9 534	8 234	6 974	5 752	4 570	3 426
	V	**23 472**	5 633	5 633	IV	16 359	15 430	14 520	13 629	12 757	11 905
	VI	**24 004**	5 633	5 633							
79 235,99	I,IV	**17 312**	5 633	5 633	I	15 443	13 641	11 917	10 270	8 700	7 208
	II	**15 532**	5 633	5 633	II	13 727	11 999	10 348	8 774	7 278	5 859
	III	**10 882**	5 633	5 633	III	9 544	8 244	6 984	5 762	4 578	3 434
	V	**23 486**	5 633	5 633	IV	16 372	15 443	14 532	13 641	12 770	11 917
	VI	**24 017**	5 633	5 633							
79 271,99	I,IV	**17 326**	5 633	5 633	I	15 456	13 654	11 930	10 282	8 712	7 218
	II	**15 545**	5 633	5 633	II	13 740	12 011	10 360	8 786	7 289	5 869
	III	**10 890**	5 633	5 633	III	9 552	8 254	6 992	5 770	4 586	3 442
	V	**23 499**	5 633	5 633	IV	16 386	15 456	14 546	13 654	12 782	11 930
	VI	**24 031**	5 633	5 633							
79 307,99	I,IV	**17 340**	5 633	5 633	I	15 469	13 667	11 942	10 294	8 723	7 229
	II	**15 558**	5 633	5 633	II	13 752	12 023	10 371	8 797	7 299	5 879
	III	**10 900**	5 633	5 633	III	9 562	8 262	7 002	5 778	4 594	3 450
	V	**23 513**	5 633	5 633	IV	16 400	15 469	14 559	13 667	12 795	11 942
	VI	**24 045**	5 633	5 633							
79 343,99	I,IV	**17 353**	5 633	5 633	I	15 483	13 680	11 954	10 305	8 734	7 239
	II	**15 572**	5 633	5 633	II	13 765	12 036	10 383	8 808	7 310	5 889
	III	**10 910**	5 633	5 633	III	9 572	8 272	7 010	5 788	4 604	3 458
	V	**23 527**	5 633	5 633	IV	16 413	15 483	14 572	13 680	12 807	11 954
	VI	**24 058**	5 633	5 633							
79 379,99	I,IV	**17 367**	5 633	5 633	I	15 497	13 693	11 967	10 317	8 745	7 250
	II	**15 586**	5 633	5 633	II	13 778	12 048	10 395	8 819	7 321	5 899
	III	**10 920**	5 633	5 633	III	9 582	8 282	7 020	5 796	4 612	3 466
	V	**23 541**	5 633	5 633	IV	16 427	15 497	14 585	13 693	12 820	11 967
	VI	**24 072**	5 633	5 633							
79 415,99	I,IV	**17 381**	5 633	5 633	I	15 510	13 706	11 979	10 329	8 756	7 261
	II	**15 599**	5 633	5 633	II	13 791	12 060	10 407	8 830	7 331	5 909
	III	**10 930**	5 633	5 633	III	9 592	8 290	7 028	5 804	4 620	3 474
	V	**23 554**	5 633	5 633	IV	16 441	15 510	14 598	13 706	12 832	11 979
	VI	**24 086**	5 633	5 633							
79 451,99	I,IV	**17 395**	5 633	5 633	I	15 523	13 719	11 991	10 341	8 767	7 271
	II	**15 612**	5 633	5 633	II	13 804	12 073	10 419	8 842	7 342	5 919
	III	**10 940**	5 633	5 633	III	9 602	8 300	7 038	5 814	4 628	3 482
	V	**23 568**	5 633	5 633	IV	16 455	15 523	14 611	13 719	12 845	11 991
	VI	**24 100**	5 633	5 633							
79 487,99	I,IV	**17 408**	5 633	5 633	I	15 537	13 732	12 004	10 353	8 779	7 282
	II	**15 626**	5 633	5 633	II	13 817	12 085	10 430	8 853	7 353	5 929
	III	**10 950**	5 633	5 633	III	9 610	8 310	7 046	5 822	4 638	3 490
	V	**23 582**	5 633	5 633	IV	16 468	15 537	14 625	13 732	12 858	12 004
	VI	**24 113**	5 633	5 633							

* Zur LSt-Berechnung für privat versicherte Arbeitnehmer s. Beispiele **Vorbemerkung S. 4 f.**
** Basisvorsorgepauschale KV und PV *** Typisierter Arbeitgeberzuschuss

Lohn/ Gehalt in € bis	Steuerklasse	Lohn- steuer*	BVSP**	TAGZ***	Steuerklasse	Bemessungsgrundlage für Kirchensteuer und Solidaritätszuschlag					
						Freibeträge für ... Kinder					
						0,5	**1,0**	1,5	**2,0**	2,5	**3,0**
79523,99	I,IV	**17422**	5633	5633	I	15550	13744	12016	10364	8790	7293
	II	**15639**	5633	5633	II	13830	12097	10442	8864	7363	5939
	III	**10960**	5633	5633	III	9620	8318	7056	5832	4646	3498
	V	**23595**	5633	5633	IV	16482	15550	14638	13744	12870	12016
	VI	**24127**	5633	5633							
79559,99	I,IV	**17436**	5633	5633	I	15564	13757	12028	10376	8801	7303
	II	**15653**	5633	5633	II	13843	12110	10454	8875	7374	5949
	III	**10970**	5633	5633	III	9630	8328	7066	5840	4654	3508
	V	**23609**	5633	5633	IV	16496	15564	14651	13757	12883	12028
	VI	**24141**	5633	5633							
79595,99	I,IV	**17450**	5633	5633	I	15577	13770	12041	10388	8812	7314
	II	**15667**	5633	5633	II	13856	12122	10466	8887	7385	5960
	III	**10980**	5633	5633	III	9640	8338	7074	5850	4662	3516
	V	**23623**	5633	5633	IV	16510	15577	14664	13770	12896	12041
	VI	**24155**	5633	5633							
79631,99	I,IV	**17463**	5633	5633	I	15591	13783	12053	10399	8823	7324
	II	**15680**	5633	5633	II	13868	12134	10477	8898	7395	5970
	III	**10990**	5633	5633	III	9648	8346	7082	5858	4672	3524
	V	**23636**	5633	5633	IV	16523	15591	14677	13783	12908	12053
	VI	**24168**	5633	5633							
79667,99	I,IV	**17477**	5633	5633	I	15604	13796	12065	10411	8835	7335
	II	**15693**	5633	5633	II	13882	12147	10489	8909	7406	5980
	III	**11000**	5633	5633	III	9658	8356	7092	5866	4680	3532
	V	**23650**	5633	5633	IV	16537	15604	14690	13796	12921	12065
	VI	**24182**	5633	5633							
79703,99	I,IV	**17491**	5633	5633	I	15618	13809	12078	10423	8846	7346
	II	**15707**	5633	5633	II	13895	12159	10501	8920	7417	5990
	III	**11010**	5633	5633	III	9668	8366	7102	5876	4688	3540
	V	**23664**	5633	5633	IV	16551	15618	14704	13809	12934	12078
	VI	**24196**	5633	5633							
79739,99	I,IV	**17504**	5633	5633	I	15631	13822	12090	10435	8857	7356
	II	**15720**	5633	5633	II	13907	12171	10513	8931	7427	6000
	III	**11020**	5633	5633	III	9678	8374	7110	5884	4696	3548
	V	**23677**	5633	5633	IV	16564	15631	14717	13822	12946	12090
	VI	**24209**	5633	5633							
79775,99	I,IV	**17518**	5633	5633	I	15645	13835	12102	10447	8868	7367
	II	**15734**	5633	5633	II	13920	12184	10525	8943	7438	6010
	III	**11030**	5633	5633	III	9688	8384	7120	5894	4706	3556
	V	**23691**	5633	5633	IV	16578	15645	14730	13835	12959	12102
	VI	**24223**	5633	5633							
79811,99	I,IV	**17532**	5633	5633	I	15658	13848	12115	10459	8880	7378
	II	**15748**	5633	5633	II	13933	12197	10537	8954	7449	6020
	III	**11040**	5633	5633	III	9698	8394	7128	5902	4714	3564
	V	**23705**	5633	5633	IV	16592	15658	14743	13848	12972	12115
	VI	**24237**	5633	5633							
79847,99	I,IV	**17545**	5633	5633	I	15671	13861	12127	10470	8891	7388
	II	**15761**	5633	5633	II	13946	12209	10548	8965	7459	6030
	III	**11050**	5633	5633	III	9706	8402	7138	5910	4722	3572
	V	**23719**	5633	5633	IV	16605	15671	14756	13861	12984	12127
	VI	**24250**	5633	5633							
79883,99	I,IV	**17559**	5633	5633	I	15685	13874	12139	10482	8902	7399
	II	**15774**	5633	5633	II	13959	12221	10560	8977	7470	6041
	III	**11060**	5633	5633	III	9716	8412	7146	5920	4732	3582
	V	**23733**	5633	5633	IV	16619	15685	14770	13874	12997	12139
	VI	**24264**	5633	5633							
79919,99	I,IV	**17573**	5633	5633	I	15699	13887	12152	10494	8913	7410
	II	**15788**	5633	5633	II	13972	12234	10572	8988	7481	6051
	III	**11070**	5633	5633	III	9726	8422	7156	5928	4740	3590
	V	**23746**	5633	5633	IV	16633	15699	14783	13887	13010	12152
	VI	**24278**	5633	5633							

* Zur LSt-Berechnung für privat versicherte Arbeitnehmer s. Beispiele **Vorbemerkung S. 4 f.**

** Basisvorsorgepauschale KV und PV *** Typisierter Arbeitgeberzuschuss

Lohn/ Gehalt in € bis	Steuerklasse	Lohnsteuer*	BVSP**	TAGZ***	Steuerklasse	Bemessungsgrundlage für Kirchensteuer und Solidaritätszuschlag – Freibeträge für ... Kinder 0,5	1,0	1,5	2,0	2,5	3,0
79 955,99	I,IV	**17 587**	5 633	5 633	I	15 712	13 899	12 164	10 506	8 925	7 421
	II	**15 801**	5 633	5 633	II	13 985	12 246	10 584	8 999	7 491	6 061
	III	**11 080**	5 633	5 633	III	9 736	8 430	7 164	5 938	4 748	3 598
	V	**23 760**	5 633	5 633	IV	16 647	15 712	14 796	13 899	13 022	12 164
	VI	**24 292**	5 633	5 633							
79 991,99	I,IV	**17 600**	5 633	5 633	I	15 726	13 912	12 176	10 518	8 936	7 431
	II	**15 815**	5 633	5 633	II	13 998	12 258	10 596	9 010	7 502	6 071
	III	**11 090**	5 633	5 633	III	9 746	8 440	7 174	5 946	4 756	3 606
	V	**23 774**	5 633	5 633	IV	16 660	15 726	14 809	13 912	13 035	12 176
	VI	**24 305**	5 633	5 633							
80 027,99	I,IV	**17 614**	5 633	5 633	I	15 739	13 926	12 189	10 530	8 947	7 442
	II	**15 829**	5 633	5 633	II	14 011	12 271	10 608	9 022	7 513	6 081
	III	**11 100**	5 633	5 633	III	9 756	8 450	7 184	5 954	4 766	3 614
	V	**23 788**	5 633	5 633	IV	16 674	15 739	14 823	13 926	13 048	12 189
	VI	**24 319**	5 633	5 633							
80 063,99	I,IV	**17 628**	5 633	5 633	I	15 753	13 938	12 201	10 541	8 958	7 453
	II	**15 842**	5 633	5 633	II	14 024	12 283	10 619	9 033	7 524	6 091
	III	**11 110**	5 633	5 633	III	9 764	8 460	7 192	5 964	4 774	3 622
	V	**23 801**	5 633	5 633	IV	16 688	15 753	14 836	13 938	13 060	12 201
	VI	**24 333**	5 633	5 633							
80 099,99	I,IV	**17 642**	5 633	5 633	I	15 766	13 951	12 214	10 553	8 970	7 463
	II	**15 856**	5 633	5 633	II	14 037	12 296	10 631	9 044	7 534	6 102
	III	**11 120**	5 633	5 633	III	9 774	8 468	7 202	5 972	4 782	3 630
	V	**23 815**	5 633	5 633	IV	16 702	15 766	14 849	13 951	13 073	12 214
	VI	**24 347**	5 633	5 633							
80 135,99	I,IV	**17 655**	5 633	5 633	I	15 779	13 964	12 226	10 565	8 981	7 474
	II	**15 869**	5 633	5 633	II	14 050	12 308	10 643	9 055	7 545	6 112
	III	**11 130**	5 633	5 633	III	9 784	8 478	7 210	5 982	4 790	3 638
	V	**23 828**	5 633	5 633	IV	16 715	15 779	14 862	13 964	13 085	12 226
	VI	**24 360**	5 633	5 633							
80 171,99	I,IV	**17 669**	5 633	5 633	I	15 793	13 977	12 238	10 577	8 992	7 485
	II	**15 883**	5 633	5 633	II	14 063	12 320	10 655	9 067	7 556	6 122
	III	**11 138**	5 633	5 633	III	9 794	8 488	7 220	5 990	4 800	3 648
	V	**23 842**	5 633	5 633	IV	16 729	15 793	14 875	13 977	13 098	12 238
	VI	**24 374**	5 633	5 633							
80 207,99	I,IV	**17 683**	5 633	5 633	I	15 807	13 990	12 251	10 589	9 004	7 496
	II	**15 896**	5 633	5 633	II	14 076	12 333	10 667	9 078	7 567	6 132
	III	**11 150**	5 633	5 633	III	9 804	8 498	7 228	6 000	4 808	3 656
	V	**23 856**	5 633	5 633	IV	16 743	15 807	14 889	13 990	13 111	12 251
	VI	**24 388**	5 633	5 633							
80 243,99	I,IV	**17 696**	5 633	5 633	I	15 820	14 003	12 263	10 600	9 015	7 506
	II	**15 910**	5 633	5 633	II	14 089	12 345	10 679	9 089	7 577	6 142
	III	**11 160**	5 633	5 633	III	9 814	8 506	7 238	6 008	4 816	3 664
	V	**23 869**	5 633	5 633	IV	16 756	15 820	14 902	14 003	13 123	12 263
	VI	**24 401**	5 633	5 633							
80 279,99	I,IV	**17 710**	5 633	5 633	I	15 834	14 016	12 276	10 612	9 026	7 517
	II	**15 923**	5 633	5 633	II	14 102	12 358	10 691	9 101	7 588	6 152
	III	**11 168**	5 633	5 633	III	9 822	8 516	7 246	6 016	4 824	3 672
	V	**23 883**	5 633	5 633	IV	16 770	15 834	14 915	14 016	13 136	12 276
	VI	**24 415**	5 633	5 633							
80 315,99	I,IV	**17 724**	5 633	5 633	I	15 847	14 029	12 288	10 624	9 037	7 528
	II	**15 937**	5 633	5 633	II	14 115	12 370	10 703	9 112	7 599	6 163
	III	**11 180**	5 633	5 633	III	9 832	8 526	7 256	6 026	4 834	3 680
	V	**23 897**	5 633	5 633	IV	16 784	15 847	14 929	14 029	13 149	12 288
	VI	**24 429**	5 633	5 633							
80 351,99	I,IV	**17 737**	5 633	5 633	I	15 861	14 042	12 300	10 636	9 048	7 538
	II	**15 950**	5 633	5 633	II	14 128	12 383	10 714	9 123	7 609	6 173
	III	**11 188**	5 633	5 633	III	9 842	8 534	7 266	6 034	4 842	3 688
	V	**23 911**	5 633	5 633	IV	16 797	15 861	14 942	14 042	13 161	12 300
	VI	**24 442**	5 633	5 633							

* Zur LSt-Berechnung für privat versicherte Arbeitnehmer s. Beispiele **Vorbemerkung S. 4 f.**
** Basisvorsorgepauschale KV und PV *** Typisierter Arbeitgeberzuschuss

Lohn/ Gehalt in € bis	Steuerklasse	Lohn-steuer*	BVSP**	TAGZ***	Steuerklasse	Bemessungsgrundlage für Kirchensteuer und Solidaritätszuschlag – Freibeträge für ... Kinder 0,5	**1,0**	1,5	**2,0**	2,5	**3,0**
80387,99	I,IV	**17751**	5633	5633	I	15874	14055	12313	10648	9060	7549
	II	**15964**	5633	5633	II	14141	12395	10726	9135	7620	6183
	III	**11198**	5633	5633	III	9852	8544	7274	6044	4850	3696
	V	**23924**	5633	5633	IV	16811	15874	14955	14055	13174	12313
	VI	**24456**	5633	5633							
80423,99	I,IV	**17765**	5633	5633	I	15888	14068	12325	10660	9071	7560
	II	**15978**	5633	5633	II	14154	12408	10738	9146	7631	6193
	III	**11210**	5633	5633	III	9862	8554	7284	6052	4860	3706
	V	**23938**	5633	5633	IV	16825	15888	14968	14068	13187	12325
	VI	**24470**	5633	5633							
80459,99	I,IV	**17778**	5633	5633	I	15901	14081	12338	10671	9082	7571
	II	**15991**	5633	5633	II	14167	12420	10750	9157	7642	6203
	III	**11218**	5633	5633	III	9872	8562	7292	6060	4868	3714
	V	**23952**	5633	5633	IV	16838	15901	14982	14081	13200	12338
	VI	**24483**	5633	5633							
80495,99	I,IV	**17792**	5633	5633	I	15915	14094	12350	10683	9094	7581
	II	**16005**	5633	5633	II	14180	12433	10762	9169	7653	6214
	III	**11228**	5633	5633	III	9880	8572	7302	6070	4876	3722
	V	**23966**	5633	5633	IV	16852	15915	14995	14094	13212	12350
	VI	**24497**	5633	5633							
80531,99	I,IV	**17806**	5633	5633	I	15929	14107	12363	10695	9105	7592
	II	**16019**	5633	5633	II	14193	12445	10774	9180	7664	6224
	III	**11238**	5633	5633	III	9892	8582	7310	6078	4886	3730
	V	**23979**	5633	5633	IV	16866	15929	15008	14107	13225	12363
	VI	**24511**	5633	5633							
80567,99	I,IV	**17820**	5633	5633	I	15942	14120	12375	10707	9116	7603
	II	**16032**	5633	5633	II	14206	12457	10786	9191	7674	6234
	III	**11248**	5633	5633	III	9900	8590	7320	6088	4894	3738
	V	**23993**	5633	5633	IV	16880	15942	15021	14120	13238	12375
	VI	**24525**	5633	5633							
80603,99	I,IV	**17833**	5633	5633	I	15956	14133	12387	10719	9128	7614
	II	**16046**	5633	5633	II	14219	12470	10798	9203	7685	6244
	III	**11258**	5633	5633	III	9910	8600	7328	6096	4902	3746
	V	**24007**	5633	5633	IV	16894	15956	15035	14133	13251	12387
	VI	**24538**	5633	5633							
80639,99	I,IV	**17847**	5633	5633	I	15970	14146	12400	10731	9139	7625
	II	**16060**	5633	5633	II	14232	12483	10810	9214	7696	6255
	III	**11268**	5633	5633	III	9920	8610	7338	6106	4910	3756
	V	**24021**	5633	5633	IV	16907	15970	15048	14146	13264	12400
	VI	**24552**	5633	5633							
80675,99	I,IV	**17861**	5633	5633	I	15983	14159	12412	10743	9150	7635
	II	**16073**	5633	5633	II	14245	12495	10822	9225	7707	6265
	III	**11278**	5633	5633	III	9930	8620	7348	6114	4920	3764
	V	**24034**	5633	5633	IV	16921	15983	15061	14159	13276	12412
	VI	**24566**	5633	5633							
80711,99	I,IV	**17875**	5633	5633	I	15997	14172	12425	10755	9162	7646
	II	**16087**	5633	5633	II	14258	12507	10834	9237	7717	6275
	III	**11288**	5633	5633	III	9940	8628	7356	6122	4928	3772
	V	**24048**	5633	5633	IV	16935	15997	15075	14172	13289	12425
	VI	**24580**	5633	5633							
80747,99	I,IV	**17888**	5633	5633	I	16010	14185	12437	10767	9173	7657
	II	**16100**	5633	5633	II	14272	12520	10846	9248	7728	6285
	III	**11298**	5633	5633	III	9950	8638	7366	6132	4936	3780
	V	**24062**	5633	5633	IV	16949	16010	15088	14185	13302	12437
	VI	**24594**	5633	5633							
80783,99	I,IV	**17902**	5633	5633	I	16024	14198	12450	10778	9184	7668
	II	**16114**	5633	5633	II	14284	12532	10857	9260	7739	6295
	III	**11308**	5633	5633	III	9958	8648	7374	6140	4946	3788
	V	**24075**	5633	5633	IV	16962	16024	15101	14198	13314	12450
	VI	**24607**	5633	5633							

* Zur LSt-Berechnung für privat versicherte Arbeitnehmer s. Beispiele **Vorbemerkung S. 4f.**
** Basisvorsorgepauschale KV und PV *** Typisierter Arbeitgeberzuschuss

Lohn/ Gehalt in € bis	Steuerklasse	Lohn- steuer*	BVSP**	TAGZ***	Steuerklasse	Bemessungsgrundlage für Kirchensteuer und Solidaritätszuschlag					
						Freibeträge für ... Kinder					
						0,5	**1,0**	1,5	**2,0**	2,5	**3,0**
80 819,99	I,IV	**17 916**	5 633	5 633	I	16 037	14 211	12 462	10 791	9 196	7 678
	II	**16 128**	5 633	5 633	II	14 298	12 545	10 869	9 271	7 750	6 306
	III	**11 318**	5 633	5 633	III	9 968	8 656	7 384	6 150	4 954	3 796
	V	**24 089**	5 633	5 633	IV	16 976	16 037	15 115	14 211	13 327	12 462
	VI	**24 621**	5 633	5 633							
80 855,99	I,IV	**17 930**	5 633	5 633	I	16 051	14 224	12 475	10 803	9 207	7 689
	II	**16 141**	5 633	5 633	II	14 311	12 558	10 881	9 283	7 761	6 316
	III	**11 328**	5 633	5 633	III	9 978	8 666	7 394	6 158	4 962	3 804
	V	**24 103**	5 633	5 633	IV	16 990	16 051	15 128	14 224	13 340	12 475
	VI	**24 635**	5 633	5 633							
80 891,99	I,IV	**17 943**	5 633	5 633	I	16 065	14 237	12 487	10 814	9 218	7 700
	II	**16 155**	5 633	5 633	II	14 324	12 570	10 893	9 294	7 771	6 326
	III	**11 338**	5 633	5 633	III	9 988	8 676	7 402	6 168	4 970	3 812
	V	**24 116**	5 633	5 633	IV	17 003	16 065	15 141	14 237	13 353	12 487
	VI	**24 648**	5 633	5 633							
80 927,99	I,IV	**17 957**	5 633	5 633	I	16 078	14 250	12 500	10 826	9 230	7 711
	II	**16 168**	5 633	5 633	II	14 337	12 582	10 905	9 305	7 782	6 337
	III	**11 348**	5 633	5 633	III	9 998	8 686	7 412	6 176	4 980	3 822
	V	**24 130**	5 633	5 633	IV	17 017	16 078	15 155	14 250	13 365	12 500
	VI	**24 662**	5 633	5 633							
80 963,99	I,IV	**17 970**	5 633	5 633	I	16 092	14 263	12 512	10 838	9 241	7 721
	II	**16 182**	5 633	5 633	II	14 350	12 595	10 917	9 316	7 793	6 347
	III	**11 358**	5 633	5 633	III	10 006	8 694	7 420	6 184	4 988	3 830
	V	**24 144**	5 633	5 633	IV	17 030	16 092	15 168	14 263	13 378	12 512
	VI	**24 675**	5 633	5 633							
80 999,99	I,IV	**17 984**	5 633	5 633	I	16 105	14 276	12 525	10 850	9 253	7 732
	II	**16 196**	5 633	5 633	II	14 363	12 607	10 929	9 328	7 804	6 357
	III	**11 368**	5 633	5 633	III	10 018	8 704	7 430	6 194	4 996	3 838
	V	**24 158**	5 633	5 633	IV	17 044	16 105	15 181	14 276	13 391	12 525
	VI	**24 689**	5 633	5 633							
81 035,99	I,IV	**17 998**	5 633	5 633	I	16 119	14 290	12 537	10 862	9 264	7 743
	II	**16 209**	5 633	5 633	II	14 376	12 620	10 941	9 339	7 815	6 367
	III	**11 378**	5 633	5 633	III	10 026	8 714	7 438	6 202	5 004	3 846
	V	**24 171**	5 633	5 633	IV	17 058	16 119	15 195	14 290	13 404	12 537
	VI	**24 703**	5 633	5 633							
81 071,99	I,IV	**18 012**	5 633	5 633	I	16 133	14 302	12 550	10 874	9 275	7 754
	II	**16 223**	5 633	5 633	II	14 389	12 632	10 953	9 351	7 825	6 378
	III	**11 388**	5 633	5 633	III	10 036	8 722	7 448	6 212	5 014	3 854
	V	**24 185**	5 633	5 633	IV	17 072	16 133	15 208	14 302	13 416	12 550
	VI	**24 717**	5 633	5 633							
81 107,99	I,IV	**18 025**	5 633	5 633	I	16 146	14 316	12 562	10 886	9 287	7 765
	II	**16 237**	5 633	5 633	II	14 402	12 645	10 965	9 362	7 836	6 388
	III	**11 398**	5 633	5 633	III	10 046	8 732	7 458	6 220	5 022	3 862
	V	**24 199**	5 633	5 633	IV	17 085	16 146	15 221	14 316	13 429	12 562
	VI	**24 730**	5 633	5 633							
81 143,99	I,IV	**18 039**	5 633	5 633	I	16 160	14 329	12 575	10 898	9 298	7 776
	II	**16 250**	5 633	5 633	II	14 415	12 658	10 977	9 374	7 847	6 398
	III	**11 408**	5 633	5 633	III	10 056	8 742	7 466	6 230	5 030	3 872
	V	**24 213**	5 633	5 633	IV	17 099	16 160	15 235	14 329	13 442	12 575
	VI	**24 744**	5 633	5 633							
81 179,99	I,IV	**18 053**	5 633	5 633	I	16 173	14 342	12 587	10 910	9 309	7 786
	II	**16 264**	5 633	5 633	II	14 428	12 670	10 989	9 385	7 858	6 408
	III	**11 418**	5 633	5 633	III	10 066	8 750	7 476	6 238	5 040	3 880
	V	**24 226**	5 633	5 633	IV	17 113	16 173	15 248	14 342	13 455	12 587
	VI	**24 758**	5 633	5 633							
81 215,99	I,IV	**18 067**	5 633	5 633	I	16 187	14 355	12 600	10 922	9 321	7 797
	II	**16 278**	5 633	5 633	II	14 442	12 683	11 001	9 396	7 869	6 419
	III	**11 428**	5 633	5 633	III	10 076	8 760	7 484	6 248	5 048	3 888
	V	**24 240**	5 633	5 633	IV	17 127	16 187	15 261	14 355	13 468	12 600
	VI	**24 772**	5 633	5 633							

* Zur LSt-Berechnung für privat versicherte Arbeitnehmer s. Beispiele **Vorbemerkung S. 4 f.**
** Basisvorsorgepauschale KV und PV *** Typisierter Arbeitgeberzuschuss

Lohn/ Gehalt in € bis	Steuerklasse	Lohn- steuer*	BVSP**	TAGZ***	Steuerklasse	Bemessungsgrundlage für Kirchensteuer und Solidaritätszuschlag – Freibeträge für ... Kinder 0,5	**1,0**	1,5	**2,0**	2,5	**3,0**
81 251,99	I,IV	**18 080**	5 633	5 633	I	16 201	14 368	12 612	10 934	9 332	7 808
	II	**16 291**	5 633	5 633	II	14 455	12 695	11 013	9 408	7 880	6 429
	III	**11 438**	5 633	5 633	III	10 086	8 770	7 494	6 256	5 056	3 896
	V	**24 254**	5 633	5 633	IV	17 140	16 201	15 275	14 368	13 481	12 612
	VI	**24 785**	5 633	5 633							
81 287,99	I,IV	**18 094**	5 633	5 633	I	16 214	14 381	12 625	10 946	9 344	7 819
	II	**16 305**	5 633	5 633	II	14 468	12 708	11 025	9 419	7 891	6 439
	III	**11 448**	5 633	5 633	III	10 094	8 780	7 502	6 264	5 066	3 904
	V	**24 267**	5 633	5 633	IV	17 154	16 214	15 288	14 381	13 493	12 625
	VI	**24 799**	5 633	5 633							
81 323,99	I,IV	**18 108**	5 633	5 633	I	16 228	14 394	12 637	10 958	9 355	7 830
	II	**16 319**	5 633	5 633	II	14 481	12 720	11 037	9 431	7 902	6 450
	III	**11 458**	5 633	5 633	III	10 104	8 790	7 512	6 274	5 074	3 912
	V	**24 281**	5 633	5 633	IV	17 168	16 228	15 302	14 394	13 506	12 637
	VI	**24 813**	5 633	5 633							
81 359,99	I,IV	**18 122**	5 633	5 633	I	16 242	14 407	12 650	10 970	9 367	7 841
	II	**16 333**	5 633	5 633	II	14 494	12 733	11 049	9 442	7 913	6 460
	III	**11 468**	5 633	5 633	III	10 114	8 798	7 522	6 282	5 082	3 920
	V	**24 295**	5 633	5 633	IV	17 182	16 242	15 315	14 407	13 519	12 650
	VI	**24 827**	5 633	5 633							
81 395,99	I,IV	**18 135**	5 633	5 633	I	16 255	14 420	12 662	10 982	9 378	7 851
	II	**16 346**	5 633	5 633	II	14 507	12 745	11 061	9 453	7 923	6 470
	III	**11 478**	5 633	5 633	III	10 124	8 808	7 530	6 292	5 090	3 930
	V	**24 308**	5 633	5 633	IV	17 195	16 255	15 328	14 420	13 532	12 662
	VI	**24 840**	5 633	5 633							
81 431,99	I,IV	**18 149**	5 633	5 633	I	16 269	14 434	12 675	10 994	9 389	7 862
	II	**16 360**	5 633	5 633	II	14 520	12 758	11 073	9 465	7 934	6 481
	III	**11 488**	5 633	5 633	III	10 134	8 818	7 540	6 300	5 100	3 938
	V	**24 322**	5 633	5 633	IV	17 209	16 269	15 342	14 434	13 545	12 675
	VI	**24 854**	5 633	5 633							
81 467,99	I,IV	**18 163**	5 633	5 633	I	16 283	14 447	12 688	11 006	9 401	7 873
	II	**16 374**	5 633	5 633	II	14 534	12 771	11 085	9 477	7 945	6 491
	III	**11 498**	5 633	5 633	III	10 144	8 826	7 548	6 310	5 108	3 946
	V	**24 336**	5 633	5 633	IV	17 223	16 283	15 355	14 447	13 558	12 688
	VI	**24 868**	5 633	5 633							
81 503,99	I,IV	**18 176**	5 633	5 633	I	16 296	14 460	12 700	11 017	9 412	7 884
	II	**16 387**	5 633	5 633	II	14 547	12 783	11 097	9 488	7 956	6 501
	III	**11 508**	5 633	5 633	III	10 154	8 836	7 558	6 318	5 116	3 954
	V	**24 349**	5 633	5 633	IV	17 236	16 296	15 368	14 460	13 570	12 700
	VI	**24 881**	5 633	5 633							
81 539,99	I,IV	**18 190**	5 633	5 633	I	16 310	14 473	12 713	11 030	9 424	7 895
	II	**16 401**	5 633	5 633	II	14 560	12 796	11 109	9 499	7 967	6 512
	III	**11 518**	5 633	5 633	III	10 164	8 846	7 568	6 328	5 126	3 962
	V	**24 363**	5 633	5 633	IV	17 250	16 310	15 382	14 473	13 583	12 713
	VI	**24 895**	5 633	5 633							
81 575,99	I,IV	**18 204**	5 633	5 633	I	16 324	14 486	12 725	11 042	9 435	7 906
	II	**16 415**	5 633	5 633	II	14 573	12 809	11 121	9 511	7 978	6 522
	III	**11 528**	5 633	5 633	III	10 172	8 856	7 576	6 336	5 134	3 972
	V	**24 377**	5 633	5 633	IV	17 264	16 324	15 395	14 486	13 596	12 725
	VI	**24 909**	5 633	5 633							
81 611,99	I,IV	**18 217**	5 633	5 633	I	16 338	14 499	12 738	11 053	9 446	7 917
	II	**16 428**	5 633	5 633	II	14 586	12 821	11 133	9 522	7 989	6 532
	III	**11 538**	5 633	5 633	III	10 182	8 864	7 586	6 344	5 142	3 980
	V	**24 391**	5 633	5 633	IV	17 277	16 338	15 409	14 499	13 609	12 738
	VI	**24 922**	5 633	5 633							
81 647,99	I,IV	**18 231**	5 633	5 633	I	16 351	14 512	12 750	11 066	9 458	7 928
	II	**16 442**	5 633	5 633	II	14 599	12 834	11 145	9 534	8 000	6 543
	III	**11 550**	5 633	5 633	III	10 192	8 874	7 594	6 354	5 152	3 988
	V	**24 405**	5 633	5 633	IV	17 291	16 351	15 422	14 512	13 622	12 750
	VI	**24 936**	5 633	5 633							

* Zur LSt-Berechnung für privat versicherte Arbeitnehmer s. Beispiele **Vorbemerkung S. 4 f.**
** Basisvorsorgepauschale KV und PV *** Typisierter Arbeitgeberzuschuss

Lohn/ Gehalt in € bis	Steuerklasse	Lohnsteuer*	BVSP**	TAGZ***	Steuerklasse	Bemessungsgrundlage für Kirchensteuer und Solidaritätszuschlag – Freibeträge für ... Kinder 0,5	1,0	1,5	2,0	2,5	3,0
81 683,99	I,IV	**18 245**	5 633	5 633	I	16 365	14 526	12 763	11 078	9 470	7 939
	II	**16 456**	5 633	5 633	II	14 613	12 846	11 157	9 545	8 011	6 553
	III	**11 558**	5 633	5 633	III	10 202	8 884	7 604	6 362	5 160	3 996
	V	**24 418**	5 633	5 633	IV	17 305	16 365	15 436	14 526	13 635	12 763
	VI	**24 950**	5 633	5 633							
81 719,99	I,IV	**18 259**	5 633	5 633	I	16 379	14 538	12 775	11 090	9 481	7 949
	II	**16 469**	5 633	5 633	II	14 625	12 859	11 169	9 557	8 021	6 563
	III	**11 568**	5 633	5 633	III	10 212	8 892	7 612	6 372	5 168	4 004
	V	**24 432**	5 633	5 633	IV	17 319	16 379	15 449	14 538	13 647	12 775
	VI	**24 964**	5 633	5 633							
81 755,99	I,IV	**18 272**	5 633	5 633	I	16 393	14 552	12 788	11 102	9 492	7 960
	II	**16 483**	5 633	5 633	II	14 639	12 871	11 181	9 568	8 032	6 574
	III	**11 580**	5 633	5 633	III	10 222	8 902	7 622	6 380	5 178	4 012
	V	**24 446**	5 633	5 633	IV	17 332	16 393	15 462	14 552	13 660	12 788
	VI	**24 977**	5 633	5 633							
81 791,99	I,IV	**18 286**	5 633	5 633	I	16 406	14 565	12 800	11 113	9 504	7 971
	II	**16 497**	5 633	5 633	II	14 652	12 884	11 193	9 580	8 043	6 584
	III	**11 590**	5 633	5 633	III	10 232	8 912	7 632	6 390	5 186	4 022
	V	**24 459**	5 633	5 633	IV	17 346	16 406	15 476	14 565	13 673	12 800
	VI	**24 991**	5 633	5 633							
81 827,99	I,IV	**18 300**	5 633	5 633	I	16 420	14 578	12 813	11 126	9 515	7 982
	II	**16 510**	5 633	5 633	II	14 665	12 897	11 205	9 591	8 054	6 594
	III	**11 598**	5 633	5 633	III	10 240	8 922	7 640	6 398	5 194	4 030
	V	**24 473**	5 633	5 633	IV	17 360	16 420	15 489	14 578	13 686	12 813
	VI	**25 005**	5 633	5 633							
81 863,99	I,IV	**18 314**	5 633	5 633	I	16 434	14 591	12 826	11 138	9 527	7 993
	II	**16 524**	5 633	5 633	II	14 678	12 909	11 217	9 603	8 065	6 605
	III	**11 610**	5 633	5 633	III	10 252	8 932	7 650	6 408	5 204	4 038
	V	**24 487**	5 633	5 633	IV	17 374	16 434	15 503	14 591	13 699	12 826
	VI	**25 019**	5 633	5 633							
81 899,99	I,IV	**18 327**	5 633	5 633	I	16 447	14 604	12 838	11 150	9 538	8 004
	II	**16 538**	5 633	5 633	II	14 691	12 922	11 229	9 614	8 076	6 615
	III	**11 620**	5 633	5 633	III	10 260	8 940	7 660	6 416	5 212	4 046
	V	**24 500**	5 633	5 633	IV	17 387	16 447	15 516	14 604	13 712	12 838
	VI	**25 032**	5 633	5 633							
81 935,99	I,IV	**18 341**	5 633	5 633	I	16 461	14 617	12 851	11 162	9 550	8 015
	II	**16 552**	5 633	5 633	II	14 705	12 934	11 241	9 626	8 087	6 626
	III	**11 630**	5 633	5 633	III	10 270	8 950	7 668	6 424	5 220	4 054
	V	**24 514**	5 633	5 633	IV	17 401	16 461	15 530	14 617	13 725	12 851
	VI	**25 046**	5 633	5 633							
81 971,99	I,IV	**18 355**	5 633	5 633	I	16 475	14 631	12 864	11 174	9 561	8 026
	II	**16 565**	5 633	5 633	II	14 718	12 947	11 254	9 637	8 098	6 636
	III	**11 640**	5 633	5 633	III	10 280	8 960	7 678	6 434	5 230	4 064
	V	**24 528**	5 633	5 633	IV	17 415	16 475	15 543	14 631	13 738	12 864
	VI	**25 060**	5 633	5 633							
82 007,99	I,IV	**18 368**	5 633	5 633	I	16 488	14 644	12 876	11 186	9 573	8 036
	II	**16 579**	5 633	5 633	II	14 731	12 960	11 266	9 649	8 109	6 646
	III	**11 650**	5 633	5 633	III	10 290	8 970	7 686	6 444	5 238	4 072
	V	**24 541**	5 633	5 633	IV	17 428	16 488	15 556	14 644	13 750	12 876
	VI	**25 073**	5 633	5 633							
82 043,99	I,IV	**18 382**	5 633	5 633	I	16 502	14 657	12 889	11 198	9 584	8 048
	II	**16 593**	5 633	5 633	II	14 744	12 972	11 278	9 660	8 120	6 657
	III	**11 660**	5 633	5 633	III	10 300	8 978	7 696	6 452	5 246	4 080
	V	**24 555**	5 633	5 633	IV	17 442	16 502	15 570	14 657	13 763	12 889
	VI	**25 087**	5 633	5 633							
82 079,99	I,IV	**18 396**	5 633	5 633	I	16 516	14 670	12 902	11 210	9 596	8 059
	II	**16 607**	5 633	5 633	II	14 758	12 985	11 290	9 672	8 131	6 667
	III	**11 670**	5 633	5 633	III	10 310	8 988	7 706	6 462	5 256	4 088
	V	**24 569**	5 633	5 633	IV	17 456	16 516	15 584	14 670	13 776	12 902
	VI	**25 101**	5 633	5 633							

* Zur LSt-Berechnung für privat versicherte Arbeitnehmer s. Beispiele **Vorbemerkung S. 4 f.**
** Basisvorsorgepauschale KV und PV *** Typisierter Arbeitgeberzuschuss

Lohn/ Gehalt in € bis	Steuerklasse	Lohn-steuer*	BVSP**	TAGZ***	Steuerklasse	Bemessungsgrundlage für Kirchensteuer und Solidaritätszuschlag – Freibeträge für ... Kinder 0,5	**1,0**	1,5	**2,0**	2,5	**3,0**
82115,99	I,IV	**18409**	5633	5633	I	16529	14683	12914	11222	9607	8069
	II	**16620**	5633	5633	II	14771	12998	11302	9683	8142	6677
	III	**11680**	5633	5633	III	10320	8998	7714	6470	5264	4096
	V	**24583**	5633	5633	IV	17469	16529	15597	14683	13789	12914
	VI	**25114**	5633	5633							
82151,99	I,IV	**18423**	5633	5633	I	16543	14697	12927	11234	9619	8080
	II	**16634**	5633	5633	II	14784	13010	11314	9695	8153	6688
	III	**11690**	5633	5633	III	10328	9006	7724	6478	5272	4104
	V	**24596**	5633	5633	IV	17483	16543	15610	14697	13802	12927
	VI	**25128**	5633	5633							
82187,99	I,IV	**18437**	5633	5633	I	16557	14710	12939	11246	9630	8091
	II	**16648**	5633	5633	II	14797	13023	11326	9706	8164	6698
	III	**11700**	5633	5633	III	10340	9016	7734	6488	5282	4114
	V	**24610**	5633	5633	IV	17497	16557	15624	14710	13815	12939
	VI	**25142**	5633	5633							
82223,99	I,IV	**18450**	5633	5633	I	16571	14723	12952	11258	9642	8102
	II	**16661**	5633	5633	II	14810	13036	11338	9718	8175	6709
	III	**11710**	5633	5633	III	10348	9026	7742	6496	5290	4122
	V	**24624**	5633	5633	IV	17510	16571	15637	14723	13828	12952
	VI	**25155**	5633	5633							
82259,99	I,IV	**18464**	5633	5633	I	16584	14736	12965	11270	9653	8113
	II	**16675**	5633	5633	II	14824	13048	11350	9729	8186	6719
	III	**11720**	5633	5633	III	10358	9036	7752	6506	5298	4130
	V	**24638**	5633	5633	IV	17524	16584	15651	14736	13841	12965
	VI	**25169**	5633	5633							
82295,99	I,IV	**18478**	5633	5633	I	16598	14749	12977	11283	9665	8124
	II	**16689**	5633	5633	II	14837	13061	11363	9741	8197	6730
	III	**11730**	5633	5633	III	10368	9046	7760	6514	5308	4138
	V	**24651**	5633	5633	IV	17538	16598	15664	14749	13854	12977
	VI	**25183**	5633	5633							
82331,99	I,IV	**18492**	5633	5633	I	16612	14762	12990	11294	9676	8135
	II	**16702**	5633	5633	II	14850	13074	11374	9752	8208	6740
	III	**11740**	5633	5633	III	10378	9054	7770	6524	5316	4146
	V	**24665**	5633	5633	IV	17552	16612	15678	14762	13866	12990
	VI	**25197**	5633	5633							
82367,99	I,IV	**18505**	5633	5633	I	16626	14776	13003	11307	9688	8146
	II	**16716**	5633	5633	II	14863	13086	11387	9764	8219	6750
	III	**11750**	5633	5633	III	10388	9064	7778	6532	5324	4156
	V	**24679**	5633	5633	IV	17566	16626	15691	14776	13880	13003
	VI	**25210**	5633	5633							
82403,99	I,IV	**18519**	5633	5633	I	16639	14789	13015	11319	9699	8157
	II	**16730**	5633	5633	II	14877	13099	11399	9776	8230	6761
	III	**11760**	5633	5633	III	10398	9074	7788	6542	5334	4164
	V	**24693**	5633	5633	IV	17579	16639	15705	14789	13893	13015
	VI	**25224**	5633	5633							
82439,99	I,IV	**18533**	5633	5633	I	16653	14802	13028	11331	9711	8168
	II	**16744**	5633	5633	II	14890	13112	11411	9787	8241	6771
	III	**11770**	5633	5633	III	10408	9084	7798	6550	5342	4172
	V	**24706**	5633	5633	IV	17593	16653	15718	14802	13905	13028
	VI	**25238**	5633	5633							
82475,99	I,IV	**18547**	5633	5633	I	16667	14815	13041	11343	9722	8179
	II	**16757**	5633	5633	II	14903	13124	11423	9799	8252	6782
	III	**11780**	5633	5633	III	10418	9092	7806	6560	5350	4180
	V	**24720**	5633	5633	IV	17607	16667	15732	14815	13918	13041
	VI	**25252**	5633	5633							
82511,99	I,IV	**18560**	5633	5633	I	16681	14829	13053	11355	9734	8190
	II	**16771**	5633	5633	II	14916	13137	11435	9811	8263	6792
	III	**11790**	5633	5633	III	10428	9102	7816	6568	5360	4188
	V	**24734**	5633	5633	IV	17621	16681	15746	14829	13931	13053
	VI	**25266**	5633	5633							

* Zur LSt-Berechnung für privat versicherte Arbeitnehmer s. Beispiele **Vorbemerkung S. 4f.**
** Basisvorsorgepauschale KV und PV *** Typisierter Arbeitgeberzuschuss

Lohn/ Gehalt in € bis	Steuerklasse	Lohn- steuer*	BVSP**	TAGZ***	Steuerklasse	Bemessungsgrundlage für Kirchensteuer und Solidaritätszuschlag					
						Freibeträge für ... Kinder					
						0,5	**1,0**	1,5	**2,0**	2,5	**3,0**
82 547,99	I,IV	**18 574**	5 633	5 633	I	16 694	14 842	13 066	11 367	9 745	8 201
	II	**16 785**	5 633	5 633	II	14 929	13 150	11 447	9 822	8 274	6 803
	III	**11 800**	5 633	5 633	III	10 436	9 112	7 826	6 578	5 368	4 198
	V	**24 747**	5 633	5 633	IV	17 634	16 694	15 759	14 842	13 944	13 066
	VI	**25 279**	5 633	5 633							
82 583,99	I,IV	**18 588**	5 633	5 633	I	16 708	14 855	13 079	11 379	9 757	8 212
	II	**16 799**	5 633	5 633	II	14 943	13 163	11 459	9 834	8 285	6 813
	III	**11 810**	5 633	5 633	III	10 446	9 122	7 834	6 586	5 376	4 206
	V	**24 761**	5 633	5 633	IV	17 648	16 708	15 772	14 855	13 957	13 079
	VI	**25 293**	5 633	5 633							
82 619,99	I,IV	**18 601**	5 633	5 633	I	16 721	14 868	13 091	11 391	9 768	8 223
	II	**16 812**	5 633	5 633	II	14 956	13 175	11 471	9 845	8 296	6 823
	III	**11 820**	5 633	5 633	III	10 456	9 130	7 844	6 594	5 384	4 214
	V	**24 775**	5 633	5 633	IV	17 661	16 721	15 786	14 868	13 970	13 091
	VI	**25 306**	5 633	5 633							
82 655,99	I,IV	**18 615**	5 633	5 633	I	16 735	14 882	13 104	11 403	9 780	8 234
	II	**16 826**	5 633	5 633	II	14 969	13 188	11 484	9 857	8 307	6 834
	III	**11 830**	5 633	5 633	III	10 466	9 140	7 854	6 604	5 394	4 222
	V	**24 788**	5 633	5 633	IV	17 675	16 735	15 799	14 882	13 983	13 104
	VI	**25 320**	5 633	5 633							
82 691,99	I,IV	**18 629**	5 633	5 633	I	16 749	14 895	13 117	11 416	9 792	8 245
	II	**16 840**	5 633	5 633	II	14 983	13 201	11 496	9 868	8 318	6 845
	III	**11 840**	5 633	5 633	III	10 476	9 150	7 862	6 614	5 402	4 230
	V	**24 802**	5 633	5 633	IV	17 689	16 749	15 813	14 895	13 996	13 117
	VI	**25 334**	5 633	5 633							
82 727,99	I,IV	**18 642**	5 633	5 633	I	16 762	14 908	13 129	11 428	9 803	8 256
	II	**16 853**	5 633	5 633	II	14 996	13 213	11 508	9 880	8 329	6 855
	III	**11 850**	5 633	5 633	III	10 486	9 160	7 872	6 622	5 412	4 238
	V	**24 816**	5 633	5 633	IV	17 702	16 762	15 826	14 908	14 009	13 129
	VI	**25 347**	5 633	5 633							
82 763,99	I,IV	**18 656**	5 633	5 633	I	16 776	14 921	13 142	11 440	9 815	8 267
	II	**16 867**	5 633	5 633	II	15 009	13 226	11 520	9 891	8 340	6 865
	III	**11 862**	5 633	5 633	III	10 496	9 170	7 880	6 632	5 420	4 248
	V	**24 830**	5 633	5 633	IV	17 716	16 776	15 840	14 921	14 022	13 142
	VI	**25 361**	5 633	5 633							
82 799,99	I,IV	**18 670**	5 633	5 633	I	16 790	14 935	13 155	11 452	9 826	8 278
	II	**16 881**	5 633	5 633	II	15 023	13 239	11 532	9 903	8 351	6 876
	III	**11 872**	5 633	5 633	III	10 506	9 178	7 890	6 640	5 428	4 256
	V	**24 843**	5 633	5 633	IV	17 730	16 790	15 854	14 935	14 035	13 155
	VI	**25 375**	5 633	5 633							
82 835,99	I,IV	**18 684**	5 633	5 633	I	16 804	14 948	13 167	11 464	9 838	8 289
	II	**16 894**	5 633	5 633	II	15 036	13 251	11 544	9 915	8 362	6 886
	III	**11 880**	5 633	5 633	III	10 516	9 188	7 898	6 648	5 438	4 264
	V	**24 857**	5 633	5 633	IV	17 744	16 804	15 867	14 948	14 048	13 167
	VI	**25 389**	5 633	5 633							
82 871,99	I,IV	**18 697**	5 633	5 633	I	16 817	14 961	13 180	11 476	9 850	8 300
	II	**16 908**	5 633	5 633	II	15 049	13 264	11 557	9 926	8 373	6 897
	III	**11 892**	5 633	5 633	III	10 526	9 198	7 908	6 658	5 446	4 272
	V	**24 871**	5 633	5 633	IV	17 757	16 817	15 881	14 961	14 061	13 180
	VI	**25 402**	5 633	5 633							
82 907,99	I,IV	**18 711**	5 633	5 633	I	16 831	14 975	13 193	11 489	9 861	8 311
	II	**16 922**	5 633	5 633	II	15 063	13 277	11 569	9 938	8 384	6 907
	III	**11 902**	5 633	5 633	III	10 534	9 206	7 918	6 666	5 454	4 282
	V	**24 885**	5 633	5 633	IV	17 771	16 831	15 894	14 975	14 074	13 193
	VI	**25 416**	5 633	5 633							
82 943,99	I,IV	**18 725**	5 633	5 633	I	16 845	14 988	13 205	11 500	9 873	8 322
	II	**16 936**	5 633	5 633	II	15 076	13 290	11 581	9 949	8 395	6 918
	III	**11 912**	5 633	5 633	III	10 544	9 216	7 926	6 676	5 464	4 290
	V	**24 898**	5 633	5 633	IV	17 785	16 845	15 908	14 988	14 087	13 205
	VI	**25 430**	5 633	5 633							

* Zur LSt-Berechnung für privat versicherte Arbeitnehmer s. Beispiele **Vorbemerkung S. 4 f.**
** Basisvorsorgepauschale KV und PV *** Typisierter Arbeitgeberzuschuss

Lohn/ Gehalt in € bis	Steuerklasse	Lohn-steuer*	BVSP**	TAGZ***	Steuerklasse	Bemessungsgrundlage für Kirchensteuer und Solidaritätszuschlag – Freibeträge für ... Kinder 0,5	**1,0**	1,5	**2,0**	2,5	**3,0**
82 979,99	I,IV	**18 739**	5 633	5 633	I	16 859	15 001	13 218	11 513	9 884	8 333
	II	**16 949**	5 633	5 633	II	15 089	13 303	11 593	9 961	8 406	6 928
	III	**11 922**	5 633	5 633	III	10 554	9 226	7 936	6 686	5 472	4 298
	V	**24 912**	5 633	5 633	IV	17 799	16 859	15 921	15 001	14 100	13 218
	VI	**25 444**	5 633	5 633							
83 015,99	I,IV	**18 752**	5 633	5 633	I	16 873	15 014	13 231	11 525	9 896	8 344
	II	**16 963**	5 633	5 633	II	15 102	13 315	11 606	9 973	8 417	6 939
	III	**11 932**	5 633	5 633	III	10 564	9 236	7 946	6 694	5 480	4 306
	V	**24 926**	5 633	5 633	IV	17 812	16 873	15 935	15 014	14 113	13 231
	VI	**25 457**	5 633	5 633							
83 051,99	I,IV	**18 766**	5 633	5 633	I	16 886	15 027	13 244	11 537	9 907	8 355
	II	**16 977**	5 633	5 633	II	15 116	13 328	11 618	9 984	8 428	6 949
	III	**11 942**	5 633	5 633	III	10 574	9 246	7 954	6 702	5 490	4 314
	V	**24 939**	5 633	5 633	IV	17 826	16 886	15 948	15 027	14 126	13 244
	VI	**25 471**	5 633	5 633							
83 087,99	I,IV	**18 780**	5 633	5 633	I	16 900	15 041	13 256	11 549	9 919	8 366
	II	**16 991**	5 633	5 633	II	15 129	13 341	11 630	9 996	8 439	6 960
	III	**11 952**	5 633	5 633	III	10 584	9 254	7 964	6 712	5 498	4 324
	V	**24 953**	5 633	5 633	IV	17 840	16 900	15 962	15 041	14 139	13 256
	VI	**25 485**	5 633	5 633							
83 123,99	I,IV	**18 794**	5 633	5 633	I	16 914	15 054	13 269	11 562	9 931	8 377
	II	**17 004**	5 633	5 633	II	15 142	13 354	11 642	10 008	8 451	6 971
	III	**11 962**	5 633	5 633	III	10 594	9 264	7 974	6 720	5 508	4 332
	V	**24 967**	5 633	5 633	IV	17 854	16 914	15 976	15 054	14 152	13 269
	VI	**25 499**	5 633	5 633							
83 159,99	I,IV	**18 807**	5 633	5 633	I	16 927	15 067	13 282	11 573	9 942	8 388
	II	**17 018**	5 633	5 633	II	15 156	13 366	11 654	10 019	8 461	6 981
	III	**11 972**	5 633	5 633	III	10 604	9 274	7 982	6 730	5 516	4 340
	V	**24 980**	5 633	5 633	IV	17 867	16 927	15 989	15 067	14 165	13 282
	VI	**25 512**	5 633	5 633							
83 195,99	I,IV	**18 821**	5 633	5 633	I	16 941	15 081	13 295	11 586	9 954	8 399
	II	**17 032**	5 633	5 633	II	15 169	13 379	11 666	10 031	8 473	6 991
	III	**11 982**	5 633	5 633	III	10 614	9 284	7 992	6 740	5 524	4 348
	V	**24 994**	5 633	5 633	IV	17 881	16 941	16 003	15 081	14 178	13 295
	VI	**25 526**	5 633	5 633							
83 231,99	I,IV	**18 835**	5 633	5 633	I	16 955	15 094	13 308	11 598	9 966	8 411
	II	**17 046**	5 633	5 633	II	15 182	13 392	11 679	10 043	8 484	7 002
	III	**11 992**	5 633	5 633	III	10 624	9 294	8 002	6 748	5 534	4 358
	V	**25 008**	5 633	5 633	IV	17 895	16 955	16 017	15 094	14 191	13 308
	VI	**25 540**	5 633	5 633							
83 267,99	I,IV	**18 848**	5 633	5 633	I	16 968	15 107	13 320	11 610	9 977	8 421
	II	**17 059**	5 633	5 633	II	15 196	13 405	11 691	10 054	8 495	7 012
	III	**12 002**	5 633	5 633	III	10 634	9 302	8 010	6 756	5 542	4 366
	V	**25 021**	5 633	5 633	IV	17 908	16 968	16 030	15 107	14 204	13 320
	VI	**25 553**	5 633	5 633							
83 303,99	I,IV	**18 862**	5 633	5 633	I	16 982	15 121	13 333	11 622	9 989	8 433
	II	**17 073**	5 633	5 633	II	15 209	13 418	11 703	10 066	8 506	7 023
	III	**12 014**	5 633	5 633	III	10 644	9 312	8 020	6 766	5 550	4 374
	V	**25 035**	5 633	5 633	IV	17 922	16 982	16 044	15 121	14 217	13 333
	VI	**25 567**	5 633	5 633							
83 339,99	I,IV	**18 876**	5 633	5 633	I	16 996	15 134	13 346	11 635	10 001	8 444
	II	**17 087**	5 633	5 633	II	15 223	13 430	11 716	10 078	8 517	7 034
	III	**12 022**	5 633	5 633	III	10 654	9 322	8 030	6 774	5 560	4 382
	V	**25 049**	5 633	5 633	IV	17 936	16 996	16 057	15 134	14 230	13 346
	VI	**25 581**	5 633	5 633							
83 375,99	I,IV	**18 889**	5 633	5 633	I	17 009	15 147	13 358	11 647	10 012	8 455
	II	**17 100**	5 633	5 633	II	15 236	13 443	11 727	10 089	8 528	7 044
	III	**12 032**	5 633	5 633	III	10 662	9 332	8 038	6 784	5 568	4 390
	V	**25 063**	5 633	5 633	IV	17 949	17 009	16 071	15 147	14 243	13 358
	VI	**25 594**	5 633	5 633							

* Zur LSt-Berechnung für privat versicherte Arbeitnehmer s. Beispiele **Vorbemerkung S. 4 f.**
** Basisvorsorgepauschale KV und PV *** Typisierter Arbeitgeberzuschuss

Lohn/ Gehalt in € bis	Steuerklasse	Lohn-steuer*	BVSP**	TAGZ***	Steuerklasse	Bemessungsgrundlage für Kirchensteuer und Solidaritätszuschlag – Freibeträge für ... Kinder 0,5	**1,0**	1,5	**2,0**	2,5	**3,0**
83411,99	I,IV	**18903**	5633	5633	I	17023	15161	13371	11659	10024	8466
	II	**17114**	5633	5633	II	15249	13456	11740	10101	8539	7055
	III	**12044**	5633	5633	III	10672	9342	8048	6794	5576	4400
	V	**25077**	5633	5633	IV	17963	17023	16085	15161	14256	13371
	VI	**25608**	5633	5633							
83447,99	I,IV	**18917**	5633	5633	I	17037	15174	13384	11671	10035	8477
	II	**17127**	5633	5633	II	15262	13468	11752	10112	8550	7065
	III	**12054**	5633	5633	III	10682	9350	8056	6802	5586	4408
	V	**25090**	5633	5633	IV	17977	17037	16098	15174	14269	13384
	VI	**25622**	5633	5633							
83483,99	I,IV	**18931**	5633	5633	I	17051	15187	13397	11683	10047	8488
	II	**17141**	5633	5633	II	15276	13481	11764	10124	8561	7076
	III	**12064**	5633	5633	III	10692	9360	8066	6810	5594	4416
	V	**25104**	5633	5633	IV	17991	17051	16112	15187	14282	13397
	VI	**25636**	5633	5633							
83519,99	I,IV	**18944**	5633	5633	I	17064	15201	13410	11696	10059	8499
	II	**17155**	5633	5633	II	15289	13494	11777	10136	8573	7086
	III	**12074**	5633	5633	III	10702	9370	8076	6820	5604	4424
	V	**25118**	5633	5633	IV	18004	17064	16125	15201	14296	13410
	VI	**25649**	5633	5633							
83555,99	I,IV	**18958**	5633	5633	I	17078	15214	13422	11708	10070	8510
	II	**17169**	5633	5633	II	15302	13507	11789	10147	8584	7097
	III	**12084**	5633	5633	III	10712	9380	8084	6830	5612	4434
	V	**25131**	5633	5633	IV	18018	17078	16139	15214	14308	13422
	VI	**25663**	5633	5633							
83591,99	I,IV	**18972**	5633	5633	I	17092	15227	13435	11720	10082	8521
	II	**17182**	5633	5633	II	15316	13520	11801	10159	8595	7107
	III	**12094**	5633	5633	III	10722	9388	8094	6838	5620	4442
	V	**25145**	5633	5633	IV	18032	17092	16153	15227	14322	13435
	VI	**25677**	5633	5633							
83627,99	I,IV	**18986**	5633	5633	I	17106	15241	13448	11732	10094	8532
	II	**17196**	5633	5633	II	15329	13533	11813	10171	8606	7118
	III	**12104**	5633	5633	III	10732	9398	8104	6848	5630	4450
	V	**25159**	5633	5633	IV	18046	17106	16166	15241	14335	13448
	VI	**25691**	5633	5633							
83663,99	I,IV	**18999**	5633	5633	I	17119	15254	13461	11744	10105	8543
	II	**17210**	5633	5633	II	15343	13545	11825	10183	8617	7128
	III	**12114**	5633	5633	III	10742	9408	8112	6856	5638	4458
	V	**25172**	5633	5633	IV	18059	17119	16180	15254	14348	13461
	VI	**25704**	5633	5633							
83699,99	I,IV	**19013**	5633	5633	I	17133	15268	13474	11757	10117	8555
	II	**17224**	5633	5633	II	15356	13558	11838	10194	8628	7139
	III	**12124**	5633	5633	III	10752	9418	8122	6864	5646	4466
	V	**25186**	5633	5633	IV	18073	17133	16194	15268	14361	13474
	VI	**25718**	5633	5633							
83735,99	I,IV	**19027**	5633	5633	I	17147	15281	13487	11769	10129	8566
	II	**17237**	5633	5633	II	15370	13571	11850	10206	8639	7150
	III	**12134**	5633	5633	III	10762	9428	8132	6874	5656	4476
	V	**25200**	5633	5633	IV	18087	17147	16207	15281	14374	13487
	VI	**25732**	5633	5633							
83771,99	I,IV	**19040**	5633	5633	I	17160	15294	13499	11781	10140	8577
	II	**17251**	5633	5633	II	15383	13584	11862	10218	8650	7160
	III	**12144**	5633	5633	III	10772	9436	8140	6884	5664	4484
	V	**25213**	5633	5633	IV	18100	17160	16221	15294	14387	13499
	VI	**25745**	5633	5633							
83807,99	I,IV	**19054**	5633	5633	I	17174	15308	13512	11793	10152	8588
	II	**17265**	5633	5633	II	15396	13597	11875	10230	8662	7171
	III	**12154**	5633	5633	III	10782	9446	8150	6892	5672	4492
	V	**25227**	5633	5633	IV	18114	17174	16234	15308	14400	13512
	VI	**25759**	5633	5633							

* Zur LSt-Berechnung für privat versicherte Arbeitnehmer s. Beispiele **Vorbemerkung S. 4f.**
** Basisvorsorgepauschale KV und PV *** Typisierter Arbeitgeberzuschuss

Lohn/ Gehalt in € bis	Steuerklasse	Lohn-steuer*	BVSP**	TAGZ***	Steuerklasse	Bemessungsgrundlage für Kirchensteuer und Solidaritätszuschlag – Freibeträge für ... Kinder 0,5	**1,0**	1,5	**2,0**	2,5	**3,0**
83843,99	I,IV	**19068**	5633	5633	I	17188	15321	13525	11806	10164	8599
	II	**17279**	5633	5633	II	15410	13610	11887	10241	8673	7182
	III	**12166**	5633	5633	III	10792	9456	8160	6902	5682	4502
	V	**25241**	5633	5633	IV	18128	17188	16248	15321	14413	13525
	VI	**25773**	5633	5633							
83879,99	I,IV	**19081**	5633	5633	I	17201	15334	13538	11818	10175	8610
	II	**17292**	5633	5633	II	15423	13622	11899	10253	8684	7192
	III	**12176**	5633	5633	III	10802	9466	8168	6910	5690	4510
	V	**25255**	5633	5633	IV	18141	17201	16262	15334	14426	13538
	VI	**25786**	5633	5633							
83915,99	I,IV	**19095**	5633	5633	I	17215	15348	13551	11830	10187	8621
	II	**17306**	5633	5633	II	15437	13635	11912	10265	8695	7203
	III	**12186**	5633	5633	III	10810	9476	8178	6920	5700	4518
	V	**25268**	5633	5633	IV	18155	17215	16276	15348	14440	13551
	VI	**25800**	5633	5633							
83951,99	I,IV	**19109**	5633	5633	I	17229	15361	13563	11843	10199	8633
	II	**17320**	5633	5633	II	15450	13648	11924	10277	8706	7213
	III	**12196**	5633	5633	III	10822	9486	8188	6928	5708	4526
	V	**25282**	5633	5633	IV	18169	17229	16289	15361	14453	13563
	VI	**25814**	5633	5633							
83987,99	I,IV	**19122**	5633	5633	I	17243	15375	13576	11855	10211	8644
	II	**17333**	5633	5633	II	15463	13661	11936	10288	8717	7224
	III	**12206**	5633	5633	III	10830	9494	8196	6938	5716	4534
	V	**25296**	5633	5633	IV	18182	17243	16303	15375	14466	13576
	VI	**25827**	5633	5633							
84023,99	I,IV	**19136**	5633	5633	I	17256	15388	13589	11867	10222	8655
	II	**17347**	5633	5633	II	15477	13674	11948	10300	8729	7235
	III	**12216**	5633	5633	III	10840	9504	8206	6946	5726	4544
	V	**25310**	5633	5633	IV	18196	17256	16317	15388	14479	13589
	VI	**25841**	5633	5633							
84059,99	I,IV	**19150**	5633	5633	I	17270	15402	13602	11880	10234	8666
	II	**17361**	5633	5633	II	15490	13687	11961	10312	8740	7245
	III	**12226**	5633	5633	III	10850	9514	8216	6956	5734	4552
	V	**25323**	5633	5633	IV	18210	17270	16330	15402	14492	13602
	VI	**25855**	5633	5633							
84095,99	I,IV	**19164**	5633	5633	I	17284	15415	13615	11892	10246	8677
	II	**17374**	5633	5633	II	15504	13700	11973	10323	8751	7256
	III	**12236**	5633	5633	III	10860	9524	8224	6964	5744	4560
	V	**25337**	5633	5633	IV	18224	17284	16344	15415	14505	13615
	VI	**25869**	5633	5633							
84131,99	I,IV	**19177**	5633	5633	I	17298	15428	13628	11904	10258	8688
	II	**17388**	5633	5633	II	15517	13713	11985	10335	8762	7266
	III	**12246**	5633	5633	III	10870	9532	8234	6974	5752	4568
	V	**25351**	5633	5633	IV	18238	17298	16358	15428	14518	13628
	VI	**25882**	5633	5633							
84167,99	I,IV	**19191**	5633	5633	I	17311	15442	13641	11916	10269	8700
	II	**17402**	5633	5633	II	15531	13726	11998	10347	8774	7277
	III	**12256**	5633	5633	III	10880	9542	8244	6982	5760	4578
	V	**25365**	5633	5633	IV	18251	17311	16372	15442	14532	13641
	VI	**25896**	5633	5633							
84203,99	I,IV	**19205**	5633	5633	I	17325	15455	13653	11928	10281	8711
	II	**17416**	5633	5633	II	15544	13738	12010	10359	8785	7288
	III	**12266**	5633	5633	III	10890	9552	8252	6992	5770	4586
	V	**25378**	5633	5633	IV	18265	17325	16385	15455	14544	13653
	VI	**25910**	5633	5633							
84239,99	I,IV	**19219**	5633	5633	I	17339	15469	13666	11941	10293	8722
	II	**17429**	5633	5633	II	15558	13751	12022	10371	8796	7298
	III	**12276**	5633	5633	III	10900	9562	8262	7000	5778	4594
	V	**25392**	5633	5633	IV	18279	17339	16399	15469	14558	13666
	VI	**25924**	5633	5633							

* Zur LSt-Berechnung für privat versicherte Arbeitnehmer s. Beispiele **Vorbemerkung S. 4f.**
** Basisvorsorgepauschale KV und PV *** Typisierter Arbeitgeberzuschuss

Lohn/ Gehalt in € bis	Steuerklasse	Lohn-steuer*	BVSP**	TAGZ***	Steuerklasse	Bemessungsgrundlage für Kirchensteuer und Solidaritätszuschlag – Freibeträge für ... Kinder 0,5	1,0	1,5	2,0	2,5	3,0
84 275,99	I,IV	**19 232**	5 633	5 633	I	17 352	15 482	13 679	11 953	10 304	8 733
	II	**17 443**	5 633	5 633	II	15 571	13 764	12 034	10 382	8 807	7 309
	III	**12 286**	5 633	5 633	III	10 910	9 572	8 270	7 010	5 786	4 602
	V	**25 405**	5 633	5 633	IV	18 292	17 352	16 412	15 482	14 571	13 679
	VI	**25 937**	5 633	5 633							
84 311,99	I,IV	**19 246**	5 633	5 633	I	17 366	15 495	13 692	11 965	10 316	8 744
	II	**17 457**	5 633	5 633	II	15 584	13 777	12 047	10 394	8 818	7 320
	III	**12 298**	5 633	5 633	III	10 920	9 582	8 280	7 018	5 796	4 612
	V	**25 419**	5 633	5 633	IV	18 306	17 366	16 426	15 495	14 584	13 692
	VI	**25 951**	5 633	5 633							
84 347,99	I,IV	**19 260**	5 633	5 633	I	17 380	15 509	13 705	11 978	10 328	8 755
	II	**17 471**	5 633	5 633	II	15 598	13 790	12 059	10 406	8 830	7 330
	III	**12 308**	5 633	5 633	III	10 930	9 590	8 290	7 028	5 804	4 620
	V	**25 433**	5 633	5 633	IV	18 320	17 380	16 440	15 509	14 597	13 705
	VI	**25 965**	5 633	5 633							
84 383,99	I,IV	**19 273**	5 633	5 633	I	17 393	15 522	13 717	11 990	10 340	8 766
	II	**17 484**	5 633	5 633	II	15 611	13 803	12 072	10 417	8 841	7 341
	III	**12 318**	5 633	5 633	III	10 940	9 600	8 300	7 036	5 814	4 628
	V	**25 447**	5 633	5 633	IV	18 333	17 393	16 453	15 522	14 610	13 717
	VI	**25 978**	5 633	5 633							
84 419,99	I,IV	**19 287**	5 633	5 633	I	17 407	15 536	13 730	12 002	10 351	8 778
	II	**17 498**	5 633	5 633	II	15 625	13 816	12 084	10 429	8 852	7 352
	III	**12 328**	5 633	5 633	III	10 950	9 610	8 308	7 046	5 822	4 636
	V	**25 460**	5 633	5 633	IV	18 347	17 407	16 467	15 536	14 623	13 730
	VI	**25 992**	5 633	5 633							
84 455,99	I,IV	**19 301**	5 633	5 633	I	17 421	15 549	13 744	12 015	10 363	8 789
	II	**17 512**	5 633	5 633	II	15 638	13 829	12 096	10 441	8 863	7 362
	III	**12 338**	5 633	5 633	III	10 960	9 620	8 318	7 056	5 830	4 646
	V	**25 474**	5 633	5 633	IV	18 361	17 421	16 481	15 549	14 637	13 744
	VI	**26 006**	5 633	5 633							
84 491,99	I,IV	**19 314**	5 633	5 633	I	17 434	15 563	13 756	12 027	10 375	8 800
	II	**17 525**	5 633	5 633	II	15 652	13 842	12 109	10 453	8 874	7 373
	III	**12 348**	5 633	5 633	III	10 970	9 628	8 328	7 064	5 840	4 654
	V	**25 488**	5 633	5 633	IV	18 374	17 434	16 495	15 563	14 650	13 756
	VI	**26 019**	5 633	5 633							
84 527,99	I,IV	**19 328**	5 633	5 633	I	17 448	15 576	13 769	12 039	10 387	8 811
	II	**17 539**	5 633	5 633	II	15 665	13 855	12 121	10 465	8 886	7 384
	III	**12 358**	5 633	5 633	III	10 980	9 638	8 336	7 074	5 848	4 662
	V	**25 502**	5 633	5 633	IV	18 388	17 448	16 508	15 576	14 663	13 769
	VI	**26 033**	5 633	5 633							
84 563,99	I,IV	**19 342**	5 633	5 633	I	17 462	15 590	13 782	12 052	10 399	8 823
	II	**17 553**	5 633	5 633	II	15 679	13 868	12 134	10 477	8 897	7 394
	III	**12 368**	5 633	5 633	III	10 990	9 648	8 346	7 082	5 858	4 670
	V	**25 515**	5 633	5 633	IV	18 402	17 462	16 522	15 590	14 676	13 782
	VI	**26 047**	5 633	5 633							
84 599,99	I,IV	**19 356**	5 633	5 633	I	17 476	15 603	13 795	12 064	10 410	8 834
	II	**17 566**	5 633	5 633	II	15 692	13 880	12 146	10 488	8 908	7 405
	III	**12 378**	5 633	5 633	III	10 998	9 658	8 356	7 092	5 866	4 680
	V	**25 529**	5 633	5 633	IV	18 416	17 476	16 536	15 603	14 689	13 795
	VI	**26 061**	5 633	5 633							
84 635,99	I,IV	**19 369**	5 633	5 633	I	17 489	15 617	13 808	12 076	10 422	8 845
	II	**17 580**	5 633	5 633	II	15 706	13 893	12 158	10 500	8 919	7 416
	III	**12 390**	5 633	5 633	III	11 010	9 668	8 364	7 100	5 874	4 688
	V	**25 543**	5 633	5 633	IV	18 429	17 489	16 550	15 617	14 703	13 808
	VI	**26 074**	5 633	5 633							
84 671,99	I,IV	**19 383**	5 633	5 633	I	17 503	15 630	13 821	12 089	10 434	8 856
	II	**17 594**	5 633	5 633	II	15 719	13 907	12 171	10 512	8 931	7 426
	III	**12 400**	5 633	5 633	III	11 018	9 678	8 374	7 110	5 884	4 696
	V	**25 557**	5 633	5 633	IV	18 443	17 503	16 563	15 630	14 716	13 821
	VI	**26 088**	5 633	5 633							

* Zur LSt-Berechnung für privat versicherte Arbeitnehmer s. Beispiele **Vorbemerkung S. 4 f.**
** Basisvorsorgepauschale KV und PV *** Typisierter Arbeitgeberzuschuss

Lohn/ Gehalt in € bis	Steuerklasse	Lohn-steuer*	BVSP**	TAGZ***	Steuerklasse	Bemessungsgrundlage für Kirchensteuer und Solidaritätszuschlag – Freibeträge für ... Kinder 0,5	1,0	1,5	2,0	2,5	3,0
84 707,99	I,IV	**19 397**	5 633	5 633	I	17 517	15 643	13 834	12 101	10 446	8 867
	II	**17 608**	5 633	5 633	II	15 733	13 919	12 183	10 524	8 942	7 437
	III	**12 410**	5 633	5 633	III	11 028	9 686	8 384	7 118	5 892	4 704
	V	**25 570**	5 633	5 633	IV	18 457	17 517	16 577	15 643	14 729	13 834
	VI	**26 102**	5 633	5 633							
84 743,99	I,IV	**19 411**	5 633	5 633	I	17 531	15 657	13 847	12 114	10 458	8 879
	II	**17 621**	5 633	5 633	II	15 746	13 932	12 195	10 536	8 953	7 448
	III	**12 420**	5 633	5 633	III	11 040	9 696	8 394	7 128	5 902	4 714
	V	**25 584**	5 633	5 633	IV	18 471	17 531	16 591	15 657	14 742	13 847
	VI	**26 116**	5 633	5 633							
84 779,99	I,IV	**19 424**	5 633	5 633	I	17 545	15 671	13 860	12 126	10 469	8 890
	II	**17 635**	5 633	5 633	II	15 760	13 945	12 208	10 548	8 965	7 459
	III	**12 430**	5 633	5 633	III	11 048	9 706	8 402	7 136	5 910	4 722
	V	**25 598**	5 633	5 633	IV	18 484	17 545	16 605	15 671	14 756	13 860
	VI	**26 129**	5 633	5 633							
84 815,99	I,IV	**19 438**	5 633	5 633	I	17 558	15 684	13 872	12 138	10 481	8 901
	II	**17 649**	5 633	5 633	II	15 773	13 958	12 220	10 559	8 976	7 469
	III	**12 440**	5 633	5 633	III	11 058	9 716	8 412	7 146	5 918	4 730
	V	**25 611**	5 633	5 633	IV	18 498	17 558	16 618	15 684	14 769	13 872
	VI	**26 143**	5 633	5 633							
84 851,99	I,IV	**19 452**	5 633	5 633	I	17 572	15 698	13 885	12 151	10 493	8 912
	II	**17 663**	5 633	5 633	II	15 787	13 971	12 233	10 571	8 987	7 480
	III	**12 450**	5 633	5 633	III	11 068	9 726	8 422	7 156	5 928	4 740
	V	**25 625**	5 633	5 633	IV	18 512	17 572	16 632	15 698	14 782	13 885
	VI	**26 157**	5 633	5 633							
84 887,99	I,IV	**19 466**	5 633	5 633	I	17 586	15 711	13 899	12 163	10 505	8 924
	II	**17 676**	5 633	5 633	II	15 801	13 984	12 245	10 583	8 998	7 491
	III	**12 460**	5 633	5 633	III	11 078	9 736	8 430	7 164	5 936	4 748
	V	**25 639**	5 633	5 633	IV	18 526	17 586	16 646	15 711	14 795	13 899
	VI	**26 171**	5 633	5 633							
84 923,99	I,IV	**19 479**	5 633	5 633	I	17 599	15 724	13 911	12 175	10 516	8 935
	II	**17 690**	5 633	5 633	II	15 814	13 997	12 257	10 595	9 009	7 501
	III	**12 470**	5 633	5 633	III	11 088	9 744	8 440	7 174	5 946	4 756
	V	**25 652**	5 633	5 633	IV	18 539	17 599	16 659	15 724	14 808	13 911
	VI	**26 184**	5 633	5 633							
84 959,99	I,IV	**19 493**	5 633	5 633	I	17 613	15 738	13 924	12 188	10 528	8 946
	II	**17 704**	5 633	5 633	II	15 828	14 010	12 270	10 607	9 021	7 512
	III	**12 482**	5 633	5 633	III	11 098	9 754	8 450	7 182	5 954	4 764
	V	**25 666**	5 633	5 633	IV	18 553	17 613	16 673	15 738	14 822	13 924
	VI	**26 198**	5 633	5 633							
84 995,99	I,IV	**19 507**	5 633	5 633	I	17 627	15 752	13 937	12 200	10 540	8 958
	II	**17 718**	5 633	5 633	II	15 841	14 023	12 282	10 619	9 032	7 523
	III	**12 492**	5 633	5 633	III	11 108	9 764	8 458	7 192	5 962	4 774
	V	**25 680**	5 633	5 633	IV	18 567	17 627	16 687	15 752	14 835	13 937
	VI	**26 212**	5 633	5 633							
85 031,99	I,IV	**19 520**	5 633	5 633	I	17 640	15 765	13 950	12 212	10 552	8 969
	II	**17 731**	5 633	5 633	II	15 854	14 036	12 295	10 630	9 043	7 533
	III	**12 502**	5 633	5 633	III	11 118	9 774	8 468	7 200	5 972	4 782
	V	**25 693**	5 633	5 633	IV	18 580	17 640	16 700	15 765	14 848	13 950
	VI	**26 225**	5 633	5 633							
85 067,99	I,IV	**19 534**	5 633	5 633	I	17 654	15 779	13 963	12 225	10 564	8 980
	II	**17 745**	5 633	5 633	II	15 868	14 049	12 307	10 642	9 055	7 544
	III	**12 512**	5 633	5 633	III	11 128	9 784	8 478	7 210	5 980	4 790
	V	**25 707**	5 633	5 633	IV	18 594	17 654	16 714	15 779	14 861	13 963
	VI	**26 239**	5 633	5 633							
85 103,99	I,IV	**19 547**	5 633	5 633	I	17 668	15 792	13 976	12 237	10 576	8 991
	II	**17 758**	5 633	5 633	II	15 881	14 062	12 319	10 654	9 066	7 555
	III	**12 522**	5 633	5 633	III	11 138	9 794	8 486	7 218	5 990	4 798
	V	**25 721**	5 633	5 633	IV	18 608	17 668	16 728	15 792	14 874	13 976
	VI	**26 253**	5 633	5 633							

* Zur LSt-Berechnung für privat versicherte Arbeitnehmer s. Beispiele **Vorbemerkung S. 4 f.**
** Basisvorsorgepauschale KV und PV *** Typisierter Arbeitgeberzuschuss

Lohn/ Gehalt in € bis	Steuerklasse	Lohn- steuer*	BVSP**	TAGZ***	Steuerklasse	Bemessungsgrundlage für Kirchensteuer und Solidaritätszuschlag					
						Freibeträge für ... Kinder					
						0,5	**1,0**	1,5	**2,0**	2,5	**3,0**
85 139,99	I,IV	**19 561**	5 633	5 633	I	17 681	15 806	13 989	12 250	10 588	9 002
West	II	**17 772**	5 633	5 633	II	15 895	14 075	12 332	10 666	9 077	7 566
	III	**12 532**	5 633	5 633	III	11 148	9 802	8 496	7 228	5 998	4 808
	V	**25 735**	5 633	5 633	IV	18 621	17 681	16 741	15 806	14 888	13 989
	VI	**26 266**	5 633	5 633							
85 139,99	I,IV	**19 561**	5 633	5 633	I	17 681	15 806	13 989	12 250	10 588	9 002
Ost	II	**17 772**	5 633	5 633	II	15 895	14 075	12 332	10 666	9 077	7 566
	III	**12 532**	5 633	5 633	III	11 148	9 802	8 496	7 228	5 998	4 808
	V	**25 735**	5 633	5 633	IV	18 621	17 681	16 741	15 806	14 888	13 989
	VI	**26 266**	5 633	5 633							
85 175,99	I,IV	**19 575**	5 633	5 633	I	17 695	15 819	14 002	12 262	10 599	9 014
West	II	**17 786**	5 633	5 633	II	15 909	14 088	12 344	10 678	9 089	7 577
	III	**12 542**	5 633	5 633	III	11 158	9 812	8 506	7 238	6 008	4 816
	V	**25 749**	5 633	5 633	IV	18 635	17 695	16 755	15 819	14 901	14 002
	VI	**26 280**	5 633	5 633							
85 175,99	I,IV	**19 575**	5 633	5 633	I	17 695	15 819	14 002	12 262	10 599	9 014
Ost	II	**17 786**	5 633	5 633	II	15 909	14 088	12 344	10 678	9 089	7 577
	III	**12 542**	5 633	5 633	III	11 158	9 812	8 506	7 238	6 008	4 816
	V	**25 749**	5 633	5 633	IV	18 635	17 695	16 755	15 819	14 901	14 002
	VI	**26 280**	5 633	5 633							
85 211,99	I,IV	**19 589**	5 633	5 633	I	17 709	15 833	14 015	12 274	10 611	9 025
West	II	**17 799**	5 633	5 633	II	15 922	14 101	12 357	10 690	9 100	7 587
	III	**12 552**	5 633	5 633	III	11 168	9 822	8 514	7 246	6 016	4 824
	V	**25 762**	5 633	5 633	IV	18 649	17 709	16 769	15 833	14 914	14 015
	VI	**26 294**	5 633	5 633							
85 211,99	I,IV	**19 589**	5 633	5 633	I	17 710	15 833	14 016	12 275	10 612	9 026
Ost	II	**17 800**	5 633	5 633	II	15 923	14 102	12 357	10 690	9 100	7 588
	III	**12 554**	5 633	5 633	III	11 168	9 822	8 516	7 246	6 016	4 824
	V	**25 763**	5 633	5 633	IV	18 650	17 710	16 770	15 833	14 915	14 016
	VI	**26 295**	5 633	5 633							
85 247,99	I,IV	**19 603**	5 633	5 633	I	17 723	15 846	14 028	12 287	10 623	9 036
West	II	**17 813**	5 633	5 633	II	15 936	14 114	12 369	10 702	9 111	7 598
	III	**12 562**	5 633	5 633	III	11 178	9 832	8 524	7 256	6 024	4 832
	V	**25 776**	5 633	5 633	IV	18 663	17 723	16 783	15 846	14 927	14 028
	VI	**26 308**	5 633	5 633							
85 247,99	I,IV	**19 605**	5 633	5 633	I	17 725	15 848	14 030	12 289	10 625	9 038
Ost	II	**17 815**	5 633	5 633	II	15 938	14 116	12 371	10 703	9 113	7 600
	III	**12 564**	5 633	5 633	III	11 180	9 834	8 526	7 256	6 026	4 834
	V	**25 778**	5 633	5 633	IV	18 665	17 725	16 785	15 848	14 929	14 030
	VI	**26 310**	5 633	5 633							
85 283,99	I,IV	**19 616**	5 633	5 633	I	17 736	15 860	14 041	12 299	10 635	9 048
West	II	**17 827**	5 633	5 633	II	15 950	14 127	12 382	10 714	9 123	7 609
	III	**12 574**	5 633	5 633	III	11 188	9 842	8 534	7 264	6 034	4 842
	V	**25 790**	5 633	5 633	IV	18 676	17 736	16 796	15 860	14 941	14 041
	VI	**26 321**	5 633	5 633							
85 283,99	I,IV	**19 620**	5 633	5 633	I	17 740	15 863	14 044	12 303	10 638	9 051
Ost	II	**17 831**	5 633	5 633	II	15 953	14 130	12 385	10 717	9 125	7 611
	III	**12 576**	5 633	5 633	III	11 190	9 844	8 536	7 266	6 036	4 844
	V	**25 793**	5 633	5 633	IV	18 680	17 740	16 800	15 863	14 944	14 044
	VI	**26 325**	5 633	5 633							
85 319,99	I,IV	**19 630**	5 633	5 633	I	17 750	15 873	14 054	12 312	10 647	9 059
West	II	**17 841**	5 633	5 633	II	15 963	14 140	12 394	10 725	9 134	7 619
	III	**12 584**	5 633	5 633	III	11 198	9 852	8 544	7 274	6 042	4 850
	V	**25 803**	5 633	5 633	IV	18 690	17 750	16 810	15 873	14 954	14 054
	VI	**26 335**	5 633	5 633							
85 319,99	I,IV	**19 635**	5 633	5 633	I	17 755	15 878	14 059	12 316	10 651	9 063
Ost	II	**17 846**	5 633	5 633	II	15 968	14 145	12 399	10 730	9 138	7 623
	III	**12 588**	5 633	5 633	III	11 202	9 854	8 546	7 276	6 046	4 854
	V	**25 808**	5 633	5 633	IV	18 695	17 755	16 815	15 878	14 959	14 059
	VI	**26 340**	5 633	5 633							

* Zur LSt-Berechnung für privat versicherte Arbeitnehmer s. Beispiele **Vorbemerkung S. 4f.**
** Basisvorsorgepauschale KV und PV *** Typisierter Arbeitgeberzuschuss

Lohn/ Gehalt in € bis	Steuerklasse	Lohn-steuer*	BVSP**	TAGZ***	Steuerklasse	Bemessungsgrundlage für Kirchensteuer und Solidaritätszuschlag – Freibeträge für ... Kinder 0,5	1,0	1,5	2,0	2,5	3,0
85 355,99 West	I,IV	**19 644**	5 633	5 633	I	17 764	15 887	14 067	12 324	10 659	9 070
	II	**17 854**	5 633	5 633	II	15 977	14 153	12 407	10 737	9 145	7 630
	III	**12 594**	5 633	5 633	III	11 208	9 860	8 552	7 282	6 052	4 858
	V	**25 817**	5 633	5 633	IV	18 704	17 764	16 824	15 887	14 967	14 067
	VI	**26 349**	5 633	5 633							
85 355,99 Ost	I,IV	**19 650**	5 633	5 633	I	17 770	15 893	14 073	12 330	10 664	9 075
	II	**17 861**	5 633	5 633	II	15 983	14 159	12 412	10 743	9 150	7 635
	III	**12 598**	5 633	5 633	III	11 212	9 866	8 556	7 286	6 056	4 862
	V	**25 823**	5 633	5 633	IV	18 710	17 770	16 830	15 893	14 973	14 073
	VI	**26 355**	5 633	5 633							
85 391,99 West	I,IV	**19 658**	5 633	5 633	I	17 778	15 901	14 080	12 337	10 671	9 082
	II	**17 868**	5 633	5 633	II	15 990	14 166	12 419	10 749	9 157	7 641
	III	**12 604**	5 633	5 633	III	11 218	9 870	8 562	7 292	6 060	4 868
	V	**25 831**	5 633	5 633	IV	18 718	17 778	16 838	15 901	14 981	14 080
	VI	**26 363**	5 633	5 633							
85 391,99 Ost	I,IV	**19 665**	5 633	5 633	I	17 785	15 908	14 087	12 344	10 677	9 088
	II	**17 876**	5 633	5 633	II	15 998	14 173	12 426	10 756	9 163	7 647
	III	**12 610**	5 633	5 633	III	11 224	9 876	8 568	7 296	6 066	4 872
	V	**25 838**	5 633	5 633	IV	18 725	17 785	16 845	15 908	14 988	14 087
	VI	**26 370**	5 633	5 633							
85 427,99 West	I,IV	**19 671**	5 633	5 633	I	17 791	15 914	14 093	12 349	10 682	9 093
	II	**17 882**	5 633	5 633	II	16 004	14 179	12 431	10 761	9 168	7 652
	III	**12 614**	5 633	5 633	III	11 228	9 880	8 572	7 300	6 070	4 876
	V	**25 844**	5 633	5 633	IV	18 731	17 791	16 851	15 914	14 994	14 093
	VI	**26 376**	5 633	5 633							
85 427,99 Ost	I,IV	**19 680**	5 633	5 633	I	17 800	15 923	14 102	12 357	10 690	9 100
	II	**17 891**	5 633	5 633	II	16 013	14 188	12 440	10 769	9 175	7 659
	III	**12 622**	5 633	5 633	III	11 234	9 886	8 578	7 308	6 074	4 882
	V	**25 854**	5 633	5 633	IV	18 740	17 800	16 860	15 923	15 003	14 102
	VI	**26 385**	5 633	5 633							
85 463,99 West	I,IV	**19 685**	5 633	5 633	I	17 805	15 928	14 106	12 362	10 694	9 104
	II	**17 896**	5 633	5 633	II	16 017	14 192	12 444	10 773	9 179	7 663
	III	**12 624**	5 633	5 633	III	11 238	9 890	8 580	7 310	6 078	4 884
	V	**25 858**	5 633	5 633	IV	18 745	17 805	16 865	15 928	15 007	14 106
	VI	**26 390**	5 633	5 633							
85 463,99 Ost	I,IV	**19 695**	5 633	5 633	I	17 815	15 938	14 116	12 371	10 703	9 113
	II	**17 906**	5 633	5 633	II	16 028	14 202	12 454	10 782	9 188	7 671
	III	**12 632**	5 633	5 633	III	11 246	9 898	8 588	7 318	6 084	4 890
	V	**25 869**	5 633	5 633	IV	18 755	17 815	16 875	15 938	15 017	14 116
	VI	**26 400**	5 633	5 633							
85 499,99 West	I,IV	**19 699**	5 633	5 633	I	17 819	15 941	14 119	12 374	10 706	9 116
	II	**17 909**	5 633	5 633	II	16 031	14 205	12 457	10 785	9 191	7 673
	III	**12 634**	5 633	5 633	III	11 248	9 900	8 590	7 320	6 086	4 894
	V	**25 872**	5 633	5 633	IV	18 759	17 819	16 879	15 941	15 021	14 119
	VI	**26 404**	5 633	5 633							
85 499,99 Ost	I,IV	**19 710**	5 633	5 633	I	17 831	15 953	14 130	12 385	10 717	9 125
	II	**17 921**	5 633	5 633	II	16 043	14 216	12 467	10 795	9 200	7 683
	III	**12 644**	5 633	5 633	III	11 256	9 908	8 598	7 328	6 094	4 900
	V	**25 884**	5 633	5 633	IV	18 770	17 831	16 891	15 953	15 032	14 130
	VI	**26 415**	5 633	5 633							
85 535,99 West	I,IV	**19 712**	5 633	5 633	I	17 832	15 955	14 132	12 386	10 718	9 127
	II	**17 923**	5 633	5 633	II	16 045	14 218	12 469	10 797	9 202	7 684
	III	**12 644**	5 633	5 633	III	11 258	9 910	8 600	7 328	6 096	4 902
	V	**25 885**	5 633	5 633	IV	18 772	17 832	16 892	15 955	15 034	14 132
	VI	**26 417**	5 633	5 633							
85 535,99 Ost	I,IV	**19 726**	5 633	5 633	I	17 846	15 968	14 145	12 399	10 730	9 138
	II	**17 936**	5 633	5 633	II	16 058	14 231	12 481	10 808	9 213	7 695
	III	**12 656**	5 633	5 633	III	11 268	9 918	8 608	7 338	6 104	4 910
	V	**25 899**	5 633	5 633	IV	18 786	17 846	16 906	15 968	15 047	14 145
	VI	**26 431**	5 633	5 633							

* Zur LSt-Berechnung für privat versicherte Arbeitnehmer s. Beispiele **Vorbemerkung S. 4 f.**
** Basisvorsorgepauschale KV und PV *** Typisierter Arbeitgeberzuschuss

Lohn/ Gehalt in € bis	Steuerklasse	Lohnsteuer*	BVSP**	TAGZ***	Steuerklasse	Bemessungsgrundlage für Kirchensteuer und Solidaritätszuschlag					
						Freibeträge für ... Kinder					
						0,5	**1,0**	1,5	**2,0**	2,5	**3,0**
85 571,99 West	I,IV	**19 726**	5 633	5 633	I	17 846	15 968	14 145	12 399	10 730	9 138
	II	**17 937**	5 633	5 633	II	16 058	14 231	12 481	10 809	9 213	7 695
	III	**12 656**	5 633	5 633	III	11 268	9 918	8 608	7 338	6 104	4 910
	V	**25 899**	5 633	5 633	IV	18 786	17 846	16 906	15 968	15 047	14 145
	VI	**26 431**	5 633	5 633							
85 571,99 Ost	I,IV	**19 741**	5 633	5 633	I	17 861	15 983	14 159	12 412	10 743	9 150
	II	**17 951**	5 633	5 633	II	16 073	14 245	12 495	10 822	9 225	7 707
	III	**12 666**	5 633	5 633	III	11 278	9 930	8 620	7 348	6 114	4 920
	V	**25 914**	5 633	5 633	IV	18 801	17 861	16 921	15 983	15 061	14 159
	VI	**26 446**	5 633	5 633							
85 607,99 West	I,IV	**19 740**	5 633	5 633	I	17 860	15 982	14 158	12 412	10 742	9 150
	II	**17 951**	5 633	5 633	II	16 072	14 244	12 494	10 821	9 225	7 706
	III	**12 666**	5 633	5 633	III	11 278	9 930	8 618	7 346	6 114	4 918
	V	**25 913**	5 633	5 633	IV	18 800	17 860	16 920	15 982	15 060	14 158
	VI	**26 445**	5 633	5 633							
85 607,99 Ost	I,IV	**19 756**	5 633	5 633	I	17 876	15 998	14 173	12 426	10 756	9 163
	II	**17 967**	5 633	5 633	II	16 088	14 260	12 509	10 835	9 238	7 718
	III	**12 678**	5 633	5 633	III	11 290	9 940	8 630	7 358	6 124	4 928
	V	**25 929**	5 633	5 633	IV	18 816	17 876	16 936	15 998	15 076	14 173
	VI	**26 461**	5 633	5 633							
85 643,99 West	I,IV	**19 753**	5 633	5 633	I	17 873	15 995	14 171	12 424	10 754	9 161
	II	**17 964**	5 633	5 633	II	16 085	14 257	12 506	10 832	9 236	7 716
	III	**12 676**	5 633	5 633	III	11 288	9 938	8 628	7 356	6 122	4 928
	V	**25 927**	5 633	5 633	IV	18 813	17 873	16 933	15 995	15 074	14 171
	VI	**26 458**	5 633	5 633							
85 643,99 Ost	I,IV	**19 771**	5 633	5 633	I	17 891	16 013	14 188	12 440	10 769	9 175
	II	**17 982**	5 633	5 633	II	16 103	14 274	12 522	10 848	9 251	7 730
	III	**12 690**	5 633	5 633	III	11 300	9 952	8 640	7 368	6 134	4 938
	V	**25 944**	5 633	5 633	IV	18 831	17 891	16 951	16 013	15 091	14 188
	VI	**26 476**	5 633	5 633							
85 679,99 West	I,IV	**19 767**	5 633	5 633	I	17 887	16 009	14 184	12 436	10 766	9 172
	II	**17 978**	5 633	5 633	II	16 099	14 270	12 519	10 845	9 247	7 727
	III	**12 686**	5 633	5 633	III	11 298	9 948	8 638	7 364	6 130	4 936
	V	**25 940**	5 633	5 633	IV	18 827	17 887	16 947	16 009	15 087	14 184
	VI	**26 472**	5 633	5 633							
85 679,99 Ost	I,IV	**19 786**	5 633	5 633	I	17 906	16 028	14 202	12 454	10 782	9 188
	II	**17 997**	5 633	5 633	II	16 118	14 288	12 536	10 861	9 263	7 742
	III	**12 700**	5 633	5 633	III	11 312	9 962	8 650	7 378	6 144	4 948
	V	**25 959**	5 633	5 633	IV	18 846	17 906	16 966	16 028	15 105	14 202
	VI	**26 491**	5 633	5 633							
85 715,99 West	I,IV	**19 781**	5 633	5 633	I	17 901	16 023	14 197	12 449	10 778	9 184
	II	**17 992**	5 633	5 633	II	16 113	14 284	12 532	10 857	9 259	7 738
	III	**12 696**	5 633	5 633	III	11 308	9 958	8 646	7 374	6 140	4 944
	V	**25 954**	5 633	5 633	IV	18 841	17 901	16 961	16 023	15 100	14 197
	VI	**26 486**	5 633	5 633							
85 715,99 Ost	I,IV	**19 801**	5 633	5 633	I	17 921	16 043	14 216	12 467	10 795	9 200
	II	**18 012**	5 633	5 633	II	16 133	14 303	12 550	10 874	9 276	7 754
	III	**12 712**	5 633	5 633	III	11 322	9 972	8 660	7 388	6 154	4 958
	V	**25 974**	5 633	5 633	IV	18 861	17 921	16 981	16 043	15 120	14 216
	VI	**26 506**	5 633	5 633							
85 751,99 West	I,IV	**19 794**	5 633	5 633	I	17 915	16 036	14 210	12 461	10 789	9 195
	II	**18 005**	5 633	5 633	II	16 126	14 296	12 544	10 868	9 270	7 749
	III	**12 706**	5 633	5 633	III	11 318	9 968	8 656	7 384	6 148	4 952
	V	**25 968**	5 633	5 633	IV	18 854	17 915	16 975	16 036	15 113	14 210
	VI	**26 499**	5 633	5 633							
85 751,99 Ost	I,IV	**19 816**	5 633	5 633	I	17 936	16 058	14 231	12 481	10 808	9 213
	II	**18 027**	5 633	5 633	II	16 148	14 317	12 564	10 887	9 288	7 766
	III	**12 722**	5 633	5 633	III	11 334	9 984	8 672	7 398	6 162	4 966
	V	**25 990**	5 633	5 633	IV	18 876	17 936	16 996	16 058	15 135	14 231
	VI	**26 521**	5 633	5 633							

* Zur LSt-Berechnung für privat versicherte Arbeitnehmer s. Beispiele **Vorbemerkung S. 4 f.**
** Basisvorsorgepauschale KV und PV *** Typisierter Arbeitgeberzuschuss

Lohn/ Gehalt in € bis	Steuerklasse	Lohnsteuer*	BVSP**	TAGZ***	Steuerklasse	Bemessungsgrundlage für Kirchensteuer und Solidaritätszuschlag					
						Freibeträge für ... Kinder					
						0,5	**1,0**	1,5	**2,0**	2,5	**3,0**
85 787,99	I,IV	**19 808**	5 633	5 633	I	17 928	16 050	14 223	12 474	10 801	9 206
West	II	**18 019**	5 633	5 633	II	16 140	14 310	12 556	10 880	9 282	7 760
	III	**12 716**	5 633	5 633	III	11 328	9 978	8 666	7 392	6 158	4 962
	V	**25 982**	5 633	5 633	IV	18 868	17 928	16 988	16 050	15 127	14 223
	VI	**26 513**	5 633	5 633							
85 787,99	I,IV	**19 831**	5 633	5 633	I	17 951	16 073	14 245	12 495	10 822	9 225
Ost	II	**18 042**	5 633	5 633	II	16 163	14 332	12 578	10 901	9 301	7 778
	III	**12 734**	5 633	5 633	III	11 344	9 994	8 682	7 408	6 172	4 976
	V	**26 005**	5 633	5 633	IV	18 891	17 951	17 012	16 073	15 149	14 245
	VI	**26 536**	5 633	5 633							
85 823,99	I,IV	**19 822**	5 633	5 633	I	17 942	16 063	14 236	12 486	10 813	9 217
West	II	**18 033**	5 633	5 633	II	16 153	14 322	12 569	10 892	9 293	7 770
	III	**12 726**	5 633	5 633	III	11 338	9 986	8 674	7 402	6 166	4 970
	V	**25 995**	5 633	5 633	IV	18 882	17 942	17 002	16 063	15 140	14 236
	VI	**26 527**	5 633	5 633							
85 823,99	I,IV	**19 847**	5 633	5 633	I	17 967	16 088	14 260	12 509	10 835	9 238
Ost	II	**18 057**	5 633	5 633	II	16 178	14 346	12 591	10 914	9 313	7 790
	III	**12 746**	5 633	5 633	III	11 356	10 004	8 692	7 418	6 182	4 986
	V	**26 020**	5 633	5 633	IV	18 907	17 967	17 027	16 088	15 164	14 260
	VI	**26 552**	5 633	5 633							
85 859,99	I,IV	**19 836**	5 633	5 633	I	17 956	16 077	14 249	12 499	10 825	9 229
West	II	**18 046**	5 633	5 633	II	16 167	14 336	12 581	10 904	9 304	7 781
	III	**12 738**	5 633	5 633	III	11 348	9 996	8 684	7 410	6 176	4 978
	V	**26 009**	5 633	5 633	IV	18 896	17 956	17 016	16 077	15 153	14 249
	VI	**26 541**	5 633	5 633							
85 859,99	I,IV	**19 862**	5 633	5 633	I	17 982	16 103	14 274	12 522	10 848	9 251
Ost	II	**18 072**	5 633	5 633	II	16 193	14 361	12 605	10 927	9 326	7 802
	III	**12 756**	5 633	5 633	III	11 366	10 016	8 702	7 428	6 192	4 994
	V	**26 035**	5 633	5 633	IV	18 922	17 982	17 042	16 103	15 179	14 274
	VI	**26 567**	5 633	5 633							
85 895,99	I,IV	**19 849**	5 633	5 633	I	17 970	16 091	14 262	12 511	10 837	9 240
West	II	**18 060**	5 633	5 633	II	16 181	14 349	12 594	10 916	9 316	7 792
	III	**12 748**	5 633	5 633	III	11 358	10 006	8 694	7 420	6 184	4 988
	V	**26 023**	5 633	5 633	IV	18 910	17 970	17 030	16 091	15 167	14 262
	VI	**26 554**	5 633	5 633							
85 895,99	I,IV	**19 877**	5 633	5 633	I	17 997	16 118	14 288	12 536	10 861	9 263
Ost	II	**18 088**	5 633	5 633	II	16 208	14 375	12 619	10 940	9 338	7 814
	III	**12 768**	5 633	5 633	III	11 378	10 026	8 712	7 438	6 202	5 004
	V	**26 050**	5 633	5 633	IV	18 937	17 997	17 057	16 118	15 194	14 288
	VI	**26 582**	5 633	5 633							
85 931,99	I,IV	**19 863**	5 633	5 633	I	17 983	16 104	14 275	12 524	10 849	9 252
West	II	**18 074**	5 633	5 633	II	16 194	14 362	12 606	10 928	9 327	7 803
	III	**12 758**	5 633	5 633	III	11 368	10 016	8 702	7 428	6 192	4 996
	V	**26 036**	5 633	5 633	IV	18 923	17 983	17 043	16 104	15 180	14 275
	VI	**26 568**	5 633	5 633							
85 931,99	I,IV	**19 892**	5 633	5 633	I	18 012	16 133	14 303	12 550	10 874	9 276
Ost	II	**18 103**	5 633	5 633	II	16 223	14 389	12 633	10 953	9 351	7 826
	III	**12 780**	5 633	5 633	III	11 388	10 036	8 724	7 448	6 212	5 014
	V	**26 065**	5 633	5 633	IV	18 952	18 012	17 072	16 133	15 208	14 303
	VI	**26 597**	5 633	5 633							
85 967,99	I,IV	**19 877**	5 633	5 633	I	17 997	16 118	14 288	12 536	10 861	9 263
West	II	**18 088**	5 633	5 633	II	16 208	14 375	12 619	10 940	9 338	7 814
	III	**12 768**	5 633	5 633	III	11 378	10 026	8 712	7 438	6 202	5 004
	V	**26 050**	5 633	5 633	IV	18 937	17 997	17 057	16 118	15 194	14 288
	VI	**26 582**	5 633	5 633							
85 967,99	I,IV	**19 907**	5 633	5 633	I	18 027	16 148	14 317	12 564	10 887	9 288
Ost	II	**18 118**	5 633	5 633	II	16 238	14 404	12 647	10 966	9 364	7 838
	III	**12 790**	5 633	5 633	III	11 400	10 048	8 734	7 458	6 222	5 024
	V	**26 080**	5 633	5 633	IV	18 967	18 027	17 087	16 148	15 223	14 317
	VI	**26 612**	5 633	5 633							

* Zur LSt-Berechnung für privat versicherte Arbeitnehmer s. Beispiele **Vorbemerkung S. 4 f.**
** Basisvorsorgepauschale KV und PV *** Typisierter Arbeitgeberzuschuss

Lohn/ Gehalt in € bis	Steuerklasse	Lohn-steuer*	BVSP**	TAGZ***	Steuerklasse	Bemessungsgrundlage für Kirchensteuer und Solidaritätszuschlag – Freibeträge für … Kinder 0,5	1,0	1,5	2,0	2,5	3,0
86003,99 West	I,IV	**19891**	5633	5633	I	18011	16132	14302	12549	10873	9275
	II	**18101**	5633	5633	II	16222	14388	12632	10952	9350	7825
	III	**12778**	5633	5633	III	11388	10036	8722	7448	6210	5012
	V	**26064**	5633	5633	IV	18951	18011	17071	16132	15207	14302
	VI	**26596**	5633	5633							
86003,99 Ost	I,IV	**19922**	5633	5633	I	18042	16163	14332	12578	10901	9301
	II	**18133**	5633	5633	II	16253	14418	12660	10980	9376	7850
	III	**12802**	5633	5633	III	11410	10058	8744	7468	6232	5032
	V	**26095**	5633	5633	IV	18982	18042	17102	16163	15238	14332
	VI	**26627**	5633	5633							
86039,99 West	I,IV	**19904**	5633	5633	I	18024	16145	14314	12561	10885	9286
	II	**18115**	5633	5633	II	16235	14401	12644	10964	9361	7835
	III	**12788**	5633	5633	III	11398	10046	8732	7456	6220	5022
	V	**26077**	5633	5633	IV	18964	18024	17084	16145	15220	14314
	VI	**26609**	5633	5633							
86039,99 Ost	I,IV	**19937**	5633	5633	I	18057	16178	14346	12591	10914	9313
	II	**18148**	5633	5633	II	16268	14433	12674	10993	9389	7862
	III	**12814**	5633	5633	III	11422	10068	8754	7478	6242	5042
	V	**26111**	5633	5633	IV	18997	18057	17117	16178	15252	14346
	VI	**26642**	5633	5633							
86075,99 West	I,IV	**19918**	5633	5633	I	18038	16159	14328	12574	10897	9297
	II	**18129**	5633	5633	II	16249	14414	12657	10976	9373	7846
	III	**12800**	5633	5633	III	11408	10056	8742	7466	6228	5030
	V	**26091**	5633	5633	IV	18978	18038	17098	16159	15234	14328
	VI	**26623**	5633	5633							
86075,99 Ost	I,IV	**19952**	5633	5633	I	18072	16193	14361	12605	10927	9326
	II	**18163**	5633	5633	II	16283	14447	12688	11006	9401	7874
	III	**12826**	5633	5633	III	11434	10080	8764	7488	6250	5052
	V	**26126**	5633	5633	IV	19012	18072	17132	16193	15267	14361
	VI	**26657**	5633	5633							
86111,99 West	I,IV	**19932**	5633	5633	I	18052	16173	14341	12586	10909	9309
	II	**18143**	5633	5633	II	16263	14428	12669	10988	9384	7857
	III	**12810**	5633	5633	III	11418	10064	8750	7474	6238	5038
	V	**26105**	5633	5633	IV	18992	18052	17112	16173	15247	14341
	VI	**26637**	5633	5633							
86111,99 Ost	I,IV	**19967**	5633	5633	I	18088	16208	14375	12619	10940	9338
	II	**18178**	5633	5633	II	16299	14462	12702	11019	9414	7886
	III	**12836**	5633	5633	III	11444	10090	8776	7498	6260	5062
	V	**26141**	5633	5633	IV	19028	18088	17148	16208	15282	14375
	VI	**26673**	5633	5633							
86147,99 West	I,IV	**19945**	5633	5633	I	18065	16186	14354	12599	10921	9320
	II	**18156**	5633	5633	II	16276	14440	12682	11000	9395	7868
	III	**12820**	5633	5633	III	11428	10074	8760	7484	6246	5048
	V	**26119**	5633	5633	IV	19005	18065	17125	16186	15260	14354
	VI	**26650**	5633	5633							
86147,99 Ost	I,IV	**19983**	5633	5633	I	18103	16223	14389	12633	10953	9351
	II	**18193**	5633	5633	II	16314	14476	12716	11033	9427	7898
	III	**12848**	5633	5633	III	11456	10102	8786	7508	6270	5070
	V	**26156**	5633	5633	IV	19043	18103	17163	16223	15297	14389
	VI	**26688**	5633	5633							
86183,99 West	I,IV	**19959**	5633	5633	I	18079	16200	14367	12611	10933	9331
	II	**18170**	5633	5633	II	16290	14454	12694	11012	9407	7879
	III	**12830**	5633	5633	III	11438	10084	8770	7494	6256	5056
	V	**26132**	5633	5633	IV	19019	18079	17139	16200	15274	14367
	VI	**26664**	5633	5633							
86183,99 Ost	I,IV	**19998**	5633	5633	I	18118	16238	14404	12647	10966	9364
	II	**18209**	5633	5633	II	16329	14491	12730	11046	9439	7910
	III	**12860**	5633	5633	III	11466	10112	8796	7518	6280	5080
	V	**26171**	5633	5633	IV	19058	18118	17178	16238	15311	14404
	VI	**26703**	5633	5633							

* Zur LSt-Berechnung für privat versicherte Arbeitnehmer s. Beispiele **Vorbemerkung S. 4 f.**
** Basisvorsorgepauschale KV und PV *** Typisierter Arbeitgeberzuschuss

Lohn/ Gehalt in € bis	Steuerklasse	Lohn-steuer*	BVSP**	TAGZ***	Steuerklasse	Bemessungsgrundlage für Kirchensteuer und Solidaritätszuschlag – Freibeträge für ... Kinder 0,5	1,0	1,5	2,0	2,5	3,0
86 219,99	I,IV	**19 973**	5 633	5 633	I	18 093	16 214	14 380	12 624	10 945	9 343
West	II	**18 184**	5 633	5 633	II	16 304	14 467	12 707	11 024	9 418	7 890
	III	**12 840**	5 633	5 633	III	11 448	10 094	8 778	7 502	6 264	5 064
	V	**26 146**	5 633	5 633	IV	19 033	18 093	17 153	16 214	15 287	14 380
	VI	**26 678**	5 633	5 633							
86 219,99	I,IV	**20 013**	5 633	5 633	I	18 133	16 253	14 418	12 660	10 980	9 376
Ost	II	**18 224**	5 633	5 633	II	16 344	14 505	12 743	11 059	9 452	7 922
	III	**12 870**	5 633	5 633	III	11 478	10 122	8 806	7 530	6 290	5 090
	V	**26 186**	5 633	5 633	IV	19 073	18 133	17 193	16 253	15 326	14 418
	VI	**26 718**	5 633	5 633							
86 255,99	I,IV	**19 986**	5 633	5 633	I	18 106	16 227	14 393	12 636	10 957	9 354
West	II	**18 197**	5 633	5 633	II	16 317	14 480	12 719	11 036	9 430	7 901
	III	**12 850**	5 633	5 633	III	11 458	10 104	8 788	7 512	6 272	5 072
	V	**26 160**	5 633	5 633	IV	19 046	18 106	17 167	16 227	15 300	14 393
	VI	**26 691**	5 633	5 633							
86 255,99	I,IV	**20 028**	5 633	5 633	I	18 148	16 268	14 433	12 674	10 993	9 389
Ost	II	**18 239**	5 633	5 633	II	16 359	14 520	12 757	11 072	9 464	7 934
	III	**12 882**	5 633	5 633	III	11 488	10 134	8 816	7 540	6 300	5 100
	V	**26 201**	5 633	5 633	IV	19 088	18 148	17 208	16 268	15 341	14 433
	VI	**26 733**	5 633	5 633							
86 291,99	I,IV	**20 000**	5 633	5 633	I	18 120	16 241	14 406	12 649	10 969	9 366
West	II	**18 211**	5 633	5 633	II	16 331	14 493	12 732	11 048	9 441	7 912
	III	**12 860**	5 633	5 633	III	11 468	10 114	8 798	7 520	6 282	5 082
	V	**26 174**	5 633	5 633	IV	19 060	18 120	17 180	16 241	15 314	14 406
	VI	**26 705**	5 633	5 633							
86 291,99	I,IV	**20 043**	5 633	5 633	I	18 163	16 283	14 447	12 688	11 006	9 401
Ost	II	**18 254**	5 633	5 633	II	16 374	14 534	12 771	11 085	9 477	7 946
	III	**12 894**	5 633	5 633	III	11 500	10 144	8 828	7 550	6 310	5 108
	V	**26 216**	5 633	5 633	IV	19 103	18 163	17 223	16 283	15 356	14 447
	VI	**26 748**	5 633	5 633							
86 327,99	I,IV	**20 014**	5 633	5 633	I	18 134	16 255	14 419	12 662	10 981	9 377
West	II	**18 225**	5 633	5 633	II	16 345	14 506	12 745	11 060	9 453	7 923
	III	**12 872**	5 633	5 633	III	11 478	10 124	8 808	7 530	6 290	5 090
	V	**26 187**	5 633	5 633	IV	19 074	18 134	17 194	16 255	15 327	14 419
	VI	**26 719**	5 633	5 633							
86 327,99	I,IV	**20 058**	5 633	5 633	I	18 178	16 299	14 462	12 702	11 019	9 414
Ost	II	**18 269**	5 633	5 633	II	16 389	14 549	12 785	11 099	9 490	7 958
	III	**12 904**	5 633	5 633	III	11 510	10 154	8 838	7 560	6 320	5 118
	V	**26 232**	5 633	5 633	IV	19 118	18 178	17 238	16 299	15 370	14 462
	VI	**26 763**	5 633	5 633							
86 363,99	I,IV	**20 028**	5 633	5 633	I	18 148	16 268	14 432	12 674	10 993	9 388
West	II	**18 238**	5 633	5 633	II	16 359	14 519	12 757	11 072	9 464	7 933
	III	**12 882**	5 633	5 633	III	11 488	10 132	8 816	7 538	6 300	5 098
	V	**26 201**	5 633	5 633	IV	19 088	18 148	17 208	16 268	15 341	14 432
	VI	**26 733**	5 633	5 633							
86 363,99	I,IV	**20 073**	5 633	5 633	I	18 193	16 314	14 476	12 716	11 033	9 427
Ost	II	**18 284**	5 633	5 633	II	16 404	14 563	12 799	11 112	9 502	7 970
	III	**12 916**	5 633	5 633	III	11 522	10 166	8 848	7 570	6 330	5 128
	V	**26 247**	5 633	5 633	IV	19 133	18 193	17 253	16 314	15 385	14 476
	VI	**26 778**	5 633	5 633							
86 399,99	I,IV	**20 041**	5 633	5 633	I	18 161	16 282	14 446	12 687	11 005	9 400
West	II	**18 252**	5 633	5 633	II	16 372	14 532	12 770	11 084	9 476	7 944
	III	**12 892**	5 633	5 633	III	11 498	10 142	8 826	7 548	6 308	5 108
	V	**26 215**	5 633	5 633	IV	19 101	18 161	17 222	16 282	15 354	14 446
	VI	**26 746**	5 633	5 633							
86 399,99	I,IV	**20 088**	5 633	5 633	I	18 209	16 329	14 491	12 730	11 046	9 439
Ost	II	**18 299**	5 633	5 633	II	16 419	14 578	12 813	11 125	9 515	7 982
	III	**12 928**	5 633	5 633	III	11 532	10 176	8 858	7 580	6 340	5 138
	V	**26 262**	5 633	5 633	IV	19 148	18 209	17 269	16 329	15 400	14 491
	VI	**26 793**	5 633	5 633							

* Zur LSt-Berechnung für privat versicherte Arbeitnehmer s. Beispiele **Vorbemerkung S. 4 f.**
** Basisvorsorgepauschale KV und PV *** Typisierter Arbeitgeberzuschuss

Lohn/ Gehalt in € bis	Steuerklasse	Lohn- steuer*	BVSP**	TAGZ***	Steuerklasse	Bemessungsgrundlage für Kirchensteuer und Solidaritätszuschlag – Freibeträge für ... Kinder 0,5	1,0	1,5	2,0	2,5	3,0
86 435,99 West	I,IV	**20 055**	5 633	5 633	I	18 175	16 296	14 459	12 699	11 017	9 411
	II	**18 266**	5 633	5 633	II	16 386	14 546	12 782	11 096	9 487	7 955
	III	**12 902**	5 633	5 633	III	11 508	10 152	8 836	7 558	6 318	5 116
	V	**26 229**	5 633	5 633	IV	19 115	18 175	17 235	16 296	15 368	14 459
	VI	**26 760**	5 633	5 633							
86 435,99 Ost	I,IV	**20 104**	5 633	5 633	I	18 224	16 344	14 505	12 743	11 059	9 452
	II	**18 314**	5 633	5 633	II	16 434	14 592	12 827	11 139	9 528	7 994
	III	**12 938**	5 633	5 633	III	11 544	10 188	8 870	7 590	6 350	5 146
	V	**26 277**	5 633	5 633	IV	19 164	18 224	17 284	16 344	15 415	14 505
	VI	**26 809**	5 633	5 633							
86 471,99 West	I,IV	**20 069**	5 633	5 633	I	18 189	16 309	14 472	12 712	11 028	9 423
	II	**18 280**	5 633	5 633	II	16 400	14 559	12 795	11 108	9 498	7 966
	III	**12 912**	5 633	5 633	III	11 518	10 162	8 844	7 566	6 326	5 124
	V	**26 242**	5 633	5 633	IV	19 129	18 189	17 249	16 309	15 381	14 472
	VI	**26 774**	5 633	5 633							
86 471,99 Ost	I,IV	**20 119**	5 633	5 633	I	18 239	16 359	14 520	12 757	11 072	9 464
	II	**18 329**	5 633	5 633	II	16 450	14 607	12 841	11 152	9 540	8 006
	III	**12 950**	5 633	5 633	III	11 554	10 198	8 880	7 600	6 358	5 156
	V	**26 292**	5 633	5 633	IV	19 179	18 239	17 299	16 359	15 430	14 520
	VI	**26 824**	5 633	5 633							
86 507,99 West	I,IV	**20 083**	5 633	5 633	I	18 203	16 323	14 485	12 724	11 041	9 434
	II	**18 293**	5 633	5 633	II	16 413	14 572	12 807	11 120	9 510	7 977
	III	**12 922**	5 633	5 633	III	11 528	10 172	8 854	7 576	6 336	5 134
	V	**26 256**	5 633	5 633	IV	19 143	18 203	17 263	16 323	15 394	14 485
	VI	**26 788**	5 633	5 633							
86 507,99 Ost	I,IV	**20 134**	5 633	5 633	I	18 254	16 374	14 534	12 771	11 085	9 477
	II	**18 345**	5 633	5 633	II	16 465	14 621	12 854	11 165	9 553	8 018
	III	**12 962**	5 633	5 633	III	11 566	10 208	8 890	7 610	6 368	5 166
	V	**26 307**	5 633	5 633	IV	19 194	18 254	17 314	16 374	15 444	14 534
	VI	**26 839**	5 633	5 633							
86 543,99 West	I,IV	**20 096**	5 633	5 633	I	18 217	16 337	14 498	12 737	11 053	9 446
	II	**18 307**	5 633	5 633	II	16 427	14 585	12 820	11 132	9 522	7 988
	III	**12 932**	5 633	5 633	III	11 538	10 182	8 864	7 584	6 344	5 142
	V	**26 270**	5 633	5 633	IV	19 156	18 217	17 277	16 337	15 408	14 498
	VI	**26 801**	5 633	5 633							
86 543,99 Ost	I,IV	**20 149**	5 633	5 633	I	18 269	16 389	14 549	12 785	11 099	9 490
	II	**18 360**	5 633	5 633	II	16 480	14 636	12 868	11 178	9 565	8 030
	III	**12 972**	5 633	5 633	III	11 576	10 220	8 900	7 620	6 378	5 176
	V	**26 322**	5 633	5 633	IV	19 209	18 269	17 329	16 389	15 459	14 549
	VI	**26 854**	5 633	5 633							
86 579,99 West	I,IV	**20 110**	5 633	5 633	I	18 230	16 350	14 511	12 749	11 065	9 457
	II	**18 321**	5 633	5 633	II	16 441	14 598	12 832	11 144	9 533	7 999
	III	**12 944**	5 633	5 633	III	11 548	10 192	8 874	7 594	6 352	5 150
	V	**26 283**	5 633	5 633	IV	19 170	18 230	17 290	16 350	15 421	14 511
	VI	**26 815**	5 633	5 633							
86 579,99 Ost	I,IV	**20 164**	5 633	5 633	I	18 284	16 404	14 563	12 799	11 112	9 502
	II	**18 375**	5 633	5 633	II	16 495	14 650	12 882	11 192	9 578	8 042
	III	**12 984**	5 633	5 633	III	11 588	10 230	8 910	7 630	6 388	5 184
	V	**26 337**	5 633	5 633	IV	19 224	18 284	17 344	16 404	15 474	14 563
	VI	**26 869**	5 633	5 633							
86 615,99 West	I,IV	**20 124**	5 633	5 633	I	18 244	16 364	14 524	12 762	11 077	9 469
	II	**18 335**	5 633	5 633	II	16 455	14 611	12 845	11 156	9 544	8 010
	III	**12 954**	5 633	5 633	III	11 558	10 202	8 884	7 604	6 362	5 160
	V	**26 297**	5 633	5 633	IV	19 184	18 244	17 304	16 364	15 435	14 524
	VI	**26 829**	5 633	5 633							
86 615,99 Ost	I,IV	**20 179**	5 633	5 633	I	18 299	16 419	14 578	12 813	11 125	9 515
	II	**18 390**	5 633	5 633	II	16 510	14 665	12 896	11 205	9 591	8 054
	III	**12 996**	5 633	5 633	III	11 598	10 240	8 922	7 640	6 398	5 194
	V	**26 352**	5 633	5 633	IV	19 239	18 299	17 359	16 419	15 489	14 578
	VI	**26 884**	5 633	5 633							

* Zur LSt-Berechnung für privat versicherte Arbeitnehmer s. Beispiele **Vorbemerkung S. 4 f.**
** Basisvorsorgepauschale KV und PV *** Typisierter Arbeitgeberzuschuss

Lohn/ Gehalt in € bis	Steuerklasse	Lohn-steuer*	BVSP**	TAGZ***	Steuerklasse	Bemessungsgrundlage für Kirchensteuer und Solidaritätszuschlag					
						Freibeträge für ... Kinder					
						0,5	**1,0**	1,5	**2,0**	2,5	**3,0**
86 651,99 West	I,IV	**20 137**	5 633	5 633	I	18 257	16 377	14 537	12 774	11 088	9 480
	II	**18 348**	5 633	5 633	II	16 468	14 624	12 858	11 168	9 556	8 020
	III	**12 964**	5 633	5 633	III	11 568	10 210	8 892	7 612	6 370	5 168
	V	**26 310**	5 633	5 633	IV	19 197	18 257	17 317	16 377	15 448	14 537
	VI	**26 842**	5 633	5 633							
86 651,99 Ost	I,IV	**20 194**	5 633	5 633	I	18 314	16 434	14 592	12 827	11 139	9 528
	II	**18 405**	5 633	5 633	II	16 525	14 679	12 910	11 218	9 603	8 066
	III	**13 006**	5 633	5 633	III	11 610	10 252	8 932	7 650	6 408	5 204
	V	**26 368**	5 633	5 633	IV	19 254	18 314	17 374	16 434	15 504	14 592
	VI	**26 899**	5 633	5 633							
86 687,99 West	I,IV	**20 151**	5 633	5 633	I	18 271	16 391	14 551	12 787	11 101	9 491
	II	**18 362**	5 633	5 633	II	16 482	14 638	12 870	11 180	9 567	8 031
	III	**12 974**	5 633	5 633	III	11 578	10 220	8 902	7 622	6 380	5 176
	V	**26 324**	5 633	5 633	IV	19 211	18 271	17 331	16 391	15 461	14 551
	VI	**26 856**	5 633	5 633							
86 687,99 Ost	I,IV	**20 209**	5 633	5 633	I	18 329	16 450	14 607	12 841	11 152	9 540
	II	**18 420**	5 633	5 633	II	16 540	14 694	12 924	11 232	9 616	8 078
	III	**13 018**	5 633	5 633	III	11 622	10 262	8 942	7 660	6 418	5 214
	V	**26 383**	5 633	5 633	IV	19 269	18 329	17 390	16 450	15 518	14 607
	VI	**26 914**	5 633	5 633							
86 723,99 West	I,IV	**20 165**	5 633	5 633	I	18 285	16 405	14 564	12 800	11 113	9 503
	II	**18 376**	5 633	5 633	II	16 496	14 651	12 883	11 192	9 579	8 043
	III	**12 984**	5 633	5 633	III	11 588	10 230	8 912	7 630	6 388	5 186
	V	**26 338**	5 633	5 633	IV	19 225	18 285	17 345	16 405	15 475	14 564
	VI	**26 870**	5 633	5 633							
86 723,99 Ost	I,IV	**20 225**	5 633	5 633	I	18 345	16 465	14 621	12 854	11 165	9 553
	II	**18 435**	5 633	5 633	II	16 555	14 708	12 938	11 245	9 629	8 090
	III	**13 030**	5 633	5 633	III	11 632	10 274	8 952	7 670	6 428	5 224
	V	**26 398**	5 633	5 633	IV	19 285	18 345	17 405	16 465	15 533	14 621
	VI	**26 930**	5 633	5 633							
86 759,99 West	I,IV	**20 178**	5 633	5 633	I	18 298	16 418	14 577	12 812	11 125	9 514
	II	**18 389**	5 633	5 633	II	16 509	14 664	12 895	11 204	9 590	8 053
	III	**12 994**	5 633	5 633	III	11 598	10 240	8 920	7 640	6 398	5 194
	V	**26 352**	5 633	5 633	IV	19 238	18 298	17 358	16 418	15 488	14 577
	VI	**26 883**	5 633	5 633							
86 759,99 Ost	I,IV	**20 240**	5 633	5 633	I	18 360	16 480	14 636	12 868	11 178	9 565
	II	**18 450**	5 633	5 633	II	16 571	14 723	12 952	11 258	9 642	8 102
	III	**13 042**	5 633	5 633	III	11 644	10 284	8 964	7 682	6 438	5 232
	V	**26 413**	5 633	5 633	IV	19 300	18 360	17 420	16 480	15 548	14 636
	VI	**26 945**	5 633	5 633							
86 795,99 West	I,IV	**20 192**	5 633	5 633	I	18 312	16 432	14 590	12 825	11 137	9 526
	II	**18 403**	5 633	5 633	II	16 523	14 677	12 908	11 216	9 602	8 064
	III	**13 006**	5 633	5 633	III	11 608	10 250	8 930	7 648	6 406	5 202
	V	**26 365**	5 633	5 633	IV	19 252	18 312	17 372	16 432	15 502	14 590
	VI	**26 897**	5 633	5 633							
86 795,99 Ost	I,IV	**20 255**	5 633	5 633	I	18 375	16 495	14 650	12 882	11 192	9 578
	II	**18 466**	5 633	5 633	II	16 586	14 737	12 966	11 271	9 654	8 114
	III	**13 052**	5 633	5 633	III	11 654	10 294	8 974	7 692	6 448	5 242
	V	**26 428**	5 633	5 633	IV	19 315	18 375	17 435	16 495	15 563	14 650
	VI	**26 960**	5 633	5 633							
86 831,99 West	I,IV	**20 206**	5 633	5 633	I	18 326	16 446	14 603	12 837	11 149	9 537
	II	**18 417**	5 633	5 633	II	16 537	14 690	12 921	11 229	9 613	8 075
	III	**13 016**	5 633	5 633	III	11 618	10 260	8 940	7 658	6 416	5 212
	V	**26 379**	5 633	5 633	IV	19 266	18 326	17 386	16 446	15 515	14 603
	VI	**26 911**	5 633	5 633							
86 831,99 Ost	I,IV	**20 270**	5 633	5 633	I	18 390	16 510	14 665	12 896	11 205	9 591
	II	**18 481**	5 633	5 633	II	16 601	14 752	12 980	11 285	9 667	8 126
	III	**13 064**	5 633	5 633	III	11 666	10 306	8 984	7 702	6 458	5 252
	V	**26 443**	5 633	5 633	IV	19 330	18 390	17 450	16 510	15 578	14 665
	VI	**26 975**	5 633	5 633							

* Zur LSt-Berechnung für privat versicherte Arbeitnehmer s. Beispiele **Vorbemerkung S. 4 f.**
** Basisvorsorgepauschale KV und PV *** Typisierter Arbeitgeberzuschuss

Lohn/ Gehalt in € bis	Steuerklasse	Lohn- steuer*	BVSP**	TAGZ***	Steuerklasse	Bemessungsgrundlage für Kirchensteuer und Solidaritätszuschlag – Freibeträge für ... Kinder 0,5	1,0	1,5	2,0	2,5	3,0
86 867,99 West	I,IV	**20 219**	5 633	5 633	I	18 340	16 460	14 616	12 850	11 161	9 549
	II	**18 430**	5 633	5 633	II	16 550	14 703	12 933	11 240	9 625	8 086
	III	**13 026**	5 633	5 633	III	11 628	10 270	8 950	7 668	6 424	5 220
	V	**26 393**	5 633	5 633	IV	19 280	18 340	17 400	16 460	15 528	14 616
	VI	**26 925**	5 633	5 633							
86 867,99 Ost	I,IV	**20 285**	5 633	5 633	I	18 405	16 525	14 679	12 910	11 218	9 603
	II	**18 496**	5 633	5 633	II	16 616	14 766	12 994	11 298	9 680	8 138
	III	**13 076**	5 633	5 633	III	11 676	10 316	8 994	7 712	6 468	5 262
	V	**26 458**	5 633	5 633	IV	19 345	18 405	17 465	16 525	15 593	14 679
	VI	**26 990**	5 633	5 633							
86 903,99 West	I,IV	**20 233**	5 633	5 633	I	18 353	16 474	14 630	12 863	11 173	9 560
	II	**18 444**	5 633	5 633	II	16 564	14 717	12 946	11 253	9 636	8 097
	III	**13 036**	5 633	5 633	III	11 638	10 280	8 958	7 676	6 434	5 228
	V	**26 407**	5 633	5 633	IV	19 293	18 353	17 413	16 474	15 542	14 630
	VI	**26 938**	5 633	5 633							
86 903,99 Ost	I,IV	**20 300**	5 633	5 633	I	18 420	16 540	14 694	12 924	11 232	9 616
	II	**18 511**	5 633	5 633	II	16 631	14 781	13 008	11 311	9 692	8 150
	III	**13 086**	5 633	5 633	III	11 688	10 328	9 006	7 722	6 476	5 270
	V	**26 473**	5 633	5 633	IV	19 360	18 420	17 480	16 540	15 607	14 694
	VI	**27 005**	5 633	5 633							
86 939,99 West	I,IV	**20 247**	5 633	5 633	I	18 367	16 487	14 643	12 875	11 185	9 572
	II	**18 458**	5 633	5 633	II	16 578	14 730	12 959	11 265	9 648	8 108
	III	**13 046**	5 633	5 633	III	11 648	10 290	8 968	7 686	6 442	5 238
	V	**26 421**	5 633	5 633	IV	19 307	18 367	17 427	16 487	15 556	14 643
	VI	**26 952**	5 633	5 633							
86 939,99 Ost	I,IV	**20 315**	5 633	5 633	I	18 435	16 555	14 708	12 938	11 245	9 629
	II	**18 526**	5 633	5 633	II	16 646	14 796	13 022	11 325	9 705	8 163
	III	**13 098**	5 633	5 633	III	11 698	10 338	9 016	7 732	6 486	5 280
	V	**26 489**	5 633	5 633	IV	19 375	18 435	17 495	16 555	15 622	14 708
	VI	**27 020**	5 633	5 633							
86 975,99 West	I,IV	**20 261**	5 633	5 633	I	18 381	16 501	14 656	12 888	11 197	9 583
	II	**18 471**	5 633	5 633	II	16 592	14 743	12 971	11 277	9 659	8 119
	III	**13 056**	5 633	5 633	III	11 658	10 298	8 978	7 696	6 452	5 246
	V	**26 434**	5 633	5 633	IV	19 321	18 381	17 441	16 501	15 569	14 656
	VI	**26 966**	5 633	5 633							
86 975,99 Ost	I,IV	**20 330**	5 633	5 633	I	18 450	16 571	14 723	12 952	11 258	9 642
	II	**18 541**	5 633	5 633	II	16 661	14 810	13 036	11 338	9 718	8 175
	III	**13 110**	5 633	5 633	III	11 710	10 348	9 026	7 742	6 496	5 290
	V	**26 504**	5 633	5 633	IV	19 390	18 450	17 510	16 571	15 637	14 723
	VI	**27 035**	5 633	5 633							
87 011,99 West	I,IV	**20 275**	5 633	5 633	I	18 395	16 515	14 669	12 900	11 209	9 595
	II	**18 485**	5 633	5 633	II	16 605	14 756	12 984	11 289	9 671	8 130
	III	**13 068**	5 633	5 633	III	11 668	10 308	8 988	7 704	6 460	5 254
	V	**26 448**	5 633	5 633	IV	19 335	18 395	17 455	16 515	15 582	14 669
	VI	**26 980**	5 633	5 633							
87 011,99 Ost	I,IV	**20 345**	5 633	5 633	I	18 466	16 586	14 737	12 966	11 271	9 654
	II	**18 556**	5 633	5 633	II	16 676	14 825	13 050	11 351	9 731	8 187
	III	**13 120**	5 633	5 633	III	11 720	10 360	9 036	7 752	6 506	5 300
	V	**26 519**	5 633	5 633	IV	19 406	18 466	17 526	16 586	15 652	14 737
	VI	**27 051**	5 633	5 633							
87 047,99 West	I,IV	**20 288**	5 633	5 633	I	18 408	16 529	14 682	12 913	11 221	9 606
	II	**18 499**	5 633	5 633	II	16 619	14 770	12 997	11 301	9 682	8 141
	III	**13 078**	5 633	5 633	III	11 680	10 318	8 996	7 714	6 470	5 264
	V	**26 462**	5 633	5 633	IV	19 348	18 408	17 468	16 529	15 596	14 682
	VI	**26 993**	5 633	5 633							
87 047,99 Ost	I,IV	**20 361**	5 633	5 633	I	18 481	16 601	14 752	12 980	11 285	9 667
	II	**18 571**	5 633	5 633	II	16 691	14 839	13 064	11 365	9 743	8 199
	III	**13 132**	5 633	5 633	III	11 732	10 370	9 048	7 762	6 516	5 308
	V	**26 534**	5 633	5 633	IV	19 421	18 481	17 541	16 601	15 667	14 752
	VI	**27 066**	5 633	5 633							

* Zur LSt-Berechnung für privat versicherte Arbeitnehmer s. Beispiele **Vorbemerkung S. 4 f.**
** Basisvorsorgepauschale KV und PV *** Typisierter Arbeitgeberzuschuss

Lohn/ Gehalt in € bis	Steuerklasse	Lohn-steuer*	BVSP**	TAGZ***	Steuerklasse	Bemessungsgrundlage für Kirchensteuer und Solidaritätszuschlag					
						Freibeträge für ... Kinder					
						0,5	**1,0**	1,5	**2,0**	2,5	**3,0**
87083,99	I,IV	**20302**	5633	5633	I	18422	16542	14695	12926	11233	9618
West	II	**18513**	5633	5633	II	16633	14783	13009	11313	9694	8152
	III	**13088**	5633	5633	III	11688	10328	9006	7722	6478	5272
	V	**26475**	5633	5633	IV	19362	18422	17482	16542	15609	14695
	VI	**27007**	5633	5633							
87083,99	I,IV	**20376**	5633	5633	I	18496	16616	14766	12994	11298	9680
Ost	II	**18587**	5633	5633	II	16707	14854	13077	11378	9756	8211
	III	**13144**	5633	5633	III	11744	10382	9058	7772	6526	5318
	V	**26549**	5633	5633	IV	19436	18496	17556	16616	15682	14766
	VI	**27081**	5633	5633							
87119,99	I,IV	**20316**	5633	5633	I	18436	16556	14709	12938	11245	9629
West	II	**18526**	5633	5633	II	16647	14796	13022	11325	9705	8163
	III	**13098**	5633	5633	III	11698	10338	9016	7732	6486	5280
	V	**26489**	5633	5633	IV	19376	18436	17496	16556	15623	14709
	VI	**27021**	5633	5633							
87119,99	I,IV	**20391**	5633	5633	I	18511	16631	14781	13008	11311	9692
Ost	II	**18602**	5633	5633	II	16722	14869	13091	11392	9769	8223
	III	**13156**	5633	5633	III	11754	10392	9068	7782	6536	5328
	V	**26564**	5633	5633	IV	19451	18511	17571	16631	15697	14781
	VI	**27096**	5633	5633							
87155,99	I,IV	**20330**	5633	5633	I	18450	16570	14722	12951	11257	9641
West	II	**18540**	5633	5633	II	16660	14809	13035	11337	9717	8174
	III	**13108**	5633	5633	III	11710	10348	9026	7742	6496	5290
	V	**26503**	5633	5633	IV	19390	18450	17510	16570	15636	14722
	VI	**27035**	5633	5633							
87155,99	I,IV	**20406**	5633	5633	I	18526	16646	14796	13022	11325	9705
Ost	II	**18617**	5633	5633	II	16737	14883	13105	11405	9781	8235
	III	**13166**	5633	5633	III	11766	10402	9078	7792	6546	5338
	V	**26579**	5633	5633	IV	19466	18526	17586	16646	15712	14796
	VI	**27111**	5633	5633							
87191,99	I,IV	**20343**	5633	5633	I	18463	16583	14735	12963	11269	9652
West	II	**18554**	5633	5633	II	16674	14822	13047	11349	9728	8185
	III	**13120**	5633	5633	III	11720	10358	9034	7750	6504	5298
	V	**26516**	5633	5633	IV	19403	18463	17523	16583	15650	14735
	VI	**27048**	5633	5633							
87191,99	I,IV	**20421**	5633	5633	I	18541	16661	14810	13036	11338	9718
Ost	II	**18632**	5633	5633	II	16752	14898	13119	11418	9794	8247
	III	**13178**	5633	5633	III	11776	10414	9090	7804	6556	5348
	V	**26594**	5633	5633	IV	19481	18541	17601	16661	15726	14810
	VI	**27126**	5633	5633							
87227,99	I,IV	**20357**	5633	5633	I	18477	16597	14748	12976	11281	9664
West	II	**18568**	5633	5633	II	16688	14836	13060	11361	9740	8196
	III	**13130**	5633	5633	III	11728	10368	9044	7760	6514	5306
	V	**26530**	5633	5633	IV	19417	18477	17537	16597	15663	14748
	VI	**27062**	5633	5633							
87227,99	I,IV	**20436**	5633	5633	I	18556	16676	14825	13050	11351	9731
Ost	II	**18647**	5633	5633	II	16767	14912	13133	11432	9807	8259
	III	**13190**	5633	5633	III	11788	10424	9100	7814	6566	5356
	V	**26610**	5633	5633	IV	19496	18556	17616	16676	15741	14825
	VI	**27141**	5633	5633							
87263,99	I,IV	**20371**	5633	5633	I	18491	16611	14762	12989	11294	9675
West	II	**18581**	5633	5633	II	16702	14849	13073	11374	9752	8207
	III	**13140**	5633	5633	III	11740	10378	9054	7770	6524	5316
	V	**26544**	5633	5633	IV	19431	18491	17551	16611	15677	14762
	VI	**27076**	5633	5633							
87263,99	I,IV	**20451**	5633	5633	I	18571	16691	14839	13064	11365	9743
Ost	II	**18662**	5633	5633	II	16782	14927	13147	11445	9820	8272
	III	**13200**	5633	5633	III	11798	10436	9110	7824	6576	5366
	V	**26625**	5633	5633	IV	19511	18571	17631	16691	15756	14839
	VI	**27156**	5633	5633							

* Zur LSt-Berechnung für privat versicherte Arbeitnehmer s. Beispiele **Vorbemerkung S. 4 f.**
** Basisvorsorgepauschale KV und PV *** Typisierter Arbeitgeberzuschuss

Lohn/ Gehalt in € bis	Steuerklasse	Lohn-steuer*	BVSP**	TAGZ***	Steuerklasse	Bemessungsgrundlage für Kirchensteuer und Solidaritätszuschlag – Freibeträge für ... Kinder 0,5	1,0	1,5	2,0	2,5	3,0
87299,99 West	I,IV	**20384**	5633	5633	I	18504	16624	14775	13001	11305	9687
	II	**18595**	5633	5633	II	16715	14862	13085	11386	9763	8218
	III	**13150**	5633	5633	III	11750	10388	9064	7778	6532	5324
	V	**26557**	5633	5633	IV	19444	18504	17564	16624	15690	14775
	VI	**27089**	5633	5633							
87299,99 Ost	I,IV	**20466**	5633	5633	I	18587	16707	14854	13077	11378	9756
	II	**18677**	5633	5633	II	16797	14942	13161	11458	9832	8284
	III	**13212**	5633	5633	III	11810	10446	9120	7834	6586	5376
	V	**26640**	5633	5633	IV	19526	18587	17647	16707	15771	14854
	VI	**27171**	5633	5633							
87335,99 West	I,IV	**20398**	5633	5633	I	18518	16638	14788	13014	11318	9698
	II	**18609**	5633	5633	II	16729	14875	13098	11398	9775	8229
	III	**13160**	5633	5633	III	11760	10396	9072	7788	6540	5332
	V	**26571**	5633	5633	IV	19458	18518	17578	16638	15704	14788
	VI	**27103**	5633	5633							
87335,99 Ost	I,IV	**20482**	5633	5633	I	18602	16722	14869	13091	11392	9769
	II	**18692**	5633	5633	II	16812	14956	13175	11472	9845	8296
	III	**13224**	5633	5633	III	11820	10456	9132	7844	6596	5386
	V	**26655**	5633	5633	IV	19542	18602	17662	16722	15786	14869
	VI	**27187**	5633	5633							
87371,99 West	I,IV	**20412**	5633	5633	I	18532	16652	14801	13027	11330	9710
	II	**18623**	5633	5633	II	16743	14889	13111	11410	9786	8240
	III	**13172**	5633	5633	III	11770	10406	9082	7796	6550	5342
	V	**26585**	5633	5633	IV	19472	18532	17592	16652	15717	14801
	VI	**27117**	5633	5633							
87371,99 Ost	I,IV	**20497**	5633	5633	I	18617	16737	14883	13105	11405	9781
	II	**18707**	5633	5633	II	16828	14971	13189	11485	9858	8308
	III	**13236**	5633	5633	III	11832	10468	9142	7854	6606	5396
	V	**26670**	5633	5633	IV	19557	18617	17677	16737	15801	14883
	VI	**27202**	5633	5633							
87407,99 West	I,IV	**20425**	5633	5633	I	18545	16665	14814	13039	11342	9721
	II	**18636**	5633	5633	II	16756	14902	13123	11422	9798	8251
	III	**13182**	5633	5633	III	11780	10416	9092	7806	6558	5350
	V	**26599**	5633	5633	IV	19485	18545	17605	16665	15731	14814
	VI	**27130**	5633	5633							
87407,99 Ost	I,IV	**20512**	5633	5633	I	18632	16752	14898	13119	11418	9794
	II	**18723**	5633	5633	II	16843	14986	13203	11499	9871	8320
	III	**13246**	5633	5633	III	11844	10478	9152	7864	6616	5404
	V	**26685**	5633	5633	IV	19572	18632	17692	16752	15816	14898
	VI	**27217**	5633	5633							
87443,99 West	I,IV	**20439**	5633	5633	I	18559	16679	14828	13052	11354	9733
	II	**18650**	5633	5633	II	16770	14915	13136	11434	9809	8262
	III	**13192**	5633	5633	III	11790	10426	9102	7816	6568	5358
	V	**26612**	5633	5633	IV	19499	18559	17619	16679	15744	14828
	VI	**27144**	5633	5633							
87443,99 Ost	I,IV	**20527**	5633	5633	I	18647	16767	14912	13133	11432	9807
	II	**18738**	5633	5633	II	16858	15000	13218	11512	9884	8332
	III	**13258**	5633	5633	III	11854	10490	9162	7874	6626	5414
	V	**26700**	5633	5633	IV	19587	18647	17707	16767	15831	14912
	VI	**27232**	5633	5633							
87479,99 West	I,IV	**20453**	5633	5633	I	18573	16693	14841	13065	11366	9744
	II	**18663**	5633	5633	II	16783	14928	13149	11446	9821	8273
	III	**13202**	5633	5633	III	11800	10436	9110	7824	6576	5366
	V	**26626**	5633	5633	IV	19513	18573	17633	16693	15758	14841
	VI	**27158**	5633	5633							
87479,99 Ost	I,IV	**20542**	5633	5633	I	18662	16782	14927	13147	11445	9820
	II	**18753**	5633	5633	II	16873	15015	13232	11525	9896	8345
	III	**13270**	5633	5633	III	11866	10500	9174	7884	6636	5424
	V	**26715**	5633	5633	IV	19602	18662	17722	16782	15846	14927
	VI	**27247**	5633	5633							

* Zur LSt-Berechnung für privat versicherte Arbeitnehmer s. Beispiele **Vorbemerkung S. 4 f.**
** Basisvorsorgepauschale KV und PV *** Typisierter Arbeitgeberzuschuss

Lohn/ Gehalt in € bis	Steuerklasse	Lohn- steuer*	BVSP**	TAGZ***	Steuerklasse	Bemessungsgrundlage für Kirchensteuer und Solidaritätszuschlag					
						Freibeträge für ... Kinder					
						0,5	**1,0**	1,5	**2,0**	2,5	**3,0**
87 515,99	I,IV	**20 466**	5 633	5 633	I	18 587	16 707	14 854	13 077	11 378	9 756
West	II	**18 677**	5 633	5 633	II	16 797	14 942	13 161	11 458	9 832	8 284
	III	**13 212**	5 633	5 633	III	11 810	10 446	9 120	7 834	6 586	5 376
	V	**26 640**	5 633	5 633	IV	19 526	18 587	17 647	16 707	15 771	14 854
	VI	**27 171**	5 633	5 633							
87 515,99	I,IV	**20 557**	5 633	5 633	I	18 677	16 797	14 942	13 161	11 458	9 832
Ost	II	**18 768**	5 633	5 633	II	16 888	15 030	13 246	11 539	9 909	8 357
	III	**13 282**	5 633	5 633	III	11 876	10 510	9 184	7 894	6 644	5 434
	V	**26 730**	5 633	5 633	IV	19 617	18 677	17 737	16 797	15 861	14 942
	VI	**27 262**	5 633	5 633							
87 551,99	I,IV	**20 480**	5 633	5 633	I	18 600	16 720	14 867	13 090	11 390	9 768
West	II	**18 691**	5 633	5 633	II	16 811	14 955	13 174	11 471	9 844	8 295
	III	**13 222**	5 633	5 633	III	11 820	10 456	9 130	7 842	6 594	5 384
	V	**26 654**	5 633	5 633	IV	19 540	18 600	17 660	16 720	15 785	14 867
	VI	**27 185**	5 633	5 633							
87 551,99	I,IV	**20 572**	5 633	5 633	I	18 692	16 812	14 956	13 175	11 472	9 845
Ost	II	**18 783**	5 633	5 633	II	16 903	15 044	13 260	11 552	9 922	8 369
	III	**13 292**	5 633	5 633	III	11 888	10 522	9 194	7 906	6 654	5 444
	V	**26 746**	5 633	5 633	IV	19 632	18 692	17 752	16 812	15 876	14 956
	VI	**27 277**	5 633	5 633							
87 587,99	I,IV	**20 494**	5 633	5 633	I	18 614	16 734	14 880	13 103	11 402	9 779
West	II	**18 705**	5 633	5 633	II	16 825	14 968	13 187	11 483	9 856	8 306
	III	**13 232**	5 633	5 633	III	11 830	10 466	9 140	7 852	6 604	5 392
	V	**26 667**	5 633	5 633	IV	19 554	18 614	17 674	16 734	15 798	14 880
	VI	**27 199**	5 633	5 633							
87 587,99	I,IV	**20 587**	5 633	5 633	I	18 707	16 828	14 971	13 189	11 485	9 858
Ost	II	**18 798**	5 633	5 633	II	16 918	15 059	13 274	11 566	9 935	8 381
	III	**13 304**	5 633	5 633	III	11 898	10 532	9 204	7 916	6 664	5 452
	V	**26 761**	5 633	5 633	IV	19 647	18 707	17 768	16 828	15 891	14 971
	VI	**27 292**	5 633	5 633							
87 623,99	I,IV	**20 508**	5 633	5 633	I	18 629	16 749	14 895	13 116	11 415	9 791
West	II	**18 719**	5 633	5 633	II	16 839	14 982	13 200	11 496	9 868	8 318
	III	**13 244**	5 633	5 633	III	11 840	10 476	9 150	7 862	6 614	5 402
	V	**26 682**	5 633	5 633	IV	19 568	18 629	17 689	16 749	15 813	14 895
	VI	**27 213**	5 633	5 633							
87 623,99	I,IV	**20 603**	5 633	5 633	I	18 723	16 843	14 986	13 203	11 499	9 871
Ost	II	**18 813**	5 633	5 633	II	16 933	15 074	13 288	11 579	9 948	8 393
	III	**13 316**	5 633	5 633	III	11 910	10 544	9 216	7 926	6 674	5 462
	V	**26 776**	5 633	5 633	IV	19 663	18 723	17 783	16 843	15 906	14 986
	VI	**27 308**	5 633	5 633							
87 659,99	I,IV	**20 524**	5 633	5 633	I	18 644	16 764	14 909	13 130	11 429	9 804
West	II	**18 734**	5 633	5 633	II	16 854	14 997	13 214	11 509	9 881	8 330
	III	**13 256**	5 633	5 633	III	11 852	10 486	9 160	7 872	6 622	5 412
	V	**26 697**	5 633	5 633	IV	19 584	18 644	17 704	16 764	15 828	14 909
	VI	**27 229**	5 633	5 633							
87 659,99	I,IV	**20 618**	5 633	5 633	I	18 738	16 858	15 000	13 218	11 512	9 884
Ost	II	**18 828**	5 633	5 633	II	16 949	15 088	13 302	11 592	9 960	8 405
	III	**13 326**	5 633	5 633	III	11 922	10 554	9 226	7 936	6 684	5 472
	V	**26 791**	5 633	5 633	IV	19 678	18 738	17 798	16 858	15 921	15 000
	VI	**27 323**	5 633	5 633							
87 695,99	I,IV	**20 539**	5 633	5 633	I	18 659	16 779	14 924	13 144	11 442	9 817
West	II	**18 749**	5 633	5 633	II	16 870	15 012	13 228	11 522	9 894	8 342
	III	**13 268**	5 633	5 633	III	11 864	10 498	9 170	7 882	6 632	5 422
	V	**26 712**	5 633	5 633	IV	19 599	18 659	17 719	16 779	15 842	14 924
	VI	**27 244**	5 633	5 633							
87 695,99	I,IV	**20 633**	5 633	5 633	I	18 753	16 873	15 015	13 232	11 525	9 896
Ost	II	**18 844**	5 633	5 633	II	16 964	15 103	13 316	11 606	9 973	8 418
	III	**13 338**	5 633	5 633	III	11 932	10 566	9 236	7 946	6 694	5 482
	V	**26 806**	5 633	5 633	IV	19 693	18 753	17 813	16 873	15 935	15 015
	VI	**27 338**	5 633	5 633							

* Zur LSt-Berechnung für privat versicherte Arbeitnehmer s. Beispiele **Vorbemerkung S. 4f.**
** Basisvorsorgepauschale KV und PV *** Typisierter Arbeitgeberzuschuss

Lohn/ Gehalt in € bis	Steuerklasse	Lohn- steuer*	BVSP**	TAGZ***	Steuerklasse	Bemessungsgrundlage für Kirchensteuer und Solidaritätszuschlag – Freibeträge für ... Kinder 0,5	1,0	1,5	2,0	2,5	3,0
87 731,99 West	I,IV	**20 554**	5 633	5 633	I	18 674	16 794	14 938	13 158	11 455	9 830
	II	**18 765**	5 633	5 633	II	16 885	15 026	13 242	11 536	9 906	8 354
	III	**13 278**	5 633	5 633	III	11 874	10 508	9 182	7 892	6 642	5 432
	V	**26 727**	5 633	5 633	IV	19 614	18 674	17 734	16 794	15 857	14 938
	VI	**27 259**	5 633	5 633							
87 731,99 Ost	I,IV	**20 648**	5 633	5 633	I	18 768	16 888	15 030	13 246	11 539	9 909
	II	**18 859**	5 633	5 633	II	16 979	15 118	13 330	11 619	9 986	8 430
	III	**13 350**	5 633	5 633	III	11 944	10 576	9 246	7 956	6 704	5 492
	V	**26 821**	5 633	5 633	IV	19 708	18 768	17 828	16 888	15 950	15 030
	VI	**27 353**	5 633	5 633							
87 767,99 West	I,IV	**20 569**	5 633	5 633	I	18 689	16 809	14 953	13 172	11 469	9 842
	II	**18 780**	5 633	5 633	II	16 900	15 041	13 256	11 549	9 919	8 366
	III	**13 290**	5 633	5 633	III	11 886	10 520	9 192	7 902	6 652	5 440
	V	**26 742**	5 633	5 633	IV	19 629	18 689	17 749	16 809	15 872	14 953
	VI	**27 274**	5 633	5 633							
87 767,99 Ost	I,IV	**20 663**	5 633	5 633	I	18 783	16 903	15 044	13 260	11 552	9 922
	II	**18 874**	5 633	5 633	II	16 994	15 132	13 344	11 633	9 999	8 442
	III	**13 362**	5 633	5 633	III	11 954	10 586	9 258	7 966	6 714	5 500
	V	**26 836**	5 633	5 633	IV	19 723	18 783	17 843	16 903	15 965	15 044
	VI	**27 368**	5 633	5 633							
87 803,99 West	I,IV	**20 584**	5 633	5 633	I	18 704	16 824	14 968	13 186	11 482	9 855
	II	**18 795**	5 633	5 633	II	16 915	15 056	13 271	11 563	9 932	8 378
	III	**13 302**	5 633	5 633	III	11 896	10 530	9 202	7 914	6 662	5 450
	V	**26 757**	5 633	5 633	IV	19 644	18 704	17 764	16 824	15 887	14 968
	VI	**27 289**	5 633	5 633							
87 803,99 Ost	I,IV	**20 678**	5 633	5 633	I	18 798	16 918	15 059	13 274	11 566	9 935
	II	**18 889**	5 633	5 633	II	17 009	15 147	13 358	11 646	10 012	8 454
	III	**13 372**	5 633	5 633	III	11 966	10 598	9 268	7 976	6 724	5 510
	V	**26 851**	5 633	5 633	IV	19 738	18 798	17 858	16 918	15 980	15 059
	VI	**27 383**	5 633	5 633							
87 839,99 West	I,IV	**20 599**	5 633	5 633	I	18 719	16 839	14 982	13 200	11 496	9 868
	II	**18 810**	5 633	5 633	II	16 930	15 070	13 285	11 576	9 945	8 391
	III	**13 312**	5 633	5 633	III	11 908	10 540	9 212	7 924	6 672	5 460
	V	**26 772**	5 633	5 633	IV	19 659	18 719	17 779	16 839	15 902	14 982
	VI	**27 304**	5 633	5 633							
87 839,99 Ost	I,IV	**20 693**	5 633	5 633	I	18 813	16 933	15 074	13 288	11 579	9 948
	II	**18 904**	5 633	5 633	II	17 024	15 162	13 372	11 660	10 025	8 467
	III	**13 384**	5 633	5 633	III	11 978	10 608	9 278	7 986	6 734	5 520
	V	**26 867**	5 633	5 633	IV	19 753	18 813	17 873	16 933	15 995	15 074
	VI	**27 398**	5 633	5 633							
87 875,99 West	I,IV	**20 614**	5 633	5 633	I	18 734	16 854	14 997	13 214	11 509	9 881
	II	**18 825**	5 633	5 633	II	16 945	15 085	13 299	11 590	9 958	8 403
	III	**13 324**	5 633	5 633	III	11 918	10 552	9 224	7 934	6 682	5 470
	V	**26 788**	5 633	5 633	IV	19 674	18 734	17 794	16 854	15 917	14 997
	VI	**27 319**	5 633	5 633							
87 875,99 Ost	I,IV	**20 708**	5 633	5 633	I	18 828	16 949	15 088	13 302	11 592	9 960
	II	**18 919**	5 633	5 633	II	17 039	15 176	13 386	11 673	10 037	8 479
	III	**13 396**	5 633	5 633	III	11 988	10 620	9 288	7 998	6 744	5 530
	V	**26 882**	5 633	5 633	IV	19 768	18 828	17 888	16 949	16 010	15 088
	VI	**27 413**	5 633	5 633							
87 911,99 West	I,IV	**20 629**	5 633	5 633	I	18 749	16 870	15 012	13 228	11 522	9 894
	II	**18 840**	5 633	5 633	II	16 960	15 100	13 313	11 603	9 970	8 415
	III	**13 336**	5 633	5 633	III	11 930	10 562	9 234	7 944	6 692	5 480
	V	**26 803**	5 633	5 633	IV	19 689	18 749	17 810	16 870	15 932	15 012
	VI	**27 334**	5 633	5 633							
87 911,99 Ost	I,IV	**20 723**	5 633	5 633	I	18 844	16 964	15 103	13 316	11 606	9 973
	II	**18 934**	5 633	5 633	II	17 054	15 191	13 400	11 687	10 050	8 491
	III	**13 408**	5 633	5 633	III	12 000	10 630	9 300	8 008	6 754	5 540
	V	**26 897**	5 633	5 633	IV	19 784	18 844	17 904	16 964	16 025	15 103
	VI	**27 429**	5 633	5 633							

* Zur LSt-Berechnung für privat versicherte Arbeitnehmer s. Beispiele **Vorbemerkung S. 4 f.**
** Basisvorsorgepauschale KV und PV *** Typisierter Arbeitgeberzuschuss

Lohn/ Gehalt in € bis	Steuerklasse	Lohn-steuer*	BVSP**	TAGZ***	Steuerklasse	Bemessungsgrundlage für Kirchensteuer und Solidaritätszuschlag – Freibeträge für ... Kinder 0,5	**1,0**	1,5	**2,0**	2,5	**3,0**
87 947,99	I,IV	**20 645**	5 633	5 633	I	18 765	16 885	15 026	13 242	11 536	9 906
West	II	**18 855**	5 633	5 633	II	16 975	15 114	13 327	11 616	9 983	8 427
	III	**13 348**	5 633	5 633	III	11 942	10 574	9 244	7 954	6 702	5 488
	V	**26 818**	5 633	5 633	IV	19 705	18 765	17 825	16 885	15 947	15 026
	VI	**27 350**	5 633	5 633							
87 947,99	I,IV	**20 739**	5 633	5 633	I	18 859	16 979	15 118	13 330	11 619	9 986
Ost	II	**18 949**	5 633	5 633	II	17 069	15 206	13 414	11 700	10 063	8 503
	III	**13 418**	5 633	5 633	III	12 010	10 640	9 310	8 018	6 764	5 548
	V	**26 912**	5 633	5 633	IV	19 799	18 859	17 919	16 979	16 040	15 118
	VI	**27 444**	5 633	5 633							
87 983,99	I,IV	**20 660**	5 633	5 633	I	18 780	16 900	15 041	13 256	11 549	9 919
West	II	**18 870**	5 633	5 633	II	16 991	15 129	13 341	11 630	9 996	8 439
	III	**13 358**	5 633	5 633	III	11 952	10 584	9 254	7 964	6 712	5 498
	V	**26 833**	5 633	5 633	IV	19 720	18 780	17 840	16 900	15 962	15 041
	VI	**27 365**	5 633	5 633							
87 983,99	I,IV	**20 754**	5 633	5 633	I	18 874	16 994	15 132	13 344	11 633	9 999
Ost	II	**18 965**	5 633	5 633	II	17 085	15 221	13 428	11 714	10 076	8 515
	III	**13 430**	5 633	5 633	III	12 022	10 652	9 320	8 028	6 774	5 558
	V	**26 927**	5 633	5 633	IV	19 814	18 874	17 934	16 994	16 055	15 132
	VI	**27 459**	5 633	5 633							
88 019,99	I,IV	**20 675**	5 633	5 633	I	18 795	16 915	15 056	13 271	11 563	9 932
West	II	**18 886**	5 633	5 633	II	17 006	15 144	13 355	11 643	10 009	8 452
	III	**13 370**	5 633	5 633	III	11 964	10 596	9 266	7 974	6 722	5 508
	V	**26 848**	5 633	5 633	IV	19 735	18 795	17 855	16 915	15 977	15 056
	VI	**27 380**	5 633	5 633							
88 019,99	I,IV	**20 769**	5 633	5 633	I	18 889	17 009	15 147	13 358	11 646	10 012
Ost	II	**18 980**	5 633	5 633	II	17 100	15 235	13 443	11 727	10 089	8 528
	III	**13 442**	5 633	5 633	III	12 032	10 662	9 332	8 038	6 784	5 568
	V	**26 942**	5 633	5 633	IV	19 829	18 889	17 949	17 009	16 070	15 147
	VI	**27 474**	5 633	5 633							
88 055,99	I,IV	**20 690**	5 633	5 633	I	18 810	16 930	15 070	13 285	11 576	9 945
West	II	**18 901**	5 633	5 633	II	17 021	15 158	13 369	11 657	10 022	8 464
	III	**13 382**	5 633	5 633	III	11 974	10 606	9 276	7 984	6 732	5 518
	V	**26 863**	5 633	5 633	IV	19 750	18 810	17 870	16 930	15 992	15 070
	VI	**27 395**	5 633	5 633							
88 055,99	I,IV	**20 784**	5 633	5 633	I	18 904	17 024	15 162	13 372	11 660	10 025
Ost	II	**18 995**	5 633	5 633	II	17 115	15 250	13 457	11 741	10 102	8 540
	III	**13 454**	5 633	5 633	III	12 044	10 674	9 342	8 048	6 794	5 578
	V	**26 957**	5 633	5 633	IV	19 844	18 904	17 964	17 024	16 085	15 162
	VI	**27 489**	5 633	5 633							
88 091,99	I,IV	**20 705**	5 633	5 633	I	18 825	16 945	15 085	13 299	11 590	9 958
West	II	**18 916**	5 633	5 633	II	17 036	15 173	13 383	11 670	10 035	8 476
	III	**13 394**	5 633	5 633	III	11 986	10 616	9 286	7 994	6 742	5 528
	V	**26 878**	5 633	5 633	IV	19 765	18 825	17 885	16 945	16 007	15 085
	VI	**27 410**	5 633	5 633							
88 091,99	I,IV	**20 799**	5 633	5 633	I	18 919	17 039	15 176	13 386	11 673	10 037
Ost	II	**19 010**	5 633	5 633	II	17 130	15 265	13 471	11 754	10 115	8 552
	III	**13 464**	5 633	5 633	III	12 056	10 684	9 352	8 058	6 804	5 588
	V	**26 972**	5 633	5 633	IV	19 859	18 919	17 979	17 039	16 100	15 176
	VI	**27 504**	5 633	5 633							
88 127,99	I,IV	**20 720**	5 633	5 633	I	18 840	16 960	15 100	13 313	11 603	9 970
West	II	**18 931**	5 633	5 633	II	17 051	15 188	13 397	11 684	10 047	8 488
	III	**13 404**	5 633	5 633	III	11 996	10 628	9 298	8 006	6 752	5 536
	V	**26 893**	5 633	5 633	IV	19 780	18 840	17 900	16 960	16 022	15 100
	VI	**27 425**	5 633	5 633							
88 127,99	I,IV	**20 814**	5 633	5 633	I	18 934	17 054	15 191	13 400	11 687	10 050
Ost	II	**19 025**	5 633	5 633	II	17 145	15 279	13 485	11 768	10 127	8 564
	III	**13 476**	5 633	5 633	III	12 066	10 696	9 362	8 068	6 814	5 596
	V	**26 988**	5 633	5 633	IV	19 874	18 934	17 994	17 054	16 115	15 191
	VI	**27 519**	5 633	5 633							

* Zur LSt-Berechnung für privat versicherte Arbeitnehmer s. Beispiele **Vorbemerkung S. 4 f.**
** Basisvorsorgepauschale KV und PV *** Typisierter Arbeitgeberzuschuss

Lohn/ Gehalt in € bis	Steuerklasse	**Lohn-steuer***	BVSP**	TAGZ***	Steuerklasse	Bemessungsgrundlage für Kirchensteuer und Solidaritätszuschlag – Freibeträge für ... Kinder 0,5	**1,0**	1,5	**2,0**	2,5	**3,0**
88 163,99 West	I,IV	**20 735**	5 633	5 633	I	18 855	16 975	15 114	13 327	11 616	9 983
	II	**18 946**	5 633	5 633	II	17 066	15 203	13 411	11 697	10 060	8 500
	III	**13 416**	5 633	5 633	III	12 008	10 638	9 308	8 016	6 762	5 546
	V	**26 909**	5 633	5 633	IV	19 795	18 855	17 915	16 975	16 037	15 114
	VI	**27 440**	5 633	5 633							
88 163,99 Ost	I,IV	**20 829**	5 633	5 633	I	18 949	17 069	15 206	13 414	11 700	10 063
	II	**19 040**	5 633	5 633	II	17 160	15 294	13 499	11 781	10 140	8 577
	III	**13 488**	5 633	5 633	III	12 078	10 706	9 374	8 080	6 824	5 606
	V	**27 003**	5 633	5 633	IV	19 889	18 949	18 009	17 069	16 130	15 206
	VI	**27 534**	5 633	5 633							
88 199,99 West	I,IV	**20 750**	5 633	5 633	I	18 870	16 991	15 129	13 341	11 630	9 996
	II	**18 961**	5 633	5 633	II	17 081	15 217	13 425	11 711	10 073	8 513
	III	**13 428**	5 633	5 633	III	12 020	10 650	9 318	8 026	6 772	5 556
	V	**26 924**	5 633	5 633	IV	19 810	18 870	17 930	16 991	16 052	15 129
	VI	**27 455**	5 633	5 633							
88 199,99 Ost	I,IV	**20 844**	5 633	5 633	I	18 965	17 085	15 221	13 428	11 714	10 076
	II	**19 055**	5 633	5 633	II	17 175	15 309	13 513	11 795	10 153	8 589
	III	**13 500**	5 633	5 633	III	12 088	10 718	9 384	8 090	6 834	5 616
	V	**27 018**	5 633	5 633	IV	19 904	18 965	18 025	17 085	16 145	15 221
	VI	**27 549**	5 633	5 633							
88 235,99 West	I,IV	**20 765**	5 633	5 633	I	18 886	17 006	15 144	13 355	11 643	10 009
	II	**18 976**	5 633	5 633	II	17 096	15 232	13 439	11 724	10 086	8 525
	III	**13 440**	5 633	5 633	III	12 030	10 660	9 328	8 036	6 782	5 566
	V	**26 939**	5 633	5 633	IV	19 826	18 886	17 946	17 006	16 067	15 144
	VI	**27 471**	5 633	5 633							
88 235,99 Ost	I,IV	**20 860**	5 633	5 633	I	18 980	17 100	15 235	13 443	11 727	10 089
	II	**19 070**	5 633	5 633	II	17 190	15 324	13 527	11 808	10 166	8 601
	III	**13 510**	5 633	5 633	III	12 100	10 728	9 394	8 100	6 844	5 626
	V	**27 033**	5 633	5 633	IV	19 920	18 980	18 040	17 100	16 160	15 235
	VI	**27 565**	5 633	5 633							
88 271,99 West	I,IV	**20 781**	5 633	5 633	I	18 901	17 021	15 158	13 369	11 657	10 022
	II	**18 991**	5 633	5 633	II	17 111	15 247	13 454	11 738	10 099	8 537
	III	**13 450**	5 633	5 633	III	12 042	10 672	9 340	8 046	6 792	5 576
	V	**26 954**	5 633	5 633	IV	19 841	18 901	17 961	17 021	16 082	15 158
	VI	**27 486**	5 633	5 633							
88 271,99 Ost	I,IV	**20 875**	5 633	5 633	I	18 995	17 115	15 250	13 457	11 741	10 102
	II	**19 085**	5 633	5 633	II	17 206	15 338	13 541	11 822	10 179	8 614
	III	**13 522**	5 633	5 633	III	12 112	10 738	9 406	8 110	6 854	5 636
	V	**27 048**	5 633	5 633	IV	19 935	18 995	18 055	17 115	16 176	15 250
	VI	**27 580**	5 633	5 633							
88 307,99 West	I,IV	**20 796**	5 633	5 633	I	18 916	17 036	15 173	13 383	11 670	10 035
	II	**19 007**	5 633	5 633	II	17 127	15 261	13 468	11 751	10 112	8 549
	III	**13 462**	5 633	5 633	III	12 052	10 682	9 350	8 056	6 802	5 586
	V	**26 969**	5 633	5 633	IV	19 856	18 916	17 976	17 036	16 097	15 173
	VI	**27 501**	5 633	5 633							
88 307,99 Ost	I,IV	**20 890**	5 633	5 633	I	19 010	17 130	15 265	13 471	11 754	10 115
	II	**19 101**	5 633	5 633	II	17 221	15 353	13 556	11 835	10 192	8 626
	III	**13 534**	5 633	5 633	III	12 122	10 750	9 416	8 120	6 864	5 644
	V	**27 063**	5 633	5 633	IV	19 950	19 010	18 070	17 130	16 191	15 265
	VI	**27 595**	5 633	5 633							
88 343,99 West	I,IV	**20 811**	5 633	5 633	I	18 931	17 051	15 188	13 397	11 684	10 047
	II	**19 022**	5 633	5 633	II	17 142	15 276	13 482	11 765	10 125	8 562
	III	**13 474**	5 633	5 633	III	12 064	10 692	9 360	8 066	6 812	5 594
	V	**26 984**	5 633	5 633	IV	19 871	18 931	17 991	17 051	16 112	15 188
	VI	**27 516**	5 633	5 633							
88 343,99 Ost	I,IV	**20 905**	5 633	5 633	I	19 025	17 145	15 279	13 485	11 768	10 127
	II	**19 116**	5 633	5 633	II	17 236	15 368	13 570	11 849	10 205	8 638
	III	**13 546**	5 633	5 633	III	12 134	10 760	9 426	8 130	6 874	5 654
	V	**27 078**	5 633	5 633	IV	19 965	19 025	18 085	17 145	16 206	15 279
	VI	**27 610**	5 633	5 633							

* Zur LSt-Berechnung für privat versicherte Arbeitnehmer s. Beispiele **Vorbemerkung S. 4 f.**
** Basisvorsorgepauschale KV und PV *** Typisierter Arbeitgeberzuschuss

Lohn/ Gehalt in € bis	Steuerklasse	Lohn-steuer*	BVSP**	TAGZ***	Steuerklasse	Bemessungsgrundlage für Kirchensteuer und Solidaritätszuschlag – Freibeträge für ... Kinder 0,5	1,0	1,5	2,0	2,5	3,0
88379,99 West	I,IV	**20826**	5633	5633	I	18946	17066	15203	13411	11697	10060
	II	**19037**	5633	5633	II	17157	15291	13496	11778	10137	8574
	III	**13486**	5633	5633	III	12076	10704	9372	8076	6822	5604
	V	**26999**	5633	5633	IV	19886	18946	18006	17066	16127	15203
	VI	**27531**	5633	5633							
88379,99 Ost	I,IV	**20920**	5633	5633	I	19040	17160	15294	13499	11781	10140
	II	**19131**	5633	5633	II	17251	15383	13584	11862	10218	8650
	III	**13556**	5633	5633	III	12144	10772	9436	8140	6884	5664
	V	**27093**	5633	5633	IV	19980	19040	18100	17160	16221	15294
	VI	**27625**	5633	5633							
88415,99 West	I,IV	**20841**	5633	5633	I	18961	17081	15217	13425	11711	10073
	II	**19052**	5633	5633	II	17172	15306	13510	11792	10150	8586
	III	**13496**	5633	5633	III	12086	10714	9382	8088	6832	5614
	V	**27014**	5633	5633	IV	19901	18961	18021	17081	16142	15217
	VI	**27546**	5633	5633							
88415,99 Ost	I,IV	**20935**	5633	5633	I	19055	17175	15309	13513	11795	10153
	II	**19146**	5633	5633	II	17266	15398	13598	11876	10231	8663
	III	**13568**	5633	5633	III	12156	10782	9448	8150	6894	5674
	V	**27108**	5633	5633	IV	19995	19055	18115	17175	16236	15309
	VI	**27640**	5633	5633							
88451,99 West	I,IV	**20856**	5633	5633	I	18976	17096	15232	13439	11724	10086
	II	**19067**	5633	5633	II	17187	15320	13524	11805	10163	8599
	III	**13508**	5633	5633	III	12098	10726	9392	8098	6842	5624
	V	**27030**	5633	5633	IV	19916	18976	18036	17096	16157	15232
	VI	**27561**	5633	5633							
88451,99 Ost	I,IV	**20950**	5633	5633	I	19070	17190	15324	13527	11808	10166
	II	**19161**	5633	5633	II	17281	15412	13612	11889	10244	8675
	III	**13580**	5633	5633	III	12168	10794	9458	8162	6904	5684
	V	**27124**	5633	5633	IV	20010	19070	18130	17190	16251	15324
	VI	**27655**	5633	5633							
88487,99 West	I,IV	**20871**	5633	5633	I	18991	17111	15247	13454	11738	10099
	II	**19082**	5633	5633	II	17202	15335	13538	11819	10176	8611
	III	**13520**	5633	5633	III	12108	10736	9402	8108	6852	5634
	V	**27045**	5633	5633	IV	19931	18991	18051	17111	16172	15247
	VI	**27576**	5633	5633							
88487,99 Ost	I,IV	**20965**	5633	5633	I	19085	17206	15338	13541	11822	10179
	II	**19176**	5633	5633	II	17296	15427	13626	11903	10256	8687
	III	**13592**	5633	5633	III	12178	10804	9468	8172	6914	5694
	V	**27139**	5633	5633	IV	20025	19085	18146	17206	16266	15338
	VI	**27670**	5633	5633							
88523,99 West	I,IV	**20886**	5633	5633	I	19007	17127	15261	13468	11751	10112
	II	**19097**	5633	5633	II	17217	15350	13552	11832	10189	8623
	III	**13532**	5633	5633	III	12120	10748	9414	8118	6862	5642
	V	**27060**	5633	5633	IV	19946	19007	18067	17127	16187	15261
	VI	**27591**	5633	5633							
88523,99 Ost	I,IV	**20981**	5633	5633	I	19101	17221	15353	13556	11835	10192
	II	**19191**	5633	5633	II	17311	15442	13641	11916	10269	8700
	III	**13602**	5633	5633	III	12190	10816	9480	8182	6924	5702
	V	**27154**	5633	5633	IV	20041	19101	18161	17221	16281	15353
	VI	**27686**	5633	5633							
88559,99 West	I,IV	**20902**	5633	5633	I	19022	17142	15276	13482	11765	10125
	II	**19112**	5633	5633	II	17232	15365	13567	11846	10202	8635
	III	**13542**	5633	5633	III	12132	10758	9424	8128	6872	5652
	V	**27075**	5633	5633	IV	19962	19022	18082	17142	16202	15276
	VI	**27607**	5633	5633							
88559,99 Ost	I,IV	**20996**	5633	5633	I	19116	17236	15368	13570	11849	10205
	II	**19206**	5633	5633	II	17327	15457	13655	11930	10282	8712
	III	**13614**	5633	5633	III	12200	10826	9490	8192	6934	5712
	V	**27169**	5633	5633	IV	20056	19116	18176	17236	16296	15368
	VI	**27701**	5633	5633							

* Zur LSt-Berechnung für privat versicherte Arbeitnehmer s. Beispiele **Vorbemerkung S. 4 f.**
** Basisvorsorgepauschale KV und PV *** Typisierter Arbeitgeberzuschuss

Lohn/ Gehalt in € bis	Steuerklasse	Lohn- steuer*	BVSP**	TAGZ***	Steuerklasse	Bemessungsgrundlage für Kirchensteuer und Solidaritätszuschlag					
						Freibeträge für ... Kinder					
						0,5	**1,0**	1,5	**2,0**	2,5	**3,0**
88 595,99	I,IV	**20 917**	5 633	5 633	I	19 037	17 157	15 291	13 496	11 778	10 137
West	II	**19 127**	5 633	5 633	II	17 248	15 379	13 581	11 859	10 215	8 648
	III	**13 554**	5 633	5 633	III	12 142	10 770	9 434	8 138	6 880	5 662
	V	**27 090**	5 633	5 633	IV	19 977	19 037	18 097	17 157	16 217	15 291
	VI	**27 622**	5 633	5 633							
88 595,99	I,IV	**21 011**	5 633	5 633	I	19 131	17 251	15 383	13 584	11 862	10 218
Ost	II	**19 222**	5 633	5 633	II	17 342	15 472	13 669	11 944	10 295	8 724
	III	**13 626**	5 633	5 633	III	12 212	10 836	9 500	8 202	6 942	5 722
	V	**27 184**	5 633	5 633	IV	20 071	19 131	18 191	17 251	16 311	15 383
	VI	**27 716**	5 633	5 633							
88 631,99	I,IV	**20 932**	5 633	5 633	I	19 052	17 172	15 306	13 510	11 792	10 150
West	II	**19 143**	5 633	5 633	II	17 263	15 394	13 595	11 873	10 228	8 660
	III	**13 566**	5 633	5 633	III	12 154	10 780	9 446	8 148	6 890	5 672
	V	**27 105**	5 633	5 633	IV	19 992	19 052	18 112	17 172	16 232	15 306
	VI	**27 637**	5 633	5 633							
88 631,99	I,IV	**21 026**	5 633	5 633	I	19 146	17 266	15 398	13 598	11 876	10 231
Ost	II	**19 237**	5 633	5 633	II	17 357	15 486	13 683	11 957	10 308	8 737
	III	**13 638**	5 633	5 633	III	12 224	10 848	9 510	8 212	6 952	5 732
	V	**27 199**	5 633	5 633	IV	20 086	19 146	18 206	17 266	16 326	15 398
	VI	**27 731**	5 633	5 633							
88 667,99	I,IV	**20 947**	5 633	5 633	I	19 067	17 187	15 320	13 524	11 805	10 163
West	II	**19 158**	5 633	5 633	II	17 278	15 409	13 609	11 886	10 241	8 672
	III	**13 578**	5 633	5 633	III	12 164	10 790	9 456	8 158	6 900	5 682
	V	**27 120**	5 633	5 633	IV	20 007	19 067	18 127	17 187	16 247	15 320
	VI	**27 652**	5 633	5 633							
88 667,99	I,IV	**21 041**	5 633	5 633	I	19 161	17 281	15 412	13 612	11 889	10 244
Ost	II	**19 252**	5 633	5 633	II	17 372	15 501	13 697	11 971	10 321	8 749
	III	**13 648**	5 633	5 633	III	12 234	10 858	9 522	8 222	6 962	5 742
	V	**27 214**	5 633	5 633	IV	20 101	19 161	18 221	17 281	16 341	15 412
	VI	**27 746**	5 633	5 633							
88 703,99	I,IV	**20 962**	5 633	5 633	I	19 082	17 202	15 335	13 538	11 819	10 176
West	II	**19 173**	5 633	5 633	II	17 293	15 424	13 623	11 900	10 254	8 685
	III	**13 588**	5 633	5 633	III	12 176	10 802	9 466	8 170	6 910	5 692
	V	**27 135**	5 633	5 633	IV	20 022	19 082	18 142	17 202	16 263	15 335
	VI	**27 667**	5 633	5 633							
88 703,99	I,IV	**21 056**	5 633	5 633	I	19 176	17 296	15 427	13 626	11 903	10 256
Ost	II	**19 267**	5 633	5 633	II	17 387	15 516	13 712	11 984	10 334	8 761
	III	**13 660**	5 633	5 633	III	12 246	10 870	9 532	8 234	6 972	5 752
	V	**27 229**	5 633	5 633	IV	20 116	19 176	18 236	17 296	16 356	15 427
	VI	**27 761**	5 633	5 633							
88 739,99	I,IV	**20 977**	5 633	5 633	I	19 097	17 217	15 350	13 552	11 832	10 189
West	II	**19 188**	5 633	5 633	II	17 308	15 439	13 637	11 913	10 267	8 697
	III	**13 600**	5 633	5 633	III	12 188	10 812	9 476	8 180	6 920	5 700
	V	**27 150**	5 633	5 633	IV	20 037	19 097	18 157	17 217	16 278	15 350
	VI	**27 682**	5 633	5 633							
88 739,99	I,IV	**21 071**	5 633	5 633	I	19 191	17 311	15 442	13 641	11 916	10 269
Ost	II	**19 282**	5 633	5 633	II	17 402	15 531	13 726	11 998	10 347	8 774
	III	**13 672**	5 633	5 633	III	12 256	10 880	9 542	8 244	6 982	5 760
	V	**27 245**	5 633	5 633	IV	20 131	19 191	18 251	17 311	16 372	15 442
	VI	**27 776**	5 633	5 633							
88 775,99	I,IV	**20 992**	5 633	5 633	I	19 112	17 232	15 365	13 567	11 846	10 202
West	II	**19 203**	5 633	5 633	II	17 323	15 453	13 652	11 927	10 279	8 709
	III	**13 612**	5 633	5 633	III	12 198	10 824	9 488	8 190	6 930	5 710
	V	**27 166**	5 633	5 633	IV	20 052	19 112	18 172	17 232	16 293	15 365
	VI	**27 697**	5 633	5 633							
88 775,99	I,IV	**21 086**	5 633	5 633	I	19 206	17 327	15 457	13 655	11 930	10 282
Ost	II	**19 297**	5 633	5 633	II	17 417	15 546	13 740	12 011	10 360	8 786
	III	**13 684**	5 633	5 633	III	12 268	10 892	9 554	8 254	6 992	5 770
	V	**27 260**	5 633	5 633	IV	20 146	19 206	18 266	17 327	16 387	15 457
	VI	**27 791**	5 633	5 633							

* Zur LSt-Berechnung für privat versicherte Arbeitnehmer s. Beispiele **Vorbemerkung S. 4 f.**
** Basisvorsorgepauschale KV und PV *** Typisierter Arbeitgeberzuschuss

Lohn/ Gehalt in € bis	Steuerklasse	Lohn-steuer*	BVSP**	TAGZ***	Steuerklasse	Bemessungsgrundlage für Kirchensteuer und Solidaritätszuschlag					
						Freibeträge für ... Kinder					
						0,5	**1,0**	1,5	**2,0**	2,5	**3,0**
88 811,99	I,IV	**21 007**	5 633	5 633	I	19 127	17 248	15 379	13 581	11 859	10 215
West	II	**19 218**	5 633	5 633	II	17 338	15 468	13 666	11 941	10 292	8 722
	III	**13 624**	5 633	5 633	III	12 210	10 834	9 498	8 200	6 940	5 720
	V	**27 181**	5 633	5 633	IV	20 067	19 127	18 188	17 248	16 308	15 379
	VI	**27 712**	5 633	5 633							
88 811,99	I,IV	**21 101**	5 633	5 633	I	19 222	17 342	15 472	13 669	11 944	10 295
Ost	II	**19 312**	5 633	5 633	II	17 432	15 560	13 754	12 025	10 373	8 798
	III	**13 694**	5 633	5 633	III	12 280	10 902	9 564	8 264	7 002	5 780
	V	**27 275**	5 633	5 633	IV	20 162	19 222	18 282	17 342	16 402	15 472
	VI	**27 807**	5 633	5 633							
88 847,99	I,IV	**21 023**	5 633	5 633	I	19 143	17 263	15 394	13 595	11 873	10 228
West	II	**19 233**	5 633	5 633	II	17 353	15 483	13 680	11 954	10 305	8 734
	III	**13 634**	5 633	5 633	III	12 220	10 846	9 508	8 210	6 950	5 730
	V	**27 196**	5 633	5 633	IV	20 083	19 143	18 203	17 263	16 323	15 394
	VI	**27 728**	5 633	5 633							
88 847,99	I,IV	**21 117**	5 633	5 633	I	19 237	17 357	15 486	13 683	11 957	10 308
Ost	II	**19 327**	5 633	5 633	II	17 447	15 575	13 768	12 039	10 386	8 811
	III	**13 706**	5 633	5 633	III	12 290	10 914	9 574	8 274	7 012	5 790
	V	**27 290**	5 633	5 633	IV	20 177	19 237	18 297	17 357	16 417	15 486
	VI	**27 822**	5 633	5 633							
88 883,99	I,IV	**21 038**	5 633	5 633	I	19 158	17 278	15 409	13 609	11 886	10 241
West	II	**19 248**	5 633	5 633	II	17 369	15 498	13 694	11 968	10 318	8 746
	III	**13 646**	5 633	5 633	III	12 232	10 856	9 520	8 220	6 960	5 740
	V	**27 211**	5 633	5 633	IV	20 098	19 158	18 218	17 278	16 338	15 409
	VI	**27 743**	5 633	5 633							
88 883,99	I,IV	**21 132**	5 633	5 633	I	19 252	17 372	15 501	13 697	11 971	10 321
Ost	II	**19 343**	5 633	5 633	II	17 463	15 590	13 783	12 052	10 399	8 823
	III	**13 718**	5 633	5 633	III	12 302	10 924	9 586	8 284	7 022	5 800
	V	**27 305**	5 633	5 633	IV	20 192	19 252	18 312	17 372	16 432	15 501
	VI	**27 837**	5 633	5 633							
88 919,99	I,IV	**21 053**	5 633	5 633	I	19 173	17 293	15 424	13 623	11 900	10 254
West	II	**19 264**	5 633	5 633	II	17 384	15 513	13 708	11 981	10 331	8 759
	III	**13 658**	5 633	5 633	III	12 244	10 868	9 530	8 230	6 970	5 750
	V	**27 226**	5 633	5 633	IV	20 113	19 173	18 233	17 293	16 353	15 424
	VI	**27 758**	5 633	5 633							
88 919,99	I,IV	**21 147**	5 633	5 633	I	19 267	17 387	15 516	13 712	11 984	10 334
Ost	II	**19 358**	5 633	5 633	II	17 478	15 605	13 797	12 066	10 412	8 835
	III	**13 730**	5 633	5 633	III	12 314	10 936	9 596	8 296	7 032	5 810
	V	**27 320**	5 633	5 633	IV	20 207	19 267	18 327	17 387	16 447	15 516
	VI	**27 852**	5 633	5 633							
88 955,99	I,IV	**21 068**	5 633	5 633	I	19 188	17 308	15 439	13 637	11 913	10 267
West	II	**19 279**	5 633	5 633	II	17 399	15 528	13 723	11 995	10 344	8 771
	III	**13 670**	5 633	5 633	III	12 254	10 878	9 540	8 242	6 980	5 758
	V	**27 241**	5 633	5 633	IV	20 128	19 188	18 248	17 308	16 368	15 439
	VI	**27 773**	5 633	5 633							
88 955,99	I,IV	**21 162**	5 633	5 633	I	19 282	17 402	15 531	13 726	11 998	10 347
Ost	II	**19 373**	5 633	5 633	II	17 493	15 620	13 811	12 079	10 425	8 848
	III	**13 742**	5 633	5 633	III	12 324	10 946	9 606	8 306	7 042	5 818
	V	**27 335**	5 633	5 633	IV	20 222	19 282	18 342	17 402	16 462	15 531
	VI	**27 867**	5 633	5 633							
88 991,99	I,IV	**21 083**	5 633	5 633	I	19 203	17 323	15 453	13 652	11 927	10 279
West	II	**19 294**	5 633	5 633	II	17 414	15 542	13 737	12 008	10 357	8 783
	III	**13 680**	5 633	5 633	III	12 266	10 888	9 550	8 252	6 990	5 768
	V	**27 256**	5 633	5 633	IV	20 143	19 203	18 263	17 323	16 383	15 453
	VI	**27 788**	5 633	5 633							
88 991,99	I,IV	**21 177**	5 633	5 633	I	19 297	17 417	15 546	13 740	12 011	10 360
Ost	II	**19 388**	5 633	5 633	II	17 508	15 635	13 825	12 093	10 438	8 860
	III	**13 752**	5 633	5 633	III	12 336	10 956	9 618	8 316	7 052	5 828
	V	**27 350**	5 633	5 633	IV	20 237	19 297	18 357	17 417	16 477	15 546
	VI	**27 882**	5 633	5 633							

* Zur LSt-Berechnung für privat versicherte Arbeitnehmer s. Beispiele **Vorbemerkung S. 4f.**
** Basisvorsorgepauschale KV und PV *** Typisierter Arbeitgeberzuschuss

Lohn/ Gehalt in € bis	Steuerklasse	Lohnsteuer*	BVSP**	TAGZ***	Steuerklasse	Bemessungsgrundlage für Kirchensteuer und Solidaritätszuschlag – Freibeträge für ... Kinder 0,5	1,0	1,5	2,0	2,5	3,0
89027,99 West	I,IV	**21098**	5633	5633	I	19218	17338	15468	13666	11941	10292
	II	**19309**	5633	5633	II	17429	15557	13751	12022	10370	8796
	III	**13692**	5633	5633	III	12276	10900	9562	8262	7000	5778
	V	**27271**	5633	5633	IV	20158	19218	18278	17338	16398	15468
	VI	**27803**	5633	5633							
89027,99 Ost	I,IV	**21192**	5633	5633	I	19312	17432	15560	13754	12025	10373
	II	**19403**	5633	5633	II	17523	15650	13840	12107	10451	8873
	III	**13764**	5633	5633	III	12346	10968	9628	8326	7062	5838
	V	**27366**	5633	5633	IV	20252	19312	18372	17432	16492	15560
	VI	**27897**	5633	5633							
89063,99 West	I,IV	**21113**	5633	5633	I	19233	17353	15483	13680	11954	10305
	II	**19324**	5633	5633	II	17444	15572	13765	12036	10383	8808
	III	**13704**	5633	5633	III	12288	10910	9572	8272	7010	5788
	V	**27287**	5633	5633	IV	20173	19233	18293	17353	16413	15483
	VI	**27818**	5633	5633							
89063,99 Ost	I,IV	**21207**	5633	5633	I	19327	17447	15575	13768	12039	10386
	II	**19418**	5633	5633	II	17538	15664	13854	12120	10464	8885
	III	**13776**	5633	5633	III	12358	10978	9638	8336	7072	5848
	V	**27381**	5633	5633	IV	20267	19327	18387	17447	16508	15575
	VI	**27912**	5633	5633							
89099,99 West	I,IV	**21128**	5633	5633	I	19248	17369	15498	13694	11968	10318
	II	**19339**	5633	5633	II	17459	15587	13779	12049	10396	8820
	III	**13716**	5633	5633	III	12300	10922	9582	8282	7020	5798
	V	**27302**	5633	5633	IV	20188	19248	18308	17369	16429	15498
	VI	**27833**	5633	5633							
89099,99 Ost	I,IV	**21222**	5633	5633	I	19343	17463	15590	13783	12052	10399
	II	**19433**	5633	5633	II	17553	15679	13868	12134	10477	8897
	III	**13788**	5633	5633	III	12370	10990	9648	8346	7082	5858
	V	**27396**	5633	5633	IV	20282	19343	18403	17463	16523	15590
	VI	**27927**	5633	5633							
89135,99 West	I,IV	**21143**	5633	5633	I	19264	17384	15513	13708	11981	10331
	II	**19354**	5633	5633	II	17474	15602	13794	12063	10409	8833
	III	**13726**	5633	5633	III	12310	10932	9594	8292	7030	5808
	V	**27317**	5633	5633	IV	20204	19264	18324	17384	16444	15513
	VI	**27849**	5633	5633							
89135,99 Ost	I,IV	**21238**	5633	5633	I	19358	17478	15605	13797	12066	10412
	II	**19448**	5633	5633	II	17568	15694	13882	12148	10490	8910
	III	**13798**	5633	5633	III	12380	11000	9660	8356	7092	5868
	V	**27411**	5633	5633	IV	20298	19358	18418	17478	16538	15605
	VI	**27943**	5633	5633							
89171,99 West	I,IV	**21159**	5633	5633	I	19279	17399	15528	13723	11995	10344
	II	**19369**	5633	5633	II	17489	15617	13808	12076	10422	8845
	III	**13738**	5633	5633	III	12322	10944	9604	8304	7040	5816
	V	**27332**	5633	5633	IV	20219	19279	18339	17399	16459	15528
	VI	**27864**	5633	5633							
89171,99 Ost	I,IV	**21253**	5633	5633	I	19373	17493	15620	13811	12079	10425
	II	**19463**	5633	5633	II	17584	15709	13897	12161	10503	8922
	III	**13810**	5633	5633	III	12392	11012	9670	8368	7102	5878
	V	**27426**	5633	5633	IV	20313	19373	18433	17493	16553	15620
	VI	**27958**	5633	5633							
89207,99 West	I,IV	**21174**	5633	5633	I	19294	17414	15542	13737	12008	10357
	II	**19385**	5633	5633	II	17505	15631	13822	12090	10435	8857
	III	**13750**	5633	5633	III	12334	10954	9614	8314	7050	5826
	V	**27347**	5633	5633	IV	20234	19294	18354	17414	16474	15542
	VI	**27879**	5633	5633							
89207,99 Ost	I,IV	**21268**	5633	5633	I	19388	17508	15635	13825	12093	10438
	II	**19479**	5633	5633	II	17599	15724	13911	12175	10516	8935
	III	**13822**	5633	5633	III	12404	11022	9680	8378	7112	5886
	V	**27441**	5633	5633	IV	20328	19388	18448	17508	16568	15635
	VI	**27973**	5633	5633							

* Zur LSt-Berechnung für privat versicherte Arbeitnehmer s. Beispiele **Vorbemerkung S. 4f.**
** Basisvorsorgepauschale KV und PV *** Typisierter Arbeitgeberzuschuss

Lohn/ Gehalt in € bis	Steuerklasse	Lohn-steuer*	BVSP**	TAGZ***	Steuerklasse	Bemessungsgrundlage für Kirchensteuer und Solidaritätszuschlag					
						Freibeträge für ... Kinder					
						0,5	**1,0**	1,5	**2,0**	2,5	**3,0**
89 243,99	I,IV	**21 189**	5 633	5 633	I	19 309	17 429	15 557	13 751	12 022	10 370
West	II	**19 400**	5 633	5 633	II	17 520	15 646	13 836	12 104	10 448	8 870
	III	**13 762**	5 633	5 633	III	12 344	10 966	9 626	8 324	7 060	5 836
	V	**27 362**	5 633	5 633	IV	20 249	19 309	18 369	17 429	16 489	15 557
	VI	**27 894**	5 633	5 633							
89 243,99	I,IV	**21 283**	5 633	5 633	I	19 403	17 523	15 650	13 840	12 107	10 451
Ost	II	**19 494**	5 633	5 633	II	17 614	15 739	13 925	12 189	10 529	8 947
	III	**13 834**	5 633	5 633	III	12 414	11 034	9 692	8 388	7 122	5 896
	V	**27 456**	5 633	5 633	IV	20 343	19 403	18 463	17 523	16 583	15 650
	VI	**27 988**	5 633	5 633							
89 279,99	I,IV	**21 204**	5 633	5 633	I	19 324	17 444	15 572	13 765	12 036	10 383
West	II	**19 415**	5 633	5 633	II	17 535	15 661	13 851	12 117	10 461	8 882
	III	**13 774**	5 633	5 633	III	12 356	10 976	9 636	8 334	7 070	5 846
	V	**27 377**	5 633	5 633	IV	20 264	19 324	18 384	17 444	16 504	15 572
	VI	**27 909**	5 633	5 633							
89 279,99	I,IV	**21 298**	5 633	5 633	I	19 418	17 538	15 664	13 854	12 120	10 464
Ost	II	**19 509**	5 633	5 633	II	17 629	15 754	13 939	12 202	10 542	8 959
	III	**13 846**	5 633	5 633	III	12 426	11 044	9 702	8 398	7 132	5 906
	V	**27 471**	5 633	5 633	IV	20 358	19 418	18 478	17 538	16 598	15 664
	VI	**28 003**	5 633	5 633							
89 315,99	I,IV	**21 219**	5 633	5 633	I	19 339	17 459	15 587	13 779	12 049	10 396
West	II	**19 430**	5 633	5 633	II	17 550	15 676	13 865	12 131	10 474	8 895
	III	**13 784**	5 633	5 633	III	12 366	10 988	9 646	8 344	7 080	5 856
	V	**27 392**	5 633	5 633	IV	20 279	19 339	18 399	17 459	16 519	15 587
	VI	**27 924**	5 633	5 633							
89 315,99	I,IV	**21 313**	5 633	5 633	I	19 433	17 553	15 679	13 868	12 134	10 477
Ost	II	**19 524**	5 633	5 633	II	17 644	15 769	13 954	12 216	10 555	8 972
	III	**13 856**	5 633	5 633	III	12 436	11 056	9 712	8 408	7 142	5 916
	V	**27 486**	5 633	5 633	IV	20 373	19 433	18 493	17 553	16 613	15 679
	VI	**28 018**	5 633	5 633							
89 351,99	I,IV	**21 234**	5 633	5 633	I	19 354	17 474	15 602	13 794	12 063	10 409
West	II	**19 445**	5 633	5 633	II	17 565	15 691	13 879	12 145	10 487	8 907
	III	**13 796**	5 633	5 633	III	12 378	10 998	9 658	8 354	7 090	5 866
	V	**27 408**	5 633	5 633	IV	20 294	19 354	18 414	17 474	16 534	15 602
	VI	**27 939**	5 633	5 633							
89 351,99	I,IV	**21 328**	5 633	5 633	I	19 448	17 568	15 694	13 882	12 148	10 490
Ost	II	**19 539**	5 633	5 633	II	17 659	15 784	13 968	12 230	10 568	8 984
	III	**13 868**	5 633	5 633	III	12 448	11 066	9 724	8 418	7 152	5 926
	V	**27 502**	5 633	5 633	IV	20 388	19 448	18 508	17 568	16 628	15 694
	VI	**28 033**	5 633	5 633							
89 387,99	I,IV	**21 249**	5 633	5 633	I	19 369	17 489	15 617	13 808	12 076	10 422
West	II	**19 460**	5 633	5 633	II	17 580	15 706	13 893	12 158	10 500	8 919
	III	**13 808**	5 633	5 633	III	12 390	11 010	9 668	8 364	7 100	5 874
	V	**27 423**	5 633	5 633	IV	20 309	19 369	18 429	17 489	16 550	15 617
	VI	**27 954**	5 633	5 633							
89 387,99	I,IV	**21 343**	5 633	5 633	I	19 463	17 584	15 709	13 897	12 161	10 503
Ost	II	**19 554**	5 633	5 633	II	17 674	15 799	13 982	12 243	10 581	8 997
	III	**13 880**	5 633	5 633	III	12 460	11 078	9 734	8 430	7 164	5 936
	V	**27 517**	5 633	5 633	IV	20 403	19 463	18 524	17 584	16 644	15 709
	VI	**28 048**	5 633	5 633							
89 423,99	I,IV	**21 264**	5 633	5 633	I	19 385	17 505	15 631	13 822	12 090	10 435
West	II	**19 475**	5 633	5 633	II	17 595	15 721	13 908	12 172	10 513	8 932
	III	**13 820**	5 633	5 633	III	12 400	11 020	9 678	8 376	7 110	5 884
	V	**27 438**	5 633	5 633	IV	20 324	19 385	18 445	17 505	16 565	15 631
	VI	**27 969**	5 633	5 633							
89 423,99	I,IV	**21 359**	5 633	5 633	I	19 479	17 599	15 724	13 911	12 175	10 516
Ost	II	**19 569**	5 633	5 633	II	17 689	15 813	13 997	12 257	10 594	9 009
	III	**13 892**	5 633	5 633	III	12 470	11 088	9 744	8 440	7 174	5 946
	V	**27 532**	5 633	5 633	IV	20 419	19 479	18 539	17 599	16 659	15 724
	VI	**28 064**	5 633	5 633							

* Zur LSt-Berechnung für privat versicherte Arbeitnehmer s. Beispiele **Vorbemerkung S. 4 f.**
** Basisvorsorgepauschale KV und PV *** Typisierter Arbeitgeberzuschuss

Lohn/ Gehalt in € bis	Steuerklasse	Lohn- steuer*	BVSP**	TAGZ***	Steuerklasse	Bemessungsgrundlage für Kirchensteuer und Solidaritätszuschlag – Freibeträge für ... Kinder 0,5	1,0	1,5	2,0	2,5	3,0
89459,99 West	I,IV	**21280**	5633	5633	I	19400	17520	15646	13836	12104	10448
	II	**19490**	5633	5633	II	17610	15736	13922	12186	10526	8944
	III	**13830**	5633	5633	III	12412	11032	9690	8386	7120	5894
	V	**27453**	5633	5633	IV	20340	19400	18460	17520	16580	15646
	VI	**27985**	5633	5633							
89459,99 Ost	I,IV	**21374**	5633	5633	I	19494	17614	15739	13925	12189	10529
	II	**19584**	5633	5633	II	17705	15828	14011	12271	10607	9022
	III	**13904**	5633	5633	III	12482	11100	9756	8450	7184	5954
	V	**27547**	5633	5633	IV	20434	19494	18554	17614	16674	15739
	VI	**28079**	5633	5633							
89495,99 West	I,IV	**21295**	5633	5633	I	19415	17535	15661	13851	12117	10461
	II	**19505**	5633	5633	II	17626	15750	13936	12199	10539	8957
	III	**13842**	5633	5633	III	12424	11042	9700	8396	7130	5904
	V	**27468**	5633	5633	IV	20355	19415	18475	17535	16595	15661
	VI	**28000**	5633	5633							
89495,99 Ost	I,IV	**21389**	5633	5633	I	19509	17629	15754	13939	12202	10542
	II	**19600**	5633	5633	II	17720	15843	14025	12284	10621	9034
	III	**13914**	5633	5633	III	12494	11110	9766	8460	7194	5964
	V	**27562**	5633	5633	IV	20449	19509	18569	17629	16689	15754
	VI	**28094**	5633	5633							
89531,99 West	I,IV	**21310**	5633	5633	I	19430	17550	15676	13865	12131	10474
	II	**19521**	5633	5633	II	17641	15765	13951	12213	10552	8969
	III	**13854**	5633	5633	III	12434	11054	9710	8406	7140	5914
	V	**27483**	5633	5633	IV	20370	19430	18490	17550	16610	15676
	VI	**28015**	5633	5633							
89531,99 Ost	I,IV	**21404**	5633	5633	I	19524	17644	15769	13954	12216	10555
	II	**19615**	5633	5633	II	17735	15858	14040	12298	10634	9046
	III	**13926**	5633	5633	III	12504	11122	9776	8470	7204	5974
	V	**27577**	5633	5633	IV	20464	19524	18584	17644	16704	15769
	VI	**28109**	5633	5633							
89567,99 West	I,IV	**21325**	5633	5633	I	19445	17565	15691	13879	12145	10487
	II	**19536**	5633	5633	II	17656	15780	13965	12227	10565	8981
	III	**13866**	5633	5633	III	12446	11064	9720	8416	7150	5924
	V	**27498**	5633	5633	IV	20385	19445	18505	17565	16625	15691
	VI	**28030**	5633	5633							
89567,99 Ost	I,IV	**21419**	5633	5633	I	19539	17659	15784	13968	12230	10568
	II	**19630**	5633	5633	II	17750	15873	14054	12312	10647	9059
	III	**13938**	5633	5633	III	12516	11132	9788	8480	7214	5984
	V	**27592**	5633	5633	IV	20479	19539	18599	17659	16719	15784
	VI	**28124**	5633	5633							
89603,99 West	I,IV	**21340**	5633	5633	I	19460	17580	15706	13893	12158	10500
	II	**19551**	5633	5633	II	17671	15795	13979	12240	10578	8994
	III	**13878**	5633	5633	III	12456	11074	9732	8426	7160	5934
	V	**27513**	5633	5633	IV	20400	19460	18520	17580	16640	15706
	VI	**28045**	5633	5633							
89603,99 Ost	I,IV	**21434**	5633	5633	I	19554	17674	15799	13982	12243	10581
	II	**19645**	5633	5633	II	17765	15888	14068	12325	10660	9071
	III	**13950**	5633	5633	III	12526	11144	9798	8492	7224	5994
	V	**27607**	5633	5633	IV	20494	19554	18614	17674	16734	15799
	VI	**28139**	5633	5633							
89639,99 West	I,IV	**21355**	5633	5633	I	19475	17595	15721	13908	12172	10513
	II	**19566**	5633	5633	II	17686	15810	13993	12254	10591	9006
	III	**13888**	5633	5633	III	12468	11086	9742	8438	7170	5942
	V	**27528**	5633	5633	IV	20415	19475	18535	17595	16655	15721
	VI	**28060**	5633	5633							
89639,99 Ost	I,IV	**21449**	5633	5633	I	19569	17689	15813	13997	12257	10594
	II	**19660**	5633	5633	II	17780	15903	14082	12339	10673	9084
	III	**13960**	5633	5633	III	12538	11154	9808	8502	7234	6004
	V	**27623**	5633	5633	IV	20509	19569	18629	17689	16749	15813
	VI	**28154**	5633	5633							

* Zur LSt-Berechnung für privat versicherte Arbeitnehmer s. Beispiele **Vorbemerkung S. 4 f.**
** Basisvorsorgepauschale KV und PV *** Typisierter Arbeitgeberzuschuss

Lohn/ Gehalt in € bis	Steuerklasse	Lohn-steuer*	BVSP**	TAGZ***	Steuerklasse	Bemessungsgrundlage für Kirchensteuer und Solidaritätszuschlag					
						Freibeträge für ... Kinder					
						0,5	**1,0**	1,5	**2,0**	2,5	**3,0**
89 675,99	I,IV	**21 370**	5 633	5 633	I	19 490	17 610	15 736	13 922	12 186	10 526
West	II	**19 581**	5 633	5 633	II	17 701	15 825	14 008	12 268	10 605	9 019
	III	**13 900**	5 633	5 633	III	12 480	11 096	9 752	8 448	7 180	5 952
	V	**27 544**	5 633	5 633	IV	20 430	19 490	18 550	17 610	16 670	15 736
	VI	**28 075**	5 633	5 633							
89 675,99	I,IV	**21 464**	5 633	5 633	I	19 584	17 705	15 828	14 011	12 271	10 607
Ost	II	**19 675**	5 633	5 633	II	17 795	15 918	14 097	12 353	10 686	9 096
	III	**13 972**	5 633	5 633	III	12 550	11 166	9 820	8 512	7 244	6 014
	V	**27 638**	5 633	5 633	IV	20 524	19 584	18 644	17 705	16 765	15 828
	VI	**28 169**	5 633	5 633							
89 711,99	I,IV	**21 385**	5 633	5 633	I	19 505	17 626	15 750	13 936	12 199	10 539
West	II	**19 596**	5 633	5 633	II	17 716	15 840	14 022	12 281	10 618	9 031
	III	**13 912**	5 633	5 633	III	12 490	11 108	9 764	8 458	7 190	5 962
	V	**27 559**	5 633	5 633	IV	20 445	19 505	18 566	17 626	16 686	15 750
	VI	**28 090**	5 633	5 633							
89 711,99	I,IV	**21 479**	5 633	5 633	I	19 600	17 720	15 843	14 025	12 284	10 621
Ost	II	**19 690**	5 633	5 633	II	17 810	15 933	14 111	12 367	10 699	9 109
	III	**13 984**	5 633	5 633	III	12 560	11 176	9 830	8 522	7 254	6 022
	V	**27 653**	5 633	5 633	IV	20 540	19 600	18 660	17 720	16 780	15 843
	VI	**28 185**	5 633	5 633							
89 747,99	I,IV	**21 401**	5 633	5 633	I	19 521	17 641	15 765	13 951	12 213	10 552
West	II	**19 611**	5 633	5 633	II	17 731	15 855	14 036	12 295	10 631	9 044
	III	**13 924**	5 633	5 633	III	12 502	11 118	9 774	8 468	7 200	5 972
	V	**27 574**	5 633	5 633	IV	20 461	19 521	18 581	17 641	16 701	15 765
	VI	**28 106**	5 633	5 633							
89 747,99	I,IV	**21 495**	5 633	5 633	I	19 615	17 735	15 858	14 040	12 298	10 634
Ost	II	**19 705**	5 633	5 633	II	17 825	15 948	14 126	12 380	10 712	9 121
	III	**13 996**	5 633	5 633	III	12 572	11 188	9 840	8 532	7 264	6 032
	V	**27 668**	5 633	5 633	IV	20 555	19 615	18 675	17 735	16 795	15 858
	VI	**28 200**	5 633	5 633							
89 783,99	I,IV	**21 416**	5 633	5 633	I	19 536	17 656	15 780	13 965	12 227	10 565
West	II	**19 626**	5 633	5 633	II	17 747	15 870	14 051	12 309	10 644	9 056
	III	**13 936**	5 633	5 633	III	12 514	11 130	9 784	8 478	7 210	5 982
	V	**27 589**	5 633	5 633	IV	20 476	19 536	18 596	17 656	16 716	15 780
	VI	**28 121**	5 633	5 633							
89 783,99	I,IV	**21 510**	5 633	5 633	I	19 630	17 750	15 873	14 054	12 312	10 647
Ost	II	**19 721**	5 633	5 633	II	17 841	15 963	14 140	12 394	10 725	9 134
	III	**14 008**	5 633	5 633	III	12 584	11 198	9 852	8 544	7 274	6 042
	V	**27 683**	5 633	5 633	IV	20 570	19 630	18 690	17 750	16 810	15 873
	VI	**28 215**	5 633	5 633							
89 819,99	I,IV	**21 431**	5 633	5 633	I	19 551	17 671	15 795	13 979	12 240	10 578
West	II	**19 642**	5 633	5 633	II	17 762	15 885	14 065	12 322	10 657	9 069
	III	**13 946**	5 633	5 633	III	12 524	11 140	9 796	8 488	7 222	5 992
	V	**27 604**	5 633	5 633	IV	20 491	19 551	18 611	17 671	16 731	15 795
	VI	**28 136**	5 633	5 633							
89 819,99	I,IV	**21 525**	5 633	5 633	I	19 645	17 765	15 888	14 068	12 325	10 660
Ost	II	**19 736**	5 633	5 633	II	17 856	15 978	14 154	12 408	10 738	9 146
	III	**14 020**	5 633	5 633	III	12 594	11 210	9 862	8 554	7 284	6 052
	V	**27 698**	5 633	5 633	IV	20 585	19 645	18 705	17 765	16 825	15 888
	VI	**28 230**	5 633	5 633							
89 855,99	I,IV	**21 446**	5 633	5 633	I	19 566	17 686	15 810	13 993	12 254	10 591
West	II	**19 657**	5 633	5 633	II	17 777	15 900	14 079	12 336	10 670	9 081
	III	**13 958**	5 633	5 633	III	12 536	11 152	9 806	8 500	7 232	6 002
	V	**27 619**	5 633	5 633	IV	20 506	19 566	18 626	17 686	16 746	15 810
	VI	**28 151**	5 633	5 633							
89 855,99	I,IV	**21 540**	5 633	5 633	I	19 660	17 780	15 903	14 082	12 339	10 673
Ost	II	**19 751**	5 633	5 633	II	17 871	15 993	14 169	12 421	10 751	9 159
	III	**14 030**	5 633	5 633	III	12 606	11 220	9 872	8 564	7 294	6 062
	V	**27 713**	5 633	5 633	IV	20 600	19 660	18 720	17 780	16 840	15 903
	VI	**28 245**	5 633	5 633							

* Zur LSt-Berechnung für privat versicherte Arbeitnehmer s. Beispiele **Vorbemerkung S. 4 f.**
** Basisvorsorgepauschale KV und PV *** Typisierter Arbeitgeberzuschuss

Lohn/ Gehalt in € bis	Steuerklasse	Lohn- steuer*	BVSP**	TAGZ***	Steuerklasse	Bemessungsgrundlage für Kirchensteuer und Solidaritätszuschlag – Freibeträge für ... Kinder 0,5	1,0	1,5	2,0	2,5	3,0
89891,99 West	I,IV	**21461**	5633	5633	I	19581	17701	15825	14008	12268	10605
	II	**19672**	5633	5633	II	17792	15915	14094	12350	10683	9093
	III	**13970**	5633	5633	III	12548	11162	9816	8510	7242	6012
	V	**27634**	5633	5633	IV	20521	19581	18641	17701	16761	15825
	VI	**28166**	5633	5633							
89891,99 Ost	I,IV	**21555**	5633	5633	I	19675	17795	15918	14097	12353	10686
	II	**19766**	5633	5633	II	17886	16008	14183	12435	10765	9171
	III	**14042**	5633	5633	III	12618	11232	9884	8574	7304	6072
	V	**27728**	5633	5633	IV	20615	19675	18735	17795	16855	15918
	VI	**28260**	5633	5633							
89927,99 West	I,IV	**21476**	5633	5633	I	19596	17716	15840	14022	12281	10618
	II	**19687**	5633	5633	II	17807	15930	14108	12363	10696	9106
	III	**13982**	5633	5633	III	12558	11174	9828	8520	7252	6020
	V	**27649**	5633	5633	IV	20536	19596	18656	17716	16776	15840
	VI	**28181**	5633	5633							
89927,99 Ost	I,IV	**21570**	5633	5633	I	19690	17810	15933	14111	12367	10699
	II	**19781**	5633	5633	II	17901	16023	14197	12449	10778	9184
	III	**14054**	5633	5633	III	12628	11242	9894	8584	7314	6082
	V	**27744**	5633	5633	IV	20630	19690	18750	17810	16870	15933
	VI	**28275**	5633	5633							
89963,99 West	I,IV	**21491**	5633	5633	I	19611	17731	15855	14036	12295	10631
	II	**19702**	5633	5633	II	17822	15945	14122	12377	10709	9118
	III	**13994**	5633	5633	III	12570	11184	9838	8530	7262	6030
	V	**27665**	5633	5633	IV	20551	19611	18671	17731	16791	15855
	VI	**28196**	5633	5633							
89963,99 Ost	I,IV	**21585**	5633	5633	I	19705	17825	15948	14126	12380	10712
	II	**19796**	5633	5633	II	17916	16038	14212	12463	10791	9196
	III	**14066**	5633	5633	III	12640	11254	9904	8594	7324	6092
	V	**27759**	5633	5633	IV	20645	19705	18765	17825	16886	15948
	VI	**28290**	5633	5633							
89999,99 West	I,IV	**21506**	5633	5633	I	19626	17747	15870	14051	12309	10644
	II	**19717**	5633	5633	II	17837	15960	14137	12391	10722	9131
	III	**14004**	5633	5633	III	12580	11196	9848	8540	7272	6040
	V	**27680**	5633	5633	IV	20566	19626	18686	17747	16807	15870
	VI	**28211**	5633	5633							
89999,99 Ost	I,IV	**21600**	5633	5633	I	19721	17841	15963	14140	12394	10725
	II	**19811**	5633	5633	II	17931	16053	14226	12476	10804	9209
	III	**14078**	5633	5633	III	12652	11264	9916	8606	7334	6100
	V	**27774**	5633	5633	IV	20660	19721	18781	17841	16901	15963
	VI	**28305**	5633	5633							
90035,99 West	I,IV	**21521**	5633	5633	I	19642	17762	15885	14065	12322	10657
	II	**19732**	5633	5633	II	17852	15975	14151	12405	10735	9143
	III	**14016**	5633	5633	III	12592	11206	9860	8552	7282	6050
	V	**27695**	5633	5633	IV	20582	19642	18702	17762	16822	15885
	VI	**28227**	5633	5633							
90035,99 Ost	I,IV	**21616**	5633	5633	I	19736	17856	15978	14154	12408	10738
	II	**19826**	5633	5633	II	17946	16068	14240	12490	10817	9221
	III	**14088**	5633	5633	III	12662	11276	9926	8616	7344	6110
	V	**27789**	5633	5633	IV	20676	19736	18796	17856	16916	15978
	VI	**28321**	5633	5633							
90071,99 West	I,IV	**21537**	5633	5633	I	19657	17777	15900	14079	12336	10670
	II	**19747**	5633	5633	II	17867	15990	14165	12418	10749	9156
	III	**14028**	5633	5633	III	12604	11218	9870	8562	7292	6060
	V	**27710**	5633	5633	IV	20597	19657	18717	17777	16837	15900
	VI	**28242**	5633	5633							
90071,99 Ost	I,IV	**21631**	5633	5633	I	19751	17871	15993	14169	12421	10751
	II	**19841**	5633	5633	II	17962	16083	14255	12504	10830	9234
	III	**14100**	5633	5633	III	12674	11286	9936	8626	7354	6120
	V	**27804**	5633	5633	IV	20691	19751	18811	17871	16931	15993
	VI	**28336**	5633	5633							

* Zur LSt-Berechnung für privat versicherte Arbeitnehmer s. Beispiele **Vorbemerkung S. 4f.**
** Basisvorsorgepauschale KV und PV *** Typisierter Arbeitgeberzuschuss

Lohn/ Gehalt in € bis	Steuerklasse	Lohn-steuer*	BVSP**	TAGZ***	Steuerklasse	Bemessungsgrundlage für Kirchensteuer und Solidaritätszuschlag – Freibeträge für ... Kinder 0,5	**1,0**	1,5	**2,0**	2,5	**3,0**
90 107,99 West	I,IV	**21 552**	5 633	5 633	I	19 672	17 792	15 915	14 094	12 350	10 683
	II	**19 763**	5 633	5 633	II	17 883	16 005	14 180	12 432	10 762	9 168
	III	**14 040**	5 633	5 633	III	12 614	11 228	9 880	8 572	7 302	6 070
	V	**27 725**	5 633	5 633	IV	20 612	19 672	18 732	17 792	16 852	15 915
	VI	**28 257**	5 633	5 633							
90 107,99 Ost	I,IV	**21 646**	5 633	5 633	I	19 766	17 886	16 008	14 183	12 435	10 765
	II	**19 857**	5 633	5 633	II	17 977	16 098	14 269	12 518	10 843	9 246
	III	**14 112**	5 633	5 633	III	12 686	11 298	9 948	8 636	7 364	6 130
	V	**27 819**	5 633	5 633	IV	20 706	19 766	18 826	17 886	16 946	16 008
	VI	**28 351**	5 633	5 633							
90 143,99 West	I,IV	**21 567**	5 633	5 633	I	19 687	17 807	15 930	14 108	12 363	10 696
	II	**19 778**	5 633	5 633	II	17 898	16 020	14 194	12 446	10 775	9 181
	III	**14 052**	5 633	5 633	III	12 626	11 240	9 892	8 582	7 312	6 080
	V	**27 740**	5 633	5 633	IV	20 627	19 687	18 747	17 807	16 867	15 930
	VI	**28 272**	5 633	5 633							
90 143,99 Ost	I,IV	**21 661**	5 633	5 633	I	19 781	17 901	16 023	14 197	12 449	10 778
	II	**19 872**	5 633	5 633	II	17 992	16 113	14 284	12 532	10 857	9 259
	III	**14 124**	5 633	5 633	III	12 696	11 308	9 958	8 646	7 374	6 140
	V	**27 834**	5 633	5 633	IV	20 721	19 781	18 841	17 901	16 961	16 023
	VI	**28 366**	5 633	5 633							
90 179,99 West	I,IV	**21 582**	5 633	5 633	I	19 702	17 822	15 945	14 122	12 377	10 709
	II	**19 793**	5 633	5 633	II	17 913	16 035	14 208	12 460	10 788	9 193
	III	**14 062**	5 633	5 633	III	12 638	11 250	9 902	8 592	7 322	6 090
	V	**27 755**	5 633	5 633	IV	20 642	19 702	18 762	17 822	16 882	15 945
	VI	**28 287**	5 633	5 633							
90 179,99 Ost	I,IV	**21 676**	5 633	5 633	I	19 796	17 916	16 038	14 212	12 463	10 791
	II	**19 887**	5 633	5 633	II	18 007	16 128	14 298	12 545	10 870	9 271
	III	**14 136**	5 633	5 633	III	12 708	11 320	9 968	8 658	7 384	6 150
	V	**27 849**	5 633	5 633	IV	20 736	19 796	18 856	17 916	16 976	16 038
	VI	**28 381**	5 633	5 633							
90 215,99 West	I,IV	**21 597**	5 633	5 633	I	19 717	17 837	15 960	14 137	12 391	10 722
	II	**19 808**	5 633	5 633	II	17 928	16 050	14 223	12 473	10 801	9 206
	III	**14 074**	5 633	5 633	III	12 648	11 262	9 914	8 604	7 332	6 098
	V	**27 770**	5 633	5 633	IV	20 657	19 717	18 777	17 837	16 897	15 960
	VI	**28 302**	5 633	5 633							
90 215,99 Ost	I,IV	**21 691**	5 633	5 633	I	19 811	17 931	16 053	14 226	12 476	10 804
	II	**19 902**	5 633	5 633	II	18 022	16 143	14 312	12 559	10 883	9 284
	III	**14 146**	5 633	5 633	III	12 720	11 330	9 980	8 668	7 394	6 160
	V	**27 864**	5 633	5 633	IV	20 751	19 811	18 871	17 931	16 991	16 053
	VI	**28 396**	5 633	5 633							
90 251,99 West	I,IV	**21 612**	5 633	5 633	I	19 732	17 852	15 975	14 151	12 405	10 735
	II	**19 823**	5 633	5 633	II	17 943	16 065	14 237	12 487	10 814	9 218
	III	**14 086**	5 633	5 633	III	12 660	11 272	9 924	8 614	7 342	6 108
	V	**27 786**	5 633	5 633	IV	20 672	19 732	18 792	17 852	16 912	15 975
	VI	**28 317**	5 633	5 633							
90 251,99 Ost	I,IV	**21 706**	5 633	5 633	I	19 826	17 946	16 068	14 240	12 490	10 817
	II	**19 917**	5 633	5 633	II	18 037	16 158	14 327	12 573	10 896	9 297
	III	**14 158**	5 633	5 633	III	12 730	11 342	9 990	8 678	7 404	6 170
	V	**27 880**	5 633	5 633	IV	20 766	19 826	18 886	17 946	17 006	16 068
	VI	**28 411**	5 633	5 633							
90 287,99 West	I,IV	**21 627**	5 633	5 633	I	19 747	17 867	15 990	14 165	12 418	10 749
	II	**19 838**	5 633	5 633	II	17 958	16 080	14 252	12 501	10 827	9 231
	III	**14 098**	5 633	5 633	III	12 672	11 284	9 934	8 624	7 352	6 118
	V	**27 801**	5 633	5 633	IV	20 687	19 747	18 807	17 867	16 928	15 990
	VI	**28 332**	5 633	5 633							
90 287,99 Ost	I,IV	**21 721**	5 633	5 633	I	19 841	17 962	16 083	14 255	12 504	10 830
	II	**19 932**	5 633	5 633	II	18 052	16 173	14 341	12 587	10 909	9 309
	III	**14 170**	5 633	5 633	III	12 742	11 352	10 002	8 688	7 414	6 180
	V	**27 895**	5 633	5 633	IV	20 781	19 841	18 902	17 962	17 022	16 083
	VI	**28 426**	5 633	5 633							

* Zur LSt-Berechnung für privat versicherte Arbeitnehmer s. Beispiele **Vorbemerkung S. 4 f.**
** Basisvorsorgepauschale KV und PV *** Typisierter Arbeitgeberzuschuss

Lohn/ Gehalt in € bis	Steuerklasse	Lohn- steuer*	BVSP**	TAGZ***	Steuerklasse	Bemessungsgrundlage für Kirchensteuer und Solidaritätszuschlag					
						Freibeträge für ... Kinder					
						0,5	**1,0**	1,5	**2,0**	2,5	**3,0**
90 323,99 West	I,IV	**21 642**	5 633	5 633	I	19 763	17 883	16 005	14 180	12 432	10 762
	II	**19 853**	5 633	5 633	II	17 973	16 095	14 266	12 515	10 841	9 244
	III	**14 110**	5 633	5 633	III	12 682	11 294	9 946	8 634	7 362	6 128
	V	**27 816**	5 633	5 633	IV	20 702	19 763	18 823	17 883	16 943	16 005
	VI	**28 347**	5 633	5 633							
90 323,99 Ost	I,IV	**21 737**	5 633	5 633	I	19 857	17 977	16 098	14 269	12 518	10 843
	II	**19 947**	5 633	5 633	II	18 067	16 188	14 356	12 601	10 922	9 322
	III	**14 182**	5 633	5 633	III	12 754	11 364	10 012	8 698	7 424	6 188
	V	**27 910**	5 633	5 633	IV	20 797	19 857	18 917	17 977	17 037	16 098
	VI	**28 442**	5 633	5 633							
90 359,99 West	I,IV	**21 658**	5 633	5 633	I	19 778	17 898	16 020	14 194	12 446	10 775
	II	**19 868**	5 633	5 633	II	17 988	16 110	14 280	12 528	10 854	9 256
	III	**14 122**	5 633	5 633	III	12 694	11 306	9 956	8 644	7 372	6 138
	V	**27 831**	5 633	5 633	IV	20 718	19 778	18 838	17 898	16 958	16 020
	VI	**28 363**	5 633	5 633							
90 359,99 Ost	I,IV	**21 752**	5 633	5 633	I	19 872	17 992	16 113	14 284	12 532	10 857
	II	**19 962**	5 633	5 633	II	18 083	16 203	14 370	12 614	10 936	9 334
	III	**14 194**	5 633	5 633	III	12 764	11 374	10 022	8 710	7 434	6 198
	V	**27 925**	5 633	5 633	IV	20 812	19 872	18 932	17 992	17 052	16 113
	VI	**28 457**	5 633	5 633							
90 395,99 West	I,IV	**21 673**	5 633	5 633	I	19 793	17 913	16 035	14 208	12 460	10 788
	II	**19 883**	5 633	5 633	II	18 004	16 125	14 295	12 542	10 867	9 269
	III	**14 132**	5 633	5 633	III	12 706	11 316	9 966	8 654	7 382	6 148
	V	**27 846**	5 633	5 633	IV	20 733	19 793	18 853	17 913	16 973	16 035
	VI	**28 378**	5 633	5 633							
90 395,99 Ost	I,IV	**21 767**	5 633	5 633	I	19 887	18 007	16 128	14 298	12 545	10 870
	II	**19 978**	5 633	5 633	II	18 098	16 218	14 385	12 628	10 949	9 347
	III	**14 206**	5 633	5 633	III	12 776	11 386	10 034	8 720	7 444	6 208
	V	**27 940**	5 633	5 633	IV	20 827	19 887	18 947	18 007	17 067	16 128
	VI	**28 472**	5 633	5 633							
90 431,99 West	I,IV	**21 688**	5 633	5 633	I	19 808	17 928	16 050	14 223	12 473	10 801
	II	**19 899**	5 633	5 633	II	18 019	16 140	14 309	12 556	10 880	9 281
	III	**14 144**	5 633	5 633	III	12 716	11 328	9 978	8 666	7 392	6 158
	V	**27 861**	5 633	5 633	IV	20 748	19 808	18 868	17 928	16 988	16 050
	VI	**28 393**	5 633	5 633							
90 431,99 Ost	I,IV	**21 782**	5 633	5 633	I	19 902	18 022	16 143	14 312	12 559	10 883
	II	**19 993**	5 633	5 633	II	18 113	16 233	14 399	12 642	10 962	9 359
	III	**14 216**	5 633	5 633	III	12 788	11 396	10 044	8 730	7 454	6 218
	V	**27 955**	5 633	5 633	IV	20 842	19 902	18 962	18 022	17 082	16 143
	VI	**28 487**	5 633	5 633							
90 467,99 West	I,IV	**21 703**	5 633	5 633	I	19 823	17 943	16 065	14 237	12 487	10 814
	II	**19 914**	5 633	5 633	II	18 034	16 155	14 324	12 570	10 893	9 294
	III	**14 156**	5 633	5 633	III	12 728	11 338	9 988	8 676	7 402	6 168
	V	**27 876**	5 633	5 633	IV	20 763	19 823	18 883	17 943	17 003	16 065
	VI	**28 408**	5 633	5 633							
90 467,99 Ost	I,IV	**21 797**	5 633	5 633	I	19 917	18 037	16 158	14 327	12 573	10 896
	II	**20 008**	5 633	5 633	II	18 128	16 248	14 413	12 656	10 975	9 372
	III	**14 228**	5 633	5 633	III	12 798	11 408	10 054	8 740	7 466	6 228
	V	**27 970**	5 633	5 633	IV	20 857	19 917	18 977	18 037	17 097	16 158
	VI	**28 502**	5 633	5 633							
90 503,99 West	I,IV	**21 718**	5 633	5 633	I	19 838	17 958	16 080	14 252	12 501	10 827
	II	**19 929**	5 633	5 633	II	18 049	16 170	14 338	12 584	10 906	9 306
	III	**14 168**	5 633	5 633	III	12 740	11 350	9 998	8 686	7 412	6 176
	V	**27 891**	5 633	5 633	IV	20 778	19 838	18 898	17 958	17 018	16 080
	VI	**28 423**	5 633	5 633							
90 503,99 Ost	I,IV	**21 812**	5 633	5 633	I	19 932	18 052	16 173	14 341	12 587	10 909
	II	**20 023**	5 633	5 633	II	18 143	16 263	14 428	12 670	10 988	9 385
	III	**14 240**	5 633	5 633	III	12 810	11 418	10 066	8 750	7 476	6 238
	V	**27 985**	5 633	5 633	IV	20 872	19 932	18 992	18 052	17 112	16 173
	VI	**28 517**	5 633	5 633							

* Zur LSt-Berechnung für privat versicherte Arbeitnehmer s. Beispiele **Vorbemerkung S. 4 f.**
** Basisvorsorgepauschale KV und PV *** Typisierter Arbeitgeberzuschuss

Lohn/ Gehalt in € bis	Steuerklasse	**Lohnsteuer***	BVSP**	TAGZ***	Steuerklasse	Bemessungsgrundlage für Kirchensteuer und Solidaritätszuschlag – Freibeträge für ... Kinder 0,5	**1,0**	1,5	**2,0**	2,5	**3,0**
90 539,99	I,IV	**21 733**	5 633	5 633	I	19 853	17 973	16 095	14 266	12 515	10 841
West	II	**19 944**	5 633	5 633	II	18 064	16 185	14 353	12 597	10 920	9 319
	III	**14 180**	5 633	5 633	III	12 750	11 360	10 010	8 696	7 422	6 186
	V	**27 906**	5 633	5 633	IV	20 793	19 853	18 913	17 973	17 033	16 095
	VI	**28 438**	5 633	5 633							
90 539,99	I,IV	**21 827**	5 633	5 633	I	19 947	18 067	16 188	14 356	12 601	10 922
Ost	II	**20 038**	5 633	5 633	II	18 158	16 278	14 442	12 683	11 002	9 397
	III	**14 252**	5 633	5 633	III	12 822	11 430	10 076	8 762	7 486	6 248
	V	**28 001**	5 633	5 633	IV	20 887	19 947	19 007	18 067	17 127	16 188
	VI	**28 532**	5 633	5 633							
90 575,99	I,IV	**21 748**	5 633	5 633	I	19 868	17 988	16 110	14 280	12 528	10 854
West	II	**19 959**	5 633	5 633	II	18 079	16 200	14 367	12 611	10 933	9 331
	III	**14 190**	5 633	5 633	III	12 762	11 372	10 020	8 706	7 432	6 196
	V	**27 922**	5 633	5 633	IV	20 808	19 868	18 928	17 988	17 048	16 110
	VI	**28 453**	5 633	5 633							
90 575,99	I,IV	**21 842**	5 633	5 633	I	19 962	18 083	16 203	14 370	12 614	10 936
Ost	II	**20 053**	5 633	5 633	II	18 173	16 294	14 457	12 697	11 015	9 410
	III	**14 264**	5 633	5 633	III	12 832	11 440	10 086	8 772	7 496	6 258
	V	**28 016**	5 633	5 633	IV	20 902	19 962	19 022	18 083	17 143	16 203
	VI	**28 547**	5 633	5 633							
90 611,99	I,IV	**21 763**	5 633	5 633	I	19 883	18 004	16 125	14 295	12 542	10 867
West	II	**19 974**	5 633	5 633	II	18 094	16 215	14 381	12 625	10 946	9 344
	III	**14 202**	5 633	5 633	III	12 774	11 382	10 030	8 718	7 442	6 206
	V	**27 937**	5 633	5 633	IV	20 823	19 883	18 944	18 004	17 064	16 125
	VI	**28 468**	5 633	5 633							
90 611,99	I,IV	**21 857**	5 633	5 633	I	19 978	18 098	16 218	14 385	12 628	10 949
Ost	II	**20 068**	5 633	5 633	II	18 188	16 309	14 471	12 711	11 028	9 422
	III	**14 276**	5 633	5 633	III	12 844	11 452	10 098	8 782	7 506	6 268
	V	**28 031**	5 633	5 633	IV	20 918	19 978	19 038	18 098	17 158	16 218
	VI	**28 563**	5 633	5 633							
90 647,99	I,IV	**21 779**	5 633	5 633	I	19 899	18 019	16 140	14 309	12 556	10 880
West	II	**19 989**	5 633	5 633	II	18 109	16 230	14 396	12 639	10 959	9 357
	III	**14 214**	5 633	5 633	III	12 784	11 394	10 042	8 728	7 452	6 216
	V	**27 952**	5 633	5 633	IV	20 839	19 899	18 959	18 019	17 079	16 140
	VI	**28 484**	5 633	5 633							
90 647,99	I,IV	**21 873**	5 633	5 633	I	19 993	18 113	16 233	14 399	12 642	10 962
Ost	II	**20 083**	5 633	5 633	II	18 203	16 324	14 486	12 725	11 041	9 435
	III	**14 286**	5 633	5 633	III	12 856	11 462	10 108	8 792	7 516	6 278
	V	**28 046**	5 633	5 633	IV	20 933	19 993	19 053	18 113	17 173	16 233
	VI	**28 578**	5 633	5 633							
90 683,99	I,IV	**21 794**	5 633	5 633	I	19 914	18 034	16 155	14 324	12 570	10 893
West	II	**20 004**	5 633	5 633	II	18 125	16 245	14 410	12 653	10 972	9 369
	III	**14 226**	5 633	5 633	III	12 796	11 404	10 052	8 738	7 462	6 226
	V	**27 967**	5 633	5 633	IV	20 854	19 914	18 974	18 034	17 094	16 155
	VI	**28 499**	5 633	5 633							
90 683,99	I,IV	**21 888**	5 633	5 633	I	20 008	18 128	16 248	14 413	12 656	10 975
Ost	II	**20 099**	5 633	5 633	II	18 219	16 339	14 500	12 739	11 055	9 448
	III	**14 298**	5 633	5 633	III	12 866	11 474	10 120	8 804	7 526	6 286
	V	**28 061**	5 633	5 633	IV	20 948	20 008	19 068	18 128	17 188	16 248
	VI	**28 593**	5 633	5 633							
90 719,99	I,IV	**21 809**	5 633	5 633	I	19 929	18 049	16 170	14 338	12 584	10 906
West	II	**20 020**	5 633	5 633	II	18 140	16 260	14 425	12 667	10 986	9 382
	III	**14 238**	5 633	5 633	III	12 808	11 416	10 062	8 748	7 472	6 236
	V	**27 982**	5 633	5 633	IV	20 869	19 929	18 989	18 049	17 109	16 170
	VI	**28 514**	5 633	5 633							
90 719,99	I,IV	**21 903**	5 633	5 633	I	20 023	18 143	16 263	14 428	12 670	10 988
Ost	II	**20 114**	5 633	5 633	II	18 234	16 354	14 515	12 753	11 068	9 460
	III	**14 310**	5 633	5 633	III	12 878	11 484	10 130	8 814	7 536	6 296
	V	**28 076**	5 633	5 633	IV	20 963	20 023	19 083	18 143	17 203	16 263
	VI	**28 608**	5 633	5 633							

* Zur LSt-Berechnung für privat versicherte Arbeitnehmer s. Beispiele **Vorbemerkung S. 4f.**
** Basisvorsorgepauschale KV und PV *** Typisierter Arbeitgeberzuschuss

Lohn/ Gehalt in € bis	Steuerklasse	Lohn- steuer*	BVSP**	TAGZ***	Steuerklasse	Bemessungsgrundlage für Kirchensteuer und Solidaritätszuschlag					
						Freibeträge für ... Kinder					
						0,5	**1,0**	1,5	**2,0**	2,5	**3,0**
90 755,99	I,IV	**21 824**	5 633	5 633	I	19 944	18 064	16 185	14 353	12 597	10 920
West	II	**20 035**	5 633	5 633	II	18 155	16 275	14 439	12 680	10 999	9 394
	III	**14 250**	5 633	5 633	III	12 818	11 426	10 074	8 760	7 482	6 246
	V	**27 997**	5 633	5 633	IV	20 884	19 944	19 004	18 064	17 124	16 185
	VI	**28 529**	5 633	5 633							
90 755,99	I,IV	**21 918**	5 633	5 633	I	20 038	18 158	16 278	14 442	12 683	11 002
Ost	II	**20 129**	5 633	5 633	II	18 249	16 369	14 529	12 767	11 081	9 473
	III	**14 322**	5 633	5 633	III	12 890	11 496	10 140	8 824	7 546	6 306
	V	**28 091**	5 633	5 633	IV	20 978	20 038	19 098	18 158	17 218	16 278
	VI	**28 623**	5 633	5 633							
90 791,99	I,IV	**21 839**	5 633	5 633	I	19 959	18 079	16 200	14 367	12 611	10 933
West	II	**20 050**	5 633	5 633	II	18 170	16 290	14 454	12 694	11 012	9 407
	III	**14 260**	5 633	5 633	III	12 830	11 438	10 084	8 770	7 494	6 256
	V	**28 012**	5 633	5 633	IV	20 899	19 959	19 019	18 079	17 139	16 200
	VI	**28 544**	5 633	5 633							
90 791,99	I,IV	**21 933**	5 633	5 633	I	20 053	18 173	16 294	14 457	12 697	11 015
Ost	II	**20 144**	5 633	5 633	II	18 264	16 384	14 544	12 780	11 094	9 485
	III	**14 334**	5 633	5 633	III	12 900	11 506	10 152	8 834	7 556	6 316
	V	**28 106**	5 633	5 633	IV	20 993	20 053	19 113	18 173	17 233	16 294
	VI	**28 638**	5 633	5 633							
90 827,99	I,IV	**21 854**	5 633	5 633	I	19 974	18 094	16 215	14 381	12 625	10 946
West	II	**20 065**	5 633	5 633	II	18 185	16 305	14 468	12 708	11 025	9 420
	III	**14 272**	5 633	5 633	III	12 842	11 448	10 096	8 780	7 504	6 266
	V	**28 027**	5 633	5 633	IV	20 914	19 974	19 034	18 094	17 154	16 215
	VI	**28 559**	5 633	5 633							
90 827,99	I,IV	**21 948**	5 633	5 633	I	20 068	18 188	16 309	14 471	12 711	11 028
Ost	II	**20 159**	5 633	5 633	II	18 279	16 399	14 558	12 794	11 108	9 498
	III	**14 346**	5 633	5 633	III	12 912	11 518	10 162	8 844	7 566	6 326
	V	**28 122**	5 633	5 633	IV	21 008	20 068	19 128	18 188	17 248	16 309
	VI	**28 653**	5 633	5 633							
90 863,99	I,IV	**21 869**	5 633	5 633	I	19 989	18 109	16 230	14 396	12 639	10 959
West	II	**20 080**	5 633	5 633	II	18 200	16 320	14 483	12 722	11 038	9 432
	III	**14 284**	5 633	5 633	III	12 852	11 460	10 106	8 790	7 514	6 274
	V	**28 043**	5 633	5 633	IV	20 929	19 989	19 049	18 109	17 169	16 230
	VI	**28 574**	5 633	5 633							
90 863,99	I,IV	**21 963**	5 633	5 633	I	20 083	18 203	16 324	14 486	12 725	11 041
Ost	II	**20 174**	5 633	5 633	II	18 294	16 414	14 573	12 808	11 121	9 511
	III	**14 356**	5 633	5 633	III	12 924	11 528	10 172	8 856	7 576	6 336
	V	**28 137**	5 633	5 633	IV	21 023	20 083	19 143	18 203	17 264	16 324
	VI	**28 668**	5 633	5 633							
90 899,99	I,IV	**21 884**	5 633	5 633	I	20 004	18 125	16 245	14 410	12 653	10 972
West	II	**20 095**	5 633	5 633	II	18 215	16 335	14 497	12 736	11 052	9 445
	III	**14 296**	5 633	5 633	III	12 864	11 472	10 116	8 800	7 524	6 284
	V	**28 058**	5 633	5 633	IV	20 944	20 004	19 064	18 125	17 185	16 245
	VI	**28 589**	5 633	5 633							
90 899,99	I,IV	**21 978**	5 633	5 633	I	20 099	18 219	16 339	14 500	12 739	11 055
Ost	II	**20 189**	5 633	5 633	II	18 309	16 429	14 587	12 822	11 134	9 523
	III	**14 368**	5 633	5 633	III	12 934	11 540	10 184	8 866	7 586	6 346
	V	**28 152**	5 633	5 633	IV	21 038	20 099	19 159	18 219	17 279	16 339
	VI	**28 683**	5 633	5 633							
90 935,99	I,IV	**21 899**	5 633	5 633	I	20 020	18 140	16 260	14 425	12 667	10 986
West	II	**20 110**	5 633	5 633	II	18 230	16 351	14 511	12 750	11 065	9 457
	III	**14 308**	5 633	5 633	III	12 876	11 482	10 128	8 812	7 534	6 294
	V	**28 073**	5 633	5 633	IV	20 960	20 020	19 080	18 140	17 200	16 260
	VI	**28 605**	5 633	5 633							
90 935,99	I,IV	**21 994**	5 633	5 633	I	20 114	18 234	16 354	14 515	12 753	11 068
Ost	II	**20 204**	5 633	5 633	II	18 324	16 445	14 602	12 836	11 147	9 536
	III	**14 380**	5 633	5 633	III	12 946	11 550	10 194	8 876	7 596	6 356
	V	**28 167**	5 633	5 633	IV	21 054	20 114	19 174	18 234	17 294	16 354
	VI	**28 699**	5 633	5 633							

* Zur LSt-Berechnung für privat versicherte Arbeitnehmer s. Beispiele **Vorbemerkung S. 4 f.**
** Basisvorsorgepauschale KV und PV *** Typisierter Arbeitgeberzuschuss

Solidaritätszuschlag für Monatslohnsteuerbeträge

Steuerklasse III		Steuerklasse III		Steuerklasse III		Steuerklasse III	
Maßstabs-lohnsteuer €	Solidaritäts-zuschlag €	Maßstabs-lohnsteuer €	Solidaritäts-zuschlag €	Maßstabs-lohnsteuer €	Solidaritäts-zuschlag €	Maßstabs-lohnsteuer €	Solidaritäts-zuschlag €
2923,66	0,00	3004,16	9,55	3084,83	19,15	3165,50	28,75
2924,83	0,11	3005,50	9,71	3086,16	19,31	3166,83	28,91
2926,16	0,27	3006,83	9,87	3087,33	19,45	3168,00	29,05
2927,33	0,41	3008,00	10,01	3088,66	19,61	3169,33	29,21
2928,66	0,57	3009,33	10,17	3089,83	19,75	3170,50	29,35
2929,83	0,71	3010,50	10,31	3091,16	19,91	3171,83	29,51
2931,16	0,87	3011,83	10,47	3092,50	20,07	3173,00	29,65
2932,33	1,01	3013,00	10,61	3093,66	20,21	3174,33	29,80
2933,66	1,17	3014,33	10,76	3095,00	20,36	3175,66	29,96
2935,00	1,32	3015,50	10,90	3096,16	20,50	3176,83	30,10
2936,16	1,46	3016,83	11,06	3097,50	20,66	3178,16	30,26
2937,50	1,62	3018,16	11,22	3098,66	20,80	3179,33	30,40
2938,66	1,76	3019,33	11,36	3100,00	20,96	3180,66	30,56
2940,00	1,92	3020,66	11,52	3101,33	21,12	3181,83	30,70
2941,16	2,06	3021,83	11,66	3102,50	21,26	3183,16	30,86
2942,50	2,22	3023,16	11,82	3103,83	21,42	3184,33	30,99
2943,83	2,38	3024,33	11,95	3105,00	21,55	3185,66	31,15
2945,00	2,51	3025,66	12,11	3106,33	21,71	3187,00	31,31
2946,33	2,67	3026,83	12,25	3107,50	21,85	3188,16	31,45
2947,50	2,81	3028,16	12,41	3108,83	22,01	3189,50	31,61
2948,83	2,97	3029,50	12,57	3110,00	22,15	3190,66	31,75
2950,00	3,11	3030,66	12,71	3111,33	22,31	3192,00	31,91
2951,33	3,27	3032,00	12,87	3112,66	22,47	3193,16	32,05
2952,50	3,41	3033,16	13,01	3113,83	22,61	3194,50	32,20
2953,83	3,57	3034,50	13,16	3115,16	22,76	3195,83	32,36
2955,16	3,72	3035,66	13,30	3116,33	22,90	3197,00	32,50
2956,33	3,86	3037,00	13,46	3117,66	23,06	3198,33	32,66
2957,66	4,02	3038,33	13,62	3118,83	23,20	3199,50	32,80
2958,83	4,16	3039,50	13,76	3120,16	23,36	3200,83	32,96
2960,16	4,32	3040,83	13,92	3121,33	23,50	3202,00	33,10
2961,33	4,46	3042,00	14,06	3122,66	23,66	3203,33	33,26
2962,66	4,62	3043,33	14,22	3124,00	23,81	3204,50	33,39
2963,83	4,76	3044,50	14,35	3125,16	23,95	3205,83	33,55
2965,16	4,91	3045,83	14,51	3126,50	24,11	3207,16	33,71
2966,50	5,07	3047,00	14,65	3127,66	24,25	3208,33	33,85
2967,66	5,21	3048,33	14,81	3129,00	24,41	3209,66	34,01
2969,00	5,37	3049,66	14,97	3130,16	24,55	3210,83	34,15
2970,16	5,51	3050,83	15,11	3131,50	24,71	3212,16	34,31
2971,50	5,67	3052,16	15,27	3132,83	24,87	3213,33	34,45
2972,66	5,81	3053,33	15,41	3134,00	25,00	3214,66	34,60
2974,00	5,96	3054,66	15,56	3135,33	25,16	3215,83	34,74
2975,33	6,12	3055,83	15,70	3136,50	25,30	3217,16	34,90
2976,50	6,26	3057,16	15,86	3137,83	25,46	3218,50	35,06
2977,83	6,42	3058,33	16,00	3139,00	25,60	3219,66	35,20
2979,00	6,56	3059,66	16,16	3140,33	25,76	3221,00	35,36
2980,33	6,72	3061,00	16,32	3141,50	25,90	3222,16	35,50
2981,50	6,86	3062,16	16,46	3142,83	26,06	3223,50	35,66
2982,83	7,02	3063,50	16,62	3144,16	26,21	3224,66	35,79
2984,00	7,15	3064,66	16,75	3145,33	26,35	3226,00	35,95
2985,33	7,31	3066,00	16,91	3146,66	26,51	3227,33	36,11
2986,66	7,47	3067,16	17,05	3147,83	26,65	3228,50	36,25
2987,83	7,61	3068,50	17,21	3149,16	26,81	3229,83	36,41
2989,16	7,77	3069,83	17,37	3150,33	26,95	3231,00	36,55
2990,33	7,91	3071,00	17,51	3151,66	27,11	3232,33	36,71
2991,66	8,07	3072,33	17,67	3152,83	27,25	3233,50	36,85
2992,83	8,21	3073,50	17,81	3154,16	27,40	3234,83	37,00
2994,16	8,36	3074,83	17,96	3155,50	27,56	3236,00	37,14
2995,33	8,50	3076,00	18,10	3156,66	27,70	3237,33	37,30
2996,66	8,66	3077,33	18,26	3158,00	27,86	3238,66	37,46
2998,00	8,82	3078,50	18,40	3159,16	28,00	3239,83	37,60
2999,16	8,96	3079,83	18,56	3160,50	28,16	3241,16	37,76
3000,50	9,12	3081,16	18,72	3161,66	28,30	3242,33	37,90
3001,66	9,26	3082,33	18,86	3163,00	28,46	3243,66	38,06
3003,00	9,42	3083,66	19,02	3164,33	28,61	3244,83	38,19

Steuerklasse III		Steuerklasse III		Steuerklasse III		Steuerklasse III	
Maßstabs-lohnsteuer €	Solidaritäts-zuschlag €	Maßstabs-lohnsteuer €	Solidaritäts-zuschlag €	Maßstabs-lohnsteuer €	Solidaritäts-zuschlag €	Maßstabs-lohnsteuer €	Solidaritäts-zuschlag €
3246,16	38,35	3331,83	48,55	3417,50	58,74	3503,16	68,94
3247,33	38,49	3333,16	48,71	3418,83	58,90	3504,50	69,09
3248,66	38,65	3334,33	48,84	3420,00	59,04	3505,66	69,23
3250,00	38,81	3335,66	49,00	3421,33	59,20	3507,00	69,39
3251,16	38,95	3336,83	49,14	3422,50	59,34	3508,16	69,53
3252,50	39,11	3338,16	49,30	3423,83	59,50	3509,50	69,69
3253,66	39,25	3339,33	49,44	3425,00	59,63	3510,83	69,85
3255,00	39,40	3340,66	49,60	3426,33	59,79	3512,00	69,99
3256,16	39,54	3341,83	49,74	3427,66	59,95	3513,33	70,15
3257,50	39,70	3343,16	49,90	3428,83	60,09	3514,50	70,28
3258,83	39,86	3344,50	50,05	3430,16	60,25	3515,83	70,44
3260,00	40,00	3345,66	50,19	3431,33	60,39	3517,00	70,58
3261,33	40,16	3347,00	50,35	3432,66	60,55	3518,33	70,74
3262,50	40,30	3348,16	50,49	3433,83	60,69	3519,50	70,88
3263,83	40,46	3349,50	50,65	3435,16	60,84	3520,83	71,04
3265,00	40,59	3350,66	50,79	3436,33	60,98	3522,16	71,20
3266,33	40,75	3352,00	50,95	3437,66	61,14	3523,33	71,34
3267,50	40,89	3353,33	51,11	3439,00	61,30	3524,66	71,49
3268,83	41,05	3354,50	51,24	3440,16	61,44	3525,83	71,63
3270,16	41,21	3355,83	51,40	3441,50	61,60	3527,16	71,79
3271,33	41,35	3357,00	51,54	3442,66	61,74	3528,33	71,93
3272,66	41,51	3358,33	51,70	3444,00	61,89	3529,66	72,09
3273,83	41,65	3359,50	51,84	3445,16	62,03	3530,83	72,23
3275,16	41,80	3360,83	52,00	3446,50	62,19	3532,16	72,39
3276,33	41,94	3362,00	52,14	3447,83	62,35	3533,50	72,55
3277,66	42,10	3363,33	52,30	3449,00	62,49	3534,66	72,68
3278,83	42,24	3364,66	52,45	3450,33	62,65	3536,00	72,84
3280,16	42,40	3365,83	52,59	3451,50	62,79	3537,16	72,98
3281,50	42,56	3367,16	52,75	3452,83	62,95	3538,50	73,14
3282,66	42,70	3368,33	52,89	3454,00	63,08	3539,66	73,28
3284,00	42,85	3369,66	53,05	3455,33	63,24	3541,00	73,44
3285,16	42,99	3370,83	53,19	3456,50	63,38	3542,33	73,60
3286,50	43,15	3372,16	53,35	3457,83	63,54	3543,50	73,74
3287,66	43,29	3373,33	53,49	3459,16	63,70	3544,83	73,89
3289,00	43,45	3374,66	53,64	3460,33	63,84	3546,00	74,03
3290,33	43,61	3376,00	53,80	3461,66	64,00	3547,33	74,19
3291,50	43,75	3377,16	53,94	3462,83	64,14	3548,50	74,33
3292,83	43,91	3378,50	54,10	3464,16	64,29	3549,83	74,49
3294,00	44,04	3379,66	54,24	3465,33	64,43	3551,00	74,63
3295,33	44,20	3381,00	54,40	3466,66	64,59	3552,33	74,79
3296,50	44,34	3382,16	54,54	3467,83	64,73	3553,66	74,95
3297,83	44,50	3383,50	54,70	3469,16	64,89	3554,83	75,08
3299,00	44,64	3384,83	54,85	3470,50	65,05	3556,16	75,24
3300,33	44,80	3386,00	54,99	3471,66	65,19	3557,33	75,38
3301,66	44,96	3387,33	55,15	3473,00	65,35	3558,66	75,54
3302,83	45,10	3388,50	55,29	3474,16	65,48	3559,83	75,68
3304,16	45,25	3389,83	55,45	3475,50	65,64	3561,16	75,84
3305,33	45,39	3391,00	55,59	3476,66	65,78	3562,33	75,98
3306,66	45,55	3392,33	55,75	3478,00	65,94	3563,66	76,14
3307,83	45,69	3393,50	55,89	3479,33	66,10	3565,00	76,29
3309,16	45,85	3394,83	56,04	3480,50	66,24	3566,16	76,43
3310,33	45,99	3396,16	56,20	3481,83	66,40	3567,50	76,59
3311,66	46,15	3397,33	56,34	3483,00	66,54	3568,66	76,73
3313,00	46,31	3398,66	56,50	3484,33	66,69	3570,00	76,89
3314,16	46,44	3399,83	56,64	3485,50	66,83	3571,16	77,03
3315,50	46,60	3401,16	56,80	3486,83	66,99	3572,50	77,19
3316,66	46,74	3402,33	56,94	3488,00	67,13	3573,83	77,35
3318,00	46,90	3403,66	57,10	3489,33	67,29	3575,00	77,48
3319,16	47,04	3404,83	57,23	3490,66	67,45	3576,33	77,64
3320,50	47,20	3406,16	57,39	3491,83	67,59	3577,50	77,78
3321,83	47,36	3407,50	57,55	3493,16	67,75	3578,83	77,94
3323,00	47,50	3408,66	57,69	3494,33	67,88	3580,00	78,08
3324,33	47,65	3410,00	57,85	3495,66	68,04	3581,33	78,24
3325,50	47,79	3411,16	57,99	3496,83	68,18	3582,50	78,38
3326,83	47,95	3412,50	58,15	3498,16	68,34	3583,83	78,54
3328,00	48,09	3413,66	58,29	3499,33	68,48	3585,16	78,69
3329,33	48,25	3415,00	58,44	3500,66	68,64	3586,33	78,83
3330,50	48,39	3416,33	58,60	3502,00	68,80	3587,66	78,99

Steuerklasse III		Steuerklasse III		Steuerklasse III		Steuerklasse III	
Maßstabs-lohnsteuer €	Solidaritäts-zuschlag €	Maßstabs-lohnsteuer €	Solidaritäts-zuschlag €	Maßstabs-lohnsteuer €	Solidaritäts-zuschlag €	Maßstabs-lohnsteuer €	Solidaritäts-zuschlag €
3588,83	79,13	3674,50	89,32	3761,50	99,68	3847,16	109,87
3590,16	79,29	3675,83	89,48	3762,83	99,84	3848,50	110,03
3591,33	79,43	3677,00	89,62	3764,00	99,97	3849,66	110,17
3592,66	79,59	3678,33	89,78	3765,33	100,13	3851,00	110,33
3593,83	79,73	3679,66	89,94	3766,50	100,27	3852,16	110,47
3595,16	79,88	3680,83	90,08	3767,83	100,43	3853,50	110,63
3596,50	80,04	3682,16	90,24	3769,00	100,57	3854,66	110,76
3597,66	80,18	3683,33	90,38	3770,33	100,73	3856,00	110,92
3599,00	80,34	3684,66	90,53	3771,50	100,87	3857,33	111,08
3600,16	80,48	3685,83	90,67	3772,83	101,03	3858,50	111,22
3601,50	80,64	3687,16	90,83	3774,16	101,18	3859,83	111,38
3602,66	80,78	3688,33	90,97	3775,33	101,32	3861,00	111,52
3604,00	80,93	3689,66	91,13	3776,66	101,48	3862,33	111,68
3605,33	81,09	3691,00	91,29	3777,83	101,62	3863,50	111,82
3606,50	81,23	3692,16	91,43	3779,16	101,78	3864,83	111,97
3607,83	81,39	3693,50	91,59	3780,33	101,92	3866,00	112,11
3609,00	81,53	3694,66	91,72	3781,66	102,08	3867,33	112,27
3610,33	81,69	3696,00	91,88	3782,83	102,22	3868,66	112,43
3611,50	81,83	3697,16	92,02	3784,16	102,37	3869,83	112,57
3612,83	81,99	3698,50	92,18	3785,50	102,53	3871,16	112,73
3614,00	82,12	3699,83	92,34	3786,66	102,67	3872,33	112,87
3615,33	82,28	3701,00	92,48	3788,00	102,83	3873,66	113,03
3616,66	82,44	3702,33	92,64	3789,16	102,97	3874,83	113,16
3617,83	82,58	3703,50	92,78	3790,50	103,13	3876,16	113,32
3619,16	82,74	3704,83	92,93	3791,66	103,27	3877,33	113,46
3620,33	82,88	3706,00	93,07	3793,00	103,43	3878,66	113,62
3621,66	83,04	3707,33	93,23	3794,33	103,58	3880,00	113,78
3622,83	83,18	3708,50	93,37	3795,50	103,72	3881,16	113,92
3624,16	83,33	3709,83	93,53	3796,83	103,88	3882,50	114,08
3625,33	83,47	3711,16	93,69	3798,00	104,02	3883,66	114,22
3626,66	83,63	3712,33	93,83	3799,33	104,18	3885,00	114,37
3628,00	83,79	3713,66	93,99	3800,50	104,32	3886,16	114,51
3629,16	83,93	3714,83	94,12	3801,83	104,48	3887,50	114,67
3630,50	84,09	3716,16	94,28	3803,00	104,62	3888,83	114,83
3631,66	84,23	3717,33	94,42	3804,33	104,77	3890,00	114,97
3633,00	84,39	3718,66	94,58	3805,66	104,93	3891,33	115,13
3634,16	84,52	3719,83	94,72	3806,83	105,07	3892,50	115,27
3635,50	84,68	3721,16	94,88	3808,16	105,23	3893,83	115,43
3636,83	84,84	3723,66	95,18	3809,33	105,37	3895,00	115,56
3638,00	84,98	3725,00	95,33	3810,66	105,53	3896,33	115,72
3639,33	85,14	3726,16	95,47	3811,83	105,67	3897,50	115,86
3640,50	85,28	3727,50	95,63	3813,16	105,83	3898,83	116,02
3641,83	85,44	3728,66	95,77	3814,33	105,96	3900,16	116,18
3643,00	85,58	3730,00	95,93	3815,66	106,12	3901,33	116,32
3644,33	85,73	3731,33	96,09	3817,00	106,28	3902,66	116,48
3645,50	85,87	3732,50	96,23	3818,16	106,42	3903,83	116,62
3646,83	86,03	3733,83	96,39	3819,50	106,58	3905,16	116,77
3648,16	86,19	3735,00	96,52	3820,66	106,72	3906,33	116,91
3649,33	86,33	3736,33	96,68	3822,00	106,88	3907,66	117,07
3650,66	86,49	3737,50	96,82	3823,16	107,02	3908,83	117,21
3651,83	86,63	3738,83	96,98	3824,50	107,17	3910,16	117,37
3653,16	86,79	3740,00	97,12	3825,83	107,33	3911,50	117,53
3654,33	86,92	3741,33	97,28	3827,00	107,47	3912,66	117,67
3655,66	87,08	3742,66	97,44	3828,33	107,63	3914,00	117,82
3656,83	87,22	3743,83	97,58	3829,50	107,77	3915,16	117,96
3658,16	87,38	3745,16	97,73	3830,83	107,93	3916,50	118,12
3659,50	87,54	3746,33	97,87	3832,00	108,07	3917,66	118,26
3660,66	87,68	3747,66	98,03	3833,33	108,23	3919,00	118,42
3662,00	87,84	3748,83	98,17	3834,50	108,36	3920,33	118,58
3663,16	87,98	3750,16	98,33	3835,83	108,52	3921,50	118,72
3664,50	88,13	3751,33	98,47	3837,16	108,68	3922,83	118,88
3665,66	88,27	3752,66	98,63	3838,33	108,82	3924,00	119,01
3667,00	88,43	3754,00	98,78	3839,66	108,98	3925,33	119,17
3668,33	88,59	3755,16	98,92	3840,83	109,12	3926,50	119,31
3669,50	88,73	3756,50	99,08	3842,16	109,28	3927,83	119,47
3670,83	88,89	3757,66	99,22	3843,33	109,42	3929,00	119,61
3672,00	89,03	3759,00	99,38	3844,66	109,57	3930,33	119,77
3673,33	89,19	3760,16	99,52	3845,83	109,71	3931,66	119,93

Steuerklasse III		Steuerklasse III		Steuerklasse III		Steuerklasse III	
Maßstabs-lohnsteuer €	Solidaritäts-zuschlag €	Maßstabs-lohnsteuer €	Solidaritäts-zuschlag €	Maßstabs-lohnsteuer €	Solidaritäts-zuschlag €	Maßstabs-lohnsteuer €	Solidaritäts-zuschlag €
3932,83	120,07	4018,50	130,26	4104,16	140,45	4189,83	150,65
3934,16	120,22	4019,83	130,42	4105,50	140,61	4191,16	150,81
3935,33	120,36	4021,00	130,56	4106,66	140,75	4192,33	150,95
3936,66	120,52	4022,33	130,72	4108,00	140,91	4193,66	151,11
3937,83	120,66	4023,50	130,86	4109,33	141,07	4195,00	151,26
3939,16	120,82	4024,83	131,01	4110,50	141,21	4196,16	151,40
3940,33	120,96	4026,16	131,17	4111,83	141,37	4197,50	151,56
3941,66	121,12	4027,33	131,31	4113,00	141,51	4198,66	151,70
3943,00	121,28	4028,66	131,47	4114,33	141,66	4200,00	151,86
3944,16	121,41	4029,83	131,61	4115,50	141,80	4201,16	152,00
3945,50	121,57	4031,16	131,77	4116,83	141,96	4202,50	152,16
3946,66	121,71	4032,33	131,91	4118,00	142,10	4203,83	152,32
3948,00	121,87	4033,66	132,07	4119,33	142,26	4205,00	152,45
3949,16	122,01	4034,83	132,20	4120,66	142,42	4206,33	152,61
3950,50	122,17	4036,16	132,36	4121,83	142,56	4207,50	152,75
3951,83	122,33	4037,50	132,52	4123,16	142,72	4208,83	152,91
3953,00	122,47	4038,66	132,66	4124,33	142,85	4210,00	153,05
3954,33	122,62	4040,00	132,82	4125,66	143,01	4211,33	153,21
3955,50	122,76	4041,16	132,96	4126,83	143,15	4212,50	153,35
3956,83	122,92	4042,50	133,12	4128,16	143,31	4213,83	153,51
3958,00	123,06	4043,66	133,26	4129,33	143,45	4215,16	153,66
3959,33	123,22	4045,00	133,41	4130,66	143,61	4216,33	153,80
3960,50	123,36	4046,33	133,57	4132,00	143,77	4217,66	153,96
3961,83	123,52	4047,50	133,71	4133,16	143,91	4218,83	154,10
3963,16	123,68	4048,83	133,87	4134,50	144,06	4220,16	154,26
3964,33	123,81	4050,00	134,01	4135,66	144,20	4221,33	154,40
3965,66	123,97	4051,33	134,17	4137,00	144,36	4222,66	154,56
3966,83	124,11	4052,50	134,31	4138,16	144,50	4223,83	154,70
3968,16	124,27	4053,83	134,47	4139,50	144,66	4225,16	154,85
3969,33	124,41	4055,00	134,60	4140,83	144,82	4226,50	155,01
3970,66	124,57	4056,33	134,76	4142,00	144,96	4227,66	155,15
3971,83	124,71	4057,66	134,92	4143,33	145,12	4229,00	155,31
3973,16	124,87	4058,83	135,06	4144,50	145,25	4230,16	155,45
3974,50	125,02	4060,16	135,22	4145,83	145,41	4231,50	155,61
3975,66	125,16	4061,33	135,36	4147,00	145,55	4232,66	155,75
3977,00	125,32	4062,66	135,52	4148,33	145,71	4234,00	155,90
3978,16	125,46	4063,83	135,66	4149,50	145,85	4235,33	156,06
3979,50	125,62	4065,16	135,81	4150,83	146,01	4236,50	156,20
3980,66	125,76	4066,33	135,95	4152,16	146,17	4237,83	156,36
3982,00	125,92	4067,66	136,11	4153,33	146,31	4239,00	156,50
3983,33	126,08	4069,00	136,27	4154,66	146,46	4240,33	156,66
3984,50	126,21	4070,16	136,41	4155,83	146,60	4241,50	156,80
3985,83	126,37	4071,50	136,57	4157,16	146,76	4242,83	156,96
3987,00	126,51	4072,66	136,71	4158,33	146,90	4244,00	157,09
3988,33	126,67	4074,00	136,86	4159,66	147,06	4245,33	157,25
3989,50	126,81	4075,16	137,00	4160,83	147,20	4246,66	157,41
3990,83	126,97	4076,50	137,16	4162,16	147,36	4247,83	157,55
3992,00	127,11	4077,83	137,32	4163,50	147,52	4249,16	157,71
3993,33	127,27	4079,00	137,46	4164,66	147,65	4250,33	157,85
3994,66	127,42	4080,33	137,62	4166,00	147,81	4251,66	158,01
3995,83	127,56	4081,50	137,76	4167,16	147,95	4252,83	158,15
3997,16	127,72	4082,83	137,92	4168,50	148,11	4254,16	158,30
3998,33	127,86	4084,00	138,05	4169,66	148,25	4255,33	158,44
3999,66	128,02	4085,33	138,21	4171,00	148,41	4256,66	158,60
4000,83	128,16	4086,50	138,35	4172,33	148,57	4258,00	158,76
4002,16	128,32	4087,83	138,51	4173,50	148,71	4259,16	158,90
4003,33	128,46	4089,16	138,67	4174,83	148,86	4260,50	159,06
4004,66	128,61	4090,33	138,81	4176,00	149,00	4261,66	159,20
4006,00	128,77	4091,66	138,97	4177,33	149,16	4263,00	159,36
4007,16	128,91	4092,83	139,11	4178,50	149,30	4264,16	159,49
4008,50	129,07	4094,16	139,26	4179,83	149,46	4265,50	159,65
4009,66	129,21	4095,33	139,40	4181,00	149,60	4266,83	159,81
4011,00	129,37	4096,66	139,56	4182,33	149,76	4268,00	159,95
4012,16	129,51	4097,83	139,70	4183,66	149,92	4269,33	160,11
4013,50	129,67	4099,16	139,86	4184,83	150,05	4270,50	160,25
4014,83	129,82	4100,50	140,02	4186,16	150,21	4271,83	160,41
4016,00	129,96	4101,66	140,16	4187,33	150,35	4273,00	160,55
4017,33	130,12	4103,00	140,32	4188,66	150,51	4274,33	160,70

Steuerklasse III		Steuerklasse III		Steuerklasse III		Steuerklasse III	
Maßstabs-lohnsteuer €	Solidaritäts-zuschlag €	Maßstabs-lohnsteuer €	Solidaritäts-zuschlag €	Maßstabs-lohnsteuer €	Solidaritäts-zuschlag €	Maßstabs-lohnsteuer €	Solidaritäts-zuschlag €
4275,50	160,84	4361,33	171,06	4447,00	181,25	4532,66	191,45
4276,83	161,00	4362,50	171,20	4448,16	181,39	4533,83	191,59
4278,16	161,16	4363,83	171,36	4449,50	181,55	4535,16	191,74
4279,33	161,30	4365,00	171,49	4450,66	181,69	4536,33	191,88
4280,66	161,46	4366,33	171,65	4452,00	181,85	4537,66	192,04
4281,83	161,60	4367,50	171,79	4453,16	181,99	4538,83	192,18
4283,16	161,76	4368,83	171,95	4454,50	182,14	4540,16	192,34
4284,33	161,89	4370,00	172,09	4455,83	182,30	4541,50	192,50
4285,66	162,05	4371,33	172,25	4457,00	182,44	4542,66	192,64
4286,83	162,19	4372,66	172,41	4458,33	182,60	4544,00	192,79
4288,16	162,35	4373,83	172,55	4459,50	182,74	4545,16	192,93
4289,50	162,51	4375,16	172,70	4460,83	182,90	4546,50	193,09
4290,66	162,65	4376,33	172,84	4462,00	183,04	4547,66	193,23
4292,00	162,81	4377,66	173,00	4463,33	183,20	4549,00	193,39
4293,16	162,95	4378,83	173,14	4464,50	183,33	4550,33	193,55
4294,50	163,10	4380,16	173,30	4465,83	183,49	4551,50	193,69
4295,66	163,24	4381,33	173,44	4467,16	183,65	4552,83	193,85
4297,00	163,40	4382,66	173,60	4468,33	183,79	4554,00	193,98
4298,33	163,56	4384,00	173,75	4469,66	183,95	4555,33	194,14
4299,50	163,70	4385,16	173,89	4470,83	184,09	4556,50	194,28
4300,83	163,86	4386,50	174,05	4472,16	184,25	4557,83	194,44
4302,00	164,00	4387,66	174,19	4473,33	184,39	4559,00	194,58
4303,33	164,16	4389,00	174,35	4474,66	184,54	4560,33	194,74
4304,50	164,29	4390,16	174,49	4475,83	184,68	4561,66	194,90
4305,83	164,45	4391,50	174,65	4477,16	184,84	4562,83	195,04
4307,00	164,59	4392,83	174,81	4478,50	185,00	4564,16	195,19
4308,33	164,75	4394,00	174,94	4479,66	185,14	4565,33	195,33
4309,66	164,91	4395,33	175,10	4481,00	185,30	4566,66	195,49
4310,83	165,05	4396,50	175,24	4482,16	185,44	4567,83	195,63
4312,16	165,21	4397,83	175,40	4483,50	185,60	4569,16	195,79
4313,33	165,35	4399,00	175,54	4484,66	185,73	4570,33	195,93
4314,66	165,50	4400,33	175,70	4486,00	185,89	4571,66	196,09
4315,83	165,64	4401,50	175,84	4487,33	186,05	4573,00	196,25
4317,16	165,80	4402,83	176,00	4488,50	186,19	4574,16	196,38
4318,33	165,94	4404,16	176,15	4489,83	186,35	4575,50	196,54
4319,66	166,10	4405,33	176,29	4491,00	186,49	4576,66	196,68
4321,00	166,26	4406,66	176,45	4492,33	186,65	4578,00	196,84
4322,16	166,40	4407,83	176,59	4493,50	186,79	4579,16	196,98
4323,50	166,56	4409,16	176,75	4494,83	186,94	4580,50	197,14
4324,66	166,69	4410,33	176,89	4496,00	187,08	4581,83	197,30
4326,00	166,85	4411,66	177,05	4497,33	187,24	4583,00	197,44
4327,16	166,99	4412,83	177,19	4498,66	187,40	4584,33	197,59
4328,50	167,15	4414,16	177,34	4499,83	187,54	4585,50	197,73
4329,83	167,31	4415,50	177,50	4501,16	187,70	4586,83	197,89
4331,00	167,45	4416,66	177,64	4502,33	187,84	4588,00	198,03
4332,33	167,61	4418,00	177,80	4503,66	188,00	4589,33	198,19
4333,50	167,75	4419,16	177,94	4504,83	188,13	4590,50	198,33
4334,83	167,90	4420,50	178,10	4506,16	188,29	4591,83	198,49
4336,00	168,04	4421,66	178,24	4507,33	188,43	4593,16	198,65
4337,33	168,20	4423,00	178,40	4508,66	188,59	4594,33	198,78
4338,50	168,34	4424,33	178,55	4510,00	188,75	4595,66	198,94
4339,83	168,50	4425,50	178,69	4511,16	188,89	4596,83	199,08
4341,16	168,66	4426,83	178,85	4512,50	189,05	4598,16	199,24
4342,33	168,80	4428,00	178,99	4513,66	189,19	4599,33	199,38
4343,66	168,96	4429,33	179,15	4515,00	189,34	4600,66	199,54
4344,83	169,09	4430,50	179,29	4516,16	189,48	4601,83	199,68
4346,16	169,25	4431,83	179,45	4517,50	189,64	4603,16	199,84
4347,33	169,39	4433,00	179,59	4518,83	189,80	4604,50	199,99
4348,66	169,55	4434,33	179,74	4520,00	189,94	4605,66	200,13
4349,83	169,69	4435,66	179,90	4521,33	190,10	4607,00	200,29
4351,16	169,85	4436,83	180,04	4522,50	190,24	4608,16	200,43
4352,50	170,01	4438,16	180,20	4523,83	190,40	4609,50	200,59
4353,66	170,15	4439,33	180,34	4525,00	190,53	4610,66	200,73
4355,00	170,30	4440,66	180,50	4526,33	190,69	4612,00	200,89
4356,16	170,44	4441,83	180,64	4527,50	190,83	4613,33	201,05
4357,50	170,60	4443,16	180,80	4528,83	190,99	4614,50	201,18
4358,66	170,74	4444,33	180,93	4530,16	191,15	4615,83	201,34
4360,00	170,90	4445,66	181,09	4531,33	191,29	4617,00	201,48

Steuerklasse III		Steuerklasse III		Steuerklasse III		Steuerklasse III	
Maßstabs-lohnsteuer €	Solidaritäts-zuschlag €	Maßstabs-lohnsteuer €	Solidaritäts-zuschlag €	Maßstabs-lohnsteuer €	Solidaritäts-zuschlag €	Maßstabs-lohnsteuer €	Solidaritäts-zuschlag €
4618,33	201,64	4704,00	211,83	4789,66	222,03	4875,33	232,22
4619,50	201,78	4705,16	211,97	4790,83	222,17	4876,66	232,38
4620,83	201,94	4706,50	212,13	4792,16	222,33	4877,83	232,52
4622,00	202,08	4707,83	212,29	4793,50	222,49	4879,16	232,68
4623,33	202,24	4709,00	212,43	4794,66	222,62	4880,33	232,82
4624,66	202,39	4710,33	212,59	4796,00	222,78	4881,66	232,98
4625,83	202,53	4711,50	212,73	4797,16	222,92	4882,83	233,12
4627,16	202,69	4712,83	212,89	4798,50	223,08	4884,16	233,27
4628,33	202,83	4714,00	213,02	4799,66	223,22	4885,33	233,41
4629,66	202,99	4715,33	213,18	4801,00	223,38	4886,66	233,57
4630,83	203,13	4716,50	213,32	4802,33	223,54	4888,00	233,73
4632,16	203,29	4717,83	213,48	4803,50	223,68	4889,16	233,87
4633,33	203,43	4719,16	213,64	4804,83	223,83	4890,50	234,03
4634,66	203,58	4720,33	213,78	4806,00	223,97	4891,66	234,17
4636,00	203,74	4721,66	213,94	4807,33	224,13	4893,00	234,33
4637,16	203,88	4722,83	214,08	4808,50	224,27	4894,16	234,46
4638,50	204,04	4724,16	214,23	4809,83	224,43	4895,50	234,62
4639,66	204,18	4725,33	214,37	4811,00	224,57	4896,83	234,78
4641,00	204,34	4726,66	214,53	4812,33	224,73	4898,00	234,92
4642,16	204,48	4727,83	214,67	4813,66	224,89	4899,33	235,08
4643,50	204,64	4729,16	214,83	4814,83	225,02	4900,50	235,22
4644,83	204,79	4730,50	214,99	4816,16	225,18	4901,83	235,38
4646,00	204,93	4731,66	215,13	4817,33	225,32	4903,00	235,52
4647,33	205,09	4733,00	215,29	4818,66	225,48	4904,33	235,67
4648,50	205,23	4734,16	215,42	4819,83	225,62	4905,50	235,81
4649,83	205,39	4735,50	215,58	4821,16	225,78	4906,83	235,97
4651,00	205,53	4736,66	215,72	4822,33	225,92	4908,16	236,13
4652,33	205,69	4738,00	215,88	4823,66	226,08	4909,33	236,27
4653,50	205,83	4739,33	216,04	4825,00	226,23	4910,66	236,43
4654,83	205,98	4740,50	216,18	4826,16	226,37	4911,83	236,57
4656,16	206,14	4741,83	216,34	4827,50	226,53	4913,16	236,73
4657,33	206,28	4743,00	216,48	4828,66	226,67	4914,33	236,86
4658,66	206,44	4744,33	216,63	4830,00	226,83	4915,66	237,02
4659,83	206,58	4745,50	216,77	4831,16	226,97	4916,83	237,16
4661,16	206,74	4746,83	216,93	4832,50	227,13	4918,16	237,32
4662,33	206,88	4748,00	217,07	4833,83	227,29	4919,50	237,48
4663,66	207,04	4749,33	217,23	4835,00	227,42	4920,66	237,62
4664,83	207,17	4750,66	217,39	4836,33	227,58	4922,00	237,78
4666,16	207,33	4751,83	217,53	4837,50	227,72	4923,16	237,92
4667,50	207,49	4753,16	217,69	4838,83	227,88	4924,50	238,07
4668,66	207,63	4754,33	217,82	4840,00	228,02	4925,66	238,21
4670,00	207,79	4755,66	217,98	4841,33	228,18	4927,00	238,37
4671,16	207,93	4756,83	218,12	4842,50	228,32	4928,33	238,53
4672,50	208,09	4758,16	218,28	4843,83	228,48	4929,50	238,67
4673,66	208,23	4759,33	218,42	4845,16	228,63	4930,83	238,83
4675,00	208,38	4760,66	218,58	4846,33	228,77	4932,00	238,97
4676,33	208,54	4762,00	218,74	4847,66	228,93	4933,33	239,13
4677,50	208,68	4763,16	218,88	4848,83	229,07	4934,50	239,26
4678,83	208,84	4764,50	219,03	4850,16	229,23	4935,83	239,42
4680,00	208,98	4765,66	219,17	4851,33	229,37	4937,00	239,56
4681,33	209,14	4767,00	219,33	4852,66	229,53	4938,33	239,72
4682,50	209,28	4768,16	219,47	4853,83	229,67	4939,66	239,88
4683,83	209,44	4769,50	219,63	4855,16	229,82	4940,83	240,02
4685,00	209,57	4770,83	219,79	4856,50	229,98	4942,16	240,18
4686,33	209,73	4772,00	219,93	4857,66	230,12	4943,33	240,32
4687,66	209,89	4773,33	220,09	4859,00	230,28	4944,66	240,47
4688,83	210,03	4774,50	220,22	4860,16	230,42	4945,83	240,61
4690,16	210,19	4775,83	220,38	4861,50	230,58	4947,16	240,77
4691,33	210,33	4777,00	220,52	4862,66	230,72	4948,33	240,91
4692,66	210,49	4778,33	220,68	4864,00	230,87	4949,66	241,07
4693,83	210,63	4779,50	220,82	4865,33	231,03	4951,00	241,23
4695,16	210,78	4780,83	220,98	4866,50	231,17	4952,16	241,37
4696,33	210,92	4782,16	221,14	4867,83	231,33	4953,50	241,53
4697,66	211,08	4783,33	221,28	4869,00	231,47	4954,66	241,66
4699,00	211,24	4784,66	221,43	4870,33	231,63	4956,00	241,82
4700,16	211,38	4785,83	221,57	4871,50	231,77	4957,16	241,96
4701,50	211,54	4787,16	221,73	4872,83	231,93	4958,50	242,12
4702,66	211,68	4788,33	221,87	4874,00	232,06	4959,83	242,28

Steuerklasse III	
Maßstabs-lohnsteuer €	Solidaritäts-zuschlag €
4961,00	242,42
4962,33	242,58
4963,50	242,72
4964,83	242,87
4966,00	243,01
4967,33	243,17
4968,50	243,31
4969,83	243,47
4971,16	243,63
4972,33	243,77
4973,66	243,93
4974,83	244,06
4976,16	244,22
4977,33	244,36
4978,66	244,52
4979,83	244,66
4981,16	244,82
4982,50	244,98
4983,66	245,12
4985,00	245,27
4986,16	245,41
4987,50	245,57
4988,66	245,71
4990,00	245,87
4991,33	246,03
4992,50	246,17
4993,83	246,33
4995,00	246,46
4996,33	246,62
4997,50	246,76
4998,83	246,92
5000,00	247,06
5001,33	247,22
5002,66	247,38
5003,83	247,52
5005,16	247,67
5006,33	247,81
5007,66	247,97
5008,83	248,11
5010,16	248,27
5011,33	248,41
5012,66	248,57
5014,00	248,72
5015,16	248,86
5016,50	249,02
5017,66	249,16
5019,00	249,32
5020,16	249,46
5021,50	249,62
5022,83	249,78
5024,00	249,91
5025,33	250,07
5026,50	250,21
5027,83	250,37
5029,00	250,51
5030,33	250,67
5031,50	250,81
5032,83	250,97
5034,16	251,12
5035,33	251,26
5036,66	251,42
5037,83	251,56
5039,16	251,72
5040,33	251,86
5041,66	252,02
5042,83	252,16
5044,16	252,31
5045,50	252,47

Steuerklasse III	
Maßstabs-lohnsteuer €	Solidaritäts-zuschlag €
5046,66	252,61
5048,00	252,77
5049,16	252,91
5050,50	253,07
5051,66	253,21
5053,00	253,37
5054,33	253,52
5055,50	253,66
5056,83	253,82
5058,00	253,96
5059,33	254,12
5060,50	254,26
5061,83	254,42
5063,00	254,56
5064,33	254,71
5065,66	254,87
5066,83	255,01
5068,16	255,17
5069,33	255,31
5070,66	255,47
5071,83	255,61
5073,16	255,77
5074,33	255,90
5075,66	256,06
5077,00	256,22
5078,16	256,36
5079,50	256,52
5080,66	256,66
5082,00	256,82
5083,16	256,96
5084,50	257,11
5085,83	257,27
5087,00	257,41
5088,33	257,57
5089,50	257,71
5090,83	257,87
5092,00	258,01
5093,33	258,17
5094,50	258,30
5095,83	258,46
5097,16	258,62
5098,33	258,76
5099,66	258,92
5100,83	259,06
5102,16	259,22
5103,33	259,36
5104,66	259,51
5105,83	259,65
5107,16	259,81
5108,50	259,97
5109,66	260,11
5111,00	260,27
5112,16	260,41
5113,50	260,57
5114,66	260,70
5116,00	260,86
5117,33	261,02
5118,50	261,16
5119,83	261,32
5121,00	261,46
5122,33	261,62
5123,50	261,76
5124,83	261,91
5126,00	262,05
5127,33	262,21
5128,66	262,37
5129,83	262,51
5131,16	262,67

Steuerklasse III	
Maßstabs-lohnsteuer €	Solidaritäts-zuschlag €
5132,33	262,81
5133,66	262,97
5134,83	263,10
5136,16	263,26
5137,33	263,40
5138,66	263,56
5140,00	263,72
5141,16	263,86
5142,50	264,02
5143,66	264,16
5145,00	264,31
5146,16	264,45
5147,50	264,61
5148,83	264,77
5150,00	264,91
5151,33	265,07
5152,50	265,21
5153,83	265,37
5155,00	265,50
5156,33	265,66
5157,50	265,80
5158,83	265,96
5160,16	266,12
5161,33	266,26
5162,66	266,42
5163,83	266,56
5165,16	266,71
5166,33	266,85
5167,66	267,01
5168,83	267,15
5170,16	267,31
5171,50	267,47
5172,66	267,61
5174,00	267,76
5175,16	267,90
5176,50	268,06
5177,66	268,20
5179,00	268,36
5180,33	268,52
5181,50	268,66
5182,83	268,82
5184,00	268,95
5185,33	269,11
5186,50	269,25
5187,83	269,41
5189,00	269,55
5190,33	269,71
5191,66	269,87
5192,83	270,01
5194,16	270,16
5195,33	270,30
5196,66	270,46
5197,83	270,60
5199,16	270,76
5200,33	270,90
5201,66	271,06
5203,00	271,22
5204,16	271,35
5205,50	271,51
5206,66	271,65
5208,00	271,81
5209,16	271,95
5210,50	272,11
5211,83	272,27
5213,00	272,41
5214,33	272,56
5215,50	272,70
5216,83	272,86

Steuerklasse III	
Maßstabs-lohnsteuer €	Solidaritäts-zuschlag €
5218,00	273,00
5219,33	273,16
5220,50	273,30
5221,83	273,46
5223,16	273,62
5224,33	273,75
5225,66	273,91
5226,83	274,05
5228,16	274,21
5229,33	274,35
5230,66	274,51
5231,83	274,65
5233,16	274,81
5234,50	274,96
5235,66	275,10
5237,00	275,26
5238,16	275,40
5239,50	275,56
5240,66	275,70
5242,00	275,86
5243,33	276,02
5244,50	276,15
5245,83	276,31
5247,00	276,45
5248,33	276,61
5249,50	276,75
5250,83	276,91
5252,00	277,05
5253,33	277,21
5254,66	277,36
5255,83	277,50
5257,16	277,66
5258,33	277,80
5259,66	277,96
5260,83	278,10
5262,16	278,26
5263,33	278,40
5264,66	278,55
5266,00	278,71
5267,16	278,85
5268,50	279,01
5269,66	279,15
5271,00	279,31
5272,16	279,45
5273,50	279,61
5274,83	279,76
5276,00	279,90
5277,33	280,06
5278,50	280,20
5279,83	280,36
5281,00	280,50
5282,33	280,66
5283,50	280,80
5284,83	280,95
5286,16	281,11
5287,33	281,25
5288,66	281,41
5289,83	281,55
5291,16	281,71
5292,33	281,85
5293,66	282,01
5294,83	282,14
5296,16	282,30
5297,50	282,46
5298,66	282,60
5300,00	282,76
5301,16	282,90
5302,50	283,06

Steuerklasse III		Steuerklasse III		Steuerklasse III		Steuerklasse III	
Maßstabs-lohnsteuer €	Solidaritäts-zuschlag €	Maßstabs-lohnsteuer €	Solidaritäts-zuschlag €	Maßstabs-lohnsteuer €	Solidaritäts-zuschlag €	Maßstabs-lohnsteuer €	Solidaritäts-zuschlag €
5303,66	283,20	5337,83	287,26	5373,00	291,45	5407,00	295,49
5305,00	283,35	5339,00	287,40	5374,33	291,60	5408,33	295,65
5306,33	283,51	5340,33	287,56	5375,50	291,74	5409,50	295,79
5307,50	283,65	5341,50	287,70	5376,83	291,90	5410,83	295,95
5308,83	283,81	5342,83	287,86	5378,00	292,04	5412,16	296,11
5310,00	283,95	5344,00	287,99	5379,33	292,20	5413,33	296,25
5311,33	284,11	5345,33	288,15	5380,66	292,36	5414,66	296,40
5312,50	284,25	5346,50	288,29	5381,83	292,50	5415,83	296,54
5313,83	284,41	5347,83	288,45	5383,16	292,66	5417,16	296,70
5315,00	284,54	5349,16	288,61	5384,33	292,79	5418,33	296,84
5316,33	284,70	5350,33	288,75	5385,66	292,95	5419,66	297,00
5317,66	284,86	5351,66	288,91	5386,83	293,09	5420,83	297,14
5318,83	285,00	5352,83	289,05	5388,16	293,25	5422,16	297,30
5320,16	285,16	5354,16	289,20	5389,33	293,39	5423,50	297,46
5321,33	285,30	5355,33	289,34	5390,66	293,55	5424,66	297,59
5322,66	285,46	5356,66	289,50	5392,00	293,71	5426,00	297,75
5323,83	285,60	5357,83	289,64	5393,16	293,85	5427,16	297,89
5325,16	285,75	5359,16	289,80	5394,50	294,00	5428,50	298,05
5326,33	285,89	5360,50	289,96	5395,66	294,14	5429,66	298,19
5327,66	286,05	5361,66	290,10	5397,00	294,30	5431,00	298,35
5329,00	286,21	5363,00	290,26	5398,16	294,44	5432,33	298,51
5330,16	286,35	5364,16	290,39	5399,50	294,60	5433,50	298,65
5331,50	286,51	5365,50	290,55	5400,83	294,76	5434,83	298,80
5332,66	286,65	5366,66	290,69	5402,00	294,90	5436,00	298,94
5334,00	286,80	5368,00	290,85	5403,33	295,06	5437,33	299,05
5335,16	286,94	5369,33	291,01	5404,50	295,19		
5336,50	287,10	5371,83	291,31	5405,83	295,35		

Steuerklasse I, II, IV, V, VI		Steuerklasse I, II, IV, V, VI		Steuerklasse I, II, IV, V, VI		Steuerklasse I, II, IV, V, VI	
Maßstabs-lohnsteuer €	Solidaritäts-zuschlag €	Maßstabs-lohnsteuer €	Solidaritäts-zuschlag €	Maßstabs-lohnsteuer €	Solidaritäts-zuschlag €	Maßstabs-lohnsteuer €	Solidaritäts-zuschlag €
1461,41	0,00	1501,41	4,70	1541,41	9,46	1581,41	14,22
1462,58	0,07	1502,58	4,83	1542,58	9,59	1582,58	14,35
1463,75	0,21	1503,75	4,97	1543,75	9,73	1583,66	14,48
1464,91	0,35	1504,83	5,10	1544,83	9,86	1584,83	14,62
1466,00	0,48	1506,00	5,24	1546,00	10,00	1586,00	14,76
1467,16	0,62	1507,16	5,38	1547,16	10,14	1587,16	14,90
1468,33	0,76	1508,25	5,51	1548,25	10,27	1588,25	15,03
1469,41	0,89	1509,41	5,65	1549,41	10,41	1589,41	15,17
1470,58	1,03	1510,58	5,79	1550,58	10,55	1590,58	15,31
1471,66	1,16	1511,66	5,92	1551,75	10,69	1591,75	15,45
1472,83	1,29	1512,83	6,05	1552,83	10,81	1592,83	15,57
1474,00	1,43	1514,00	6,19	1554,00	10,95	1594,00	15,71
1475,16	1,57	1515,16	6,33	1555,16	11,09	1595,16	15,85
1476,25	1,70	1516,33	6,47	1556,33	11,23	1596,33	15,99
1477,41	1,84	1517,41	6,60	1557,41	11,36	1597,41	16,12
1478,58	1,98	1518,58	6,74	1558,58	11,50	1598,58	16,26
1479,75	2,12	1519,75	6,88	1559,75	11,64	1599,75	16,40
1480,83	2,25	1520,91	7,02	1560,83	11,77	1600,83	16,53
1482,00	2,38	1522,00	7,14	1562,00	11,90	1602,00	16,66
1483,16	2,52	1523,16	7,28	1563,16	12,04	1603,16	16,80
1484,33	2,66	1524,25	7,41	1564,25	12,17	1604,25	16,93
1485,41	2,79	1525,41	7,55	1565,41	12,31	1605,41	17,07
1486,58	2,93	1526,58	7,69	1566,58	12,45	1606,58	17,21
1487,75	3,07	1527,66	7,82	1567,66	12,58	1607,75	17,35
1488,83	3,20	1528,83	7,96	1568,83	12,72	1608,83	17,48
1490,00	3,34	1530,00	8,10	1570,00	12,86	1610,00	17,62
1491,16	3,48	1531,16	8,24	1571,16	13,00	1611,16	17,76
1492,25	3,60	1532,25	8,36	1572,33	13,13	1612,33	17,89
1493,41	3,74	1533,41	8,50	1573,41	13,26	1613,41	18,02
1494,58	3,88	1534,58	8,64	1574,58	13,40	1614,58	18,16
1495,75	4,02	1535,75	8,78	1575,75	13,54	1615,75	18,30
1496,83	4,15	1536,83	8,91	1576,83	13,67	1616,83	18,43
1498,00	4,29	1538,00	9,05	1578,00	13,81	1618,00	18,57
1499,16	4,43	1539,16	9,19	1579,16	13,95	1619,16	18,71
1500,33	4,57	1540,33	9,33	1580,25	14,08	1620,25	18,84

Steuerklasse I, II, IV, V, VI		Steuerklasse I, II, IV, V, VI		Steuerklasse I, II, IV, V, VI		Steuerklasse I, II, IV, V, VI	
Maßstabs-lohnsteuer €	Solidaritäts-zuschlag €	Maßstabs-lohnsteuer €	Solidaritäts-zuschlag €	Maßstabs-lohnsteuer €	Solidaritäts-zuschlag €	Maßstabs-lohnsteuer €	Solidaritäts-zuschlag €
1621,41	18,98	1699,66	28,29	1785,33	38,48	1871,08	48,69
1622,58	19,11	1700,91	28,44	1786,66	38,64	1872,33	48,83
1623,66	19,24	1702,25	28,59	1787,91	38,79	1873,58	48,98
1624,83	19,38	1703,50	28,74	1789,16	38,94	1874,83	49,13
1626,00	19,52	1704,75	28,89	1790,41	39,09	1876,08	49,28
1627,16	19,66	1706,00	29,04	1791,66	39,24	1877,33	49,43
1628,33	19,80	1707,25	29,19	1792,91	39,38	1878,58	49,58
1629,41	19,93	1708,50	29,34	1794,16	39,53	1879,83	49,73
1630,58	20,07	1709,75	29,49	1795,41	39,68	1881,16	49,89
1631,75	20,21	1711,00	29,64	1796,75	39,84	1882,41	50,03
1632,83	20,33	1712,33	29,79	1798,00	39,99	1883,66	50,18
1634,00	20,47	1713,58	29,94	1799,25	40,14	1884,91	50,33
1635,16	20,61	1714,83	30,09	1800,50	40,29	1886,16	50,48
1636,25	20,74	1716,08	30,24	1801,75	40,44	1887,41	50,63
1637,41	20,88	1717,33	30,39	1803,00	40,58	1888,66	50,78
1638,58	21,02	1718,58	30,54	1804,25	40,73	1889,91	50,93
1639,66	21,15	1719,83	30,69	1805,50	40,88	1891,25	51,09
1640,83	21,29	1721,08	30,84	1806,83	41,04	1892,50	51,23
1642,00	21,42	1722,33	30,98	1808,08	41,19	1893,75	51,38
1643,16	21,56	1723,66	31,14	1809,33	41,34	1895,00	51,53
1644,25	21,69	1724,91	31,29	1810,58	41,49	1896,25	51,68
1645,41	21,83	1726,16	31,44	1811,83	41,64	1897,50	51,83
1646,58	21,97	1727,41	31,59	1813,08	41,78	1898,75	51,98
1647,75	22,11	1728,66	31,74	1814,33	41,93	1900,00	52,13
1648,83	22,24	1729,91	31,89	1815,58	42,08	1901,33	52,29
1650,00	22,38	1731,16	32,04	1816,83	42,23	1902,58	52,43
1651,16	22,52	1732,41	32,18	1818,16	42,39	1903,83	52,58
1652,33	22,65	1733,75	32,34	1819,41	42,54	1905,08	52,73
1653,41	22,78	1735,00	32,49	1820,66	42,69	1906,33	52,88
1654,58	22,92	1736,25	32,64	1821,91	42,84	1907,58	53,03
1655,66	23,05	1737,50	32,79	1823,16	42,98	1908,83	53,18
1656,83	23,19	1738,75	32,94	1824,41	43,13	1910,08	53,33
1658,00	23,33	1740,00	33,09	1825,66	43,28	1911,33	53,48
1659,16	23,47	1741,25	33,24	1826,91	43,43	1912,66	53,63
1660,25	23,60	1742,50	33,38	1828,25	43,59	1913,91	53,78
1661,41	23,74	1743,83	33,54	1829,50	43,74	1915,16	53,93
1662,58	23,87	1745,08	33,69	1830,75	43,89	1916,41	54,08
1663,75	24,01	1746,33	33,84	1832,00	44,03	1917,66	54,23
1664,83	24,14	1747,58	33,99	1833,25	44,18	1918,91	54,38
1666,00	24,28	1748,83	34,14	1834,50	44,33	1920,16	54,53
1667,16	24,42	1750,08	34,29	1835,75	44,48	1921,41	54,68
1668,33	24,56	1751,33	34,44	1837,00	44,63	1922,75	54,83
1669,41	24,69	1752,58	34,58	1838,33	44,79	1924,00	54,98
1670,58	24,83	1753,83	34,73	1839,58	44,94	1925,25	55,13
1671,75	24,97	1755,16	34,89	1840,83	45,09	1926,50	55,28
1672,83	25,09	1756,41	35,04	1842,08	45,23	1927,75	55,43
1674,00	25,23	1757,66	35,19	1843,33	45,38	1929,00	55,58
1675,16	25,37	1758,91	35,34	1844,58	45,53	1930,25	55,73
1676,25	25,50	1760,16	35,49	1845,83	45,68	1931,50	55,88
1677,41	25,64	1761,41	35,64	1847,08	45,83	1932,83	56,03
1678,58	25,78	1762,66	35,78	1848,33	45,98	1934,08	56,18
1679,66	25,91	1763,91	35,93	1849,66	46,14	1935,33	56,33
1680,83	26,05	1765,25	36,09	1850,91	46,29	1936,58	56,48
1682,00	26,18	1766,50	36,24	1852,16	46,43	1937,83	56,63
1683,16	26,32	1767,75	36,39	1853,41	46,58	1939,08	56,78
1684,33	26,46	1769,00	36,54	1854,66	46,73	1940,33	56,93
1685,41	26,59	1770,25	36,69	1855,91	46,88	1941,58	57,08
1686,58	26,73	1771,50	36,84	1857,16	47,03	1942,83	57,22
1687,75	26,87	1772,75	36,98	1858,41	47,18	1944,16	57,38
1688,83	27,00	1774,00	37,13	1859,75	47,34	1945,41	57,53
1690,00	27,14	1775,33	37,29	1861,00	47,49	1946,66	57,68
1691,16	27,28	1776,58	37,44	1862,25	47,63	1947,91	57,83
1692,25	27,40	1777,83	37,59	1863,50	47,78	1949,16	57,98
1693,41	27,54	1779,08	37,74	1864,75	47,93	1950,41	58,13
1694,66	27,69	1780,33	37,89	1866,00	48,08	1951,66	58,28
1695,91	27,84	1781,58	38,04	1867,25	48,23	1952,91	58,42
1697,16	27,99	1782,83	38,18	1868,50	48,38	1954,25	58,58
1698,41	28,14	1784,08	38,33	1869,83	48,54	1955,50	58,73

Steuerklasse I, II, IV, V, VI		Steuerklasse I, II, IV, V, VI		Steuerklasse I, II, IV, V, VI		Steuerklasse I, II, IV, V, VI	
Maßstabs-lohnsteuer €	Solidaritäts-zuschlag €	Maßstabs-lohnsteuer €	Solidaritäts-zuschlag €	Maßstabs-lohnsteuer €	Solidaritäts-zuschlag €	Maßstabs-lohnsteuer €	Solidaritäts-zuschlag €
1956,75	58,88	2042,41	69,07	2128,08	79,27	2213,75	89,46
1958,00	59,03	2043,66	69,22	2129,33	79,42	2215,00	89,61
1959,25	59,18	2044,91	69,37	2130,58	79,57	2216,33	89,77
1960,50	59,33	2046,16	69,52	2131,83	79,72	2217,58	89,92
1961,75	59,48	2047,41	69,67	2133,16	79,87	2218,83	90,07
1963,00	59,62	2048,75	69,83	2134,41	80,02	2220,08	90,22
1964,33	59,78	2050,00	69,98	2135,66	80,17	2221,33	90,37
1965,58	59,93	2051,25	70,13	2136,91	80,32	2222,58	90,51
1966,83	60,08	2052,50	70,27	2138,16	80,47	2223,83	90,66
1968,08	60,23	2053,75	70,42	2139,41	80,62	2225,08	90,81
1969,33	60,38	2055,00	70,57	2140,66	80,77	2226,33	90,96
1970,58	60,53	2056,25	70,72	2141,91	80,92	2227,66	91,12
1971,83	60,68	2057,50	70,87	2143,25	81,07	2228,91	91,27
1973,08	60,82	2058,83	71,03	2144,50	81,22	2230,16	91,42
1974,33	60,97	2060,08	71,18	2145,75	81,37	2231,41	91,57
1975,66	61,13	2061,33	71,33	2147,00	81,52	2232,66	91,71
1976,91	61,28	2062,58	71,47	2148,25	81,67	2233,91	91,86
1978,16	61,43	2063,83	71,62	2149,50	81,82	2235,16	92,01
1979,41	61,58	2065,08	71,77	2150,75	81,97	2236,41	92,16
1980,66	61,73	2066,33	71,92	2152,00	82,11	2237,75	92,32
1981,91	61,88	2067,58	72,07	2153,33	82,27	2239,00	92,47
1983,16	62,02	2068,83	72,22	2154,58	82,42	2240,25	92,62
1984,41	62,17	2070,16	72,38	2155,83	82,57	2241,50	92,77
1985,75	62,33	2071,41	72,53	2157,08	82,72	2242,75	92,91
1987,00	62,48	2072,66	72,67	2158,33	82,87	2244,00	93,06
1988,25	62,63	2073,91	72,82	2159,58	83,02	2245,25	93,21
1989,50	62,78	2075,16	72,97	2160,83	83,17	2246,50	93,36
1990,75	62,93	2076,41	73,12	2162,08	83,31	2247,83	93,52
1992,00	63,07	2077,66	73,27	2163,33	83,46	2249,08	93,67
1993,25	63,22	2078,91	73,42	2164,66	83,62	2250,33	93,82
1994,50	63,37	2080,25	73,58	2165,91	83,77	2251,58	93,97
1995,83	63,53	2081,50	73,73	2167,16	83,92	2252,83	94,11
1997,08	63,68	2082,75	73,87	2168,41	84,07	2254,08	94,26
1998,33	63,83	2084,00	74,02	2169,66	84,22	2255,33	94,41
1999,58	63,98	2085,25	74,17	2170,91	84,37	2256,58	94,56
2000,83	64,13	2086,50	74,32	2172,16	84,51	2257,83	94,71
2002,08	64,27	2087,75	74,47	2173,41	84,66	2259,16	94,87
2003,33	64,42	2089,00	74,62	2174,75	84,82	2260,41	95,02
2004,58	64,57	2090,33	74,78	2176,00	84,97	2261,66	95,17
2005,83	64,72	2091,58	74,93	2177,25	85,12	2262,91	95,31
2007,16	64,88	2092,83	75,07	2178,50	85,27	2264,16	95,46
2008,41	65,03	2094,08	75,22	2179,75	85,42	2265,41	95,61
2009,66	65,18	2095,33	75,37	2181,00	85,57	2266,66	95,76
2010,91	65,33	2096,58	75,52	2182,25	85,71	2267,91	95,91
2012,16	65,47	2097,83	75,67	2183,50	85,86	2269,25	96,07
2013,41	65,62	2099,08	75,82	2184,83	86,02	2270,50	96,22
2014,66	65,77	2100,33	75,97	2186,08	86,17	2271,75	96,37
2015,91	65,92	2101,66	76,13	2187,33	86,32	2273,00	96,51
2017,25	66,08	2102,91	76,27	2188,58	86,47	2274,25	96,66
2018,50	66,23	2104,16	76,42	2189,83	86,62	2275,50	96,81
2019,75	66,38	2105,41	76,57	2191,08	86,77	2276,75	96,96
2021,00	66,53	2106,66	76,72	2192,33	86,91	2278,00	97,11
2022,25	66,67	2107,91	76,87	2193,58	87,06	2279,33	97,27
2023,50	66,82	2109,16	77,02	2194,83	87,21	2280,58	97,42
2024,75	66,97	2110,41	77,17	2196,16	87,37	2281,83	97,57
2026,00	67,12	2111,75	77,33	2197,41	87,52	2283,08	97,71
2027,33	67,28	2113,00	77,47	2198,66	87,67	2284,33	97,86
2028,58	67,43	2114,25	77,62	2199,91	87,82	2285,58	98,01
2029,83	67,58	2115,50	77,77	2201,16	87,97	2286,83	98,16
2031,08	67,73	2116,75	77,92	2202,41	88,11	2288,08	98,31
2032,33	67,87	2118,00	78,07	2203,66	88,26	2289,33	98,46
2033,58	68,02	2119,25	78,22	2204,91	88,41	2290,66	98,62
2034,83	68,17	2120,50	78,37	2206,25	88,57	2291,91	98,77
2036,08	68,32	2121,83	78,53	2207,50	88,72	2293,16	98,91
2037,33	68,47	2123,08	78,67	2208,75	88,87	2294,41	99,06
2038,66	68,63	2124,33	78,82	2210,00	89,02	2295,66	99,21
2039,91	68,78	2125,58	78,97	2211,25	89,17	2296,91	99,36
2041,16	68,93	2126,83	79,12	2212,50	89,31	2298,16	99,51

Steuerklasse I, II, IV, V, VI		Steuerklasse I, II, IV, V, VI		Steuerklasse I, II, IV, V, VI		Steuerklasse I, II, IV, V, VI	
Maßstabs-lohnsteuer €	Solidaritäts-zuschlag €	Maßstabs-lohnsteuer €	Solidaritäts-zuschlag €	Maßstabs-lohnsteuer €	Solidaritäts-zuschlag €	Maßstabs-lohnsteuer €	Solidaritäts-zuschlag €
2299,41	99,66	2385,16	109,86	2470,83	120,06	2556,50	130,25
2300,75	99,82	2386,41	110,01	2472,08	120,20	2557,75	130,40
2302,00	99,96	2387,66	110,16	2473,33	120,35	2559,00	130,55
2303,25	100,11	2388,91	110,31	2474,58	120,50	2560,25	130,70
2304,50	100,26	2390,16	110,46	2475,83	120,65	2561,50	130,85
2305,75	100,41	2391,41	110,61	2477,08	120,80	2562,83	131,00
2307,00	100,56	2392,66	110,75	2478,33	120,95	2564,08	131,15
2308,25	100,71	2393,91	110,90	2479,66	121,11	2565,33	131,30
2309,50	100,86	2395,25	111,06	2480,91	121,26	2566,58	131,45
2310,83	101,02	2396,50	111,21	2482,16	121,40	2567,83	131,60
2312,08	101,16	2397,75	111,36	2483,41	121,55	2569,08	131,75
2313,33	101,31	2399,00	111,51	2484,66	121,70	2570,33	131,90
2314,58	101,46	2400,25	111,66	2485,91	121,85	2571,58	132,05
2315,83	101,61	2401,50	111,81	2487,16	122,00	2572,83	132,19
2317,08	101,76	2402,75	111,95	2488,41	122,15	2574,16	132,35
2318,33	101,91	2404,00	112,10	2489,75	122,31	2575,41	132,50
2319,58	102,06	2405,33	112,26	2491,00	122,46	2576,66	132,65
2320,83	102,21	2406,58	112,41	2492,25	122,60	2577,91	132,80
2322,16	102,36	2407,83	112,56	2493,50	122,75	2579,16	132,95
2323,41	102,51	2409,08	112,71	2494,75	122,90	2580,41	133,10
2324,66	102,66	2410,33	112,86	2496,00	123,05	2581,66	133,25
2325,91	102,81	2411,58	113,01	2497,25	123,20	2582,91	133,39
2327,16	102,96	2412,83	113,15	2498,50	123,35	2584,25	133,55
2328,41	103,11	2414,08	113,30	2499,83	123,51	2585,50	133,70
2329,66	103,26	2415,33	113,45	2501,08	123,66	2586,75	133,85
2330,91	103,41	2416,66	113,61	2502,33	123,80	2588,00	134,00
2332,25	103,56	2417,91	113,76	2503,58	123,95	2589,25	134,15
2333,50	103,71	2419,16	113,91	2504,83	124,10	2590,50	134,30
2334,75	103,86	2420,41	114,06	2506,08	124,25	2591,75	134,45
2336,00	104,01	2421,66	114,21	2507,33	124,40	2593,00	134,59
2337,25	104,16	2422,91	114,35	2508,58	124,55	2594,33	134,75
2338,50	104,31	2424,16	114,50	2509,83	124,70	2595,58	134,90
2339,75	104,46	2425,41	114,65	2511,16	124,86	2596,83	135,05
2341,00	104,61	2426,75	114,81	2512,41	125,00	2598,08	135,20
2342,33	104,76	2428,00	114,96	2513,66	125,15	2599,33	135,35
2343,58	104,91	2429,25	115,11	2514,91	125,30	2600,58	135,50
2344,83	105,06	2430,50	115,26	2516,16	125,45	2601,83	135,65
2346,08	105,21	2431,75	115,41	2517,41	125,60	2603,08	135,79
2347,33	105,36	2433,00	115,55	2518,66	125,75	2604,33	135,94
2348,58	105,51	2434,25	115,70	2519,91	125,90	2605,66	136,10
2349,83	105,66	2435,50	115,85	2521,25	126,06	2606,91	136,25
2351,08	105,81	2436,83	116,01	2522,50	126,20	2608,16	136,40
2352,33	105,95	2438,08	116,16	2523,75	126,35	2609,41	136,55
2353,66	106,11	2439,33	116,31	2525,00	126,50	2610,66	136,70
2354,91	106,26	2440,58	116,46	2526,25	126,65	2611,91	136,85
2356,16	106,41	2441,83	116,61	2527,50	126,80	2613,16	136,99
2357,41	106,56	2443,08	116,75	2528,75	126,95	2614,41	137,14
2358,66	106,71	2444,33	116,90	2530,00	127,10	2615,75	137,30
2359,91	106,86	2445,58	117,05	2531,33	127,26	2617,00	137,45
2361,16	107,01	2446,83	117,20	2532,58	127,40	2618,25	137,60
2362,41	107,15	2448,16	117,36	2533,83	127,55	2619,50	137,75
2363,75	107,31	2449,41	117,51	2535,08	127,70	2620,75	137,90
2365,00	107,46	2450,66	117,66	2536,33	127,85	2622,00	138,04
2366,25	107,61	2451,91	117,81	2537,58	128,00	2623,25	138,19
2367,50	107,76	2453,16	117,95	2538,83	128,15	2624,50	138,34
2368,75	107,91	2454,41	118,10	2540,08	128,30	2625,83	138,50
2370,00	108,06	2455,66	118,25	2541,33	128,45	2627,08	138,65
2371,25	108,21	2456,91	118,40	2542,66	128,60	2628,33	138,80
2372,50	108,35	2458,25	118,56	2543,91	128,75	2629,58	138,95
2373,83	108,51	2459,50	118,71	2545,16	128,90	2630,83	139,10
2375,08	108,66	2460,75	118,86	2546,41	129,05	2632,08	139,24
2376,33	108,81	2462,00	119,00	2547,66	129,20	2633,33	139,39
2377,58	108,96	2463,25	119,15	2548,91	129,35	2634,58	139,54
2378,83	109,11	2464,50	119,30	2550,16	129,50	2635,83	139,69
2380,08	109,26	2465,75	119,45	2551,41	129,65	2637,16	139,85
2381,33	109,41	2467,00	119,60	2552,75	129,80	2638,41	140,00
2382,58	109,55	2468,33	119,76	2554,00	129,95	2639,66	140,15
2383,83	109,70	2469,58	119,91	2555,25	130,10	2640,91	140,30

Steuerklasse I, II, IV, V, VI		Steuerklasse I, II, IV, V, VI		Steuerklasse I, II, IV, V, VI		Steuerklasse I, II, IV, V, VI	
Maßstabs-lohnsteuer €	Solidaritäts-zuschlag €	Maßstabs-lohnsteuer €	Solidaritäts-zuschlag €	Maßstabs-lohnsteuer €	Solidaritäts-zuschlag €	Maßstabs-lohnsteuer €	Solidaritäts-zuschlag €
2642,16	140,44	2662,33	142,84	2682,50	145,24	2702,66	147,64
2643,41	140,59	2663,58	142,99	2683,75	145,39	2703,91	147,79
2644,66	140,74	2664,83	143,14	2685,00	145,54	2705,16	147,94
2645,91	140,89	2666,08	143,29	2686,25	145,69	2706,41	148,09
2647,25	141,05	2667,33	143,44	2687,50	145,84	2707,66	148,24
2648,50	141,20	2668,66	143,60	2688,83	146,00	2708,91	148,39
2649,75	141,35	2669,91	143,75	2690,08	146,15	2710,25	148,55
2651,00	141,50	2671,16	143,90	2691,33	146,30	2711,50	148,70
2652,25	141,64	2672,41	144,04	2692,58	146,44	2712,75	148,84
2653,50	141,79	2673,66	144,19	2693,83	146,59	2714,00	148,99
2654,75	141,94	2674,91	144,34	2695,08	146,74	2715,25	149,14
2656,00	142,09	2676,16	144,49	2696,33	146,89	2716,50	149,29
2657,33	142,25	2677,41	144,64	2697,58	147,04	2717,75	149,44
2658,58	142,40	2678,75	144,80	2698,83	147,19	2719,00	149,54
2659,83	142,55	2680,00	144,95	2700,16	147,35		
2661,08	142,70	2681,25	145,10	2701,41	147,50		

Lohn/ Gehalt in € bis	Steuerklasse	Lohn- steuer*	BVSP**	TAGZ***
2,99	I,IV		0,33	0,25
	II		0,33	0,25
	III		0,33	0,25
	V		0,33	0,25
	VI	**0,25**	0,33	0,25
5,99	I,IV		0,66	0,50
	II		0,66	0,50
	III		0,66	0,50
	V		0,66	0,50
	VI	**0,58**	0,66	0,50
8,99	I,IV		1,00	0,83
	II		1,00	0,83
	III		1,00	0,83
	V		1,00	0,83
	VI	**0,91**	1,00	0,83
11,99	I,IV		1,41	1,08
	II		1,41	1,08
	III		1,41	1,08
	V		1,41	1,08
	VI	**1,25**	1,41	1,08
14,99	I,IV		1,75	1,41
	II		1,75	1,41
	III		1,75	1,41
	V		1,75	1,41
	VI	**1,58**	1,75	1,41
17,99	I,IV		2,08	1,66
	II		2,08	1,66
	III		2,08	1,66
	V		2,08	1,66
	VI	**1,91**	2,08	1,66
20,99	I,IV		2,50	1,91
	II		2,50	1,91
	III		2,50	1,91
	V		2,50	1,91
	VI	**2,25**	2,50	1,91
23,99	I,IV		2,83	2,25
	II		2,83	2,25
	III		2,83	2,25
	V		2,83	2,25
	VI	**2,58**	2,83	2,25
26,99	I,IV		3,16	2,50
	II		3,16	2,50
	III		3,16	2,50
	V		3,16	2,50
	VI	**2,91**	3,16	2,50
29,99	I,IV		3,58	2,83
	II		3,58	2,83
	III		3,58	2,83
	V		3,58	2,83
	VI	**3,25**	3,58	2,83
32,99	I,IV		3,91	3,08
	II		3,91	3,08
	III		3,91	3,08
	V		3,91	3,08
	VI	**3,58**	3,91	3,08
35,99	I,IV		4,25	3,41
	II		4,25	3,41
	III		4,25	3,41
	V		4,25	3,41
	VI	**3,91**	4,25	3,41

Lohn/ Gehalt in € bis	Steuerklasse	Lohn- steuer*	BVSP**	TAGZ***
38,99	I,IV		4,66	3,66
	II		4,66	3,66
	III		4,66	3,66
	V		4,66	3,66
	VI	**4,25**	4,66	3,66
41,99	I,IV		5,00	3,91
	II		5,00	3,91
	III		5,00	3,91
	V		5,00	3,91
	VI	**4,58**	5,00	3,91
44,99	I,IV		5,33	4,25
	II		5,33	4,25
	III		5,33	4,25
	V		5,33	4,25
	VI	**4,91**	5,33	4,25
47,99	I,IV		5,75	4,50
	II		5,75	4,50
	III		5,75	4,50
	V		5,75	4,50
	VI	**5,25**	5,75	4,50
50,99	I,IV		6,08	4,83
	II		6,08	4,83
	III		6,08	4,83
	V		6,08	4,83
	VI	**5,58**	6,08	4,83
53,99	I,IV		6,41	5,08
	II		6,41	5,08
	III		6,41	5,08
	V		6,41	5,08
	VI	**5,91**	6,41	5,08
56,99	I,IV		6,83	5,33
	II		6,83	5,33
	III		6,83	5,33
	V		6,83	5,33
	VI	**6,25**	6,83	5,33
59,99	I,IV		7,16	5,66
	II		7,16	5,66
	III		7,16	5,66
	V		7,16	5,66
	VI	**6,58**	7,16	5,66
62,99	I,IV		7,50	5,91
	II		7,50	5,91
	III		7,50	5,91
	V		7,50	5,91
	VI	**6,91**	7,50	5,91
65,99	I,IV		7,91	6,25
	II		7,91	6,25
	III		7,91	6,25
	V		7,91	6,25
	VI	**7,25**	7,91	6,25
68,99	I,IV		8,25	6,50
	II		8,25	6,50
	III		8,25	6,50
	V		8,25	6,50
	VI	**7,58**	8,25	6,50
71,99	I,IV		8,58	6,83
	II		8,58	6,83
	III		8,58	6,83
	V		8,58	6,83
	VI	**7,83**	8,58	6,83

* Zur LSt-Berechnung für privat versicherte Arbeitnehmer s. Beispiele **Vorbemerkung S. 4 f.**
** Basisvorsorgepauschale KV und PV *** Typisierter Arbeitgeberzuschuss

Lohn/Gehalt in € bis	Steuerklasse	Lohnsteuer*	BVSP**	TAGZ***
74,99	I,IV		8,91	7,08
	II		8,91	7,08
	III		8,91	7,08
	V		8,91	7,08
	VI	**8,16**	8,91	7,08
77,99	I,IV		9,33	7,33
	II		9,33	7,33
	III		9,33	7,33
	V		9,33	7,33
	VI	**8,50**	9,33	7,33
80,99	I,IV		9,66	7,66
	II		9,66	7,66
	III		9,66	7,66
	V		9,66	7,66
	VI	**8,83**	9,66	7,66
83,99	I,IV		10,00	7,91
	II		10,00	7,91
	III		10,00	7,91
	V		10,00	7,91
	VI	**9,16**	10,00	7,91
86,99	I,IV		10,41	8,25
	II		10,41	8,25
	III		10,41	8,25
	V		10,41	8,25
	VI	**9,50**	10,41	8,25
89,99	I,IV		10,75	8,50
	II		10,75	8,50
	III		10,75	8,50
	V		10,75	8,50
	VI	**9,83**	10,75	8,50
92,99	I,IV		11,08	8,83
	II		11,08	8,83
	III		11,08	8,83
	V		11,08	8,83
	VI	**10,16**	11,08	8,83
95,99	I,IV		11,50	9,08
	II		11,50	9,08
	III		11,50	9,08
	V		11,50	9,08
	VI	**10,50**	11,50	9,08
98,99	I,IV		11,83	9,33
	II		11,83	9,33
	III		11,83	9,33
	V		11,83	9,33
	VI	**10,83**	11,83	9,33
101,99	I,IV		12,16	9,66
	II		12,16	9,66
	III		12,16	9,66
	V		12,16	9,66
	VI	**11,16**	12,16	9,66
104,99	I,IV		12,58	9,91
	II		12,58	9,91
	III		12,58	9,91
	V		12,58	9,91
	VI	**11,50**	12,58	9,91
107,99	I,IV		12,91	10,25
	II		12,91	10,25
	III		12,91	10,25
	V		12,91	10,25
	VI	**11,83**	12,91	10,25

Lohn/Gehalt in € bis	Steuerklasse	Lohnsteuer*	BVSP**	TAGZ***
110,99	I,IV		13,25	10,50
	II		13,25	10,50
	III		13,25	10,50
	V		13,25	10,50
	VI	**12,16**	13,25	10,50
113,99	I,IV		13,66	10,75
	II		13,66	10,75
	III		13,66	10,75
	V		13,66	10,75
	VI	**12,50**	13,66	10,75
116,99	I,IV		14,00	11,08
	II		14,00	11,08
	III		14,00	11,08
	V		14,00	11,08
	VI	**12,83**	14,00	11,08
119,99	I,IV		14,33	11,33
	II		14,33	11,33
	III		14,33	11,33
	V		14,33	11,33
	VI	**13,16**	14,33	11,33
122,99	I,IV		14,75	11,66
	II		14,75	11,66
	III		14,75	11,66
	V		14,75	11,66
	VI	**13,50**	14,75	11,66
125,99	I,IV		15,08	11,91
	II		15,08	11,91
	III		15,08	11,91
	V		15,08	11,91
	VI	**13,83**	15,08	11,91
128,99	I,IV		15,41	12,25
	II		15,41	12,25
	III		15,41	12,25
	V		15,41	12,25
	VI	**14,16**	15,41	12,25
131,99	I,IV		15,83	12,50
	II		15,83	12,50
	III		15,83	12,50
	V		15,83	12,50
	VI	**14,50**	15,83	12,50
134,99	I,IV		16,16	12,75
	II		16,16	12,75
	III		16,16	12,75
	V		16,16	12,75
	VI	**14,83**	16,16	12,75
137,99	I,IV		16,50	13,08
	II		16,50	13,08
	III		16,50	13,08
	V	**0,41**	16,50	13,08
	VI	**15,16**	16,50	13,08
140,99	I,IV		16,91	13,33
	II		16,91	13,33
	III		16,91	13,33
	V	**0,66**	16,91	13,33
	VI	**15,50**	16,91	13,33
143,99	I,IV		17,25	13,66
	II		17,25	13,66
	III		17,25	13,66
	V	**1,00**	17,25	13,66
	VI	**15,83**	17,25	13,66

* Zur LSt-Berechnung für privat versicherte Arbeitnehmer s. Beispiele **Vorbemerkung S. 4f.**
** Basisvorsorgepauschale KV und PV *** Typisierter Arbeitgeberzuschuss

Lohn/ Gehalt in € bis	Steuerklasse	Lohn-steuer*	BVSP**	TAGZ***
146,99	I,IV		17,58	13,91
	II		17,58	13,91
	III		17,58	13,91
	V	**1,33**	17,58	13,91
	VI	**16,16**	17,58	13,91
149,99	I,IV		17,91	14,16
	II		17,91	14,16
	III		17,91	14,16
	V	**1,66**	17,91	14,16
	VI	**16,50**	17,91	14,16
152,99	I,IV		18,33	14,50
	II		18,33	14,50
	III		18,33	14,50
	V	**2,00**	18,33	14,50
	VI	**16,83**	18,33	14,50
155,99	I,IV		18,66	14,75
	II		18,66	14,75
	III		18,66	14,75
	V	**2,33**	18,66	14,75
	VI	**17,16**	18,66	14,75
158,99	I,IV		19,00	15,08
	II		19,00	15,08
	III		19,00	15,08
	V	**2,66**	19,00	15,08
	VI	**17,50**	19,00	15,08
161,99	I,IV		19,41	15,33
	II		19,41	15,33
	III		19,41	15,33
	V	**3,00**	19,41	15,33
	VI	**17,75**	19,41	15,33
164,99	I,IV		19,75	15,66
	II		19,75	15,66
	III		19,75	15,66
	V	**3,33**	19,75	15,66
	VI	**18,08**	19,75	15,66
167,99	I,IV		20,08	15,91
	II		20,08	15,91
	III		20,08	15,91
	V	**3,66**	20,08	15,91
	VI	**18,41**	20,08	15,91
170,99	I,IV		20,50	16,16
	II		20,50	16,16
	III		20,50	16,16
	V	**4,00**	20,50	16,16
	VI	**18,75**	20,50	16,16
173,99	I,IV		20,83	16,50
	II		20,83	16,50
	III		20,83	16,50
	V	**4,33**	20,83	16,50
	VI	**19,08**	20,83	16,50
176,99	I,IV		21,16	16,75
	II		21,16	16,75
	III		21,16	16,75
	V	**4,66**	21,16	16,75
	VI	**19,41**	21,16	16,75
179,99	I,IV		21,58	17,08
	II		21,58	17,08
	III		21,58	17,08
	V	**5,00**	21,58	17,08
	VI	**19,75**	21,58	17,08

Lohn/ Gehalt in € bis	Steuerklasse	Lohn-steuer*	BVSP**	TAGZ***
182,99	I,IV		21,91	17,33
	II		21,91	17,33
	III		21,91	17,33
	V	**5,33**	21,91	17,33
	VI	**20,08**	21,91	17,33
185,99	I,IV		22,25	17,66
	II		22,25	17,66
	III		22,25	17,66
	V	**5,66**	22,25	17,66
	VI	**20,41**	22,25	17,66
188,99	I,IV		22,66	17,91
	II		22,66	17,91
	III		22,66	17,91
	V	**6,00**	22,66	17,91
	VI	**20,75**	22,66	17,91
191,99	I,IV		23,00	18,16
	II		23,00	18,16
	III		23,00	18,16
	V	**6,33**	23,00	18,16
	VI	**21,08**	23,00	18,16
194,99	I,IV		23,33	18,50
	II		23,33	18,50
	III		23,33	18,50
	V	**6,66**	23,33	18,50
	VI	**21,41**	23,33	18,50
197,99	I,IV		23,75	18,75
	II		23,75	18,75
	III		23,75	18,75
	V	**7,00**	23,75	18,75
	VI	**21,75**	23,75	18,75
200,99	I,IV		24,08	19,08
	II		24,08	19,08
	III		24,08	19,08
	V	**7,33**	24,08	19,08
	VI	**22,08**	24,08	19,08
203,99	I,IV		24,41	19,33
	II		24,41	19,33
	III		24,41	19,33
	V	**7,66**	24,41	19,33
	VI	**22,41**	24,41	19,33
206,99	I,IV		24,83	19,58
	II		24,83	19,58
	III		24,83	19,58
	V	**8,00**	24,83	19,58
	VI	**22,75**	24,83	19,58
209,99	I,IV		25,16	19,91
	II		25,16	19,91
	III		25,16	19,91
	V	**8,33**	25,16	19,91
	VI	**23,08**	25,16	19,91
212,99	I,IV		25,50	20,16
	II		25,50	20,16
	III		25,50	20,16
	V	**8,66**	25,50	20,16
	VI	**23,41**	25,50	20,16
215,99	I,IV		25,91	20,50
	II		25,91	20,50
	III		25,91	20,50
	V	**9,00**	25,91	20,50
	VI	**23,75**	25,91	20,50

* Zur LSt-Berechnung für privat versicherte Arbeitnehmer s. Beispiele **Vorbemerkung S. 4 f.**
** Basisvorsorgepauschale KV und PV *** Typisierter Arbeitgeberzuschuss

Lohn/ Gehalt in € bis	Steuerklasse	Lohn-steuer*	BVSP**	TAGZ***
218,99	I,IV		26,25	20,75
	II		26,25	20,75
	III		26,25	20,75
	V	**9,33**	26,25	20,75
	VI	**24,08**	26,25	20,75
221,99	I,IV		26,58	21,08
	II		26,58	21,08
	III		26,58	21,08
	V	**9,66**	26,58	21,08
	VI	**24,41**	26,58	21,08
224,99	I,IV		26,91	21,33
	II		26,91	21,33
	III		26,91	21,33
	V	**9,91**	26,91	21,33
	VI	**24,75**	26,91	21,33
227,99	I,IV		27,33	21,58
	II		27,33	21,58
	III		27,33	21,58
	V	**10,33**	27,33	21,58
	VI	**25,08**	27,33	21,58
230,99	I,IV		27,66	21,91
	II		27,66	21,91
	III		27,66	21,91
	V	**10,58**	27,66	21,91
	VI	**25,41**	27,66	21,91
233,99	I,IV		28,00	22,16
	II		28,00	22,16
	III		28,00	22,16
	V	**10,91**	28,00	22,16
	VI	**25,75**	28,00	22,16
236,99	I,IV		28,41	22,50
	II		28,41	22,50
	III		28,41	22,50
	V	**11,25**	28,41	22,50
	VI	**26,08**	28,41	22,50
239,99	I,IV		28,75	22,75
	II		28,75	22,75
	III		28,75	22,75
	V	**11,58**	28,75	22,75
	VI	**26,41**	28,75	22,75
242,99	I,IV		29,08	23,08
	II		29,08	23,08
	III		29,08	23,08
	V	**11,91**	29,08	23,08
	VI	**26,75**	29,08	23,08
245,99	I,IV		29,50	23,33
	II		29,50	23,33
	III		29,50	23,33
	V	**12,25**	29,50	23,33
	VI	**27,08**	29,50	23,33
248,99	I,IV		29,83	23,58
	II		29,83	23,58
	III		29,83	23,58
	V	**12,58**	29,83	23,58
	VI	**27,41**	29,83	23,58
251,99	I,IV		30,16	23,91
	II		30,16	23,91
	III		30,16	23,91
	V	**12,91**	30,16	23,91
	VI	**27,66**	30,16	23,91

Lohn/ Gehalt in € bis	Steuerklasse	Lohn-steuer*	BVSP**	TAGZ***
254,99	I,IV		30,58	24,16
	II		30,58	24,16
	III		30,58	24,16
	V	**13,25**	30,58	24,16
	VI	**28,00**	30,58	24,16
257,99	I,IV		30,91	24,50
	II		30,91	24,50
	III		30,91	24,50
	V	**13,58**	30,91	24,50
	VI	**28,33**	30,91	24,50
260,99	I,IV		31,25	24,75
	II		31,25	24,75
	III		31,25	24,75
	V	**13,91**	31,25	24,75
	VI	**28,66**	31,25	24,75
263,99	I,IV		31,66	25,00
	II		31,66	25,00
	III		31,66	25,00
	V	**14,25**	31,66	25,00
	VI	**29,00**	31,66	25,00
266,99	I,IV		32,00	25,33
	II		32,00	25,33
	III		32,00	25,33
	V	**14,58**	32,00	25,33
	VI	**29,33**	32,00	25,33
269,99	I,IV		32,33	25,58
	II		32,33	25,58
	III		32,33	25,58
	V	**14,91**	32,33	25,58
	VI	**29,66**	32,33	25,58
272,99	I,IV		32,75	25,91
	II		32,75	25,91
	III		32,75	25,91
	V	**15,25**	32,75	25,91
	VI	**30,00**	32,75	25,91
275,99	I,IV		33,08	26,16
	II		33,08	26,16
	III		33,08	26,16
	V	**15,58**	33,08	26,16
	VI	**30,33**	33,08	26,16
278,99	I,IV		33,41	26,50
	II		33,41	26,50
	III		33,41	26,50
	V	**15,91**	33,41	26,50
	VI	**30,66**	33,41	26,50
281,99	I,IV		33,83	26,75
	II		33,83	26,75
	III		33,83	26,75
	V	**16,25**	33,83	26,75
	VI	**31,00**	33,83	26,75
284,99	I,IV		34,16	27,00
	II		34,16	27,00
	III		34,16	27,00
	V	**16,58**	34,16	27,00
	VI	**31,33**	34,16	27,00
287,99	I,IV		34,50	27,33
	II		34,50	27,33
	III		34,50	27,33
	V	**16,91**	34,50	27,33
	VI	**31,66**	34,50	27,33

* Zur LSt-Berechnung für privat versicherte Arbeitnehmer s. Beispiele **Vorbemerkung S. 4 f.**
** Basisvorsorgepauschale KV und PV *** Typisierter Arbeitgeberzuschuss

Lohn/ Gehalt in € bis	Steuerklasse	Lohn-steuer*	BVSP**	TAGZ***
290,99	I,IV		34,91	27,58
	II		34,91	27,58
	III		34,91	27,58
	V	**17,25**	34,91	27,58
	VI	**32,00**	34,91	27,58
293,99	I,IV		35,25	27,91
	II		35,25	27,91
	III		35,25	27,91
	V	**17,58**	35,25	27,91
	VI	**32,33**	35,25	27,91
296,99	I,IV		35,58	28,16
	II		35,58	28,16
	III		35,58	28,16
	V	**17,91**	35,58	28,16
	VI	**32,66**	35,58	28,16
299,99	I,IV		35,91	28,41
	II		35,91	28,41
	III		35,91	28,41
	V	**18,25**	35,91	28,41
	VI	**33,00**	35,91	28,41
302,99	I,IV		36,33	28,75
	II		36,33	28,75
	III		36,33	28,75
	V	**18,58**	36,33	28,75
	VI	**33,33**	36,33	28,75
305,99	I,IV		36,66	29,00
	II		36,66	29,00
	III		36,66	29,00
	V	**18,91**	36,66	29,00
	VI	**33,66**	36,66	29,00
308,99	I,IV		37,00	29,33
	II		37,00	29,33
	III		37,00	29,33
	V	**19,25**	37,00	29,33
	VI	**34,00**	37,00	29,33
311,99	I,IV		37,41	29,58
	II		37,41	29,58
	III		37,41	29,58
	V	**19,58**	37,41	29,58
	VI	**34,33**	37,41	29,58
314,99	I,IV		37,75	29,91
	II		37,75	29,91
	III		37,75	29,91
	V	**19,83**	37,75	29,91
	VI	**34,66**	37,75	29,91
317,99	I,IV		38,08	30,16
	II		38,08	30,16
	III		38,08	30,16
	V	**20,25**	38,08	30,16
	VI	**35,00**	38,08	30,16
320,99	I,IV		38,50	30,41
	II		38,50	30,41
	III		38,50	30,41
	V	**20,50**	38,50	30,41
	VI	**35,33**	38,50	30,41
323,99	I,IV		38,83	30,75
	II		38,83	30,75
	III		38,83	30,75
	V	**20,83**	38,83	30,75
	VI	**35,66**	38,83	30,75

Lohn/ Gehalt in € bis	Steuerklasse	Lohn-steuer*	BVSP**	TAGZ***
326,99	I,IV		39,16	31,00
	II		39,16	31,00
	III		39,16	31,00
	V	**21,16**	39,16	31,00
	VI	**36,00**	39,16	31,00
329,99	I,IV		39,58	31,33
	II		39,58	31,33
	III		39,58	31,33
	V	**21,50**	39,58	31,33
	VI	**36,33**	39,58	31,33
332,99	I,IV		39,91	31,58
	II		39,91	31,58
	III		39,91	31,58
	V	**21,83**	39,91	31,58
	VI	**36,66**	39,91	31,58
335,99	I,IV		40,25	31,91
	II		40,25	31,91
	III		40,25	31,91
	V	**22,16**	40,25	31,91
	VI	**37,00**	40,25	31,91
338,99	I,IV		40,66	32,16
	II		40,66	32,16
	III		40,66	32,16
	V	**22,50**	40,66	32,16
	VI	**37,33**	40,66	32,16
341,99	I,IV		41,00	32,41
	II		41,00	32,41
	III		41,00	32,41
	V	**22,83**	41,00	32,41
	VI	**37,58**	41,00	32,41
344,99	I,IV		41,33	32,75
	II		41,33	32,75
	III		41,33	32,75
	V	**23,16**	41,33	32,75
	VI	**37,91**	41,33	32,75
347,99	I,IV		41,75	33,00
	II		41,75	33,00
	III		41,75	33,00
	V	**23,50**	41,75	33,00
	VI	**38,25**	41,75	33,00
350,99	I,IV		42,08	33,33
	II		42,08	33,33
	III		42,08	33,33
	V	**23,83**	42,08	33,33
	VI	**38,58**	42,08	33,33
353,99	I,IV		42,41	33,58
	II		42,41	33,58
	III		42,41	33,58
	V	**24,16**	42,41	33,58
	VI	**38,91**	42,41	33,58
356,99	I,IV		42,83	33,83
	II		42,83	33,83
	III		42,83	33,83
	V	**24,50**	42,83	33,83
	VI	**39,25**	42,83	33,83
359,99	I,IV		43,16	34,16
	II		43,16	34,16
	III		43,16	34,16
	V	**24,83**	43,16	34,16
	VI	**39,58**	43,16	34,16

* Zur LSt-Berechnung für privat versicherte Arbeitnehmer s. Beispiele **Vorbemerkung S. 4f.**
** Basisvorsorgepauschale KV und PV *** Typisierter Arbeitgeberzuschuss

Lohn/ Gehalt in € bis	Steuerklasse	Lohn- steuer*	BVSP**	TAGZ***
362,99	I,IV		43,50	34,41
	II		43,50	34,41
	III		43,50	34,41
	V	**25,16**	43,50	34,41
	VI	**39,91**	43,50	34,41
365,99	I,IV		43,91	34,75
	II		43,91	34,75
	III		43,91	34,75
	V	**25,50**	43,91	34,75
	VI	**40,25**	43,91	34,75
368,99	I,IV		44,25	35,00
	II		44,25	35,00
	III		44,25	35,00
	V	**25,83**	44,25	35,00
	VI	**40,58**	44,25	35,00
371,99	I,IV		44,58	35,33
	II		44,58	35,33
	III		44,58	35,33
	V	**26,16**	44,58	35,33
	VI	**40,91**	44,58	35,33
374,99	I,IV		44,91	35,58
	II		44,91	35,58
	III		44,91	35,58
	V	**26,50**	44,91	35,58
	VI	**41,25**	44,91	35,58
377,99	I,IV		45,33	35,83
	II		45,33	35,83
	III		45,33	35,83
	V	**26,83**	45,33	35,83
	VI	**41,58**	45,33	35,83
380,99	I,IV		45,66	36,16
	II		45,66	36,16
	III		45,66	36,16
	V	**27,16**	45,66	36,16
	VI	**41,91**	45,66	36,16
383,99	I,IV		46,00	36,41
	II		46,00	36,41
	III		46,00	36,41
	V	**27,50**	46,00	36,41
	VI	**42,25**	46,00	36,41
386,99	I,IV		46,41	36,75
	II		46,41	36,75
	III		46,41	36,75
	V	**27,83**	46,41	36,75
	VI	**42,58**	46,41	36,75
389,99	I,IV		46,75	37,00
	II		46,75	37,00
	III		46,75	37,00
	V	**28,16**	46,75	37,00
	VI	**42,91**	46,75	37,00
392,99	I,IV		47,08	37,33
	II		47,08	37,33
	III		47,08	37,33
	V	**28,50**	47,08	37,33
	VI	**43,25**	47,08	37,33
395,99	I,IV		47,50	37,58
	II		47,50	37,58
	III		47,50	37,58
	V	**28,83**	47,50	37,58
	VI	**43,58**	47,50	37,58
398,99	I,IV		47,83	37,83
	II		47,83	37,83
	III		47,83	37,83
	V	**29,16**	47,83	37,83
	VI	**43,91**	47,83	37,83
401,99	I,IV		48,16	38,16
	II		48,16	38,16
	III		48,16	38,16
	V	**29,50**	48,16	38,16
	VI	**44,25**	48,16	38,16
404,99	I,IV		48,58	38,41
	II		48,58	38,41
	III		48,58	38,41
	V	**29,75**	48,58	38,41
	VI	**44,58**	48,58	38,41
407,99	I,IV		48,91	38,75
	II		48,91	38,75
	III		48,91	38,75
	V	**30,16**	48,91	38,75
	VI	**44,91**	48,91	38,75
410,99	I,IV		49,25	39,00
	II		49,25	39,00
	III		49,25	39,00
	V	**30,41**	49,25	39,00
	VI	**45,25**	49,25	39,00
413,99	I,IV		49,66	39,25
	II		49,66	39,25
	III		49,66	39,25
	V	**30,75**	49,66	39,25
	VI	**45,58**	49,66	39,25
416,99	I,IV		50,00	39,58
	II		50,00	39,58
	III		50,00	39,58
	V	**31,08**	50,00	39,58
	VI	**45,91**	50,00	39,58
419,99	I,IV		50,33	39,83
	II		50,33	39,83
	III		50,33	39,83
	V	**31,41**	50,33	39,83
	VI	**46,25**	50,33	39,83
422,99	I,IV		50,75	40,16
	II		50,75	40,16
	III		50,75	40,16
	V	**31,75**	50,75	40,16
	VI	**46,58**	50,75	40,16
425,99	I,IV		51,08	40,41
	II		51,08	40,41
	III		51,08	40,41
	V	**32,08**	51,08	40,41
	VI	**46,91**	51,08	40,41
428,99	I,IV		51,41	40,75
	II		51,41	40,75
	III		51,41	40,75
	V	**32,41**	51,41	40,75
	VI	**47,25**	51,41	40,75
431,99	I,IV		51,83	41,00
	II		51,83	41,00
	III		51,83	41,00
	V	**32,75**	51,83	41,00
	VI	**47,50**	51,83	41,00

* Zur LSt-Berechnung für privat versicherte Arbeitnehmer s. Beispiele **Vorbemerkung S. 4 f.**
** Basisvorsorgepauschale KV und PV *** Typisierter Arbeitgeberzuschuss

Lohn/ Gehalt in € bis	Steuerklasse	Lohn-steuer*	BVSP**	TAGZ***
434,99	I,IV		52,16	41,25
	II		52,16	41,25
	III		52,16	41,25
	V	**33,08**	52,16	41,25
	VI	**47,83**	52,16	41,25
437,99	I,IV		52,50	41,58
	II		52,50	41,58
	III		52,50	41,58
	V	**33,41**	52,50	41,58
	VI	**48,16**	52,50	41,58
440,99	I,IV		52,91	41,83
	II		52,91	41,83
	III		52,91	41,83
	V	**33,75**	52,91	41,83
	VI	**48,50**	52,91	41,83
443,99	I,IV		53,25	42,16
	II		53,25	42,16
	III		53,25	42,16
	V	**34,08**	53,25	42,16
	VI	**48,83**	53,25	42,16
446,99	I,IV		53,58	42,41
	II		53,58	42,41
	III		53,58	42,41
	V	**34,41**	53,58	42,41
	VI	**49,16**	53,58	42,41
449,99	I,IV		53,91	42,66
	II		53,91	42,66
	III		53,91	42,66
	V	**34,75**	53,91	42,66
	VI	**49,50**	53,91	42,66
452,99	I,IV		54,33	43,00
	II		54,33	43,00
	III		54,33	43,00
	V	**35,08**	54,33	43,00
	VI	**49,83**	54,33	43,00
455,99	I,IV		54,66	43,25
	II		54,66	43,25
	III		54,66	43,25
	V	**35,41**	54,66	43,25
	VI	**50,16**	54,66	43,25
458,99	I,IV		55,00	43,58
	II		55,00	43,58
	III		55,00	43,58
	V	**35,75**	55,00	43,58
	VI	**50,50**	55,00	43,58
461,99	I,IV		55,41	43,83
	II		55,41	43,83
	III		55,41	43,83
	V	**36,08**	55,41	43,83
	VI	**50,83**	55,41	43,83
464,99	I,IV		55,75	44,16
	II		55,75	44,16
	III		55,75	44,16
	V	**36,41**	55,75	44,16
	VI	**51,16**	55,75	44,16
467,99	I,IV		56,08	44,41
	II		56,08	44,41
	III		56,08	44,41
	V	**36,75**	56,08	44,41
	VI	**51,50**	56,08	44,41

Lohn/ Gehalt in € bis	Steuerklasse	Lohn-steuer*	BVSP**	TAGZ***
470,99	I,IV		56,50	44,66
	II		56,50	44,66
	III		56,50	44,66
	V	**37,08**	56,50	44,66
	VI	**51,83**	56,50	44,66
473,99	I,IV		56,83	45,00
	II		56,83	45,00
	III		56,83	45,00
	V	**37,41**	56,83	45,00
	VI	**52,16**	56,83	45,00
476,99	I,IV		57,16	45,25
	II		57,16	45,25
	III		57,16	45,25
	V	**37,75**	57,16	45,25
	VI	**52,50**	57,16	45,25
479,99	I,IV		57,58	45,58
	II		57,58	45,58
	III		57,58	45,58
	V	**38,08**	57,58	45,58
	VI	**52,83**	57,58	45,58
482,99	I,IV		57,91	45,83
	II		57,91	45,83
	III		57,91	45,83
	V	**38,41**	57,91	45,83
	VI	**53,16**	57,91	45,83
485,99	I,IV		58,25	46,16
	II		58,25	46,16
	III		58,25	46,16
	V	**38,75**	58,25	46,16
	VI	**53,50**	58,25	46,16
488,99	I,IV		58,66	46,41
	II		58,66	46,41
	III		58,66	46,41
	V	**39,08**	58,66	46,41
	VI	**53,83**	58,66	46,41
491,99	I,IV		59,00	46,66
	II		59,00	46,66
	III		59,00	46,66
	V	**39,41**	59,00	46,66
	VI	**54,16**	59,00	46,66
494,99	I,IV		59,33	47,00
	II		59,33	47,00
	III		59,33	47,00
	V	**39,66**	59,33	47,00
	VI	**54,50**	59,33	47,00
497,99	I,IV		59,75	47,25
	II		59,75	47,25
	III		59,75	47,25
	V	**40,08**	59,75	47,25
	VI	**54,83**	59,75	47,25
500,99	I,IV		60,08	47,58
	II		60,08	47,58
	III		60,08	47,58
	V	**40,33**	60,08	47,58
	VI	**55,16**	60,08	47,58
503,99	I,IV		60,41	47,83
	II		60,41	47,83
	III		60,41	47,83
	V	**40,66**	60,41	47,83
	VI	**55,50**	60,41	47,83

* Zur LSt-Berechnung für privat versicherte Arbeitnehmer s. Beispiele **Vorbemerkung S. 4 f.**
** Basisvorsorgepauschale KV und PV *** Typisierter Arbeitgeberzuschuss

Lohn/ Gehalt in € bis	Steuerklasse	Lohn-steuer*	BVSP**	TAGZ***
506,99	I,IV		60,83	48,08
	II		60,83	48,08
	III		60,83	48,08
	V	**41,00**	60,83	48,08
	VI	**55,83**	60,83	48,08
509,99	I,IV		61,16	48,41
	II		61,16	48,41
	III		61,16	48,41
	V	**41,33**	61,16	48,41
	VI	**56,16**	61,16	48,41
512,99	I,IV		61,50	48,66
	II		61,50	48,66
	III		61,50	48,66
	V	**41,66**	61,50	48,66
	VI	**56,50**	61,50	48,66
515,99	I,IV		61,91	49,00
	II		61,91	49,00
	III		61,91	49,00
	V	**42,00**	61,91	49,00
	VI	**56,83**	61,91	49,00
518,99	I,IV		62,25	49,25
	II		62,25	49,25
	III		62,25	49,25
	V	**42,33**	62,25	49,25
	VI	**57,16**	62,25	49,25
521,99	I,IV		62,58	49,58
	II		62,58	49,58
	III		62,58	49,58
	V	**42,66**	62,58	49,58
	VI	**57,41**	62,58	49,58
524,99	I,IV		62,91	49,83
	II		62,91	49,83
	III		62,91	49,83
	V	**43,00**	62,91	49,83
	VI	**57,75**	62,91	49,83
527,99	I,IV		63,33	50,08
	II		63,33	50,08
	III		63,33	50,08
	V	**43,33**	63,33	50,08
	VI	**58,08**	63,33	50,08
530,99	I,IV		63,66	50,41
	II		63,66	50,41
	III		63,66	50,41
	V	**43,66**	63,66	50,41
	VI	**58,41**	63,66	50,41
533,99	I,IV		64,00	50,66
	II		64,00	50,66
	III		64,00	50,66
	V	**44,00**	64,00	50,66
	VI	**58,75**	64,00	50,66
536,99	I,IV		64,41	51,00
	II		64,41	51,00
	III		64,41	51,00
	V	**44,33**	64,41	51,00
	VI	**59,08**	64,41	51,00
539,99	I,IV		64,75	51,25
	II		64,75	51,25
	III		64,75	51,25
	V	**44,66**	64,75	51,25
	VI	**59,41**	64,75	51,25

Lohn/ Gehalt in € bis	Steuerklasse	Lohn-steuer*	BVSP**	TAGZ***
542,99	I,IV		65,08	51,58
	II		65,08	51,58
	III		65,08	51,58
	V	**45,00**	65,08	51,58
	VI	**59,75**	65,08	51,58
545,99	I,IV		65,50	51,83
	II		65,50	51,83
	III		65,50	51,83
	V	**45,33**	65,50	51,83
	VI	**60,08**	65,50	51,83
548,99	I,IV		65,83	52,08
	II		65,83	52,08
	III		65,83	52,08
	V	**45,66**	65,83	52,08
	VI	**60,41**	65,83	52,08
551,99	I,IV		66,16	52,41
	II		66,16	52,41
	III		66,16	52,41
	V	**46,00**	66,16	52,41
	VI	**60,75**	66,16	52,41
554,99	I,IV		66,58	52,66
	II		66,58	52,66
	III		66,58	52,66
	V	**46,33**	66,58	52,66
	VI	**61,08**	66,58	52,66
557,99	I,IV		66,91	53,00
	II		66,91	53,00
	III		66,91	53,00
	V	**46,66**	66,91	53,00
	VI	**61,41**	66,91	53,00
560,99	I,IV		67,25	53,25
	II		67,25	53,25
	III		67,25	53,25
	V	**47,00**	67,25	53,25
	VI	**61,75**	67,25	53,25
563,99	I,IV		67,66	53,50
	II		67,66	53,50
	III		67,66	53,50
	V	**47,33**	67,66	53,50
	VI	**62,08**	67,66	53,50
566,99	I,IV		68,00	53,83
	II		68,00	53,83
	III		68,00	53,83
	V	**47,66**	68,00	53,83
	VI	**62,41**	68,00	53,83
569,99	I,IV		68,33	54,08
	II		68,33	54,08
	III		68,33	54,08
	V	**48,00**	68,33	54,08
	VI	**62,75**	68,33	54,08
572,99	I,IV		68,75	54,41
	II		68,75	54,41
	III		68,75	54,41
	V	**48,33**	68,75	54,41
	VI	**63,08**	68,75	54,41
575,99	I,IV		69,08	54,66
	II		69,08	54,66
	III		69,08	54,66
	V	**48,66**	69,08	54,66
	VI	**63,41**	69,08	54,66

* Zur LSt-Berechnung für privat versicherte Arbeitnehmer s. Beispiele **Vorbemerkung S. 4 f.**
** Basisvorsorgepauschale KV und PV *** Typisierter Arbeitgeberzuschuss

Lohn/ Gehalt in € bis	Steuerklasse	Lohn-steuer*	BVSP**	TAGZ***
578,99	I,IV		69,41	55,00
	II		69,41	55,00
	III		69,41	55,00
	V	**49,00**	69,41	55,00
	VI	**63,75**	69,41	55,00
581,99	I,IV		69,83	55,25
	II		69,83	55,25
	III		69,83	55,25
	V	**49,33**	69,83	55,25
	VI	**64,08**	69,83	55,25
584,99	I,IV		70,16	55,50
	II		70,16	55,50
	III		70,16	55,50
	V	**49,58**	70,16	55,50
	VI	**64,41**	70,16	55,50
587,99	I,IV		70,50	55,83
	II		70,50	55,83
	III		70,50	55,83
	V	**50,00**	70,50	55,83
	VI	**64,75**	70,50	55,83
590,99	I,IV		70,91	56,08
	II		70,91	56,08
	III		70,91	56,08
	V	**50,25**	70,91	56,08
	VI	**65,08**	70,91	56,08
593,99	I,IV		71,25	56,41
	II		71,25	56,41
	III		71,25	56,41
	V	**50,58**	71,25	56,41
	VI	**65,41**	71,25	56,41
596,99	I,IV		71,58	56,66
	II		71,58	56,66
	III		71,58	56,66
	V	**50,91**	71,58	56,66
	VI	**65,75**	71,58	56,66
599,99	I,IV		71,91	56,91
	II		71,91	56,91
	III		71,91	56,91
	V	**51,25**	71,91	56,91
	VI	**66,08**	71,91	56,91
602,99	I,IV		72,33	57,25
	II		72,33	57,25
	III		72,33	57,25
	V	**51,58**	72,33	57,25
	VI	**66,41**	72,33	57,25
605,99	I,IV		72,66	57,50
	II		72,66	57,50
	III		72,66	57,50
	V	**51,91**	72,66	57,50
	VI	**66,75**	72,66	57,50
608,99	I,IV		73,00	57,83
	II		73,00	57,83
	III		73,00	57,83
	V	**52,25**	73,00	57,83
	VI	**67,08**	73,00	57,83
611,99	I,IV		73,41	58,08
	II		73,41	58,08
	III		73,41	58,08
	V	**52,58**	73,41	58,08
	VI	**67,33**	73,41	58,08

Lohn/ Gehalt in € bis	Steuerklasse	Lohn-steuer*	BVSP**	TAGZ***
614,99	I,IV		73,75	58,41
	II		73,75	58,41
	III		73,75	58,41
	V	**52,91**	73,75	58,41
	VI	**67,66**	73,75	58,41
617,99	I,IV		74,08	58,66
	II		74,08	58,66
	III		74,08	58,66
	V	**53,25**	74,08	58,66
	VI	**68,00**	74,08	58,66
620,99	I,IV		74,50	58,91
	II		74,50	58,91
	III		74,50	58,91
	V	**53,58**	74,50	58,91
	VI	**68,33**	74,50	58,91
623,99	I,IV		74,83	59,25
	II		74,83	59,25
	III		74,83	59,25
	V	**53,91**	74,83	59,25
	VI	**68,66**	74,83	59,25
626,99	I,IV		75,16	59,50
	II		75,16	59,50
	III		75,16	59,50
	V	**54,25**	75,16	59,50
	VI	**69,00**	75,16	59,50
629,99	I,IV		75,58	59,83
	II		75,58	59,83
	III		75,58	59,83
	V	**54,58**	75,58	59,83
	VI	**69,33**	75,58	59,83
632,99	I,IV		75,91	60,08
	II		75,91	60,08
	III		75,91	60,08
	V	**54,91**	75,91	60,08
	VI	**69,66**	75,91	60,08
635,99	I,IV		76,25	60,41
	II		76,25	60,41
	III		76,25	60,41
	V	**55,25**	76,25	60,41
	VI	**70,00**	76,25	60,41
638,99	I,IV		76,66	60,66
	II		76,66	60,66
	III		76,66	60,66
	V	**55,58**	76,66	60,66
	VI	**70,33**	76,66	60,66
641,99	I,IV		77,00	60,91
	II		77,00	60,91
	III		77,00	60,91
	V	**55,91**	77,00	60,91
	VI	**70,66**	77,00	60,91
644,99	I,IV		77,33	61,25
	II		77,33	61,25
	III		77,33	61,25
	V	**56,25**	77,33	61,25
	VI	**71,00**	77,33	61,25
647,99	I,IV		77,75	61,50
	II		77,75	61,50
	III		77,75	61,50
	V	**56,58**	77,75	61,50
	VI	**71,33**	77,75	61,50

* Zur LSt-Berechnung für privat versicherte Arbeitnehmer s. Beispiele **Vorbemerkung S. 4 f.**
** Basisvorsorgepauschale KV und PV *** Typisierter Arbeitgeberzuschuss

Lohn/ Gehalt in € bis	Steuerklasse	Lohn- steuer*	BVSP**	TAGZ***
650,99	I,IV		78,08	61,83
	II		78,08	61,83
	III		78,08	61,83
	V	**56,91**	78,08	61,83
	VI	**71,66**	78,08	61,83
653,99	I,IV		78,41	62,08
	II		78,41	62,08
	III		78,41	62,08
	V	**57,25**	78,41	62,08
	VI	**72,00**	78,41	62,08
656,99	I,IV		78,83	62,33
	II		78,83	62,33
	III		78,83	62,33
	V	**57,58**	78,83	62,33
	VI	**72,33**	78,83	62,33
659,99	I,IV		79,16	62,66
	II		79,16	62,66
	III		79,16	62,66
	V	**57,91**	79,16	62,66
	VI	**72,66**	79,16	62,66
662,99	I,IV		79,50	62,91
	II		79,50	62,91
	III		79,50	62,91
	V	**58,25**	79,50	62,91
	VI	**73,00**	79,50	62,91
665,99	I,IV		79,91	63,25
	II		79,91	63,25
	III		79,91	63,25
	V	**58,58**	79,91	63,25
	VI	**73,33**	79,91	63,25
668,99	I,IV		80,25	63,50
	II		80,25	63,50
	III		80,25	63,50
	V	**58,91**	80,25	63,50
	VI	**73,66**	80,25	63,50
671,99	I,IV		80,58	63,83
	II		80,58	63,83
	III		80,58	63,83
	V	**59,25**	80,58	63,83
	VI	**74,00**	80,58	63,83
674,99	I,IV		80,91	64,08
	II		80,91	64,08
	III		80,91	64,08
	V	**59,50**	80,91	64,08
	VI	**74,33**	80,91	64,08
677,99	I,IV		81,33	64,33
	II		81,33	64,33
	III		81,33	64,33
	V	**59,91**	81,33	64,33
	VI	**74,66**	81,33	64,33
680,99	I,IV		81,66	64,66
	II		81,66	64,66
	III		81,66	64,66
	V	**60,16**	81,66	64,66
	VI	**75,00**	81,66	64,66
683,99	I,IV		82,00	64,91
	II		82,00	64,91
	III		82,00	64,91
	V	**60,50**	82,00	64,91
	VI	**75,33**	82,00	64,91

Lohn/ Gehalt in € bis	Steuerklasse	Lohn- steuer*	BVSP**	TAGZ***
686,99	I,IV		82,41	65,25
	II		82,41	65,25
	III		82,41	65,25
	V	**60,83**	82,41	65,25
	VI	**75,66**	82,41	65,25
689,99	I,IV		82,75	65,50
	II		82,75	65,50
	III		82,75	65,50
	V	**61,16**	82,75	65,50
	VI	**76,00**	82,75	65,50
692,99	I,IV		83,08	65,83
	II		83,08	65,83
	III		83,08	65,83
	V	**61,50**	83,08	65,83
	VI	**76,33**	83,08	65,83
695,99	I,IV		83,50	66,08
	II		83,50	66,08
	III		83,50	66,08
	V	**61,83**	83,50	66,08
	VI	**76,66**	83,50	66,08
698,99	I,IV		83,83	66,33
	II		83,83	66,33
	III		83,83	66,33
	V	**62,16**	83,83	66,33
	VI	**77,00**	83,83	66,33
701,99	I,IV		84,16	66,66
	II		84,16	66,66
	III		84,16	66,66
	V	**62,50**	84,16	66,66
	VI	**77,25**	84,16	66,66
704,99	I,IV		84,58	66,91
	II		84,58	66,91
	III		84,58	66,91
	V	**62,83**	84,58	66,91
	VI	**77,58**	84,58	66,91
707,99	I,IV		84,91	67,25
	II		84,91	67,25
	III		84,91	67,25
	V	**63,16**	84,91	67,25
	VI	**77,91**	84,91	67,25
710,99	I,IV		85,25	67,50
	II		85,25	67,50
	III		85,25	67,50
	V	**63,50**	85,25	67,50
	VI	**78,25**	85,25	67,50
713,99	I,IV		85,66	67,75
	II		85,66	67,75
	III		85,66	67,75
	V	**63,83**	85,66	67,75
	VI	**78,58**	85,66	67,75
716,99	I,IV		86,00	68,08
	II		86,00	68,08
	III		86,00	68,08
	V	**64,16**	86,00	68,08
	VI	**78,91**	86,00	68,08
719,99	I,IV		86,33	68,33
	II		86,33	68,33
	III		86,33	68,33
	V	**64,50**	86,33	68,33
	VI	**79,25**	86,33	68,33

* Zur LSt-Berechnung für privat versicherte Arbeitnehmer s. Beispiele **Vorbemerkung S. 4 f.**
** Basisvorsorgepauschale KV und PV *** Typisierter Arbeitgeberzuschuss

Lohn/ Gehalt in € bis	Steuerklasse	Lohn-steuer*	BVSP**	TAGZ***
722,99	I,IV		86,75	68,66
	II		86,75	68,66
	III		86,75	68,66
	V	**64,83**	86,75	68,66
	VI	**79,58**	86,75	68,66
725,99	I,IV		87,08	68,91
	II		87,08	68,91
	III		87,08	68,91
	V	**65,16**	87,08	68,91
	VI	**79,91**	87,08	68,91
728,99	I,IV		87,41	69,25
	II		87,41	69,25
	III		87,41	69,25
	V	**65,50**	87,41	69,25
	VI	**80,25**	87,41	69,25
731,99	I,IV		87,83	69,50
	II		87,83	69,50
	III		87,83	69,50
	V	**65,83**	87,83	69,50
	VI	**80,58**	87,83	69,50
734,99	I,IV		88,16	69,75
	II		88,16	69,75
	III		88,16	69,75
	V	**66,16**	88,16	69,75
	VI	**80,91**	88,16	69,75
737,99	I,IV		88,50	70,08
	II		88,50	70,08
	III		88,50	70,08
	V	**66,50**	88,50	70,08
	VI	**81,25**	88,50	70,08
740,99	I,IV		88,91	70,33
	II		88,91	70,33
	III		88,91	70,33
	V	**66,83**	88,91	70,33
	VI	**81,58**	88,91	70,33
743,99	I,IV		89,25	70,66
	II		89,25	70,66
	III		89,25	70,66
	V	**67,16**	89,25	70,66
	VI	**81,91**	89,25	70,66
746,99	I,IV		89,58	70,91
	II		89,58	70,91
	III		89,58	70,91
	V	**67,50**	89,58	70,91
	VI	**82,25**	89,58	70,91
749,99	I,IV		89,91	71,16
	II		89,91	71,16
	III		89,91	71,16
	V	**67,83**	89,91	71,16
	VI	**82,58**	89,91	71,16
752,99	I,IV		90,33	71,50
	II		90,33	71,50
	III		90,33	71,50
	V	**68,16**	90,33	71,50
	VI	**82,91**	90,33	71,50
755,99	I,IV		90,66	71,75
	II		90,66	71,75
	III		90,66	71,75
	V	**68,50**	90,66	71,75
	VI	**83,25**	90,66	71,75

Lohn/ Gehalt in € bis	Steuerklasse	Lohn-steuer*	BVSP**	TAGZ***
758,99	I,IV		91,00	72,08
	II		91,00	72,08
	III		91,00	72,08
	V	**68,83**	91,00	72,08
	VI	**83,58**	91,00	72,08
761,99	I,IV		91,41	72,33
	II		91,41	72,33
	III		91,41	72,33
	V	**69,16**	91,41	72,33
	VI	**83,91**	91,41	72,33
764,99	I,IV		91,75	72,66
	II		91,75	72,66
	III		91,75	72,66
	V	**69,41**	91,75	72,66
	VI	**84,25**	91,75	72,66
767,99	I,IV		92,08	72,91
	II		92,08	72,91
	III		92,08	72,91
	V	**69,83**	92,08	72,91
	VI	**84,58**	92,08	72,91
770,99	I,IV		92,50	73,16
	II		92,50	73,16
	III		92,50	73,16
	V	**70,08**	92,50	73,16
	VI	**84,91**	92,50	73,16
773,99	I,IV		92,83	73,50
	II		92,83	73,50
	III		92,83	73,50
	V	**70,41**	92,83	73,50
	VI	**85,25**	92,83	73,50
776,99	I,IV		93,16	73,75
	II		93,16	73,75
	III		93,16	73,75
	V	**70,75**	93,16	73,75
	VI	**85,58**	93,16	73,75
779,99	I,IV		93,58	74,08
	II		93,58	74,08
	III		93,58	74,08
	V	**71,08**	93,58	74,08
	VI	**85,91**	93,58	74,08
782,99	I,IV		93,91	74,33
	II		93,91	74,33
	III		93,91	74,33
	V	**71,41**	93,91	74,33
	VI	**86,25**	93,91	74,33
785,99	I,IV		94,25	74,66
	II		94,25	74,66
	III		94,25	74,66
	V	**71,75**	94,25	74,66
	VI	**86,58**	94,25	74,66
788,99	I,IV		94,66	74,91
	II		94,66	74,91
	III		94,66	74,91
	V	**72,08**	94,66	74,91
	VI	**86,91**	94,66	74,91
791,99	I,IV		95,00	75,16
	II		95,00	75,16
	III		95,00	75,16
	V	**72,41**	95,00	75,16
	VI	**87,16**	95,00	75,16

* Zur LSt-Berechnung für privat versicherte Arbeitnehmer s. Beispiele **Vorbemerkung S. 4f.**
** Basisvorsorgepauschale KV und PV *** Typisierter Arbeitgeberzuschuss

Lohn/ Gehalt in € bis	Steuerklasse	Lohn-steuer*	BVSP**	TAGZ***
794,99	I,IV		95,33	75,50
	II		95,33	75,50
	III		95,33	75,50
	V	**72,75**	95,33	75,50
	VI	**87,50**	95,33	75,50
797,99	I,IV		95,75	75,75
	II		95,75	75,75
	III		95,75	75,75
	V	**73,08**	95,75	75,75
	VI	**87,83**	95,75	75,75
800,99	I,IV		96,08	76,08
	II		96,08	76,08
	III		96,08	76,08
	V	**73,41**	96,08	76,08
	VI	**88,16**	96,08	76,08
803,99	I,IV		96,41	76,33
	II		96,41	76,33
	III		96,41	76,33
	V	**73,75**	96,41	76,33
	VI	**88,50**	96,41	76,33
806,99	I,IV		96,83	76,58
	II		96,83	76,58
	III		96,83	76,58
	V	**74,08**	96,83	76,58
	VI	**88,83**	96,83	76,58
809,99	I,IV		97,16	76,91
	II		97,16	76,91
	III		97,16	76,91
	V	**74,41**	97,16	76,91
	VI	**89,16**	97,16	76,91
812,99	I,IV		97,50	77,16
	II		97,50	77,16
	III		97,50	77,16
	V	**74,75**	97,50	77,16
	VI	**89,50**	97,50	77,16
815,99	I,IV		97,91	77,50
	II		97,91	77,50
	III		97,91	77,50
	V	**75,08**	97,91	77,50
	VI	**89,83**	97,91	77,50
818,99	I,IV		98,25	77,75
	II		98,25	77,75
	III		98,25	77,75
	V	**75,41**	98,25	77,75
	VI	**90,16**	98,25	77,75
821,99	I,IV		98,58	78,08
	II		98,58	78,08
	III		98,58	78,08
	V	**75,75**	98,58	78,08
	VI	**90,50**	98,58	78,08
824,99	I,IV		98,91	78,33
	II		98,91	78,33
	III		98,91	78,33
	V	**76,08**	98,91	78,33
	VI	**90,83**	98,91	78,33
827,99	I,IV		99,33	78,58
	II		99,33	78,58
	III		99,33	78,58
	V	**76,41**	99,33	78,58
	VI	**91,16**	99,33	78,58

Lohn/ Gehalt in € bis	Steuerklasse	Lohn-steuer*	BVSP**	TAGZ***
830,99	I,IV		99,66	78,91
	II		99,66	78,91
	III		99,66	78,91
	V	**76,75**	99,66	78,91
	VI	**91,50**	99,66	78,91
833,99	I,IV		100,00	79,16
	II		100,00	79,16
	III		100,00	79,16
	V	**77,08**	100,00	79,16
	VI	**91,83**	100,00	79,16
836,99	I,IV		100,41	79,50
	II		100,41	79,50
	III		100,41	79,50
	V	**77,41**	100,41	79,50
	VI	**92,16**	100,41	79,50
839,99	I,IV		100,75	79,75
	II		100,75	79,75
	III		100,75	79,75
	V	**77,75**	100,75	79,75
	VI	**92,50**	100,75	79,75
842,99	I,IV		101,08	80,08
	II		101,08	80,08
	III		101,08	80,08
	V	**78,08**	101,08	80,08
	VI	**92,83**	101,08	80,08
845,99	I,IV		101,50	80,33
	II		101,50	80,33
	III		101,50	80,33
	V	**78,41**	101,50	80,33
	VI	**93,16**	101,50	80,33
848,99	I,IV		101,83	80,58
	II		101,83	80,58
	III		101,83	80,58
	V	**78,75**	101,83	80,58
	VI	**93,50**	101,83	80,58
851,99	I,IV		102,16	80,91
	II		102,16	80,91
	III		102,16	80,91
	V	**79,08**	102,16	80,91
	VI	**93,83**	102,16	80,91
854,99	I,IV		102,58	81,16
	II		102,58	81,16
	III		102,58	81,16
	V	**79,33**	102,58	81,16
	VI	**94,16**	102,58	81,16
857,99	I,IV		102,91	81,50
	II		102,91	81,50
	III		102,91	81,50
	V	**79,66**	102,91	81,50
	VI	**94,50**	102,91	81,50
860,99	I,IV		103,25	81,75
	II		103,25	81,75
	III		103,25	81,75
	V	**80,00**	103,25	81,75
	VI	**94,83**	103,25	81,75
863,99	I,IV		103,66	82,00
	II		103,66	82,00
	III		103,66	82,00
	V	**80,33**	103,66	82,00
	VI	**95,16**	103,66	82,00

* Zur LSt-Berechnung für privat versicherte Arbeitnehmer s. Beispiele **Vorbemerkung S. 4 f.**
** Basisvorsorgepauschale KV und PV *** Typisierter Arbeitgeberzuschuss

Lohn/ Gehalt in € bis	Steuerklasse	**Lohn-steuer***	BVSP**	TAGZ***
866,99	I,IV		104,00	82,33
	II		104,00	82,33
	III		104,00	82,33
	V	**80,66**	104,00	82,33
	VI	**95,50**	104,00	82,33
869,99	I,IV		104,33	82,58
	II		104,33	82,58
	III		104,33	82,58
	V	**81,00**	104,33	82,58
	VI	**95,83**	104,33	82,58
872,99	I,IV		104,75	82,91
	II		104,75	82,91
	III		104,75	82,91
	V	**81,33**	104,75	82,91
	VI	**96,16**	104,75	82,91
875,99	I,IV		105,08	83,16
	II		105,08	83,16
	III		105,08	83,16
	V	**81,66**	105,08	83,16
	VI	**96,41**	105,08	83,16
878,99	I,IV		105,41	83,50
	II		105,41	83,50
	III		105,41	83,50
	V	**82,00**	105,41	83,50
	VI	**96,83**	105,41	83,50
881,99	I,IV		105,83	83,75
	II		105,83	83,75
	III		105,83	83,75
	V	**82,33**	105,83	83,75
	VI	**97,08**	105,83	83,75
884,99	I,IV		106,16	84,00
	II		106,16	84,00
	III		106,16	84,00
	V	**82,66**	106,16	84,00
	VI	**97,41**	106,16	84,00
887,99	I,IV		106,50	84,33
	II		106,50	84,33
	III		106,50	84,33
	V	**83,00**	106,50	84,33
	VI	**97,75**	106,50	84,33
890,99	I,IV		106,91	84,58
	II		106,91	84,58
	III		106,91	84,58
	V	**83,33**	106,91	84,58
	VI	**98,08**	106,91	84,58
893,99	I,IV		107,25	84,91
	II		107,25	84,91
	III		107,25	84,91
	V	**83,66**	107,25	84,91
	VI	**98,41**	107,25	84,91
896,99	I,IV		107,58	85,16
	II		107,58	85,16
	III		107,58	85,16
	V	**84,00**	107,58	85,16
	VI	**98,75**	107,58	85,16
899,99	I,IV		107,91	85,41
	II		107,91	85,41
	III		107,91	85,41
	V	**84,33**	107,91	85,41
	VI	**99,08**	107,91	85,41

Lohn/ Gehalt in € bis	Steuerklasse	**Lohn-steuer***	BVSP**	TAGZ***
902,99	I,IV		108,33	85,75
	II		108,33	85,75
	III		108,33	85,75
	V	**84,66**	108,33	85,75
	VI	**99,41**	108,33	85,75
905,99	I,IV		108,66	86,00
	II		108,66	86,00
	III		108,66	86,00
	V	**85,00**	108,66	86,00
	VI	**99,75**	108,66	86,00
908,99	I,IV		109,00	86,33
	II		109,00	86,33
	III		109,00	86,33
	V	**85,33**	109,00	86,33
	VI	**100,08**	109,00	86,33
911,99	I,IV		109,41	86,58
	II		109,41	86,58
	III		109,41	86,58
	V	**85,66**	109,41	86,58
	VI	**100,41**	109,41	86,58
914,99	I,IV		109,75	86,91
	II		109,75	86,91
	III		109,75	86,91
	V	**86,00**	109,75	86,91
	VI	**100,75**	109,75	86,91
917,99	I,IV		110,08	87,16
	II		110,08	87,16
	III		110,08	87,16
	V	**86,33**	110,08	87,16
	VI	**101,08**	110,08	87,16
920,99	I,IV		110,50	87,41
	II		110,50	87,41
	III		110,50	87,41
	V	**86,66**	110,50	87,41
	VI	**101,41**	110,50	87,41
923,99	I,IV		110,83	87,75
	II		110,83	87,75
	III		110,83	87,75
	V	**87,00**	110,83	87,75
	VI	**101,75**	110,83	87,75
926,99	I,IV		111,16	88,00
	II		111,16	88,00
	III		111,16	88,00
	V	**87,33**	111,16	88,00
	VI	**102,08**	111,16	88,00
929,99	I,IV		111,58	88,33
	II		111,58	88,33
	III		111,58	88,33
	V	**87,66**	111,58	88,33
	VI	**102,41**	111,58	88,33
932,99	I,IV		111,91	88,58
	II		111,91	88,58
	III		111,91	88,58
	V	**88,00**	111,91	88,58
	VI	**102,75**	111,91	88,58
935,99	I,IV		112,25	88,91
	II		112,25	88,91
	III		112,25	88,91
	V	**88,33**	112,25	88,91
	VI	**103,08**	112,25	88,91

* Zur LSt-Berechnung für privat versicherte Arbeitnehmer s. Beispiele **Vorbemerkung S. 4 f.**
** Basisvorsorgepauschale KV und PV *** Typisierter Arbeitgeberzuschuss

Lohn/ Gehalt in € bis	Steuerklasse	Lohn- steuer*	BVSP**	TAGZ***
938,99	I,IV		112,66	89,16
	II		112,66	89,16
	III		112,66	89,16
	V	**88,66**	112,66	89,16
	VI	**103,41**	112,66	89,16
941,99	I,IV		113,00	89,41
	II		113,00	89,41
	III		113,00	89,41
	V	**89,00**	113,00	89,41
	VI	**103,75**	113,00	89,41
944,99	I,IV		113,33	89,75
	II		113,33	89,75
	III		113,33	89,75
	V	**89,25**	113,33	89,75
	VI	**104,08**	113,33	89,75
947,99	I,IV		113,75	90,00
	II		113,75	90,00
	III		113,75	90,00
	V	**89,58**	113,75	90,00
	VI	**104,41**	113,75	90,00
950,99	I,IV		114,08	90,33
	II		114,08	90,33
	III		114,08	90,33
	V	**89,91**	114,08	90,33
	VI	**104,75**	114,08	90,33
953,99	I,IV		114,41	90,58
	II		114,41	90,58
	III		114,41	90,58
	V	**90,25**	114,41	90,58
	VI	**105,08**	114,41	90,58
956,99	I,IV		114,83	90,83
	II		114,83	90,83
	III		114,83	90,83
	V	**90,58**	114,83	90,83
	VI	**105,41**	114,83	90,83
959,99	I,IV		115,16	91,16
	II		115,16	91,16
	III		115,16	91,16
	V	**90,91**	115,16	91,16
	VI	**105,75**	115,16	91,16
962,99	I,IV		115,50	91,41
	II		115,50	91,41
	III		115,50	91,41
	V	**91,25**	115,50	91,41
	VI	**106,08**	115,50	91,41
965,99	I,IV		115,91	91,75
	II		115,91	91,75
	III		115,91	91,75
	V	**91,58**	115,91	91,75
	VI	**106,33**	115,91	91,75
968,99	I,IV		116,25	92,00
	II		116,25	92,00
	III		116,25	92,00
	V	**91,91**	116,25	92,00
	VI	**106,75**	116,25	92,00
971,99	I,IV		116,58	92,33
	II		116,58	92,33
	III		116,58	92,33
	V	**92,25**	116,58	92,33
	VI	**107,00**	116,58	92,33
974,99	I,IV		116,91	92,58
	II		116,91	92,58
	III		116,91	92,58
	V	**92,58**	116,91	92,58
	VI	**107,33**	116,91	92,58
977,99	I,IV		117,33	92,83
	II		117,33	92,83
	III		117,33	92,83
	V	**92,91**	117,33	92,83
	VI	**107,66**	117,33	92,83
980,99	I,IV		117,66	93,16
	II		117,66	93,16
	III		117,66	93,16
	V	**93,25**	117,66	93,16
	VI	**108,00**	117,66	93,16
983,99	I,IV		118,00	93,41
	II		118,00	93,41
	III		118,00	93,41
	V	**93,58**	118,00	93,41
	VI	**108,33**	118,00	93,41
986,99	I,IV		118,41	93,75
	II		118,41	93,75
	III		118,41	93,75
	V	**93,91**	118,41	93,75
	VI	**108,66**	118,41	93,75
989,99	I,IV		118,75	94,00
	II		118,75	94,00
	III		118,75	94,00
	V	**94,25**	118,75	94,00
	VI	**109,00**	118,75	94,00
992,99	I,IV		119,08	94,33
	II		119,08	94,33
	III		119,08	94,33
	V	**94,58**	119,08	94,33
	VI	**109,33**	119,08	94,33
995,99	I,IV		119,50	94,58
	II		119,50	94,58
	III		119,50	94,58
	V	**94,91**	119,50	94,58
	VI	**109,66**	119,50	94,58
998,99	I,IV		119,83	94,83
	II		119,83	94,83
	III		119,83	94,83
	V	**95,25**	119,83	94,83
	VI	**110,00**	119,83	94,83
1 001,99	I,IV		120,16	95,16
	II		120,16	95,16
	III		120,16	95,16
	V	**95,58**	120,16	95,16
	VI	**110,33**	120,16	95,16
1 004,99	I,IV		120,58	95,41
	II		120,58	95,41
	III		120,58	95,41
	V	**95,91**	120,58	95,41
	VI	**110,66**	120,58	95,41
1 007,99	I,IV		120,91	95,75
	II		120,91	95,75
	III		120,91	95,75
	V	**96,25**	120,91	95,75
	VI	**111,00**	120,91	95,75

* Zur LSt-Berechnung für privat versicherte Arbeitnehmer s. Beispiele **Vorbemerkung S. 4 f.**
** Basisvorsorgepauschale KV und PV *** Typisierter Arbeitgeberzuschuss

Lohn/ Gehalt in € bis	Steuerklasse	Lohn-steuer*	BVSP**	TAGZ***
1010,99	I,IV		121,25	96,00
	II		121,25	96,00
	III		121,25	96,00
	V	**96,58**	121,25	96,00
	VI	**111,33**	121,25	96,00
1013,99	I,IV		121,66	96,25
	II		121,66	96,25
	III		121,66	96,25
	V	**96,91**	121,66	96,25
	VI	**111,66**	121,66	96,25
1016,99	I,IV		122,00	96,58
	II		122,00	96,58
	III		122,00	96,58
	V	**97,25**	122,00	96,58
	VI	**112,00**	122,00	96,58
1019,99	I,IV		122,33	96,83
	II		122,33	96,83
	III		122,33	96,83
	V	**97,58**	122,33	96,83
	VI	**112,33**	122,33	96,83
1022,99	I,IV		122,75	97,16
	II		122,75	97,16
	III		122,75	97,16
	V	**97,91**	122,75	97,16
	VI	**112,66**	122,75	97,16
1025,99	I,IV		123,08	97,41
	II		123,08	97,41
	III		123,08	97,41
	V	**98,25**	123,08	97,41
	VI	**113,00**	123,08	97,41
1028,99	I,IV		123,41	97,75
	II		123,41	97,75
	III		123,41	97,75
	V	**98,58**	123,41	97,75
	VI	**113,33**	123,41	97,75
1031,99	I,IV		123,83	98,00
	II		123,83	98,00
	III		123,83	98,00
	V	**98,91**	123,83	98,00
	VI	**113,66**	123,83	98,00
1034,99	I,IV		124,16	98,25
	II		124,16	98,25
	III		124,16	98,25
	V	**99,16**	124,16	98,25
	VI	**114,00**	124,16	98,25
1037,99	I,IV		124,50	98,58
	II		124,50	98,58
	III		124,50	98,58
	V	**99,50**	124,50	98,58
	VI	**114,33**	124,50	98,58
1040,99	I,IV		124,91	98,83
	II		124,91	98,83
	III		124,91	98,83
	V	**99,83**	124,91	98,83
	VI	**114,66**	124,91	98,83
1043,99	I,IV		125,25	99,16
	II		125,25	99,16
	III		125,25	99,16
	V	**100,16**	125,25	99,16
	VI	**115,00**	125,25	99,16

Lohn/ Gehalt in € bis	Steuerklasse	Lohn-steuer*	BVSP**	TAGZ***
1046,99	I,IV		125,58	99,41
	II		125,58	99,41
	III		125,58	99,41
	V	**100,50**	125,58	99,41
	VI	**115,33**	125,58	99,41
1049,99	I,IV		125,91	99,66
	II		125,91	99,66
	III		125,91	99,66
	V	**100,83**	125,91	99,66
	VI	**115,66**	125,91	99,66
1052,99	I,IV		126,33	100,00
	II		126,33	100,00
	III		126,33	100,00
	V	**101,16**	126,33	100,00
	VI	**116,00**	126,33	100,00
1055,99	I,IV		126,66	100,25
	II		126,66	100,25
	III		126,66	100,25
	V	**101,50**	126,66	100,25
	VI	**116,25**	126,66	100,25
1058,99	I,IV		127,00	100,58
	II		127,00	100,58
	III		127,00	100,58
	V	**101,83**	127,00	100,58
	VI	**116,66**	127,00	100,58
1061,99	I,IV		127,41	100,83
	II		127,41	100,83
	III		127,41	100,83
	V	**102,16**	127,41	100,83
	VI	**116,91**	127,41	100,83
1064,99	I,IV		127,75	101,16
	II		127,75	101,16
	III		127,75	101,16
	V	**102,50**	127,75	101,16
	VI	**117,25**	127,75	101,16
1067,99	I,IV		128,08	101,41
	II		128,08	101,41
	III		128,08	101,41
	V	**102,83**	128,08	101,41
	VI	**117,58**	128,08	101,41
1070,99	I,IV		128,50	101,66
	II		128,50	101,66
	III		128,50	101,66
	V	**103,16**	128,50	101,66
	VI	**117,91**	128,50	101,66
1073,99	I,IV		128,83	102,00
	II		128,83	102,00
	III		128,83	102,00
	V	**103,50**	128,83	102,00
	VI	**118,25**	128,83	102,00
1076,99	I,IV		129,16	102,25
	II		129,16	102,25
	III		129,16	102,25
	V	**103,83**	129,16	102,25
	VI	**118,58**	129,16	102,25
1079,99	I,IV		129,58	102,58
	II		129,58	102,58
	III		129,58	102,58
	V	**104,16**	129,58	102,58
	VI	**118,91**	129,58	102,58

* Zur LSt-Berechnung für privat versicherte Arbeitnehmer s. Beispiele **Vorbemerkung S. 4 f.**
** Basisvorsorgepauschale KV und PV *** Typisierter Arbeitgeberzuschuss

Lohn/ Gehalt in € bis	Steuerklasse	Lohn- steuer*	BVSP**	TAGZ***
1082,99	I,IV		129,91	102,83
	II		129,91	102,83
	III		129,91	102,83
	V	**104,50**	129,91	102,83
	VI	**119,25**	129,91	102,83
1085,99	I,IV		130,25	103,16
	II		130,25	103,16
	III		130,25	103,16
	V	**104,83**	130,25	103,16
	VI	**119,58**	130,25	103,16
1088,99	I,IV		130,66	103,41
	II		130,66	103,41
	III		130,66	103,41
	V	**105,16**	130,66	103,41
	VI	**119,91**	130,66	103,41
1091,99	I,IV		131,00	103,66
	II		131,00	103,66
	III		131,00	103,66
	V	**105,50**	131,00	103,66
	VI	**120,25**	131,00	103,66
1094,99	I,IV		131,33	104,00
	II		131,33	104,00
	III		131,33	104,00
	V	**105,83**	131,33	104,00
	VI	**120,58**	131,33	104,00
1097,99	I,IV		131,75	104,25
	II		131,75	104,25
	III		131,75	104,25
	V	**106,16**	131,75	104,25
	VI	**120,91**	131,75	104,25
1100,99	I,IV		132,08	104,58
	II		132,08	104,58
	III		132,08	104,58
	V	**106,50**	132,08	104,58
	VI	**121,25**	132,08	104,58
1103,99	I,IV		132,41	104,83
	II		132,41	104,83
	III		132,41	104,83
	V	**106,83**	132,41	104,83
	VI	**121,58**	132,41	104,83
1106,99	I,IV		132,83	105,08
	II		132,83	105,08
	III		132,83	105,08
	V	**107,16**	132,83	105,08
	VI	**121,91**	132,83	105,08
1109,99	I,IV		133,16	105,41
	II		133,16	105,41
	III		133,16	105,41
	V	**107,50**	133,16	105,41
	VI	**122,25**	133,16	105,41
1112,99	I,IV		133,50	105,66
	II		133,50	105,66
	III		133,50	105,66
	V	**107,83**	133,50	105,66
	VI	**122,58**	133,50	105,66
1115,99	I,IV		133,91	106,00
	II		133,91	106,00
	III		133,91	106,00
	V	**108,16**	133,91	106,00
	VI	**122,91**	133,91	106,00

Lohn/ Gehalt in € bis	Steuerklasse	Lohn- steuer*	BVSP**	TAGZ***
1118,99	I,IV		134,25	106,25
	II		134,25	106,25
	III		134,25	106,25
	V	**108,50**	134,25	106,25
	VI	**123,25**	134,25	106,25
1121,99	I,IV		134,58	106,58
	II		134,58	106,58
	III		134,58	106,58
	V	**108,83**	134,58	106,58
	VI	**123,58**	134,58	106,58
1124,99	I,IV		134,91	106,83
	II		134,91	106,83
	III		134,91	106,83
	V	**109,08**	134,91	106,83
	VI	**123,91**	134,91	106,83
1127,99	I,IV		135,33	107,08
	II		135,33	107,08
	III		135,33	107,08
	V	**109,41**	135,33	107,08
	VI	**124,25**	135,33	107,08
1130,99	I,IV		135,66	107,41
	II		135,66	107,41
	III		135,66	107,41
	V	**109,75**	135,66	107,41
	VI	**124,58**	135,66	107,41
1133,99	I,IV		136,00	107,66
	II		136,00	107,66
	III		136,00	107,66
	V	**110,08**	136,00	107,66
	VI	**124,91**	136,00	107,66
1136,99	I,IV		136,41	108,00
	II		136,41	108,00
	III		136,41	108,00
	V	**110,41**	136,41	108,00
	VI	**125,25**	136,41	108,00
1139,99	I,IV		136,75	108,25
	II		136,75	108,25
	III		136,75	108,25
	V	**110,75**	136,75	108,25
	VI	**125,58**	136,75	108,25
1142,99	I,IV		137,08	108,58
	II		137,08	108,58
	III		137,08	108,58
	V	**111,08**	137,08	108,58
	VI	**125,91**	137,08	108,58
1145,99	I,IV		137,50	108,83
	II		137,50	108,83
	III		137,50	108,83
	V	**111,41**	137,50	108,83
	VI	**126,16**	137,50	108,83
1148,99	I,IV		137,83	109,08
	II		137,83	109,08
	III		137,83	109,08
	V	**111,75**	137,83	109,08
	VI	**126,58**	137,83	109,08
1151,99	I,IV		138,16	109,41
	II		138,16	109,41
	III		138,16	109,41
	V	**112,08**	138,16	109,41
	VI	**126,83**	138,16	109,41

* Zur LSt-Berechnung für privat versicherte Arbeitnehmer s. Beispiele **Vorbemerkung S. 4 f.**
** Basisvorsorgepauschale KV und PV *** Typisierter Arbeitgeberzuschuss

Lohn/ Gehalt in € bis	Steuerklasse	Lohn-steuer*	BVSP**	TAGZ***
1 154,99	I,IV		138,58	109,66
	II		138,58	109,66
	III		138,58	109,66
	V	**112,41**	138,58	109,66
	VI	**127,16**	138,58	109,66
1 157,99	I,IV		138,91	110,00
	II		138,91	110,00
	III		138,91	110,00
	V	**112,75**	138,91	110,00
	VI	**127,50**	138,91	110,00
1 160,99	I,IV		139,25	110,25
	II		139,25	110,25
	III		139,25	110,25
	V	**113,08**	139,25	110,25
	VI	**127,83**	139,25	110,25
1 163,99	I,IV		139,66	110,50
	II		139,66	110,50
	III		139,66	110,50
	V	**113,41**	139,66	110,50
	VI	**128,16**	139,66	110,50
1 166,99	I,IV		140,00	110,83
	II		140,00	110,83
	III		140,00	110,83
	V	**113,75**	140,00	110,83
	VI	**128,50**	140,00	110,83
1 169,99	I,IV		140,33	111,08
	II		140,33	111,08
	III		140,33	111,08
	V	**114,08**	140,33	111,08
	VI	**128,83**	140,33	111,08
1 172,99	I,IV		140,75	111,41
	II		140,75	111,41
	III		140,75	111,41
	V	**114,41**	140,75	111,41
	VI	**129,16**	140,75	111,41
1 175,99	I,IV		141,08	111,66
	II		141,08	111,66
	III		141,08	111,66
	V	**114,75**	141,08	111,66
	VI	**129,50**	141,08	111,66
1 178,99	I,IV		141,41	112,00
	II		141,41	112,00
	III		141,41	112,00
	V	**115,08**	141,41	112,00
	VI	**129,83**	141,41	112,00
1 181,99	I,IV		141,83	112,25
	II		141,83	112,25
	III		141,83	112,25
	V	**115,41**	141,83	112,25
	VI	**130,16**	141,83	112,25
1 184,99	I,IV		142,16	112,50
	II		142,16	112,50
	III		142,16	112,50
	V	**115,75**	142,16	112,50
	VI	**130,50**	142,16	112,50
1 187,99	I,IV		142,50	112,83
	II		142,50	112,83
	III		142,50	112,83
	V	**116,08**	142,50	112,83
	VI	**130,83**	142,50	112,83

Lohn/ Gehalt in € bis	Steuerklasse	Lohn-steuer*	BVSP**	TAGZ***
1 190,99	I,IV		142,91	113,08
	II		142,91	113,08
	III		142,91	113,08
	V	**116,41**	142,91	113,08
	VI	**131,16**	142,91	113,08
1 193,99	I,IV		143,25	113,41
	II		143,25	113,41
	III		143,25	113,41
	V	**116,75**	143,25	113,41
	VI	**131,50**	143,25	113,41
1 196,99	I,IV		143,58	113,66
	II		143,58	113,66
	III		143,58	113,66
	V	**117,08**	143,58	113,66
	VI	**131,83**	143,58	113,66
1 199,99	I,IV		143,91	113,91
	II		143,91	113,91
	III		143,91	113,91
	V	**117,41**	143,91	113,91
	VI	**132,16**	143,91	113,91
1 202,99	I,IV		144,33	114,25
	II		144,33	114,25
	III		144,33	114,25
	V	**117,75**	144,33	114,25
	VI	**132,50**	144,33	114,25
1 205,99	I,IV		144,66	114,50
	II		144,66	114,50
	III		144,66	114,50
	V	**118,08**	144,66	114,50
	VI	**132,83**	144,66	114,50
1 208,99	I,IV		145,00	114,83
	II		145,00	114,83
	III		145,00	114,83
	V	**118,41**	145,00	114,83
	VI	**133,16**	145,00	114,83
1 211,99	I,IV		145,41	115,08
	II		145,41	115,08
	III		145,41	115,08
	V	**118,75**	145,41	115,08
	VI	**133,50**	145,41	115,08
1 214,99	I,IV		145,75	115,41
	II		145,75	115,41
	III		145,75	115,41
	V	**119,00**	145,75	115,41
	VI	**133,83**	145,75	115,41
1 217,99	I,IV		146,08	115,66
	II		146,08	115,66
	III		146,08	115,66
	V	**119,33**	146,08	115,66
	VI	**134,16**	146,08	115,66
1 220,99	I,IV		146,50	115,91
	II		146,50	115,91
	III		146,50	115,91
	V	**119,66**	146,50	115,91
	VI	**134,50**	146,50	115,91
1 223,99	I,IV		146,83	116,25
	II		146,83	116,25
	III		146,83	116,25
	V	**120,00**	146,83	116,25
	VI	**134,83**	146,83	116,25

* Zur LSt-Berechnung für privat versicherte Arbeitnehmer s. Beispiele **Vorbemerkung S. 4 f.**
** Basisvorsorgepauschale KV und PV *** Typisierter Arbeitgeberzuschuss

Lohn/ Gehalt in € bis	Steuerklasse	Lohn-steuer*	BVSP**	TAGZ***
1 226,99	I,IV		147,16	116,50
	II		147,16	116,50
	III		147,16	116,50
	V	**120,33**	147,16	116,50
	VI	**135,16**	147,16	116,50
1 229,99	I,IV		147,58	116,83
	II		147,58	116,83
	III		147,58	116,83
	V	**120,66**	147,58	116,83
	VI	**135,50**	147,58	116,83
1 232,99	I,IV		147,91	117,08
	II		147,91	117,08
	III		147,91	117,08
	V	**121,00**	147,91	117,08
	VI	**135,83**	147,91	117,08
1 235,99	I,IV		148,25	117,41
	II		148,25	117,41
	III		148,25	117,41
	V	**121,33**	148,25	117,41
	VI	**136,08**	148,25	117,41
1 238,99	I,IV		148,66	117,66
	II		148,66	117,66
	III		148,66	117,66
	V	**121,66**	148,66	117,66
	VI	**136,50**	148,66	117,66
1 241,99	I,IV		149,00	117,91
	II		149,00	117,91
	III		149,00	117,91
	V	**122,00**	149,00	117,91
	VI	**136,75**	149,00	117,91
1 244,99	I,IV		149,33	118,25
	II		149,33	118,25
	III		149,33	118,25
	V	**122,33**	149,33	118,25
	VI	**137,08**	149,33	118,25
1 247,99	I,IV		149,75	118,50
	II		149,75	118,50
	III		149,75	118,50
	V	**122,66**	149,75	118,50
	VI	**137,41**	149,75	118,50
1 250,99	I,IV		150,08	118,83
	II		150,08	118,83
	III		150,08	118,83
	V	**123,00**	150,08	118,83
	VI	**137,75**	150,08	118,83
1 253,99	I,IV		150,41	119,08
	II		150,41	119,08
	III		150,41	119,08
	V	**123,33**	150,41	119,08
	VI	**138,08**	150,41	119,08
1 256,99	I,IV		150,83	119,33
	II		150,83	119,33
	III		150,83	119,33
	V	**123,66**	150,83	119,33
	VI	**138,41**	150,83	119,33
1 259,99	I,IV		151,16	119,66
	II		151,16	119,66
	III		151,16	119,66
	V	**124,00**	151,16	119,66
	VI	**138,75**	151,16	119,66

Lohn/ Gehalt in € bis	Steuerklasse	Lohn-steuer*	BVSP**	TAGZ***
1 262,99	I,IV		151,50	119,91
	II		151,50	119,91
	III		151,50	119,91
	V	**124,33**	151,50	119,91
	VI	**139,08**	151,50	119,91
1 265,99	I,IV		151,91	120,25
	II		151,91	120,25
	III		151,91	120,25
	V	**124,66**	151,91	120,25
	VI	**139,41**	151,91	120,25
1 268,99	I,IV		152,25	120,50
	II		152,25	120,50
	III		152,25	120,50
	V	**125,00**	152,25	120,50
	VI	**139,75**	152,25	120,50
1 271,99	I,IV		152,58	120,83
	II		152,58	120,83
	III		152,58	120,83
	V	**125,33**	152,58	120,83
	VI	**140,08**	152,58	120,83
1 274,99	I,IV		152,91	121,08
	II		152,91	121,08
	III		152,91	121,08
	V	**125,66**	152,91	121,08
	VI	**140,41**	152,91	121,08
1 277,99	I,IV		153,33	121,33
	II		153,33	121,33
	III		153,33	121,33
	V	**126,00**	153,33	121,33
	VI	**140,75**	153,33	121,33
1 280,99	I,IV		153,66	121,66
	II		153,66	121,66
	III		153,66	121,66
	V	**126,33**	153,66	121,66
	VI	**141,08**	153,66	121,66
1 283,99	I,IV		154,00	121,91
	II		154,00	121,91
	III		154,00	121,91
	V	**126,66**	154,00	121,91
	VI	**141,41**	154,00	121,91
1 286,99	I,IV		154,41	122,25
	II		154,41	122,25
	III		154,41	122,25
	V	**127,00**	154,41	122,25
	VI	**141,75**	154,41	122,25
1 289,99	I,IV		154,75	122,50
	II		154,75	122,50
	III		154,75	122,50
	V	**127,33**	154,75	122,50
	VI	**142,08**	154,75	122,50
1 292,99	I,IV	**0,41**	155,08	122,83
	II		155,08	122,83
	III		155,08	122,83
	V	**127,66**	155,08	122,83
	VI	**142,41**	155,08	122,83
1 295,99	I,IV	**0,75**	155,50	123,08
	II		155,50	123,08
	III		155,50	123,08
	V	**128,00**	155,50	123,08
	VI	**142,75**	155,50	123,08

* Zur LSt-Berechnung für privat versicherte Arbeitnehmer s. Beispiele **Vorbemerkung S. 4 f.**
** Basisvorsorgepauschale KV und PV *** Typisierter Arbeitgeberzuschuss

Lohn/ Gehalt in € bis	Steuerklasse	Lohn- steuer*	BVSP**	TAGZ***
1 298,99	I,IV	**1,00**	155,83	123,33
	II		155,83	123,33
	III		155,83	123,33
	V	**128,33**	155,83	123,33
	VI	**143,08**	155,83	123,33
1 301,99	I,IV	**1,41**	156,16	123,66
	II		156,16	123,66
	III		156,16	123,66
	V	**128,66**	156,16	123,66
	VI	**143,41**	156,16	123,66
1 304,99	I,IV	**1,75**	156,58	123,91
	II		156,58	123,91
	III		156,58	123,91
	V	**128,91**	156,58	123,91
	VI	**143,75**	156,58	123,91
1 307,99	I,IV	**2,08**	156,91	124,25
	II		156,91	124,25
	III		156,91	124,25
	V	**129,25**	156,91	124,25
	VI	**144,08**	156,91	124,25
1 310,99	I,IV	**2,41**	157,25	124,50
	II		157,25	124,50
	III		157,25	124,50
	V	**129,58**	157,25	124,50
	VI	**144,41**	157,25	124,50
1 313,99	I,IV	**2,75**	157,66	124,75
	II		157,66	124,75
	III		157,66	124,75
	V	**129,91**	157,66	124,75
	VI	**144,75**	157,66	124,75
1 316,99	I,IV	**3,08**	158,00	125,08
	II		158,00	125,08
	III		158,00	125,08
	V	**130,25**	158,00	125,08
	VI	**145,08**	158,00	125,08
1 319,99	I,IV	**3,41**	158,33	125,33
	II		158,33	125,33
	III		158,33	125,33
	V	**130,58**	158,33	125,33
	VI	**145,41**	158,33	125,33
1 322,99	I,IV	**3,83**	158,33	125,66
	II		158,33	125,66
	III		158,75	125,66
	V	**131,00**	158,33	125,66
	VI	**146,00**	158,33	125,66
1 325,99	I,IV	**4,25**	158,33	125,91
	II		158,33	125,91
	III		159,08	125,91
	V	**131,41**	158,33	125,91
	VI	**147,16**	158,33	125,91
1 328,99	I,IV	**4,58**	158,33	126,25
	II		158,33	126,25
	III		159,41	126,25
	V	**131,75**	158,33	126,25
	VI	**148,25**	158,33	126,25
1 331,99	I,IV	**5,00**	158,33	126,50
	II		158,33	126,50
	III		159,83	126,50
	V	**132,16**	158,33	126,50
	VI	**149,41**	158,33	126,50

Lohn/ Gehalt in € bis	Steuerklasse	Lohn- steuer*	BVSP**	TAGZ***
1 334,99	I,IV	**5,41**	158,33	126,75
	II		158,33	126,75
	III		160,16	126,75
	V	**132,50**	158,33	126,75
	VI	**150,58**	158,33	126,75
1 337,99	I,IV	**5,83**	158,33	127,08
	II		158,33	127,08
	III		160,50	127,08
	V	**132,91**	158,33	127,08
	VI	**151,66**	158,33	127,08
1 340,99	I,IV	**6,25**	158,33	127,33
	II		158,33	127,33
	III		160,91	127,33
	V	**133,25**	158,33	127,33
	VI	**152,83**	158,33	127,33
1 343,99	I,IV	**6,66**	158,33	127,66
	II		158,33	127,66
	III		161,25	127,66
	V	**133,66**	158,33	127,66
	VI	**154,00**	158,33	127,66
1 346,99	I,IV	**7,08**	158,33	127,91
	II		158,33	127,91
	III		161,58	127,91
	V	**134,08**	158,33	127,91
	VI	**155,16**	158,33	127,91
1 349,99	I,IV	**7,50**	158,33	128,16
	II		158,33	128,16
	III		161,91	128,16
	V	**134,41**	158,33	128,16
	VI	**156,25**	158,33	128,16
1 352,99	I,IV	**7,91**	158,33	128,50
	II		158,33	128,50
	III		162,33	128,50
	V	**134,83**	158,33	128,50
	VI	**157,41**	158,33	128,50
1 355,99	I,IV	**8,33**	158,33	128,75
	II		158,33	128,75
	III		162,66	128,75
	V	**135,16**	158,33	128,75
	VI	**158,58**	158,33	128,75
1 358,99	I,IV	**8,75**	158,33	129,08
	II		158,33	129,08
	III		163,00	129,08
	V	**135,58**	158,33	129,08
	VI	**159,75**	158,33	129,08
1 361,99	I,IV	**9,16**	158,33	129,33
	II		158,33	129,33
	III		163,41	129,33
	V	**135,91**	158,33	129,33
	VI	**160,83**	158,33	129,33
1 364,99	I,IV	**9,58**	158,33	129,66
	II		158,33	129,66
	III		163,75	129,66
	V	**136,33**	158,33	129,66
	VI	**162,00**	158,33	129,66
1 367,99	I,IV	**10,00**	158,33	129,91
	II		158,33	129,91
	III		164,08	129,91
	V	**136,75**	158,33	129,91
	VI	**163,16**	158,33	129,91

* Zur LSt-Berechnung für privat versicherte Arbeitnehmer s. Beispiele **Vorbemerkung S. 4f.**
** Basisvorsorgepauschale KV und PV *** Typisierter Arbeitgeberzuschuss

Lohn/ Gehalt in € bis	Steuerklasse	Lohn-steuer*	BVSP**	TAGZ***
1 370,99	I,IV	**10,41**	158,33	130,16
	II		158,33	130,16
	III		164,50	130,16
	V	**137,08**	158,33	130,16
	VI	**164,25**	158,33	130,16
1 373,99	I,IV	**10,83**	158,33	130,50
	II		158,33	130,50
	III		164,83	130,50
	V	**137,50**	158,33	130,50
	VI	**165,41**	158,33	130,50
1 376,99	I,IV	**11,25**	158,33	130,75
	II		158,33	130,75
	III		165,16	130,75
	V	**137,83**	158,33	130,75
	VI	**166,58**	158,33	130,75
1 379,99	I,IV	**11,66**	158,33	131,08
	II		158,33	131,08
	III		165,58	131,08
	V	**138,25**	158,33	131,08
	VI	**167,66**	158,33	131,08
1 382,99	I,IV	**12,16**	158,33	131,33
	II		158,33	131,33
	III		165,91	131,33
	V	**138,58**	158,33	131,33
	VI	**168,83**	158,33	131,33
1 385,99	I,IV	**12,58**	158,33	131,66
	II		158,33	131,66
	III		166,25	131,66
	V	**139,00**	158,33	131,66
	VI	**170,00**	158,33	131,66
1 388,99	I,IV	**13,00**	158,33	131,91
	II		158,33	131,91
	III		166,66	131,91
	V	**139,41**	158,33	131,91
	VI	**171,16**	158,33	131,91
1 391,99	I,IV	**13,41**	158,33	132,16
	II		158,33	132,16
	III		167,00	132,16
	V	**139,75**	158,33	132,16
	VI	**172,25**	158,33	132,16
1 394,99	I,IV	**13,91**	158,33	132,50
	II		158,33	132,50
	III		167,33	132,50
	V	**140,16**	158,33	132,50
	VI	**173,41**	158,33	132,50
1 397,99	I,IV	**14,33**	158,33	132,75
	II		158,33	132,75
	III		167,75	132,75
	V	**140,50**	158,33	132,75
	VI	**174,58**	158,33	132,75
1 400,99	I,IV	**14,75**	158,33	133,08
	II		158,33	133,08
	III		168,08	133,08
	V	**140,91**	158,33	133,08
	VI	**175,75**	158,33	133,08
1 403,99	I,IV	**15,25**	158,33	133,33
	II		158,33	133,33
	III		168,41	133,33
	V	**141,25**	158,33	133,33
	VI	**176,83**	158,33	133,33

Lohn/ Gehalt in € bis	Steuerklasse	Lohn-steuer*	BVSP**	TAGZ***
1 406,99	I,IV	**15,66**	158,33	133,58
	II		158,33	133,58
	III		168,83	133,58
	V	**141,66**	158,33	133,58
	VI	**178,00**	158,33	133,58
1 409,99	I,IV	**16,08**	158,33	133,91
	II		158,33	133,91
	III		169,16	133,91
	V	**142,08**	158,33	133,91
	VI	**179,16**	158,33	133,91
1 412,99	I,IV	**16,58**	158,33	134,16
	II		158,33	134,16
	III		169,50	134,16
	V	**142,41**	158,33	134,16
	VI	**180,33**	158,33	134,16
1 415,99	I,IV	**17,00**	158,33	134,50
	II		158,33	134,50
	III		169,91	134,50
	V	**142,83**	158,33	134,50
	VI	**181,41**	158,33	134,50
1 418,99	I,IV	**17,50**	158,33	134,75
	II		158,33	134,75
	III		170,25	134,75
	V	**143,16**	158,33	134,75
	VI	**182,58**	158,33	134,75
1 421,99	I,IV	**17,91**	158,33	135,08
	II		158,33	135,08
	III		170,58	135,08
	V	**143,58**	158,33	135,08
	VI	**183,75**	158,33	135,08
1 424,99	I,IV	**18,33**	158,33	135,33
	II		158,33	135,33
	III		170,91	135,33
	V	**143,91**	158,33	135,33
	VI	**184,83**	158,33	135,33
1 427,99	I,IV	**18,83**	158,33	135,58
	II		158,33	135,58
	III		171,33	135,58
	V	**144,33**	158,33	135,58
	VI	**186,00**	158,33	135,58
1 430,99	I,IV	**19,33**	158,33	135,91
	II		158,33	135,91
	III		171,66	135,91
	V	**144,75**	158,33	135,91
	VI	**187,16**	158,33	135,91
1 433,99	I,IV	**19,75**	158,33	136,16
	II		158,33	136,16
	III		172,00	136,16
	V	**145,08**	158,33	136,16
	VI	**188,25**	158,33	136,16
1 436,99	I,IV	**20,25**	158,33	136,50
	II		158,33	136,50
	III		172,41	136,50
	V	**145,50**	158,33	136,50
	VI	**189,41**	158,33	136,50
1 439,99	I,IV	**20,66**	158,33	136,75
	II		158,33	136,75
	III		172,75	136,75
	V	**146,25**	158,33	136,75
	VI	**190,58**	158,33	136,75

* Zur LSt-Berechnung für privat versicherte Arbeitnehmer s. Beispiele **Vorbemerkung S. 4 f.**
** Basisvorsorgepauschale KV und PV *** Typisierter Arbeitgeberzuschuss

Lohn/ Gehalt in € bis	Steuerklasse	Lohn-steuer*	BVSP**	TAGZ***	Steuerklasse	Bemessungsgrundlage für Kirchensteuer und Solidaritätszuschlag – Freibeträge für ... Kinder 0,5	1,0	1,5	2,0	2,5	3,0
1442,99	I,IV	**21,16**	158,33	137,08	I						
	II		158,33	137,08	II						
	III		173,08	137,08	III						
	V	**147,41**	158,33	137,08	IV						
	VI	**191,66**	158,33	137,08							
1445,99	I,IV	**21,58**	158,33	137,33	I						
	II		158,33	137,33	II						
	III		173,50	137,33	III						
	V	**148,58**	158,33	137,33	IV						
	VI	**192,83**	158,33	137,33							
1448,99	I,IV	**22,08**	158,33	137,58	I						
	II		158,33	137,58	II						
	III		173,83	137,58	III						
	V	**149,66**	158,33	137,58	IV						
	VI	**194,00**	158,33	137,58							
1451,99	I,IV	**22,58**	158,33	137,91	I						
	II		158,33	137,91	II						
	III		174,16	137,91	III						
	V	**150,83**	158,33	137,91	IV						
	VI	**195,16**	158,33	137,91							
1454,99	I,IV	**23,00**	158,33	138,16	I						
	II		158,33	138,16	II						
	III		174,58	138,16	III						
	V	**152,00**	158,33	138,16	IV						
	VI	**196,33**	158,33	138,16							
1457,99	I,IV	**23,50**	158,33	138,50	I						
	II		158,33	138,50	II						
	III		174,91	138,50	III						
	V	**153,08**	158,33	138,50	IV						
	VI	**197,41**	158,33	138,50							
1460,99	I,IV	**24,00**	158,33	138,75	I						
	II		158,33	138,75	II						
	III		175,25	138,75	III						
	V	**154,25**	158,33	138,75	IV						
	VI	**198,58**	158,33	138,75							
1463,99	I,IV	**24,50**	158,33	139,00	I						
	II		158,33	139,00	II						
	III		175,66	139,00	III						
	V	**155,41**	158,33	139,00	IV						
	VI	**199,75**	158,33	139,00							
1466,99	I,IV	**24,91**	158,33	139,33	I						
	II		158,33	139,33	II						
	III		176,00	139,33	III						
	V	**156,50**	158,33	139,33	IV						
	VI	**200,83**	158,33	139,33							
1469,99	I,IV	**25,41**	158,33	139,58	I						
	II		158,33	139,58	II						
	III		176,33	139,58	III						
	V	**157,66**	158,33	139,58	IV						
	VI	**202,00**	158,33	139,58							
1472,99	I,IV	**25,91**	158,33	139,91	I						
	II		158,33	139,91	II						
	III		176,75	139,91	III						
	V	**158,83**	158,33	139,91	IV						
	VI	**203,16**	158,33	139,91							
1475,99	I,IV	**26,41**	158,33	140,16	I						
	II		158,33	140,16	II						
	III		177,08	140,16	III						
	V	**160,00**	158,33	140,16	IV						
	VI	**204,25**	158,33	140,16							

* Zur LSt-Berechnung für privat versicherte Arbeitnehmer s. Beispiele **Vorbemerkung S. 4f.**
** Basisvorsorgepauschale KV und PV *** Typisierter Arbeitgeberzuschuss

Lohn/ Gehalt in € bis	Steuerklasse	Lohn-steuer*	BVSP**	TAGZ***	Steuerklasse	Bemessungsgrundlage für Kirchensteuer und Solidaritätszuschlag – Freibeträge für ... Kinder 0,5	**1,0**	1,5	**2,0**	2,5	**3,0**
1478,99	I,IV	**26,91**	158,33	140,50	I						
	II		158,33	140,50	II						
	III		177,41	140,50	III						
	V	**161,08**	158,33	140,50	IV						
	VI	**205,41**	158,33	140,50							
1481,99	I,IV	**27,41**	158,33	140,75	I						
	II		158,33	140,75	II						
	III		177,83	140,75	III						
	V	**162,25**	158,33	140,75	IV						
	VI	**206,58**	158,33	140,75							
1484,99	I,IV	**27,83**	158,33	141,00	I						
	II		158,33	141,00	II						
	III		178,16	141,00	III						
	V	**163,41**	158,33	141,00	IV						
	VI	**207,66**	158,33	141,00							
1487,99	I,IV	**28,33**	158,33	141,33	I						
	II		158,33	141,33	II						
	III		178,50	141,33	III						
	V	**164,58**	158,33	141,33	IV						
	VI	**208,83**	158,33	141,33							
1490,99	I,IV	**28,83**	158,33	141,58	I						
	II		158,33	141,58	II						
	III		178,91	141,58	III						
	V	**165,66**	158,33	141,58	IV						
	VI	**210,00**	158,33	141,58							
1493,99	I,IV	**29,33**	158,33	141,91	I						
	II		158,33	141,91	II						
	III		179,25	141,91	III						
	V	**166,83**	158,33	141,91	IV						
	VI	**211,16**	158,33	141,91							
1496,99	I,IV	**29,83**	158,33	142,16	I						
	II		158,33	142,16	II						
	III		179,58	142,16	III						
	V	**168,00**	158,33	142,16	IV						
	VI	**212,25**	158,33	142,16							
1499,99	I,IV	**30,33**	158,33	142,41	I						
	II		158,33	142,41	II						
	III		179,91	142,41	III						
	V	**169,16**	158,33	142,41	IV	0,08					
	VI	**213,41**	158,33	142,41							
1502,99	I,IV	**30,83**	158,33	142,75	I						
	II		158,33	142,75	II						
	III		180,33	142,75	III						
	V	**170,25**	158,33	142,75	IV	0,50					
	VI	**214,58**	158,33	142,75							
1505,99	I,IV	**31,33**	158,33	143,00	I						
	II		158,33	143,00	II						
	III		180,66	143,00	III						
	V	**171,41**	158,33	143,00	IV	0,83					
	VI	**215,75**	158,33	143,00							
1508,99	I,IV	**31,83**	158,33	143,33	I						
	II		158,33	143,33	II						
	III		181,00	143,33	III						
	V	**172,50**	158,33	143,33	IV	1,25					
	VI	**216,83**	158,33	143,33							
1511,99	I,IV	**32,33**	158,33	143,58	I						
	II		158,33	143,58	II						
	III		181,41	143,58	III						
	V	**173,66**	158,33	143,58	IV	1,66					
	VI	**218,00**	158,33	143,58							

* Zur LSt-Berechnung für privat versicherte Arbeitnehmer s. Beispiele **Vorbemerkung S. 4 f.**
** Basisvorsorgepauschale KV und PV *** Typisierter Arbeitgeberzuschuss

Lohn/ Gehalt in € bis	Steuerklasse	Lohn- steuer*	BVSP**	TAGZ***	Steuerklasse	Bemessungsgrundlage für Kirchensteuer und Solidaritätszuschlag					
						Freibeträge für ... Kinder					
						0,5	**1,0**	1,5	**2,0**	2,5	**3,0**
1 514,99	I,IV	**32,91**	158,33	143,91	I						
	II		158,33	143,91	II						
	III		181,75	143,91	III						
	V	**174,83**	158,33	143,91	IV	2,00					
	VI	**219,16**	158,33	143,91							
1 517,99	I,IV	**33,41**	158,33	144,16	I						
	II		158,33	144,16	II						
	III		182,08	144,16	III						
	V	**175,91**	158,33	144,16	IV	2,41					
	VI	**220,25**	158,33	144,16							
1 520,99	I,IV	**33,91**	158,33	144,41	I						
	II		158,33	144,41	II						
	III		182,50	144,41	III						
	V	**177,08**	158,33	144,41	IV	2,83					
	VI	**221,41**	158,33	144,41							
1 523,99	I,IV	**34,41**	158,33	144,75	I						
	II		158,33	144,75	II						
	III		182,83	144,75	III						
	V	**178,25**	158,33	144,75	IV	3,25					
	VI	**222,58**	158,33	144,75							
1 526,99	I,IV	**34,91**	158,33	145,00	I						
	II		158,33	145,00	II						
	III		183,16	145,00	III						
	V	**179,41**	158,33	145,00	IV	3,58					
	VI	**223,66**	158,33	145,00							
1 529,99	I,IV	**35,41**	158,33	145,33	I						
	II		158,33	145,33	II						
	III		183,58	145,33	III						
	V	**180,58**	158,33	145,33	IV	4,00					
	VI	**224,83**	158,33	145,33							
1 532,99	I,IV	**36,00**	158,33	145,58	I						
	II		158,33	145,58	II						
	III		183,91	145,58	III						
	V	**181,66**	158,33	145,58	IV	4,41					
	VI	**226,00**	158,33	145,58							
1 535,99	I,IV	**36,50**	158,33	145,91	I						
	II		158,33	145,91	II						
	III		184,25	145,91	III						
	V	**182,83**	158,33	145,91	IV	4,83					
	VI	**227,16**	158,33	145,91							
1 538,99	I,IV	**37,00**	158,33	146,16	I						
	II		158,33	146,16	II						
	III		184,66	146,16	III						
	V	**184,00**	158,33	146,16	IV	5,25					
	VI	**228,25**	158,33	146,16							
1 541,99	I,IV	**37,50**	158,33	146,41	I						
	II		158,33	146,41	II						
	III		185,00	146,41	III						
	V	**185,16**	158,33	146,41	IV	5,58					
	VI	**229,41**	158,33	146,41							
1 544,99	I,IV	**38,08**	158,33	146,75	I						
	II		158,33	146,75	II						
	III		185,33	146,75	III						
	V	**186,25**	158,33	146,75	IV	6,00					
	VI	**230,58**	158,33	146,75							
1 547,99	I,IV	**38,58**	158,33	147,00	I						
	II		158,33	147,00	II						
	III		185,75	147,00	III						
	V	**187,41**	158,33	147,00	IV	6,41					
	VI	**231,75**	158,33	147,00							

* Zur LSt-Berechnung für privat versicherte Arbeitnehmer s. Beispiele **Vorbemerkung S. 4 f.**
** Basisvorsorgepauschale KV und PV *** Typisierter Arbeitgeberzuschuss

Lohn/ Gehalt in € bis	Steuerklasse	Lohn-steuer*	BVSP**	TAGZ***	Steuerklasse	Bemessungsgrundlage für Kirchensteuer und Solidaritätszuschlag					
						Freibeträge für ... Kinder					
						0,5	**1,0**	1,5	**2,0**	2,5	**3,0**
1 550,99	I,IV	**39,08**	158,33	147,33	I						
	II		158,33	147,33	II						
	III		186,08	147,33	III						
	V	**188,58**	158,33	147,33	IV	6,83					
	VI	**232,83**	158,33	147,33							
1 553,99	I,IV	**39,66**	158,33	147,58	I						
	II		158,33	147,58	II						
	III		186,41	147,58	III						
	V	**189,66**	158,33	147,58	IV	7,25					
	VI	**234,00**	158,33	147,58							
1 556,99	I,IV	**40,16**	158,33	147,83	I						
	II		158,33	147,83	II						
	III		186,83	147,83	III						
	V	**190,83**	158,33	147,83	IV	7,66					
	VI	**235,16**	158,33	147,83							
1 559,99	I,IV	**40,75**	158,33	148,16	I						
	II		158,33	148,16	II						
	III		187,16	148,16	III						
	V	**192,00**	158,33	148,16	IV	8,08					
	VI	**236,33**	158,33	148,16							
1 562,99	I,IV	**41,25**	158,33	148,41	I						
	II		158,33	148,41	II						
	III		187,50	148,41	III						
	V	**193,08**	158,33	148,41	IV	8,50					
	VI	**237,41**	158,33	148,41							
1 565,99	I,IV	**41,75**	158,33	148,75	I						
	II		158,33	148,75	II						
	III		187,91	148,75	III						
	V	**194,25**	158,33	148,75	IV	8,91					
	VI	**238,58**	158,33	148,75							
1 568,99	I,IV	**42,33**	158,33	149,00	I						
	II		158,33	149,00	II						
	III		188,25	149,00	III						
	V	**195,41**	158,33	149,00	IV	9,33					
	VI	**239,75**	158,33	149,00							
1 571,99	I,IV	**42,83**	158,33	149,33	I						
	II		158,33	149,33	II						
	III		188,58	149,33	III						
	V	**196,50**	158,33	149,33	IV	9,75					
	VI	**240,83**	158,33	149,33							
1 574,99	I,IV	**43,41**	158,33	149,58	I						
	II		158,33	149,58	II						
	III		188,91	149,58	III						
	V	**197,66**	158,33	149,58	IV	10,16					
	VI	**242,00**	158,33	149,58							
1 577,99	I,IV	**43,91**	158,33	149,83	I						
	II		158,33	149,83	II						
	III		189,33	149,83	III						
	V	**198,83**	158,33	149,83	IV	10,58					
	VI	**243,08**	158,33	149,83							
1 580,99	I,IV	**44,50**	158,33	150,16	I						
	II		158,33	150,16	II						
	III		189,66	150,16	III						
	V	**200,00**	158,33	150,16	IV	11,00					
	VI	**244,25**	158,33	150,16							
1 583,99	I,IV	**45,08**	158,33	150,41	I						
	II		158,33	150,41	II						
	III		190,00	150,41	III						
	V	**201,08**	158,33	150,41	IV	11,50					
	VI	**245,41**	158,33	150,41							

* Zur LSt-Berechnung für privat versicherte Arbeitnehmer s. Beispiele **Vorbemerkung S. 4 f.**
** Basisvorsorgepauschale KV und PV *** Typisierter Arbeitgeberzuschuss

Lohn/ Gehalt in € bis	Steuerklasse	Lohn- steuer*	BVSP**	TAGZ***	Steuerklasse	Bemessungsgrundlage für Kirchensteuer und Solidaritätszuschlag – Freibeträge für ... Kinder 0,5	1,0	1,5	2,0	2,5	3,0
1 586,99	I,IV	**45,58**	158,33	150,75	I						
	II		158,33	150,75	II						
	III		190,41	150,75	III						
	V	**202,25**	158,33	150,75	IV	11,91					
	VI	**246,58**	158,33	150,75							
1 589,99	I,IV	**46,16**	158,33	151,00	I						
	II		158,33	151,00	II						
	III		190,75	151,00	III						
	V	**203,41**	158,33	151,00	IV	12,33					
	VI	**247,66**	158,33	151,00							
1 592,99	I,IV	**46,75**	158,33	151,33	I						
	II		158,33	151,33	II						
	III		191,08	151,33	III						
	V	**204,58**	158,33	151,33	IV	12,75					
	VI	**248,83**	158,33	151,33							
1 595,99	I,IV	**47,25**	158,33	151,58	I						
	II		158,33	151,58	II						
	III		191,50	151,58	III						
	V	**205,66**	158,33	151,58	IV	13,16					
	VI	**250,00**	158,33	151,58							
1 598,99	I,IV	**47,83**	158,33	151,83	I						
	II		158,33	151,83	II						
	III		191,83	151,83	III						
	V	**206,83**	158,33	151,83	IV	13,66					
	VI	**251,16**	158,33	151,83							
1 601,99	I,IV	**48,41**	158,33	152,16	I						
	II		158,33	152,16	II						
	III		192,16	152,16	III						
	V	**208,00**	158,33	152,16	IV	14,08					
	VI	**252,33**	158,33	152,16							
1 604,99	I,IV	**48,91**	158,33	152,41	I						
	II		158,33	152,41	II						
	III		192,58	152,41	III						
	V	**209,08**	158,33	152,41	IV	14,50					
	VI	**253,41**	158,33	152,41							
1 607,99	I,IV	**49,50**	158,33	152,75	I						
	II		158,33	152,75	II						
	III		192,91	152,75	III						
	V	**210,25**	158,33	152,75	IV	15,00					
	VI	**254,58**	158,33	152,75							
1 610,99	I,IV	**50,08**	158,33	153,00	I						
	II		158,33	153,00	II						
	III		193,25	153,00	III						
	V	**211,41**	158,33	153,00	IV	15,41					
	VI	**255,75**	158,33	153,00							
1 613,99	I,IV	**50,66**	158,33	153,25	I						
	II		158,33	153,25	II						
	III		193,66	153,25	III						
	V	**212,50**	158,33	153,25	IV	15,83					
	VI	**256,83**	158,33	153,25							
1 616,99	I,IV	**51,16**	158,33	153,58	I						
	II		158,33	153,58	II						
	III		194,00	153,58	III						
	V	**213,66**	158,33	153,58	IV	16,33					
	VI	**258,00**	158,33	153,58							
1 619,99	I,IV	**51,75**	158,33	153,83	I						
	II		158,33	153,83	II						
	III		194,33	153,83	III						
	V	**214,83**	158,33	153,83	IV	16,75					
	VI	**259,16**	158,33	153,83							

* Zur LSt-Berechnung für privat versicherte Arbeitnehmer s. Beispiele **Vorbemerkung S. 4 f.**
** Basisvorsorgepauschale KV und PV *** Typisierter Arbeitgeberzuschuss

Lohn/ Gehalt in € bis	Steuerklasse	Lohn- steuer*	BVSP**	TAGZ***	Steuerklasse	Bemessungsgrundlage für Kirchensteuer und Solidaritätszuschlag – Freibeträge für ... Kinder 0,5	1,0	1,5	2,0	2,5	3,0
1 622,99	I,IV	**52,33**	158,33	154,16	I						
	II		158,33	154,16	II						
	III		194,75	154,16	III						
	V	**216,00**	158,33	154,16	IV	17,25					
	VI	**260,25**	158,33	154,16							
1 625,99	I,IV	**52,91**	158,33	154,41	I						
	II		158,33	154,41	II						
	III		195,08	154,41	III						
	V	**217,08**	158,33	154,41	IV	17,66					
	VI	**261,41**	158,33	154,41							
1 628,99	I,IV	**53,50**	158,33	154,75	I						
	II		158,33	154,75	II						
	III		195,41	154,75	III						
	V	**218,25**	158,33	154,75	IV	18,16					
	VI	**262,58**	158,33	154,75							
1 631,99	I,IV	**54,08**	158,33	155,00	I						
	II		158,33	155,00	II						
	III		195,83	155,00	III						
	V	**219,41**	158,33	155,00	IV	18,58					
	VI	**263,66**	158,33	155,00							
1 634,99	I,IV	**54,66**	158,33	155,25	I						
	II		158,33	155,25	II						
	III		196,16	155,25	III						
	V	**220,58**	158,33	155,25	IV	19,00					
	VI	**264,83**	158,33	155,25							
1 637,99	I,IV	**55,25**	158,33	155,58	I						
	II		158,33	155,58	II						
	III		196,50	155,58	III						
	V	**221,66**	158,33	155,58	IV	19,50					
	VI	**266,00**	158,33	155,58							
1 640,99	I,IV	**55,83**	158,33	155,83	I						
	II		158,33	155,83	II						
	III		196,91	155,83	III						
	V	**222,83**	158,33	155,83	IV	20,00					
	VI	**267,16**	158,33	155,83							
1 643,99	I,IV	**56,41**	158,33	156,16	I						
	II		158,33	156,16	II						
	III		197,25	156,16	III						
	V	**224,00**	158,33	156,16	IV	20,41					
	VI	**268,25**	158,33	156,16							
1 646,99	I,IV	**57,00**	158,33	156,41	I						
	II		158,33	156,41	II						
	III		197,58	156,41	III						
	V	**225,08**	158,33	156,41	IV	20,91					
	VI	**269,41**	158,33	156,41							
1 649,99	I,IV	**57,58**	158,33	156,66	I						
	II		158,33	156,66	II						
	III		197,91	156,66	III						
	V	**226,25**	158,33	156,66	IV	21,33					
	VI	**270,58**	158,33	156,66							
1 652,99	I,IV	**58,16**	158,33	157,00	I						
	II		158,33	157,00	II						
	III		198,33	157,00	III						
	V	**227,41**	158,33	157,00	IV	21,83					
	VI	**271,75**	158,33	157,00							
1 655,99	I,IV	**58,75**	158,33	157,25	I						
	II		158,33	157,25	II						
	III		198,66	157,25	III						
	V	**228,50**	158,33	157,25	IV	22,33					
	VI	**272,83**	158,33	157,25							

* Zur LSt-Berechnung für privat versicherte Arbeitnehmer s. Beispiele **Vorbemerkung S. 4 f.**
** Basisvorsorgepauschale KV und PV *** Typisierter Arbeitgeberzuschuss

Lohn/ Gehalt in € bis	Steuerklasse	Lohnsteuer*	BVSP**	TAGZ***	Steuerklasse	Bemessungsgrundlage für Kirchensteuer und Solidaritätszuschlag – Freibeträge für ... Kinder 0,5	1,0	1,5	2,0	2,5	3,0
1 658,99	I,IV	**59,33**	158,33	157,58	I						
	II		158,33	157,58	II						
	III		199,00	157,58	III						
	V	**229,66**	158,33	157,58	IV	22,75					
	VI	**274,00**	158,33	157,58							
1 661,99	I,IV	**59,91**	158,33	157,83	I						
	II		158,33	157,83	II						
	III		199,41	157,83	III						
	V	**230,83**	158,33	157,83	IV	23,25					
	VI	**275,16**	158,33	157,83							
1 664,99	I,IV	**60,50**	158,33	158,16	I						
	II		158,33	158,16	II						
	III		199,75	158,16	III						
	V	**231,91**	158,33	158,16	IV	23,75					
	VI	**276,25**	158,33	158,16							
1 667,99	I,IV	**61,08**	158,41	158,41	I						
	II		158,41	158,41	II						
	III		200,08	158,41	III						
	V	**233,08**	158,41	158,41	IV	24,16					
	VI	**277,41**	158,41	158,41							
1 670,99	I,IV	**61,66**	158,66	158,66	I						
	II		158,66	158,66	II						
	III		200,50	158,66	III						
	V	**234,08**	158,66	158,66	IV	24,58					
	VI	**278,41**	158,66	158,66							
1 673,99	I,IV	**62,16**	159,00	159,00	I						
	II		159,00	159,00	II						
	III		200,83	159,00	III						
	V	**235,08**	159,00	159,00	IV	25,00					
	VI	**279,41**	159,00	159,00							
1 676,99	I,IV	**62,66**	159,25	159,25	I						
	II		159,25	159,25	II						
	III		201,16	159,25	III						
	V	**236,08**	159,25	159,25	IV	25,50					
	VI	**280,41**	159,25	159,25							
1 679,99	I,IV	**63,25**	159,58	159,58	I						
	II		159,58	159,58	II						
	III		201,58	159,58	III						
	V	**237,16**	159,58	159,58	IV	25,91					
	VI	**281,41**	159,58	159,58							
1 682,99	I,IV	**63,83**	159,83	159,83	I						
	II		159,83	159,83	II						
	III		201,91	159,83	III						
	V	**238,16**	159,83	159,83	IV	26,33					
	VI	**282,50**	159,83	159,83							
1 685,99	I,IV	**64,33**	160,16	160,16	I						
	II		160,16	160,16	II						
	III		202,25	160,16	III						
	V	**239,16**	160,16	160,16	IV	26,75					
	VI	**283,50**	160,16	160,16							
1 688,99	I,IV	**64,91**	160,41	160,41	I						
	II	**0,25**	160,41	160,41	II						
	III		202,66	160,41	III						
	V	**240,25**	160,41	160,41	IV	27,25					
	VI	**284,50**	160,41	160,41							
1 691,99	I,IV	**65,41**	160,66	160,66	I						
	II	**0,58**	160,66	160,66	II						
	III		203,00	160,66	III						
	V	**241,25**	160,66	160,66	IV	27,66					
	VI	**285,58**	160,66	160,66							

* Zur LSt-Berechnung für privat versicherte Arbeitnehmer s. Beispiele **Vorbemerkung S. 4f.**
** Basisvorsorgepauschale KV und PV *** Typisierter Arbeitgeberzuschuss

Lohn/ Gehalt in € bis	Steuerklasse	Lohnsteuer*	BVSP**	TAGZ***	Steuerklasse	Bemessungsgrundlage für Kirchensteuer und Solidaritätszuschlag					
						Freibeträge für ... Kinder					
						0,5	**1,0**	1,5	**2,0**	2,5	**3,0**
1 694,99	I,IV	**66,00**	161,00	161,00	I						
	II	**0,91**	161,00	161,00	II						
	III		203,33	161,00	III						
	V	**242,25**	161,00	161,00	IV	28,08					
	VI	**286,58**	161,00	161,00							
1 697,99	I,IV	**66,50**	161,25	161,25	I						
	II	**1,25**	161,25	161,25	II						
	III		203,75	161,25	III						
	V	**243,33**	161,25	161,25	IV	28,50					
	VI	**287,58**	161,25	161,25							
1 700,99	I,IV	**67,08**	161,58	161,58	I						
	II	**1,58**	161,58	161,58	II						
	III		204,08	161,58	III						
	V	**244,33**	161,58	161,58	IV	29,00					
	VI	**288,58**	161,58	161,58							
1 703,99	I,IV	**67,58**	161,83	161,83	I						
	II	**1,91**	161,83	161,83	II						
	III		204,41	161,83	III						
	V	**245,33**	161,83	161,83	IV	29,41					
	VI	**289,66**	161,83	161,83							
1 706,99	I,IV	**68,16**	162,08	162,08	I						
	II	**2,33**	162,08	162,08	II						
	III		204,83	162,08	III						
	V	**246,41**	162,08	162,08	IV	29,91					
	VI	**290,66**	162,08	162,08							
1 709,99	I,IV	**68,75**	162,41	162,41	I	0,08					
	II	**2,66**	162,41	162,41	II						
	III		205,16	162,41	III						
	V	**247,41**	162,41	162,41	IV	30,33	0,08				
	VI	**291,66**	162,41	162,41							
1 712,99	I,IV	**69,25**	162,66	162,66	I	0,41					
	II	**3,00**	162,66	162,66	II						
	III		205,50	162,66	III						
	V	**248,41**	162,66	162,66	IV	30,75	0,41				
	VI	**292,75**	162,66	162,66							
1 715,99	I,IV	**69,83**	163,00	163,00	I	0,75					
	II	**3,33**	163,00	163,00	II						
	III		205,91	163,00	III						
	V	**249,41**	163,00	163,00	IV	31,25	0,75				
	VI	**293,75**	163,00	163,00							
1 718,99	I,IV	**70,41**	163,25	163,25	I	1,08					
	II	**3,66**	163,25	163,25	II						
	III		206,25	163,25	III						
	V	**250,41**	163,25	163,25	IV	31,66	1,08				
	VI	**294,75**	163,25	163,25							
1 721,99	I,IV	**71,00**	163,58	163,58	I	1,50					
	II	**4,08**	163,58	163,58	II						
	III		206,58	163,58	III						
	V	**251,50**	163,58	163,58	IV	32,16	1,50				
	VI	**295,83**	163,58	163,58							
1 724,99	I,IV	**71,50**	163,83	163,83	I	1,83					
	II	**4,41**	163,83	163,83	II						
	III		206,91	163,83	III						
	V	**252,50**	163,83	163,83	IV	32,58	1,83				
	VI	**296,83**	163,83	163,83							
1 727,99	I,IV	**72,08**	164,08	164,08	I	2,16					
	II	**4,75**	164,08	164,08	II						
	III		207,33	164,08	III						
	V	**253,50**	164,08	164,08	IV	33,00	2,16				
	VI	**297,83**	164,08	164,08							

* Zur LSt-Berechnung für privat versicherte Arbeitnehmer s. Beispiele **Vorbemerkung S. 4 f.**
** Basisvorsorgepauschale KV und PV *** Typisierter Arbeitgeberzuschuss

Lohn/ Gehalt in € bis	Steuerklasse	Lohn- steuer*	BVSP**	TAGZ***	Steuerklasse	Bemessungsgrundlage für Kirchensteuer und Solidaritätszuschlag – Freibeträge für ... Kinder 0,5	**1,0**	1,5	**2,0**	2,5	**3,0**
1 730,99	I,IV	**72,66**	164,41	164,41	I	2,50					
	II	**5,16**	164,41	164,41	II						
	III		207,66	164,41	III						
	V	**254,50**	164,41	164,41	IV	33,50	2,50				
	VI	**298,83**	164,41	164,41							
1 733,99	I,IV	**73,25**	164,66	164,66	I	2,83					
	II	**5,50**	164,66	164,66	II						
	III		208,00	164,66	III						
	V	**255,58**	164,66	164,66	IV	33,91	2,83				
	VI	**299,91**	164,66	164,66							
1 736,99	I,IV	**73,75**	165,00	165,00	I	3,25					
	II	**5,83**	165,00	165,00	II						
	III		208,41	165,00	III						
	V	**256,58**	165,00	165,00	IV	34,41	3,25				
	VI	**300,91**	165,00	165,00							
1 739,99	I,IV	**74,33**	165,25	165,25	I	3,58					
	II	**6,25**	165,25	165,25	II						
	III		208,75	165,25	III						
	V	**257,58**	165,25	165,25	IV	34,83	3,58				
	VI	**301,91**	165,25	165,25							
1 742,99	I,IV	**74,91**	165,58	165,58	I	3,91					
	II	**6,58**	165,58	165,58	II						
	III		209,08	165,58	III						
	V	**258,66**	165,58	165,58	IV	35,33	3,91				
	VI	**302,91**	165,58	165,58							
1 745,99	I,IV	**75,50**	165,83	165,83	I	4,25					
	II	**7,00**	165,83	165,83	II						
	III		209,50	165,83	III						
	V	**259,66**	165,83	165,83	IV	35,83	4,25				
	VI	**304,00**	165,83	165,83							
1 748,99	I,IV	**76,08**	166,08	166,08	I	4,66					
	II	**7,33**	166,08	166,08	II						
	III		209,83	166,08	III						
	V	**260,66**	166,08	166,08	IV	36,25	4,66				
	VI	**305,00**	166,08	166,08							
1 751,99	I,IV	**76,66**	166,41	166,41	I	5,00					
	II	**7,75**	166,41	166,41	II						
	III		210,16	166,41	III						
	V	**261,66**	166,41	166,41	IV	36,75	5,00				
	VI	**306,00**	166,41	166,41							
1 754,99	I,IV	**77,25**	166,66	166,66	I	5,33					
	II	**8,08**	166,66	166,66	II						
	III		210,58	166,66	III						
	V	**262,75**	166,66	166,66	IV	37,16	5,33				
	VI	**307,00**	166,66	166,66							
1 757,99	I,IV	**77,75**	167,00	167,00	I	5,75					
	II	**8,41**	167,00	167,00	II						
	III		210,91	167,00	III						
	V	**263,75**	167,00	167,00	IV	37,66	5,75				
	VI	**308,08**	167,00	167,00							
1 760,99	I,IV	**78,33**	167,25	167,25	I	6,08					
	II	**8,83**	167,25	167,25	II						
	III		211,25	167,25	III						
	V	**264,75**	167,25	167,25	IV	38,16	6,08				
	VI	**309,08**	167,25	167,25							
1 763,99	I,IV	**78,91**	167,50	167,50	I	6,50					
	II	**9,16**	167,50	167,50	II						
	III		211,66	167,50	III						
	V	**265,83**	167,50	167,50	IV	38,58	6,50				
	VI	**310,08**	167,50	167,50							

* Zur LSt-Berechnung für privat versicherte Arbeitnehmer s. Beispiele **Vorbemerkung S. 4 f.**
** Basisvorsorgepauschale KV und PV *** Typisierter Arbeitgeberzuschuss

Lohn/ Gehalt in € bis	Steuerklasse	Lohn-steuer*	BVSP**	TAGZ***	Steuerklasse	Bemessungsgrundlage für Kirchensteuer und Solidaritätszuschlag – Freibeträge für ... Kinder 0,5	1,0	1,5	2,0	2,5	3,0
1 766,99	I,IV	**79,50**	167,83	167,83	I	6,83					
	II	**9,58**	167,83	167,83	II						
	III		212,00	167,83	III						
	V	**266,83**	167,83	167,83	IV	39,08	6,83				
	VI	**311,16**	167,83	167,83							
1 769,99	I,IV	**80,08**	168,08	168,08	I	7,16					
	II	**9,91**	168,08	168,08	II						
	III		212,33	168,08	III						
	V	**267,83**	168,08	168,08	IV	39,58	7,16				
	VI	**312,16**	168,08	168,08							
1 772,99	I,IV	**80,66**	168,41	168,41	I	7,58					
	II	**10,33**	168,41	168,41	II						
	III		212,75	168,41	III						
	V	**268,91**	168,41	168,41	IV	40,08	7,58				
	VI	**313,16**	168,41	168,41							
1 775,99	I,IV	**81,25**	168,66	168,66	I	7,91					
	II	**10,75**	168,66	168,66	II						
	III		213,08	168,66	III						
	V	**269,91**	168,66	168,66	IV	40,50	7,91				
	VI	**314,16**	168,66	168,66							
1 778,99	I,IV	**81,83**	169,00	169,00	I	8,33					
	II	**11,08**	169,00	169,00	II						
	III		213,41	169,00	III						
	V	**270,91**	169,00	169,00	IV	41,00	8,33				
	VI	**315,25**	169,00	169,00							
1 781,99	I,IV	**82,41**	169,25	169,25	I	8,66					
	II	**11,50**	169,25	169,25	II						
	III		213,83	169,25	III						
	V	**271,91**	169,25	169,25	IV	41,50	8,66				
	VI	**316,25**	169,25	169,25							
1 784,99	I,IV	**83,08**	169,50	169,50	I	9,08					
	II	**11,91**	169,50	169,50	II						
	III		214,16	169,50	III						
	V	**273,00**	169,50	169,50	IV	42,00	9,08				
	VI	**317,25**	169,50	169,50							
1 787,99	I,IV	**83,58**	169,83	169,83	I	9,41					
	II	**12,25**	169,83	169,83	II						
	III		214,50	169,83	III						
	V	**274,00**	169,83	169,83	IV	42,41	9,41				
	VI	**318,33**	169,83	169,83							
1 790,99	I,IV	**84,16**	170,08	170,08	I	9,83					
	II	**12,66**	170,08	170,08	II						
	III		214,91	170,08	III						
	V	**275,00**	170,08	170,08	IV	42,91	9,83				
	VI	**319,33**	170,08	170,08							
1 793,99	I,IV	**84,75**	170,41	170,41	I	10,16					
	II	**13,00**	170,41	170,41	II						
	III		215,25	170,41	III						
	V	**276,00**	170,41	170,41	IV	43,41	10,16				
	VI	**320,33**	170,41	170,41							
1 796,99	I,IV	**85,33**	170,66	170,66	I	10,58					
	II	**13,41**	170,66	170,66	II						
	III		215,58	170,66	III						
	V	**277,00**	170,66	170,66	IV	43,91	10,58				
	VI	**321,33**	170,66	170,66							
1 799,99	I,IV	**86,00**	170,91	170,91	I	11,00					
	II	**13,83**	170,91	170,91	II						
	III		215,91	170,91	III						
	V	**278,08**	170,91	170,91	IV	44,41	11,00				
	VI	**322,41**	170,91	170,91							

* Zur LSt-Berechnung für privat versicherte Arbeitnehmer s. Beispiele **Vorbemerkung S. 4 f.**
** Basisvorsorgepauschale KV und PV *** Typisierter Arbeitgeberzuschuss

Lohn/ Gehalt in € bis	Steuerklasse	Lohn-steuer*	BVSP**	TAGZ***	Steuerklasse	Bemessungsgrundlage für Kirchensteuer und Solidaritätszuschlag					
						Freibeträge für ... Kinder					
						0,5	**1,0**	1,5	**2,0**	2,5	**3,0**
1 802,99	I,IV	**86,58**	171,25	171,25	I	11,33					
	II	**14,25**	171,25	171,25	II						
	III		216,33	171,25	III						
	V	**279,08**	171,25	171,25	IV	44,91	11,33				
	VI	**323,41**	171,25	171,25							
1 805,99	I,IV	**87,16**	171,50	171,50	I	11,75					
	II	**14,58**	171,50	171,50	II						
	III		216,66	171,50	III						
	V	**280,08**	171,50	171,50	IV	45,41	11,75				
	VI	**324,41**	171,50	171,50							
1 808,99	I,IV	**87,75**	171,83	171,83	I	12,08					
	II	**15,00**	171,83	171,83	II						
	III		217,00	171,83	III						
	V	**281,16**	171,83	171,83	IV	45,83	12,08				
	VI	**325,41**	171,83	171,83							
1 811,99	I,IV	**88,33**	172,08	172,08	I	12,50					
	II	**15,41**	172,08	172,08	II						
	III		217,41	172,08	III						
	V	**282,16**	172,08	172,08	IV	46,41	12,50				
	VI	**326,50**	172,08	172,08							
1 814,99	I,IV	**88,91**	172,41	172,41	I	12,91					
	II	**15,83**	172,41	172,41	II						
	III		217,75	172,41	III						
	V	**283,16**	172,41	172,41	IV	46,83	12,91				
	VI	**327,50**	172,41	172,41							
1 817,99	I,IV	**89,50**	172,66	172,66	I	13,25					
	II	**16,25**	172,66	172,66	II						
	III		218,08	172,66	III						
	V	**284,25**	172,66	172,66	IV	47,33	13,25				
	VI	**328,50**	172,66	172,66							
1 820,99	I,IV	**90,08**	172,91	172,91	I	13,66					
	II	**16,58**	172,91	172,91	II						
	III		218,50	172,91	III						
	V	**285,25**	172,91	172,91	IV	47,83	13,66				
	VI	**329,50**	172,91	172,91							
1 823,99	I,IV	**90,66**	173,25	173,25	I	14,08					
	II	**17,00**	173,25	173,25	II						
	III		218,83	173,25	III						
	V	**286,25**	173,25	173,25	IV	48,33	14,08				
	VI	**330,58**	173,25	173,25							
1 826,99	I,IV	**91,25**	173,50	173,50	I	14,50					
	II	**17,41**	173,50	173,50	II						
	III		219,16	173,50	III						
	V	**287,33**	173,50	173,50	IV	48,83	14,50				
	VI	**331,58**	173,50	173,50							
1 829,99	I,IV	**91,83**	173,83	173,83	I	14,83					
	II	**17,83**	173,83	173,83	II						
	III		219,58	173,83	III						
	V	**288,33**	173,83	173,83	IV	49,33	14,83				
	VI	**332,58**	173,83	173,83							
1 832,99	I,IV	**92,41**	174,08	174,08	I	15,25					
	II	**18,25**	174,08	174,08	II						
	III		219,91	174,08	III						
	V	**289,33**	174,08	174,08	IV	49,83	15,25				
	VI	**333,66**	174,08	174,08							
1 835,99	I,IV	**93,00**	174,41	174,41	I	15,66					
	II	**18,66**	174,41	174,41	II						
	III		220,25	174,41	III						
	V	**290,33**	174,41	174,41	IV	50,41	15,66				
	VI	**334,66**	174,41	174,41							

* Zur LSt-Berechnung für privat versicherte Arbeitnehmer s. Beispiele **Vorbemerkung S. 4 f.**
** Basisvorsorgepauschale KV und PV *** Typisierter Arbeitgeberzuschuss

Lohn/ Gehalt in € bis	Steuerklasse	Lohn-steuer*	BVSP**	TAGZ***	Steuerklasse	Bemessungsgrundlage für Kirchensteuer und Solidaritätszuschlag					
						Freibeträge für ... Kinder					
						0,5	1,0	1,5	2,0	2,5	3,0
1 838,99	I,IV	93,58	174,66	174,66	I	16,08					
	II	19,08	174,66	174,66	II						
	III		220,66	174,66	III						
	V	291,41	174,66	174,66	IV	50,91	16,08				
	VI	335,66	174,66	174,66							
1 841,99	I,IV	94,16	174,91	174,91	I	16,50					
	II	19,50	174,91	174,91	II						
	III		221,00	174,91	III						
	V	292,41	174,91	174,91	IV	51,41	16,50				
	VI	336,75	174,91	174,91							
1 844,99	I,IV	94,75	175,25	175,25	I	16,83					
	II	19,91	175,25	175,25	II						
	III		221,33	175,25	III						
	V	293,41	175,25	175,25	IV	51,91	16,83				
	VI	337,75	175,25	175,25							
1 847,99	I,IV	95,33	175,50	175,50	I	17,25					
	II	20,33	175,50	175,50	II						
	III		221,75	175,50	III						
	V	294,41	175,50	175,50	IV	52,41	17,25				
	VI	338,75	175,50	175,50							
1 850,99	I,IV	96,00	175,83	175,83	I	17,66					
	II	20,75	175,83	175,83	II						
	III		222,08	175,83	III						
	V	295,50	175,83	175,83	IV	52,91	17,66				
	VI	339,83	175,83	175,83							
1 853,99	I,IV	96,58	176,08	176,08	I	18,08					
	II	21,16	176,08	176,08	II						
	III		222,41	176,08	III						
	V	296,50	176,08	176,08	IV	53,41	18,08				
	VI	340,83	176,08	176,08							
1 856,99	I,IV	97,16	176,33	176,33	I	18,50					
	II	21,58	176,33	176,33	II						
	III		222,83	176,33	III						
	V	297,50	176,33	176,33	IV	54,00	18,50				
	VI	341,83	176,33	176,33							
1 859,99	I,IV	97,75	176,66	176,66	I	18,91					
	II	22,00	176,66	176,66	II						
	III		223,16	176,66	III						
	V	298,50	176,66	176,66	IV	54,50	18,91				
	VI	342,83	176,66	176,66							
1 862,99	I,IV	98,33	176,91	176,91	I	19,33					
	II	22,41	176,91	176,91	II						
	III		223,50	176,91	III						
	V	299,58	176,91	176,91	IV	55,00	19,33				
	VI	343,91	176,91	176,91							
1 865,99	I,IV	98,91	177,25	177,25	I	19,75					
	II	22,83	177,25	177,25	II						
	III		223,91	177,25	III						
	V	300,58	177,25	177,25	IV	55,50	19,75				
	VI	344,91	177,25	177,25							
1 868,99	I,IV	99,50	177,50	177,50	I	20,16					
	II	23,25	177,50	177,50	II						
	III		224,25	177,50	III						
	V	301,58	177,50	177,50	IV	56,00	20,16				
	VI	345,91	177,50	177,50							
1 871,99	I,IV	100,08	177,83	177,83	I	20,58					
	II	23,66	177,83	177,83	II						
	III		224,58	177,83	III						
	V	302,58	177,83	177,83	IV	56,58	20,58				
	VI	346,91	177,83	177,83							

* Zur LSt-Berechnung für privat versicherte Arbeitnehmer s. Beispiele **Vorbemerkung S. 4 f.**
** Basisvorsorgepauschale KV und PV *** Typisierter Arbeitgeberzuschuss

Lohn/ Gehalt in € bis	Steuerklasse	**Lohn-steuer***	BVSP**	TAGZ***	Steuerklasse	0,5	**1,0**	1,5	**2,0**	2,5	**3,0**
						Bemessungsgrundlage für Kirchensteuer und Solidaritätszuschlag – Freibeträge für ... Kinder					
1 874,99	I,IV	**100,75**	178,08	178,08	I	21,00					
	II	**24,08**	178,08	178,08	II						
	III		224,91	178,08	III						
	V	**303,66**	178,08	178,08	IV	57,08	21,00				
	VI	**348,00**	178,08	178,08							
1 877,99	I,IV	**101,33**	178,33	178,33	I	21,41					
	II	**24,50**	178,33	178,33	II						
	III		225,33	178,33	III						
	V	**304,66**	178,33	178,33	IV	57,58	21,41				
	VI	**349,00**	178,33	178,33							
1 880,99	I,IV	**101,91**	178,66	178,66	I	21,83					
	II	**25,00**	178,66	178,66	II						
	III		225,66	178,66	III						
	V	**305,66**	178,66	178,66	IV	58,16	21,83				
	VI	**350,00**	178,66	178,66							
1 883,99	I,IV	**102,50**	178,91	178,91	I	22,25					
	II	**25,41**	178,91	178,91	II						
	III		226,00	178,91	III						
	V	**306,75**	178,91	178,91	IV	58,66	22,25				
	VI	**351,00**	178,91	178,91							
1 886,99	I,IV	**103,08**	179,25	179,25	I	22,66					
	II	**25,83**	179,25	179,25	II						
	III		226,41	179,25	III						
	V	**307,75**	179,25	179,25	IV	59,16	22,66				
	VI	**352,08**	179,25	179,25							
1 889,99	I,IV	**103,66**	179,50	179,50	I	23,08					
	II	**26,25**	179,50	179,50	II						
	III		226,75	179,50	III						
	V	**308,75**	179,50	179,50	IV	59,75	23,08				
	VI	**353,08**	179,50	179,50							
1 892,99	I,IV	**104,25**	179,83	179,83	I	23,50					
	II	**26,66**	179,83	179,83	II						
	III		227,08	179,83	III						
	V	**309,83**	179,83	179,83	IV	60,25	23,50				
	VI	**354,08**	179,83	179,83							
1 895,99	I,IV	**104,83**	180,08	180,08	I	23,91					
	II	**27,16**	180,08	180,08	II						
	III		227,50	180,08	III						
	V	**310,83**	180,08	180,08	IV	60,83	23,91				
	VI	**355,08**	180,08	180,08							
1 898,99	I,IV	**105,41**	180,33	180,33	I	24,33					
	II	**27,58**	180,33	180,33	II						
	III		227,83	180,33	III						
	V	**311,83**	180,33	180,33	IV	61,33	24,33				
	VI	**356,16**	180,33	180,33							
1 901,99	I,IV	**106,08**	180,66	180,66	I	24,83					
	II	**28,00**	180,66	180,66	II						
	III		228,16	180,66	III						
	V	**312,91**	180,66	180,66	IV	61,91	24,83				
	VI	**357,16**	180,66	180,66							
1 904,99	I,IV	**106,66**	180,91	180,91	I	25,25					
	II	**28,50**	180,91	180,91	II						
	III		228,58	180,91	III						
	V	**313,91**	180,91	180,91	IV	62,41	25,25				
	VI	**358,16**	180,91	180,91							
1 907,99	I,IV	**107,25**	181,25	181,25	I	25,66					
	II	**28,91**	181,25	181,25	II						
	III		228,91	181,25	III						
	V	**314,91**	181,25	181,25	IV	62,91	25,66				
	VI	**359,25**	181,25	181,25							

* Zur LSt-Berechnung für privat versicherte Arbeitnehmer s. Beispiele **Vorbemerkung S. 4f.**
** Basisvorsorgepauschale KV und PV *** Typisierter Arbeitgeberzuschuss

Lohn/ Gehalt in € bis	Steuerklasse	Lohn-steuer*	BVSP**	TAGZ***	Steuerklasse	Bemessungsgrundlage für Kirchensteuer und Solidaritätszuschlag – Freibeträge für ... Kinder 0,5	1,0	1,5	2,0	2,5	3,0
1910,99	I,IV	**107,83**	181,50	181,50	I	26,08					
	II	**29,33**	181,50	181,50	II						
	III		229,25	181,50	III						
	V	**315,91**	181,50	181,50	IV	63,50	26,08				
	VI	**360,25**	181,50	181,50							
1913,99	I,IV	**108,41**	181,75	181,75	I	26,50					
	II	**29,83**	181,75	181,75	II						
	III		229,66	181,75	III						
	V	**317,00**	181,75	181,75	IV	64,00	26,50				
	VI	**361,25**	181,75	181,75							
1916,99	I,IV	**109,08**	182,08	182,08	I	27,00					
	II	**30,25**	182,08	182,08	II						
	III		230,00	182,08	III						
	V	**318,00**	182,08	182,08	IV	64,58	27,00				
	VI	**362,33**	182,08	182,08							
1919,99	I,IV	**109,66**	182,33	182,33	I	27,41					
	II	**30,66**	182,33	182,33	II						
	III		230,33	182,33	III						
	V	**319,00**	182,33	182,33	IV	65,08	27,41				
	VI	**363,33**	182,33	182,33							
1922,99	I,IV	**110,25**	182,66	182,66	I	27,83					
	II	**31,16**	182,66	182,66	II						
	III		230,75	182,66	III						
	V	**320,00**	182,66	182,66	IV	65,66	27,83				
	VI	**364,33**	182,66	182,66							
1925,99	I,IV	**110,83**	182,91	182,91	I	28,25					
	II	**31,58**	182,91	182,91	II						
	III		231,08	182,91	III						
	V	**321,00**	182,91	182,91	IV	66,16	28,25				
	VI	**365,33**	182,91	182,91							
1928,99	I,IV	**111,41**	183,25	183,25	I	28,75					
	II	**32,08**	183,25	183,25	II						
	III		231,41	183,25	III						
	V	**322,08**	183,25	183,25	IV	66,75	28,75				
	VI	**366,41**	183,25	183,25							
1931,99	I,IV	**112,00**	183,50	183,50	I	29,16					
	II	**32,50**	183,50	183,50	II						
	III		231,83	183,50	III						
	V	**323,08**	183,50	183,50	IV	67,33	29,16				
	VI	**367,41**	183,50	183,50							
1934,99	I,IV	**112,66**	183,75	183,75	I	29,58					
	II	**32,91**	183,75	183,75	II						
	III		232,16	183,75	III						
	V	**324,08**	183,75	183,75	IV	67,83	29,58				
	VI	**368,41**	183,75	183,75							
1937,99	I,IV	**113,25**	184,08	184,08	I	30,08					
	II	**33,41**	184,08	184,08	II						
	III		232,50	184,08	III						
	V	**325,16**	184,08	184,08	IV	68,41	30,08				
	VI	**369,41**	184,08	184,08							
1940,99	I,IV	**113,83**	184,33	184,33	I	30,50					
	II	**33,91**	184,33	184,33	II						
	III		232,91	184,33	III						
	V	**326,16**	184,33	184,33	IV	69,00	30,50	0,25			
	VI	**370,50**	184,33	184,33							
1943,99	I,IV	**114,41**	184,66	184,66	I	31,00					
	II	**34,33**	184,66	184,66	II						
	III		233,25	184,66	III						
	V	**327,16**	184,66	184,66	IV	69,50	31,00	0,58			
	VI	**371,50**	184,66	184,66							

* Zur LSt-Berechnung für privat versicherte Arbeitnehmer s. Beispiele **Vorbemerkung S. 4 f.**
** Basisvorsorgepauschale KV und PV *** Typisierter Arbeitgeberzuschuss

Lohn/ Gehalt in € bis	Steuerklasse	**Lohn-steuer***	BVSP**	TAGZ***	Steuerklasse	Bemessungsgrundlage für Kirchensteuer und Solidaritätszuschlag					
						Freibeträge für ... Kinder					
						0,5	**1,0**	1,5	**2,0**	2,5	**3,0**
1 946,99	I,IV	**115,00**	184,91	184,91	I	31,41					
	II	**34,83**	184,91	184,91	II						
	III		233,58	184,91	III						
	V	**328,16**	184,91	184,91	IV	70,08	31,41	0,91			
	VI	**372,50**	184,91	184,91							
1 949,99	I,IV	**115,58**	185,16	185,16	I	31,83					
	II	**35,25**	185,16	185,16	II						
	III		233,91	185,16	III						
	V	**329,25**	185,16	185,16	IV	70,66	31,83	1,25			
	VI	**373,50**	185,16	185,16							
1 952,99	I,IV	**116,25**	185,50	185,50	I	32,33					
	II	**35,75**	185,50	185,50	II						
	III		234,33	185,50	III						
	V	**330,25**	185,50	185,50	IV	71,25	32,33	1,58			
	VI	**374,58**	185,50	185,50							
1 955,99	I,IV	**116,83**	185,75	185,75	I	32,75					
	II	**36,16**	185,75	185,75	II						
	III		234,66	185,75	III						
	V	**331,25**	185,75	185,75	IV	71,75	32,75	2,00			
	VI	**375,58**	185,75	185,75							
1 958,99	I,IV	**117,41**	186,08	186,08	I	33,25					
	II	**36,66**	186,08	186,08	II						
	III		235,00	186,08	III						
	V	**332,33**	186,08	186,08	IV	72,33	33,25	2,33			
	VI	**376,58**	186,08	186,08							
1 961,99	I,IV	**118,00**	186,33	186,33	I	33,66					
	II	**37,08**	186,33	186,33	II						
	III		235,41	186,33	III						
	V	**333,33**	186,33	186,33	IV	72,91	33,66	2,66			
	VI	**377,66**	186,33	186,33							
1 964,99	I,IV	**118,58**	186,66	186,66	I	34,16					
	II	**37,58**	186,66	186,66	II						
	III		235,75	186,66	III						
	V	**334,33**	186,66	186,66	IV	73,41	34,16	3,00			
	VI	**378,66**	186,66	186,66							
1 967,99	I,IV	**119,25**	186,91	186,91	I	34,58					
	II	**38,08**	186,91	186,91	II						
	III		236,08	186,91	III						
	V	**335,41**	186,91	186,91	IV	74,00	34,58	3,33			
	VI	**379,66**	186,91	186,91							
1 970,99	I,IV	**119,83**	187,16	187,16	I	35,08					
	II	**38,50**	187,16	187,16	II						
	III		236,50	187,16	III						
	V	**336,41**	187,16	187,16	IV	74,58	35,08	3,75			
	VI	**380,66**	187,16	187,16							
1 973,99	I,IV	**120,41**	187,50	187,50	I	35,50					
	II	**39,00**	187,50	187,50	II						
	III		236,83	187,50	III						
	V	**337,41**	187,50	187,50	IV	75,16	35,50	4,08			
	VI	**381,75**	187,50	187,50							
1 976,99	I,IV	**121,00**	187,75	187,75	I	36,00					
	II	**39,50**	187,75	187,75	II						
	III		237,16	187,75	III						
	V	**338,41**	187,75	187,75	IV	75,75	36,00	4,41			
	VI	**382,75**	187,75	187,75							
1 979,99	I,IV	**121,66**	188,08	188,08	I	36,50					
	II	**40,00**	188,08	188,08	II						
	III		237,58	188,08	III						
	V	**339,50**	188,08	188,08	IV	76,33	36,50	4,83			
	VI	**383,75**	188,08	188,08							

* Zur LSt-Berechnung für privat versicherte Arbeitnehmer s. Beispiele **Vorbemerkung S. 4 f.**
** Basisvorsorgepauschale KV und PV *** Typisierter Arbeitgeberzuschuss

Lohn/ Gehalt in € bis	Steuerklasse	Lohn-steuer*	BVSP**	TAGZ***	Steuerklasse	Bemessungsgrundlage für Kirchensteuer und Solidaritätszuschlag – Freibeträge für ... Kinder 0,5	1,0	1,5	2,0	2,5	3,0
1 982,99	I,IV	**122,25**	188,33	188,33	I	36,91					
	II	**40,41**	188,33	188,33	II						
	III		237,91	188,33	III						
	V	**340,50**	188,33	188,33	IV	76,91	36,91	5,16			
	VI	**384,83**	188,33	188,33							
1 985,99	I,IV	**122,83**	188,66	188,66	I	37,41					
	II	**40,91**	188,66	188,66	II						
	III		238,25	188,66	III						
	V	**341,50**	188,66	188,66	IV	77,50	37,41	5,50			
	VI	**385,83**	188,66	188,66							
1 988,99	I,IV	**123,41**	188,91	188,91	I	37,83					
	II	**41,41**	188,91	188,91	II						
	III		238,66	188,91	III						
	V	**342,50**	188,91	188,91	IV	78,00	37,83	5,91			
	VI	**386,83**	188,91	188,91							
1 991,99	I,IV	**124,08**	189,16	189,16	I	38,33					
	II	**41,91**	189,16	189,16	II						
	III		239,00	189,16	III						
	V	**343,58**	189,16	189,16	IV	78,66	38,33	6,25			
	VI	**387,91**	189,16	189,16							
1 994,99	I,IV	**124,66**	189,50	189,50	I	38,83					
	II	**42,33**	189,50	189,50	II						
	III		239,33	189,50	III						
	V	**344,58**	189,50	189,50	IV	79,16	38,83	6,58			
	VI	**388,91**	189,50	189,50							
1 997,99	I,IV	**125,25**	189,75	189,75	I	39,33					
	II	**42,83**	189,75	189,75	II						
	III		239,75	189,75	III						
	V	**345,58**	189,75	189,75	IV	79,75	39,33	7,00			
	VI	**389,91**	189,75	189,75							
2 000,99	I,IV	**125,83**	190,08	190,08	I	39,75					
	II	**43,33**	190,08	190,08	II						
	III		240,08	190,08	III						
	V	**346,58**	190,08	190,08	IV	80,33	39,75	7,33			
	VI	**390,91**	190,08	190,08							
2 003,99	I,IV	**126,50**	190,33	190,33	I	40,25					
	II	**43,83**	190,33	190,33	II						
	III		240,41	190,33	III						
	V	**347,66**	190,33	190,33	IV	80,91	40,25	7,75			
	VI	**391,91**	190,33	190,33							
2 006,99	I,IV	**127,08**	190,58	190,58	I	40,75					
	II	**44,33**	190,58	190,58	II						
	III		240,83	190,58	III						
	V	**348,66**	190,58	190,58	IV	81,50	40,75	8,08			
	VI	**393,00**	190,58	190,58							
2 009,99	I,IV	**127,66**	190,91	190,91	I	41,25					
	II	**44,83**	190,91	190,91	II						
	III		241,16	190,91	III						
	V	**349,66**	190,91	190,91	IV	82,08	41,25	8,50			
	VI	**394,00**	190,91	190,91							
2 012,99	I,IV	**128,25**	191,16	191,16	I	41,66					
	II	**45,33**	191,16	191,16	II						
	III		241,50	191,16	III						
	V	**350,75**	191,16	191,16	IV	82,66	41,66	8,83			
	VI	**395,00**	191,16	191,16							
2 015,99	I,IV	**128,91**	191,50	191,50	I	42,16					
	II	**45,75**	191,50	191,50	II						
	III		241,91	191,50	III						
	V	**351,75**	191,50	191,50	IV	83,25	42,16	9,25			
	VI	**396,00**	191,50	191,50							

* Zur LSt-Berechnung für privat versicherte Arbeitnehmer s. Beispiele **Vorbemerkung S. 4 f.**
** Basisvorsorgepauschale KV und PV *** Typisierter Arbeitgeberzuschuss

Lohn/ Gehalt in € bis	Steuerklasse	Lohn-steuer*	BVSP**	TAGZ***	Steuerklasse	Bemessungsgrundlage für Kirchensteuer und Solidaritätszuschlag					
						Freibeträge für ... Kinder					
						0,5	**1,0**	1,5	**2,0**	2,5	**3,0**
2018,99	I,IV	**129,50**	191,75	191,75	I	42,66					
	II	**46,25**	191,75	191,75	II						
	III		242,25	191,75	III						
	V	**352,75**	191,75	191,75	IV	83,91	42,66	9,58			
	VI	**397,08**	191,75	191,75							
2021,99	I,IV	**130,08**	192,08	192,08	I	43,16					
	II	**46,75**	192,08	192,08	II						
	III		242,58	192,08	III						
	V	**353,83**	192,08	192,08	IV	84,50	43,16	10,00			
	VI	**398,08**	192,08	192,08							
2024,99	I,IV	**130,75**	192,33	192,33	I	43,66					
	II	**47,25**	192,33	192,33	II						
	III		242,91	192,33	III						
	V	**354,83**	192,33	192,33	IV	85,08	43,66	10,33			
	VI	**399,08**	192,33	192,33							
2027,99	I,IV	**131,33**	192,58	192,58	I	44,08					
	II	**47,75**	192,58	192,58	II						
	III		243,33	192,58	III						
	V	**355,83**	192,58	192,58	IV	85,66	44,08	10,75			
	VI	**400,16**	192,58	192,58							
2030,99	I,IV	**131,91**	192,91	192,91	I	44,58					
	II	**48,25**	192,91	192,91	II						
	III		243,66	192,91	III						
	V	**356,83**	192,91	192,91	IV	86,25	44,58	11,16			
	VI	**401,16**	192,91	192,91							
2033,99	I,IV	**132,58**	193,16	193,16	I	45,08					
	II	**48,75**	193,16	193,16	II						
	III		244,00	193,16	III						
	V	**357,91**	193,16	193,16	IV	86,83	45,08	11,50			
	VI	**402,16**	193,16	193,16							
2036,99	I,IV	**133,16**	193,50	193,50	I	45,58					
	II	**49,25**	193,50	193,50	II						
	III		244,41	193,50	III						
	V	**358,91**	193,50	193,50	IV	87,41	45,58	11,91			
	VI	**403,25**	193,50	193,50							
2039,99	I,IV	**133,75**	193,75	193,75	I	46,08					
	II	**49,75**	193,75	193,75	II						
	III		244,75	193,75	III						
	V	**359,91**	193,75	193,75	IV	88,00	46,08	12,25			
	VI	**404,25**	193,75	193,75							
2042,99	I,IV	**134,41**	194,08	194,08	I	46,58					
	II	**50,33**	194,08	194,08	II						
	III		245,08	194,08	III						
	V	**361,00**	194,08	194,08	IV	88,58	46,58	12,66			
	VI	**405,25**	194,08	194,08							
2045,99	I,IV	**135,00**	194,33	194,33	I	47,08					
	II	**50,83**	194,33	194,33	II						
	III		245,50	194,33	III						
	V	**362,00**	194,33	194,33	IV	89,16	47,08	13,08			
	VI	**406,33**	194,33	194,33							
2048,99	I,IV	**135,58**	194,58	194,58	I	47,58					
	II	**51,33**	194,58	194,58	II						
	III		245,83	194,58	III						
	V	**363,00**	194,58	194,58	IV	89,75	47,58	13,41			
	VI	**407,33**	194,58	194,58							
2051,99	I,IV	**136,16**	194,91	194,91	I	48,08					
	II	**51,83**	194,91	194,91	II						
	III		246,16	194,91	III						
	V	**364,00**	194,91	194,91	IV	90,33	48,08	13,83			
	VI	**408,33**	194,91	194,91							

* Zur LSt-Berechnung für privat versicherte Arbeitnehmer s. Beispiele **Vorbemerkung S. 4 f.**
** Basisvorsorgepauschale KV und PV *** Typisierter Arbeitgeberzuschuss

Lohn/ Gehalt in € bis	Steuerklasse	Lohn-steuer*	BVSP**	TAGZ***	Steuerklasse	Bemessungsgrundlage für Kirchensteuer und Solidaritätszuschlag – Freibeträge für ... Kinder 0,5	1,0	1,5	2,0	2,5	3,0
2054,99	I,IV	**136,83**	195,16	195,16	I	48,58					
	II	**52,33**	195,16	195,16	II						
	III		246,58	195,16	III						
	V	**365,00**	195,16	195,16	IV	90,91	48,58	14,25			
	VI	**409,33**	195,16	195,16							
2057,99	I,IV	**137,41**	195,50	195,50	I	49,08					
	II	**52,83**	195,50	195,50	II						
	III		246,91	195,50	III						
	V	**366,08**	195,50	195,50	IV	91,50	49,08	14,66			
	VI	**410,41**	195,50	195,50							
2060,99	I,IV	**138,00**	195,75	195,75	I	49,58					
	II	**53,33**	195,75	195,75	II						
	III		247,25	195,75	III						
	V	**367,08**	195,75	195,75	IV	92,08	49,58	15,00			
	VI	**411,41**	195,75	195,75							
2063,99	I,IV	**138,66**	196,00	196,00	I	50,08					
	II	**53,83**	196,00	196,00	II						
	III		247,66	196,00	III						
	V	**368,08**	196,00	196,00	IV	92,66	50,08	15,41			
	VI	**412,41**	196,00	196,00							
2066,99	I,IV	**139,25**	196,33	196,33	I	50,58					
	II	**54,41**	196,33	196,33	II						
	III		248,00	196,33	III						
	V	**369,08**	196,33	196,33	IV	93,25	50,58	15,83			
	VI	**413,41**	196,33	196,33							
2069,99	I,IV	**139,83**	196,58	196,58	I	51,08					
	II	**54,91**	196,58	196,58	II						
	III		248,33	196,58	III						
	V	**370,16**	196,58	196,58	IV	93,91	51,08	16,25			
	VI	**414,50**	196,58	196,58							
2072,99	I,IV	**140,50**	196,91	196,91	I	51,58					
	II	**55,41**	196,91	196,91	II						
	III		248,75	196,91	III						
	V	**371,16**	196,91	196,91	IV	94,50	51,58	16,66			
	VI	**415,50**	196,91	196,91							
2075,99	I,IV	**141,08**	197,16	197,16	I	52,16					
	II	**55,91**	197,16	197,16	II						
	III		249,08	197,16	III						
	V	**372,16**	197,16	197,16	IV	95,08	52,16	17,08			
	VI	**416,50**	197,16	197,16							
2078,99	I,IV	**141,66**	197,50	197,50	I	52,66					
	II	**56,50**	197,50	197,50	II						
	III		249,41	197,50	III						
	V	**373,25**	197,50	197,50	IV	95,66	52,66	17,41			
	VI	**417,50**	197,50	197,50							
2081,99	I,IV	**142,33**	197,75	197,75	I	53,16					
	II	**57,00**	197,75	197,75	II						
	III		249,83	197,75	III						
	V	**374,25**	197,75	197,75	IV	96,25	53,16	17,83			
	VI	**418,58**	197,75	197,75							
2084,99	I,IV	**142,91**	198,00	198,00	I	53,66					
	II	**57,50**	198,00	198,00	II						
	III		250,00	198,00	III						
	V	**375,25**	198,00	198,00	IV	96,83	53,66	18,25			
	VI	**419,58**	198,00	198,00							
2087,99	I,IV	**143,50**	198,33	198,33	I	54,16					
	II	**58,08**	198,33	198,33	II						
	III		250,00	198,33	III						
	V	**376,33**	198,33	198,33	IV	97,41	54,16	18,66			
	VI	**420,58**	198,33	198,33							

* Zur LSt-Berechnung für privat versicherte Arbeitnehmer s. Beispiele **Vorbemerkung S. 4f.**
** Basisvorsorgepauschale KV und PV *** Typisierter Arbeitgeberzuschuss

Lohn/ Gehalt in € bis	Steuerklasse	Lohn-steuer*	BVSP**	TAGZ***	Steuerklasse	Bemessungsgrundlage für Kirchensteuer und Solidaritätszuschlag					
						Freibeträge für ... Kinder					
						0,5	**1,0**	1,5	**2,0**	2,5	**3,0**
2090,99	I,IV	**144,16**	198,58	198,58	I	54,66					
	II	**58,58**	198,58	198,58	II						
	III		250,00	198,58	III						
	V	**377,33**	198,58	198,58	IV	98,00	54,66	19,08			
	VI	**421,58**	198,58	198,58							
2093,99	I,IV	**144,75**	198,91	198,91	I	55,25					
	II	**59,08**	198,91	198,91	II						
	III		250,00	198,91	III						
	V	**378,33**	198,91	198,91	IV	98,58	55,25	19,50			
	VI	**422,66**	198,91	198,91							
2096,99	I,IV	**145,33**	199,16	199,16	I	55,75					
	II	**59,66**	199,16	199,16	II						
	III		250,00	199,16	III						
	V	**379,41**	199,16	199,16	IV	99,16	55,75	19,91			
	VI	**423,66**	199,16	199,16							
2099,99	I,IV	**146,00**	199,41	199,41	I	56,25					
	II	**60,16**	199,41	199,41	II						
	III		250,00	199,41	III						
	V	**380,41**	199,41	199,41	IV	99,75	56,25	20,33			
	VI	**424,66**	199,41	199,41							
2102,99	I,IV	**146,58**	199,75	199,75	I	56,75					
	II	**60,66**	199,75	199,75	II						
	III		250,00	199,75	III						
	V	**381,41**	199,75	199,75	IV	100,33	56,75	20,75			
	VI	**425,75**	199,75	199,75							
2105,99	I,IV	**147,16**	200,00	200,00	I	57,33					
	II	**61,25**	200,00	200,00	II						
	III		250,00	200,00	III						
	V	**382,41**	200,00	200,00	IV	101,00	57,33	21,16			
	VI	**426,75**	200,00	200,00							
2108,99	I,IV	**147,83**	200,33	200,33	I	57,83					
	II	**61,75**	200,33	200,33	II						
	III		250,00	200,33	III						
	V	**383,50**	200,33	200,33	IV	101,58	57,83	21,58			
	VI	**427,75**	200,33	200,33							
2111,99	I,IV	**148,41**	200,58	200,58	I	58,33					
	II	**62,33**	200,58	200,58	II						
	III		250,00	200,58	III						
	V	**384,50**	200,58	200,58	IV	102,16	58,33	22,00			
	VI	**428,83**	200,58	200,58							
2114,99	I,IV	**149,08**	200,91	200,91	I	58,91					
	II	**62,83**	200,91	200,91	II						
	III		250,00	200,91	III						
	V	**385,50**	200,91	200,91	IV	102,75	58,91	22,41			
	VI	**429,83**	200,91	200,91							
2117,99	I,IV	**149,66**	201,16	201,16	I	59,41					
	II	**63,41**	201,16	201,16	II						
	III		250,00	201,16	III						
	V	**386,50**	201,16	201,16	IV	103,33	59,41	22,83			
	VI	**430,83**	201,16	201,16							
2120,99	I,IV	**150,33**	201,41	201,41	I	60,00					
	II	**63,91**	201,41	201,41	II						
	III		250,00	201,41	III						
	V	**387,58**	201,41	201,41	IV	103,91	60,00	23,25			
	VI	**431,91**	201,41	201,41							
2123,99	I,IV	**150,91**	201,75	201,75	I	60,50					
	II	**64,50**	201,75	201,75	II						
	III		250,00	201,75	III						
	V	**388,58**	201,75	201,75	IV	104,50	60,50	23,66			
	VI	**432,91**	201,75	201,75							

* Zur LSt-Berechnung für privat versicherte Arbeitnehmer s. Beispiele **Vorbemerkung S. 4 f.**
** Basisvorsorgepauschale KV und PV *** Typisierter Arbeitgeberzuschuss

Lohn/ Gehalt in € bis	Steuerklasse	Lohn-steuer*	BVSP**	TAGZ***	Steuerklasse	0,5	1,0	1,5	2,0	2,5	3,0
						Bemessungsgrundlage für Kirchensteuer und Solidaritätszuschlag – Freibeträge für ... Kinder					
2126,99	I,IV	**151,50**	202,00	202,00	I	61,00					
	II	**65,00**	202,00	202,00	II						
	III		250,00	202,00	III						
	V	**389,58**	202,00	202,00	IV	105,16	61,00	24,16			
	VI	**433,91**	202,00	202,00							
2129,99	I,IV	**152,16**	202,33	202,33	I	61,58					
	II	**65,58**	202,33	202,33	II						
	III		250,00	202,33	III						
	V	**390,58**	202,33	202,33	IV	105,75	61,58	24,58			
	VI	**434,91**	202,33	202,33							
2132,99	I,IV	**152,75**	202,58	202,58	I	62,08					
	II	**66,08**	202,58	202,58	II						
	III		250,00	202,58	III						
	V	**391,66**	202,58	202,58	IV	106,33	62,08	25,00			
	VI	**435,91**	202,58	202,58							
2135,99	I,IV	**153,33**	202,91	202,91	I	62,66					
	II	**66,66**	202,91	202,91	II						
	III		250,00	202,91	III						
	V	**392,66**	202,91	202,91	IV	106,91	62,66	25,41			
	VI	**437,00**	202,91	202,91							
2138,99	I,IV	**154,00**	203,16	203,16	I	63,16					
	II	**67,25**	203,16	203,16	II						
	III		250,00	203,16	III						
	V	**393,66**	203,16	203,16	IV	107,50	63,16	25,83			
	VI	**438,00**	203,16	203,16							
2141,99	I,IV	**154,58**	203,41	203,41	I	63,75					
	II	**67,75**	203,41	203,41	II						
	III		250,00	203,41	III						
	V	**394,66**	203,41	203,41	IV	108,08	63,75	26,25			
	VI	**439,00**	203,41	203,41							
2144,99	I,IV	**155,25**	203,75	203,75	I	64,25					
	II	**68,33**	203,75	203,75	II						
	III		250,00	203,75	III						
	V	**395,75**	203,75	203,75	IV	108,66	64,25	26,75			
	VI	**440,00**	203,75	203,75							
2147,99	I,IV	**155,83**	204,00	204,00	I	64,83					
	II	**68,91**	204,00	204,00	II	0,16					
	III		250,00	204,00	III						
	V	**396,75**	204,00	204,00	IV	109,33	64,83	27,16			
	VI	**441,08**	204,00	204,00							
2150,99	I,IV	**156,50**	204,33	204,33	I	65,33					
	II	**69,41**	204,33	204,33	II	0,50					
	III		250,00	204,33	III						
	V	**397,75**	204,33	204,33	IV	109,91	65,33	27,58			
	VI	**442,08**	204,33	204,33							
2153,99	I,IV	**157,08**	204,58	204,58	I	65,91					
	II	**70,00**	204,58	204,58	II	0,83					
	III		250,00	204,58	III						
	V	**398,83**	204,58	204,58	IV	110,50	65,91	28,08			
	VI	**443,08**	204,58	204,58							
2156,99	I,IV	**157,66**	204,83	204,83	I	66,41					
	II	**70,58**	204,83	204,83	II	1,16					
	III		250,00	204,83	III						
	V	**399,83**	204,83	204,83	IV	111,08	66,41	28,50			
	VI	**444,16**	204,83	204,83							
2159,99	I,IV	**158,33**	205,16	205,16	I	67,00					
	II	**71,08**	205,16	205,16	II	1,58					
	III		250,00	205,16	III						
	V	**400,83**	205,16	205,16	IV	111,66	67,00	28,91			
	VI	**445,16**	205,16	205,16							

* Zur LSt-Berechnung für privat versicherte Arbeitnehmer s. Beispiele **Vorbemerkung S. 4 f.**
** Basisvorsorgepauschale KV und PV *** Typisierter Arbeitgeberzuschuss

Lohn/ Gehalt in € bis	Steuerklasse	Lohn-steuer*	BVSP**	TAGZ***	Steuerklasse	Bemessungsgrundlage für Kirchensteuer und Solidaritätszuschlag					
						Freibeträge für ... Kinder					
						0,5	**1,0**	1,5	**2,0**	2,5	**3,0**
2162,99	I,IV	**158,91**	205,41	205,41	I	67,58					
	II	**71,66**	205,41	205,41	II	1,91					
	III		250,00	205,41	III						
	V	**401,91**	205,41	205,41	IV	112,33	67,58	29,41			
	VI	**446,16**	205,41	205,41							
2165,99	I,IV	**159,58**	205,75	205,75	I	68,08					
	II	**72,25**	205,75	205,75	II	2,25					
	III		250,00	205,75	III						
	V	**402,91**	205,75	205,75	IV	112,91	68,08	29,83			
	VI	**447,16**	205,75	205,75							
2168,99	I,IV	**160,16**	206,00	206,00	I	68,66					
	II	**72,83**	206,00	206,00	II	2,58					
	III		250,00	206,00	III						
	V	**403,91**	206,00	206,00	IV	113,50	68,66	30,25			
	VI	**448,25**	206,00	206,00							
2171,99	I,IV	**160,75**	206,33	206,33	I	69,25	0,41				
	II	**73,33**	206,33	206,33	II	2,91					
	III		250,00	206,33	III						
	V	**404,91**	206,33	206,33	IV	114,08	69,25	30,66	0,41		
	VI	**449,25**	206,33	206,33							
2174,99	I,IV	**161,41**	206,58	206,58	I	69,75	0,75				
	II	**73,91**	206,58	206,58	II	3,33					
	III		250,00	206,58	III						
	V	**406,00**	206,58	206,58	IV	114,66	69,75	31,16	0,75		
	VI	**450,25**	206,58	206,58							
2177,99	I,IV	**162,00**	206,83	206,83	I	70,33	1,08				
	II	**74,50**	206,83	206,83	II	3,66					
	III		250,00	206,83	III						
	V	**407,00**	206,83	206,83	IV	115,33	70,33	31,58	1,08		
	VI	**451,33**	206,83	206,83							
2180,99	I,IV	**162,66**	207,16	207,16	I	70,91	1,41				
	II	**75,08**	207,16	207,16	II	4,00					
	III		250,00	207,16	III						
	V	**408,00**	207,16	207,16	IV	115,91	70,91	32,08	1,41		
	VI	**452,33**	207,16	207,16							
2183,99	I,IV	**163,25**	207,41	207,41	I	71,41	1,75				
	II	**75,66**	207,41	207,41	II	4,33					
	III		250,00	207,41	III						
	V	**409,00**	207,41	207,41	IV	116,50	71,41	32,50	1,75		
	VI	**453,33**	207,41	207,41							
2186,99	I,IV	**163,91**	207,75	207,75	I	72,00	2,08				
	II	**76,25**	207,75	207,75	II	4,75					
	III		250,00	207,75	III						
	V	**410,08**	207,75	207,75	IV	117,08	72,00	33,00	2,08		
	VI	**454,41**	207,75	207,75							
2189,99	I,IV	**164,50**	208,00	208,00	I	72,58	2,50				
	II	**76,83**	208,00	208,00	II	5,08					
	III		250,00	208,00	III						
	V	**411,08**	208,00	208,00	IV	117,66	72,58	33,41	2,50		
	VI	**455,41**	208,00	208,00							
2192,99	I,IV	**165,16**	208,33	208,33	I	73,16	2,83				
	II	**77,33**	208,33	208,33	II	5,50					
	III		250,00	208,33	III						
	V	**412,08**	208,33	208,33	IV	118,33	73,16	33,91	2,83		
	VI	**456,41**	208,33	208,33							
2195,99	I,IV	**165,75**	208,58	208,58	I	73,66	3,16				
	II	**77,91**	208,58	208,58	II	5,83					
	III		250,00	208,58	III						
	V	**413,08**	208,58	208,58	IV	118,91	73,66	34,33	3,16		
	VI	**457,41**	208,58	208,58							

* Zur LSt-Berechnung für privat versicherte Arbeitnehmer s. Beispiele **Vorbemerkung S. 4f.**
** Basisvorsorgepauschale KV und PV *** Typisierter Arbeitgeberzuschuss

Lohn/ Gehalt in € bis	Steuerklasse	Lohn-steuer*	BVSP**	TAGZ***	Steuerklasse	Bemessungsgrundlage für Kirchensteuer und Solidaritätszuschlag – Freibeträge für ... Kinder 0,5	1,0	1,5	2,0	2,5	3,0
2198,99	I,IV	**166,41**	208,83	208,83	I	74,25	3,50				
	II	**78,50**	208,83	208,83	II	6,16					
	III		250,00	208,83	III						
	V	**414,16**	208,83	208,83	IV	119,50	74,25	34,83	3,50		
	VI	**458,50**	208,83	208,83							
2201,99	I,IV	**167,00**	209,16	209,16	I	74,83	3,91				
	II	**79,08**	209,16	209,16	II	6,58					
	III		250,00	209,16	III						
	V	**415,16**	209,16	209,16	IV	120,08	74,83	35,25	3,91		
	VI	**459,50**	209,16	209,16							
2204,99	I,IV	**167,66**	209,41	209,41	I	75,41	4,25				
	II	**79,66**	209,41	209,41	II	6,91					
	III		250,00	209,41	III						
	V	**416,16**	209,41	209,41	IV	120,66	75,41	35,75	4,25		
	VI	**460,50**	209,41	209,41							
2207,99	I,IV	**168,25**	209,75	209,75	I	76,00	4,58				
	II	**80,25**	209,75	209,75	II	7,25					
	III		250,00	209,75	III						
	V	**417,25**	209,75	209,75	IV	121,33	76,00	36,16	4,58		
	VI	**461,50**	209,75	209,75							
2210,99	I,IV	**168,91**	210,00	210,00	I	76,58	5,00				
	II	**80,83**	210,00	210,00	II	7,66					
	III		250,00	210,00	III						
	V	**418,25**	210,00	210,00	IV	121,91	76,58	36,66	5,00		
	VI	**462,58**	210,00	210,00							
2213,99	I,IV	**169,50**	210,25	210,25	I	77,16	5,33				
	II	**81,41**	210,25	210,25	II	8,00					
	III		250,00	210,25	III						
	V	**419,25**	210,25	210,25	IV	122,50	77,16	37,16	5,33		
	VI	**463,58**	210,25	210,25							
2216,99	I,IV	**170,16**	210,58	210,58	I	77,75	5,66				
	II	**82,00**	210,58	210,58	II	8,41					
	III		250,00	210,58	III						
	V	**420,33**	210,58	210,58	IV	123,08	77,75	37,58	5,66		
	VI	**464,58**	210,58	210,58							
2219,99	I,IV	**170,75**	210,83	210,83	I	78,33	6,08				
	II	**82,58**	210,83	210,83	II	8,75					
	III		250,00	210,83	III						
	V	**421,33**	210,83	210,83	IV	123,75	78,33	38,08	6,08		
	VI	**465,58**	210,83	210,83							
2222,99	I,IV	**171,33**	211,16	211,16	I	78,83	6,41				
	II	**83,16**	211,16	211,16	II	9,16					
	III		250,00	211,16	III						
	V	**422,33**	211,16	211,16	IV	124,33	78,83	38,58	6,41		
	VI	**466,66**	211,16	211,16							
2225,99	I,IV	**172,00**	211,41	211,41	I	79,50	6,75				
	II	**83,75**	211,41	211,41	II	9,58					
	III		250,00	211,41	III						
	V	**423,33**	211,41	211,41	IV	124,91	79,50	39,00	6,75		
	VI	**467,66**	211,41	211,41							
2228,99	I,IV	**172,66**	211,75	211,75	I	80,08	7,16				
	II	**84,33**	211,75	211,75	II	9,91					
	III		250,00	211,75	III						
	V	**424,41**	211,75	211,75	IV	125,50	80,08	39,50	7,16		
	VI	**468,66**	211,75	211,75							
2231,99	I,IV	**173,25**	212,00	212,00	I	80,58	7,50				
	II	**84,91**	212,00	212,00	II	10,33					
	III		250,00	212,00	III						
	V	**425,41**	212,00	212,00	IV	126,16	80,58	40,00	7,50		
	VI	**469,75**	212,00	212,00							

* Zur LSt-Berechnung für privat versicherte Arbeitnehmer s. Beispiele **Vorbemerkung S. 4 f.**
** Basisvorsorgepauschale KV und PV *** Typisierter Arbeitgeberzuschuss

Lohn/ Gehalt in € bis	Steuerklasse	Lohn-steuer*	BVSP**	TAGZ***	Steuerklasse	Bemessungsgrundlage für Kirchensteuer und Solidaritätszuschlag					
						Freibeträge für ... Kinder					
						0,5	**1,0**	1,5	**2,0**	2,5	**3,0**
2234,99	I,IV	**173,91**	212,25	212,25	I	81,16	7,91				
	II	**85,50**	212,25	212,25	II	10,66					
	III		250,00	212,25	III						
	V	**426,41**	212,25	212,25	IV	126,75	81,16	40,41	7,91		
	VI	**470,75**	212,25	212,25							
2237,99	I,IV	**174,50**	212,58	212,58	I	81,83	8,25				
	II	**86,16**	212,58	212,58	II	11,08					
	III		250,00	212,58	III						
	V	**427,50**	212,58	212,58	IV	127,33	81,83	40,91	8,25		
	VI	**471,75**	212,58	212,58							
2240,99	I,IV	**175,16**	212,83	212,83	I	82,41	8,66				
	II	**86,75**	212,83	212,83	II	11,41					
	III		250,00	212,83	III						
	V	**428,50**	212,83	212,83	IV	127,91	82,41	41,41	8,66		
	VI	**472,83**	212,83	212,83							
2243,99	I,IV	**175,75**	213,16	213,16	I	83,00	9,00				
	II	**87,33**	213,16	213,16	II	11,83					
	III		250,00	213,16	III						
	V	**429,50**	213,16	213,16	IV	128,58	83,00	41,91	9,00		
	VI	**473,83**	213,16	213,16							
2246,99	I,IV	**176,41**	213,41	213,41	I	83,58	9,41				
	II	**87,91**	213,41	213,41	II	12,25					
	III		250,00	213,41	III						
	V	**430,50**	213,41	213,41	IV	129,16	83,58	42,41	9,41		
	VI	**474,83**	213,41	213,41							
2249,99	I,IV	**177,00**	213,66	213,66	I	84,16	9,75				
	II	**88,50**	213,66	213,66	II	12,58					
	III		250,00	213,66	III						
	V	**431,58**	213,66	213,66	IV	129,75	84,16	42,91	9,75		
	VI	**475,83**	213,66	213,66							
2252,99	I,IV	**177,66**	214,00	214,00	I	84,75	10,16				
	II	**89,08**	214,00	214,00	II	13,00					
	III		250,00	214,00	III						
	V	**432,58**	214,00	214,00	IV	130,41	84,75	43,33	10,16		
	VI	**476,91**	214,00	214,00							
2255,99	I,IV	**178,25**	214,25	214,25	I	85,33	10,50				
	II	**89,66**	214,25	214,25	II	13,41					
	III		250,00	214,25	III						
	V	**433,58**	214,25	214,25	IV	131,00	85,33	43,83	10,50		
	VI	**477,91**	214,25	214,25							
2258,99	I,IV	**178,91**	214,58	214,58	I	85,91	10,91				
	II	**90,25**	214,58	214,58	II	13,75					
	III		250,00	214,58	III						
	V	**434,58**	214,58	214,58	IV	131,58	85,91	44,33	10,91		
	VI	**478,91**	214,58	214,58							
2261,99	I,IV	**179,50**	214,83	214,83	I	86,50	11,25				
	II	**90,83**	214,83	214,83	II	14,16					
	III		250,00	214,83	III						
	V	**435,58**	214,83	214,83	IV	132,16	86,50	44,83	11,25		
	VI	**479,91**	214,83	214,83							
2264,99	I,IV	**180,16**	215,16	215,16	I	87,08	11,66				
	II	**91,41**	215,16	215,16	II	14,58					
	III		250,00	215,16	III						
	V	**436,66**	215,16	215,16	IV	132,83	87,08	45,33	11,66		
	VI	**481,00**	215,16	215,16							
2267,99	I,IV	**180,75**	215,41	215,41	I	87,66	12,08				
	II	**92,00**	215,41	215,41	II	15,00					
	III		250,00	215,41	III						
	V	**437,66**	215,41	215,41	IV	133,41	87,66	45,83	12,08		
	VI	**482,00**	215,41	215,41							

* Zur LSt-Berechnung für privat versicherte Arbeitnehmer s. Beispiele **Vorbemerkung S. 4 f.**
** Basisvorsorgepauschale KV und PV *** Typisierter Arbeitgeberzuschuss

Lohn/ Gehalt in € bis	Steuerklasse	Lohn-steuer*	BVSP**	TAGZ***	Steuerklasse	Bemessungsgrundlage für Kirchensteuer und Solidaritätszuschlag – Freibeträge für ... Kinder 0,5	**1,0**	1,5	**2,0**	2,5	**3,0**
2270,99	I,IV	**181,41**	215,66	215,66	I	88,25	12,41				
	II	**92,58**	215,66	215,66	II	15,33					
	III		250,00	215,66	III						
	V	**438,66**	215,66	215,66	IV	134,00	88,25	46,33	12,41		
	VI	**483,00**	215,66	215,66							
2273,99	I,IV	**182,00**	216,00	216,00	I	88,83	12,83				
	II	**93,16**	216,00	216,00	II	15,75					
	III		250,00	216,00	III						
	V	**439,75**	216,00	216,00	IV	134,66	88,83	46,83	12,83		
	VI	**484,00**	216,00	216,00							
2276,99	I,IV	**182,66**	216,25	216,25	I	89,41	13,25				
	II	**93,75**	216,25	216,25	II	16,16					
	III		250,00	216,25	III						
	V	**440,75**	216,25	216,25	IV	135,25	89,41	47,33	13,25		
	VI	**485,08**	216,25	216,25							
2279,99	I,IV	**183,33**	216,58	216,58	I	90,00	13,66				
	II	**94,33**	216,58	216,58	II	16,58					
	III		250,00	216,58	III						
	V	**441,75**	216,58	216,58	IV	135,83	90,00	47,83	13,66		
	VI	**486,08**	216,58	216,58							
2282,99	I,IV	**183,91**	216,83	216,83	I	90,58	14,00				
	II	**94,91**	216,83	216,83	II	17,00					
	III		250,00	216,83	III						
	V	**442,83**	216,83	216,83	IV	136,50	90,58	48,33	14,00		
	VI	**487,08**	216,83	216,83							
2285,99	I,IV	**184,58**	217,16	217,16	I	91,16	14,41				
	II	**95,50**	217,16	217,16	II	17,41					
	III		250,00	217,16	III						
	V	**443,83**	217,16	217,16	IV	137,08	91,16	48,83	14,41		
	VI	**488,08**	217,16	217,16							
2288,99	I,IV	**185,25**	217,41	217,41	I	91,75	14,83				
	II	**96,16**	217,41	217,41	II	17,83					
	III		250,00	217,41	III						
	V	**444,83**	217,41	217,41	IV	137,66	91,75	49,33	14,83		
	VI	**489,16**	217,41	217,41							
2291,99	I,IV	**185,83**	217,66	217,66	I	92,33	15,25				
	II	**96,75**	217,66	217,66	II	18,16					
	III		250,00	217,66	III						
	V	**445,91**	217,66	217,66	IV	138,33	92,33	49,83	15,25		
	VI	**490,16**	217,66	217,66							
2294,99	I,IV	**186,50**	218,00	218,00	I	92,91	15,58				
	II	**97,33**	218,00	218,00	II	18,58					
	III		250,00	218,00	III						
	V	**446,91**	218,00	218,00	IV	138,91	92,91	50,33	15,58		
	VI	**491,16**	218,00	218,00							
2297,99	I,IV	**187,08**	218,25	218,25	I	93,50	16,00				
	II	**97,91**	218,25	218,25	II	19,00					
	III		250,00	218,25	III						
	V	**447,91**	218,25	218,25	IV	139,50	93,50	50,83	16,00		
	VI	**492,25**	218,25	218,25							
2300,99	I,IV	**187,75**	218,58	218,58	I	94,08	16,41				
	II	**98,50**	218,58	218,58	II	19,41					
	III		250,00	218,58	III						
	V	**448,91**	218,58	218,58	IV	140,08	94,08	51,33	16,41		
	VI	**493,25**	218,58	218,58							
2303,99	I,IV	**188,33**	218,83	218,83	I	94,75	16,83				
	II	**99,08**	218,83	218,83	II	19,83					
	III		250,00	218,83	III						
	V	**450,00**	218,83	218,83	IV	140,75	94,75	51,83	16,83		
	VI	**494,25**	218,83	218,83							

* Zur LSt-Berechnung für privat versicherte Arbeitnehmer s. Beispiele **Vorbemerkung S. 4 f.**
** Basisvorsorgepauschale KV und PV *** Typisierter Arbeitgeberzuschuss

Lohn/ Gehalt in € bis	Steuerklasse	Lohn-steuer*	BVSP**	TAGZ***	Steuerklasse	Bemessungsgrundlage für Kirchensteuer und Solidaritätszuschlag – Freibeträge für ... Kinder 0,5	1,0	1,5	2,0	2,5	3,0
2306,99	I,IV	**189,00**	219,08	219,08	I	95,33	17,25				
	II	**99,66**	219,08	219,08	II	20,25					
	III		250,00	219,08	III						
	V	**451,00**	219,08	219,08	IV	141,33	95,33	52,33	17,25		
	VI	**495,33**	219,08	219,08							
2309,99	I,IV	**189,58**	219,41	219,41	I	95,91	17,66				
	II	**100,25**	219,41	219,41	II	20,66					
	III		250,00	219,41	III						
	V	**452,00**	219,41	219,41	IV	141,91	95,91	52,83	17,66		
	VI	**496,33**	219,41	219,41							
2312,99	I,IV	**190,25**	219,66	219,66	I	96,50	18,00				
	II	**100,83**	219,66	219,66	II	21,08					
	III		250,00	219,66	III						
	V	**453,00**	219,66	219,66	IV	142,58	96,50	53,41	18,00		
	VI	**497,33**	219,66	219,66							
2315,99	I,IV	**190,91**	220,00	220,00	I	97,08	18,41				
	II	**101,50**	220,00	220,00	II	21,50					
	III		250,00	220,00	III						
	V	**454,08**	220,00	220,00	IV	143,16	97,08	53,91	18,41		
	VI	**498,16**	220,00	220,00							
2318,99	I,IV	**191,50**	220,25	220,25	I	97,66	18,83				
	II	**102,08**	220,25	220,25	II	21,91					
	III		250,00	220,25	III						
	V	**455,08**	220,25	220,25	IV	143,83	97,66	54,41	18,83		
	VI	**499,16**	220,25	220,25							
2321,99	I,IV	**192,16**	220,58	220,58	I	98,25	19,25				
	II	**102,66**	220,58	220,58	II	22,33					
	III		250,00	220,58	III						
	V	**456,08**	220,58	220,58	IV	144,41	98,25	54,91	19,25		
	VI	**500,00**	220,58	220,58							
2324,99	I,IV	**192,75**	220,83	220,83	I	98,83	19,66				
	II	**103,25**	220,83	220,83	II	22,75					
	III		250,00	220,83	III						
	V	**457,08**	220,83	220,83	IV	145,00	98,83	55,41	19,66		
	VI	**501,00**	220,83	220,83							
2327,99	I,IV	**193,41**	221,08	221,08	I	99,50	20,08				
	II	**103,83**	221,08	221,08	II	23,25					
	III		250,00	221,08	III						
	V	**458,16**	221,08	221,08	IV	145,66	99,50	56,00	20,08		
	VI	**501,66**	221,08	221,08							
2330,99	I,IV	**194,08**	221,41	221,41	I	100,08	20,50				
	II	**104,41**	221,41	221,41	II	23,66					
	III		250,00	221,41	III						
	V	**459,16**	221,41	221,41	IV	146,25	100,08	56,50	20,50		
	VI	**502,66**	221,41	221,41							
2333,99	I,IV	**194,66**	221,66	221,66	I	100,66	20,91				
	II	**105,00**	221,66	221,66	II	24,08					
	III		250,00	221,66	III						
	V	**460,16**	221,66	221,66	IV	146,83	100,66	57,00	20,91		
	VI	**503,50**	221,66	221,66							
2336,99	I,IV	**195,33**	222,00	222,00	I	101,25	21,33				
	II	**105,58**	222,00	222,00	II	24,50					
	III		250,00	222,00	III						
	V	**461,16**	222,00	222,00	IV	147,50	101,25	57,58	21,33		
	VI	**504,33**	222,00	222,00							
2339,99	I,IV	**196,00**	222,25	222,25	I	101,83	21,75				
	II	**106,25**	222,25	222,25	II	24,91					
	III		250,00	222,25	III						
	V	**462,25**	222,25	222,25	IV	148,08	101,83	58,08	21,75		
	VI	**505,16**	222,25	222,25							

* Zur LSt-Berechnung für privat versicherte Arbeitnehmer s. Beispiele **Vorbemerkung S. 4f.**
** Basisvorsorgepauschale KV und PV *** Typisierter Arbeitgeberzuschuss

Lohn/ Gehalt in € bis	Steuerklasse	Lohn- steuer*	BVSP**	TAGZ***	Steuerklasse	Bemessungsgrundlage für Kirchensteuer und Solidaritätszuschlag					
						Freibeträge für ... Kinder					
						0,5	**1,0**	1,5	**2,0**	2,5	**3,0**
2342,99	I,IV	**196,58**	222,58	222,58	I	102,41	22,16				
	II	**106,83**	222,58	222,58	II	25,33					
	III		250,00	222,58	III						
	V	**463,25**	222,58	222,58	IV	148,75	102,41	58,58	22,16		
	VI	**506,00**	222,58	222,58							
2345,99	I,IV	**197,25**	222,83	222,83	I	103,00	22,58				
	II	**107,41**	222,83	222,83	II	25,75					
	III		250,00	222,83	III						
	V	**464,25**	222,83	222,83	IV	149,33	103,00	59,16	22,58		
	VI	**506,83**	222,83	222,83							
2348,99	I,IV	**197,83**	223,08	223,08	I	103,58	23,00				
	II	**108,00**	223,08	223,08	II	26,25					
	III		250,00	223,08	III						
	V	**465,33**	223,08	223,08	IV	149,91	103,58	59,66	23,00		
	VI	**507,83**	223,08	223,08							
2351,99	I,IV	**198,50**	223,41	223,41	I	104,16	23,41				
	II	**108,58**	223,41	223,41	II	26,66					
	III		250,00	223,41	III						
	V	**466,33**	223,41	223,41	IV	150,58	104,16	60,16	23,41		
	VI	**508,50**	223,41	223,41							
2354,99	I,IV	**199,16**	223,66	223,66	I	104,83	23,91				
	II	**109,25**	223,66	223,66	II	27,08					
	III		250,00	223,66	III						
	V	**467,33**	223,66	223,66	IV	151,16	104,83	60,75	23,91		
	VI	**509,50**	223,66	223,66							
2357,99	I,IV	**199,83**	224,00	224,00	I	105,41	24,33				
	II	**109,83**	224,00	224,00	II	27,50					
	III		250,00	224,00	III						
	V	**468,41**	224,00	224,00	IV	151,75	105,41	61,25	24,33		
	VI	**510,50**	224,00	224,00							
2360,99	I,IV	**200,41**	224,25	224,25	I	106,00	24,75				
	II	**110,41**	224,25	224,25	II	28,00					
	III		250,00	224,25	III						
	V	**469,41**	224,25	224,25	IV	152,41	106,00	61,83	24,75		
	VI	**511,16**	224,25	224,25							
2363,99	I,IV	**201,08**	224,50	224,50	I	106,58	25,16				
	II	**111,00**	224,50	224,50	II	28,41					
	III		250,00	224,50	III						
	V	**470,41**	224,50	224,50	IV	153,00	106,58	62,33	25,16		
	VI	**512,00**	224,50	224,50							
2366,99	I,IV	**201,75**	224,83	224,83	I	107,16	25,58				
	II	**111,58**	224,83	224,83	II	28,83					
	III		250,00	224,83	III						
	V	**471,50**	224,83	224,83	IV	153,66	107,16	62,91	25,58		
	VI	**513,00**	224,83	224,83							
2369,99	I,IV	**202,33**	225,08	225,08	I	107,75	26,08				
	II	**112,16**	225,08	225,08	II	29,33					
	III		250,00	225,08	III						
	V	**472,50**	225,08	225,08	IV	154,25	107,75	63,41	26,08		
	VI	**513,83**	225,08	225,08							
2372,99	I,IV	**203,00**	225,41	225,41	I	108,33	26,50				
	II	**112,75**	225,41	225,41	II	29,75					
	III		250,00	225,41	III						
	V	**473,50**	225,41	225,41	IV	154,83	108,33	64,00	26,50		
	VI	**514,66**	225,41	225,41							
2375,99	I,IV	**203,58**	225,66	225,66	I	109,00	26,91				
	II	**113,41**	225,66	225,66	II	30,16					
	III		250,00	225,66	III						
	V	**474,50**	225,66	225,66	IV	155,50	109,00	64,50	26,91		
	VI	**515,66**	225,66	225,66							

* Zur LSt-Berechnung für privat versicherte Arbeitnehmer s. Beispiele **Vorbemerkung S. 4 f.**
** Basisvorsorgepauschale KV und PV *** Typisierter Arbeitgeberzuschuss

Lohn/ Gehalt in € bis	Steuerklasse	Lohn-steuer*	BVSP**	TAGZ***	Steuerklasse	Bemessungsgrundlage für Kirchensteuer und Solidaritätszuschlag					
						Freibeträge für ... Kinder					
						0,5	**1,0**	1,5	**2,0**	2,5	**3,0**
2378,99	I,IV	**204,25**	226,00	226,00	I	109,58	27,33				
	II	**114,00**	226,00	226,00	II	30,66					
	III		250,00	226,00	III						
	V	**475,50**	226,00	226,00	IV	156,08	109,58	65,08	27,33		
	VI	**516,33**	226,00	226,00							
2381,99	I,IV	**204,91**	226,25	226,25	I	110,16	27,83				
	II	**114,58**	226,25	226,25	II	31,08					
	III		250,00	226,25	III						
	V	**476,58**	226,25	226,25	IV	156,75	110,16	65,58	27,83		
	VI	**517,33**	226,25	226,25							
2384,99	I,IV	**205,50**	226,50	226,50	I	110,75	28,25				
	II	**115,16**	226,50	226,50	II	31,50					
	III		250,00	226,50	III						
	V	**477,58**	226,50	226,50	IV	157,33	110,75	66,16	28,25		
	VI	**518,16**	226,50	226,50							
2387,99	I,IV	**206,16**	226,83	226,83	I	111,33	28,66				
	II	**115,75**	226,83	226,83	II	32,00					
	III		250,00	226,83	III						
	V	**478,58**	226,83	226,83	IV	158,00	111,33	66,66	28,66		
	VI	**519,00**	226,83	226,83							
2390,99	I,IV	**206,83**	227,08	227,08	I	111,91	29,08				
	II	**116,41**	227,08	227,08	II	32,41					
	III		250,00	227,08	III						
	V	**479,58**	227,08	227,08	IV	158,58	111,91	67,25	29,08		
	VI	**520,00**	227,08	227,08							
2393,99	I,IV	**207,50**	227,41	227,41	I	112,58	29,58				
	II	**117,00**	227,41	227,41	II	32,91					
	III		250,00	227,41	III						
	V	**480,66**	227,41	227,41	IV	159,25	112,58	67,83	29,58		
	VI	**520,83**	227,41	227,41							
2396,99	I,IV	**208,08**	227,66	227,66	I	113,16	30,00				
	II	**117,58**	227,66	227,66	II	33,33					
	III		250,00	227,66	III						
	V	**481,66**	227,66	227,66	IV	159,83	113,16	68,33	30,00		
	VI	**521,66**	227,66	227,66							
2399,99	I,IV	**208,75**	227,91	227,91	I	113,75	30,50				
	II	**118,16**	227,91	227,91	II	33,83					
	III	**0,33**	250,00	227,91	III						
	V	**482,66**	227,91	227,91	IV	160,41	113,75	68,91	30,50	0,16	
	VI	**522,66**	227,91	227,91							
2402,99	I,IV	**209,41**	228,25	228,25	I	114,33	30,91				
	II	**118,75**	228,25	228,25	II	34,25					
	III	**0,66**	250,00	228,25	III						
	V	**483,75**	228,25	228,25	IV	161,08	114,33	69,41	30,91	0,50	
	VI	**523,33**	228,25	228,25							
2405,99	I,IV	**210,00**	228,50	228,50	I	115,00	31,33				
	II	**119,41**	228,50	228,50	II	34,75					
	III	**1,16**	250,00	228,50	III						
	V	**484,75**	228,50	228,50	IV	161,66	115,00	70,00	31,33	0,91	
	VI	**524,33**	228,50	228,50							
2408,99	I,IV	**210,66**	228,83	228,83	I	115,58	31,83				
	II	**120,00**	228,83	228,83	II	35,16					
	III	**1,50**	250,00	228,83	III						
	V	**485,75**	228,83	228,83	IV	162,33	115,58	70,58	31,83	1,25	
	VI	**525,16**	228,83	228,83							
2411,99	I,IV	**211,33**	229,08	229,08	I	116,16	32,25				
	II	**120,58**	229,08	229,08	II	35,66					
	III	**1,83**	250,00	229,08	III						
	V	**486,83**	229,08	229,08	IV	162,91	116,16	71,16	32,25	1,58	
	VI	**526,00**	229,08	229,08							

* Zur LSt-Berechnung für privat versicherte Arbeitnehmer s. Beispiele **Vorbemerkung S. 4f.**
** Basisvorsorgepauschale KV und PV *** Typisierter Arbeitgeberzuschuss

Lohn/ Gehalt in € bis	Steuerklasse	Lohn-steuer*	BVSP**	TAGZ***	Steuerklasse	Bemessungsgrundlage für Kirchensteuer und Solidaritätszuschlag					
						Freibeträge für ... Kinder					
						0,5	**1,0**	1,5	**2,0**	2,5	**3,0**
2414,99	I,IV	**211,91**	229,41	229,41	I	116,75	32,75				
	II	**121,16**	229,41	229,41	II	36,16					
	III	**2,33**	250,00	229,41	III						
	V	**487,83**	229,41	229,41	IV	163,58	116,75	71,66	32,75	1,91	
	VI	**527,00**	229,41	229,41							
2417,99	I,IV	**212,58**	229,66	229,66	I	117,33	33,16				
	II	**121,83**	229,66	229,66	II	36,58					
	III	**2,66**	250,00	229,66	III						
	V	**488,83**	229,66	229,66	IV	164,16	117,33	72,25	33,16	2,25	
	VI	**527,83**	229,66	229,66							
2420,99	I,IV	**213,25**	229,91	229,91	I	118,00	33,66				
	II	**122,41**	229,91	229,91	II	37,08					
	III	**3,00**	250,00	229,91	III						
	V	**489,83**	229,91	229,91	IV	164,83	118,00	72,83	33,66	2,58	
	VI	**528,66**	229,91	229,91							
2423,99	I,IV	**213,91**	230,25	230,25	I	118,58	34,08				
	II	**123,00**	230,25	230,25	II	37,50					
	III	**3,50**	250,00	230,25	III						
	V	**490,91**	230,25	230,25	IV	165,41	118,58	73,41	34,08	3,00	
	VI	**529,50**	230,25	230,25							
2426,99	I,IV	**214,50**	230,50	230,50	I	119,16	34,58				
	II	**123,58**	230,50	230,50	II	38,00					
	III	**3,83**	250,00	230,50	III						
	V	**491,91**	230,50	230,50	IV	166,00	119,16	74,00	34,58	3,33	
	VI	**530,33**	230,50	230,50							
2429,99	I,IV	**215,16**	230,83	230,83	I	119,75	35,00				
	II	**124,25**	230,83	230,83	II	38,50					
	III	**4,16**	250,00	230,83	III						
	V	**492,91**	230,83	230,83	IV	166,66	119,75	74,50	35,00	3,66	
	VI	**531,33**	230,83	230,83							
2432,99	I,IV	**215,83**	231,08	231,08	I	120,33	35,50				
	II	**124,83**	231,08	231,08	II	38,91					
	III	**4,66**	250,00	231,08	III						
	V	**494,00**	231,08	231,08	IV	167,33	120,33	75,08	35,50	4,08	
	VI	**532,16**	231,08	231,08							
2435,99	I,IV	**216,50**	231,41	231,41	I	121,00	35,91				
	II	**125,41**	231,41	231,41	II	39,41					
	III	**5,00**	250,00	231,41	III						
	V	**495,00**	231,41	231,41	IV	167,91	121,00	75,66	35,91	4,41	
	VI	**533,16**	231,41	231,41							
2438,99	I,IV	**217,08**	231,66	231,66	I	121,58	36,41				
	II	**126,00**	231,66	231,66	II	39,91					
	III	**5,33**	250,00	231,66	III						
	V	**496,00**	231,66	231,66	IV	168,50	121,58	76,25	36,41	4,75	
	VI	**533,83**	231,66	231,66							
2441,99	I,IV	**217,75**	231,91	231,91	I	122,16	36,91				
	II	**126,66**	231,91	231,91	II	40,41					
	III	**5,83**	250,00	231,91	III						
	V	**497,00**	231,91	231,91	IV	169,16	122,16	76,83	36,91	5,08	
	VI	**534,83**	231,91	231,91							
2444,99	I,IV	**218,41**	232,25	232,25	I	122,75	37,33				
	II	**127,25**	232,25	232,25	II	40,83					
	III	**6,16**	250,00	232,25	III						
	V	**498,00**	232,25	232,25	IV	169,75	122,75	77,41	37,33	5,50	
	VI	**535,66**	232,25	232,25							
2447,99	I,IV	**219,00**	232,50	232,50	I	123,41	37,83				
	II	**127,83**	232,50	232,50	II	41,33					
	III	**6,50**	250,00	232,50	III						
	V	**499,00**	232,50	232,50	IV	170,41	123,41	78,00	37,83	5,83	
	VI	**536,50**	232,50	232,50							

* Zur LSt-Berechnung für privat versicherte Arbeitnehmer s. Beispiele **Vorbemerkung S. 4 f.**
** Basisvorsorgepauschale KV und PV *** Typisierter Arbeitgeberzuschuss

Lohn/ Gehalt in € bis	Steuerklasse	Lohn-steuer*	BVSP**	TAGZ***	Steuerklasse	Bemessungsgrundlage für Kirchensteuer und Solidaritätszuschlag – Freibeträge für ... Kinder 0,5	**1,0**	1,5	**2,0**	2,5	**3,0**
2450,99	I,IV	**219,66**	232,83	232,83	I	124,00	38,33				
	II	**128,41**	232,83	232,83	II	41,83					
	III	**7,00**	250,00	232,83	III						
	V	**499,83**	232,83	232,83	IV	171,00	124,00	78,58	38,33	6,16	
	VI	**537,50**	232,83	232,83							
2453,99	I,IV	**220,33**	233,08	233,08	I	124,58	38,75				
	II	**129,08**	233,08	233,08	II	42,33					
	III	**7,33**	250,00	233,08	III						
	V	**500,50**	233,08	233,08	IV	171,66	124,58	79,16	38,75	6,58	
	VI	**538,33**	233,08	233,08							
2456,99	I,IV	**221,00**	233,33	233,33	I	125,16	39,25				
	II	**129,66**	233,33	233,33	II	42,83					
	III	**7,83**	250,00	233,33	III						
	V	**501,50**	233,33	233,33	IV	172,25	125,16	79,75	39,25	6,91	
	VI	**539,33**	233,33	233,33							
2459,99	I,IV	**221,66**	233,66	233,66	I	125,83	39,75				
	II	**130,25**	233,66	233,66	II	43,25					
	III	**8,16**	250,00	233,66	III						
	V	**502,33**	233,66	233,66	IV	172,91	125,83	80,33	39,75	7,33	
	VI	**540,00**	233,66	233,66							
2462,99	I,IV	**222,25**	233,91	233,91	I	126,41	40,16				
	II	**130,91**	233,91	233,91	II	43,75					
	III	**8,50**	250,00	233,91	III						
	V	**503,16**	233,91	233,91	IV	173,50	126,41	80,91	40,16	7,66	
	VI	**541,00**	233,91	233,91							
2465,99	I,IV	**222,91**	234,25	234,25	I	127,00	40,66				
	II	**131,50**	234,25	234,25	II	44,25					
	III	**9,00**	250,00	234,25	III						
	V	**504,00**	234,25	234,25	IV	174,16	127,00	81,50	40,66	8,08	
	VI	**542,00**	234,25	234,25							
2468,99	I,IV	**223,58**	234,50	234,50	I	127,58	41,16				
	II	**132,08**	234,50	234,50	II	44,75					
	III	**9,33**	250,00	234,50	III						
	V	**505,00**	234,50	234,50	IV	174,75	127,58	82,00	41,16	8,41	
	VI	**542,66**	234,50	234,50							
2471,99	I,IV	**224,25**	234,83	234,83	I	128,25	41,66				
	II	**132,75**	234,83	234,83	II	45,25					
	III	**9,83**	250,00	234,83	III						
	V	**505,83**	234,83	234,83	IV	175,41	128,25	82,66	41,66	8,83	
	VI	**543,66**	234,83	234,83							
2474,99	I,IV	**224,83**	235,08	235,08	I	128,83	42,08				
	II	**133,33**	235,08	235,08	II	45,75					
	III	**10,16**	250,00	235,08	III						
	V	**506,66**	235,08	235,08	IV	176,00	128,83	83,25	42,08	9,16	
	VI	**544,50**	235,08	235,08							
2477,99	I,IV	**225,50**	235,33	235,33	I	129,41	42,58				
	II	**133,91**	235,33	235,33	II	46,25					
	III	**10,50**	250,00	235,33	III						
	V	**507,50**	235,33	235,33	IV	176,66	129,41	83,83	42,58	9,58	
	VI	**545,50**	235,33	235,33							
2480,99	I,IV	**226,16**	235,66	235,66	I	130,00	43,08				
	II	**134,50**	235,66	235,66	II	46,75					
	III	**11,00**	250,00	235,66	III						
	V	**508,33**	235,66	235,66	IV	177,25	130,00	84,41	43,08	9,91	
	VI	**546,16**	235,66	235,66							
2483,99	I,IV	**226,83**	235,91	235,91	I	130,66	43,58				
	II	**135,16**	235,91	235,91	II	47,25					
	III	**11,33**	250,00	235,91	III						
	V	**509,33**	235,91	235,91	IV	177,91	130,66	85,00	43,58	10,33	
	VI	**547,16**	235,91	235,91							

* Zur LSt-Berechnung für privat versicherte Arbeitnehmer s. Beispiele **Vorbemerkung S. 4 f.**
** Basisvorsorgepauschale KV und PV *** Typisierter Arbeitgeberzuschuss

Lohn/ Gehalt in € bis	Steuerklasse	Lohn-steuer*	BVSP**	TAGZ***	Steuerklasse	Bemessungsgrundlage für Kirchensteuer und Solidaritätszuschlag – Freibeträge für ... Kinder 0,5	1,0	1,5	2,0	2,5	3,0
2486,99	I,IV	**227,50**	236,25	236,25	I	131,25	44,08				
	II	**135,75**	236,25	236,25	II	47,75					
	III	**11,83**	250,00	236,25	III						
	V	**510,00**	236,25	236,25	IV	178,58	131,25	85,58	44,08	10,66	
	VI	**548,16**	236,25	236,25							
2489,99	I,IV	**228,08**	236,50	236,50	I	131,83	44,58				
	II	**136,33**	236,50	236,50	II	48,25					
	III	**12,16**	250,00	236,50	III						
	V	**511,00**	236,50	236,50	IV	179,16	131,83	86,16	44,58	11,08	
	VI	**549,00**	236,50	236,50							
2492,99	I,IV	**228,75**	236,83	236,83	I	132,50	45,00				
	II	**137,00**	236,83	236,83	II	48,75					
	III	**12,66**	250,00	236,83	III						
	V	**511,83**	236,83	236,83	IV	179,83	132,50	86,75	45,00	11,50	
	VI	**549,83**	236,83	236,83							
2495,99	I,IV	**229,41**	237,08	237,08	I	133,08	45,58				
	II	**137,58**	237,08	237,08	II	49,25					
	III	**13,00**	250,00	237,08	III						
	V	**512,66**	237,08	237,08	IV	180,41	133,08	87,33	45,58	11,83	
	VI	**550,66**	237,08	237,08							
2498,99	I,IV	**230,08**	237,33	237,33	I	133,66	46,00				
	II	**138,16**	237,33	237,33	II	49,75					
	III	**13,50**	250,00	237,33	III						
	V	**513,66**	237,33	237,33	IV	181,08	133,66	87,91	46,00	12,25	
	VI	**551,66**	237,33	237,33							
2501,99	I,IV	**230,66**	237,66	237,66	I	134,33	46,50				
	II	**138,83**	237,66	237,66	II	50,25					
	III	**13,83**	250,00	237,66	III						
	V	**514,50**	237,66	237,66	IV	181,66	134,33	88,50	46,50	12,66	
	VI	**552,50**	237,66	237,66							
2504,99	I,IV	**231,33**	237,91	237,91	I	134,91	47,00				
	II	**139,41**	237,91	237,91	II	50,75					
	III	**14,33**	250,00	237,91	III						
	V	**515,33**	237,91	237,91	IV	182,33	134,91	89,08	47,00	13,00	
	VI	**553,33**	237,91	237,91							
2507,99	I,IV	**232,00**	238,25	238,25	I	135,50	47,50				
	II	**140,00**	238,25	238,25	II	51,25					
	III	**14,66**	250,00	238,25	III						
	V	**516,16**	238,25	238,25	IV	182,91	135,50	89,66	47,50	13,41	
	VI	**554,33**	238,25	238,25							
2510,99	I,IV	**232,66**	238,50	238,50	I	136,16	48,00				
	II	**140,66**	238,50	238,50	II	51,75					
	III	**15,16**	250,00	238,50	III						
	V	**517,00**	238,50	238,50	IV	183,58	136,16	90,25	48,00	13,83	
	VI	**555,16**	238,50	238,50							
2513,99	I,IV	**233,33**	238,75	238,75	I	136,75	48,50				
	II	**141,25**	238,75	238,75	II	52,25					
	III	**15,50**	250,00	238,75	III						
	V	**517,83**	238,75	238,75	IV	184,25	136,75	90,83	48,50	14,16	
	VI	**556,16**	238,75	238,75							
2516,99	I,IV	**233,91**	239,08	239,08	I	137,33	49,00				
	II	**141,83**	239,08	239,08	II	52,75					
	III	**16,00**	250,00	239,08	III						
	V	**518,83**	239,08	239,08	IV	184,83	137,33	91,41	49,00	14,58	
	VI	**557,00**	239,08	239,08							
2519,99	I,IV	**234,58**	239,33	239,33	I	137,91	49,50				
	II	**142,41**	239,33	239,33	II	53,25					
	III	**16,33**	250,00	239,33	III						
	V	**519,50**	239,33	239,33	IV	185,50	137,91	92,00	49,50	15,00	
	VI	**557,83**	239,33	239,33							

* Zur LSt-Berechnung für privat versicherte Arbeitnehmer s. Beispiele **Vorbemerkung S. 4f.**
** Basisvorsorgepauschale KV und PV *** Typisierter Arbeitgeberzuschuss

Lohn/ Gehalt in € bis	Steuerklasse	Lohn-steuer*	BVSP**	TAGZ***	Steuerklasse	Bemessungsgrundlage für Kirchensteuer und Solidaritätszuschlag					
						Freibeträge für ... Kinder					
						0,5	**1,0**	1,5	**2,0**	2,5	**3,0**
2522,99	I,IV	**235,25**	239,66	239,66	I	138,58	50,08				
	II	**143,08**	239,66	239,66	II	53,83					
	III	**16,66**	250,00	239,66	III						
	V	**520,50**	239,66	239,66	IV	186,08	138,58	92,66	50,08	15,41	
	VI	**558,83**	239,66	239,66							
2525,99	I,IV	**235,91**	239,91	239,91	I	139,16	50,58				
	II	**143,66**	239,91	239,91	II	54,33					
	III	**17,16**	250,00	239,91	III						
	V	**521,50**	239,91	239,91	IV	186,75	139,16	93,25	50,58	15,75	
	VI	**559,66**	239,91	239,91							
2528,99	I,IV	**236,58**	240,25	240,25	I	139,75	51,08				
	II	**144,33**	240,25	240,25	II	54,83					
	III	**17,66**	250,00	240,25	III						
	V	**522,16**	240,25	240,25	IV	187,33	139,75	93,83	51,08	16,16	
	VI	**560,50**	240,25	240,25							
2531,99	I,IV	**237,25**	240,50	240,50	I	140,41	51,58				
	II	**144,91**	240,50	240,50	II	55,33					
	III	**18,00**	250,00	240,50	III						
	V	**523,16**	240,50	240,50	IV	188,00	140,41	94,41	51,58	16,58	
	VI	**561,50**	240,50	240,50							
2534,99	I,IV	**237,91**	240,75	240,75	I	141,00	52,08				
	II	**145,50**	240,75	240,75	II	55,91					
	III	**18,33**	250,00	240,75	III						
	V	**524,00**	240,75	240,75	IV	188,66	141,00	95,00	52,08	17,00	
	VI	**562,33**	240,75	240,75							
2537,99	I,IV	**238,50**	241,08	241,08	I	141,58	52,58				
	II	**146,16**	241,08	241,08	II	56,41					
	III	**18,83**	250,00	241,08	III						
	V	**524,83**	241,08	241,08	IV	189,25	141,58	95,58	52,58	17,41	
	VI	**563,33**	241,08	241,08							
2540,99	I,IV	**239,16**	241,33	241,33	I	142,25	53,08				
	II	**146,75**	241,33	241,33	II	56,91					
	III	**19,33**	250,00	241,33	III						
	V	**525,83**	241,33	241,33	IV	189,91	142,25	96,16	53,08	17,83	
	VI	**564,16**	241,33	241,33							
2543,99	I,IV	**239,83**	241,66	241,66	I	142,83	53,58				
	II	**147,33**	241,66	241,66	II	57,41					
	III	**19,66**	250,00	241,66	III						
	V	**526,50**	241,66	241,66	IV	190,50	142,83	96,75	53,58	18,25	
	VI	**565,00**	241,66	241,66							
2546,99	I,IV	**240,50**	241,91	241,91	I	143,41	54,08				
	II	**148,00**	241,91	241,91	II	58,00					
	III	**20,16**	250,00	241,91	III						
	V	**527,50**	241,91	241,91	IV	191,16	143,41	97,33	54,08	18,58	
	VI	**565,83**	241,91	241,91							
2549,99	I,IV	**241,16**	242,16	242,16	I	144,08	54,66				
	II	**148,58**	242,16	242,16	II	58,50					
	III	**20,50**	250,00	242,16	III						
	V	**528,33**	242,16	242,16	IV	191,83	144,08	97,91	54,66	19,00	
	VI	**566,83**	242,16	242,16							
2552,99	I,IV	**241,83**	242,50	242,50	I	144,66	55,16				
	II	**149,25**	242,50	242,50	II	59,08					
	III	**21,00**	250,00	242,50	III						
	V	**529,33**	242,50	242,50	IV	192,41	144,66	98,50	55,16	19,41	
	VI	**567,66**	242,50	242,50							
2555,99	I,IV	**242,41**	242,75	242,75	I	145,25	55,66				
	II	**149,83**	242,75	242,75	II	59,58					
	III	**21,33**	250,00	242,75	III						
	V	**530,16**	242,75	242,75	IV	193,08	145,25	99,08	55,66	19,83	
	VI	**568,66**	242,75	242,75							

* Zur LSt-Berechnung für privat versicherte Arbeitnehmer s. Beispiele **Vorbemerkung S. 4 f.**
** Basisvorsorgepauschale KV und PV *** Typisierter Arbeitgeberzuschuss

Lohn/ Gehalt in € bis	Steuerklasse	Lohnsteuer*	BVSP**	TAGZ***	Steuerklasse	Bemessungsgrundlage für Kirchensteuer und Solidaritätszuschlag – Freibeträge für ... Kinder 0,5	1,0	1,5	2,0	2,5	3,0
2558,99	I,IV	**243,08**	243,08	243,08	I	145,91	56,16				
	II	**150,41**	243,08	243,08	II	60,08					
	III	**21,83**	250,00	243,08	III						
	V	**531,00**	243,08	243,08	IV	193,66	145,91	99,66	56,16	20,25	
	VI	**569,66**	243,08	243,08							
2561,99	I,IV	**243,75**	243,33	243,33	I	146,50	56,75				
	II	**151,08**	243,33	243,33	II	60,66					
	III	**22,16**	250,00	243,33	III						
	V	**532,00**	243,33	243,33	IV	194,33	146,50	100,33	56,75	20,66	
	VI	**570,50**	243,33	243,33							
2564,99	I,IV	**244,41**	243,66	243,66	I	147,16	57,25				
	II	**151,66**	243,66	243,66	II	61,16					
	III	**22,66**	250,00	243,66	III						
	V	**532,66**	243,66	243,66	IV	195,00	147,16	100,91	57,25	21,08	
	VI	**571,33**	243,66	243,66							
2567,99	I,IV	**245,08**	243,91	243,91	I	147,75	57,75				
	II	**152,33**	243,91	243,91	II	61,75					
	III	**23,16**	250,00	243,91	III						
	V	**533,66**	243,91	243,91	IV	195,58	147,75	101,50	57,75	21,50	
	VI	**572,16**	243,91	243,91							
2570,99	I,IV	**245,75**	244,16	244,16	I	148,33	58,33				
	II	**152,91**	244,16	244,16	II	62,25					
	III	**23,50**	250,00	244,16	III						
	V	**534,50**	244,16	244,16	IV	196,25	148,33	102,08	58,33	21,91	
	VI	**573,16**	244,16	244,16							
2573,99	I,IV	**246,41**	244,50	244,50	I	149,00	58,83				
	II	**153,58**	244,50	244,50	II	62,83					
	III	**24,00**	250,00	244,50	III						
	V	**535,33**	244,50	244,50	IV	196,91	149,00	102,66	58,83	22,41	
	VI	**574,16**	244,50	244,50							
2576,99	I,IV	**247,08**	244,75	244,75	I	149,58	59,33				
	II	**154,16**	244,75	244,75	II	63,33					
	III	**24,33**	250,00	244,75	III						
	V	**536,33**	244,75	244,75	IV	197,50	149,58	103,25	59,33	22,83	
	VI	**575,00**	244,75	244,75							
2579,99	I,IV	**247,75**	245,08	245,08	I	150,25	59,91				
	II	**154,75**	245,08	245,08	II	63,83					
	III	**24,83**	250,00	245,08	III						
	V	**537,16**	245,08	245,08	IV	198,16	150,25	103,83	59,91	23,25	
	VI	**575,83**	245,08	245,08							
2582,99	I,IV	**248,33**	245,33	245,33	I	150,83	60,41				
	II	**155,41**	245,33	245,33	II	64,41					
	III	**25,33**	250,00	245,33	III						
	V	**538,00**	245,33	245,33	IV	198,75	150,83	104,50	60,41	23,66	
	VI	**576,83**	245,33	245,33							
2585,99	I,IV	**249,08**	245,66	245,66	I	151,41	61,00				
	II	**156,00**	245,66	245,66	II	65,00					
	III	**25,66**	250,00	245,66	III						
	V	**538,83**	245,66	245,66	IV	199,41	151,41	105,08	61,00	24,08	
	VI	**577,66**	245,66	245,66							
2588,99	I,IV	**249,66**	245,91	245,91	I	152,08	61,50				
	II	**156,66**	245,91	245,91	II	65,50					
	III	**26,16**	250,00	245,91	III						
	V	**539,83**	245,91	245,91	IV	200,08	152,08	105,66	61,50	24,50	
	VI	**578,50**	245,91	245,91							
2591,99	I,IV	**250,33**	246,16	246,16	I	152,66	62,00				
	II	**157,25**	246,16	246,16	II	66,08					
	III	**26,66**	250,00	246,16	III						
	V	**540,83**	246,16	246,16	IV	200,75	152,66	106,25	62,00	24,91	
	VI	**579,50**	246,16	246,16							

* Zur LSt-Berechnung für privat versicherte Arbeitnehmer s. Beispiele **Vorbemerkung S. 4 f.**
** Basisvorsorgepauschale KV und PV *** Typisierter Arbeitgeberzuschuss

Lohn/ Gehalt in € bis	Steuerklasse	Lohn-steuer*	BVSP**	TAGZ***	Steuerklasse	Bemessungsgrundlage für Kirchensteuer und Solidaritätszuschlag – Freibeträge für ... Kinder 0,5	**1,0**	1,5	**2,0**	2,5	**3,0**
2594,99	I,IV	**251,00**	246,50	246,50	I	153,25	62,58				
	II	**157,83**	246,50	246,50	II	66,58					
	III	**27,00**	250,00	246,50	III						
	V	**541,50**	246,50	246,50	IV	201,33	153,25	106,83	62,58	25,33	
	VI	**580,50**	246,50	246,50							
2597,99	I,IV	**251,66**	246,75	246,75	I	153,91	63,08				
	II	**158,50**	246,75	246,75	II	67,16					
	III	**27,50**	250,00	246,75	III						
	V	**542,50**	246,75	246,75	IV	202,00	153,91	107,41	63,08	25,83	
	VI	**581,33**	246,75	246,75							
2600,99	I,IV	**252,33**	247,08	247,08	I	154,50	63,66				
	II	**159,08**	247,08	247,08	II	67,75					
	III	**27,83**	250,00	247,08	III						
	V	**543,33**	247,08	247,08	IV	202,66	154,50	108,08	63,66	26,25	
	VI	**582,16**	247,08	247,08							
2603,99	I,IV	**253,00**	247,33	247,33	I	155,16	64,16				
	II	**159,75**	247,33	247,33	II	68,25					
	III	**28,33**	250,00	247,33	III						
	V	**544,33**	247,33	247,33	IV	203,25	155,16	108,66	64,16	26,66	
	VI	**583,16**	247,33	247,33							
2606,99	I,IV	**253,66**	247,58	247,58	I	155,75	64,75				
	II	**160,33**	247,58	247,58	II	68,83	0,16				
	III	**28,83**	250,00	247,58	III						
	V	**545,16**	247,58	247,58	IV	203,91	155,75	109,25	64,75	27,08	
	VI	**584,16**	247,58	247,58							
2609,99	I,IV	**254,33**	247,91	247,91	I	156,33	65,25				
	II	**160,91**	247,91	247,91	II	69,33	0,50				
	III	**29,16**	250,00	247,91	III						
	V	**546,00**	247,91	247,91	IV	204,50	156,33	109,83	65,25	27,58	
	VI	**585,00**	247,91	247,91							
2612,99	I,IV	**255,00**	248,16	248,16	I	157,00	65,83				
	II	**161,58**	248,16	248,16	II	69,91	0,83				
	III	**29,66**	250,00	248,16	III						
	V	**547,00**	248,16	248,16	IV	205,16	157,00	110,41	65,83	28,00	
	VI	**585,83**	248,16	248,16							
2615,99	I,IV	**255,66**	248,50	248,50	I	157,58	66,41				
	II	**162,16**	248,50	248,50	II	70,50	1,16				
	III	**30,16**	250,00	248,50	III						
	V	**547,83**	248,50	248,50	IV	205,83	157,58	111,00	66,41	28,41	
	VI	**586,83**	248,50	248,50							
2618,99	I,IV	**256,25**	248,75	248,75	I	158,25	66,91				
	II	**162,83**	248,75	248,75	II	71,08	1,50				
	III	**30,50**	250,00	248,75	III						
	V	**548,66**	248,75	248,75	IV	206,50	158,25	111,58	66,91	28,83	
	VI	**587,66**	248,75	248,75							
2621,99	I,IV	**256,91**	249,08	249,08	I	158,83	67,50				
	II	**163,41**	249,08	249,08	II	71,58	1,83				
	III	**31,00**	250,00	249,08	III						
	V	**549,50**	249,08	249,08	IV	207,08	158,83	112,25	67,50	29,33	
	VI	**588,66**	249,08	249,08							
2624,99	I,IV	**257,58**	249,33	249,33	I	159,50	68,08				
	II	**164,08**	249,33	249,33	II	72,16	2,25				
	III	**31,50**	250,00	249,33	III						
	V	**550,50**	249,33	249,33	IV	207,75	159,50	112,83	68,08	29,75	
	VI	**589,50**	249,33	249,33							
2627,99	I,IV	**258,25**	249,58	249,58	I	160,08	68,58				
	II	**164,66**	249,58	249,58	II	72,75	2,58				
	III	**31,83**	250,00	249,58	III						
	V	**551,33**	249,58	249,58	IV	208,41	160,08	113,41	68,58	30,25	
	VI	**590,50**	249,58	249,58							

* Zur LSt-Berechnung für privat versicherte Arbeitnehmer s. Beispiele **Vorbemerkung S. 4f.**
** Basisvorsorgepauschale KV und PV *** Typisierter Arbeitgeberzuschuss

Lohn/ Gehalt in € bis	Steuerklasse	Lohn- steuer*	BVSP**	TAGZ***	Steuerklasse	Bemessungsgrundlage für Kirchensteuer und Solidaritätszuschlag – Freibeträge für ... Kinder 0,5	**1,0**	1,5	**2,0**	2,5	**3,0**
2630,99	I,IV	**258,91**	249,91	249,91	I	160,75	69,16	0,33			
	II	**165,33**	249,91	249,91	II	73,33	2,91				
	III	**32,33**	250,00	249,91	III						
	V	**552,16**	249,91	249,91	IV	209,00	160,75	114,00	69,16	30,66	0,33
	VI	**591,33**	249,91	249,91							
2633,99	I,IV	**259,58**	250,16	250,16	I	161,33	69,66	0,66			
	II	**165,91**	250,16	250,16	II	73,83	3,25				
	III	**32,83**	250,16	250,16	III						
	V	**553,16**	250,16	250,16	IV	209,66	161,33	114,58	69,66	31,08	0,66
	VI	**592,33**	250,16	250,16							
2636,99	I,IV	**260,25**	250,50	250,50	I	161,91	70,25	1,00			
	II	**166,58**	250,50	250,50	II	74,41	3,58				
	III	**33,16**	250,50	250,50	III						
	V	**554,00**	250,50	250,50	IV	210,33	161,91	115,25	70,25	31,58	1,00
	VI	**593,16**	250,50	250,50							
2639,99	I,IV	**260,91**	250,75	250,75	I	162,58	70,83	1,41			
	II	**167,16**	250,75	250,75	II	75,00	4,00				
	III	**33,50**	250,75	250,75	III						
	V	**555,00**	250,75	250,75	IV	210,91	162,58	115,83	70,83	32,00	1,41
	VI	**594,16**	250,75	250,75							
2642,99	I,IV	**261,58**	251,08	251,08	I	163,16	71,41	1,75			
	II	**167,83**	251,08	251,08	II	75,58	4,33				
	III	**34,00**	251,08	251,08	III						
	V	**555,83**	251,08	251,08	IV	211,58	163,16	116,41	71,41	32,50	1,75
	VI	**595,00**	251,08	251,08							
2645,99	I,IV	**262,25**	251,33	251,33	I	163,83	71,91	2,08			
	II	**168,41**	251,33	251,33	II	76,16	4,66				
	III	**34,33**	251,33	251,33	III						
	V	**556,66**	251,33	251,33	IV	212,25	163,83	117,00	71,91	32,91	2,08
	VI	**596,00**	251,33	251,33							
2648,99	I,IV	**262,91**	251,58	251,58	I	164,41	72,50	2,41			
	II	**169,08**	251,58	251,58	II	76,75	5,08				
	III	**34,83**	251,58	251,58	III						
	V	**557,50**	251,58	251,58	IV	212,83	164,41	117,58	72,50	33,41	2,41
	VI	**596,83**	251,58	251,58							
2651,99	I,IV	**263,58**	251,91	251,91	I	165,08	73,08	2,75			
	II	**169,66**	251,91	251,91	II	77,33	5,41				
	III	**35,16**	251,91	251,91	III						
	V	**558,50**	251,91	251,91	IV	213,50	165,08	118,25	73,08	33,83	2,75
	VI	**597,83**	251,91	251,91							
2654,99	I,IV	**264,25**	252,16	252,16	I	165,66	73,66	3,16			
	II	**170,33**	252,16	252,16	II	77,91	5,75				
	III	**35,66**	252,16	252,16	III						
	V	**559,33**	252,16	252,16	IV	214,16	165,66	118,83	73,66	34,33	3,16
	VI	**598,66**	252,16	252,16							
2657,99	I,IV	**264,91**	252,50	252,50	I	166,33	74,25	3,50			
	II	**170,91**	252,50	252,50	II	78,41	6,16				
	III	**36,00**	252,50	252,50	III						
	V	**560,33**	252,50	252,50	IV	214,83	166,33	119,41	74,25	34,75	3,50
	VI	**599,66**	252,50	252,50							
2660,99	I,IV	**265,58**	252,75	252,75	I	166,91	74,75	3,83			
	II	**171,58**	252,75	252,75	II	79,00	6,50				
	III	**36,33**	252,75	252,75	III						
	V	**561,16**	252,75	252,75	IV	215,41	166,91	120,00	74,75	35,25	3,83
	VI	**600,50**	252,75	252,75							
2663,99	I,IV	**266,25**	253,00	253,00	I	167,58	75,33	4,16			
	II	**172,16**	253,00	253,00	II	79,58	6,91				
	III	**36,83**	253,00	253,00	III						
	V	**562,16**	253,00	253,00	IV	216,08	167,58	120,66	75,33	35,66	4,16
	VI	**601,33**	253,00	253,00							

* Zur LSt-Berechnung für privat versicherte Arbeitnehmer s. Beispiele **Vorbemerkung S. 4 f.**
** Basisvorsorgepauschale KV und PV *** Typisierter Arbeitgeberzuschuss

Lohn/ Gehalt in € bis	Steuerklasse	Lohn-steuer*	BVSP**	TAGZ***	Steuerklasse	Bemessungsgrundlage für Kirchensteuer und Solidaritätszuschlag – Freibeträge für ... Kinder 0,5	**1,0**	1,5	**2,0**	2,5	**3,0**
2666,99	I,IV	**266,91**	253,33	253,33	I	168,16	75,91	4,58			
	II	**172,83**	253,33	253,33	II	80,16	7,25				
	III	**37,16**	253,33	253,33	III						
	V	**562,83**	253,33	253,33	IV	216,75	168,16	121,25	75,91	36,16	4,58
	VI	**602,33**	253,33	253,33							
2669,99	I,IV	**267,58**	253,58	253,58	I	168,83	76,50	4,91			
	II	**173,41**	253,58	253,58	II	80,75	7,58				
	III	**37,66**	253,58	253,58	III						
	V	**563,83**	253,58	253,58	IV	217,41	168,83	121,83	76,50	36,58	4,91
	VI	**603,16**	253,58	253,58							
2672,99	I,IV	**268,25**	253,91	253,91	I	169,41	77,08	5,25			
	II	**174,08**	253,91	253,91	II	81,33	8,00				
	III	**38,00**	253,91	253,91	III						
	V	**564,83**	253,91	253,91	IV	218,00	169,41	122,41	77,08	37,08	5,25
	VI	**604,16**	253,91	253,91							
2675,99	I,IV	**268,91**	254,16	254,16	I	170,08	77,66	5,66			
	II	**174,66**	254,16	254,16	II	81,91	8,33				
	III	**38,50**	254,16	254,16	III						
	V	**565,66**	254,16	254,16	IV	218,66	170,08	123,00	77,66	37,58	5,66
	VI	**605,00**	254,16	254,16							
2678,99	I,IV	**269,58**	254,50	254,50	I	170,66	78,25	6,00			
	II	**175,33**	254,50	254,50	II	82,50	8,75				
	III	**38,83**	254,50	254,50	III						
	V	**566,66**	254,50	254,50	IV	219,33	170,66	123,66	78,25	38,00	6,00
	VI	**606,16**	254,50	254,50							
2681,99	I,IV	**270,25**	254,75	254,75	I	171,33	78,83	6,33			
	II	**175,91**	254,75	254,75	II	83,08	9,08				
	III	**39,33**	254,75	254,75	III						
	V	**567,50**	254,75	254,75	IV	220,00	171,33	124,25	78,83	38,50	6,33
	VI	**607,00**	254,75	254,75							
2684,99	I,IV	**270,91**	255,00	255,00	I	171,91	79,41	6,75			
	II	**176,58**	255,00	255,00	II	83,66	9,50				
	III	**39,66**	255,00	255,00	III						
	V	**568,50**	255,00	255,00	IV	220,58	171,91	124,83	79,41	39,00	6,75
	VI	**608,00**	255,00	255,00							
2687,99	I,IV	**271,58**	255,33	255,33	I	172,58	80,00	7,08			
	II	**177,16**	255,33	255,33	II	84,25	9,83				
	III	**40,16**	255,33	255,33	III						
	V	**569,16**	255,33	255,33	IV	221,25	172,58	125,41	80,00	39,41	7,08
	VI	**608,83**	255,33	255,33							
2690,99	I,IV	**272,25**	255,58	255,58	I	173,16	80,58	7,50			
	II	**177,83**	255,58	255,58	II	84,91	10,25				
	III	**40,50**	255,58	255,58	III						
	V	**570,16**	255,58	255,58	IV	221,91	173,16	126,08	80,58	39,91	7,50
	VI	**609,66**	255,58	255,58							
2693,99	I,IV	**272,91**	255,91	255,91	I	173,83	81,16	7,83			
	II	**178,41**	255,91	255,91	II	85,50	10,66				
	III	**41,00**	255,91	255,91	III						
	V	**571,00**	255,91	255,91	IV	222,58	173,83	126,66	81,16	40,41	7,83
	VI	**610,66**	255,91	255,91							
2696,99	I,IV	**273,58**	256,16	256,16	I	174,41	81,75	8,25			
	II	**179,08**	256,16	256,16	II	86,08	11,00				
	III	**41,33**	256,16	256,16	III						
	V	**572,00**	256,16	256,16	IV	223,16	174,41	127,25	81,75	40,91	8,25
	VI	**611,50**	256,16	256,16							
2699,99	I,IV	**274,25**	256,41	256,41	I	175,08	82,33	8,58			
	II	**179,66**	256,41	256,41	II	86,66	11,41				
	III	**41,83**	256,41	256,41	III						
	V	**572,83**	256,41	256,41	IV	223,83	175,08	127,83	82,33	41,33	8,58
	VI	**612,50**	256,41	256,41							

* Zur LSt-Berechnung für privat versicherte Arbeitnehmer s. Beispiele **Vorbemerkung S. 4f.**
** Basisvorsorgepauschale KV und PV *** Typisierter Arbeitgeberzuschuss

Lohn/ Gehalt in € bis	Steuerklasse	Lohn- steuer*	BVSP**	TAGZ***	Steuerklasse	Bemessungsgrundlage für Kirchensteuer und Solidaritätszuschlag					
						Freibeträge für ... Kinder					
						0,5	**1,0**	1,5	**2,0**	2,5	**3,0**
2702,99	I,IV	**274,91**	256,75	256,75	I	175,66	82,91	9,00			
	II	**180,33**	256,75	256,75	II	87,25	11,75				
	III	**42,16**	256,75	256,75	III						
	V	**573,83**	256,75	256,75	IV	224,50	175,66	128,50	82,91	41,83	9,00
	VI	**613,50**	256,75	256,75							
2705,99	I,IV	**275,58**	257,00	257,00	I	176,33	83,50	9,33			
	II	**181,00**	257,00	257,00	II	87,83	12,16				
	III	**42,66**	257,00	257,00	III						
	V	**574,66**	257,00	257,00	IV	225,16	176,33	129,08	83,50	42,33	9,33
	VI	**614,50**	257,00	257,00							
2708,99	I,IV	**276,25**	257,33	257,33	I	176,91	84,08	9,75			
	II	**181,58**	257,33	257,33	II	88,41	12,58				
	III	**43,00**	257,33	257,33	III						
	V	**575,66**	257,33	257,33	IV	225,83	176,91	129,66	84,08	42,83	9,75
	VI	**615,33**	257,33	257,33							
2711,99	I,IV	**276,91**	257,58	257,58	I	177,58	84,66	10,08			
	II	**182,25**	257,58	257,58	II	89,00	12,91				
	III	**43,50**	257,58	257,58	III						
	V	**576,50**	257,58	257,58	IV	226,41	177,58	130,33	84,66	43,33	10,08
	VI	**616,16**	257,58	257,58							
2714,99	I,IV	**277,58**	257,91	257,91	I	178,16	85,25	10,50			
	II	**182,83**	257,91	257,91	II	89,58	13,33				
	III	**43,83**	257,91	257,91	III						
	V	**577,50**	257,91	257,91	IV	227,08	178,16	130,91	85,25	43,75	10,50
	VI	**617,16**	257,91	257,91							
2717,99	I,IV	**278,25**	258,16	258,16	I	178,83	85,83	10,83			
	II	**183,50**	258,16	258,16	II	90,16	13,75				
	III	**44,33**	258,16	258,16	III						
	V	**578,33**	258,16	258,16	IV	227,75	178,83	131,50	85,83	44,25	10,83
	VI	**618,16**	258,16	258,16							
2720,99	I,IV	**278,91**	258,41	258,41	I	179,41	86,41	11,25			
	II	**184,08**	258,41	258,41	II	90,75	14,16				
	III	**44,66**	258,41	258,41	III						
	V	**579,33**	258,41	258,41	IV	228,41	179,41	132,16	86,41	44,75	11,25
	VI	**619,16**	258,41	258,41							
2723,99	I,IV	**279,58**	258,75	258,75	I	180,08	87,00	11,66			
	II	**184,75**	258,75	258,75	II	91,33	14,50				
	III	**45,16**	258,75	258,75	III						
	V	**580,00**	258,75	258,75	IV	229,00	180,08	132,75	87,00	45,25	11,66
	VI	**620,00**	258,75	258,75							
2726,99	I,IV	**280,25**	259,00	259,00	I	180,66	87,58	12,00			
	II	**185,33**	259,00	259,00	II	91,91	14,91				
	III	**45,50**	259,00	259,00	III						
	V	**581,00**	259,00	259,00	IV	229,66	180,66	133,33	87,58	45,75	12,00
	VI	**621,00**	259,00	259,00							
2729,99	I,IV	**280,91**	259,33	259,33	I	181,33	88,16	12,41			
	II	**186,00**	259,33	259,33	II	92,50	15,33				
	III	**46,00**	259,33	259,33	III						
	V	**582,00**	259,33	259,33	IV	230,33	181,33	134,00	88,16	46,25	12,41
	VI	**621,83**	259,33	259,33							
2732,99	I,IV	**281,58**	259,58	259,58	I	182,00	88,75	12,83			
	II	**186,66**	259,58	259,58	II	93,08	15,75				
	III	**46,50**	259,58	259,58	III						
	V	**582,83**	259,58	259,58	IV	231,00	182,00	134,58	88,75	46,75	12,83
	VI	**622,66**	259,58	259,58							
2735,99	I,IV	**282,25**	259,91	259,91	I	182,58	89,33	13,16			
	II	**187,25**	259,91	259,91	II	93,66	16,08				
	III	**46,83**	259,91	259,91	III						
	V	**583,66**	259,91	259,91	IV	231,66	182,58	135,16	89,33	47,25	13,16
	VI	**623,66**	259,91	259,91							

* Zur LSt-Berechnung für privat versicherte Arbeitnehmer s. Beispiele **Vorbemerkung S. 4 f.**
** Basisvorsorgepauschale KV und PV *** Typisierter Arbeitgeberzuschuss

Lohn/ Gehalt in € bis	Steuerklasse	Lohn-steuer*	BVSP**	TAGZ***	Steuerklasse	Bemessungsgrundlage für Kirchensteuer und Solidaritätszuschlag					
						Freibeträge für ... Kinder					
						0,5	**1,0**	1,5	**2,0**	2,5	**3,0**
2738,99	I,IV	**282,91**	260,16	260,16	I	183,25	89,91	13,58			
	II	**187,91**	260,16	260,16	II	94,25	16,50				
	III	**47,33**	260,16	260,16	III						
	V	**584,66**	260,16	260,16	IV	232,25	183,25	135,75	89,91	47,75	13,58
	VI	**624,66**	260,16	260,16							
2741,99	I,IV	**283,66**	260,41	260,41	I	183,83	90,50	14,00			
	II	**188,50**	260,41	260,41	II	94,91	16,91				
	III	**47,66**	260,41	260,41	III						
	V	**585,66**	260,41	260,41	IV	232,91	183,83	136,41	90,50	48,25	14,00
	VI	**625,50**	260,41	260,41							
2744,99	I,IV	**284,33**	260,75	260,75	I	184,50	91,08	14,33			
	II	**189,16**	260,75	260,75	II	95,50	17,33				
	III	**48,16**	260,75	260,75	III						
	V	**586,50**	260,75	260,75	IV	233,58	184,50	137,00	91,08	48,75	14,33
	VI	**626,50**	260,75	260,75							
2747,99	I,IV	**285,00**	261,00	261,00	I	185,08	91,66	14,75			
	II	**189,83**	261,00	261,00	II	96,08	17,75				
	III	**48,50**	261,00	261,00	III						
	V	**587,33**	261,00	261,00	IV	234,25	185,08	137,58	91,66	49,25	14,75
	VI	**627,33**	261,00	261,00							
2750,99	I,IV	**285,66**	261,33	261,33	I	185,75	92,25	15,16			
	II	**190,41**	261,33	261,33	II	96,66	18,16				
	III	**49,00**	261,33	261,33	III						
	V	**588,33**	261,33	261,33	IV	234,91	185,75	138,25	92,25	49,75	15,16
	VI	**628,33**	261,33	261,33							
2753,99	I,IV	**286,33**	261,58	261,58	I	186,41	92,83	15,58			
	II	**191,08**	261,58	261,58	II	97,25	18,58				
	III	**49,33**	261,58	261,58	III						
	V	**589,16**	261,58	261,58	IV	235,58	186,41	138,83	92,83	50,25	15,58
	VI	**629,33**	261,58	261,58							
2756,99	I,IV	**287,00**	261,83	261,83	I	187,00	93,50	16,00			
	II	**191,66**	261,83	261,83	II	97,83	19,00				
	III	**49,83**	261,83	261,83	III						
	V	**590,16**	261,83	261,83	IV	236,25	187,00	139,41	93,50	50,75	16,00
	VI	**630,16**	261,83	261,83							
2759,99	I,IV	**287,66**	262,16	262,16	I	187,66	94,08	16,33			
	II	**192,33**	262,16	262,16	II	98,41	19,41				
	III	**50,33**	262,16	262,16	III						
	V	**591,00**	262,16	262,16	IV	236,83	187,66	140,08	94,08	51,25	16,33
	VI	**631,16**	262,16	262,16							
2762,99	I,IV	**288,33**	262,41	262,41	I	188,25	94,66	16,75			
	II	**193,00**	262,41	262,41	II	99,00	19,75				
	III	**50,66**	262,41	262,41	III						
	V	**592,00**	262,41	262,41	IV	237,50	188,25	140,66	94,66	51,75	16,75
	VI	**632,00**	262,41	262,41							
2765,99	I,IV	**289,00**	262,75	262,75	I	188,91	95,25	17,16			
	II	**193,58**	262,75	262,75	II	99,58	20,16				
	III	**51,16**	262,75	262,75	III						
	V	**592,83**	262,75	262,75	IV	238,16	188,91	141,25	95,25	52,25	17,16
	VI	**633,16**	262,75	262,75							
2768,99	I,IV	**289,66**	263,00	263,00	I	189,58	95,83	17,58			
	II	**194,25**	263,00	263,00	II	100,25	20,66				
	III	**51,66**	263,00	263,00	III						
	V	**593,83**	263,00	263,00	IV	238,83	189,58	141,91	95,83	52,83	17,58
	VI	**634,00**	263,00	263,00							
2771,99	I,IV	**290,41**	263,33	263,33	I	190,16	96,41	18,00			
	II	**194,83**	263,33	263,33	II	100,83	21,08				
	III	**52,00**	263,33	263,33	III						
	V	**594,66**	263,33	263,33	IV	239,50	190,16	142,50	96,41	53,33	18,00
	VI	**634,83**	263,33	263,33							

* Zur LSt-Berechnung für privat versicherte Arbeitnehmer s. Beispiele **Vorbemerkung S. 4 f.**
** Basisvorsorgepauschale KV und PV *** Typisierter Arbeitgeberzuschuss

Lohn/ Gehalt in € bis	Steuerklasse	Lohn-steuer*	BVSP**	TAGZ***	Steuerklasse	Bemessungsgrundlage für Kirchensteuer und Solidaritätszuschlag					
						Freibeträge für ... Kinder					
						0,5	**1,0**	1,5	**2,0**	2,5	**3,0**
2774,99	I,IV	**291,08**	263,58	263,58	I	190,83	97,00	18,41			
	II	**195,50**	263,58	263,58	II	101,41	21,50				
	III	**52,50**	263,58	263,58	III						
	V	**595,50**	263,58	263,58	IV	240,16	190,83	143,08	97,00	53,83	18,41
	VI	**635,83**	263,58	263,58							
2777,99	I,IV	**291,75**	263,83	263,83	I	191,41	97,58	18,83			
	II	**196,16**	263,83	263,83	II	102,00	21,91				
	III	**52,83**	263,83	263,83	III						
	V	**596,50**	263,83	263,83	IV	240,75	191,41	143,75	97,58	54,33	18,83
	VI	**636,83**	263,83	263,83							
2780,99	I,IV	**292,41**	264,16	264,16	I	192,08	98,16	19,25			
	II	**196,75**	264,16	264,16	II	102,58	22,33				
	III	**53,33**	264,16	264,16	III						
	V	**597,50**	264,16	264,16	IV	241,41	192,08	144,33	98,16	54,91	19,25
	VI	**637,83**	264,16	264,16							
2783,99	I,IV	**293,08**	264,41	264,41	I	192,75	98,83	19,66			
	II	**197,41**	264,41	264,41	II	103,16	22,75				
	III	**53,83**	264,41	264,41	III						
	V	**598,50**	264,41	264,41	IV	242,08	192,75	144,91	98,83	55,41	19,66
	VI	**638,66**	264,41	264,41							
2786,99	I,IV	**293,75**	264,75	264,75	I	193,33	99,41	20,08			
	II	**198,08**	264,75	264,75	II	103,75	23,16				
	III	**54,16**	264,75	264,75	III						
	V	**599,33**	264,75	264,75	IV	242,75	193,33	145,58	99,41	55,91	20,08
	VI	**639,66**	264,75	264,75							
2789,99	I,IV	**294,41**	265,00	265,00	I	194,00	100,00	20,41			
	II	**198,66**	265,00	265,00	II	104,33	23,58				
	III	**54,66**	265,00	265,00	III						
	V	**600,33**	265,00	265,00	IV	243,41	194,00	146,16	100,00	56,41	20,41
	VI	**640,66**	265,00	265,00							
2792,99	I,IV	**295,08**	265,33	265,33	I	194,66	100,58	20,91			
	II	**199,33**	265,33	265,33	II	105,00	24,00				
	III	**55,16**	265,33	265,33	III						
	V	**601,16**	265,33	265,33	IV	244,08	194,66	146,83	100,58	57,00	20,91
	VI	**641,50**	265,33	265,33							
2795,99	I,IV	**295,83**	265,58	265,58	I	195,25	101,16	21,33			
	II	**200,00**	265,58	265,58	II	105,58	24,41				
	III	**55,50**	265,58	265,58	III						
	V	**602,16**	265,58	265,58	IV	244,75	195,25	147,41	101,16	57,50	21,33
	VI	**642,50**	265,58	265,58							
2798,99	I,IV	**296,50**	265,83	265,83	I	195,91	101,75	21,75			
	II	**200,58**	265,83	265,83	II	106,16	24,83				
	III	**56,00**	265,83	265,83	III						
	V	**603,00**	265,83	265,83	IV	245,41	195,91	148,00	101,75	58,00	21,75
	VI	**643,50**	265,83	265,83							
2801,99	I,IV	**297,16**	266,16	266,16	I	196,50	102,33	22,16			
	II	**201,25**	266,16	266,16	II	106,75	25,33				
	III	**56,33**	266,16	266,16	III						
	V	**604,00**	266,16	266,16	IV	246,00	196,50	148,66	102,33	58,50	22,16
	VI	**644,33**	266,16	266,16							
2804,99	I,IV	**297,83**	266,41	266,41	I	197,16	102,91	22,58			
	II	**201,83**	266,41	266,41	II	107,33	25,75				
	III	**56,83**	266,41	266,41	III						
	V	**604,83**	266,41	266,41	IV	246,66	197,16	149,25	102,91	59,08	22,58
	VI	**645,33**	266,41	266,41							
2807,99	I,IV	**298,50**	266,75	266,75	I	197,83	103,58	23,00			
	II	**202,50**	266,75	266,75	II	107,91	26,16				
	III	**57,33**	266,75	266,75	III						
	V	**605,66**	266,75	266,75	IV	247,33	197,83	149,83	103,58	59,58	23,00
	VI	**646,33**	266,75	266,75							

* Zur LSt-Berechnung für privat versicherte Arbeitnehmer s. Beispiele **Vorbemerkung S. 4 f.**
** Basisvorsorgepauschale KV und PV *** Typisierter Arbeitgeberzuschuss

Lohn/ Gehalt in € bis	Steuerklasse	Lohn-steuer*	BVSP**	TAGZ***	Steuerklasse	Bemessungsgrundlage für Kirchensteuer und Solidaritätszuschlag – Freibeträge für ... Kinder 0,5	**1,0**	1,5	**2,0**	2,5	**3,0**
2810,99	I,IV	**299,16**	267,00	267,00	I	198,41	104,16	23,41			
	II	**203,16**	267,00	267,00	II	108,50	26,58				
	III	**57,66**	267,00	267,00	III						
	V	**606,66**	267,00	267,00	IV	248,00	198,41	150,50	104,16	60,16	23,41
	VI	**647,16**	267,00	267,00							
2813,99	I,IV	**299,83**	267,25	267,25	I	199,08	104,75	23,83			
	II	**203,75**	267,25	267,25	II	109,16	27,00				
	III	**58,16**	267,25	267,25	III						
	V	**607,50**	267,25	267,25	IV	248,66	199,08	151,08	104,75	60,66	23,83
	VI	**648,16**	267,25	267,25							
2816,99	I,IV	**300,50**	267,58	267,58	I	199,66	105,33	24,25			
	II	**204,41**	267,58	267,58	II	109,75	27,50				
	III	**58,66**	267,58	267,58	III						
	V	**608,50**	267,58	267,58	IV	249,33	199,66	151,66	105,33	61,16	24,25
	VI	**649,16**	267,58	267,58							
2819,99	I,IV	**301,25**	267,83	267,83	I	200,33	105,91	24,66			
	II	**205,08**	267,83	267,83	II	110,33	27,91				
	III	**59,00**	267,83	267,83	III						
	V	**609,50**	267,83	267,83	IV	250,00	200,33	152,33	105,91	61,75	24,66
	VI	**650,00**	267,83	267,83							
2822,99	I,IV	**301,91**	268,16	268,16	I	201,00	106,50	25,16			
	II	**205,75**	268,16	268,16	II	110,91	28,33				
	III	**59,50**	268,16	268,16	III						
	V	**610,50**	268,16	268,16	IV	250,66	201,00	152,91	106,50	62,25	25,16
	VI	**651,00**	268,16	268,16							
2825,99	I,IV	**302,58**	268,41	268,41	I	201,66	107,08	25,58			
	II	**206,33**	268,41	268,41	II	111,50	28,83				
	III	**60,00**	268,41	268,41	III						
	V	**611,33**	268,41	268,41	IV	251,33	201,66	153,58	107,08	62,83	25,58
	VI	**652,00**	268,41	268,41							
2828,99	I,IV	**303,25**	268,75	268,75	I	202,25	107,66	26,00			
	II	**207,00**	268,75	268,75	II	112,08	29,25				
	III	**60,33**	268,75	268,75	III						
	V	**612,16**	268,75	268,75	IV	251,91	202,25	154,16	107,66	63,33	26,00
	VI	**653,00**	268,75	268,75							
2831,99	I,IV	**303,91**	269,00	269,00	I	202,91	108,33	26,41			
	II	**207,66**	269,00	269,00	II	112,75	29,66				
	III	**60,83**	269,00	269,00	III	0,33					
	V	**613,16**	269,00	269,00	IV	252,66	202,91	154,83	108,33	63,91	26,41
	VI	**654,00**	269,00	269,00							
2834,99	I,IV	**304,58**	269,25	269,25	I	203,58	108,91	26,83			
	II	**208,25**	269,25	269,25	II	113,33	30,16				
	III	**61,33**	269,25	269,25	III	0,66					
	V	**614,00**	269,25	269,25	IV	253,25	203,58	155,41	108,91	64,41	26,83
	VI	**654,83**	269,25	269,25							
2837,99	I,IV	**305,33**	269,58	269,58	I	204,16	109,50	27,33			
	II	**208,91**	269,58	269,58	II	113,91	30,58				
	III	**61,83**	269,58	269,58	III	1,00					
	V	**615,00**	269,58	269,58	IV	253,91	204,16	156,00	109,50	65,00	27,33
	VI	**655,83**	269,58	269,58							
2840,99	I,IV	**306,00**	269,83	269,83	I	204,83	110,08	27,75			
	II	**209,58**	269,83	269,83	II	114,50	31,00				
	III	**62,16**	269,83	269,83	III	1,33					
	V	**616,00**	269,83	269,83	IV	254,58	204,83	156,66	110,08	65,50	27,75
	VI	**656,66**	269,83	269,83							
2843,99	I,IV	**306,66**	270,16	270,16	I	205,41	110,66	28,16			
	II	**210,16**	270,16	270,16	II	115,08	31,50				
	III	**62,66**	270,16	270,16	III	1,66					
	V	**617,00**	270,16	270,16	IV	255,25	205,41	157,25	110,66	66,08	28,16
	VI	**657,66**	270,16	270,16							

* Zur LSt-Berechnung für privat versicherte Arbeitnehmer s. Beispiele **Vorbemerkung S. 4f.**
** Basisvorsorgepauschale KV und PV *** Typisierter Arbeitgeberzuschuss

Lohn/ Gehalt in € bis	Steuerklasse	Lohn-steuer*	BVSP**	TAGZ***	Steuerklasse	Bemessungsgrundlage für Kirchensteuer und Solidaritätszuschlag – Freibeträge für ... Kinder 0,5	1,0	1,5	2,0	2,5	3,0
2 846,99	I,IV	**307,33**	270,41	270,41	I	206,08	111,33	28,66			
	II	**210,83**	270,41	270,41	II	115,75	31,91				
	III	**63,16**	270,41	270,41	III	2,00					
	V	**617,83**	270,41	270,41	IV	255,91	206,08	157,91	111,33	66,66	28,66
	VI	**658,50**	270,41	270,41							
2 849,99	I,IV	**308,00**	270,66	270,66	I	206,75	111,91	29,08			
	II	**211,50**	270,66	270,66	II	116,33	32,41				
	III	**63,50**	270,66	270,66	III	2,33					
	V	**618,66**	270,66	270,66	IV	256,58	206,75	158,50	111,91	67,16	29,08
	VI	**659,66**	270,66	270,66							
2 852,99	I,IV	**308,66**	271,00	271,00	I	207,41	112,50	29,50			
	II	**212,08**	271,00	271,00	II	116,91	32,83				
	III	**64,00**	271,00	271,00	III	2,66					
	V	**619,66**	271,00	271,00	IV	257,25	207,41	159,16	112,50	67,75	29,50
	VI	**660,50**	271,00	271,00							
2 855,99	I,IV	**309,41**	271,25	271,25	I	208,00	113,08	29,91			
	II	**212,75**	271,25	271,25	II	117,50	33,33				
	III	**64,50**	271,25	271,25	III	3,00					
	V	**620,50**	271,25	271,25	IV	257,91	208,00	159,75	113,08	68,25	29,91
	VI	**661,50**	271,25	271,25							
2 858,99	I,IV	**310,08**	271,58	271,58	I	208,66	113,66	30,41			
	II	**213,41**	271,58	271,58	II	118,16	33,75				
	III	**64,83**	271,58	271,58	III	3,50					
	V	**621,66**	271,58	271,58	IV	258,58	208,66	160,41	113,66	68,83	30,41
	VI	**662,50**	271,58	271,58							
2 861,99	I,IV	**310,75**	271,83	271,83	I	209,33	114,25	30,83			
	II	**214,08**	271,83	271,83	II	118,75	34,25				
	III	**65,33**	271,83	271,83	III	3,83					
	V	**622,50**	271,83	271,83	IV	259,25	209,33	161,00	114,25	69,41	30,83
	VI	**663,33**	271,83	271,83							
2 864,99	I,IV	**311,41**	272,16	272,16	I	209,91	114,91	31,33			
	II	**214,66**	272,16	272,16	II	119,33	34,66				
	III	**65,83**	272,16	272,16	III	4,16					
	V	**623,33**	272,16	272,16	IV	259,91	209,91	161,58	114,91	69,91	31,33
	VI	**664,50**	272,16	272,16							
2 867,99	I,IV	**312,08**	272,41	272,41	I	210,58	115,50	31,75			
	II	**215,33**	272,41	272,41	II	119,91	35,16				
	III	**66,33**	272,41	272,41	III	4,50					
	V	**624,33**	272,41	272,41	IV	260,58	210,58	162,25	115,50	70,50	31,75
	VI	**665,33**	272,41	272,41							
2 870,99	I,IV	**312,83**	272,66	272,66	I	211,25	116,08	32,25			
	II	**216,00**	272,66	272,66	II	120,50	35,58				
	III	**66,83**	272,66	272,66	III	4,83					
	V	**625,33**	272,66	272,66	IV	261,25	211,25	162,83	116,08	71,08	32,25
	VI	**666,33**	272,66	272,66							
2 873,99	I,IV	**313,50**	273,00	273,00	I	211,91	116,66	32,66			
	II	**216,66**	273,00	273,00	II	121,16	36,08				
	III	**67,16**	273,00	273,00	III	5,16					
	V	**626,33**	273,00	273,00	IV	261,91	211,91	163,50	116,66	71,66	32,66
	VI	**667,16**	273,00	273,00							
2 876,99	I,IV	**314,16**	273,25	273,25	I	212,50	117,25	33,16			
	II	**217,25**	273,25	273,25	II	121,75	36,50				
	III	**67,66**	273,25	273,25	III	5,50					
	V	**627,16**	273,25	273,25	IV	262,58	212,50	164,08	117,25	72,16	33,16
	VI	**668,16**	273,25	273,25							
2 879,99	I,IV	**314,83**	273,58	273,58	I	213,16	117,91	33,58			
	II	**217,91**	273,58	273,58	II	122,33	37,00				
	III	**68,16**	273,58	273,58	III	5,83					
	V	**628,16**	273,58	273,58	IV	263,16	213,16	164,75	117,91	72,75	33,58
	VI	**669,16**	273,58	273,58							

* Zur LSt-Berechnung für privat versicherte Arbeitnehmer s. Beispiele **Vorbemerkung S. 4 f.**
** Basisvorsorgepauschale KV und PV *** Typisierter Arbeitgeberzuschuss

Lohn/ Gehalt in € bis	Steuerklasse	Lohn- steuer*	BVSP**	TAGZ***	Steuerklasse	Bemessungsgrundlage für Kirchensteuer und Solidaritätszuschlag					
						Freibeträge für ... Kinder					
						0,5	**1,0**	1,5	**2,0**	2,5	**3,0**
2882,99	I,IV	**315,50**	273,83	273,83	I	213,83	118,50	34,00			
	II	**218,58**	273,83	273,83	II	122,91	37,50				
	III	**68,50**	273,83	273,83	III	6,16					
	V	**629,00**	273,83	273,83	IV	263,83	213,83	165,33	118,50	73,33	34,00
	VI	**670,16**	273,83	273,83							
2885,99	I,IV	**316,25**	274,16	274,16	I	214,41	119,08	34,50			
	II	**219,25**	274,16	274,16	II	123,58	37,91				
	III	**69,00**	274,16	274,16	III	6,66					
	V	**630,00**	274,16	274,16	IV	264,58	214,41	166,00	119,08	73,91	34,50
	VI	**671,16**	274,16	274,16							
2888,99	I,IV	**316,91**	274,41	274,41	I	215,08	119,66	35,00			
	II	**219,83**	274,41	274,41	II	124,16	38,41				
	III	**69,50**	274,41	274,41	III	7,00					
	V	**631,00**	274,41	274,41	IV	265,16	215,08	166,58	119,66	74,50	35,00
	VI	**672,00**	274,41	274,41							
2891,99	I,IV	**317,58**	274,66	274,66	I	215,75	120,25	35,41			
	II	**220,50**	274,66	274,66	II	124,75	38,91				
	III	**70,00**	274,66	274,66	III	7,33					
	V	**631,83**	274,66	274,66	IV	265,83	215,75	167,16	120,25	75,00	35,41
	VI	**673,00**	274,66	274,66							
2894,99	I,IV	**318,25**	275,00	275,00	I	216,33	120,91	35,91			
	II	**221,16**	275,00	275,00	II	125,33	39,33				
	III	**70,33**	275,00	275,00	III	7,66					
	V	**632,83**	275,00	275,00	IV	266,50	216,33	167,83	120,91	75,58	35,91
	VI	**674,00**	275,00	275,00							
2897,99	I,IV	**319,00**	275,25	275,25	I	217,00	121,50	36,33			
	II	**221,83**	275,25	275,25	II	126,00	39,83				
	III	**70,83**	275,25	275,25	III	8,00					
	V	**633,83**	275,25	275,25	IV	267,16	217,00	168,50	121,50	76,16	36,33
	VI	**675,00**	275,25	275,25							
2900,99	I,IV	**319,66**	275,58	275,58	I	217,66	122,08	36,83			
	II	**222,41**	275,58	275,58	II	126,58	40,33				
	III	**71,33**	275,58	275,58	III	8,33					
	V	**634,66**	275,58	275,58	IV	267,83	217,66	169,08	122,08	76,75	36,83
	VI	**675,83**	275,58	275,58							
2903,99	I,IV	**320,33**	275,83	275,83	I	218,33	122,66	37,33			
	II	**223,08**	275,83	275,83	II	127,16	40,83				
	III	**71,83**	275,83	275,83	III	8,66					
	V	**635,66**	275,83	275,83	IV	268,50	218,33	169,66	122,66	77,33	37,33
	VI	**677,00**	275,83	275,83							
2906,99	I,IV	**321,00**	276,08	276,08	I	218,91	123,33	37,75			
	II	**223,75**	276,08	276,08	II	127,75	41,25				
	III	**72,33**	276,08	276,08	III	9,16					
	V	**636,50**	276,08	276,08	IV	269,16	218,91	170,33	123,33	77,91	37,75
	VI	**677,83**	276,08	276,08							
2909,99	I,IV	**321,75**	276,41	276,41	I	219,58	123,91	38,25			
	II	**224,41**	276,41	276,41	II	128,41	41,75				
	III	**72,83**	276,41	276,41	III	9,50					
	V	**637,50**	276,41	276,41	IV	269,83	219,58	171,00	123,91	78,50	38,25
	VI	**678,83**	276,41	276,41							
2912,99	I,IV	**322,41**	276,66	276,66	I	220,25	124,50	38,75			
	II	**225,00**	276,66	276,66	II	129,00	42,25				
	III	**73,16**	276,66	276,66	III	9,83					
	V	**638,50**	276,66	276,66	IV	270,50	220,25	171,58	124,50	79,08	38,75
	VI	**679,83**	276,66	276,66							
2915,99	I,IV	**323,08**	277,00	277,00	I	220,91	125,08	39,16			
	II	**225,66**	277,00	277,00	II	129,58	42,75				
	III	**73,66**	277,00	277,00	III	10,16					
	V	**639,33**	277,00	277,00	IV	271,16	220,91	172,16	125,08	79,66	39,16
	VI	**680,83**	277,00	277,00							

* Zur LSt-Berechnung für privat versicherte Arbeitnehmer s. Beispiele **Vorbemerkung S. 4 f.**
** Basisvorsorgepauschale KV und PV *** Typisierter Arbeitgeberzuschuss

Lohn/ Gehalt in € bis	Steuerklasse	Lohn-steuer*	BVSP**	TAGZ***	Steuerklasse	Bemessungsgrundlage für Kirchensteuer und Solidaritätszuschlag					
						Freibeträge für ... Kinder					
						0,5	1,0	1,5	2,0	2,5	3,0
2918,99	I,IV	323,75	277,25	277,25	I	221,50	125,75	39,66			
	II	226,33	277,25	277,25	II	130,16	43,25				
	III	74,16	277,25	277,25	III	10,50					
	V	640,33	277,25	277,25	IV	271,83	221,50	172,83	125,75	80,25	39,66
	VI	681,66	277,25	277,25							
2921,99	I,IV	324,50	277,58	277,58	I	222,16	126,33	40,16			
	II	227,00	277,58	277,58	II	130,83	43,66				
	III	74,66	277,58	277,58	III	10,83					
	V	641,16	277,58	277,58	IV	272,50	222,16	173,41	126,33	80,83	40,16
	VI	682,66	277,58	277,58							
2924,99	I,IV	325,16	277,83	277,83	I	222,83	126,91	40,58			
	II	227,66	277,83	277,83	II	131,41	44,16				
	III	75,16	277,83	277,83	III	11,33					
	V	642,16	277,83	277,83	IV	273,25	222,83	174,08	126,91	81,41	40,58
	VI	683,66	277,83	277,83							
2927,99	I,IV	325,83	278,08	278,08	I	223,50	127,58	41,08			
	II	228,25	278,08	278,08	II	132,00	44,66				
	III	75,50	278,08	278,08	III	11,66					
	V	643,16	278,08	278,08	IV	273,83	223,50	174,75	127,58	82,00	41,08
	VI	684,66	278,08	278,08							
2930,99	I,IV	326,58	278,41	278,41	I	224,16	128,16	41,58			
	II	228,91	278,41	278,41	II	132,66	45,16				
	III	76,00	278,41	278,41	III	12,00					
	V	644,00	278,41	278,41	IV	274,50	224,16	175,33	128,16	82,58	41,58
	VI	685,50	278,41	278,41							
2933,99	I,IV	327,25	278,66	278,66	I	224,75	128,75	42,08			
	II	229,58	278,66	278,66	II	133,25	45,66				
	III	76,50	278,66	278,66	III	12,33					
	V	645,00	278,66	278,66	IV	275,16	224,75	175,91	128,75	83,16	42,08
	VI	686,66	278,66	278,66							
2936,99	I,IV	327,91	279,00	279,00	I	225,41	129,33	42,58			
	II	230,25	279,00	279,00	II	133,83	46,16				
	III	77,00	279,00	279,00	III	12,66					
	V	646,00	279,00	279,00	IV	275,91	225,41	176,58	129,33	83,75	42,58
	VI	687,50	279,00	279,00							
2939,99	I,IV	328,66	279,25	279,25	I	226,08	130,00	43,00			
	II	230,91	279,25	279,25	II	134,50	46,66				
	III	77,50	279,25	279,25	III	13,16					
	V	647,00	279,25	279,25	IV	276,58	226,08	177,25	130,00	84,33	43,00
	VI	688,50	279,25	279,25							
2942,99	I,IV	329,33	279,58	279,58	I	226,75	130,58	43,50			
	II	231,50	279,58	279,58	II	135,08	47,16				
	III	77,83	279,58	279,58	III	13,50					
	V	647,83	279,58	279,58	IV	277,25	226,75	177,83	130,58	84,91	43,50
	VI	689,33	279,58	279,58							
2945,99	I,IV	330,00	279,83	279,83	I	227,33	131,16	44,00			
	II	232,16	279,83	279,83	II	135,66	47,66				
	III	78,33	279,83	279,83	III	13,83					
	V	648,83	279,83	279,83	IV	277,91	227,33	178,50	131,16	85,50	44,00
	VI	690,50	279,83	279,83							
2948,99	I,IV	330,66	280,08	280,08	I	228,00	131,83	44,50			
	II	232,83	280,08	280,08	II	136,33	48,16				
	III	78,83	280,08	280,08	III	14,16					
	V	649,83	280,08	280,08	IV	278,58	228,00	179,08	131,83	86,08	44,50
	VI	691,50	280,08	280,08							
2951,99	I,IV	331,41	280,41	280,41	I	228,66	132,41	45,00			
	II	233,50	280,41	280,41	II	136,91	48,66				
	III	79,33	280,41	280,41	III	14,50					
	V	650,66	280,41	280,41	IV	279,25	228,66	179,75	132,41	86,66	45,00
	VI	692,33	280,41	280,41							

* Zur LSt-Berechnung für privat versicherte Arbeitnehmer s. Beispiele **Vorbemerkung S. 4 f.**
** Basisvorsorgepauschale KV und PV *** Typisierter Arbeitgeberzuschuss

Lohn/ Gehalt in € bis	Steuerklasse	Lohn- steuer*	BVSP**	TAGZ***	Steuerklasse	Bemessungsgrundlage für Kirchensteuer und Solidaritätszuschlag – Freibeträge für ... Kinder 0,5	**1,0**	1,5	**2,0**	2,5	**3,0**
2954,99	I,IV	**332,08**	280,66	280,66	I	229,33	133,00	45,50			
	II	**234,16**	280,66	280,66	II	137,50	49,16				
	III	**79,83**	280,66	280,66	III	15,00					
	V	**651,66**	280,66	280,66	IV	279,91	229,33	180,33	133,00	87,25	45,50
	VI	**693,50**	280,66	280,66							
2957,99	I,IV	**332,75**	281,00	281,00	I	230,00	133,58	46,00			
	II	**234,75**	281,00	281,00	II	138,08	49,66				
	III	**80,33**	281,00	281,00	III	15,33					
	V	**652,50**	281,00	281,00	IV	280,58	230,00	181,00	133,58	87,83	46,00
	VI	**694,33**	281,00	281,00							
2960,99	I,IV	**333,50**	281,25	281,25	I	230,66	134,25	46,50			
	II	**235,41**	281,25	281,25	II	138,75	50,16				
	III	**80,83**	281,25	281,25	III	15,66					
	V	**653,50**	281,25	281,25	IV	281,25	230,66	181,66	134,25	88,41	46,50
	VI	**695,33**	281,25	281,25							
2963,99	I,IV	**334,16**	281,50	281,50	I	231,25	134,83	47,00			
	II	**236,08**	281,50	281,50	II	139,33	50,66				
	III	**81,33**	281,50	281,50	III	16,00					
	V	**654,50**	281,50	281,50	IV	281,91	231,25	182,25	134,83	89,00	47,00
	VI	**696,16**	281,50	281,50							
2966,99	I,IV	**334,83**	281,83	281,83	I	231,91	135,41	47,50			
	II	**236,75**	281,83	281,83	II	139,91	51,16				
	III	**81,66**	281,83	281,83	III	16,33					
	V	**655,50**	281,83	281,83	IV	282,58	231,91	182,91	135,41	89,58	47,50
	VI	**697,33**	281,83	281,83							
2969,99	I,IV	**335,50**	282,08	282,08	I	232,58	136,08	48,00			
	II	**237,41**	282,08	282,08	II	140,58	51,66				
	III	**82,16**	282,08	282,08	III	16,83					
	V	**656,50**	282,08	282,08	IV	283,25	232,58	183,50	136,08	90,16	48,00
	VI	**698,16**	282,08	282,08							
2972,99	I,IV	**336,25**	282,41	282,41	I	233,25	136,66	48,41			
	II	**238,08**	282,41	282,41	II	141,16	52,16				
	III	**82,66**	282,41	282,41	III	17,16					
	V	**657,33**	282,41	282,41	IV	283,91	233,25	184,16	136,66	90,75	48,41
	VI	**699,16**	282,41	282,41							
2975,99	I,IV	**336,91**	282,66	282,66	I	233,91	137,25	49,00			
	II	**238,75**	282,66	282,66	II	141,75	52,75				
	III	**83,16**	282,66	282,66	III	17,50					
	V	**658,33**	282,66	282,66	IV	284,58	233,91	184,75	137,25	91,41	49,00
	VI	**700,16**	282,66	282,66							
2978,99	I,IV	**337,66**	283,00	283,00	I	234,50	137,91	49,50			
	II	**239,33**	283,00	283,00	II	142,41	53,25				
	III	**83,66**	283,00	283,00	III	18,00					
	V	**659,33**	283,00	283,00	IV	285,25	234,50	185,41	137,91	92,00	49,50
	VI	**701,16**	283,00	283,00							
2981,99	I,IV	**338,33**	283,25	283,25	I	235,16	138,50	50,00			
	II	**240,00**	283,25	283,25	II	143,00	53,75				
	III	**84,16**	283,25	283,25	III	18,33					
	V	**660,33**	283,25	283,25	IV	285,91	235,16	186,00	138,50	92,58	50,00
	VI	**702,16**	283,25	283,25							
2984,99	I,IV	**339,00**	283,50	283,50	I	235,83	139,08	50,50			
	II	**240,66**	283,50	283,50	II	143,58	54,25				
	III	**84,66**	283,50	283,50	III	18,66					
	V	**661,16**	283,50	283,50	IV	286,58	235,83	186,66	139,08	93,16	50,50
	VI	**703,00**	283,50	283,50							
2987,99	I,IV	**339,75**	283,83	283,83	I	236,50	139,75	51,00			
	II	**241,33**	283,83	283,83	II	144,25	54,83				
	III	**85,16**	283,83	283,83	III	19,00					
	V	**662,33**	283,83	283,83	IV	287,33	236,50	187,33	139,75	93,75	51,00
	VI	**704,00**	283,83	283,83							

* Zur LSt-Berechnung für privat versicherte Arbeitnehmer s. Beispiele **Vorbemerkung S. 4f.**
** Basisvorsorgepauschale KV und PV *** Typisierter Arbeitgeberzuschuss

Lohn/ Gehalt in € bis	Steuerklasse	Lohn- steuer*	BVSP**	TAGZ***	Steuerklasse	Bemessungsgrundlage für Kirchensteuer und Solidaritätszuschlag – Freibeträge für ... Kinder 0,5	1,0	1,5	2,0	2,5	3,0
2990,99	I,IV	**340,41**	284,08	284,08	I	237,16	140,33	51,50			
	II	**242,00**	284,08	284,08	II	144,83	55,33				
	III	**85,66**	284,08	284,08	III	19,50					
	V	**663,16**	284,08	284,08	IV	288,00	237,16	187,91	140,33	94,33	51,50
	VI	**705,16**	284,08	284,08							
2993,99	I,IV	**341,08**	284,41	284,41	I	237,83	140,91	52,00			
	II	**242,66**	284,41	284,41	II	145,41	55,83				
	III	**86,16**	284,41	284,41	III	19,83					
	V	**664,00**	284,41	284,41	IV	288,66	237,83	188,58	140,91	94,91	52,00
	VI	**706,00**	284,41	284,41							
2996,99	I,IV	**341,75**	284,66	284,66	I	238,41	141,50	52,50			
	II	**243,25**	284,66	284,66	II	146,08	56,33				
	III	**86,50**	284,66	284,66	III	20,16					
	V	**665,00**	284,66	284,66	IV	289,33	238,41	189,16	141,50	95,50	52,50
	VI	**707,00**	284,66	284,66							
2999,99	I,IV	**342,50**	284,91	284,91	I	239,08	142,16	53,08			
	II	**244,00**	284,91	284,91	II	146,66	56,91				
	III	**87,00**	284,91	284,91	III	20,50					
	V	**666,00**	284,91	284,91	IV	290,00	239,08	189,83	142,16	96,08	53,08
	VI	**708,00**	284,91	284,91							
3002,99	I,IV	**343,16**	285,25	285,25	I	239,75	142,75	53,58			
	II	**244,58**	285,25	285,25	II	147,33	57,41				
	III	**87,50**	285,25	285,25	III	21,00					
	V	**667,00**	285,25	285,25	IV	290,66	239,75	190,50	142,75	96,66	53,58
	VI	**709,00**	285,25	285,25							
3005,99	I,IV	**343,91**	285,50	285,50	I	240,41	143,41	54,08			
	II	**245,25**	285,50	285,50	II	147,91	57,91				
	III	**88,00**	285,50	285,50	III	21,33					
	V	**668,00**	285,50	285,50	IV	291,33	240,41	191,08	143,41	97,25	54,08
	VI	**710,00**	285,50	285,50							
3008,99	I,IV	**344,58**	285,83	285,83	I	241,08	144,00	54,58			
	II	**245,91**	285,83	285,83	II	148,50	58,41				
	III	**88,50**	285,83	285,83	III	21,66					
	V	**668,83**	285,83	285,83	IV	292,00	241,08	191,75	144,00	97,83	54,58
	VI	**711,00**	285,83	285,83							
3011,99	I,IV	**345,25**	286,08	286,08	I	241,75	144,58	55,08			
	II	**246,58**	286,08	286,08	II	149,16	59,00				
	III	**89,00**	286,08	286,08	III	22,00					
	V	**669,83**	286,08	286,08	IV	292,66	241,75	192,33	144,58	98,41	55,08
	VI	**711,83**	286,08	286,08							
3014,99	I,IV	**346,00**	286,41	286,41	I	242,41	145,25	55,66			
	II	**247,25**	286,41	286,41	II	149,75	59,50				
	III	**89,50**	286,41	286,41	III	22,50					
	V	**670,66**	286,41	286,41	IV	293,41	242,41	193,00	145,25	99,08	55,66
	VI	**713,00**	286,41	286,41							
3017,99	I,IV	**346,66**	286,66	286,66	I	243,00	145,83	56,16			
	II	**247,91**	286,66	286,66	II	150,41	60,08				
	III	**90,00**	286,66	286,66	III	22,83					
	V	**671,83**	286,66	286,66	IV	294,08	243,00	193,66	145,83	99,66	56,16
	VI	**714,00**	286,66	286,66							
3020,99	I,IV	**347,33**	286,91	286,91	I	243,66	146,41	56,66			
	II	**248,58**	286,91	286,91	II	151,00	60,58				
	III	**90,50**	286,91	286,91	III	23,16					
	V	**672,66**	286,91	286,91	IV	294,75	243,66	194,25	146,41	100,25	56,66
	VI	**714,83**	286,91	286,91							
3023,99	I,IV	**348,08**	287,25	287,25	I	244,33	147,08	57,16			
	II	**249,16**	287,25	287,25	II	151,58	61,08				
	III	**91,00**	287,25	287,25	III	23,66					
	V	**673,66**	287,25	287,25	IV	295,41	244,33	194,91	147,08	100,83	57,16
	VI	**715,83**	287,25	287,25							

* Zur LSt-Berechnung für privat versicherte Arbeitnehmer s. Beispiele **Vorbemerkung S. 4f.**
** Basisvorsorgepauschale KV und PV *** Typisierter Arbeitgeberzuschuss

Lohn/ Gehalt in € bis	Steuerklasse	Lohn-steuer*	BVSP**	TAGZ***	Steuerklasse	Bemessungsgrundlage für Kirchensteuer und Solidaritätszuschlag					
						Freibeträge für ... Kinder					
						0,5	**1,0**	1,5	**2,0**	2,5	**3,0**
3026,99	I,IV	**348,75**	287,50	287,50	I	245,00	147,66	57,75			
	II	**249,91**	287,50	287,50	II	152,25	61,66				
	III	**91,50**	287,50	287,50	III	24,00					
	V	**674,66**	287,50	287,50	IV	296,08	245,00	195,58	147,66	101,41	57,75
	VI	**716,83**	287,50	287,50							
3029,99	I,IV	**349,50**	287,83	287,83	I	245,66	148,33	58,25			
	II	**250,50**	287,83	287,83	II	152,83	62,16				
	III	**92,00**	287,83	287,83	III	24,33					
	V	**675,66**	287,83	287,83	IV	296,75	245,66	196,16	148,33	102,00	58,25
	VI	**718,00**	287,83	287,83							
3032,99	I,IV	**350,16**	288,08	288,08	I	246,33	148,91	58,75			
	II	**251,16**	288,08	288,08	II	153,41	62,75				
	III	**92,50**	288,08	288,08	III	24,83					
	V	**676,50**	288,08	288,08	IV	297,41	246,33	196,83	148,91	102,58	58,75
	VI	**718,83**	288,08	288,08							
3035,99	I,IV	**350,83**	288,41	288,41	I	247,00	149,50	59,33			
	II	**251,83**	288,41	288,41	II	154,08	63,25				
	III	**93,00**	288,41	288,41	III	25,16					
	V	**677,50**	288,41	288,41	IV	298,08	247,00	197,41	149,50	103,16	59,33
	VI	**719,83**	288,41	288,41							
3038,99	I,IV	**351,58**	288,66	288,66	I	247,66	150,16	59,83			
	II	**252,50**	288,66	288,66	II	154,66	63,83				
	III	**93,50**	288,66	288,66	III	25,50					
	V	**678,50**	288,66	288,66	IV	298,83	247,66	198,08	150,16	103,83	59,83
	VI	**720,83**	288,66	288,66							
3041,99	I,IV	**352,25**	288,91	288,91	I	248,33	150,75	60,33			
	II	**253,16**	288,91	288,91	II	155,33	64,33				
	III	**94,00**	288,91	288,91	III	26,00					
	V	**679,50**	288,91	288,91	IV	299,50	248,33	198,75	150,75	104,41	60,33
	VI	**721,83**	288,91	288,91							
3044,99	I,IV	**353,00**	289,25	289,25	I	248,91	151,33	60,91			
	II	**253,83**	289,25	289,25	II	155,91	64,91				
	III	**94,50**	289,25	289,25	III	26,33					
	V	**680,50**	289,25	289,25	IV	300,16	248,91	199,33	151,33	105,00	60,91
	VI	**722,83**	289,25	289,25							
3047,99	I,IV	**353,66**	289,50	289,50	I	249,58	152,00	61,41			
	II	**254,50**	289,50	289,50	II	156,58	65,41				
	III	**95,00**	289,50	289,50	III	26,83					
	V	**681,33**	289,50	289,50	IV	300,83	249,58	200,00	152,00	105,58	61,41
	VI	**723,83**	289,50	289,50							
3050,99	I,IV	**354,33**	289,83	289,83	I	250,25	152,58	62,00			
	II	**255,16**	289,83	289,83	II	157,16	66,00				
	III	**95,50**	289,83	289,83	III	27,16					
	V	**682,33**	289,83	289,83	IV	301,50	250,25	200,58	152,58	106,16	62,00
	VI	**724,66**	289,83	289,83							
3053,99	I,IV	**355,08**	290,08	290,08	I	250,91	153,25	62,50			
	II	**255,83**	290,08	290,08	II	157,83	66,58				
	III	**96,00**	290,08	290,08	III	27,50					
	V	**683,33**	290,08	290,08	IV	302,16	250,91	201,25	153,25	106,75	62,50
	VI	**725,66**	290,08	290,08							
3056,99	I,IV	**355,75**	290,33	290,33	I	251,58	153,83	63,08			
	II	**256,50**	290,33	290,33	II	158,41	67,08				
	III	**96,50**	290,33	290,33	III	28,00					
	V	**684,33**	290,33	290,33	IV	302,91	251,58	201,91	153,83	107,33	63,08
	VI	**726,83**	290,33	290,33							
3059,99	I,IV	**356,50**	290,66	290,66	I	252,25	154,41	63,58			
	II	**257,08**	290,66	290,66	II	159,00	67,66				
	III	**97,00**	290,66	290,66	III	28,33					
	V	**685,33**	290,66	290,66	IV	303,58	252,25	202,58	154,41	108,00	63,58
	VI	**727,83**	290,66	290,66							

* Zur LSt-Berechnung für privat versicherte Arbeitnehmer s. Beispiele **Vorbemerkung S. 4 f.**
** Basisvorsorgepauschale KV und PV *** Typisierter Arbeitgeberzuschuss

Lohn/ Gehalt in € bis	Steuerklasse	Lohn-steuer*	BVSP**	TAGZ***	Steuerklasse	Bemessungsgrundlage für Kirchensteuer und Solidaritätszuschlag – Freibeträge für ... Kinder 0,5	**1,0**	1,5	**2,0**	2,5	**3,0**
3062,99	I,IV	**357,16**	290,91	290,91	I	252,91	155,08	64,16			
	II	**257,75**	290,91	290,91	II	159,66	68,16				
	III	**97,50**	290,91	290,91	III	28,66					
	V	**686,16**	290,91	290,91	IV	304,25	252,91	203,16	155,08	108,58	64,16
	VI	**728,66**	290,91	290,91							
3065,99	I,IV	**357,91**	291,25	291,25	I	253,58	155,66	64,66			
	II	**258,50**	291,25	291,25	II	160,25	68,75	0,08			
	III	**98,00**	291,25	291,25	III	29,16					
	V	**687,33**	291,25	291,25	IV	304,91	253,58	203,83	155,66	109,16	64,66
	VI	**729,66**	291,25	291,25							
3068,99	I,IV	**358,58**	291,50	291,50	I	254,25	156,33	65,25			
	II	**259,08**	291,50	291,50	II	160,91	69,33	0,41			
	III	**98,50**	291,50	291,50	III	29,50					
	V	**688,16**	291,50	291,50	IV	305,58	254,25	204,50	156,33	109,75	65,25
	VI	**730,83**	291,50	291,50							
3071,99	I,IV	**359,25**	291,83	291,83	I	254,91	156,91	65,75			
	II	**259,75**	291,83	291,83	II	161,50	69,83	0,75			
	III	**99,00**	291,83	291,83	III	29,83					
	V	**689,16**	291,83	291,83	IV	306,25	254,91	205,08	156,91	110,33	65,75
	VI	**731,83**	291,83	291,83							
3074,99	I,IV	**360,00**	292,08	292,08	I	255,50	157,50	66,33			
	II	**260,41**	292,08	292,08	II	162,08	70,41	1,08			
	III	**99,50**	292,08	292,08	III	30,33					
	V	**690,16**	292,08	292,08	IV	306,91	255,50	205,75	157,50	110,91	66,33
	VI	**732,66**	292,08	292,08							
3077,99	I,IV	**360,66**	292,33	292,33	I	256,25	158,16	66,91			
	II	**261,08**	292,33	292,33	II	162,75	71,00	1,50			
	III	**100,00**	292,33	292,33	III	30,66					
	V	**691,16**	292,33	292,33	IV	307,66	256,25	206,41	158,16	111,58	66,91
	VI	**733,83**	292,33	292,33							
3080,99	I,IV	**361,41**	292,66	292,66	I	256,91	158,75	67,41			
	II	**261,75**	292,66	292,66	II	163,33	71,58	1,83			
	III	**100,50**	292,66	292,66	III	31,16					
	V	**692,16**	292,66	292,66	IV	308,33	256,91	207,00	158,75	112,16	67,41
	VI	**734,66**	292,66	292,66							
3083,99	I,IV	**362,08**	292,91	292,91	I	257,50	159,41	68,00			
	II	**262,41**	292,91	292,91	II	164,00	72,08	2,16			
	III	**101,00**	292,91	292,91	III	31,50					
	V	**693,00**	292,91	292,91	IV	309,00	257,50	207,66	159,41	112,75	68,00
	VI	**735,83**	292,91	292,91							
3086,99	I,IV	**362,75**	293,25	293,25	I	258,16	160,00	68,50			
	II	**263,08**	293,25	293,25	II	164,58	72,66	2,50			
	III	**101,50**	293,25	293,25	III	31,83					
	V	**694,00**	293,25	293,25	IV	309,66	258,16	208,33	160,00	113,33	68,50
	VI	**736,83**	293,25	293,25							
3089,99	I,IV	**363,50**	293,50	293,50	I	258,83	160,66	69,08	0,33		
	II	**263,75**	293,50	293,50	II	165,25	73,25	2,83			
	III	**102,00**	293,50	293,50	III	32,33					
	V	**695,00**	293,50	293,50	IV	310,33	258,83	208,91	160,66	113,91	69,08
	VI	**737,66**	293,50	293,50							
3092,99	I,IV	**364,25**	293,83	293,83	I	259,50	161,25	69,66	0,66		
	II	**264,41**	293,83	293,83	II	165,83	73,83	3,25			
	III	**102,50**	293,83	293,83	III	32,66					
	V	**696,00**	293,83	293,83	IV	311,08	259,50	209,58	161,25	114,58	69,66
	VI	**738,66**	293,83	293,83							
3095,99	I,IV	**364,91**	294,08	294,08	I	260,16	161,91	70,16	1,00		
	II	**265,08**	294,08	294,08	II	166,50	74,33	3,58			
	III	**103,00**	294,08	294,08	III	33,16					
	V	**696,83**	294,08	294,08	IV	311,75	260,16	210,25	161,91	115,16	70,16
	VI	**739,66**	294,08	294,08							

* Zur LSt-Berechnung für privat versicherte Arbeitnehmer s. Beispiele **Vorbemerkung S. 4 f.**
** Basisvorsorgepauschale KV und PV *** Typisierter Arbeitgeberzuschuss

Lohn/ Gehalt in € bis	Steuerklasse	Lohn- steuer*	BVSP**	TAGZ***	Steuerklasse	Bemessungsgrundlage für Kirchensteuer und Solidaritätszuschlag					
						Freibeträge für ... Kinder					
						0,5	**1,0**	1,5	**2,0**	2,5	**3,0**
3098,99	I,IV	**365,58**	294,33	294,33	I	260,83	162,50	70,75	1,33		
	II	**265,75**	294,33	294,33	II	167,08	74,91	3,91			
	III	**103,50**	294,33	294,33	III	33,50					
	V	**698,00**	294,33	294,33	IV	312,41	260,83	210,83	162,50	115,75	70,75
	VI	**740,83**	294,33	294,33							
3101,99	I,IV	**366,33**	294,66	294,66	I	261,50	163,08	71,33	1,66		
	II	**266,41**	294,66	294,66	II	167,75	75,50	4,25			
	III	**104,00**	294,66	294,66	III	34,00					
	V	**698,83**	294,66	294,66	IV	313,08	261,50	211,50	163,08	116,33	71,33
	VI	**741,83**	294,66	294,66							
3104,99	I,IV	**367,00**	294,91	294,91	I	262,16	163,75	71,91	2,00		
	II	**267,08**	294,91	294,91	II	168,33	76,08	4,66			
	III	**104,50**	294,91	294,91	III	34,33					
	V	**699,83**	294,91	294,91	IV	313,83	262,16	212,16	163,75	116,91	71,91
	VI	**742,83**	294,91	294,91							
3107,99	I,IV	**367,75**	295,25	295,25	I	262,83	164,33	72,41	2,41		
	II	**267,75**	295,25	295,25	II	169,00	76,66	5,00			
	III	**105,00**	295,25	295,25	III	34,66					
	V	**700,83**	295,25	295,25	IV	314,50	262,83	212,83	164,33	117,58	72,41
	VI	**743,66**	295,25	295,25							
3110,99	I,IV	**368,41**	295,50	295,50	I	263,50	165,00	73,00	2,75		
	II	**268,41**	295,50	295,50	II	169,58	77,25	5,33			
	III	**105,66**	295,50	295,50	III	35,16					
	V	**701,83**	295,50	295,50	IV	315,16	263,50	213,41	165,00	118,16	73,00
	VI	**744,66**	295,50	295,50							
3113,99	I,IV	**369,16**	295,75	295,75	I	264,16	165,58	73,58	3,08		
	II	**269,08**	295,75	295,75	II	170,25	77,83	5,75			
	III	**106,16**	295,75	295,75	III	35,50					
	V	**702,83**	295,75	295,75	IV	315,83	264,16	214,08	165,58	118,75	73,58
	VI	**745,66**	295,75	295,75							
3116,99	I,IV	**369,83**	296,08	296,08	I	264,83	166,25	74,16	3,41		
	II	**269,75**	296,08	296,08	II	170,83	78,41	6,08			
	III	**106,66**	296,08	296,08	III	36,00					
	V	**703,83**	296,08	296,08	IV	316,58	264,83	214,75	166,25	119,33	74,16
	VI	**746,66**	296,08	296,08							
3119,99	I,IV	**370,58**	296,33	296,33	I	265,50	166,83	74,75	3,83		
	II	**270,41**	296,33	296,33	II	171,50	79,00	6,50			
	III	**107,16**	296,33	296,33	III	36,33					
	V	**704,66**	296,33	296,33	IV	317,25	265,50	215,41	166,83	120,00	74,75
	VI	**747,83**	296,33	296,33							
3122,99	I,IV	**371,25**	296,66	296,66	I	266,16	167,50	75,25	4,16		
	II	**271,08**	296,66	296,66	II	172,08	79,58	6,83			
	III	**107,66**	296,66	296,66	III	36,83					
	V	**705,83**	296,66	296,66	IV	317,91	266,16	216,00	167,50	120,58	75,25
	VI	**748,83**	296,66	296,66							
3125,99	I,IV	**372,00**	296,91	296,91	I	266,83	168,08	75,83	4,50		
	II	**271,75**	296,91	296,91	II	172,75	80,08	7,16			
	III	**108,16**	296,91	296,91	III	37,16					
	V	**706,66**	296,91	296,91	IV	318,58	266,83	216,66	168,08	121,16	75,83
	VI	**749,66**	296,91	296,91							
3128,99	I,IV	**372,66**	297,25	297,25	I	267,50	168,75	76,41	4,83		
	II	**272,41**	297,25	297,25	II	173,33	80,66	7,58			
	III	**108,66**	297,25	297,25	III	37,50					
	V	**707,66**	297,25	297,25	IV	319,25	267,50	217,33	168,75	121,75	76,41
	VI	**750,66**	297,25	297,25							
3131,99	I,IV	**373,41**	297,50	297,50	I	268,16	169,33	77,00	5,25		
	II	**273,08**	297,50	297,50	II	174,00	81,33	7,91			
	III	**109,16**	297,50	297,50	III	38,00					
	V	**708,66**	297,50	297,50	IV	320,00	268,16	218,00	169,33	122,33	77,00
	VI	**751,66**	297,50	297,50							

* Zur LSt-Berechnung für privat versicherte Arbeitnehmer s. Beispiele **Vorbemerkung S. 4 f.**
** Basisvorsorgepauschale KV und PV *** Typisierter Arbeitgeberzuschuss

Lohn/ Gehalt in € bis	Steuerklasse	Lohn- steuer*	BVSP**	TAGZ***	Steuerklasse	Bemessungsgrundlage für Kirchensteuer und Solidaritätszuschlag – Freibeträge für ... Kinder 0,5	**1,0**	1,5	**2,0**	2,5	**3,0**
3134,99	I,IV	**374,08**	297,75	297,75	I	268,83	170,00	77,58	5,58		
	II	**273,75**	297,75	297,75	II	174,58	81,91	8,33			
	III	**109,66**	297,75	297,75	III	38,50					
	V	**709,66**	297,75	297,75	IV	320,66	268,83	218,58	170,00	123,00	77,58
	VI	**752,83**	297,75	297,75							
3137,99	I,IV	**374,83**	298,08	298,08	I	269,50	170,58	78,16	5,91		
	II	**274,41**	298,08	298,08	II	175,25	82,50	8,66			
	III	**110,16**	298,08	298,08	III	38,83					
	V	**710,66**	298,08	298,08	IV	321,33	269,50	219,25	170,58	123,58	78,16
	VI	**753,83**	298,08	298,08							
3140,99	I,IV	**375,50**	298,33	298,33	I	270,16	171,25	78,75	6,33		
	II	**275,08**	298,33	298,33	II	175,83	83,08	9,08			
	III	**110,83**	298,33	298,33	III	39,16					
	V	**711,66**	298,33	298,33	IV	322,00	270,16	219,91	171,25	124,16	78,75
	VI	**754,83**	298,33	298,33							
3143,99	I,IV	**376,25**	298,66	298,66	I	270,83	171,83	79,33	6,66		
	II	**275,75**	298,66	298,66	II	176,50	83,66	9,41			
	III	**111,33**	298,66	298,66	III	39,66					
	V	**712,66**	298,66	298,66	IV	322,75	270,83	220,58	171,83	124,75	79,33
	VI	**755,83**	298,66	298,66							
3146,99	I,IV	**376,91**	298,91	298,91	I	271,50	172,50	79,91	7,08		
	II	**276,41**	298,91	298,91	II	177,08	84,25	9,83			
	III	**111,83**	298,91	298,91	III	40,00					
	V	**713,66**	298,91	298,91	IV	323,41	271,50	221,16	172,50	125,41	79,91
	VI	**756,83**	298,91	298,91							
3149,99	I,IV	**377,66**	299,16	299,16	I	272,16	173,08	80,50	7,41		
	II	**277,08**	299,16	299,16	II	177,75	84,83	10,16			
	III	**112,33**	299,16	299,16	III	40,50					
	V	**714,66**	299,16	299,16	IV	324,08	272,16	221,83	173,08	126,00	80,50
	VI	**757,83**	299,16	299,16							
3152,99	I,IV	**378,33**	299,50	299,50	I	272,83	173,75	81,08	7,83		
	II	**277,75**	299,50	299,50	II	178,33	85,41	10,58			
	III	**112,83**	299,50	299,50	III	40,83					
	V	**715,50**	299,50	299,50	IV	324,75	272,83	222,50	173,75	126,58	81,08
	VI	**758,83**	299,50	299,50							
3155,99	I,IV	**379,08**	299,75	299,75	I	273,50	174,33	81,66	8,16		
	II	**278,41**	299,75	299,75	II	179,00	86,00	11,00			
	III	**113,33**	299,75	299,75	III	41,33					
	V	**716,50**	299,75	299,75	IV	325,50	273,50	223,16	174,33	127,25	81,66
	VI	**760,00**	299,75	299,75							
3158,99	I,IV	**379,75**	300,08	300,08	I	274,16	175,00	82,25	8,58		
	II	**279,08**	300,08	300,08	II	179,66	86,58	11,33			
	III	**113,83**	300,08	300,08	III	41,66					
	V	**717,66**	300,08	300,08	IV	326,16	274,16	223,75	175,00	127,83	82,25
	VI	**760,83**	300,08	300,08							
3161,99	I,IV	**380,50**	300,33	300,33	I	274,83	175,58	82,83	8,91		
	II	**279,75**	300,33	300,33	II	180,25	87,16	11,75			
	III	**114,33**	300,33	300,33	III	42,16					
	V	**718,66**	300,33	300,33	IV	326,83	274,83	224,41	175,58	128,41	82,83
	VI	**761,83**	300,33	300,33							
3164,99	I,IV	**381,16**	300,66	300,66	I	275,50	176,25	83,41	9,33		
	II	**280,41**	300,66	300,66	II	180,91	87,75	12,08			
	III	**115,00**	300,66	300,66	III	42,50					
	V	**719,50**	300,66	300,66	IV	327,50	275,50	225,08	176,25	129,00	83,41
	VI	**762,83**	300,66	300,66							
3167,99	I,IV	**381,91**	300,91	300,91	I	276,16	176,91	84,00	9,66		
	II	**281,16**	300,91	300,91	II	181,50	88,33	12,50			
	III	**115,50**	300,91	300,91	III	43,00					
	V	**720,50**	300,91	300,91	IV	328,25	276,16	225,75	176,91	129,66	84,00
	VI	**763,83**	300,91	300,91							

* Zur LSt-Berechnung für privat versicherte Arbeitnehmer s. Beispiele **Vorbemerkung S. 4 f.**
** Basisvorsorgepauschale KV und PV *** Typisierter Arbeitgeberzuschuss

Lohn/ Gehalt in € bis	Steuerklasse	Lohn-steuer*	BVSP**	TAGZ***	Steuerklasse	Bemessungsgrundlage für Kirchensteuer und Solidaritätszuschlag – Freibeträge für ... Kinder 0,5	**1,0**	1,5	**2,0**	2,5	**3,0**
3170,99	I,IV	**382,66**	301,16	301,16	I	276,83	177,50	84,58	10,08		
	II	**281,83**	301,16	301,16	II	182,16	88,91	12,91			
	III	**116,00**	301,16	301,16	III	43,33					
	V	**721,50**	301,16	301,16	IV	328,91	276,83	226,33	177,50	130,25	84,58
	VI	**764,83**	301,16	301,16							
3173,99	I,IV	**383,33**	301,50	301,50	I	277,50	178,08	85,16	10,41		
	II	**282,50**	301,50	301,50	II	182,75	89,50	13,33			
	III	**116,50**	301,50	301,50	III	43,83					
	V	**722,50**	301,50	301,50	IV	329,58	277,50	227,00	178,08	130,83	85,16
	VI	**765,83**	301,50	301,50							
3176,99	I,IV	**384,00**	301,75	301,75	I	278,16	178,75	85,75	10,83		
	II	**283,16**	301,75	301,75	II	183,41	90,08	13,66			
	III	**117,00**	301,75	301,75	III	44,16					
	V	**723,50**	301,75	301,75	IV	330,33	278,16	227,66	178,75	131,41	85,75
	VI	**767,00**	301,75	301,75							
3179,99	I,IV	**384,75**	302,08	302,08	I	278,83	179,33	86,33	11,16		
	II	**283,83**	302,08	302,08	II	184,00	90,66	14,08			
	III	**117,50**	302,08	302,08	III	44,66					
	V	**724,50**	302,08	302,08	IV	331,00	278,83	228,33	179,33	132,08	86,33
	VI	**768,00**	302,08	302,08							
3182,99	I,IV	**385,50**	302,33	302,33	I	279,50	180,00	86,91	11,58		
	II	**284,50**	302,33	302,33	II	184,66	91,25	14,50			
	III	**118,16**	302,33	302,33	III	45,16					
	V	**725,50**	302,33	302,33	IV	331,66	279,50	229,00	180,00	132,66	86,91
	VI	**769,00**	302,33	302,33							
3185,99	I,IV	**386,16**	302,66	302,66	I	280,16	180,66	87,50	12,00		
	II	**285,16**	302,66	302,66	II	185,33	91,83	14,83			
	III	**118,66**	302,66	302,66	III	45,50					
	V	**726,50**	302,66	302,66	IV	332,41	280,16	229,58	180,66	133,25	87,50
	VI	**770,00**	302,66	302,66							
3188,99	I,IV	**386,91**	302,91	302,91	I	280,83	181,25	88,08	12,33		
	II	**285,83**	302,91	302,91	II	185,91	92,41	15,25			
	III	**119,16**	302,91	302,91	III	46,00					
	V	**727,50**	302,91	302,91	IV	333,08	280,83	230,25	181,25	133,91	88,08
	VI	**771,00**	302,91	302,91							
3191,99	I,IV	**387,58**	303,16	303,16	I	281,50	181,91	88,66	12,75		
	II	**286,50**	303,16	303,16	II	186,58	93,00	15,66			
	III	**119,66**	303,16	303,16	III	46,33					
	V	**728,50**	303,16	303,16	IV	333,75	281,50	230,91	181,91	134,50	88,66
	VI	**772,00**	303,16	303,16							
3194,99	I,IV	**388,33**	303,50	303,50	I	282,25	182,50	89,25	13,16		
	II	**287,16**	303,50	303,50	II	187,16	93,66	16,08			
	III	**120,16**	303,50	303,50	III	46,83					
	V	**729,50**	303,50	303,50	IV	334,50	282,25	231,58	182,50	135,08	89,25
	VI	**773,00**	303,50	303,50							
3197,99	I,IV	**389,00**	303,75	303,75	I	282,91	183,16	89,83	13,50		
	II	**287,83**	303,75	303,75	II	187,83	94,25	16,50			
	III	**120,83**	303,75	303,75	III	47,16					
	V	**730,33**	303,75	303,75	IV	335,16	282,91	232,25	183,16	135,75	89,83
	VI	**774,16**	303,75	303,75							
3200,99	I,IV	**389,75**	304,08	304,08	I	283,58	183,75	90,41	13,91		
	II	**288,50**	304,08	304,08	II	188,41	94,83	16,91			
	III	**121,33**	304,08	304,08	III	47,66					
	V	**731,50**	304,08	304,08	IV	335,83	283,58	232,83	183,75	136,33	90,41
	VI	**775,16**	304,08	304,08							
3203,99	I,IV	**390,50**	304,33	304,33	I	284,25	184,41	91,00	14,33		
	II	**289,16**	304,33	304,33	II	189,08	95,41	17,25			
	III	**121,83**	304,33	304,33	III	48,00					
	V	**732,50**	304,33	304,33	IV	336,50	284,25	233,50	184,41	136,91	91,00
	VI	**776,16**	304,33	304,33							

* Zur LSt-Berechnung für privat versicherte Arbeitnehmer s. Beispiele **Vorbemerkung S. 4f.**
** Basisvorsorgepauschale KV und PV *** Typisierter Arbeitgeberzuschuss

Lohn/ Gehalt in € bis	Steuerklasse	Lohn-steuer*	BVSP**	TAGZ***	Steuerklasse	Bemessungsgrundlage für Kirchensteuer und Solidaritätszuschlag					
						Freibeträge für ... Kinder					
						0,5	**1,0**	1,5	**2,0**	2,5	**3,0**
3206,99	I,IV	**391,16**	304,58	304,58	I	284,91	185,08	91,66	14,75		
	II	**289,91**	304,58	304,58	II	189,75	96,00	17,66			
	III	**122,33**	304,58	304,58	III	48,50					
	V	**733,50**	304,58	304,58	IV	337,25	284,91	234,16	185,08	137,58	91,66
	VI	**777,16**	304,58	304,58							
3209,99	I,IV	**391,91**	304,91	304,91	I	285,58	185,66	92,25	15,08		
	II	**290,58**	304,91	304,91	II	190,33	96,58	18,08			
	III	**122,83**	304,91	304,91	III	49,00					
	V	**734,50**	304,91	304,91	IV	337,91	285,58	234,83	185,66	138,16	92,25
	VI	**778,16**	304,91	304,91							
3212,99	I,IV	**392,58**	305,16	305,16	I	286,25	186,33	92,83	15,50		
	II	**291,25**	305,16	305,16	II	191,00	97,16	18,50			
	III	**123,50**	305,16	305,16	III	49,33					
	V	**735,33**	305,16	305,16	IV	338,66	286,25	235,50	186,33	138,75	92,83
	VI	**779,16**	305,16	305,16							
3215,99	I,IV	**393,33**	305,50	305,50	I	286,91	186,91	93,41	15,91		
	II	**291,91**	305,50	305,50	II	191,58	97,75	18,91			
	III	**124,00**	305,50	305,50	III	49,83					
	V	**736,50**	305,50	305,50	IV	339,33	286,91	236,08	186,91	139,33	93,41
	VI	**780,16**	305,50	305,50							
3218,99	I,IV	**394,00**	305,75	305,75	I	287,58	187,58	94,00	16,33		
	II	**292,58**	305,75	305,75	II	192,25	98,33	19,33			
	III	**124,50**	305,75	305,75	III	50,16					
	V	**737,50**	305,75	305,75	IV	340,00	287,58	236,75	187,58	140,00	94,00
	VI	**781,16**	305,75	305,75							
3221,99	I,IV	**394,75**	306,08	306,08	I	288,25	188,25	94,58	16,75		
	II	**293,25**	306,08	306,08	II	192,91	98,91	19,75			
	III	**125,00**	306,08	306,08	III	50,66					
	V	**738,50**	306,08	306,08	IV	340,75	288,25	237,41	188,25	140,58	94,58
	VI	**782,16**	306,08	306,08							
3224,99	I,IV	**395,50**	306,33	306,33	I	288,91	188,83	95,16	17,16		
	II	**293,91**	306,33	306,33	II	193,50	99,58	20,16			
	III	**125,66**	306,33	306,33	III	51,16					
	V	**739,50**	306,33	306,33	IV	341,41	288,91	238,08	188,83	141,16	95,16
	VI	**783,08**	306,33	306,33							
3227,99	I,IV	**396,16**	306,58	306,58	I	289,58	189,50	95,75	17,50		
	II	**294,58**	306,58	306,58	II	194,16	100,16	20,58			
	III	**126,16**	306,58	306,58	III	51,50					
	V	**740,33**	306,58	306,58	IV	342,08	289,58	238,75	189,50	141,83	95,75
	VI	**784,16**	306,58	306,58							
3230,99	I,IV	**396,91**	306,91	306,91	I	290,25	190,08	96,33	17,91		
	II	**295,25**	306,91	306,91	II	194,75	100,75	21,00			
	III	**126,66**	306,91	306,91	III	52,00					
	V	**741,50**	306,91	306,91	IV	342,75	290,25	239,41	190,08	142,41	96,33
	VI	**785,16**	306,91	306,91							
3233,99	I,IV	**397,66**	307,16	307,16	I	291,00	190,75	96,91	18,33		
	II	**296,00**	307,16	307,16	II	195,41	101,33	21,41			
	III	**127,16**	307,16	307,16	III	52,33					
	V	**742,50**	307,16	307,16	IV	343,50	291,00	240,08	190,75	143,08	96,91
	VI	**786,16**	307,16	307,16							
3236,99	I,IV	**398,33**	307,50	307,50	I	291,66	191,41	97,50	18,75		
	II	**296,66**	307,50	307,50	II	196,08	101,91	21,83			
	III	**127,83**	307,50	307,50	III	52,83					
	V	**743,50**	307,50	307,50	IV	344,16	291,66	240,75	191,41	143,66	97,50
	VI	**787,25**	307,50	307,50							
3239,99	I,IV	**399,08**	307,75	307,75	I	292,33	192,00	98,08	19,16		
	II	**297,33**	307,75	307,75	II	196,66	102,50	22,25			
	III	**128,33**	307,75	307,75	III	53,33					
	V	**744,50**	307,75	307,75	IV	344,91	292,33	241,33	192,00	144,25	98,08
	VI	**788,25**	307,75	307,75							

* Zur LSt-Berechnung für privat versicherte Arbeitnehmer s. Beispiele **Vorbemerkung S. 4 f.**
** Basisvorsorgepauschale KV und PV *** Typisierter Arbeitgeberzuschuss

Lohn/ Gehalt in € bis	Steuerklasse	**Lohn-steuer***	BVSP**	TAGZ***	Steuerklasse	Bemessungsgrundlage für Kirchensteuer und Solidaritätszuschlag – Freibeträge für ... Kinder 0,5	**1,0**	1,5	**2,0**	2,5	**3,0**
3 242,99	I,IV	**399,75**	308,08	308,08	I	293,00	192,66	98,75	19,58		
	II	**298,00**	308,08	308,08	II	197,33	103,08	22,66			
	III	**128,83**	308,08	308,08	III	53,66					
	V	**745,33**	308,08	308,08	IV	345,58	293,00	242,00	192,66	144,83	98,75
	VI	**789,25**	308,08	308,08							
3 245,99	I,IV	**400,50**	308,33	308,33	I	293,66	193,25	99,33	20,00		
	II	**298,66**	308,33	308,33	II	198,00	103,66	23,08			
	III	**129,50**	308,33	308,33	III	54,16					
	V	**746,33**	308,33	308,33	IV	346,33	293,66	242,66	193,25	145,50	99,33
	VI	**790,33**	308,33	308,33							
3 248,99	I,IV	**401,25**	308,58	308,58	I	294,33	193,91	99,91	20,41		
	II	**299,33**	308,58	308,58	II	198,58	104,33	23,50			
	III	**130,00**	308,58	308,58	III	54,50					
	V	**747,33**	308,58	308,58	IV	347,00	294,33	243,33	193,91	146,08	99,91
	VI	**791,33**	308,58	308,58							
3 251,99	I,IV	**401,91**	308,91	308,91	I	295,00	194,58	100,50	20,83		
	II	**300,00**	308,91	308,91	II	199,25	104,91	23,91			
	III	**130,50**	308,91	308,91	III	55,00					
	V	**748,50**	308,91	308,91	IV	347,66	295,00	244,00	194,58	146,75	100,50
	VI	**792,33**	308,91	308,91							
3 254,99	I,IV	**402,66**	309,16	309,16	I	295,66	195,16	101,08	21,25		
	II	**300,75**	309,16	309,16	II	199,91	105,50	24,41			
	III	**131,00**	309,16	309,16	III	55,50					
	V	**749,50**	309,16	309,16	IV	348,33	295,66	244,66	195,16	147,33	101,08
	VI	**793,33**	309,16	309,16							
3 257,99	I,IV	**403,33**	309,50	309,50	I	296,33	195,83	101,66	21,66		
	II	**301,41**	309,50	309,50	II	200,50	106,08	24,83			
	III	**131,66**	309,50	309,50	III	55,83					
	V	**750,50**	309,50	309,50	IV	349,08	296,33	245,25	195,83	147,91	101,66
	VI	**794,33**	309,50	309,50							
3 260,99	I,IV	**404,08**	309,75	309,75	I	297,08	196,50	102,25	22,08		
	II	**302,08**	309,75	309,75	II	201,16	106,66	25,25			
	III	**132,16**	309,75	309,75	III	56,33					
	V	**751,50**	309,75	309,75	IV	349,75	297,08	246,00	196,50	148,58	102,25
	VI	**795,41**	309,75	309,75							
3 263,99	I,IV	**404,83**	310,00	310,00	I	297,75	197,08	102,83	22,50		
	II	**302,75**	310,00	310,00	II	201,83	107,25	25,66			
	III	**132,66**	310,00	310,00	III	56,83					
	V	**752,50**	310,00	310,00	IV	350,50	297,75	246,58	197,08	149,16	102,83
	VI	**796,41**	310,00	310,00							
3 266,99	I,IV	**405,50**	310,33	310,33	I	298,41	197,75	103,50	22,91		
	II	**303,41**	310,33	310,33	II	202,41	107,83	26,08			
	III	**133,16**	310,33	310,33	III	57,16					
	V	**753,50**	310,33	310,33	IV	351,16	298,41	247,25	197,75	149,75	103,50
	VI	**797,41**	310,33	310,33							
3 269,99	I,IV	**406,25**	310,58	310,58	I	299,08	198,33	104,08	23,33		
	II	**304,08**	310,58	310,58	II	203,08	108,41	26,50			
	III	**133,83**	310,58	310,58	III	57,66					
	V	**754,50**	310,58	310,58	IV	351,83	299,08	247,91	198,33	150,41	104,08
	VI	**798,41**	310,58	310,58							
3 272,99	I,IV	**407,00**	310,91	310,91	I	299,75	199,00	104,66	23,83		
	II	**304,83**	310,91	310,91	II	203,75	109,08	27,00			
	III	**134,33**	310,91	310,91	III	58,16					
	V	**755,50**	310,91	310,91	IV	352,58	299,75	248,58	199,00	151,00	104,66
	VI	**799,50**	310,91	310,91							
3 275,99	I,IV	**407,66**	311,16	311,16	I	300,41	199,66	105,25	24,25		
	II	**305,50**	311,16	311,16	II	204,33	109,66	27,41			
	III	**134,83**	311,16	311,16	III	58,50					
	V	**756,50**	311,16	311,16	IV	353,25	300,41	249,25	199,66	151,66	105,25
	VI	**800,50**	311,16	311,16							

* Zur LSt-Berechnung für privat versicherte Arbeitnehmer s. Beispiele **Vorbemerkung S. 4f.**
** Basisvorsorgepauschale KV und PV *** Typisierter Arbeitgeberzuschuss

Lohn/ Gehalt in € bis	Steuerklasse	Lohn-steuer*	BVSP**	TAGZ***	Steuerklasse	Bemessungsgrundlage für Kirchensteuer und Solidaritätszuschlag					
						Freibeträge für ... Kinder					
						0,5	**1,0**	1,5	**2,0**	2,5	**3,0**
3278,99	I,IV	**408,41**	311,50	311,50	I	301,16	200,25	105,83	24,66		
	II	**306,16**	311,50	311,50	II	205,00	110,25	27,83			
	III	**135,50**	311,50	311,50	III	59,00					
	V	**757,50**	311,50	311,50	IV	354,00	301,16	249,91	200,25	152,25	105,83
	VI	**801,50**	311,50	311,50							
3281,99	I,IV	**409,16**	311,75	311,75	I	301,83	200,91	106,41	25,08		
	II	**306,83**	311,75	311,75	II	205,66	110,83	28,33			
	III	**136,00**	311,75	311,75	III	59,50					
	V	**758,50**	311,75	311,75	IV	354,66	301,83	250,58	200,91	152,83	106,41
	VI	**802,58**	311,75	311,75							
3284,99	I,IV	**409,91**	312,00	312,00	I	302,50	201,58	107,08	25,50		
	II	**307,50**	312,00	312,00	II	206,25	111,50	28,75			
	III	**136,50**	312,00	312,00	III	59,83					
	V	**759,50**	312,00	312,00	IV	355,41	302,50	251,25	201,58	153,50	107,08
	VI	**803,58**	312,00	312,00							
3287,99	I,IV	**410,58**	312,33	312,33	I	303,16	202,16	107,66	25,91		
	II	**308,25**	312,33	312,33	II	206,91	112,08	29,16			
	III	**137,16**	312,33	312,33	III	60,33					
	V	**760,66**	312,33	312,33	IV	356,08	303,16	251,91	202,16	154,08	107,66
	VI	**804,58**	312,33	312,33							
3290,99	I,IV	**411,33**	312,58	312,58	I	303,83	202,83	108,25	26,41		
	II	**308,91**	312,58	312,58	II	207,58	112,66	29,66			
	III	**137,66**	312,58	312,58	III	60,83	0,33				
	V	**761,66**	312,58	312,58	IV	356,75	303,83	252,50	202,83	154,75	108,25
	VI	**805,66**	312,58	312,58							
3293,99	I,IV	**412,00**	312,91	312,91	I	304,50	203,50	108,83	26,83		
	II	**309,58**	312,91	312,91	II	208,16	113,25	30,08			
	III	**138,16**	312,91	312,91	III	61,16	0,66				
	V	**762,50**	312,91	312,91	IV	357,50	304,50	253,16	203,50	155,33	108,83
	VI	**806,66**	312,91	312,91							
3296,99	I,IV	**412,75**	313,16	313,16	I	305,16	204,08	109,41	27,25		
	II	**310,25**	313,16	313,16	II	208,83	113,83	30,50			
	III	**138,83**	313,16	313,16	III	61,66	1,00				
	V	**763,50**	313,16	313,16	IV	358,16	305,16	253,83	204,08	155,91	109,41
	VI	**807,66**	313,16	313,16							
3299,99	I,IV	**413,50**	313,41	313,41	I	305,91	204,75	110,00	27,66		
	II	**310,91**	313,41	313,41	II	209,50	114,41	31,00			
	III	**139,33**	313,41	313,41	III	62,16	1,33				
	V	**764,66**	313,41	313,41	IV	358,91	305,91	254,50	204,75	156,58	110,00
	VI	**808,75**	313,41	313,41							
3302,99	I,IV	**414,16**	313,75	313,75	I	306,58	205,41	110,58	28,16		
	II	**311,66**	313,75	313,75	II	210,08	115,08	31,41			
	III	**139,83**	313,75	313,75	III	62,66	1,66				
	V	**765,50**	313,75	313,75	IV	359,58	306,58	255,16	205,41	157,16	110,58
	VI	**809,75**	313,75	313,75							
3305,99	I,IV	**414,91**	314,00	314,00	I	307,25	206,00	111,25	28,58		
	II	**312,33**	314,00	314,00	II	210,75	115,66	31,91			
	III	**140,50**	314,00	314,00	III	63,00	2,00				
	V	**766,50**	314,00	314,00	IV	360,25	307,25	255,83	206,00	157,83	111,25
	VI	**810,75**	314,00	314,00							
3308,99	I,IV	**415,66**	314,33	314,33	I	307,91	206,66	111,83	29,00		
	II	**313,00**	314,33	314,33	II	211,41	116,25	32,33			
	III	**141,00**	314,33	314,33	III	63,50	2,33				
	V	**767,66**	314,33	314,33	IV	361,00	307,91	256,50	206,66	158,41	111,83
	VI	**811,75**	314,33	314,33							
3311,99	I,IV	**416,41**	314,58	314,58	I	308,66	207,33	112,41	29,50		
	II	**313,66**	314,58	314,58	II	212,08	116,83	32,83			
	III	**141,50**	314,58	314,58	III	64,00	2,66				
	V	**768,66**	314,58	314,58	IV	361,66	308,66	257,16	207,33	159,08	112,41
	VI	**812,83**	314,58	314,58							

* Zur LSt-Berechnung für privat versicherte Arbeitnehmer s. Beispiele **Vorbemerkung S. 4 f.**
** Basisvorsorgepauschale KV und PV *** Typisierter Arbeitgeberzuschuss

Lohn/ Gehalt in € bis	Steuerklasse	Lohnsteuer*	BVSP**	TAGZ***	Steuerklasse	Bemessungsgrundlage für Kirchensteuer und Solidaritätszuschlag – Freibeträge für ... Kinder 0,5	**1,0**	1,5	**2,0**	2,5	**3,0**
3314,99	I,IV	**417,08**	314,91	314,91	I	309,33	207,91	113,00	29,91		
	II	**314,33**	314,91	314,91	II	212,66	117,41	33,25			
	III	**142,16**	314,91	314,91	III	64,33	3,00				
	V	**769,66**	314,91	314,91	IV	362,41	309,33	257,83	207,91	159,66	113,00
	VI	**813,83**	314,91	314,91							
3317,99	I,IV	**417,83**	315,16	315,16	I	310,00	208,58	113,58	30,33		
	II	**315,08**	315,16	315,16	II	213,33	118,08	33,66			
	III	**142,66**	315,16	315,16	III	64,83	3,33				
	V	**770,66**	315,16	315,16	IV	363,08	310,00	258,50	208,58	160,33	113,58
	VI	**814,83**	315,16	315,16							
3320,99	I,IV	**418,58**	315,41	315,41	I	310,66	209,25	114,16	30,83		
	II	**315,75**	315,41	315,41	II	214,00	118,66	34,16			
	III	**143,16**	315,41	315,41	III	65,33	3,66				
	V	**771,66**	315,41	315,41	IV	363,83	310,66	259,16	209,25	160,91	114,16
	VI	**815,83**	315,41	315,41							
3323,99	I,IV	**419,25**	315,75	315,75	I	311,33	209,91	114,83	31,25		
	II	**316,41**	315,75	315,75	II	214,66	119,25	34,66			
	III	**143,83**	315,75	315,75	III	65,83	4,16				
	V	**772,66**	315,75	315,75	IV	364,50	311,33	259,83	209,91	161,58	114,83
	VI	**816,91**	315,75	315,75							
3326,99	I,IV	**420,00**	316,00	316,00	I	312,08	210,50	115,41	31,75		
	II	**317,08**	316,00	316,00	II	215,25	119,83	35,08			
	III	**144,33**	316,00	316,00	III	66,16	4,50				
	V	**773,66**	316,00	316,00	IV	365,25	312,08	260,50	210,50	162,16	115,41
	VI	**817,91**	316,00	316,00							
3329,99	I,IV	**420,75**	316,33	316,33	I	312,75	211,16	116,00	32,16		
	II	**317,75**	316,33	316,33	II	215,91	120,41	35,58			
	III	**145,00**	316,33	316,33	III	66,66	4,83				
	V	**774,66**	316,33	316,33	IV	365,91	312,75	261,16	211,16	162,75	116,00
	VI	**818,91**	316,33	316,33							
3332,99	I,IV	**421,41**	316,58	316,58	I	313,41	211,75	116,58	32,58		
	II	**318,50**	316,58	316,58	II	216,58	121,08	36,00			
	III	**145,50**	316,58	316,58	III	67,16	5,16				
	V	**775,83**	316,58	316,58	IV	366,58	313,41	261,83	211,75	163,41	116,58
	VI	**819,91**	316,58	316,58							
3335,99	I,IV	**422,16**	316,91	316,91	I	314,08	212,41	117,25	33,08		
	II	**319,16**	316,91	316,91	II	217,25	121,66	36,50			
	III	**146,00**	316,91	316,91	III	67,66	5,50				
	V	**776,83**	316,91	316,91	IV	367,33	314,08	262,50	212,41	164,00	117,25
	VI	**821,00**	316,91	316,91							
3338,99	I,IV	**422,91**	317,16	317,16	I	314,75	213,08	117,83	33,50		
	II	**319,83**	317,16	317,16	II	217,83	122,25	36,91			
	III	**146,66**	317,16	317,16	III	68,00	5,83				
	V	**777,83**	317,16	317,16	IV	368,08	314,75	263,16	213,08	164,66	117,83
	VI	**822,00**	317,16	317,16							
3341,99	I,IV	**423,66**	317,41	317,41	I	315,50	213,75	118,41	34,00		
	II	**320,50**	317,41	317,41	II	218,50	122,83	37,41			
	III	**147,16**	317,41	317,41	III	68,50	6,16				
	V	**778,83**	317,41	317,41	IV	368,75	315,50	263,83	213,75	165,25	118,41
	VI	**823,00**	317,41	317,41							
3344,99	I,IV	**424,33**	317,75	317,75	I	316,16	214,33	119,00	34,41		
	II	**321,25**	317,75	317,75	II	219,16	123,50	37,91			
	III	**147,83**	317,75	317,75	III	69,00	6,50				
	V	**779,83**	317,75	317,75	IV	369,41	316,16	264,41	214,33	165,91	119,00
	VI	**824,00**	317,75	317,75							
3347,99	I,IV	**425,08**	318,00	318,00	I	316,83	215,00	119,58	34,91		
	II	**321,91**	318,00	318,00	II	219,75	124,08	38,33			
	III	**148,33**	318,00	318,00	III	69,50	6,83				
	V	**780,83**	318,00	318,00	IV	370,16	316,83	265,08	215,00	166,50	119,58
	VI	**825,08**	318,00	318,00							

* Zur LSt-Berechnung für privat versicherte Arbeitnehmer s. Beispiele **Vorbemerkung S. 4f.**
** Basisvorsorgepauschale KV und PV *** Typisierter Arbeitgeberzuschuss

Lohn/ Gehalt in € bis	Steuerklasse	Lohn- steuer*	BVSP**	TAGZ***	Steuerklasse	Bemessungsgrundlage für Kirchensteuer und Solidaritätszuschlag					
						Freibeträge für ... Kinder					
						0,5	**1,0**	1,5	**2,0**	2,5	**3,0**
3350,99	I,IV	**425,83**	318,33	318,33	I	317,50	215,66	120,25	35,41		
	II	**322,58**	318,33	318,33	II	220,41	124,66	38,83			
	III	**148,83**	318,33	318,33	III	69,83	7,33				
	V	**781,83**	318,33	318,33	IV	370,91	317,50	265,83	215,66	167,16	120,25
	VI	**826,08**	318,33	318,33							
3353,99	I,IV	**426,58**	318,58	318,58	I	318,25	216,33	120,83	35,83		
	II	**323,33**	318,58	318,58	II	221,08	125,25	39,33			
	III	**149,50**	318,58	318,58	III	70,33	7,66				
	V	**782,83**	318,58	318,58	IV	371,58	318,25	266,41	216,33	167,75	120,83
	VI	**827,08**	318,58	318,58							
3356,99	I,IV	**427,25**	318,83	318,83	I	318,91	216,91	121,41	36,33		
	II	**324,00**	318,83	318,83	II	221,75	125,91	39,75			
	III	**150,00**	318,83	318,83	III	70,83	8,00				
	V	**783,83**	318,83	318,83	IV	372,25	318,91	267,08	216,91	168,41	121,41
	VI	**828,16**	318,83	318,83							
3359,99	I,IV	**428,00**	319,16	319,16	I	319,58	217,58	122,00	36,75		
	II	**324,66**	319,16	319,16	II	222,33	126,50	40,25			
	III	**150,66**	319,16	319,16	III	71,33	8,33				
	V	**784,83**	319,16	319,16	IV	373,00	319,58	267,75	217,58	169,00	122,00
	VI	**829,16**	319,16	319,16							
3362,99	I,IV	**428,75**	319,41	319,41	I	320,25	218,25	122,66	37,25		
	II	**325,33**	319,41	319,41	II	223,00	127,08	40,75			
	III	**151,16**	319,41	319,41	III	71,83	8,66				
	V	**785,91**	319,41	319,41	IV	373,75	320,25	268,50	218,25	169,66	122,66
	VI	**830,16**	319,41	319,41							
3365,99	I,IV	**429,50**	319,75	319,75	I	321,00	218,91	123,25	37,75		
	II	**326,08**	319,75	319,75	II	223,66	127,66	41,25			
	III	**151,66**	319,75	319,75	III	72,16	9,00				
	V	**786,91**	319,75	319,75	IV	374,41	321,00	269,08	218,91	170,25	123,25
	VI	**831,25**	319,75	319,75							
3368,99	I,IV	**430,16**	320,00	320,00	I	321,66	219,50	123,83	38,16		
	II	**326,75**	320,00	320,00	II	224,33	128,33	41,66			
	III	**152,33**	320,00	320,00	III	72,66	9,33				
	V	**787,91**	320,00	320,00	IV	375,08	321,66	269,75	219,50	170,91	123,83
	VI	**832,25**	320,00	320,00							
3371,99	I,IV	**430,91**	320,33	320,33	I	322,33	220,16	124,41	38,66		
	II	**327,41**	320,33	320,33	II	224,91	128,91	42,16			
	III	**152,83**	320,33	320,33	III	73,16	9,83				
	V	**788,91**	320,33	320,33	IV	375,83	322,33	270,41	220,16	171,50	124,41
	VI	**833,25**	320,33	320,33							
3374,99	I,IV	**431,66**	320,58	320,58	I	323,00	220,83	125,08	39,16		
	II	**328,16**	320,58	320,58	II	225,58	129,50	42,66			
	III	**153,50**	320,58	320,58	III	73,66	10,16				
	V	**790,00**	320,58	320,58	IV	376,58	323,00	271,16	220,83	172,16	125,08
	VI	**834,33**	320,58	320,58							
3377,99	I,IV	**432,41**	320,83	320,83	I	323,75	221,50	125,66	39,58		
	II	**328,83**	320,83	320,83	II	226,25	130,16	43,16			
	III	**154,00**	320,83	320,83	III	74,16	10,50				
	V	**791,00**	320,83	320,83	IV	377,25	323,75	271,83	221,50	172,75	125,66
	VI	**835,33**	320,83	320,83							
3380,99	I,IV	**433,08**	321,16	321,16	I	324,41	222,08	126,25	40,08		
	II	**329,50**	321,16	321,16	II	226,91	130,75	43,66			
	III	**154,66**	321,16	321,16	III	74,50	10,83				
	V	**792,00**	321,16	321,16	IV	377,91	324,41	272,41	222,08	173,41	126,25
	VI	**836,33**	321,16	321,16							
3383,99	I,IV	**433,83**	321,41	321,41	I	325,08	222,75	126,83	40,58		
	II	**330,16**	321,41	321,41	II	227,58	131,33	44,16			
	III	**155,16**	321,41	321,41	III	75,00	11,16				
	V	**793,00**	321,41	321,41	IV	378,66	325,08	273,08	222,75	174,00	126,83
	VI	**837,33**	321,41	321,41							

* Zur LSt-Berechnung für privat versicherte Arbeitnehmer s. Beispiele **Vorbemerkung S. 4 f.**
** Basisvorsorgepauschale KV und PV *** Typisierter Arbeitgeberzuschuss

Lohn/ Gehalt in € bis	Steuerklasse	Lohn-steuer*	BVSP**	TAGZ***	Steuerklasse	Bemessungsgrundlage für Kirchensteuer und Solidaritätszuschlag					
						Freibeträge für ... Kinder					
						0,5	**1,0**	1,5	**2,0**	2,5	**3,0**
3386,99	I,IV	**434,58**	321,75	321,75	I	325,75	223,41	127,50	41,00		
	II	**330,83**	321,75	321,75	II	228,16	131,91	44,58			
	III	**155,83**	321,75	321,75	III	75,50	11,50				
	V	**794,08**	321,75	321,75	IV	379,33	325,75	273,75	223,41	174,66	127,50
	VI	**838,33**	321,75	321,75							
3389,99	I,IV	**435,33**	322,00	322,00	I	326,50	224,08	128,08	41,50		
	II	**331,58**	322,00	322,00	II	228,83	132,58	45,08			
	III	**156,33**	322,00	322,00	III	76,00	12,00				
	V	**795,08**	322,00	322,00	IV	380,08	326,50	274,50	224,08	175,25	128,08
	VI	**839,41**	322,00	322,00							
3392,99	I,IV	**436,08**	322,33	322,33	I	327,16	224,66	128,66	42,00		
	II	**332,25**	322,33	322,33	II	229,50	133,16	45,58			
	III	**157,00**	322,33	322,33	III	76,50	12,33				
	V	**796,08**	322,33	322,33	IV	380,83	327,16	275,16	224,66	175,91	128,66
	VI	**840,41**	322,33	322,33							
3395,99	I,IV	**436,75**	322,58	322,58	I	327,83	225,33	129,25	42,50		
	II	**332,91**	322,58	322,58	II	230,16	133,75	46,08			
	III	**157,50**	322,58	322,58	III	76,83	12,66				
	V	**797,08**	322,58	322,58	IV	381,50	327,83	275,83	225,33	176,50	129,25
	VI	**841,41**	322,58	322,58							
3398,99	I,IV	**437,50**	322,83	322,83	I	328,50	226,00	129,91	43,00		
	II	**333,66**	322,83	322,83	II	230,83	134,41	46,58			
	III	**158,16**	322,83	322,83	III	77,33	13,00				
	V	**798,16**	322,83	322,83	IV	382,25	328,50	276,50	226,00	177,16	129,91
	VI	**842,41**	322,83	322,83							
3401,99	I,IV	**438,25**	323,16	323,16	I	329,25	226,66	130,50	43,50		
	II	**334,33**	323,16	323,16	II	231,50	135,00	47,08			
	III	**158,66**	323,16	323,16	III	77,83	13,50				
	V	**799,16**	323,16	323,16	IV	382,91	329,25	277,16	226,66	177,75	130,50
	VI	**843,50**	323,16	323,16							
3404,99	I,IV	**439,00**	323,41	323,41	I	329,91	227,33	131,08	43,91		
	II	**335,00**	323,41	323,41	II	232,08	135,58	47,58			
	III	**159,16**	323,41	323,41	III	78,33	13,83				
	V	**800,16**	323,41	323,41	IV	383,66	329,91	277,83	227,33	178,41	131,08
	VI	**844,50**	323,41	323,41							
3407,99	I,IV	**439,66**	323,75	323,75	I	330,58	227,91	131,75	44,41		
	II	**335,75**	323,75	323,75	II	232,75	136,25	48,08			
	III	**159,83**	323,75	323,75	III	78,83	14,16				
	V	**801,25**	323,75	323,75	IV	384,33	330,58	278,50	227,91	179,00	131,75
	VI	**845,50**	323,75	323,75							
3410,99	I,IV	**440,41**	324,00	324,00	I	331,33	228,58	132,33	44,91		
	II	**336,41**	324,00	324,00	II	233,41	136,83	48,58			
	III	**160,33**	324,00	324,00	III	79,33	14,50				
	V	**802,25**	324,00	324,00	IV	385,08	331,33	279,16	228,58	179,66	132,33
	VI	**846,58**	324,00	324,00							
3413,99	I,IV	**441,16**	324,25	324,25	I	332,00	229,25	132,91	45,41		
	II	**337,16**	324,25	324,25	II	234,08	137,41	49,08			
	III	**161,00**	324,25	324,25	III	79,83	14,83				
	V	**803,25**	324,25	324,25	IV	385,83	332,00	279,83	229,25	180,33	132,91
	VI	**847,58**	324,25	324,25							
3416,99	I,IV	**441,91**	324,58	324,58	I	332,66	229,91	133,58	45,91		
	II	**337,83**	324,58	324,58	II	234,75	138,08	49,58			
	III	**161,66**	324,58	324,58	III	80,33	15,33				
	V	**804,33**	324,58	324,58	IV	386,50	332,66	280,50	229,91	180,91	133,58
	VI	**848,58**	324,58	324,58							
3419,99	I,IV	**442,66**	324,83	324,83	I	333,41	230,58	134,16	46,41		
	II	**338,50**	324,83	324,83	II	235,33	138,66	50,08			
	III	**162,16**	324,83	324,83	III	80,66	15,66				
	V	**805,33**	324,83	324,83	IV	387,25	333,41	281,16	230,58	181,58	134,16
	VI	**849,58**	324,83	324,83							

* Zur LSt-Berechnung für privat versicherte Arbeitnehmer s. Beispiele **Vorbemerkung S. 4f.**
** Basisvorsorgepauschale KV und PV *** Typisierter Arbeitgeberzuschuss

Lohn/ Gehalt in € bis	Steuerklasse	Lohn-steuer*	BVSP**	TAGZ***	Steuerklasse	Bemessungsgrundlage für Kirchensteuer und Solidaritätszuschlag					
						Freibeträge für ... Kinder					
						0,5	**1,0**	1,5	**2,0**	2,5	**3,0**
3422,99	I,IV	**443,33**	325,16	325,16	I	334,08	231,16	134,75	46,91		
	II	**339,16**	325,16	325,16	II	236,00	139,25	50,58			
	III	**162,83**	325,16	325,16	III	81,16	16,00				
	V	**806,33**	325,16	325,16	IV	387,91	334,08	281,83	231,16	182,16	134,75
	VI	**850,66**	325,16	325,16							
3425,99	I,IV	**444,08**	325,41	325,41	I	334,75	231,83	135,33	47,41		
	II	**339,91**	325,41	325,41	II	236,66	139,83	51,08			
	III	**163,33**	325,41	325,41	III	81,66	16,33				
	V	**807,33**	325,41	325,41	IV	388,66	334,75	282,50	231,83	182,83	135,33
	VI	**851,66**	325,41	325,41							
3428,99	I,IV	**444,83**	325,75	325,75	I	335,50	232,50	136,00	47,91		
	II	**340,58**	325,75	325,75	II	237,33	140,50	51,66			
	III	**164,00**	325,75	325,75	III	82,16	16,66				
	V	**808,41**	325,75	325,75	IV	389,33	335,50	283,16	232,50	183,41	136,00
	VI	**852,66**	325,75	325,75							
3431,99	I,IV	**445,58**	326,00	326,00	I	336,16	233,16	136,58	48,41		
	II	**341,25**	326,00	326,00	II	238,00	141,08	52,16			
	III	**164,50**	326,00	326,00	III	82,66	17,16				
	V	**809,41**	326,00	326,00	IV	390,08	336,16	283,83	233,16	184,08	136,58
	VI	**853,75**	326,00	326,00							
3434,99	I,IV	**446,33**	326,25	326,25	I	336,83	233,83	137,16	48,91		
	II	**342,00**	326,25	326,25	II	238,66	141,66	52,66			
	III	**165,00**	326,25	326,25	III	83,16	17,50				
	V	**810,41**	326,25	326,25	IV	390,75	336,83	284,50	233,83	184,66	137,16
	VI	**854,75**	326,25	326,25							
3437,99	I,IV	**447,08**	326,58	326,58	I	337,50	234,41	137,83	49,41		
	II	**342,66**	326,58	326,58	II	239,25	142,33	53,16			
	III	**165,66**	326,58	326,58	III	83,66	17,83				
	V	**811,41**	326,58	326,58	IV	391,50	337,50	285,16	234,41	185,33	137,83
	VI	**855,75**	326,58	326,58							
3440,99	I,IV	**447,83**	326,83	326,83	I	338,25	235,08	138,41	49,91		
	II	**343,41**	326,83	326,83	II	239,91	142,91	53,66			
	III	**166,33**	326,83	326,83	III	84,16	18,33				
	V	**812,50**	326,83	326,83	IV	392,25	338,25	285,91	235,08	186,00	138,41
	VI	**856,83**	326,83	326,83							
3443,99	I,IV	**448,50**	327,16	327,16	I	338,91	235,75	139,00	50,41		
	II	**344,08**	327,16	327,16	II	240,58	143,58	54,16			
	III	**166,83**	327,16	327,16	III	84,50	18,66				
	V	**813,50**	327,16	327,16	IV	392,91	338,91	286,58	235,75	186,58	139,00
	VI	**857,83**	327,16	327,16							
3446,99	I,IV	**449,25**	327,41	327,41	I	339,58	236,41	139,66	50,91		
	II	**344,75**	327,41	327,41	II	241,25	144,16	54,75			
	III	**167,50**	327,41	327,41	III	85,00	19,00				
	V	**814,50**	327,41	327,41	IV	393,66	339,58	287,25	236,41	187,25	139,66
	VI	**858,83**	327,41	327,41							
3449,99	I,IV	**450,00**	327,66	327,66	I	340,33	237,08	140,25	51,41		
	II	**345,50**	327,66	327,66	II	241,91	144,75	55,25			
	III	**168,00**	327,66	327,66	III	85,50	19,33				
	V	**815,50**	327,66	327,66	IV	394,33	340,33	287,91	237,08	187,83	140,25
	VI	**859,83**	327,66	327,66							
3452,99	I,IV	**450,75**	328,00	328,00	I	341,00	237,75	140,83	51,91		
	II	**346,16**	328,00	328,00	II	242,58	145,41	55,75			
	III	**168,66**	328,00	328,00	III	86,00	19,83				
	V	**816,58**	328,00	328,00	IV	395,08	341,00	288,58	237,75	188,50	140,83
	VI	**860,91**	328,00	328,00							
3455,99	I,IV	**451,50**	328,25	328,25	I	341,75	238,41	141,50	52,50		
	II	**346,83**	328,25	328,25	II	243,25	146,00	56,25			
	III	**169,16**	328,25	328,25	III	86,50	20,16				
	V	**817,58**	328,25	328,25	IV	395,83	341,75	289,25	238,41	189,08	141,50
	VI	**861,91**	328,25	328,25							

* Zur LSt-Berechnung für privat versicherte Arbeitnehmer s. Beispiele **Vorbemerkung S. 4 f.**
** Basisvorsorgepauschale KV und PV *** Typisierter Arbeitgeberzuschuss

Lohn/ Gehalt in € bis	Steuerklasse	Lohn-steuer*	BVSP**	TAGZ***	Steuerklasse	Bemessungsgrundlage für Kirchensteuer und Solidaritätszuschlag – Freibeträge für ... Kinder 0,5	**1,0**	1,5	**2,0**	2,5	**3,0**
3458,99	I,IV	**452,25**	328,58	328,58	I	342,41	239,00	142,08	53,00		
	II	**347,58**	328,58	328,58	II	243,83	146,58	56,83			
	III	**169,83**	328,58	328,58	III	87,00	20,50				
	V	**818,58**	328,58	328,58	IV	396,50	342,41	289,91	239,00	189,75	142,08
	VI	**862,91**	328,58	328,58							
3461,99	I,IV	**452,91**	328,83	328,83	I	343,08	239,66	142,66	53,50		
	II	**348,25**	328,83	328,83	II	244,50	147,25	57,33			
	III	**170,33**	328,83	328,83	III	87,50	20,83				
	V	**819,66**	328,83	328,83	IV	397,25	343,08	290,58	239,66	190,41	142,66
	VI	**863,91**	328,83	328,83							
3464,99	I,IV	**453,66**	329,16	329,16	I	343,75	240,33	143,33	54,00		
	II	**348,91**	329,16	329,16	II	245,16	147,83	57,83			
	III	**171,00**	329,16	329,16	III	88,00	21,33				
	V	**820,66**	329,16	329,16	IV	397,91	343,75	291,25	240,33	191,00	143,33
	VI	**864,91**	329,16	329,16							
3467,99	I,IV	**454,41**	329,41	329,41	I	344,50	241,00	143,91	54,50		
	II	**349,66**	329,41	329,41	II	245,83	148,50	58,41			
	III	**171,50**	329,41	329,41	III	88,50	21,66				
	V	**821,66**	329,41	329,41	IV	398,66	344,50	291,91	241,00	191,66	143,91
	VI	**866,00**	329,41	329,41							
3470,99	I,IV	**455,16**	329,66	329,66	I	345,16	241,66	144,50	55,00		
	II	**350,33**	329,66	329,66	II	246,50	149,08	58,91			
	III	**172,16**	329,66	329,66	III	89,00	22,00				
	V	**822,75**	329,66	329,66	IV	399,41	345,16	292,58	241,66	192,25	144,50
	VI	**867,00**	329,66	329,66							
3473,99	I,IV	**455,91**	330,00	330,00	I	345,91	242,33	145,16	55,58		
	II	**351,08**	330,00	330,00	II	247,16	149,66	59,41			
	III	**172,66**	330,00	330,00	III	89,50	22,50				
	V	**823,75**	330,00	330,00	IV	400,08	345,91	293,25	242,33	192,91	145,16
	VI	**868,00**	330,00	330,00							
3476,99	I,IV	**456,66**	330,25	330,25	I	346,58	242,91	145,75	56,08		
	II	**351,75**	330,25	330,25	II	247,83	150,33	60,00			
	III	**173,33**	330,25	330,25	III	90,00	22,83				
	V	**824,75**	330,25	330,25	IV	400,83	346,58	294,00	242,91	193,58	145,75
	VI	**869,08**	330,25	330,25							
3479,99	I,IV	**457,41**	330,58	330,58	I	347,33	243,58	146,41	56,58		
	II	**352,50**	330,58	330,58	II	248,50	150,91	60,50			
	III	**173,83**	330,58	330,58	III	90,50	23,16				
	V	**825,75**	330,58	330,58	IV	401,58	347,33	294,66	243,58	194,16	146,41
	VI	**870,08**	330,58	330,58							
3482,99	I,IV	**458,16**	330,83	330,83	I	348,00	244,25	147,00	57,16		
	II	**353,16**	330,83	330,83	II	249,16	151,50	61,08			
	III	**174,50**	330,83	330,83	III	91,00	23,50				
	V	**826,83**	330,83	330,83	IV	402,25	348,00	295,33	244,25	194,83	147,00
	VI	**871,08**	330,83	330,83							
3485,99	I,IV	**458,83**	331,16	331,16	I	348,66	244,91	147,58	57,66		
	II	**353,83**	331,16	331,16	II	249,75	152,16	61,58			
	III	**175,00**	331,16	331,16	III	91,50	24,00				
	V	**827,83**	331,16	331,16	IV	403,00	348,66	296,00	244,91	195,50	147,58
	VI	**872,16**	331,16	331,16							
3488,99	I,IV	**459,58**	331,41	331,41	I	349,41	245,58	148,25	58,16		
	II	**354,58**	331,41	331,41	II	250,41	152,75	62,08			
	III	**175,66**	331,41	331,41	III	91,83	24,33				
	V	**828,83**	331,41	331,41	IV	403,66	349,41	296,66	245,58	196,08	148,25
	VI	**873,16**	331,41	331,41							
3491,99	I,IV	**460,33**	331,66	331,66	I	350,08	246,25	148,83	58,75		
	II	**355,25**	331,66	331,66	II	251,08	153,41	62,66			
	III	**176,16**	331,66	331,66	III	92,33	24,66				
	V	**829,91**	331,66	331,66	IV	404,41	350,08	297,33	246,25	196,75	148,83
	VI	**874,16**	331,66	331,66							

* Zur LSt-Berechnung für privat versicherte Arbeitnehmer s. Beispiele **Vorbemerkung S. 4 f.**
** Basisvorsorgepauschale KV und PV *** Typisierter Arbeitgeberzuschuss

Lohn/ Gehalt in € bis	Steuerklasse	Lohn- steuer*	BVSP**	TAGZ***	Steuerklasse	Bemessungsgrundlage für Kirchensteuer und Solidaritätszuschlag – Freibeträge für ... Kinder 0,5	**1,0**	1,5	**2,0**	2,5	**3,0**
3494,99	I,IV	**461,08**	332,00	332,00	I	350,75	246,91	149,41	59,25		
	II	**356,00**	332,00	332,00	II	251,75	154,00	63,16			
	III	**176,83**	332,00	332,00	III	93,00	25,16				
	V	**830,91**	332,00	332,00	IV	405,16	350,75	298,00	246,91	197,33	149,41
	VI	**875,25**	332,00	332,00							
3497,99	I,IV	**461,83**	332,25	332,25	I	351,50	247,58	150,08	59,75		
	II	**356,66**	332,25	332,25	II	252,41	154,58	63,75			
	III	**177,33**	332,25	332,25	III	93,33	25,50				
	V	**831,91**	332,25	332,25	IV	405,83	351,50	298,75	247,58	198,00	150,08
	VI	**876,25**	332,25	332,25							
3500,99	I,IV	**462,58**	332,58	332,58	I	352,16	248,25	150,66	60,33		
	II	**357,33**	332,58	332,58	II	253,08	155,25	64,25			
	III	**178,00**	332,58	332,58	III	93,83	26,00				
	V	**832,91**	332,58	332,58	IV	406,58	352,16	299,41	248,25	198,66	150,66
	VI	**877,25**	332,58	332,58							
3503,99	I,IV	**463,33**	332,83	332,83	I	352,83	248,83	151,25	60,83		
	II	**358,08**	332,83	332,83	II	253,75	155,83	64,83			
	III	**178,50**	332,83	332,83	III	94,33	26,33				
	V	**833,91**	332,83	332,83	IV	407,25	352,83	300,08	248,83	199,25	151,25
	VI	**878,25**	332,83	332,83							
3506,99	I,IV	**464,08**	333,08	333,08	I	353,58	249,50	151,91	61,41		
	II	**358,75**	333,08	333,08	II	254,41	156,50	65,41			
	III	**179,16**	333,08	333,08	III	94,83	26,66				
	V	**835,00**	333,08	333,08	IV	408,00	353,58	300,75	249,50	199,91	151,91
	VI	**879,33**	333,08	333,08							
3509,99	I,IV	**464,83**	333,41	333,41	I	354,25	250,16	152,50	61,91		
	II	**359,50**	333,41	333,41	II	255,08	157,08	65,91			
	III	**179,83**	333,41	333,41	III	95,33	27,16				
	V	**836,00**	333,41	333,41	IV	408,75	354,25	301,41	250,16	200,58	152,50
	VI	**880,33**	333,41	333,41							
3512,99	I,IV	**465,58**	333,66	333,66	I	355,00	250,83	153,16	62,41		
	II	**360,16**	333,66	333,66	II	255,75	157,66	66,50			
	III	**180,33**	333,66	333,66	III	95,83	27,50				
	V	**837,00**	333,66	333,66	IV	409,41	355,00	302,08	250,83	201,16	153,16
	VI	**881,33**	333,66	333,66							
3515,99	I,IV	**466,25**	334,00	334,00	I	355,66	251,50	153,75	63,00		
	II	**360,83**	334,00	334,00	II	256,41	158,33	67,00			
	III	**181,00**	334,00	334,00	III	96,33	27,83				
	V	**838,00**	334,00	334,00	IV	410,16	355,66	302,75	251,50	201,83	153,75
	VI	**882,33**	334,00	334,00							
3518,99	I,IV	**467,08**	334,25	334,25	I	356,41	252,16	154,41	63,50		
	II	**361,58**	334,25	334,25	II	257,08	158,91	67,58			
	III	**181,50**	334,25	334,25	III	96,83	28,33				
	V	**839,08**	334,25	334,25	IV	410,91	356,41	303,50	252,16	202,50	154,41
	VI	**883,41**	334,25	334,25							
3521,99	I,IV	**467,75**	334,58	334,58	I	357,08	252,83	155,00	64,08		
	II	**362,25**	334,58	334,58	II	257,75	159,58	68,16			
	III	**182,16**	334,58	334,58	III	97,33	28,66				
	V	**840,08**	334,58	334,58	IV	411,66	357,08	304,16	252,83	203,08	155,00
	VI	**884,41**	334,58	334,58							
3524,99	I,IV	**468,50**	334,83	334,83	I	357,75	253,50	155,58	64,58		
	II	**363,00**	334,83	334,83	II	258,33	160,16	68,66	0,08		
	III	**182,66**	334,83	334,83	III	97,83	29,00				
	V	**841,08**	334,83	334,83	IV	412,33	357,75	304,83	253,50	203,75	155,58
	VI	**885,41**	334,83	334,83							
3527,99	I,IV	**469,25**	335,08	335,08	I	358,50	254,16	156,25	65,16		
	II	**363,66**	335,08	335,08	II	259,00	160,83	69,25	0,41		
	III	**183,33**	335,08	335,08	III	98,33	29,50				
	V	**842,16**	335,08	335,08	IV	413,08	358,50	305,50	254,16	204,41	156,25
	VI	**886,41**	335,08	335,08							

* Zur LSt-Berechnung für privat versicherte Arbeitnehmer s. Beispiele **Vorbemerkung S. 4 f.**
** Basisvorsorgepauschale KV und PV *** Typisierter Arbeitgeberzuschuss

Lohn/ Gehalt in € bis	Steuerklasse	Lohn-steuer*	BVSP**	TAGZ***	Steuerklasse	Bemessungsgrundlage für Kirchensteuer und Solidaritätszuschlag – Freibeträge für ... Kinder 0,5	**1,0**	1,5	**2,0**	2,5	**3,0**
3530,99	I,IV	**470,00**	335,41	335,41	I	359,16	254,83	156,83	65,75		
	II	**364,41**	335,41	335,41	II	259,66	161,41	69,83	0,75		
	III	**183,83**	335,41	335,41	III	98,83	29,83				
	V	**843,16**	335,41	335,41	IV	413,83	359,16	306,16	254,83	205,00	156,83
	VI	**887,50**	335,41	335,41							
3533,99	I,IV	**470,75**	335,66	335,66	I	359,91	255,50	157,50	66,25		
	II	**365,08**	335,66	335,66	II	260,33	162,08	70,33	1,08		
	III	**184,50**	335,66	335,66	III	99,50	30,33				
	V	**844,16**	335,66	335,66	IV	414,50	359,91	306,91	255,50	205,66	157,50
	VI	**888,50**	335,66	335,66							
3536,99	I,IV	**471,50**	336,00	336,00	I	360,58	256,16	158,08	66,83		
	II	**365,83**	336,00	336,00	II	261,00	162,66	70,91	1,41		
	III	**185,00**	336,00	336,00	III	99,83	30,66				
	V	**845,25**	336,00	336,00	IV	415,25	360,58	307,58	256,16	206,33	158,08
	VI	**889,50**	336,00	336,00							
3539,99	I,IV	**472,25**	336,25	336,25	I	361,33	256,75	158,66	67,33		
	II	**366,50**	336,25	336,25	II	261,66	163,25	71,50	1,75		
	III	**185,66**	336,25	336,25	III	100,50	31,00				
	V	**846,25**	336,25	336,25	IV	416,00	361,33	308,25	256,75	206,91	158,66
	VI	**890,50**	336,25	336,25							
3542,99	I,IV	**473,00**	336,58	336,58	I	362,00	257,50	159,33	67,91		
	II	**367,25**	336,58	336,58	II	262,33	163,91	72,08	2,16		
	III	**186,33**	336,58	336,58	III	101,00	31,50				
	V	**847,25**	336,58	336,58	IV	416,75	362,00	308,91	257,50	207,58	159,33
	VI	**891,58**	336,58	336,58							
3545,99	I,IV	**473,75**	336,83	336,83	I	362,75	258,08	159,91	68,50		
	II	**367,91**	336,83	336,83	II	263,00	164,58	72,58	2,50		
	III	**186,83**	336,83	336,83	III	101,50	31,83				
	V	**848,33**	336,83	336,83	IV	417,41	362,75	309,58	258,08	208,25	159,91
	VI	**892,58**	336,83	336,83							
3548,99	I,IV	**474,50**	337,08	337,08	I	363,41	258,75	160,58	69,00	0,25	
	II	**368,66**	337,08	337,08	II	263,66	165,16	73,16	2,83		
	III	**187,50**	337,08	337,08	III	102,00	32,33				
	V	**849,33**	337,08	337,08	IV	418,16	363,41	310,33	258,75	208,83	160,58
	VI	**893,58**	337,08	337,08							
3551,99	I,IV	**475,25**	337,41	337,41	I	364,08	259,41	161,16	69,58	0,58	
	II	**369,33**	337,41	337,41	II	264,33	165,75	73,75	3,16		
	III	**188,00**	337,41	337,41	III	102,50	32,66				
	V	**850,33**	337,41	337,41	IV	418,83	364,08	311,00	259,41	209,50	161,16
	VI	**894,66**	337,41	337,41							
3554,99	I,IV	**476,00**	337,66	337,66	I	364,83	260,08	161,83	70,16	0,91	
	II	**370,00**	337,66	337,66	II	265,00	166,41	74,25	3,50		
	III	**188,66**	337,66	337,66	III	103,00	33,00				
	V	**851,33**	337,66	337,66	IV	419,58	364,83	311,66	260,08	210,16	161,83
	VI	**895,66**	337,66	337,66							
3557,99	I,IV	**476,75**	338,00	338,00	I	365,50	260,75	162,41	70,66	1,33	
	II	**370,75**	338,00	338,00	II	265,66	167,00	74,91	3,91		
	III	**189,16**	338,00	338,00	III	103,50	33,50				
	V	**852,41**	338,00	338,00	IV	420,33	365,50	312,33	260,75	210,83	162,41
	VI	**896,66**	338,00	338,00							
3560,99	I,IV	**477,50**	338,25	338,25	I	366,25	261,41	163,08	71,25	1,66	
	II	**371,50**	338,25	338,25	II	266,33	167,66	75,41	4,25		
	III	**189,83**	338,25	338,25	III	104,00	33,83				
	V	**853,41**	338,25	338,25	IV	421,08	366,25	313,00	261,41	211,41	163,08
	VI	**897,75**	338,25	338,25							
3563,99	I,IV	**478,25**	338,50	338,50	I	366,91	262,08	163,66	71,83	2,00	
	II	**372,16**	338,50	338,50	II	267,00	168,25	76,00	4,58		
	III	**190,33**	338,50	338,50	III	104,50	34,33				
	V	**854,41**	338,50	338,50	IV	421,75	366,91	313,75	262,08	212,08	163,66
	VI	**898,75**	338,50	338,50							

* Zur LSt-Berechnung für privat versicherte Arbeitnehmer s. Beispiele **Vorbemerkung S. 4 f.**
** Basisvorsorgepauschale KV und PV *** Typisierter Arbeitgeberzuschuss

Lohn/ Gehalt in € bis	Steuerklasse	Lohn- steuer*	BVSP**	TAGZ***	Steuerklasse	Bemessungsgrundlage für Kirchensteuer und Solidaritätszuschlag					
						Freibeträge für ... Kinder					
						0,5	**1,0**	1,5	**2,0**	2,5	**3,0**
3566,99	I,IV	**479,00**	338,83	338,83	I	367,66	262,75	164,25	72,33	2,33	
	II	**372,83**	338,83	338,83	II	267,66	168,91	76,58	5,00		
	III	**191,00**	338,83	338,83	III	105,00	34,66				
	V	**855,41**	338,83	338,83	IV	422,50	367,66	314,41	262,75	212,75	164,25
	VI	**899,75**	338,83	338,83							
3569,99	I,IV	**479,75**	339,08	339,08	I	368,33	263,41	164,91	72,91	2,66	
	II	**373,58**	339,08	339,08	II	268,33	169,50	77,16	5,33		
	III	**191,50**	339,08	339,08	III	105,50	35,16				
	V	**856,50**	339,08	339,08	IV	423,25	368,33	315,08	263,41	213,33	164,91
	VI	**900,83**	339,08	339,08							
3572,99	I,IV	**480,50**	339,41	339,41	I	369,08	264,08	165,58	73,50	3,08	
	II	**374,33**	339,41	339,41	II	269,00	170,16	77,75	5,66		
	III	**192,16**	339,41	339,41	III	106,00	35,50				
	V	**857,50**	339,41	339,41	IV	424,00	369,08	315,75	264,08	214,00	165,58
	VI	**901,83**	339,41	339,41							
3575,99	I,IV	**481,25**	339,66	339,66	I	369,75	264,75	166,16	74,08	3,41	
	II	**375,00**	339,66	339,66	II	269,66	170,75	78,33	6,08		
	III	**192,66**	339,66	339,66	III	106,50	35,83				
	V	**858,50**	339,66	339,66	IV	424,66	369,75	316,41	264,75	214,66	166,16
	VI	**902,83**	339,66	339,66							
3578,99	I,IV	**481,91**	340,00	340,00	I	370,50	265,41	166,75	74,66	3,75	
	II	**375,66**	340,00	340,00	II	270,33	171,41	78,91	6,41		
	III	**193,33**	340,00	340,00	III	107,00	36,33				
	V	**859,50**	340,00	340,00	IV	425,41	370,50	317,16	265,41	215,25	166,75
	VI	**903,83**	340,00	340,00							
3581,99	I,IV	**482,75**	340,25	340,25	I	371,16	266,08	167,41	75,25	4,08	
	II	**376,41**	340,25	340,25	II	271,00	172,00	79,50	6,83		
	III	**194,00**	340,25	340,25	III	107,66	36,66				
	V	**860,58**	340,25	340,25	IV	426,16	371,16	317,83	266,08	215,91	167,41
	VI	**904,91**	340,25	340,25							
3584,99	I,IV	**483,50**	340,50	340,50	I	371,91	266,75	168,00	75,83	4,50	
	II	**377,16**	340,50	340,50	II	271,66	172,66	80,08	7,16		
	III	**194,50**	340,50	340,50	III	108,16	37,16				
	V	**861,58**	340,50	340,50	IV	426,91	371,91	318,50	266,75	216,58	168,00
	VI	**905,91**	340,50	340,50							
3587,99	I,IV	**484,25**	340,83	340,83	I	372,58	267,41	168,66	76,33	4,83	
	II	**377,83**	340,83	340,83	II	272,33	173,25	80,66	7,50		
	III	**195,16**	340,83	340,83	III	108,66	37,50				
	V	**862,58**	340,83	340,83	IV	427,58	372,58	319,16	267,41	217,25	168,66
	VI	**906,91**	340,83	340,83							
3590,99	I,IV	**484,91**	341,08	341,08	I	373,33	268,08	169,25	76,91	5,16	
	II	**378,50**	341,08	341,08	II	273,00	173,91	81,25	7,91		
	III	**195,66**	341,08	341,08	III	109,16	38,00				
	V	**863,58**	341,08	341,08	IV	428,33	373,33	319,91	268,08	217,83	169,25
	VI	**907,91**	341,08	341,08							
3593,99	I,IV	**485,66**	341,41	341,41	I	374,00	268,75	169,91	77,50	5,58	
	II	**379,25**	341,41	341,41	II	273,66	174,50	81,83	8,25		
	III	**196,33**	341,41	341,41	III	109,66	38,33				
	V	**864,66**	341,41	341,41	IV	429,08	374,00	320,58	268,75	218,50	169,91
	VI	**908,91**	341,41	341,41							
3596,99	I,IV	**486,50**	341,66	341,66	I	374,75	269,41	170,50	78,08	5,91	
	II	**380,00**	341,66	341,66	II	274,33	175,16	82,41	8,66		
	III	**196,83**	341,66	341,66	III	110,16	38,83				
	V	**865,66**	341,66	341,66	IV	429,83	374,75	321,25	269,41	219,16	170,50
	VI	**910,00**	341,66	341,66							
3599,99	I,IV	**487,25**	341,91	341,91	I	375,41	270,08	171,16	78,66	6,25	
	II	**380,66**	341,91	341,91	II	275,00	175,75	83,00	9,00		
	III	**197,50**	341,91	341,91	III	110,66	39,16				
	V	**866,66**	341,91	341,91	IV	430,50	375,41	321,91	270,08	219,83	171,16
	VI	**911,00**	341,91	341,91							

* Zur LSt-Berechnung für privat versicherte Arbeitnehmer s. Beispiele **Vorbemerkung S. 4 f.**
** Basisvorsorgepauschale KV und PV *** Typisierter Arbeitgeberzuschuss

Lohn/ Gehalt in € bis	Steuerklasse	**Lohn-steuer***	BVSP**	TAGZ***	Steuerklasse	Bemessungsgrundlage für Kirchensteuer und Solidaritätszuschlag					
						Freibeträge für ... Kinder					
						0,5	**1,0**	1,5	**2,0**	2,5	**3,0**
3602,99	I,IV	**488,00**	342,25	342,25	I	376,16	270,75	171,75	79,25	6,66	
	II	**381,41**	342,25	342,25	II	275,66	176,41	83,58	9,41		
	III	**198,00**	342,25	342,25	III	111,16	39,66				
	V	**867,75**	342,25	342,25	IV	431,25	376,16	322,66	270,75	220,41	171,75
	VI	**912,00**	342,25	342,25							
3605,99	I,IV	**488,66**	342,50	342,50	I	376,83	271,41	172,41	79,83	7,00	
	II	**382,08**	342,50	342,50	II	276,33	177,00	84,16	9,75		
	III	**198,66**	342,50	342,50	III	111,66	40,00				
	V	**868,75**	342,50	342,50	IV	432,00	376,83	323,33	271,41	221,08	172,41
	VI	**913,08**	342,50	342,50							
3608,99	I,IV	**489,50**	342,83	342,83	I	377,58	272,08	173,00	80,41	7,41	
	II	**382,83**	342,83	342,83	II	277,00	177,66	84,75	10,16		
	III	**199,16**	342,83	342,83	III	112,33	40,50				
	V	**869,75**	342,83	342,83	IV	432,75	377,58	324,00	272,08	221,75	173,00
	VI	**914,08**	342,83	342,83							
3611,99	I,IV	**490,25**	343,08	343,08	I	378,25	272,75	173,66	81,00	7,75	
	II	**383,50**	343,08	343,08	II	277,66	178,33	85,33	10,58		
	III	**199,83**	343,08	343,08	III	112,83	40,83				
	V	**870,83**	343,08	343,08	IV	433,41	378,25	324,66	272,75	222,41	173,66
	VI	**915,08**	343,08	343,08							
3614,99	I,IV	**491,00**	343,41	343,41	I	379,00	273,41	174,25	81,58	8,16	
	II	**384,25**	343,41	343,41	II	278,33	178,91	85,91	10,91		
	III	**200,50**	343,41	343,41	III	113,33	41,33				
	V	**871,83**	343,41	343,41	IV	434,16	379,00	325,41	273,41	223,08	174,25
	VI	**916,08**	343,41	343,41							
3617,99	I,IV	**491,75**	343,66	343,66	I	379,66	274,08	174,91	82,16	8,50	
	II	**384,91**	343,66	343,66	II	279,00	179,58	86,50	11,33		
	III	**201,00**	343,66	343,66	III	113,83	41,66				
	V	**872,83**	343,66	343,66	IV	434,91	379,66	326,08	274,08	223,66	174,91
	VI	**917,16**	343,66	343,66							
3620,99	I,IV	**492,50**	343,91	343,91	I	380,41	274,75	175,58	82,75	8,91	
	II	**385,66**	343,91	343,91	II	279,75	180,16	87,08	11,66		
	III	**201,66**	343,91	343,91	III	114,33	42,16				
	V	**873,91**	343,91	343,91	IV	435,66	380,41	326,75	274,75	224,33	175,58
	VI	**918,16**	343,91	343,91							
3623,99	I,IV	**493,25**	344,25	344,25	I	381,08	275,41	176,16	83,33	9,25	
	II	**386,41**	344,25	344,25	II	280,41	180,83	87,66	12,08		
	III	**202,16**	344,25	344,25	III	114,83	42,50				
	V	**874,91**	344,25	344,25	IV	436,33	381,08	327,50	275,41	225,00	176,16
	VI	**919,16**	344,25	344,25							
3626,99	I,IV	**494,00**	344,50	344,50	I	381,83	276,08	176,83	83,91	9,66	
	II	**387,08**	344,50	344,50	II	281,08	181,41	88,25	12,50		
	III	**202,83**	344,50	344,50	III	115,33	43,00				
	V	**875,91**	344,50	344,50	IV	437,08	381,83	328,16	276,08	225,66	176,83
	VI	**920,25**	344,50	344,50							
3629,99	I,IV	**494,75**	344,83	344,83	I	382,50	276,75	177,41	84,50	10,00	
	II	**387,83**	344,83	344,83	II	281,75	182,08	88,83	12,83		
	III	**203,33**	344,83	344,83	III	116,00	43,33				
	V	**876,91**	344,83	344,83	IV	437,83	382,50	328,83	276,75	226,25	177,41
	VI	**921,25**	344,83	344,83							
3632,99	I,IV	**495,50**	345,08	345,08	I	383,25	277,41	178,00	85,08	10,41	
	II	**388,50**	345,08	345,08	II	282,41	182,66	89,41	13,25		
	III	**204,00**	345,08	345,08	III	116,50	43,83				
	V	**877,91**	345,08	345,08	IV	438,58	383,25	329,50	277,41	226,91	178,00
	VI	**922,25**	345,08	345,08							
3635,99	I,IV	**496,25**	345,41	345,41	I	384,00	278,08	178,66	85,66	10,75	
	II	**389,25**	345,41	345,41	II	283,08	183,33	90,00	13,66		
	III	**204,66**	345,41	345,41	III	117,00	44,16				
	V	**879,00**	345,41	345,41	IV	439,33	384,00	330,25	278,08	227,58	178,66
	VI	**923,33**	345,41	345,41							

* Zur LSt-Berechnung für privat versicherte Arbeitnehmer s. Beispiele **Vorbemerkung S. 4 f.**
** Basisvorsorgepauschale KV und PV *** Typisierter Arbeitgeberzuschuss

Lohn/ Gehalt in € bis	Steuerklasse	Lohn- steuer*	BVSP**	TAGZ***	Steuerklasse	Bemessungsgrundlage für Kirchensteuer und Solidaritätszuschlag					
						Freibeträge für ... Kinder					
						0,5	**1,0**	1,5	**2,0**	2,5	**3,0**
3638,99	I,IV	**497,00**	345,66	345,66	I	384,66	278,75	179,33	86,25	11,16	
	II	**389,91**	345,66	345,66	II	283,75	183,91	90,58	14,00		
	III	**205,16**	345,66	345,66	III	117,50	44,66				
	V	**880,00**	345,66	345,66	IV	440,00	384,66	330,91	278,75	228,25	179,33
	VI	**924,33**	345,66	345,66							
3641,99	I,IV	**497,75**	345,91	345,91	I	385,41	279,41	179,91	86,83	11,50	
	II	**390,66**	345,91	345,91	II	284,41	184,58	91,16	14,41		
	III	**205,83**	345,91	345,91	III	118,00	45,00				
	V	**881,00**	345,91	345,91	IV	440,75	385,41	331,58	279,41	228,91	179,91
	VI	**925,33**	345,91	345,91							
3644,99	I,IV	**498,50**	346,25	346,25	I	386,08	280,08	180,58	87,41	11,91	
	II	**391,33**	346,25	346,25	II	285,08	185,25	91,75	14,83		
	III	**206,33**	346,25	346,25	III	118,50	45,50				
	V	**882,00**	346,25	346,25	IV	441,50	386,08	332,33	280,08	229,50	180,58
	VI	**926,33**	346,25	346,25							
3647,99	I,IV	**499,25**	346,50	346,50	I	386,83	280,83	181,16	88,00	12,33	
	II	**392,08**	346,50	346,50	II	285,75	185,83	92,41	15,25		
	III	**207,00**	346,50	346,50	III	119,16	45,83				
	V	**883,08**	346,50	346,50	IV	442,25	386,83	333,00	280,83	230,16	181,16
	VI	**927,41**	346,50	346,50							
3650,99	I,IV	**500,00**	346,83	346,83	I	387,50	281,50	181,83	88,58	12,66	
	II	**392,83**	346,83	346,83	II	286,41	186,50	93,00	15,58		
	III	**207,50**	346,83	346,83	III	119,66	46,33				
	V	**884,08**	346,83	346,83	IV	443,00	387,50	333,66	281,50	230,83	181,83
	VI	**928,41**	346,83	346,83							
3653,99	I,IV	**500,75**	347,08	347,08	I	388,25	282,16	182,41	89,16	13,08	
	II	**393,50**	347,08	347,08	II	287,08	187,08	93,58	16,00		
	III	**208,16**	347,08	347,08	III	120,16	46,66				
	V	**885,08**	347,08	347,08	IV	443,66	388,25	334,41	282,16	231,50	182,41
	VI	**929,41**	347,08	347,08							
3656,99	I,IV	**501,50**	347,33	347,33	I	388,91	282,83	183,08	89,75	13,50	
	II	**394,25**	347,33	347,33	II	287,75	187,75	94,16	16,41		
	III	**208,83**	347,33	347,33	III	120,66	47,16				
	V	**886,16**	347,33	347,33	IV	444,41	388,91	335,08	282,83	232,16	183,08
	VI	**930,41**	347,33	347,33							
3659,99	I,IV	**502,33**	347,66	347,66	I	389,66	283,50	183,75	90,41	13,91	
	II	**395,00**	347,66	347,66	II	288,50	188,41	94,75	16,83		
	III	**209,33**	347,66	347,66	III	121,33	47,66				
	V	**887,16**	347,66	347,66	IV	445,16	389,66	335,75	283,50	232,83	183,75
	VI	**931,50**	347,66	347,66							
3662,99	I,IV	**503,08**	347,91	347,91	I	390,41	284,16	184,33	91,00	14,25	
	II	**395,66**	347,91	347,91	II	289,16	189,00	95,33	17,25		
	III	**210,00**	347,91	347,91	III	121,83	48,00				
	V	**888,16**	347,91	347,91	IV	445,91	390,41	336,50	284,16	233,41	184,33
	VI	**932,50**	347,91	347,91							
3665,99	I,IV	**503,83**	348,25	348,25	I	391,08	284,83	185,00	91,58	14,66	
	II	**396,41**	348,25	348,25	II	289,83	189,66	95,91	17,66		
	III	**210,50**	348,25	348,25	III	122,33	48,50				
	V	**889,25**	348,25	348,25	IV	446,66	391,08	337,16	284,83	234,08	185,00
	VI	**933,50**	348,25	348,25							
3668,99	I,IV	**504,58**	348,50	348,50	I	391,83	285,50	185,58	92,16	15,08	
	II	**397,08**	348,50	348,50	II	290,50	190,25	96,50	18,08		
	III	**211,16**	348,50	348,50	III	122,83	48,83				
	V	**890,25**	348,50	348,50	IV	447,41	391,83	337,83	285,50	234,75	185,58
	VI	**934,50**	348,50	348,50							
3671,99	I,IV	**505,33**	348,83	348,83	I	392,50	286,16	186,25	92,75	15,50	
	II	**397,83**	348,83	348,83	II	291,16	190,91	97,08	18,41		
	III	**211,66**	348,83	348,83	III	123,33	49,33				
	V	**891,25**	348,83	348,83	IV	448,08	392,50	338,50	286,16	235,41	186,25
	VI	**935,58**	348,83	348,83							

* Zur LSt-Berechnung für privat versicherte Arbeitnehmer s. Beispiele **Vorbemerkung S. 4 f.**
** Basisvorsorgepauschale KV und PV *** Typisierter Arbeitgeberzuschuss

Lohn/ Gehalt in € bis	Steuerklasse	Lohn-steuer*	BVSP**	TAGZ***	Steuerklasse	Bemessungsgrundlage für Kirchensteuer und Solidaritätszuschlag – Freibeträge für ... Kinder 0,5	1,0	1,5	2,0	2,5	3,0
3 674,99	I,IV	**506,08**	349,08	349,08	I	393,25	286,83	186,83	93,33	15,83	
	II	**398,58**	349,08	349,08	II	291,83	191,58	97,66	18,83		
	III	**212,33**	349,08	349,08	III	124,00	49,83				
	V	**892,25**	349,08	349,08	IV	448,83	393,25	339,25	286,83	236,08	186,83
	VI	**936,58**	349,08	349,08							
3 677,99	I,IV	**506,83**	349,33	349,33	I	394,00	287,50	187,50	93,91	16,25	
	II	**399,25**	349,33	349,33	II	292,50	192,16	98,25	19,25		
	III	**212,83**	349,33	349,33	III	124,50	50,16				
	V	**893,33**	349,33	349,33	IV	449,58	394,00	339,91	287,50	236,66	187,50
	VI	**937,58**	349,33	349,33							
3 680,99	I,IV	**507,58**	349,66	349,66	I	394,66	288,16	188,16	94,50	16,66	
	II	**400,00**	349,66	349,66	II	293,16	192,83	98,83	19,66		
	III	**213,50**	349,66	349,66	III	125,00	50,66				
	V	**894,33**	349,66	349,66	IV	450,33	394,66	340,58	288,16	237,33	188,16
	VI	**938,66**	349,66	349,66							
3 683,99	I,IV	**508,33**	349,91	349,91	I	395,41	288,83	188,75	95,08	17,08	
	II	**400,66**	349,91	349,91	II	293,83	193,41	99,50	20,08		
	III	**214,16**	349,91	349,91	III	125,50	51,00				
	V	**895,33**	349,91	349,91	IV	451,08	395,41	341,33	288,83	238,00	188,75
	VI	**939,66**	349,91	349,91							
3 686,99	I,IV	**509,08**	350,25	350,25	I	396,08	289,58	189,41	95,66	17,50	
	II	**401,41**	350,25	350,25	II	294,50	194,08	100,08	20,50		
	III	**214,66**	350,25	350,25	III	126,00	51,50				
	V	**896,41**	350,25	350,25	IV	451,83	396,08	342,00	289,58	238,66	189,41
	VI	**940,66**	350,25	350,25							
3 689,99	I,IV	**509,83**	350,50	350,50	I	396,83	290,25	190,00	96,25	17,91	
	II	**402,16**	350,50	350,50	II	295,25	194,75	100,66	20,91		
	III	**215,33**	350,50	350,50	III	126,66	52,00				
	V	**897,41**	350,50	350,50	IV	452,58	396,83	342,75	290,25	239,33	190,00
	VI	**941,75**	350,50	350,50							
3 692,99	I,IV	**510,58**	350,83	350,83	I	397,50	290,91	190,66	96,83	18,33	
	II	**402,83**	350,83	350,83	II	295,91	195,33	101,25	21,33		
	III	**215,83**	350,83	350,83	III	127,16	52,33				
	V	**898,41**	350,83	350,83	IV	453,25	397,50	343,41	290,91	240,00	190,66
	VI	**942,75**	350,83	350,83							
3 695,99	I,IV	**511,41**	351,08	351,08	I	398,25	291,58	191,25	97,41	18,66	
	II	**403,58**	351,08	351,08	II	296,58	196,00	101,83	21,75		
	III	**216,50**	351,08	351,08	III	127,66	52,83				
	V	**899,41**	351,08	351,08	IV	454,00	398,25	344,08	291,58	240,58	191,25
	VI	**943,75**	351,08	351,08							
3 698,99	I,IV	**512,16**	351,33	351,33	I	399,00	292,25	191,91	98,08	19,16	
	II	**404,33**	351,33	351,33	II	297,25	196,66	102,41	22,16		
	III	**217,16**	351,33	351,33	III	128,33	53,16				
	V	**900,50**	351,33	351,33	IV	454,75	399,00	344,83	292,25	241,25	191,91
	VI	**944,75**	351,33	351,33							
3 701,99	I,IV	**512,91**	351,66	351,66	I	399,66	292,91	192,58	98,66	19,50	
	II	**405,00**	351,66	351,66	II	297,91	197,25	103,00	22,66		
	III	**217,66**	351,66	351,66	III	128,83	53,66				
	V	**901,50**	351,66	351,66	IV	455,50	399,66	345,50	292,91	241,91	192,58
	VI	**945,83**	351,66	351,66							
3 704,99	I,IV	**513,66**	351,91	351,91	I	400,41	293,58	193,16	99,25	19,91	
	II	**405,75**	351,91	351,91	II	298,58	197,91	103,58	23,08		
	III	**218,33**	351,91	351,91	III	129,33	54,16				
	V	**902,50**	351,91	351,91	IV	456,25	400,41	346,16	293,58	242,58	193,16
	VI	**946,83**	351,91	351,91							
3 707,99	I,IV	**514,41**	352,25	352,25	I	401,16	294,25	193,83	99,83	20,33	
	II	**406,41**	352,25	352,25	II	299,25	198,50	104,25	23,50		
	III	**218,83**	352,25	352,25	III	129,83	54,50				
	V	**903,50**	352,25	352,25	IV	457,00	401,16	346,91	294,25	243,25	193,83
	VI	**947,83**	352,25	352,25							

* Zur LSt-Berechnung für privat versicherte Arbeitnehmer s. Beispiele **Vorbemerkung S. 4 f.**
** Basisvorsorgepauschale KV und PV *** Typisierter Arbeitgeberzuschuss

Lohn/ Gehalt in € bis	Steuerklasse	Lohn-steuer*	BVSP**	TAGZ***	Steuerklasse	Bemessungsgrundlage für Kirchensteuer und Solidaritätszuschlag					
						Freibeträge für ... Kinder					
						0,5	**1,0**	1,5	**2,0**	2,5	**3,0**
3710,99	I,IV	**515,16**	352,50	352,50	I	401,83	294,91	194,50	100,41	20,75	
	II	**407,16**	352,50	352,50	II	300,00	199,16	104,83	23,91		
	III	**219,50**	352,50	352,50	III	130,50	55,00				
	V	**904,58**	352,50	352,50	IV	457,75	401,83	347,58	294,91	243,91	194,50
	VI	**948,91**	352,50	352,50							
3713,99	I,IV	**515,91**	352,75	352,75	I	402,58	295,66	195,08	101,00	21,16	
	II	**407,91**	352,75	352,75	II	300,66	199,83	105,41	24,33		
	III	**220,16**	352,75	352,75	III	131,00	55,50				
	V	**905,58**	352,75	352,75	IV	458,50	402,58	348,33	295,66	244,58	195,08
	VI	**949,91**	352,75	352,75							
3716,99	I,IV	**516,75**	353,08	353,08	I	403,33	296,33	195,75	101,58	21,58	
	II	**408,58**	353,08	353,08	II	301,33	200,41	106,00	24,75		
	III	**220,66**	353,08	353,08	III	131,50	55,83				
	V	**906,58**	353,08	353,08	IV	459,16	403,33	349,00	296,33	245,25	195,75
	VI	**950,91**	353,08	353,08							
3719,99	I,IV	**517,50**	353,33	353,33	I	404,00	297,00	196,33	102,16	22,00	
	II	**409,33**	353,33	353,33	II	302,00	201,08	106,58	25,16		
	III	**221,33**	353,33	353,33	III	132,00	56,33				
	V	**907,58**	353,33	353,33	IV	459,91	404,00	349,66	297,00	245,83	196,33
	VI	**951,91**	353,33	353,33							
3722,99	I,IV	**518,25**	353,66	353,66	I	404,75	297,66	197,00	102,75	22,41	
	II	**410,08**	353,66	353,66	II	302,66	201,75	107,16	25,58		
	III	**221,83**	353,66	353,66	III	132,66	56,66				
	V	**908,66**	353,66	353,66	IV	460,66	404,75	350,41	297,66	246,50	197,00
	VI	**952,91**	353,66	353,66							
3725,99	I,IV	**519,00**	353,91	353,91	I	405,50	298,33	197,66	103,41	22,91	
	II	**410,83**	353,91	353,91	II	303,33	202,33	107,83	26,08		
	III	**222,50**	353,91	353,91	III	133,16	57,16				
	V	**909,66**	353,91	353,91	IV	461,41	405,50	351,08	298,33	247,16	197,66
	VI	**954,00**	353,91	353,91							
3728,99	I,IV	**519,75**	354,25	354,25	I	406,16	299,00	198,25	104,00	23,33	
	II	**411,50**	354,25	354,25	II	304,00	203,00	108,41	26,50		
	III	**223,16**	354,25	354,25	III	133,66	57,66				
	V	**910,66**	354,25	354,25	IV	462,16	406,16	351,83	299,00	247,83	198,25
	VI	**955,00**	354,25	354,25							
3731,99	I,IV	**520,50**	354,50	354,50	I	406,91	299,66	198,91	104,58	23,75	
	II	**412,25**	354,50	354,50	II	304,75	203,66	109,00	26,91		
	III	**223,66**	354,50	354,50	III	134,33	58,00				
	V	**911,75**	354,50	354,50	IV	462,91	406,91	352,50	299,66	248,50	198,91
	VI	**956,00**	354,50	354,50							
3734,99	I,IV	**521,25**	354,75	354,75	I	407,58	300,33	199,58	105,16	24,16	
	II	**412,91**	354,75	354,75	II	305,41	204,25	109,58	27,33		
	III	**224,33**	354,75	354,75	III	134,83	58,50				
	V	**912,75**	354,75	354,75	IV	463,66	407,58	353,16	300,33	249,16	199,58
	VI	**957,00**	354,75	354,75							
3737,99	I,IV	**522,08**	355,08	355,08	I	408,33	301,08	200,16	105,75	24,58	
	II	**413,66**	355,08	355,08	II	306,08	204,91	110,16	27,83		
	III	**224,83**	355,08	355,08	III	135,33	59,00				
	V	**913,75**	355,08	355,08	IV	464,41	408,33	353,91	301,08	249,83	200,16
	VI	**958,08**	355,08	355,08							
3740,99	I,IV	**522,83**	355,33	355,33	I	409,08	301,75	200,83	106,33	25,00	
	II	**414,41**	355,33	355,33	II	306,75	205,58	110,75	28,25		
	III	**225,50**	355,33	355,33	III	135,83	59,33				
	V	**914,83**	355,33	355,33	IV	465,16	409,08	354,58	301,75	250,50	200,83
	VI	**959,08**	355,33	355,33							
3743,99	I,IV	**523,58**	355,66	355,66	I	409,75	302,41	201,50	107,00	25,41	
	II	**415,08**	355,66	355,66	II	307,41	206,16	111,41	28,66		
	III	**226,00**	355,66	355,66	III	136,50	59,83				
	V	**915,83**	355,66	355,66	IV	465,83	409,75	355,25	302,41	251,16	201,50
	VI	**960,08**	355,66	355,66							

* Zur LSt-Berechnung für privat versicherte Arbeitnehmer s. Beispiele **Vorbemerkung S. 4 f.**
** Basisvorsorgepauschale KV und PV *** Typisierter Arbeitgeberzuschuss

Lohn/ Gehalt in € bis	Steuerklasse	Lohn- steuer*	BVSP**	TAGZ***	Steuerklasse	Bemessungsgrundlage für Kirchensteuer und Solidaritätszuschlag					
						Freibeträge für ... Kinder					
						0,5	**1,0**	1,5	**2,0**	2,5	**3,0**
3746,99	I,IV	**524,33**	355,91	355,91	I	410,50	303,08	202,08	107,58	25,91	
	II	**415,83**	355,91	355,91	II	308,08	206,83	112,00	29,16		
	III	**226,66**	355,91	355,91	III	137,00	60,33				
	V	**916,83**	355,91	355,91	IV	466,58	410,50	356,00	303,08	251,83	202,08
	VI	**961,16**	355,91	355,91							
3749,99	I,IV	**525,08**	356,16	356,16	I	411,25	303,75	202,75	108,16	26,33	
	II	**416,58**	356,16	356,16	II	308,83	207,50	112,58	29,58		
	III	**227,33**	356,16	356,16	III	137,66	60,66	0,16			
	V	**917,83**	356,16	356,16	IV	467,41	411,25	356,66	303,75	252,50	202,75
	VI	**962,16**	356,16	356,16							
3752,99	I,IV	**525,91**	356,50	356,50	I	411,91	304,50	203,41	108,75	26,75	
	II	**417,33**	356,50	356,50	II	309,50	208,08	113,16	30,00		
	III	**227,83**	356,50	356,50	III	138,16	61,16	0,66			
	V	**918,91**	356,50	356,50	IV	468,08	411,91	357,41	304,50	253,08	203,41
	VI	**963,16**	356,50	356,50							
3755,99	I,IV	**526,66**	356,75	356,75	I	412,66	305,16	204,00	109,33	27,16	
	II	**418,00**	356,75	356,75	II	310,16	208,75	113,75	30,50		
	III	**228,50**	356,75	356,75	III	138,66	61,66	1,00			
	V	**919,91**	356,75	356,75	IV	468,83	412,66	358,08	305,16	253,75	204,00
	VI	**964,25**	356,75	356,75							
3758,99	I,IV	**527,41**	357,08	357,08	I	413,41	305,83	204,66	109,91	27,66	
	II	**418,75**	357,08	357,08	II	310,83	209,41	114,33	30,91		
	III	**229,00**	357,08	357,08	III	139,33	62,16	1,33			
	V	**920,91**	357,08	357,08	IV	469,58	413,41	358,83	305,83	254,41	204,66
	VI	**965,25**	357,08	357,08							
3761,99	I,IV	**528,16**	357,33	357,33	I	414,08	306,50	205,33	110,50	28,08	
	II	**419,50**	357,33	357,33	II	311,50	210,00	115,00	31,33		
	III	**229,66**	357,33	357,33	III	139,83	62,50	1,66			
	V	**921,91**	357,33	357,33	IV	470,33	414,08	359,50	306,50	255,08	205,33
	VI	**966,25**	357,33	357,33							
3764,99	I,IV	**528,91**	357,66	357,66	I	414,83	307,16	205,91	111,16	28,50	
	II	**420,25**	357,66	357,66	II	312,25	210,66	115,58	31,83		
	III	**230,33**	357,66	357,66	III	140,33	63,00	2,00			
	V	**923,00**	357,66	357,66	IV	471,08	414,83	360,25	307,16	255,75	205,91
	VI	**967,33**	357,66	357,66							
3767,99	I,IV	**529,66**	357,91	357,91	I	415,58	307,83	206,58	111,75	29,00	
	II	**420,91**	357,91	357,91	II	312,91	211,33	116,16	32,25		
	III	**230,83**	357,91	357,91	III	141,00	63,50	2,33			
	V	**924,00**	357,91	357,91	IV	471,83	415,58	360,91	307,83	256,41	206,58
	VI	**968,33**	357,91	357,91							
3770,99	I,IV	**530,50**	358,16	358,16	I	416,25	308,50	207,25	112,33	29,41	
	II	**421,66**	358,16	358,16	II	313,58	212,00	116,75	32,75		
	III	**231,50**	358,16	358,16	III	141,50	63,83	2,66			
	V	**925,00**	358,16	358,16	IV	472,58	416,25	361,58	308,50	257,08	207,25
	VI	**969,33**	358,16	358,16							
3773,99	I,IV	**531,25**	358,50	358,50	I	417,00	309,25	207,83	112,91	29,83	
	II	**422,33**	358,50	358,50	II	314,25	212,58	117,33	33,16		
	III	**232,00**	358,50	358,50	III	142,00	64,33	3,00			
	V	**926,00**	358,50	358,50	IV	473,33	417,00	362,33	309,25	257,75	207,83
	VI	**970,33**	358,50	358,50							
3776,99	I,IV	**532,00**	358,75	358,75	I	417,75	309,91	208,50	113,58	30,33	
	II	**423,08**	358,75	358,75	II	315,00	213,25	118,00	33,66		
	III	**232,66**	358,75	358,75	III	142,66	64,83	3,33			
	V	**927,08**	358,75	358,75	IV	474,08	417,75	363,00	309,91	258,41	208,50
	VI	**971,41**	358,75	358,75							
3779,99	I,IV	**532,75**	359,08	359,08	I	418,50	310,58	209,16	114,16	30,75	
	II	**423,83**	359,08	359,08	II	315,66	213,91	118,58	34,08		
	III	**233,33**	359,08	359,08	III	143,16	65,33	3,66			
	V	**928,08**	359,08	359,08	IV	474,83	418,50	363,75	310,58	259,08	209,16
	VI	**972,41**	359,08	359,08							

* Zur LSt-Berechnung für privat versicherte Arbeitnehmer s. Beispiele **Vorbemerkung S. 4 f.**
** Basisvorsorgepauschale KV und PV *** Typisierter Arbeitgeberzuschuss

Lohn/ Gehalt in € bis	Steuerklasse	Lohn- steuer*	BVSP**	TAGZ***	Steuerklasse	Bemessungsgrundlage für Kirchensteuer und Solidaritätszuschlag – Freibeträge für ... Kinder 0,5	1,0	1,5	2,0	2,5	3,0
3782,99	I,IV	**533,50**	359,33	359,33	I	419,16	311,25	209,83	114,75	31,16	
	II	**424,58**	359,33	359,33	II	316,33	214,58	119,16	34,58		
	III	**233,83**	359,33	359,33	III	143,66	65,66	4,00			
	V	**929,08**	359,33	359,33	IV	475,58	419,16	364,41	311,25	259,75	209,83
	VI	**973,41**	359,33	359,33							
3785,99	I,IV	**534,33**	359,66	359,66	I	419,91	311,91	210,41	115,33	31,66	
	II	**425,25**	359,66	359,66	II	317,00	215,16	119,75	35,00		
	III	**234,50**	359,66	359,66	III	144,33	66,16	4,33			
	V	**930,08**	359,66	359,66	IV	476,33	419,91	365,16	311,91	260,41	210,41
	VI	**974,41**	359,66	359,66							
3788,99	I,IV	**535,08**	359,91	359,91	I	420,66	312,66	211,08	115,91	32,08	
	II	**426,00**	359,91	359,91	II	317,75	215,83	120,41	35,50		
	III	**235,00**	359,91	359,91	III	144,83	66,66	4,66			
	V	**931,16**	359,91	359,91	IV	477,08	420,66	365,83	312,66	261,08	211,08
	VI	**975,50**	359,91	359,91							
3791,99	I,IV	**535,83**	360,16	360,16	I	421,41	313,33	211,75	116,58	32,58	
	II	**426,75**	360,16	360,16	II	318,41	216,50	121,00	36,00		
	III	**235,66**	360,16	360,16	III	145,50	67,16	5,16			
	V	**932,16**	360,16	360,16	IV	477,83	421,41	366,58	313,33	261,75	211,75
	VI	**976,50**	360,16	360,16							
3794,99	I,IV	**536,58**	360,50	360,50	I	422,08	314,00	212,33	117,16	33,00	
	II	**427,50**	360,50	360,50	II	319,08	217,08	121,58	36,41		
	III	**236,33**	360,50	360,50	III	146,00	67,50	5,50			
	V	**933,16**	360,50	360,50	IV	478,58	422,08	367,25	314,00	262,41	212,33
	VI	**977,50**	360,50	360,50							
3797,99	I,IV	**537,33**	360,75	360,75	I	422,83	314,66	213,00	117,75	33,50	
	II	**428,16**	360,75	360,75	II	319,75	217,75	122,16	36,91		
	III	**236,83**	360,75	360,75	III	146,50	68,00	5,83			
	V	**934,25**	360,75	360,75	IV	479,33	422,83	367,91	314,66	263,08	213,00
	VI	**978,50**	360,75	360,75							
3800,99	I,IV	**538,16**	361,08	361,08	I	423,50	315,33	213,66	118,33	33,91	
	II	**428,91**	361,08	361,08	II	320,41	218,41	122,75	37,33		
	III	**237,50**	361,08	361,08	III	147,16	68,50	6,16			
	V	**935,25**	361,08	361,08	IV	480,00	423,50	368,66	315,33	263,66	213,66
	VI	**979,58**	361,08	361,08							
3803,99	I,IV	**538,91**	361,33	361,33	I	424,25	316,08	214,33	118,91	34,41	
	II	**429,66**	361,33	361,33	II	321,16	219,08	123,41	37,83		
	III	**238,00**	361,33	361,33	III	147,66	69,00	6,50			
	V	**936,25**	361,33	361,33	IV	480,83	424,25	369,41	316,08	264,41	214,33
	VI	**980,58**	361,33	361,33							
3806,99	I,IV	**539,66**	361,58	361,58	I	425,00	316,75	214,91	119,58	34,83	
	II	**430,41**	361,58	361,58	II	321,83	219,66	124,00	38,33		
	III	**238,66**	361,58	361,58	III	148,33	69,33	6,83			
	V	**937,33**	361,58	361,58	IV	481,58	425,00	370,08	316,75	265,08	214,91
	VI	**981,58**	361,58	361,58							
3809,99	I,IV	**540,41**	361,91	361,91	I	425,75	317,41	215,58	120,16	35,33	
	II	**431,08**	361,91	361,91	II	322,50	220,33	124,58	38,75		
	III	**239,33**	361,91	361,91	III	148,83	69,83	7,16			
	V	**938,33**	361,91	361,91	IV	482,25	425,75	370,75	317,41	265,66	215,58
	VI	**982,58**	361,91	361,91							
3812,99	I,IV	**541,25**	362,16	362,16	I	426,41	318,08	216,25	120,75	35,75	
	II	**431,83**	362,16	362,16	II	323,16	221,00	125,16	39,25		
	III	**239,83**	362,16	362,16	III	149,33	70,33	7,50			
	V	**939,33**	362,16	362,16	IV	483,00	426,41	371,50	318,08	266,33	216,25
	VI	**983,66**	362,16	362,16							
3815,99	I,IV	**542,00**	362,50	362,50	I	427,16	318,83	216,91	121,33	36,25	
	II	**432,58**	362,50	362,50	II	323,91	221,66	125,83	39,75		
	III	**240,50**	362,50	362,50	III	150,00	70,83	8,00			
	V	**940,41**	362,50	362,50	IV	483,83	427,16	372,25	318,83	267,08	216,91
	VI	**984,66**	362,50	362,50							

* Zur LSt-Berechnung für privat versicherte Arbeitnehmer s. Beispiele **Vorbemerkung S. 4 f.**
** Basisvorsorgepauschale KV und PV *** Typisierter Arbeitgeberzuschuss

Lohn/ Gehalt in € bis	Steuerklasse	Lohn-steuer*	BVSP**	TAGZ***	Steuerklasse	Bemessungsgrundlage für Kirchensteuer und Solidaritätszuschlag – Freibeträge für ... Kinder 0,5	1,0	1,5	2,0	2,5	3,0
3818,99	I,IV	**542,75**	362,75	362,75	I	427,91	319,50	217,50	122,00	36,75	
	II	**433,33**	362,75	362,75	II	324,58	222,33	126,41	40,25		
	III	**241,00**	362,75	362,75	III	150,50	71,16	8,33			
	V	**941,41**	362,75	362,75	IV	484,58	427,91	372,91	319,50	267,66	217,50
	VI	**985,66**	362,75	362,75							
3821,99	I,IV	**543,50**	363,08	363,08	I	428,66	320,16	218,16	122,58	37,16	
	II	**434,08**	363,08	363,08	II	325,25	222,91	127,00	40,66		
	III	**241,66**	363,08	363,08	III	151,16	71,66	8,66			
	V	**942,41**	363,08	363,08	IV	485,25	428,66	373,58	320,16	268,33	218,16
	VI	**986,75**	363,08	363,08							
3824,99	I,IV	**544,33**	363,33	363,33	I	429,33	320,83	218,83	123,16	37,66	
	II	**434,75**	363,33	363,33	II	325,91	223,58	127,66	41,16		
	III	**242,33**	363,33	363,33	III	151,66	72,16	9,00			
	V	**943,41**	363,33	363,33	IV	486,00	429,33	374,33	320,83	269,00	218,83
	VI	**987,75**	363,33	363,33							
3827,99	I,IV	**545,08**	363,58	363,58	I	430,08	321,58	219,50	123,75	38,16	
	II	**435,50**	363,58	363,58	II	326,66	224,25	128,25	41,66		
	III	**242,83**	363,58	363,58	III	152,33	72,66	9,33			
	V	**944,50**	363,58	363,58	IV	486,83	430,08	375,08	321,58	269,75	219,50
	VI	**988,75**	363,58	363,58							
3830,99	I,IV	**545,83**	363,91	363,91	I	430,83	322,25	220,08	124,41	38,58	
	II	**436,25**	363,91	363,91	II	327,33	224,91	128,83	42,16		
	III	**243,50**	363,91	363,91	III	152,83	73,16	9,66			
	V	**945,50**	363,91	363,91	IV	487,58	430,83	375,75	322,25	270,41	220,08
	VI	**989,83**	363,91	363,91							
3833,99	I,IV	**546,66**	364,16	364,16	I	431,58	322,91	220,75	125,00	39,08	
	II	**437,00**	364,16	364,16	II	328,00	225,50	129,41	42,58		
	III	**244,16**	364,16	364,16	III	153,33	73,50	10,00			
	V	**946,50**	364,16	364,16	IV	488,33	431,58	376,41	322,91	271,00	220,75
	VI	**990,83**	364,16	364,16							
3836,99	I,IV	**547,41**	364,50	364,50	I	432,33	323,58	221,41	125,58	39,58	
	II	**437,66**	364,50	364,50	II	328,75	226,16	130,08	43,08		
	III	**244,66**	364,50	364,50	III	154,00	74,00	10,50			
	V	**947,50**	364,50	364,50	IV	489,00	432,33	377,16	323,58	271,66	221,41
	VI	**991,83**	364,50	364,50							
3839,99	I,IV	**548,16**	364,75	364,75	I	433,00	324,33	222,00	126,16	40,00	
	II	**438,41**	364,75	364,75	II	329,41	226,83	130,66	43,58		
	III	**245,33**	364,75	364,75	III	154,50	74,50	10,83			
	V	**948,50**	364,75	364,75	IV	489,75	433,00	377,83	324,33	272,33	222,00
	VI	**992,83**	364,75	364,75							
3842,99	I,IV	**548,91**	365,08	365,08	I	433,75	325,00	222,66	126,83	40,50	
	II	**439,16**	365,08	365,08	II	330,08	227,50	131,25	44,08		
	III	**245,83**	365,08	365,08	III	155,16	75,00	11,16			
	V	**949,58**	365,08	365,08	IV	490,58	433,75	378,58	325,00	273,08	222,66
	VI	**993,91**	365,08	365,08							
3845,99	I,IV	**549,75**	365,33	365,33	I	434,50	325,66	223,33	127,41	41,00	
	II	**439,91**	365,33	365,33	II	330,83	228,08	131,91	44,58		
	III	**246,50**	365,33	365,33	III	155,66	75,50	11,50			
	V	**950,58**	365,33	365,33	IV	491,33	434,50	379,33	325,66	273,75	223,33
	VI	**994,91**	365,33	365,33							
3848,99	I,IV	**550,50**	365,58	365,58	I	435,25	326,41	224,00	128,00	41,50	
	II	**440,66**	365,58	365,58	II	331,50	228,75	132,50	45,08		
	III	**247,16**	365,58	365,58	III	156,33	75,83	11,83			
	V	**951,58**	365,58	365,58	IV	492,08	435,25	380,00	326,41	274,41	224,00
	VI	**995,91**	365,58	365,58							
3851,99	I,IV	**551,25**	365,91	365,91	I	435,91	327,08	224,58	128,58	41,91	
	II	**441,33**	365,91	365,91	II	332,16	229,41	133,08	45,58		
	III	**247,66**	365,91	365,91	III	156,83	76,33	12,33			
	V	**952,66**	365,91	365,91	IV	492,83	435,91	380,66	327,08	275,00	224,58
	VI	**996,91**	365,91	365,91							

* Zur LSt-Berechnung für privat versicherte Arbeitnehmer s. Beispiele **Vorbemerkung S. 4 f.**
** Basisvorsorgepauschale KV und PV *** Typisierter Arbeitgeberzuschuss

Lohn/ Gehalt in € bis	Steuerklasse	Lohn-steuer*	BVSP**	TAGZ***	Steuerklasse	Bemessungsgrundlage für Kirchensteuer und Solidaritätszuschlag – Freibeträge für ... Kinder 0,5	1,0	1,5	2,0	2,5	3,0
3854,99	I,IV	**552,08**	366,16	366,16	I	436,66	327,75	225,25	129,25	42,41	
	II	**442,08**	366,16	366,16	II	332,91	230,08	133,75	46,08		
	III	**248,33**	366,16	366,16	III	157,50	76,83	12,66			
	V	**953,66**	366,16	366,16	IV	493,58	436,66	381,41	327,75	275,75	225,25
	VI	**998,00**	366,16	366,16							
3857,99	I,IV	**552,83**	366,50	366,50	I	437,41	328,50	225,91	129,83	42,91	
	II	**442,83**	366,50	366,50	II	333,58	230,75	134,33	46,58		
	III	**249,00**	366,50	366,50	III	158,00	77,33	13,00			
	V	**954,66**	366,50	366,50	IV	494,33	437,41	382,16	328,50	276,41	225,91
	VI	**999,00**	366,50	366,50							
3860,99	I,IV	**553,58**	366,75	366,75	I	438,16	329,16	226,58	130,41	43,41	
	II	**443,58**	366,75	366,75	II	334,25	231,33	134,91	47,00		
	III	**249,50**	366,75	366,75	III	158,66	77,83	13,33			
	V	**955,75**	366,75	366,75	IV	495,08	438,16	382,83	329,16	277,08	226,58
	VI	**1000,00**	366,75	366,75							
3863,99	I,IV	**554,33**	367,00	367,00	I	438,91	329,83	227,25	131,00	43,91	
	II	**444,33**	367,00	367,00	II	334,91	232,00	135,50	47,50		
	III	**250,16**	367,00	367,00	III	159,16	78,33	13,66			
	V	**956,75**	367,00	367,00	IV	495,83	438,91	383,58	329,83	277,75	227,25
	VI	**1001,00**	367,00	367,00							
3866,99	I,IV	**555,16**	367,33	367,33	I	439,66	330,50	227,91	131,66	44,41	
	II	**445,08**	367,33	367,33	II	335,66	232,66	136,16	48,08		
	III	**250,66**	367,33	367,33	III	159,83	78,83	14,16			
	V	**957,75**	367,33	367,33	IV	496,58	439,66	384,25	330,50	278,41	227,91
	VI	**1002,08**	367,33	367,33							
3869,99	I,IV	**555,91**	367,58	367,58	I	440,33	331,25	228,50	132,25	44,83	
	II	**445,75**	367,58	367,58	II	336,33	233,33	136,75	48,58		
	III	**251,33**	367,58	367,58	III	160,33	79,16	14,50			
	V	**958,75**	367,58	367,58	IV	497,33	440,33	385,00	331,25	279,08	228,50
	VI	**1003,08**	367,58	367,58							
3872,99	I,IV	**556,66**	367,91	367,91	I	441,08	331,91	229,16	132,83	45,33	
	II	**446,50**	367,91	367,91	II	337,00	234,00	137,33	49,00		
	III	**252,00**	367,91	367,91	III	161,00	79,66	14,83			
	V	**959,83**	367,91	367,91	IV	498,08	441,08	385,66	331,91	279,75	229,16
	VI	**1004,08**	367,91	367,91							
3875,99	I,IV	**557,50**	368,16	368,16	I	441,83	332,58	229,83	133,50	45,83	
	II	**447,25**	368,16	368,16	II	337,75	234,66	138,00	49,50		
	III	**252,50**	368,16	368,16	III	161,50	80,16	15,16			
	V	**960,83**	368,16	368,16	IV	498,83	441,83	386,41	332,58	280,41	229,83
	VI	**1005,16**	368,16	368,16							
3878,99	I,IV	**558,25**	368,50	368,50	I	442,58	333,25	230,50	134,08	46,33	
	II	**448,00**	368,50	368,50	II	338,41	235,25	138,58	50,08		
	III	**253,16**	368,50	368,50	III	162,16	80,66	15,50			
	V	**961,83**	368,50	368,50	IV	499,58	442,58	387,08	333,25	281,08	230,50
	VI	**1006,16**	368,50	368,50							
3881,99	I,IV	**559,00**	368,75	368,75	I	443,33	334,00	231,16	134,66	46,83	
	II	**448,75**	368,75	368,75	II	339,08	235,91	139,16	50,58		
	III	**253,83**	368,75	368,75	III	162,66	81,16	16,00			
	V	**962,91**	368,75	368,75	IV	500,33	443,33	387,83	334,00	281,75	231,16
	VI	**1007,16**	368,75	368,75							
3884,99	I,IV	**559,83**	369,00	369,00	I	444,00	334,66	231,75	135,33	47,33	
	II	**449,50**	369,00	369,00	II	339,83	236,58	139,83	51,08		
	III	**254,33**	369,00	369,00	III	163,33	81,66	16,33			
	V	**963,91**	369,00	369,00	IV	501,08	444,00	388,58	334,66	282,41	231,75
	VI	**1008,25**	369,00	369,00							
3887,99	I,IV	**560,58**	369,33	369,33	I	444,75	335,33	232,41	135,91	47,83	
	II	**450,16**	369,33	369,33	II	340,50	237,25	140,41	51,58		
	III	**255,00**	369,33	369,33	III	163,83	82,16	16,66			
	V	**964,91**	369,33	369,33	IV	501,83	444,75	389,25	335,33	283,08	232,41
	VI	**1009,25**	369,33	369,33							

* Zur LSt-Berechnung für privat versicherte Arbeitnehmer s. Beispiele **Vorbemerkung S. 4 f.**
** Basisvorsorgepauschale KV und PV *** Typisierter Arbeitgeberzuschuss

Lohn/ Gehalt in € bis	Steuerklasse	Lohn- steuer*	BVSP**	TAGZ***	Steuerklasse	Bemessungsgrundlage für Kirchensteuer und Solidaritätszuschlag					
						Freibeträge für ... Kinder					
						0,5	**1,0**	1,5	**2,0**	2,5	**3,0**
3890,99	I,IV	**561,33**	369,58	369,58	I	445,50	336,08	233,08	136,50	48,33	
	II	**450,91**	369,58	369,58	II	341,16	237,91	141,00	52,08		
	III	**255,50**	369,58	369,58	III	164,50	82,66	17,00			
	V	**965,91**	369,58	369,58	IV	502,58	445,50	390,00	336,08	283,75	233,08
	VI	**1010,25**	369,58	369,58							
3893,99	I,IV	**562,16**	369,91	369,91	I	446,25	336,75	233,75	137,16	48,83	
	II	**451,66**	369,91	369,91	II	341,91	238,58	141,66	52,58		
	III	**256,16**	369,91	369,91	III	165,00	83,16	17,50			
	V	**967,00**	369,91	369,91	IV	503,41	446,25	390,66	336,75	284,41	233,75
	VI	**1011,25**	369,91	369,91							
3896,99	I,IV	**562,91**	370,16	370,16	I	447,00	337,50	234,41	137,75	49,33	
	II	**452,41**	370,16	370,16	II	342,58	239,25	142,25	53,08		
	III	**256,83**	370,16	370,16	III	165,66	83,50	17,83			
	V	**968,00**	370,16	370,16	IV	504,16	447,00	391,41	337,50	285,08	234,41
	VI	**1012,33**	370,16	370,16							
3899,99	I,IV	**563,66**	370,41	370,41	I	447,66	338,16	235,00	138,33	49,83	
	II	**453,16**	370,41	370,41	II	343,25	239,83	142,83	53,58		
	III	**257,33**	370,41	370,41	III	166,16	84,00	18,16			
	V	**969,00**	370,41	370,41	IV	504,91	447,66	392,08	338,16	285,75	235,00
	VI	**1013,33**	370,41	370,41							
3902,99	I,IV	**564,50**	370,75	370,75	I	448,41	338,83	235,66	138,91	50,33	
	II	**453,91**	370,75	370,75	II	344,00	240,50	143,50	54,16		
	III	**258,00**	370,75	370,75	III	166,83	84,50	18,50			
	V	**970,00**	370,75	370,75	IV	505,66	448,41	392,83	338,83	286,41	235,66
	VI	**1014,33**	370,75	370,75							
3905,99	I,IV	**565,25**	371,00	371,00	I	449,16	339,58	236,33	139,58	50,83	
	II	**454,66**	371,00	371,00	II	344,66	241,16	144,08	54,66		
	III	**258,66**	371,00	371,00	III	167,33	85,00	19,00			
	V	**971,08**	371,00	371,00	IV	506,41	449,16	393,58	339,58	287,16	236,33
	VI	**1015,41**	371,00	371,00							
3908,99	I,IV	**566,00**	371,33	371,33	I	449,91	340,25	237,00	140,16	51,41	
	II	**455,41**	371,33	371,33	II	345,41	241,83	144,66	55,16		
	III	**259,16**	371,33	371,33	III	168,00	85,50	19,33			
	V	**972,08**	371,33	371,33	IV	507,16	449,91	394,25	340,25	287,83	237,00
	VI	**1016,41**	371,33	371,33							
3911,99	I,IV	**566,83**	371,58	371,58	I	450,66	340,91	237,66	140,75	51,91	
	II	**456,08**	371,58	371,58	II	346,08	242,50	145,33	55,66		
	III	**259,83**	371,58	371,58	III	168,50	86,00	19,66			
	V	**973,08**	371,58	371,58	IV	507,91	450,66	395,00	340,91	288,50	237,66
	VI	**1017,41**	371,58	371,58							
3914,99	I,IV	**567,58**	371,91	371,91	I	451,41	341,58	238,25	141,41	52,41	
	II	**456,83**	371,91	371,91	II	346,75	243,16	145,91	56,25		
	III	**260,50**	371,91	371,91	III	169,16	86,50	20,16			
	V	**974,08**	371,91	371,91	IV	508,66	451,41	395,66	341,58	289,16	238,25
	VI	**1018,41**	371,91	371,91							
3917,99	I,IV	**568,41**	372,16	372,16	I	452,16	342,33	239,00	142,00	52,91	
	II	**457,58**	372,16	372,16	II	347,50	243,83	146,58	56,75		
	III	**261,00**	372,16	372,16	III	169,66	87,00	20,50			
	V	**975,16**	372,16	372,16	IV	509,41	452,16	396,41	342,33	289,83	239,00
	VI	**1019,50**	372,16	372,16							
3920,99	I,IV	**569,16**	372,41	372,41	I	452,83	343,00	239,58	142,66	53,41	
	II	**458,33**	372,41	372,41	II	348,16	244,41	147,16	57,25		
	III	**261,66**	372,41	372,41	III	170,33	87,50	20,83			
	V	**976,16**	372,41	372,41	IV	510,25	452,83	397,16	343,00	290,50	239,58
	VI	**1020,50**	372,41	372,41							
3923,99	I,IV	**569,91**	372,75	372,75	I	453,58	343,75	240,25	143,25	53,91	
	II	**459,08**	372,75	372,75	II	348,83	245,08	147,75	57,83		
	III	**262,33**	372,75	372,75	III	170,83	88,00	21,16			
	V	**977,16**	372,75	372,75	IV	511,00	453,58	397,83	343,75	291,16	240,25
	VI	**1021,50**	372,75	372,75							

* Zur LSt-Berechnung für privat versicherte Arbeitnehmer s. Beispiele **Vorbemerkung S. 4f.**
** Basisvorsorgepauschale KV und PV *** Typisierter Arbeitgeberzuschuss

Lohn/ Gehalt in € bis	Steuerklasse	Lohn-steuer*	BVSP**	TAGZ***	Steuerklasse	Bemessungsgrundlage für Kirchensteuer und Solidaritätszuschlag – Freibeträge für … Kinder 0,5	**1,0**	1,5	**2,0**	2,5	**3,0**
3926,99	I,IV	**570,66**	373,00	373,00	I	454,33	344,41	240,91	143,83	54,41	
	II	**459,83**	373,00	373,00	II	349,58	245,75	148,41	58,33		
	III	**262,83**	373,00	373,00	III	171,50	88,33	21,66			
	V	**978,25**	373,00	373,00	IV	511,75	454,33	398,58	344,41	291,83	240,91
	VI	**1022,50**	373,00	373,00							
3929,99	I,IV	**571,50**	373,33	373,33	I	455,08	345,08	241,58	144,41	55,00	
	II	**460,58**	373,33	373,33	II	350,25	246,41	149,00	58,83		
	III	**263,50**	373,33	373,33	III	172,00	88,83	22,00			
	V	**979,25**	373,33	373,33	IV	512,50	455,08	399,25	345,08	292,50	241,58
	VI	**1023,50**	373,33	373,33							
3932,99	I,IV	**572,25**	373,58	373,58	I	455,83	345,83	242,25	145,08	55,50	
	II	**461,33**	373,58	373,58	II	351,00	247,08	149,58	59,41		
	III	**264,16**	373,58	373,58	III	172,66	89,33	22,33			
	V	**980,25**	373,58	373,58	IV	513,25	455,83	400,00	345,83	293,25	242,25
	VI	**1024,58**	373,58	373,58							
3935,99	I,IV	**573,08**	373,91	373,91	I	456,58	346,50	242,91	145,66	56,00	
	II	**462,00**	373,91	373,91	II	351,66	247,75	150,25	59,91		
	III	**264,66**	373,91	373,91	III	173,16	89,83	22,83			
	V	**981,33**	373,91	373,91	IV	514,00	456,58	400,75	346,50	293,91	242,91
	VI	**1025,58**	373,91	373,91							
3938,99	I,IV	**573,83**	374,16	374,16	I	457,33	347,16	243,50	146,33	56,50	
	II	**462,75**	374,16	374,16	II	352,33	248,41	150,83	60,41		
	III	**265,33**	374,16	374,16	III	173,83	90,33	23,16			
	V	**982,33**	374,16	374,16	IV	514,75	457,33	401,41	347,16	294,58	243,50
	VI	**1026,58**	374,16	374,16							
3941,99	I,IV	**574,58**	374,41	374,41	I	458,00	347,91	244,16	146,91	57,08	
	II	**463,50**	374,41	374,41	II	353,08	249,08	151,41	61,00		
	III	**265,83**	374,41	374,41	III	174,33	90,83	23,50			
	V	**983,33**	374,41	374,41	IV	515,50	458,00	402,16	347,91	295,25	244,16
	VI	**1027,66**	374,41	374,41							
3944,99	I,IV	**575,41**	374,75	374,75	I	458,83	348,58	244,83	147,50	57,58	
	II	**464,25**	374,75	374,75	II	353,75	249,75	152,08	61,50		
	III	**266,50**	374,75	374,75	III	175,00	91,33	24,00			
	V	**984,33**	374,75	374,75	IV	516,33	458,83	402,91	348,58	295,91	244,83
	VI	**1028,66**	374,75	374,75							
3947,99	I,IV	**576,16**	375,00	375,00	I	459,50	349,33	245,50	148,16	58,08	
	II	**465,00**	375,00	375,00	II	354,50	250,33	152,66	62,08		
	III	**267,16**	375,00	375,00	III	175,66	91,83	24,33			
	V	**985,41**	375,00	375,00	IV	517,08	459,50	403,58	349,33	296,58	245,50
	VI	**1029,66**	375,00	375,00							
3950,99	I,IV	**577,00**	375,33	375,33	I	460,25	350,00	246,16	148,75	58,66	
	II	**465,75**	375,33	375,33	II	355,16	251,00	153,33	62,58		
	III	**267,66**	375,33	375,33	III	176,16	92,33	24,66			
	V	**986,41**	375,33	375,33	IV	517,83	460,25	404,33	350,00	297,25	246,16
	VI	**1030,75**	375,33	375,33							
3953,99	I,IV	**577,75**	375,58	375,58	I	461,00	350,66	246,83	149,33	59,16	
	II	**466,50**	375,58	375,58	II	355,83	251,66	153,91	63,16		
	III	**268,33**	375,58	375,58	III	176,83	92,83	25,16			
	V	**987,41**	375,58	375,58	IV	518,58	461,00	405,00	350,66	297,91	246,83
	VI	**1031,75**	375,58	375,58							
3956,99	I,IV	**578,58**	375,83	375,83	I	461,75	351,41	247,50	150,00	59,75	
	II	**467,25**	375,83	375,83	II	356,58	252,33	154,58	63,66		
	III	**269,00**	375,83	375,83	III	177,33	93,33	25,50			
	V	**988,50**	375,83	375,83	IV	519,33	461,75	405,75	351,41	298,66	247,50
	VI	**1032,75**	375,83	375,83							
3959,99	I,IV	**579,33**	376,16	376,16	I	462,50	352,08	248,16	150,58	60,25	
	II	**468,00**	376,16	376,16	II	357,25	253,00	155,16	64,25		
	III	**269,50**	376,16	376,16	III	178,00	93,83	25,83			
	V	**989,50**	376,16	376,16	IV	520,08	462,50	406,50	352,08	299,33	248,16
	VI	**1033,83**	376,16	376,16							

* Zur LSt-Berechnung für privat versicherte Arbeitnehmer s. Beispiele **Vorbemerkung S. 4 f.**
** Basisvorsorgepauschale KV und PV *** Typisierter Arbeitgeberzuschuss

Lohn/ Gehalt in € bis	Steuerklasse	Lohn- steuer*	BVSP**	TAGZ***	Steuerklasse	Bemessungsgrundlage für Kirchensteuer und Solidaritätszuschlag					
						Freibeträge für ... Kinder					
						0,5	**1,0**	1,5	**2,0**	2,5	**3,0**
3962,99	I,IV	**580,08**	376,41	376,41	I	463,25	352,83	248,83	151,25	60,75	
	II	**468,75**	376,41	376,41	II	358,00	253,66	155,75	64,75		
	III	**270,16**	376,41	376,41	III	178,50	94,33	26,33			
	V	**990,50**	376,41	376,41	IV	520,83	463,25	407,25	352,83	300,00	248,83
	VI	**1034,83**	376,41	376,41							
3965,99	I,IV	**580,91**	376,75	376,75	I	464,00	353,50	249,41	151,83	61,33	
	II	**469,50**	376,75	376,75	II	358,66	254,33	156,41	65,33		
	III	**270,83**	376,75	376,75	III	179,16	94,83	26,66			
	V	**991,50**	376,75	376,75	IV	521,58	464,00	407,91	353,50	300,66	249,41
	VI	**1035,83**	376,75	376,75							
3968,99	I,IV	**581,66**	377,00	377,00	I	464,66	354,16	250,08	152,41	61,83	
	II	**470,16**	377,00	377,00	II	359,33	255,00	157,00	65,83		
	III	**271,33**	377,00	377,00	III	179,66	95,33	27,00			
	V	**992,50**	377,00	377,00	IV	522,41	464,66	408,66	354,16	301,33	250,08
	VI	**1036,83**	377,00	377,00							
3971,99	I,IV	**582,50**	377,33	377,33	I	465,50	354,91	250,75	153,08	62,41	
	II	**471,00**	377,33	377,33	II	360,08	255,66	157,66	66,41		
	III	**272,00**	377,33	377,33	III	180,33	95,83	27,50			
	V	**993,58**	377,33	377,33	IV	523,16	465,50	409,41	354,91	302,00	250,75
	VI	**1037,91**	377,33	377,33							
3974,99	I,IV	**583,25**	377,58	377,58	I	466,16	355,58	251,41	153,66	62,91	
	II	**471,66**	377,58	377,58	II	360,83	256,33	158,25	66,91		
	III	**272,66**	377,58	377,58	III	180,83	96,33	27,83			
	V	**994,58**	377,58	377,58	IV	523,91	466,16	410,08	355,58	302,75	251,41
	VI	**1038,91**	377,58	377,58							
3977,99	I,IV	**584,00**	377,83	377,83	I	466,91	356,33	252,08	154,33	63,50	
	II	**472,41**	377,83	377,83	II	361,50	257,00	158,83	67,50		
	III	**273,16**	377,83	377,83	III	181,50	96,83	28,16			
	V	**995,58**	377,83	377,83	IV	524,66	466,91	410,83	356,33	303,41	252,08
	VI	**1039,91**	377,83	377,83							
3980,99	I,IV	**584,83**	378,16	378,16	I	467,66	357,00	252,75	154,91	64,00	
	II	**473,16**	378,16	378,16	II	362,16	257,58	159,50	68,08		
	III	**273,83**	378,16	378,16	III	182,00	97,33	28,66			
	V	**996,58**	378,16	378,16	IV	525,41	467,66	411,50	357,00	304,08	252,75
	VI	**1040,91**	378,16	378,16							
3983,99	I,IV	**585,58**	378,41	378,41	I	468,41	357,75	253,41	155,58	64,58	
	II	**473,91**	378,41	378,41	II	362,91	258,33	160,08	68,58		
	III	**274,50**	378,41	378,41	III	182,66	97,83	29,00			
	V	**997,66**	378,41	378,41	IV	526,25	468,41	412,25	357,75	304,75	253,41
	VI	**1042,00**	378,41	378,41							
3986,99	I,IV	**586,41**	378,75	378,75	I	469,16	358,41	254,08	156,16	65,08	
	II	**474,66**	378,75	378,75	II	363,58	259,00	160,75	69,16	0,33	
	III	**275,00**	378,75	378,75	III	183,16	98,33	29,50			
	V	**998,66**	378,75	378,75	IV	527,00	469,16	413,00	358,41	305,41	254,08
	VI	**1043,00**	378,75	378,75							
3989,99	I,IV	**587,16**	379,00	379,00	I	469,91	359,08	254,75	156,75	65,66	
	II	**475,41**	379,00	379,00	II	364,33	259,58	161,33	69,75	0,66	
	III	**275,66**	379,00	379,00	III	183,83	98,83	29,83			
	V	**999,66**	379,00	379,00	IV	527,75	469,91	413,75	359,08	306,08	254,75
	VI	**1044,00**	379,00	379,00							
3992,99	I,IV	**587,91**	379,33	379,33	I	470,66	359,83	255,41	157,41	66,16	
	II	**476,16**	379,33	379,33	II	365,00	260,25	162,00	70,25	1,00	
	III	**276,33**	379,33	379,33	III	184,33	99,33	30,16			
	V	**1000,75**	379,33	379,33	IV	528,50	470,66	414,41	359,83	306,75	255,41
	VI	**1045,00**	379,33	379,33							
3995,99	I,IV	**588,75**	379,58	379,58	I	471,41	360,50	256,08	158,00	66,75	
	II	**476,91**	379,58	379,58	II	365,75	260,91	162,58	70,83	1,41	
	III	**276,83**	379,58	379,58	III	185,00	99,83	30,66			
	V	**1001,75**	379,58	379,58	IV	529,25	471,41	415,16	360,50	307,50	256,08
	VI	**1046,08**	379,58	379,58							

* Zur LSt-Berechnung für privat versicherte Arbeitnehmer s. Beispiele **Vorbemerkung S. 4 f.**
** Basisvorsorgepauschale KV und PV *** Typisierter Arbeitgeberzuschuss

Lohn/ Gehalt in € bis	Steuerklasse	Lohn-steuer*	BVSP**	TAGZ***	Steuerklasse	Bemessungsgrundlage für Kirchensteuer und Solidaritätszuschlag					
						Freibeträge für ... Kinder					
						0,5	**1,0**	1,5	**2,0**	2,5	**3,0**
3998,99	I,IV	**589,50**	379,83	379,83	I	472,16	361,25	256,75	158,66	67,33	
	II	**477,66**	379,83	379,83	II	366,41	261,58	163,25	71,41	1,75	
	III	**277,50**	379,83	379,83	III	185,50	100,33	31,00			
	V	**1002,75**	379,83	379,83	IV	530,08	472,16	415,91	361,25	308,16	256,75
	VI	**1047,08**	379,83	379,83							
4001,99	I,IV	**590,33**	380,16	380,16	I	472,91	361,91	257,33	159,25	67,83	
	II	**478,41**	380,16	380,16	II	367,16	262,25	163,83	72,00	2,08	
	III	**278,16**	380,16	380,16	III	186,16	100,83	31,33			
	V	**1003,83**	380,16	380,16	IV	530,83	472,91	416,58	361,91	308,83	257,33
	VI	**1048,08**	380,16	380,16							
4004,99	I,IV	**591,08**	380,41	380,41	I	473,66	362,58	258,00	159,83	68,41	
	II	**479,16**	380,41	380,41	II	367,83	262,91	164,50	72,50	2,41	
	III	**278,66**	380,41	380,41	III	186,66	101,33	31,83			
	V	**1004,83**	380,41	380,41	IV	531,58	473,66	417,33	362,58	309,50	258,00
	VI	**1049,08**	380,41	380,41							
4007,99	I,IV	**591,91**	380,75	380,75	I	474,41	363,33	258,66	160,50	68,91	0,25
	II	**479,91**	380,75	380,75	II	368,50	263,58	165,08	73,08	2,75	
	III	**279,33**	380,75	380,75	III	187,33	101,83	32,16			
	V	**1005,83**	380,75	380,75	IV	532,33	474,41	418,08	363,33	310,16	258,66
	VI	**1050,16**	380,75	380,75							
4010,99	I,IV	**592,66**	381,00	381,00	I	475,16	364,08	259,33	161,08	69,50	0,58
	II	**480,66**	381,00	381,00	II	369,25	264,25	165,75	73,66	3,16	
	III	**280,00**	381,00	381,00	III	188,00	102,33	32,66			
	V	**1006,91**	381,00	381,00	IV	533,08	475,16	418,83	364,08	310,91	259,33
	VI	**1051,16**	381,00	381,00							
4013,99	I,IV	**593,50**	381,25	381,25	I	475,91	364,75	260,00	161,75	70,08	0,91
	II	**481,41**	381,25	381,25	II	370,00	264,91	166,33	74,25	3,50	
	III	**280,50**	381,25	381,25	III	188,50	102,83	33,00			
	V	**1007,91**	381,25	381,25	IV	533,91	475,91	419,50	364,75	311,58	260,00
	VI	**1052,16**	381,25	381,25							
4016,99	I,IV	**594,25**	381,58	381,58	I	476,66	365,41	260,66	162,33	70,58	1,25
	II	**482,16**	381,58	381,58	II	370,66	265,58	166,91	74,83	3,83	
	III	**281,16**	381,58	381,58	III	189,16	103,50	33,50			
	V	**1008,91**	381,58	381,58	IV	534,66	476,66	420,25	365,41	312,25	260,66
	VI	**1053,25**	381,58	381,58							
4019,99	I,IV	**595,00**	381,83	381,83	I	477,33	366,16	261,33	163,00	71,16	1,58
	II	**482,91**	381,83	381,83	II	371,33	266,25	167,58	75,33	4,16	
	III	**281,66**	381,83	381,83	III	189,66	103,83	33,83			
	V	**1009,91**	381,83	381,83	IV	535,41	477,33	420,91	366,16	312,91	261,33
	VI	**1054,25**	381,83	381,83							
4022,99	I,IV	**595,83**	382,16	382,16	I	478,16	366,83	262,00	163,58	71,75	1,91
	II	**483,66**	382,16	382,16	II	372,08	266,91	168,25	75,91	4,58	
	III	**282,33**	382,16	382,16	III	190,33	104,50	34,16			
	V	**1011,00**	382,16	382,16	IV	536,16	478,16	421,66	366,83	313,66	262,00
	VI	**1055,25**	382,16	382,16							
4025,99	I,IV	**596,66**	382,41	382,41	I	478,91	367,58	262,66	164,25	72,33	2,33
	II	**484,41**	382,41	382,41	II	372,75	267,58	168,83	76,50	4,91	
	III	**283,00**	382,41	382,41	III	190,83	105,00	34,66			
	V	**1012,00**	382,41	382,41	IV	536,91	478,91	422,41	367,58	314,33	262,66
	VI	**1056,33**	382,41	382,41							
4028,99	I,IV	**597,41**	382,75	382,75	I	479,66	368,25	263,33	164,83	72,83	2,66
	II	**485,16**	382,75	382,75	II	373,50	268,25	169,41	77,08	5,25	
	III	**283,50**	382,75	382,75	III	191,50	105,50	35,00			
	V	**1013,00**	382,75	382,75	IV	537,75	479,66	423,16	368,25	315,00	263,33
	VI	**1057,33**	382,75	382,75							
4031,99	I,IV	**598,16**	383,00	383,00	I	480,33	369,00	264,00	165,50	73,41	3,00
	II	**485,91**	383,00	383,00	II	374,16	268,91	170,08	77,66	5,66	
	III	**284,16**	383,00	383,00	III	192,00	106,00	35,50			
	V	**1014,00**	383,00	383,00	IV	538,50	480,33	423,83	369,00	315,66	264,00
	VI	**1058,33**	383,00	383,00							

* Zur LSt-Berechnung für privat versicherte Arbeitnehmer s. Beispiele **Vorbemerkung S. 4 f.**
** Basisvorsorgepauschale KV und PV *** Typisierter Arbeitgeberzuschuss

Lohn/ Gehalt in € bis	Steuerklasse	Lohn-steuer*	BVSP**	TAGZ***	Steuerklasse	Bemessungsgrundlage für Kirchensteuer und Solidaritätszuschlag – Freibeträge für ... Kinder 0,5	**1,0**	1,5	**2,0**	2,5	**3,0**
4034,99	I,IV	**599,00**	383,25	383,25	I	481,16	369,66	264,66	166,08	74,00	3,33
	II	**486,66**	383,25	383,25	II	374,91	269,58	170,75	78,25	6,00	
	III	**284,83**	383,25	383,25	III	192,66	106,50	35,83			
	V	**1015,08**	383,25	383,25	IV	539,25	481,16	424,58	369,66	316,41	264,66
	VI	**1059,41**	383,25	383,25							
4037,99	I,IV	**599,83**	383,58	383,58	I	481,91	370,41	265,33	166,75	74,58	3,75
	II	**487,41**	383,58	383,58	II	375,66	270,25	171,33	78,83	6,41	
	III	**285,50**	383,58	383,58	III	193,33	107,00	36,33			
	V	**1016,08**	383,58	383,58	IV	540,00	481,91	425,33	370,41	317,08	265,33
	VI	**1060,41**	383,58	383,58							
4040,99	I,IV	**600,58**	383,83	383,83	I	482,58	371,08	266,00	167,33	75,16	4,08
	II	**488,16**	383,83	383,83	II	376,33	270,91	171,91	79,41	6,75	
	III	**286,00**	383,83	383,83	III	193,83	107,50	36,66			
	V	**1017,08**	383,83	383,83	IV	540,83	482,58	426,08	371,08	317,75	266,00
	VI	**1061,41**	383,83	383,83							
4043,99	I,IV	**601,33**	384,16	384,16	I	483,33	371,83	266,66	167,91	75,75	4,41
	II	**488,91**	384,16	384,16	II	377,00	271,58	172,58	80,00	7,08	
	III	**286,66**	384,16	384,16	III	194,50	108,00	37,00			
	V	**1018,08**	384,16	384,16	IV	541,58	483,33	426,75	371,83	318,41	266,66
	VI	**1062,41**	384,16	384,16							
4046,99	I,IV	**602,16**	384,41	384,41	I	484,08	372,50	267,33	168,58	76,25	4,75
	II	**489,66**	384,41	384,41	II	377,75	272,25	173,16	80,58	7,50	
	III	**287,33**	384,41	384,41	III	195,00	108,50	37,50			
	V	**1019,16**	384,41	384,41	IV	542,33	484,08	427,50	372,50	319,08	267,33
	VI	**1063,41**	384,41	384,41							
4049,99	I,IV	**603,00**	384,66	384,66	I	484,91	373,25	268,00	169,25	76,83	5,16
	II	**490,41**	384,66	384,66	II	378,50	272,91	173,83	81,16	7,83	
	III	**287,83**	384,66	384,66	III	195,66	109,16	37,83			
	V	**1020,16**	384,66	384,66	IV	543,08	484,91	428,25	373,25	319,83	268,00
	VI	**1064,50**	384,66	384,66							
4052,99	I,IV	**603,75**	385,00	385,00	I	485,58	373,91	268,66	169,83	77,41	5,50
	II	**491,16**	385,00	385,00	II	379,16	273,58	174,41	81,75	8,25	
	III	**288,50**	385,00	385,00	III	196,16	109,66	38,33			
	V	**1021,16**	385,00	385,00	IV	543,91	485,58	429,00	373,91	320,50	268,66
	VI	**1065,50**	385,00	385,00							
4055,99	I,IV	**604,50**	385,25	385,25	I	486,33	374,66	269,33	170,41	78,00	5,83
	II	**491,91**	385,25	385,25	II	379,91	274,25	175,08	82,33	8,58	
	III	**289,16**	385,25	385,25	III	196,83	110,16	38,66			
	V	**1022,25**	385,25	385,25	IV	544,66	486,33	429,66	374,66	321,16	269,33
	VI	**1066,50**	385,25	385,25							
4058,99	I,IV	**605,33**	385,58	385,58	I	487,08	375,33	270,00	171,08	78,58	6,25
	II	**492,66**	385,58	385,58	II	380,58	274,91	175,66	82,91	9,00	
	III	**289,66**	385,58	385,58	III	197,33	110,66	39,16			
	V	**1023,25**	385,58	385,58	IV	545,41	487,08	430,41	375,33	321,83	270,00
	VI	**1067,50**	385,58	385,58							
4061,99	I,IV	**606,16**	385,83	385,83	I	487,91	376,08	270,66	171,75	79,16	6,58
	II	**493,41**	385,83	385,83	II	381,33	275,58	176,33	83,50	9,33	
	III	**290,33**	385,83	385,83	III	198,00	111,16	39,50			
	V	**1024,25**	385,83	385,83	IV	546,16	487,91	431,16	376,08	322,58	270,66
	VI	**1068,58**	385,83	385,83							
4064,99	I,IV	**606,91**	386,16	386,16	I	488,66	376,75	271,33	172,33	79,75	7,00
	II	**494,16**	386,16	386,16	II	382,00	276,25	177,00	84,08	9,75	
	III	**291,00**	386,16	386,16	III	198,66	111,66	40,00			
	V	**1025,25**	386,16	386,16	IV	547,00	488,66	431,91	376,75	323,25	271,33
	VI	**1069,58**	386,16	386,16							
4067,99	I,IV	**607,75**	386,41	386,41	I	489,41	377,50	272,00	172,91	80,33	7,33
	II	**494,91**	386,41	386,41	II	382,75	276,91	177,58	84,66	10,08	
	III	**291,50**	386,41	386,41	III	199,16	112,16	40,33			
	V	**1026,33**	386,41	386,41	IV	547,75	489,41	432,58	377,50	323,91	272,00
	VI	**1070,58**	386,41	386,41							

* Zur LSt-Berechnung für privat versicherte Arbeitnehmer s. Beispiele **Vorbemerkung S. 4f.**
** Basisvorsorgepauschale KV und PV *** Typisierter Arbeitgeberzuschuss

Lohn/ Gehalt in € bis	Steuerklasse	Lohn-steuer*	BVSP**	TAGZ***	Steuerklasse	Bemessungsgrundlage für Kirchensteuer und Solidaritätszuschlag – Freibeträge für ... Kinder 0,5	1,0	1,5	2,0	2,5	3,0
4070,99	I,IV	**608,50**	386,66	386,66	I	490,08	378,16	272,66	173,58	80,91	7,75
	II	**495,66**	386,66	386,66	II	383,41	277,58	178,25	85,25	10,50	
	III	**292,16**	386,66	386,66	III	199,83	112,66	40,83			
	V	**1027,33**	386,66	386,66	IV	548,50	490,08	433,33	378,16	324,58	272,66
	VI	**1071,66**	386,66	386,66							
4073,99	I,IV	**609,33**	387,00	387,00	I	490,91	378,91	273,33	174,25	81,50	8,08
	II	**496,50**	387,00	387,00	II	384,16	278,33	178,83	85,83	10,91	
	III	**292,83**	387,00	387,00	III	200,33	113,33	41,16			
	V	**1028,33**	387,00	387,00	IV	549,33	490,91	434,08	378,91	325,33	273,33
	VI	**1072,66**	387,00	387,00							
4076,99	I,IV	**610,08**	387,25	387,25	I	491,66	379,58	274,00	174,83	82,08	8,50
	II	**497,25**	387,25	387,25	II	384,83	278,91	179,50	86,41	11,25	
	III	**293,33**	387,25	387,25	III	201,00	113,83	41,66			
	V	**1029,41**	387,25	387,25	IV	550,08	491,66	434,83	379,58	326,00	274,00
	VI	**1073,66**	387,25	387,25							
4079,99	I,IV	**610,91**	387,58	387,58	I	492,41	380,33	274,66	175,50	82,66	8,83
	II	**497,91**	387,58	387,58	II	385,58	279,58	180,08	87,00	11,66	
	III	**294,00**	387,58	387,58	III	201,50	114,33	42,00			
	V	**1030,41**	387,58	387,58	IV	550,83	492,41	435,58	380,33	326,66	274,66
	VI	**1074,75**	387,58	387,58							
4082,99	I,IV	**611,66**	387,83	387,83	I	493,16	381,00	275,33	176,08	83,25	9,16
	II	**498,66**	387,83	387,83	II	386,25	280,25	180,75	87,58	12,00	
	III	**294,66**	387,83	387,83	III	202,16	114,83	42,50			
	V	**1031,41**	387,83	387,83	IV	551,58	493,16	436,25	381,00	327,33	275,33
	VI	**1075,75**	387,83	387,83							
4085,99	I,IV	**612,50**	388,16	388,16	I	493,91	381,75	276,00	176,75	83,83	9,58
	II	**499,50**	388,16	388,16	II	387,00	281,00	181,33	88,16	12,41	
	III	**295,16**	388,16	388,16	III	202,66	115,33	42,83			
	V	**1032,50**	388,16	388,16	IV	552,41	493,91	437,00	381,75	328,08	276,00
	VI	**1076,75**	388,16	388,16							
4088,99	I,IV	**613,25**	388,41	388,41	I	494,66	382,41	276,66	177,33	84,41	10,00
	II	**500,25**	388,41	388,41	II	387,75	281,66	182,00	88,75	12,83	
	III	**295,83**	388,41	388,41	III	203,33	115,83	43,33			
	V	**1033,50**	388,41	388,41	IV	553,16	494,66	437,75	382,41	328,75	276,66
	VI	**1077,75**	388,41	388,41							
4091,99	I,IV	**614,08**	388,66	388,66	I	495,41	383,16	277,33	178,00	85,00	10,33
	II	**501,00**	388,66	388,66	II	388,41	282,33	182,58	89,33	13,16	
	III	**296,50**	388,66	388,66	III	203,83	116,33	43,66			
	V	**1034,50**	388,66	388,66	IV	553,91	495,41	438,50	383,16	329,41	277,33
	VI	**1078,83**	388,66	388,66							
4094,99	I,IV	**614,83**	389,00	389,00	I	496,16	383,83	278,00	178,58	85,58	10,75
	II	**501,75**	389,00	389,00	II	389,16	283,00	183,25	89,91	13,58	
	III	**297,16**	389,00	389,00	III	204,50	117,00	44,16			
	V	**1035,50**	389,00	389,00	IV	554,66	496,16	439,16	383,83	330,16	278,00
	VI	**1079,83**	389,00	389,00							
4097,99	I,IV	**615,66**	389,25	389,25	I	496,91	384,58	278,66	179,25	86,16	11,08
	II	**502,50**	389,25	389,25	II	389,83	283,66	183,83	90,50	14,00	
	III	**297,66**	389,25	389,25	III	205,16	117,50	44,50			
	V	**1036,50**	389,25	389,25	IV	555,50	496,91	439,91	384,58	330,83	278,66
	VI	**1080,83**	389,25	389,25							
4100,99	I,IV	**616,50**	389,58	389,58	I	497,66	385,33	279,33	179,83	86,75	11,50
	II	**503,25**	389,58	389,58	II	390,58	284,33	184,50	91,16	14,41	
	III	**298,33**	389,58	389,58	III	205,66	118,00	45,00			
	V	**1037,58**	389,58	389,58	IV	556,25	497,66	440,66	385,33	331,50	279,33
	VI	**1081,91**	389,58	389,58							
4103,99	I,IV	**617,25**	389,83	389,83	I	498,41	386,00	280,00	180,50	87,33	11,91
	II	**504,00**	389,83	389,83	II	391,25	285,00	185,16	91,75	14,75	
	III	**299,00**	389,83	389,83	III	206,33	118,50	45,50			
	V	**1038,58**	389,83	389,83	IV	557,00	498,41	441,41	386,00	332,25	280,00
	VI	**1082,91**	389,83	389,83							

* Zur LSt-Berechnung für privat versicherte Arbeitnehmer s. Beispiele **Vorbemerkung S. 4 f.**
** Basisvorsorgepauschale KV und PV *** Typisierter Arbeitgeberzuschuss

Lohn/ Gehalt in € bis	Steuerklasse	Lohnsteuer*	BVSP**	TAGZ***	Steuerklasse	Bemessungsgrundlage für Kirchensteuer und Solidaritätszuschlag					
						Freibeträge für ... Kinder					
						0,5	**1,0**	1,5	**2,0**	2,5	**3,0**
4106,99	I,IV	**618,08**	390,08	390,08	I	499,16	386,75	280,66	181,08	87,91	12,25
	II	**504,75**	390,08	390,08	II	392,00	285,66	185,75	92,33	15,16	
	III	**299,50**	390,08	390,08	III	206,83	119,00	45,83			
	V	**1039,58**	390,08	390,08	IV	557,83	499,16	442,16	386,75	332,91	280,66
	VI	**1083,91**	390,08	390,08							
4109,99	I,IV	**618,83**	390,41	390,41	I	499,91	387,41	281,33	181,75	88,50	12,66
	II	**505,50**	390,41	390,41	II	392,75	286,33	186,41	92,91	15,58	
	III	**300,16**	390,41	390,41	III	207,50	119,50	46,33			
	V	**1040,58**	390,41	390,41	IV	558,58	499,91	442,83	387,41	333,58	281,33
	VI	**1084,91**	390,41	390,41							
4112,99	I,IV	**619,66**	390,66	390,66	I	500,66	388,16	282,08	182,41	89,16	13,08
	II	**506,25**	390,66	390,66	II	393,41	287,00	187,08	93,50	16,00	
	III	**300,83**	390,66	390,66	III	208,16	120,16	46,66			
	V	**1041,66**	390,66	390,66	IV	559,41	500,66	443,66	388,16	334,33	282,08
	VI	**1086,00**	390,66	390,66							
4115,99	I,IV	**620,41**	391,00	391,00	I	501,41	388,83	282,75	183,00	89,75	13,41
	II	**507,08**	391,00	391,00	II	394,16	287,66	187,66	94,08	16,41	
	III	**301,33**	391,00	391,00	III	208,66	120,66	47,16			
	V	**1042,66**	391,00	391,00	IV	560,16	501,41	444,33	388,83	335,00	282,75
	VI	**1087,00**	391,00	391,00							
4118,99	I,IV	**621,25**	391,25	391,25	I	502,16	389,58	283,41	183,66	90,33	13,83
	II	**507,83**	391,25	391,25	II	394,83	288,33	188,33	94,66	16,75	
	III	**302,00**	391,25	391,25	III	209,33	121,16	47,50			
	V	**1043,66**	391,25	391,25	IV	560,91	502,16	445,08	389,58	335,66	283,41
	VI	**1088,00**	391,25	391,25							
4121,99	I,IV	**622,00**	391,58	391,58	I	502,91	390,25	284,08	184,25	90,91	14,25
	II	**508,58**	391,58	391,58	II	395,58	289,00	188,91	95,25	17,16	
	III	**302,66**	391,58	391,58	III	209,83	121,66	48,00			
	V	**1044,75**	391,58	391,58	IV	561,66	502,91	445,83	390,25	336,33	284,08
	VI	**1089,00**	391,58	391,58							
4124,99	I,IV	**622,83**	391,83	391,83	I	503,75	391,00	284,75	184,91	91,50	14,66
	II	**509,33**	391,83	391,83	II	396,33	289,75	189,58	95,83	17,58	
	III	**303,16**	391,83	391,83	III	210,50	122,16	48,33			
	V	**1045,75**	391,83	391,83	IV	562,50	503,75	446,58	391,00	337,08	284,75
	VI	**1090,08**	391,83	391,83							
4127,99	I,IV	**623,66**	392,08	392,08	I	504,50	391,75	285,41	185,50	92,08	15,00
	II	**510,08**	392,08	392,08	II	397,00	290,41	190,16	96,41	18,00	
	III	**303,83**	392,08	392,08	III	211,00	122,83	48,83			
	V	**1046,75**	392,08	392,08	IV	563,25	504,50	447,33	391,75	337,75	285,41
	VI	**1091,08**	392,08	392,08							
4130,99	I,IV	**624,41**	392,41	392,41	I	505,25	392,41	286,08	186,16	92,66	15,41
	II	**510,83**	392,41	392,41	II	397,75	291,08	190,83	97,00	18,41	
	III	**304,50**	392,41	392,41	III	211,66	123,33	49,33			
	V	**1047,83**	392,41	392,41	IV	564,00	505,25	448,00	392,41	338,50	286,08
	VI	**1092,08**	392,41	392,41							
4133,99	I,IV	**625,25**	392,66	392,66	I	506,00	393,16	286,75	186,75	93,25	15,83
	II	**511,58**	392,66	392,66	II	398,41	291,75	191,50	97,58	18,83	
	III	**305,16**	392,66	392,66	III	212,33	123,83	49,66			
	V	**1048,83**	392,66	392,66	IV	564,83	506,00	448,75	393,16	339,16	286,75
	VI	**1093,08**	392,66	392,66							
4136,99	I,IV	**626,00**	393,00	393,00	I	506,75	393,83	287,41	187,41	93,83	16,25
	II	**512,33**	393,00	393,00	II	399,16	292,41	192,08	98,16	19,25	
	III	**305,66**	393,00	393,00	III	212,83	124,33	50,16			
	V	**1049,83**	393,00	393,00	IV	565,58	506,75	449,50	393,83	339,83	287,41
	VI	**1094,16**	393,00	393,00							
4139,99	I,IV	**626,83**	393,25	393,25	I	507,50	394,58	288,08	188,08	94,41	16,66
	II	**513,08**	393,25	393,25	II	399,91	293,08	192,75	98,83	19,66	
	III	**306,33**	393,25	393,25	III	213,50	125,00	50,50			
	V	**1050,83**	393,25	393,25	IV	566,41	507,50	450,25	394,58	340,58	288,08
	VI	**1095,16**	393,25	393,25							

* Zur LSt-Berechnung für privat versicherte Arbeitnehmer s. Beispiele **Vorbemerkung S. 4 f.**
** Basisvorsorgepauschale KV und PV *** Typisierter Arbeitgeberzuschuss

Lohn/ Gehalt in € bis	Steuerklasse	Lohnsteuer*	BVSP**	TAGZ***	Steuerklasse	Bemessungsgrundlage für Kirchensteuer und Solidaritätszuschlag – Freibeträge für ... Kinder 0,5	1,0	1,5	2,0	2,5	3,0
4142,99	I,IV	**627,66**	393,58	393,58	I	508,25	395,33	288,75	188,66	95,00	17,00
	II	**513,91**	393,58	393,58	II	400,58	293,75	193,33	99,41	20,08	
	III	**307,00**	393,58	393,58	III	214,00	125,50	51,00			
	V	**1051,91**	393,58	393,58	IV	567,16	508,25	451,00	395,33	341,25	288,75
	VI	**1096,16**	393,58	393,58							
4145,99	I,IV	**628,41**	393,83	393,83	I	509,00	396,00	289,41	189,33	95,58	17,41
	II	**514,66**	393,83	393,83	II	401,33	294,41	194,00	100,00	20,50	
	III	**307,50**	393,83	393,83	III	214,66	126,00	51,33			
	V	**1052,91**	393,83	393,83	IV	567,91	509,00	451,75	396,00	341,91	289,41
	VI	**1097,25**	393,83	393,83							
4148,99	I,IV	**629,25**	394,08	394,08	I	509,75	396,75	290,08	189,91	96,16	17,83
	II	**515,41**	394,08	394,08	II	402,00	295,08	194,66	100,58	20,91	
	III	**308,16**	394,08	394,08	III	215,16	126,50	51,83			
	V	**1053,91**	394,08	394,08	IV	568,66	509,75	452,41	396,75	342,58	290,08
	VI	**1098,25**	394,08	394,08							
4151,99	I,IV	**630,08**	394,41	394,41	I	510,58	397,50	290,83	190,58	96,83	18,25
	II	**516,16**	394,41	394,41	II	402,75	295,83	195,25	101,16	21,33	
	III	**308,83**	394,41	394,41	III	215,83	127,16	52,33			
	V	**1055,00**	394,41	394,41	IV	569,50	510,58	453,16	397,50	343,33	290,83
	VI	**1099,25**	394,41	394,41							
4154,99	I,IV	**630,83**	394,66	394,66	I	511,33	398,16	291,50	191,25	97,41	18,66
	II	**516,91**	394,66	394,66	II	403,50	296,50	195,91	101,75	21,75	
	III	**309,33**	394,66	394,66	III	216,50	127,66	52,66			
	V	**1056,00**	394,66	394,66	IV	570,25	511,33	453,91	398,16	344,00	291,50
	VI	**1100,33**	394,66	394,66							
4157,99	I,IV	**631,66**	395,00	395,00	I	512,08	398,91	292,16	191,83	98,00	19,08
	II	**517,66**	395,00	395,00	II	404,16	297,16	196,58	102,33	22,16	
	III	**310,00**	395,00	395,00	III	217,00	128,16	53,16			
	V	**1057,00**	395,00	395,00	IV	571,08	512,08	454,66	398,91	344,75	292,16
	VI	**1101,33**	395,00	395,00							
4160,99	I,IV	**632,41**	395,25	395,25	I	512,83	399,58	292,83	192,50	98,58	19,50
	II	**518,41**	395,25	395,25	II	404,91	297,83	197,16	102,91	22,58	
	III	**310,66**	395,25	395,25	III	217,66	128,66	53,66			
	V	**1058,00**	395,25	395,25	IV	571,83	512,83	455,41	399,58	345,41	292,83
	VI	**1102,33**	395,25	395,25							
4163,99	I,IV	**633,25**	395,50	395,50	I	513,58	400,33	293,50	193,16	99,16	19,91
	II	**519,25**	395,50	395,50	II	405,66	298,50	197,83	103,58	23,00	
	III	**311,33**	395,50	395,50	III	218,16	129,33	54,00			
	V	**1059,08**	395,50	395,50	IV	572,66	513,58	456,16	400,33	346,16	293,50
	VI	**1103,33**	395,50	395,50							
4166,99	I,IV	**634,08**	395,83	395,83	I	514,33	401,08	294,16	193,75	99,75	20,33
	II	**520,00**	395,83	395,83	II	406,33	299,16	198,50	104,16	23,41	
	III	**311,83**	395,83	395,83	III	218,83	129,83	54,50			
	V	**1060,08**	395,83	395,83	IV	573,41	514,33	456,91	401,08	346,83	294,16
	VI	**1104,41**	395,83	395,83							
4169,99	I,IV	**634,83**	396,08	396,08	I	515,08	401,75	294,83	194,41	100,33	20,75
	II	**520,75**	396,08	396,08	II	407,08	299,91	199,08	104,75	23,83	
	III	**312,50**	396,08	396,08	III	219,33	130,33	54,83			
	V	**1061,08**	396,08	396,08	IV	574,16	515,08	457,66	401,75	347,50	294,83
	VI	**1105,41**	396,08	396,08							
4172,99	I,IV	**635,66**	396,41	396,41	I	515,83	402,50	295,50	195,00	100,91	21,16
	II	**521,50**	396,41	396,41	II	407,83	300,58	199,75	105,33	24,25	
	III	**313,16**	396,41	396,41	III	220,00	130,83	55,33			
	V	**1062,08**	396,41	396,41	IV	574,91	515,83	458,33	402,50	348,16	295,50
	VI	**1106,41**	396,41	396,41							
4175,99	I,IV	**636,41**	396,66	396,66	I	516,58	403,16	296,25	195,66	101,50	21,58
	II	**522,25**	396,66	396,66	II	408,50	301,25	200,33	105,91	24,66	
	III	**313,66**	396,66	396,66	III	220,66	131,50	55,83			
	V	**1063,08**	396,66	396,66	IV	575,75	516,58	459,08	403,16	348,91	296,25
	VI	**1107,41**	396,66	396,66							

* Zur LSt-Berechnung für privat versicherte Arbeitnehmer s. Beispiele **Vorbemerkung S. 4 f.**
** Basisvorsorgepauschale KV und PV *** Typisierter Arbeitgeberzuschuss

Lohn/ Gehalt in € bis	Steuerklasse	Lohn-steuer*	BVSP**	TAGZ***	Steuerklasse	Bemessungsgrundlage für Kirchensteuer und Solidaritätszuschlag – Freibeträge für ... Kinder 0,5	**1,0**	1,5	**2,0**	2,5	**3,0**
4178,99	I,IV	**637,25**	397,00	397,00	I	517,41	403,91	296,91	196,33	102,16	22,00
	II	**523,00**	397,00	397,00	II	409,25	301,91	201,00	106,50	25,16	
	III	**314,33**	397,00	397,00	III	221,16	132,00	56,16			
	V	**1064,16**	397,00	397,00	IV	576,50	517,41	459,83	403,91	349,58	296,91
	VI	**1108,50**	397,00	397,00							
4181,99	I,IV	**638,08**	397,25	397,25	I	518,16	404,66	297,58	196,91	102,75	22,41
	II	**523,75**	397,25	397,25	II	410,00	302,58	201,66	107,16	25,58	
	III	**315,00**	397,25	397,25	III	221,83	132,50	56,66			
	V	**1065,16**	397,25	397,25	IV	577,33	518,16	460,58	404,66	350,33	297,58
	VI	**1109,50**	397,25	397,25							
4184,99	I,IV	**638,91**	397,50	397,50	I	518,91	405,33	298,25	197,58	103,33	22,83
	II	**524,58**	397,50	397,50	II	410,66	303,25	202,25	107,75	26,00	
	III	**315,66**	397,50	397,50	III	222,33	133,16	57,16			
	V	**1066,16**	397,50	397,50	IV	578,08	518,91	461,33	405,33	351,00	298,25
	VI	**1110,50**	397,50	397,50							
4187,99	I,IV	**639,66**	397,83	397,83	I	519,66	406,08	298,91	198,16	103,91	23,25
	II	**525,33**	397,83	397,83	II	411,41	303,91	202,91	108,33	26,41	
	III	**316,16**	397,83	397,83	III	223,00	133,66	57,50			
	V	**1067,25**	397,83	397,83	IV	578,83	519,66	462,08	406,08	351,66	298,91
	VI	**1111,50**	397,83	397,83							
4190,99	I,IV	**640,50**	398,08	398,08	I	520,41	406,83	299,58	198,83	104,50	23,66
	II	**526,08**	398,08	398,08	II	412,16	304,66	203,58	108,91	26,91	
	III	**316,83**	398,08	398,08	III	223,66	134,16	58,00			
	V	**1068,25**	398,08	398,08	IV	579,66	520,41	462,83	406,83	352,41	299,58
	VI	**1112,58**	398,08	398,08							
4193,99	I,IV	**641,33**	398,41	398,41	I	521,16	407,50	300,33	199,50	105,08	24,08
	II	**526,83**	398,41	398,41	II	412,83	305,33	204,16	109,50	27,33	
	III	**317,50**	398,41	398,41	III	224,16	134,66	58,50			
	V	**1069,25**	398,41	398,41	IV	580,41	521,16	463,58	407,50	353,08	300,33
	VI	**1113,58**	398,41	398,41							
4196,99	I,IV	**642,08**	398,66	398,66	I	521,91	408,25	301,00	200,08	105,66	24,50
	II	**527,58**	398,66	398,66	II	413,58	306,00	204,83	110,08	27,75	
	III	**318,16**	398,66	398,66	III	224,83	135,33	58,83			
	V	**1070,33**	398,66	398,66	IV	581,25	521,91	464,33	408,25	353,83	301,00
	VI	**1114,58**	398,66	398,66							
4199,99	I,IV	**642,91**	398,91	398,91	I	522,75	409,00	301,66	200,75	106,33	25,00
	II	**528,33**	398,91	398,91	II	414,33	306,66	205,50	110,66	28,16	
	III	**318,66**	398,91	398,91	III	225,33	135,83	59,33			
	V	**1071,33**	398,91	398,91	IV	582,00	522,75	465,00	409,00	354,50	301,66
	VI	**1115,58**	398,91	398,91							
4202,99	I,IV	**643,75**	399,25	399,25	I	523,50	409,66	302,33	201,41	106,91	25,41
	II	**529,16**	399,25	399,25	II	415,08	307,33	206,16	111,33	28,66	
	III	**319,33**	399,25	399,25	III	226,00	136,33	59,83			
	V	**1072,33**	399,25	399,25	IV	582,83	523,50	465,83	409,66	355,25	302,33
	VI	**1116,66**	399,25	399,25							
4205,99	I,IV	**644,50**	399,50	399,50	I	524,25	410,41	303,00	202,00	107,50	25,83
	II	**529,91**	399,50	399,50	II	415,75	308,08	206,75	111,91	29,08	
	III	**320,00**	399,50	399,50	III	226,66	137,00	60,16			
	V	**1073,41**	399,50	399,50	IV	583,58	524,25	466,50	410,41	355,91	303,00
	VI	**1117,66**	399,50	399,50							
4208,99	I,IV	**645,33**	399,83	399,83	I	525,00	411,16	303,66	202,66	108,08	26,25
	II	**530,66**	399,83	399,83	II	416,50	308,75	207,41	112,50	29,50	
	III	**320,50**	399,83	399,83	III	227,16	137,50	60,66	0,16		
	V	**1074,41**	399,83	399,83	IV	584,33	525,00	467,25	411,16	356,58	303,66
	VI	**1118,66**	399,83	399,83							
4211,99	I,IV	**646,16**	400,08	400,08	I	525,75	411,83	304,33	203,33	108,66	26,66
	II	**531,41**	400,08	400,08	II	417,16	309,41	208,00	113,08	30,00	
	III	**321,16**	400,08	400,08	III	227,83	138,00	61,16	0,50		
	V	**1075,41**	400,08	400,08	IV	585,16	525,75	468,00	411,83	357,33	304,33
	VI	**1119,75**	400,08	400,08							

* Zur LSt-Berechnung für privat versicherte Arbeitnehmer s. Beispiele **Vorbemerkung S. 4f.**
** Basisvorsorgepauschale KV und PV *** Typisierter Arbeitgeberzuschuss

Lohn/ Gehalt in € bis	Steuerklasse	Lohn- steuer*	BVSP**	TAGZ***	Steuerklasse	Bemessungsgrundlage für Kirchensteuer und Solidaritätszuschlag – Freibeträge für ... Kinder 0,5	1,0	1,5	2,0	2,5	3,0
4214,99	I,IV	**646,91**	400,41	400,41	I	526,50	412,58	305,08	203,91	109,25	27,16
	II	**532,16**	400,41	400,41	II	417,91	310,08	208,66	113,66	30,41	
	III	**321,83**	400,41	400,41	III	228,33	138,66	61,50	0,83		
	V	**1076,41**	400,41	400,41	IV	585,91	526,50	468,75	412,58	358,00	305,08
	VI	**1120,75**	400,41	400,41							
4217,99	I,IV	**647,75**	400,66	400,66	I	527,33	413,33	305,75	204,58	109,91	27,58
	II	**533,00**	400,66	400,66	II	418,66	310,75	209,33	114,33	30,91	
	III	**322,33**	400,66	400,66	III	229,00	139,16	62,00	1,16		
	V	**1077,50**	400,66	400,66	IV	586,75	527,33	469,50	413,33	358,75	305,75
	VI	**1121,75**	400,66	400,66							
4220,99	I,IV	**648,58**	400,91	400,91	I	528,08	414,00	306,41	205,25	110,50	28,00
	II	**533,75**	400,91	400,91	II	419,41	311,50	210,00	114,91	31,33	
	III	**323,00**	400,91	400,91	III	229,66	139,83	62,50	1,50		
	V	**1078,50**	400,91	400,91	IV	587,50	528,08	470,25	414,00	359,41	306,41
	VI	**1122,83**	400,91	400,91							
4223,99	I,IV	**649,33**	401,25	401,25	I	528,83	414,75	307,08	205,83	111,08	28,50
	II	**534,50**	401,25	401,25	II	420,08	312,16	210,58	115,50	31,75	
	III	**323,66**	401,25	401,25	III	230,16	140,33	63,00	1,83		
	V	**1079,50**	401,25	401,25	IV	588,33	528,83	471,00	414,75	360,08	307,08
	VI	**1123,83**	401,25	401,25							
4226,99	I,IV	**650,16**	401,50	401,50	I	529,58	415,50	307,75	206,50	111,66	28,91
	II	**535,25**	401,50	401,50	II	420,83	312,83	211,25	116,08	32,25	
	III	**324,33**	401,50	401,50	III	230,83	140,83	63,33	2,33		
	V	**1080,50**	401,50	401,50	IV	589,08	529,58	471,75	415,50	360,83	307,75
	VI	**1124,83**	401,50	401,50							
4229,99	I,IV	**651,00**	401,83	401,83	I	530,41	416,25	308,50	207,16	112,25	29,33
	II	**536,08**	401,83	401,83	II	421,58	313,50	211,91	116,75	32,66	
	III	**325,00**	401,83	401,83	III	231,33	141,50	63,83	2,66		
	V	**1081,58**	401,83	401,83	IV	589,91	530,41	472,50	416,25	361,50	308,50
	VI	**1125,91**	401,83	401,83							
4232,99	I,IV	**651,83**	402,08	402,08	I	531,16	416,91	309,16	207,83	112,83	29,83
	II	**536,83**	402,08	402,08	II	422,33	314,16	212,50	117,33	33,16	
	III	**325,50**	402,08	402,08	III	232,00	142,00	64,33	3,00		
	V	**1082,58**	402,08	402,08	IV	590,66	531,16	473,25	416,91	362,25	309,16
	VI	**1126,91**	402,08	402,08							
4235,99	I,IV	**652,58**	402,41	402,41	I	531,91	417,66	309,83	208,41	113,50	30,25
	II	**537,58**	402,41	402,41	II	423,00	314,91	213,16	117,91	33,58	
	III	**326,16**	402,41	402,41	III	232,66	142,50	64,83	3,33		
	V	**1083,58**	402,41	402,41	IV	591,41	531,91	474,00	417,66	362,91	309,83
	VI	**1127,91**	402,41	402,41							
4238,99	I,IV	**653,41**	402,66	402,66	I	532,66	418,33	310,50	209,08	114,08	30,66
	II	**538,33**	402,66	402,66	II	423,75	315,58	213,83	118,50	34,08	
	III	**326,66**	402,66	402,66	III	233,16	143,16	65,16	3,66		
	V	**1084,58**	402,66	402,66	IV	592,25	532,66	474,75	418,33	363,66	310,50
	VI	**1128,91**	402,66	402,66							
4241,99	I,IV	**654,25**	402,91	402,91	I	533,41	419,08	311,16	209,75	114,66	31,16
	II	**539,16**	402,91	402,91	II	424,50	316,25	214,50	119,08	34,50	
	III	**327,33**	402,91	402,91	III	233,83	143,66	65,66	4,00		
	V	**1085,66**	402,91	402,91	IV	593,00	533,41	475,50	419,08	364,33	311,16
	VI	**1130,00**	402,91	402,91							
4244,99	I,IV	**655,00**	403,25	403,25	I	534,25	419,83	311,91	210,33	115,25	31,58
	II	**539,91**	403,25	403,25	II	425,16	316,91	215,08	119,75	35,00	
	III	**328,00**	403,25	403,25	III	234,33	144,16	66,16	4,33		
	V	**1086,66**	403,25	403,25	IV	593,83	534,25	476,25	419,83	365,08	311,91
	VI	**1131,00**	403,25	403,25							
4247,99	I,IV	**655,83**	403,50	403,50	I	535,00	420,58	312,58	211,00	115,83	32,08
	II	**540,66**	403,50	403,50	II	425,91	317,66	215,75	120,33	35,41	
	III	**328,66**	403,50	403,50	III	235,00	144,83	66,50	4,66		
	V	**1087,66**	403,50	403,50	IV	594,58	535,00	477,00	420,58	365,75	312,58
	VI	**1132,00**	403,50	403,50							

* Zur LSt-Berechnung für privat versicherte Arbeitnehmer s. Beispiele **Vorbemerkung S. 4f.**
** Basisvorsorgepauschale KV und PV *** Typisierter Arbeitgeberzuschuss

Lohn/ Gehalt in € bis	Steuerklasse	Lohn-steuer*	BVSP**	TAGZ***	Steuerklasse	Bemessungsgrundlage für Kirchensteuer und Solidaritätszuschlag					
						Freibeträge für ... Kinder					
						0,5	**1,0**	1,5	**2,0**	2,5	**3,0**
4 250,99	I,IV	**656,66**	403,83	403,83	I	535,75	421,25	313,25	211,66	116,50	32,50
	II	**541,41**	403,83	403,83	II	426,66	318,33	216,41	120,91	35,91	
	III	**329,33**	403,83	403,83	III	235,66	145,33	67,00	5,00		
	V	**1 088,75**	403,83	403,83	IV	595,41	535,75	477,66	421,25	366,41	313,25
	VI	**1 133,00**	403,83	403,83							
4 253,99	I,IV	**657,41**	404,08	404,08	I	536,50	422,00	313,91	212,25	117,08	32,91
	II	**542,16**	404,08	404,08	II	427,41	319,00	217,00	121,50	36,33	
	III	**329,83**	404,08	404,08	III	236,16	145,83	67,50	5,33		
	V	**1 089,75**	404,08	404,08	IV	596,16	536,50	478,41	422,00	367,16	313,91
	VI	**1 134,00**	404,08	404,08							
4 256,99	I,IV	**658,25**	404,33	404,33	I	537,33	422,75	314,58	212,91	117,66	33,41
	II	**543,00**	404,33	404,33	II	428,08	319,66	217,66	122,16	36,83	
	III	**330,50**	404,33	404,33	III	236,83	146,50	68,00	5,83		
	V	**1 090,75**	404,33	404,33	IV	597,00	537,33	479,25	422,75	367,91	314,58
	VI	**1 135,08**	404,33	404,33							
4 259,99	I,IV	**659,08**	404,66	404,66	I	538,08	423,50	315,33	213,58	118,25	33,91
	II	**543,75**	404,66	404,66	II	428,83	320,41	218,33	122,75	37,33	
	III	**331,16**	404,66	404,66	III	237,33	147,00	68,50	6,16		
	V	**1 091,75**	404,66	404,66	IV	597,75	538,08	479,91	423,50	368,58	315,33
	VI	**1 136,08**	404,66	404,66							
4 262,99	I,IV	**659,91**	404,91	404,91	I	538,83	424,16	316,00	214,25	118,83	34,33
	II	**544,50**	404,91	404,91	II	429,58	321,08	219,00	123,33	37,75	
	III	**331,66**	404,91	404,91	III	238,00	147,66	68,83	6,50		
	V	**1 092,83**	404,91	404,91	IV	598,58	538,83	480,66	424,16	369,25	316,00
	VI	**1 137,08**	404,91	404,91							
4 265,99	I,IV	**660,66**	405,25	405,25	I	539,58	424,91	316,66	214,83	119,50	34,83
	II	**545,25**	405,25	405,25	II	430,33	321,75	219,58	123,91	38,25	
	III	**332,33**	405,25	405,25	III	238,66	148,16	69,33	6,83		
	V	**1 093,83**	405,25	405,25	IV	599,33	539,58	481,41	424,91	370,00	316,66
	VI	**1 138,16**	405,25	405,25							
4 268,99	I,IV	**661,50**	405,50	405,50	I	540,41	425,66	317,33	215,50	120,08	35,25
	II	**546,08**	405,50	405,50	II	431,08	322,41	220,25	124,58	38,75	
	III	**333,00**	405,50	405,50	III	239,16	148,83	69,83	7,16		
	V	**1 094,83**	405,50	405,50	IV	600,16	540,41	482,25	425,66	370,75	317,33
	VI	**1 139,16**	405,50	405,50							
4 271,99	I,IV	**662,33**	405,83	405,83	I	541,16	426,41	318,08	216,16	120,66	35,75
	II	**546,83**	405,83	405,83	II	431,75	323,16	220,91	125,16	39,16	
	III	**333,66**	405,83	405,83	III	239,83	149,33	70,33	7,50		
	V	**1 095,91**	405,83	405,83	IV	600,91	541,16	482,91	426,41	371,41	318,08
	VI	**1 140,16**	405,83	405,83							
4 274,99	I,IV	**663,16**	406,08	406,08	I	541,91	427,08	318,75	216,75	121,25	36,16
	II	**547,58**	406,08	406,08	II	432,50	323,83	221,58	125,75	39,66	
	III	**334,16**	406,08	406,08	III	240,33	149,83	70,66	7,83		
	V	**1 096,91**	406,08	406,08	IV	601,75	541,91	483,66	427,08	372,08	318,75
	VI	**1 141,25**	406,08	406,08							
4 277,99	I,IV	**663,91**	406,33	406,33	I	542,66	427,83	319,41	217,41	121,91	36,66
	II	**548,33**	406,33	406,33	II	433,25	324,50	222,16	126,33	40,16	
	III	**334,83**	406,33	406,33	III	241,00	150,50	71,16	8,16		
	V	**1 097,91**	406,33	406,33	IV	602,50	542,66	484,41	427,83	372,83	319,41
	VI	**1 142,25**	406,33	406,33							
4 280,99	I,IV	**664,75**	406,66	406,66	I	543,50	428,58	320,08	218,08	122,50	37,16
	II	**549,16**	406,66	406,66	II	434,00	325,16	222,83	127,00	40,66	
	III	**335,50**	406,66	406,66	III	241,66	151,00	71,66	8,66		
	V	**1 099,00**	406,66	406,66	IV	603,33	543,50	485,25	428,58	373,50	320,08
	VI	**1 143,25**	406,66	406,66							
4 283,99	I,IV	**665,58**	406,91	406,91	I	544,25	429,33	320,83	218,75	123,08	37,58
	II	**549,91**	406,91	406,91	II	434,66	325,91	223,50	127,58	41,08	
	III	**336,16**	406,91	406,91	III	242,16	151,66	72,16	9,00		
	V	**1 100,00**	406,91	406,91	IV	604,08	544,25	485,91	429,33	374,25	320,83
	VI	**1 144,25**	406,91	406,91							

* Zur LSt-Berechnung für privat versicherte Arbeitnehmer s. Beispiele **Vorbemerkung S. 4f.**
** Basisvorsorgepauschale KV und PV *** Typisierter Arbeitgeberzuschuss

Lohn/ Gehalt in € bis	Steuerklasse	Lohn-steuer*	BVSP**	TAGZ***	Steuerklasse	Bemessungsgrundlage für Kirchensteuer und Solidaritätszuschlag					
						Freibeträge für ... Kinder					
						0,5	**1,0**	1,5	**2,0**	2,5	**3,0**
4286,99	I,IV	**666,41**	407,25	407,25	I	545,00	430,00	321,50	219,33	123,66	38,08
	II	**550,66**	407,25	407,25	II	435,41	326,58	224,16	128,16	41,58	
	III	**336,66**	407,25	407,25	III	242,83	152,16	72,50	9,33		
	V	**1101,00**	407,25	407,25	IV	604,91	545,00	486,66	430,00	374,91	321,50
	VI	**1145,33**	407,25	407,25							
4289,99	I,IV	**667,16**	407,50	407,50	I	545,75	430,75	322,16	220,00	124,33	38,50
	II	**551,50**	407,50	407,50	II	436,16	327,25	224,83	128,75	42,08	
	III	**337,33**	407,50	407,50	III	243,50	152,83	73,00	9,66		
	V	**1102,00**	407,50	407,50	IV	605,66	545,75	487,41	430,75	375,66	322,16
	VI	**1146,33**	407,50	407,50							
4292,99	I,IV	**668,00**	407,83	407,83	I	546,58	431,50	322,83	220,66	124,91	39,00
	II	**552,25**	407,83	407,83	II	436,91	328,00	225,50	129,41	42,58	
	III	**338,00**	407,83	407,83	III	244,00	153,33	73,50	10,00		
	V	**1103,08**	407,83	407,83	IV	606,50	546,58	488,25	431,50	376,41	322,83
	VI	**1147,33**	407,83	407,83							
4295,99	I,IV	**668,83**	408,08	408,08	I	547,33	432,25	323,58	221,33	125,50	39,50
	II	**553,00**	408,08	408,08	II	437,66	328,66	226,08	130,00	43,08	
	III	**338,66**	408,08	408,08	III	244,66	153,83	74,00	10,33		
	V	**1104,08**	408,08	408,08	IV	607,25	547,33	489,00	432,25	377,08	323,58
	VI	**1148,41**	408,08	408,08							
4298,99	I,IV	**669,66**	408,33	408,33	I	548,08	432,91	324,25	222,00	126,08	40,00
	II	**553,83**	408,33	408,33	II	438,33	329,33	226,75	130,58	43,50	
	III	**339,16**	408,33	408,33	III	245,16	154,50	74,50	10,83		
	V	**1105,08**	408,33	408,33	IV	608,08	548,08	489,75	432,91	377,75	324,25
	VI	**1149,41**	408,33	408,33							
4301,99	I,IV	**670,50**	408,66	408,66	I	548,83	433,66	324,91	222,58	126,75	40,41
	II	**554,58**	408,66	408,66	II	439,08	330,00	227,41	131,16	44,00	
	III	**339,83**	408,66	408,66	III	245,83	155,00	74,83	11,16		
	V	**1106,08**	408,66	408,66	IV	608,83	548,83	490,41	433,66	378,50	324,91
	VI	**1150,41**	408,66	408,66							
4304,99	I,IV	**671,25**	408,91	408,91	I	549,58	434,41	325,58	223,25	127,33	40,91
	II	**555,33**	408,91	408,91	II	439,83	330,66	228,00	131,83	44,50	
	III	**340,50**	408,91	408,91	III	246,50	155,66	75,33	11,50		
	V	**1107,08**	408,91	408,91	IV	609,66	549,58	491,16	434,41	379,16	325,58
	VI	**1151,41**	408,91	408,91							
4307,99	I,IV	**672,08**	409,25	409,25	I	550,41	435,16	326,33	223,91	127,91	41,41
	II	**556,16**	409,25	409,25	II	440,58	331,41	228,66	132,41	45,00	
	III	**341,16**	409,25	409,25	III	247,00	156,16	75,83	11,83		
	V	**1108,16**	409,25	409,25	IV	610,41	550,41	492,00	435,16	379,91	326,33
	VI	**1152,50**	409,25	409,25							
4310,99	I,IV	**672,91**	409,50	409,50	I	551,16	435,83	327,00	224,58	128,50	41,91
	II	**556,91**	409,50	409,50	II	441,25	332,08	229,33	133,00	45,50	
	III	**341,66**	409,50	409,50	III	247,66	156,83	76,33	12,16		
	V	**1109,16**	409,50	409,50	IV	611,25	551,16	492,75	435,83	380,66	327,00
	VI	**1153,50**	409,50	409,50							
4313,99	I,IV	**673,75**	409,75	409,75	I	551,91	436,58	327,66	225,16	129,16	42,33
	II	**557,66**	409,75	409,75	II	442,00	332,75	230,00	133,66	46,00	
	III	**342,33**	409,75	409,75	III	248,33	157,33	76,83	12,66		
	V	**1110,16**	409,75	409,75	IV	612,00	551,91	493,50	436,58	381,33	327,66
	VI	**1154,50**	409,75	409,75							
4316,99	I,IV	**674,50**	410,08	410,08	I	552,75	437,33	328,33	225,83	129,75	42,83
	II	**558,41**	410,08	410,08	II	442,75	333,50	230,66	134,25	46,50	
	III	**343,00**	410,08	410,08	III	248,83	158,00	77,33	13,00		
	V	**1111,25**	410,08	410,08	IV	612,83	552,75	494,25	437,33	382,08	328,33
	VI	**1155,50**	410,08	410,08							
4319,99	I,IV	**675,33**	410,33	410,33	I	553,50	438,08	329,08	226,50	130,33	43,33
	II	**559,25**	410,33	410,33	II	443,50	334,16	231,33	134,83	47,00	
	III	**343,66**	410,33	410,33	III	249,50	158,50	77,83	13,33		
	V	**1112,25**	410,33	410,33	IV	613,66	553,50	495,00	438,08	382,75	329,08
	VI	**1156,58**	410,33	410,33							

* Zur LSt-Berechnung für privat versicherte Arbeitnehmer s. Beispiele **Vorbemerkung S. 4 f.**
** Basisvorsorgepauschale KV und PV *** Typisierter Arbeitgeberzuschuss

Lohn/ Gehalt in € bis	Steuerklasse	Lohn-steuer*	BVSP**	TAGZ***	Steuerklasse	Bemessungsgrundlage für Kirchensteuer und Solidaritätszuschlag					
						Freibeträge für ... Kinder					
						0,5	**1,0**	1,5	**2,0**	2,5	**3,0**
4322,99	I,IV	**676,16**	410,66	410,66	I	554,25	438,83	329,75	227,16	131,00	43,83
	II	**560,00**	410,66	410,66	II	444,25	334,91	231,91	135,50	47,50	
	III	**344,16**	410,66	410,66	III	250,00	159,16	78,16	13,66		
	V	**1113,25**	410,66	410,66	IV	614,41	554,25	495,75	438,83	383,50	329,75
	VI	**1157,58**	410,66	410,66							
4325,99	I,IV	**677,00**	410,91	410,91	I	555,08	439,50	330,41	227,75	131,58	44,33
	II	**560,75**	410,91	410,91	II	445,00	335,58	232,58	136,08	48,00	
	III	**344,83**	410,91	410,91	III	250,66	159,66	78,66	14,00		
	V	**1114,33**	410,91	410,91	IV	615,25	555,08	496,50	439,50	384,16	330,41
	VI	**1158,58**	410,91	410,91							
4328,99	I,IV	**677,83**	411,25	411,25	I	555,83	440,25	331,16	228,41	132,16	44,83
	II	**561,58**	411,25	411,25	II	445,66	336,25	233,25	136,66	48,50	
	III	**345,50**	411,25	411,25	III	251,33	160,33	79,16	14,50		
	V	**1115,33**	411,25	411,25	IV	616,00	555,83	497,25	440,25	384,91	331,16
	VI	**1159,58**	411,25	411,25							
4331,99	I,IV	**678,66**	411,50	411,50	I	556,58	441,00	331,83	229,08	132,83	45,33
	II	**562,33**	411,50	411,50	II	446,41	337,00	233,91	137,33	49,00	
	III	**346,16**	411,50	411,50	III	251,83	160,83	79,66	14,83		
	V	**1116,33**	411,50	411,50	IV	616,83	556,58	498,00	441,00	385,58	331,83
	VI	**1160,66**	411,50	411,50							
4334,99	I,IV	**679,41**	411,75	411,75	I	557,41	441,75	332,50	229,75	133,41	45,83
	II	**563,16**	411,75	411,75	II	447,16	337,66	234,58	137,91	49,50	
	III	**346,66**	411,75	411,75	III	252,50	161,50	80,16	15,16		
	V	**1117,33**	411,75	411,75	IV	617,58	557,41	498,75	441,75	386,33	332,50
	VI	**1161,66**	411,75	411,75							
4337,99	I,IV	**680,25**	412,08	412,08	I	558,16	442,50	333,25	230,41	134,00	46,25
	II	**563,91**	412,08	412,08	II	447,91	338,33	235,16	138,50	50,00	
	III	**347,33**	412,08	412,08	III	253,16	162,00	80,66	15,50		
	V	**1118,41**	412,08	412,08	IV	618,41	558,16	499,50	442,50	387,00	333,25
	VI	**1162,66**	412,08	412,08							
4340,99	I,IV	**681,08**	412,33	412,33	I	558,91	443,16	333,91	231,00	134,58	46,75
	II	**564,66**	412,33	412,33	II	448,66	339,00	235,83	139,08	50,50	
	III	**348,00**	412,33	412,33	III	253,66	162,66	81,00	15,83		
	V	**1119,41**	412,33	412,33	IV	619,16	558,91	500,25	443,16	387,75	333,91
	VI	**1163,75**	412,33	412,33							
4343,99	I,IV	**681,91**	412,66	412,66	I	559,66	443,91	334,58	231,66	135,25	47,25
	II	**565,41**	412,66	412,66	II	449,33	339,75	236,50	139,75	51,00	
	III	**348,66**	412,66	412,66	III	254,33	163,16	81,50	16,33		
	V	**1120,41**	412,66	412,66	IV	620,00	559,66	501,00	443,91	388,41	334,58
	VI	**1164,75**	412,66	412,66							
4346,99	I,IV	**682,75**	412,91	412,91	I	560,50	444,66	335,33	232,33	135,83	47,75
	II	**566,25**	412,91	412,91	II	450,08	340,41	237,16	140,33	51,50	
	III	**349,33**	412,91	412,91	III	255,00	163,83	82,00	16,66		
	V	**1121,50**	412,91	412,91	IV	620,83	560,50	501,75	444,66	389,16	335,33
	VI	**1165,75**	412,91	412,91							
4349,99	I,IV	**683,58**	413,16	413,16	I	561,25	445,41	336,00	233,00	136,41	48,25
	II	**567,00**	413,16	413,16	II	450,83	341,08	237,83	140,91	52,00	
	III	**349,83**	413,16	413,16	III	255,50	164,33	82,50	17,00		
	V	**1122,50**	413,16	413,16	IV	621,58	561,25	502,50	445,41	389,91	336,00
	VI	**1166,83**	413,16	413,16							
4352,99	I,IV	**684,33**	413,50	413,50	I	562,00	446,16	336,66	233,66	137,08	48,75
	II	**567,75**	413,50	413,50	II	451,58	341,83	238,50	141,58	52,50	
	III	**350,50**	413,50	413,50	III	256,16	165,00	83,00	17,33		
	V	**1123,50**	413,50	413,50	IV	622,41	562,00	503,25	446,16	390,58	336,66
	VI	**1167,83**	413,50	413,50							
4355,99	I,IV	**685,16**	413,75	413,75	I	562,83	446,83	337,33	234,33	137,66	49,25
	II	**568,58**	413,75	413,75	II	452,33	342,50	239,08	142,16	53,08	
	III	**351,16**	413,75	413,75	III	256,66	165,50	83,50	17,83		
	V	**1124,50**	413,75	413,75	IV	623,16	562,83	504,00	446,83	391,33	337,33
	VI	**1168,83**	413,75	413,75							

* Zur LSt-Berechnung für privat versicherte Arbeitnehmer s. Beispiele **Vorbemerkung S. 4f.**
** Basisvorsorgepauschale KV und PV *** Typisierter Arbeitgeberzuschuss

Lohn/ Gehalt in € bis	Steuerklasse	Lohn- steuer*	BVSP**	TAGZ***	Steuerklasse	Bemessungsgrundlage für Kirchensteuer und Solidaritätszuschlag – Freibeträge für ... Kinder 0,5	1,0	1,5	2,0	2,5	3,0
4 358,99	I,IV	**686,00**	414,08	414,08	I	563,58	447,66	338,08	235,00	138,25	49,83
	II	**569,33**	414,08	414,08	II	453,08	343,25	239,75	142,83	53,58	
	III	**351,66**	414,08	414,08	III	257,33	166,16	84,00	18,16		
	V	**1 125,58**	414,08	414,08	IV	624,00	563,58	504,83	447,66	392,08	338,08
	VI	**1 169,83**	414,08	414,08							
4 361,99	I,IV	**686,83**	414,33	414,33	I	564,41	448,33	338,75	235,58	138,91	50,33
	II	**570,16**	414,33	414,33	II	453,83	343,91	240,41	143,41	54,08	
	III	**352,33**	414,33	414,33	III	258,00	166,66	84,50	18,50		
	V	**1 126,58**	414,33	414,33	IV	624,83	564,41	505,58	448,33	392,75	338,75
	VI	**1 170,91**	414,33	414,33							
4 364,99	I,IV	**687,66**	414,66	414,66	I	565,16	449,08	339,41	236,25	139,50	50,83
	II	**570,91**	414,66	414,66	II	454,58	344,58	241,08	144,00	54,58	
	III	**353,00**	414,66	414,66	III	258,50	167,33	85,00	18,83		
	V	**1 127,58**	414,66	414,66	IV	625,58	565,16	506,33	449,08	393,50	339,41
	VI	**1 171,91**	414,66	414,66							
4 367,99	I,IV	**688,50**	414,91	414,91	I	565,91	449,83	340,16	236,91	140,08	51,33
	II	**571,66**	414,91	414,91	II	455,25	345,33	241,75	144,58	55,08	
	III	**353,66**	414,91	414,91	III	259,16	167,83	85,50	19,33		
	V	**1 128,58**	414,91	414,91	IV	626,41	565,91	507,08	449,83	394,16	340,16
	VI	**1 172,91**	414,91	414,91							
4 370,99	I,IV	**689,33**	415,16	415,16	I	566,75	450,58	340,83	237,58	140,75	51,83
	II	**572,50**	415,16	415,16	II	456,00	346,00	242,41	145,25	55,66	
	III	**354,33**	415,16	415,16	III	259,83	168,50	86,00	19,66		
	V	**1 129,66**	415,16	415,16	IV	627,25	566,75	507,83	450,58	394,91	340,83
	VI	**1 174,00**	415,16	415,16							
4 373,99	I,IV	**690,08**	415,50	415,50	I	567,50	451,33	341,58	238,25	141,33	52,33
	II	**573,25**	415,50	415,50	II	456,75	346,66	243,08	145,83	56,16	
	III	**354,83**	415,50	415,50	III	260,33	169,00	86,33	20,00		
	V	**1 130,66**	415,50	415,50	IV	628,00	567,50	508,58	451,33	395,66	341,58
	VI	**1 175,00**	415,50	415,50							
4 376,99	I,IV	**690,91**	415,75	415,75	I	568,25	452,00	342,25	238,83	141,91	52,83
	II	**574,08**	415,75	415,75	II	457,50	347,41	243,75	146,50	56,66	
	III	**355,50**	415,75	415,75	III	261,00	169,66	86,83	20,50		
	V	**1 131,66**	415,75	415,75	IV	628,83	568,25	509,33	452,00	396,33	342,25
	VI	**1 176,00**	415,75	415,75							
4 379,99	I,IV	**691,75**	416,08	416,08	I	569,08	452,75	342,91	239,50	142,58	53,33
	II	**574,83**	416,08	416,08	II	458,25	348,08	244,33	147,08	57,16	
	III	**356,16**	416,08	416,08	III	261,50	170,16	87,33	20,83		
	V	**1 132,66**	416,08	416,08	IV	629,58	569,08	510,08	452,75	397,08	342,91
	VI	**1 177,00**	416,08	416,08							
4 382,99	I,IV	**692,58**	416,33	416,33	I	569,83	453,50	343,58	240,16	143,16	53,83
	II	**575,58**	416,33	416,33	II	459,00	348,75	245,00	147,66	57,75	
	III	**356,83**	416,33	416,33	III	262,16	170,83	87,83	21,16		
	V	**1 133,75**	416,33	416,33	IV	630,41	569,83	510,83	453,50	397,75	343,58
	VI	**1 178,00**	416,33	416,33							
4 385,99	I,IV	**693,41**	416,66	416,66	I	570,58	454,25	344,33	240,83	143,75	54,41
	II	**576,41**	416,66	416,66	II	459,75	349,50	245,66	148,33	58,25	
	III	**357,33**	416,66	416,66	III	262,83	171,33	88,33	21,50		
	V	**1 134,75**	416,66	416,66	IV	631,25	570,58	511,66	454,25	398,50	344,33
	VI	**1 179,08**	416,66	416,66							
4 388,99	I,IV	**694,25**	416,91	416,91	I	571,41	455,00	345,00	241,50	144,41	54,91
	II	**577,16**	416,91	416,91	II	460,50	350,16	246,33	148,91	58,75	
	III	**358,00**	416,91	416,91	III	263,33	172,00	88,83	22,00		
	V	**1 135,75**	416,91	416,91	IV	632,00	571,41	512,41	455,00	399,25	345,00
	VI	**1 180,08**	416,91	416,91							
4 391,99	I,IV	**695,00**	417,16	417,16	I	572,16	455,75	345,75	242,16	145,00	55,41
	II	**577,91**	417,16	417,16	II	461,16	350,91	247,00	149,50	59,33	
	III	**358,66**	417,16	417,16	III	264,00	172,50	89,33	22,33		
	V	**1 136,83**	417,16	417,16	IV	632,83	572,16	513,16	455,75	399,91	345,75
	VI	**1 181,08**	417,16	417,16							

* Zur LSt-Berechnung für privat versicherte Arbeitnehmer s. Beispiele **Vorbemerkung S. 4 f.**
** Basisvorsorgepauschale KV und PV *** Typisierter Arbeitgeberzuschuss

Lohn/ Gehalt in € bis	Steuerklasse	Lohn-steuer*	BVSP**	TAGZ***	Steuerklasse	Bemessungsgrundlage für Kirchensteuer und Solidaritätszuschlag – Freibeträge für ... Kinder 0,5	**1,0**	1,5	**2,0**	2,5	**3,0**
4394,99	I,IV	**695,83**	417,50	417,50	I	572,91	456,50	346,41	242,83	145,58	55,91
	II	**578,75**	417,50	417,50	II	461,91	351,58	247,66	150,16	59,83	
	III	**359,33**	417,50	417,50	III	264,66	173,16	89,83	22,66		
	V	**1137,83**	417,50	417,50	IV	633,58	572,91	513,91	456,50	400,66	346,41
	VI	**1182,08**	417,50	417,50							
4397,99	I,IV	**696,66**	417,75	417,75	I	573,75	457,25	347,16	243,50	146,25	56,50
	II	**579,50**	417,75	417,75	II	462,66	352,33	248,33	150,75	60,41	
	III	**359,83**	417,75	417,75	III	265,16	173,66	90,33	23,16		
	V	**1138,83**	417,75	417,75	IV	634,41	573,75	514,66	457,25	401,33	347,16
	VI	**1183,16**	417,75	417,75							
4400,99	I,IV	**697,50**	418,08	418,08	I	574,50	457,91	347,83	244,08	146,83	57,00
	II	**580,33**	418,08	418,08	II	463,41	353,00	249,00	151,41	60,91	
	III	**360,50**	418,08	418,08	III	265,83	174,33	90,83	23,50		
	V	**1139,91**	418,08	418,08	IV	635,25	574,50	515,41	457,91	402,08	347,83
	VI	**1184,16**	418,08	418,08							
4403,99	I,IV	**698,33**	418,33	418,33	I	575,33	458,66	348,50	244,75	147,41	57,50
	II	**581,08**	418,33	418,33	II	464,16	353,66	249,66	152,00	61,41	
	III	**361,16**	418,33	418,33	III	266,50	174,83	91,33	23,83		
	V	**1140,91**	418,33	418,33	IV	636,00	575,33	516,16	458,66	402,83	348,50
	VI	**1185,16**	418,33	418,33							
4406,99	I,IV	**699,16**	418,58	418,58	I	576,08	459,41	349,16	245,41	148,08	58,08
	II	**581,83**	418,58	418,58	II	464,91	354,41	250,25	152,58	62,00	
	III	**361,83**	418,58	418,58	III	267,00	175,50	91,83	24,33		
	V	**1141,91**	418,58	418,58	IV	636,83	576,08	516,91	459,41	403,50	349,16
	VI	**1186,25**	418,58	418,58							
4409,99	I,IV	**700,00**	418,91	418,91	I	576,91	460,16	349,91	246,08	148,66	58,58
	II	**582,66**	418,91	418,91	II	465,66	355,08	250,91	153,25	62,50	
	III	**362,50**	418,91	418,91	III	267,66	176,16	92,33	24,66		
	V	**1143,00**	418,91	418,91	IV	637,66	576,91	517,75	460,16	404,25	349,91
	VI	**1187,25**	418,91	418,91							
4412,99	I,IV	**700,83**	419,16	419,16	I	577,66	460,91	350,58	246,75	149,33	59,08
	II	**583,41**	419,16	419,16	II	466,41	355,83	251,58	153,83	63,08	
	III	**363,00**	419,16	419,16	III	268,33	176,66	92,83	25,00		
	V	**1144,00**	419,16	419,16	IV	638,41	577,66	518,50	460,91	405,00	350,58
	VI	**1188,25**	419,16	419,16							
4415,99	I,IV	**701,66**	419,50	419,50	I	578,41	461,66	351,33	247,41	149,91	59,66
	II	**584,25**	419,50	419,50	II	467,16	356,50	252,25	154,50	63,58	
	III	**363,66**	419,50	419,50	III	268,83	177,33	93,33	25,50		
	V	**1145,00**	419,50	419,50	IV	639,25	578,41	519,25	461,66	405,66	351,33
	VI	**1189,33**	419,50	419,50							
4418,99	I,IV	**702,50**	419,75	419,75	I	579,25	462,41	352,00	248,08	150,50	60,16
	II	**585,00**	419,75	419,75	II	467,91	357,16	252,91	155,08	64,16	
	III	**364,33**	419,75	419,75	III	269,50	177,83	93,83	25,83		
	V	**1146,00**	419,75	419,75	IV	640,00	579,25	520,00	462,41	406,41	352,00
	VI	**1190,33**	419,75	419,75							
4421,99	I,IV	**703,25**	420,08	420,08	I	580,00	463,16	352,66	248,66	151,16	60,66
	II	**585,83**	420,08	420,08	II	468,58	357,91	253,58	155,66	64,66	
	III	**365,00**	420,08	420,08	III	270,16	178,50	94,33	26,16		
	V	**1147,00**	420,08	420,08	IV	640,83	580,00	520,75	463,16	407,08	352,66
	VI	**1191,33**	420,08	420,08							
4424,99	I,IV	**704,16**	420,33	420,33	I	580,83	463,91	353,41	249,41	151,75	61,25
	II	**586,58**	420,33	420,33	II	469,41	358,58	254,25	156,33	65,25	
	III	**365,66**	420,33	420,33	III	270,66	179,00	94,83	26,66		
	V	**1148,08**	420,33	420,33	IV	641,66	580,83	521,50	463,91	407,83	353,41
	VI	**1192,41**	420,33	420,33							
4427,99	I,IV	**704,91**	420,58	420,58	I	581,58	464,66	354,08	250,00	152,41	61,75
	II	**587,41**	420,58	420,58	II	470,16	359,33	254,91	156,91	65,83	
	III	**366,16**	420,58	420,58	III	271,33	179,66	95,33	27,00		
	V	**1149,08**	420,58	420,58	IV	642,41	581,58	522,33	464,66	408,58	354,08
	VI	**1193,41**	420,58	420,58							

* Zur LSt-Berechnung für privat versicherte Arbeitnehmer s. Beispiele **Vorbemerkung S. 4f.**
** Basisvorsorgepauschale KV und PV *** Typisierter Arbeitgeberzuschuss

Lohn/ Gehalt in € bis	Steuerklasse	Lohn- steuer*	BVSP**	TAGZ***	Steuerklasse	Bemessungsgrundlage für Kirchensteuer und Solidaritätszuschlag – Freibeträge für ... Kinder 0,5	1,0	1,5	2,0	2,5	3,0
4430,99	I,IV	**705,75**	420,91	420,91	I	582,33	465,33	354,83	250,66	153,00	62,33
	II	**588,16**	420,91	420,91	II	470,83	360,00	255,58	157,58	66,33	
	III	**366,83**	420,91	420,91	III	272,00	180,16	95,83	27,33		
	V	**1 150,08**	420,91	420,91	IV	643,25	582,33	523,08	465,33	409,25	354,83
	VI	**1 194,41**	420,91	420,91							
4433,99	I,IV	**706,58**	421,16	421,16	I	583,16	466,08	355,50	251,33	153,58	62,83
	II	**588,91**	421,16	421,16	II	471,58	360,66	256,25	158,16	66,91	
	III	**367,50**	421,16	421,16	III	272,50	180,83	96,33	27,83		
	V	**1 151,08**	421,16	421,16	IV	644,08	583,16	523,83	466,08	410,00	355,50
	VI	**1 195,41**	421,16	421,16							
4436,99	I,IV	**707,41**	421,50	421,50	I	583,91	466,83	356,25	252,00	154,25	63,41
	II	**589,75**	421,50	421,50	II	472,33	361,41	256,91	158,83	67,41	
	III	**368,16**	421,50	421,50	III	273,16	181,33	96,83	28,16		
	V	**1 152,16**	421,50	421,50	IV	644,91	583,91	524,58	466,83	410,75	356,25
	VI	**1 196,50**	421,50	421,50							
4439,99	I,IV	**708,25**	421,75	421,75	I	584,75	467,58	356,91	252,66	154,83	63,91
	II	**590,50**	421,75	421,75	II	473,08	362,08	257,58	159,41	68,00	
	III	**368,66**	421,75	421,75	III	273,83	182,00	97,33	28,66		
	V	**1 153,16**	421,75	421,75	IV	645,66	584,75	525,33	467,58	411,50	356,91
	VI	**1 197,50**	421,75	421,75							
4442,99	I,IV	**709,08**	422,08	422,08	I	585,50	468,33	357,58	253,33	155,50	64,50
	II	**591,33**	422,08	422,08	II	473,83	362,83	258,25	160,00	68,58	
	III	**369,33**	422,08	422,08	III	274,33	182,50	97,83	29,00		
	V	**1 154,16**	422,08	422,08	IV	646,50	585,50	526,08	468,33	412,16	357,58
	VI	**1 198,50**	422,08	422,08							
4445,99	I,IV	**709,91**	422,33	422,33	I	586,25	469,08	358,33	254,00	156,08	65,00
	II	**592,08**	422,33	422,33	II	474,58	363,50	258,83	160,66	69,08	0,33
	III	**370,00**	422,33	422,33	III	275,00	183,16	98,33	29,33		
	V	**1 155,25**	422,33	422,33	IV	647,25	586,25	526,83	469,08	412,91	358,33
	VI	**1 199,50**	422,33	422,33							
4448,99	I,IV	**710,75**	422,58	422,58	I	587,08	469,83	359,00	254,66	156,75	65,58
	II	**592,91**	422,58	422,58	II	475,33	364,25	259,58	161,33	69,66	0,66
	III	**370,66**	422,58	422,58	III	275,66	183,83	98,83	29,83		
	V	**1 156,25**	422,58	422,58	IV	648,08	587,08	527,66	469,83	413,66	359,00
	VI	**1 200,58**	422,58	422,58							
4451,99	I,IV	**711,58**	422,91	422,91	I	587,83	470,58	359,75	255,33	157,33	66,16
	II	**593,66**	422,91	422,91	II	476,08	364,91	260,16	161,91	70,25	1,00
	III	**371,16**	422,91	422,91	III	276,16	184,33	99,33	30,16		
	V	**1 157,25**	422,91	422,91	IV	648,91	587,83	528,41	470,58	414,33	359,75
	VI	**1 201,58**	422,91	422,91							
4454,99	I,IV	**712,41**	423,16	423,16	I	588,66	471,33	360,41	256,00	157,91	66,66
	II	**594,50**	423,16	423,16	II	476,83	365,66	260,83	162,50	70,75	1,33
	III	**371,83**	423,16	423,16	III	276,83	185,00	99,83	30,50		
	V	**1 158,25**	423,16	423,16	IV	649,75	588,66	529,16	471,33	415,08	360,41
	VI	**1 202,58**	423,16	423,16							
4457,99	I,IV	**713,25**	423,50	423,50	I	589,41	472,08	361,16	256,66	158,58	67,25
	II	**595,25**	423,50	423,50	II	477,58	366,33	261,50	163,16	71,33	1,66
	III	**372,50**	423,50	423,50	III	277,33	185,50	100,33	31,00		
	V	**1 159,33**	423,50	423,50	IV	650,50	589,41	529,91	472,08	415,83	361,16
	VI	**1 203,58**	423,50	423,50							
4460,99	I,IV	**714,08**	423,75	423,75	I	590,25	472,83	361,83	257,33	159,16	67,75
	II	**596,08**	423,75	423,75	II	478,33	367,08	262,16	163,75	71,91	2,08
	III	**373,16**	423,75	423,75	III	278,00	186,16	100,83	31,33		
	V	**1 160,33**	423,75	423,75	IV	651,33	590,25	530,75	472,83	416,50	361,83
	VI	**1 204,66**	423,75	423,75							
4463,99	I,IV	**714,91**	424,00	424,00	I	591,00	473,58	362,58	258,00	159,83	68,33
	II	**596,83**	424,00	424,00	II	479,08	367,75	262,83	164,41	72,50	2,41
	III	**373,83**	424,00	424,00	III	278,66	186,66	101,33	31,83		
	V	**1 161,33**	424,00	424,00	IV	652,16	591,00	531,50	473,58	417,25	362,58
	VI	**1 205,66**	424,00	424,00							

* Zur LSt-Berechnung für privat versicherte Arbeitnehmer s. Beispiele **Vorbemerkung S. 4 f.**
** Basisvorsorgepauschale KV und PV *** Typisierter Arbeitgeberzuschuss

Lohn/ Gehalt in € bis	Steuerklasse	Lohn- steuer*	BVSP**	TAGZ***	Steuerklasse	Bemessungsgrundlage für Kirchensteuer und Solidaritätszuschlag – Freibeträge für ... Kinder 0,5	**1,0**	1,5	**2,0**	2,5	**3,0**
4466,99	I,IV	**715,75**	424,33	424,33	I	591,83	474,33	363,25	258,58	160,41	68,91
	II	**597,66**	424,33	424,33	II	479,83	368,50	263,50	165,00	73,00	2,75
	III	**374,33**	424,33	424,33	III	279,16	187,33	101,83	32,16		
	V	**1162,41**	424,33	424,33	IV	652,91	591,83	532,25	474,33	418,00	363,25
	VI	**1206,66**	424,33	424,33							
4469,99	I,IV	**716,58**	424,58	424,58	I	592,58	475,08	363,91	259,25	161,00	69,41
	II	**598,41**	424,58	424,58	II	480,58	369,16	264,16	165,66	73,58	3,08
	III	**375,00**	424,58	424,58	III	279,83	187,83	102,33	32,50		
	V	**1163,41**	424,58	424,58	IV	653,75	592,58	533,00	475,08	418,66	363,91
	VI	**1207,75**	424,58	424,58							
4472,99	I,IV	**717,33**	424,91	424,91	I	593,33	475,75	364,66	259,91	161,66	70,00
	II	**599,16**	424,91	424,91	II	481,33	369,83	264,83	166,25	74,16	3,41
	III	**375,66**	424,91	424,91	III	280,50	188,50	102,83	33,00		
	V	**1164,41**	424,91	424,91	IV	654,58	593,33	533,75	475,75	419,41	364,66
	VI	**1208,75**	424,91	424,91							
4475,99	I,IV	**718,25**	425,16	425,16	I	594,16	476,58	365,33	260,58	162,25	70,58
	II	**600,00**	425,16	425,16	II	482,08	370,58	265,50	166,91	74,75	3,83
	III	**376,33**	425,16	425,16	III	281,00	189,00	103,33	33,33		
	V	**1165,50**	425,16	425,16	IV	655,41	594,16	534,58	476,58	420,16	365,33
	VI	**1209,75**	425,16	425,16							
4478,99	I,IV	**719,08**	425,50	425,50	I	594,91	477,33	366,08	261,25	162,91	71,08
	II	**600,83**	425,50	425,50	II	482,83	371,25	266,16	167,50	75,33	4,16
	III	**377,00**	425,50	425,50	III	281,66	189,66	103,83	33,83		
	V	**1166,50**	425,50	425,50	IV	656,16	594,91	535,33	477,33	420,91	366,08
	VI	**1210,75**	425,50	425,50							
4481,99	I,IV	**719,83**	425,75	425,75	I	595,75	478,00	366,75	261,91	163,50	71,66
	II	**601,58**	425,75	425,75	II	483,58	372,00	266,83	168,08	75,83	4,50
	III	**377,50**	425,75	425,75	III	282,33	190,16	104,33	34,16		
	V	**1167,50**	425,75	425,75	IV	657,00	595,75	536,08	478,00	421,58	366,75
	VI	**1211,83**	425,75	425,75							
4484,99	I,IV	**720,66**	426,00	426,00	I	596,50	478,75	367,50	262,58	164,16	72,25
	II	**602,33**	426,00	426,00	II	484,33	372,66	267,50	168,75	76,41	4,91
	III	**378,16**	426,00	426,00	III	282,83	190,83	104,83	34,66		
	V	**1168,50**	426,00	426,00	IV	657,83	596,50	536,83	478,75	422,33	367,50
	VI	**1212,83**	426,00	426,00							
4487,99	I,IV	**721,58**	426,33	426,33	I	597,33	479,58	368,16	263,25	164,75	72,83
	II	**603,16**	426,33	426,33	II	485,08	373,41	268,16	169,41	77,00	5,25
	III	**378,83**	426,33	426,33	III	283,50	191,50	105,50	35,00		
	V	**1169,58**	426,33	426,33	IV	658,66	597,33	537,66	479,58	423,08	368,16
	VI	**1213,83**	426,33	426,33							
4490,99	I,IV	**722,33**	426,58	426,58	I	598,08	480,25	368,91	263,91	165,41	73,41
	II	**604,00**	426,58	426,58	II	485,83	374,08	268,83	170,00	77,58	5,58
	III	**379,50**	426,58	426,58	III	284,16	192,00	105,83	35,33		
	V	**1170,58**	426,58	426,58	IV	659,41	598,08	538,41	480,25	423,75	368,91
	VI	**1214,91**	426,58	426,58							
4493,99	I,IV	**723,16**	426,91	426,91	I	598,91	481,00	369,58	264,58	166,00	73,91
	II	**604,75**	426,91	426,91	II	486,58	374,83	269,50	170,58	78,16	6,00
	III	**380,16**	426,91	426,91	III	284,66	192,66	106,50	35,83		
	V	**1171,58**	426,91	426,91	IV	660,25	598,91	539,16	481,00	424,50	369,58
	VI	**1215,91**	426,91	426,91							
4496,99	I,IV	**724,00**	427,16	427,16	I	599,66	481,75	370,33	265,25	166,66	74,50
	II	**605,50**	427,16	427,16	II	487,33	375,50	270,16	171,25	78,75	6,33
	III	**380,66**	427,16	427,16	III	285,33	193,16	107,00	36,16		
	V	**1172,58**	427,16	427,16	IV	661,08	599,66	539,91	481,75	425,25	370,33
	VI	**1216,91**	427,16	427,16							
4499,99	I,IV	**724,91**	427,41	427,41	I	600,50	482,58	371,00	265,91	167,25	75,08
	II	**606,33**	427,41	427,41	II	488,08	376,25	270,83	171,91	79,33	6,75
	III	**381,33**	427,41	427,41	III	286,00	193,83	107,50	36,66		
	V	**1173,66**	427,41	427,41	IV	661,91	600,50	540,75	482,58	426,00	371,00
	VI	**1218,00**	427,41	427,41							

* Zur LSt-Berechnung für privat versicherte Arbeitnehmer s. Beispiele **Vorbemerkung S. 4 f.**
** Basisvorsorgepauschale KV und PV *** Typisierter Arbeitgeberzuschuss

Lohn/ Gehalt in € bis	Steuerklasse	Lohn- steuer*	BVSP**	TAGZ***	Steuerklasse	Bemessungsgrundlage für Kirchensteuer und Solidaritätszuschlag					
						Freibeträge für ... Kinder					
						0,5	**1,0**	1,5	**2,0**	2,5	**3,0**
4502,99	I,IV	**725,75**	427,75	427,75	I	601,25	483,25	371,75	266,58	167,91	75,66
	II	**607,16**	427,75	427,75	II	488,83	377,00	271,50	172,50	79,91	7,08
	III	**382,00**	427,75	427,75	III	286,66	194,33	108,00	37,00		
	V	**1174,66**	427,75	427,75	IV	662,66	601,25	541,50	483,25	426,66	371,75
	VI	**1219,00**	427,75	427,75							
4505,99	I,IV	**726,50**	428,00	428,00	I	602,08	484,00	372,41	267,25	168,50	76,25
	II	**607,91**	428,00	428,00	II	489,58	377,66	272,16	173,16	80,50	7,41
	III	**382,66**	428,00	428,00	III	287,16	195,00	108,50	37,50		
	V	**1175,66**	428,00	428,00	IV	663,50	602,08	542,25	484,00	427,41	372,41
	VI	**1220,00**	428,00	428,00							
4508,99	I,IV	**727,33**	428,33	428,33	I	602,83	484,75	373,16	267,91	169,16	76,83
	II	**608,75**	428,33	428,33	II	490,33	378,33	272,83	173,75	81,08	7,83
	III	**383,33**	428,33	428,33	III	287,83	195,50	109,00	37,83		
	V	**1176,66**	428,33	428,33	IV	664,33	602,83	543,00	484,75	428,16	373,16
	VI	**1221,00**	428,33	428,33							
4511,99	I,IV	**728,16**	428,58	428,58	I	603,66	485,50	373,83	268,58	169,75	77,33
	II	**609,50**	428,58	428,58	II	491,08	379,08	273,50	174,33	81,66	8,16
	III	**383,83**	428,58	428,58	III	288,33	196,16	109,50	38,33		
	V	**1177,75**	428,58	428,58	IV	665,08	603,66	543,75	485,50	428,83	373,83
	VI	**1222,00**	428,58	428,58							
4514,99	I,IV	**729,08**	428,91	428,91	I	604,41	486,25	374,58	269,25	170,41	78,00
	II	**610,33**	428,91	428,91	II	491,83	379,83	274,16	175,00	82,25	8,58
	III	**384,50**	428,91	428,91	III	289,00	196,66	110,00	38,66		
	V	**1178,75**	428,91	428,91	IV	665,91	604,41	544,58	486,25	429,58	374,58
	VI	**1223,08**	428,91	428,91							
4517,99	I,IV	**729,91**	429,16	429,16	I	605,25	487,00	375,25	269,91	171,00	78,50
	II	**611,08**	429,16	429,16	II	492,58	380,50	274,83	175,66	82,83	8,91
	III	**385,16**	429,16	429,16	III	289,66	197,33	110,50	39,16		
	V	**1179,75**	429,16	429,16	IV	666,75	605,25	545,33	487,00	430,33	375,25
	VI	**1224,08**	429,16	429,16							
4520,99	I,IV	**730,66**	429,41	429,41	I	606,00	487,75	376,00	270,58	171,66	79,08
	II	**611,91**	429,41	429,41	II	493,33	381,25	275,50	176,25	83,41	9,33
	III	**385,83**	429,41	429,41	III	290,16	197,83	111,00	39,50		
	V	**1180,83**	429,41	429,41	IV	667,58	606,00	546,08	487,75	431,08	376,00
	VI	**1225,08**	429,41	429,41							
4523,99	I,IV	**731,50**	429,75	429,75	I	606,83	488,50	376,66	271,25	172,25	79,66
	II	**612,66**	429,75	429,75	II	494,08	381,91	276,16	176,91	84,00	9,66
	III	**386,50**	429,75	429,75	III	290,83	198,50	111,66	40,00		
	V	**1181,83**	429,75	429,75	IV	668,33	606,83	546,83	488,50	431,83	376,66
	VI	**1226,08**	429,75	429,75							
4526,99	I,IV	**732,41**	430,00	430,00	I	607,66	489,33	377,41	271,91	172,91	80,25
	II	**613,50**	430,00	430,00	II	494,83	382,66	276,83	177,50	84,58	10,08
	III	**387,16**	430,00	430,00	III	291,50	199,16	112,16	40,33		
	V	**1182,83**	430,00	430,00	IV	669,16	607,66	547,66	489,33	432,58	377,41
	VI	**1227,16**	430,00	430,00							
4529,99	I,IV	**733,25**	430,33	430,33	I	608,41	490,08	378,08	272,58	173,50	80,83
	II	**614,25**	430,33	430,33	II	495,58	383,33	277,50	178,16	85,16	10,41
	III	**387,66**	430,33	430,33	III	292,16	199,66	112,66	40,66		
	V	**1183,83**	430,33	430,33	IV	670,00	608,41	548,41	490,08	433,25	378,08
	VI	**1228,16**	430,33	430,33							
4532,99	I,IV	**734,08**	430,58	430,58	I	609,16	490,75	378,83	273,25	174,16	81,41
	II	**615,08**	430,58	430,58	II	496,33	384,08	278,16	178,75	85,75	10,83
	III	**388,33**	430,58	430,58	III	292,66	200,33	113,16	41,16		
	V	**1184,91**	430,58	430,58	IV	670,83	609,16	549,16	490,75	434,00	378,83
	VI	**1229,16**	430,58	430,58							
4535,99	I,IV	**734,91**	430,91	430,91	I	610,00	491,50	379,50	273,91	174,75	82,00
	II	**615,83**	430,91	430,91	II	497,08	384,75	278,83	179,41	86,33	11,25
	III	**389,00**	430,91	430,91	III	293,33	200,83	113,66	41,50		
	V	**1185,91**	430,91	430,91	IV	671,66	610,00	550,00	491,50	434,75	379,50
	VI	**1230,25**	430,91	430,91							

* Zur LSt-Berechnung für privat versicherte Arbeitnehmer s. Beispiele **Vorbemerkung S. 4f.**
** Basisvorsorgepauschale KV und PV *** Typisierter Arbeitgeberzuschuss

Lohn/ Gehalt in € bis	Steuerklasse	Lohn-steuer*	BVSP**	TAGZ***	Steuerklasse	Bemessungsgrundlage für Kirchensteuer und Solidaritätszuschlag — Freibeträge für ... Kinder 0,5	**1,0**	1,5	**2,0**	2,5	**3,0**
4538,99	I,IV	**735,75**	431,16	431,16	I	610,83	492,33	380,25	274,58	175,41	82,58
	II	**616,66**	431,16	431,16	II	497,91	385,50	279,58	180,00	86,91	11,58
	III	**389,66**	431,16	431,16	III	294,00	201,50	114,16	42,00		
	V	**1186,91**	431,16	431,16	IV	672,50	610,83	550,75	492,33	435,50	380,25
	VI	**1231,25**	431,16	431,16							
4541,99	I,IV	**736,58**	431,41	431,41	I	611,58	493,08	380,91	275,25	176,00	83,16
	II	**617,50**	431,41	431,41	II	498,66	386,25	280,25	180,66	87,50	12,00
	III	**390,33**	431,41	431,41	III	294,50	202,16	114,83	42,50		
	V	**1188,00**	431,41	431,41	IV	673,25	611,58	551,50	493,08	436,16	380,91
	VI	**1232,25**	431,41	431,41							
4544,99	I,IV	**737,41**	431,75	431,75	I	612,41	493,83	381,66	275,91	176,66	83,75
	II	**618,25**	431,75	431,75	II	499,41	386,91	280,91	181,25	88,08	12,33
	III	**390,83**	431,75	431,75	III	295,16	202,66	115,33	42,83		
	V	**1189,00**	431,75	431,75	IV	674,08	612,41	552,25	493,83	436,91	381,66
	VI	**1233,33**	431,75	431,75							
4547,99	I,IV	**738,25**	432,00	432,00	I	613,16	494,58	382,33	276,58	177,25	84,33
	II	**619,08**	432,00	432,00	II	500,16	387,58	281,58	181,91	88,66	12,75
	III	**391,50**	432,00	432,00	III	295,83	203,33	115,83	43,33		
	V	**1190,00**	432,00	432,00	IV	674,91	613,16	553,08	494,58	437,66	382,33
	VI	**1234,33**	432,00	432,00							
4550,99	I,IV	**739,08**	432,33	432,33	I	614,00	495,33	383,08	277,25	177,91	84,91
	II	**619,83**	432,33	432,33	II	500,91	388,33	282,25	182,50	89,25	13,16
	III	**392,16**	432,33	432,33	III	296,33	203,83	116,33	43,66		
	V	**1191,00**	432,33	432,33	IV	675,75	614,00	553,83	495,33	438,41	383,08
	VI	**1235,33**	432,33	432,33							
4553,99	I,IV	**739,91**	432,58	432,58	I	614,75	496,08	383,83	277,91	178,50	85,58
	II	**620,66**	432,58	432,58	II	501,66	389,08	282,91	183,16	89,91	13,58
	III	**392,83**	432,58	432,58	III	297,00	204,50	116,83	44,16		
	V	**1192,08**	432,58	432,58	IV	676,58	614,75	554,58	496,08	439,16	383,83
	VI	**1236,33**	432,58	432,58							
4556,99	I,IV	**740,75**	432,83	432,83	I	615,58	496,83	384,50	278,58	179,16	86,16
	II	**621,50**	432,83	432,83	II	502,41	389,75	283,58	183,83	90,50	13,91
	III	**393,50**	432,83	432,83	III	297,66	205,00	117,33	44,50		
	V	**1193,08**	432,83	432,83	IV	677,33	615,58	555,41	496,83	439,83	384,50
	VI	**1237,41**	432,83	432,83							
4559,99	I,IV	**741,58**	433,16	433,16	I	616,33	497,58	385,25	279,25	179,75	86,75
	II	**622,25**	433,16	433,16	II	503,16	390,50	284,25	184,41	91,08	14,33
	III	**394,00**	433,16	433,16	III	298,16	205,66	117,83	45,00		
	V	**1194,08**	433,16	433,16	IV	678,16	616,33	556,16	497,58	440,58	385,25
	VI	**1238,41**	433,16	433,16							
4562,99	I,IV	**742,41**	433,41	433,41	I	617,16	498,33	385,91	279,91	180,41	87,33
	II	**623,08**	433,41	433,41	II	503,91	391,16	284,91	185,08	91,66	14,75
	III	**394,66**	433,41	433,41	III	298,83	206,16	118,50	45,33		
	V	**1195,08**	433,41	433,41	IV	679,00	617,16	556,91	498,33	441,33	385,91
	VI	**1239,41**	433,41	433,41							
4565,99	I,IV	**743,25**	433,75	433,75	I	618,00	499,08	386,66	280,66	181,08	87,91
	II	**623,83**	433,75	433,75	II	504,66	391,91	285,58	185,66	92,25	15,16
	III	**395,33**	433,75	433,75	III	299,50	206,83	119,00	45,83		
	V	**1196,16**	433,75	433,75	IV	679,83	618,00	557,75	499,08	442,08	386,66
	VI	**1240,50**	433,75	433,75							
4568,99	I,IV	**744,08**	434,00	434,00	I	618,75	499,83	387,33	281,33	181,66	88,50
	II	**624,66**	434,00	434,00	II	505,41	392,66	286,25	186,33	92,83	15,50
	III	**396,00**	434,00	434,00	III	300,00	207,33	119,50	46,16		
	V	**1197,16**	434,00	434,00	IV	680,66	618,75	558,50	499,83	442,83	387,33
	VI	**1241,50**	434,00	434,00							
4571,99	I,IV	**744,91**	434,33	434,33	I	619,58	500,58	388,08	282,00	182,33	89,08
	II	**625,41**	434,33	434,33	II	506,16	393,33	286,91	187,00	93,41	15,91
	III	**396,66**	434,33	434,33	III	300,66	208,00	120,00	46,66		
	V	**1198,16**	434,33	434,33	IV	681,41	619,58	559,25	500,58	443,50	388,08
	VI	**1242,50**	434,33	434,33							

* Zur LSt-Berechnung für privat versicherte Arbeitnehmer s. Beispiele **Vorbemerkung S. 4f.**
** Basisvorsorgepauschale KV und PV *** Typisierter Arbeitgeberzuschuss

Lohn/ Gehalt in € bis	Steuerklasse	Lohn- steuer*	BVSP**	TAGZ***	Steuerklasse	Bemessungsgrundlage für Kirchensteuer und Solidaritätszuschlag – Freibeträge für ... Kinder 0,5	1,0	1,5	2,0	2,5	3,0
4574,99	I,IV	**745,75**	434,58	434,58	I	620,33	501,33	388,75	282,66	182,91	89,66
	II	**626,25**	434,58	434,58	II	506,91	394,08	287,58	187,58	94,00	16,33
	III	**397,16**	434,58	434,58	III	301,33	208,66	120,50	47,00		
	V	**1 199,16**	434,58	434,58	IV	682,25	620,33	560,00	501,33	444,25	388,75
	VI	**1 243,50**	434,58	434,58							
4577,99	I,IV	**746,66**	434,83	434,83	I	621,16	502,08	389,50	283,33	183,58	90,25
	II	**627,08**	434,83	434,83	II	507,75	394,83	288,33	188,25	94,58	16,75
	III	**397,83**	434,83	434,83	III	302,00	209,16	121,16	47,50		
	V	**1 200,25**	434,83	434,83	IV	683,08	621,16	560,83	502,08	445,00	389,50
	VI	**1 244,58**	434,83	434,83							
4580,99	I,IV	**747,50**	435,16	435,16	I	621,91	502,83	390,25	284,00	184,16	90,83
	II	**627,83**	435,16	435,16	II	508,50	395,50	289,00	188,83	95,16	17,16
	III	**398,50**	435,16	435,16	III	302,50	209,83	121,66	48,00		
	V	**1 201,25**	435,16	435,16	IV	683,91	621,91	561,58	502,83	445,75	390,25
	VI	**1 245,58**	435,16	435,16							
4583,99	I,IV	**748,33**	435,41	435,41	I	622,75	503,58	390,91	284,66	184,83	91,41
	II	**628,66**	435,41	435,41	II	509,25	396,25	289,66	189,50	95,75	17,58
	III	**399,16**	435,41	435,41	III	303,16	210,33	122,16	48,33		
	V	**1 202,25**	435,41	435,41	IV	684,75	622,75	562,41	503,58	446,50	390,91
	VI	**1 246,58**	435,41	435,41							
4586,99	I,IV	**749,16**	435,75	435,75	I	623,58	504,33	391,66	285,33	185,41	92,00
	II	**629,41**	435,75	435,75	II	510,00	396,91	290,33	190,08	96,33	17,91
	III	**399,83**	435,75	435,75	III	303,83	211,00	122,66	48,83		
	V	**1 203,33**	435,75	435,75	IV	685,50	623,58	563,16	504,33	447,16	391,66
	VI	**1 247,58**	435,75	435,75							
4589,99	I,IV	**750,00**	436,00	436,00	I	624,33	505,08	392,33	286,00	186,08	92,58
	II	**630,25**	436,00	436,00	II	510,75	397,66	291,00	190,75	96,91	18,33
	III	**400,33**	436,00	436,00	III	304,33	211,50	123,16	49,16		
	V	**1 204,33**	436,00	436,00	IV	686,33	624,33	563,91	505,08	447,91	392,33
	VI	**1 248,58**	436,00	436,00							
4592,99	I,IV	**750,83**	436,33	436,33	I	625,16	505,91	393,08	286,66	186,75	93,16
	II	**631,08**	436,33	436,33	II	511,50	398,33	291,66	191,41	97,58	18,75
	III	**401,00**	436,33	436,33	III	305,00	212,16	123,83	49,66		
	V	**1 205,33**	436,33	436,33	IV	687,16	625,16	564,75	505,91	448,66	393,08
	VI	**1 249,66**	436,33	436,33							
4595,99	I,IV	**751,66**	436,58	436,58	I	625,91	506,66	393,75	287,33	187,33	93,75
	II	**631,83**	436,58	436,58	II	512,25	399,08	292,33	192,00	98,16	19,16
	III	**401,66**	436,58	436,58	III	305,66	212,83	124,33	50,00		
	V	**1 206,41**	436,58	436,58	IV	688,00	625,91	565,50	506,66	449,41	393,75
	VI	**1 250,66**	436,58	436,58							
4598,99	I,IV	**752,50**	436,83	436,83	I	626,75	507,41	394,50	288,00	188,00	94,33
	II	**632,66**	436,83	436,83	II	513,00	399,83	293,00	192,66	98,75	19,58
	III	**402,33**	436,83	436,83	III	306,16	213,33	124,83	50,50		
	V	**1 207,41**	436,83	436,83	IV	688,83	626,75	566,25	507,41	450,16	394,50
	VI	**1 251,66**	436,83	436,83							
4601,99	I,IV	**753,33**	437,16	437,16	I	627,50	508,16	395,25	288,66	188,58	94,91
	II	**633,50**	437,16	437,16	II	513,75	400,50	293,66	193,25	99,33	20,00
	III	**403,00**	437,16	437,16	III	306,83	214,00	125,33	51,00		
	V	**1 208,41**	437,16	437,16	IV	689,66	627,50	567,08	508,16	450,91	395,25
	VI	**1 252,75**	437,16	437,16							
4604,99	I,IV	**754,25**	437,41	437,41	I	628,33	508,91	395,91	289,41	189,25	95,58
	II	**634,25**	437,41	437,41	II	514,58	401,25	294,41	193,91	99,91	20,41
	III	**403,66**	437,41	437,41	III	307,50	214,66	126,00	51,33		
	V	**1 209,50**	437,41	437,41	IV	690,50	628,33	567,83	508,91	451,66	395,91
	VI	**1 253,75**	437,41	437,41							
4607,99	I,IV	**755,08**	437,75	437,75	I	629,16	509,66	396,66	290,08	189,91	96,16
	II	**635,08**	437,75	437,75	II	515,33	402,00	295,08	194,58	100,50	20,83
	III	**404,33**	437,75	437,75	III	308,16	215,16	126,50	51,83		
	V	**1 210,50**	437,75	437,75	IV	691,33	629,16	568,58	509,66	452,33	396,66
	VI	**1 254,75**	437,75	437,75							

* Zur LSt-Berechnung für privat versicherte Arbeitnehmer s. Beispiele **Vorbemerkung S. 4 f.**
** Basisvorsorgepauschale KV und PV *** Typisierter Arbeitgeberzuschuss

Lohn/ Gehalt in € bis	Steuerklasse	Lohn- steuer*	BVSP**	TAGZ***	Steuerklasse	Bemessungsgrundlage für Kirchensteuer und Solidaritätszuschlag					
						Freibeträge für ... Kinder					
						0,5	**1,0**	1,5	**2,0**	2,5	**3,0**
4610,99	I,IV	**755,91**	438,00	438,00	I	629,91	510,41	397,33	290,75	190,50	96,75
	II	**635,91**	438,00	438,00	II	516,08	402,66	295,75	195,16	101,08	21,25
	III	**404,83**	438,00	438,00	III	308,66	215,83	127,00	52,16		
	V	**1211,50**	438,00	438,00	IV	692,08	629,91	569,41	510,41	453,08	397,33
	VI	**1255,83**	438,00	438,00							
4613,99	I,IV	**756,75**	438,25	438,25	I	630,75	511,16	398,08	291,41	191,16	97,33
	II	**636,66**	438,25	438,25	II	516,83	403,41	296,41	195,83	101,66	21,66
	III	**405,50**	438,25	438,25	III	309,33	216,33	127,50	52,66		
	V	**1212,50**	438,25	438,25	IV	692,91	630,75	570,16	511,16	453,83	398,08
	VI	**1256,83**	438,25	438,25							
4616,99	I,IV	**757,58**	438,58	438,58	I	631,58	512,00	398,83	292,08	191,75	97,91
	II	**637,50**	438,58	438,58	II	517,58	404,16	297,08	196,50	102,33	22,08
	III	**406,16**	438,58	438,58	III	310,00	217,00	128,16	53,16		
	V	**1213,58**	438,58	438,58	IV	693,75	631,58	571,00	512,00	454,58	398,83
	VI	**1257,83**	438,58	438,58							
4619,99	I,IV	**758,41**	438,83	438,83	I	632,33	512,75	399,50	292,75	192,41	98,50
	II	**638,33**	438,83	438,83	II	518,33	404,83	297,75	197,08	102,91	22,50
	III	**406,83**	438,83	438,83	III	310,66	217,50	128,66	53,50		
	V	**1214,58**	438,83	438,83	IV	694,58	632,33	571,75	512,75	455,33	399,50
	VI	**1258,91**	438,83	438,83							
4622,99	I,IV	**759,25**	439,16	439,16	I	633,16	513,50	400,25	293,41	193,08	99,08
	II	**639,08**	439,16	439,16	II	519,08	405,58	298,41	197,75	103,50	22,91
	III	**407,50**	439,16	439,16	III	311,16	218,16	129,16	54,00		
	V	**1215,58**	439,16	439,16	IV	695,41	633,16	572,50	513,50	456,08	400,25
	VI	**1259,91**	439,16	439,16							
4625,99	I,IV	**760,08**	439,41	439,41	I	633,91	514,25	400,91	294,08	193,66	99,66
	II	**639,91**	439,41	439,41	II	519,83	406,25	299,08	198,41	104,08	23,33
	III	**408,16**	439,41	439,41	III	311,83	218,66	129,83	54,50		
	V	**1216,58**	439,41	439,41	IV	696,25	633,91	573,33	514,25	456,83	400,91
	VI	**1260,91**	439,41	439,41							
4628,99	I,IV	**760,91**	439,75	439,75	I	634,75	515,00	401,66	294,75	194,33	100,25
	II	**640,66**	439,75	439,75	II	520,66	407,00	299,75	199,00	104,66	23,83
	III	**408,66**	439,75	439,75	III	312,33	219,33	130,33	54,83		
	V	**1217,58**	439,75	439,75	IV	697,08	634,75	574,08	515,00	457,50	401,66
	VI	**1261,91**	439,75	439,75							
4631,99	I,IV	**761,83**	440,00	440,00	I	635,58	515,75	402,41	295,50	195,00	100,91
	II	**641,50**	440,00	440,00	II	521,41	407,75	300,50	199,66	105,25	24,25
	III	**409,33**	440,00	440,00	III	313,00	220,00	130,83	55,33		
	V	**1218,66**	440,00	440,00	IV	697,91	635,58	574,83	515,75	458,25	402,41
	VI	**1263,00**	440,00	440,00							
4634,99	I,IV	**762,66**	440,25	440,25	I	636,33	516,50	403,08	296,16	195,58	101,50
	II	**642,33**	440,25	440,25	II	522,16	408,41	301,16	200,33	105,83	24,66
	III	**410,00**	440,25	440,25	III	313,66	220,50	131,33	55,83		
	V	**1219,66**	440,25	440,25	IV	698,66	636,33	575,66	516,50	459,00	403,08
	VI	**1264,00**	440,25	440,25							
4637,99	I,IV	**763,50**	440,58	440,58	I	637,16	517,25	403,83	296,83	196,25	102,08
	II	**643,08**	440,58	440,58	II	522,91	409,16	301,83	200,91	106,41	25,08
	III	**410,66**	440,58	440,58	III	314,33	221,16	132,00	56,16		
	V	**1220,66**	440,58	440,58	IV	699,50	637,16	576,41	517,25	459,75	403,83
	VI	**1265,00**	440,58	440,58							
4640,99	I,IV	**764,33**	440,83	440,83	I	638,00	518,08	404,58	297,50	196,83	102,66
	II	**643,91**	440,83	440,83	II	523,66	409,91	302,50	201,58	107,08	25,50
	III	**411,33**	440,83	440,83	III	314,83	221,66	132,50	56,66		
	V	**1221,75**	440,83	440,83	IV	700,33	638,00	577,16	518,08	460,50	404,58
	VI	**1266,00**	440,83	440,83							
4643,99	I,IV	**765,16**	441,16	441,16	I	638,83	518,83	405,25	298,16	197,50	103,25
	II	**644,75**	441,16	441,16	II	524,50	410,58	303,16	202,25	107,66	26,00
	III	**412,00**	441,16	441,16	III	315,50	222,33	133,00	57,00		
	V	**1222,75**	441,16	441,16	IV	701,16	638,83	578,00	518,83	461,25	405,25
	VI	**1267,08**	441,16	441,16							

* Zur LSt-Berechnung für privat versicherte Arbeitnehmer s. Beispiele **Vorbemerkung S. 4f.**
** Basisvorsorgepauschale KV und PV *** Typisierter Arbeitgeberzuschuss

Lohn/ Gehalt in € bis	Steuerklasse	Lohn-steuer*	BVSP**	TAGZ***	Steuerklasse	Bemessungsgrundlage für Kirchensteuer und Solidaritätszuschlag					
						Freibeträge für ... Kinder					
						0,5	**1,0**	1,5	**2,0**	2,5	**3,0**
4646,99	I,IV	**766,00**	441,41	441,41	I	639,58	519,58	406,00	298,83	198,16	103,83
	II	**645,58**	441,41	441,41	II	525,25	411,33	303,91	202,83	108,25	26,41
	III	**412,50**	441,41	441,41	III	316,16	223,00	133,50	57,50		
	V	**1223,75**	441,41	441,41	IV	702,00	639,58	578,75	519,58	462,00	406,00
	VI	**1268,08**	441,41	441,41							
4649,99	I,IV	**766,83**	441,66	441,66	I	640,41	520,33	406,75	299,50	198,75	104,41
	II	**646,33**	441,66	441,66	II	526,00	412,08	304,58	203,50	108,83	26,83
	III	**413,16**	441,66	441,66	III	316,83	223,50	134,16	58,00		
	V	**1224,75**	441,66	441,66	IV	702,83	640,41	579,58	520,33	462,75	406,75
	VI	**1269,08**	441,66	441,66							
4652,99	I,IV	**767,75**	442,00	442,00	I	641,16	521,08	407,41	300,16	199,41	105,00
	II	**647,16**	442,00	442,00	II	526,75	412,75	305,25	204,08	109,41	27,25
	III	**413,83**	442,00	442,00	III	317,33	224,16	134,66	58,33		
	V	**1225,83**	442,00	442,00	IV	703,66	641,16	580,33	521,08	463,50	407,41
	VI	**1270,08**	442,00	442,00							
4655,99	I,IV	**768,58**	442,25	442,25	I	642,00	521,91	408,16	300,91	200,08	105,66
	II	**648,00**	442,25	442,25	II	527,50	413,50	305,91	204,75	110,08	27,75
	III	**414,50**	442,25	442,25	III	318,00	224,66	135,16	58,83		
	V	**1226,83**	442,25	442,25	IV	704,50	642,00	581,16	521,91	464,25	408,16
	VI	**1271,16**	442,25	442,25							
4658,99	I,IV	**769,41**	442,58	442,58	I	642,83	522,66	408,91	301,58	200,66	106,25
	II	**648,75**	442,58	442,58	II	528,25	414,25	306,58	205,41	110,66	28,16
	III	**415,16**	442,58	442,58	III	318,66	225,33	135,83	59,33		
	V	**1227,83**	442,58	442,58	IV	705,33	642,83	581,91	522,66	465,00	408,91
	VI	**1272,16**	442,58	442,58							
4661,99	I,IV	**770,25**	442,83	442,83	I	643,58	523,41	409,58	302,25	201,33	106,83
	II	**649,58**	442,83	442,83	II	529,08	414,91	307,25	206,08	111,25	28,58
	III	**415,83**	442,83	442,83	III	319,16	225,83	136,33	59,66		
	V	**1228,91**	442,83	442,83	IV	706,16	643,58	582,66	523,41	465,66	409,58
	VI	**1273,16**	442,83	442,83							
4664,99	I,IV	**771,08**	443,16	443,16	I	644,41	524,16	410,33	302,91	201,91	107,41
	II	**650,41**	443,16	443,16	II	529,83	415,66	307,91	206,66	111,83	29,00
	III	**416,50**	443,16	443,16	III	319,83	226,50	136,83	60,16		
	V	**1229,91**	443,16	443,16	IV	706,91	644,41	583,50	524,16	466,41	410,33
	VI	**1274,25**	443,16	443,16							
4667,99	I,IV	**772,00**	443,41	443,41	I	645,25	524,91	411,08	303,58	202,58	108,00
	II	**651,25**	443,41	443,41	II	530,58	416,41	308,66	207,33	112,41	29,50
	III	**417,00**	443,41	443,41	III	320,50	227,16	137,50	60,66	0,16	
	V	**1230,91**	443,41	443,41	IV	707,83	645,25	584,25	524,91	467,16	411,08
	VI	**1275,25**	443,41	443,41							
4670,99	I,IV	**772,83**	443,66	443,66	I	646,08	525,66	411,75	304,33	203,25	108,58
	II	**652,00**	443,66	443,66	II	531,33	417,16	309,33	208,00	113,00	29,91
	III	**417,66**	443,66	443,66	III	321,16	227,66	138,00	61,00	0,50	
	V	**1232,00**	443,66	443,66	IV	708,66	646,08	585,08	525,66	467,91	411,75
	VI	**1276,25**	443,66	443,66							
4673,99	I,IV	**773,66**	444,00	444,00	I	646,83	526,41	412,50	305,00	203,91	109,25
	II	**652,83**	444,00	444,00	II	532,08	417,83	310,00	208,58	113,66	30,33
	III	**418,33**	444,00	444,00	III	321,66	228,33	138,50	61,50	0,83	
	V	**1233,00**	444,00	444,00	IV	709,41	646,83	585,83	526,41	468,66	412,50
	VI	**1277,25**	444,00	444,00							
4676,99	I,IV	**774,50**	444,25	444,25	I	647,66	527,25	413,25	305,66	204,50	109,83
	II	**653,58**	444,25	444,25	II	532,91	418,58	310,66	209,25	114,25	30,83
	III	**419,00**	444,25	444,25	III	322,33	228,83	139,16	62,00	1,16	
	V	**1234,00**	444,25	444,25	IV	710,25	647,66	586,66	527,25	469,41	413,25
	VI	**1278,33**	444,25	444,25							
4679,99	I,IV	**775,33**	444,58	444,58	I	648,41	528,00	413,91	306,33	205,16	110,41
	II	**654,41**	444,58	444,58	II	533,66	419,25	311,33	209,91	114,83	31,25
	III	**419,66**	444,58	444,58	III	323,00	229,50	139,66	62,50	1,50	
	V	**1235,00**	444,58	444,58	IV	711,08	648,41	587,41	528,00	470,16	413,91
	VI	**1279,33**	444,58	444,58							

* Zur LSt-Berechnung für privat versicherte Arbeitnehmer s. Beispiele **Vorbemerkung S. 4 f.**
** Basisvorsorgepauschale KV und PV *** Typisierter Arbeitgeberzuschuss

Lohn/ Gehalt in € bis	Steuerklasse	Lohn-steuer*	BVSP**	TAGZ***	Steuerklasse	Bemessungsgrundlage für Kirchensteuer und Solidaritätszuschlag – Freibeträge für ... Kinder 0,5	1,0	1,5	2,0	2,5	3,0
4682,99	I,IV	**776,25**	444,83	444,83	I	649,25	528,75	414,66	307,00	205,83	111,00
	II	**655,25**	444,83	444,83	II	534,41	420,00	312,08	210,50	115,41	31,75
	III	**420,33**	444,83	444,83	III	323,66	230,16	140,33	62,83	1,83	
	V	**1236,08**	444,83	444,83	IV	711,91	649,25	588,25	528,75	470,91	414,66
	VI	**1280,33**	444,83	444,83							
4685,99	I,IV	**777,08**	445,16	445,16	I	650,08	529,50	415,41	307,66	206,41	111,58
	II	**656,08**	445,16	445,16	II	535,16	420,75	312,75	211,16	116,00	32,16
	III	**420,83**	445,16	445,16	III	324,16	230,66	140,83	63,33	2,16	
	V	**1237,08**	445,16	445,16	IV	712,75	650,08	589,00	529,50	471,66	415,41
	VI	**1281,41**	445,16	445,16							
4688,99	I,IV	**777,91**	445,41	445,41	I	650,91	530,25	416,08	308,41	207,08	112,16
	II	**656,83**	445,41	445,41	II	535,91	421,50	313,41	211,83	116,66	32,66
	III	**421,50**	445,41	445,41	III	324,83	231,33	141,33	63,83	2,50	
	V	**1238,08**	445,41	445,41	IV	713,58	650,91	589,75	530,25	472,41	416,08
	VI	**1282,41**	445,41	445,41							
4691,99	I,IV	**778,75**	445,66	445,66	I	651,66	531,08	416,83	309,08	207,66	112,75
	II	**657,66**	445,66	445,66	II	536,75	422,16	314,08	212,41	117,25	33,08
	III	**422,16**	445,66	445,66	III	325,50	231,83	141,83	64,16	2,83	
	V	**1239,08**	445,66	445,66	IV	714,41	651,66	590,58	531,08	473,16	416,83
	VI	**1283,41**	445,66	445,66							
4694,99	I,IV	**779,66**	446,00	446,00	I	652,50	531,83	417,58	309,75	208,33	113,41
	II	**658,50**	446,00	446,00	II	537,50	422,91	314,83	213,08	117,83	33,58
	III	**422,83**	446,00	446,00	III	326,00	232,50	142,50	64,66	3,33	
	V	**1240,16**	446,00	446,00	IV	715,25	652,50	591,33	531,83	473,91	417,58
	VI	**1284,50**	446,00	446,00							
4697,99	I,IV	**780,50**	446,25	446,25	I	653,33	532,58	418,33	310,41	209,00	114,00
	II	**659,33**	446,25	446,25	II	538,25	423,66	315,50	213,75	118,41	34,00
	III	**423,50**	446,25	446,25	III	326,66	233,16	143,00	65,16	3,66	
	V	**1241,16**	446,25	446,25	IV	716,08	653,33	592,16	532,58	474,66	418,33
	VI	**1285,50**	446,25	446,25							
4700,99	I,IV	**781,33**	446,58	446,58	I	654,08	533,33	419,00	311,08	209,66	114,58
	II	**660,08**	446,58	446,58	II	539,00	424,41	316,16	214,41	119,00	34,50
	III	**424,16**	446,58	446,58	III	327,33	233,66	143,66	65,66	4,00	
	V	**1242,16**	446,58	446,58	IV	716,91	654,08	592,91	533,33	475,41	419,00
	VI	**1286,50**	446,58	446,58							
4703,99	I,IV	**782,16**	446,83	446,83	I	654,91	534,08	419,75	311,75	210,25	115,16
	II	**660,91**	446,83	446,83	II	539,83	425,08	316,83	215,00	119,66	34,91
	III	**424,83**	446,83	446,83	III	328,00	234,33	144,16	66,00	4,33	
	V	**1243,16**	446,83	446,83	IV	717,75	654,91	593,75	534,08	476,08	419,75
	VI	**1287,50**	446,83	446,83							
4706,99	I,IV	**783,00**	447,08	447,08	I	655,75	534,91	420,50	312,50	210,91	115,83
	II	**661,75**	447,08	447,08	II	540,58	425,83	317,58	215,66	120,25	35,41
	III	**425,50**	447,08	447,08	III	328,50	235,00	144,66	66,50	4,66	
	V	**1244,25**	447,08	447,08	IV	718,58	655,75	594,50	534,91	476,91	420,50
	VI	**1288,58**	447,08	447,08							
4709,99	I,IV	**783,91**	447,41	447,41	I	656,58	535,66	421,16	313,16	211,58	116,41
	II	**662,58**	447,41	447,41	II	541,33	426,58	318,25	216,33	120,83	35,83
	III	**426,00**	447,41	447,41	III	329,16	235,50	145,33	67,00	5,00	
	V	**1245,25**	447,41	447,41	IV	719,41	656,58	595,33	535,66	477,66	421,16
	VI	**1289,58**	447,41	447,41							
4712,99	I,IV	**784,75**	447,66	447,66	I	657,33	536,41	421,91	313,83	212,25	117,00
	II	**663,33**	447,66	447,66	II	542,08	427,33	318,91	217,00	121,41	36,33
	III	**426,66**	447,66	447,66	III	329,83	236,16	145,83	67,50	5,33	
	V	**1246,25**	447,66	447,66	IV	720,25	657,33	596,08	536,41	478,33	421,91
	VI	**1290,58**	447,66	447,66							
4715,99	I,IV	**785,58**	448,00	448,00	I	658,16	537,16	422,66	314,50	212,83	117,58
	II	**664,16**	448,00	448,00	II	542,91	428,00	319,58	217,58	122,08	36,75
	III	**427,33**	448,00	448,00	III	330,33	236,66	146,33	67,83	5,66	
	V	**1247,33**	448,00	448,00	IV	721,08	658,16	596,83	537,16	479,08	422,66
	VI	**1291,58**	448,00	448,00							

* Zur LSt-Berechnung für privat versicherte Arbeitnehmer s. Beispiele **Vorbemerkung S. 4 f.**
** Basisvorsorgepauschale KV und PV *** Typisierter Arbeitgeberzuschuss

Lohn/ Gehalt in € bis	Steuerklasse	Lohn-steuer*	BVSP**	TAGZ***	Steuerklasse	Bemessungsgrundlage für Kirchensteuer und Solidaritätszuschlag					
						Freibeträge für ... Kinder					
						0,5	**1,0**	1,5	**2,0**	2,5	**3,0**
4718,99	I,IV	**786,41**	448,25	448,25	I	659,00	537,91	423,33	315,25	213,50	118,16
	II	**665,00**	448,25	448,25	II	543,66	428,75	320,25	218,25	122,66	37,25
	III	**428,00**	448,25	448,25	III	331,00	237,33	147,00	68,33	6,00	
	V	**1248,33**	448,25	448,25	IV	721,91	659,00	597,66	537,91	479,83	423,33
	VI	**1292,58**	448,25	448,25							
4721,99	I,IV	**787,33**	448,58	448,58	I	659,83	538,75	424,08	315,91	214,16	118,83
	II	**665,83**	448,58	448,58	II	544,41	429,50	321,00	218,91	123,25	37,75
	III	**428,66**	448,58	448,58	III	331,66	238,00	147,50	68,83	6,50	
	V	**1249,33**	448,58	448,58	IV	722,75	659,83	598,50	538,75	480,58	424,08
	VI	**1293,66**	448,58	448,58							
4724,99	I,IV	**788,16**	448,83	448,83	I	660,58	539,50	424,83	316,58	214,75	119,41
	II	**666,58**	448,83	448,83	II	545,16	430,25	321,66	219,58	123,83	38,16
	III	**429,33**	448,83	448,83	III	332,33	238,50	148,16	69,33	6,83	
	V	**1250,33**	448,83	448,83	IV	723,58	660,58	599,25	539,50	481,33	424,83
	VI	**1294,66**	448,83	448,83							
4727,99	I,IV	**789,00**	449,08	449,08	I	661,41	540,25	425,58	317,25	215,41	120,00
	II	**667,41**	449,08	449,08	II	546,00	430,91	322,33	220,16	124,50	38,66
	III	**430,00**	449,08	449,08	III	333,00	239,16	148,66	69,66	7,16	
	V	**1251,41**	449,08	449,08	IV	724,41	661,41	600,00	540,25	482,08	425,58
	VI	**1295,66**	449,08	449,08							
4730,99	I,IV	**789,83**	449,41	449,41	I	662,25	541,00	426,25	317,91	216,08	120,58
	II	**668,25**	449,41	449,41	II	546,75	431,66	323,00	220,83	125,08	39,16
	III	**430,50**	449,41	449,41	III	333,50	239,66	149,16	70,16	7,50	
	V	**1252,41**	449,41	449,41	IV	725,25	662,25	600,83	541,00	482,83	426,25
	VI	**1296,75**	449,41	449,41							
4733,99	I,IV	**790,75**	449,66	449,66	I	663,08	541,83	427,00	318,66	216,75	121,25
	II	**669,08**	449,66	449,66	II	547,50	432,41	323,75	221,50	125,66	39,58
	III	**431,16**	449,66	449,66	III	334,16	240,33	149,83	70,66	7,83	
	V	**1253,41**	449,66	449,66	IV	726,08	663,08	601,66	541,83	483,58	427,00
	VI	**1297,75**	449,66	449,66							
4736,99	I,IV	**791,58**	450,00	450,00	I	663,83	542,58	427,75	319,33	217,33	121,83
	II	**669,83**	450,00	450,00	II	548,33	433,16	324,41	222,16	126,25	40,08
	III	**431,83**	450,00	450,00	III	334,83	241,00	150,33	71,16	8,16	
	V	**1254,50**	450,00	450,00	IV	726,91	663,83	602,41	542,58	484,33	427,75
	VI	**1298,75**	450,00	450,00							
4739,99	I,IV	**792,41**	450,25	450,25	I	664,66	543,33	428,50	320,00	218,00	122,41
	II	**670,66**	450,25	450,25	II	549,08	433,83	325,08	222,75	126,91	40,58
	III	**432,50**	450,25	450,25	III	335,33	241,50	151,00	71,66	8,50	
	V	**1255,50**	450,25	450,25	IV	727,75	664,66	603,16	543,33	485,08	428,50
	VI	**1299,83**	450,25	450,25							
4742,99	I,IV	**793,25**	450,58	450,58	I	665,50	544,08	429,16	320,66	218,66	123,00
	II	**671,50**	450,58	450,58	II	549,83	434,58	325,83	223,41	127,50	41,08
	III	**433,16**	450,58	450,58	III	336,00	242,16	151,50	72,00	9,00	
	V	**1256,50**	450,58	450,58	IV	728,58	665,50	604,00	544,08	485,83	429,16
	VI	**1300,83**	450,58	450,58							
4745,99	I,IV	**794,16**	450,83	450,83	I	666,33	544,91	429,91	321,41	219,33	123,66
	II	**672,33**	450,83	450,83	II	550,58	435,33	326,50	224,08	128,08	41,58
	III	**433,83**	450,83	450,83	III	336,66	242,83	152,16	72,50	9,33	
	V	**1257,58**	450,83	450,83	IV	729,41	666,33	604,83	544,91	486,66	429,91
	VI	**1301,83**	450,83	450,83							
4748,99	I,IV	**795,00**	451,08	451,08	I	667,08	545,66	430,66	322,08	219,91	124,25
	II	**673,16**	451,08	451,08	II	551,41	436,08	327,16	224,75	128,66	42,00
	III	**434,50**	451,08	451,08	III	337,33	243,33	152,66	73,00	9,66	
	V	**1258,58**	451,08	451,08	IV	730,25	667,08	605,58	545,66	487,33	430,66
	VI	**1302,83**	451,08	451,08							
4751,99	I,IV	**795,83**	451,41	451,41	I	667,91	546,41	431,41	322,75	220,58	124,83
	II	**673,91**	451,41	451,41	II	552,16	436,83	327,83	225,33	129,33	42,50
	III	**435,00**	451,41	451,41	III	337,83	244,00	153,33	73,50	10,00	
	V	**1259,58**	451,41	451,41	IV	731,08	667,91	606,41	546,41	488,08	431,41
	VI	**1303,91**	451,41	451,41							

* Zur LSt-Berechnung für privat versicherte Arbeitnehmer s. Beispiele **Vorbemerkung S. 4 f.**
** Basisvorsorgepauschale KV und PV *** Typisierter Arbeitgeberzuschuss

Lohn/ Gehalt in € bis	Steuerklasse	Lohn- steuer*	BVSP**	TAGZ***	Steuerklasse	Bemessungsgrundlage für Kirchensteuer und Solidaritätszuschlag					
						Freibeträge für ... Kinder					
						0,5	**1,0**	1,5	**2,0**	2,5	**3,0**
4754,99	I,IV	**796,66**	451,66	451,66	I	668,75	547,25	432,08	323,50	221,25	125,41
	II	**674,75**	451,66	451,66	II	552,91	437,50	328,58	226,00	129,91	43,00
	III	**435,66**	451,66	451,66	III	338,50	244,50	153,83	73,83	10,33	
	V	**1260,58**	451,66	451,66	IV	731,91	668,75	607,16	547,25	488,83	432,08
	VI	**1304,91**	451,66	451,66							
4757,99	I,IV	**797,50**	452,00	452,00	I	669,50	548,00	432,83	324,16	221,83	126,00
	II	**675,58**	452,00	452,00	II	553,66	438,25	329,25	226,66	130,50	43,50
	III	**436,33**	452,00	452,00	III	339,16	245,16	154,50	74,33	10,66	
	V	**1261,58**	452,00	452,00	IV	732,75	669,50	607,91	548,00	489,58	432,83
	VI	**1305,91**	452,00	452,00							
4760,99	I,IV	**798,41**	452,25	452,25	I	670,41	548,75	433,58	324,83	222,50	126,66
	II	**676,41**	452,25	452,25	II	554,50	439,00	329,91	227,33	131,16	44,00
	III	**437,00**	452,25	452,25	III	339,83	245,83	155,00	74,83	11,16	
	V	**1262,66**	452,25	452,25	IV	733,58	670,41	608,75	548,75	490,41	433,58
	VI	**1307,00**	452,25	452,25							
4763,99	I,IV	**799,25**	452,50	452,50	I	671,16	549,50	434,33	325,50	223,16	127,25
	II	**677,25**	452,50	452,50	II	555,25	439,75	330,66	228,00	131,75	44,41
	III	**437,66**	452,50	452,50	III	340,33	246,33	155,50	75,33	11,50	
	V	**1263,66**	452,50	452,50	IV	734,41	671,16	609,58	549,50	491,08	434,33
	VI	**1308,00**	452,50	452,50							
4766,99	I,IV	**800,08**	452,83	452,83	I	672,00	550,33	435,08	326,25	223,83	127,83
	II	**678,00**	452,83	452,83	II	556,00	440,50	331,33	228,58	132,33	44,91
	III	**438,33**	452,83	452,83	III	341,00	247,00	156,16	75,83	11,83	
	V	**1264,66**	452,83	452,83	IV	735,25	672,00	610,33	550,33	491,83	435,08
	VI	**1309,00**	452,83	452,83							
4769,99	I,IV	**801,00**	453,08	453,08	I	672,83	551,08	435,75	326,91	224,50	128,41
	II	**678,83**	453,08	453,08	II	556,83	441,16	332,00	229,25	132,91	45,41
	III	**439,00**	453,08	453,08	III	341,66	247,50	156,66	76,33	12,16	
	V	**1265,66**	453,08	453,08	IV	736,08	672,83	611,16	551,08	492,58	435,75
	VI	**1310,00**	453,08	453,08							
4772,99	I,IV	**801,83**	453,41	453,41	I	673,66	551,83	436,50	327,58	225,16	129,08
	II	**679,66**	453,41	453,41	II	557,58	441,91	332,75	229,91	133,58	45,91
	III	**439,66**	453,41	453,41	III	342,33	248,16	157,33	76,66	12,50	
	V	**1266,75**	453,41	453,41	IV	736,91	673,66	611,91	551,83	493,41	436,50
	VI	**1311,08**	453,41	453,41							
4775,99	I,IV	**802,66**	453,66	453,66	I	674,41	552,66	437,25	328,33	225,75	129,66
	II	**680,50**	453,66	453,66	II	558,33	442,66	333,41	230,58	134,16	46,41
	III	**440,16**	453,66	453,66	III	342,83	248,83	157,83	77,16	13,00	
	V	**1267,75**	453,66	453,66	IV	737,75	674,41	612,75	552,66	494,16	437,25
	VI	**1312,08**	453,66	453,66							
4778,99	I,IV	**803,58**	454,00	454,00	I	675,25	553,41	438,00	329,00	226,41	130,25
	II	**681,33**	454,00	454,00	II	559,16	443,41	334,08	231,25	134,75	46,91
	III	**440,83**	454,00	454,00	III	343,50	249,33	158,50	77,66	13,33	
	V	**1268,75**	454,00	454,00	IV	738,58	675,25	613,50	553,41	494,91	438,00
	VI	**1313,08**	454,00	454,00							
4781,99	I,IV	**804,41**	454,25	454,25	I	676,08	554,16	438,66	329,66	227,08	130,91
	II	**682,08**	454,25	454,25	II	559,91	444,16	334,75	231,83	135,41	47,41
	III	**441,50**	454,25	454,25	III	344,16	250,00	159,00	78,16	13,66	
	V	**1269,83**	454,25	454,25	IV	739,41	676,08	614,33	554,16	495,66	438,66
	VI	**1314,08**	454,25	454,25							
4784,99	I,IV	**805,25**	454,50	454,50	I	676,91	555,00	439,41	330,41	227,75	131,50
	II	**682,91**	454,50	454,50	II	560,66	444,91	335,50	232,50	136,00	47,91
	III	**442,16**	454,50	454,50	III	344,83	250,66	159,66	78,66	14,00	
	V	**1270,83**	454,50	454,50	IV	740,33	676,91	615,16	555,00	496,41	439,41
	VI	**1315,16**	454,50	454,50							
4787,99	I,IV	**806,16**	454,83	454,83	I	677,75	555,75	440,16	331,08	228,33	132,08
	II	**683,75**	454,83	454,83	II	561,50	445,58	336,16	233,16	136,58	48,41
	III	**442,83**	454,83	454,83	III	345,33	251,16	160,16	79,16	14,33	
	V	**1271,83**	454,83	454,83	IV	741,16	677,75	615,91	555,75	497,16	440,16
	VI	**1316,16**	454,83	454,83							

* Zur LSt-Berechnung für privat versicherte Arbeitnehmer s. Beispiele **Vorbemerkung S. 4 f.**
** Basisvorsorgepauschale KV und PV *** Typisierter Arbeitgeberzuschuss

Lohn/ Gehalt in € bis	Steuerklasse	Lohn-steuer*	BVSP**	TAGZ***	Steuerklasse	Bemessungsgrundlage für Kirchensteuer und Solidaritätszuschlag – Freibeträge für ... Kinder 0,5	1,0	1,5	2,0	2,5	3,0
4 790,99	I,IV	807,00	455,08	455,08	I	678,50	556,50	440,91	331,75	229,00	132,75
	II	684,58	455,08	455,08	II	562,25	446,33	336,83	233,83	137,25	48,91
	III	443,50	455,08	455,08	III	346,00	251,83	160,83	79,66	14,83	
	V	1 272,91	455,08	455,08	IV	741,91	678,50	616,75	556,50	497,91	440,91
	VI	1 317,16	455,08	455,08							
4 793,99	I,IV	807,83	455,41	455,41	I	679,33	557,25	441,66	332,41	229,66	133,33
	II	685,41	455,41	455,41	II	563,00	447,08	337,58	234,50	137,83	49,41
	III	444,16	455,41	455,41	III	346,66	252,33	161,33	80,00	15,16	
	V	1 273,91	455,41	455,41	IV	742,75	679,33	617,50	557,25	498,66	441,66
	VI	1 318,16	455,41	455,41							
4 796,99	I,IV	808,66	455,66	455,66	I	680,16	558,08	442,33	333,08	230,33	133,91
	II	686,25	455,66	455,66	II	563,83	447,83	338,25	235,08	138,41	49,91
	III	444,83	455,66	455,66	III	347,33	253,00	162,00	80,50	15,50	
	V	1 274,91	455,66	455,66	IV	743,58	680,16	618,33	558,08	499,41	442,33
	VI	1 319,25	455,66	455,66							
4 799,99	I,IV	809,58	455,91	455,91	I	681,00	558,83	443,08	333,83	231,00	134,58
	II	687,08	455,91	455,91	II	564,58	448,58	339,00	235,75	139,08	50,41
	III	445,50	455,91	455,91	III	348,00	253,66	162,50	81,00	15,83	
	V	1 276,00	455,91	455,91	IV	744,50	681,00	619,08	558,83	500,16	443,08
	VI	1 320,25	455,91	455,91							
4 802,99	I,IV	810,41	456,25	456,25	I	681,83	559,58	443,83	334,50	231,58	135,16
	II	687,83	456,25	456,25	II	565,33	449,25	339,66	236,41	139,66	50,91
	III	446,00	456,25	456,25	III	348,50	254,16	163,16	81,50	16,16	
	V	1 277,00	456,25	456,25	IV	745,33	681,83	619,91	559,58	500,91	443,83
	VI	1 321,25	456,25	456,25							
4 805,99	I,IV	811,25	456,50	456,50	I	682,58	560,41	444,58	335,16	232,25	135,75
	II	688,66	456,50	456,50	II	566,16	450,00	340,33	237,08	140,25	51,41
	III	446,66	456,50	456,50	III	349,16	254,83	163,66	82,00	16,66	
	V	1 278,00	456,50	456,50	IV	746,16	682,58	620,66	560,41	501,66	444,58
	VI	1 322,33	456,50	456,50							
4 808,99	I,IV	812,16	456,83	456,83	I	683,41	561,16	445,33	335,91	232,91	136,33
	II	689,50	456,83	456,83	II	566,91	450,75	341,00	237,75	140,83	51,91
	III	447,33	456,83	456,83	III	349,83	255,33	164,33	82,50	17,00	
	V	1 279,00	456,83	456,83	IV	747,00	683,41	621,50	561,16	502,41	445,33
	VI	1 323,33	456,83	456,83							
4 811,99	I,IV	813,00	457,08	457,08	I	684,25	561,91	446,08	336,58	233,58	137,00
	II	690,33	457,08	457,08	II	567,75	451,50	341,75	238,41	141,50	52,50
	III	448,00	457,08	457,08	III	350,33	256,00	164,83	83,00	17,33	
	V	1 280,08	457,08	457,08	IV	747,83	684,25	622,33	561,91	503,16	446,08
	VI	1 324,33	457,08	457,08							
4 814,99	I,IV	813,91	457,41	457,41	I	685,08	562,75	446,83	337,33	234,25	137,58
	II	691,16	457,41	457,41	II	568,50	452,25	342,41	239,08	142,08	53,00
	III	448,66	457,41	457,41	III	351,00	256,66	165,50	83,50	17,66	
	V	1 281,08	457,41	457,41	IV	748,66	685,08	623,08	562,75	503,91	446,83
	VI	1 325,41	457,41	457,41							
4 817,99	I,IV	814,75	457,66	457,66	I	685,91	563,50	447,50	338,00	234,83	138,16
	II	692,00	457,66	457,66	II	569,25	453,00	343,08	239,66	142,75	53,50
	III	449,33	457,66	457,66	III	351,66	257,16	166,00	83,83	18,16	
	V	1 282,08	457,66	457,66	IV	749,50	685,91	623,91	563,50	504,75	447,50
	VI	1 326,41	457,66	457,66							
4 820,99	I,IV	815,58	457,91	457,91	I	686,75	564,25	448,25	338,66	235,50	138,83
	II	692,75	457,91	457,91	II	570,00	453,66	343,83	240,33	143,33	54,00
	III	450,00	457,91	457,91	III	352,33	257,83	166,66	84,33	18,50	
	V	1 283,08	457,91	457,91	IV	750,33	686,75	624,66	564,25	505,50	448,25
	VI	1 327,41	457,91	457,91							
4 823,99	I,IV	816,50	458,25	458,25	I	687,58	565,08	449,00	339,41	236,16	139,41
	II	693,66	458,25	458,25	II	570,83	454,50	344,50	241,00	143,91	54,58
	III	450,66	458,25	458,25	III	353,00	258,50	167,16	84,83	18,83	
	V	1 284,16	458,25	458,25	IV	751,25	687,58	625,50	565,08	506,25	449,00
	VI	1 328,50	458,25	458,25							

* Zur LSt-Berechnung für privat versicherte Arbeitnehmer s. Beispiele **Vorbemerkung S. 4f.**
** Basisvorsorgepauschale KV und PV *** Typisierter Arbeitgeberzuschuss

Lohn/ Gehalt in € bis	Steuerklasse	Lohn-steuer*	BVSP**	TAGZ***	Steuerklasse	Bemessungsgrundlage für Kirchensteuer und Solidaritätszuschlag – Freibeträge für ... Kinder 0,5	**1,0**	1,5	**2,0**	2,5	**3,0**
4826,99	I,IV	**817,33**	458,50	458,50	I	688,33	565,83	449,75	340,08	236,83	140,00
	II	**694,41**	458,50	458,50	II	571,58	455,16	345,25	241,66	144,58	55,08
	III	**451,16**	458,50	458,50	III	353,50	259,00	167,83	85,33	19,16	
	V	**1285,16**	458,50	458,50	IV	752,08	688,33	626,33	565,83	507,00	449,75
	VI	**1329,50**	458,50	458,50							
4829,99	I,IV	**818,16**	458,83	458,83	I	689,16	566,58	450,50	340,75	237,50	140,66
	II	**695,25**	458,83	458,83	II	572,41	455,91	345,91	242,33	145,16	55,58
	III	**451,83**	458,83	458,83	III	354,16	259,66	168,33	85,83	19,66	
	V	**1286,16**	458,83	458,83	IV	752,91	689,16	627,08	566,58	507,75	450,50
	VI	**1330,50**	458,83	458,83							
4832,99	I,IV	**819,08**	459,08	459,08	I	690,00	567,41	451,16	341,41	238,16	141,25
	II	**696,08**	459,08	459,08	II	573,16	456,66	346,58	243,00	145,75	56,08
	III	**452,50**	459,08	459,08	III	354,83	260,33	169,00	86,33	20,00	
	V	**1287,16**	459,08	459,08	IV	753,75	690,00	627,91	567,41	508,50	451,16
	VI	**1331,50**	459,08	459,08							
4835,99	I,IV	**819,91**	459,41	459,41	I	690,83	568,16	452,00	342,16	238,83	141,83
	II	**696,91**	459,41	459,41	II	574,00	457,41	347,33	243,66	146,41	56,66
	III	**453,16**	459,41	459,41	III	355,50	260,83	169,50	86,83	20,33	
	V	**1288,25**	459,41	459,41	IV	754,58	690,83	628,75	568,16	509,25	452,00
	VI	**1332,58**	459,41	459,41							
4838,99	I,IV	**820,83**	459,66	459,66	I	691,66	569,00	452,66	342,83	239,41	142,50
	II	**697,75**	459,66	459,66	II	574,75	458,16	348,00	244,33	147,00	57,16
	III	**453,83**	459,66	459,66	III	356,00	261,50	170,16	87,33	20,83	
	V	**1289,25**	459,66	459,66	IV	755,41	691,66	629,50	569,00	510,00	452,66
	VI	**1333,58**	459,66	459,66							
4841,99	I,IV	**821,66**	459,91	459,91	I	692,50	569,75	453,41	343,58	240,08	143,08
	II	**698,58**	459,91	459,91	II	575,50	458,91	348,66	244,91	147,58	57,66
	III	**454,50**	459,91	459,91	III	356,66	262,16	170,66	87,83	21,16	
	V	**1290,25**	459,91	459,91	IV	756,25	692,50	630,33	569,75	510,75	453,41
	VI	**1334,58**	459,91	459,91							
4844,99	I,IV	**822,50**	460,25	460,25	I	693,33	570,50	454,16	344,25	240,75	143,66
	II	**699,41**	460,25	460,25	II	576,25	459,66	349,41	245,58	148,25	58,16
	III	**455,16**	460,25	460,25	III	357,33	262,66	171,33	88,33	21,50	
	V	**1291,25**	460,25	460,25	IV	757,08	693,33	631,08	570,50	511,50	454,16
	VI	**1335,58**	460,25	460,25							
4847,99	I,IV	**823,33**	460,50	460,50	I	694,08	571,25	454,91	344,91	241,41	144,33
	II	**700,16**	460,50	460,50	II	577,08	460,33	350,08	246,25	148,83	58,75
	III	**455,83**	460,50	460,50	III	358,00	263,33	171,83	88,83	21,83	
	V	**1292,33**	460,50	460,50	IV	757,91	694,08	631,91	571,25	512,25	454,91
	VI	**1336,58**	460,50	460,50							
4850,99	I,IV	**824,25**	460,83	460,83	I	694,91	572,08	455,66	345,66	242,08	144,91
	II	**701,08**	460,83	460,83	II	577,83	461,16	350,83	246,91	149,50	59,25
	III	**456,50**	460,83	460,83	III	358,50	264,00	172,50	89,33	22,33	
	V	**1293,33**	460,83	460,83	IV	758,83	694,91	632,75	572,08	513,08	455,66
	VI	**1337,66**	460,83	460,83							
4853,99	I,IV	**825,08**	461,08	461,08	I	695,75	572,83	456,41	346,33	242,75	145,50
	II	**701,83**	461,08	461,08	II	578,66	461,83	351,50	247,58	150,08	59,75
	III	**457,16**	461,08	461,08	III	359,16	264,50	173,16	89,83	22,66	
	V	**1294,33**	461,08	461,08	IV	759,66	695,75	633,50	572,83	513,83	456,41
	VI	**1338,66**	461,08	461,08							
4856,99	I,IV	**826,00**	461,33	461,33	I	696,58	573,66	457,08	347,00	243,41	146,16
	II	**702,66**	461,33	461,33	II	579,41	462,58	352,16	248,25	150,66	60,33
	III	**457,66**	461,33	461,33	III	359,83	265,16	173,66	90,16	23,00	
	V	**1295,41**	461,33	461,33	IV	760,50	696,58	634,33	573,66	514,58	457,08
	VI	**1339,66**	461,33	461,33							
4859,99	I,IV	**826,83**	461,66	461,66	I	697,41	574,41	457,83	347,75	244,00	146,75
	II	**703,50**	461,66	461,66	II	580,16	463,33	352,91	248,91	151,33	60,83
	III	**458,33**	461,66	461,66	III	360,50	265,83	174,33	90,83	23,50	
	V	**1296,41**	461,66	461,66	IV	761,33	697,41	635,08	574,41	515,33	457,83
	VI	**1340,75**	461,66	461,66							

* Zur LSt-Berechnung für privat versicherte Arbeitnehmer s. Beispiele **Vorbemerkung S. 4 f.**
** Basisvorsorgepauschale KV und PV *** Typisierter Arbeitgeberzuschuss

Lohn/ Gehalt in € bis	Steuerklasse	Lohn-steuer*	BVSP**	TAGZ***	Steuerklasse	Bemessungsgrundlage für Kirchensteuer und Solidaritätszuschlag – Freibeträge für ... Kinder 0,5	1,0	1,5	2,0	2,5	3,0
4 862,99	I,IV	**827,75**	461,91	461,91	I	698,25	575,25	458,58	348,41	244,66	147,41
	II	**704,33**	461,91	461,91	II	581,00	464,08	353,58	249,58	151,91	61,41
	III	**459,00**	461,91	461,91	III	361,16	266,33	174,83	91,33	23,83	
	V	**1 297,41**	461,91	461,91	IV	762,16	698,25	635,91	575,25	516,08	458,58
	VI	**1 341,75**	461,91	461,91							
4 865,99	I,IV	**828,58**	462,25	462,25	I	699,08	576,00	459,33	349,16	245,33	148,00
	II	**705,16**	462,25	462,25	II	581,75	464,83	354,33	250,25	152,58	61,91
	III	**459,66**	462,25	462,25	III	361,66	267,00	175,50	91,66	24,16	
	V	**1 298,50**	462,25	462,25	IV	763,00	699,08	636,75	576,00	516,83	459,33
	VI	**1 342,75**	462,25	462,25							
4 868,99	I,IV	**829,41**	462,50	462,50	I	699,91	576,75	460,08	349,83	246,00	148,58
	II	**706,00**	462,50	462,50	II	582,58	465,58	355,00	250,83	153,16	62,50
	III	**460,33**	462,50	462,50	III	362,33	267,66	176,00	92,16	24,66	
	V	**1 299,50**	462,50	462,50	IV	763,83	699,91	637,50	576,75	517,66	460,08
	VI	**1 343,75**	462,50	462,50							
4 871,99	I,IV	**830,33**	462,83	462,83	I	700,75	577,58	460,83	350,50	246,66	149,25
	II	**706,83**	462,83	462,83	II	583,33	466,33	355,66	251,50	153,75	63,00
	III	**461,00**	462,83	462,83	III	363,00	268,16	176,66	92,66	25,00	
	V	**1 300,50**	462,83	462,83	IV	764,66	700,75	638,33	577,58	518,41	460,83
	VI	**1 344,83**	462,83	462,83							
4 874,99	I,IV	**831,16**	463,08	463,08	I	701,58	578,33	461,58	351,25	247,33	149,83
	II	**707,66**	463,08	463,08	II	584,16	467,08	356,41	252,16	154,41	63,58
	III	**461,66**	463,08	463,08	III	363,66	268,83	177,16	93,16	25,33	
	V	**1 301,58**	463,08	463,08	IV	765,58	701,58	639,16	578,33	519,16	461,58
	VI	**1 345,83**	463,08	463,08							
4 877,99	I,IV	**832,08**	463,33	463,33	I	702,41	579,16	462,33	351,91	248,00	150,50
	II	**708,50**	463,33	463,33	II	584,91	467,83	357,08	252,83	155,00	64,08
	III	**462,33**	463,33	463,33	III	364,33	269,50	177,83	93,66	25,83	
	V	**1 302,58**	463,33	463,33	IV	766,41	702,41	639,91	579,16	519,91	462,33
	VI	**1 346,83**	463,33	463,33							
4 880,99	I,IV	**832,91**	463,66	463,66	I	703,16	579,91	463,08	352,66	248,66	151,08
	II	**709,33**	463,66	463,66	II	585,75	468,58	357,83	253,50	155,66	64,66
	III	**463,00**	463,66	463,66	III	364,83	270,00	178,33	94,16	26,16	
	V	**1 303,58**	463,66	463,66	IV	767,25	703,16	640,75	579,91	520,66	463,08
	VI	**1 347,91**	463,66	463,66							
4 883,99	I,IV	**833,75**	463,91	463,91	I	704,00	580,66	463,75	353,33	249,25	151,66
	II	**710,16**	463,91	463,91	II	586,50	469,25	358,50	254,16	156,25	65,16
	III	**463,66**	463,91	463,91	III	365,50	270,66	179,00	94,66	26,50	
	V	**1 304,58**	463,91	463,91	IV	768,08	704,00	641,58	580,66	521,41	463,75
	VI	**1 348,91**	463,91	463,91							
4 886,99	I,IV	**834,66**	464,25	464,25	I	704,83	581,50	464,50	354,00	249,91	152,33
	II	**710,91**	464,25	464,25	II	587,25	470,00	359,16	254,83	156,83	65,75
	III	**464,16**	464,25	464,25	III	366,16	271,16	179,50	95,16	27,00	
	V	**1 305,58**	464,25	464,25	IV	768,91	704,83	642,33	581,50	522,16	464,50
	VI	**1 349,91**	464,25	464,25							
4 889,99	I,IV	**835,50**	464,50	464,50	I	705,66	582,25	465,25	354,75	250,58	152,91
	II	**711,83**	464,50	464,50	II	588,08	470,75	359,91	255,50	157,50	66,25
	III	**464,83**	464,50	464,50	III	366,83	271,83	180,16	95,66	27,33	
	V	**1 306,66**	464,50	464,50	IV	769,83	705,66	643,16	582,25	523,00	465,25
	VI	**1 351,00**	464,50	464,50							
4 892,99	I,IV	**836,41**	464,83	464,83	I	706,50	583,08	466,00	355,41	251,25	153,58
	II	**712,58**	464,83	464,83	II	588,83	471,50	360,58	256,16	158,08	66,83
	III	**465,50**	464,83	464,83	III	367,33	272,50	180,66	96,16	27,66	
	V	**1 307,66**	464,83	464,83	IV	770,66	706,50	644,00	583,08	523,75	466,00
	VI	**1 352,00**	464,83	464,83							
4 895,99	I,IV	**837,25**	465,08	465,08	I	707,33	583,83	466,75	356,16	251,91	154,16
	II	**713,41**	465,08	465,08	II	589,66	472,25	361,33	256,83	158,75	67,33
	III	**466,16**	465,08	465,08	III	368,00	273,00	181,33	96,66	28,16	
	V	**1 308,66**	465,08	465,08	IV	771,50	707,33	644,75	583,83	524,50	466,75
	VI	**1 353,00**	465,08	465,08							

* Zur LSt-Berechnung für privat versicherte Arbeitnehmer s. Beispiele **Vorbemerkung S. 4 f.**
** Basisvorsorgepauschale KV und PV *** Typisierter Arbeitgeberzuschuss

Lohn/ Gehalt in € bis	Steuerklasse	Lohn-steuer*	BVSP**	TAGZ***	Steuerklasse	Bemessungsgrundlage für Kirchensteuer und Solidaritätszuschlag					
						Freibeträge für ... Kinder					
						0,5	**1,0**	1,5	**2,0**	2,5	**3,0**
4 898,99	I,IV	**838,08**	465,33	465,33	I	708,16	584,58	467,50	356,83	252,58	154,75
	II	**714,25**	465,33	465,33	II	590,41	473,00	362,00	257,50	159,33	67,91
	III	**466,83**	465,33	465,33	III	368,66	273,66	181,83	97,16	28,50	
	V	**1 309,66**	465,33	465,33	IV	772,33	708,16	645,58	584,58	525,25	467,50
	VI	**1 354,00**	465,33	465,33							
4 901,99	I,IV	**839,00**	465,66	465,66	I	709,00	585,41	468,25	357,58	253,25	155,41
	II	**715,08**	465,66	465,66	II	591,25	473,75	362,75	258,16	160,00	68,50
	III	**467,50**	465,66	465,66	III	369,33	274,33	182,50	97,66	29,00	
	V	**1 310,75**	465,66	465,66	IV	773,16	709,00	646,41	585,41	526,00	468,25
	VI	**1 355,08**	465,66	465,66							
4 904,99	I,IV	**839,83**	465,91	465,91	I	709,83	586,16	469,00	358,25	253,91	156,00
	II	**715,91**	465,91	465,91	II	592,00	474,50	363,41	258,83	160,58	69,00
	III	**468,16**	465,91	465,91	III	369,83	274,83	183,00	98,16	29,33	
	V	**1 311,75**	465,91	465,91	IV	774,00	709,83	647,16	586,16	526,83	469,00
	VI	**1 356,08**	465,91	465,91							
4 907,99	I,IV	**840,75**	466,25	466,25	I	710,66	587,00	469,75	358,91	254,58	156,66
	II	**716,75**	466,25	466,25	II	592,83	475,25	364,16	259,41	161,16	69,58
	III	**468,83**	466,25	466,25	III	370,50	275,50	183,66	98,66	29,66	
	V	**1 312,75**	466,25	466,25	IV	774,91	710,66	648,00	587,00	527,58	469,75
	VI	**1 357,08**	466,25	466,25							
4 910,99	I,IV	**841,58**	466,50	466,50	I	711,50	587,75	470,50	359,66	255,25	157,25
	II	**717,58**	466,50	466,50	II	593,58	476,00	364,83	260,08	161,83	70,16
	III	**469,50**	466,50	466,50	III	371,16	276,16	184,16	99,16	30,16	
	V	**1 313,83**	466,50	466,50	IV	775,75	711,50	648,83	587,75	528,33	470,50
	VI	**1 358,08**	466,50	466,50							
4 913,99	I,IV	**842,50**	466,75	466,75	I	712,33	588,58	471,25	360,33	255,91	157,91
	II	**718,41**	466,75	466,75	II	594,41	476,75	365,58	260,83	162,50	70,75
	III	**470,16**	466,75	466,75	III	371,83	276,66	184,83	99,66	30,50	
	V	**1 314,83**	466,75	466,75	IV	776,58	712,33	649,66	588,58	529,08	471,25
	VI	**1 359,16**	466,75	466,75							
4 916,99	I,IV	**843,33**	467,08	467,08	I	713,16	589,33	472,00	361,08	256,58	158,50
	II	**719,25**	467,08	467,08	II	595,16	477,50	366,25	261,41	163,08	71,25
	III	**470,83**	467,08	467,08	III	372,50	277,33	185,50	100,33	31,00	
	V	**1 315,83**	467,08	467,08	IV	777,41	713,16	650,41	589,33	529,83	472,00
	VI	**1 360,16**	467,08	467,08							
4 919,99	I,IV	**844,25**	467,33	467,33	I	714,00	590,16	472,75	361,75	257,25	159,08
	II	**720,08**	467,33	467,33	II	595,91	478,25	367,00	262,08	163,66	71,83
	III	**471,33**	467,33	467,33	III	373,00	278,00	186,00	100,66	31,33	
	V	**1 316,83**	467,33	467,33	IV	778,25	714,00	651,25	590,16	530,58	472,75
	VI	**1 361,16**	467,33	467,33							
4 922,99	I,IV	**845,08**	467,66	467,66	I	714,75	590,91	473,50	362,41	257,83	159,75
	II	**720,91**	467,66	467,66	II	596,75	479,00	367,66	262,75	164,33	72,41
	III	**472,00**	467,66	467,66	III	373,66	278,50	186,66	101,33	31,66	
	V	**1 317,91**	467,66	467,66	IV	779,16	714,75	652,00	590,91	531,41	473,50
	VI	**1 362,16**	467,66	467,66							
4 925,99	I,IV	**845,91**	467,91	467,91	I	715,58	591,66	474,16	363,16	258,50	160,33
	II	**721,75**	467,91	467,91	II	597,50	479,75	368,33	263,41	164,91	72,91
	III	**472,66**	467,91	467,91	III	374,33	279,16	187,16	101,66	32,16	
	V	**1 318,91**	467,91	467,91	IV	780,00	715,58	652,83	591,66	532,16	474,16
	VI	**1 363,25**	467,91	467,91							
4 928,99	I,IV	**846,83**	468,25	468,25	I	716,41	592,50	475,00	363,83	259,25	161,00
	II	**722,58**	468,25	468,25	II	598,33	480,50	369,08	264,08	165,58	73,50
	III	**473,33**	468,25	468,25	III	375,00	279,83	187,83	102,33	32,50	
	V	**1 319,91**	468,25	468,25	IV	780,83	716,41	653,66	592,50	532,91	475,00
	VI	**1 364,25**	468,25	468,25							
4 931,99	I,IV	**847,75**	468,50	468,50	I	717,25	593,25	475,75	364,58	259,83	161,58
	II	**723,41**	468,50	468,50	II	599,08	481,25	369,75	264,75	166,16	74,08
	III	**474,00**	468,50	468,50	III	375,66	280,33	188,33	102,83	33,00	
	V	**1 321,00**	468,50	468,50	IV	781,66	717,25	654,50	593,25	533,66	475,75
	VI	**1 365,25**	468,50	468,50							

* Zur LSt-Berechnung für privat versicherte Arbeitnehmer s. Beispiele **Vorbemerkung S. 4f.**
** Basisvorsorgepauschale KV und PV *** Typisierter Arbeitgeberzuschuss

Lohn/ Gehalt in € bis	Steuerklasse	Lohn- steuer*	BVSP**	TAGZ***	Steuerklasse	Bemessungsgrundlage für Kirchensteuer und Solidaritätszuschlag					
						Freibeträge für ... Kinder					
						0,5	**1,0**	1,5	**2,0**	2,5	**3,0**
4 934,99	I,IV	**848,58**	468,75	468,75	I	718,08	594,08	476,41	365,25	260,50	162,16
	II	**724,25**	468,75	468,75	II	599,91	482,00	370,50	265,41	166,83	74,66
	III	**474,66**	468,75	468,75	III	376,16	281,00	189,00	103,33	33,33	
	V	**1 322,00**	468,75	468,75	IV	782,50	718,08	655,25	594,08	534,41	476,41
	VI	**1 366,33**	468,75	468,75							
4 937,99	I,IV	**849,41**	469,08	469,08	I	718,91	594,83	477,16	366,00	261,16	162,83
	II	**725,08**	469,08	469,08	II	600,66	482,75	371,16	266,08	167,41	75,25
	III	**475,33**	469,08	469,08	III	376,83	281,66	189,50	103,83	33,66	
	V	**1 323,00**	469,08	469,08	IV	783,41	718,91	656,08	594,83	535,25	477,16
	VI	**1 367,33**	469,08	469,08							
4 940,99	I,IV	**850,33**	469,33	469,33	I	719,75	595,66	478,00	366,66	261,83	163,50
	II	**725,91**	469,33	469,33	II	601,50	483,50	371,91	266,75	168,08	75,83
	III	**476,00**	469,33	469,33	III	377,50	282,16	190,16	104,33	34,16	
	V	**1 324,08**	469,33	469,33	IV	784,25	719,75	656,91	595,66	536,00	478,00
	VI	**1 368,33**	469,33	469,33							
4 943,99	I,IV	**851,16**	469,66	469,66	I	720,58	596,41	478,66	367,41	262,50	164,08
	II	**726,75**	469,66	469,66	II	602,25	484,25	372,58	267,41	168,66	76,41
	III	**476,66**	469,66	469,66	III	378,16	282,83	190,66	104,83	34,50	
	V	**1 325,08**	469,66	469,66	IV	785,08	720,58	657,75	596,41	536,75	478,66
	VI	**1 369,33**	469,66	469,66							
4 946,99	I,IV	**852,08**	469,91	469,91	I	721,41	597,25	479,41	368,08	263,16	164,66
	II	**727,58**	469,91	469,91	II	603,08	485,00	373,33	268,08	169,33	76,91
	III	**477,33**	469,91	469,91	III	378,83	283,50	191,33	105,33	35,00	
	V	**1 326,08**	469,91	469,91	IV	785,91	721,41	658,50	597,25	537,50	479,41
	VI	**1 370,41**	469,91	469,91							
4 949,99	I,IV	**852,91**	470,16	470,16	I	722,25	598,00	480,16	368,83	263,83	165,33
	II	**728,41**	470,16	470,16	II	603,83	485,75	374,00	268,75	169,91	77,50
	III	**478,00**	470,16	470,16	III	379,33	284,00	191,83	105,83	35,33	
	V	**1 327,08**	470,16	470,16	IV	786,83	722,25	659,33	598,00	538,33	480,16
	VI	**1 371,41**	470,16	470,16							
4 952,99	I,IV	**853,83**	470,50	470,50	I	723,08	598,83	480,91	369,50	264,50	165,91
	II	**729,25**	470,50	470,50	II	604,66	486,50	374,75	269,41	170,58	78,08
	III	**478,66**	470,50	470,50	III	380,00	284,66	192,50	106,33	35,83	
	V	**1 328,16**	470,50	470,50	IV	787,66	723,08	660,16	598,83	539,08	480,91
	VI	**1 372,41**	470,50	470,50							
4 955,99	I,IV	**854,66**	470,75	470,75	I	723,91	599,58	481,66	370,25	265,16	166,58
	II	**730,08**	470,75	470,75	II	605,41	487,25	375,41	270,08	171,16	78,66
	III	**479,33**	470,75	470,75	III	380,66	285,33	193,16	106,83	36,16	
	V	**1 329,16**	470,75	470,75	IV	788,50	723,91	661,00	599,58	539,83	481,66
	VI	**1 373,50**	470,75	470,75							
4 958,99	I,IV	**855,58**	471,08	471,08	I	724,75	600,41	482,41	370,91	265,83	167,16
	II	**730,91**	471,08	471,08	II	606,25	488,00	376,16	270,75	171,83	79,25
	III	**479,83**	471,08	471,08	III	381,33	285,83	193,66	107,33	36,50	
	V	**1 330,16**	471,08	471,08	IV	789,33	724,75	661,75	600,41	540,58	482,41
	VI	**1 374,50**	471,08	471,08							
4 961,99	I,IV	**856,41**	471,33	471,33	I	725,58	601,16	483,16	371,66	266,50	167,83
	II	**731,75**	471,33	471,33	II	607,00	488,75	376,83	271,41	172,41	79,83
	III	**480,50**	471,33	471,33	III	382,00	286,50	194,33	108,00	37,00	
	V	**1 331,16**	471,33	471,33	IV	790,25	725,58	662,58	601,16	541,41	483,16
	VI	**1 375,50**	471,33	471,33							
4 964,99	I,IV	**857,33**	471,66	471,66	I	726,41	602,00	483,91	372,33	267,16	168,41
	II	**732,58**	471,66	471,66	II	607,83	489,50	377,58	272,08	173,00	80,41
	III	**481,16**	471,66	471,66	III	382,50	287,16	194,83	108,33	37,33	
	V	**1 332,16**	471,66	471,66	IV	791,08	726,41	663,41	602,00	542,16	483,91
	VI	**1 376,50**	471,66	471,66							
4 967,99	I,IV	**858,25**	471,91	471,91	I	727,25	602,75	484,66	373,08	267,83	169,08
	II	**733,41**	471,91	471,91	II	608,66	490,25	378,33	272,75	173,66	81,00
	III	**481,83**	471,91	471,91	III	383,16	287,66	195,50	109,00	37,83	
	V	**1 333,25**	471,91	471,91	IV	791,91	727,25	664,25	602,75	542,91	484,66
	VI	**1 377,58**	471,91	471,91							

* Zur LSt-Berechnung für privat versicherte Arbeitnehmer s. Beispiele **Vorbemerkung S. 4f.**
** Basisvorsorgepauschale KV und PV *** Typisierter Arbeitgeberzuschuss

Lohn/ Gehalt in € bis	Steuerklasse	**Lohn-steuer***	BVSP**	TAGZ***	Steuerklasse	Bemessungsgrundlage für Kirchensteuer und Solidaritätszuschlag – Freibeträge für ... Kinder 0,5	**1,0**	1,5	**2,0**	2,5	**3,0**
4970,99	I,IV	**859,08**	472,16	472,16	I	728,08	603,58	485,41	373,75	268,50	169,66
	II	**734,25**	472,16	472,16	II	609,41	491,00	379,00	273,41	174,33	81,58
	III	**482,50**	472,16	472,16	III	383,83	288,33	196,16	109,50	38,16	
	V	**1334,25**	472,16	472,16	IV	792,75	728,08	665,00	603,58	543,66	485,41
	VI	**1378,58**	472,16	472,16							
4973,99	I,IV	**859,91**	472,50	472,50	I	728,91	604,33	486,16	374,50	269,16	170,33
	II	**735,08**	472,50	472,50	II	610,25	491,75	379,66	274,08	174,91	82,16
	III	**483,16**	472,50	472,50	III	384,50	289,00	196,66	110,00	38,66	
	V	**1335,25**	472,50	472,50	IV	793,66	728,91	665,83	604,33	544,50	486,16
	VI	**1379,58**	472,50	472,50							
4976,99	I,IV	**860,83**	472,75	472,75	I	729,75	605,16	486,91	375,16	269,83	170,91
	II	**735,91**	472,75	472,75	II	611,00	492,50	380,41	274,75	175,58	82,75
	III	**483,83**	472,75	472,75	III	385,16	289,50	197,33	110,50	39,00	
	V	**1336,33**	472,75	472,75	IV	794,50	729,75	666,66	605,16	545,25	486,91
	VI	**1380,58**	472,75	472,75							
4979,99	I,IV	**861,75**	473,08	473,08	I	730,58	605,91	487,66	375,91	270,50	171,58
	II	**736,83**	473,08	473,08	II	611,83	493,25	381,16	275,41	176,16	83,33
	III	**484,50**	473,08	473,08	III	385,66	290,16	197,83	111,00	39,50	
	V	**1337,33**	473,08	473,08	IV	795,33	730,58	667,50	605,91	546,00	487,66
	VI	**1381,66**	473,08	473,08							
4982,99	I,IV	**862,58**	473,33	473,33	I	731,41	606,75	488,41	376,58	271,16	172,16
	II	**737,66**	473,33	473,33	II	612,58	494,00	381,83	276,08	176,83	83,91
	III	**485,16**	473,33	473,33	III	386,33	290,83	198,50	111,50	39,83	
	V	**1338,33**	473,33	473,33	IV	796,25	731,41	668,25	606,75	546,75	488,41
	VI	**1382,66**	473,33	473,33							
4985,99	I,IV	**863,50**	473,66	473,66	I	732,25	607,50	489,16	377,33	271,83	172,83
	II	**738,50**	473,66	473,66	II	613,41	494,75	382,58	276,75	177,41	84,50
	III	**485,83**	473,66	473,66	III	387,00	291,50	199,00	112,00	40,33	
	V	**1339,41**	473,66	473,66	IV	797,08	732,25	669,08	607,50	547,58	489,16
	VI	**1383,66**	473,66	473,66							
4988,99	I,IV	**864,41**	473,75	473,75	I	733,16	608,33	490,00	378,08	272,58	173,50
	II	**739,33**	473,75	473,75	II	614,25	495,58	383,33	277,50	178,08	85,16
	III	**486,50**	473,75	473,75	III	387,66	292,00	199,66	112,66	40,66	
	V	**1340,50**	473,75	473,75	IV	798,00	733,16	670,00	608,33	548,33	490,00
	VI	**1384,75**	473,75	473,75							
4991,99	I,IV	**865,41**	473,75	473,75	I	734,08	609,25	490,83	378,83	273,33	174,16
	II	**740,33**	473,75	473,75	II	615,16	496,41	384,08	278,25	178,83	85,83
	III	**487,16**	473,75	473,75	III	388,33	292,83	200,33	113,16	41,16	
	V	**1341,58**	473,75	473,75	IV	798,91	734,08	670,91	609,25	549,25	490,83
	VI	**1385,91**	473,75	473,75							
4994,99	I,IV	**866,33**	473,75	473,75	I	735,00	610,16	491,66	379,66	274,00	174,83
	II	**741,25**	473,75	473,75	II	616,00	497,25	384,91	279,00	179,50	86,41
	III	**488,00**	473,75	473,75	III	389,16	293,50	201,00	113,83	41,66	
	V	**1342,75**	473,75	473,75	IV	799,91	735,00	671,75	610,16	550,08	491,66
	VI	**1387,08**	473,75	473,75							
4997,99	I,IV	**867,33**	473,75	473,75	I	736,00	611,00	492,50	380,41	274,75	175,58
	II	**742,16**	473,75	473,75	II	616,91	498,08	385,66	279,75	180,25	87,08
	III	**488,66**	473,75	473,75	III	389,83	294,16	201,66	114,33	42,16	
	V	**1343,91**	473,75	473,75	IV	800,83	736,00	672,66	611,00	551,00	492,50
	VI	**1388,16**	473,75	473,75							
5000,99	I,IV	**868,33**	473,75	473,75	I	736,91	611,91	493,33	381,25	275,58	176,25
	II	**743,08**	473,75	473,75	II	617,83	498,91	386,50	280,50	180,91	87,75
	III	**489,50**	473,75	473,75	III	390,50	294,83	202,33	115,00	42,66	
	V	**1345,08**	473,75	473,75	IV	801,83	736,91	673,58	611,91	551,83	493,33
	VI	**1389,33**	473,75	473,75							
5003,99	I,IV	**869,33**	473,75	473,75	I	737,83	612,83	494,16	382,00	276,25	177,00
	II	**744,00**	473,75	473,75	II	618,66	499,75	387,25	281,25	181,58	88,41
	III	**490,16**	473,75	473,75	III	391,16	295,50	203,00	115,50	43,00	
	V	**1346,16**	473,75	473,75	IV	802,75	737,83	674,50	612,83	552,66	494,16
	VI	**1390,50**	473,75	473,75							

* Zur LSt-Berechnung für privat versicherte Arbeitnehmer s. Beispiele **Vorbemerkung S. 4 f.**

** Basisvorsorgepauschale KV und PV *** Typisierter Arbeitgeberzuschuss

Lohn/ Gehalt in € bis	Steuerklasse	Lohn-steuer*	BVSP**	TAGZ***	Steuerklasse	Bemessungsgrundlage für Kirchensteuer und Solidaritätszuschlag – Freibeträge für ... Kinder 0,5	1,0	1,5	2,0	2,5	3,0
5006,99	I,IV	**870,25**	473,75	473,75	I	738,75	613,66	495,00	382,83	277,00	177,66
	II	**745,00**	473,75	473,75	II	619,58	500,58	388,08	282,00	182,33	89,08
	III	**490,83**	473,75	473,75	III	392,00	296,16	203,66	116,16	43,50	
	V	**1347,33**	473,75	473,75	IV	803,75	738,75	675,41	613,66	553,58	495,00
	VI	**1391,66**	473,75	473,75							
5009,99	I,IV	**871,25**	473,75	473,75	I	739,75	614,58	495,91	383,58	277,75	178,41
	II	**745,91**	473,75	473,75	II	620,50	501,50	388,91	282,75	183,00	89,75
	III	**491,66**	473,75	473,75	III	392,66	296,83	204,33	116,66	44,00	
	V	**1348,50**	473,75	473,75	IV	804,66	739,75	676,33	614,58	554,41	495,91
	VI	**1392,75**	473,75	473,75							
5012,99	I,IV	**872,25**	473,75	473,75	I	740,66	615,50	496,75	384,41	278,50	179,08
	II	**746,83**	473,75	473,75	II	621,33	502,33	389,66	283,50	183,75	90,41
	III	**492,33**	473,75	473,75	III	393,33	297,50	205,00	117,33	44,50	
	V	**1349,58**	473,75	473,75	IV	805,66	740,66	677,25	615,50	555,25	496,75
	VI	**1393,91**	473,75	473,75							
5015,99	I,IV	**873,25**	473,75	473,75	I	741,58	616,33	497,58	385,25	279,25	179,75
	II	**747,75**	473,75	473,75	II	622,25	503,16	390,50	284,25	184,41	91,08
	III	**493,16**	473,75	473,75	III	394,00	298,16	205,66	117,83	45,00	
	V	**1350,75**	473,75	473,75	IV	806,58	741,58	678,16	616,33	556,16	497,58
	VI	**1395,08**	473,75	473,75							
5018,99	I,IV	**874,25**	473,75	473,75	I	742,50	617,25	498,41	386,00	280,00	180,50
	II	**748,75**	473,75	473,75	II	623,16	504,00	391,25	285,00	185,16	91,75
	III	**493,83**	473,75	473,75	III	394,83	299,00	206,33	118,50	45,50	
	V	**1351,91**	473,75	473,75	IV	807,58	742,50	679,08	617,25	557,00	498,41
	VI	**1396,25**	473,75	473,75							
5021,99	I,IV	**875,16**	473,75	473,75	I	743,41	618,16	499,25	386,83	280,75	181,16
	II	**749,66**	473,75	473,75	II	624,00	504,83	392,08	285,75	185,83	92,33
	III	**494,50**	473,75	473,75	III	395,50	299,66	207,00	119,16	45,83	
	V	**1353,00**	473,75	473,75	IV	808,50	743,41	680,00	618,16	557,91	499,25
	VI	**1397,33**	473,75	473,75							
5024,99	I,IV	**876,16**	473,75	473,75	I	744,41	619,00	500,08	387,58	281,50	181,91
	II	**750,58**	473,75	473,75	II	624,91	505,66	392,91	286,50	186,58	93,00
	III	**495,33**	473,75	473,75	III	396,16	300,33	207,66	119,66	46,33	
	V	**1354,16**	473,75	473,75	IV	809,50	744,41	680,91	619,00	558,75	500,08
	VI	**1398,50**	473,75	473,75							
5027,99	I,IV	**877,16**	473,75	473,75	I	745,33	619,91	500,91	388,41	282,25	182,58
	II	**751,58**	473,75	473,75	II	625,83	506,58	393,66	287,25	187,25	93,66
	III	**496,00**	473,75	473,75	III	397,00	301,00	208,33	120,33	46,83	
	V	**1355,33**	473,75	473,75	IV	810,50	745,33	681,83	619,91	559,66	500,91
	VI	**1399,66**	473,75	473,75							
5030,99	I,IV	**878,16**	473,75	473,75	I	746,25	620,83	501,75	389,16	283,00	183,25
	II	**752,50**	473,75	473,75	II	626,75	507,41	394,50	288,00	187,91	94,33
	III	**496,83**	473,75	473,75	III	397,66	301,66	209,00	120,83	47,33	
	V	**1356,50**	473,75	473,75	IV	811,41	746,25	682,75	620,83	560,50	501,75
	VI	**1400,75**	473,75	473,75							
5033,99	I,IV	**879,16**	473,75	473,75	I	747,25	621,75	502,66	390,00	283,75	184,00
	II	**753,41**	473,75	473,75	II	627,58	508,25	395,25	288,75	188,66	95,00
	III	**497,50**	473,75	473,75	III	398,33	302,33	209,66	121,50	47,83	
	V	**1357,58**	473,75	473,75	IV	812,41	747,25	683,66	621,75	561,33	502,66
	VI	**1401,91**	473,75	473,75							
5036,99	I,IV	**880,08**	473,75	473,75	I	748,16	622,58	503,50	390,75	284,50	184,66
	II	**754,33**	473,75	473,75	II	628,50	509,08	396,08	289,50	189,33	95,66
	III	**498,16**	473,75	473,75	III	399,00	303,00	210,33	122,00	48,33	
	V	**1358,75**	473,75	473,75	IV	813,33	748,16	684,58	622,58	562,25	503,50
	VI	**1403,08**	473,75	473,75							
5039,99	I,IV	**881,08**	473,75	473,75	I	749,08	623,50	504,33	391,58	285,25	185,41
	II	**755,33**	473,75	473,75	II	629,41	509,91	396,91	290,25	190,08	96,33
	III	**499,00**	473,75	473,75	III	399,83	303,66	211,00	122,66	48,83	
	V	**1359,91**	473,75	473,75	IV	814,33	749,08	685,50	623,50	563,08	504,33
	VI	**1404,16**	473,75	473,75							

* Zur LSt-Berechnung für privat versicherte Arbeitnehmer s. Beispiele **Vorbemerkung S. 4 f.**
** Basisvorsorgepauschale KV und PV *** Typisierter Arbeitgeberzuschuss

Lohn/ Gehalt in € bis	Steuerklasse	Lohn- steuer*	BVSP**	TAGZ***	Steuerklasse	Bemessungsgrundlage für Kirchensteuer und Solidaritätszuschlag					
						Freibeträge für ... Kinder					
						0,5	**1,0**	1,5	**2,0**	2,5	**3,0**
5042,99	I,IV	**882,08**	473,75	473,75	I	750,00	624,41	505,16	392,41	286,00	186,08
	II	**756,25**	473,75	473,75	II	630,33	510,75	397,66	291,00	190,75	97,00
	III	**499,66**	473,75	473,75	III	400,50	304,50	211,66	123,33	49,16	
	V	**1361,08**	473,75	473,75	IV	815,25	750,00	686,41	624,41	564,00	505,16
	VI	**1405,33**	473,75	473,75							
5045,99	I,IV	**883,08**	473,75	473,75	I	750,91	625,25	506,00	393,16	286,75	186,83
	II	**757,16**	473,75	473,75	II	631,16	511,58	398,50	291,75	191,50	97,66
	III	**500,50**	473,75	473,75	III	401,16	305,16	212,33	123,83	49,66	
	V	**1362,16**	473,75	473,75	IV	816,25	750,91	687,33	625,25	564,83	506,00
	VI	**1406,50**	473,75	473,75							
5048,99	I,IV	**884,08**	473,75	473,75	I	751,91	626,16	506,83	394,00	287,50	187,50
	II	**758,16**	473,75	473,75	II	632,08	512,50	399,25	292,50	192,16	98,33
	III	**501,16**	473,75	473,75	III	401,83	305,83	213,00	124,50	50,16	
	V	**1363,33**	473,75	473,75	IV	817,16	751,91	688,25	626,16	565,75	506,83
	VI	**1407,66**	473,75	473,75							
5051,99	I,IV	**885,08**	473,75	473,75	I	752,83	627,08	507,75	394,83	288,33	188,25
	II	**759,08**	473,75	473,75	II	633,00	513,33	400,08	293,25	192,91	99,00
	III	**501,83**	473,75	473,75	III	402,66	306,50	213,66	125,00	50,66	
	V	**1364,50**	473,75	473,75	IV	818,16	752,83	689,16	627,08	566,58	507,75
	VI	**1408,75**	473,75	473,75							
5054,99	I,IV	**886,08**	473,75	473,75	I	753,75	627,91	508,58	395,58	289,00	188,91
	II	**760,00**	473,75	473,75	II	633,83	514,16	400,91	294,00	193,58	99,58
	III	**502,66**	473,75	473,75	III	403,33	307,16	214,33	125,66	51,16	
	V	**1365,58**	473,75	473,75	IV	819,08	753,75	690,08	627,91	567,41	508,58
	VI	**1409,91**	473,75	473,75							
5057,99	I,IV	**887,08**	473,75	473,75	I	754,75	628,83	509,41	396,41	289,83	189,66
	II	**761,00**	473,75	473,75	II	634,75	515,00	401,66	294,83	194,33	100,33
	III	**503,33**	473,75	473,75	III	404,00	307,83	215,00	126,33	51,66	
	V	**1366,75**	473,75	473,75	IV	820,08	754,75	691,00	628,83	568,33	509,41
	VI	**1411,08**	473,75	473,75							
5060,99	I,IV	**888,00**	473,75	473,75	I	755,66	629,75	510,25	397,16	290,58	190,33
	II	**761,91**	473,75	473,75	II	635,66	515,91	402,50	295,58	195,08	101,00
	III	**504,16**	473,75	473,75	III	404,66	308,50	215,66	126,83	52,16	
	V	**1367,91**	473,75	473,75	IV	821,08	755,66	691,91	629,75	569,16	510,25
	VI	**1412,25**	473,75	473,75							
5063,99	I,IV	**889,00**	473,75	473,75	I	756,58	630,66	511,08	398,00	291,33	191,08
	II	**762,83**	473,75	473,75	II	636,58	516,75	403,33	296,33	195,75	101,58
	III	**504,83**	473,75	473,75	III	405,50	309,16	216,33	127,50	52,66	
	V	**1369,00**	473,75	473,75	IV	822,00	756,58	692,83	630,66	570,08	511,08
	VI	**1413,33**	473,75	473,75							
5066,99	I,IV	**890,00**	473,75	473,75	I	757,58	631,50	511,91	398,83	292,08	191,75
	II	**763,83**	473,75	473,75	II	637,50	517,58	404,08	297,08	196,50	102,25
	III	**505,66**	473,75	473,75	III	406,16	310,00	217,00	128,16	53,16	
	V	**1370,16**	473,75	473,75	IV	823,00	757,58	693,75	631,50	570,91	511,91
	VI	**1414,50**	473,75	473,75							
5069,99	I,IV	**891,00**	473,75	473,75	I	758,50	632,41	512,83	399,58	292,83	192,50
	II	**764,75**	473,75	473,75	II	638,41	518,41	404,91	297,83	197,16	102,91
	III	**506,33**	473,75	473,75	III	406,83	310,66	217,66	128,66	53,66	
	V	**1371,33**	473,75	473,75	IV	823,91	758,50	694,66	632,41	571,83	512,83
	VI	**1415,66**	473,75	473,75							
5072,99	I,IV	**892,00**	473,75	473,75	I	759,41	633,33	513,66	400,41	293,58	193,16
	II	**765,66**	473,75	473,75	II	639,25	519,25	405,66	298,58	197,83	103,58
	III	**507,00**	473,75	473,75	III	407,50	311,33	218,33	129,33	54,00	
	V	**1372,41**	473,75	473,75	IV	824,91	759,41	695,58	633,33	572,66	513,66
	VI	**1416,75**	473,75	473,75							
5075,99	I,IV	**893,00**	473,75	473,75	I	760,41	634,25	514,50	401,16	294,33	193,91
	II	**766,66**	473,75	473,75	II	640,16	520,16	406,50	299,33	198,58	104,25
	III	**507,83**	473,75	473,75	III	408,33	312,00	219,00	130,00	54,50	
	V	**1373,58**	473,75	473,75	IV	825,91	760,41	696,50	634,25	573,58	514,50
	VI	**1417,91**	473,75	473,75							

* Zur LSt-Berechnung für privat versicherte Arbeitnehmer s. Beispiele **Vorbemerkung S. 4 f.**
** Basisvorsorgepauschale KV und PV *** Typisierter Arbeitgeberzuschuss

Lohn/ Gehalt in € bis	Steuerklasse	Lohnsteuer*	BVSP**	TAGZ***	Steuerklasse	Bemessungsgrundlage für Kirchensteuer und Solidaritätszuschlag – Freibeträge für ... Kinder 0,5	1,0	1,5	2,0	2,5	3,0
5078,99	I,IV	**894,00**	473,75	473,75	I	761,33	635,16	515,33	402,00	295,08	194,58
	II	**767,58**	473,75	473,75	II	641,08	521,00	407,33	300,08	199,33	104,91
	III	**508,50**	473,75	473,75	III	409,00	312,66	219,66	130,50	55,00	
	V	**1374,75**	473,75	473,75	IV	826,83	761,33	697,41	635,16	574,41	515,33
	VI	**1419,08**	473,75	473,75							
5081,99	I,IV	**894,91**	473,75	473,75	I	762,25	636,00	516,16	402,83	295,83	195,33
	II	**768,50**	473,75	473,75	II	642,00	521,83	408,08	300,83	200,00	105,58
	III	**509,33**	473,75	473,75	III	409,66	313,33	220,33	131,16	55,50	
	V	**1375,91**	473,75	473,75	IV	827,83	762,25	698,33	636,00	575,33	516,16
	VI	**1420,16**	473,75	473,75							
5084,99	I,IV	**895,91**	473,75	473,75	I	763,25	636,91	517,08	403,58	296,58	196,00
	II	**769,50**	473,75	473,75	II	642,83	522,66	408,91	301,58	200,75	106,25
	III	**510,00**	473,75	473,75	III	410,50	314,16	221,00	131,83	56,00	
	V	**1377,00**	473,75	473,75	IV	828,75	763,25	699,25	636,91	576,16	517,08
	VI	**1421,33**	473,75	473,75							
5087,99	I,IV	**897,00**	473,75	473,75	I	764,16	637,83	517,91	404,41	297,33	196,75
	II	**770,41**	473,75	473,75	II	643,75	523,58	409,75	302,41	201,41	106,91
	III	**510,83**	473,75	473,75	III	411,16	314,83	221,66	132,33	56,50	
	V	**1378,16**	473,75	473,75	IV	829,75	764,16	700,16	637,83	577,08	517,91
	VI	**1422,50**	473,75	473,75							
5090,99	I,IV	**897,91**	473,75	473,75	I	765,08	638,75	518,75	405,25	298,08	197,41
	II	**771,33**	473,75	473,75	II	644,66	524,41	410,58	303,16	202,16	107,58
	III	**511,50**	473,75	473,75	III	411,83	315,50	222,33	133,00	57,00	
	V	**1379,33**	473,75	473,75	IV	830,75	765,08	701,08	638,75	577,91	518,75
	VI	**1423,58**	473,75	473,75							
5093,99	I,IV	**898,91**	473,75	473,75	I	766,08	639,58	519,58	406,00	298,91	198,16
	II	**772,33**	473,75	473,75	II	645,58	525,25	411,33	303,91	202,83	108,25
	III	**512,33**	473,75	473,75	III	412,66	316,16	223,00	133,66	57,50	
	V	**1380,50**	473,75	473,75	IV	831,66	766,08	702,00	639,58	578,83	519,58
	VI	**1424,75**	473,75	473,75							
5096,99	I,IV	**899,91**	473,75	473,75	I	767,00	640,50	520,50	406,83	299,66	198,91
	II	**773,25**	473,75	473,75	II	646,50	526,08	412,16	304,66	203,58	108,91
	III	**513,00**	473,75	473,75	III	413,33	316,83	223,66	134,16	58,00	
	V	**1381,58**	473,75	473,75	IV	832,66	767,00	703,00	640,50	579,66	520,50
	VI	**1425,91**	473,75	473,75							
5099,99	I,IV	**900,91**	473,75	473,75	I	767,91	641,41	521,33	407,66	300,41	199,58
	II	**774,25**	473,75	473,75	II	647,33	526,91	413,00	305,41	204,25	109,58
	III	**513,66**	473,75	473,75	III	414,00	317,50	224,33	134,83	58,50	
	V	**1382,75**	473,75	473,75	IV	833,66	767,91	703,83	641,41	580,58	521,33
	VI	**1427,08**	473,75	473,75							
5102,99	I,IV	**901,91**	473,75	473,75	I	768,91	642,33	522,16	408,41	301,16	200,33
	II	**775,16**	473,75	473,75	II	648,25	527,83	413,75	306,16	205,00	110,25
	III	**514,50**	473,75	473,75	III	414,83	318,33	225,00	135,50	59,00	
	V	**1383,91**	473,75	473,75	IV	834,58	768,91	704,83	642,33	581,41	522,16
	VI	**1428,25**	473,75	473,75							
5105,99	I,IV	**902,91**	473,75	473,75	I	769,83	643,16	523,00	409,25	301,91	201,00
	II	**776,08**	473,75	473,75	II	649,16	528,66	414,58	306,91	205,75	110,91
	III	**515,16**	473,75	473,75	III	415,50	319,00	225,66	136,00	59,50	
	V	**1385,00**	473,75	473,75	IV	835,58	769,83	705,75	643,16	582,33	523,00
	VI	**1429,33**	473,75	473,75							
5108,99	I,IV	**903,91**	473,75	473,75	I	770,75	644,08	523,83	410,08	302,66	201,75
	II	**777,08**	473,75	473,75	II	650,08	529,50	415,41	307,66	206,41	111,58
	III	**516,00**	473,75	473,75	III	416,16	319,66	226,33	136,66	60,00	
	V	**1386,16**	473,75	473,75	IV	836,50	770,75	706,66	644,08	583,16	523,83
	VI	**1430,50**	473,75	473,75							
5111,99	I,IV	**904,91**	473,75	473,75	I	771,75	645,00	524,75	410,83	303,41	202,41
	II	**778,00**	473,75	473,75	II	651,00	530,41	416,25	308,50	207,16	112,25
	III	**516,66**	473,75	473,75	III	416,83	320,33	227,00	137,33	60,50	
	V	**1387,33**	473,75	473,75	IV	837,50	771,75	707,58	645,00	584,08	524,75
	VI	**1431,66**	473,75	473,75							

* Zur LSt-Berechnung für privat versicherte Arbeitnehmer s. Beispiele **Vorbemerkung S. 4 f.**
** Basisvorsorgepauschale KV und PV *** Typisierter Arbeitgeberzuschuss

Lohn/ Gehalt in € bis	Steuerklasse	Lohnsteuer*	BVSP**	TAGZ***	Steuerklasse	Bemessungsgrundlage für Kirchensteuer und Solidaritätszuschlag – Freibeträge für ... Kinder 0,5	**1,0**	1,5	**2,0**	2,5	**3,0**
5114,99	I,IV	**905,91**	473,75	473,75	I	772,66	645,91	525,58	411,66	304,16	203,16
	II	**778,91**	473,75	473,75	II	651,91	531,25	417,00	309,25	207,83	112,91
	III	**517,50**	473,75	473,75	III	417,66	321,00	227,66	138,00	61,00	0,50
	V	**1388,41**	473,75	473,75	IV	838,50	772,66	708,50	645,91	584,91	525,58
	VI	**1432,75**	473,75	473,75							
5117,99	I,IV	**906,91**	473,75	473,75	I	773,66	646,83	526,41	412,50	304,91	203,83
	II	**779,91**	473,75	473,75	II	652,75	532,08	417,83	310,00	208,58	113,58
	III	**518,16**	473,75	473,75	III	418,33	321,66	228,33	138,50	61,50	0,83
	V	**1389,58**	473,75	473,75	IV	839,41	773,66	709,41	646,83	585,83	526,41
	VI	**1433,91**	473,75	473,75							
5120,99	I,IV	**907,91**	473,75	473,75	I	774,58	647,75	527,33	413,25	305,75	204,58
	II	**780,91**	473,75	473,75	II	653,66	532,91	418,66	310,75	209,33	114,25
	III	**518,83**	473,75	473,75	III	419,00	322,33	229,00	139,16	62,00	1,16
	V	**1390,75**	473,75	473,75	IV	840,41	774,58	710,33	647,75	586,66	527,33
	VI	**1435,08**	473,75	473,75							
5123,99	I,IV	**908,83**	473,75	473,75	I	775,50	648,58	528,16	414,08	306,50	205,25
	II	**781,83**	473,75	473,75	II	654,58	533,83	419,41	311,50	210,00	114,91
	III	**519,66**	473,75	473,75	III	419,83	323,16	229,66	139,83	62,50	1,66
	V	**1391,91**	473,75	473,75	IV	841,41	775,50	711,25	648,58	587,58	528,16
	VI	**1436,16**	473,75	473,75							
5126,99	I,IV	**909,83**	473,75	473,75	I	776,50	649,50	529,00	414,91	307,25	206,00
	II	**782,75**	473,75	473,75	II	655,50	534,66	420,25	312,25	210,75	115,58
	III	**520,33**	473,75	473,75	III	420,50	323,83	230,33	140,33	63,00	2,00
	V	**1393,00**	473,75	473,75	IV	842,33	776,50	712,16	649,50	588,41	529,00
	VI	**1437,33**	473,75	473,75							
5129,99	I,IV	**910,91**	473,75	473,75	I	777,41	650,41	529,83	415,75	308,00	206,75
	II	**783,75**	473,75	473,75	II	656,41	535,50	421,08	313,08	211,50	116,33
	III	**521,16**	473,75	473,75	III	421,16	324,50	231,00	141,00	63,50	2,33
	V	**1394,16**	473,75	473,75	IV	843,33	777,41	713,16	650,41	589,33	529,83
	VI	**1438,50**	473,75	473,75							
5132,99	I,IV	**911,83**	473,75	473,75	I	778,33	651,33	530,66	416,50	308,75	207,41
	II	**784,66**	473,75	473,75	II	657,33	536,33	421,83	313,83	212,16	116,91
	III	**521,83**	473,75	473,75	III	421,83	325,16	231,66	141,66	64,00	2,83
	V	**1395,33**	473,75	473,75	IV	844,33	778,33	714,08	651,33	590,16	530,66
	VI	**1439,58**	473,75	473,75							
5135,99	I,IV	**912,83**	473,75	473,75	I	779,33	652,25	531,58	417,33	309,50	208,16
	II	**785,66**	473,75	473,75	II	658,25	537,25	422,66	314,58	212,91	117,66
	III	**522,66**	473,75	473,75	III	422,66	325,83	232,33	142,33	64,50	3,16
	V	**1396,50**	473,75	473,75	IV	845,33	779,33	715,00	652,25	591,08	531,58
	VI	**1440,75**	473,75	473,75							
5138,99	I,IV	**913,83**	473,75	473,75	I	780,33	653,16	532,41	418,16	310,33	208,83
	II	**786,58**	473,75	473,75	II	659,16	538,08	423,50	315,33	213,58	118,33
	III	**523,33**	473,75	473,75	III	423,33	326,50	233,00	143,00	65,00	3,50
	V	**1397,58**	473,75	473,75	IV	846,25	780,33	715,91	653,16	592,00	532,41
	VI	**1441,91**	473,75	473,75							
5141,99	I,IV	**914,83**	473,75	473,75	I	781,25	654,00	533,25	418,91	311,08	209,58
	II	**787,50**	473,75	473,75	II	660,00	538,91	424,33	316,08	214,33	119,00
	III	**524,16**	473,75	473,75	III	424,00	327,33	233,66	143,50	65,50	4,00
	V	**1398,75**	473,75	473,75	IV	847,25	781,25	716,83	654,00	592,83	533,25
	VI	**1443,08**	473,75	473,75							
5144,99	I,IV	**915,83**	473,75	473,75	I	782,16	654,91	534,16	419,75	311,83	210,33
	II	**788,50**	473,75	473,75	II	660,91	539,83	425,16	316,91	215,08	119,66
	III	**524,83**	473,75	473,75	III	424,83	328,00	234,33	144,16	66,00	4,33
	V	**1399,91**	473,75	473,75	IV	848,25	782,16	717,75	654,91	593,75	534,16
	VI	**1444,16**	473,75	473,75							
5147,99	I,IV	**916,83**	473,75	473,75	I	783,16	655,83	535,00	420,58	312,58	211,00
	II	**789,41**	473,75	473,75	II	661,83	540,66	425,91	317,66	215,75	120,33
	III	**525,66**	473,75	473,75	III	425,50	328,66	235,00	144,83	66,66	4,66
	V	**1401,08**	473,75	473,75	IV	849,16	783,16	718,66	655,83	594,66	535,00
	VI	**1445,33**	473,75	473,75							

* Zur LSt-Berechnung für privat versicherte Arbeitnehmer s. Beispiele **Vorbemerkung S. 4f.**
** Basisvorsorgepauschale KV und PV *** Typisierter Arbeitgeberzuschuss

Lohn/ Gehalt in € bis	Steuerklasse	Lohn- steuer*	BVSP**	TAGZ***	Steuerklasse	Bemessungsgrundlage für Kirchensteuer und Solidaritätszuschlag – Freibeträge für ... Kinder 0,5	1,0	1,5	2,0	2,5	3,0
5150,99	I,IV	**917,83**	473,75	473,75	I	784,08	656,75	535,83	421,41	313,33	211,75
	II	**790,41**	473,75	473,75	II	662,75	541,50	426,75	318,41	216,50	121,00
	III	**526,33**	473,75	473,75	III	426,16	329,33	235,66	145,50	67,16	5,16
	V	**1402,16**	473,75	473,75	IV	850,16	784,08	719,58	656,75	595,50	535,83
	VI	**1446,50**	473,75	473,75							
5153,99	I,IV	**918,83**	473,75	473,75	I	785,08	657,66	536,75	422,16	314,08	212,41
	II	**791,33**	473,75	473,75	II	663,66	542,41	427,58	319,16	217,25	121,66
	III	**527,00**	473,75	473,75	III	427,00	330,00	236,33	146,00	67,66	5,50
	V	**1403,33**	473,75	473,75	IV	851,16	785,08	720,58	657,66	596,41	536,75
	VI	**1447,66**	473,75	473,75							
5156,99	I,IV	**919,83**	473,75	473,75	I	786,00	658,58	537,58	423,00	314,91	213,16
	II	**792,33**	473,75	473,75	II	664,58	543,25	428,41	319,91	217,91	122,33
	III	**527,83**	473,75	473,75	III	427,66	330,66	237,00	146,66	68,16	5,83
	V	**1404,50**	473,75	473,75	IV	852,16	786,00	721,50	658,58	597,25	537,58
	VI	**1448,75**	473,75	473,75							
5159,99	I,IV	**920,83**	473,75	473,75	I	786,91	659,50	538,41	423,83	315,66	213,91
	II	**793,25**	473,75	473,75	II	665,50	544,08	429,16	320,66	218,66	123,00
	III	**528,50**	473,75	473,75	III	428,33	331,50	237,66	147,33	68,66	6,33
	V	**1405,58**	473,75	473,75	IV	853,08	786,91	722,41	659,50	598,16	538,41
	VI	**1449,91**	473,75	473,75							
5162,99	I,IV	**921,83**	473,75	473,75	I	787,91	660,41	539,33	424,66	316,41	214,58
	II	**794,25**	473,75	473,75	II	666,41	545,00	430,00	321,50	219,33	123,66
	III	**529,33**	473,75	473,75	III	429,16	332,16	238,33	148,00	69,16	6,66
	V	**1406,75**	473,75	473,75	IV	854,08	787,91	723,33	660,41	599,00	539,33
	VI	**1451,08**	473,75	473,75							
5165,99	I,IV	**922,83**	473,75	473,75	I	788,83	661,33	540,16	425,41	317,16	215,33
	II	**795,16**	473,75	473,75	II	667,33	545,83	430,83	322,25	220,08	124,41
	III	**530,00**	473,75	473,75	III	429,83	332,83	239,00	148,66	69,66	7,16
	V	**1407,91**	473,75	473,75	IV	855,08	788,83	724,25	661,33	599,91	540,16
	VI	**1452,25**	473,75	473,75							
5168,99	I,IV	**923,83**	473,75	473,75	I	789,83	662,16	541,00	426,25	317,91	216,00
	II	**796,16**	473,75	473,75	II	668,16	546,66	431,66	323,00	220,83	125,00
	III	**530,83**	473,75	473,75	III	430,50	333,50	239,66	149,16	70,16	7,50
	V	**1409,00**	473,75	473,75	IV	856,00	789,83	725,16	662,16	600,83	541,00
	VI	**1453,33**	473,75	473,75							
5171,99	I,IV	**924,83**	473,75	473,75	I	790,75	663,08	541,91	427,08	318,66	216,75
	II	**797,08**	473,75	473,75	II	669,08	547,58	432,50	323,75	221,50	125,75
	III	**531,50**	473,75	473,75	III	431,16	334,16	240,33	149,83	70,66	7,83
	V	**1410,16**	473,75	473,75	IV	857,00	790,75	726,16	663,08	601,66	541,91
	VI	**1454,50**	473,75	473,75							
5174,99	I,IV	**925,83**	473,75	473,75	I	791,66	664,00	542,75	427,83	319,50	217,50
	II	**798,00**	473,75	473,75	II	670,00	548,41	433,25	324,58	222,25	126,41
	III	**532,16**	473,75	473,75	III	432,00	334,83	241,00	150,50	71,16	8,33
	V	**1411,33**	473,75	473,75	IV	858,00	791,66	727,08	664,00	602,58	542,75
	VI	**1455,58**	473,75	473,75							
5177,99	I,IV	**926,83**	473,75	473,75	I	792,66	664,91	543,58	428,66	320,25	218,16
	II	**799,00**	473,75	473,75	II	670,91	549,33	434,08	325,33	223,00	127,08
	III	**533,00**	473,75	473,75	III	432,66	335,66	241,66	151,16	71,66	8,66
	V	**1412,50**	473,75	473,75	IV	859,00	792,66	728,00	664,91	603,41	543,58
	VI	**1456,75**	473,75	473,75							
5180,99	I,IV	**927,83**	473,75	473,75	I	793,66	665,83	544,50	429,50	321,00	218,91
	II	**800,00**	473,75	473,75	II	671,83	550,16	434,91	326,08	223,75	127,75
	III	**533,66**	473,75	473,75	III	433,33	336,33	242,33	151,83	72,33	9,00
	V	**1413,58**	473,75	473,75	IV	859,91	793,66	728,91	665,83	604,33	544,50
	VI	**1457,91**	473,75	473,75							
5183,99	I,IV	**928,83**	473,75	473,75	I	794,58	666,75	545,33	430,33	321,75	219,66
	II	**800,91**	473,75	473,75	II	672,75	551,00	435,75	326,83	224,41	128,41
	III	**534,50**	473,75	473,75	III	434,16	337,00	243,00	152,33	72,83	9,50
	V	**1414,75**	473,75	473,75	IV	860,91	794,58	729,83	666,75	605,25	545,33
	VI	**1459,08**	473,75	473,75							

* Zur LSt-Berechnung für privat versicherte Arbeitnehmer s. Beispiele **Vorbemerkung S. 4f.**
** Basisvorsorgepauschale KV und PV *** Typisierter Arbeitgeberzuschuss

Lohn/ Gehalt in € bis	Steuerklasse	Lohn-steuer*	BVSP**	TAGZ***	Steuerklasse	Bemessungsgrundlage für Kirchensteuer und Solidaritätszuschlag					
						Freibeträge für ... Kinder					
						0,5	**1,0**	1,5	**2,0**	2,5	**3,0**
5 186,99	I,IV	**929,83**	473,75	473,75	I	795,58	667,66	546,16	431,16	322,50	220,33
	II	**801,91**	473,75	473,75	II	673,66	551,91	436,58	327,66	225,16	129,08
	III	**535,16**	473,75	473,75	III	434,83	337,66	243,83	153,00	73,33	9,83
	V	**1 415,91**	473,75	473,75	IV	861,91	795,58	730,75	667,66	606,08	546,16
	VI	**1 460,16**	473,75	473,75							
5 189,99	I,IV	**930,91**	473,75	473,75	I	796,50	668,58	547,08	432,00	323,33	221,08
	II	**802,83**	473,75	473,75	II	674,58	552,75	437,41	328,41	225,91	129,75
	III	**536,00**	473,75	473,75	III	435,50	338,33	244,33	153,66	73,83	10,33
	V	**1 417,08**	473,75	473,75	IV	862,91	796,50	731,75	668,58	607,00	547,08
	VI	**1 461,33**	473,75	473,75							
5 192,99	I,IV	**931,83**	473,75	473,75	I	797,41	669,41	547,91	432,75	324,08	221,83
	II	**803,75**	473,75	473,75	II	675,50	553,58	438,16	329,16	226,58	130,41
	III	**536,66**	473,75	473,75	III	436,33	339,00	245,00	154,33	74,33	10,66
	V	**1 418,16**	473,75	473,75	IV	863,83	797,41	732,66	669,41	607,83	547,91
	VI	**1 462,50**	473,75	473,75							
5 195,99	I,IV	**932,91**	473,75	473,75	I	798,41	670,41	548,75	433,58	324,83	222,50
	II	**804,75**	473,75	473,75	II	676,41	554,50	439,00	329,91	227,33	131,16
	III	**537,50**	473,75	473,75	III	437,00	339,83	245,83	155,00	74,83	11,16
	V	**1 419,33**	473,75	473,75	IV	864,83	798,41	733,58	670,41	608,75	548,75
	VI	**1 463,66**	473,75	473,75							
5 198,99	I,IV	**933,91**	473,75	473,75	I	799,41	671,33	549,66	434,41	325,66	223,25
	II	**805,75**	473,75	473,75	II	677,33	555,33	439,83	330,75	228,08	131,83
	III	**538,16**	473,75	473,75	III	437,66	340,50	246,50	155,66	75,33	11,50
	V	**1 420,50**	473,75	473,75	IV	865,83	799,41	734,50	671,33	609,66	549,66
	VI	**1 464,75**	473,75	473,75							
5 201,99	I,IV	**934,91**	473,75	473,75	I	800,33	672,16	550,50	435,25	326,41	224,00
	II	**806,66**	473,75	473,75	II	678,25	556,25	440,66	331,50	228,75	132,50
	III	**539,00**	473,75	473,75	III	438,50	341,16	247,16	156,33	75,83	11,83
	V	**1 421,58**	473,75	473,75	IV	866,83	800,33	735,41	672,16	610,50	550,50
	VI	**1 465,91**	473,75	473,75							
5 204,99	I,IV	**935,91**	473,75	473,75	I	801,25	673,08	551,33	436,08	327,16	224,66
	II	**807,66**	473,75	473,75	II	679,16	557,08	441,50	332,25	229,50	133,16
	III	**539,66**	473,75	473,75	III	439,16	341,83	247,83	157,00	76,50	12,33
	V	**1 422,75**	473,75	473,75	IV	867,75	801,25	736,41	673,08	611,41	551,33
	VI	**1 467,08**	473,75	473,75							
5 207,99	I,IV	**936,91**	473,75	473,75	I	802,25	674,00	552,25	436,83	327,91	225,41
	II	**808,58**	473,75	473,75	II	680,08	558,00	442,33	333,08	230,25	133,83
	III	**540,50**	473,75	473,75	III	439,83	342,50	248,50	157,50	77,00	12,66
	V	**1 423,91**	473,75	473,75	IV	868,75	802,25	737,33	674,00	612,33	552,25
	VI	**1 468,25**	473,75	473,75							
5 210,99	I,IV	**937,91**	473,75	473,75	I	803,16	674,91	553,08	437,66	328,66	226,16
	II	**809,58**	473,75	473,75	II	681,00	558,83	443,08	333,83	230,91	134,50
	III	**541,16**	473,75	473,75	III	440,66	343,33	249,16	158,16	77,50	13,16
	V	**1 425,00**	473,75	473,75	IV	869,75	803,16	738,25	674,91	613,16	553,08
	VI	**1 469,33**	473,75	473,75							
5 213,99	I,IV	**938,91**	473,75	473,75	I	804,16	675,83	554,00	438,50	329,50	226,91
	II	**810,50**	473,75	473,75	II	681,91	559,66	443,91	334,58	231,66	135,25
	III	**542,00**	473,75	473,75	III	441,33	344,00	249,83	158,83	78,00	13,50
	V	**1 426,16**	473,75	473,75	IV	870,75	804,16	739,16	675,83	614,08	554,00
	VI	**1 470,50**	473,75	473,75							
5 216,99	I,IV	**939,91**	473,75	473,75	I	805,16	676,75	554,83	439,33	330,25	227,58
	II	**811,50**	473,75	473,75	II	682,83	560,58	444,75	335,33	232,41	135,91
	III	**542,66**	473,75	473,75	III	442,00	344,66	250,50	159,50	78,50	14,00
	V	**1 427,33**	473,75	473,75	IV	871,75	805,16	740,16	676,75	615,00	554,83
	VI	**1 471,66**	473,75	473,75							
5 219,99	I,IV	**940,91**	473,75	473,75	I	806,08	677,66	555,66	440,16	331,00	228,33
	II	**812,41**	473,75	473,75	II	683,75	561,41	445,58	336,16	233,16	136,58
	III	**543,33**	473,75	473,75	III	442,83	345,33	251,16	160,16	79,16	14,33
	V	**1 428,41**	473,75	473,75	IV	872,66	806,08	741,08	677,66	615,83	555,66
	VI	**1 472,75**	473,75	473,75							

* Zur LSt-Berechnung für privat versicherte Arbeitnehmer s. Beispiele **Vorbemerkung S. 4 f.**
** Basisvorsorgepauschale KV und PV *** Typisierter Arbeitgeberzuschuss

Lohn/ Gehalt in € bis	Steuerklasse	Lohn-steuer*	BVSP**	TAGZ***	Steuerklasse	Bemessungsgrundlage für Kirchensteuer und Solidaritätszuschlag					
						Freibeträge für ... Kinder					
						0,5	**1,0**	1,5	**2,0**	2,5	**3,0**
5 222,99	I,IV	**941,91**	473,75	473,75	I	807,08	678,58	556,58	441,00	331,83	229,08
	II	**813,41**	473,75	473,75	II	684,66	562,33	446,41	336,91	233,83	137,25
	III	**544,16**	473,75	473,75	III	443,50	346,00	251,83	160,83	79,66	14,83
	V	**1 429,58**	473,75	473,75	IV	873,66	807,08	742,00	678,58	616,75	556,58
	VI	**1 473,91**	473,75	473,75							
5 225,99	I,IV	**942,91**	473,75	473,75	I	808,00	679,50	557,41	441,75	332,58	229,83
	II	**814,41**	473,75	473,75	II	685,58	563,16	447,25	337,66	234,58	137,91
	III	**544,83**	473,75	473,75	III	444,16	346,83	252,50	161,50	80,16	15,16
	V	**1 430,75**	473,75	473,75	IV	874,66	808,00	743,00	679,50	617,66	557,41
	VI	**1 475,08**	473,75	473,75							
5 228,99	I,IV	**943,91**	473,75	473,75	I	809,00	680,41	558,25	442,58	333,33	230,50
	II	**815,33**	473,75	473,75	II	686,50	564,00	448,00	338,50	235,33	138,58
	III	**545,66**	473,75	473,75	III	445,00	347,50	253,16	162,16	80,66	15,66
	V	**1 431,91**	473,75	473,75	IV	875,66	809,00	743,91	680,41	618,58	558,25
	VI	**1 476,16**	473,75	473,75							
5 231,99	I,IV	**945,00**	473,75	473,75	I	809,91	681,33	559,16	443,41	334,08	231,25
	II	**816,33**	473,75	473,75	II	687,41	564,91	448,83	339,25	236,08	139,33
	III	**546,50**	473,75	473,75	III	445,66	348,16	253,83	162,83	81,16	16,00
	V	**1 433,00**	473,75	473,75	IV	876,66	809,91	744,83	681,33	619,41	559,16
	VI	**1 477,33**	473,75	473,75							
5 234,99	I,IV	**946,00**	473,75	473,75	I	810,91	682,25	560,00	444,25	334,91	232,00
	II	**817,25**	473,75	473,75	II	688,33	565,75	449,66	340,00	236,83	140,00
	III	**547,16**	473,75	473,75	III	446,33	348,83	254,50	163,50	81,83	16,50
	V	**1 434,16**	473,75	473,75	IV	877,66	810,91	745,75	682,25	620,33	560,00
	VI	**1 478,50**	473,75	473,75							
5 237,99	I,IV	**947,00**	473,75	473,75	I	811,83	683,16	560,91	445,08	335,66	232,66
	II	**818,25**	473,75	473,75	II	689,25	566,66	450,50	340,75	237,50	140,66
	III	**547,83**	473,75	473,75	III	447,16	349,50	255,16	164,00	82,33	16,83
	V	**1 435,33**	473,75	473,75	IV	878,58	811,83	746,66	683,16	621,25	560,91
	VI	**1 479,58**	473,75	473,75							
5 240,99	I,IV	**948,00**	473,75	473,75	I	812,83	684,08	561,75	445,91	336,41	233,41
	II	**819,16**	473,75	473,75	II	690,16	567,50	451,33	341,58	238,25	141,33
	III	**548,66**	473,75	473,75	III	447,83	350,33	255,83	164,83	82,83	17,33
	V	**1 436,50**	473,75	473,75	IV	879,58	812,83	747,66	684,08	622,08	561,75
	VI	**1 480,75**	473,75	473,75							
5 243,99	I,IV	**949,00**	473,75	473,75	I	813,75	685,00	562,58	446,66	337,16	234,16
	II	**820,16**	473,75	473,75	II	691,08	568,41	452,16	342,33	239,00	142,00
	III	**549,33**	473,75	473,75	III	448,50	351,00	256,50	165,33	83,33	17,66
	V	**1 437,58**	473,75	473,75	IV	880,58	813,75	748,58	685,00	623,00	562,58
	VI	**1 481,91**	473,75	473,75							
5 246,99	I,IV	**950,00**	473,75	473,75	I	814,75	685,91	563,50	447,50	338,00	234,83
	II	**821,08**	473,75	473,75	II	692,00	569,25	453,00	343,08	239,66	142,75
	III	**550,16**	473,75	473,75	III	449,33	351,66	257,16	166,00	83,83	18,16
	V	**1 438,75**	473,75	473,75	IV	881,58	814,75	749,50	685,91	623,91	563,50
	VI	**1 483,08**	473,75	473,75							
5 249,99	I,IV	**951,00**	473,75	473,75	I	815,75	686,83	564,41	448,33	338,75	235,58
	II	**822,08**	473,75	473,75	II	692,91	570,16	453,83	343,91	240,41	143,41
	III	**550,83**	473,75	473,75	III	450,00	352,33	258,00	166,66	84,50	18,50
	V	**1 439,91**	473,75	473,75	IV	882,58	815,75	750,50	686,83	624,83	564,41
	VI	**1 484,25**	473,75	473,75							
5 252,99	I,IV	**952,00**	473,75	473,75	I	816,66	687,75	565,25	449,16	339,50	236,33
	II	**823,00**	473,75	473,75	II	693,83	571,00	454,58	344,66	241,16	144,08
	III	**551,66**	473,75	473,75	III	450,66	353,00	258,66	167,33	85,00	19,00
	V	**1 441,00**	473,75	473,75	IV	883,50	816,66	751,41	687,75	625,66	565,25
	VI	**1 485,33**	473,75	473,75							
5 255,99	I,IV	**953,00**	473,75	473,75	I	817,66	688,66	566,08	450,00	340,33	237,08
	II	**824,00**	473,75	473,75	II	694,75	571,91	455,41	345,50	241,91	144,75
	III	**552,33**	473,75	473,75	III	451,50	353,83	259,33	168,00	85,50	19,33
	V	**1 442,16**	473,75	473,75	IV	884,50	817,66	752,33	688,66	626,58	566,08
	VI	**1 486,50**	473,75	473,75							

* Zur LSt-Berechnung für privat versicherte Arbeitnehmer s. Beispiele **Vorbemerkung S. 4 f.**
** Basisvorsorgepauschale KV und PV *** Typisierter Arbeitgeberzuschuss

Lohn/ Gehalt in € bis	Steuerklasse	Lohn-steuer*	BVSP**	TAGZ***	Steuerklasse	Bemessungsgrundlage für Kirchensteuer und Solidaritätszuschlag – Freibeträge für ... Kinder 0,5	**1,0**	1,5	**2,0**	2,5	**3,0**
5 258,99	I,IV	**954,08**	473,75	473,75	I	818,58	689,58	567,00	450,83	341,08	237,83
	II	**825,00**	473,75	473,75	II	695,66	572,75	456,25	346,25	242,66	145,41
	III	**553,16**	473,75	473,75	III	452,16	354,50	260,00	168,66	86,16	19,83
	V	**1 443,33**	473,75	473,75	IV	885,50	818,58	753,25	689,58	627,50	567,00
	VI	**1 487,66**	473,75	473,75							
5 261,99	I,IV	**955,08**	473,75	473,75	I	819,58	690,50	567,83	451,66	341,83	238,50
	II	**825,91**	473,75	473,75	II	696,58	573,58	457,08	347,00	243,33	146,16
	III	**553,83**	473,75	473,75	III	453,00	355,16	260,66	169,33	86,66	20,16
	V	**1 444,41**	473,75	473,75	IV	886,50	819,58	754,25	690,50	628,33	567,83
	VI	**1 488,75**	473,75	473,75							
5 264,99	I,IV	**956,08**	473,75	473,75	I	820,50	691,41	568,75	452,50	342,66	239,25
	II	**826,91**	473,75	473,75	II	697,50	574,50	457,91	347,83	244,08	146,83
	III	**554,66**	473,75	473,75	III	453,66	355,83	261,33	170,00	87,16	20,66
	V	**1 445,58**	473,75	473,75	IV	887,50	820,50	755,16	691,41	629,25	568,75
	VI	**1 489,91**	473,75	473,75							
5 267,99	I,IV	**957,08**	473,75	473,75	I	821,50	692,33	569,58	453,33	343,41	240,00
	II	**827,91**	473,75	473,75	II	698,41	575,41	458,75	348,58	244,83	147,50
	III	**555,33**	473,75	473,75	III	454,33	356,66	262,00	170,66	87,66	21,16
	V	**1 446,75**	473,75	473,75	IV	888,50	821,50	756,08	692,33	630,16	569,58
	VI	**1 491,08**	473,75	473,75							
5 270,99	I,IV	**958,08**	473,75	473,75	I	822,41	693,25	570,50	454,08	344,16	240,75
	II	**828,83**	473,75	473,75	II	699,33	576,25	459,58	349,33	245,58	148,16
	III	**556,16**	473,75	473,75	III	455,16	357,33	262,66	171,33	88,33	21,50
	V	**1 447,91**	473,75	473,75	IV	889,50	822,41	757,00	693,25	631,08	570,50
	VI	**1 492,16**	473,75	473,75							
5 273,99	I,IV	**959,08**	473,75	473,75	I	823,41	694,16	571,33	454,91	345,00	241,41
	II	**829,83**	473,75	473,75	II	700,25	577,08	460,41	350,16	246,33	148,91
	III	**556,83**	473,75	473,75	III	455,83	358,00	263,33	172,00	88,83	22,00
	V	**1 449,00**	473,75	473,75	IV	890,50	823,41	758,00	694,16	631,91	571,33
	VI	**1 493,33**	473,75	473,75							
5 276,99	I,IV	**960,16**	473,75	473,75	I	824,41	695,08	572,25	455,75	345,75	242,16
	II	**830,83**	473,75	473,75	II	701,16	578,00	461,25	350,91	247,00	149,58
	III	**557,66**	473,75	473,75	III	456,50	358,66	264,00	172,66	89,33	22,33
	V	**1 450,16**	473,75	473,75	IV	891,50	824,41	758,91	695,08	632,83	572,25
	VI	**1 494,50**	473,75	473,75							
5 279,99	I,IV	**961,16**	473,75	473,75	I	825,33	696,00	573,08	456,58	346,50	242,91
	II	**831,75**	473,75	473,75	II	702,08	578,83	462,08	351,66	247,75	150,25
	III	**558,33**	473,75	473,75	III	457,33	359,33	264,66	173,33	89,83	22,83
	V	**1 451,33**	473,75	473,75	IV	892,41	825,33	759,83	696,00	633,75	573,08
	VI	**1 495,58**	473,75	473,75							
5 282,99	I,IV	**962,16**	473,75	473,75	I	826,33	696,91	574,00	457,41	347,33	243,66
	II	**832,75**	473,75	473,75	II	703,00	579,75	462,91	352,50	248,50	150,91
	III	**559,16**	473,75	473,75	III	458,00	360,00	265,33	173,83	90,50	23,16
	V	**1 452,50**	473,75	473,75	IV	893,41	826,33	760,83	696,91	634,66	574,00
	VI	**1 496,75**	473,75	473,75							
5 285,99	I,IV	**963,16**	473,75	473,75	I	827,33	697,83	574,83	458,25	348,08	244,41
	II	**833,75**	473,75	473,75	II	704,00	580,66	463,75	353,25	249,25	151,66
	III	**559,83**	473,75	473,75	III	458,66	360,83	266,16	174,66	91,00	23,66
	V	**1 453,58**	473,75	473,75	IV	894,41	827,33	761,75	697,83	635,58	574,83
	VI	**1 497,91**	473,75	473,75							
5 288,99	I,IV	**964,16**	473,75	473,75	I	828,25	698,75	575,66	459,08	348,83	245,08
	II	**834,66**	473,75	473,75	II	704,83	581,50	464,58	354,08	250,00	152,33
	III	**560,66**	473,75	473,75	III	459,50	361,50	266,83	175,16	91,50	24,16
	V	**1 454,75**	473,75	473,75	IV	895,41	828,25	762,66	698,75	636,41	575,66
	VI	**1 499,08**	473,75	473,75							
5 291,99	I,IV	**965,16**	473,75	473,75	I	829,25	699,66	576,58	459,91	349,66	245,83
	II	**835,66**	473,75	473,75	II	705,83	582,41	465,41	354,83	250,75	153,00
	III	**561,33**	473,75	473,75	III	460,16	362,16	267,50	175,83	92,16	24,50
	V	**1 455,91**	473,75	473,75	IV	896,41	829,25	763,66	699,66	637,33	576,58
	VI	**1 500,16**	473,75	473,75							

* Zur LSt-Berechnung für privat versicherte Arbeitnehmer s. Beispiele **Vorbemerkung S. 4f.**
** Basisvorsorgepauschale KV und PV *** Typisierter Arbeitgeberzuschuss

Lohn/ Gehalt in € bis	Steuerklasse	Lohn-steuer*	BVSP**	TAGZ***	Steuerklasse	Bemessungsgrundlage für Kirchensteuer und Solidaritätszuschlag – Freibeträge für ... Kinder 0,5	**1,0**	1,5	**2,0**	2,5	**3,0**
5 294,99	I,IV	**966,25**	473,75	473,75	I	830,25	700,66	577,50	460,75	350,41	246,58
	II	**836,66**	473,75	473,75	II	706,75	583,25	466,25	355,66	251,41	153,75
	III	**562,16**	473,75	473,75	III	461,00	362,83	268,16	176,50	92,66	25,00
	V	**1 457,08**	473,75	473,75	IV	897,41	830,25	764,58	700,66	638,25	577,50
	VI	**1 501,33**	473,75	473,75							
5 297,99	I,IV	**967,25**	473,75	473,75	I	831,16	701,50	578,33	461,58	351,25	247,33
	II	**837,58**	473,75	473,75	II	707,66	584,16	467,08	356,41	252,16	154,41
	III	**562,83**	473,75	473,75	III	461,66	363,66	268,83	177,16	93,16	25,33
	V	**1 458,16**	473,75	473,75	IV	898,41	831,16	765,50	701,50	639,08	578,33
	VI	**1 502,50**	473,75	473,75							
5 300,99	I,IV	**968,25**	473,75	473,75	I	832,16	702,50	579,25	462,41	352,00	248,08
	II	**838,58**	473,75	473,75	II	708,58	585,00	467,91	357,16	252,91	155,08
	III	**563,66**	473,75	473,75	III	462,33	364,33	269,50	177,83	93,83	25,83
	V	**1 459,33**	473,75	473,75	IV	899,41	832,16	766,50	702,50	640,00	579,25
	VI	**1 503,66**	473,75	473,75							
5 303,99	I,IV	**969,25**	473,75	473,75	I	833,08	703,33	580,08	463,16	352,75	248,75
	II	**839,50**	473,75	473,75	II	709,50	585,83	468,66	357,91	253,66	155,75
	III	**564,33**	473,75	473,75	III	463,00	365,00	270,16	178,50	94,33	26,16
	V	**1 460,41**	473,75	473,75	IV	900,33	833,08	767,41	703,33	640,91	580,08
	VI	**1 504,75**	473,75	473,75							
5 306,99	I,IV	**970,25**	473,75	473,75	I	834,08	704,33	580,91	464,08	353,58	249,50
	II	**840,50**	473,75	473,75	II	710,41	586,75	469,50	358,75	254,41	156,50
	III	**565,16**	473,75	473,75	III	463,83	365,66	270,83	179,16	94,83	26,66
	V	**1 461,58**	473,75	473,75	IV	901,33	834,08	768,41	704,33	641,83	580,91
	VI	**1 505,91**	473,75	473,75							
5 309,99	I,IV	**971,33**	473,75	473,75	I	835,08	705,25	581,83	464,91	354,33	250,25
	II	**841,50**	473,75	473,75	II	711,33	587,66	470,41	359,50	255,16	157,16
	III	**565,83**	473,75	473,75	III	464,50	366,33	271,50	179,83	95,50	27,16
	V	**1 462,75**	473,75	473,75	IV	902,33	835,08	769,33	705,25	642,75	581,83
	VI	**1 507,08**	473,75	473,75							
5 312,99	I,IV	**972,33**	473,75	473,75	I	836,00	706,16	582,66	465,66	355,08	251,00
	II	**842,41**	473,75	473,75	II	712,25	588,50	471,16	360,33	255,83	157,83
	III	**566,66**	473,75	473,75	III	465,16	367,16	272,16	180,50	96,00	27,50
	V	**1 463,83**	473,75	473,75	IV	903,33	836,00	770,25	706,16	643,58	582,66
	VI	**1 508,16**	473,75	473,75							
5 315,99	I,IV	**973,33**	473,75	473,75	I	837,00	707,08	583,58	466,50	355,91	251,75
	II	**843,41**	473,75	473,75	II	713,16	589,41	472,00	361,08	256,58	158,50
	III	**567,33**	473,75	473,75	III	466,00	367,83	272,83	181,16	96,50	28,00
	V	**1 465,00**	473,75	473,75	IV	904,33	837,00	771,25	707,08	644,50	583,58
	VI	**1 509,33**	473,75	473,75							
5 318,99	I,IV	**974,33**	473,75	473,75	I	838,00	708,00	584,50	467,41	356,66	252,50
	II	**844,41**	473,75	473,75	II	714,16	590,25	472,91	361,91	257,33	159,25
	III	**568,16**	473,75	473,75	III	466,66	368,50	273,50	181,83	97,16	28,50
	V	**1 466,16**	473,75	473,75	IV	905,33	838,00	772,16	708,00	645,41	584,50
	VI	**1 510,50**	473,75	473,75							
5 321,99	I,IV	**975,33**	473,75	473,75	I	838,91	708,91	585,33	468,16	357,50	253,16
	II	**845,33**	473,75	473,75	II	715,00	591,16	473,66	362,66	258,08	159,91
	III	**568,83**	473,75	473,75	III	467,50	369,16	274,16	182,50	97,66	28,83
	V	**1 467,33**	473,75	473,75	IV	906,33	838,91	773,08	708,91	646,33	585,33
	VI	**1 511,58**	473,75	473,75							
5 324,99	I,IV	**976,41**	473,75	473,75	I	839,91	709,83	586,25	469,00	358,25	253,91
	II	**846,33**	473,75	473,75	II	716,00	592,00	474,50	363,50	258,83	160,58
	III	**569,66**	473,75	473,75	III	468,16	370,00	275,00	183,16	98,33	29,33
	V	**1 468,50**	473,75	473,75	IV	907,33	839,91	774,08	709,83	647,25	586,25
	VI	**1 512,75**	473,75	473,75							
5 327,99	I,IV	**977,41**	473,75	473,75	I	840,91	710,75	587,08	469,83	359,08	254,66
	II	**847,33**	473,75	473,75	II	716,91	592,91	475,41	364,25	259,58	161,33
	III	**570,33**	473,75	473,75	III	468,83	370,66	275,66	183,83	98,83	29,83
	V	**1 469,58**	473,75	473,75	IV	908,33	840,91	775,00	710,75	648,16	587,08
	VI	**1 513,91**	473,75	473,75							

* Zur LSt-Berechnung für privat versicherte Arbeitnehmer s. Beispiele **Vorbemerkung S. 4 f.**
** Basisvorsorgepauschale KV und PV *** Typisierter Arbeitgeberzuschuss

Lohn/ Gehalt in € bis	Steuerklasse	Lohn-steuer*	BVSP**	TAGZ***	Steuerklasse	Bemessungsgrundlage für Kirchensteuer und Solidaritätszuschlag – Freibeträge für ... Kinder 0,5	1,0	1,5	2,0	2,5	3,0
5 330,99	I,IV	**978,41**	473,75	473,75	I	841,83	711,66	588,00	470,66	359,83	255,41
	II	**848,25**	473,75	473,75	II	717,83	593,83	476,16	365,00	260,33	162,00
	III	**571,16**	473,75	473,75	III	469,66	371,33	276,33	184,33	99,33	30,16
	V	**1 470,75**	473,75	473,75	IV	909,33	841,83	776,00	711,66	649,00	588,00
	VI	**1 515,08**	473,75	473,75							
5 333,99	I,IV	**979,41**	473,75	473,75	I	842,83	712,58	588,83	471,50	360,58	256,16
	II	**849,25**	473,75	473,75	II	718,75	594,66	477,00	365,83	261,08	162,66
	III	**571,83**	473,75	473,75	III	470,33	372,00	277,00	185,16	100,00	30,66
	V	**1 471,91**	473,75	473,75	IV	910,33	842,83	776,91	712,58	649,91	588,83
	VI	**1 516,16**	473,75	473,75							
5 336,99	I,IV	**980,50**	473,75	473,75	I	843,83	713,58	589,75	472,33	361,41	256,91
	II	**850,25**	473,75	473,75	II	719,66	595,58	477,91	366,58	261,83	163,41
	III	**572,66**	473,75	473,75	III	471,16	372,83	277,66	185,66	100,50	31,16
	V	**1 473,08**	473,75	473,75	IV	911,33	843,83	777,91	713,58	650,83	589,75
	VI	**1 517,33**	473,75	473,75							
5 339,99	I,IV	**981,50**	473,75	473,75	I	844,75	714,50	590,58	473,16	362,16	257,58
	II	**851,16**	473,75	473,75	II	720,58	596,41	478,66	367,41	262,50	164,08
	III	**573,33**	473,75	473,75	III	471,83	373,50	278,33	186,33	101,00	31,50
	V	**1 474,16**	473,75	473,75	IV	912,33	844,75	778,83	714,50	651,75	590,58
	VI	**1 518,50**	473,75	473,75							
5 342,99	I,IV	**982,50**	473,75	473,75	I	845,75	715,41	591,50	474,00	363,00	258,33
	II	**852,16**	473,75	473,75	II	721,58	597,33	479,58	368,16	263,25	164,75
	III	**574,16**	473,75	473,75	III	472,50	374,16	279,00	187,00	101,66	32,00
	V	**1 475,33**	473,75	473,75	IV	913,33	845,75	779,75	715,41	652,66	591,50
	VI	**1 519,66**	473,75	473,75							
5 345,99	I,IV	**983,50**	473,75	473,75	I	846,75	716,33	592,41	474,83	363,75	259,08
	II	**853,16**	473,75	473,75	II	722,50	598,25	480,41	369,00	264,00	165,50
	III	**574,83**	473,75	473,75	III	473,33	374,83	279,66	187,66	102,16	32,50
	V	**1 476,50**	473,75	473,75	IV	914,33	846,75	780,75	716,33	653,58	592,41
	VI	**1 520,75**	473,75	473,75							
5 348,99	I,IV	**984,58**	473,75	473,75	I	847,66	717,25	593,25	475,66	364,58	259,83
	II	**854,16**	473,75	473,75	II	723,41	599,08	481,25	369,75	264,75	166,16
	III	**575,66**	473,75	473,75	III	474,00	375,50	280,33	188,33	102,83	32,83
	V	**1 477,58**	473,75	473,75	IV	915,33	847,66	781,66	717,25	654,41	593,25
	VI	**1 521,91**	473,75	473,75							
5 351,99	I,IV	**985,58**	473,75	473,75	I	848,66	718,16	594,16	476,50	365,33	260,58
	II	**855,16**	473,75	473,75	II	724,33	600,00	482,08	370,58	265,50	166,83
	III	**576,33**	473,75	473,75	III	474,66	376,33	281,00	189,00	103,33	33,33
	V	**1 478,75**	473,75	473,75	IV	916,33	848,66	782,66	718,16	655,33	594,16
	VI	**1 523,08**	473,75	473,75							
5 354,99	I,IV	**986,58**	473,75	473,75	I	849,66	719,16	595,00	477,33	366,16	261,33
	II	**856,08**	473,75	473,75	II	725,25	600,91	482,91	371,33	266,25	167,58
	III	**577,16**	473,75	473,75	III	475,50	377,00	281,66	189,66	103,83	33,83
	V	**1 479,91**	473,75	473,75	IV	917,33	849,66	783,58	719,16	656,25	595,00
	VI	**1 524,25**	473,75	473,75							
5 357,99	I,IV	**987,58**	473,75	473,75	I	850,58	720,00	595,91	478,16	366,91	262,08
	II	**857,08**	473,75	473,75	II	726,16	601,75	483,75	372,16	267,00	168,25
	III	**577,83**	473,75	473,75	III	476,16	377,66	282,33	190,33	104,50	34,33
	V	**1 481,00**	473,75	473,75	IV	918,33	850,58	784,50	720,00	657,16	595,91
	VI	**1 525,33**	473,75	473,75							
5 360,99	I,IV	**988,66**	473,75	473,75	I	851,58	721,00	596,83	479,00	367,75	262,83
	II	**858,08**	473,75	473,75	II	727,16	602,66	484,58	372,91	267,75	168,91
	III	**578,66**	473,75	473,75	III	477,00	378,50	283,16	191,00	105,00	34,66
	V	**1 482,16**	473,75	473,75	IV	919,33	851,58	785,50	721,00	658,08	596,83
	VI	**1 526,50**	473,75	473,75							
5 363,99	I,IV	**989,66**	473,75	473,75	I	852,58	721,91	597,66	479,91	368,50	263,58
	II	**859,08**	473,75	473,75	II	728,08	603,50	485,41	373,75	268,50	169,66
	III	**579,33**	473,75	473,75	III	477,66	379,16	283,83	191,66	105,66	35,16
	V	**1 483,33**	473,75	473,75	IV	920,33	852,58	786,41	721,91	659,00	597,66
	VI	**1 527,66**	473,75	473,75							

* Zur LSt-Berechnung für privat versicherte Arbeitnehmer s. Beispiele **Vorbemerkung S. 4 f.**
** Basisvorsorgepauschale KV und PV *** Typisierter Arbeitgeberzuschuss

Lohn/ Gehalt in € bis	Steuerklasse	Lohnsteuer*	BVSP**	TAGZ***	Steuerklasse	Bemessungsgrundlage für Kirchensteuer und Solidaritätszuschlag – Freibeträge für ... Kinder 0,5	1,0	1,5	2,0	2,5	3,0
5 366,99	I,IV	**990,66**	473,75	473,75	I	853,50	722,83	598,58	480,66	369,25	264,33
	II	**860,00**	473,75	473,75	II	729,00	604,41	486,25	374,50	269,25	170,33
	III	**580,16**	473,75	473,75	III	478,33	379,83	284,50	192,33	106,16	35,66
	V	**1 484,41**	473,75	473,75	IV	921,33	853,50	787,41	722,83	659,91	598,58
	VI	**1 528,75**	473,75	473,75							
5 369,99	I,IV	**991,75**	473,75	473,75	I	854,50	723,75	599,41	481,58	370,08	265,08
	II	**861,00**	473,75	473,75	II	729,91	605,33	487,08	375,33	270,00	171,08
	III	**581,00**	473,75	473,75	III	479,16	380,50	285,16	193,00	106,83	36,16
	V	**1 485,58**	473,75	473,75	IV	922,33	854,50	788,33	723,75	660,83	599,41
	VI	**1 529,91**	473,75	473,75							
5 372,99	I,IV	**992,75**	473,75	473,75	I	855,50	724,66	600,33	482,33	370,83	265,75
	II	**862,00**	473,75	473,75	II	730,83	606,16	487,91	376,08	270,66	171,75
	III	**581,66**	473,75	473,75	III	479,83	381,16	285,83	193,66	107,33	36,50
	V	**1 486,75**	473,75	473,75	IV	923,33	855,50	789,25	724,66	661,66	600,33
	VI	**1 531,00**	473,75	473,75							
5 375,99	I,IV	**993,75**	473,75	473,75	I	856,50	725,58	601,16	483,25	371,66	266,50
	II	**862,91**	473,75	473,75	II	731,75	607,08	488,75	376,91	271,41	172,41
	III	**582,50**	473,75	473,75	III	480,50	382,00	286,50	194,33	108,00	37,00
	V	**1 487,91**	473,75	473,75	IV	924,33	856,50	790,25	725,58	662,58	601,16
	VI	**1 532,16**	473,75	473,75							
5 378,99	I,IV	**994,83**	473,75	473,75	I	857,50	726,58	602,08	484,08	372,41	267,25
	II	**863,91**	473,75	473,75	II	732,75	607,91	489,58	377,66	272,16	173,16
	III	**583,16**	473,75	473,75	III	481,33	382,66	287,16	195,00	108,50	37,50
	V	**1 489,00**	473,75	473,75	IV	925,33	857,50	791,25	726,58	663,50	602,08
	VI	**1 533,33**	473,75	473,75							
5 381,99	I,IV	**995,83**	473,75	473,75	I	858,41	727,50	603,00	484,91	373,25	268,00
	II	**864,91**	473,75	473,75	II	733,66	608,83	490,41	378,50	272,91	173,83
	III	**584,00**	473,75	473,75	III	482,00	383,33	287,83	195,66	109,16	37,83
	V	**1 490,16**	473,75	473,75	IV	926,33	858,41	792,16	727,50	664,41	603,00
	VI	**1 534,50**	473,75	473,75							
5 384,99	I,IV	**996,83**	473,75	473,75	I	859,41	728,41	603,83	485,75	374,00	268,75
	II	**865,91**	473,75	473,75	II	734,58	609,75	491,25	379,25	273,66	174,50
	III	**584,66**	473,75	473,75	III	482,83	384,00	288,50	196,33	109,66	38,33
	V	**1 491,33**	473,75	473,75	IV	927,33	859,41	793,08	728,41	665,33	603,83
	VI	**1 535,58**	473,75	473,75							
5 387,99	I,IV	**997,83**	473,75	473,75	I	860,41	729,33	604,75	486,58	374,83	269,50
	II	**866,91**	473,75	473,75	II	735,50	610,58	492,16	380,08	274,41	175,25
	III	**585,50**	473,75	473,75	III	483,50	384,83	289,33	197,00	110,33	38,83
	V	**1 492,50**	473,75	473,75	IV	928,33	860,41	794,08	729,33	666,25	604,75
	VI	**1 536,75**	473,75	473,75							
5 390,99	I,IV	**998,91**	473,75	473,75	I	861,33	730,25	605,58	487,41	375,58	270,25
	II	**867,83**	473,75	473,75	II	736,41	611,50	492,91	380,83	275,16	175,91
	III	**586,16**	473,75	473,75	III	484,16	385,50	290,00	197,66	110,83	39,33
	V	**1 493,58**	473,75	473,75	IV	929,33	861,33	795,00	730,25	667,16	605,58
	VI	**1 537,91**	473,75	473,75							
5 393,99	I,IV	**999,91**	473,75	473,75	I	862,33	731,25	606,50	488,25	376,41	271,00
	II	**868,83**	473,75	473,75	II	737,41	612,41	493,83	381,66	275,91	176,66
	III	**587,00**	473,75	473,75	III	485,00	386,16	290,66	198,33	111,33	39,66
	V	**1 494,75**	473,75	473,75	IV	930,33	862,33	796,00	731,25	668,08	606,50
	VI	**1 539,08**	473,75	473,75							
5 396,99	I,IV	**1 000,91**	473,75	473,75	I	863,33	732,16	607,41	489,08	377,16	271,75
	II	**869,83**	473,75	473,75	II	738,33	613,25	494,66	382,41	276,66	177,33
	III	**587,66**	473,75	473,75	III	485,66	387,00	291,33	199,00	112,00	40,16
	V	**1 495,91**	473,75	473,75	IV	931,33	863,33	796,91	732,16	669,00	607,41
	VI	**1 540,25**	473,75	473,75							
5 399,99	I,IV	**1 002,00**	473,75	473,75	I	864,33	733,08	608,25	489,91	378,00	272,50
	II	**870,83**	473,75	473,75	II	739,25	614,16	495,50	383,25	277,41	178,00
	III	**588,50**	473,75	473,75	III	486,50	387,66	292,00	199,66	112,50	40,66
	V	**1 497,00**	473,75	473,75	IV	932,33	864,33	797,91	733,08	669,83	608,25
	VI	**1 541,33**	473,75	473,75							

* Zur LSt-Berechnung für privat versicherte Arbeitnehmer s. Beispiele **Vorbemerkung S. 4 f.**
** Basisvorsorgepauschale KV und PV *** Typisierter Arbeitgeberzuschuss

Lohn/ Gehalt in € bis	Steuerklasse	Lohn-steuer*	BVSP**	TAGZ***	Steuerklasse	Bemessungsgrundlage für Kirchensteuer und Solidaritätszuschlag – Freibeträge für ... Kinder 0,5	**1,0**	1,5	**2,0**	2,5	**3,0**
5402,99	I,IV	**1003,00**	473,75	473,75	I	865,33	734,00	609,16	490,75	378,75	273,25
	II	**871,83**	473,75	473,75	II	740,16	615,08	496,33	384,00	278,16	178,75
	III	**589,16**	473,75	473,75	III	487,16	388,33	292,66	200,33	113,16	41,16
	V	**1498,16**	473,75	473,75	IV	933,33	865,33	798,83	734,00	670,83	609,16
	VI	**1542,50**	473,75	473,75							
5405,99	I,IV	**1004,00**	473,75	473,75	I	866,25	735,00	610,08	491,58	379,58	274,00
	II	**872,75**	473,75	473,75	II	741,16	615,91	497,16	384,83	278,91	179,41
	III	**590,00**	473,75	473,75	III	488,00	389,00	293,33	201,00	113,83	41,66
	V	**1499,33**	473,75	473,75	IV	934,33	866,25	799,83	735,00	671,75	610,08
	VI	**1543,66**	473,75	473,75							
5408,99	I,IV	**1005,08**	473,75	473,75	I	867,25	735,91	610,91	492,41	380,33	274,75
	II	**873,75**	473,75	473,75	II	742,08	616,83	498,00	385,58	279,66	180,16
	III	**590,66**	473,75	473,75	III	488,66	389,66	294,00	201,66	114,33	42,16
	V	**1500,41**	473,75	473,75	IV	935,33	867,25	800,75	735,91	672,58	610,91
	VI	**1544,75**	473,75	473,75							
5411,99	I,IV	**1006,08**	473,75	473,75	I	868,25	736,83	611,83	493,25	381,16	275,50
	II	**874,75**	473,75	473,75	II	743,00	617,75	498,83	386,41	280,41	180,83
	III	**591,50**	473,75	473,75	III	489,33	390,50	294,66	202,33	114,83	42,50
	V	**1501,58**	473,75	473,75	IV	936,33	868,25	801,75	736,83	673,50	611,83
	VI	**1545,91**	473,75	473,75							
5414,99	I,IV	**1007,16**	473,75	473,75	I	869,25	737,75	612,75	494,16	382,00	276,25
	II	**875,75**	473,75	473,75	II	744,00	618,66	499,75	387,25	281,16	181,58
	III	**592,33**	473,75	473,75	III	490,16	391,16	295,50	203,00	115,50	43,00
	V	**1502,75**	473,75	473,75	IV	937,41	869,25	802,66	737,75	674,41	612,75
	VI	**1547,08**	473,75	473,75							
5417,99	I,IV	**1008,16**	473,75	473,75	I	870,16	738,66	613,58	495,00	382,75	277,00
	II	**876,66**	473,75	473,75	II	744,91	619,50	500,58	388,00	281,91	182,25
	III	**593,00**	473,75	473,75	III	490,83	391,83	296,16	203,66	116,16	43,50
	V	**1503,91**	473,75	473,75	IV	938,33	870,16	803,66	738,66	675,33	613,58
	VI	**1548,16**	473,75	473,75							
5420,99	I,IV	**1009,16**	473,75	473,75	I	871,16	739,66	614,50	495,83	383,58	277,75
	II	**877,66**	473,75	473,75	II	745,83	620,41	501,41	388,83	282,66	183,00
	III	**593,83**	473,75	473,75	III	491,50	392,50	296,83	204,16	116,66	44,00
	V	**1505,00**	473,75	473,75	IV	939,41	871,16	804,58	739,66	676,25	614,50
	VI	**1549,33**	473,75	473,75							
5423,99	I,IV	**1010,25**	473,75	473,75	I	872,16	740,58	615,41	496,66	384,33	278,50
	II	**878,66**	473,75	473,75	II	746,75	621,33	502,25	389,66	283,41	183,66
	III	**594,50**	473,75	473,75	III	492,33	393,33	297,50	205,00	117,33	44,50
	V	**1506,16**	473,75	473,75	IV	940,41	872,16	805,58	740,58	677,16	615,41
	VI	**1550,50**	473,75	473,75							
5426,99	I,IV	**1011,25**	473,75	473,75	I	873,16	741,50	616,25	497,50	385,16	279,25
	II	**879,66**	473,75	473,75	II	747,66	622,16	503,08	390,41	284,16	184,33
	III	**595,33**	473,75	473,75	III	493,00	394,00	298,16	205,50	117,83	44,83
	V	**1507,33**	473,75	473,75	IV	941,41	873,16	806,50	741,50	678,08	616,25
	VI	**1551,58**	473,75	473,75							
5429,99	I,IV	**1012,25**	473,75	473,75	I	874,16	742,41	617,16	498,33	385,91	280,00
	II	**880,66**	473,75	473,75	II	748,66	623,08	503,91	391,25	284,91	185,08
	III	**596,00**	473,75	473,75	III	493,83	394,66	298,83	206,16	118,50	45,33
	V	**1508,50**	473,75	473,75	IV	942,41	874,16	807,50	742,41	679,00	617,16
	VI	**1552,75**	473,75	473,75							
5432,99	I,IV	**1013,33**	473,75	473,75	I	875,16	743,41	618,08	499,16	386,75	280,75
	II	**881,66**	473,75	473,75	II	749,58	624,00	504,75	392,00	285,66	185,83
	III	**596,83**	473,75	473,75	III	494,50	395,50	299,50	207,00	119,00	45,83
	V	**1509,58**	473,75	473,75	IV	943,41	875,16	808,50	743,41	679,91	618,08
	VI	**1553,91**	473,75	473,75							
5435,99	I,IV	**1014,33**	473,75	473,75	I	876,08	744,33	618,91	500,00	387,50	281,50
	II	**882,58**	473,75	473,75	II	750,50	624,83	505,58	392,83	286,41	186,50
	III	**597,50**	473,75	473,75	III	495,16	396,16	300,33	207,50	119,66	46,33
	V	**1510,75**	473,75	473,75	IV	944,41	876,08	809,41	744,33	680,83	618,91
	VI	**1555,08**	473,75	473,75							

* Zur LSt-Berechnung für privat versicherte Arbeitnehmer s. Beispiele **Vorbemerkung S. 4 f.**
** Basisvorsorgepauschale KV und PV *** Typisierter Arbeitgeberzuschuss

Lohn/ Gehalt in € bis	Steuerklasse	Lohnsteuer*	BVSP**	TAGZ***	Steuerklasse	Bemessungsgrundlage für Kirchensteuer und Solidaritätszuschlag – Freibeträge für ... Kinder 0,5	1,0	1,5	2,0	2,5	3,0
5 438,99	I,IV	**1 015,33**	473,75	473,75	I	877,08	745,25	619,83	500,91	388,33	282,25
	II	**883,58**	473,75	473,75	II	751,50	625,75	506,50	393,58	287,16	187,16
	III	**598,33**	473,75	473,75	III	496,00	396,83	301,00	208,16	120,16	46,83
	V	**1 511,91**	473,75	473,75	IV	945,41	877,08	810,41	745,25	681,75	619,83
	VI	**1 556,16**	473,75	473,75							
5 441,99	I,IV	**1 016,41**	473,75	473,75	I	878,08	746,16	620,75	501,66	389,08	282,91
	II	**884,58**	473,75	473,75	II	752,41	626,66	507,33	394,41	287,91	187,91
	III	**599,00**	473,75	473,75	III	496,66	397,50	301,66	208,83	120,83	47,33
	V	**1 513,00**	473,75	473,75	IV	946,41	878,08	811,33	746,16	682,66	620,75
	VI	**1 557,33**	473,75	473,75							
5 444,99	I,IV	**1 017,41**	473,75	473,75	I	879,08	747,16	621,66	502,58	389,91	283,75
	II	**885,58**	473,75	473,75	II	753,33	627,50	508,16	395,25	288,66	188,58
	III	**599,83**	473,75	473,75	III	497,50	398,33	302,33	209,50	121,50	47,83
	V	**1 514,16**	473,75	473,75	IV	947,41	879,08	812,25	747,16	683,58	621,66
	VI	**1 558,50**	473,75	473,75							
5 447,99	I,IV	**1 018,50**	473,75	473,75	I	880,08	748,08	622,50	503,41	390,75	284,50
	II	**886,58**	473,75	473,75	II	754,33	628,41	509,00	396,00	289,41	189,33
	III	**600,66**	473,75	473,75	III	498,16	399,00	303,00	210,16	122,00	48,16
	V	**1 515,33**	473,75	473,75	IV	948,41	880,08	813,25	748,08	684,50	622,50
	VI	**1 559,66**	473,75	473,75							
5 450,99	I,IV	**1 019,50**	473,75	473,75	I	881,00	749,00	623,41	504,25	391,50	285,25
	II	**887,58**	473,75	473,75	II	755,25	629,33	509,83	396,83	290,16	190,00
	III	**601,33**	473,75	473,75	III	498,83	399,66	303,66	210,83	122,66	48,66
	V	**1 516,41**	473,75	473,75	IV	949,41	881,00	814,16	749,00	685,41	623,41
	VI	**1 560,75**	473,75	473,75							
5 453,99	I,IV	**1 020,50**	473,75	473,75	I	882,00	749,91	624,33	505,08	392,33	286,00
	II	**888,58**	473,75	473,75	II	756,16	630,25	510,66	397,58	290,91	190,75
	III	**602,16**	473,75	473,75	III	499,66	400,33	304,33	211,50	123,16	49,16
	V	**1 517,58**	473,75	473,75	IV	950,50	882,00	815,16	749,91	686,33	624,33
	VI	**1 561,91**	473,75	473,75							
5 456,99	I,IV	**1 021,58**	473,75	473,75	I	883,00	750,91	625,25	505,91	393,16	286,75
	II	**889,58**	473,75	473,75	II	757,16	631,16	511,58	398,41	291,75	191,41
	III	**602,83**	473,75	473,75	III	500,33	401,16	305,00	212,16	123,83	49,66
	V	**1 518,75**	473,75	473,75	IV	951,50	883,00	816,16	750,91	687,25	625,25
	VI	**1 563,08**	473,75	473,75							
5 459,99	I,IV	**1 022,58**	473,75	473,75	I	884,00	751,83	626,08	506,75	393,91	287,50
	II	**890,50**	473,75	473,75	II	758,08	632,00	512,41	399,25	292,41	192,16
	III	**603,66**	473,75	473,75	III	501,16	401,83	305,66	212,83	124,33	50,16
	V	**1 519,83**	473,75	473,75	IV	952,50	884,00	817,08	751,83	688,16	626,08
	VI	**1 564,16**	473,75	473,75							
5 462,99	I,IV	**1 023,66**	473,75	473,75	I	885,00	752,75	627,00	507,66	394,75	288,25
	II	**891,50**	473,75	473,75	II	759,00	632,91	513,25	400,00	293,25	192,83
	III	**604,33**	473,75	473,75	III	501,83	402,50	306,50	213,50	125,00	50,66
	V	**1 521,00**	473,75	473,75	IV	953,50	885,00	818,08	752,75	689,08	627,00
	VI	**1 565,33**	473,75	473,75							
5 465,99	I,IV	**1 024,66**	473,75	473,75	I	886,00	753,75	627,91	508,50	395,50	289,00
	II	**892,50**	473,75	473,75	II	759,91	633,83	514,08	400,83	294,00	193,58
	III	**605,16**	473,75	473,75	III	502,66	403,33	307,16	214,16	125,66	51,16
	V	**1 522,16**	473,75	473,75	IV	954,50	886,00	819,08	753,75	690,00	627,91
	VI	**1 566,50**	473,75	473,75							
5 468,99	I,IV	**1 025,66**	473,75	473,75	I	886,91	754,66	628,75	509,33	396,33	289,75
	II	**893,50**	473,75	473,75	II	760,91	634,66	514,91	401,58	294,75	194,25
	III	**605,83**	473,75	473,75	III	503,33	404,00	307,83	214,83	126,16	51,66
	V	**1 523,33**	473,75	473,75	IV	955,50	886,91	820,00	754,66	690,91	628,75
	VI	**1 567,58**	473,75	473,75							
5 471,99	I,IV	**1 026,75**	473,75	473,75	I	887,91	755,58	629,66	510,16	397,08	290,50
	II	**894,50**	473,75	473,75	II	761,83	635,58	515,83	402,41	295,50	195,00
	III	**606,66**	473,75	473,75	III	504,00	404,66	308,50	215,50	126,83	52,16
	V	**1 524,50**	473,75	473,75	IV	956,50	887,91	821,00	755,58	691,83	629,66
	VI	**1 568,75**	473,75	473,75							

* Zur LSt-Berechnung für privat versicherte Arbeitnehmer s. Beispiele **Vorbemerkung S. 4 f.**
** Basisvorsorgepauschale KV und PV *** Typisierter Arbeitgeberzuschuss

Lohn/ Gehalt in € bis	Steuerklasse	Lohn-steuer*	BVSP**	TAGZ***	Steuerklasse	Bemessungsgrundlage für Kirchensteuer und Solidaritätszuschlag					
						Freibeträge für ... Kinder					
						0,5	**1,0**	1,5	**2,0**	2,5	**3,0**
5474,99	I,IV	**1027,75**	473,75	473,75	I	888,91	756,58	630,58	511,00	397,91	291,25
	II	**895,50**	473,75	473,75	II	762,75	636,50	516,66	403,25	296,25	195,66
	III	**607,50**	473,75	473,75	III	504,83	405,33	309,16	216,16	127,50	52,50
	V	**1525,58**	473,75	473,75	IV	957,58	888,91	821,91	756,58	692,75	630,58
	VI	**1569,91**	473,75	473,75							
5477,99	I,IV	**1028,83**	473,75	473,75	I	889,91	757,50	631,41	511,83	398,75	292,00
	II	**896,50**	473,75	473,75	II	763,75	637,41	517,50	404,00	297,00	196,41
	III	**608,16**	473,75	473,75	III	505,50	406,16	309,83	216,83	128,00	53,00
	V	**1526,75**	473,75	473,75	IV	958,58	889,91	822,91	757,50	693,66	631,41
	VI	**1571,08**	473,75	473,75							
5480,99	I,IV	**1029,83**	473,75	473,75	I	890,91	758,41	632,33	512,75	399,50	292,75
	II	**897,50**	473,75	473,75	II	764,66	638,33	518,33	404,83	297,75	197,08
	III	**609,00**	473,75	473,75	III	506,33	406,83	310,66	217,50	128,66	53,50
	V	**1527,91**	473,75	473,75	IV	959,58	890,91	823,83	758,41	694,58	632,33
	VI	**1572,16**	473,75	473,75							
5483,99	I,IV	**1030,91**	473,75	473,75	I	891,91	759,41	633,25	513,58	400,33	293,50
	II	**898,50**	473,75	473,75	II	765,66	639,16	519,25	405,66	298,50	197,83
	III	**609,66**	473,75	473,75	III	507,00	407,50	311,33	218,16	129,33	54,00
	V	**1529,08**	473,75	473,75	IV	960,58	891,91	824,83	759,41	695,50	633,25
	VI	**1573,33**	473,75	473,75							
5486,99	I,IV	**1031,91**	473,75	473,75	I	892,91	760,33	634,16	514,41	401,16	294,25
	II	**899,41**	473,75	473,75	II	766,58	640,08	520,08	406,41	299,25	198,50
	III	**610,50**	473,75	473,75	III	507,66	408,16	312,00	218,83	129,83	54,50
	V	**1530,16**	473,75	473,75	IV	961,58	892,91	825,83	760,33	696,41	634,16
	VI	**1574,50**	473,75	473,75							
5489,99	I,IV	**1033,00**	473,75	473,75	I	893,91	761,25	635,08	515,25	401,91	295,00
	II	**900,41**	473,75	473,75	II	767,50	641,00	520,91	407,25	300,00	199,25
	III	**611,16**	473,75	473,75	III	508,50	409,00	312,66	219,50	130,50	55,00
	V	**1531,33**	473,75	473,75	IV	962,58	893,91	826,75	761,25	697,33	635,08
	VI	**1575,66**	473,75	473,75							
5492,99	I,IV	**1034,00**	473,75	473,75	I	894,91	762,25	636,00	516,16	402,75	295,83
	II	**901,50**	473,75	473,75	II	768,50	641,91	521,75	408,08	300,83	200,00
	III	**612,00**	473,75	473,75	III	509,16	409,66	313,33	220,16	131,16	55,50
	V	**1532,50**	473,75	473,75	IV	963,66	894,91	827,75	762,25	698,25	636,00
	VI	**1576,75**	473,75	473,75							
5495,99	I,IV	**1035,00**	473,75	473,75	I	895,83	763,16	636,83	517,00	403,50	296,50
	II	**902,41**	473,75	473,75	II	769,41	642,75	522,58	408,83	301,58	200,66
	III	**612,66**	473,75	473,75	III	510,00	410,33	314,00	220,83	131,66	56,00
	V	**1533,58**	473,75	473,75	IV	964,66	895,83	828,66	763,16	699,16	636,83
	VI	**1577,91**	473,75	473,75							
5498,99	I,IV	**1036,08**	473,75	473,75	I	896,83	764,08	637,75	517,83	404,33	297,33
	II	**903,41**	473,75	473,75	II	770,33	643,66	523,50	409,66	302,33	201,41
	III	**613,50**	473,75	473,75	III	510,66	411,16	314,66	221,50	132,33	56,50
	V	**1534,75**	473,75	473,75	IV	965,66	896,83	829,66	764,08	700,08	637,75
	VI	**1579,08**	473,75	473,75							
5501,99	I,IV	**1037,16**	473,75	473,75	I	897,83	765,08	638,66	518,66	405,16	298,08
	II	**904,41**	473,75	473,75	II	771,33	644,58	524,33	410,50	303,08	202,08
	III	**614,33**	473,75	473,75	III	511,50	411,83	315,33	222,16	133,00	57,00
	V	**1535,91**	473,75	473,75	IV	966,66	897,83	830,66	765,08	701,08	638,66
	VI	**1580,25**	473,75	473,75							
5504,99	I,IV	**1038,16**	473,75	473,75	I	898,83	766,00	639,50	519,50	405,91	298,83
	II	**905,41**	473,75	473,75	II	772,25	645,50	525,16	411,25	303,83	202,83
	III	**615,00**	473,75	473,75	III	512,16	412,50	316,16	222,83	133,50	57,50
	V	**1537,00**	473,75	473,75	IV	967,66	898,83	831,58	766,00	701,91	639,50
	VI	**1581,33**	473,75	473,75							
5507,99	I,IV	**1039,16**	473,75	473,75	I	899,83	766,91	640,41	520,41	406,75	299,58
	II	**906,41**	473,75	473,75	II	773,16	646,41	526,00	412,08	304,58	203,50
	III	**615,83**	473,75	473,75	III	513,00	413,33	316,83	223,50	134,16	58,00
	V	**1538,16**	473,75	473,75	IV	968,75	899,83	832,58	766,91	702,91	640,41
	VI	**1582,50**	473,75	473,75							

* Zur LSt-Berechnung für privat versicherte Arbeitnehmer s. Beispiele **Vorbemerkung S. 4 f.**
** Basisvorsorgepauschale KV und PV *** Typisierter Arbeitgeberzuschuss

Lohn/ Gehalt in € bis	Steuerklasse	Lohnsteuer*	BVSP**	TAGZ***	Steuerklasse	Bemessungsgrundlage für Kirchensteuer und Solidaritätszuschlag – Freibeträge für ... Kinder 0,5	1,0	1,5	2,0	2,5	3,0
5510,99	I,IV	**1040,25**	473,75	473,75	I	900,83	767,83	641,33	521,25	407,58	300,33
	II	**907,41**	473,75	473,75	II	774,16	647,25	526,83	412,91	305,33	204,25
	III	**616,50**	473,75	473,75	III	513,66	414,00	317,50	224,16	134,83	58,50
	V	**1539,33**	473,75	473,75	IV	969,75	900,83	833,50	767,83	703,75	641,33
	VI	**1583,58**	473,75	473,75							
5513,99	I,IV	**1041,25**	473,75	473,75	I	901,83	768,83	642,25	522,08	408,33	301,08
	II	**908,41**	473,75	473,75	II	775,08	648,16	527,75	413,75	306,08	204,91
	III	**617,33**	473,75	473,75	III	514,33	414,66	318,16	224,83	135,33	59,00
	V	**1540,41**	473,75	473,75	IV	970,75	901,83	834,50	768,83	704,75	642,25
	VI	**1584,75**	473,75	473,75							
5516,99	I,IV	**1042,33**	473,75	473,75	I	902,83	769,75	643,16	522,91	409,16	301,83
	II	**909,41**	473,75	473,75	II	776,08	649,08	528,58	414,50	306,91	205,66
	III	**618,16**	473,75	473,75	III	515,16	415,33	318,83	225,50	136,00	59,50
	V	**1541,58**	473,75	473,75	IV	971,75	902,83	835,50	769,75	705,66	643,16
	VI	**1585,91**	473,75	473,75							
5519,99	I,IV	**1043,33**	473,75	473,75	I	903,83	770,66	644,00	523,75	410,00	302,58
	II	**910,41**	473,75	473,75	II	777,00	650,00	529,41	415,33	307,66	206,33
	III	**618,83**	473,75	473,75	III	515,83	416,16	319,50	226,16	136,66	60,00
	V	**1542,75**	473,75	473,75	IV	972,75	903,83	836,41	770,66	706,58	644,00
	VI	**1587,00**	473,75	473,75							
5522,99	I,IV	**1044,41**	473,75	473,75	I	904,83	771,66	644,91	524,66	410,83	303,33
	II	**911,41**	473,75	473,75	II	777,91	650,91	530,33	416,16	308,41	207,08
	III	**619,66**	473,75	473,75	III	516,66	416,83	320,16	226,83	137,16	60,50
	V	**1543,91**	473,75	473,75	IV	973,83	904,83	837,41	771,66	707,50	644,91
	VI	**1588,16**	473,75	473,75							
5525,99	I,IV	**1045,41**	473,75	473,75	I	905,83	772,58	645,83	525,50	411,58	304,16
	II	**912,41**	473,75	473,75	II	778,91	651,83	531,16	416,91	309,16	207,83
	III	**620,33**	473,75	473,75	III	517,33	417,50	321,00	227,66	137,83	61,00
	V	**1545,00**	473,75	473,75	IV	974,83	905,83	838,41	772,58	708,41	645,83
	VI	**1589,33**	473,75	473,75							
5528,99	I,IV	**1046,50**	473,75	473,75	I	906,75	773,58	646,75	526,33	412,41	304,91
	II	**913,41**	473,75	473,75	II	779,83	652,66	532,00	417,75	309,91	208,50
	III	**621,16**	473,75	473,75	III	518,16	418,33	321,66	228,16	138,50	61,50
	V	**1546,16**	473,75	473,75	IV	975,83	906,75	839,33	773,58	709,33	646,75
	VI	**1590,50**	473,75	473,75							
5531,99	I,IV	**1047,50**	473,75	473,75	I	907,83	774,50	647,66	527,25	413,25	305,66
	II	**914,41**	473,75	473,75	II	780,75	653,58	532,91	418,58	310,66	209,25
	III	**621,83**	473,75	473,75	III	518,83	419,00	322,33	228,83	139,16	62,00
	V	**1547,33**	473,75	473,75	IV	976,83	907,83	840,33	774,50	710,25	647,66
	VI	**1591,58**	473,75	473,75							
5534,99	I,IV	**1048,58**	473,75	473,75	I	908,83	775,50	648,58	528,08	414,00	306,41
	II	**915,41**	473,75	473,75	II	781,75	654,50	533,75	419,41	311,50	210,00
	III	**622,66**	473,75	473,75	III	519,66	419,66	323,00	229,66	139,83	62,50
	V	**1548,50**	473,75	473,75	IV	977,91	908,83	841,33	775,50	711,16	648,58
	VI	**1592,75**	473,75	473,75							
5537,99	I,IV	**1049,58**	473,75	473,75	I	909,75	776,41	649,41	528,91	414,83	307,16
	II	**916,41**	473,75	473,75	II	782,66	655,41	534,58	420,16	312,25	210,66
	III	**623,50**	473,75	473,75	III	520,33	420,50	323,66	230,33	140,33	63,00
	V	**1549,58**	473,75	473,75	IV	978,91	909,75	842,25	776,41	712,08	649,41
	VI	**1593,91**	473,75	473,75							
5540,99	I,IV	**1050,66**	473,75	473,75	I	910,75	777,33	650,33	529,75	415,66	307,91
	II	**917,41**	473,75	473,75	II	783,66	656,33	535,41	421,00	313,00	211,41
	III	**624,16**	473,75	473,75	III	521,00	421,16	324,33	230,83	141,00	63,50
	V	**1550,75**	473,75	473,75	IV	979,91	910,75	843,25	777,33	713,08	650,33
	VI	**1595,08**	473,75	473,75							
5543,99	I,IV	**1051,66**	473,75	473,75	I	911,83	778,33	651,25	530,66	416,50	308,66
	II	**918,41**	473,75	473,75	II	784,58	657,25	536,33	421,83	313,75	212,08
	III	**625,00**	473,75	473,75	III	521,83	421,83	325,16	231,66	141,66	64,00
	V	**1551,91**	473,75	473,75	IV	980,91	911,83	844,25	778,33	714,00	651,25
	VI	**1596,25**	473,75	473,75							

* Zur LSt-Berechnung für privat versicherte Arbeitnehmer s. Beispiele **Vorbemerkung S. 4f.**
** Basisvorsorgepauschale KV und PV *** Typisierter Arbeitgeberzuschuss

Lohn/ Gehalt in € bis	Steuerklasse	Lohn-steuer*	BVSP**	TAGZ***	Steuerklasse	Bemessungsgrundlage für Kirchensteuer und Solidaritätszuschlag					
						Freibeträge für ... Kinder					
						0,5	**1,0**	1,5	**2,0**	2,5	**3,0**
5 546,99	I,IV	**1 052,75**	473,75	473,75	I	912,75	779,25	652,16	531,50	417,25	309,41
	II	**919,41**	473,75	473,75	II	785,58	658,16	537,16	422,58	314,50	212,83
	III	**625,66**	473,75	473,75	III	522,50	422,50	325,83	232,33	142,16	64,50
	V	**1 553,00**	473,75	473,75	IV	981,91	912,75	845,16	779,25	714,91	652,16
	VI	**1 597,33**	473,75	473,75							
5 549,99	I,IV	**1 053,75**	473,75	473,75	I	913,75	780,16	653,08	532,33	418,08	310,25
	II	**920,41**	473,75	473,75	II	786,50	659,08	538,00	423,41	315,25	213,58
	III	**626,50**	473,75	473,75	III	523,33	423,33	326,50	233,00	142,83	65,00
	V	**1 554,16**	473,75	473,75	IV	983,00	913,75	846,16	780,16	715,83	653,08
	VI	**1 598,50**	473,75	473,75							
5 552,99	I,IV	**1 054,83**	473,75	473,75	I	914,75	781,16	654,00	533,25	418,91	311,00
	II	**921,41**	473,75	473,75	II	787,50	660,00	538,91	424,25	316,08	214,25
	III	**627,33**	473,75	473,75	III	524,00	424,00	327,16	233,66	143,50	65,50
	V	**1 555,33**	473,75	473,75	IV	984,00	914,75	847,16	781,16	716,75	654,00
	VI	**1 599,66**	473,75	473,75							
5 555,99	I,IV	**1 055,83**	473,75	473,75	I	915,75	782,08	654,83	534,08	419,66	311,75
	II	**922,41**	473,75	473,75	II	788,41	660,83	539,75	425,08	316,83	215,00
	III	**628,00**	473,75	473,75	III	524,83	424,66	327,83	234,33	144,16	66,00
	V	**1 556,41**	473,75	473,75	IV	985,00	915,75	848,16	782,08	717,66	654,83
	VI	**1 600,75**	473,75	473,75							
5 558,99	I,IV	**1 056,91**	473,75	473,75	I	916,75	783,08	655,75	534,91	420,50	312,50
	II	**923,41**	473,75	473,75	II	789,33	661,75	540,58	425,91	317,58	215,75
	III	**628,83**	473,75	473,75	III	525,50	425,50	328,50	235,00	144,66	66,50
	V	**1 557,58**	473,75	473,75	IV	986,08	916,75	849,08	783,08	718,58	655,75
	VI	**1 601,91**	473,75	473,75							
5 561,99	I,IV	**1 058,00**	473,75	473,75	I	917,75	784,00	656,66	535,83	421,33	313,25
	II	**924,41**	473,75	473,75	II	790,33	662,66	541,50	426,66	318,33	216,41
	III	**629,50**	473,75	473,75	III	526,33	426,16	329,33	235,66	145,33	67,00
	V	**1 558,75**	473,75	473,75	IV	987,08	917,75	850,08	784,00	719,58	656,66
	VI	**1 603,08**	473,75	473,75							
5 564,99	I,IV	**1 059,00**	473,75	473,75	I	918,75	785,00	657,58	536,66	422,08	314,00
	II	**925,41**	473,75	473,75	II	791,25	663,58	542,33	427,50	319,08	217,16
	III	**630,33**	473,75	473,75	III	527,00	426,83	330,00	236,33	146,00	67,50
	V	**1 559,91**	473,75	473,75	IV	988,08	918,75	851,08	785,00	720,50	657,58
	VI	**1 604,16**	473,75	473,75							
5 567,99	I,IV	**1 060,08**	473,75	473,75	I	919,75	785,91	658,50	537,50	422,91	314,83
	II	**926,41**	473,75	473,75	II	792,25	664,50	543,16	428,33	319,91	217,83
	III	**631,00**	473,75	473,75	III	527,66	427,66	330,66	237,00	146,66	68,00
	V	**1 561,00**	473,75	473,75	IV	989,08	919,75	852,08	785,91	721,41	658,50
	VI	**1 605,33**	473,75	473,75							
5 570,99	I,IV	**1 061,08**	473,75	473,75	I	920,75	786,91	659,41	538,33	423,75	315,58
	II	**927,41**	473,75	473,75	II	793,16	665,41	544,08	429,16	320,66	218,58
	III	**631,83**	473,75	473,75	III	528,50	428,33	331,33	237,66	147,33	68,66
	V	**1 562,16**	473,75	473,75	IV	990,16	920,75	853,00	786,91	722,33	659,41
	VI	**1 606,50**	473,75	473,75							
5 573,99	I,IV	**1 062,16**	473,75	473,75	I	921,75	787,83	660,33	539,25	424,58	316,33
	II	**928,41**	473,75	473,75	II	794,16	666,33	544,91	429,91	321,41	219,33
	III	**632,66**	473,75	473,75	III	529,16	429,00	332,00	238,33	148,00	69,16
	V	**1 563,33**	473,75	473,75	IV	991,16	921,75	854,00	787,83	723,25	660,33
	VI	**1 607,58**	473,75	473,75							
5 576,99	I,IV	**1 063,16**	473,75	473,75	I	922,75	788,75	661,25	540,08	425,41	317,08
	II	**929,41**	473,75	473,75	II	795,08	667,25	545,75	430,75	322,16	220,00
	III	**633,33**	473,75	473,75	III	530,00	429,66	332,83	239,00	148,50	69,66
	V	**1 564,50**	473,75	473,75	IV	992,16	922,75	855,00	788,75	724,16	661,25
	VI	**1 608,75**	473,75	473,75							
5 579,99	I,IV	**1 064,25**	473,75	473,75	I	923,75	789,75	662,08	540,91	426,16	317,83
	II	**930,41**	473,75	473,75	II	796,00	668,08	546,66	431,58	322,91	220,75
	III	**634,16**	473,75	473,75	III	530,66	430,50	333,50	239,66	149,16	70,16
	V	**1 565,58**	473,75	473,75	IV	993,16	923,75	855,91	789,75	725,08	662,08
	VI	**1 609,91**	473,75	473,75							

* Zur LSt-Berechnung für privat versicherte Arbeitnehmer s. Beispiele **Vorbemerkung S. 4 f.**
** Basisvorsorgepauschale KV und PV *** Typisierter Arbeitgeberzuschuss

Lohn/ Gehalt in € bis	Steuerklasse	Lohn-steuer*	BVSP**	TAGZ***	Steuerklasse	Bemessungsgrundlage für Kirchensteuer und Solidaritätszuschlag – Freibeträge für ... Kinder 0,5	**1,0**	1,5	**2,0**	2,5	**3,0**
5 582,99	I,IV	**1 065,33**	473,75	473,75	I	924,75	790,66	663,00	541,83	427,00	318,66
	II	**931,41**	473,75	473,75	II	797,00	669,00	547,50	432,41	323,75	221,50
	III	**635,00**	473,75	473,75	III	531,50	431,16	334,16	240,33	149,83	70,66
	V	**1 566,75**	473,75	473,75	IV	994,25	924,75	856,91	790,66	726,08	663,00
	VI	**1 611,08**	473,75	473,75							
5 585,99	I,IV	**1 066,33**	473,75	473,75	I	925,75	791,66	663,91	542,66	427,83	319,41
	II	**932,41**	473,75	473,75	II	798,00	670,00	548,33	433,25	324,50	222,16
	III	**635,66**	473,75	473,75	III	532,16	431,83	334,83	241,00	150,50	71,16
	V	**1 567,91**	473,75	473,75	IV	995,25	925,75	857,91	791,66	727,00	663,91
	VI	**1 612,16**	473,75	473,75							
5 588,99	I,IV	**1 067,41**	473,75	473,75	I	926,75	792,58	664,83	543,50	428,58	320,16
	II	**933,41**	473,75	473,75	II	798,91	670,83	549,25	434,00	325,25	222,91
	III	**636,50**	473,75	473,75	III	532,83	432,66	335,50	241,66	151,00	71,66
	V	**1 569,00**	473,75	473,75	IV	996,25	926,75	858,83	792,58	727,91	664,83
	VI	**1 613,33**	473,75	473,75							
5 591,99	I,IV	**1 068,41**	473,75	473,75	I	927,75	793,58	665,75	544,41	429,41	320,91
	II	**934,41**	473,75	473,75	II	799,91	671,75	550,08	434,83	326,00	223,66
	III	**637,16**	473,75	473,75	III	533,66	433,33	336,16	242,33	151,66	72,16
	V	**1 570,16**	473,75	473,75	IV	997,33	927,75	859,83	793,58	728,83	665,75
	VI	**1 614,50**	473,75	473,75							
5 594,99	I,IV	**1 069,50**	473,75	473,75	I	928,83	794,50	666,66	545,25	430,25	321,75
	II	**935,41**	473,75	473,75	II	800,83	672,66	551,00	435,66	326,83	224,33
	III	**638,00**	473,75	473,75	III	534,33	434,00	337,00	243,00	152,33	72,66
	V	**1 571,33**	473,75	473,75	IV	998,33	928,83	860,83	794,50	729,75	666,66
	VI	**1 615,66**	473,75	473,75							
5 597,99	I,IV	**1 070,50**	473,75	473,75	I	929,75	795,41	667,58	546,08	431,08	322,50
	II	**936,41**	473,75	473,75	II	801,75	673,58	551,83	436,50	327,58	225,08
	III	**638,66**	473,75	473,75	III	535,16	434,83	337,66	243,66	153,00	73,16
	V	**1 572,41**	473,75	473,75	IV	999,33	929,75	861,83	795,41	730,66	667,58
	VI	**1 616,75**	473,75	473,75							
5 600,99	I,IV	**1 071,58**	473,75	473,75	I	930,75	796,41	668,50	547,00	431,91	323,25
	II	**937,41**	473,75	473,75	II	802,75	674,50	552,66	437,33	328,33	225,83
	III	**639,50**	473,75	473,75	III	536,00	435,50	338,33	244,33	153,66	73,83
	V	**1 573,58**	473,75	473,75	IV	1 000,41	930,75	862,83	796,41	731,66	668,50
	VI	**1 617,91**	473,75	473,75							
5 603,99	I,IV	**1 072,66**	473,75	473,75	I	931,83	797,41	669,41	547,83	432,75	324,00
	II	**938,41**	473,75	473,75	II	803,75	675,41	553,58	438,16	329,08	226,58
	III	**640,33**	473,75	473,75	III	536,66	436,16	339,00	245,00	154,33	74,33
	V	**1 574,75**	473,75	473,75	IV	1 001,41	931,83	863,83	797,41	732,58	669,41
	VI	**1 619,08**	473,75	473,75							
5 606,99	I,IV	**1 073,66**	473,75	473,75	I	932,75	798,33	670,33	548,66	433,50	324,75
	II	**939,41**	473,75	473,75	II	804,66	676,33	554,41	438,91	329,91	227,25
	III	**641,00**	473,75	473,75	III	537,33	437,00	339,66	245,66	155,00	74,83
	V	**1 575,83**	473,75	473,75	IV	1 002,41	932,75	864,75	798,33	733,50	670,33
	VI	**1 620,16**	473,75	473,75							
5 609,99	I,IV	**1 074,75**	473,75	473,75	I	933,83	799,33	671,25	549,58	434,33	325,58
	II	**940,50**	473,75	473,75	II	805,66	677,25	555,25	439,75	330,66	228,00
	III	**641,83**	473,75	473,75	III	538,16	437,66	340,50	246,33	155,66	75,33
	V	**1 577,00**	473,75	473,75	IV	1 003,50	933,83	865,75	799,33	734,41	671,25
	VI	**1 621,33**	473,75	473,75							
5 612,99	I,IV	**1 075,83**	473,75	473,75	I	934,83	800,25	672,16	550,41	435,16	326,33
	II	**941,50**	473,75	473,75	II	806,58	678,16	556,16	440,58	331,41	228,75
	III	**642,66**	473,75	473,75	III	538,83	438,33	341,16	247,00	156,16	75,83
	V	**1 578,16**	473,75	473,75	IV	1 004,50	934,83	866,75	800,25	735,41	672,16
	VI	**1 622,50**	473,75	473,75							
5 615,99	I,IV	**1 076,83**	473,75	473,75	I	935,83	801,16	673,00	551,25	436,00	327,08
	II	**942,50**	473,75	473,75	II	807,58	679,08	557,00	441,41	332,16	229,41
	III	**643,33**	473,75	473,75	III	539,66	439,16	341,83	247,66	156,83	76,33
	V	**1 579,33**	473,75	473,75	IV	1 005,50	935,83	867,66	801,16	736,33	673,00
	VI	**1 623,58**	473,75	473,75							

* Zur LSt-Berechnung für privat versicherte Arbeitnehmer s. Beispiele **Vorbemerkung S. 4 f.**
** Basisvorsorgepauschale KV und PV *** Typisierter Arbeitgeberzuschuss

Lohn/ Gehalt in € bis	Steuerklasse	Lohn-steuer*	BVSP**	TAGZ***	Steuerklasse	Bemessungsgrundlage für Kirchensteuer und Solidaritätszuschlag – Freibeträge für ... Kinder 0,5	**1,0**	1,5	**2,0**	2,5	**3,0**
5 618,99	I,IV	**1 077,91**	473,75	473,75	I	936,83	802,16	673,91	552,16	436,83	327,83
	II	**943,50**	473,75	473,75	II	808,50	680,00	557,91	442,25	333,00	230,16
	III	**644,16**	473,75	473,75	III	540,33	439,83	342,50	248,50	157,50	77,00
	V	**1 580,50**	473,75	473,75	IV	1 006,58	936,83	868,66	802,16	737,25	673,91
	VI	**1 624,75**	473,75	473,75							
5 621,99	I,IV	**1 079,00**	473,75	473,75	I	937,83	803,16	674,83	553,00	437,66	328,66
	II	**944,50**	473,75	473,75	II	809,50	680,91	558,75	443,08	333,75	230,91
	III	**644,83**	473,75	473,75	III	541,16	440,50	343,16	249,16	158,16	77,50
	V	**1 581,58**	473,75	473,75	IV	1 007,58	937,83	869,66	803,16	738,16	674,83
	VI	**1 625,91**	473,75	473,75							
5 624,99	I,IV	**1 080,00**	473,75	473,75	I	938,83	804,08	675,75	553,91	438,41	329,41
	II	**945,50**	473,75	473,75	II	810,41	681,83	559,58	443,83	334,50	231,58
	III	**645,66**	473,75	473,75	III	541,83	441,33	343,83	249,66	158,83	78,00
	V	**1 582,75**	473,75	473,75	IV	1 008,58	938,83	870,66	804,08	739,08	675,75
	VI	**1 627,08**	473,75	473,75							
5 627,99	I,IV	**1 081,08**	473,75	473,75	I	939,83	805,08	676,66	554,75	439,25	330,16
	II	**946,50**	473,75	473,75	II	811,41	682,75	560,50	444,66	335,33	232,33
	III	**646,50**	473,75	473,75	III	542,66	442,00	344,66	250,50	159,50	78,50
	V	**1 583,91**	473,75	473,75	IV	1 009,66	939,83	871,66	805,08	740,08	676,66
	VI	**1 628,16**	473,75	473,75							
5 630,99	I,IV	**1 082,16**	473,75	473,75	I	940,83	806,00	677,58	555,66	440,08	331,00
	II	**947,50**	473,75	473,75	II	812,41	683,66	561,33	445,50	336,08	233,08
	III	**647,16**	473,75	473,75	III	543,33	442,66	345,33	251,16	160,16	79,00
	V	**1 585,08**	473,75	473,75	IV	1 010,66	940,83	872,66	806,00	741,00	677,58
	VI	**1 629,33**	473,75	473,75							
5 633,99	I,IV	**1 083,16**	473,75	473,75	I	941,83	807,00	678,50	556,50	440,91	331,75
	II	**948,50**	473,75	473,75	II	813,33	684,58	562,25	446,33	336,83	233,83
	III	**648,00**	473,75	473,75	III	544,16	443,50	346,00	251,83	160,83	79,50
	V	**1 586,16**	473,75	473,75	IV	1 011,66	941,83	873,58	807,00	741,91	678,50
	VI	**1 630,50**	473,75	473,75							
5 636,99	I,IV	**1 084,25**	473,75	473,75	I	942,83	807,91	679,41	557,33	441,75	332,50
	II	**949,50**	473,75	473,75	II	814,33	685,50	563,08	447,16	337,66	234,50
	III	**648,83**	473,75	473,75	III	544,83	444,16	346,66	252,50	161,50	80,16
	V	**1 587,33**	473,75	473,75	IV	1 012,75	942,83	874,58	807,91	742,91	679,41
	VI	**1 631,66**	473,75	473,75							
5 639,99	I,IV	**1 085,33**	473,75	473,75	I	943,91	808,91	680,33	558,25	442,58	333,25
	II	**950,58**	473,75	473,75	II	815,25	686,41	564,00	448,00	338,41	235,25
	III	**649,50**	473,75	473,75	III	545,66	444,83	347,33	253,16	162,16	80,66
	V	**1 588,50**	473,75	473,75	IV	1 013,75	943,91	875,58	808,91	743,83	680,33
	VI	**1 632,75**	473,75	473,75							
5 642,99	I,IV	**1 086,33**	473,75	473,75	I	944,83	809,83	681,25	559,08	443,33	334,08
	II	**951,58**	473,75	473,75	II	816,25	687,33	564,83	448,75	339,16	236,00
	III	**650,33**	473,75	473,75	III	546,33	445,66	348,16	253,83	162,66	81,16
	V	**1 589,58**	473,75	473,75	IV	1 014,83	944,83	876,58	809,83	744,75	681,25
	VI	**1 633,91**	473,75	473,75							
5 645,99	I,IV	**1 087,41**	473,75	473,75	I	945,91	810,83	682,16	560,00	444,16	334,83
	II	**952,58**	473,75	473,75	II	817,16	688,25	565,75	449,58	339,91	236,75
	III	**651,00**	473,75	473,75	III	547,16	446,33	348,83	254,50	163,33	81,66
	V	**1 590,75**	473,75	473,75	IV	1 015,83	945,91	877,58	810,83	745,66	682,16
	VI	**1 635,08**	473,75	473,75							
5 648,99	I,IV	**1 088,41**	473,75	473,75	I	946,91	811,75	683,08	560,83	445,00	335,58
	II	**953,58**	473,75	473,75	II	818,16	689,16	566,58	450,41	340,75	237,41
	III	**651,83**	473,75	473,75	III	547,83	447,00	349,50	255,16	164,00	82,33
	V	**1 591,83**	473,75	473,75	IV	1 016,83	946,91	878,50	811,75	746,58	683,08
	VI	**1 636,16**	473,75	473,75							
5 651,99	I,IV	**1 089,50**	473,75	473,75	I	947,91	812,75	684,00	561,66	445,83	336,33
	II	**954,58**	473,75	473,75	II	819,08	690,08	567,41	451,25	341,50	238,16
	III	**652,50**	473,75	473,75	III	548,50	447,83	350,16	255,83	164,66	82,83
	V	**1 593,00**	473,75	473,75	IV	1 017,91	947,91	879,50	812,75	747,58	684,00
	VI	**1 637,33**	473,75	473,75							

* Zur LSt-Berechnung für privat versicherte Arbeitnehmer s. Beispiele **Vorbemerkung S. 4 f.**
** Basisvorsorgepauschale KV und PV *** Typisierter Arbeitgeberzuschuss

Lohn/ Gehalt in € bis	Steuerklasse	Lohn-steuer*	BVSP**	TAGZ***	Steuerklasse	Bemessungsgrundlage für Kirchensteuer und Solidaritätszuschlag – Freibeträge für … Kinder 0,5	1,0	1,5	2,0	2,5	3,0
5 654,99	I,IV	**1 090,58**	473,75	473,75	I	948,91	813,66	684,91	562,58	446,66	337,16
	II	**955,58**	473,75	473,75	II	820,08	691,00	568,33	452,08	342,25	238,91
	III	**653,33**	473,75	473,75	III	549,33	448,50	351,00	256,50	165,33	83,33
	V	**1 594,16**	473,75	473,75	IV	1 018,91	948,91	880,50	813,66	748,50	684,91
	VI	**1 638,50**	473,75	473,75							
5 657,99	I,IV	**1 091,58**	473,75	473,75	I	949,91	814,66	685,83	563,41	447,41	337,91
	II	**956,58**	473,75	473,75	II	821,00	691,91	569,16	452,91	343,08	239,66
	III	**654,16**	473,75	473,75	III	550,00	449,16	351,66	257,16	166,00	83,83
	V	**1 595,33**	473,75	473,75	IV	1 019,91	949,91	881,50	814,66	749,41	685,83
	VI	**1 639,58**	473,75	473,75							
5 660,99	I,IV	**1 092,66**	473,75	473,75	I	950,91	815,58	686,75	564,33	448,25	338,66
	II	**957,58**	473,75	473,75	II	822,00	692,83	570,08	453,75	343,83	240,33
	III	**654,83**	473,75	473,75	III	550,83	450,00	352,33	257,83	166,66	84,33
	V	**1 596,41**	473,75	473,75	IV	1 021,00	950,91	882,50	815,58	750,41	686,75
	VI	**1 640,75**	473,75	473,75							
5 663,99	I,IV	**1 093,75**	473,75	473,75	I	951,91	816,58	687,66	565,16	449,08	339,50
	II	**958,66**	473,75	473,75	II	823,00	693,75	570,91	454,58	344,58	241,08
	III	**655,66**	473,75	473,75	III	551,66	450,66	353,00	258,50	167,33	85,00
	V	**1 597,58**	473,75	473,75	IV	1 022,08	951,91	883,50	816,58	751,33	687,66
	VI	**1 641,91**	473,75	473,75							
5 666,99	I,IV	**1 094,75**	473,75	473,75	I	952,91	817,58	688,58	566,00	449,91	340,25
	II	**959,66**	473,75	473,75	II	823,91	694,66	571,83	455,41	345,41	241,83
	III	**656,50**	473,75	473,75	III	552,33	451,33	353,66	259,16	168,00	85,50
	V	**1 598,75**	473,75	473,75	IV	1 023,08	952,91	884,41	817,58	752,25	688,58
	VI	**1 643,00**	473,75	473,75							
5 669,99	I,IV	**1 095,83**	473,75	473,75	I	954,00	818,50	689,50	566,91	450,75	341,00
	II	**960,66**	473,75	473,75	II	824,91	695,58	572,66	456,25	346,16	242,58
	III	**657,16**	473,75	473,75	III	553,00	452,16	354,33	259,83	168,66	86,00
	V	**1 599,91**	473,75	473,75	IV	1 024,08	954,00	885,41	818,50	753,16	689,50
	VI	**1 644,16**	473,75	473,75							
5 672,99	I,IV	**1 096,91**	473,75	473,75	I	955,00	819,50	690,41	567,75	451,58	341,83
	II	**961,66**	473,75	473,75	II	825,91	696,50	573,58	457,08	347,00	243,33
	III	**658,00**	473,75	473,75	III	553,83	452,83	355,16	260,66	169,33	86,66
	V	**1 601,00**	473,75	473,75	IV	1 025,16	955,00	886,41	819,50	754,16	690,41
	VI	**1 645,33**	473,75	473,75							
5 675,99	I,IV	**1 097,91**	473,75	473,75	I	956,00	820,41	691,33	568,66	452,41	342,58
	II	**962,66**	473,75	473,75	II	826,83	697,41	574,41	457,83	347,75	244,00
	III	**658,83**	473,75	473,75	III	554,50	453,66	355,83	261,33	170,00	87,16
	V	**1 602,16**	473,75	473,75	IV	1 026,16	956,00	887,41	820,41	755,08	691,33
	VI	**1 646,50**	473,75	473,75							
5 678,99	I,IV	**1 099,00**	473,75	473,75	I	957,00	821,41	692,25	569,50	453,25	343,33
	II	**963,75**	473,75	473,75	II	827,83	698,33	575,33	458,66	348,50	244,75
	III	**659,50**	473,75	473,75	III	555,33	454,33	356,50	262,00	170,50	87,66
	V	**1 603,33**	473,75	473,75	IV	1 027,25	957,00	888,41	821,41	756,00	692,25
	VI	**1 647,58**	473,75	473,75							
5 681,99	I,IV	**1 100,08**	473,75	473,75	I	958,00	822,41	693,16	570,41	454,08	344,16
	II	**964,75**	473,75	473,75	II	828,75	699,25	576,16	459,50	349,33	245,50
	III	**660,33**	473,75	473,75	III	556,00	455,00	357,16	262,66	171,33	88,16
	V	**1 604,50**	473,75	473,75	IV	1 028,25	958,00	889,41	822,41	757,00	693,16
	VI	**1 648,75**	473,75	473,75							
5 684,99	I,IV	**1 101,16**	473,75	473,75	I	959,00	823,33	694,08	571,25	454,83	344,91
	II	**965,75**	473,75	473,75	II	829,75	700,16	577,00	460,33	350,08	246,25
	III	**661,00**	473,75	473,75	III	556,83	455,83	358,00	263,33	171,83	88,83
	V	**1 605,58**	473,75	473,75	IV	1 029,25	959,00	890,33	823,33	757,91	694,08
	VI	**1 649,91**	473,75	473,75							
5 687,99	I,IV	**1 102,16**	473,75	473,75	I	960,08	824,33	695,00	572,16	455,66	345,66
	II	**966,75**	473,75	473,75	II	830,75	701,08	577,91	461,16	350,83	247,00
	III	**661,83**	473,75	473,75	III	557,50	456,50	358,66	264,00	172,50	89,33
	V	**1 606,75**	473,75	473,75	IV	1 030,33	960,08	891,41	824,33	758,83	695,00
	VI	**1 651,08**	473,75	473,75							

* Zur LSt-Berechnung für privat versicherte Arbeitnehmer s. Beispiele **Vorbemerkung S. 4 f.**
** Basisvorsorgepauschale KV und PV *** Typisierter Arbeitgeberzuschuss

Lohn/ Gehalt in € bis	Steuerklasse	Lohn-steuer*	BVSP**	TAGZ***	Steuerklasse	Bemessungsgrundlage für Kirchensteuer und Solidaritätszuschlag – Freibeträge für ... Kinder 0,5	**1,0**	1,5	**2,0**	2,5	**3,0**
5 690,99	I,IV	**1 103,25**	473,75	473,75	I	961,08	825,25	695,91	573,00	456,50	346,50
	II	**967,75**	473,75	473,75	II	831,66	702,00	578,83	462,00	351,66	247,75
	III	**662,66**	473,75	473,75	III	558,33	457,16	359,33	264,66	173,16	89,83
	V	**1 607,91**	473,75	473,75	IV	1 031,33	961,08	892,41	825,25	759,83	695,91
	VI	**1 652,25**	473,75	473,75							
5 693,99	I,IV	**1 104,33**	473,75	473,75	I	962,08	826,25	696,83	573,91	457,33	347,25
	II	**968,75**	473,75	473,75	II	832,66	702,91	579,66	462,83	352,41	248,41
	III	**663,33**	473,75	473,75	III	559,00	458,00	360,00	265,33	173,83	90,50
	V	**1 609,00**	473,75	473,75	IV	1 032,41	962,08	893,33	826,25	760,75	696,83
	VI	**1 653,33**	473,75	473,75							
5 696,99	I,IV	**1 105,41**	473,75	473,75	I	963,08	827,25	697,75	574,75	458,16	348,00
	II	**969,83**	473,75	473,75	II	833,66	703,83	580,58	463,66	353,16	249,16
	III	**664,16**	473,75	473,75	III	559,83	458,66	360,66	266,00	174,50	91,00
	V	**1 610,16**	473,75	473,75	IV	1 033,41	963,08	894,33	827,25	761,66	697,75
	VI	**1 654,50**	473,75	473,75							
5 699,99	I,IV	**1 106,50**	473,75	473,75	I	964,08	828,16	698,66	575,66	459,00	348,83
	II	**970,83**	473,75	473,75	II	834,58	704,83	581,41	464,50	354,00	249,91
	III	**665,00**	473,75	473,75	III	560,50	459,33	361,50	266,66	175,16	91,50
	V	**1 611,33**	473,75	473,75	IV	1 034,50	964,08	895,33	828,16	762,66	698,66
	VI	**1 655,66**	473,75	473,75							
5 702,99	I,IV	**1 107,50**	473,75	473,75	I	965,08	829,16	699,58	576,50	459,83	349,58
	II	**971,83**	473,75	473,75	II	835,58	705,75	582,33	465,33	354,75	250,66
	III	**665,66**	473,75	473,75	III	561,33	460,16	362,16	267,33	175,83	92,00
	V	**1 612,41**	473,75	473,75	IV	1 035,50	965,08	896,33	829,16	763,58	699,58
	VI	**1 656,75**	473,75	473,75							
5 705,99	I,IV	**1 108,58**	473,75	473,75	I	966,16	830,08	700,50	577,41	460,66	350,41
	II	**972,83**	473,75	473,75	II	836,50	706,66	583,16	466,16	355,58	251,41
	III	**666,50**	473,75	473,75	III	562,00	460,83	362,83	268,00	176,50	92,66
	V	**1 613,58**	473,75	473,75	IV	1 036,58	966,16	897,33	830,08	764,50	700,50
	VI	**1 657,91**	473,75	473,75							
5 708,99	I,IV	**1 109,66**	473,75	473,75	I	967,16	831,08	701,50	578,25	461,50	351,16
	II	**973,91**	473,75	473,75	II	837,50	707,58	584,08	467,00	356,33	252,16
	III	**667,33**	473,75	473,75	III	562,83	461,66	363,50	268,83	177,16	93,16
	V	**1 614,75**	473,75	473,75	IV	1 037,58	967,16	898,33	831,08	765,50	701,50
	VI	**1 659,08**	473,75	473,75							
5 711,99	I,IV	**1 110,66**	473,75	473,75	I	968,16	832,08	702,41	579,16	462,33	351,91
	II	**974,91**	473,75	473,75	II	838,50	708,50	584,91	467,83	357,08	252,83
	III	**668,00**	473,75	473,75	III	563,50	462,33	364,33	269,50	177,83	93,66
	V	**1 615,91**	473,75	473,75	IV	1 038,58	968,16	899,33	832,08	766,41	702,41
	VI	**1 660,16**	473,75	473,75							
5 714,99	I,IV	**1 111,75**	473,75	473,75	I	969,16	833,00	703,33	580,00	463,16	352,75
	II	**975,91**	473,75	473,75	II	839,41	709,41	585,83	468,66	357,91	253,58
	III	**668,83**	473,75	473,75	III	564,33	463,00	365,00	270,16	178,50	94,33
	V	**1 617,00**	473,75	473,75	IV	1 039,66	969,16	900,33	833,00	767,33	703,33
	VI	**1 661,33**	473,75	473,75							
5 717,99	I,IV	**1 112,83**	473,75	473,75	I	970,16	834,00	704,25	580,91	464,00	353,50
	II	**976,91**	473,75	473,75	II	840,41	710,33	586,66	469,50	358,66	254,33
	III	**669,50**	473,75	473,75	III	565,00	463,66	365,66	270,83	179,16	94,83
	V	**1 618,16**	473,75	473,75	IV	1 040,66	970,16	901,25	834,00	768,33	704,25
	VI	**1 662,50**	473,75	473,75							
5 720,99	I,IV	**1 113,91**	473,75	473,75	I	971,25	835,00	705,16	581,75	464,83	354,25
	II	**977,91**	473,75	473,75	II	841,41	711,25	587,58	470,33	359,50	255,08
	III	**670,33**	473,75	473,75	III	565,83	464,50	366,33	271,50	179,83	95,33
	V	**1 619,33**	473,75	473,75	IV	1 041,75	971,25	902,25	835,00	769,25	705,16
	VI	**1 663,58**	473,75	473,75							
5 723,99	I,IV	**1 115,00**	473,75	473,75	I	972,25	835,91	706,08	582,66	465,66	355,08
	II	**979,00**	473,75	473,75	II	842,33	712,16	588,41	471,16	360,25	255,83
	III	**671,16**	473,75	473,75	III	566,50	465,16	367,00	272,16	180,33	96,00
	V	**1 620,50**	473,75	473,75	IV	1 042,83	972,25	903,25	835,91	770,16	706,08
	VI	**1 664,75**	473,75	473,75							

* Zur LSt-Berechnung für privat versicherte Arbeitnehmer s. Beispiele **Vorbemerkung S. 4 f.**
** Basisvorsorgepauschale KV und PV *** Typisierter Arbeitgeberzuschuss

Lohn/ Gehalt in € bis	Steuerklasse	Lohn-steuer*	BVSP**	TAGZ***	Steuerklasse	Bemessungsgrundlage für Kirchensteuer und Solidaritätszuschlag – Freibeträge für ... Kinder 0,5	1,0	1,5	2,0	2,5	3,0
5726,99	I,IV	**1116,00**	473,75	473,75	I	973,25	836,91	707,00	583,50	466,50	355,83
	II	**980,00**	473,75	473,75	II	843,33	713,08	589,33	472,00	361,00	256,50
	III	**671,83**	473,75	473,75	III	567,33	465,83	367,66	272,83	181,00	96,50
	V	**1621,58**	473,75	473,75	IV	1043,83	973,25	904,25	836,91	771,16	707,00
	VI	**1665,91**	473,75	473,75							
5729,99	I,IV	**1117,08**	473,75	473,75	I	974,25	837,91	707,91	584,41	467,33	356,66
	II	**981,00**	473,75	473,75	II	844,33	714,08	590,16	472,83	361,83	257,25
	III	**672,66**	473,75	473,75	III	568,00	466,66	368,50	273,50	181,66	97,16
	V	**1622,75**	473,75	473,75	IV	1044,83	974,25	905,25	837,91	772,08	707,91
	VI	**1667,08**	473,75	473,75							
5732,99	I,IV	**1118,16**	473,75	473,75	I	975,33	838,83	708,83	585,25	468,16	357,41
	II	**982,00**	473,75	473,75	II	845,33	715,00	591,08	473,66	362,58	258,00
	III	**673,50**	473,75	473,75	III	568,83	467,33	369,16	274,16	182,33	97,66
	V	**1623,91**	473,75	473,75	IV	1045,91	975,33	906,25	838,83	773,08	708,83
	VI	**1668,16**	473,75	473,75							
5735,99	I,IV	**1119,16**	473,75	473,75	I	976,33	839,83	709,75	586,16	468,91	358,16
	II	**983,00**	473,75	473,75	II	846,25	715,91	592,00	474,50	363,41	258,75
	III	**674,16**	473,75	473,75	III	569,50	468,16	369,83	274,83	183,00	98,16
	V	**1625,00**	473,75	473,75	IV	1046,91	976,33	907,25	839,83	774,00	709,75
	VI	**1669,33**	473,75	473,75							
5738,99	I,IV	**1120,25**	473,75	473,75	I	977,33	840,83	710,66	587,00	469,83	359,00
	II	**984,08**	473,75	473,75	II	847,25	716,83	592,83	475,33	364,16	259,50
	III	**675,00**	473,75	473,75	III	570,33	468,83	370,66	275,50	183,66	98,83
	V	**1626,16**	473,75	473,75	IV	1048,00	977,33	908,25	840,83	774,91	710,66
	VI	**1670,50**	473,75	473,75							
5741,99	I,IV	**1121,33**	473,75	473,75	I	978,33	841,75	711,66	587,91	470,66	359,75
	II	**985,08**	473,75	473,75	II	848,25	717,75	593,75	476,16	365,00	260,25
	III	**675,83**	473,75	473,75	III	571,00	469,50	371,33	276,16	184,33	99,33
	V	**1627,33**	473,75	473,75	IV	1049,08	978,33	909,25	841,75	775,91	711,66
	VI	**1671,66**	473,75	473,75							
5744,99	I,IV	**1122,41**	473,75	473,75	I	979,33	842,75	712,50	588,75	471,41	360,58
	II	**986,08**	473,75	473,75	II	849,16	718,66	594,58	477,00	365,75	261,00
	III	**676,50**	473,75	473,75	III	571,83	470,33	372,00	276,83	185,00	99,83
	V	**1628,41**	473,75	473,75	IV	1050,08	979,33	910,25	842,75	776,83	712,50
	VI	**1672,75**	473,75	473,75							
5747,99	I,IV	**1123,50**	473,75	473,75	I	980,41	843,75	713,50	589,66	472,33	361,33
	II	**987,16**	473,75	473,75	II	850,16	719,58	595,50	477,83	366,58	261,75
	III	**677,33**	473,75	473,75	III	572,66	471,00	372,66	277,66	185,66	100,50
	V	**1629,58**	473,75	473,75	IV	1051,16	980,41	911,25	843,75	777,75	713,50
	VI	**1673,91**	473,75	473,75							
5750,99	I,IV	**1124,58**	473,75	473,75	I	981,41	844,66	714,41	590,58	473,16	362,16
	II	**988,16**	473,75	473,75	II	851,16	720,58	596,41	478,66	367,33	262,50
	III	**678,16**	473,75	473,75	III	573,33	471,83	373,33	278,33	186,33	101,00
	V	**1630,75**	473,75	473,75	IV	1052,16	981,41	912,25	844,66	778,75	714,41
	VI	**1675,08**	473,75	473,75							
5753,99	I,IV	**1125,58**	473,75	473,75	I	982,41	845,66	715,33	591,41	473,91	362,91
	II	**989,16**	473,75	473,75	II	852,08	721,50	597,25	479,50	368,08	263,16
	III	**678,83**	473,75	473,75	III	574,00	472,50	374,16	279,00	187,00	101,50
	V	**1631,83**	473,75	473,75	IV	1053,16	982,41	913,25	845,66	779,66	715,33
	VI	**1676,16**	473,75	473,75							
5756,99	I,IV	**1126,66**	473,75	473,75	I	983,41	846,66	716,25	592,33	474,83	363,66
	II	**990,25**	473,75	473,75	II	853,08	722,41	598,16	480,33	368,91	263,91
	III	**679,66**	473,75	473,75	III	574,83	473,16	374,83	279,66	187,66	102,16
	V	**1633,00**	473,75	473,75	IV	1054,25	983,41	914,25	846,66	780,66	716,25
	VI	**1677,33**	473,75	473,75							
5759,99	I,IV	**1127,75**	473,75	473,75	I	984,50	847,58	717,16	593,16	475,66	364,50
	II	**991,25**	473,75	473,75	II	854,08	723,33	599,00	481,16	369,75	264,66
	III	**680,50**	473,75	473,75	III	575,50	474,00	375,50	280,33	188,33	102,66
	V	**1634,16**	473,75	473,75	IV	1055,33	984,50	915,25	847,58	781,58	717,16
	VI	**1678,50**	473,75	473,75							

* Zur LSt-Berechnung für privat versicherte Arbeitnehmer s. Beispiele **Vorbemerkung S. 4 f.**
** Basisvorsorgepauschale KV und PV *** Typisierter Arbeitgeberzuschuss

Lohn/ Gehalt in € bis	Steuerklasse	Lohn-steuer*	BVSP**	TAGZ***	Steuerklasse	Bemessungsgrundlage für Kirchensteuer und Solidaritätszuschlag – Freibeträge für ... Kinder 0,5	**1,0**	1,5	**2,0**	2,5	**3,0**
5762,99	I,IV	**1128,83**	473,75	473,75	I	985,50	848,58	718,08	594,08	476,41	365,25
	II	**992,25**	473,75	473,75	II	855,00	724,25	599,91	482,00	370,50	265,41
	III	**681,16**	473,75	473,75	III	576,33	474,66	376,16	281,00	189,00	103,33
	V	**1635,33**	473,75	473,75	IV	1056,33	985,50	916,25	848,58	782,50	718,08
	VI	**1679,58**	473,75	473,75							
5765,99	I,IV	**1129,91**	473,75	473,75	I	986,50	849,58	719,08	594,91	477,33	366,08
	II	**993,25**	473,75	473,75	II	856,00	725,16	600,83	482,83	371,25	266,16
	III	**682,00**	473,75	473,75	III	577,16	475,50	377,00	281,66	189,66	103,83
	V	**1636,50**	473,75	473,75	IV	1057,41	986,50	917,25	849,58	783,50	719,08
	VI	**1680,75**	473,75	473,75							
5768,99	I,IV	**1131,00**	473,75	473,75	I	987,58	850,58	720,00	595,83	478,16	366,83
	II	**994,33**	473,75	473,75	II	857,00	726,16	601,66	483,66	372,08	266,91
	III	**682,83**	473,75	473,75	III	577,83	476,16	377,66	282,33	190,33	104,50
	V	**1637,58**	473,75	473,75	IV	1058,50	987,58	918,25	850,58	784,50	720,00
	VI	**1681,91**	473,75	473,75							
5771,99	I,IV	**1132,00**	473,75	473,75	I	988,58	851,50	720,91	596,75	479,00	367,66
	II	**995,33**	473,75	473,75	II	858,00	727,08	602,58	484,50	372,83	267,66
	III	**683,50**	473,75	473,75	III	578,50	476,83	378,33	283,00	191,00	105,00
	V	**1638,75**	473,75	473,75	IV	1059,50	988,58	919,25	851,50	785,41	720,91
	VI	**1683,08**	473,75	473,75							
5774,99	I,IV	**1133,08**	473,75	473,75	I	989,58	852,50	721,83	597,58	479,83	368,41
	II	**996,33**	473,75	473,75	II	859,00	728,00	603,41	485,33	373,66	268,41
	III	**684,33**	473,75	473,75	III	579,33	477,66	379,00	283,66	191,66	105,66
	V	**1639,91**	473,75	473,75	IV	1060,58	989,58	920,25	852,50	786,33	721,83
	VI	**1684,16**	473,75	473,75							
5777,99	I,IV	**1134,16**	473,75	473,75	I	990,58	853,50	722,75	598,50	480,66	369,25
	II	**997,41**	473,75	473,75	II	859,91	728,91	604,33	486,16	374,50	269,16
	III	**685,16**	473,75	473,75	III	580,16	478,33	379,83	284,33	192,33	106,16
	V	**1641,08**	473,75	473,75	IV	1061,58	990,58	921,25	853,50	787,33	722,75
	VI	**1685,33**	473,75	473,75							
5780,99	I,IV	**1135,25**	473,75	473,75	I	991,58	854,41	723,66	599,33	481,50	370,00
	II	**998,41**	473,75	473,75	II	860,91	729,83	605,25	487,00	375,25	269,91
	III	**685,83**	473,75	473,75	III	580,83	479,00	380,50	285,16	193,00	106,66
	V	**1642,16**	473,75	473,75	IV	1062,66	991,58	922,25	854,41	788,25	723,66
	VI	**1686,50**	473,75	473,75							
5783,99	I,IV	**1136,33**	473,75	473,75	I	992,66	855,41	724,66	600,25	482,33	370,83
	II	**999,41**	473,75	473,75	II	861,91	730,75	606,08	487,83	376,00	270,66
	III	**686,66**	473,75	473,75	III	581,66	479,83	381,16	285,83	193,66	107,33
	V	**1643,33**	473,75	473,75	IV	1063,66	992,66	923,25	855,41	789,25	724,66
	VI	**1687,66**	473,75	473,75							
5786,99	I,IV	**1137,33**	473,75	473,75	I	993,66	856,41	725,50	601,08	483,16	371,58
	II	**1000,41**	473,75	473,75	II	862,83	731,66	607,00	488,66	376,83	271,41
	III	**687,50**	473,75	473,75	III	582,33	480,50	381,83	286,50	194,33	107,83
	V	**1644,41**	473,75	473,75	IV	1064,75	993,66	924,25	856,41	790,16	725,50
	VI	**1688,75**	473,75	473,75							
5789,99	I,IV	**1138,41**	473,75	473,75	I	994,66	857,33	726,50	602,00	484,00	372,41
	II	**1001,50**	473,75	473,75	II	863,83	732,66	607,83	489,50	377,58	272,16
	III	**688,16**	473,75	473,75	III	583,16	481,16	382,50	287,16	194,83	108,50
	V	**1645,58**	473,75	473,75	IV	1065,75	994,66	925,25	857,33	791,08	726,50
	VI	**1689,91**	473,75	473,75							
5792,99	I,IV	**1139,50**	473,75	473,75	I	995,75	858,33	727,41	602,91	484,83	373,16
	II	**1002,50**	473,75	473,75	II	864,83	733,58	608,75	490,41	378,41	272,91
	III	**689,00**	473,75	473,75	III	583,83	482,00	383,33	287,83	195,66	109,00
	V	**1646,75**	473,75	473,75	IV	1066,83	995,75	926,25	858,33	792,08	727,41
	VI	**1691,08**	473,75	473,75							
5795,99	I,IV	**1140,58**	473,75	473,75	I	996,75	859,33	728,33	603,75	485,66	373,91
	II	**1003,50**	473,75	473,75	II	865,83	734,50	609,66	491,16	379,16	273,58
	III	**689,83**	473,75	473,75	III	584,66	482,66	384,00	288,50	196,16	109,66
	V	**1647,83**	473,75	473,75	IV	1067,83	996,75	927,25	859,33	793,00	728,33
	VI	**1692,16**	473,75	473,75							

* Zur LSt-Berechnung für privat versicherte Arbeitnehmer s. Beispiele **Vorbemerkung S. 4 f.**
** Basisvorsorgepauschale KV und PV *** Typisierter Arbeitgeberzuschuss

Lohn/ Gehalt in € bis	Steuerklasse	Lohn-steuer*	BVSP**	TAGZ***	Steuerklasse	Bemessungsgrundlage für Kirchensteuer und Solidaritätszuschlag – Freibeträge für ... Kinder 0,5	1,0	1,5	2,0	2,5	3,0
5 798,99	I,IV	**1 141,66**	473,75	473,75	I	997,75	860,33	729,25	604,66	486,50	374,75
	II	**1 004,58**	473,75	473,75	II	866,83	735,41	610,50	492,08	380,00	274,41
	III	**690,50**	473,75	473,75	III	585,33	483,50	384,66	289,16	196,83	110,16
	V	**1 649,00**	473,75	473,75	IV	1 068,91	997,75	928,25	860,33	794,00	729,25
	VI	**1 693,33**	473,75	473,75							
5 801,99	I,IV	**1 142,75**	473,75	473,75	I	998,83	861,33	730,25	605,58	487,33	375,58
	II	**1 005,58**	473,75	473,75	II	867,75	736,41	611,41	492,91	380,83	275,16
	III	**691,33**	473,75	473,75	III	586,16	484,16	385,50	289,83	197,66	110,83
	V	**1 650,16**	473,75	473,75	IV	1 070,00	998,83	929,25	861,33	794,91	730,25
	VI	**1 694,50**	473,75	473,75							
5 804,99	I,IV	**1 143,83**	473,75	473,75	I	999,83	862,25	731,16	606,41	488,16	376,33
	II	**1 006,58**	473,75	473,75	II	868,75	737,33	612,33	493,75	381,58	275,83
	III	**692,16**	473,75	473,75	III	586,83	484,83	386,16	290,50	198,16	111,33
	V	**1 651,33**	473,75	473,75	IV	1 071,00	999,83	930,25	862,25	795,91	731,16
	VI	**1 695,58**	473,75	473,75							
5 807,99	I,IV	**1 144,91**	473,75	473,75	I	1 000,83	863,25	732,08	607,33	489,00	377,16
	II	**1 007,66**	473,75	473,75	II	869,75	738,25	613,16	494,58	382,41	276,58
	III	**692,83**	473,75	473,75	III	587,66	485,66	386,83	291,16	198,83	112,00
	V	**1 652,41**	473,75	473,75	IV	1 072,08	1 000,83	931,25	863,25	796,83	732,08
	VI	**1 696,75**	473,75	473,75							
5 810,99	I,IV	**1 146,00**	473,75	473,75	I	1 001,91	864,25	733,00	608,25	489,83	377,91
	II	**1 008,66**	473,75	473,75	II	870,75	739,16	614,08	495,41	383,16	277,41
	III	**693,66**	473,75	473,75	III	588,50	486,33	387,50	292,00	199,50	112,50
	V	**1 653,58**	473,75	473,75	IV	1 073,16	1 001,91	932,25	864,25	797,83	733,00
	VI	**1 697,91**	473,75	473,75							
5 813,99	I,IV	**1 147,00**	473,75	473,75	I	1 002,91	865,16	733,91	609,08	490,66	378,75
	II	**1 009,75**	473,75	473,75	II	871,66	740,08	615,00	496,25	384,00	278,08
	III	**694,50**	473,75	473,75	III	589,16	487,16	388,33	292,66	200,16	113,16
	V	**1 654,75**	473,75	473,75	IV	1 074,16	1 002,91	933,25	865,16	798,75	733,91
	VI	**1 699,00**	473,75	473,75							
5 816,99	I,IV	**1 148,08**	473,75	473,75	I	1 003,91	866,16	734,91	610,00	491,50	379,50
	II	**1 010,75**	473,75	473,75	II	872,66	741,08	615,83	497,08	384,75	278,83
	III	**695,16**	473,75	473,75	III	589,83	487,83	389,00	293,33	200,83	113,66
	V	**1 655,91**	473,75	473,75	IV	1 075,25	1 003,91	934,25	866,16	799,75	734,91
	VI	**1 700,16**	473,75	473,75							
5 819,99	I,IV	**1 149,25**	473,75	473,75	I	1 005,00	867,16	735,83	610,91	492,41	380,33
	II	**1 011,83**	473,75	473,75	II	873,66	742,00	616,75	497,91	385,58	279,58
	III	**696,00**	473,75	473,75	III	590,66	488,66	389,66	294,00	201,50	114,33
	V	**1 657,00**	473,75	473,75	IV	1 076,33	1 005,00	935,25	867,16	800,66	735,83
	VI	**1 701,33**	473,75	473,75							
5 822,99	I,IV	**1 150,25**	473,75	473,75	I	1 006,00	868,16	736,75	611,75	493,25	381,08
	II	**1 012,83**	473,75	473,75	II	874,66	742,91	617,66	498,75	386,33	280,33
	III	**696,83**	473,75	473,75	III	591,50	489,33	390,33	294,66	202,16	114,83
	V	**1 658,16**	473,75	473,75	IV	1 077,33	1 006,00	936,25	868,16	801,66	736,75
	VI	**1 702,50**	473,75	473,75							
5 825,99	I,IV	**1 151,33**	473,75	473,75	I	1 007,00	869,16	737,66	612,66	494,08	381,91
	II	**1 013,83**	473,75	473,75	II	875,66	743,91	618,58	499,66	387,16	281,08
	III	**697,50**	473,75	473,75	III	592,16	490,00	391,16	295,33	202,83	115,50
	V	**1 659,33**	473,75	473,75	IV	1 078,41	1 007,00	937,25	869,16	802,58	737,66
	VI	**1 703,58**	473,75	473,75							
5 828,99	I,IV	**1 152,41**	473,75	473,75	I	1 008,08	870,16	738,66	613,58	494,91	382,66
	II	**1 014,91**	473,75	473,75	II	876,66	744,83	619,41	500,50	388,00	281,83
	III	**698,33**	473,75	473,75	III	593,00	490,83	391,83	296,00	203,50	116,00
	V	**1 660,50**	473,75	473,75	IV	1 079,41	1 008,08	938,33	870,16	803,58	738,66
	VI	**1 704,75**	473,75	473,75							
5 831,99	I,IV	**1 153,50**	473,75	473,75	I	1 009,08	871,08	739,58	614,41	495,75	383,50
	II	**1 015,91**	473,75	473,75	II	877,58	745,75	620,33	501,33	388,75	282,58
	III	**699,16**	473,75	473,75	III	593,66	491,50	392,50	296,83	204,16	116,66
	V	**1 661,58**	473,75	473,75	IV	1 080,50	1 009,08	939,25	871,08	804,50	739,58
	VI	**1 705,91**	473,75	473,75							

* Zur LSt-Berechnung für privat versicherte Arbeitnehmer s. Beispiele **Vorbemerkung S. 4 f.**
** Basisvorsorgepauschale KV und PV *** Typisierter Arbeitgeberzuschuss

Lohn/ Gehalt in € bis	Steuerklasse	Lohn-steuer*	BVSP**	TAGZ***	Steuerklasse	Bemessungsgrundlage für Kirchensteuer und Solidaritätszuschlag – Freibeträge für ... Kinder 0,5	**1,0**	1,5	**2,0**	2,5	**3,0**
5834,99	I,IV	**1154,58**	473,75	473,75	I	1010,08	872,08	740,50	615,33	496,58	384,25
	II	**1016,91**	473,75	473,75	II	878,58	746,66	621,25	502,16	389,58	283,33
	III	**699,83**	473,75	473,75	III	594,50	492,16	393,16	297,50	204,83	117,16
	V	**1662,75**	473,75	473,75	IV	1081,58	1010,08	940,33	872,08	805,50	740,50
	VI	**1707,08**	473,75	473,75							
5837,99	I,IV	**1155,66**	473,75	473,75	I	1011,16	873,08	741,41	616,25	497,41	385,08
	II	**1018,00**	473,75	473,75	II	879,58	747,66	622,08	503,00	390,33	284,16
	III	**700,66**	473,75	473,75	III	595,16	493,00	394,00	298,16	205,50	117,83
	V	**1663,91**	473,75	473,75	IV	1082,58	1011,16	941,33	873,08	806,50	741,41
	VI	**1708,25**	473,75	473,75							
5840,99	I,IV	**1156,75**	473,75	473,75	I	1012,16	874,08	742,33	617,08	498,25	385,83
	II	**1019,00**	473,75	473,75	II	880,58	748,58	623,00	503,83	391,16	284,83
	III	**701,50**	473,75	473,75	III	596,00	493,66	394,66	298,83	206,16	118,33
	V	**1665,00**	473,75	473,75	IV	1083,66	1012,16	942,33	874,08	807,41	742,33
	VI	**1709,33**	473,75	473,75							
5843,99	I,IV	**1157,83**	473,75	473,75	I	1013,25	875,08	743,33	618,00	499,08	386,66
	II	**1020,08**	473,75	473,75	II	881,58	749,50	623,91	504,75	391,91	285,58
	III	**702,16**	473,75	473,75	III	596,66	494,50	395,33	299,50	206,83	119,00
	V	**1666,16**	473,75	473,75	IV	1084,75	1013,25	943,33	875,08	808,33	743,33
	VI	**1710,50**	473,75	473,75							
5846,99	I,IV	**1158,91**	473,75	473,75	I	1014,25	876,08	744,25	618,91	500,00	387,50
	II	**1021,08**	473,75	473,75	II	882,58	750,50	624,83	505,58	392,75	286,41
	III	**703,00**	473,75	473,75	III	597,50	495,16	396,16	300,16	207,50	119,66
	V	**1667,33**	473,75	473,75	IV	1085,75	1014,25	944,33	876,08	809,33	744,25
	VI	**1711,66**	473,75	473,75							
5849,99	I,IV	**1160,00**	473,75	473,75	I	1015,25	877,00	745,16	619,75	500,83	388,25
	II	**1022,08**	473,75	473,75	II	883,50	751,41	625,66	506,41	393,58	287,08
	III	**703,83**	473,75	473,75	III	598,33	496,00	396,83	300,83	208,16	120,16
	V	**1668,41**	473,75	473,75	IV	1086,83	1015,25	945,33	877,00	810,25	745,16
	VI	**1712,75**	473,75	473,75							
5852,99	I,IV	**1161,08**	473,75	473,75	I	1016,33	878,00	746,08	620,66	501,66	389,08
	II	**1023,16**	473,75	473,75	II	884,50	752,33	626,58	507,25	394,33	287,91
	III	**704,66**	473,75	473,75	III	599,00	496,66	397,50	301,50	208,83	120,83
	V	**1669,58**	473,75	473,75	IV	1087,91	1016,33	946,33	878,00	811,25	746,08
	VI	**1713,91**	473,75	473,75							
5855,99	I,IV	**1162,08**	473,75	473,75	I	1017,33	879,00	747,08	621,58	502,50	389,83
	II	**1024,16**	473,75	473,75	II	885,50	753,25	627,41	508,08	395,16	288,58
	III	**705,33**	473,75	473,75	III	599,83	497,33	398,16	302,16	209,50	121,33
	V	**1670,75**	473,75	473,75	IV	1088,91	1017,33	947,33	879,00	812,16	747,08
	VI	**1715,00**	473,75	473,75							
5858,99	I,IV	**1163,16**	473,75	473,75	I	1018,33	880,00	748,00	622,41	503,33	390,66
	II	**1025,25**	473,75	473,75	II	886,50	754,25	628,33	508,91	395,91	289,41
	III	**706,16**	473,75	473,75	III	600,50	498,16	399,00	303,00	210,16	122,00
	V	**1671,91**	473,75	473,75	IV	1090,00	1018,33	948,33	880,00	813,16	748,00
	VI	**1716,16**	473,75	473,75							
5861,99	I,IV	**1164,33**	473,75	473,75	I	1019,41	881,00	748,91	623,33	504,16	391,50
	II	**1026,25**	473,75	473,75	II	887,50	755,16	629,25	509,83	396,75	290,16
	III	**707,00**	473,75	473,75	III	601,33	498,83	399,66	303,66	210,83	122,50
	V	**1673,00**	473,75	473,75	IV	1091,08	1019,41	949,41	881,00	814,16	748,91
	VI	**1717,33**	473,75	473,75							
5864,99	I,IV	**1165,33**	473,75	473,75	I	1020,41	881,91	749,83	624,25	505,00	392,25
	II	**1027,25**	473,75	473,75	II	888,50	756,08	630,16	510,58	397,50	290,91
	III	**707,66**	473,75	473,75	III	602,00	499,50	400,33	304,33	211,50	123,16
	V	**1674,16**	473,75	473,75	IV	1092,08	1020,41	950,33	881,91	815,08	749,83
	VI	**1718,50**	473,75	473,75							
5867,99	I,IV	**1166,41**	473,75	473,75	I	1021,50	882,91	750,83	625,16	505,91	393,08
	II	**1028,33**	473,75	473,75	II	889,50	757,00	631,08	511,50	398,33	291,66
	III	**708,50**	473,75	473,75	III	602,83	500,33	401,00	305,00	212,16	123,83
	V	**1675,33**	473,75	473,75	IV	1093,16	1021,50	951,41	882,91	816,08	750,83
	VI	**1719,58**	473,75	473,75							

* Zur LSt-Berechnung für privat versicherte Arbeitnehmer s. Beispiele **Vorbemerkung S. 4 f.**
** Basisvorsorgepauschale KV und PV *** Typisierter Arbeitgeberzuschuss

Lohn/ Gehalt in € bis	Steuerklasse	Lohn-steuer*	BVSP**	TAGZ***	Steuerklasse	Bemessungsgrundlage für Kirchensteuer und Solidaritätszuschlag					
						Freibeträge für ... Kinder					
						0,5	**1,0**	1,5	**2,0**	2,5	**3,0**
5870,99	I,IV	**1167,50**	473,75	473,75	I	1022,50	883,91	751,75	626,00	506,75	393,83
	II	**1029,33**	473,75	473,75	II	890,50	758,00	631,91	512,33	399,16	292,41
	III	**709,33**	473,75	473,75	III	603,50	501,00	401,83	305,66	212,83	124,33
	V	**1676,50**	473,75	473,75	IV	1094,25	1022,50	952,41	883,91	817,00	751,75
	VI	**1720,75**	473,75	473,75							
5873,99	I,IV	**1168,58**	473,75	473,75	I	1023,50	884,91	752,66	626,91	507,58	394,66
	II	**1030,41**	473,75	473,75	II	891,41	758,91	632,83	513,16	399,91	293,16
	III	**710,00**	473,75	473,75	III	604,33	501,83	402,50	306,33	213,50	125,00
	V	**1677,58**	473,75	473,75	IV	1095,25	1023,50	953,41	884,91	818,00	752,66
	VI	**1721,91**	473,75	473,75							
5876,99	I,IV	**1169,66**	473,75	473,75	I	1024,58	885,91	753,66	627,83	508,41	395,41
	II	**1031,41**	473,75	473,75	II	892,41	759,83	633,75	514,00	400,75	293,91
	III	**710,83**	473,75	473,75	III	605,16	502,50	403,16	307,16	214,16	125,66
	V	**1678,75**	473,75	473,75	IV	1096,33	1024,58	954,41	885,91	819,00	753,66
	VI	**1723,08**	473,75	473,75							
5879,99	I,IV	**1170,75**	473,75	473,75	I	1025,58	886,91	754,58	628,75	509,25	396,25
	II	**1032,50**	473,75	473,75	II	893,41	760,83	634,66	514,91	401,58	294,66
	III	**711,66**	473,75	473,75	III	605,83	503,33	403,83	307,83	214,83	126,16
	V	**1679,91**	473,75	473,75	IV	1097,41	1025,58	955,41	886,91	819,91	754,58
	VI	**1724,16**	473,75	473,75							
5882,99	I,IV	**1171,83**	473,75	473,75	I	1026,66	887,83	755,50	629,58	510,08	397,08
	II	**1033,50**	473,75	473,75	II	894,41	761,75	635,50	515,75	402,33	295,41
	III	**712,33**	473,75	473,75	III	606,66	504,00	404,66	308,50	215,50	126,83
	V	**1681,00**	473,75	473,75	IV	1098,41	1026,66	956,41	887,83	820,91	755,50
	VI	**1725,33**	473,75	473,75							
5885,99	I,IV	**1172,91**	473,75	473,75	I	1027,66	888,83	756,50	630,50	511,00	397,83
	II	**1034,58**	473,75	473,75	II	895,41	762,66	636,41	516,58	403,16	296,16
	III	**713,16**	473,75	473,75	III	607,33	504,83	405,33	309,16	216,16	127,33
	V	**1682,16**	473,75	473,75	IV	1099,50	1027,66	957,50	888,83	821,83	756,50
	VI	**1726,50**	473,75	473,75							
5888,99	I,IV	**1174,00**	473,75	473,75	I	1028,75	889,83	757,41	631,41	511,83	398,66
	II	**1035,58**	473,75	473,75	II	896,41	763,66	637,33	517,41	404,00	296,91
	III	**714,00**	473,75	473,75	III	608,16	505,50	406,00	309,83	216,83	128,00
	V	**1683,33**	473,75	473,75	IV	1100,58	1028,75	958,50	889,83	822,83	757,41
	VI	**1727,66**	473,75	473,75							
5891,99	I,IV	**1175,08**	473,75	473,75	I	1029,75	890,83	758,33	632,25	512,66	399,41
	II	**1036,58**	473,75	473,75	II	897,41	764,58	638,25	518,25	404,75	297,66
	III	**714,83**	473,75	473,75	III	608,83	506,16	406,66	310,50	217,50	128,66
	V	**1684,41**	473,75	473,75	IV	1101,58	1029,75	959,50	890,83	823,75	758,33
	VI	**1728,75**	473,75	473,75							
5894,99	I,IV	**1176,16**	473,75	473,75	I	1030,83	891,83	759,33	633,16	513,50	400,25
	II	**1037,66**	473,75	473,75	II	898,41	765,50	639,08	519,16	405,58	298,50
	III	**715,50**	473,75	473,75	III	609,66	507,00	407,50	311,16	218,16	129,16
	V	**1685,58**	473,75	473,75	IV	1102,66	1030,83	960,50	891,83	824,75	759,33
	VI	**1729,91**	473,75	473,75							
5897,99	I,IV	**1177,33**	473,75	473,75	I	1031,83	892,83	760,25	634,08	514,33	401,08
	II	**1038,75**	473,75	473,75	II	899,41	766,50	640,00	520,00	406,41	299,25
	III	**716,33**	473,75	473,75	III	610,33	507,66	408,16	311,83	218,83	129,83
	V	**1686,75**	473,75	473,75	IV	1103,75	1031,83	961,50	892,83	825,75	760,25
	VI	**1731,08**	473,75	473,75							
5900,99	I,IV	**1178,33**	473,75	473,75	I	1032,83	893,83	761,16	635,00	515,16	401,83
	II	**1039,75**	473,75	473,75	II	900,33	767,41	640,91	520,83	407,16	300,00
	III	**717,16**	473,75	473,75	III	611,16	508,33	408,83	312,50	219,50	130,50
	V	**1687,83**	473,75	473,75	IV	1104,83	1032,83	962,50	893,83	826,66	761,16
	VI	**1732,16**	473,75	473,75							
5903,99	I,IV	**1179,41**	473,75	473,75	I	1033,91	894,83	762,16	635,91	516,08	402,66
	II	**1040,75**	473,75	473,75	II	901,33	768,41	641,83	521,66	408,00	300,75
	III	**718,00**	473,75	473,75	III	612,00	509,16	409,66	313,33	220,16	131,00
	V	**1689,00**	473,75	473,75	IV	1105,91	1033,91	963,58	894,83	827,66	762,16
	VI	**1733,33**	473,75	473,75							

* Zur LSt-Berechnung für privat versicherte Arbeitnehmer s. Beispiele **Vorbemerkung S. 4 f.**
** Basisvorsorgepauschale KV und PV *** Typisierter Arbeitgeberzuschuss

Lohn/ Gehalt in € bis	Steuerklasse	Lohn-steuer*	BVSP**	TAGZ***	Steuerklasse	Bemessungsgrundlage für Kirchensteuer und Solidaritätszuschlag					
						Freibeträge für ... Kinder					
						0,5	**1,0**	1,5	**2,0**	2,5	**3,0**
5906,99	I,IV	**1180,58**	473,75	473,75	I	1035,00	895,83	763,08	636,75	516,91	403,50
	II	**1041,83**	473,75	473,75	II	902,33	769,33	642,75	522,58	408,83	301,50
	III	**718,66**	473,75	473,75	III	612,66	509,83	410,33	314,00	220,83	131,66
	V	**1690,16**	473,75	473,75	IV	1106,91	1035,00	964,58	895,83	828,66	763,08
	VI	**1734,50**	473,75	473,75							
5909,99	I,IV	**1181,58**	473,75	473,75	I	1036,00	896,75	764,00	637,66	517,75	404,25
	II	**1042,83**	473,75	473,75	II	903,33	770,25	643,58	523,41	409,58	302,25
	III	**719,50**	473,75	473,75	III	613,50	510,66	411,00	314,66	221,50	132,33
	V	**1691,33**	473,75	473,75	IV	1108,00	1036,00	965,58	896,75	829,58	764,00
	VI	**1735,58**	473,75	473,75							
5912,99	I,IV	**1182,75**	473,75	473,75	I	1037,00	897,75	765,00	638,58	518,58	405,08
	II	**1043,91**	473,75	473,75	II	904,33	771,25	644,50	524,25	410,41	303,00
	III	**720,33**	473,75	473,75	III	614,16	511,33	411,83	315,33	222,16	132,83
	V	**1692,50**	473,75	473,75	IV	1109,08	1037,00	966,58	897,75	830,58	765,00
	VI	**1736,75**	473,75	473,75							
5915,99	I,IV	**1183,83**	473,75	473,75	I	1038,08	898,75	765,91	639,50	519,50	405,91
	II	**1045,00**	473,75	473,75	II	905,33	772,16	645,41	525,08	411,25	303,75
	III	**721,00**	473,75	473,75	III	615,00	512,16	412,50	316,00	222,83	133,50
	V	**1693,58**	473,75	473,75	IV	1110,16	1038,08	967,66	898,75	831,58	765,91
	VI	**1737,91**	473,75	473,75							
5918,99	I,IV	**1184,83**	473,75	473,75	I	1039,08	899,75	766,83	640,33	520,33	406,66
	II	**1046,00**	473,75	473,75	II	906,33	773,08	646,33	526,00	412,00	304,50
	III	**721,83**	473,75	473,75	III	615,66	512,83	413,16	316,66	223,50	134,16
	V	**1694,75**	473,75	473,75	IV	1111,16	1039,08	968,58	899,75	832,50	766,83
	VI	**1739,08**	473,75	473,75							
5921,99	I,IV	**1186,00**	473,75	473,75	I	1040,16	900,75	767,83	641,25	521,16	407,50
	II	**1047,00**	473,75	473,75	II	907,33	774,08	647,25	526,83	412,83	305,33
	III	**722,66**	473,75	473,75	III	616,50	513,66	414,00	317,50	224,16	134,66
	V	**1695,91**	473,75	473,75	IV	1112,25	1040,16	969,66	900,75	833,50	767,83
	VI	**1740,16**	473,75	473,75							
5924,99	I,IV	**1187,00**	473,75	473,75	I	1041,16	901,75	768,75	642,16	522,00	408,33
	II	**1048,08**	473,75	473,75	II	908,33	775,00	648,08	527,66	413,66	306,08
	III	**723,33**	473,75	473,75	III	617,33	514,33	414,66	318,16	224,83	135,33
	V	**1697,00**	473,75	473,75	IV	1113,33	1041,16	970,66	901,75	834,41	768,75
	VI	**1741,33**	473,75	473,75							
5927,99	I,IV	**1188,16**	473,75	473,75	I	1042,25	902,75	769,66	643,08	522,83	409,08
	II	**1049,08**	473,75	473,75	II	909,33	776,00	649,00	528,50	414,41	306,83
	III	**724,16**	473,75	473,75	III	618,00	515,00	415,33	318,83	225,50	136,00
	V	**1698,16**	473,75	473,75	IV	1114,41	1042,25	971,66	902,75	835,41	769,66
	VI	**1742,50**	473,75	473,75							
5930,99	I,IV	**1189,25**	473,75	473,75	I	1043,25	903,75	770,66	644,00	523,75	409,91
	II	**1050,16**	473,75	473,75	II	910,33	776,91	649,91	529,41	415,25	307,58
	III	**725,00**	473,75	473,75	III	618,83	515,83	416,00	319,50	226,16	136,66
	V	**1699,33**	473,75	473,75	IV	1115,41	1043,25	972,66	903,75	836,41	770,66
	VI	**1743,66**	473,75	473,75							
5933,99	I,IV	**1190,33**	473,75	473,75	I	1044,33	904,75	771,58	644,83	524,58	410,75
	II	**1051,16**	473,75	473,75	II	911,33	777,83	650,83	530,25	416,08	308,33
	III	**725,83**	473,75	473,75	III	619,50	516,50	416,83	320,16	226,83	137,16
	V	**1700,41**	473,75	473,75	IV	1116,50	1044,33	973,66	904,75	837,33	771,58
	VI	**1744,75**	473,75	473,75							
5936,99	I,IV	**1191,41**	473,75	473,75	I	1045,33	905,75	772,50	645,75	525,41	411,50
	II	**1052,25**	473,75	473,75	II	912,33	778,83	651,75	531,08	416,91	309,08
	III	**726,50**	473,75	473,75	III	620,33	517,33	417,50	320,83	227,50	137,83
	V	**1701,58**	473,75	473,75	IV	1117,58	1045,33	974,75	905,75	838,33	772,50
	VI	**1745,91**	473,75	473,75							
5939,99	I,IV	**1192,50**	473,75	473,75	I	1046,41	906,75	773,50	646,66	526,33	412,33
	II	**1053,33**	473,75	473,75	II	913,33	779,75	652,66	532,00	417,66	309,83
	III	**727,33**	473,75	473,75	III	621,16	518,00	418,16	321,66	228,16	138,50
	V	**1702,75**	473,75	473,75	IV	1118,66	1046,41	975,75	906,75	839,33	773,50
	VI	**1747,08**	473,75	473,75							

* Zur LSt-Berechnung für privat versicherte Arbeitnehmer s. Beispiele **Vorbemerkung S. 4f.**
** Basisvorsorgepauschale KV und PV *** Typisierter Arbeitgeberzuschuss

Lohn/ Gehalt in € bis	Steuerklasse	Lohn-steuer*	BVSP**	TAGZ***	Steuerklasse	Bemessungsgrundlage für Kirchensteuer und Solidaritätszuschlag – Freibeträge für ... Kinder 0,5	**1,0**	1,5	**2,0**	2,5	**3,0**
5 942,99	I,IV	**1 193,58**	473,75	473,75	I	1 047,41	907,66	774,41	647,58	527,16	413,16
	II	**1 054,33**	473,75	473,75	II	914,33	780,66	653,50	532,83	418,50	310,58
	III	**728,16**	473,75	473,75	III	621,83	518,83	419,00	322,33	228,83	139,00
	V	**1 703,83**	473,75	473,75	IV	1 119,66	1 047,41	976,75	907,66	840,25	774,41
	VI	**1 748,16**	473,75	473,75							
5 945,99	I,IV	**1 194,66**	473,75	473,75	I	1 048,50	908,75	775,41	648,50	528,00	414,00
	II	**1 055,41**	473,75	473,75	II	915,33	781,66	654,41	533,66	419,33	311,41
	III	**728,83**	473,75	473,75	III	622,66	519,50	419,66	323,00	229,50	139,66
	V	**1 705,00**	473,75	473,75	IV	1 120,75	1 048,50	977,75	908,75	841,25	775,41
	VI	**1 749,33**	473,75	473,75							
5 948,99	I,IV	**1 195,75**	473,75	473,75	I	1 049,50	909,75	776,33	649,41	528,83	414,75
	II	**1 056,41**	473,75	473,75	II	916,33	782,66	655,33	534,50	420,16	312,16
	III	**729,66**	473,75	473,75	III	623,33	520,33	420,33	323,66	230,16	140,33
	V	**1 706,16**	473,75	473,75	IV	1 121,83	1 049,50	978,83	909,75	842,25	776,33
	VI	**1 750,50**	473,75	473,75							
5 951,99	I,IV	**1 196,83**	473,75	473,75	I	1 050,58	910,66	777,25	650,25	529,66	415,58
	II	**1 057,50**	473,75	473,75	II	917,33	783,58	656,25	535,33	420,91	312,91
	III	**730,50**	473,75	473,75	III	624,16	521,00	421,00	324,33	230,83	141,00
	V	**1 707,33**	473,75	473,75	IV	1 122,91	1 050,58	979,83	910,66	843,16	777,25
	VI	**1 751,58**	473,75	473,75							
5 954,99	I,IV	**1 197,91**	473,75	473,75	I	1 051,58	911,66	778,25	651,16	530,58	416,41
	II	**1 058,50**	473,75	473,75	II	918,33	784,50	657,16	536,25	421,75	313,66
	III	**731,33**	473,75	473,75	III	624,83	521,66	421,83	325,00	231,50	141,50
	V	**1 708,41**	473,75	473,75	IV	1 124,00	1 051,58	980,83	911,66	844,16	778,25
	VI	**1 752,75**	473,75	473,75							
5 957,99	I,IV	**1 199,08**	473,75	473,75	I	1 052,66	912,75	779,16	652,08	531,41	417,16
	II	**1 059,58**	473,75	473,75	II	919,33	785,50	658,08	537,08	422,58	314,50
	III	**732,16**	473,75	473,75	III	625,66	522,50	422,50	325,83	232,16	142,16
	V	**1 709,58**	473,75	473,75	IV	1 125,08	1 052,66	981,91	912,75	845,16	779,16
	VI	**1 753,91**	473,75	473,75							
5 960,99	I,IV	**1 200,08**	473,75	473,75	I	1 053,66	913,66	780,08	653,00	532,25	418,00
	II	**1 060,58**	473,75	473,75	II	920,33	786,41	659,00	537,91	423,33	315,25
	III	**732,83**	473,75	473,75	III	626,50	523,16	423,16	326,50	232,83	142,83
	V	**1 710,75**	473,75	473,75	IV	1 126,08	1 053,66	982,91	913,66	846,08	780,08
	VI	**1 755,00**	473,75	473,75							
5 963,99	I,IV	**1 201,25**	473,75	473,75	I	1 054,75	914,66	781,08	653,91	533,16	418,83
	II	**1 061,66**	473,75	473,75	II	921,33	787,41	659,91	538,83	424,16	316,00
	III	**733,66**	473,75	473,75	III	627,16	524,00	424,00	327,16	233,50	143,50
	V	**1 711,91**	473,75	473,75	IV	1 127,16	1 054,75	983,91	914,66	847,08	781,08
	VI	**1 756,16**	473,75	473,75							
5 966,99	I,IV	**1 202,33**	473,75	473,75	I	1 055,83	915,66	782,08	654,83	534,00	419,66
	II	**1 062,75**	473,75	473,75	II	922,33	788,33	660,83	539,66	425,00	316,75
	III	**734,50**	473,75	473,75	III	628,00	524,66	424,66	327,83	234,16	144,16
	V	**1 713,00**	473,75	473,75	IV	1 128,25	1 055,83	984,91	915,66	848,08	782,08
	VI	**1 757,33**	473,75	473,75							
5 969,99	I,IV	**1 203,41**	473,75	473,75	I	1 056,83	916,66	783,00	655,66	534,83	420,41
	II	**1 063,75**	473,75	473,75	II	923,33	789,25	661,66	540,50	425,83	317,50
	III	**735,16**	473,75	473,75	III	628,66	525,50	425,33	328,50	234,83	144,66
	V	**1 714,16**	473,75	473,75	IV	1 129,33	1 056,83	985,91	916,66	849,00	783,00
	VI	**1 758,50**	473,75	473,75							
5 972,99	I,IV	**1 204,50**	473,75	473,75	I	1 057,91	917,66	783,91	656,58	535,75	421,25
	II	**1 064,83**	473,75	473,75	II	924,33	790,25	662,58	541,41	426,66	318,25
	III	**736,00**	473,75	473,75	III	629,50	526,16	426,16	329,16	235,50	145,33
	V	**1 715,33**	473,75	473,75	IV	1 130,41	1 057,91	987,00	917,66	850,00	783,91
	VI	**1 759,58**	473,75	473,75							
5 975,99	I,IV	**1 205,58**	473,75	473,75	I	1 058,91	918,66	784,91	657,50	536,58	422,08
	II	**1 065,83**	473,75	473,75	II	925,33	791,25	663,50	542,25	427,41	319,08
	III	**736,83**	473,75	473,75	III	630,33	527,00	426,83	330,00	236,33	146,00
	V	**1 716,50**	473,75	473,75	IV	1 131,50	1 058,91	988,00	918,66	851,00	784,91
	VI	**1 760,75**	473,75	473,75							

* Zur LSt-Berechnung für privat versicherte Arbeitnehmer s. Beispiele **Vorbemerkung S. 4 f.**
** Basisvorsorgepauschale KV und PV *** Typisierter Arbeitgeberzuschuss

Lohn/ Gehalt in € bis	Steuerklasse	Lohn- steuer*	BVSP**	TAGZ***	Steuerklasse	Bemessungsgrundlage für Kirchensteuer und Solidaritätszuschlag					
						Freibeträge für ... Kinder					
						0,5	**1,0**	1,5	**2,0**	2,5	**3,0**
5978,99	I,IV	**1206,66**	473,75	473,75	I	1060,00	919,66	785,83	658,41	537,41	422,83
	II	**1066,91**	473,75	473,75	II	926,33	792,16	664,41	543,08	428,25	319,83
	III	**737,66**	473,75	473,75	III	631,00	527,66	427,50	330,66	236,83	146,66
	V	**1717,58**	473,75	473,75	IV	1132,50	1060,00	989,00	919,66	851,91	785,83
	VI	**1761,91**	473,75	473,75							
5981,99	I,IV	**1207,75**	473,75	473,75	I	1061,00	920,66	786,83	659,33	538,33	423,66
	II	**1067,91**	473,75	473,75	II	927,33	793,08	665,33	544,00	429,08	320,58
	III	**738,33**	473,75	473,75	III	631,83	528,33	428,16	331,33	237,50	147,16
	V	**1718,75**	473,75	473,75	IV	1133,58	1061,00	990,08	920,66	852,91	786,83
	VI	**1763,08**	473,75	473,75							
5984,99	I,IV	**1208,91**	473,75	473,75	I	1062,08	921,66	787,75	660,25	539,16	424,50
	II	**1069,00**	473,75	473,75	II	928,33	794,08	666,25	544,83	429,91	321,33
	III	**739,16**	473,75	473,75	III	632,50	529,16	429,00	332,00	238,33	147,83
	V	**1719,91**	473,75	473,75	IV	1134,66	1062,08	991,08	921,66	853,91	787,75
	VI	**1764,25**	473,75	473,75							
5987,99	I,IV	**1210,00**	473,75	473,75	I	1063,08	922,66	788,66	661,16	540,00	425,33
	II	**1070,08**	473,75	473,75	II	929,33	795,00	667,16	545,66	430,66	322,08
	III	**740,00**	473,75	473,75	III	633,33	529,83	429,66	332,66	239,00	148,50
	V	**1721,00**	473,75	473,75	IV	1135,75	1063,08	992,08	922,66	854,91	788,66
	VI	**1765,33**	473,75	473,75							
5990,99	I,IV	**1211,08**	473,75	473,75	I	1064,16	923,66	789,66	662,08	540,91	426,16
	II	**1071,08**	473,75	473,75	II	930,33	796,00	668,08	546,58	431,50	322,91
	III	**740,66**	473,75	473,75	III	634,00	530,66	430,33	333,33	239,66	149,16
	V	**1722,16**	473,75	473,75	IV	1136,83	1064,16	993,16	923,66	855,91	789,66
	VI	**1766,50**	473,75	473,75							
5993,99	I,IV	**1212,16**	473,75	473,75	I	1065,16	924,66	790,58	662,91	541,75	426,91
	II	**1072,16**	473,75	473,75	II	931,33	796,91	668,91	547,41	432,33	323,66
	III	**741,50**	473,75	473,75	III	634,83	531,33	431,16	334,00	240,33	149,83
	V	**1723,33**	473,75	473,75	IV	1137,83	1065,16	994,16	924,66	856,83	790,58
	VI	**1767,58**	473,75	473,75							
5996,99	I,IV	**1213,25**	473,75	473,75	I	1066,25	925,66	791,58	663,83	542,58	427,75
	II	**1073,16**	473,75	473,75	II	932,33	797,91	669,83	548,33	433,16	324,41
	III	**742,33**	473,75	473,75	III	635,66	532,16	431,83	334,83	241,00	150,33
	V	**1724,41**	473,75	473,75	IV	1138,91	1066,25	995,16	925,66	857,83	791,58
	VI	**1768,75**	473,75	473,75							
5999,99	I,IV	**1214,33**	473,75	473,75	I	1067,33	926,66	792,50	664,75	543,50	428,58
	II	**1074,25**	473,75	473,75	II	933,33	798,83	670,83	549,16	434,00	325,16
	III	**743,16**	473,75	473,75	III	636,33	532,83	432,50	335,50	241,66	151,00
	V	**1725,58**	473,75	473,75	IV	1140,00	1067,33	996,16	926,66	858,83	792,50
	VI	**1769,91**	473,75	473,75							
6002,99	I,IV	**1215,41**	473,75	473,75	I	1068,33	927,66	793,50	665,66	544,33	429,33
	II	**1075,33**	473,75	473,75	II	934,33	799,83	671,66	550,00	434,75	325,91
	III	**743,83**	473,75	473,75	III	637,16	533,66	433,33	336,16	242,33	151,66
	V	**1726,75**	473,75	473,75	IV	1141,08	1068,33	997,25	927,66	859,75	793,50
	VI	**1771,00**	473,75	473,75							
6005,99	I,IV	**1216,50**	473,75	473,75	I	1069,41	928,66	794,41	666,58	545,16	430,16
	II	**1076,33**	473,75	473,75	II	935,33	800,75	672,58	550,91	435,58	326,75
	III	**744,66**	473,75	473,75	III	638,00	534,33	434,00	336,83	243,00	152,33
	V	**1727,91**	473,75	473,75	IV	1142,16	1069,41	998,25	928,66	860,75	794,41
	VI	**1772,16**	473,75	473,75							
6008,99	I,IV	**1217,66**	473,75	473,75	I	1070,50	929,75	795,41	667,50	546,08	431,00
	II	**1077,41**	473,75	473,75	II	936,33	801,75	673,50	551,75	436,41	327,50
	III	**745,50**	473,75	473,75	III	638,66	535,16	434,66	337,50	243,66	153,00
	V	**1729,00**	473,75	473,75	IV	1143,25	1070,50	999,25	929,75	861,75	795,41
	VI	**1773,33**	473,75	473,75							
6011,99	I,IV	**1218,75**	473,75	473,75	I	1071,50	930,66	796,33	668,41	546,91	431,83
	II	**1078,41**	473,75	473,75	II	937,33	802,66	674,41	552,58	437,25	328,25
	III	**746,33**	473,75	473,75	III	639,50	535,83	435,50	338,33	244,33	153,66
	V	**1730,16**	473,75	473,75	IV	1144,33	1071,50	1000,33	930,66	862,75	796,33
	VI	**1774,50**	473,75	473,75							

* Zur LSt-Berechnung für privat versicherte Arbeitnehmer s. Beispiele **Vorbemerkung S. 4 f.**
** Basisvorsorgepauschale KV und PV *** Typisierter Arbeitgeberzuschuss

Lohn/ Gehalt in € bis	Steuerklasse	Lohnsteuer*	BVSP**	TAGZ***	Steuerklasse	Bemessungsgrundlage für Kirchensteuer und Solidaritätszuschlag – Freibeträge für ... Kinder 0,5	1,0	1,5	2,0	2,5	3,0
6014,99	I,IV	**1219,83**	473,75	473,75	I	1072,58	931,75	797,33	669,33	547,75	432,66
	II	**1079,50**	473,75	473,75	II	938,33	803,66	675,33	553,50	438,08	329,08
	III	**747,00**	473,75	473,75	III	640,16	536,66	436,16	339,00	245,00	154,33
	V	**1731,33**	473,75	473,75	IV	1145,41	1072,58	1001,33	931,75	863,66	797,33
	VI	**1775,58**	473,75	473,75							
6017,99	I,IV	**1220,91**	473,75	473,75	I	1073,58	932,75	798,25	670,25	548,66	433,50
	II	**1080,58**	473,75	473,75	II	939,41	804,58	676,25	554,33	438,91	329,83
	III	**747,83**	473,75	473,75	III	641,00	537,33	436,83	339,66	245,66	154,83
	V	**1732,50**	473,75	473,75	IV	1146,50	1073,58	1002,33	932,75	864,66	798,25
	VI	**1776,75**	473,75	473,75							
6020,99	I,IV	**1222,00**	473,75	473,75	I	1074,66	933,75	799,16	671,16	549,50	434,25
	II	**1081,58**	473,75	473,75	II	940,33	805,58	677,16	555,16	439,66	330,58
	III	**748,66**	473,75	473,75	III	641,66	538,00	437,66	340,33	246,33	155,50
	V	**1733,58**	473,75	473,75	IV	1147,50	1074,66	1003,41	933,75	865,66	799,16
	VI	**1777,91**	473,75	473,75							
6023,99	I,IV	**1223,16**	473,75	473,75	I	1075,75	934,75	800,16	672,08	550,33	435,08
	II	**1082,66**	473,75	473,75	II	941,41	806,50	678,08	556,08	440,50	331,33
	III	**749,50**	473,75	473,75	III	642,50	538,83	438,33	341,00	247,00	156,16
	V	**1734,75**	473,75	473,75	IV	1148,58	1075,75	1004,41	934,75	866,66	800,16
	VI	**1779,08**	473,75	473,75							
6026,99	I,IV	**1224,25**	473,75	473,75	I	1076,75	935,75	801,16	673,00	551,25	435,91
	II	**1083,75**	473,75	473,75	II	942,41	807,50	679,00	557,00	441,33	332,16
	III	**750,16**	473,75	473,75	III	643,33	539,50	439,00	341,83	247,66	156,83
	V	**1735,91**	473,75	473,75	IV	1149,66	1076,75	1005,41	935,75	867,66	801,16
	VI	**1780,16**	473,75	473,75							
6029,99	I,IV	**1225,33**	473,75	473,75	I	1077,83	936,75	802,08	673,83	552,08	436,75
	II	**1084,75**	473,75	473,75	II	943,41	808,41	679,91	557,83	442,16	332,91
	III	**751,00**	473,75	473,75	III	644,00	540,33	439,83	342,50	248,33	157,50
	V	**1737,00**	473,75	473,75	IV	1150,75	1077,83	1006,50	936,75	868,58	802,08
	VI	**1781,33**	473,75	473,75							
6032,99	I,IV	**1226,41**	473,75	473,75	I	1078,83	937,75	803,08	674,75	552,91	437,58
	II	**1085,83**	473,75	473,75	II	944,41	809,41	680,83	558,66	443,00	333,66
	III	**751,83**	473,75	473,75	III	644,83	541,00	440,50	343,16	249,00	158,16
	V	**1738,16**	473,75	473,75	IV	1151,83	1078,83	1007,50	937,75	869,58	803,08
	VI	**1782,50**	473,75	473,75							
6035,99	I,IV	**1227,50**	473,75	473,75	I	1079,91	938,75	804,00	675,75	553,83	438,41
	II	**1086,91**	473,75	473,75	II	945,41	810,41	681,75	559,58	443,83	334,50
	III	**752,66**	473,75	473,75	III	645,66	541,83	441,16	343,83	249,66	158,83
	V	**1739,33**	473,75	473,75	IV	1152,91	1079,91	1008,58	938,75	870,58	804,00
	VI	**1783,66**	473,75	473,75							
6038,99	I,IV	**1228,58**	473,75	473,75	I	1081,00	939,75	805,00	676,58	554,66	439,16
	II	**1087,91**	473,75	473,75	II	946,41	811,33	682,66	560,41	444,58	335,25
	III	**753,33**	473,75	473,75	III	646,33	542,50	442,00	344,50	250,33	159,33
	V	**1740,41**	473,75	473,75	IV	1154,00	1081,00	1009,58	939,75	871,58	805,00
	VI	**1784,75**	473,75	473,75							
6041,99	I,IV	**1229,75**	473,75	473,75	I	1082,00	940,75	805,91	677,50	555,58	440,00
	II	**1089,00**	473,75	473,75	II	947,41	812,25	683,58	561,25	445,41	336,00
	III	**754,16**	473,75	473,75	III	647,16	543,33	442,66	345,33	251,00	160,16
	V	**1741,58**	473,75	473,75	IV	1155,08	1082,00	1010,58	940,75	872,58	805,91
	VI	**1785,91**	473,75	473,75							
6044,99	I,IV	**1230,83**	473,75	473,75	I	1083,08	941,75	806,91	678,41	556,41	440,83
	II	**1090,08**	473,75	473,75	II	948,41	813,25	684,50	562,16	446,25	336,83
	III	**755,00**	473,75	473,75	III	647,83	544,00	443,33	346,00	251,66	160,66
	V	**1742,75**	473,75	473,75	IV	1156,16	1083,08	1011,66	941,75	873,50	806,91
	VI	**1787,08**	473,75	473,75							
6047,99	I,IV	**1231,91**	473,75	473,75	I	1084,16	942,75	807,83	679,33	557,25	441,66
	II	**1091,08**	473,75	473,75	II	949,41	814,16	685,41	563,00	447,08	337,58
	III	**755,83**	473,75	473,75	III	648,66	544,83	444,16	346,66	252,33	161,33
	V	**1743,83**	473,75	473,75	IV	1157,25	1084,16	1012,66	942,75	874,50	807,83
	VI	**1788,16**	473,75	473,75							

* Zur LSt-Berechnung für privat versicherte Arbeitnehmer s. Beispiele **Vorbemerkung S. 4 f.**
** Basisvorsorgepauschale KV und PV *** Typisierter Arbeitgeberzuschuss

Lohn/ Gehalt in € bis	Steuerklasse	Lohn-steuer*	BVSP**	TAGZ***	Steuerklasse	Bemessungsgrundlage für Kirchensteuer und Solidaritätszuschlag					
						Freibeträge für ... Kinder					
						0,5	**1,0**	1,5	**2,0**	2,5	**3,0**
6050,99	I,IV	**1 233,00**	473,75	473,75	I	1 085,16	943,75	808,83	680,25	558,16	442,50
	II	**1 092,16**	473,75	473,75	II	950,50	815,16	686,33	563,91	447,91	338,33
	III	**756,66**	473,75	473,75	III	649,50	545,50	444,83	347,33	253,16	162,00
	V	**1 745,00**	473,75	473,75	IV	1 158,33	1 085,16	1 013,66	943,75	875,50	808,83
	VI	**1 789,33**	473,75	473,75							
6053,99	I,IV	**1 234,08**	473,75	473,75	I	1 086,25	944,75	809,75	681,16	559,00	443,25
	II	**1 093,25**	473,75	473,75	II	951,41	816,08	687,25	564,75	448,75	339,08
	III	**757,33**	473,75	473,75	III	650,16	546,33	445,50	348,00	253,83	162,66
	V	**1 746,16**	473,75	473,75	IV	1 159,33	1 086,25	1 014,66	944,75	876,50	809,75
	VI	**1 790,50**	473,75	473,75							
6056,99	I,IV	**1 235,25**	473,75	473,75	I	1 087,33	945,83	810,75	682,08	559,91	444,08
	II	**1 094,25**	473,75	473,75	II	952,50	817,08	688,16	565,66	449,58	339,91
	III	**758,16**	473,75	473,75	III	651,00	547,00	446,33	348,66	254,50	163,33
	V	**1 747,33**	473,75	473,75	IV	1 160,50	1 087,33	1 015,75	945,83	877,50	810,75
	VI	**1 791,58**	473,75	473,75							
6059,99	I,IV	**1 236,33**	473,75	473,75	I	1 088,33	946,83	811,66	683,00	560,75	444,91
	II	**1 095,33**	473,75	473,75	II	953,50	818,08	689,08	566,50	450,41	340,66
	III	**759,00**	473,75	473,75	III	651,83	547,83	447,00	349,50	255,16	164,00
	V	**1 748,50**	473,75	473,75	IV	1 161,58	1 088,33	1 016,75	946,83	878,41	811,66
	VI	**1 792,75**	473,75	473,75							
6062,99	I,IV	**1 237,41**	473,75	473,75	I	1 089,41	947,83	812,66	683,91	561,58	445,75
	II	**1 096,41**	473,75	473,75	II	954,50	819,00	690,00	567,33	451,16	341,41
	III	**759,83**	473,75	473,75	III	652,50	548,50	447,66	350,16	255,83	164,66
	V	**1 749,58**	473,75	473,75	IV	1 162,58	1 089,41	1 017,83	947,83	879,41	812,66
	VI	**1 793,91**	473,75	473,75							
6065,99	I,IV	**1 238,58**	473,75	473,75	I	1 090,50	948,83	813,58	684,83	562,50	446,58
	II	**1 097,50**	473,75	473,75	II	955,50	820,00	690,91	568,25	452,00	342,25
	III	**760,50**	473,75	473,75	III	653,33	549,33	448,50	350,83	256,50	165,33
	V	**1 750,75**	473,75	473,75	IV	1 163,66	1 090,50	1 018,83	948,83	880,41	813,58
	VI	**1 795,08**	473,75	473,75							
6068,99	I,IV	**1 239,66**	473,75	473,75	I	1 091,50	949,83	814,58	685,75	563,33	447,41
	II	**1 098,50**	473,75	473,75	II	956,50	821,00	691,83	569,16	452,83	343,00
	III	**761,33**	473,75	473,75	III	654,16	550,00	449,16	351,50	257,16	166,00
	V	**1 751,91**	473,75	473,75	IV	1 164,83	1 091,50	1 019,91	949,83	881,41	814,58
	VI	**1 796,16**	473,75	473,75							
6071,99	I,IV	**1 240,75**	473,75	473,75	I	1 092,58	950,83	815,50	686,66	564,25	448,16
	II	**1 099,58**	473,75	473,75	II	957,50	821,91	692,75	570,00	453,66	343,75
	III	**762,16**	473,75	473,75	III	654,83	550,83	449,83	352,33	257,83	166,66
	V	**1 753,00**	473,75	473,75	IV	1 165,83	1 092,58	1 020,91	950,83	882,41	815,50
	VI	**1 797,33**	473,75	473,75							
6074,99	I,IV	**1 241,83**	473,75	473,75	I	1 093,66	951,83	816,50	687,58	565,08	449,00
	II	**1 100,66**	473,75	473,75	II	958,58	822,91	693,66	570,83	454,50	344,58
	III	**762,83**	473,75	473,75	III	655,66	551,50	450,66	353,00	258,50	167,16
	V	**1 754,16**	473,75	473,75	IV	1 166,91	1 093,66	1 021,91	951,83	883,41	816,50
	VI	**1 798,50**	473,75	473,75							
6077,99	I,IV	**1 243,00**	473,75	473,75	I	1 094,75	952,91	817,50	688,50	566,00	449,83
	II	**1 101,75**	473,75	473,75	II	959,58	823,83	694,58	571,75	455,33	345,33
	III	**763,66**	473,75	473,75	III	656,33	552,33	451,33	353,66	259,16	168,00
	V	**1 755,33**	473,75	473,75	IV	1 168,00	1 094,75	1 023,00	952,91	884,41	817,50
	VI	**1 799,66**	473,75	473,75							
6080,99	I,IV	**1 244,08**	473,75	473,75	I	1 095,75	953,83	818,41	689,41	566,83	450,66
	II	**1 102,75**	473,75	473,75	II	960,58	824,83	695,50	572,58	456,16	346,08
	III	**764,50**	473,75	473,75	III	657,16	553,00	452,00	354,33	259,83	168,50
	V	**1 756,41**	473,75	473,75	IV	1 169,08	1 095,75	1 024,00	953,83	885,33	818,41
	VI	**1 800,75**	473,75	473,75							
6083,99	I,IV	**1 245,16**	473,75	473,75	I	1 096,83	954,91	819,41	690,33	567,75	451,50
	II	**1 103,83**	473,75	473,75	II	961,58	825,83	696,41	573,50	457,00	346,91
	III	**765,33**	473,75	473,75	III	657,83	553,66	452,83	355,00	260,50	169,16
	V	**1 757,58**	473,75	473,75	IV	1 170,16	1 096,83	1 025,08	954,91	886,33	819,41
	VI	**1 801,91**	473,75	473,75							

* Zur LSt-Berechnung für privat versicherte Arbeitnehmer s. Beispiele **Vorbemerkung S. 4f.**
** Basisvorsorgepauschale KV und PV *** Typisierter Arbeitgeberzuschuss

Lohn/ Gehalt in € bis	Steuerklasse	Lohn-steuer*	BVSP**	TAGZ***	Steuerklasse	Bemessungsgrundlage für Kirchensteuer und Solidaritätszuschlag – Freibeträge für ... Kinder 0,5	1,0	1,5	2,0	2,5	3,0
6086,99	I,IV	**1246,25**	473,75	473,75	I	1097,91	955,91	820,41	691,25	568,58	452,33
	II	**1104,91**	473,75	473,75	II	962,58	826,75	697,33	574,33	457,83	347,66
	III	**766,16**	473,75	473,75	III	658,66	554,50	453,50	355,83	261,16	169,83
	V	**1758,75**	473,75	473,75	IV	1171,25	1097,91	1026,08	955,91	887,33	820,41
	VI	**1803,08**	473,75	473,75							
6089,99	I,IV	**1247,33**	473,75	473,75	I	1098,91	956,91	821,33	692,16	569,41	453,16
	II	**1105,91**	473,75	473,75	II	963,58	827,75	698,25	575,25	458,58	348,41
	III	**766,83**	473,75	473,75	III	659,50	555,33	454,33	356,50	261,83	170,50
	V	**1759,83**	473,75	473,75	IV	1172,33	1098,91	1027,08	956,91	888,33	821,33
	VI	**1804,16**	473,75	473,75							
6092,99	I,IV	**1248,50**	473,75	473,75	I	1100,00	957,91	822,33	693,08	570,33	454,00
	II	**1107,00**	473,75	473,75	II	964,66	828,66	699,16	576,08	459,41	349,25
	III	**767,66**	473,75	473,75	III	660,16	556,00	455,00	357,16	262,50	171,16
	V	**1761,00**	473,75	473,75	IV	1173,41	1100,00	1028,16	957,91	889,33	822,33
	VI	**1805,33**	473,75	473,75							
6095,99	I,IV	**1249,58**	473,75	473,75	I	1101,08	958,91	823,25	694,00	571,25	454,83
	II	**1108,08**	473,75	473,75	II	965,66	829,66	700,08	577,00	460,25	350,00
	III	**768,50**	473,75	473,75	III	661,00	556,83	455,66	357,83	263,33	171,83
	V	**1762,16**	473,75	473,75	IV	1174,50	1101,08	1029,25	958,91	890,33	823,25
	VI	**1806,50**	473,75	473,75							
6098,99	I,IV	**1250,66**	473,75	473,75	I	1102,08	959,91	824,25	694,91	572,08	455,66
	II	**1109,16**	473,75	473,75	II	966,66	830,66	701,00	577,83	461,08	350,75
	III	**769,33**	473,75	473,75	III	661,83	557,50	456,50	358,50	264,00	172,50
	V	**1763,33**	473,75	473,75	IV	1175,58	1102,08	1030,25	959,91	891,25	824,25
	VI	**1807,58**	473,75	473,75							
6101,99	I,IV	**1251,83**	473,75	473,75	I	1103,16	961,00	825,16	695,83	572,91	456,50
	II	**1110,16**	473,75	473,75	II	967,66	831,58	701,91	578,75	461,91	351,58
	III	**770,00**	473,75	473,75	III	662,50	558,16	457,16	359,33	264,66	173,16
	V	**1764,41**	473,75	473,75	IV	1176,66	1103,16	1031,25	961,00	892,25	825,16
	VI	**1808,75**	473,75	473,75							
6104,99	I,IV	**1252,91**	473,75	473,75	I	1104,25	962,00	826,16	696,75	573,83	457,33
	II	**1111,25**	473,75	473,75	II	968,75	832,58	702,91	579,58	462,75	352,33
	III	**770,83**	473,75	473,75	III	663,33	559,00	457,83	360,00	265,33	173,83
	V	**1765,58**	473,75	473,75	IV	1177,75	1104,25	1032,33	962,00	893,25	826,16
	VI	**1809,91**	473,75	473,75							
6107,99	I,IV	**1254,00**	473,75	473,75	I	1105,33	963,00	827,16	697,66	574,66	458,08
	II	**1112,33**	473,75	473,75	II	969,75	833,50	703,75	580,50	463,58	353,16
	III	**771,66**	473,75	473,75	III	664,16	559,83	458,66	360,66	266,00	174,50
	V	**1766,75**	473,75	473,75	IV	1178,83	1105,33	1033,33	963,00	894,25	827,16
	VI	**1811,00**	473,75	473,75							
6110,99	I,IV	**1255,16**	473,75	473,75	I	1106,33	964,00	828,08	698,58	575,58	458,91
	II	**1113,41**	473,75	473,75	II	970,75	834,50	704,75	581,33	464,41	353,91
	III	**772,50**	473,75	473,75	III	664,83	560,50	459,33	361,33	266,66	175,16
	V	**1767,91**	473,75	473,75	IV	1179,91	1106,33	1034,41	964,00	895,25	828,08
	VI	**1812,16**	473,75	473,75							
6113,99	I,IV	**1256,25**	473,75	473,75	I	1107,41	965,08	829,08	699,58	576,41	459,75
	II	**1114,50**	473,75	473,75	II	971,75	835,50	705,66	582,25	465,25	354,75
	III	**773,33**	473,75	473,75	III	665,66	561,33	460,00	362,16	267,33	175,83
	V	**1769,00**	473,75	473,75	IV	1181,08	1107,41	1035,41	965,08	896,25	829,08
	VI	**1813,33**	473,75	473,75							
6116,99	I,IV	**1257,33**	473,75	473,75	I	1108,50	966,00	830,00	700,41	577,33	460,58
	II	**1115,50**	473,75	473,75	II	972,75	836,41	706,58	583,08	466,08	355,50
	III	**774,00**	473,75	473,75	III	666,50	562,00	460,83	362,83	268,00	176,50
	V	**1770,16**	473,75	473,75	IV	1182,08	1108,50	1036,41	966,00	897,25	830,00
	VI	**1814,50**	473,75	473,75							
6119,99	I,IV	**1258,50**	473,75	473,75	I	1109,58	967,08	831,00	701,41	578,16	461,41
	II	**1116,58**	473,75	473,75	II	973,83	837,41	707,50	584,00	466,91	356,25
	III	**774,83**	473,75	473,75	III	667,16	562,66	461,50	363,50	268,66	177,00
	V	**1771,33**	473,75	473,75	IV	1183,25	1109,58	1037,50	967,08	898,25	831,00
	VI	**1815,58**	473,75	473,75							

* Zur LSt-Berechnung für privat versicherte Arbeitnehmer s. Beispiele **Vorbemerkung S. 4f.**
** Basisvorsorgepauschale KV und PV *** Typisierter Arbeitgeberzuschuss

Lohn/ Gehalt in € bis	Steuerklasse	Lohn-steuer*	BVSP**	TAGZ***	Steuerklasse	Bemessungsgrundlage für Kirchensteuer und Solidaritätszuschlag – Freibeträge für ... Kinder 0,5	**1,0**	1,5	**2,0**	2,5	**3,0**
6122,99	I,IV	**1259,58**	473,75	473,75	I	1110,58	968,08	832,00	702,25	579,08	462,25
	II	**1117,66**	473,75	473,75	II	974,83	838,41	708,41	584,83	467,75	357,08
	III	**775,66**	473,75	473,75	III	668,00	563,50	462,16	364,16	269,33	177,66
	V	**1772,41**	473,75	473,75	IV	1184,25	1110,58	1038,50	968,08	899,25	832,00
	VI	**1816,75**	473,75	473,75							
6125,99	I,IV	**1260,66**	473,75	473,75	I	1111,66	969,08	832,91	703,25	579,91	463,08
	II	**1118,75**	473,75	473,75	II	975,83	839,33	709,33	585,75	468,58	357,83
	III	**776,50**	473,75	473,75	III	668,83	564,33	463,00	364,83	270,00	178,33
	V	**1773,58**	473,75	473,75	IV	1185,33	1111,66	1039,58	969,08	900,25	832,91
	VI	**1817,91**	473,75	473,75							
6128,99	I,IV	**1261,83**	473,75	473,75	I	1112,75	970,08	833,91	704,16	580,83	463,91
	II	**1119,75**	473,75	473,75	II	976,83	840,33	710,25	586,66	469,41	358,66
	III	**777,33**	473,75	473,75	III	669,50	565,00	463,66	365,66	270,66	179,00
	V	**1774,75**	473,75	473,75	IV	1186,50	1112,75	1040,66	970,08	901,25	833,91
	VI	**1819,08**	473,75	473,75							
6131,99	I,IV	**1262,91**	473,75	473,75	I	1113,75	971,08	834,83	705,08	581,66	464,75
	II	**1120,83**	473,75	473,75	II	977,83	841,33	711,16	587,50	470,25	359,41
	III	**778,00**	473,75	473,75	III	670,33	565,66	464,33	366,33	271,33	179,66
	V	**1775,83**	473,75	473,75	IV	1187,50	1113,75	1041,66	971,08	902,16	834,83
	VI	**1820,16**	473,75	473,75							
6134,99	I,IV	**1264,00**	473,75	473,75	I	1114,83	972,16	835,83	706,00	582,58	465,58
	II	**1121,91**	473,75	473,75	II	978,91	842,25	712,08	588,41	471,08	360,16
	III	**778,83**	473,75	473,75	III	671,00	566,50	465,16	367,00	272,16	180,33
	V	**1777,00**	473,75	473,75	IV	1188,66	1114,83	1042,66	972,16	903,16	835,83
	VI	**1821,33**	473,75	473,75							
6137,99	I,IV	**1265,16**	473,75	473,75	I	1115,91	973,16	836,83	706,91	583,41	466,41
	II	**1123,00**	473,75	473,75	II	979,91	843,25	713,08	589,25	471,91	361,00
	III	**779,66**	473,75	473,75	III	671,83	567,16	465,83	367,66	272,83	181,00
	V	**1778,16**	473,75	473,75	IV	1189,75	1115,91	1043,75	973,16	904,16	836,83
	VI	**1822,50**	473,75	473,75							
6140,99	I,IV	**1266,25**	473,75	473,75	I	1117,00	974,16	837,75	707,83	584,33	467,25
	II	**1124,00**	473,75	473,75	II	980,91	844,25	714,00	590,16	472,75	361,75
	III	**780,50**	473,75	473,75	III	672,66	568,00	466,50	368,33	273,50	181,66
	V	**1779,33**	473,75	473,75	IV	1190,83	1117,00	1044,75	974,16	905,16	837,75
	VI	**1823,58**	473,75	473,75							
6143,99	I,IV	**1267,33**	473,75	473,75	I	1118,08	975,16	838,75	708,75	585,16	468,08
	II	**1125,08**	473,75	473,75	II	981,91	845,16	714,91	591,00	473,58	362,58
	III	**781,33**	473,75	473,75	III	673,33	568,83	467,33	369,16	274,16	182,33
	V	**1780,41**	473,75	473,75	IV	1191,91	1118,08	1045,83	975,16	906,16	838,75
	VI	**1824,75**	473,75	473,75							
6146,99	I,IV	**1268,50**	473,75	473,75	I	1119,16	976,25	839,75	709,66	586,08	468,91
	II	**1126,16**	473,75	473,75	II	983,00	846,16	715,83	591,91	474,41	363,33
	III	**782,00**	473,75	473,75	III	674,16	569,50	468,00	369,83	274,83	183,00
	V	**1781,58**	473,75	473,75	IV	1193,00	1119,16	1046,91	976,25	907,16	839,75
	VI	**1825,91**	473,75	473,75							
6149,99	I,IV	**1269,58**	473,75	473,75	I	1120,16	977,25	840,66	710,58	586,91	469,75
	II	**1127,25**	473,75	473,75	II	984,00	847,16	716,75	592,75	475,25	364,08
	III	**782,83**	473,75	473,75	III	675,00	570,16	468,83	370,50	275,50	183,66
	V	**1782,75**	473,75	473,75	IV	1194,08	1120,16	1047,91	977,25	908,16	840,66
	VI	**1827,00**	473,75	473,75							
6152,99	I,IV	**1270,66**	473,75	473,75	I	1121,25	978,25	841,66	711,58	587,83	470,58
	II	**1128,33**	473,75	473,75	II	985,00	848,16	717,66	593,66	476,08	364,91
	III	**783,66**	473,75	473,75	III	675,66	571,00	469,50	371,16	276,16	184,33
	V	**1783,91**	473,75	473,75	IV	1195,16	1121,25	1048,91	978,25	909,16	841,66
	VI	**1828,16**	473,75	473,75							
6155,99	I,IV	**1271,83**	473,75	473,75	I	1122,33	979,25	842,66	712,50	588,75	471,41
	II	**1129,41**	473,75	473,75	II	986,08	849,08	718,58	594,58	476,91	365,66
	III	**784,50**	473,75	473,75	III	676,50	571,83	470,16	372,00	276,83	185,00
	V	**1785,00**	473,75	473,75	IV	1196,25	1122,33	1050,00	979,25	910,16	842,66
	VI	**1829,33**	473,75	473,75							

* Zur LSt-Berechnung für privat versicherte Arbeitnehmer s. Beispiele **Vorbemerkung S. 4f.**
** Basisvorsorgepauschale KV und PV *** Typisierter Arbeitgeberzuschuss

Lohn/ Gehalt in € bis	Steuerklasse	Lohn-steuer*	BVSP**	TAGZ***	Steuerklasse	Bemessungsgrundlage für Kirchensteuer und Solidaritätszuschlag – Freibeträge für ... Kinder 0,5	1,0	1,5	2,0	2,5	3,0
6 158,99	I,IV	**1 272,91**	473,75	473,75	I	1 123,41	980,25	843,58	713,41	589,58	472,25
	II	**1 130,41**	473,75	473,75	II	987,08	850,08	719,50	595,41	477,75	366,50
	III	**785,16**	473,75	473,75	III	677,33	572,50	471,00	372,66	277,50	185,66
	V	**1 786,16**	473,75	473,75	IV	1 197,33	1 123,41	1 051,00	980,25	911,16	843,58
	VI	**1 830,50**	473,75	473,75							
6 161,99	I,IV	**1 274,00**	473,75	473,75	I	1 124,50	981,33	844,58	714,33	590,50	473,08
	II	**1 131,50**	473,75	473,75	II	988,08	851,08	720,50	596,33	478,58	367,25
	III	**786,00**	473,75	473,75	III	678,00	573,33	471,66	373,33	278,16	186,33
	V	**1 787,33**	473,75	473,75	IV	1 198,41	1 124,50	1 052,08	981,33	912,16	844,58
	VI	**1 831,58**	473,75	473,75							
6 164,99	I,IV	**1 275,16**	473,75	473,75	I	1 125,58	982,33	845,58	715,25	591,33	473,91
	II	**1 132,58**	473,75	473,75	II	989,08	852,08	721,41	597,16	479,41	368,08
	III	**786,83**	473,75	473,75	III	678,83	574,00	472,50	374,00	278,83	187,00
	V	**1 788,50**	473,75	473,75	IV	1 199,58	1 125,58	1 053,16	982,33	913,16	845,58
	VI	**1 832,75**	473,75	473,75							
6 167,99	I,IV	**1 276,25**	473,75	473,75	I	1 126,58	983,33	846,58	716,16	592,25	474,75
	II	**1 133,66**	473,75	473,75	II	990,08	853,00	722,33	598,08	480,25	368,83
	III	**787,66**	473,75	473,75	III	679,50	574,83	473,16	374,66	279,50	187,66
	V	**1 789,58**	473,75	473,75	IV	1 200,58	1 126,58	1 054,16	983,33	914,16	846,58
	VI	**1 833,91**	473,75	473,75							
6 170,99	I,IV	**1 277,41**	473,75	473,75	I	1 127,66	984,41	847,50	717,08	593,08	475,58
	II	**1 134,75**	473,75	473,75	II	991,16	854,00	723,25	598,91	481,08	369,66
	III	**788,50**	473,75	473,75	III	680,33	575,50	473,83	375,50	280,33	188,33
	V	**1 790,75**	473,75	473,75	IV	1 201,75	1 127,66	1 055,25	984,41	915,16	847,50
	VI	**1 835,08**	473,75	473,75							
6 173,99	I,IV	**1 278,50**	473,75	473,75	I	1 128,75	985,41	848,50	718,08	594,00	476,41
	II	**1 135,83**	473,75	473,75	II	992,16	855,00	724,16	599,83	481,91	370,41
	III	**789,16**	473,75	473,75	III	681,16	576,33	474,66	376,16	281,00	189,00
	V	**1 791,91**	473,75	473,75	IV	1 202,83	1 128,75	1 056,25	985,41	916,16	848,50
	VI	**1 836,16**	473,75	473,75							
6 176,99	I,IV	**1 279,58**	473,75	473,75	I	1 129,83	986,41	849,50	719,00	594,83	477,25
	II	**1 136,91**	473,75	473,75	II	993,16	855,91	725,08	600,75	482,75	371,25
	III	**790,00**	473,75	473,75	III	681,83	577,00	475,33	376,83	281,66	189,50
	V	**1 793,00**	473,75	473,75	IV	1 203,91	1 129,83	1 057,33	986,41	917,16	849,50
	VI	**1 837,33**	473,75	473,75							
6 179,99	I,IV	**1 280,75**	473,75	473,75	I	1 130,91	987,41	850,50	719,91	595,75	478,08
	II	**1 138,00**	473,75	473,75	II	994,25	856,91	726,08	601,58	483,58	372,00
	III	**790,83**	473,75	473,75	III	682,66	577,83	476,16	377,66	282,33	190,33
	V	**1 794,16**	473,75	473,75	IV	1 205,00	1 130,91	1 058,33	987,41	918,16	850,50
	VI	**1 838,50**	473,75	473,75							
6 182,99	I,IV	**1 281,83**	473,75	473,75	I	1 132,00	988,50	851,41	720,83	596,66	478,91
	II	**1 139,08**	473,75	473,75	II	995,25	857,91	727,00	602,50	484,41	372,83
	III	**791,66**	473,75	473,75	III	683,50	578,50	476,83	378,33	283,00	190,83
	V	**1 795,33**	473,75	473,75	IV	1 206,08	1 132,00	1 059,41	988,50	919,16	851,41
	VI	**1 839,66**	473,75	473,75							
6 185,99	I,IV	**1 282,91**	473,75	473,75	I	1 133,00	989,50	852,41	721,75	597,50	479,75
	II	**1 140,08**	473,75	473,75	II	996,25	858,83	727,91	603,33	485,25	373,58
	III	**792,50**	473,75	473,75	III	684,16	579,33	477,50	379,00	283,66	191,50
	V	**1 796,41**	473,75	473,75	IV	1 207,16	1 133,00	1 060,41	989,50	920,16	852,41
	VI	**1 840,75**	473,75	473,75							
6 188,99	I,IV	**1 284,08**	473,75	473,75	I	1 134,08	990,50	853,41	722,66	598,41	480,58
	II	**1 141,16**	473,75	473,75	II	997,33	859,83	728,83	604,25	486,08	374,41
	III	**793,33**	473,75	473,75	III	685,00	580,00	478,33	379,66	284,33	192,16
	V	**1 797,58**	473,75	473,75	IV	1 208,25	1 134,08	1 061,50	990,50	921,16	853,41
	VI	**1 841,91**	473,75	473,75							
6 191,99	I,IV	**1 285,16**	473,75	473,75	I	1 135,16	991,50	854,33	723,58	599,25	481,41
	II	**1 142,25**	473,75	473,75	II	998,33	860,83	729,75	605,16	486,91	375,16
	III	**794,00**	473,75	473,75	III	685,83	580,83	479,00	380,33	285,00	192,83
	V	**1 798,75**	473,75	473,75	IV	1 209,33	1 135,16	1 062,50	991,50	922,16	854,33
	VI	**1 843,00**	473,75	473,75							

* Zur LSt-Berechnung für privat versicherte Arbeitnehmer s. Beispiele **Vorbemerkung S. 4 f.**
** Basisvorsorgepauschale KV und PV *** Typisierter Arbeitgeberzuschuss

Lohn/ Gehalt in € bis	Steuerklasse	Lohn- steuer*	BVSP**	TAGZ***	Steuerklasse	Bemessungsgrundlage für Kirchensteuer und Solidaritätszuschlag – Freibeträge für ... Kinder 0,5	**1,0**	1,5	**2,0**	2,5	**3,0**
6194,99	I,IV	**1286,33**	473,75	473,75	I	1136,25	992,58	855,33	724,50	600,16	482,25
	II	**1143,33**	473,75	473,75	II	999,33	861,83	730,66	606,00	487,75	376,00
	III	**794,83**	473,75	473,75	III	686,50	581,50	479,66	381,16	285,66	193,50
	V	**1799,83**	473,75	473,75	IV	1210,50	1136,25	1063,58	992,58	923,16	855,33
	VI	**1844,16**	473,75	473,75							
6197,99	I,IV	**1287,41**	473,75	473,75	I	1137,33	993,58	856,33	725,50	601,08	483,08
	II	**1144,41**	473,75	473,75	II	1000,41	862,83	731,66	606,91	488,66	376,75
	III	**795,66**	473,75	473,75	III	687,33	582,33	480,50	381,83	286,50	194,16
	V	**1801,00**	473,75	473,75	IV	1211,58	1137,33	1064,66	993,58	924,16	856,33
	VI	**1845,33**	473,75	473,75							
6200,99	I,IV	**1288,50**	473,75	473,75	I	1138,33	994,58	857,25	726,41	601,91	483,91
	II	**1145,41**	473,75	473,75	II	1001,41	863,75	732,58	607,83	489,41	377,58
	III	**796,50**	473,75	473,75	III	688,16	583,00	481,16	382,50	287,16	194,83
	V	**1802,16**	473,75	473,75	IV	1212,66	1138,33	1065,66	994,58	925,16	857,25
	VI	**1846,50**	473,75	473,75							
6203,99	I,IV	**1289,66**	473,75	473,75	I	1139,41	995,66	858,25	727,33	602,83	484,75
	II	**1146,58**	473,75	473,75	II	1002,41	864,75	733,50	608,66	490,33	378,33
	III	**797,16**	473,75	473,75	III	688,83	583,83	481,83	383,16	287,83	195,50
	V	**1803,33**	473,75	473,75	IV	1213,75	1139,41	1066,75	995,66	926,16	858,25
	VI	**1847,58**	473,75	473,75							
6206,99	I,IV	**1290,83**	473,75	473,75	I	1140,50	996,66	859,25	728,25	603,75	485,58
	II	**1147,66**	473,75	473,75	II	1003,50	865,75	734,41	609,58	491,16	379,16
	III	**798,00**	473,75	473,75	III	689,66	584,66	482,66	384,00	288,50	196,16
	V	**1804,50**	473,75	473,75	IV	1214,83	1140,50	1067,83	996,66	927,16	859,25
	VI	**1848,75**	473,75	473,75							
6209,99	I,IV	**1291,91**	473,75	473,75	I	1141,58	997,66	860,25	729,16	604,58	486,41
	II	**1148,66**	473,75	473,75	II	1004,50	866,66	735,33	610,41	492,00	379,91
	III	**798,83**	473,75	473,75	III	690,50	585,33	483,33	384,66	289,16	196,83
	V	**1805,58**	473,75	473,75	IV	1215,91	1141,58	1068,83	997,66	928,16	860,25
	VI	**1849,91**	473,75	473,75							
6212,99	I,IV	**1293,00**	473,75	473,75	I	1142,66	998,75	861,25	730,16	605,50	487,25
	II	**1149,75**	473,75	473,75	II	1005,50	867,66	736,33	611,33	492,83	380,75
	III	**799,66**	473,75	473,75	III	691,33	586,00	484,16	385,33	289,83	197,50
	V	**1806,75**	473,75	473,75	IV	1217,08	1142,66	1069,91	998,75	929,16	861,25
	VI	**1851,08**	473,75	473,75							
6215,99	I,IV	**1294,16**	473,75	473,75	I	1143,75	999,75	862,16	731,08	606,41	488,08
	II	**1150,83**	473,75	473,75	II	1006,58	868,66	737,25	612,25	493,66	381,50
	III	**800,50**	473,75	473,75	III	692,00	586,83	484,83	386,16	290,50	198,16
	V	**1807,91**	473,75	473,75	IV	1218,16	1143,75	1070,91	999,75	930,16	862,16
	VI	**1852,16**	473,75	473,75							
6218,99	I,IV	**1295,25**	473,75	473,75	I	1144,83	1000,75	863,16	732,00	607,25	488,91
	II	**1151,91**	473,75	473,75	II	1007,58	869,66	738,16	613,08	494,50	382,33
	III	**801,33**	473,75	473,75	III	692,83	587,66	485,66	386,83	291,16	198,83
	V	**1809,00**	473,75	473,75	IV	1219,25	1144,83	1072,00	1000,75	931,16	863,16
	VI	**1853,33**	473,75	473,75							
6221,99	I,IV	**1296,41**	473,75	473,75	I	1145,91	1001,83	864,16	732,91	608,16	489,75
	II	**1153,00**	473,75	473,75	II	1008,58	870,66	739,08	614,00	495,33	383,08
	III	**802,00**	473,75	473,75	III	693,66	588,33	486,33	387,50	291,83	199,50
	V	**1810,16**	473,75	473,75	IV	1220,33	1145,91	1073,00	1001,83	932,16	864,16
	VI	**1854,50**	473,75	473,75							
6224,99	I,IV	**1297,50**	473,75	473,75	I	1147,00	1002,83	865,16	733,91	609,00	490,66
	II	**1154,08**	473,75	473,75	II	1009,66	871,66	740,08	614,91	496,16	383,91
	III	**802,83**	473,75	473,75	III	694,33	589,16	487,00	388,16	292,66	200,16
	V	**1811,33**	473,75	473,75	IV	1221,41	1147,00	1074,08	1002,83	933,16	865,16
	VI	**1855,66**	473,75	473,75							
6227,99	I,IV	**1298,66**	473,75	473,75	I	1148,00	1003,83	866,08	734,83	609,91	491,50
	II	**1155,16**	473,75	473,75	II	1010,66	872,58	741,00	615,75	497,00	384,66
	III	**803,66**	473,75	473,75	III	695,16	589,83	487,83	389,00	293,33	200,83
	V	**1812,41**	473,75	473,75	IV	1222,50	1148,00	1075,16	1003,83	934,16	866,08
	VI	**1856,75**	473,75	473,75							

* Zur LSt-Berechnung für privat versicherte Arbeitnehmer s. Beispiele **Vorbemerkung S. 4f.**
** Basisvorsorgepauschale KV und PV *** Typisierter Arbeitgeberzuschuss

Lohn/ Gehalt in € bis	Steuerklasse	Lohnsteuer*	BVSP**	TAGZ***	Steuerklasse	Bemessungsgrundlage für Kirchensteuer und Solidaritätszuschlag – Freibeträge für ... Kinder 0,5	1,0	1,5	2,0	2,5	3,0
6 230,99	I,IV	**1 299,75**	473,75	473,75	I	1 149,08	1 004,91	867,08	735,75	610,83	492,33
	II	**1 156,25**	473,75	473,75	II	1 011,66	873,58	741,91	616,66	497,91	385,50
	III	**804,50**	473,75	473,75	III	696,00	590,66	488,50	389,66	294,00	201,50
	V	**1 813,58**	473,75	473,75	IV	1 223,66	1 149,08	1 076,16	1 004,91	935,16	867,08
	VI	**1 857,91**	473,75	473,75							
6 233,99	I,IV	**1 300,91**	473,75	473,75	I	1 150,16	1 005,91	868,08	736,66	611,66	493,16
	II	**1 157,33**	473,75	473,75	II	1 012,75	874,58	742,91	617,58	498,75	386,33
	III	**805,33**	473,75	473,75	III	696,66	591,33	489,33	390,33	294,66	202,16
	V	**1 814,75**	473,75	473,75	IV	1 224,75	1 150,16	1 077,25	1 005,91	936,16	868,08
	VI	**1 859,08**	473,75	473,75							
6 236,99	I,IV	**1 302,00**	473,75	473,75	I	1 151,25	1 006,91	869,08	737,58	612,58	494,00
	II	**1 158,41**	473,75	473,75	II	1 013,75	875,58	743,83	618,50	499,58	387,08
	III	**806,16**	473,75	473,75	III	697,50	592,16	490,00	391,00	295,33	202,83
	V	**1 815,83**	473,75	473,75	IV	1 225,83	1 151,25	1 078,25	1 006,91	937,16	869,08
	VI	**1 860,16**	473,75	473,75							
6 239,99	I,IV	**1 303,16**	473,75	473,75	I	1 152,33	1 008,00	870,08	738,58	613,50	494,83
	II	**1 159,50**	473,75	473,75	II	1 014,83	876,58	744,75	619,33	500,41	387,91
	III	**806,83**	473,75	473,75	III	698,33	592,83	490,66	391,66	296,00	203,50
	V	**1 817,00**	473,75	473,75	IV	1 226,91	1 152,33	1 079,33	1 008,00	938,16	870,08
	VI	**1 861,33**	473,75	473,75							
6 242,99	I,IV	**1 304,25**	473,75	473,75	I	1 153,41	1 009,00	871,00	739,50	614,33	495,66
	II	**1 160,58**	473,75	473,75	II	1 015,83	877,58	745,66	620,25	501,25	388,66
	III	**807,66**	473,75	473,75	III	699,16	593,66	491,50	392,50	296,66	204,16
	V	**1 818,16**	473,75	473,75	IV	1 228,08	1 153,41	1 080,41	1 009,00	939,25	871,00
	VI	**1 862,50**	473,75	473,75							
6 245,99	I,IV	**1 305,33**	473,75	473,75	I	1 154,50	1 010,00	872,00	740,41	615,25	496,50
	II	**1 161,58**	473,75	473,75	II	1 016,83	878,50	746,58	621,16	502,08	389,50
	III	**808,50**	473,75	473,75	III	699,83	594,33	492,16	393,16	297,33	204,83
	V	**1 819,33**	473,75	473,75	IV	1 229,08	1 154,50	1 081,41	1 010,00	940,25	872,00
	VI	**1 863,58**	473,75	473,75							
6 248,99	I,IV	**1 306,50**	473,75	473,75	I	1 155,58	1 011,08	873,00	741,33	616,16	497,33
	II	**1 162,75**	473,75	473,75	II	1 017,91	879,50	747,58	622,00	502,91	390,25
	III	**809,33**	473,75	473,75	III	700,66	595,16	492,83	393,83	298,00	205,50
	V	**1 820,41**	473,75	473,75	IV	1 230,25	1 155,58	1 082,50	1 011,08	941,25	873,00
	VI	**1 864,75**	473,75	473,75							
6 251,99	I,IV	**1 307,66**	473,75	473,75	I	1 156,66	1 012,08	874,00	742,33	617,08	498,25
	II	**1 163,83**	473,75	473,75	II	1 018,91	880,50	748,50	622,91	503,83	391,08
	III	**810,16**	473,75	473,75	III	701,50	596,00	493,66	394,66	298,83	206,16
	V	**1 821,58**	473,75	473,75	IV	1 231,33	1 156,66	1 083,58	1 012,08	942,25	874,00
	VI	**1 865,91**	473,75	473,75							
6 254,99	I,IV	**1 308,75**	473,75	473,75	I	1 157,75	1 013,08	874,91	743,25	617,91	499,08
	II	**1 164,83**	473,75	473,75	II	1 019,91	881,50	749,41	623,83	504,66	391,91
	III	**811,00**	473,75	473,75	III	702,16	596,66	494,33	395,33	299,50	206,83
	V	**1 822,75**	473,75	473,75	IV	1 232,41	1 157,75	1 084,58	1 013,08	943,25	874,91
	VI	**1 867,00**	473,75	473,75							
6 257,99	I,IV	**1 309,91**	473,75	473,75	I	1 158,83	1 014,16	875,91	744,16	618,83	499,91
	II	**1 165,91**	473,75	473,75	II	1 021,00	882,50	750,41	624,75	505,50	392,66
	III	**811,66**	473,75	473,75	III	703,00	597,50	495,16	396,00	300,16	207,50
	V	**1 823,91**	473,75	473,75	IV	1 233,58	1 158,83	1 085,66	1 014,16	944,25	875,91
	VI	**1 868,16**	473,75	473,75							
6 260,99	I,IV	**1 311,00**	473,75	473,75	I	1 159,83	1 015,16	876,91	745,08	619,66	500,75
	II	**1 167,00**	473,75	473,75	II	1 022,00	883,41	751,33	625,58	506,33	393,50
	III	**812,50**	473,75	473,75	III	703,66	598,16	495,83	396,66	300,83	208,16
	V	**1 825,00**	473,75	473,75	IV	1 234,58	1 159,83	1 086,75	1 015,16	945,25	876,91
	VI	**1 869,33**	473,75	473,75							
6 263,99	I,IV	**1 312,16**	473,75	473,75	I	1 160,91	1 016,25	877,91	746,00	620,58	501,58
	II	**1 168,08**	473,75	473,75	II	1 023,08	884,41	752,25	626,50	507,16	394,25
	III	**813,33**	473,75	473,75	III	704,50	599,00	496,66	397,50	301,50	208,83
	V	**1 826,16**	473,75	473,75	IV	1 235,75	1 160,91	1 087,75	1 016,25	946,25	877,91
	VI	**1 870,50**	473,75	473,75							

* Zur LSt-Berechnung für privat versicherte Arbeitnehmer s. Beispiele **Vorbemerkung S. 4 f.**
** Basisvorsorgepauschale KV und PV *** Typisierter Arbeitgeberzuschuss

Lohn/ Gehalt in € bis	Steuerklasse	Lohnsteuer*	BVSP**	TAGZ***	Steuerklasse	Bemessungsgrundlage für Kirchensteuer und Solidaritätszuschlag					
						Freibeträge für ... Kinder					
						0,5	**1,0**	1,5	**2,0**	2,5	**3,0**
6266,99	I,IV	**1313,25**	473,75	473,75	I	1162,08	1017,25	878,91	747,00	621,50	502,41
	II	**1169,16**	473,75	473,75	II	1024,08	885,41	753,16	627,41	508,00	395,08
	III	**814,16**	473,75	473,75	III	705,33	599,66	497,33	398,16	302,16	209,50
	V	**1827,33**	473,75	473,75	IV	1236,83	1162,08	1088,83	1017,25	947,25	878,91
	VI	**1871,58**	473,75	473,75							
6269,99	I,IV	**1314,33**	473,75	473,75	I	1163,08	1018,25	879,91	747,91	622,33	503,25
	II	**1170,25**	473,75	473,75	II	1025,08	886,41	754,16	628,25	508,83	395,83
	III	**814,83**	473,75	473,75	III	706,00	600,50	498,00	398,83	302,83	210,16
	V	**1828,41**	473,75	473,75	IV	1237,91	1163,08	1089,91	1018,25	948,25	879,91
	VI	**1872,75**	473,75	473,75							
6272,99	I,IV	**1315,50**	473,75	473,75	I	1164,16	1019,33	880,83	748,83	623,25	504,08
	II	**1171,33**	473,75	473,75	II	1026,16	887,41	755,08	629,16	509,75	396,66
	III	**815,83**	473,75	473,75	III	706,83	601,16	498,83	399,66	303,50	210,83
	V	**1829,58**	473,75	473,75	IV	1239,08	1164,16	1090,91	1019,33	949,33	880,83
	VI	**1873,91**	473,75	473,75							
6275,99	I,IV	**1316,66**	473,75	473,75	I	1165,25	1020,33	881,83	749,83	624,16	505,00
	II	**1172,41**	473,75	473,75	II	1027,25	888,41	756,00	630,08	510,58	397,50
	III	**816,50**	473,75	473,75	III	707,66	602,00	499,50	400,33	304,33	211,50
	V	**1830,75**	473,75	473,75	IV	1240,16	1165,25	1092,00	1020,33	950,33	881,83
	VI	**1875,08**	473,75	473,75							
6278,99	I,IV	**1317,75**	473,75	473,75	I	1166,33	1021,41	882,83	750,75	625,08	505,83
	II	**1173,50**	473,75	473,75	II	1028,25	889,33	756,91	631,00	511,41	398,25
	III	**817,33**	473,75	473,75	III	708,50	602,66	500,16	401,00	305,00	212,16
	V	**1831,83**	473,75	473,75	IV	1241,25	1166,33	1093,08	1021,41	951,33	882,83
	VI	**1876,16**	473,75	473,75							
6281,99	I,IV	**1318,91**	473,75	473,75	I	1167,41	1022,41	883,83	751,66	625,91	506,66
	II	**1174,58**	473,75	473,75	II	1029,25	890,33	757,91	631,83	512,25	399,08
	III	**818,16**	473,75	473,75	III	709,16	603,50	501,00	401,66	305,66	212,83
	V	**1833,00**	473,75	473,75	IV	1242,33	1167,41	1094,16	1022,41	952,33	883,83
	VI	**1877,33**	473,75	473,75							
6284,99	I,IV	**1320,00**	473,75	473,75	I	1168,50	1023,50	884,83	752,66	626,83	507,50
	II	**1175,66**	473,75	473,75	II	1030,33	891,41	758,83	632,75	513,08	399,91
	III	**819,00**	473,75	473,75	III	710,00	604,33	501,66	402,50	306,33	213,50
	V	**1834,16**	473,75	473,75	IV	1243,50	1168,50	1095,16	1023,50	953,33	884,83
	VI	**1878,50**	473,75	473,75							
6287,99	I,IV	**1321,16**	473,75	473,75	I	1169,58	1024,50	885,83	753,58	627,75	508,33
	II	**1176,75**	473,75	473,75	II	1031,33	892,33	759,75	633,66	513,91	400,66
	III	**819,83**	473,75	473,75	III	710,83	605,00	502,50	403,16	307,00	214,16
	V	**1835,33**	473,75	473,75	IV	1244,58	1169,58	1096,25	1024,50	954,33	885,83
	VI	**1879,58**	473,75	473,75							
6290,99	I,IV	**1322,25**	473,75	473,75	I	1170,66	1025,50	886,83	754,50	628,66	509,16
	II	**1177,83**	473,75	473,75	II	1032,41	893,33	760,75	634,58	514,83	401,50
	III	**820,66**	473,75	473,75	III	711,66	605,83	503,16	403,83	307,66	214,83
	V	**1836,41**	473,75	473,75	IV	1245,66	1170,66	1097,33	1025,50	955,33	886,83
	VI	**1880,75**	473,75	473,75							
6293,99	I,IV	**1323,41**	473,75	473,75	I	1171,75	1026,58	887,83	755,41	629,50	510,08
	II	**1178,91**	473,75	473,75	II	1033,41	894,33	761,66	635,50	515,66	402,33
	III	**821,33**	473,75	473,75	III	712,33	606,50	504,00	404,50	308,33	215,50
	V	**1837,58**	473,75	473,75	IV	1246,83	1171,75	1098,41	1026,58	956,41	887,83
	VI	**1881,91**	473,75	473,75							
6296,99	I,IV	**1324,50**	473,75	473,75	I	1172,83	1027,58	888,75	756,41	630,41	510,91
	II	**1180,00**	473,75	473,75	II	1034,41	895,33	762,58	636,33	516,50	403,08
	III	**822,16**	473,75	473,75	III	713,16	607,33	504,66	405,33	309,00	216,16
	V	**1838,75**	473,75	473,75	IV	1247,91	1172,83	1099,41	1027,58	957,41	888,75
	VI	**1883,00**	473,75	473,75							
6299,99	I,IV	**1325,66**	473,75	473,75	I	1173,91	1028,66	889,75	757,33	631,33	511,75
	II	**1181,08**	473,75	473,75	II	1035,50	896,33	763,58	637,25	517,33	403,91
	III	**823,00**	473,75	473,75	III	714,00	608,00	505,50	406,00	309,83	216,83
	V	**1839,91**	473,75	473,75	IV	1249,00	1173,91	1100,50	1028,66	958,41	889,75
	VI	**1884,16**	473,75	473,75							

* Zur LSt-Berechnung für privat versicherte Arbeitnehmer s. Beispiele **Vorbemerkung S. 4 f.**
** Basisvorsorgepauschale KV und PV *** Typisierter Arbeitgeberzuschuss

Lohn/ Gehalt in € bis	Steuerklasse	Lohnsteuer*	BVSP**	TAGZ***	Steuerklasse	Bemessungsgrundlage für Kirchensteuer und Solidaritätszuschlag – Freibeträge für ... Kinder 0,5	1,0	1,5	2,0	2,5	3,0
6 302,99	I,IV	**1 326,83**	473,75	473,75	I	1 175,00	1 029,66	890,75	758,25	632,25	512,58
	II	**1 182,25**	473,75	473,75	II	1 036,58	897,33	764,50	638,16	518,25	404,75
	III	**823,83**	473,75	473,75	III	714,66	608,83	506,16	406,66	310,50	217,50
	V	**1 841,00**	473,75	473,75	IV	1 250,08	1 175,00	1 101,58	1 029,66	959,41	890,75
	VI	**1 885,33**	473,75	473,75							
6 305,99	I,IV	**1 327,91**	473,75	473,75	I	1 176,08	1 030,66	891,75	759,16	633,08	513,41
	II	**1 183,25**	473,75	473,75	II	1 037,58	898,33	765,41	639,08	519,08	405,50
	III	**824,66**	473,75	473,75	III	715,50	609,50	506,83	407,33	311,16	218,16
	V	**1 842,16**	473,75	473,75	IV	1 251,16	1 176,08	1 102,58	1 030,66	960,41	891,75
	VI	**1 886,50**	473,75	473,75							
6 308,99	I,IV	**1 329,08**	473,75	473,75	I	1 177,16	1 031,75	892,75	760,16	634,00	514,33
	II	**1 184,33**	473,75	473,75	II	1 038,58	899,33	766,41	639,91	519,91	406,33
	III	**825,50**	473,75	473,75	III	716,33	610,33	507,66	408,16	311,83	218,83
	V	**1 843,33**	473,75	473,75	IV	1 252,33	1 177,16	1 103,66	1 031,75	961,41	892,75
	VI	**1 887,58**	473,75	473,75							
6 311,99	I,IV	**1 330,25**	473,75	473,75	I	1 178,25	1 032,83	893,75	761,08	634,91	515,16
	II	**1 185,50**	473,75	473,75	II	1 039,66	900,33	767,33	640,83	520,75	407,16
	III	**826,16**	473,75	473,75	III	717,00	611,16	508,33	408,83	312,50	219,50
	V	**1 844,50**	473,75	473,75	IV	1 253,41	1 178,25	1 104,75	1 032,83	962,50	893,75
	VI	**1 888,75**	473,75	473,75							
6 314,99	I,IV	**1 331,33**	473,75	473,75	I	1 179,33	1 033,83	894,75	762,00	635,83	516,00
	II	**1 186,50**	473,75	473,75	II	1 040,66	901,25	768,33	641,75	521,58	407,91
	III	**827,00**	473,75	473,75	III	717,83	611,83	509,16	409,50	313,16	220,16
	V	**1 845,58**	473,75	473,75	IV	1 254,50	1 179,33	1 105,75	1 033,83	963,50	894,75
	VI	**1 889,91**	473,75	473,75							
6 317,99	I,IV	**1 332,50**	473,75	473,75	I	1 180,41	1 034,83	895,75	763,00	636,66	516,83
	II	**1 187,66**	473,75	473,75	II	1 041,75	902,25	769,25	642,66	522,50	408,75
	III	**827,83**	473,75	473,75	III	718,66	612,66	509,83	410,33	314,00	220,83
	V	**1 846,75**	473,75	473,75	IV	1 255,66	1 180,41	1 106,83	1 034,83	964,50	895,75
	VI	**1 891,08**	473,75	473,75							
6 320,99	I,IV	**1 333,58**	473,75	473,75	I	1 181,58	1 035,91	896,75	763,91	637,58	517,66
	II	**1 188,75**	473,75	473,75	II	1 042,83	903,25	770,16	643,58	523,33	409,58
	III	**828,66**	473,75	473,75	III	719,50	613,33	510,66	411,00	314,66	221,50
	V	**1 847,91**	473,75	473,75	IV	1 256,75	1 181,58	1 107,91	1 035,91	965,50	896,75
	VI	**1 892,16**	473,75	473,75							
6 323,99	I,IV	**1 334,75**	473,75	473,75	I	1 182,58	1 036,91	897,66	764,91	638,50	518,50
	II	**1 189,83**	473,75	473,75	II	1 043,83	904,25	771,16	644,41	524,16	410,33
	III	**829,50**	473,75	473,75	III	720,16	614,16	511,33	411,66	315,33	222,16
	V	**1 849,00**	473,75	473,75	IV	1 257,83	1 182,58	1 109,00	1 036,91	966,50	897,66
	VI	**1 893,33**	473,75	473,75							
6 326,99	I,IV	**1 335,83**	473,75	473,75	I	1 183,66	1 038,00	898,66	765,83	639,41	519,41
	II	**1 190,91**	473,75	473,75	II	1 044,83	905,25	772,08	645,33	525,08	411,16
	III	**830,33**	473,75	473,75	III	721,00	615,00	512,00	412,50	316,00	222,83
	V	**1 850,16**	473,75	473,75	IV	1 259,00	1 183,66	1 110,08	1 038,00	967,50	898,66
	VI	**1 894,50**	473,75	473,75							
6 329,99	I,IV	**1 337,00**	473,75	473,75	I	1 184,75	1 039,00	899,66	766,75	640,25	520,25
	II	**1 192,00**	473,75	473,75	II	1 045,91	906,25	773,00	646,25	525,91	411,91
	III	**831,16**	473,75	473,75	III	721,83	615,66	512,83	413,16	316,66	223,50
	V	**1 851,25**	473,75	473,75	IV	1 260,08	1 184,75	1 111,08	1 039,00	968,50	899,66
	VI	**1 895,58**	473,75	473,75							
6 332,99	I,IV	**1 338,08**	473,75	473,75	I	1 185,83	1 040,08	900,66	767,75	641,16	521,08
	II	**1 193,08**	473,75	473,75	II	1 046,91	907,25	774,00	647,16	526,75	412,75
	III	**831,83**	473,75	473,75	III	722,50	616,50	513,50	413,83	317,33	224,16
	V	**1 852,41**	473,75	473,75	IV	1 261,16	1 185,83	1 112,16	1 040,08	969,58	900,66
	VI	**1 896,75**	473,75	473,75							
6 335,99	I,IV	**1 339,25**	473,75	473,75	I	1 187,00	1 041,08	901,66	768,66	642,08	521,91
	II	**1 194,16**	473,75	473,75	II	1 048,00	908,25	774,91	648,08	527,58	413,58
	III	**832,66**	473,75	473,75	III	723,33	617,16	514,33	414,50	318,16	224,83
	V	**1 853,58**	473,75	473,75	IV	1 262,33	1 187,00	1 113,25	1 041,08	970,58	901,66
	VI	**1 897,91**	473,75	473,75							

* Zur LSt-Berechnung für privat versicherte Arbeitnehmer s. Beispiele **Vorbemerkung S. 4 f.**
** Basisvorsorgepauschale KV und PV *** Typisierter Arbeitgeberzuschuss

Lohn/ Gehalt in € bis	Steuerklasse	Lohn-steuer*	BVSP**	TAGZ***	Steuerklasse	Bemessungsgrundlage für Kirchensteuer und Solidaritätszuschlag					
						Freibeträge für ... Kinder					
						0,5	**1,0**	1,5	**2,0**	2,5	**3,0**
6 338,99	I,IV	**1 340,41**	473,75	473,75	I	1 188,00	1 042,16	902,66	769,58	643,00	522,83
	II	**1 195,25**	473,75	473,75	II	1 049,00	909,25	775,83	648,91	528,41	414,41
	III	**833,50**	473,75	473,75	III	724,16	618,00	515,00	415,33	318,83	225,50
	V	**1 854,75**	473,75	473,75	IV	1 263,41	1 188,00	1 114,25	1 042,16	971,58	902,66
	VI	**1 899,00**	473,75	473,75							
6 341,99	I,IV	**1 341,50**	473,75	473,75	I	1 189,16	1 043,16	903,66	770,58	643,91	523,66
	II	**1 196,33**	473,75	473,75	II	1 050,08	910,25	776,83	649,83	529,33	415,16
	III	**834,33**	473,75	473,75	III	724,83	618,66	515,66	416,00	319,50	226,16
	V	**1 855,83**	473,75	473,75	IV	1 264,50	1 189,16	1 115,33	1 043,16	972,58	903,66
	VI	**1 900,16**	473,75	473,75							
6 344,99	I,IV	**1 342,66**	473,75	473,75	I	1 190,25	1 044,25	904,66	771,50	644,83	524,50
	II	**1 197,41**	473,75	473,75	II	1 051,16	911,25	777,75	650,75	530,16	416,00
	III	**835,16**	473,75	473,75	III	725,66	619,50	516,50	416,66	320,16	226,83
	V	**1 857,00**	473,75	473,75	IV	1 265,66	1 190,25	1 116,41	1 044,25	973,66	904,66
	VI	**1 901,33**	473,75	473,75							
6 347,99	I,IV	**1 343,75**	473,75	473,75	I	1 191,33	1 045,25	905,66	772,41	645,66	525,33
	II	**1 198,50**	473,75	473,75	II	1 052,16	912,25	778,75	651,66	531,00	416,83
	III	**836,00**	473,75	473,75	III	726,50	620,33	517,16	417,50	320,83	227,50
	V	**1 858,16**	473,75	473,75	IV	1 266,75	1 191,33	1 117,50	1 045,25	974,66	905,66
	VI	**1 902,50**	473,75	473,75							
6 350,99	I,IV	**1 344,91**	473,75	473,75	I	1 192,41	1 046,33	906,66	773,41	646,58	526,25
	II	**1 199,58**	473,75	473,75	II	1 053,16	913,25	779,66	652,58	531,91	417,66
	III	**836,66**	473,75	473,75	III	727,33	621,00	518,00	418,16	321,50	228,16
	V	**1 859,33**	473,75	473,75	IV	1 267,83	1 192,41	1 118,58	1 046,33	975,66	906,66
	VI	**1 903,58**	473,75	473,75							
6 353,99	I,IV	**1 346,08**	473,75	473,75	I	1 193,50	1 047,33	907,66	774,33	647,50	527,08
	II	**1 200,75**	473,75	473,75	II	1 054,25	914,25	780,66	653,50	532,75	418,41
	III	**837,66**	473,75	473,75	III	728,16	621,83	518,66	418,83	322,16	228,83
	V	**1 860,50**	473,75	473,75	IV	1 269,00	1 193,50	1 119,66	1 047,33	976,66	907,66
	VI	**1 904,75**	473,75	473,75							
6 356,99	I,IV	**1 347,16**	473,75	473,75	I	1 194,58	1 048,41	908,58	775,25	648,41	527,91
	II	**1 201,75**	473,75	473,75	II	1 055,25	915,25	781,58	654,33	533,58	419,25
	III	**838,33**	473,75	473,75	III	728,83	622,50	519,50	419,66	323,00	229,50
	V	**1 861,58**	473,75	473,75	IV	1 270,08	1 194,58	1 120,66	1 048,41	977,66	908,58
	VI	**1 905,91**	473,75	473,75							
6 359,99	I,IV	**1 348,33**	473,75	473,75	I	1 195,66	1 049,41	909,66	776,25	649,33	528,75
	II	**1 202,91**	473,75	473,75	II	1 056,33	916,25	782,50	655,25	534,41	420,08
	III	**839,16**	473,75	473,75	III	729,66	623,33	520,16	420,33	323,66	230,16
	V	**1 862,75**	473,75	473,75	IV	1 271,16	1 195,66	1 121,75	1 049,41	978,75	909,66
	VI	**1 907,08**	473,75	473,75							
6 362,99	I,IV	**1 349,50**	473,75	473,75	I	1 196,75	1 050,50	910,66	777,25	650,25	529,66
	II	**1 204,00**	473,75	473,75	II	1 057,41	917,25	783,50	656,16	535,33	420,91
	III	**840,00**	473,75	473,75	III	730,50	624,16	521,00	421,00	324,33	230,83
	V	**1 863,91**	473,75	473,75	IV	1 272,33	1 196,75	1 122,83	1 050,50	979,75	910,66
	VI	**1 908,16**	473,75	473,75							
6 365,99	I,IV	**1 350,58**	473,75	473,75	I	1 197,83	1 051,50	911,58	778,16	651,08	530,50
	II	**1 205,08**	473,75	473,75	II	1 058,41	918,25	784,41	657,08	536,16	421,66
	III	**840,83**	473,75	473,75	III	731,16	624,83	521,66	421,66	325,00	231,50
	V	**1 865,00**	473,75	473,75	IV	1 273,41	1 197,83	1 123,91	1 051,50	980,75	911,58
	VI	**1 909,33**	473,75	473,75							
6 368,99	I,IV	**1 351,75**	473,75	473,75	I	1 198,91	1 052,58	912,58	779,08	652,00	531,33
	II	**1 206,16**	473,75	473,75	II	1 059,50	919,25	785,41	658,00	537,00	422,50
	III	**841,66**	473,75	473,75	III	732,00	625,66	522,33	422,50	325,66	232,16
	V	**1 866,16**	473,75	473,75	IV	1 274,58	1 198,91	1 124,91	1 052,58	981,75	912,58
	VI	**1 910,50**	473,75	473,75							
6 371,99	I,IV	**1 352,91**	473,75	473,75	I	1 200,08	1 053,58	913,66	780,08	652,91	532,25
	II	**1 207,25**	473,75	473,75	II	1 060,58	920,25	786,33	658,91	537,91	423,33
	III	**842,50**	473,75	473,75	III	732,83	626,33	523,16	423,16	326,33	232,83
	V	**1 867,33**	473,75	473,75	IV	1 275,66	1 200,08	1 126,00	1 053,58	982,83	913,66
	VI	**1 911,66**	473,75	473,75							

* Zur LSt-Berechnung für privat versicherte Arbeitnehmer s. Beispiele **Vorbemerkung S. 4 f.**
** Basisvorsorgepauschale KV und PV *** Typisierter Arbeitgeberzuschuss

Lohn/ Gehalt in € bis	Steuerklasse	Lohn-steuer*	BVSP**	TAGZ***	Steuerklasse	Bemessungsgrundlage für Kirchensteuer und Solidaritätszuschlag – Freibeträge für ... Kinder 0,5	**1,0**	1,5	**2,0**	2,5	**3,0**
6374,99	I,IV	**1354,00**	473,75	473,75	I	1201,08	1054,66	914,58	781,00	653,83	533,08
	II	**1208,33**	473,75	473,75	II	1061,58	921,25	787,33	659,83	538,75	424,08
	III	**843,33**	473,75	473,75	III	733,66	627,16	523,83	423,83	327,16	233,50
	V	**1868,41**	473,75	473,75	IV	1276,75	1201,08	1127,08	1054,66	983,83	914,58
	VI	**1912,75**	473,75	473,75							
6377,99	I,IV	**1355,16**	473,75	473,75	I	1202,25	1055,66	915,58	781,91	654,75	533,91
	II	**1209,50**	473,75	473,75	II	1062,66	922,25	788,25	660,75	539,58	424,91
	III	**844,00**	473,75	473,75	III	734,33	627,83	524,66	424,66	327,83	234,16
	V	**1869,58**	473,75	473,75	IV	1277,91	1202,25	1128,16	1055,66	984,83	915,58
	VI	**1913,91**	473,75	473,75							
6380,99	I,IV	**1356,33**	473,75	473,75	I	1203,33	1056,75	916,58	782,91	655,66	534,83
	II	**1210,58**	473,75	473,75	II	1063,66	923,25	789,25	661,66	540,50	425,75
	III	**844,83**	473,75	473,75	III	735,16	628,66	525,33	425,33	328,50	234,83
	V	**1870,75**	473,75	473,75	IV	1279,00	1203,33	1129,25	1056,75	985,91	916,58
	VI	**1915,08**	473,75	473,75							
6383,99	I,IV	**1357,41**	473,75	473,75	I	1204,41	1057,75	917,58	783,83	656,50	535,66
	II	**1211,66**	473,75	473,75	II	1064,75	924,25	790,16	662,50	541,33	426,58
	III	**845,66**	473,75	473,75	III	736,00	629,50	526,16	426,00	329,16	235,50
	V	**1871,83**	473,75	473,75	IV	1280,08	1204,41	1130,25	1057,75	986,91	917,58
	VI	**1916,16**	473,75	473,75							
6386,99	I,IV	**1358,58**	473,75	473,75	I	1205,50	1058,83	918,58	784,83	657,41	536,50
	II	**1212,75**	473,75	473,75	II	1065,75	925,25	791,08	663,41	542,16	427,41
	III	**846,50**	473,75	473,75	III	736,66	630,16	526,83	426,66	329,83	236,16
	V	**1873,00**	473,75	473,75	IV	1281,25	1205,50	1131,33	1058,83	987,91	918,58
	VI	**1917,33**	473,75	473,75							
6389,99	I,IV	**1359,75**	473,75	473,75	I	1206,58	1059,91	919,58	785,75	658,33	537,33
	II	**1213,83**	473,75	473,75	II	1066,83	926,25	792,08	664,33	543,08	428,16
	III	**847,33**	473,75	473,75	III	737,50	631,00	527,66	427,50	330,50	236,83
	V	**1874,16**	473,75	473,75	IV	1282,41	1206,58	1132,41	1059,91	989,00	919,58
	VI	**1918,50**	473,75	473,75							
6392,99	I,IV	**1360,83**	473,75	473,75	I	1207,66	1060,91	920,58	786,75	659,25	538,25
	II	**1214,91**	473,75	473,75	II	1067,83	927,25	793,00	665,25	543,91	429,00
	III	**848,16**	473,75	473,75	III	738,33	631,66	528,33	428,16	331,33	237,50
	V	**1875,33**	473,75	473,75	IV	1283,50	1207,66	1133,50	1060,91	990,00	920,58
	VI	**1919,58**	473,75	473,75							
6395,99	I,IV	**1362,00**	473,75	473,75	I	1208,75	1062,00	921,58	787,66	660,16	539,08
	II	**1216,00**	473,75	473,75	II	1068,91	928,25	794,00	666,16	544,75	429,83
	III	**849,00**	473,75	473,75	III	739,16	632,50	529,16	428,83	332,00	238,16
	V	**1876,41**	473,75	473,75	IV	1284,58	1208,75	1134,58	1062,00	991,00	921,58
	VI	**1920,75**	473,75	473,75							
6398,99	I,IV	**1363,16**	473,75	473,75	I	1209,83	1063,00	922,58	788,58	661,08	539,91
	II	**1217,08**	473,75	473,75	II	1069,91	929,25	794,91	667,08	545,58	430,58
	III	**849,66**	473,75	473,75	III	739,83	633,16	529,83	429,66	332,66	238,83
	V	**1877,58**	473,75	473,75	IV	1285,66	1209,83	1135,66	1063,00	992,00	922,58
	VI	**1921,91**	473,75	473,75							
6401,99	I,IV	**1364,33**	473,75	473,75	I	1211,00	1064,08	923,58	789,58	662,00	540,83
	II	**1218,25**	473,75	473,75	II	1071,00	930,25	795,91	668,00	546,50	431,41
	III	**850,50**	473,75	473,75	III	740,66	634,00	530,66	430,33	333,33	239,50
	V	**1878,75**	473,75	473,75	IV	1286,83	1211,00	1136,75	1064,08	993,00	923,58
	VI	**1923,00**	473,75	473,75							
6404,99	I,IV	**1365,41**	473,75	473,75	I	1212,08	1065,16	924,58	790,50	662,91	541,66
	II	**1219,33**	473,75	473,75	II	1072,08	931,25	796,83	668,91	547,33	432,25
	III	**851,33**	473,75	473,75	III	741,50	634,83	531,33	431,00	334,00	240,16
	V	**1879,91**	473,75	473,75	IV	1287,91	1212,08	1137,83	1065,16	994,08	924,58
	VI	**1924,16**	473,75	473,75							
6407,99	I,IV	**1366,58**	473,75	473,75	I	1213,16	1066,16	925,58	791,50	663,75	542,50
	II	**1220,41**	473,75	473,75	II	1073,08	932,25	797,83	669,75	548,25	433,08
	III	**852,16**	473,75	473,75	III	742,16	635,50	532,00	431,83	334,66	240,83
	V	**1881,00**	473,75	473,75	IV	1289,08	1213,16	1138,83	1066,16	995,08	925,58
	VI	**1925,33**	473,75	473,75							

* Zur LSt-Berechnung für privat versicherte Arbeitnehmer s. Beispiele **Vorbemerkung S. 4 f.**
** Basisvorsorgepauschale KV und PV *** Typisierter Arbeitgeberzuschuss

Lohn/ Gehalt in € bis	Steuerklasse	Lohn-steuer*	BVSP**	TAGZ***	Steuerklasse	Bemessungsgrundlage für Kirchensteuer und Solidaritätszuschlag – Freibeträge für ... Kinder 0,5	**1,0**	1,5	**2,0**	2,5	**3,0**
6410,99	I,IV	**1367,75**	473,75	473,75	I	1214,25	1067,25	926,58	792,41	664,66	543,41
	II	**1221,50**	473,75	473,75	II	1074,16	933,25	798,75	670,75	549,08	433,91
	III	**853,00**	473,75	473,75	III	743,00	636,33	532,83	432,50	335,50	241,50
	V	**1882,16**	473,75	473,75	IV	1290,16	1214,25	1139,91	1067,25	996,08	926,58
	VI	**1926,50**	473,75	473,75							
6413,99	I,IV	**1368,83**	473,75	473,75	I	1215,33	1068,25	927,66	793,41	665,58	544,25
	II	**1222,58**	473,75	473,75	II	1075,25	934,25	799,75	671,66	550,00	434,75
	III	**853,83**	473,75	473,75	III	743,83	637,16	533,50	433,16	336,16	242,16
	V	**1883,33**	473,75	473,75	IV	1291,33	1215,33	1141,00	1068,25	997,16	927,66
	VI	**1927,58**	473,75	473,75							
6416,99	I,IV	**1370,00**	473,75	473,75	I	1216,41	1069,33	928,58	794,33	666,50	545,08
	II	**1223,66**	473,75	473,75	II	1076,25	935,25	800,66	672,50	550,83	435,50
	III	**854,66**	473,75	473,75	III	744,66	637,83	534,33	434,00	336,83	242,83
	V	**1884,41**	473,75	473,75	IV	1292,41	1216,41	1142,08	1069,33	998,16	928,58
	VI	**1928,75**	473,75	473,75							
6419,99	I,IV	**1371,16**	473,75	473,75	I	1217,58	1070,33	929,58	795,33	667,41	546,00
	II	**1224,83**	473,75	473,75	II	1077,33	936,25	801,66	673,41	551,66	436,33
	III	**855,50**	473,75	473,75	III	745,50	638,66	535,00	434,66	337,50	243,66
	V	**1885,58**	473,75	473,75	IV	1293,58	1217,58	1143,16	1070,33	999,16	929,58
	VI	**1929,91**	473,75	473,75							
6422,99	I,IV	**1372,33**	473,75	473,75	I	1218,66	1071,41	930,66	796,25	668,33	546,83
	II	**1225,91**	473,75	473,75	II	1078,41	937,25	802,58	674,33	552,58	437,16
	III	**856,16**	473,75	473,75	III	746,16	639,33	535,83	435,33	338,16	244,33
	V	**1886,75**	473,75	473,75	IV	1294,66	1218,66	1144,25	1071,41	1000,25	930,66
	VI	**1931,08**	473,75	473,75							
6425,99	I,IV	**1373,41**	473,75	473,75	I	1219,75	1072,50	931,58	797,25	669,25	547,66
	II	**1227,00**	473,75	473,75	II	1079,41	938,25	803,58	675,25	553,41	438,00
	III	**857,00**	473,75	473,75	III	747,00	640,16	536,50	436,16	338,83	244,83
	V	**1887,83**	473,75	473,75	IV	1295,75	1219,75	1145,33	1072,50	1001,25	931,58
	VI	**1932,16**	473,75	473,75							
6428,99	I,IV	**1374,58**	473,75	473,75	I	1220,83	1073,50	932,66	798,16	670,16	548,58
	II	**1228,08**	473,75	473,75	II	1080,50	939,25	804,50	676,16	554,25	438,83
	III	**857,83**	473,75	473,75	III	747,83	641,00	537,33	436,83	339,66	245,66
	V	**1889,00**	473,75	473,75	IV	1296,91	1220,83	1146,41	1073,50	1002,25	932,66
	VI	**1933,33**	473,75	473,75							
6431,99	I,IV	**1375,75**	473,75	473,75	I	1221,91	1074,58	933,66	799,16	671,08	549,41
	II	**1229,25**	473,75	473,75	II	1081,58	940,33	805,50	677,08	555,16	439,66
	III	**858,66**	473,75	473,75	III	748,66	641,66	538,00	437,50	340,33	246,33
	V	**1890,16**	473,75	473,75	IV	1298,08	1221,91	1147,50	1074,58	1003,33	933,66
	VI	**1934,50**	473,75	473,75							
6434,99	I,IV	**1376,83**	473,75	473,75	I	1223,00	1075,58	934,66	800,08	672,00	550,25
	II	**1230,33**	473,75	473,75	II	1082,58	941,25	806,41	678,00	556,00	440,41
	III	**859,50**	473,75	473,75	III	749,33	642,50	538,66	438,33	341,00	247,00
	V	**1891,33**	473,75	473,75	IV	1299,16	1223,00	1148,50	1075,58	1004,33	934,66
	VI	**1935,58**	473,75	473,75							
6437,99	I,IV	**1378,00**	473,75	473,75	I	1224,16	1076,66	935,66	801,08	672,91	551,16
	II	**1231,41**	473,75	473,75	II	1083,66	942,33	807,41	678,91	556,91	441,25
	III	**860,33**	473,75	473,75	III	750,16	643,16	539,50	439,00	341,66	247,66
	V	**1892,41**	473,75	473,75	IV	1300,25	1224,16	1149,58	1076,66	1005,33	935,66
	VI	**1936,75**	473,75	473,75							
6440,99	I,IV	**1379,16**	473,75	473,75	I	1225,25	1077,75	936,66	802,00	673,83	552,00
	II	**1232,50**	473,75	473,75	II	1084,75	943,33	808,33	679,83	557,75	442,08
	III	**861,16**	473,75	473,75	III	751,00	644,00	540,33	439,66	342,33	248,33
	V	**1893,58**	473,75	473,75	IV	1301,41	1225,25	1150,66	1077,75	1006,41	936,66
	VI	**1937,91**	473,75	473,75							
6443,99	I,IV	**1380,25**	473,75	473,75	I	1226,33	1078,75	937,66	803,00	674,66	552,83
	II	**1233,58**	473,75	473,75	II	1085,75	944,33	809,33	680,75	558,58	442,91
	III	**862,00**	473,75	473,75	III	751,66	644,83	541,00	440,50	343,16	249,00
	V	**1894,75**	473,75	473,75	IV	1302,50	1226,33	1151,75	1078,75	1007,41	937,66
	VI	**1939,00**	473,75	473,75							

* Zur LSt-Berechnung für privat versicherte Arbeitnehmer s. Beispiele **Vorbemerkung S. 4f.**
** Basisvorsorgepauschale KV und PV *** Typisierter Arbeitgeberzuschuss

Lohn/ Gehalt in € bis	Steuerklasse	Lohn- steuer*	BVSP**	TAGZ***	Steuerklasse	Bemessungsgrundlage für Kirchensteuer und Solidaritätszuschlag – Freibeträge für ... Kinder 0,5	1,0	1,5	2,0	2,5	3,0
6446,99	I,IV	**1381,41**	473,75	473,75	I	1227,41	1079,83	938,66	803,91	675,66	553,75
	II	**1234,75**	473,75	473,75	II	1086,83	945,33	810,25	681,66	559,50	443,75
	III	**862,83**	473,75	473,75	III	752,50	645,50	541,83	441,16	343,83	249,66
	V	**1895,91**	473,75	473,75	IV	1303,66	1227,41	1152,83	1079,83	1008,41	938,66
	VI	**1940,16**	473,75	473,75							
6449,99	I,IV	**1382,58**	473,75	473,75	I	1228,58	1080,91	939,66	804,91	676,58	554,58
	II	**1235,83**	473,75	473,75	II	1087,91	946,33	811,25	682,58	560,33	444,58
	III	**863,66**	473,75	473,75	III	753,33	646,33	542,50	441,83	344,50	250,33
	V	**1897,00**	473,75	473,75	IV	1304,75	1228,58	1153,91	1080,91	1009,50	939,66
	VI	**1941,33**	473,75	473,75							
6452,99	I,IV	**1383,75**	473,75	473,75	I	1229,66	1081,91	940,66	805,83	677,41	555,50
	II	**1236,91**	473,75	473,75	II	1088,91	947,33	812,16	683,50	561,25	445,33
	III	**864,33**	473,75	473,75	III	754,16	647,00	543,16	442,66	345,16	251,00
	V	**1898,16**	473,75	473,75	IV	1305,91	1229,66	1155,00	1081,91	1010,50	940,66
	VI	**1942,50**	473,75	473,75							
6455,99	I,IV	**1384,83**	473,75	473,75	I	1230,75	1083,00	941,66	806,83	678,33	556,33
	II	**1238,00**	473,75	473,75	II	1090,00	948,33	813,16	684,41	562,08	446,16
	III	**865,16**	473,75	473,75	III	755,00	647,83	544,00	443,33	345,83	251,66
	V	**1899,33**	473,75	473,75	IV	1307,00	1230,75	1156,08	1083,00	1011,58	941,66
	VI	**1943,58**	473,75	473,75							
6458,99	I,IV	**1386,00**	473,75	473,75	I	1231,83	1084,08	942,75	807,75	679,25	557,25
	II	**1239,16**	473,75	473,75	II	1091,08	949,41	814,16	685,33	563,00	447,00
	III	**866,00**	473,75	473,75	III	755,66	648,66	544,66	444,00	346,66	252,33
	V	**1900,50**	473,75	473,75	IV	1308,16	1231,83	1157,16	1084,08	1012,58	942,75
	VI	**1944,75**	473,75	473,75							
6461,99	I,IV	**1387,16**	473,75	473,75	I	1232,91	1085,08	943,66	808,75	680,16	558,08
	II	**1240,25**	473,75	473,75	II	1092,08	950,33	815,08	686,25	563,83	447,83
	III	**866,83**	473,75	473,75	III	756,50	649,33	545,50	444,83	347,33	253,00
	V	**1901,58**	473,75	473,75	IV	1309,25	1232,91	1158,25	1085,08	1013,58	943,66
	VI	**1945,91**	473,75	473,75							
6464,99	I,IV	**1388,33**	473,75	473,75	I	1234,08	1086,16	944,75	809,66	681,08	558,91
	II	**1241,33**	473,75	473,75	II	1093,16	951,41	816,08	687,16	564,66	448,66
	III	**867,66**	473,75	473,75	III	757,33	650,16	546,16	445,50	348,00	253,66
	V	**1902,75**	473,75	473,75	IV	1310,41	1234,08	1159,33	1086,16	1014,66	944,75
	VI	**1947,08**	473,75	473,75							
6467,99	I,IV	**1389,41**	473,75	473,75	I	1235,16	1087,16	945,66	810,66	682,00	559,83
	II	**1242,41**	473,75	473,75	II	1094,16	952,41	817,00	688,08	565,58	449,50
	III	**868,50**	473,75	473,75	III	758,16	651,00	547,00	446,16	348,66	254,33
	V	**1903,83**	473,75	473,75	IV	1311,50	1235,16	1160,33	1087,16	1015,66	945,66
	VI	**1948,16**	473,75	473,75							
6470,99	I,IV	**1390,58**	473,75	473,75	I	1236,25	1088,25	946,75	811,58	682,91	560,66
	II	**1243,58**	473,75	473,75	II	1095,25	953,41	818,00	689,00	566,41	450,33
	III	**869,33**	473,75	473,75	III	758,83	651,66	547,66	447,00	349,33	255,00
	V	**1905,00**	473,75	473,75	IV	1312,66	1236,25	1161,41	1088,25	1016,66	946,75
	VI	**1949,33**	473,75	473,75							
6473,99	I,IV	**1391,75**	473,75	473,75	I	1237,33	1089,33	947,75	812,58	683,83	561,58
	II	**1244,66**	473,75	473,75	II	1096,33	954,41	819,00	689,91	567,33	451,16
	III	**870,16**	473,75	473,75	III	759,66	652,50	548,50	447,66	350,16	255,66
	V	**1906,16**	473,75	473,75	IV	1313,75	1237,33	1162,58	1089,33	1017,75	947,75
	VI	**1950,50**	473,75	473,75							
6476,99	I,IV	**1392,83**	473,75	473,75	I	1238,41	1090,33	948,75	813,50	684,75	562,41
	II	**1245,75**	473,75	473,75	II	1097,33	955,41	819,91	690,83	568,16	451,91
	III	**871,00**	473,75	473,75	III	760,50	653,16	549,16	448,33	350,83	256,33
	V	**1907,25**	473,75	473,75	IV	1314,91	1238,41	1163,58	1090,33	1018,75	948,75
	VI	**1951,58**	473,75	473,75							
6479,99	I,IV	**1394,00**	473,75	473,75	I	1239,58	1091,41	949,75	814,50	685,66	563,25
	II	**1246,83**	473,75	473,75	II	1098,41	956,41	820,91	691,75	569,08	452,75
	III	**871,66**	473,75	473,75	III	761,33	654,00	550,00	449,16	351,50	257,00
	V	**1908,41**	473,75	473,75	IV	1316,00	1239,58	1164,66	1091,41	1019,83	949,75
	VI	**1952,75**	473,75	473,75							

* Zur LSt-Berechnung für privat versicherte Arbeitnehmer s. Beispiele **Vorbemerkung S. 4f.**
** Basisvorsorgepauschale KV und PV *** Typisierter Arbeitgeberzuschuss

Lohn/ Gehalt in € bis	Steuerklasse	Lohn-steuer*	BVSP**	TAGZ***	Steuerklasse	Bemessungsgrundlage für Kirchensteuer und Solidaritätszuschlag					
						Freibeträge für ... Kinder					
						0,5	**1,0**	1,5	**2,0**	2,5	**3,0**
6482,99	I,IV	**1395,16**	473,75	473,75	I	1240,66	1092,50	950,75	815,50	686,58	564,16
	II	**1248,00**	473,75	473,75	II	1099,50	957,50	821,83	692,66	569,91	453,58
	III	**872,66**	473,75	473,75	III	762,16	654,83	550,66	449,83	352,16	257,83
	V	**1909,58**	473,75	473,75	IV	1317,16	1240,66	1165,75	1092,50	1020,83	950,75
	VI	**1953,91**	473,75	473,75							
6485,99	I,IV	**1396,25**	473,75	473,75	I	1241,75	1093,58	951,75	816,41	687,50	565,00
	II	**1249,08**	473,75	473,75	II	1100,58	958,50	822,83	693,58	570,75	454,41
	III	**873,33**	473,75	473,75	III	762,83	655,50	551,50	450,50	352,83	258,50
	V	**1910,75**	473,75	473,75	IV	1318,25	1241,75	1166,83	1093,58	1021,83	951,75
	VI	**1955,00**	473,75	473,75							
6488,99	I,IV	**1397,41**	473,75	473,75	I	1242,83	1094,58	952,75	817,41	688,41	565,91
	II	**1250,16**	473,75	473,75	II	1101,58	959,50	823,75	694,50	571,66	455,25
	III	**874,16**	473,75	473,75	III	763,66	656,33	552,16	451,33	353,66	259,16
	V	**1911,83**	473,75	473,75	IV	1319,41	1242,83	1167,91	1094,58	1022,91	952,75
	VI	**1956,16**	473,75	473,75							
6491,99	I,IV	**1398,58**	473,75	473,75	I	1244,00	1095,66	953,83	818,33	689,33	566,75
	II	**1251,33**	473,75	473,75	II	1102,66	960,50	824,75	695,41	572,58	456,08
	III	**875,00**	473,75	473,75	III	764,50	657,16	553,00	452,00	354,33	259,83
	V	**1913,00**	473,75	473,75	IV	1320,58	1244,00	1169,00	1095,66	1023,91	953,83
	VI	**1957,33**	473,75	473,75							
6494,99	I,IV	**1399,66**	473,75	473,75	I	1245,08	1096,75	954,83	819,33	690,25	567,66
	II	**1252,41**	473,75	473,75	II	1103,75	961,50	825,66	696,33	573,41	456,91
	III	**875,83**	473,75	473,75	III	765,33	657,83	553,66	452,66	355,00	260,50
	V	**1914,16**	473,75	473,75	IV	1321,66	1245,08	1170,08	1096,75	1024,91	954,83
	VI	**1958,50**	473,75	473,75							
6497,99	I,IV	**1400,83**	473,75	473,75	I	1246,16	1097,83	955,83	820,25	691,16	568,50
	II	**1253,50**	473,75	473,75	II	1104,83	962,50	826,66	697,25	574,25	457,75
	III	**876,66**	473,75	473,75	III	766,00	658,66	554,50	453,50	355,66	261,16
	V	**1915,33**	473,75	473,75	IV	1322,83	1246,16	1171,16	1097,83	1026,00	955,83
	VI	**1959,58**	473,75	473,75							
6500,99	I,IV	**1402,00**	473,75	473,75	I	1247,33	1098,83	956,83	821,25	692,08	569,41
	II	**1254,66**	473,75	473,75	II	1105,91	963,58	827,66	698,16	575,16	458,58
	III	**877,50**	473,75	473,75	III	766,83	659,50	555,16	454,16	356,50	261,83
	V	**1916,50**	473,75	473,75	IV	1323,91	1247,33	1172,25	1098,83	1027,08	956,83
	VI	**1960,75**	473,75	473,75							
6503,99	I,IV	**1403,16**	473,75	473,75	I	1248,41	1099,91	957,83	822,25	693,00	570,25
	II	**1255,75**	473,75	473,75	II	1106,91	964,58	828,58	699,08	576,00	459,41
	III	**878,33**	473,75	473,75	III	767,66	660,16	556,00	455,00	357,16	262,50
	V	**1917,58**	473,75	473,75	IV	1325,08	1248,41	1173,33	1099,91	1028,08	957,83
	VI	**1961,91**	473,75	473,75							
6506,99	I,IV	**1404,33**	473,75	473,75	I	1249,50	1101,00	958,83	823,16	693,91	571,16
	II	**1256,83**	473,75	473,75	II	1108,00	965,58	829,58	700,00	576,91	460,25
	III	**879,16**	473,75	473,75	III	768,50	661,00	556,66	455,66	357,83	263,16
	V	**1918,75**	473,75	473,75	IV	1326,16	1249,50	1174,41	1101,00	1029,08	958,83
	VI	**1963,08**	473,75	473,75							
6509,99	I,IV	**1405,41**	473,75	473,75	I	1250,66	1102,08	959,91	824,16	694,83	572,00
	II	**1258,00**	473,75	473,75	II	1109,08	966,58	830,58	701,00	577,75	461,08
	III	**880,00**	473,75	473,75	III	769,16	661,66	557,50	456,33	358,50	263,83
	V	**1919,91**	473,75	473,75	IV	1327,33	1250,66	1175,50	1102,08	1030,16	959,91
	VI	**1964,16**	473,75	473,75							
6512,99	I,IV	**1406,58**	473,75	473,75	I	1251,75	1103,08	960,91	825,08	695,75	572,83
	II	**1259,08**	473,75	473,75	II	1110,08	967,58	831,50	701,83	578,66	461,83
	III	**880,83**	473,75	473,75	III	770,00	662,50	558,16	457,16	359,16	264,50
	V	**1921,00**	473,75	473,75	IV	1328,41	1251,75	1176,58	1103,08	1031,16	960,91
	VI	**1965,33**	473,75	473,75							
6515,99	I,IV	**1407,75**	473,75	473,75	I	1252,83	1104,16	961,91	826,08	696,66	573,75
	II	**1260,16**	473,75	473,75	II	1111,16	968,58	832,50	702,83	579,50	462,66
	III	**881,50**	473,75	473,75	III	770,83	663,33	559,00	457,83	359,83	265,16
	V	**1922,16**	473,75	473,75	IV	1329,58	1252,83	1177,66	1104,16	1032,25	961,91
	VI	**1966,50**	473,75	473,75							

* Zur LSt-Berechnung für privat versicherte Arbeitnehmer s. Beispiele **Vorbemerkung S. 4f.**
** Basisvorsorgepauschale KV und PV *** Typisierter Arbeitgeberzuschuss

Lohn/ Gehalt in € bis	Steuerklasse	Lohn- steuer*	BVSP**	TAGZ***	Steuerklasse	Bemessungsgrundlage für Kirchensteuer und Solidaritätszuschlag					
						Freibeträge für ... Kinder					
						0,5	**1,0**	1,5	**2,0**	2,5	**3,0**
6518,99	I,IV	**1408,91**	473,75	473,75	I	1253,91	1105,25	962,91	827,08	697,66	574,66
	II	**1261,33**	473,75	473,75	II	1112,25	969,66	833,50	703,75	580,41	463,50
	III	**882,50**	473,75	473,75	III	771,66	664,00	559,66	458,50	360,66	266,00
	V	**1923,33**	473,75	473,75	IV	1330,75	1253,91	1178,75	1105,25	1033,25	962,91
	VI	**1967,66**	473,75	473,75							
6521,99	I,IV	**1410,00**	473,75	473,75	I	1255,00	1106,25	963,91	828,00	698,50	575,50
	II	**1262,41**	473,75	473,75	II	1113,33	970,66	834,41	704,66	581,25	464,33
	III	**883,16**	473,75	473,75	III	772,50	664,83	560,50	459,33	361,33	266,66
	V	**1924,41**	473,75	473,75	IV	1331,83	1255,00	1179,83	1106,25	1034,33	963,91
	VI	**1968,75**	473,75	473,75							
6524,99	I,IV	**1411,16**	473,75	473,75	I	1256,16	1107,33	964,91	829,00	699,50	576,33
	II	**1263,50**	473,75	473,75	II	1114,41	971,66	835,41	705,58	582,16	465,16
	III	**884,00**	473,75	473,75	III	773,16	665,50	561,16	460,00	362,00	267,33
	V	**1925,58**	473,75	473,75	IV	1333,00	1256,16	1180,91	1107,33	1035,33	964,91
	VI	**1969,91**	473,75	473,75							
6527,99	I,IV	**1412,33**	473,75	473,75	I	1257,25	1108,41	966,00	830,00	700,41	577,25
	II	**1264,66**	473,75	473,75	II	1115,41	972,66	836,41	706,50	583,08	466,00
	III	**884,83**	473,75	473,75	III	774,00	666,33	562,00	460,66	362,66	268,00
	V	**1926,75**	473,75	473,75	IV	1334,16	1257,25	1182,08	1108,41	1036,41	966,00
	VI	**1971,08**	473,75	473,75							
6530,99	I,IV	**1413,41**	473,75	473,75	I	1258,33	1109,41	967,00	830,91	701,33	578,08
	II	**1265,75**	473,75	473,75	II	1116,50	973,66	837,33	707,41	583,91	466,83
	III	**885,66**	473,75	473,75	III	774,83	667,16	562,66	461,50	363,50	268,66
	V	**1927,83**	473,75	473,75	IV	1335,25	1258,33	1183,08	1109,41	1037,41	967,00
	VI	**1972,16**	473,75	473,75							
6533,99	I,IV	**1414,58**	473,75	473,75	I	1259,50	1110,50	968,00	831,91	702,25	579,00
	II	**1266,83**	473,75	473,75	II	1117,58	974,75	838,33	708,33	584,83	467,66
	III	**886,50**	473,75	473,75	III	775,66	667,83	563,50	462,16	364,16	269,33
	V	**1929,00**	473,75	473,75	IV	1336,41	1259,50	1184,16	1110,50	1038,50	968,00
	VI	**1973,33**	473,75	473,75							
6536,99	I,IV	**1415,66**	473,75	473,75	I	1260,58	1111,58	969,00	832,83	703,16	579,83
	II	**1267,91**	473,75	473,75	II	1118,58	975,75	839,25	709,25	585,66	468,50
	III	**887,33**	473,75	473,75	III	776,33	668,66	564,16	462,83	364,83	270,00
	V	**1930,16**	473,75	473,75	IV	1337,50	1260,58	1185,25	1111,58	1039,50	969,00
	VI	**1974,41**	473,75	473,75							
6539,99	I,IV	**1416,83**	473,75	473,75	I	1261,66	1112,66	970,00	833,83	704,08	580,75
	II	**1269,08**	473,75	473,75	II	1119,66	976,75	840,25	710,16	586,58	469,33
	III	**888,16**	473,75	473,75	III	777,16	669,50	565,00	463,66	365,50	270,66
	V	**1931,33**	473,75	473,75	IV	1338,66	1261,66	1186,33	1112,66	1040,50	970,00
	VI	**1975,58**	473,75	473,75							
6542,99	I,IV	**1418,00**	473,75	473,75	I	1262,83	1113,75	971,08	834,83	705,00	581,66
	II	**1270,16**	473,75	473,75	II	1120,75	977,75	841,25	711,08	587,41	470,16
	III	**889,00**	473,75	473,75	III	778,00	670,16	565,66	464,33	366,16	271,33
	V	**1932,41**	473,75	473,75	IV	1339,75	1262,83	1187,50	1113,75	1041,58	971,08
	VI	**1976,75**	473,75	473,75							
6545,99	I,IV	**1419,16**	473,75	473,75	I	1263,91	1114,75	972,08	835,75	705,91	582,50
	II	**1271,25**	473,75	473,75	II	1121,83	978,75	842,16	712,00	588,33	471,00
	III	**889,83**	473,75	473,75	III	778,83	671,00	566,33	465,00	367,00	272,00
	V	**1933,58**	473,75	473,75	IV	1340,91	1263,91	1188,50	1114,75	1042,58	972,08
	VI	**1977,91**	473,75	473,75							
6548,99	I,IV	**1420,25**	473,75	473,75	I	1265,00	1115,83	973,08	836,75	706,83	583,33
	II	**1272,41**	473,75	473,75	II	1122,91	979,83	843,16	713,00	589,16	471,83
	III	**890,66**	473,75	473,75	III	779,66	671,83	567,16	465,83	367,66	272,66
	V	**1934,75**	473,75	473,75	IV	1342,08	1265,00	1189,66	1115,83	1043,66	973,08
	VI	**1979,00**	473,75	473,75							
6551,99	I,IV	**1421,41**	473,75	473,75	I	1266,16	1116,91	974,08	837,75	707,75	584,25
	II	**1273,50**	473,75	473,75	II	1124,00	980,83	844,16	713,91	590,08	472,66
	III	**891,50**	473,75	473,75	III	780,33	672,50	568,00	466,50	368,33	273,33
	V	**1935,91**	473,75	473,75	IV	1343,16	1266,16	1190,75	1116,91	1044,75	974,08
	VI	**1980,16**	473,75	473,75							

* Zur LSt-Berechnung für privat versicherte Arbeitnehmer s. Beispiele **Vorbemerkung S. 4 f.**
** Basisvorsorgepauschale KV und PV *** Typisierter Arbeitgeberzuschuss

Lohn/ Gehalt in € bis	Steuerklasse	Lohn-steuer*	BVSP**	TAGZ***	Steuerklasse	Bemessungsgrundlage für Kirchensteuer und Solidaritätszuschlag – Freibeträge für ... Kinder 0,5	**1,0**	1,5	**2,0**	2,5	**3,0**
6 554,99	I,IV	**1 422,58**	473,75	473,75	I	1 267,25	1 118,00	975,08	838,66	708,66	585,08
	II	**1 274,58**	473,75	473,75	II	1 125,00	981,83	845,08	714,83	590,91	473,50
	III	**892,16**	473,75	473,75	III	781,16	673,33	568,66	467,16	369,00	274,00
	V	**1 937,00**	473,75	473,75	IV	1 344,33	1 267,25	1 191,83	1 118,00	1 045,75	975,08
	VI	**1 981,33**	473,75	473,75							
6 557,99	I,IV	**1 423,75**	473,75	473,75	I	1 268,41	1 119,00	976,16	839,66	709,58	586,00
	II	**1 275,75**	473,75	473,75	II	1 126,08	982,91	846,08	715,75	591,83	474,33
	III	**893,16**	473,75	473,75	III	782,00	674,16	569,50	468,00	369,83	274,83
	V	**1 938,16**	473,75	473,75	IV	1 345,41	1 268,41	1 192,91	1 119,00	1 046,75	976,16
	VI	**1 982,50**	473,75	473,75							
6 560,99	I,IV	**1 424,83**	473,75	473,75	I	1 269,50	1 120,08	977,16	840,66	710,58	586,91
	II	**1 276,83**	473,75	473,75	II	1 127,16	983,91	847,08	716,66	592,75	475,16
	III	**893,83**	473,75	473,75	III	782,83	674,83	570,16	468,66	370,50	275,50
	V	**1 939,33**	473,75	473,75	IV	1 346,58	1 269,50	1 194,00	1 120,08	1 047,83	977,16
	VI	**1 983,58**	473,75	473,75							
6 563,99	I,IV	**1 426,00**	473,75	473,75	I	1 270,58	1 121,16	978,16	841,58	711,50	587,75
	II	**1 278,00**	473,75	473,75	II	1 128,25	984,91	848,00	717,58	593,58	476,00
	III	**894,66**	473,75	473,75	III	783,50	675,66	571,00	469,50	371,16	276,16
	V	**1 940,41**	473,75	473,75	IV	1 347,75	1 270,58	1 195,08	1 121,16	1 048,83	978,16
	VI	**1 984,75**	473,75	473,75							
6 566,99	I,IV	**1 427,16**	473,75	473,75	I	1 271,75	1 122,25	979,16	842,58	712,41	588,66
	II	**1 279,08**	473,75	473,75	II	1 129,33	985,91	849,00	718,50	594,50	476,83
	III	**895,50**	473,75	473,75	III	784,33	676,50	571,66	470,16	371,83	276,83
	V	**1 941,58**	473,75	473,75	IV	1 348,83	1 271,75	1 196,16	1 122,25	1 049,91	979,16
	VI	**1 985,91**	473,75	473,75							
6 569,99	I,IV	**1 428,33**	473,75	473,75	I	1 272,83	1 123,33	980,25	843,58	713,33	589,50
	II	**1 280,25**	473,75	473,75	II	1 130,41	987,00	850,00	719,50	595,33	477,66
	III	**896,33**	473,75	473,75	III	785,16	677,16	572,50	470,83	372,50	277,50
	V	**1 942,75**	473,75	473,75	IV	1 350,00	1 272,83	1 197,25	1 123,33	1 051,00	980,25
	VI	**1 987,08**	473,75	473,75							
6 572,99	I,IV	**1 429,41**	473,75	473,75	I	1 273,91	1 124,33	981,25	844,50	714,25	590,41
	II	**1 281,33**	473,75	473,75	II	1 131,41	988,00	851,00	720,41	596,25	478,50
	III	**897,16**	473,75	473,75	III	786,00	678,00	573,16	471,66	373,33	278,16
	V	**1 943,83**	473,75	473,75	IV	1 351,16	1 273,91	1 198,33	1 124,33	1 052,00	981,25
	VI	**1 988,16**	473,75	473,75							
6 575,99	I,IV	**1 430,58**	473,75	473,75	I	1 275,08	1 125,41	982,25	845,50	715,16	591,25
	II	**1 282,41**	473,75	473,75	II	1 132,50	989,00	851,91	721,33	597,08	479,33
	III	**898,00**	473,75	473,75	III	786,83	678,83	574,00	472,33	374,00	278,83
	V	**1 945,00**	473,75	473,75	IV	1 352,25	1 275,08	1 199,41	1 125,41	1 053,08	982,25
	VI	**1 989,33**	473,75	473,75							
6 578,99	I,IV	**1 431,75**	473,75	473,75	I	1 276,16	1 126,50	983,25	846,50	716,08	592,16
	II	**1 283,58**	473,75	473,75	II	1 133,58	990,08	852,91	722,25	598,00	480,16
	III	**898,83**	473,75	473,75	III	787,50	679,50	574,66	473,16	374,66	279,50
	V	**1 946,16**	473,75	473,75	IV	1 353,41	1 276,16	1 200,58	1 126,50	1 054,08	983,25
	VI	**1 990,50**	473,75	473,75							
6 581,99	I,IV	**1 432,83**	473,75	473,75	I	1 277,25	1 127,58	984,33	847,41	717,00	593,00
	II	**1 284,66**	473,75	473,75	II	1 134,66	991,08	853,91	723,16	598,83	481,00
	III	**899,66**	473,75	473,75	III	788,33	680,33	575,50	473,83	375,33	280,16
	V	**1 947,33**	473,75	473,75	IV	1 354,58	1 277,25	1 201,58	1 127,58	1 055,16	984,33
	VI	**1 991,58**	473,75	473,75							
6 584,99	I,IV	**1 434,00**	473,75	473,75	I	1 278,41	1 128,66	985,33	848,41	718,00	593,91
	II	**1 285,83**	473,75	473,75	II	1 135,75	992,08	854,91	724,08	599,75	481,83
	III	**900,50**	473,75	473,75	III	789,16	681,16	576,16	474,50	376,16	280,83
	V	**1 948,41**	473,75	473,75	IV	1 355,66	1 278,41	1 202,75	1 128,66	1 056,16	985,33
	VI	**1 992,75**	473,75	473,75							
6 587,99	I,IV	**1 435,16**	473,75	473,75	I	1 279,50	1 129,75	986,33	849,41	718,91	594,83
	II	**1 286,91**	473,75	473,75	II	1 136,83	993,16	855,91	725,08	600,66	482,66
	III	**901,33**	473,75	473,75	III	790,00	681,83	577,00	475,33	376,83	281,50
	V	**1 949,58**	473,75	473,75	IV	1 356,83	1 279,50	1 203,83	1 129,75	1 057,25	986,33
	VI	**1 993,91**	473,75	473,75							

* Zur LSt-Berechnung für privat versicherte Arbeitnehmer s. Beispiele **Vorbemerkung S. 4f.**
** Basisvorsorgepauschale KV und PV *** Typisierter Arbeitgeberzuschuss

Lohn/ Gehalt in € bis	Steuerklasse	Lohn-steuer*	BVSP**	TAGZ***	Steuerklasse	Bemessungsgrundlage für Kirchensteuer und Solidaritätszuschlag					
						Freibeträge für ... Kinder					
						0,5	**1,0**	1,5	**2,0**	2,5	**3,0**
6590,99	I,IV	**1436,25**	473,75	473,75	I	1280,66	1130,75	987,33	850,33	719,83	595,66
	II	**1288,00**	473,75	473,75	II	1137,83	994,16	856,83	726,00	601,50	483,50
	III	**902,16**	473,75	473,75	III	790,83	682,66	577,66	476,00	377,50	282,16
	V	**1950,75**	473,75	473,75	IV	1358,00	1280,66	1204,91	1130,75	1058,25	987,33
	VI	**1995,00**	473,75	473,75							
6593,99	I,IV	**1437,41**	473,75	473,75	I	1281,75	1131,83	988,41	851,33	720,75	596,58
	II	**1289,16**	473,75	473,75	II	1138,91	995,16	857,83	726,91	602,41	484,33
	III	**903,00**	473,75	473,75	III	791,66	683,50	578,50	476,83	378,16	283,00
	V	**1951,91**	473,75	473,75	IV	1359,08	1281,75	1206,00	1131,83	1059,33	988,41
	VI	**1996,16**	473,75	473,75							
6596,99	I,IV	**1438,58**	473,75	473,75	I	1282,91	1132,91	989,41	852,33	721,66	597,50
	II	**1290,25**	473,75	473,75	II	1140,00	996,16	858,83	727,83	603,33	485,25
	III	**903,83**	473,75	473,75	III	792,33	684,16	579,16	477,50	379,00	283,66
	V	**1953,00**	473,75	473,75	IV	1360,25	1282,91	1207,08	1132,91	1060,41	989,41
	VI	**1997,33**	473,75	473,75							
6599,99	I,IV	**1439,75**	473,75	473,75	I	1284,00	1134,00	990,41	853,33	722,58	598,33
	II	**1291,41**	473,75	473,75	II	1141,08	997,25	859,75	728,75	604,16	486,00
	III	**904,66**	473,75	473,75	III	793,16	685,00	580,00	478,16	379,66	284,33
	V	**1954,16**	473,75	473,75	IV	1361,41	1284,00	1208,16	1134,00	1061,41	990,41
	VI	**1998,50**	473,75	473,75							
6602,99	I,IV	**1440,83**	473,75	473,75	I	1285,08	1135,08	991,50	854,25	723,58	599,25
	II	**1292,50**	473,75	473,75	II	1142,16	998,25	860,75	729,66	605,08	486,91
	III	**905,50**	473,75	473,75	III	794,00	685,83	580,83	479,00	380,33	285,00
	V	**1955,33**	473,75	473,75	IV	1362,58	1285,08	1209,25	1135,08	1062,50	991,50
	VI	**1999,58**	473,75	473,75							
6605,99	I,IV	**1442,00**	473,75	473,75	I	1286,25	1136,16	992,50	855,25	724,41	600,08
	II	**1293,58**	473,75	473,75	II	1143,25	999,25	861,75	730,58	605,91	487,66
	III	**906,33**	473,75	473,75	III	794,83	686,50	581,50	479,66	381,00	285,66
	V	**1956,41**	473,75	473,75	IV	1363,66	1286,25	1210,33	1136,16	1063,50	992,50
	VI	**2000,75**	473,75	473,75							
6608,99	I,IV	**1443,16**	473,75	473,75	I	1287,33	1137,16	993,50	856,25	725,41	601,00
	II	**1294,75**	473,75	473,75	II	1144,33	1000,33	862,75	731,58	606,83	488,58
	III	**907,00**	473,75	473,75	III	795,50	687,33	582,16	480,33	381,83	286,33
	V	**1957,58**	473,75	473,75	IV	1364,83	1287,33	1211,50	1137,16	1064,58	993,50
	VI	**2001,91**	473,75	473,75							
6611,99	I,IV	**1444,33**	473,75	473,75	I	1288,50	1138,25	994,58	857,25	726,33	601,91
	II	**1295,91**	473,75	473,75	II	1145,41	1001,33	863,66	732,50	607,75	489,41
	III	**908,00**	473,75	473,75	III	796,33	688,16	583,00	481,16	382,50	287,00
	V	**1958,75**	473,75	473,75	IV	1366,00	1288,50	1212,58	1138,25	1065,58	994,58
	VI	**2003,08**	473,75	473,75							
6614,99	I,IV	**1445,41**	473,75	473,75	I	1289,58	1139,33	995,58	858,16	727,25	602,75
	II	**1297,00**	473,75	473,75	II	1146,41	1002,33	864,66	733,41	608,58	490,25
	III	**908,66**	473,75	473,75	III	797,16	688,83	583,83	481,83	383,16	287,66
	V	**1959,83**	473,75	473,75	IV	1367,08	1289,58	1213,66	1139,33	1066,66	995,58
	VI	**2004,16**	473,75	473,75							
6617,99	I,IV	**1446,58**	473,75	473,75	I	1290,66	1140,41	996,58	859,16	728,16	603,66
	II	**1298,08**	473,75	473,75	II	1147,50	1003,41	865,66	734,33	609,50	491,08
	III	**909,50**	473,75	473,75	III	798,00	689,66	584,50	482,50	383,83	288,33
	V	**1961,00**	473,75	473,75	IV	1368,25	1290,66	1214,75	1140,41	1067,66	996,58
	VI	**2005,33**	473,75	473,75							
6620,99	I,IV	**1447,75**	473,75	473,75	I	1291,83	1141,50	997,58	860,16	729,16	604,50
	II	**1299,25**	473,75	473,75	II	1148,58	1004,41	866,66	735,33	610,41	491,91
	III	**910,33**	473,75	473,75	III	798,83	690,50	585,33	483,33	384,66	289,16
	V	**1962,16**	473,75	473,75	IV	1369,41	1291,83	1215,83	1141,50	1068,75	997,58
	VI	**2006,50**	473,75	473,75							
6623,99	I,IV	**1448,83**	473,75	473,75	I	1292,91	1142,58	998,66	861,08	730,08	605,41
	II	**1300,33**	473,75	473,75	II	1149,66	1005,41	867,58	736,25	611,25	492,75
	III	**911,16**	473,75	473,75	III	799,66	691,16	586,00	484,00	385,33	289,83
	V	**1963,25**	473,75	473,75	IV	1370,50	1292,91	1216,91	1142,58	1069,75	998,66
	VI	**2007,58**	473,75	473,75							

* Zur LSt-Berechnung für privat versicherte Arbeitnehmer s. Beispiele **Vorbemerkung S. 4f.**
** Basisvorsorgepauschale KV und PV *** Typisierter Arbeitgeberzuschuss

Lohn/ Gehalt in € bis	Steuerklasse	Lohn-steuer*	BVSP**	TAGZ***	Steuerklasse	Bemessungsgrundlage für Kirchensteuer und Solidaritätszuschlag – Freibeträge für ... Kinder 0,5	**1,0**	1,5	**2,0**	2,5	**3,0**
6 626,99	I,IV	**1 450,00**	473,75	473,75	I	1 294,08	1 143,66	999,66	862,08	731,00	606,33
	II	**1 301,50**	473,75	473,75	II	1 150,75	1 006,50	868,58	737,16	612,16	493,58
	III	**912,00**	473,75	473,75	III	800,33	692,00	586,83	484,83	386,00	290,50
	V	**1 964,41**	473,75	473,75	IV	1 371,66	1 294,08	1 218,08	1 143,66	1 070,83	999,66
	VI	**2 008,75**	473,75	473,75							
6 629,99	I,IV	**1 451,16**	473,75	473,75	I	1 295,16	1 144,75	1 000,66	863,08	731,91	607,16
	II	**1 302,58**	473,75	473,75	II	1 151,83	1 007,50	869,58	738,08	613,08	494,41
	III	**912,83**	473,75	473,75	III	801,16	692,83	587,50	485,50	386,66	291,16
	V	**1 965,58**	473,75	473,75	IV	1 372,83	1 295,16	1 219,16	1 144,75	1 071,91	1 000,66
	VI	**2 009,91**	473,75	473,75							
6 632,99	I,IV	**1 452,25**	473,75	473,75	I	1 296,33	1 145,75	1 001,75	864,08	732,83	608,08
	II	**1 303,75**	473,75	473,75	II	1 152,91	1 008,50	870,58	739,00	613,91	495,25
	III	**913,66**	473,75	473,75	III	802,00	693,50	588,33	486,33	387,50	291,83
	V	**1 966,75**	473,75	473,75	IV	1 373,91	1 296,33	1 220,25	1 145,75	1 072,91	1 001,75
	VI	**2 011,00**	473,75	473,75							
6 635,99	I,IV	**1 453,41**	473,75	473,75	I	1 297,41	1 146,83	1 002,75	865,08	733,83	609,00
	II	**1 304,83**	473,75	473,75	II	1 154,00	1 009,58	871,58	740,00	614,83	496,08
	III	**914,50**	473,75	473,75	III	802,83	694,33	589,00	487,00	388,16	292,50
	V	**1 967,83**	473,75	473,75	IV	1 375,08	1 297,41	1 221,33	1 146,83	1 074,00	1 002,75
	VI	**2 012,16**	473,75	473,75							
6 638,99	I,IV	**1 454,58**	473,75	473,75	I	1 298,58	1 148,00	1 003,75	866,08	734,75	609,83
	II	**1 306,00**	473,75	473,75	II	1 155,08	1 010,58	872,58	740,91	615,75	497,00
	III	**915,33**	473,75	473,75	III	803,66	695,16	589,83	487,66	388,83	293,16
	V	**1 969,00**	473,75	473,75	IV	1 376,25	1 298,58	1 222,41	1 148,00	1 075,08	1 003,75
	VI	**2 013,33**	473,75	473,75							
6 641,99	I,IV	**1 455,66**	473,75	473,75	I	1 299,66	1 149,00	1 004,83	867,00	735,66	610,75
	II	**1 307,08**	473,75	473,75	II	1 156,16	1 011,58	873,50	741,83	616,58	497,83
	III	**916,16**	473,75	473,75	III	804,50	695,83	590,50	488,50	389,50	293,83
	V	**1 970,16**	473,75	473,75	IV	1 377,41	1 299,66	1 223,50	1 149,00	1 076,08	1 004,83
	VI	**2 014,50**	473,75	473,75							
6 644,99	I,IV	**1 456,83**	473,75	473,75	I	1 300,83	1 150,08	1 005,83	868,00	736,58	611,58
	II	**1 308,25**	473,75	473,75	II	1 157,25	1 012,66	874,50	742,75	617,50	498,66
	III	**917,00**	473,75	473,75	III	805,16	696,66	591,33	489,16	390,33	294,50
	V	**1 971,33**	473,75	473,75	IV	1 378,50	1 300,83	1 224,66	1 150,08	1 077,16	1 005,83
	VI	**2 015,58**	473,75	473,75							
6 647,99	I,IV	**1 458,00**	473,75	473,75	I	1 301,91	1 151,16	1 006,83	869,00	737,58	612,50
	II	**1 309,33**	473,75	473,75	II	1 158,33	1 013,66	875,50	743,75	618,41	499,50
	III	**917,83**	473,75	473,75	III	806,00	697,50	592,16	490,00	391,00	295,33
	V	**1 972,50**	473,75	473,75	IV	1 379,66	1 301,91	1 225,75	1 151,16	1 078,25	1 006,83
	VI	**2 016,75**	473,75	473,75							
6 650,99	I,IV	**1 459,16**	473,75	473,75	I	1 303,00	1 152,25	1 007,91	869,91	738,50	613,41
	II	**1 310,50**	473,75	473,75	II	1 159,33	1 014,66	876,50	744,66	619,25	500,33
	III	**918,66**	473,75	473,75	III	806,83	698,16	592,83	490,66	391,66	296,00
	V	**1 973,58**	473,75	473,75	IV	1 380,83	1 303,00	1 226,83	1 152,25	1 079,25	1 007,91
	VI	**2 017,91**	473,75	473,75							
6 653,99	I,IV	**1 460,33**	473,75	473,75	I	1 304,16	1 153,33	1 008,91	870,91	739,41	614,25
	II	**1 311,58**	473,75	473,75	II	1 160,50	1 015,75	877,50	745,58	620,16	501,16
	III	**919,50**	473,75	473,75	III	807,66	699,00	593,50	491,33	392,33	296,66
	V	**1 974,75**	473,75	473,75	IV	1 382,00	1 304,16	1 227,91	1 153,33	1 080,33	1 008,91
	VI	**2 019,08**	473,75	473,75							
6 656,99	I,IV	**1 461,41**	473,75	473,75	I	1 305,33	1 154,41	1 010,00	871,91	740,33	615,16
	II	**1 312,75**	473,75	473,75	II	1 161,58	1 016,75	878,41	746,58	621,08	502,08
	III	**920,33**	473,75	473,75	III	808,50	699,83	594,33	492,16	393,16	297,33
	V	**1 975,91**	473,75	473,75	IV	1 383,08	1 305,33	1 229,08	1 154,41	1 081,41	1 010,00
	VI	**2 020,16**	473,75	473,75							
6 659,99	I,IV	**1 462,58**	473,75	473,75	I	1 306,41	1 155,50	1 011,00	872,91	741,25	616,08
	II	**1 313,83**	473,75	473,75	II	1 162,58	1 017,83	879,41	747,50	621,91	502,83
	III	**921,16**	473,75	473,75	III	809,16	700,50	595,16	492,83	393,83	298,00
	V	**1 977,00**	473,75	473,75	IV	1 384,25	1 306,41	1 230,16	1 155,50	1 082,41	1 011,00
	VI	**2 021,33**	473,75	473,75							

* Zur LSt-Berechnung für privat versicherte Arbeitnehmer s. Beispiele **Vorbemerkung S. 4 f.**
** Basisvorsorgepauschale KV und PV *** Typisierter Arbeitgeberzuschuss

Lohn/ Gehalt in € bis	Steuerklasse	Lohn-steuer*	BVSP**	TAGZ***	Steuerklasse	Bemessungsgrundlage für Kirchensteuer und Solidaritätszuschlag					
						Freibeträge für ... Kinder					
						0,5	**1,0**	1,5	**2,0**	2,5	**3,0**
6662,99	I,IV	**1463,75**	473,75	473,75	I	1307,50	1156,58	1012,00	873,91	742,25	617,00
	II	**1315,00**	473,75	473,75	II	1163,66	1018,83	880,41	748,41	622,83	503,75
	III	**922,00**	473,75	473,75	III	810,00	701,33	595,83	493,50	394,50	298,66
	V	**1978,16**	473,75	473,75	IV	1385,41	1307,50	1231,25	1156,58	1083,50	1012,00
	VI	**2022,50**	473,75	473,75							
6665,99	I,IV	**1464,91**	473,75	473,75	I	1308,66	1157,66	1013,08	874,91	743,16	617,83
	II	**1316,16**	473,75	473,75	II	1164,83	1019,91	881,41	749,33	623,75	504,58
	III	**922,83**	473,75	473,75	III	810,83	702,16	596,66	494,33	395,33	299,33
	V	**1979,33**	473,75	473,75	IV	1386,58	1308,66	1232,33	1157,66	1084,58	1013,08
	VI	**2023,66**	473,75	473,75							
6668,99	I,IV	**1466,00**	473,75	473,75	I	1309,75	1158,75	1014,08	875,83	744,08	618,75
	II	**1317,25**	473,75	473,75	II	1165,83	1020,91	882,41	750,33	624,66	505,41
	III	**923,66**	473,75	473,75	III	811,66	702,83	597,33	495,00	396,00	300,00
	V	**1980,41**	473,75	473,75	IV	1387,66	1309,75	1233,41	1158,75	1085,58	1014,08
	VI	**2024,75**	473,75	473,75							
6671,99	I,IV	**1467,16**	473,75	473,75	I	1310,91	1159,83	1015,08	876,83	745,00	619,66
	II	**1318,33**	473,75	473,75	II	1166,91	1021,91	883,41	751,25	625,50	506,25
	III	**924,50**	473,75	473,75	III	812,50	703,66	598,16	495,83	396,66	300,83
	V	**1981,58**	473,75	473,75	IV	1388,83	1310,91	1234,58	1159,83	1086,66	1015,08
	VI	**2025,91**	473,75	473,75							
6674,99	I,IV	**1468,25**	473,75	473,75	I	1312,00	1160,83	1016,08	877,83	745,91	620,50
	II	**1319,50**	473,75	473,75	II	1168,00	1023,00	884,33	752,16	626,41	507,08
	III	**925,16**	473,75	473,75	III	813,16	704,50	598,83	496,50	397,33	301,50
	V	**1982,75**	473,75	473,75	IV	1389,91	1312,00	1235,66	1160,83	1087,66	1016,08
	VI	**2027,00**	473,75	473,75							
6677,99	I,IV	**1469,41**	473,75	473,75	I	1313,16	1161,91	1017,16	878,83	746,91	621,41
	II	**1320,58**	473,75	473,75	II	1169,08	1024,00	885,33	753,08	627,33	507,91
	III	**926,16**	473,75	473,75	III	814,00	705,33	599,66	497,33	398,16	302,16
	V	**1983,83**	473,75	473,75	IV	1391,08	1313,16	1236,75	1161,91	1088,75	1017,16
	VI	**2028,16**	473,75	473,75							
6680,99	I,IV	**1470,58**	473,75	473,75	I	1314,33	1163,00	1018,25	879,83	747,83	622,33
	II	**1321,75**	473,75	473,75	II	1170,16	1025,08	886,33	754,08	628,25	508,83
	III	**927,00**	473,75	473,75	III	814,83	706,00	600,33	498,00	398,83	302,83
	V	**1985,00**	473,75	473,75	IV	1392,25	1314,33	1237,83	1163,00	1089,83	1018,25
	VI	**2029,33**	473,75	473,75							
6683,99	I,IV	**1471,66**	473,75	473,75	I	1315,41	1164,08	1019,25	880,75	748,75	623,16
	II	**1322,83**	473,75	473,75	II	1171,25	1026,08	887,33	755,00	629,08	509,66
	III	**927,66**	473,75	473,75	III	815,66	706,83	601,16	498,66	399,50	303,50
	V	**1986,16**	473,75	473,75	IV	1393,33	1315,41	1238,91	1164,08	1090,83	1019,25
	VI	**2030,41**	473,75	473,75							
6686,99	I,IV	**1472,83**	473,75	473,75	I	1316,58	1165,16	1020,25	881,75	749,75	624,08
	II	**1324,00**	473,75	473,75	II	1172,33	1027,08	888,33	755,91	630,00	510,50
	III	**928,66**	473,75	473,75	III	816,50	707,66	602,00	499,50	400,16	304,16
	V	**1987,33**	473,75	473,75	IV	1394,50	1316,58	1240,08	1165,16	1091,91	1020,25
	VI	**2031,58**	473,75	473,75							
6689,99	I,IV	**1474,00**	473,75	473,75	I	1317,66	1166,25	1021,33	882,75	750,66	625,00
	II	**1325,16**	473,75	473,75	II	1173,41	1028,16	889,33	756,91	630,91	511,33
	III	**929,33**	473,75	473,75	III	817,33	708,33	602,66	500,16	401,00	304,83
	V	**1988,41**	473,75	473,75	IV	1395,66	1317,66	1241,16	1166,25	1093,00	1021,33
	VI	**2032,75**	473,75	473,75							
6692,99	I,IV	**1475,16**	473,75	473,75	I	1318,75	1167,33	1022,33	883,75	751,58	625,83
	II	**1326,25**	473,75	473,75	II	1174,50	1029,16	890,25	757,83	631,75	512,16
	III	**930,16**	473,75	473,75	III	818,00	709,16	603,50	501,00	401,66	305,50
	V	**1989,58**	473,75	473,75	IV	1396,83	1318,75	1242,25	1167,33	1094,00	1022,33
	VI	**2033,91**	473,75	473,75							
6695,99	I,IV	**1476,25**	473,75	473,75	I	1319,91	1168,41	1023,33	884,75	752,50	626,75
	II	**1327,41**	473,75	473,75	II	1175,58	1030,25	891,25	758,75	632,66	513,08
	III	**931,16**	473,75	473,75	III	818,83	710,00	604,16	501,66	402,33	306,33
	V	**1990,75**	473,75	473,75	IV	1397,91	1319,91	1243,41	1168,41	1095,08	1023,33
	VI	**2035,00**	473,75	473,75							

* Zur LSt-Berechnung für privat versicherte Arbeitnehmer s. Beispiele **Vorbemerkung S. 4f.**
** Basisvorsorgepauschale KV und PV *** Typisierter Arbeitgeberzuschuss

Lohn/ Gehalt in € bis	Steuerklasse	Lohn-steuer*	BVSP**	TAGZ***	Steuerklasse	Bemessungsgrundlage für Kirchensteuer und Solidaritätszuschlag					
						Freibeträge für ... Kinder					
						0,5	**1,0**	1,5	**2,0**	2,5	**3,0**
6698,99	I,IV	**1477,41**	473,75	473,75	I	1321,08	1169,50	1024,41	885,75	753,50	627,66
	II	**1328,58**	473,75	473,75	II	1176,66	1031,25	892,25	759,75	633,58	513,91
	III	**931,83**	473,75	473,75	III	819,66	710,66	605,00	502,33	403,00	307,00
	V	**1991,91**	473,75	473,75	IV	1399,08	1321,08	1244,50	1169,50	1096,16	1024,41
	VI	**2036,16**	473,75	473,75							
6701,99	I,IV	**1478,58**	473,75	473,75	I	1322,16	1170,58	1025,41	886,75	754,41	628,58
	II	**1329,66**	473,75	473,75	II	1177,75	1032,25	893,25	760,66	634,50	514,75
	III	**932,66**	473,75	473,75	III	820,50	711,50	605,66	503,16	403,83	307,66
	V	**1993,00**	473,75	473,75	IV	1400,25	1322,16	1245,58	1170,58	1097,16	1025,41
	VI	**2037,33**	473,75	473,75							
6704,99	I,IV	**1479,75**	473,75	473,75	I	1323,33	1171,66	1026,50	887,66	755,33	629,41
	II	**1330,83**	473,75	473,75	II	1178,83	1033,33	894,25	761,58	635,41	515,58
	III	**933,50**	473,75	473,75	III	821,33	712,33	606,50	503,83	404,50	308,33
	V	**1994,16**	473,75	473,75	IV	1401,41	1323,33	1246,66	1171,66	1098,25	1026,50
	VI	**2038,50**	473,75	473,75							
6707,99	I,IV	**1480,83**	473,75	473,75	I	1324,50	1172,75	1027,50	888,66	756,33	630,33
	II	**1331,91**	473,75	473,75	II	1179,91	1034,41	895,25	762,58	636,25	516,41
	III	**934,33**	473,75	473,75	III	822,16	713,00	607,16	504,66	405,16	309,00
	V	**1995,33**	473,75	473,75	IV	1402,58	1324,50	1247,83	1172,75	1099,33	1027,50
	VI	**2039,58**	473,75	473,75							
6710,99	I,IV	**1482,00**	473,75	473,75	I	1325,58	1173,83	1028,58	889,66	757,25	631,25
	II	**1333,08**	473,75	473,75	II	1181,00	1035,41	896,25	763,50	637,16	517,25
	III	**935,16**	473,75	473,75	III	823,00	713,83	608,00	505,33	405,83	309,66
	V	**1996,41**	473,75	473,75	IV	1403,66	1325,58	1248,91	1173,83	1100,41	1028,58
	VI	**2040,75**	473,75	473,75							
6713,99	I,IV	**1483,16**	473,75	473,75	I	1326,75	1174,91	1029,58	890,66	758,16	632,16
	II	**1334,16**	473,75	473,75	II	1182,08	1036,41	897,25	764,41	638,08	518,16
	III	**936,00**	473,75	473,75	III	823,83	714,66	608,83	506,16	406,66	310,50
	V	**1997,58**	473,75	473,75	IV	1404,83	1326,75	1250,00	1174,91	1101,50	1029,58
	VI	**2041,91**	473,75	473,75							
6716,99	I,IV	**1484,33**	473,75	473,75	I	1327,83	1176,00	1030,66	891,66	759,16	633,08
	II	**1335,33**	473,75	473,75	II	1183,25	1037,50	898,25	765,41	639,00	519,00
	III	**936,83**	473,75	473,75	III	824,50	715,50	609,50	506,83	407,33	311,16
	V	**1998,75**	473,75	473,75	IV	1406,00	1327,83	1251,16	1176,00	1102,50	1030,66
	VI	**2043,08**	473,75	473,75							
6719,99	I,IV	**1485,41**	473,75	473,75	I	1329,00	1177,08	1031,66	892,66	760,08	633,91
	II	**1336,41**	473,75	473,75	II	1184,25	1038,50	899,25	766,33	639,83	519,83
	III	**937,66**	473,75	473,75	III	825,33	716,16	610,33	507,50	408,00	311,83
	V	**1999,83**	473,75	473,75	IV	1407,08	1329,00	1252,25	1177,08	1103,58	1031,66
	VI	**2044,16**	473,75	473,75							
6722,99	I,IV	**1486,58**	473,75	473,75	I	1330,08	1178,16	1032,66	893,66	761,00	634,83
	II	**1337,58**	473,75	473,75	II	1185,33	1039,58	900,25	767,25	640,75	520,66
	III	**938,50**	473,75	473,75	III	826,16	717,00	611,00	508,33	408,83	312,50
	V	**2001,00**	473,75	473,75	IV	1408,25	1330,08	1253,33	1178,16	1104,66	1032,66
	VI	**2045,33**	473,75	473,75							
6725,99	I,IV	**1487,75**	473,75	473,75	I	1331,25	1179,25	1033,75	894,66	762,00	635,75
	II	**1338,75**	473,75	473,75	II	1186,50	1040,66	901,25	768,25	641,66	521,58
	III	**939,33**	473,75	473,75	III	827,00	717,83	611,83	509,00	409,50	313,16
	V	**2002,16**	473,75	473,75	IV	1409,41	1331,25	1254,50	1179,25	1105,75	1033,75
	VI	**2046,50**	473,75	473,75							
6728,99	I,IV	**1488,83**	473,75	473,75	I	1332,33	1180,33	1034,75	895,58	762,91	636,58
	II	**1339,83**	473,75	473,75	II	1187,50	1041,66	902,16	769,16	642,58	522,41
	III	**940,16**	473,75	473,75	III	827,83	718,50	612,50	509,83	410,16	313,83
	V	**2003,33**	473,75	473,75	IV	1410,50	1332,33	1255,58	1180,33	1106,75	1034,75
	VI	**2047,58**	473,75	473,75							
6731,99	I,IV	**1490,00**	473,75	473,75	I	1333,50	1181,41	1035,83	896,66	763,83	637,50
	II	**1341,00**	473,75	473,75	II	1188,66	1042,66	903,16	770,08	643,50	523,25
	III	**941,00**	473,75	473,75	III	828,66	719,33	613,33	510,50	411,00	314,50
	V	**2004,41**	473,75	473,75	IV	1411,66	1333,50	1256,66	1181,41	1107,83	1035,83
	VI	**2048,75**	473,75	473,75							

* Zur LSt-Berechnung für privat versicherte Arbeitnehmer s. Beispiele **Vorbemerkung S. 4f.**
** Basisvorsorgepauschale KV und PV *** Typisierter Arbeitgeberzuschuss

Lohn/ Gehalt in € bis	Steuerklasse	Lohn-steuer*	BVSP**	TAGZ***	Steuerklasse	Bemessungsgrundlage für Kirchensteuer und Solidaritätszuschlag – Freibeträge für ... Kinder 0,5	1,0	1,5	2,0	2,5	3,0
6734,99	I,IV	1491,16	473,75	473,75	I	1334,66	1182,58	1036,83	897,66	764,83	638,41
	II	1342,16	473,75	473,75	II	1189,75	1043,75	904,16	771,08	644,41	524,16
	III	941,83	473,75	473,75	III	829,33	720,16	614,16	511,33	411,66	315,16
	V	2005,58	473,75	473,75	IV	1412,83	1334,66	1257,83	1182,58	1108,91	1036,83
	VI	2049,91	473,75	473,75							
6737,99	I,IV	1492,25	473,75	473,75	I	1335,75	1183,58	1037,91	898,58	765,75	639,33
	II	1343,25	473,75	473,75	II	1190,83	1044,75	905,16	772,00	645,25	525,00
	III	942,66	473,75	473,75	III	830,16	720,83	614,83	512,00	412,33	316,00
	V	2006,75	473,75	473,75	IV	1413,91	1335,75	1258,91	1183,58	1109,91	1037,91
	VI	2051,00	473,75	473,75							
6740,99	I,IV	1493,41	473,75	473,75	I	1336,91	1184,66	1038,91	899,58	766,66	640,25
	II	1344,41	473,75	473,75	II	1191,91	1045,83	906,16	773,00	646,16	525,83
	III	943,50	473,75	473,75	III	831,00	721,66	615,66	512,83	413,16	316,66
	V	2007,91	473,75	473,75	IV	1415,08	1336,91	1260,00	1184,66	1111,00	1038,91
	VI	2052,16	473,75	473,75							
6743,99	I,IV	1494,58	473,75	473,75	I	1338,00	1185,75	1040,00	900,58	767,66	641,08
	II	1345,50	473,75	473,75	II	1193,00	1046,83	907,16	773,91	647,08	526,66
	III	944,33	473,75	473,75	III	831,83	722,50	616,33	513,50	413,83	317,33
	V	2009,00	473,75	473,75	IV	1416,25	1338,00	1261,08	1185,75	1112,08	1040,00
	VI	2053,33	473,75	473,75							
6746,99	I,IV	1495,75	473,75	473,75	I	1339,16	1186,83	1041,00	901,58	768,58	642,00
	II	1346,66	473,75	473,75	II	1194,08	1047,91	908,16	774,83	648,00	527,50
	III	945,16	473,75	473,75	III	832,66	723,33	617,16	514,16	414,50	318,00
	V	2010,16	473,75	473,75	IV	1417,41	1339,16	1262,25	1186,83	1113,16	1041,00
	VI	2054,50	473,75	473,75							
6749,99	I,IV	1496,83	473,75	473,75	I	1340,33	1188,00	1042,08	902,58	769,50	642,91
	II	1347,83	473,75	473,75	II	1195,16	1048,91	909,16	775,83	648,91	528,41
	III	946,00	473,75	473,75	III	833,50	724,16	618,00	515,00	415,16	318,66
	V	2011,33	473,75	473,75	IV	1418,50	1340,33	1263,33	1188,00	1114,25	1042,08
	VI	2055,58	473,75	473,75							
6752,99	I,IV	1498,00	473,75	473,75	I	1341,41	1189,00	1043,08	903,58	770,50	643,83
	II	1348,91	473,75	473,75	II	1196,25	1050,00	910,16	776,75	649,75	529,25
	III	946,83	473,75	473,75	III	834,33	724,83	618,66	515,66	416,00	319,33
	V	2012,41	473,75	473,75	IV	1419,66	1341,41	1264,41	1189,00	1115,25	1043,08
	VI	2056,75	473,75	473,75							
6755,99	I,IV	1499,16	473,75	473,75	I	1342,58	1190,16	1044,16	904,58	771,41	644,75
	II	1350,08	473,75	473,75	II	1197,33	1051,00	911,16	777,66	650,66	530,08
	III	947,66	473,75	473,75	III	835,00	725,66	619,50	516,50	416,66	320,00
	V	2013,58	473,75	473,75	IV	1420,83	1342,58	1265,58	1190,16	1116,33	1044,16
	VI	2057,91	473,75	473,75							
6758,99	I,IV	1500,33	473,75	473,75	I	1343,75	1191,25	1045,16	905,58	772,41	645,66
	II	1351,25	473,75	473,75	II	1198,41	1052,08	912,16	778,66	651,58	531,00
	III	948,50	473,75	473,75	III	835,83	726,50	620,16	517,16	417,33	320,83
	V	2014,75	473,75	473,75	IV	1422,00	1343,75	1266,66	1191,25	1117,41	1045,16
	VI	2059,08	473,75	473,75							
6761,99	I,IV	1501,41	473,75	473,75	I	1344,83	1192,33	1046,25	906,58	773,33	646,50
	II	1352,33	473,75	473,75	II	1199,50	1053,08	913,16	779,58	652,50	531,83
	III	949,33	473,75	473,75	III	836,66	727,16	621,00	518,00	418,16	321,50
	V	2015,83	473,75	473,75	IV	1423,08	1344,83	1267,75	1192,33	1118,41	1046,25
	VI	2060,16	473,75	473,75							
6764,99	I,IV	1502,58	473,75	473,75	I	1346,00	1193,41	1047,25	907,58	774,25	647,41
	II	1353,50	473,75	473,75	II	1200,58	1054,16	914,16	780,58	653,41	532,66
	III	950,16	473,75	473,75	III	837,50	728,00	621,66	518,66	418,83	322,16
	V	2017,00	473,75	473,75	IV	1424,25	1346,00	1268,91	1193,41	1119,50	1047,25
	VI	2061,33	473,75	473,75							
6767,99	I,IV	1503,75	473,75	473,75	I	1347,16	1194,50	1048,33	908,58	775,25	648,33
	II	1354,66	473,75	473,75	II	1201,75	1055,25	915,16	781,50	654,33	533,50
	III	951,00	473,75	473,75	III	838,33	728,83	622,50	519,33	419,50	322,83
	V	2018,16	473,75	473,75	IV	1425,41	1347,16	1270,00	1194,50	1120,58	1048,33
	VI	2062,50	473,75	473,75							

* Zur LSt-Berechnung für privat versicherte Arbeitnehmer s. Beispiele **Vorbemerkung S. 4 f.**
** Basisvorsorgepauschale KV und PV *** Typisierter Arbeitgeberzuschuss

Lohn/ Gehalt in € bis	Steuerklasse	**Lohn-steuer***	BVSP**	TAGZ***	Steuerklasse	Bemessungsgrundlage für Kirchensteuer und Solidaritätszuschlag – Freibeträge für ... Kinder 0,5	**1,0**	1,5	**2,0**	2,5	**3,0**
6 770,99	I,IV	**1 504,83**	473,75	473,75	I	1 348,25	1 195,58	1 049,33	909,50	776,16	649,25
	II	**1 355,75**	473,75	473,75	II	1 202,83	1 056,25	916,16	782,41	655,16	534,41
	III	**951,83**	473,75	473,75	III	839,16	729,50	623,33	520,16	420,16	323,50
	V	**2 019,25**	473,75	473,75	IV	1 426,50	1 348,25	1 271,08	1 195,58	1 121,66	1 049,33
	VI	**2 063,58**	473,75	473,75							
6 773,99	I,IV	**1 506,00**	473,75	473,75	I	1 349,41	1 196,66	1 050,41	910,58	777,08	650,16
	II	**1 356,91**	473,75	473,75	II	1 203,91	1 057,33	917,16	783,41	656,08	535,25
	III	**952,66**	473,75	473,75	III	840,00	730,33	624,00	520,83	421,00	324,16
	V	**2 020,41**	473,75	473,75	IV	1 427,66	1 349,41	1 272,25	1 196,66	1 122,75	1 050,41
	VI	**2 064,75**	473,75	473,75							
6 776,99	I,IV	**1 507,16**	473,75	473,75	I	1 350,50	1 197,75	1 051,41	911,58	778,08	651,08
	II	**1 358,08**	473,75	473,75	II	1 205,00	1 058,33	918,16	784,41	657,00	536,08
	III	**953,50**	473,75	473,75	III	840,83	731,16	624,83	521,66	421,66	325,00
	V	**2 021,58**	473,75	473,75	IV	1 428,83	1 350,50	1 273,33	1 197,75	1 123,83	1 051,41
	VI	**2 065,91**	473,75	473,75							
6 779,99	I,IV	**1 508,25**	473,75	473,75	I	1 351,66	1 198,83	1 052,50	912,50	779,00	651,91
	II	**1 359,16**	473,75	473,75	II	1 206,08	1 059,41	919,16	785,33	657,91	536,91
	III	**954,33**	473,75	473,75	III	841,50	732,00	625,50	522,33	422,33	325,66
	V	**2 022,75**	473,75	473,75	IV	1 429,91	1 351,66	1 274,41	1 198,83	1 124,83	1 052,50
	VI	**2 067,00**	473,75	473,75							
6 782,99	I,IV	**1 509,41**	473,75	473,75	I	1 352,83	1 199,91	1 053,50	913,50	780,00	652,83
	II	**1 360,33**	473,75	473,75	II	1 207,16	1 060,41	920,16	786,25	658,83	537,83
	III	**955,16**	473,75	473,75	III	842,33	732,66	626,33	523,16	423,16	326,33
	V	**2 023,83**	473,75	473,75	IV	1 431,08	1 352,83	1 275,58	1 199,91	1 125,91	1 053,50
	VI	**2 068,16**	473,75	473,75							
6 785,99	I,IV	**1 510,58**	473,75	473,75	I	1 353,91	1 201,08	1 054,58	914,58	780,91	653,75
	II	**1 361,50**	473,75	473,75	II	1 208,25	1 061,50	921,16	787,25	659,75	538,66
	III	**956,00**	473,75	473,75	III	843,16	733,50	627,16	523,83	423,83	327,00
	V	**2 025,00**	473,75	473,75	IV	1 432,25	1 353,91	1 276,66	1 201,08	1 127,00	1 054,58
	VI	**2 069,33**	473,75	473,75							
6 788,99	I,IV	**1 511,66**	473,75	473,75	I	1 355,08	1 202,08	1 055,58	915,50	781,83	654,66
	II	**1 362,58**	473,75	473,75	II	1 209,33	1 062,50	922,16	788,16	660,66	539,50
	III	**956,83**	473,75	473,75	III	844,00	734,33	627,83	524,66	424,50	327,66
	V	**2 026,16**	473,75	473,75	IV	1 433,41	1 355,08	1 277,83	1 202,08	1 128,08	1 055,58
	VI	**2 070,50**	473,75	473,75							
6 791,99	I,IV	**1 512,83**	473,75	473,75	I	1 356,25	1 203,25	1 056,66	916,50	782,83	655,58
	II	**1 363,75**	473,75	473,75	II	1 210,50	1 063,58	923,16	789,16	661,58	540,41
	III	**957,66**	473,75	473,75	III	844,83	735,16	628,66	525,33	425,33	328,33
	V	**2 027,33**	473,75	473,75	IV	1 434,50	1 356,25	1 278,91	1 203,25	1 129,16	1 056,66
	VI	**2 071,58**	473,75	473,75							
6 794,99	I,IV	**1 514,00**	473,75	473,75	I	1 357,41	1 204,33	1 057,75	917,58	783,83	656,50
	II	**1 364,91**	473,75	473,75	II	1 211,58	1 064,66	924,16	790,08	662,50	541,25
	III	**958,66**	473,75	473,75	III	845,66	735,83	629,33	526,16	426,00	329,16
	V	**2 028,50**	473,75	473,75	IV	1 435,66	1 357,41	1 280,08	1 204,33	1 130,25	1 057,75
	VI	**2 072,75**	473,75	473,75							
6 797,99	I,IV	**1 515,16**	473,75	473,75	I	1 358,50	1 205,41	1 058,75	918,50	784,75	657,33
	II	**1 366,08**	473,75	473,75	II	1 212,66	1 065,66	925,16	791,00	663,33	542,08
	III	**959,33**	473,75	473,75	III	846,50	736,66	630,16	526,83	426,66	329,83
	V	**2 029,58**	473,75	473,75	IV	1 436,83	1 358,50	1 281,16	1 205,41	1 131,25	1 058,75
	VI	**2 073,91**	473,75	473,75							
6 800,99	I,IV	**1 516,33**	473,75	473,75	I	1 359,66	1 206,50	1 059,83	919,50	785,66	658,25
	II	**1 367,16**	473,75	473,75	II	1 213,75	1 066,75	926,16	792,00	664,25	543,00
	III	**960,16**	473,75	473,75	III	847,16	737,50	630,83	527,50	427,33	330,50
	V	**2 030,75**	473,75	473,75	IV	1 438,00	1 359,66	1 282,25	1 206,50	1 132,33	1 059,83
	VI	**2 075,08**	473,75	473,75							
6 803,99	I,IV	**1 517,41**	473,75	473,75	I	1 360,75	1 207,58	1 060,83	920,50	786,58	659,16
	II	**1 368,33**	473,75	473,75	II	1 214,83	1 067,75	927,16	792,91	665,16	543,83
	III	**961,00**	473,75	473,75	III	848,00	738,16	631,66	528,33	428,16	331,16
	V	**2 031,83**	473,75	473,75	IV	1 439,08	1 360,75	1 283,33	1 207,58	1 133,41	1 060,83
	VI	**2 076,16**	473,75	473,75							

* Zur LSt-Berechnung für privat versicherte Arbeitnehmer s. Beispiele **Vorbemerkung S. 4 f.**
** Basisvorsorgepauschale KV und PV *** Typisierter Arbeitgeberzuschuss

Lohn/ Gehalt in € bis	Steuerklasse	Lohn-steuer*	BVSP**	TAGZ***	Steuerklasse	Bemessungsgrundlage für Kirchensteuer und Solidaritätszuschlag – Freibeträge für ... Kinder 0,5	1,0	1,5	2,0	2,5	3,0
6806,99	I,IV	**1518,58**	473,75	473,75	I	1361,91	1208,66	1061,91	921,50	787,58	660,08
	II	**1369,50**	473,75	473,75	II	1215,91	1068,83	928,16	793,91	666,08	544,66
	III	**961,83**	473,75	473,75	III	848,83	739,00	632,50	529,00	428,83	331,83
	V	**2033,00**	473,75	473,75	IV	1440,25	1361,91	1284,50	1208,66	1134,50	1061,91
	VI	**2077,33**	473,75	473,75							
6809,99	I,IV	**1519,75**	473,75	473,75	I	1363,08	1209,83	1062,91	922,50	788,58	661,00
	II	**1370,58**	473,75	473,75	II	1217,08	1069,91	929,16	794,83	667,00	545,58
	III	**962,66**	473,75	473,75	III	849,66	739,83	633,16	529,83	429,50	332,50
	V	**2034,16**	473,75	473,75	IV	1441,41	1363,08	1285,66	1209,83	1135,58	1062,91
	VI	**2078,50**	473,75	473,75							
6812,99	I,IV	**1520,83**	473,75	473,75	I	1364,16	1210,83	1064,00	923,50	789,50	661,91
	II	**1371,75**	473,75	473,75	II	1218,08	1070,91	930,16	795,83	667,91	546,41
	III	**963,50**	473,75	473,75	III	850,50	740,66	634,00	530,50	430,33	333,33
	V	**2035,25**	473,75	473,75	IV	1442,50	1364,16	1286,75	1210,83	1136,58	1064,00
	VI	**2079,58**	473,75	473,75							
6815,99	I,IV	**1522,00**	473,75	473,75	I	1365,33	1212,00	1065,00	924,50	790,41	662,83
	II	**1372,91**	473,75	473,75	II	1219,25	1072,00	931,16	796,75	668,83	547,25
	III	**964,50**	473,75	473,75	III	851,33	741,50	634,66	531,33	431,00	334,00
	V	**2036,41**	473,75	473,75	IV	1443,66	1365,33	1287,83	1212,00	1137,66	1065,00
	VI	**2080,75**	473,75	473,75							
6818,99	I,IV	**1523,16**	473,75	473,75	I	1366,50	1213,08	1066,08	925,50	791,41	663,75
	II	**1374,08**	473,75	473,75	II	1220,33	1073,00	932,16	797,75	669,75	548,16
	III	**965,16**	473,75	473,75	III	852,16	742,16	635,50	532,00	431,66	334,66
	V	**2037,58**	473,75	473,75	IV	1444,83	1366,50	1289,00	1213,08	1138,75	1066,08
	VI	**2081,91**	473,75	473,75							
6821,99	I,IV	**1524,25**	473,75	473,75	I	1367,58	1214,16	1067,08	926,50	792,33	664,58
	II	**1375,16**	473,75	473,75	II	1221,41	1074,08	933,16	798,66	670,66	549,00
	III	**966,00**	473,75	473,75	III	852,83	743,00	636,16	532,66	432,50	335,33
	V	**2038,75**	473,75	473,75	IV	1445,91	1367,58	1290,08	1214,16	1139,83	1067,08
	VI	**2083,00**	473,75	473,75							
6824,99	I,IV	**1525,41**	473,75	473,75	I	1368,75	1215,25	1068,16	927,50	793,33	665,50
	II	**1376,33**	473,75	473,75	II	1222,50	1075,16	934,16	799,66	671,58	549,91
	III	**967,00**	473,75	473,75	III	853,83	743,83	637,00	533,50	433,16	336,00
	V	**2039,83**	473,75	473,75	IV	1447,08	1368,75	1291,25	1215,25	1140,91	1068,16
	VI	**2084,16**	473,75	473,75							
6827,99	I,IV	**1526,58**	473,75	473,75	I	1369,91	1216,33	1069,25	928,58	794,25	666,41
	II	**1377,50**	473,75	473,75	II	1223,66	1076,16	935,16	800,58	672,50	550,75
	III	**967,83**	473,75	473,75	III	854,50	744,50	637,83	534,16	433,83	336,83
	V	**2041,00**	473,75	473,75	IV	1448,25	1369,91	1292,33	1216,33	1142,00	1069,25
	VI	**2085,33**	473,75	473,75							
6830,99	I,IV	**1527,66**	473,75	473,75	I	1371,08	1217,41	1070,25	929,50	795,25	667,33
	II	**1378,58**	473,75	473,75	II	1224,75	1077,25	936,16	801,58	673,33	551,58
	III	**968,50**	473,75	473,75	III	855,33	745,33	638,50	535,00	434,66	337,50
	V	**2042,16**	473,75	473,75	IV	1449,33	1371,08	1293,41	1217,41	1143,08	1070,25
	VI	**2086,41**	473,75	473,75							
6833,99	I,IV	**1528,83**	473,75	473,75	I	1372,16	1218,58	1071,33	930,58	796,16	668,25
	II	**1379,75**	473,75	473,75	II	1225,83	1078,25	937,16	802,50	674,25	552,50
	III	**969,50**	473,75	473,75	III	856,16	746,16	639,33	535,66	435,33	338,16
	V	**2043,33**	473,75	473,75	IV	1450,50	1372,16	1294,58	1218,58	1144,16	1071,33
	VI	**2087,58**	473,75	473,75							
6836,99	I,IV	**1530,00**	473,75	473,75	I	1373,33	1219,66	1072,41	931,58	797,16	669,16
	II	**1380,91**	473,75	473,75	II	1226,91	1079,33	938,16	803,50	675,16	553,33
	III	**970,33**	473,75	473,75	III	857,00	747,00	640,16	536,50	436,00	338,83
	V	**2044,41**	473,75	473,75	IV	1451,66	1373,33	1295,75	1219,66	1145,25	1072,41
	VI	**2088,75**	473,75	473,75							
6839,99	I,IV	**1531,16**	473,75	473,75	I	1374,50	1220,75	1073,41	932,58	798,08	670,08
	II	**1382,00**	473,75	473,75	II	1228,00	1080,41	939,16	804,41	676,08	554,16
	III	**971,16**	473,75	473,75	III	857,83	747,66	640,83	537,16	436,83	339,50
	V	**2045,58**	473,75	473,75	IV	1452,83	1374,50	1296,83	1220,75	1146,25	1073,41
	VI	**2089,91**	473,75	473,75							

* Zur LSt-Berechnung für privat versicherte Arbeitnehmer s. Beispiele **Vorbemerkung S. 4 f.**
** Basisvorsorgepauschale KV und PV *** Typisierter Arbeitgeberzuschuss

Lohn/ Gehalt in € bis	Steuerklasse	Lohn-steuer*	BVSP**	TAGZ***	Steuerklasse	Bemessungsgrundlage für Kirchensteuer und Solidaritätszuschlag – Freibeträge für ... Kinder 0,5	1,0	1,5	2,0	2,5	3,0
6842,99	I,IV	**1532,25**	473,75	473,75	I	1375,66	1221,83	1074,50	933,58	799,08	671,00
	II	**1383,16**	473,75	473,75	II	1229,08	1081,41	940,25	805,41	677,00	555,08
	III	**972,00**	473,75	473,75	III	858,66	748,50	641,66	538,00	437,50	340,33
	V	**2046,75**	473,75	473,75	IV	1453,91	1375,66	1297,91	1221,83	1147,33	1074,50
	VI	**2091,00**	473,75	473,75							
6845,99	I,IV	**1533,41**	473,75	473,75	I	1376,75	1223,00	1075,58	934,58	800,00	671,91
	II	**1384,33**	473,75	473,75	II	1230,25	1082,50	941,25	806,33	677,91	555,91
	III	**972,83**	473,75	473,75	III	859,50	749,33	642,33	538,66	438,16	341,00
	V	**2047,91**	473,75	473,75	IV	1455,08	1376,75	1299,08	1223,00	1148,41	1075,58
	VI	**2092,16**	473,75	473,75							
6848,99	I,IV	**1534,58**	473,75	473,75	I	1377,91	1224,00	1076,58	935,58	801,00	672,83
	II	**1385,50**	473,75	473,75	II	1231,33	1083,58	942,25	807,33	678,83	556,83
	III	**973,66**	473,75	473,75	III	860,16	750,16	643,16	539,50	439,00	341,66
	V	**2049,00**	473,75	473,75	IV	1456,25	1377,91	1300,16	1224,00	1149,50	1076,58
	VI	**2093,33**	473,75	473,75							
6851,99	I,IV	**1535,75**	473,75	473,75	I	1379,08	1225,16	1077,66	936,58	801,91	673,75
	II	**1386,58**	473,75	473,75	II	1232,41	1084,58	943,25	808,25	679,75	557,66
	III	**974,50**	473,75	473,75	III	861,16	750,83	644,00	540,16	439,66	342,33
	V	**2050,16**	473,75	473,75	IV	1457,41	1379,08	1301,33	1225,16	1150,58	1077,66
	VI	**2094,50**	473,75	473,75							
6854,99	I,IV	**1536,83**	473,75	473,75	I	1380,25	1226,25	1078,75	937,58	802,91	674,66
	II	**1387,75**	473,75	473,75	II	1233,58	1085,66	944,25	809,25	680,66	558,58
	III	**975,33**	473,75	473,75	III	861,83	751,66	644,66	541,00	440,33	343,00
	V	**2051,33**	473,75	473,75	IV	1458,58	1380,25	1302,41	1226,25	1151,66	1078,75
	VI	**2095,58**	473,75	473,75							
6857,99	I,IV	**1538,00**	473,75	473,75	I	1381,33	1227,33	1079,75	938,58	803,83	675,50
	II	**1388,91**	473,75	473,75	II	1234,58	1086,75	945,25	810,16	681,58	559,41
	III	**976,16**	473,75	473,75	III	862,66	752,50	645,50	541,66	441,16	343,66
	V	**2052,41**	473,75	473,75	IV	1459,66	1381,33	1303,58	1227,33	1152,75	1079,75
	VI	**2096,75**	473,75	473,75							
6860,99	I,IV	**1539,16**	473,75	473,75	I	1382,50	1228,41	1080,83	939,58	804,83	676,50
	II	**1390,08**	473,75	473,75	II	1235,75	1087,75	946,25	811,16	682,50	560,25
	III	**977,00**	473,75	473,75	III	863,50	753,33	646,33	542,50	441,83	344,50
	V	**2053,58**	473,75	473,75	IV	1460,83	1382,50	1304,66	1228,41	1153,83	1080,83
	VI	**2097,91**	473,75	473,75							
6863,99	I,IV	**1540,33**	473,75	473,75	I	1383,66	1229,58	1081,83	940,58	805,75	677,41
	II	**1391,16**	473,75	473,75	II	1236,83	1088,83	947,25	812,16	683,41	561,16
	III	**977,83**	473,75	473,75	III	864,33	754,00	647,00	543,16	442,50	345,16
	V	**2054,75**	473,75	473,75	IV	1462,00	1383,66	1305,83	1229,58	1154,91	1081,83
	VI	**2099,08**	473,75	473,75							
6866,99	I,IV	**1541,41**	473,75	473,75	I	1384,75	1230,66	1082,91	941,58	806,75	678,25
	II	**1392,33**	473,75	473,75	II	1237,91	1089,91	948,25	813,08	684,33	562,00
	III	**978,66**	473,75	473,75	III	865,16	754,83	647,83	543,83	443,33	345,83
	V	**2055,83**	473,75	473,75	IV	1463,08	1384,75	1306,91	1230,66	1156,00	1082,91
	VI	**2100,16**	473,75	473,75							
6869,99	I,IV	**1542,58**	473,75	473,75	I	1385,91	1231,75	1084,00	942,58	807,66	679,16
	II	**1393,50**	473,75	473,75	II	1239,08	1090,91	949,33	814,08	685,25	562,91
	III	**979,50**	473,75	473,75	III	866,00	755,66	648,50	544,66	444,00	346,50
	V	**2057,00**	473,75	473,75	IV	1464,25	1385,91	1308,08	1231,75	1157,08	1084,00
	VI	**2101,33**	473,75	473,75							
6872,99	I,IV	**1543,66**	473,75	473,75	I	1387,00	1232,83	1085,00	943,58	808,66	680,08
	II	**1394,58**	473,75	473,75	II	1240,16	1092,00	950,25	815,00	686,16	563,75
	III	**980,33**	473,75	473,75	III	866,83	756,50	649,33	545,33	444,66	347,16
	V	**2058,16**	473,75	473,75	IV	1465,33	1387,00	1309,16	1232,83	1158,08	1085,00
	VI	**2102,41**	473,75	473,75							
6875,99	I,IV	**1544,83**	473,75	473,75	I	1388,16	1233,91	1086,08	944,58	809,58	681,00
	II	**1395,75**	473,75	473,75	II	1241,25	1093,08	951,33	816,00	687,08	564,58
	III	**981,16**	473,75	473,75	III	867,66	757,16	650,00	546,16	445,50	348,00
	V	**2059,33**	473,75	473,75	IV	1466,50	1388,16	1310,33	1233,91	1159,16	1086,08
	VI	**2103,58**	473,75	473,75							

* Zur LSt-Berechnung für privat versicherte Arbeitnehmer s. Beispiele **Vorbemerkung S. 4 f.**
** Basisvorsorgepauschale KV und PV *** Typisierter Arbeitgeberzuschuss

Lohn/ Gehalt in € bis	Steuerklasse	Lohn-steuer*	BVSP**	TAGZ***	Steuerklasse	Bemessungsgrundlage für Kirchensteuer und Solidaritätszuschlag					
						Freibeträge für ... Kinder					
						0,5	**1,0**	1,5	**2,0**	2,5	**3,0**
6 878,99	I,IV	**1 546,00**	473,75	473,75	I	1 389,33	1 235,08	1 087,16	945,66	810,58	681,91
	II	**1 396,91**	473,75	473,75	II	1 242,33	1 094,16	952,33	816,91	688,00	565,50
	III	**982,00**	473,75	473,75	III	868,50	758,00	650,83	547,00	446,16	348,66
	V	**2 060,41**	473,75	473,75	IV	1 467,66	1 389,33	1 311,41	1 235,08	1 160,33	1 087,16
	VI	**2 104,75**	473,75	473,75							
6 881,99	I,IV	**1 547,16**	473,75	473,75	I	1 390,50	1 236,16	1 088,16	946,66	811,50	682,83
	II	**1 398,00**	473,75	473,75	II	1 243,41	1 095,16	953,33	817,91	688,91	566,33
	III	**982,83**	473,75	473,75	III	869,16	758,83	651,66	547,66	446,83	349,33
	V	**2 061,58**	473,75	473,75	IV	1 468,83	1 390,50	1 312,50	1 236,16	1 161,33	1 088,16
	VI	**2 105,91**	473,75	473,75							
6 884,99	I,IV	**1 548,25**	473,75	473,75	I	1 391,58	1 237,25	1 089,25	947,66	812,50	683,75
	II	**1 399,16**	473,75	473,75	II	1 244,58	1 096,25	954,33	818,83	689,83	567,25
	III	**983,66**	473,75	473,75	III	870,00	759,66	652,33	548,33	447,66	350,00
	V	**2 062,75**	473,75	473,75	IV	1 469,91	1 391,58	1 313,66	1 237,25	1 162,41	1 089,25
	VI	**2 107,00**	473,75	473,75							
6 887,99	I,IV	**1 549,41**	473,75	473,75	I	1 392,75	1 238,33	1 090,33	948,66	813,50	684,66
	II	**1 400,33**	473,75	473,75	II	1 245,66	1 097,33	955,33	819,83	690,75	568,08
	III	**984,50**	473,75	473,75	III	870,83	760,50	653,16	549,16	448,33	350,83
	V	**2 063,91**	473,75	473,75	IV	1 471,08	1 392,75	1 314,83	1 238,33	1 163,50	1 090,33
	VI	**2 108,16**	473,75	473,75							
6 890,99	I,IV	**1 550,58**	473,75	473,75	I	1 393,91	1 239,41	1 091,33	949,66	814,41	685,58
	II	**1 401,41**	473,75	473,75	II	1 246,75	1 098,33	956,33	820,83	691,66	569,00
	III	**985,33**	473,75	473,75	III	871,66	761,16	654,00	549,83	449,00	351,50
	V	**2 065,00**	473,75	473,75	IV	1 472,25	1 393,91	1 315,91	1 239,41	1 164,58	1 091,33
	VI	**2 109,33**	473,75	473,75							
6 893,99	I,IV	**1 551,75**	473,75	473,75	I	1 395,08	1 240,58	1 092,41	950,66	815,41	686,50
	II	**1 402,58**	473,75	473,75	II	1 247,91	1 099,41	957,41	821,75	692,58	569,83
	III	**986,16**	473,75	473,75	III	872,50	762,00	654,66	550,66	449,83	352,16
	V	**2 066,16**	473,75	473,75	IV	1 473,41	1 395,08	1 317,08	1 240,58	1 165,66	1 092,41
	VI	**2 110,50**	473,75	473,75							
6 896,99	I,IV	**1 552,83**	473,75	473,75	I	1 396,16	1 241,66	1 093,50	951,66	816,33	687,41
	II	**1 403,75**	473,75	473,75	II	1 249,00	1 100,50	958,41	822,75	693,50	570,75
	III	**987,16**	473,75	473,75	III	873,33	762,83	655,50	551,33	450,50	352,83
	V	**2 067,33**	473,75	473,75	IV	1 474,50	1 396,16	1 318,16	1 241,66	1 166,75	1 093,50
	VI	**2 111,58**	473,75	473,75							
6 899,99	I,IV	**1 554,00**	473,75	473,75	I	1 397,33	1 242,75	1 094,50	952,66	817,33	688,33
	II	**1 404,91**	473,75	473,75	II	1 250,08	1 101,50	959,41	823,66	694,41	571,58
	III	**988,00**	473,75	473,75	III	874,16	763,66	656,33	552,16	451,16	353,50
	V	**2 068,41**	473,75	473,75	IV	1 475,66	1 397,33	1 319,33	1 242,75	1 167,83	1 094,50
	VI	**2 112,75**	473,75	473,75							
6 902,99	I,IV	**1 555,16**	473,75	473,75	I	1 398,50	1 243,91	1 095,58	953,75	818,25	689,25
	II	**1 406,08**	473,75	473,75	II	1 251,16	1 102,58	960,41	824,66	695,33	572,50
	III	**988,66**	473,75	473,75	III	875,00	764,33	657,00	552,83	452,00	354,16
	V	**2 069,58**	473,75	473,75	IV	1 476,83	1 398,50	1 320,41	1 243,91	1 168,91	1 095,58
	VI	**2 113,91**	473,75	473,75							
6 905,99	I,IV	**1 556,33**	473,75	473,75	I	1 399,66	1 245,00	1 096,66	954,75	819,25	690,16
	II	**1 407,16**	473,75	473,75	II	1 252,33	1 103,66	961,41	825,66	696,25	573,33
	III	**989,66**	473,75	473,75	III	875,83	765,16	657,83	553,66	452,66	355,00
	V	**2 070,75**	473,75	473,75	IV	1 478,00	1 399,66	1 321,58	1 245,00	1 170,00	1 096,66
	VI	**2 115,08**	473,75	473,75							
6 908,99	I,IV	**1 557,41**	473,75	473,75	I	1 400,75	1 246,08	1 097,66	955,75	820,16	691,08
	II	**1 408,33**	473,75	473,75	II	1 253,41	1 104,66	962,41	826,58	697,16	574,16
	III	**990,50**	473,75	473,75	III	876,66	766,00	658,50	554,33	453,33	355,66
	V	**2 071,83**	473,75	473,75	IV	1 479,08	1 400,75	1 322,66	1 246,08	1 171,08	1 097,66
	VI	**2 116,16**	473,75	473,75							
6 911,99	I,IV	**1 558,58**	473,75	473,75	I	1 401,91	1 247,16	1 098,75	956,75	821,16	692,00
	II	**1 409,50**	473,75	473,75	II	1 254,50	1 105,75	963,50	827,58	698,08	575,08
	III	**991,33**	473,75	473,75	III	877,33	766,83	659,33	555,16	454,16	356,33
	V	**2 073,00**	473,75	473,75	IV	1 480,25	1 401,91	1 323,83	1 247,16	1 172,16	1 098,75
	VI	**2 117,33**	473,75	473,75							

* Zur LSt-Berechnung für privat versicherte Arbeitnehmer s. Beispiele **Vorbemerkung S. 4 f.**
** Basisvorsorgepauschale KV und PV *** Typisierter Arbeitgeberzuschuss

Lohn/ Gehalt in € bis	Steuerklasse	Lohn-steuer*	BVSP**	TAGZ***	Steuerklasse	Bemessungsgrundlage für Kirchensteuer und Solidaritätszuschlag					
						Freibeträge für ... Kinder					
						0,5	**1,0**	1,5	**2,0**	2,5	**3,0**
6914,99	I,IV	**1559,75**	473,75	473,75	I	1403,08	1248,33	1099,83	957,75	822,16	692,91
	II	**1410,66**	473,75	473,75	II	1255,66	1106,83	964,50	828,58	699,08	576,00
	III	**992,16**	473,75	473,75	III	878,33	767,66	660,16	555,83	454,83	357,00
	V	**2074,16**	473,75	473,75	IV	1481,41	1403,08	1325,00	1248,33	1173,25	1099,83
	VI	**2118,50**	473,75	473,75							
6917,99	I,IV	**1560,83**	473,75	473,75	I	1404,16	1249,41	1100,83	958,75	823,08	693,83
	II	**1411,75**	473,75	473,75	II	1256,75	1107,91	965,50	829,50	699,91	576,83
	III	**993,00**	473,75	473,75	III	879,00	768,33	660,83	556,66	455,50	357,83
	V	**2075,25**	473,75	473,75	IV	1482,50	1404,16	1326,08	1249,41	1174,33	1100,83
	VI	**2119,58**	473,75	473,75							
6920,99	I,IV	**1562,00**	473,75	473,75	I	1405,33	1250,50	1101,91	959,83	824,08	694,75
	II	**1412,91**	473,75	473,75	II	1257,83	1109,00	966,50	830,50	700,91	577,75
	III	**993,83**	473,75	473,75	III	879,83	769,16	661,66	557,33	456,33	358,50
	V	**2076,41**	473,75	473,75	IV	1483,66	1405,33	1327,25	1250,50	1175,41	1101,91
	VI	**2120,75**	473,75	473,75							
6923,99	I,IV	**1563,16**	473,75	473,75	I	1406,50	1251,66	1103,00	960,83	825,08	695,75
	II	**1414,08**	473,75	473,75	II	1259,00	1110,08	967,50	831,41	701,83	578,58
	III	**994,66**	473,75	473,75	III	880,66	770,00	662,50	558,16	457,00	359,16
	V	**2077,58**	473,75	473,75	IV	1484,83	1406,50	1328,33	1251,66	1176,50	1103,00
	VI	**2121,91**	473,75	473,75							
6926,99	I,IV	**1564,25**	473,75	473,75	I	1407,58	1252,75	1104,08	961,83	826,00	696,58
	II	**1415,16**	473,75	473,75	II	1260,08	1111,08	968,50	832,41	702,75	579,41
	III	**995,50**	473,75	473,75	III	881,50	770,83	663,16	558,83	457,83	359,83
	V	**2078,75**	473,75	473,75	IV	1485,91	1407,58	1329,50	1252,75	1177,58	1104,08
	VI	**2123,00**	473,75	473,75							
6929,99	I,IV	**1565,41**	473,75	473,75	I	1408,75	1253,83	1105,16	962,83	827,00	697,58
	II	**1416,33**	473,75	473,75	II	1261,16	1112,16	969,58	833,41	703,66	580,33
	III	**996,33**	473,75	473,75	III	882,33	771,50	664,00	559,66	458,50	360,50
	V	**2079,83**	473,75	473,75	IV	1487,08	1408,75	1330,58	1253,83	1178,66	1105,16
	VI	**2124,16**	473,75	473,75							
6932,99	I,IV	**1566,58**	473,75	473,75	I	1409,91	1255,00	1106,16	963,83	827,91	698,50
	II	**1417,50**	473,75	473,75	II	1262,33	1113,25	970,58	834,33	704,58	581,25
	III	**997,16**	473,75	473,75	III	883,16	772,33	664,83	560,33	459,16	361,33
	V	**2081,00**	473,75	473,75	IV	1488,25	1409,91	1331,75	1255,00	1179,75	1106,16
	VI	**2125,33**	473,75	473,75							
6935,99	I,IV	**1567,66**	473,75	473,75	I	1411,08	1256,08	1107,25	964,83	828,91	699,41
	II	**1418,58**	473,75	473,75	II	1263,41	1114,25	971,58	835,33	705,50	582,08
	III	**998,00**	473,75	473,75	III	884,00	773,16	665,50	561,16	460,00	362,00
	V	**2082,16**	473,75	473,75	IV	1489,41	1411,08	1332,91	1256,08	1180,83	1107,25
	VI	**2126,50**	473,75	473,75							
6938,99	I,IV	**1568,83**	473,75	473,75	I	1412,16	1257,16	1108,33	965,91	829,91	700,33
	II	**1419,75**	473,75	473,75	II	1264,50	1115,33	972,58	836,33	706,41	583,00
	III	**998,83**	473,75	473,75	III	884,83	774,00	666,33	561,83	460,66	362,66
	V	**2083,33**	473,75	473,75	IV	1490,50	1412,16	1334,00	1257,16	1181,91	1108,33
	VI	**2127,58**	473,75	473,75							
6941,99	I,IV	**1570,00**	473,75	473,75	I	1413,33	1258,25	1109,33	966,91	830,83	701,25
	II	**1420,91**	473,75	473,75	II	1265,58	1116,41	973,58	837,25	707,33	583,83
	III	**999,66**	473,75	473,75	III	885,66	774,66	667,00	562,66	461,33	363,33
	V	**2084,41**	473,75	473,75	IV	1491,66	1413,33	1335,16	1258,25	1183,00	1109,33
	VI	**2128,75**	473,75	473,75							
6944,99	I,IV	**1571,16**	473,75	473,75	I	1414,50	1259,41	1110,41	967,91	831,83	702,16
	II	**1422,00**	473,75	473,75	II	1266,75	1117,50	974,66	838,25	708,25	584,75
	III	**1000,50**	473,75	473,75	III	886,50	775,50	667,83	563,33	462,16	364,00
	V	**2085,58**	473,75	473,75	IV	1492,83	1414,50	1336,25	1259,41	1184,08	1110,41
	VI	**2129,91**	473,75	473,75							
6947,99	I,IV	**1572,33**	473,75	473,75	I	1415,66	1260,50	1111,50	968,91	832,83	703,08
	II	**1423,16**	473,75	473,75	II	1267,83	1118,58	975,66	839,25	709,16	585,58
	III	**1001,33**	473,75	473,75	III	887,33	776,33	668,66	564,16	462,83	364,83
	V	**2086,75**	473,75	473,75	IV	1494,00	1415,66	1337,41	1260,50	1185,16	1111,50
	VI	**2131,08**	473,75	473,75							

* Zur LSt-Berechnung für privat versicherte Arbeitnehmer s. Beispiele **Vorbemerkung S. 4 f.**
** Basisvorsorgepauschale KV und PV *** Typisierter Arbeitgeberzuschuss

Lohn/ Gehalt in € bis	Steuerklasse	Lohn-steuer*	BVSP**	TAGZ***	Steuerklasse	Bemessungsgrundlage für Kirchensteuer und Solidaritätszuschlag					
						Freibeträge für ... Kinder					
						0,5	**1,0**	1,5	**2,0**	2,5	**3,0**
6950,99	I,IV	**1573,41**	473,75	473,75	I	1416,75	1261,58	1112,58	969,91	833,75	704,00
	II	**1424,33**	473,75	473,75	II	1268,91	1119,58	976,66	840,16	710,08	586,50
	III	**1002,16**	473,75	473,75	III	888,00	777,16	669,33	564,83	463,50	365,50
	V	**2087,83**	473,75	473,75	IV	1495,08	1416,75	1338,50	1261,58	1186,25	1112,58
	VI	**2132,16**	473,75	473,75							
6953,99	I,IV	**1574,58**	473,75	473,75	I	1417,91	1262,75	1113,66	971,00	834,75	704,91
	II	**1425,50**	473,75	473,75	II	1270,08	1120,66	977,66	841,16	711,00	587,33
	III	**1003,16**	473,75	473,75	III	888,83	778,00	670,16	565,66	464,33	366,16
	V	**2089,00**	473,75	473,75	IV	1496,25	1417,91	1339,66	1262,75	1187,33	1113,66
	VI	**2133,33**	473,75	473,75							
6956,99	I,IV	**1575,75**	473,75	473,75	I	1419,08	1263,83	1114,66	972,00	835,66	705,83
	II	**1426,58**	473,75	473,75	II	1271,16	1121,75	978,75	842,16	712,00	588,25
	III	**1004,00**	473,75	473,75	III	889,66	778,66	671,00	566,33	465,00	366,83
	V	**2090,16**	473,75	473,75	IV	1497,41	1419,08	1340,83	1263,83	1188,50	1114,66
	VI	**2134,50**	473,75	473,75							
6959,99	I,IV	**1576,83**	473,75	473,75	I	1420,16	1264,91	1115,75	973,00	836,66	706,75
	II	**1427,75**	473,75	473,75	II	1272,33	1122,83	979,75	843,08	712,91	589,08
	III	**1004,83**	473,75	473,75	III	890,50	779,50	671,66	567,16	465,66	367,50
	V	**2091,25**	473,75	473,75	IV	1498,50	1420,16	1341,91	1264,91	1189,50	1115,75
	VI	**2135,58**	473,75	473,75							
6962,99	I,IV	**1578,00**	473,75	473,75	I	1421,33	1266,08	1116,83	974,00	837,66	707,66
	II	**1428,91**	473,75	473,75	II	1273,41	1123,91	980,75	844,08	713,83	590,00
	III	**1005,66**	473,75	473,75	III	891,33	780,33	672,50	567,83	466,50	368,33
	V	**2092,41**	473,75	473,75	IV	1499,66	1421,33	1343,08	1266,08	1190,66	1116,83
	VI	**2136,75**	473,75	473,75							
6965,99	I,IV	**1579,16**	473,75	473,75	I	1422,50	1267,16	1117,91	975,08	838,58	708,66
	II	**1430,08**	473,75	473,75	II	1274,58	1124,91	981,75	845,08	714,75	590,91
	III	**1006,50**	473,75	473,75	III	892,16	781,16	673,33	568,66	467,16	369,00
	V	**2093,58**	473,75	473,75	IV	1500,83	1422,50	1344,25	1267,16	1191,75	1117,91
	VI	**2137,91**	473,75	473,75							
6968,99	I,IV	**1580,25**	473,75	473,75	I	1423,58	1268,25	1118,91	976,08	839,58	709,50
	II	**1431,16**	473,75	473,75	II	1275,66	1126,00	982,75	846,00	715,66	591,75
	III	**1007,33**	473,75	473,75	III	893,00	781,83	674,00	569,33	467,83	369,66
	V	**2094,75**	473,75	473,75	IV	1501,91	1423,58	1345,33	1268,25	1192,83	1118,91
	VI	**2139,00**	473,75	473,75							
6971,99	I,IV	**1581,41**	473,75	473,75	I	1424,75	1269,41	1120,00	977,08	840,58	710,50
	II	**1432,33**	473,75	473,75	II	1276,75	1127,08	983,83	847,00	716,58	592,66
	III	**1008,16**	473,75	473,75	III	893,83	782,66	674,83	570,16	468,66	370,50
	V	**2095,83**	473,75	473,75	IV	1503,08	1424,75	1346,50	1269,41	1193,91	1120,00
	VI	**2140,16**	473,75	473,75							
6974,99	I,IV	**1582,58**	473,75	473,75	I	1425,91	1270,50	1121,08	978,08	841,50	711,41
	II	**1433,50**	473,75	473,75	II	1277,91	1128,16	984,83	848,00	717,50	593,50
	III	**1009,00**	473,75	473,75	III	894,66	783,50	675,66	570,83	469,33	371,16
	V	**2097,00**	473,75	473,75	IV	1504,25	1425,91	1347,66	1270,50	1195,00	1121,08
	VI	**2141,33**	473,75	473,75							
6977,99	I,IV	**1583,66**	473,75	473,75	I	1427,08	1271,58	1122,16	979,08	842,50	712,33
	II	**1434,58**	473,75	473,75	II	1279,00	1129,25	985,83	848,91	718,41	594,41
	III	**1009,83**	473,75	473,75	III	895,50	784,33	676,33	571,66	470,16	371,83
	V	**2098,16**	473,75	473,75	IV	1505,33	1427,08	1348,75	1271,58	1196,08	1122,16
	VI	**2142,41**	473,75	473,75							
6980,99	I,IV	**1584,83**	473,75	473,75	I	1428,16	1272,75	1123,25	980,16	843,50	713,25
	II	**1435,75**	473,75	473,75	II	1280,08	1130,25	986,91	849,91	719,41	595,25
	III	**1010,66**	473,75	473,75	III	896,33	785,16	677,16	572,33	470,83	372,50
	V	**2099,33**	473,75	473,75	IV	1506,50	1428,16	1349,91	1272,75	1197,16	1123,25
	VI	**2143,58**	473,75	473,75							
6983,99	I,IV	**1586,00**	473,75	473,75	I	1429,33	1273,83	1124,33	981,16	844,50	714,16
	II	**1436,91**	473,75	473,75	II	1281,25	1131,33	987,91	850,91	720,33	596,16
	III	**1011,50**	473,75	473,75	III	897,16	785,83	678,00	573,16	471,50	373,16
	V	**2100,41**	473,75	473,75	IV	1507,66	1429,33	1351,08	1273,83	1198,25	1124,33
	VI	**2144,75**	473,75	473,75							

* Zur LSt-Berechnung für privat versicherte Arbeitnehmer s. Beispiele **Vorbemerkung S. 4f.**
** Basisvorsorgepauschale KV und PV *** Typisierter Arbeitgeberzuschuss

Lohn/ Gehalt in € bis	Steuerklasse	Lohn-steuer*	BVSP**	TAGZ***	Steuerklasse	Bemessungsgrundlage für Kirchensteuer und Solidaritätszuschlag – Freibeträge für ... Kinder 0,5	**1,0**	1,5	**2,0**	2,5	**3,0**
6986,99	I,IV	**1587,16**	473,75	473,75	I	1430,50	1275,00	1125,33	982,16	845,41	715,08
	II	**1438,00**	473,75	473,75	II	1282,33	1132,41	988,91	851,83	721,25	597,00
	III	**1012,33**	473,75	473,75	III	898,00	786,66	678,66	573,83	472,33	374,00
	V	**2101,58**	473,75	473,75	IV	1508,83	1430,50	1352,16	1275,00	1199,33	1125,33
	VI	**2145,91**	473,75	473,75							
6989,99	I,IV	**1588,25**	473,75	473,75	I	1431,66	1276,08	1126,41	983,16	846,41	716,00
	II	**1439,16**	473,75	473,75	II	1283,50	1133,50	990,00	852,83	722,16	597,91
	III	**1013,33**	473,75	473,75	III	898,83	787,50	679,50	574,66	473,00	374,66
	V	**2102,75**	473,75	473,75	IV	1509,91	1431,66	1353,33	1276,08	1200,41	1126,41
	VI	**2147,00**	473,75	473,75							
6992,99	I,IV	**1589,41**	473,75	473,75	I	1432,75	1277,25	1127,50	984,25	847,41	717,00
	II	**1440,33**	473,75	473,75	II	1284,58	1134,58	991,00	853,83	723,08	598,83
	III	**1014,16**	473,75	473,75	III	899,66	788,33	680,16	575,33	473,83	375,33
	V	**2103,91**	473,75	473,75	IV	1511,08	1432,75	1354,50	1277,25	1201,58	1127,50
	VI	**2148,16**	473,75	473,75							
6995,99	I,IV	**1590,58**	473,75	473,75	I	1433,91	1278,33	1128,58	985,25	848,33	717,91
	II	**1441,50**	473,75	473,75	II	1285,66	1135,66	992,00	854,83	724,00	599,66
	III	**1014,83**	473,75	473,75	III	900,33	789,16	681,00	576,16	474,50	376,00
	V	**2105,00**	473,75	473,75	IV	1512,25	1433,91	1355,58	1278,33	1202,66	1128,58
	VI	**2149,33**	473,75	473,75							
6998,99	I,IV	**1591,75**	473,75	473,75	I	1435,08	1279,41	1129,66	986,25	849,33	718,83
	II	**1442,58**	473,75	473,75	II	1286,83	1136,75	993,00	855,75	725,00	600,58
	III	**1015,83**	473,75	473,75	III	901,33	790,00	681,83	577,00	475,16	376,83
	V	**2106,16**	473,75	473,75	IV	1513,41	1435,08	1356,75	1279,41	1203,75	1129,66
	VI	**2150,50**	473,75	473,75							
7001,99	I,IV	**1592,83**	473,75	473,75	I	1436,25	1280,58	1130,75	987,33	850,33	719,75
	II	**1443,75**	473,75	473,75	II	1287,91	1137,83	994,08	856,75	725,91	601,50
	III	**1016,66**	473,75	473,75	III	902,00	790,66	682,50	577,66	476,00	377,50
	V	**2107,33**	473,75	473,75	IV	1514,58	1436,25	1357,91	1280,58	1204,83	1130,75
	VI	**2151,58**	473,75	473,75							
7004,99	I,IV	**1594,00**	473,75	473,75	I	1437,33	1281,66	1131,75	988,33	851,25	720,66
	II	**1444,91**	473,75	473,75	II	1289,08	1138,83	995,08	857,75	726,83	602,33
	III	**1017,50**	473,75	473,75	III	902,83	791,50	683,33	578,33	476,66	378,16
	V	**2108,41**	473,75	473,75	IV	1515,66	1437,33	1359,00	1281,66	1205,91	1131,75
	VI	**2152,75**	473,75	473,75							
7007,99	I,IV	**1595,16**	473,75	473,75	I	1438,50	1282,75	1132,83	989,33	852,25	721,58
	II	**1446,08**	473,75	473,75	II	1290,16	1139,91	996,08	858,75	727,75	603,25
	III	**1018,33**	473,75	473,75	III	903,66	792,33	684,16	579,16	477,50	378,83
	V	**2109,58**	473,75	473,75	IV	1516,83	1438,50	1360,16	1282,75	1207,00	1132,83
	VI	**2153,91**	473,75	473,75							
7010,99	I,IV	**1596,25**	473,75	473,75	I	1439,58	1283,91	1133,91	990,33	853,25	722,50
	II	**1447,16**	473,75	473,75	II	1291,25	1141,00	997,08	859,66	728,66	604,08
	III	**1019,16**	473,75	473,75	III	904,50	793,16	684,83	580,00	478,16	379,66
	V	**2110,75**	473,75	473,75	IV	1517,91	1439,58	1361,25	1283,91	1208,08	1133,91
	VI	**2155,00**	473,75	473,75							
7013,99	I,IV	**1597,41**	473,75	473,75	I	1440,75	1285,00	1135,00	991,33	854,16	723,41
	II	**1448,33**	473,75	473,75	II	1292,41	1142,08	998,16	860,66	729,58	605,00
	III	**1020,00**	473,75	473,75	III	905,33	793,83	685,66	580,66	478,83	380,33
	V	**2111,83**	473,75	473,75	IV	1519,08	1440,75	1362,41	1285,00	1209,16	1135,00
	VI	**2156,16**	473,75	473,75							
7016,99	I,IV	**1598,58**	473,75	473,75	I	1441,91	1286,16	1136,08	992,41	855,16	724,41
	II	**1449,50**	473,75	473,75	II	1293,58	1143,16	999,16	861,66	730,58	605,91
	III	**1020,83**	473,75	473,75	III	906,16	794,66	686,50	581,50	479,66	381,00
	V	**2113,00**	473,75	473,75	IV	1520,25	1441,91	1363,58	1286,16	1210,33	1136,08
	VI	**2157,33**	473,75	473,75							
7019,99	I,IV	**1599,66**	473,75	473,75	I	1443,00	1287,25	1137,08	993,41	856,16	725,33
	II	**1450,58**	473,75	473,75	II	1294,66	1144,16	1000,16	862,58	731,50	606,75
	III	**1021,66**	473,75	473,75	III	907,00	795,50	687,16	582,16	480,33	381,66
	V	**2114,16**	473,75	473,75	IV	1521,33	1443,00	1364,75	1287,25	1211,33	1137,08
	VI	**2158,41**	473,75	473,75							

* Zur LSt-Berechnung für privat versicherte Arbeitnehmer s. Beispiele **Vorbemerkung S. 4 f.**
** Basisvorsorgepauschale KV und PV *** Typisierter Arbeitgeberzuschuss

Lohn/ Gehalt in € bis	Steuerklasse	Lohn- steuer*	BVSP**	TAGZ***	Steuerklasse	Bemessungsgrundlage für Kirchensteuer und Solidaritätszuschlag					
						Freibeträge für ... Kinder					
						0,5	**1,0**	1,5	**2,0**	2,5	**3,0**
7022,99	I,IV	**1600,83**	473,75	473,75	I	1444,16	1288,33	1138,16	994,41	857,16	726,25
	II	**1451,75**	473,75	473,75	II	1295,75	1145,33	1001,25	863,58	732,41	607,66
	III	**1022,50**	473,75	473,75	III	907,83	796,33	688,00	583,00	481,00	382,33
	V	**2115,33**	473,75	473,75	IV	1522,50	1444,16	1365,83	1288,33	1212,50	1138,16
	VI	**2159,58**	473,75	473,75							
7025,99	I,IV	**1602,00**	473,75	473,75	I	1445,33	1289,50	1139,25	995,50	858,08	727,16
	II	**1452,91**	473,75	473,75	II	1296,91	1146,41	1002,25	864,58	733,33	608,58
	III	**1023,50**	473,75	473,75	III	908,66	797,16	688,83	583,66	481,83	383,16
	V	**2116,41**	473,75	473,75	IV	1523,66	1445,33	1367,00	1289,50	1213,58	1139,25
	VI	**2160,75**	473,75	473,75							
7028,99	I,IV	**1603,16**	473,75	473,75	I	1446,50	1290,58	1140,33	996,50	859,08	728,08
	II	**1454,00**	473,75	473,75	II	1298,00	1147,41	1003,25	865,58	734,25	609,41
	III	**1024,33**	473,75	473,75	III	909,50	798,00	689,50	584,50	482,50	383,83
	V	**2117,58**	473,75	473,75	IV	1524,83	1446,50	1368,16	1290,58	1214,66	1140,33
	VI	**2161,91**	473,75	473,75							
7031,99	I,IV	**1604,25**	473,75	473,75	I	1447,58	1291,75	1141,41	997,50	860,08	729,08
	II	**1455,16**	473,75	473,75	II	1299,16	1148,50	1004,33	866,58	735,25	610,33
	III	**1025,16**	473,75	473,75	III	910,33	798,66	690,33	585,16	483,33	384,50
	V	**2118,75**	473,75	473,75	IV	1525,91	1447,58	1369,33	1291,75	1215,75	1141,41
	VI	**2163,00**	473,75	473,75							
7034,99	I,IV	**1605,41**	473,75	473,75	I	1448,75	1292,83	1142,50	998,58	861,08	730,00
	II	**1456,33**	473,75	473,75	II	1300,25	1149,58	1005,33	867,58	736,16	611,25
	III	**1026,00**	473,75	473,75	III	911,16	799,50	691,16	586,00	484,00	385,33
	V	**2119,91**	473,75	473,75	IV	1527,08	1448,75	1370,41	1292,83	1216,83	1142,50
	VI	**2164,16**	473,75	473,75							
7037,99	I,IV	**1606,58**	473,75	473,75	I	1449,91	1294,00	1143,58	999,58	862,00	730,91
	II	**1457,41**	473,75	473,75	II	1301,41	1150,66	1006,33	868,50	737,08	612,08
	III	**1026,83**	473,75	473,75	III	912,00	800,33	692,00	586,66	484,66	386,00
	V	**2121,00**	473,75	473,75	IV	1528,25	1449,91	1371,58	1294,00	1217,91	1143,58
	VI	**2165,33**	473,75	473,75							
7040,99	I,IV	**1607,75**	473,75	473,75	I	1451,08	1295,08	1144,66	1000,58	863,00	731,83
	II	**1458,58**	473,75	473,75	II	1302,50	1151,75	1007,41	869,50	738,00	613,00
	III	**1027,66**	473,75	473,75	III	912,83	801,16	692,66	587,50	485,50	386,66
	V	**2122,16**	473,75	473,75	IV	1529,41	1451,08	1372,75	1295,08	1219,08	1144,66
	VI	**2166,50**	473,75	473,75							
7043,99	I,IV	**1608,83**	473,75	473,75	I	1452,16	1296,25	1145,75	1001,66	864,00	732,75
	II	**1459,75**	473,75	473,75	II	1303,66	1152,83	1008,41	870,50	739,00	613,91
	III	**1028,50**	473,75	473,75	III	913,66	802,00	693,50	588,16	486,16	387,33
	V	**2123,33**	473,75	473,75	IV	1530,50	1452,16	1373,91	1296,25	1220,16	1145,75
	VI	**2167,58**	473,75	473,75							
7046,99	I,IV	**1610,00**	473,75	473,75	I	1453,33	1297,33	1146,75	1002,66	865,00	733,66
	II	**1460,91**	473,75	473,75	II	1304,75	1153,91	1009,50	871,50	739,91	614,75
	III	**1029,33**	473,75	473,75	III	914,50	802,66	694,33	589,00	487,00	388,16
	V	**2124,41**	473,75	473,75	IV	1531,66	1453,33	1375,00	1297,33	1221,25	1146,75
	VI	**2168,75**	473,75	473,75							
7049,99	I,IV	**1611,16**	473,75	473,75	I	1454,50	1298,41	1147,83	1003,66	865,91	734,66
	II	**1462,08**	473,75	473,75	II	1305,91	1155,00	1010,50	872,41	740,83	615,66
	III	**1030,16**	473,75	473,75	III	915,33	803,50	695,00	589,66	487,66	388,83
	V	**2125,58**	473,75	473,75	IV	1532,83	1454,50	1376,16	1298,41	1222,33	1147,83
	VI	**2169,91**	473,75	473,75							
7052,99	I,IV	**1612,33**	473,75	473,75	I	1455,66	1299,58	1148,91	1004,75	866,91	735,58
	II	**1463,16**	473,75	473,75	II	1307,00	1156,08	1011,58	873,41	741,75	616,58
	III	**1031,00**	473,75	473,75	III	916,16	804,33	695,83	590,50	488,33	389,50
	V	**2126,75**	473,75	473,75	IV	1534,00	1455,66	1377,33	1299,58	1223,50	1148,91
	VI	**2171,08**	473,75	473,75							
7055,99	I,IV	**1613,41**	473,75	473,75	I	1456,75	1300,66	1150,00	1005,75	867,91	736,50
	II	**1464,33**	473,75	473,75	II	1308,16	1157,08	1012,58	874,41	742,66	617,41
	III	**1031,83**	473,75	473,75	III	917,00	805,16	696,66	591,33	489,16	390,16
	V	**2127,83**	473,75	473,75	IV	1535,08	1456,75	1378,41	1300,66	1224,58	1150,00
	VI	**2172,16**	473,75	473,75							

* Zur LSt-Berechnung für privat versicherte Arbeitnehmer s. Beispiele **Vorbemerkung S. 4 f.**
** Basisvorsorgepauschale KV und PV *** Typisierter Arbeitgeberzuschuss

Lohn/ Gehalt in € bis	Steuerklasse	Lohn-steuer*	BVSP**	TAGZ***	Steuerklasse	Bemessungsgrundlage für Kirchensteuer und Solidaritätszuschlag					
						Freibeträge für ... Kinder					
						0,5	**1,0**	1,5	**2,0**	2,5	**3,0**
7058,99	I,IV	**1614,58**	473,75	473,75	I	1457,91	1301,83	1151,08	1006,75	868,91	737,41
	II	**1465,50**	473,75	473,75	II	1309,25	1158,25	1013,58	875,41	743,66	618,33
	III	**1032,83**	473,75	473,75	III	917,66	806,00	697,33	592,00	489,83	391,00
	V	**2129,00**	473,75	473,75	IV	1536,25	1457,91	1379,58	1301,83	1225,66	1151,08
	VI	**2173,33**	473,75	473,75							
7061,99	I,IV	**1615,75**	473,75	473,75	I	1459,08	1303,00	1152,16	1007,83	869,91	738,41
	II	**1466,66**	473,75	473,75	II	1310,41	1159,33	1014,66	876,41	744,58	619,25
	III	**1033,66**	473,75	473,75	III	918,66	806,83	698,16	592,83	490,66	391,66
	V	**2130,16**	473,75	473,75	IV	1537,41	1459,08	1380,75	1303,00	1226,75	1152,16
	VI	**2174,50**	473,75	473,75							
7064,99	I,IV	**1616,83**	473,75	473,75	I	1460,16	1304,08	1153,25	1008,83	870,83	739,33
	II	**1467,75**	473,75	473,75	II	1311,50	1160,33	1015,66	877,33	745,50	620,08
	III	**1034,50**	473,75	473,75	III	919,33	807,50	699,00	593,50	491,33	392,33
	V	**2131,25**	473,75	473,75	IV	1538,50	1460,16	1381,83	1304,08	1227,83	1153,25
	VI	**2175,58**	473,75	473,75							
7067,99	I,IV	**1618,00**	473,75	473,75	I	1461,33	1305,16	1154,33	1009,83	871,83	740,25
	II	**1468,91**	473,75	473,75	II	1312,66	1161,41	1016,66	878,33	746,50	621,00
	III	**1035,33**	473,75	473,75	III	920,16	808,33	699,66	594,33	492,00	393,00
	V	**2132,41**	473,75	473,75	IV	1539,66	1461,33	1383,00	1305,16	1228,91	1154,33
	VI	**2176,75**	473,75	473,75							
7070,99	I,IV	**1619,16**	473,75	473,75	I	1462,50	1306,33	1155,41	1010,91	872,83	741,25
	II	**1470,08**	473,75	473,75	II	1313,75	1162,58	1017,75	879,33	747,41	621,91
	III	**1036,16**	473,75	473,75	III	921,16	809,16	700,50	595,00	492,83	393,83
	V	**2133,58**	473,75	473,75	IV	1540,83	1462,50	1384,16	1306,33	1230,08	1155,41
	VI	**2177,91**	473,75	473,75							
7073,99	I,IV	**1620,25**	473,75	473,75	I	1463,58	1307,41	1156,50	1011,91	873,83	742,16
	II	**1471,16**	473,75	473,75	II	1314,91	1163,58	1018,75	880,33	748,33	622,75
	III	**1037,00**	473,75	473,75	III	921,83	810,00	701,33	595,83	493,50	394,50
	V	**2134,75**	473,75	473,75	IV	1541,91	1463,58	1385,25	1307,41	1231,16	1156,50
	VI	**2179,00**	473,75	473,75							
7076,99	I,IV	**1621,41**	473,75	473,75	I	1464,75	1308,58	1157,58	1013,00	874,83	743,08
	II	**1472,33**	473,75	473,75	II	1316,00	1164,66	1019,83	881,33	749,25	623,66
	III	**1037,83**	473,75	473,75	III	922,66	810,83	702,00	596,50	494,33	395,16
	V	**2135,83**	473,75	473,75	IV	1543,08	1464,75	1386,41	1308,58	1232,25	1157,58
	VI	**2180,16**	473,75	473,75							
7079,99	I,IV	**1622,58**	473,75	473,75	I	1465,91	1309,66	1158,58	1014,00	875,75	744,00
	II	**1473,41**	473,75	473,75	II	1317,16	1165,75	1020,83	882,33	750,16	624,58
	III	**1038,66**	473,75	473,75	III	923,50	811,50	702,83	597,33	495,00	395,83
	V	**2137,00**	473,75	473,75	IV	1544,25	1465,91	1387,58	1309,66	1233,33	1158,58
	VI	**2181,33**	473,75	473,75							
7082,99	I,IV	**1623,66**	473,75	473,75	I	1467,08	1310,83	1159,66	1015,00	876,75	744,91
	II	**1474,58**	473,75	473,75	II	1318,25	1166,83	1021,83	883,25	751,16	625,41
	III	**1039,50**	473,75	473,75	III	924,33	812,33	703,66	598,00	495,66	396,66
	V	**2138,16**	473,75	473,75	IV	1545,41	1467,08	1388,75	1310,83	1234,41	1159,66
	VI	**2182,50**	473,75	473,75							
7085,99	I,IV	**1624,83**	473,75	473,75	I	1468,16	1311,91	1160,83	1016,08	877,75	745,91
	II	**1475,75**	473,75	473,75	II	1319,41	1167,91	1022,91	884,25	752,08	626,33
	III	**1040,50**	473,75	473,75	III	925,16	813,16	704,33	598,83	496,50	397,33
	V	**2139,33**	473,75	473,75	IV	1546,50	1468,16	1389,83	1311,91	1235,58	1160,83
	VI	**2183,58**	473,75	473,75							
7088,99	I,IV	**1626,00**	473,75	473,75	I	1469,33	1313,08	1161,83	1017,08	878,75	746,83
	II	**1476,91**	473,75	473,75	II	1320,50	1169,00	1023,91	885,25	753,00	627,25
	III	**1041,33**	473,75	473,75	III	926,00	814,00	705,16	599,50	497,16	398,00
	V	**2140,41**	473,75	473,75	IV	1547,66	1469,33	1391,00	1313,08	1236,66	1161,83
	VI	**2184,75**	473,75	473,75							
7091,99	I,IV	**1627,16**	473,75	473,75	I	1470,50	1314,16	1162,91	1018,08	879,75	747,75
	II	**1478,00**	473,75	473,75	II	1321,66	1170,08	1024,91	886,25	754,00	628,16
	III	**1042,16**	473,75	473,75	III	926,83	814,83	706,00	600,33	498,00	398,83
	V	**2141,58**	473,75	473,75	IV	1548,83	1470,50	1392,16	1314,16	1237,75	1162,91
	VI	**2185,91**	473,75	473,75							

* Zur LSt-Berechnung für privat versicherte Arbeitnehmer s. Beispiele **Vorbemerkung S. 4 f.**
** Basisvorsorgepauschale KV und PV *** Typisierter Arbeitgeberzuschuss

Lohn/ Gehalt in € bis	Steuerklasse	Lohn-steuer*	BVSP**	TAGZ***	Steuerklasse	Bemessungsgrundlage für Kirchensteuer und Solidaritätszuschlag – Freibeträge für ... Kinder: 0,5	1,0	1,5	2,0	2,5	3,0
7094,99 West	I,IV	**1628,33**	473,75	473,75	I	1471,66	1315,33	1164,00	1019,16	880,75	748,75
	II	**1479,16**	473,75	473,75	II	1322,83	1171,16	1026,00	887,25	754,91	629,08
	III	**1043,00**	473,75	473,75	III	927,66	815,66	706,66	601,16	498,66	399,50
	V	**2142,75**	473,75	473,75	IV	1550,00	1471,66	1393,33	1315,33	1238,91	1164,00
	VI	**2187,08**	473,75	473,75							
7094,99 Ost	I,IV	**1628,33**	473,75	473,75	I	1471,66	1315,33	1164,00	1019,16	880,75	748,75
	II	**1479,16**	473,75	473,75	II	1322,83	1171,16	1026,00	887,25	754,91	629,08
	III	**1043,00**	473,75	473,75	III	927,66	815,66	706,66	601,16	498,66	399,50
	V	**2142,75**	473,75	473,75	IV	1550,00	1471,66	1393,33	1315,33	1238,91	1164,00
	VI	**2187,08**	473,75	473,75							
7097,99 West	I,IV	**1629,41**	473,75	473,75	I	1472,75	1316,41	1165,08	1020,16	881,66	749,66
	II	**1480,33**	473,75	473,75	II	1323,91	1172,25	1027,00	888,25	755,83	629,91
	III	**1043,83**	473,75	473,75	III	928,50	816,33	707,50	601,83	499,33	400,16
	V	**2143,83**	473,75	473,75	IV	1551,08	1472,75	1394,41	1316,41	1240,00	1165,08
	VI	**2188,16**	473,75	473,75							
7097,99 Ost	I,IV	**1629,41**	473,75	473,75	I	1472,75	1316,41	1165,08	1020,16	881,66	749,66
	II	**1480,33**	473,75	473,75	II	1323,91	1172,25	1027,00	888,25	755,83	629,91
	III	**1043,83**	473,75	473,75	III	928,50	816,33	707,50	601,83	499,33	400,16
	V	**2143,83**	473,75	473,75	IV	1551,08	1472,75	1394,41	1316,41	1240,00	1165,08
	VI	**2188,16**	473,75	473,75							
7100,99 West	I,IV	**1630,58**	473,75	473,75	I	1473,91	1317,58	1166,16	1021,25	882,66	750,58
	II	**1481,50**	473,75	473,75	II	1325,08	1173,33	1028,08	889,25	756,83	630,83
	III	**1044,66**	473,75	473,75	III	929,33	817,16	708,33	602,66	500,16	400,83
	V	**2145,00**	473,75	473,75	IV	1552,25	1473,91	1395,58	1317,58	1241,08	1166,16
	VI	**2189,33**	473,75	473,75							
7100,99 Ost	I,IV	**1630,58**	473,75	473,75	I	1473,91	1317,58	1166,25	1021,25	882,75	750,58
	II	**1481,50**	473,75	473,75	II	1325,08	1173,41	1028,08	889,25	756,83	630,83
	III	**1044,66**	473,75	473,75	III	929,33	817,16	708,33	602,66	500,16	400,83
	V	**2145,08**	473,75	473,75	IV	1552,25	1473,91	1395,58	1317,58	1241,08	1166,25
	VI	**2189,33**	473,75	473,75							
7103,99 West	I,IV	**1631,75**	473,75	473,75	I	1475,08	1318,75	1167,25	1022,25	883,66	751,50
	II	**1482,58**	473,75	473,75	II	1326,16	1174,41	1029,08	890,25	757,75	631,75
	III	**1045,50**	473,75	473,75	III	930,16	818,00	709,16	603,33	500,83	401,66
	V	**2146,16**	473,75	473,75	IV	1553,41	1475,08	1396,75	1318,75	1242,16	1167,25
	VI	**2190,50**	473,75	473,75							
7103,99 Ost	I,IV	**1631,83**	473,75	473,75	I	1475,16	1318,83	1167,41	1022,41	883,83	751,66
	II	**1482,75**	473,75	473,75	II	1326,33	1174,58	1029,25	890,33	757,91	631,83
	III	**1045,66**	473,75	473,75	III	930,33	818,16	709,16	603,50	501,00	401,66
	V	**2146,33**	473,75	473,75	IV	1553,50	1475,16	1396,83	1318,83	1242,33	1167,41
	VI	**2190,58**	473,75	473,75							
7106,99 West	I,IV	**1632,83**	473,75	473,75	I	1476,16	1319,83	1168,33	1023,25	884,66	752,41
	II	**1483,75**	473,75	473,75	II	1327,33	1175,50	1030,16	891,16	758,66	632,58
	III	**1046,33**	473,75	473,75	III	931,00	818,83	709,83	604,16	501,66	402,33
	V	**2147,25**	473,75	473,75	IV	1554,50	1476,16	1397,83	1319,83	1243,25	1168,33
	VI	**2191,58**	473,75	473,75							
7106,99 Ost	I,IV	**1633,08**	473,75	473,75	I	1476,50	1320,08	1168,58	1023,50	884,91	752,66
	II	**1484,00**	473,75	473,75	II	1327,58	1175,75	1030,41	891,41	758,91	632,83
	III	**1046,50**	473,75	473,75	III	931,16	819,00	710,00	604,33	501,83	402,50
	V	**2147,58**	473,75	473,75	IV	1554,83	1476,50	1398,16	1320,08	1243,58	1168,58
	VI	**2191,83**	473,75	473,75							
7109,99 West	I,IV	**1634,00**	473,75	473,75	I	1477,33	1321,00	1169,41	1024,33	885,66	753,41
	II	**1484,91**	473,75	473,75	II	1328,41	1176,58	1031,16	892,16	759,66	633,50
	III	**1047,33**	473,75	473,75	III	931,83	819,66	710,66	604,83	502,33	403,00
	V	**2148,41**	473,75	473,75	IV	1555,66	1477,33	1399,00	1321,00	1244,41	1169,41
	VI	**2192,75**	473,75	473,75							
7109,99 Ost	I,IV	**1634,41**	473,75	473,75	I	1477,75	1321,33	1169,83	1024,66	886,00	753,75
	II	**1485,25**	473,75	473,75	II	1328,83	1177,00	1031,50	892,50	759,91	633,83
	III	**1047,50**	473,75	473,75	III	932,16	819,83	711,00	605,16	502,66	403,33
	V	**2148,83**	473,75	473,75	IV	1556,08	1477,75	1399,41	1321,33	1244,75	1169,83
	VI	**2193,16**	473,75	473,75							

* Zur LSt-Berechnung für privat versicherte Arbeitnehmer s. Beispiele **Vorbemerkung S. 4f.**
** Basisvorsorgepauschale KV und PV *** Typisierter Arbeitgeberzuschuss

Lohn/ Gehalt in € bis	Steuerklasse	Lohn-steuer*	BVSP**	TAGZ***	Steuerklasse	Bemessungsgrundlage für Kirchensteuer und Solidaritätszuschlag – Freibeträge für ... Kinder 0,5	**1,0**	1,5	**2,0**	2,5	**3,0**
7112,99	I,IV	**1635,16**	473,75	473,75	I	1478,50	1322,08	1170,50	1025,33	886,66	754,33
West	II	**1486,08**	473,75	473,75	II	1329,58	1177,66	1032,25	893,16	760,58	634,41
	III	**1048,16**	473,75	473,75	III	932,66	820,50	711,50	605,66	503,16	403,66
	V	**2149,58**	473,75	473,75	IV	1556,83	1478,50	1400,16	1322,08	1245,50	1170,50
	VI	**2193,91**	473,75	473,75							
7112,99	I,IV	**1635,66**	473,75	473,75	I	1479,00	1322,58	1171,00	1025,83	887,08	754,75
Ost	II	**1486,58**	473,75	473,75	II	1330,08	1178,16	1032,66	893,58	761,00	634,83
	III	**1048,50**	473,75	473,75	III	933,00	820,83	711,83	606,00	503,33	404,00
	V	**2150,08**	473,75	473,75	IV	1557,33	1479,00	1400,66	1322,58	1246,00	1171,00
	VI	**2194,41**	473,75	473,75							
7115,99	I,IV	**1636,25**	473,75	473,75	I	1479,58	1323,25	1171,58	1026,41	887,58	755,25
West	II	**1487,16**	473,75	473,75	II	1330,66	1178,75	1033,25	894,16	761,50	635,33
	III	**1049,00**	473,75	473,75	III	933,50	821,16	712,16	606,33	503,83	404,50
	V	**2150,75**	473,75	473,75	IV	1557,91	1479,58	1401,25	1323,25	1246,58	1171,58
	VI	**2195,00**	473,75	473,75							
7115,99	I,IV	**1636,91**	473,75	473,75	I	1480,25	1323,83	1172,16	1026,91	888,16	755,83
Ost	II	**1487,83**	473,75	473,75	II	1331,33	1179,33	1033,83	894,75	762,00	635,83
	III	**1049,33**	473,75	473,75	III	934,00	821,66	712,66	606,83	504,16	404,83
	V	**2151,33**	473,75	473,75	IV	1558,58	1480,25	1401,91	1323,83	1247,16	1172,16
	VI	**2195,66**	473,75	473,75							
7118,99	I,IV	**1637,41**	473,75	473,75	I	1480,75	1324,33	1172,66	1027,41	888,58	756,25
West	II	**1488,33**	473,75	473,75	II	1331,83	1179,83	1034,33	895,16	762,50	636,25
	III	**1049,83**	473,75	473,75	III	934,33	822,00	713,00	607,16	504,50	405,16
	V	**2151,83**	473,75	473,75	IV	1559,08	1480,75	1402,41	1324,33	1247,75	1172,66
	VI	**2196,16**	473,75	473,75							
7118,99	I,IV	**1638,16**	473,75	473,75	I	1481,50	1325,08	1173,41	1028,08	889,25	756,83
Ost	II	**1489,08**	473,75	473,75	II	1332,58	1180,58	1035,00	895,83	763,08	636,75
	III	**1050,33**	473,75	473,75	III	934,83	822,50	713,50	607,66	505,00	405,66
	V	**2152,58**	473,75	473,75	IV	1559,83	1481,50	1403,16	1325,08	1248,41	1173,41
	VI	**2196,91**	473,75	473,75							
7121,99	I,IV	**1638,58**	473,75	473,75	I	1481,91	1325,50	1173,75	1028,50	889,58	757,16
West	II	**1489,50**	473,75	473,75	II	1333,00	1180,91	1035,33	896,16	763,41	637,08
	III	**1050,66**	473,75	473,75	III	935,16	822,83	713,83	608,00	505,33	405,83
	V	**2153,00**	473,75	473,75	IV	1560,25	1481,91	1403,58	1325,50	1248,83	1173,75
	VI	**2197,33**	473,75	473,75							
7121,99	I,IV	**1639,41**	473,75	473,75	I	1482,75	1326,33	1174,58	1029,25	890,33	757,91
Ost	II	**1490,33**	473,75	473,75	II	1333,83	1181,75	1036,08	896,91	764,08	637,75
	III	**1051,33**	473,75	473,75	III	935,83	823,50	714,33	608,50	505,83	406,33
	V	**2153,83**	473,75	473,75	IV	1561,08	1482,75	1404,41	1326,33	1249,66	1174,58
	VI	**2198,16**	473,75	473,75							
7124,99	I,IV	**1639,66**	473,75	473,75	I	1483,08	1326,58	1174,83	1029,50	890,58	758,08
West	II	**1490,58**	473,75	473,75	II	1334,08	1182,00	1036,33	897,16	764,33	638,00
	III	**1051,50**	473,75	473,75	III	936,00	823,66	714,50	608,66	506,00	406,50
	V	**2154,16**	473,75	473,75	IV	1561,33	1483,08	1404,75	1326,58	1249,91	1174,83
	VI	**2198,41**	473,75	473,75							
7124,99	I,IV	**1640,66**	473,75	473,75	I	1484,00	1327,58	1175,75	1030,41	891,41	758,91
Ost	II	**1491,58**	473,75	473,75	II	1335,08	1182,91	1037,25	898,00	765,16	638,75
	III	**1052,16**	473,75	473,75	III	936,66	824,33	715,16	609,33	506,66	407,16
	V	**2155,08**	473,75	473,75	IV	1562,33	1484,00	1405,66	1327,58	1250,83	1175,75
	VI	**2199,41**	473,75	473,75							
7127,99	I,IV	**1640,83**	473,75	473,75	I	1484,16	1327,75	1175,91	1030,58	891,58	759,08
West	II	**1491,75**	473,75	473,75	II	1335,25	1183,08	1037,41	898,16	765,33	638,91
	III	**1052,33**	473,75	473,75	III	936,83	824,50	715,33	609,50	506,83	407,33
	V	**2155,33**	473,75	473,75	IV	1562,50	1484,16	1405,83	1327,75	1251,00	1175,91
	VI	**2199,58**	473,75	473,75							
7127,99	I,IV	**1641,91**	473,75	473,75	I	1485,25	1328,83	1177,00	1031,50	892,50	759,91
Ost	II	**1492,83**	473,75	473,75	II	1336,33	1184,16	1038,41	899,08	766,16	639,75
	III	**1053,16**	473,75	473,75	III	937,66	825,16	716,16	610,16	507,50	408,00
	V	**2156,41**	473,75	473,75	IV	1563,58	1485,25	1406,91	1328,83	1252,08	1177,00
	VI	**2200,66**	473,75	473,75							

* Zur LSt-Berechnung für privat versicherte Arbeitnehmer s. Beispiele **Vorbemerkung S. 4f.**
** Basisvorsorgepauschale KV und PV *** Typisierter Arbeitgeberzuschuss

Lohn/ Gehalt in € bis	Steuerklasse	Lohn-steuer*	BVSP**	TAGZ***	Steuerklasse	Bemessungsgrundlage für Kirchensteuer und Solidaritätszuschlag – Freibeträge für ... Kinder 0,5	1,0	1,5	2,0	2,5	3,0
7130,99 West	I,IV	**1642,00**	473,75	473,75	I	1485,33	1328,91	1177,00	1031,58	892,58	760,00
	II	**1492,91**	473,75	473,75	II	1336,41	1184,16	1038,50	899,16	766,25	639,83
	III	**1053,16**	473,75	473,75	III	937,66	825,33	716,16	610,16	507,50	408,00
	V	**2156,41**	473,75	473,75	IV	1563,66	1485,33	1407,00	1328,91	1252,16	1177,00
	VI	**2200,75**	473,75	473,75							
7130,99 Ost	I,IV	**1643,16**	473,75	473,75	I	1486,58	1330,08	1178,16	1032,66	893,58	761,00
	II	**1494,08**	473,75	473,75	II	1337,58	1185,33	1039,58	900,16	767,25	640,75
	III	**1054,16**	473,75	473,75	III	938,50	826,16	717,00	611,00	508,33	408,83
	V	**2157,66**	473,75	473,75	IV	1564,83	1486,58	1408,25	1330,08	1253,33	1178,16
	VI	**2201,91**	473,75	473,75							
7133,99 West	I,IV	**1643,16**	473,75	473,75	I	1486,50	1330,00	1178,08	1032,58	893,58	760,91
	II	**1494,00**	473,75	473,75	II	1337,50	1185,25	1039,50	900,08	767,16	640,66
	III	**1054,00**	473,75	473,75	III	938,50	826,16	717,00	611,00	508,16	408,66
	V	**2157,58**	473,75	473,75	IV	1564,83	1486,50	1408,16	1330,00	1253,25	1178,08
	VI	**2201,91**	473,75	473,75							
7133,99 Ost	I,IV	**1644,50**	473,75	473,75	I	1487,83	1331,33	1179,33	1033,83	894,75	762,00
	II	**1495,33**	473,75	473,75	II	1338,83	1186,50	1040,66	901,25	768,33	641,75
	III	**1055,00**	473,75	473,75	III	939,50	827,00	717,83	611,83	509,16	409,50
	V	**2158,91**	473,75	473,75	IV	1566,16	1487,83	1409,50	1331,33	1254,50	1179,33
	VI	**2203,25**	473,75	473,75							
7136,99 West	I,IV	**1644,25**	473,75	473,75	I	1487,66	1331,16	1179,16	1033,66	894,58	761,91
	II	**1495,16**	473,75	473,75	II	1338,66	1186,33	1040,50	901,16	768,16	641,58
	III	**1055,00**	473,75	473,75	III	939,33	827,00	717,66	611,83	509,00	409,50
	V	**2158,75**	473,75	473,75	IV	1565,91	1487,66	1409,33	1331,16	1254,33	1179,16
	VI	**2203,00**	473,75	473,75							
7136,99 Ost	I,IV	**1645,75**	473,75	473,75	I	1489,08	1332,58	1180,58	1035,00	895,83	763,08
	II	**1496,58**	473,75	473,75	II	1340,08	1187,75	1041,83	902,33	769,33	642,75
	III	**1056,00**	473,75	473,75	III	940,33	828,00	718,66	612,66	509,83	410,33
	V	**2160,16**	473,75	473,75	IV	1567,41	1489,08	1410,75	1332,58	1255,75	1180,58
	VI	**2204,50**	473,75	473,75							
7139,99 West	I,IV	**1645,41**	473,75	473,75	I	1488,75	1332,25	1180,25	1034,66	895,58	762,83
	II	**1496,33**	473,75	473,75	II	1339,75	1187,50	1041,58	902,16	769,08	642,50
	III	**1055,83**	473,75	473,75	III	940,16	827,66	718,50	612,50	509,66	410,16
	V	**2159,91**	473,75	473,75	IV	1567,08	1488,75	1410,41	1332,25	1255,50	1180,25
	VI	**2204,16**	473,75	473,75							
7139,99 Ost	I,IV	**1647,00**	473,75	473,75	I	1490,33	1333,83	1181,75	1036,08	896,91	764,08
	II	**1497,91**	473,75	473,75	II	1341,33	1188,91	1043,00	903,50	770,41	643,75
	III	**1057,00**	473,75	473,75	III	941,33	828,83	719,50	613,50	510,66	411,16
	V	**2161,41**	473,75	473,75	IV	1568,66	1490,33	1412,00	1333,83	1257,00	1181,75
	VI	**2205,75**	473,75	473,75							
7142,99 West	I,IV	**1646,58**	473,75	473,75	I	1489,91	1333,41	1181,33	1035,75	896,50	763,75
	II	**1497,50**	473,75	473,75	II	1340,91	1188,50	1042,58	903,08	770,00	643,41
	III	**1056,66**	473,75	473,75	III	941,00	828,50	719,33	613,33	510,50	410,83
	V	**2161,00**	473,75	473,75	IV	1568,25	1489,91	1411,58	1333,41	1256,58	1181,33
	VI	**2205,33**	473,75	473,75							
7142,99 Ost	I,IV	**1648,25**	473,75	473,75	I	1491,58	1335,08	1182,91	1037,25	898,00	765,16
	II	**1499,16**	473,75	473,75	II	1342,58	1190,16	1044,16	904,58	771,41	644,75
	III	**1057,83**	473,75	473,75	III	942,16	829,66	720,50	614,33	511,50	411,83
	V	**2162,66**	473,75	473,75	IV	1569,91	1491,58	1413,25	1335,08	1258,16	1182,91
	VI	**2207,00**	473,75	473,75							
7145,99 West	I,IV	**1647,75**	473,75	473,75	I	1491,08	1334,58	1182,41	1036,75	897,50	764,75
	II	**1498,58**	473,75	473,75	II	1342,08	1189,66	1043,66	904,08	771,00	644,33
	III	**1057,50**	473,75	473,75	III	941,83	829,33	720,16	614,00	511,16	411,66
	V	**2162,16**	473,75	473,75	IV	1569,41	1491,08	1412,75	1334,58	1257,66	1182,41
	VI	**2206,50**	473,75	473,75							
7145,99 Ost	I,IV	**1649,50**	473,75	473,75	I	1492,83	1336,33	1184,16	1038,41	899,08	766,16
	II	**1500,41**	473,75	473,75	II	1343,83	1191,33	1045,25	905,66	772,50	645,75
	III	**1058,83**	473,75	473,75	III	943,16	830,66	721,33	615,16	512,33	412,66
	V	**2163,91**	473,75	473,75	IV	1571,16	1492,83	1414,50	1336,33	1259,41	1184,16
	VI	**2208,25**	473,75	473,75							

* Zur LSt-Berechnung für privat versicherte Arbeitnehmer s. Beispiele **Vorbemerkung S. 4 f.**
** Basisvorsorgepauschale KV und PV *** Typisierter Arbeitgeberzuschuss

Lohn/ Gehalt in € bis	Steuerklasse	Lohn-steuer*	BVSP**	TAGZ***	Steuerklasse	Bemessungsgrundlage für Kirchensteuer und Solidaritätszuschlag – Freibeträge für ... Kinder 0,5	**1,0**	1,5	**2,0**	2,5	**3,0**
7148,99 West	I,IV	**1648,83**	473,75	473,75	I	1492,16	1335,66	1183,50	1037,83	898,50	765,66
	II	**1499,75**	473,75	473,75	II	1343,16	1190,66	1044,66	905,08	771,91	645,16
	III	**1058,33**	473,75	473,75	III	942,66	830,16	720,83	614,83	512,00	412,33
	V	**2163,25**	473,75	473,75	IV	1570,50	1492,16	1413,83	1335,66	1258,75	1183,50
	VI	**2207,58**	473,75	473,75							
7148,99 Ost	I,IV	**1650,75**	473,75	473,75	I	1494,08	1337,58	1185,33	1039,58	900,16	767,25
	II	**1501,66**	473,75	473,75	II	1345,08	1192,50	1046,41	906,75	773,50	646,66
	III	**1059,83**	473,75	473,75	III	944,00	831,50	722,16	616,00	513,16	413,50
	V	**2165,16**	473,75	473,75	IV	1572,41	1494,08	1415,75	1337,58	1260,66	1185,33
	VI	**2209,50**	473,75	473,75							
7151,99 West	I,IV	**1650,00**	473,75	473,75	I	1493,33	1336,83	1184,58	1038,83	899,50	766,58
	II	**1500,91**	473,75	473,75	II	1344,33	1191,83	1045,75	906,08	772,91	646,08
	III	**1059,16**	473,75	473,75	III	943,50	831,00	721,66	615,50	512,66	413,00
	V	**2164,41**	473,75	473,75	IV	1571,66	1493,33	1415,00	1336,83	1259,91	1184,58
	VI	**2208,75**	473,75	473,75							
7151,99 Ost	I,IV	**1652,00**	473,75	473,75	I	1495,33	1338,83	1186,50	1040,66	901,25	768,33
	II	**1502,91**	473,75	473,75	II	1346,33	1193,75	1047,58	907,83	774,58	647,66
	III	**1060,66**	473,75	473,75	III	945,00	832,33	723,00	616,83	514,00	414,33
	V	**2166,50**	473,75	473,75	IV	1573,66	1495,33	1417,00	1338,83	1261,83	1186,50
	VI	**2210,75**	473,75	473,75							
7154,99 West	I,IV	**1651,16**	473,75	473,75	I	1494,50	1337,91	1185,66	1039,91	900,50	767,58
	II	**1502,08**	473,75	473,75	II	1345,41	1192,91	1046,75	907,08	773,83	647,00
	III	**1060,16**	473,75	473,75	III	944,33	831,83	722,50	616,33	513,50	413,83
	V	**2165,58**	473,75	473,75	IV	1572,83	1494,50	1416,16	1337,91	1261,00	1185,66
	VI	**2209,91**	473,75	473,75							
7154,99 Ost	I,IV	**1653,25**	473,75	473,75	I	1496,58	1340,08	1187,75	1041,83	902,33	769,33
	II	**1504,16**	473,75	473,75	II	1347,58	1194,91	1048,75	908,91	775,58	648,66
	III	**1061,66**	473,75	473,75	III	945,83	833,33	723,83	617,66	514,83	415,00
	V	**2167,75**	473,75	473,75	IV	1574,91	1496,58	1418,33	1340,08	1263,08	1187,75
	VI	**2212,00**	473,75	473,75							
7157,99 West	I,IV	**1652,25**	473,75	473,75	I	1495,58	1339,08	1186,75	1040,91	901,50	768,50
	II	**1503,16**	473,75	473,75	II	1346,58	1194,00	1047,83	908,08	774,75	647,91
	III	**1061,00**	473,75	473,75	III	945,16	832,50	723,16	617,00	514,16	414,50
	V	**2166,75**	473,75	473,75	IV	1573,91	1495,58	1417,25	1339,08	1262,08	1186,75
	VI	**2211,00**	473,75	473,75							
7157,99 Ost	I,IV	**1654,58**	473,75	473,75	I	1497,91	1341,33	1188,91	1043,00	903,50	770,41
	II	**1505,41**	473,75	473,75	II	1348,83	1196,16	1049,91	910,08	776,66	649,66
	III	**1062,66**	473,75	473,75	III	946,83	834,16	724,83	618,50	515,66	415,83
	V	**2169,00**	473,75	473,75	IV	1576,25	1497,91	1419,58	1341,33	1264,33	1188,91
	VI	**2213,33**	473,75	473,75							
7160,99 West	I,IV	**1653,41**	473,75	473,75	I	1496,75	1340,16	1187,83	1042,00	902,50	769,41
	II	**1504,33**	473,75	473,75	II	1347,75	1195,08	1048,83	909,08	775,75	648,83
	III	**1061,83**	473,75	473,75	III	946,00	833,33	724,00	617,83	514,83	415,16
	V	**2167,83**	473,75	473,75	IV	1575,08	1496,75	1418,41	1340,16	1263,25	1187,83
	VI	**2212,16**	473,75	473,75							
7160,99 Ost	I,IV	**1655,83**	473,75	473,75	I	1499,16	1342,58	1190,16	1044,16	904,58	771,41
	II	**1506,66**	473,75	473,75	II	1350,08	1197,33	1051,00	911,16	777,66	650,66
	III	**1063,50**	473,75	473,75	III	947,66	835,00	725,66	619,50	516,50	416,66
	V	**2170,25**	473,75	473,75	IV	1577,50	1499,16	1420,83	1342,58	1265,58	1190,16
	VI	**2214,58**	473,75	473,75							
7163,99 West	I,IV	**1654,58**	473,75	473,75	I	1497,91	1341,33	1189,00	1043,00	903,50	770,41
	II	**1505,50**	473,75	473,75	II	1348,83	1196,16	1049,91	910,08	776,66	649,75
	III	**1062,66**	473,75	473,75	III	946,83	834,16	724,83	618,66	515,66	415,83
	V	**2169,00**	473,75	473,75	IV	1576,25	1497,91	1419,58	1341,33	1264,33	1189,00
	VI	**2213,33**	473,75	473,75							
7163,99 Ost	I,IV	**1657,08**	473,75	473,75	I	1500,41	1343,83	1191,33	1045,25	905,66	772,50
	II	**1508,00**	473,75	473,75	II	1351,33	1198,58	1052,16	912,25	778,75	651,66
	III	**1064,50**	473,75	473,75	III	948,66	836,00	726,50	620,33	517,16	417,50
	V	**2171,50**	473,75	473,75	IV	1578,75	1500,41	1422,08	1343,83	1266,75	1191,33
	VI	**2215,83**	473,75	473,75							

* Zur LSt-Berechnung für privat versicherte Arbeitnehmer s. Beispiele **Vorbemerkung S. 4f.**
** Basisvorsorgepauschale KV und PV *** Typisierter Arbeitgeberzuschuss

Lohn/ Gehalt in € bis	Steuerklasse	Lohn-steuer*	BVSP**	TAGZ***	Steuerklasse	Bemessungsgrundlage für Kirchensteuer und Solidaritätszuschlag – Freibeträge für ... Kinder 0,5	1,0	1,5	2,0	2,5	3,0
7166,99 West	I,IV	**1655,66**	473,75	473,75	I	1499,00	1342,50	1190,00	1044,00	904,50	771,33
	II	**1506,58**	473,75	473,75	II	1350,00	1197,25	1050,91	911,08	777,58	650,58
	III	**1063,50**	473,75	473,75	III	947,66	835,00	725,50	619,33	516,33	416,66
	V	**2170,16**	473,75	473,75	IV	1577,33	1499,00	1420,66	1342,50	1265,41	1190,00
	VI	**2214,41**	473,75	473,75							
7166,99 Ost	I,IV	**1658,33**	473,75	473,75	I	1501,66	1345,08	1192,50	1046,41	906,75	773,50
	II	**1509,25**	473,75	473,75	II	1352,58	1199,75	1053,33	913,33	779,83	652,66
	III	**1065,50**	473,75	473,75	III	949,50	836,83	727,33	621,16	518,00	418,16
	V	**2172,75**	473,75	473,75	IV	1580,00	1501,66	1423,33	1345,08	1268,00	1192,50
	VI	**2217,08**	473,75	473,75							
7169,99 West	I,IV	**1656,83**	473,75	473,75	I	1500,16	1343,58	1191,16	1045,08	905,50	772,33
	II	**1507,75**	473,75	473,75	II	1351,16	1198,33	1052,00	912,08	778,58	651,50
	III	**1064,33**	473,75	473,75	III	948,50	835,83	726,33	620,16	517,16	417,33
	V	**2171,33**	473,75	473,75	IV	1578,50	1500,16	1421,83	1343,58	1266,58	1191,16
	VI	**2215,58**	473,75	473,75							
7169,99 Ost	I,IV	**1659,58**	473,75	473,75	I	1502,91	1346,33	1193,75	1047,58	907,83	774,58
	II	**1510,50**	473,75	473,75	II	1353,83	1200,91	1054,50	914,41	780,83	653,66
	III	**1066,33**	473,75	473,75	III	950,50	837,66	728,16	622,00	518,83	419,00
	V	**2174,00**	473,75	473,75	IV	1581,25	1502,91	1424,58	1346,33	1269,25	1193,75
	VI	**2218,33**	473,75	473,75							
7172,99 West	I,IV	**1658,00**	473,75	473,75	I	1501,33	1344,75	1192,25	1046,16	906,50	773,25
	II	**1508,91**	473,75	473,75	II	1352,25	1199,41	1053,08	913,08	779,50	652,41
	III	**1065,16**	473,75	473,75	III	949,33	836,66	727,16	620,83	517,83	418,00
	V	**2172,41**	473,75	473,75	IV	1579,66	1501,33	1423,00	1344,75	1267,66	1192,25
	VI	**2216,75**	473,75	473,75							
7172,99 Ost	I,IV	**1660,83**	473,75	473,75	I	1504,16	1347,58	1194,91	1048,75	908,91	775,58
	II	**1511,75**	473,75	473,75	II	1355,08	1202,16	1055,66	915,58	781,91	654,66
	III	**1067,33**	473,75	473,75	III	951,33	838,66	729,16	622,83	519,66	419,83
	V	**2175,25**	473,75	473,75	IV	1582,50	1504,16	1425,83	1347,58	1270,41	1194,91
	VI	**2219,58**	473,75	473,75							
7175,99 West	I,IV	**1659,16**	473,75	473,75	I	1502,50	1345,83	1193,33	1047,16	907,50	774,16
	II	**1510,00**	473,75	473,75	II	1353,41	1200,50	1054,08	914,08	780,50	653,33
	III	**1066,00**	473,75	473,75	III	950,16	837,50	728,00	621,66	518,66	418,83
	V	**2173,58**	473,75	473,75	IV	1580,83	1502,50	1424,16	1345,83	1268,75	1193,33
	VI	**2217,91**	473,75	473,75							
7175,99 Ost	I,IV	**1662,08**	473,75	473,75	I	1505,41	1348,83	1196,16	1049,91	910,08	776,66
	II	**1513,00**	473,75	473,75	II	1356,33	1203,33	1056,83	916,66	782,91	655,66
	III	**1068,33**	473,75	473,75	III	952,33	839,50	730,00	623,66	520,50	420,66
	V	**2176,58**	473,75	473,75	IV	1583,75	1505,41	1427,08	1348,83	1271,66	1196,16
	VI	**2220,83**	473,75	473,75							
7178,99 West	I,IV	**1660,25**	473,75	473,75	I	1503,58	1347,00	1194,41	1048,25	908,50	775,16
	II	**1511,16**	473,75	473,75	II	1354,58	1201,58	1055,16	915,08	781,41	654,25
	III	**1066,83**	473,75	473,75	III	951,00	838,16	728,66	622,33	519,33	419,50
	V	**2174,75**	473,75	473,75	IV	1581,91	1503,58	1425,33	1347,00	1269,91	1194,41
	VI	**2219,00**	473,75	473,75							
7178,99 Ost	I,IV	**1663,33**	473,75	473,75	I	1506,66	1350,08	1197,33	1051,00	911,16	777,66
	II	**1514,25**	473,75	473,75	II	1357,58	1204,58	1057,91	917,75	784,00	656,66
	III	**1069,16**	473,75	473,75	III	953,16	840,50	730,83	624,50	521,33	421,33
	V	**2177,83**	473,75	473,75	IV	1585,00	1506,66	1428,33	1350,08	1272,91	1197,33
	VI	**2222,08**	473,75	473,75							
7181,99 West	I,IV	**1661,41**	473,75	473,75	I	1504,75	1348,16	1195,50	1049,25	909,50	776,08
	II	**1512,33**	473,75	473,75	II	1355,66	1202,75	1056,16	916,08	782,41	655,16
	III	**1067,83**	473,75	473,75	III	951,83	839,00	729,50	623,16	520,16	420,16
	V	**2175,91**	473,75	473,75	IV	1583,08	1504,75	1426,41	1348,16	1271,00	1195,50
	VI	**2220,16**	473,75	473,75							
7181,99 Ost	I,IV	**1664,58**	473,75	473,75	I	1508,00	1351,33	1198,58	1052,16	912,25	778,75
	II	**1515,50**	473,75	473,75	II	1358,91	1205,75	1059,08	918,83	785,08	657,66
	III	**1070,16**	473,75	473,75	III	954,16	841,33	731,66	625,33	522,16	422,16
	V	**2179,08**	473,75	473,75	IV	1586,33	1508,00	1429,66	1351,33	1274,16	1198,58
	VI	**2223,33**	473,75	473,75							

* Zur LSt-Berechnung für privat versicherte Arbeitnehmer s. Beispiele **Vorbemerkung S. 4 f.**
** Basisvorsorgepauschale KV und PV *** Typisierter Arbeitgeberzuschuss

Lohn/ Gehalt in € bis	Steuerklasse	Lohnsteuer*	BVSP**	TAGZ***	Steuerklasse	Bemessungsgrundlage für Kirchensteuer und Solidaritätszuschlag					
						Freibeträge für ... Kinder					
						0,5	**1,0**	1,5	**2,0**	2,5	**3,0**
7184,99	I,IV	**1662,58**	473,75	473,75	I	1505,91	1349,25	1196,58	1050,33	910,41	777,00
West	II	**1513,41**	473,75	473,75	II	1356,83	1203,83	1057,25	917,08	783,33	656,00
	III	**1068,66**	473,75	473,75	III	952,66	839,83	730,33	624,00	520,83	420,83
	V	**2177,00**	473,75	473,75	IV	1584,25	1505,91	1427,58	1349,25	1272,16	1196,58
	VI	**2221,33**	473,75	473,75							
7184,99	I,IV	**1665,91**	473,75	473,75	I	1509,25	1352,58	1199,75	1053,33	913,33	779,83
Ost	II	**1516,75**	473,75	473,75	II	1360,16	1207,00	1060,25	920,00	786,08	658,66
	III	**1071,16**	473,75	473,75	III	955,00	842,16	732,50	626,16	523,00	423,00
	V	**2180,33**	473,75	473,75	IV	1587,58	1509,25	1430,91	1352,58	1275,33	1199,75
	VI	**2224,66**	473,75	473,75							
7187,99	I,IV	**1663,75**	473,75	473,75	I	1507,08	1350,41	1197,66	1051,33	911,50	778,00
West	II	**1514,58**	473,75	473,75	II	1358,00	1204,91	1058,25	918,08	784,25	656,91
	III	**1069,50**	473,75	473,75	III	953,50	840,66	731,00	624,66	521,50	421,66
	V	**2178,16**	473,75	473,75	IV	1585,41	1507,08	1428,75	1350,41	1273,25	1197,66
	VI	**2222,50**	473,75	473,75							
7187,99	I,IV	**1667,16**	473,75	473,75	I	1510,50	1353,83	1200,91	1054,50	914,41	780,83
Ost	II	**1518,08**	473,75	473,75	II	1361,41	1208,16	1061,41	921,08	787,16	659,66
	III	**1072,00**	473,75	473,75	III	956,00	843,16	733,50	627,00	523,83	423,83
	V	**2181,58**	473,75	473,75	IV	1588,83	1510,50	1432,16	1353,83	1276,58	1200,91
	VI	**2225,91**	473,75	473,75							
7190,99	I,IV	**1664,83**	473,75	473,75	I	1508,16	1351,58	1198,75	1052,41	912,50	778,91
West	II	**1515,75**	473,75	473,75	II	1359,08	1206,00	1059,33	919,08	785,25	657,83
	III	**1070,33**	473,75	473,75	III	954,33	841,50	731,83	625,50	522,33	422,33
	V	**2179,33**	473,75	473,75	IV	1586,50	1508,16	1429,91	1351,58	1274,41	1198,75
	VI	**2223,58**	473,75	473,75							
7190,99	I,IV	**1668,41**	473,75	473,75	I	1511,75	1355,08	1202,16	1055,66	915,58	781,91
Ost	II	**1519,33**	473,75	473,75	II	1362,66	1209,41	1062,58	922,16	788,16	660,66
	III	**1073,00**	473,75	473,75	III	956,83	844,00	734,33	627,83	524,66	424,50
	V	**2182,83**	473,75	473,75	IV	1590,08	1511,75	1433,41	1355,08	1277,83	1202,16
	VI	**2227,16**	473,75	473,75							
7193,99	I,IV	**1666,00**	473,75	473,75	I	1509,33	1352,66	1199,83	1053,41	913,41	779,91
West	II	**1516,91**	473,75	473,75	II	1360,25	1207,08	1060,33	920,08	786,16	658,75
	III	**1071,16**	473,75	473,75	III	955,16	842,33	732,66	626,16	523,00	423,00
	V	**2180,41**	473,75	473,75	IV	1587,66	1509,33	1431,00	1352,66	1275,50	1199,83
	VI	**2224,75**	473,75	473,75							
7193,99	I,IV	**1669,66**	473,75	473,75	I	1513,00	1356,33	1203,33	1056,83	916,66	782,91
Ost	II	**1520,58**	473,75	473,75	II	1363,91	1210,58	1063,75	923,25	789,25	661,66
	III	**1074,00**	473,75	473,75	III	957,83	844,83	735,16	628,66	525,33	425,33
	V	**2184,08**	473,75	473,75	IV	1591,33	1513,00	1434,66	1356,33	1279,08	1203,33
	VI	**2228,41**	473,75	473,75							
7196,99	I,IV	**1667,16**	473,75	473,75	I	1510,50	1353,83	1200,91	1054,50	914,41	780,83
West	II	**1518,08**	473,75	473,75	II	1361,41	1208,16	1061,41	921,08	787,16	659,66
	III	**1072,00**	473,75	473,75	III	956,00	843,16	733,50	627,00	523,83	423,83
	V	**2181,58**	473,75	473,75	IV	1588,83	1510,50	1432,16	1353,83	1276,58	1200,91
	VI	**2225,91**	473,75	473,75							
7196,99	I,IV	**1670,91**	473,75	473,75	I	1514,25	1357,58	1204,58	1057,91	917,75	784,00
Ost	II	**1521,83**	473,75	473,75	II	1365,16	1211,83	1064,83	924,33	790,33	662,66
	III	**1074,83**	473,75	473,75	III	958,66	845,83	736,00	629,50	526,16	426,16
	V	**2185,33**	473,75	473,75	IV	1592,58	1514,25	1435,91	1357,58	1280,25	1204,58
	VI	**2229,66**	473,75	473,75							
7199,99	I,IV	**1668,33**	473,75	473,75	I	1511,66	1355,00	1202,08	1055,58	915,50	781,83
West	II	**1519,16**	473,75	473,75	II	1362,58	1209,25	1062,50	922,08	788,08	660,58
	III	**1073,00**	473,75	473,75	III	956,83	844,00	734,33	627,83	524,50	424,50
	V	**2182,75**	473,75	473,75	IV	1590,00	1511,66	1433,33	1355,00	1277,75	1202,08
	VI	**2227,08**	473,75	473,75							
7199,99	I,IV	**1672,16**	473,75	473,75	I	1515,50	1358,91	1205,75	1059,08	918,83	785,08
Ost	II	**1523,08**	473,75	473,75	II	1366,41	1213,00	1066,00	925,50	791,33	663,66
	III	**1075,83**	473,75	473,75	III	959,66	846,66	737,00	630,33	527,00	427,00
	V	**2186,58**	473,75	473,75	IV	1593,83	1515,50	1437,16	1358,91	1281,50	1205,75
	VI	**2230,91**	473,75	473,75							

* Zur LSt-Berechnung für privat versicherte Arbeitnehmer s. Beispiele **Vorbemerkung S. 4f.**
** Basisvorsorgepauschale KV und PV *** Typisierter Arbeitgeberzuschuss

Lohn/ Gehalt in € bis	Steuerklasse	Lohn-steuer*	BVSP**	TAGZ***	Steuerklasse	Bemessungsgrundlage für Kirchensteuer und Solidaritätszuschlag – Freibeträge für ... Kinder 0,5	1,0	1,5	2,0	2,5	3,0
7 202,99 West	I,IV	**1 669,41**	473,75	473,75	I	1 512,75	1 356,08	1 203,16	1 056,58	916,41	782,75
	II	**1 520,33**	473,75	473,75	II	1 363,66	1 210,33	1 063,50	923,08	789,08	661,50
	III	**1 073,83**	473,75	473,75	III	957,66	844,66	735,00	628,50	525,33	425,16
	V	**2 183,83**	473,75	473,75	IV	1 591,08	1 512,75	1 434,41	1 356,08	1 278,83	1 203,16
	VI	**2 228,16**	473,75	473,75							
7 202,99 Ost	I,IV	**1 673,41**	473,75	473,75	I	1 516,75	1 360,16	1 207,00	1 060,25	920,00	786,08
	II	**1 524,33**	473,75	473,75	II	1 367,66	1 214,25	1 067,16	926,58	792,41	664,66
	III	**1 076,83**	473,75	473,75	III	960,50	847,50	737,83	631,16	527,83	427,66
	V	**2 187,91**	473,75	473,75	IV	1 595,08	1 516,75	1 438,41	1 360,16	1 282,75	1 207,00
	VI	**2 232,16**	473,75	473,75							
7 205,99 West	I,IV	**1 670,58**	473,75	473,75	I	1 513,91	1 357,25	1 204,25	1 057,66	917,41	783,66
	II	**1 521,50**	473,75	473,75	II	1 364,83	1 211,50	1 064,58	924,08	790,00	662,41
	III	**1 074,66**	473,75	473,75	III	958,50	845,50	735,83	629,33	526,00	425,83
	V	**2 185,00**	473,75	473,75	IV	1 592,25	1 513,91	1 435,58	1 357,25	1 279,91	1 204,25
	VI	**2 229,33**	473,75	473,75							
7 205,99 Ost	I,IV	**1 674,66**	473,75	473,75	I	1 518,08	1 361,41	1 208,16	1 061,41	921,08	787,16
	II	**1 525,58**	473,75	473,75	II	1 368,91	1 215,41	1 068,33	927,66	793,50	665,66
	III	**1 077,66**	473,75	473,75	III	961,50	848,50	738,66	632,00	528,66	428,50
	V	**2 189,16**	473,75	473,75	IV	1 596,33	1 518,08	1 439,75	1 361,41	1 284,00	1 208,16
	VI	**2 233,41**	473,75	473,75							
7 208,99 West	I,IV	**1 671,75**	473,75	473,75	I	1 515,08	1 358,41	1 205,33	1 058,66	918,50	784,66
	II	**1 522,66**	473,75	473,75	II	1 366,00	1 212,58	1 065,58	925,08	791,00	663,33
	III	**1 075,50**	473,75	473,75	III	959,33	846,33	736,66	630,16	526,83	426,66
	V	**2 186,16**	473,75	473,75	IV	1 593,41	1 515,08	1 436,75	1 358,41	1 281,08	1 205,33
	VI	**2 230,50**	473,75	473,75							
7 208,99 Ost	I,IV	**1 676,00**	473,75	473,75	I	1 519,33	1 362,66	1 209,41	1 062,58	922,16	788,16
	II	**1 526,83**	473,75	473,75	II	1 370,16	1 216,66	1 069,50	928,83	794,50	666,66
	III	**1 078,66**	473,75	473,75	III	962,50	849,33	739,50	632,83	529,50	429,33
	V	**2 190,41**	473,75	473,75	IV	1 597,66	1 519,33	1 441,00	1 362,66	1 285,25	1 209,41
	VI	**2 234,75**	473,75	473,75							
7 211,99 West	I,IV	**1 672,83**	473,75	473,75	I	1 516,16	1 359,50	1 206,41	1 059,75	919,41	785,58
	II	**1 523,75**	473,75	473,75	II	1 367,08	1 213,66	1 066,66	926,08	791,91	664,16
	III	**1 076,33**	473,75	473,75	III	960,16	847,16	737,33	630,83	527,50	427,33
	V	**2 187,25**	473,75	473,75	IV	1 594,50	1 516,16	1 437,83	1 359,50	1 282,16	1 206,41
	VI	**2 231,58**	473,75	473,75							
7 211,99 Ost	I,IV	**1 677,25**	473,75	473,75	I	1 520,58	1 363,91	1 210,58	1 063,75	923,25	789,25
	II	**1 528,08**	473,75	473,75	II	1 371,50	1 217,83	1 070,66	929,91	795,58	667,66
	III	**1 079,66**	473,75	473,75	III	963,33	850,33	740,33	633,83	530,33	430,16
	V	**2 191,66**	473,75	473,75	IV	1 598,91	1 520,58	1 442,25	1 363,91	1 286,41	1 210,58
	VI	**2 236,00**	473,75	473,75							
7 214,99 West	I,IV	**1 674,00**	473,75	473,75	I	1 517,33	1 360,66	1 207,50	1 060,75	920,41	786,58
	II	**1 524,91**	473,75	473,75	II	1 368,25	1 214,75	1 067,66	927,08	792,91	665,08
	III	**1 077,16**	473,75	473,75	III	961,00	848,00	738,16	631,66	528,16	428,00
	V	**2 188,41**	473,75	473,75	IV	1 595,66	1 517,33	1 439,00	1 360,66	1 283,33	1 207,50
	VI	**2 232,75**	473,75	473,75							
7 214,99 Ost	I,IV	**1 678,50**	473,75	473,75	I	1 521,83	1 365,16	1 211,83	1 064,83	924,33	790,33
	II	**1 529,41**	473,75	473,75	II	1 372,75	1 219,08	1 071,83	931,00	796,66	668,66
	III	**1 080,66**	473,75	473,75	III	964,33	851,16	741,33	634,66	531,16	430,83
	V	**2 192,91**	473,75	473,75	IV	1 600,16	1 521,83	1 443,50	1 365,16	1 287,66	1 211,83
	VI	**2 237,25**	473,75	473,75							
7 217,99 West	I,IV	**1 675,08**	473,75	473,75	I	1 518,50	1 361,83	1 208,58	1 061,83	921,41	787,50
	II	**1 526,00**	473,75	473,75	II	1 369,33	1 215,83	1 068,75	928,08	793,83	666,00
	III	**1 078,00**	473,75	473,75	III	961,83	848,83	739,00	632,33	529,00	428,83
	V	**2 189,58**	473,75	473,75	IV	1 596,83	1 518,50	1 440,16	1 361,83	1 284,41	1 208,58
	VI	**2 233,83**	473,75	473,75							
7 217,99 Ost	I,IV	**1 679,75**	473,75	473,75	I	1 523,08	1 366,41	1 213,00	1 066,00	925,50	791,33
	II	**1 530,66**	473,75	473,75	II	1 374,00	1 220,25	1 073,00	932,08	797,66	669,66
	III	**1 081,50**	473,75	473,75	III	965,16	852,00	742,16	635,50	532,00	431,66
	V	**2 194,16**	473,75	473,75	IV	1 601,41	1 523,08	1 444,75	1 366,41	1 288,91	1 213,00
	VI	**2 238,50**	473,75	473,75							

* Zur LSt-Berechnung für privat versicherte Arbeitnehmer s. Beispiele **Vorbemerkung S. 4 f.**
** Basisvorsorgepauschale KV und PV *** Typisierter Arbeitgeberzuschuss

Lohn/ Gehalt in € bis	Steuerklasse	**Lohn-steuer***	BVSP**	TAGZ***	Steuerklasse	Bemessungsgrundlage für Kirchensteuer und Solidaritätszuschlag					
						Freibeträge für ... Kinder					
						0,5	**1,0**	1,5	**2,0**	2,5	**3,0**
7220,99	I,IV	**1676,25**	473,75	473,75	I	1519,58	1363,00	1209,66	1062,83	922,41	788,50
West	II	**1527,16**	473,75	473,75	II	1370,50	1216,91	1069,75	929,08	794,75	666,91
	III	**1079,00**	473,75	473,75	III	962,66	849,66	739,83	633,16	529,66	429,50
	V	**2190,75**	473,75	473,75	IV	1597,91	1519,58	1441,25	1363,00	1285,50	1209,66
	VI	**2235,00**	473,75	473,75							
7220,99	I,IV	**1681,00**	473,75	473,75	I	1524,33	1367,66	1214,25	1067,16	926,58	792,41
Ost	II	**1531,91**	473,75	473,75	II	1375,25	1221,50	1074,16	933,25	798,75	670,66
	III	**1082,50**	473,75	473,75	III	966,16	853,00	743,00	636,33	532,83	432,50
	V	**2195,41**	473,75	473,75	IV	1602,66	1524,33	1446,00	1367,66	1290,16	1214,25
	VI	**2239,75**	473,75	473,75							
7223,99	I,IV	**1677,41**	473,75	473,75	I	1520,75	1364,08	1210,83	1063,91	923,41	789,41
West	II	**1528,33**	473,75	473,75	II	1371,66	1218,08	1070,83	930,08	795,75	667,83
	III	**1079,83**	473,75	473,75	III	963,50	850,33	740,50	633,83	530,50	430,16
	V	**2191,83**	473,75	473,75	IV	1599,08	1520,75	1442,41	1364,08	1286,66	1210,83
	VI	**2236,16**	473,75	473,75							
7223,99	I,IV	**1682,25**	473,75	473,75	I	1525,58	1368,91	1215,41	1068,33	927,66	793,50
Ost	II	**1533,16**	473,75	473,75	II	1376,50	1222,66	1075,33	934,33	799,83	671,66
	III	**1083,50**	473,75	473,75	III	967,00	853,83	743,83	637,16	533,66	433,33
	V	**2196,66**	473,75	473,75	IV	1603,91	1525,58	1447,25	1368,91	1291,41	1215,41
	VI	**2241,00**	473,75	473,75							
7226,99	I,IV	**1678,58**	473,75	473,75	I	1521,91	1365,25	1211,83	1064,91	924,41	790,33
West	II	**1529,41**	473,75	473,75	II	1372,83	1219,16	1071,91	931,08	796,66	668,75
	III	**1080,66**	473,75	473,75	III	964,33	851,16	741,33	634,66	531,16	431,00
	V	**2193,00**	473,75	473,75	IV	1600,25	1521,91	1443,58	1365,25	1287,75	1211,83
	VI	**2237,33**	473,75	473,75							
7226,99	I,IV	**1683,50**	473,75	473,75	I	1526,83	1370,16	1216,66	1069,50	928,83	794,50
Ost	II	**1534,41**	473,75	473,75	II	1377,75	1223,91	1076,41	935,41	800,83	672,66
	III	**1084,33**	473,75	473,75	III	968,00	854,83	744,83	638,00	534,33	434,00
	V	**2198,00**	473,75	473,75	IV	1605,16	1526,83	1448,50	1370,16	1292,58	1216,66
	VI	**2242,25**	473,75	473,75							
7229,99	I,IV	**1679,66**	473,75	473,75	I	1523,08	1366,41	1213,00	1066,00	925,41	791,33
West	II	**1530,58**	473,75	473,75	II	1373,91	1220,25	1072,91	932,08	797,66	669,66
	III	**1081,50**	473,75	473,75	III	965,16	852,00	742,16	635,50	532,00	431,66
	V	**2194,16**	473,75	473,75	IV	1601,41	1523,08	1444,75	1366,41	1288,91	1213,00
	VI	**2238,50**	473,75	473,75							
7229,99	I,IV	**1684,75**	473,75	473,75	I	1528,08	1371,50	1217,83	1070,66	929,91	795,58
Ost	II	**1535,66**	473,75	473,75	II	1379,00	1225,08	1077,58	936,58	801,91	673,66
	III	**1085,33**	473,75	473,75	III	968,83	855,66	745,66	638,83	535,16	434,83
	V	**2199,25**	473,75	473,75	IV	1606,41	1528,08	1449,83	1371,50	1293,83	1217,83
	VI	**2243,50**	473,75	473,75							
7232,99	I,IV	**1680,83**	473,75	473,75	I	1524,16	1367,58	1214,08	1067,08	926,50	792,33
West	II	**1531,75**	473,75	473,75	II	1375,08	1221,33	1074,00	933,08	798,58	670,58
	III	**1082,33**	473,75	473,75	III	966,00	852,83	743,00	636,16	532,66	432,33
	V	**2195,33**	473,75	473,75	IV	1602,50	1524,16	1445,83	1367,58	1290,00	1214,08
	VI	**2239,58**	473,75	473,75							
7232,99	I,IV	**1686,08**	473,75	473,75	I	1529,41	1372,75	1219,08	1071,83	931,00	796,66
Ost	II	**1536,91**	473,75	473,75	II	1380,25	1226,33	1078,75	937,66	803,00	674,66
	III	**1086,33**	473,75	473,75	III	969,83	856,50	746,50	639,66	536,00	435,66
	V	**2200,50**	473,75	473,75	IV	1607,75	1529,41	1451,08	1372,75	1295,08	1219,08
	VI	**2244,83**	473,75	473,75							
7235,99	I,IV	**1682,00**	473,75	473,75	I	1525,33	1368,66	1215,16	1068,08	927,41	793,25
West	II	**1532,91**	473,75	473,75	II	1376,25	1222,41	1075,00	934,08	799,58	671,50
	III	**1083,16**	473,75	473,75	III	966,83	853,66	743,66	637,00	533,33	433,16
	V	**2196,41**	473,75	473,75	IV	1603,66	1525,33	1447,00	1368,66	1291,08	1215,16
	VI	**2240,75**	473,75	473,75							
7235,99	I,IV	**1687,33**	473,75	473,75	I	1530,66	1374,00	1220,25	1073,00	932,08	797,66
Ost	II	**1538,16**	473,75	473,75	II	1381,58	1227,50	1079,91	938,75	804,00	675,75
	III	**1087,16**	473,75	473,75	III	970,66	857,50	747,33	640,50	536,83	436,50
	V	**2201,75**	473,75	473,75	IV	1609,00	1530,66	1452,33	1374,00	1296,33	1220,25
	VI	**2246,08**	473,75	473,75							

* Zur LSt-Berechnung für privat versicherte Arbeitnehmer s. Beispiele **Vorbemerkung S. 4f.**
** Basisvorsorgepauschale KV und PV *** Typisierter Arbeitgeberzuschuss

Lohn/ Gehalt in € bis	Steuerklasse	Lohnsteuer*	BVSP**	TAGZ***	Steuerklasse	Bemessungsgrundlage für Kirchensteuer und Solidaritätszuschlag – Freibeträge für ... Kinder 0,5	1,0	1,5	2,0	2,5	3,0
7 238,99	I,IV	**1 683,16**	473,75	473,75	I	1 526,50	1 369,83	1 216,25	1 069,16	928,41	794,16
West	II	**1 534,00**	473,75	473,75	II	1 377,41	1 223,50	1 076,08	935,08	800,50	672,41
	III	**1 084,16**	473,75	473,75	III	967,66	854,50	744,50	637,66	534,16	433,83
	V	**2 197,58**	473,75	473,75	IV	1 604,83	1 526,50	1 448,16	1 369,83	1 292,25	1 216,25
	VI	**2 241,91**	473,75	473,75							
7 238,99	I,IV	**1 688,58**	473,75	473,75	I	1 531,91	1 375,25	1 221,50	1 074,16	933,25	798,75
Ost	II	**1 539,50**	473,75	473,75	II	1 382,83	1 228,75	1 081,08	939,83	805,08	676,75
	III	**1 088,16**	473,75	473,75	III	971,66	858,33	748,16	641,33	537,66	437,16
	V	**2 203,00**	473,75	473,75	IV	1 610,25	1 531,91	1 453,58	1 375,25	1 297,58	1 221,50
	VI	**2 247,33**	473,75	473,75							
7 241,99	I,IV	**1 684,33**	473,75	473,75	I	1 527,66	1 371,00	1 217,41	1 070,25	929,50	795,16
West	II	**1 535,16**	473,75	473,75	II	1 378,50	1 224,66	1 077,16	936,08	801,50	673,33
	III	**1 085,00**	473,75	473,75	III	968,50	855,33	745,33	638,50	534,83	434,50
	V	**2 198,75**	473,75	473,75	IV	1 606,00	1 527,66	1 449,33	1 371,00	1 293,41	1 217,41
	VI	**2 243,08**	473,75	473,75							
7 241,99	I,IV	**1 689,83**	473,75	473,75	I	1 533,16	1 376,50	1 222,66	1 075,33	934,33	799,83
Ost	II	**1 540,75**	473,75	473,75	II	1 384,08	1 230,00	1 082,25	941,00	806,16	677,75
	III	**1 089,16**	473,75	473,75	III	972,50	859,16	749,16	642,16	538,50	438,00
	V	**2 204,25**	473,75	473,75	IV	1 611,50	1 533,16	1 454,83	1 376,50	1 298,83	1 222,66
	VI	**2 248,58**	473,75	473,75							
7 244,99	I,IV	**1 685,41**	473,75	473,75	I	1 528,75	1 372,08	1 218,41	1 071,25	930,41	796,08
West	II	**1 536,33**	473,75	473,75	II	1 379,66	1 225,75	1 078,16	937,08	802,41	674,16
	III	**1 085,83**	473,75	473,75	III	969,33	856,16	746,00	639,16	535,66	435,33
	V	**2 199,83**	473,75	473,75	IV	1 607,08	1 528,75	1 450,41	1 372,08	1 294,50	1 218,41
	VI	**2 244,16**	473,75	473,75							
7 244,99	I,IV	**1 691,08**	473,75	473,75	I	1 534,41	1 377,75	1 223,91	1 076,41	935,41	800,83
Ost	II	**1 542,00**	473,75	473,75	II	1 385,33	1 231,16	1 083,41	942,08	807,16	678,75
	III	**1 090,16**	473,75	473,75	III	973,50	860,16	750,00	643,00	539,33	438,83
	V	**2 205,50**	473,75	473,75	IV	1 612,75	1 534,41	1 456,08	1 377,75	1 300,00	1 223,91
	VI	**2 249,83**	473,75	473,75							
7 247,99	I,IV	**1 686,58**	473,75	473,75	I	1 529,91	1 373,25	1 219,58	1 072,33	931,50	797,08
West	II	**1 537,50**	473,75	473,75	II	1 380,83	1 226,83	1 079,25	938,08	803,41	675,08
	III	**1 086,66**	473,75	473,75	III	970,16	857,00	746,83	640,00	536,50	436,00
	V	**2 201,00**	473,75	473,75	IV	1 608,25	1 529,91	1 451,58	1 373,25	1 295,58	1 219,58
	VI	**2 245,33**	473,75	473,75							
7 247,99	I,IV	**1 692,33**	473,75	473,75	I	1 535,66	1 379,00	1 225,08	1 077,58	936,58	801,91
Ost	II	**1 543,25**	473,75	473,75	II	1 386,58	1 232,41	1 084,58	943,16	808,25	679,75
	III	**1 091,00**	473,75	473,75	III	974,50	861,00	750,83	643,83	540,16	439,66
	V	**2 206,75**	473,75	473,75	IV	1 614,00	1 535,66	1 457,33	1 379,00	1 301,25	1 225,08
	VI	**2 251,08**	473,75	473,75							
7 250,99	I,IV	**1 687,75**	473,75	473,75	I	1 531,08	1 374,41	1 220,66	1 073,33	932,50	798,00
West	II	**1 538,58**	473,75	473,75	II	1 382,00	1 227,91	1 080,33	939,16	804,33	676,08
	III	**1 087,50**	473,75	473,75	III	971,00	857,66	747,66	640,83	537,16	436,66
	V	**2 202,16**	473,75	473,75	IV	1 609,41	1 531,08	1 452,75	1 374,41	1 296,75	1 220,66
	VI	**2 246,50**	473,75	473,75							
7 250,99	I,IV	**1 693,58**	473,75	473,75	I	1 536,91	1 380,25	1 226,33	1 078,75	937,66	803,00
Ost	II	**1 544,50**	473,75	473,75	II	1 387,83	1 233,58	1 085,75	944,33	809,33	680,75
	III	**1 092,00**	473,75	473,75	III	975,33	862,00	751,66	644,83	541,00	440,50
	V	**2 208,08**	473,75	473,75	IV	1 615,25	1 536,91	1 458,58	1 380,25	1 302,50	1 226,33
	VI	**2 252,33**	473,75	473,75							
7 253,99	I,IV	**1 688,83**	473,75	473,75	I	1 532,16	1 375,50	1 221,75	1 074,41	933,50	799,00
West	II	**1 539,75**	473,75	473,75	II	1 383,08	1 229,00	1 081,33	940,08	805,33	676,91
	III	**1 088,33**	473,75	473,75	III	971,83	858,50	748,50	641,50	537,83	437,50
	V	**2 203,25**	473,75	473,75	IV	1 610,50	1 532,16	1 453,83	1 375,50	1 297,83	1 221,75
	VI	**2 247,58**	473,75	473,75							
7 253,99	I,IV	**1 694,83**	473,75	473,75	I	1 538,16	1 381,58	1 227,50	1 079,91	938,75	804,00
Ost	II	**1 545,75**	473,75	473,75	II	1 389,08	1 234,83	1 086,91	945,41	810,41	681,75
	III	**1 093,00**	473,75	473,75	III	976,33	862,83	752,66	645,66	541,83	441,16
	V	**2 209,33**	473,75	473,75	IV	1 616,50	1 538,16	1 459,83	1 381,58	1 303,75	1 227,50
	VI	**2 253,58**	473,75	473,75							

* Zur LSt-Berechnung für privat versicherte Arbeitnehmer s. Beispiele **Vorbemerkung S. 4 f.**
** Basisvorsorgepauschale KV und PV *** Typisierter Arbeitgeberzuschuss

Lohn/ Gehalt in € bis	Steuerklasse	Lohn-steuer*	BVSP**	TAGZ***	Steuerklasse	Bemessungsgrundlage für Kirchensteuer und Solidaritätszuschlag – Freibeträge für ... Kinder 0,5	1,0	1,5	2,0	2,5	3,0
7 256,99 West	I,IV	**1 690,00**	473,75	473,75	I	1 533,33	1 376,66	1 222,83	1 075,41	934,50	799,91
	II	**1 540,91**	473,75	473,75	II	1 384,25	1 230,16	1 082,41	941,16	806,25	677,83
	III	**1 089,33**	473,75	473,75	III	972,66	859,33	749,33	642,33	538,66	438,16
	V	**2 204,41**	473,75	473,75	IV	1 611,66	1 533,33	1 455,00	1 376,66	1 299,00	1 222,83
	VI	**2 248,75**	473,75	473,75							
7 256,99 Ost	I,IV	**1 696,08**	473,75	473,75	I	1 539,50	1 382,83	1 228,75	1 081,08	939,83	805,08
	II	**1 547,00**	473,75	473,75	II	1 390,33	1 236,00	1 088,08	946,50	811,41	682,75
	III	**1 093,83**	473,75	473,75	III	977,16	863,66	753,50	646,50	542,66	442,00
	V	**2 210,58**	473,75	473,75	IV	1 617,83	1 539,50	1 461,16	1 382,83	1 305,00	1 228,75
	VI	**2 254,83**	473,75	473,75							
7 259,99 West	I,IV	**1 691,16**	473,75	473,75	I	1 534,50	1 377,83	1 224,00	1 076,50	935,50	800,91
	II	**1 542,08**	473,75	473,75	II	1 385,41	1 231,25	1 083,50	942,16	807,25	678,75
	III	**1 090,16**	473,75	473,75	III	973,50	860,16	750,00	643,16	539,33	438,83
	V	**2 205,58**	473,75	473,75	IV	1 612,83	1 534,50	1 456,16	1 377,83	1 300,08	1 224,00
	VI	**2 249,91**	473,75	473,75							
7 259,99 Ost	I,IV	**1 697,41**	473,75	473,75	I	1 540,75	1 384,08	1 230,00	1 082,25	941,00	806,16
	II	**1 548,25**	473,75	473,75	II	1 391,58	1 237,25	1 089,25	947,66	812,50	683,75
	III	**1 094,83**	473,75	473,75	III	978,16	864,66	754,33	647,33	543,50	442,83
	V	**2 211,83**	473,75	473,75	IV	1 619,08	1 540,75	1 462,41	1 384,08	1 306,25	1 230,00
	VI	**2 256,16**	473,75	473,75							
7 262,99 West	I,IV	**1 692,25**	473,75	473,75	I	1 535,58	1 378,91	1 225,08	1 077,58	936,50	801,83
	II	**1 543,16**	473,75	473,75	II	1 386,50	1 232,33	1 084,50	943,16	808,16	679,66
	III	**1 091,00**	473,75	473,75	III	974,33	861,00	750,83	643,83	540,16	439,66
	V	**2 206,75**	473,75	473,75	IV	1 613,91	1 535,58	1 457,25	1 378,91	1 301,16	1 225,08
	VI	**2 251,00**	473,75	473,75							
7 262,99 Ost	I,IV	**1 698,66**	473,75	473,75	I	1 542,00	1 385,33	1 231,16	1 083,41	942,08	807,16
	II	**1 549,58**	473,75	473,75	II	1 392,91	1 238,50	1 090,41	948,75	813,58	684,75
	III	**1 095,83**	473,75	473,75	III	979,00	865,50	755,16	648,16	544,33	443,66
	V	**2 213,08**	473,75	473,75	IV	1 620,33	1 542,00	1 463,66	1 385,33	1 307,50	1 231,16
	VI	**2 257,41**	473,75	473,75							
7 265,99 West	I,IV	**1 693,41**	473,75	473,75	I	1 536,75	1 380,08	1 226,16	1 078,58	937,50	802,83
	II	**1 544,33**	473,75	473,75	II	1 387,66	1 233,41	1 085,58	944,16	809,16	680,58
	III	**1 091,83**	473,75	473,75	III	975,33	861,83	751,66	644,66	540,83	440,33
	V	**2 207,83**	473,75	473,75	IV	1 615,08	1 536,75	1 458,41	1 380,08	1 302,33	1 226,16
	VI	**2 252,16**	473,75	473,75							
7 265,99 Ost	I,IV	**1 699,91**	473,75	473,75	I	1 543,25	1 386,58	1 232,41	1 084,58	943,16	808,25
	II	**1 550,83**	473,75	473,75	II	1 394,16	1 239,66	1 091,58	949,91	814,58	685,75
	III	**1 096,66**	473,75	473,75	III	980,00	866,50	756,16	649,00	545,16	444,33
	V	**2 214,33**	473,75	473,75	IV	1 621,58	1 543,25	1 464,91	1 386,58	1 308,75	1 232,41
	VI	**2 258,66**	473,75	473,75							
7 268,99 West	I,IV	**1 694,58**	473,75	473,75	I	1 537,91	1 381,25	1 227,25	1 079,66	938,50	803,75
	II	**1 545,50**	473,75	473,75	II	1 388,83	1 234,58	1 086,66	945,16	810,16	681,50
	III	**1 092,66**	473,75	473,75	III	976,00	862,66	752,50	645,33	541,66	441,00
	V	**2 209,00**	473,75	473,75	IV	1 616,25	1 537,91	1 459,58	1 381,25	1 303,50	1 227,25
	VI	**2 253,33**	473,75	473,75							
7 268,99 Ost	I,IV	**1 701,16**	473,75	473,75	I	1 544,50	1 387,83	1 233,58	1 085,75	944,33	809,33
	II	**1 552,08**	473,75	473,75	II	1 395,41	1 240,91	1 092,75	951,00	815,66	686,83
	III	**1 097,66**	473,75	473,75	III	980,83	867,33	757,00	649,83	545,83	445,16
	V	**2 215,58**	473,75	473,75	IV	1 622,83	1 544,50	1 466,16	1 387,83	1 309,91	1 233,58
	VI	**2 259,91**	473,75	473,75							
7 271,99 West	I,IV	**1 695,66**	473,75	473,75	I	1 539,08	1 382,41	1 228,33	1 080,75	939,50	804,75
	II	**1 546,58**	473,75	473,75	II	1 389,91	1 235,66	1 087,66	946,16	811,08	682,41
	III	**1 093,50**	473,75	473,75	III	976,83	863,50	753,16	646,16	542,33	441,83
	V	**2 210,16**	473,75	473,75	IV	1 617,33	1 539,08	1 460,75	1 382,41	1 304,58	1 228,33
	VI	**2 254,41**	473,75	473,75							
7 271,99 Ost	I,IV	**1 702,41**	473,75	473,75	I	1 545,75	1 389,08	1 234,83	1 086,91	945,41	810,41
	II	**1 553,33**	473,75	473,75	II	1 396,66	1 242,16	1 093,91	952,08	816,75	687,83
	III	**1 098,66**	473,75	473,75	III	981,83	868,16	757,83	650,66	546,66	446,00
	V	**2 216,83**	473,75	473,75	IV	1 624,08	1 545,75	1 467,41	1 389,08	1 311,16	1 234,83
	VI	**2 261,16**	473,75	473,75							

* Zur LSt-Berechnung für privat versicherte Arbeitnehmer s. Beispiele **Vorbemerkung S. 4 f.**
** Basisvorsorgepauschale KV und PV *** Typisierter Arbeitgeberzuschuss

Lohn/ Gehalt in € bis	Steuerklasse	Lohn-steuer*	BVSP**	TAGZ***	Steuerklasse	Bemessungsgrundlage für Kirchensteuer und Solidaritätszuschlag					
						Freibeträge für ... Kinder					
						0,5	**1,0**	1,5	**2,0**	2,5	**3,0**
7 274,99 West	I,IV	**1 696,83**	473,75	473,75	I	1 540,16	1 383,50	1 229,50	1 081,75	940,50	805,66
	II	**1 547,75**	473,75	473,75	II	1 391,08	1 236,75	1 088,75	947,16	812,08	683,33
	III	**1 094,50**	473,75	473,75	III	977,83	864,33	754,00	647,00	543,16	442,50
	V	**2 211,33**	473,75	473,75	IV	1 618,50	1 540,16	1 461,83	1 383,50	1 305,75	1 229,50
	VI	**2 255,58**	473,75	473,75							
7 274,99 Ost	I,IV	**1 703,66**	473,75	473,75	I	1 547,00	1 390,33	1 236,00	1 088,08	946,50	811,41
	II	**1 554,58**	473,75	473,75	II	1 397,91	1 243,33	1 095,08	953,25	817,83	688,83
	III	**1 099,66**	473,75	473,75	III	982,83	869,16	758,66	651,50	547,50	446,83
	V	**2 218,08**	473,75	473,75	IV	1 625,33	1 547,00	1 468,66	1 390,33	1 312,41	1 236,00
	VI	**2 262,41**	473,75	473,75							
7 277,99 West	I,IV	**1 698,00**	473,75	473,75	I	1 541,33	1 384,66	1 230,58	1 082,83	941,50	806,66
	II	**1 548,91**	473,75	473,75	II	1 392,25	1 237,83	1 089,83	948,25	813,00	684,25
	III	**1 095,33**	473,75	473,75	III	978,66	865,16	754,83	647,66	543,83	443,16
	V	**2 212,41**	473,75	473,75	IV	1 619,66	1 541,33	1 463,00	1 384,66	1 306,83	1 230,58
	VI	**2 256,75**	473,75	473,75							
7 277,99 Ost	I,IV	**1 704,91**	473,75	473,75	I	1 548,25	1 391,58	1 237,25	1 089,25	947,66	812,50
	II	**1 555,83**	473,75	473,75	II	1 399,16	1 244,58	1 096,25	954,33	818,83	689,83
	III	**1 100,50**	473,75	473,75	III	983,66	870,00	759,66	652,33	548,33	447,66
	V	**2 219,41**	473,75	473,75	IV	1 626,58	1 548,25	1 469,91	1 391,58	1 313,66	1 237,25
	VI	**2 263,66**	473,75	473,75							
7 280,99 West	I,IV	**1 699,16**	473,75	473,75	I	1 542,50	1 385,83	1 231,66	1 083,83	942,50	807,58
	II	**1 550,00**	473,75	473,75	II	1 393,33	1 238,91	1 090,83	949,16	814,00	685,16
	III	**1 096,16**	473,75	473,75	III	979,50	865,83	755,50	648,50	544,66	444,00
	V	**2 213,58**	473,75	473,75	IV	1 620,83	1 542,50	1 464,16	1 385,83	1 307,91	1 231,66
	VI	**2 257,91**	473,75	473,75							
7 280,99 Ost	I,IV	**1 706,16**	473,75	473,75	I	1 549,58	1 392,91	1 238,50	1 090,41	948,75	813,58
	II	**1 557,08**	473,75	473,75	II	1 400,41	1 245,75	1 097,41	955,41	819,91	690,83
	III	**1 101,50**	473,75	473,75	III	984,66	871,00	760,50	653,16	549,16	448,33
	V	**2 220,66**	473,75	473,75	IV	1 627,83	1 549,58	1 471,25	1 392,91	1 314,91	1 238,50
	VI	**2 264,91**	473,75	473,75							
7 283,99 West	I,IV	**1 700,25**	473,75	473,75	I	1 543,66	1 387,00	1 232,75	1 084,91	943,58	808,58
	II	**1 551,16**	473,75	473,75	II	1 394,50	1 240,08	1 091,91	950,25	814,91	686,08
	III	**1 097,00**	473,75	473,75	III	980,33	866,66	756,33	649,33	545,33	444,66
	V	**2 214,75**	473,75	473,75	IV	1 621,91	1 543,66	1 465,33	1 387,00	1 309,08	1 232,75
	VI	**2 259,00**	473,75	473,75							
7 283,99 Ost	I,IV	**1 707,50**	473,75	473,75	I	1 550,83	1 394,16	1 239,66	1 091,58	949,91	814,58
	II	**1 558,33**	473,75	473,75	II	1 401,66	1 247,00	1 098,58	956,58	821,00	691,83
	III	**1 102,50**	473,75	473,75	III	985,50	871,83	761,33	654,16	550,00	449,16
	V	**2 221,91**	473,75	473,75	IV	1 629,16	1 550,83	1 472,50	1 394,16	1 316,16	1 239,66
	VI	**2 266,25**	473,75	473,75							
7 286,99 West	I,IV	**1 701,41**	473,75	473,75	I	1 544,75	1 388,08	1 233,83	1 086,00	944,50	809,50
	II	**1 552,33**	473,75	473,75	II	1 395,66	1 241,16	1 093,00	951,25	815,91	687,00
	III	**1 097,83**	473,75	473,75	III	981,16	867,50	757,16	650,00	546,16	445,33
	V	**2 215,83**	473,75	473,75	IV	1 623,08	1 544,75	1 466,41	1 388,08	1 310,16	1 233,83
	VI	**2 260,16**	473,75	473,75							
7 286,99 Ost	I,IV	**1 708,75**	473,75	473,75	I	1 552,08	1 395,41	1 240,91	1 092,75	951,00	815,66
	II	**1 559,58**	473,75	473,75	II	1 403,00	1 248,25	1 099,75	957,66	822,08	692,83
	III	**1 103,33**	473,75	473,75	III	986,50	872,66	762,16	655,00	550,83	450,00
	V	**2 223,16**	473,75	473,75	IV	1 630,41	1 552,08	1 473,75	1 395,41	1 317,41	1 240,91
	VI	**2 267,50**	473,75	473,75							
7 289,99 West	I,IV	**1 702,58**	473,75	473,75	I	1 545,91	1 389,25	1 235,00	1 087,00	945,58	810,50
	II	**1 553,50**	473,75	473,75	II	1 396,83	1 242,25	1 094,00	952,25	816,83	687,91
	III	**1 098,83**	473,75	473,75	III	982,00	868,33	758,00	650,83	546,83	446,16
	V	**2 217,00**	473,75	473,75	IV	1 624,25	1 545,91	1 467,58	1 389,25	1 311,33	1 235,00
	VI	**2 261,33**	473,75	473,75							
7 289,99 Ost	I,IV	**1 710,00**	473,75	473,75	I	1 553,33	1 396,66	1 242,16	1 093,91	952,08	816,75
	II	**1 560,91**	473,75	473,75	II	1 404,25	1 249,41	1 100,91	958,83	823,16	693,91
	III	**1 104,33**	473,75	473,75	III	987,33	873,66	763,16	655,83	551,66	450,83
	V	**2 224,41**	473,75	473,75	IV	1 631,66	1 553,33	1 475,00	1 396,66	1 318,66	1 242,16
	VI	**2 268,75**	473,75	473,75							

* Zur LSt-Berechnung für privat versicherte Arbeitnehmer s. Beispiele **Vorbemerkung S. 4 f.**
** Basisvorsorgepauschale KV und PV *** Typisierter Arbeitgeberzuschuss

Lohn/ Gehalt in € bis	Steuerklasse	Lohn-steuer*	BVSP**	TAGZ***	Steuerklasse	Bemessungsgrundlage für Kirchensteuer und Solidaritätszuschlag					
						Freibeträge für ... Kinder					
						0,5	**1,0**	1,5	**2,0**	2,5	**3,0**
7292,99 West	I,IV	**1703,75**	473,75	473,75	I	1547,08	1390,41	1236,08	1088,08	946,58	811,50
	II	**1554,58**	473,75	473,75	II	1397,91	1243,41	1095,08	953,25	817,83	688,83
	III	**1099,66**	473,75	473,75	III	982,83	869,16	758,83	651,66	547,66	446,83
	V	**2218,16**	473,75	473,75	IV	1625,41	1547,08	1468,75	1390,41	1312,50	1236,08
	VI	**2262,50**	473,75	473,75							
7292,99 Ost	I,IV	**1711,25**	473,75	473,75	I	1554,58	1397,91	1243,33	1095,08	953,25	817,83
	II	**1562,16**	473,75	473,75	II	1405,50	1250,66	1102,08	959,91	824,16	694,91
	III	**1105,33**	473,75	473,75	III	988,33	874,50	764,00	656,66	552,50	451,66
	V	**2225,66**	473,75	473,75	IV	1632,91	1554,58	1476,25	1397,91	1319,91	1243,33
	VI	**2270,00**	473,75	473,75							
7295,99 West	I,IV	**1704,83**	473,75	473,75	I	1548,16	1391,50	1237,16	1089,16	947,58	812,41
	II	**1555,75**	473,75	473,75	II	1399,08	1244,50	1096,16	954,25	818,75	689,75
	III	**1100,50**	473,75	473,75	III	983,66	870,00	759,50	652,33	548,33	447,50
	V	**2219,25**	473,75	473,75	IV	1626,50	1548,16	1469,83	1391,50	1313,58	1237,16
	VI	**2263,58**	473,75	473,75							
7295,99 Ost	I,IV	**1712,50**	473,75	473,75	I	1555,83	1399,16	1244,58	1096,25	954,33	818,83
	II	**1563,41**	473,75	473,75	II	1406,75	1251,91	1103,25	961,00	825,25	695,91
	III	**1106,33**	473,75	473,75	III	989,33	875,50	764,83	657,50	553,33	452,33
	V	**2226,91**	473,75	473,75	IV	1634,16	1555,83	1477,50	1399,16	1321,16	1244,58
	VI	**2271,25**	473,75	473,75							
7298,99 West	I,IV	**1706,00**	473,75	473,75	I	1549,33	1392,66	1238,25	1090,25	948,58	813,41
	II	**1556,91**	473,75	473,75	II	1400,25	1245,58	1097,16	955,25	819,75	690,66
	III	**1101,33**	473,75	473,75	III	984,50	870,83	760,33	653,16	549,00	448,33
	V	**2220,41**	473,75	473,75	IV	1627,66	1549,33	1471,00	1392,66	1314,75	1238,25
	VI	**2264,75**	473,75	473,75							
7298,99 Ost	I,IV	**1713,75**	473,75	473,75	I	1557,08	1400,41	1245,75	1097,41	955,41	819,91
	II	**1564,66**	473,75	473,75	II	1408,00	1253,08	1104,41	962,16	826,33	696,91
	III	**1107,16**	473,75	473,75	III	990,16	876,33	765,66	658,33	554,16	453,16
	V	**2228,16**	473,75	473,75	IV	1635,41	1557,08	1478,75	1400,41	1322,41	1245,75
	VI	**2272,50**	473,75	473,75							
7301,99 West	I,IV	**1707,25**	473,75	473,75	I	1550,58	1393,91	1239,41	1091,33	949,66	814,41
	II	**1558,08**	473,75	473,75	II	1401,41	1246,75	1098,33	956,33	820,83	691,66
	III	**1102,33**	473,75	473,75	III	985,33	871,66	761,16	654,00	549,83	449,00
	V	**2221,66**	473,75	473,75	IV	1628,91	1550,58	1472,25	1393,91	1315,91	1239,41
	VI	**2266,00**	473,75	473,75							
7301,99 Ost	I,IV	**1715,00**	473,75	473,75	I	1558,33	1401,66	1247,00	1098,58	956,58	821,00
	II	**1565,91**	473,75	473,75	II	1409,25	1254,33	1105,58	963,25	827,41	697,91
	III	**1108,16**	473,75	473,75	III	991,16	877,33	766,66	659,16	555,00	454,00
	V	**2229,50**	473,75	473,75	IV	1636,66	1558,33	1480,00	1401,66	1323,66	1247,00
	VI	**2273,75**	473,75	473,75							
7304,99 West	I,IV	**1708,50**	473,75	473,75	I	1551,83	1395,16	1240,66	1092,50	950,75	815,50
	II	**1559,41**	473,75	473,75	II	1402,75	1248,00	1099,50	957,50	821,83	692,66
	III	**1103,33**	473,75	473,75	III	986,33	872,66	762,16	654,83	550,66	449,83
	V	**2222,91**	473,75	473,75	IV	1630,16	1551,83	1473,50	1395,16	1317,16	1240,66
	VI	**2267,25**	473,75	473,75							
7304,99 Ost	I,IV	**1716,25**	473,75	473,75	I	1559,58	1403,00	1248,25	1099,75	957,66	822,08
	II	**1567,16**	473,75	473,75	II	1410,50	1255,58	1106,75	964,41	828,50	699,00
	III	**1109,16**	473,75	473,75	III	992,00	878,16	767,50	660,00	555,83	454,83
	V	**2230,75**	473,75	473,75	IV	1637,91	1559,58	1481,33	1403,00	1324,83	1248,25
	VI	**2275,00**	473,75	473,75							
7307,99 West	I,IV	**1709,75**	473,75	473,75	I	1553,08	1396,41	1241,91	1093,66	951,91	816,50
	II	**1560,66**	473,75	473,75	II	1404,00	1249,16	1100,66	958,58	822,91	693,66
	III	**1104,16**	473,75	473,75	III	987,16	873,50	763,00	655,66	551,50	450,66
	V	**2224,16**	473,75	473,75	IV	1631,41	1553,08	1474,75	1396,41	1318,41	1241,91
	VI	**2268,50**	473,75	473,75							
7307,99 Ost	I,IV	**1717,58**	473,75	473,75	I	1560,91	1404,25	1249,41	1100,91	958,83	823,16
	II	**1568,41**	473,75	473,75	II	1411,75	1256,75	1107,91	965,50	829,50	700,00
	III	**1110,16**	473,75	473,75	III	993,00	879,00	768,33	660,83	556,66	455,50
	V	**2232,00**	473,75	473,75	IV	1639,25	1560,91	1482,58	1404,25	1326,08	1249,41
	VI	**2276,33**	473,75	473,75							

* Zur LSt-Berechnung für privat versicherte Arbeitnehmer s. Beispiele **Vorbemerkung S. 4 f.**
** Basisvorsorgepauschale KV und PV *** Typisierter Arbeitgeberzuschuss

Lohn/ Gehalt in € bis	Steuerklasse	Lohn-steuer*	BVSP**	TAGZ***	Steuerklasse	Bemessungsgrundlage für Kirchensteuer und Solidaritätszuschlag – Freibeträge für ... Kinder 0,5	1,0	1,5	2,0	2,5	3,0
7 310,99 West	I,IV	**1 711,00**	473,75	473,75	I	1 554,33	1 397,66	1 243,08	1 094,83	953,00	817,58
	II	**1 561,91**	473,75	473,75	II	1 405,25	1 250,41	1 101,83	959,66	824,00	694,66
	III	**1 105,16**	473,75	473,75	III	988,16	874,33	763,83	656,50	552,33	451,50
	V	**2 225,41**	473,75	473,75	IV	1 632,66	1 554,33	1 476,00	1 397,66	1 319,66	1 243,08
	VI	**2 269,75**	473,75	473,75							
7 310,99 Ost	I,IV	**1 718,83**	473,75	473,75	I	1 562,16	1 405,50	1 250,66	1 102,08	959,91	824,16
	II	**1 569,66**	473,75	473,75	II	1 413,08	1 258,00	1 109,08	966,66	830,58	701,00
	III	**1 111,00**	473,75	473,75	III	993,83	880,00	769,16	661,66	557,50	456,33
	V	**2 233,25**	473,75	473,75	IV	1 640,50	1 562,16	1 483,83	1 405,50	1 327,33	1 250,66
	VI	**2 277,58**	473,75	473,75							
7 313,99 West	I,IV	**1 712,25**	473,75	473,75	I	1 555,58	1 398,91	1 244,33	1 096,00	954,08	818,66
	II	**1 563,16**	473,75	473,75	II	1 406,50	1 251,66	1 103,00	960,83	825,08	695,75
	III	**1 106,16**	473,75	473,75	III	989,16	875,33	764,66	657,33	553,16	452,33
	V	**2 226,66**	473,75	473,75	IV	1 633,91	1 555,58	1 477,25	1 398,91	1 320,91	1 244,33
	VI	**2 271,00**	473,75	473,75							
7 313,99 Ost	I,IV	**1 720,08**	473,75	473,75	I	1 563,41	1 406,75	1 251,91	1 103,25	961,00	825,25
	II	**1 571,00**	473,75	473,75	II	1 414,33	1 259,25	1 110,25	967,75	831,66	702,00
	III	**1 112,00**	473,75	473,75	III	994,83	880,83	770,16	662,66	558,33	457,16
	V	**2 234,50**	473,75	473,75	IV	1 641,75	1 563,41	1 485,08	1 406,75	1 328,58	1 251,91
	VI	**2 278,83**	473,75	473,75							
7 316,99 West	I,IV	**1 713,50**	473,75	473,75	I	1 556,83	1 400,16	1 245,58	1 097,16	955,25	819,75
	II	**1 564,41**	473,75	473,75	II	1 407,75	1 252,83	1 104,16	961,91	826,08	696,75
	III	**1 107,00**	473,75	473,75	III	990,00	876,16	765,66	658,16	554,00	453,00
	V	**2 228,00**	473,75	473,75	IV	1 635,16	1 556,83	1 478,50	1 400,16	1 322,16	1 245,58
	VI	**2 272,25**	473,75	473,75							
7 316,99 Ost	I,IV	**1 721,33**	473,75	473,75	I	1 564,66	1 408,00	1 253,08	1 104,41	962,16	826,33
	II	**1 572,25**	473,75	473,75	II	1 415,58	1 260,41	1 111,41	968,83	832,75	703,00
	III	**1 113,00**	473,75	473,75	III	995,83	881,83	771,00	663,50	559,16	458,00
	V	**2 235,75**	473,75	473,75	IV	1 643,00	1 564,66	1 486,33	1 408,00	1 329,83	1 253,08
	VI	**2 280,08**	473,75	473,75							
7 319,99 West	I,IV	**1 714,75**	473,75	473,75	I	1 558,08	1 401,41	1 246,75	1 098,33	956,33	820,83
	II	**1 565,66**	473,75	473,75	II	1 409,00	1 254,08	1 105,33	963,08	827,16	697,75
	III	**1 108,00**	473,75	473,75	III	991,00	877,16	766,50	659,00	554,83	453,83
	V	**2 229,25**	473,75	473,75	IV	1 636,41	1 558,08	1 479,75	1 401,41	1 323,41	1 246,75
	VI	**2 273,50**	473,75	473,75							
7 319,99 Ost	I,IV	**1 722,58**	473,75	473,75	I	1 565,91	1 409,25	1 254,33	1 105,58	963,25	827,41
	II	**1 573,50**	473,75	473,75	II	1 416,83	1 261,66	1 112,58	970,00	833,83	704,08
	III	**1 114,00**	473,75	473,75	III	996,66	882,66	771,83	664,33	560,00	458,83
	V	**2 237,00**	473,75	473,75	IV	1 644,25	1 565,91	1 487,58	1 409,25	1 331,08	1 254,33
	VI	**2 281,33**	473,75	473,75							
7 322,99 West	I,IV	**1 716,00**	473,75	473,75	I	1 559,41	1 402,75	1 248,00	1 099,50	957,50	821,83
	II	**1 566,91**	473,75	473,75	II	1 410,25	1 255,33	1 106,50	964,16	828,25	698,75
	III	**1 109,00**	473,75	473,75	III	991,83	878,00	767,33	659,83	555,66	454,66
	V	**2 230,50**	473,75	473,75	IV	1 637,66	1 559,41	1 481,08	1 402,75	1 324,66	1 248,00
	VI	**2 274,75**	473,75	473,75							
7 322,99 Ost	I,IV	**1 723,83**	473,75	473,75	I	1 567,16	1 410,50	1 255,58	1 106,75	964,41	828,50
	II	**1 574,75**	473,75	473,75	II	1 418,08	1 262,91	1 113,75	971,08	834,83	705,08
	III	**1 114,83**	473,75	473,75	III	997,66	883,50	772,83	665,16	560,83	459,66
	V	**2 238,25**	473,75	473,75	IV	1 645,50	1 567,16	1 488,83	1 410,50	1 332,33	1 255,58
	VI	**2 282,58**	473,75	473,75							
7 325,99 West	I,IV	**1 717,33**	473,75	473,75	I	1 560,66	1 404,00	1 249,16	1 100,66	958,58	822,91
	II	**1 568,16**	473,75	473,75	II	1 411,50	1 256,50	1 107,66	965,33	829,33	699,75
	III	**1 110,00**	473,75	473,75	III	992,83	878,83	768,16	660,83	556,50	455,50
	V	**2 231,75**	473,75	473,75	IV	1 639,00	1 560,66	1 482,33	1 404,00	1 325,91	1 249,16
	VI	**2 276,08**	473,75	473,75							
7 325,99 Ost	I,IV	**1 725,08**	473,75	473,75	I	1 568,41	1 411,75	1 256,75	1 107,91	965,50	829,50
	II	**1 576,00**	473,75	473,75	II	1 419,33	1 264,08	1 115,00	972,25	835,91	706,08
	III	**1 115,83**	473,75	473,75	III	998,50	884,50	773,66	666,00	561,66	460,33
	V	**2 239,58**	473,75	473,75	IV	1 646,75	1 568,41	1 490,08	1 411,75	1 333,58	1 256,75
	VI	**2 283,83**	473,75	473,75							

* Zur LSt-Berechnung für privat versicherte Arbeitnehmer s. Beispiele **Vorbemerkung S. 4 f.**
** Basisvorsorgepauschale KV und PV *** Typisierter Arbeitgeberzuschuss

Lohn/ Gehalt in € bis	Steuerklasse	Lohn-steuer*	BVSP**	TAGZ***	Steuerklasse	Bemessungsgrundlage für Kirchensteuer und Solidaritätszuschlag					
						Freibeträge für ... Kinder					
						0,5	**1,0**	1,5	**2,0**	2,5	**3,0**
7 328,99	I,IV	**1 718,58**	473,75	473,75	I	1 561,91	1 405,25	1 250,41	1 101,83	959,66	824,00
West	II	**1 569,41**	473,75	473,75	II	1 412,83	1 257,75	1 108,83	966,41	830,41	700,83
	III	**1 110,83**	473,75	473,75	III	993,66	879,83	769,16	661,66	557,33	456,16
	V	**2 233,00**	473,75	473,75	IV	1 640,25	1 561,91	1 483,58	1 405,25	1 327,16	1 250,41
	VI	**2 277,33**	473,75	473,75							
7 328,99	I,IV	**1 726,33**	473,75	473,75	I	1 569,66	1 413,08	1 258,00	1 109,08	966,66	830,58
Ost	II	**1 577,25**	473,75	473,75	II	1 420,58	1 265,33	1 116,16	973,33	837,00	707,08
	III	**1 116,83**	473,75	473,75	III	999,50	885,33	774,50	666,83	562,33	461,16
	V	**2 240,83**	473,75	473,75	IV	1 648,00	1 569,66	1 491,33	1 413,08	1 334,83	1 258,00
	VI	**2 285,08**	473,75	473,75							
7 331,99	I,IV	**1 719,83**	473,75	473,75	I	1 563,16	1 406,50	1 251,66	1 103,00	960,83	825,08
West	II	**1 570,75**	473,75	473,75	II	1 414,08	1 259,00	1 110,08	967,50	831,41	701,83
	III	**1 111,83**	473,75	473,75	III	994,66	880,66	770,00	662,50	558,16	457,00
	V	**2 234,25**	473,75	473,75	IV	1 641,50	1 563,16	1 484,83	1 406,50	1 328,33	1 251,66
	VI	**2 278,58**	473,75	473,75							
7 331,99	I,IV	**1 727,58**	473,75	473,75	I	1 571,00	1 414,33	1 259,25	1 110,25	967,75	831,66
Ost	II	**1 578,50**	473,75	473,75	II	1 421,83	1 266,58	1 117,33	974,50	838,08	708,08
	III	**1 117,66**	473,75	473,75	III	1 000,33	886,33	775,33	667,66	563,16	462,00
	V	**2 242,08**	473,75	473,75	IV	1 649,33	1 571,00	1 492,66	1 414,33	1 336,08	1 259,25
	VI	**2 286,33**	473,75	473,75							
7 334,99	I,IV	**1 721,08**	473,75	473,75	I	1 564,41	1 407,75	1 252,83	1 104,16	961,91	826,08
West	II	**1 572,00**	473,75	473,75	II	1 415,33	1 260,16	1 111,25	968,66	832,50	702,83
	III	**1 112,83**	473,75	473,75	III	995,66	881,66	770,83	663,33	559,00	457,83
	V	**2 235,50**	473,75	473,75	IV	1 642,75	1 564,41	1 486,08	1 407,75	1 329,58	1 252,83
	VI	**2 279,83**	473,75	473,75							
7 334,99	I,IV	**1 728,91**	473,75	473,75	I	1 572,25	1 415,58	1 260,41	1 111,41	968,83	832,75
Ost	II	**1 579,75**	473,75	473,75	II	1 423,08	1 267,83	1 118,50	975,58	839,16	709,16
	III	**1 118,66**	473,75	473,75	III	1 001,33	887,16	776,33	668,50	564,00	462,83
	V	**2 243,33**	473,75	473,75	IV	1 650,58	1 572,25	1 493,91	1 415,58	1 337,33	1 260,41
	VI	**2 287,66**	473,75	473,75							
7 337,99	I,IV	**1 722,33**	473,75	473,75	I	1 565,66	1 409,00	1 254,08	1 105,33	963,08	827,16
West	II	**1 573,25**	473,75	473,75	II	1 416,58	1 261,41	1 112,41	969,75	833,58	703,83
	III	**1 113,83**	473,75	473,75	III	996,50	882,50	771,66	664,16	559,83	458,66
	V	**2 236,75**	473,75	473,75	IV	1 644,00	1 565,66	1 487,33	1 409,00	1 330,83	1 254,08
	VI	**2 281,08**	473,75	473,75							
7 337,99	I,IV	**1 730,16**	473,75	473,75	I	1 573,50	1 416,83	1 261,66	1 112,58	970,00	833,83
Ost	II	**1 581,08**	473,75	473,75	II	1 424,41	1 269,00	1 119,66	976,75	840,25	710,16
	III	**1 119,66**	473,75	473,75	III	1 002,33	888,16	777,16	669,50	564,83	463,66
	V	**2 244,58**	473,75	473,75	IV	1 651,83	1 573,50	1 495,16	1 416,83	1 338,58	1 261,66
	VI	**2 288,91**	473,75	473,75							
7 340,99	I,IV	**1 723,58**	473,75	473,75	I	1 566,91	1 410,25	1 255,33	1 106,50	964,16	828,25
West	II	**1 574,50**	473,75	473,75	II	1 417,83	1 262,66	1 113,58	970,91	834,66	704,83
	III	**1 114,66**	473,75	473,75	III	997,50	883,50	772,66	665,00	560,66	459,50
	V	**2 238,00**	473,75	473,75	IV	1 645,25	1 566,91	1 488,58	1 410,25	1 332,08	1 255,33
	VI	**2 282,33**	473,75	473,75							
7 340,99	I,IV	**1 731,41**	473,75	473,75	I	1 574,75	1 418,08	1 262,91	1 113,75	971,08	834,83
Ost	II	**1 582,33**	473,75	473,75	II	1 425,66	1 270,25	1 120,83	977,83	841,33	711,16
	III	**1 120,66**	473,75	473,75	III	1 003,16	889,00	778,00	670,33	565,66	464,33
	V	**2 245,83**	473,75	473,75	IV	1 653,08	1 574,75	1 496,41	1 418,08	1 339,83	1 262,91
	VI	**2 290,16**	473,75	473,75							
7 343,99	I,IV	**1 724,83**	473,75	473,75	I	1 568,16	1 411,50	1 256,50	1 107,66	965,33	829,33
West	II	**1 575,75**	473,75	473,75	II	1 419,08	1 263,91	1 114,75	972,00	835,75	705,91
	III	**1 115,66**	473,75	473,75	III	998,33	884,33	773,50	665,83	561,50	460,33
	V	**2 239,33**	473,75	473,75	IV	1 646,50	1 568,16	1 489,83	1 411,50	1 333,33	1 256,50
	VI	**2 283,58**	473,75	473,75							
7 343,99	I,IV	**1 732,66**	473,75	473,75	I	1 576,00	1 419,33	1 264,08	1 115,00	972,25	835,91
Ost	II	**1 583,58**	473,75	473,75	II	1 426,91	1 271,50	1 122,00	979,00	842,33	712,16
	III	**1 121,50**	473,75	473,75	III	1 004,16	890,00	778,83	671,16	566,50	465,16
	V	**2 247,08**	473,75	473,75	IV	1 654,33	1 576,00	1 497,66	1 419,33	1 341,08	1 264,08
	VI	**2 291,41**	473,75	473,75							

* Zur LSt-Berechnung für privat versicherte Arbeitnehmer s. Beispiele **Vorbemerkung S. 4 f.**
** Basisvorsorgepauschale KV und PV *** Typisierter Arbeitgeberzuschuss

Lohn/ Gehalt in € bis	Steuerklasse	Lohn- steuer*	BVSP**	TAGZ***	Steuerklasse	Bemessungsgrundlage für Kirchensteuer und Solidaritätszuschlag					
						Freibeträge für ... Kinder					
						0,5	**1,0**	1,5	**2,0**	2,5	**3,0**
7 346,99	I,IV	**1 726,08**	473,75	473,75	I	1 569,41	1 412,83	1 257,75	1 108,83	966,41	830,41
West	II	**1 577,00**	473,75	473,75	II	1 420,33	1 265,08	1 115,91	973,16	836,83	706,91
	III	**1 116,66**	473,75	473,75	III	999,33	885,16	774,33	666,66	562,33	461,00
	V	**2 240,58**	473,75	473,75	IV	1 647,75	1 569,41	1 491,16	1 412,83	1 334,58	1 257,75
	VI	**2 284,83**	473,75	473,75							
7 346,99	I,IV	**1 733,91**	473,75	473,75	I	1 577,25	1 420,58	1 265,33	1 116,16	973,33	837,00
Ost	II	**1 584,83**	473,75	473,75	II	1 428,16	1 272,66	1 123,16	980,08	843,41	713,25
	III	**1 122,50**	473,75	473,75	III	1 005,00	890,83	779,83	672,00	567,33	466,00
	V	**2 248,33**	473,75	473,75	IV	1 655,58	1 577,25	1 498,91	1 420,58	1 342,33	1 265,33
	VI	**2 292,66**	473,75	473,75							
7 349,99	I,IV	**1 727,41**	473,75	473,75	I	1 570,75	1 414,08	1 259,00	1 110,08	967,50	831,41
West	II	**1 578,25**	473,75	473,75	II	1 421,58	1 266,33	1 117,08	974,25	837,91	707,91
	III	**1 117,50**	473,75	473,75	III	1 000,33	886,16	775,16	667,50	563,16	461,83
	V	**2 241,83**	473,75	473,75	IV	1 649,08	1 570,75	1 492,41	1 414,08	1 335,83	1 259,00
	VI	**2 286,16**	473,75	473,75							
7 349,99	I,IV	**1 735,16**	473,75	473,75	I	1 578,50	1 421,83	1 266,58	1 117,33	974,50	838,08
Ost	II	**1 586,08**	473,75	473,75	II	1 429,41	1 273,91	1 124,33	981,25	844,50	714,25
	III	**1 123,50**	473,75	473,75	III	1 006,00	891,66	780,66	672,83	568,16	466,83
	V	**2 249,58**	473,75	473,75	IV	1 656,83	1 578,50	1 500,16	1 421,83	1 343,58	1 266,58
	VI	**2 293,91**	473,75	473,75							
7 352,99	I,IV	**1 728,66**	473,75	473,75	I	1 572,00	1 415,33	1 260,16	1 111,25	968,66	832,50
West	II	**1 579,50**	473,75	473,75	II	1 422,91	1 267,58	1 118,25	975,41	838,91	708,91
	III	**1 118,50**	473,75	473,75	III	1 001,16	887,00	776,16	668,50	564,00	462,66
	V	**2 243,08**	473,75	473,75	IV	1 650,33	1 572,00	1 493,66	1 415,33	1 337,08	1 260,16
	VI	**2 287,41**	473,75	473,75							
7 352,99	I,IV	**1 736,41**	473,75	473,75	I	1 579,75	1 423,08	1 267,83	1 118,50	975,58	839,16
Ost	II	**1 587,33**	473,75	473,75	II	1 430,66	1 275,16	1 125,58	982,33	845,58	715,25
	III	**1 124,50**	473,75	473,75	III	1 007,00	892,66	781,50	673,66	569,00	467,66
	V	**2 250,91**	473,75	473,75	IV	1 658,08	1 579,75	1 501,41	1 423,08	1 344,83	1 267,83
	VI	**2 295,16**	473,75	473,75							
7 355,99	I,IV	**1 729,91**	473,75	473,75	I	1 573,25	1 416,58	1 261,41	1 112,41	969,75	833,58
West	II	**1 580,83**	473,75	473,75	II	1 424,16	1 268,75	1 119,41	976,50	840,00	710,00
	III	**1 119,50**	473,75	473,75	III	1 002,16	888,00	777,00	669,33	564,83	463,50
	V	**2 244,33**	473,75	473,75	IV	1 651,58	1 573,25	1 494,91	1 416,58	1 338,33	1 261,41
	VI	**2 288,66**	473,75	473,75							
7 355,99	I,IV	**1 737,66**	473,75	473,75	I	1 581,08	1 424,41	1 269,00	1 119,66	976,75	840,25
Ost	II	**1 588,58**	473,75	473,75	II	1 431,91	1 276,41	1 126,75	983,50	846,66	716,25
	III	**1 125,33**	473,75	473,75	III	1 007,83	893,50	782,50	674,50	569,83	468,33
	V	**2 252,16**	473,75	473,75	IV	1 659,33	1 581,08	1 502,75	1 424,41	1 346,08	1 269,00
	VI	**2 296,41**	473,75	473,75							
7 358,99	I,IV	**1 731,16**	473,75	473,75	I	1 574,50	1 417,83	1 262,66	1 113,58	970,91	834,66
West	II	**1 582,08**	473,75	473,75	II	1 425,41	1 270,00	1 120,58	977,66	841,08	711,00
	III	**1 120,50**	473,75	473,75	III	1 003,00	888,83	777,83	670,16	565,66	464,33
	V	**2 245,58**	473,75	473,75	IV	1 652,83	1 574,50	1 496,16	1 417,83	1 339,58	1 262,66
	VI	**2 289,91**	473,75	473,75							
7 358,99	I,IV	**1 739,00**	473,75	473,75	I	1 582,33	1 425,66	1 270,25	1 120,83	977,83	841,33
Ost	II	**1 589,83**	473,75	473,75	II	1 433,16	1 277,58	1 127,91	984,58	847,75	717,33
	III	**1 126,33**	473,75	473,75	III	1 008,83	894,50	783,33	675,33	570,66	469,16
	V	**2 253,41**	473,75	473,75	IV	1 660,66	1 582,33	1 504,00	1 425,66	1 347,33	1 270,25
	VI	**2 297,75**	473,75	473,75							
7 361,99	I,IV	**1 732,41**	473,75	473,75	I	1 575,75	1 419,08	1 263,91	1 114,75	972,00	835,75
West	II	**1 583,33**	473,75	473,75	II	1 426,66	1 271,25	1 121,75	978,75	842,16	712,00
	III	**1 121,33**	473,75	473,75	III	1 004,00	889,83	778,83	671,00	566,33	465,00
	V	**2 246,83**	473,75	473,75	IV	1 654,08	1 575,75	1 497,41	1 419,08	1 340,83	1 263,91
	VI	**2 291,16**	473,75	473,75							
7 361,99	I,IV	**1 740,25**	473,75	473,75	I	1 583,58	1 426,91	1 271,50	1 122,00	979,00	842,33
Ost	II	**1 591,08**	473,75	473,75	II	1 434,50	1 278,83	1 129,08	985,75	848,83	718,33
	III	**1 127,33**	473,75	473,75	III	1 009,66	895,33	784,16	676,33	571,50	470,00
	V	**2 254,66**	473,75	473,75	IV	1 661,91	1 583,58	1 505,25	1 426,91	1 348,58	1 271,50
	VI	**2 299,00**	473,75	473,75							

* Zur LSt-Berechnung für privat versicherte Arbeitnehmer s. Beispiele **Vorbemerkung S. 4 f.**
** Basisvorsorgepauschale KV und PV *** Typisierter Arbeitgeberzuschuss

Lohn/ Gehalt in € bis	Steuerklasse	Lohn-steuer*	BVSP**	TAGZ***	Steuerklasse	Bemessungsgrundlage für Kirchensteuer und Solidaritätszuschlag — Freibeträge für ... Kinder 0,5	1,0	1,5	2,0	2,5	3,0
7 364,99	I,IV	**1 733,66**	473,75	473,75	I	1 577,00	1 420,33	1 265,08	1 115,91	973,16	836,83
West	II	**1 584,58**	473,75	473,75	II	1 427,91	1 272,50	1 123,00	979,91	843,25	713,00
	III	**1 122,33**	473,75	473,75	III	1 004,83	890,66	779,66	671,83	567,16	465,83
	V	**2 248,08**	473,75	473,75	IV	1 655,33	1 577,00	1 498,66	1 420,33	1 342,08	1 265,08
	VI	**2 292,41**	473,75	473,75							
7 364,99	I,IV	**1 741,50**	473,75	473,75	I	1 584,83	1 428,16	1 272,66	1 123,16	980,08	843,41
Ost	II	**1 592,41**	473,75	473,75	II	1 435,75	1 280,08	1 130,25	986,83	849,91	719,33
	III	**1 128,33**	473,75	473,75	III	1 010,66	896,33	785,00	677,16	572,33	470,83
	V	**2 255,91**	473,75	473,75	IV	1 663,16	1 584,83	1 506,50	1 428,16	1 349,91	1 272,66
	VI	**2 300,25**	473,75	473,75							
7 367,99	I,IV	**1 734,91**	473,75	473,75	I	1 578,25	1 421,58	1 266,33	1 117,08	974,25	837,91
West	II	**1 585,83**	473,75	473,75	II	1 429,16	1 273,66	1 124,16	981,00	844,33	714,08
	III	**1 123,33**	473,75	473,75	III	1 005,83	891,50	780,50	672,66	568,00	466,66
	V	**2 249,41**	473,75	473,75	IV	1 656,58	1 578,25	1 499,91	1 421,58	1 343,33	1 266,33
	VI	**2 293,66**	473,75	473,75							
7 367,99	I,IV	**1 742,75**	473,75	473,75	I	1 586,08	1 429,41	1 273,91	1 124,33	981,25	844,50
Ost	II	**1 593,66**	473,75	473,75	II	1 437,00	1 281,33	1 131,41	988,00	851,00	720,41
	III	**1 129,16**	473,75	473,75	III	1 011,66	897,16	786,00	678,00	573,16	471,66
	V	**2 257,16**	473,75	473,75	IV	1 664,41	1 586,08	1 507,75	1 429,41	1 351,16	1 273,91
	VI	**2 301,50**	473,75	473,75							
7 370,99	I,IV	**1 736,16**	473,75	473,75	I	1 579,50	1 422,91	1 267,58	1 118,25	975,41	838,91
West	II	**1 587,08**	473,75	473,75	II	1 430,41	1 274,91	1 125,33	982,16	845,41	715,08
	III	**1 124,33**	473,75	473,75	III	1 006,83	892,50	781,33	673,50	568,83	467,50
	V	**2 250,66**	473,75	473,75	IV	1 657,83	1 579,50	1 501,16	1 422,91	1 344,58	1 267,58
	VI	**2 294,91**	473,75	473,75							
7 370,99	I,IV	**1 744,00**	473,75	473,75	I	1 587,33	1 430,66	1 275,16	1 125,58	982,33	845,58
Ost	II	**1 594,91**	473,75	473,75	II	1 438,25	1 282,58	1 132,58	989,08	852,08	721,41
	III	**1 130,16**	473,75	473,75	III	1 012,50	898,00	786,83	678,83	574,00	472,50
	V	**2 258,41**	473,75	473,75	IV	1 665,66	1 587,33	1 509,00	1 430,66	1 352,41	1 275,16
	VI	**2 302,75**	473,75	473,75							
7 373,99	I,IV	**1 737,41**	473,75	473,75	I	1 580,83	1 424,16	1 268,75	1 119,41	976,50	840,00
West	II	**1 588,33**	473,75	473,75	II	1 431,66	1 276,16	1 126,50	983,25	846,50	716,08
	III	**1 125,16**	473,75	473,75	III	1 007,66	893,33	782,33	674,33	569,66	468,33
	V	**2 251,91**	473,75	473,75	IV	1 659,16	1 580,83	1 502,50	1 424,16	1 345,83	1 268,75
	VI	**2 296,25**	473,75	473,75							
7 373,99	I,IV	**1 745,25**	473,75	473,75	I	1 588,58	1 431,91	1 276,41	1 126,75	983,50	846,66
Ost	II	**1 596,16**	473,75	473,75	II	1 439,50	1 283,75	1 133,83	990,25	853,08	722,41
	III	**1 131,16**	473,75	473,75	III	1 013,50	899,00	787,66	679,66	574,83	473,16
	V	**2 259,66**	473,75	473,75	IV	1 666,91	1 588,58	1 510,25	1 431,91	1 353,66	1 276,41
	VI	**2 304,00**	473,75	473,75							
7 376,99	I,IV	**1 738,75**	473,75	473,75	I	1 582,08	1 425,41	1 270,00	1 120,58	977,66	841,08
West	II	**1 589,58**	473,75	473,75	II	1 432,91	1 277,41	1 127,66	984,41	847,50	717,08
	III	**1 126,16**	473,75	473,75	III	1 008,66	894,33	783,16	675,33	570,50	469,00
	V	**2 253,16**	473,75	473,75	IV	1 660,41	1 582,08	1 503,75	1 425,41	1 347,16	1 270,00
	VI	**2 297,50**	473,75	473,75							
7 376,99	I,IV	**1 746,50**	473,75	473,75	I	1 589,83	1 433,16	1 277,58	1 127,91	984,58	847,75
Ost	II	**1 597,41**	473,75	473,75	II	1 440,75	1 285,00	1 135,00	991,33	854,16	723,41
	III	**1 132,16**	473,75	473,75	III	1 014,33	899,83	788,66	680,50	575,66	474,00
	V	**2 261,00**	473,75	473,75	IV	1 668,16	1 589,83	1 511,50	1 433,16	1 354,91	1 277,58
	VI	**2 305,25**	473,75	473,75							
7 379,99	I,IV	**1 740,00**	473,75	473,75	I	1 583,33	1 426,66	1 271,25	1 121,75	978,75	842,16
West	II	**1 590,91**	473,75	473,75	II	1 434,25	1 278,58	1 128,83	985,50	848,58	718,16
	III	**1 127,16**	473,75	473,75	III	1 009,50	895,16	784,00	676,16	571,33	469,83
	V	**2 254,41**	473,75	473,75	IV	1 661,66	1 583,33	1 505,00	1 426,66	1 348,41	1 271,25
	VI	**2 298,75**	473,75	473,75							
7 379,99	I,IV	**1 747,75**	473,75	473,75	I	1 591,08	1 434,50	1 278,83	1 129,08	985,75	848,83
Ost	II	**1 598,66**	473,75	473,75	II	1 442,00	1 286,25	1 136,16	992,50	855,25	724,50
	III	**1 133,00**	473,75	473,75	III	1 015,33	900,83	789,50	681,33	576,50	474,83
	V	**2 262,25**	473,75	473,75	IV	1 669,41	1 591,08	1 512,83	1 434,50	1 356,16	1 278,83
	VI	**2 306,50**	473,75	473,75							

* Zur LSt-Berechnung für privat versicherte Arbeitnehmer s. Beispiele **Vorbemerkung S. 4f.**
** Basisvorsorgepauschale KV und PV *** Typisierter Arbeitgeberzuschuss

Lohn/ Gehalt in € bis	Steuerklasse	Lohn-steuer*	BVSP**	TAGZ***	Steuerklasse	Bemessungsgrundlage für Kirchensteuer und Solidaritätszuschlag – Freibeträge für ... Kinder 0,5	1,0	1,5	2,0	2,5	3,0
7 382,99	I,IV	**1 741,25**	473,75	473,75	I	1 584,58	1 427,91	1 272,50	1 123,00	979,91	843,25
West	II	**1 592,16**	473,75	473,75	II	1 435,50	1 279,83	1 130,00	986,66	849,66	719,16
	III	**1 128,16**	473,75	473,75	III	1 010,50	896,16	785,00	677,00	572,16	470,66
	V	**2 255,66**	473,75	473,75	IV	1 662,91	1 584,58	1 506,25	1 427,91	1 349,66	1 272,50
	VI	**2 300,00**	473,75	473,75							
7 382,99	I,IV	**1 749,08**	473,75	473,75	I	1 592,41	1 435,75	1 280,08	1 130,25	986,83	849,91
Ost	II	**1 599,91**	473,75	473,75	II	1 443,25	1 287,50	1 137,33	993,66	856,33	725,50
	III	**1 134,00**	473,75	473,75	III	1 016,33	901,66	790,33	682,16	577,33	475,66
	V	**2 263,50**	473,75	473,75	IV	1 670,75	1 592,41	1 514,08	1 435,75	1 357,41	1 280,08
	VI	**2 307,83**	473,75	473,75							
7 385,99	I,IV	**1 742,50**	473,75	473,75	I	1 585,83	1 429,16	1 273,66	1 124,16	981,00	844,33
West	II	**1 593,41**	473,75	473,75	II	1 436,75	1 281,08	1 131,16	987,75	850,75	720,16
	III	**1 129,00**	473,75	473,75	III	1 011,50	897,00	785,83	677,83	573,00	471,50
	V	**2 256,91**	473,75	473,75	IV	1 664,16	1 585,83	1 507,50	1 429,16	1 350,91	1 273,66
	VI	**2 301,25**	473,75	473,75							
7 385,99	I,IV	**1 750,33**	473,75	473,75	I	1 593,66	1 437,00	1 281,33	1 131,41	988,00	851,00
Ost	II	**1 601,16**	473,75	473,75	II	1 444,58	1 288,75	1 138,50	994,75	857,41	726,50
	III	**1 135,00**	473,75	473,75	III	1 017,16	902,66	791,33	683,16	578,16	476,50
	V	**2 264,75**	473,75	473,75	IV	1 672,00	1 593,66	1 515,33	1 437,00	1 358,66	1 281,33
	VI	**2 309,08**	473,75	473,75							
7 388,99	I,IV	**1 743,75**	473,75	473,75	I	1 587,08	1 430,41	1 274,91	1 125,33	982,16	845,41
West	II	**1 594,66**	473,75	473,75	II	1 438,00	1 282,33	1 132,41	988,91	851,83	721,16
	III	**1 130,00**	473,75	473,75	III	1 012,33	898,00	786,66	678,66	573,83	472,33
	V	**2 258,16**	473,75	473,75	IV	1 665,41	1 587,08	1 508,75	1 430,41	1 352,16	1 274,91
	VI	**2 302,50**	473,75	473,75							
7 388,99	I,IV	**1 751,58**	473,75	473,75	I	1 594,91	1 438,25	1 282,58	1 132,58	989,08	852,08
Ost	II	**1 602,50**	473,75	473,75	II	1 445,83	1 289,91	1 139,66	995,91	858,50	727,58
	III	**1 136,00**	473,75	473,75	III	1 018,16	903,50	792,16	684,00	579,00	477,33
	V	**2 266,00**	473,75	473,75	IV	1 673,25	1 594,91	1 516,58	1 438,25	1 359,91	1 282,58
	VI	**2 310,33**	473,75	473,75							
7 391,99	I,IV	**1 745,00**	473,75	473,75	I	1 588,33	1 431,66	1 276,16	1 126,50	983,25	846,50
West	II	**1 595,91**	473,75	473,75	II	1 439,25	1 283,50	1 133,58	990,00	852,91	722,25
	III	**1 131,00**	473,75	473,75	III	1 013,33	898,83	787,50	679,50	574,66	473,16
	V	**2 259,50**	473,75	473,75	IV	1 666,66	1 588,33	1 510,00	1 431,66	1 353,41	1 276,16
	VI	**2 303,75**	473,75	473,75							
7 391,99	I,IV	**1 752,83**	473,75	473,75	I	1 596,16	1 439,50	1 283,75	1 133,83	990,25	853,08
Ost	II	**1 603,75**	473,75	473,75	II	1 447,08	1 291,16	1 140,91	997,00	859,58	728,58
	III	**1 136,83**	473,75	473,75	III	1 019,00	904,50	793,00	684,83	579,83	478,00
	V	**2 267,25**	473,75	473,75	IV	1 674,50	1 596,16	1 517,83	1 439,50	1 361,16	1 283,75
	VI	**2 311,58**	473,75	473,75							
7 394,99	I,IV	**1 746,25**	473,75	473,75	I	1 589,58	1 432,91	1 277,41	1 127,66	984,41	847,50
West	II	**1 597,16**	473,75	473,75	II	1 440,50	1 284,75	1 134,75	991,16	854,00	723,25
	III	**1 132,00**	473,75	473,75	III	1 014,16	899,66	788,50	680,33	575,50	473,83
	V	**2 260,75**	473,75	473,75	IV	1 667,91	1 589,58	1 511,25	1 432,91	1 354,66	1 277,41
	VI	**2 305,00**	473,75	473,75							
7 394,99	I,IV	**1 754,08**	473,75	473,75	I	1 597,41	1 440,75	1 285,00	1 135,00	991,33	854,16
Ost	II	**1 605,00**	473,75	473,75	II	1 448,33	1 292,41	1 142,08	998,16	860,66	729,58
	III	**1 137,83**	473,75	473,75	III	1 020,00	905,33	793,83	685,66	580,66	478,83
	V	**2 268,50**	473,75	473,75	IV	1 675,75	1 597,41	1 519,08	1 440,75	1 362,41	1 285,00
	VI	**2 312,83**	473,75	473,75							
7 397,99	I,IV	**1 747,50**	473,75	473,75	I	1 590,91	1 434,25	1 278,58	1 128,83	985,50	848,58
West	II	**1 598,41**	473,75	473,75	II	1 441,75	1 286,00	1 135,91	992,25	855,08	724,25
	III	**1 132,83**	473,75	473,75	III	1 015,16	900,66	789,33	681,16	576,33	474,66
	V	**2 262,00**	473,75	473,75	IV	1 669,16	1 590,91	1 512,58	1 434,25	1 355,91	1 278,58
	VI	**2 306,25**	473,75	473,75							
7 397,99	I,IV	**1 755,33**	473,75	473,75	I	1 598,66	1 442,00	1 286,25	1 136,16	992,50	855,25
Ost	II	**1 606,25**	473,75	473,75	II	1 449,58	1 293,66	1 143,25	999,25	861,75	730,66
	III	**1 138,83**	473,75	473,75	III	1 021,00	906,33	794,83	686,50	581,50	479,66
	V	**2 269,75**	473,75	473,75	IV	1 677,00	1 598,66	1 520,33	1 442,00	1 363,66	1 286,25
	VI	**2 314,08**	473,75	473,75							

* Zur LSt-Berechnung für privat versicherte Arbeitnehmer s. Beispiele **Vorbemerkung S. 4 f.**
** Basisvorsorgepauschale KV und PV *** Typisierter Arbeitgeberzuschuss

Lohn/ Gehalt in € bis	Steuerklasse	Lohn-steuer*	BVSP**	TAGZ***	Steuerklasse	Bemessungsgrundlage für Kirchensteuer und Solidaritätszuschlag – Freibeträge für ... Kinder 0,5	**1,0**	1,5	**2,0**	2,5	**3,0**
7400,99	I,IV	**1748,83**	473,75	473,75	I	1592,16	1435,50	1279,83	1130,00	986,66	849,66
West	II	**1599,66**	473,75	473,75	II	1443,00	1287,25	1137,08	993,41	856,16	725,33
	III	**1133,83**	473,75	473,75	III	1016,16	901,50	790,16	682,16	577,16	475,50
	V	**2263,25**	473,75	473,75	IV	1670,50	1592,16	1513,83	1435,50	1357,16	1279,83
	VI	**2307,58**	473,75	473,75							
7400,99	I,IV	**1756,58**	473,75	473,75	I	1599,91	1443,25	1287,50	1137,33	993,66	856,33
Ost	II	**1607,50**	473,75	473,75	II	1450,83	1294,91	1144,41	1000,41	862,83	731,66
	III	**1139,83**	473,75	473,75	III	1021,83	907,16	795,66	687,33	582,33	480,50
	V	**2271,08**	473,75	473,75	IV	1678,25	1599,91	1521,58	1443,25	1365,00	1287,50
	VI	**2315,33**	473,75	473,75							
7403,99	I,IV	**1750,08**	473,75	473,75	I	1593,41	1436,75	1281,08	1131,16	987,75	850,75
West	II	**1600,91**	473,75	473,75	II	1444,33	1288,50	1138,25	994,58	857,25	726,33
	III	**1134,83**	473,75	473,75	III	1017,00	902,50	791,16	683,00	578,00	476,33
	V	**2264,50**	473,75	473,75	IV	1671,75	1593,41	1515,08	1436,75	1358,41	1281,08
	VI	**2308,83**	473,75	473,75							
7403,99	I,IV	**1757,83**	473,75	473,75	I	1601,16	1444,58	1288,75	1138,50	994,75	857,41
Ost	II	**1608,75**	473,75	473,75	II	1452,08	1296,08	1145,58	1001,58	863,91	732,66
	III	**1140,83**	473,75	473,75	III	1022,83	908,00	796,50	688,16	583,16	481,33
	V	**2272,33**	473,75	473,75	IV	1679,50	1601,16	1522,83	1444,58	1366,25	1288,75
	VI	**2316,58**	473,75	473,75							
7406,99	I,IV	**1751,33**	473,75	473,75	I	1594,66	1438,00	1282,33	1132,41	988,91	851,83
West	II	**1602,25**	473,75	473,75	II	1445,58	1289,66	1139,50	995,66	858,33	727,33
	III	**1135,83**	473,75	473,75	III	1018,00	903,33	792,00	683,83	578,83	477,16
	V	**2265,75**	473,75	473,75	IV	1673,00	1594,66	1516,33	1438,00	1359,66	1282,33
	VI	**2310,08**	473,75	473,75							
7406,99	I,IV	**1759,08**	473,75	473,75	I	1602,50	1445,83	1289,91	1139,66	995,91	858,50
Ost	II	**1610,00**	473,75	473,75	II	1453,33	1297,33	1146,83	1002,66	865,00	733,75
	III	**1141,66**	473,75	473,75	III	1023,66	909,00	797,50	689,16	584,00	482,16
	V	**2273,58**	473,75	473,75	IV	1680,83	1602,50	1524,16	1445,83	1367,50	1289,91
	VI	**2317,83**	473,75	473,75							
7409,99	I,IV	**1752,58**	473,75	473,75	I	1595,91	1439,25	1283,50	1133,58	990,00	852,91
West	II	**1603,50**	473,75	473,75	II	1446,83	1290,91	1140,66	996,83	859,41	728,41
	III	**1136,83**	473,75	473,75	III	1018,83	904,33	792,83	684,66	579,66	478,00
	V	**2267,00**	473,75	473,75	IV	1674,25	1595,91	1517,58	1439,25	1360,91	1283,50
	VI	**2311,33**	473,75	473,75							
7409,99	I,IV	**1760,41**	473,75	473,75	I	1603,75	1447,08	1291,16	1140,91	997,00	859,58
Ost	II	**1611,25**	473,75	473,75	II	1454,58	1298,58	1148,00	1003,83	866,08	734,75
	III	**1142,66**	473,75	473,75	III	1024,66	909,83	798,33	690,00	584,83	482,83
	V	**2274,83**	473,75	473,75	IV	1682,08	1603,75	1525,41	1447,08	1368,75	1291,16
	VI	**2319,16**	473,75	473,75							
7412,99	I,IV	**1753,83**	473,75	473,75	I	1597,16	1440,50	1284,75	1134,75	991,16	854,00
West	II	**1604,75**	473,75	473,75	II	1448,08	1292,16	1141,83	997,91	860,50	729,41
	III	**1137,66**	473,75	473,75	III	1019,83	905,16	793,83	685,50	580,50	478,66
	V	**2268,25**	473,75	473,75	IV	1675,50	1597,16	1518,83	1440,50	1362,16	1284,75
	VI	**2312,58**	473,75	473,75							
7412,99	I,IV	**1761,66**	473,75	473,75	I	1605,00	1448,33	1292,41	1142,08	998,16	860,66
Ost	II	**1612,58**	473,75	473,75	II	1455,91	1299,83	1149,16	1004,91	867,16	735,83
	III	**1143,66**	473,75	473,75	III	1025,66	910,83	799,16	690,83	585,66	483,66
	V	**2276,08**	473,75	473,75	IV	1683,33	1605,00	1526,66	1448,33	1370,00	1292,41
	VI	**2320,41**	473,75	473,75							
7415,99	I,IV	**1755,08**	473,75	473,75	I	1598,41	1441,75	1286,00	1135,91	992,25	855,08
West	II	**1606,00**	473,75	473,75	II	1449,33	1293,41	1143,00	999,08	861,50	730,41
	III	**1138,66**	473,75	473,75	III	1020,83	906,16	794,66	686,33	581,33	479,50
	V	**2269,50**	473,75	473,75	IV	1676,75	1598,41	1520,08	1441,75	1363,41	1286,00
	VI	**2313,83**	473,75	473,75							
7415,99	I,IV	**1762,91**	473,75	473,75	I	1606,25	1449,58	1293,66	1143,25	999,25	861,75
Ost	II	**1613,83**	473,75	473,75	II	1457,16	1301,08	1150,33	1006,08	868,25	736,83
	III	**1144,66**	473,75	473,75	III	1026,50	911,66	800,16	691,66	586,50	484,50
	V	**2277,33**	473,75	473,75	IV	1684,58	1606,25	1527,91	1449,58	1371,25	1293,66
	VI	**2321,66**	473,75	473,75							

* Zur LSt-Berechnung für privat versicherte Arbeitnehmer s. Beispiele **Vorbemerkung S. 4 f.**
** Basisvorsorgepauschale KV und PV *** Typisierter Arbeitgeberzuschuss

Lohn/ Gehalt in € bis	Steuerklasse	Lohn-steuer*	BVSP**	TAGZ***	Steuerklasse	Bemessungsgrundlage für Kirchensteuer und Solidaritätszuschlag – Freibeträge für ... Kinder 0,5	1,0	1,5	2,0	2,5	3,0
7418,99	I,IV	**1756,33**	473,75	473,75	I	1599,66	1443,00	1287,25	1137,08	993,41	856,16
West	II	**1607,25**	473,75	473,75	II	1450,58	1294,66	1144,16	1000,16	862,58	731,50
	III	**1139,66**	473,75	473,75	III	1021,66	907,00	795,50	687,16	582,16	480,33
	V	**2270,83**	473,75	473,75	IV	1678,00	1599,66	1521,33	1443,00	1364,75	1287,25
	VI	**2315,08**	473,75	473,75							
7418,99	I,IV	**1764,16**	473,75	473,75	I	1607,50	1450,83	1294,91	1144,41	1000,41	862,83
Ost	II	**1615,08**	473,75	473,75	II	1458,41	1302,33	1151,58	1007,25	869,33	737,83
	III	**1145,50**	473,75	473,75	III	1027,50	912,66	801,00	692,50	587,33	485,33
	V	**2278,58**	473,75	473,75	IV	1685,83	1607,50	1529,16	1450,83	1372,50	1294,91
	VI	**2322,91**	473,75	473,75							
7421,99	I,IV	**1757,58**	473,75	473,75	I	1600,91	1444,33	1288,50	1138,25	994,58	857,25
West	II	**1608,50**	473,75	473,75	II	1451,83	1295,91	1145,41	1001,33	863,66	732,50
	III	**1140,66**	473,75	473,75	III	1022,66	908,00	796,33	688,16	583,00	481,16
	V	**2272,08**	473,75	473,75	IV	1679,25	1600,91	1522,66	1444,33	1366,00	1288,50
	VI	**2316,33**	473,75	473,75							
7421,99	I,IV	**1765,41**	473,75	473,75	I	1608,75	1452,08	1296,08	1145,58	1001,58	863,91
Ost	II	**1616,33**	473,75	473,75	II	1459,66	1303,58	1152,75	1008,33	870,41	738,91
	III	**1146,50**	473,75	473,75	III	1028,50	913,50	801,83	693,33	588,16	486,16
	V	**2279,83**	473,75	473,75	IV	1687,08	1608,75	1530,41	1452,08	1373,75	1296,08
	VI	**2324,16**	473,75	473,75							
7424,99	I,IV	**1758,91**	473,75	473,75	I	1602,25	1445,58	1289,66	1139,50	995,66	858,33
West	II	**1609,75**	473,75	473,75	II	1453,08	1297,08	1146,58	1002,50	864,75	733,50
	III	**1141,50**	473,75	473,75	III	1023,66	908,83	797,33	689,00	583,83	482,00
	V	**2273,33**	473,75	473,75	IV	1680,58	1602,25	1523,91	1445,58	1367,25	1289,66
	VI	**2317,66**	473,75	473,75							
7424,99	I,IV	**1766,66**	473,75	473,75	I	1610,00	1453,33	1297,33	1146,83	1002,66	865,00
Ost	II	**1617,58**	473,75	473,75	II	1460,91	1304,75	1153,91	1009,50	871,50	739,91
	III	**1147,50**	473,75	473,75	III	1029,33	914,50	802,66	694,33	589,00	487,00
	V	**2281,08**	473,75	473,75	IV	1688,33	1610,00	1531,66	1453,33	1375,00	1297,33
	VI	**2325,41**	473,75	473,75							
7427,99	I,IV	**1760,16**	473,75	473,75	I	1603,50	1446,83	1290,91	1140,66	996,83	859,41
West	II	**1611,00**	473,75	473,75	II	1454,41	1298,33	1147,75	1003,58	865,83	734,58
	III	**1142,50**	473,75	473,75	III	1024,50	909,66	798,16	689,83	584,66	482,83
	V	**2274,58**	473,75	473,75	IV	1681,83	1603,50	1525,16	1446,83	1368,50	1290,91
	VI	**2318,91**	473,75	473,75							
7427,99	I,IV	**1767,91**	473,75	473,75	I	1611,25	1454,58	1298,58	1148,00	1003,83	866,08
Ost	II	**1618,83**	473,75	473,75	II	1462,16	1306,00	1155,08	1010,66	872,58	740,91
	III	**1148,50**	473,75	473,75	III	1030,33	915,33	803,66	695,16	589,83	487,66
	V	**2282,41**	473,75	473,75	IV	1689,58	1611,25	1532,91	1454,58	1376,33	1298,58
	VI	**2326,66**	473,75	473,75							
7430,99	I,IV	**1761,41**	473,75	473,75	I	1604,75	1448,08	1292,16	1141,83	997,91	860,50
West	II	**1612,33**	473,75	473,75	II	1455,66	1299,58	1148,91	1004,75	866,91	735,58
	III	**1143,50**	473,75	473,75	III	1025,50	910,66	799,00	690,66	585,50	483,50
	V	**2275,83**	473,75	473,75	IV	1683,08	1604,75	1526,41	1448,08	1369,75	1292,16
	VI	**2320,16**	473,75	473,75							
7430,99	I,IV	**1769,16**	473,75	473,75	I	1612,58	1455,91	1299,83	1149,16	1004,91	867,16
Ost	II	**1620,08**	473,75	473,75	II	1463,41	1307,25	1156,33	1011,75	873,66	742,00
	III	**1149,50**	473,75	473,75	III	1031,16	916,33	804,50	696,00	590,66	488,50
	V	**2283,66**	473,75	473,75	IV	1690,83	1612,58	1534,25	1455,91	1377,58	1299,83
	VI	**2327,91**	473,75	473,75							
7433,99	I,IV	**1762,66**	473,75	473,75	I	1606,00	1449,33	1293,41	1143,00	999,08	861,50
West	II	**1613,58**	473,75	473,75	II	1456,91	1300,83	1150,16	1005,83	868,00	736,66
	III	**1144,50**	473,75	473,75	III	1026,33	911,50	800,00	691,50	586,33	484,33
	V	**2277,08**	473,75	473,75	IV	1684,33	1606,00	1527,66	1449,33	1371,00	1293,41
	VI	**2321,41**	473,75	473,75							
7433,99	I,IV	**1770,50**	473,75	473,75	I	1613,83	1457,16	1301,08	1150,33	1006,08	868,25
Ost	II	**1621,33**	473,75	473,75	II	1464,66	1308,50	1157,50	1012,91	874,75	743,00
	III	**1150,33**	473,75	473,75	III	1032,16	917,16	805,33	696,83	591,50	489,33
	V	**2284,91**	473,75	473,75	IV	1692,16	1613,83	1535,50	1457,16	1378,83	1301,08
	VI	**2329,25**	473,75	473,75							

* Zur LSt-Berechnung für privat versicherte Arbeitnehmer s. Beispiele **Vorbemerkung S. 4 f.**
** Basisvorsorgepauschale KV und PV *** Typisierter Arbeitgeberzuschuss

Lohn/ Gehalt in € bis	Steuerklasse	Lohn- steuer*	BVSP**	TAGZ***	Steuerklasse	Bemessungsgrundlage für Kirchensteuer und Solidaritätszuschlag – Freibeträge für ... Kinder 0,5	**1,0**	1,5	**2,0**	2,5	**3,0**
7 436,99	I,IV	**1 763,91**	473,75	473,75	I	1 607,25	1 450,58	1 294,66	1 144,16	1 000,16	862,58
West	II	**1 614,83**	473,75	473,75	II	1 458,16	1 302,08	1 151,33	1 007,00	869,08	737,66
	III	**1 145,33**	473,75	473,75	III	1 027,33	912,50	800,83	692,33	587,16	485,16
	V	**2 278,33**	473,75	473,75	IV	1 685,58	1 607,25	1 528,91	1 450,58	1 372,25	1 294,66
	VI	**2 322,66**	473,75	473,75							
7 436,99	I,IV	**1 771,75**	473,75	473,75	I	1 615,08	1 458,41	1 302,33	1 151,58	1 007,25	869,33
Ost	II	**1 622,58**	473,75	473,75	II	1 466,00	1 309,75	1 158,66	1 014,00	875,83	744,08
	III	**1 151,33**	473,75	473,75	III	1 033,16	918,16	806,33	697,66	592,33	490,16
	V	**2 286,16**	473,75	473,75	IV	1 693,41	1 615,08	1 536,75	1 458,41	1 380,08	1 302,33
	VI	**2 330,50**	473,75	473,75							
7 439,99	I,IV	**1 765,16**	473,75	473,75	I	1 608,50	1 451,83	1 295,91	1 145,41	1 001,33	863,66
West	II	**1 616,08**	473,75	473,75	II	1 459,41	1 303,33	1 152,50	1 008,16	870,16	738,66
	III	**1 146,33**	473,75	473,75	III	1 028,33	913,33	801,66	693,33	588,00	486,00
	V	**2 279,58**	473,75	473,75	IV	1 686,83	1 608,50	1 530,16	1 451,83	1 373,50	1 295,91
	VI	**2 323,91**	473,75	473,75							
7 439,99	I,IV	**1 773,00**	473,75	473,75	I	1 616,33	1 459,66	1 303,58	1 152,75	1 008,33	870,41
Ost	II	**1 623,91**	473,75	473,75	II	1 467,25	1 311,00	1 159,83	1 015,16	876,91	745,08
	III	**1 152,33**	473,75	473,75	III	1 034,00	919,00	807,16	698,50	593,16	491,00
	V	**2 287,41**	473,75	473,75	IV	1 694,66	1 616,33	1 538,00	1 459,66	1 381,33	1 303,58
	VI	**2 331,75**	473,75	473,75							
7 442,99	I,IV	**1 766,41**	473,75	473,75	I	1 609,75	1 453,08	1 297,08	1 146,58	1 002,50	864,75
West	II	**1 617,33**	473,75	473,75	II	1 460,66	1 304,58	1 153,66	1 009,25	871,25	739,75
	III	**1 147,33**	473,75	473,75	III	1 029,16	914,33	802,66	694,16	588,83	486,83
	V	**2 280,91**	473,75	473,75	IV	1 688,08	1 609,75	1 531,41	1 453,08	1 374,75	1 297,08
	VI	**2 325,16**	473,75	473,75							
7 442,99	I,IV	**1 774,25**	473,75	473,75	I	1 617,58	1 460,91	1 304,75	1 153,91	1 009,50	871,50
Ost	II	**1 625,16**	473,75	473,75	II	1 468,50	1 312,25	1 161,08	1 016,33	878,00	746,08
	III	**1 153,33**	473,75	473,75	III	1 035,00	920,00	808,00	699,50	594,00	491,83
	V	**2 288,66**	473,75	473,75	IV	1 695,91	1 617,58	1 539,25	1 460,91	1 382,58	1 304,75
	VI	**2 333,00**	473,75	473,75							
7 445,99	I,IV	**1 767,66**	473,75	473,75	I	1 611,00	1 454,41	1 298,33	1 147,75	1 003,58	865,83
West	II	**1 618,58**	473,75	473,75	II	1 461,91	1 305,75	1 154,91	1 010,41	872,33	740,75
	III	**1 148,33**	473,75	473,75	III	1 030,16	915,16	803,50	695,00	589,66	487,66
	V	**2 282,16**	473,75	473,75	IV	1 689,33	1 611,00	1 532,66	1 454,41	1 376,08	1 298,33
	VI	**2 326,41**	473,75	473,75							
7 445,99	I,IV	**1 775,50**	473,75	473,75	I	1 618,83	1 462,16	1 306,00	1 155,08	1 010,66	872,58
Ost	II	**1 626,41**	473,75	473,75	II	1 469,75	1 313,50	1 162,25	1 017,41	879,08	747,16
	III	**1 154,16**	473,75	473,75	III	1 036,00	920,83	809,00	700,33	594,83	492,66
	V	**2 289,91**	473,75	473,75	IV	1 697,16	1 618,83	1 540,50	1 462,16	1 383,83	1 306,00
	VI	**2 334,25**	473,75	473,75							
7 448,99	I,IV	**1 768,91**	473,75	473,75	I	1 612,33	1 455,66	1 299,58	1 148,91	1 004,75	866,91
West	II	**1 619,83**	473,75	473,75	II	1 463,16	1 307,00	1 156,08	1 011,58	873,41	741,75
	III	**1 149,33**	473,75	473,75	III	1 031,00	916,16	804,33	695,83	590,50	488,33
	V	**2 283,41**	473,75	473,75	IV	1 690,66	1 612,33	1 534,00	1 455,66	1 377,33	1 299,58
	VI	**2 327,75**	473,75	473,75							
7 448,99	I,IV	**1 776,75**	473,75	473,75	I	1 620,08	1 463,41	1 307,25	1 156,33	1 011,75	873,66
Ost	II	**1 627,66**	473,75	473,75	II	1 471,00	1 314,75	1 163,41	1 018,58	880,16	748,16
	III	**1 155,16**	473,75	473,75	III	1 036,83	921,66	809,83	701,16	595,66	493,33
	V	**2 291,16**	473,75	473,75	IV	1 698,41	1 620,08	1 541,75	1 463,41	1 385,08	1 307,25
	VI	**2 335,50**	473,75	473,75							
7 451,99	I,IV	**1 770,25**	473,75	473,75	I	1 613,58	1 456,91	1 300,83	1 150,16	1 005,83	868,00
West	II	**1 621,08**	473,75	473,75	II	1 464,41	1 308,25	1 157,25	1 012,66	874,50	742,83
	III	**1 150,16**	473,75	473,75	III	1 032,00	917,00	805,33	696,66	591,33	489,16
	V	**2 284,66**	473,75	473,75	IV	1 691,91	1 613,58	1 535,25	1 456,91	1 378,58	1 300,83
	VI	**2 329,00**	473,75	473,75							
7 451,99	I,IV	**1 778,00**	473,75	473,75	I	1 621,33	1 464,66	1 308,50	1 157,50	1 012,91	874,75
Ost	II	**1 628,91**	473,75	473,75	II	1 472,25	1 315,91	1 164,66	1 019,75	881,25	749,25
	III	**1 156,16**	473,75	473,75	III	1 037,83	922,66	810,66	702,00	596,50	494,16
	V	**2 292,50**	473,75	473,75	IV	1 699,66	1 621,33	1 543,00	1 464,66	1 386,33	1 308,50
	VI	**2 336,75**	473,75	473,75							

* Zur LSt-Berechnung für privat versicherte Arbeitnehmer s. Beispiele **Vorbemerkung S. 4 f.**
** Basisvorsorgepauschale KV und PV *** Typisierter Arbeitgeberzuschuss

Lohn/ Gehalt in € bis	Steuerklasse	Lohn-steuer*	BVSP**	TAGZ***	Steuerklasse	Bemessungsgrundlage für Kirchensteuer und Solidaritätszuschlag					
						Freibeträge für ... Kinder					
						0,5	**1,0**	1,5	**2,0**	2,5	**3,0**
7454,99	I,IV	**1771,50**	473,75	473,75	I	1614,83	1458,16	1302,08	1151,33	1007,00	869,08
West	II	**1622,41**	473,75	473,75	II	1465,75	1309,50	1158,41	1013,83	875,58	743,83
	III	**1151,16**	473,75	473,75	III	1033,00	918,00	806,16	697,50	592,16	490,00
	V	**2285,91**	473,75	473,75	IV	1693,16	1614,83	1536,50	1458,16	1379,83	1302,08
	VI	**2330,25**	473,75	473,75							
7454,99	I,IV	**1779,25**	473,75	473,75	I	1622,58	1466,00	1309,75	1158,66	1014,00	875,83
Ost	II	**1630,16**	473,75	473,75	II	1473,50	1317,16	1165,83	1020,83	882,33	750,25
	III	**1157,16**	473,75	473,75	III	1038,66	923,50	811,66	702,83	597,33	495,00
	V	**2293,75**	473,75	473,75	IV	1700,91	1622,58	1544,33	1466,00	1387,66	1309,75
	VI	**2338,00**	473,75	473,75							
7457,99	I,IV	**1772,75**	473,75	473,75	I	1616,08	1459,41	1303,33	1152,50	1008,16	870,16
West	II	**1623,66**	473,75	473,75	II	1467,00	1310,75	1159,66	1014,91	876,66	744,91
	III	**1152,16**	473,75	473,75	III	1033,83	918,83	807,00	698,33	593,00	490,83
	V	**2287,16**	473,75	473,75	IV	1694,41	1616,08	1537,75	1459,41	1381,08	1303,33
	VI	**2331,50**	473,75	473,75							
7457,99	I,IV	**1780,58**	473,75	473,75	I	1623,91	1467,25	1311,00	1159,83	1015,16	876,91
Ost	II	**1631,41**	473,75	473,75	II	1474,75	1318,41	1167,00	1022,00	883,41	751,33
	III	**1158,16**	473,75	473,75	III	1039,66	924,50	812,50	703,66	598,16	495,83
	V	**2295,00**	473,75	473,75	IV	1702,25	1623,91	1545,58	1467,25	1388,91	1311,00
	VI	**2339,33**	473,75	473,75							
7460,99	I,IV	**1774,00**	473,75	473,75	I	1617,33	1460,66	1304,58	1153,66	1009,25	871,25
West	II	**1624,91**	473,75	473,75	II	1468,25	1312,00	1160,83	1016,08	877,83	745,91
	III	**1153,16**	473,75	473,75	III	1034,83	919,83	807,83	699,33	593,83	491,66
	V	**2288,41**	473,75	473,75	IV	1695,66	1617,33	1539,00	1460,66	1382,33	1304,58
	VI	**2332,75**	473,75	473,75							
7460,99	I,IV	**1781,83**	473,75	473,75	I	1625,16	1468,50	1312,25	1161,08	1016,33	878,00
Ost	II	**1632,66**	473,75	473,75	II	1476,08	1319,66	1168,16	1023,16	884,50	752,33
	III	**1159,00**	473,75	473,75	III	1040,66	925,33	813,33	704,66	599,00	496,66
	V	**2296,25**	473,75	473,75	IV	1703,50	1625,16	1546,83	1468,50	1390,16	1312,25
	VI	**2340,58**	473,75	473,75							
7463,99	I,IV	**1775,25**	473,75	473,75	I	1618,58	1461,91	1305,75	1154,91	1010,41	872,33
West	II	**1626,16**	473,75	473,75	II	1469,50	1313,25	1162,00	1017,25	878,91	746,91
	III	**1154,00**	473,75	473,75	III	1035,83	920,66	808,83	700,16	594,66	492,50
	V	**2289,66**	473,75	473,75	IV	1696,91	1618,58	1540,25	1461,91	1383,58	1305,75
	VI	**2334,00**	473,75	473,75							
7463,99	I,IV	**1783,08**	473,75	473,75	I	1626,41	1469,75	1313,50	1162,25	1017,41	879,08
Ost	II	**1634,00**	473,75	473,75	II	1477,33	1320,91	1169,41	1024,33	885,58	753,41
	III	**1160,00**	473,75	473,75	III	1041,50	926,33	814,33	705,50	599,83	497,50
	V	**2297,50**	473,75	473,75	IV	1704,75	1626,41	1548,08	1469,75	1391,41	1313,50
	VI	**2341,83**	473,75	473,75							
7466,99	I,IV	**1776,50**	473,75	473,75	I	1619,83	1463,16	1307,00	1156,08	1011,58	873,41
West	II	**1627,41**	473,75	473,75	II	1470,75	1314,50	1163,16	1018,33	880,00	748,00
	III	**1155,00**	473,75	473,75	III	1036,66	921,66	809,66	701,00	595,50	493,33
	V	**2291,00**	473,75	473,75	IV	1698,16	1619,83	1541,50	1463,16	1384,83	1307,00
	VI	**2335,25**	473,75	473,75							
7466,99	I,IV	**1784,33**	473,75	473,75	I	1627,66	1471,00	1314,75	1163,41	1018,58	880,16
Ost	II	**1635,25**	473,75	473,75	II	1478,58	1322,16	1170,58	1025,41	886,75	754,41
	III	**1161,00**	473,75	473,75	III	1042,50	927,16	815,16	706,33	600,66	498,33
	V	**2298,75**	473,75	473,75	IV	1706,00	1627,66	1549,33	1471,00	1392,66	1314,75
	VI	**2343,08**	473,75	473,75							
7469,99	I,IV	**1777,75**	473,75	473,75	I	1621,08	1464,41	1308,25	1157,25	1012,66	874,50
West	II	**1628,66**	473,75	473,75	II	1472,00	1315,75	1164,41	1019,50	881,08	749,00
	III	**1156,00**	473,75	473,75	III	1037,66	922,50	810,50	701,83	596,33	494,00
	V	**2292,25**	473,75	473,75	IV	1699,41	1621,08	1542,75	1464,41	1386,16	1308,25
	VI	**2336,50**	473,75	473,75							
7469,99	I,IV	**1785,58**	473,75	473,75	I	1628,91	1472,25	1315,91	1164,66	1019,75	881,25
Ost	II	**1636,50**	473,75	473,75	II	1479,83	1323,41	1171,75	1026,58	887,83	755,41
	III	**1162,00**	473,75	473,75	III	1043,50	928,16	816,00	707,16	601,50	499,00
	V	**2300,00**	473,75	473,75	IV	1707,25	1628,91	1550,58	1472,25	1393,91	1315,91
	VI	**2344,33**	473,75	473,75							

* Zur LSt-Berechnung für privat versicherte Arbeitnehmer s. Beispiele **Vorbemerkung S. 4 f.**
** Basisvorsorgepauschale KV und PV *** Typisierter Arbeitgeberzuschuss

Lohn/ Gehalt in € bis	Steuerklasse	Lohn-steuer*	BVSP**	TAGZ***	Steuerklasse	Bemessungsgrundlage für Kirchensteuer und Solidaritätszuschlag – Freibeträge für ... Kinder 0,5	**1,0**	1,5	**2,0**	2,5	**3,0**
7472,99 West	I,IV	**1779,00**	473,75	473,75	I	1622,41	1465,75	1309,50	1158,41	1013,83	875,58
	II	**1629,91**	473,75	473,75	II	1473,25	1316,91	1165,58	1020,66	882,16	750,08
	III	**1157,00**	473,75	473,75	III	1038,66	923,50	811,50	702,66	597,16	494,83
	V	**2293,50**	473,75	473,75	IV	1700,66	1622,41	1544,08	1465,75	1387,41	1309,50
	VI	**2337,75**	473,75	473,75							
7472,99 Ost	I,IV	**1786,83**	473,75	473,75	I	1630,16	1473,50	1317,16	1165,83	1020,83	882,33
	II	**1637,75**	473,75	473,75	II	1481,08	1324,66	1173,00	1027,75	888,91	756,50
	III	**1163,00**	473,75	473,75	III	1044,33	929,00	817,00	708,00	602,33	499,83
	V	**2301,25**	473,75	473,75	IV	1708,50	1630,16	1551,83	1473,50	1395,16	1317,16
	VI	**2345,58**	473,75	473,75							
7475,99 West	I,IV	**1780,33**	473,75	473,75	I	1623,66	1467,00	1310,75	1159,66	1014,91	876,66
	II	**1631,16**	473,75	473,75	II	1474,50	1318,16	1166,75	1021,75	883,25	751,08
	III	**1158,00**	473,75	473,75	III	1039,50	924,33	812,33	703,66	598,00	495,66
	V	**2294,75**	473,75	473,75	IV	1702,00	1623,66	1545,33	1467,00	1388,66	1310,75
	VI	**2339,08**	473,75	473,75							
7475,99 Ost	I,IV	**1788,08**	473,75	473,75	I	1631,41	1474,75	1318,41	1167,00	1022,00	883,41
	II	**1639,00**	473,75	473,75	II	1482,33	1325,91	1174,16	1028,83	890,00	757,50
	III	**1163,83**	473,75	473,75	III	1045,33	930,00	817,83	708,83	603,16	500,66
	V	**2302,58**	473,75	473,75	IV	1709,75	1631,41	1553,08	1474,75	1396,41	1318,41
	VI	**2346,83**	473,75	473,75							
7478,99 West	I,IV	**1781,58**	473,75	473,75	I	1624,91	1468,25	1312,00	1160,83	1016,08	877,83
	II	**1632,41**	473,75	473,75	II	1475,83	1319,41	1168,00	1022,91	884,33	752,16
	III	**1158,83**	473,75	473,75	III	1040,50	925,16	813,16	704,50	598,83	496,50
	V	**2296,00**	473,75	473,75	IV	1703,25	1624,91	1546,58	1468,25	1389,91	1312,00
	VI	**2340,33**	473,75	473,75							
7478,99 Ost	I,IV	**1789,33**	473,75	473,75	I	1632,66	1476,08	1319,66	1168,16	1023,16	884,50
	II	**1640,25**	473,75	473,75	II	1483,58	1327,16	1175,33	1030,00	891,08	758,58
	III	**1164,83**	473,75	473,75	III	1046,33	930,83	818,66	709,83	604,00	501,50
	V	**2303,83**	473,75	473,75	IV	1711,00	1632,66	1554,33	1476,08	1397,75	1319,66
	VI	**2348,08**	473,75	473,75							
7481,99 West	I,IV	**1782,83**	473,75	473,75	I	1626,16	1469,50	1313,25	1162,00	1017,25	878,91
	II	**1633,75**	473,75	473,75	II	1477,08	1320,66	1169,16	1024,08	885,41	753,16
	III	**1159,83**	473,75	473,75	III	1041,33	926,16	814,16	705,33	599,66	497,33
	V	**2297,25**	473,75	473,75	IV	1704,50	1626,16	1547,83	1469,50	1391,16	1313,25
	VI	**2341,58**	473,75	473,75							
7481,99 Ost	I,IV	**1790,58**	473,75	473,75	I	1634,00	1477,33	1320,91	1169,41	1024,33	885,58
	II	**1641,50**	473,75	473,75	II	1484,83	1328,41	1176,58	1031,16	892,16	759,58
	III	**1165,83**	473,75	473,75	III	1047,16	931,83	819,66	710,66	604,83	502,33
	V	**2305,08**	473,75	473,75	IV	1712,33	1634,00	1555,66	1477,33	1399,00	1320,91
	VI	**2349,33**	473,75	473,75							
7484,99 West	I,IV	**1784,08**	473,75	473,75	I	1627,41	1470,75	1314,50	1163,16	1018,33	880,00
	II	**1635,00**	473,75	473,75	II	1478,33	1321,91	1170,33	1025,25	886,50	754,25
	III	**1160,83**	473,75	473,75	III	1042,33	927,00	815,00	706,16	600,50	498,16
	V	**2298,50**	473,75	473,75	IV	1705,75	1627,41	1549,08	1470,75	1392,41	1314,50
	VI	**2342,83**	473,75	473,75							
7484,99 Ost	I,IV	**1791,91**	473,75	473,75	I	1635,25	1478,58	1322,16	1170,58	1025,41	886,75
	II	**1642,75**	473,75	473,75	II	1486,08	1329,66	1177,75	1032,25	893,25	760,66
	III	**1166,83**	473,75	473,75	III	1048,16	932,66	820,50	711,50	605,66	503,16
	V	**2306,33**	473,75	473,75	IV	1713,58	1635,25	1556,91	1478,58	1400,25	1322,16
	VI	**2350,66**	473,75	473,75							
7487,99 West	I,IV	**1785,33**	473,75	473,75	I	1628,66	1472,00	1315,75	1164,41	1019,50	881,08
	II	**1636,25**	473,75	473,75	II	1479,58	1323,16	1171,58	1026,33	887,58	755,25
	III	**1161,83**	473,75	473,75	III	1043,33	928,00	815,83	707,00	601,33	499,00
	V	**2299,75**	473,75	473,75	IV	1707,00	1628,66	1550,33	1472,00	1393,66	1315,75
	VI	**2344,08**	473,75	473,75							
7487,99 Ost	I,IV	**1793,16**	473,75	473,75	I	1636,50	1479,83	1323,41	1171,75	1026,58	887,83
	II	**1644,08**	473,75	473,75	II	1487,41	1330,91	1178,91	1033,41	894,33	761,66
	III	**1167,83**	473,75	473,75	III	1049,16	933,66	821,33	712,33	606,50	504,00
	V	**2307,58**	473,75	473,75	IV	1714,83	1636,50	1558,16	1479,83	1401,50	1323,41
	VI	**2351,91**	473,75	473,75							

* Zur LSt-Berechnung für privat versicherte Arbeitnehmer s. Beispiele **Vorbemerkung S. 4 f.**
** Basisvorsorgepauschale KV und PV *** Typisierter Arbeitgeberzuschuss

Lohn/ Gehalt in € bis	Steuerklasse	Lohn-steuer*	BVSP**	TAGZ***	Steuerklasse	Bemessungsgrundlage für Kirchensteuer und Solidaritätszuschlag					
						Freibeträge für ... Kinder					
						0,5	**1,0**	1,5	**2,0**	2,5	**3,0**
7 490,99	I,IV	**1 786,58**	473,75	473,75	I	1 629,91	1 473,25	1 316,91	1 165,58	1 020,66	882,16
West	II	**1 637,50**	473,75	473,75	II	1 480,83	1 324,41	1 172,75	1 027,50	888,66	756,25
	III	**1 162,83**	473,75	473,75	III	1 044,16	928,83	816,83	707,83	602,16	499,83
	V	**2 301,00**	473,75	473,75	IV	1 708,25	1 629,91	1 551,58	1 473,25	1 394,91	1 316,91
	VI	**2 345,33**	473,75	473,75							
7 490,99	I,IV	**1 794,41**	473,75	473,75	I	1 637,75	1 481,08	1 324,66	1 173,00	1 027,75	888,91
Ost	II	**1 645,33**	473,75	473,75	II	1 488,66	1 332,16	1 180,16	1 034,58	895,41	762,75
	III	**1 168,66**	473,75	473,75	III	1 050,00	934,50	822,33	713,16	607,33	504,83
	V	**2 308,83**	473,75	473,75	IV	1 716,08	1 637,75	1 559,41	1 481,08	1 402,75	1 324,66
	VI	**2 353,16**	473,75	473,75							
7 493,99	I,IV	**1 787,83**	473,75	473,75	I	1 631,16	1 474,50	1 318,16	1 166,75	1 021,75	883,25
West	II	**1 638,75**	473,75	473,75	II	1 482,08	1 325,66	1 173,91	1 028,66	889,75	757,33
	III	**1 163,66**	473,75	473,75	III	1 045,16	929,83	817,66	708,83	603,00	500,50
	V	**2 302,33**	473,75	473,75	IV	1 709,50	1 631,16	1 552,83	1 474,50	1 396,16	1 318,16
	VI	**2 346,58**	473,75	473,75							
7 493,99	I,IV	**1 795,66**	473,75	473,75	I	1 639,00	1 482,33	1 325,91	1 174,16	1 028,83	890,00
Ost	II	**1 646,58**	473,75	473,75	II	1 489,91	1 333,41	1 181,33	1 035,75	896,50	763,75
	III	**1 169,66**	473,75	473,75	III	1 051,00	935,50	823,16	714,16	608,16	505,50
	V	**2 310,08**	473,75	473,75	IV	1 717,33	1 639,00	1 560,66	1 482,33	1 404,00	1 325,91
	VI	**2 354,41**	473,75	473,75							
7 496,99	I,IV	**1 789,08**	473,75	473,75	I	1 632,41	1 475,83	1 319,41	1 168,00	1 022,91	884,33
West	II	**1 640,00**	473,75	473,75	II	1 483,33	1 326,91	1 175,16	1 029,75	890,83	758,33
	III	**1 164,66**	473,75	473,75	III	1 046,16	930,66	818,50	709,66	603,83	501,33
	V	**2 303,58**	473,75	473,75	IV	1 710,75	1 632,41	1 554,16	1 475,83	1 397,50	1 319,41
	VI	**2 347,83**	473,75	473,75							
7 496,99	I,IV	**1 796,91**	473,75	473,75	I	1 640,25	1 483,58	1 327,16	1 175,33	1 030,00	891,08
Ost	II	**1 647,83**	473,75	473,75	II	1 491,16	1 334,66	1 182,58	1 036,83	897,66	764,83
	III	**1 170,66**	473,75	473,75	III	1 052,00	936,33	824,00	715,00	609,00	506,33
	V	**2 311,33**	473,75	473,75	IV	1 718,58	1 640,25	1 561,91	1 483,58	1 405,25	1 327,16
	VI	**2 355,66**	473,75	473,75							
7 499,99	I,IV	**1 790,41**	473,75	473,75	I	1 633,75	1 477,08	1 320,66	1 169,16	1 024,08	885,41
West	II	**1 641,25**	473,75	473,75	II	1 484,58	1 328,16	1 176,33	1 030,91	891,91	759,41
	III	**1 165,66**	473,75	473,75	III	1 047,00	931,66	819,50	710,50	604,66	502,16
	V	**2 304,83**	473,75	473,75	IV	1 712,08	1 633,75	1 555,41	1 477,08	1 398,75	1 320,66
	VI	**2 349,16**	473,75	473,75							
7 499,99	I,IV	**1 798,16**	473,75	473,75	I	1 641,50	1 484,83	1 328,41	1 176,58	1 031,16	892,16
Ost	II	**1 649,08**	473,75	473,75	II	1 492,41	1 335,91	1 183,75	1 038,00	898,75	765,83
	III	**1 171,66**	473,75	473,75	III	1 052,83	937,33	825,00	715,83	609,83	507,16
	V	**2 312,58**	473,75	473,75	IV	1 719,83	1 641,50	1 563,16	1 484,83	1 406,50	1 328,41
	VI	**2 356,91**	473,75	473,75							
7 502,99	I,IV	**1 791,66**	473,75	473,75	I	1 635,00	1 478,33	1 321,91	1 170,33	1 025,25	886,50
West	II	**1 642,50**	473,75	473,75	II	1 485,91	1 329,41	1 177,50	1 032,08	893,08	760,41
	III	**1 166,66**	473,75	473,75	III	1 048,00	932,50	820,33	711,33	605,50	503,00
	V	**2 306,08**	473,75	473,75	IV	1 713,33	1 635,00	1 556,66	1 478,33	1 400,00	1 321,91
	VI	**2 350,41**	473,75	473,75							
7 502,99	I,IV	**1 799,41**	473,75	473,75	I	1 642,75	1 486,08	1 329,66	1 177,75	1 032,25	893,25
Ost	II	**1 650,33**	473,75	473,75	II	1 493,66	1 337,16	1 184,91	1 039,16	899,83	766,91
	III	**1 172,66**	473,75	473,75	III	1 053,83	938,16	825,83	716,66	610,66	508,00
	V	**2 313,91**	473,75	473,75	IV	1 721,08	1 642,75	1 564,41	1 486,08	1 407,83	1 329,66
	VI	**2 358,16**	473,75	473,75							
7 505,99	I,IV	**1 792,91**	473,75	473,75	I	1 636,25	1 479,58	1 323,16	1 171,58	1 026,33	887,58
West	II	**1 643,83**	473,75	473,75	II	1 487,16	1 330,66	1 178,75	1 033,25	894,16	761,50
	III	**1 167,66**	473,75	473,75	III	1 049,00	933,50	821,16	712,16	606,33	503,83
	V	**2 307,33**	473,75	473,75	IV	1 714,58	1 636,25	1 557,91	1 479,58	1 401,25	1 323,16
	VI	**2 351,66**	473,75	473,75							
7 505,99	I,IV	**1 800,66**	473,75	473,75	I	1 644,08	1 487,41	1 330,91	1 178,91	1 033,41	894,33
Ost	II	**1 651,58**	473,75	473,75	II	1 494,91	1 338,41	1 186,16	1 040,33	900,91	767,91
	III	**1 173,50**	473,75	473,75	III	1 054,66	939,16	826,66	717,50	611,50	508,83
	V	**2 315,16**	473,75	473,75	IV	1 722,33	1 644,08	1 565,75	1 487,41	1 409,08	1 330,91
	VI	**2 359,41**	473,75	473,75							

* Zur LSt-Berechnung für privat versicherte Arbeitnehmer s. Beispiele **Vorbemerkung S. 4 f.**
** Basisvorsorgepauschale KV und PV *** Typisierter Arbeitgeberzuschuss

Lohn/ Gehalt in € bis	Steuerklasse	Lohn-steuer*	BVSP**	TAGZ***	Steuerklasse	Bemessungsgrundlage für Kirchensteuer und Solidaritätszuschlag					
						Freibeträge für ... Kinder					
						0,5	**1,0**	1,5	**2,0**	2,5	**3,0**
7 508,99	I,IV	**1 794,16**	473,75	473,75	I	1 637,50	1 480,83	1 324,41	1 172,75	1 027,50	888,66
West	II	**1 645,08**	473,75	473,75	II	1 488,41	1 331,91	1 179,91	1 034,33	895,25	762,50
	III	**1 168,50**	473,75	473,75	III	1 049,83	934,33	822,16	713,00	607,16	504,66
	V	**2 308,58**	473,75	473,75	IV	1 715,83	1 637,50	1 559,16	1 480,83	1 402,50	1 324,41
	VI	**2 352,91**	473,75	473,75							
7 508,99	I,IV	**1 802,00**	473,75	473,75	I	1 645,33	1 488,66	1 332,16	1 180,16	1 034,58	895,41
Ost	II	**1 652,83**	473,75	473,75	II	1 496,16	1 339,66	1 187,33	1 041,41	902,00	769,00
	III	**1 174,50**	473,75	473,75	III	1 055,66	940,00	827,66	718,33	612,33	509,66
	V	**2 316,41**	473,75	473,75	IV	1 723,66	1 645,33	1 567,00	1 488,66	1 410,33	1 332,16
	VI	**2 360,75**	473,75	473,75							
7 511,99	I,IV	**1 795,41**	473,75	473,75	I	1 638,75	1 482,08	1 325,66	1 173,91	1 028,66	889,75
West	II	**1 646,33**	473,75	473,75	II	1 489,66	1 333,16	1 181,08	1 035,50	896,33	763,58
	III	**1 169,50**	473,75	473,75	III	1 050,83	935,33	823,00	714,00	608,00	505,50
	V	**2 309,83**	473,75	473,75	IV	1 717,08	1 638,75	1 560,41	1 482,08	1 403,75	1 325,66
	VI	**2 354,16**	473,75	473,75							
7 511,99	I,IV	**1 803,25**	473,75	473,75	I	1 646,58	1 489,91	1 333,41	1 181,33	1 035,75	896,50
Ost	II	**1 654,08**	473,75	473,75	II	1 497,50	1 340,91	1 188,50	1 042,58	903,08	770,00
	III	**1 175,50**	473,75	473,75	III	1 056,66	941,00	828,50	719,33	613,33	510,50
	V	**2 317,66**	473,75	473,75	IV	1 724,91	1 646,58	1 568,25	1 489,91	1 411,58	1 333,41
	VI	**2 362,00**	473,75	473,75							
7 514,99	I,IV	**1 796,66**	473,75	473,75	I	1 640,00	1 483,33	1 326,91	1 175,16	1 029,75	890,83
West	II	**1 647,58**	473,75	473,75	II	1 490,91	1 334,41	1 182,33	1 036,66	897,41	764,58
	III	**1 170,50**	473,75	473,75	III	1 051,83	936,16	823,83	714,83	609,00	506,16
	V	**2 311,08**	473,75	473,75	IV	1 718,33	1 640,00	1 561,66	1 483,33	1 405,00	1 326,91
	VI	**2 355,41**	473,75	473,75							
7 514,99	I,IV	**1 804,50**	473,75	473,75	I	1 647,83	1 491,16	1 334,66	1 182,58	1 036,83	897,66
Ost	II	**1 655,41**	473,75	473,75	II	1 498,75	1 342,16	1 189,75	1 043,75	904,16	771,08
	III	**1 176,50**	473,75	473,75	III	1 057,50	941,83	829,33	720,16	614,16	511,33
	V	**2 318,91**	473,75	473,75	IV	1 726,16	1 647,83	1 569,50	1 491,16	1 412,83	1 334,66
	VI	**2 363,25**	473,75	473,75							
7 517,99	I,IV	**1 797,91**	473,75	473,75	I	1 641,25	1 484,58	1 328,16	1 176,33	1 030,91	891,91
West	II	**1 648,83**	473,75	473,75	II	1 492,16	1 335,66	1 183,50	1 037,83	898,50	765,66
	III	**1 171,50**	473,75	473,75	III	1 052,66	937,16	824,83	715,66	609,83	507,00
	V	**2 312,41**	473,75	473,75	IV	1 719,58	1 641,25	1 562,91	1 484,58	1 406,25	1 328,16
	VI	**2 356,66**	473,75	473,75							
7 517,99	I,IV	**1 805,75**	473,75	473,75	I	1 649,08	1 492,41	1 335,91	1 183,75	1 038,00	898,75
Ost	II	**1 656,66**	473,75	473,75	II	1 500,00	1 343,41	1 190,91	1 044,91	905,33	772,08
	III	**1 177,50**	473,75	473,75	III	1 058,50	942,83	830,33	721,00	615,00	512,00
	V	**2 320,16**	473,75	473,75	IV	1 727,41	1 649,08	1 570,75	1 492,41	1 414,08	1 335,91
	VI	**2 364,50**	473,75	473,75							
7 520,99	I,IV	**1 799,16**	473,75	473,75	I	1 642,50	1 485,91	1 329,41	1 177,50	1 032,08	893,08
West	II	**1 650,08**	473,75	473,75	II	1 493,41	1 336,91	1 184,66	1 038,91	899,58	766,66
	III	**1 172,50**	473,75	473,75	III	1 053,66	938,00	825,66	716,50	610,66	507,83
	V	**2 313,66**	473,75	473,75	IV	1 720,83	1 642,50	1 564,16	1 485,91	1 407,58	1 329,41
	VI	**2 357,91**	473,75	473,75							
7 520,99	I,IV	**1 807,00**	473,75	473,75	I	1 650,33	1 493,66	1 337,16	1 184,91	1 039,16	899,83
Ost	II	**1 657,91**	473,75	473,75	II	1 501,25	1 344,66	1 192,16	1 046,08	906,41	773,16
	III	**1 178,50**	473,75	473,75	III	1 059,50	943,66	831,16	721,83	615,83	512,83
	V	**2 321,41**	473,75	473,75	IV	1 728,66	1 650,33	1 572,00	1 493,66	1 415,33	1 337,16
	VI	**2 365,75**	473,75	473,75							
7 523,99	I,IV	**1 800,41**	473,75	473,75	I	1 643,83	1 487,16	1 330,66	1 178,75	1 033,25	894,16
West	II	**1 651,33**	473,75	473,75	II	1 494,66	1 338,16	1 185,91	1 040,08	900,66	767,75
	III	**1 173,33**	473,75	473,75	III	1 054,66	939,00	826,50	717,33	611,50	508,66
	V	**2 314,91**	473,75	473,75	IV	1 722,16	1 643,83	1 565,50	1 487,16	1 408,83	1 330,66
	VI	**2 359,25**	473,75	473,75							
7 523,99	I,IV	**1 808,25**	473,75	473,75	I	1 651,58	1 494,91	1 338,41	1 186,16	1 040,33	900,91
Ost	II	**1 659,16**	473,75	473,75	II	1 502,50	1 345,91	1 193,33	1 047,16	907,50	774,25
	III	**1 179,33**	473,75	473,75	III	1 060,33	944,66	832,00	722,66	616,66	513,66
	V	**2 322,66**	473,75	473,75	IV	1 729,91	1 651,58	1 573,25	1 494,91	1 416,58	1 338,41
	VI	**2 367,00**	473,75	473,75							

* Zur LSt-Berechnung für privat versicherte Arbeitnehmer s. Beispiele **Vorbemerkung S. 4f.**
** Basisvorsorgepauschale KV und PV *** Typisierter Arbeitgeberzuschuss

Lohn/ Gehalt in € bis	Steuerklasse	Lohn-steuer*	BVSP**	TAGZ***	Steuerklasse	Bemessungsgrundlage für Kirchensteuer und Solidaritätszuschlag – Freibeträge für ... Kinder 0,5	1,0	1,5	2,0	2,5	3,0
7 526,99	I,IV	**1 801,75**	473,75	473,75	I	1 645,08	1 488,41	1 331,91	1 179,91	1 034,33	895,25
West	II	**1 652,58**	473,75	473,75	II	1 495,91	1 339,41	1 187,08	1 041,25	901,83	768,75
	III	**1 174,33**	473,75	473,75	III	1 055,50	939,83	827,50	718,33	612,33	509,50
	V	**2 316,16**	473,75	473,75	IV	1 723,41	1 645,08	1 566,75	1 488,41	1 410,08	1 331,91
	VI	**2 360,50**	473,75	473,75							
7 526,99	I,IV	**1 809,50**	473,75	473,75	I	1 652,83	1 496,16	1 339,66	1 187,33	1 041,41	902,00
Ost	II	**1 660,41**	473,75	473,75	II	1 503,75	1 347,16	1 194,50	1 048,33	908,58	775,25
	III	**1 180,33**	473,75	473,75	III	1 061,33	945,50	833,00	723,66	617,50	514,50
	V	**2 324,00**	473,75	473,75	IV	1 731,16	1 652,83	1 574,50	1 496,16	1 417,83	1 339,66
	VI	**2 368,25**	473,75	473,75							
7 529,99	I,IV	**1 803,00**	473,75	473,75	I	1 646,33	1 489,66	1 333,16	1 181,08	1 035,50	896,33
West	II	**1 653,91**	473,75	473,75	II	1 497,25	1 340,66	1 188,33	1 042,41	902,91	769,83
	III	**1 175,33**	473,75	473,75	III	1 056,50	940,83	828,33	719,16	613,16	510,33
	V	**2 317,41**	473,75	473,75	IV	1 724,66	1 646,33	1 568,00	1 489,66	1 411,33	1 333,16
	VI	**2 361,75**	473,75	473,75							
7 529,99	I,IV	**1 810,75**	473,75	473,75	I	1 654,08	1 497,50	1 340,91	1 188,50	1 042,58	903,08
Ost	II	**1 661,66**	473,75	473,75	II	1 505,00	1 348,41	1 195,75	1 049,50	909,66	776,33
	III	**1 181,33**	473,75	473,75	III	1 062,33	946,50	833,83	724,50	618,33	515,33
	V	**2 325,25**	473,75	473,75	IV	1 732,41	1 654,08	1 575,83	1 497,50	1 419,16	1 340,91
	VI	**2 369,50**	473,75	473,75							
7 532,99	I,IV	**1 804,25**	473,75	473,75	I	1 647,58	1 490,91	1 334,41	1 182,33	1 036,66	897,41
West	II	**1 655,16**	473,75	473,75	II	1 498,50	1 341,91	1 189,50	1 043,50	904,00	770,91
	III	**1 176,33**	473,75	473,75	III	1 057,50	941,66	829,33	720,00	614,00	511,16
	V	**2 318,66**	473,75	473,75	IV	1 725,91	1 647,58	1 569,25	1 490,91	1 412,58	1 334,41
	VI	**2 363,00**	473,75	473,75							
7 532,99	I,IV	**1 812,08**	473,75	473,75	I	1 655,41	1 498,75	1 342,16	1 189,75	1 043,75	904,16
Ost	II	**1 662,91**	473,75	473,75	II	1 506,25	1 349,66	1 196,91	1 050,66	910,75	777,33
	III	**1 182,33**	473,75	473,75	III	1 063,16	947,33	834,83	725,33	619,16	516,16
	V	**2 326,50**	473,75	473,75	IV	1 733,75	1 655,41	1 577,08	1 498,75	1 420,41	1 342,16
	VI	**2 370,83**	473,75	473,75							
7 535,99	I,IV	**1 805,50**	473,75	473,75	I	1 648,83	1 492,16	1 335,66	1 183,50	1 037,83	898,50
West	II	**1 656,41**	473,75	473,75	II	1 499,75	1 343,16	1 190,66	1 044,66	905,08	771,91
	III	**1 177,33**	473,75	473,75	III	1 058,33	942,66	830,16	720,83	614,83	512,00
	V	**2 319,91**	473,75	473,75	IV	1 727,16	1 648,83	1 570,50	1 492,16	1 413,83	1 335,66
	VI	**2 364,25**	473,75	473,75							
7 535,99	I,IV	**1 813,33**	473,75	473,75	I	1 656,66	1 500,00	1 343,41	1 190,91	1 044,91	905,33
Ost	II	**1 664,16**	473,75	473,75	II	1 507,58	1 350,91	1 198,16	1 051,83	911,91	778,41
	III	**1 183,33**	473,75	473,75	III	1 064,16	948,33	835,66	726,16	620,00	517,00
	V	**2 327,75**	473,75	473,75	IV	1 735,00	1 656,66	1 578,33	1 500,00	1 421,66	1 343,41
	VI	**2 372,08**	473,75	473,75							
7 538,99	I,IV	**1 806,75**	473,75	473,75	I	1 650,08	1 493,41	1 336,91	1 184,66	1 038,91	899,58
West	II	**1 657,66**	473,75	473,75	II	1 501,00	1 344,41	1 191,91	1 045,83	906,16	773,00
	III	**1 178,33**	473,75	473,75	III	1 059,33	943,50	831,00	721,66	615,66	512,83
	V	**2 321,16**	473,75	473,75	IV	1 728,41	1 650,08	1 571,75	1 493,41	1 415,08	1 336,91
	VI	**2 365,50**	473,75	473,75							
7 538,99	I,IV	**1 814,58**	473,75	473,75	I	1 657,91	1 501,25	1 344,66	1 192,16	1 046,08	906,41
Ost	II	**1 665,50**	473,75	473,75	II	1 508,83	1 352,16	1 199,33	1 052,91	913,00	779,41
	III	**1 184,16**	473,75	473,75	III	1 065,16	949,16	836,50	727,00	620,83	517,83
	V	**2 329,00**	473,75	473,75	IV	1 736,25	1 657,91	1 579,58	1 501,25	1 422,91	1 344,66
	VI	**2 373,33**	473,75	473,75							
7 541,99	I,IV	**1 808,00**	473,75	473,75	I	1 651,33	1 494,66	1 338,16	1 185,91	1 040,08	900,66
West	II	**1 658,91**	473,75	473,75	II	1 502,25	1 345,66	1 193,08	1 047,00	907,25	774,00
	III	**1 179,16**	473,75	473,75	III	1 060,16	944,50	832,00	722,66	616,50	513,50
	V	**2 322,50**	473,75	473,75	IV	1 729,66	1 651,33	1 573,00	1 494,66	1 416,33	1 338,16
	VI	**2 366,75**	473,75	473,75							
7 541,99	I,IV	**1 815,83**	473,75	473,75	I	1 659,16	1 502,50	1 345,91	1 193,33	1 047,16	907,50
Ost	II	**1 666,75**	473,75	473,75	II	1 510,08	1 353,41	1 200,58	1 054,08	914,08	780,50
	III	**1 185,16**	473,75	473,75	III	1 066,00	950,16	837,50	728,00	621,66	518,66
	V	**2 330,25**	473,75	473,75	IV	1 737,50	1 659,16	1 580,83	1 502,50	1 424,16	1 345,91
	VI	**2 374,58**	473,75	473,75							

* Zur LSt-Berechnung für privat versicherte Arbeitnehmer s. Beispiele **Vorbemerkung S. 4 f.**
** Basisvorsorgepauschale KV und PV *** Typisierter Arbeitgeberzuschuss

Lohn/ Gehalt in € bis	Steuerklasse	Lohn- steuer*	BVSP**	TAGZ***	Steuerklasse	Bemessungsgrundlage für Kirchensteuer und Solidaritätszuschlag					
						Freibeträge für ... Kinder					
						0,5	**1,0**	1,5	**2,0**	2,5	**3,0**
7544,99	I,IV	**1809,25**	473,75	473,75	I	1652,58	1495,91	1339,41	1187,08	1041,25	901,83
West	II	**1660,16**	473,75	473,75	II	1503,50	1346,91	1194,33	1048,16	908,41	775,08
	III	**1180,16**	473,75	473,75	III	1061,16	945,33	832,83	723,50	617,33	514,33
	V	**2323,75**	473,75	473,75	IV	1730,91	1652,58	1574,25	1495,91	1417,66	1339,41
	VI	**2368,00**	473,75	473,75							
7544,99	I,IV	**1817,08**	473,75	473,75	I	1660,41	1503,75	1347,16	1194,50	1048,33	908,58
Ost	II	**1668,00**	473,75	473,75	II	1511,33	1354,66	1201,75	1055,25	915,16	781,58
	III	**1186,16**	473,75	473,75	III	1067,00	951,00	838,33	728,83	622,50	519,33
	V	**2331,50**	473,75	473,75	IV	1738,75	1660,41	1582,08	1503,75	1425,41	1347,16
	VI	**2375,83**	473,75	473,75							
7547,99	I,IV	**1810,50**	473,75	473,75	I	1653,91	1497,25	1340,66	1188,33	1042,41	902,91
West	II	**1661,41**	473,75	473,75	II	1504,75	1348,16	1195,50	1049,25	909,50	776,08
	III	**1181,16**	473,75	473,75	III	1062,16	946,33	833,66	724,33	618,16	515,16
	V	**2325,00**	473,75	473,75	IV	1732,16	1653,91	1575,58	1497,25	1418,91	1340,66
	VI	**2369,25**	473,75	473,75							
7547,99	I,IV	**1818,33**	473,75	473,75	I	1661,66	1505,00	1348,41	1195,75	1049,50	909,66
Ost	II	**1669,25**	473,75	473,75	II	1512,58	1355,91	1203,00	1056,41	916,25	782,58
	III	**1187,16**	473,75	473,75	III	1068,00	952,00	839,16	729,66	623,33	520,16
	V	**2332,75**	473,75	473,75	IV	1740,00	1661,66	1583,33	1505,00	1426,66	1348,41
	VI	**2377,08**	473,75	473,75							
7550,99	I,IV	**1811,83**	473,75	473,75	I	1655,16	1498,50	1341,91	1189,50	1043,50	904,00
West	II	**1662,66**	473,75	473,75	II	1506,00	1349,41	1196,75	1050,41	910,58	777,16
	III	**1182,16**	473,75	473,75	III	1063,00	947,16	834,66	725,16	619,00	516,00
	V	**2326,25**	473,75	473,75	IV	1733,50	1655,16	1576,83	1498,50	1420,16	1341,91
	VI	**2370,58**	473,75	473,75							
7550,99	I,IV	**1819,58**	473,75	473,75	I	1662,91	1506,25	1349,66	1196,91	1050,66	910,75
Ost	II	**1670,50**	473,75	473,75	II	1513,83	1357,16	1204,16	1057,58	917,41	783,66
	III	**1188,16**	473,75	473,75	III	1068,83	952,83	840,16	730,50	624,16	521,00
	V	**2334,08**	473,75	473,75	IV	1741,25	1662,91	1584,58	1506,25	1427,91	1349,66
	VI	**2378,33**	473,75	473,75							
7553,99	I,IV	**1813,08**	473,75	473,75	I	1656,41	1499,75	1343,16	1190,66	1044,66	905,08
West	II	**1663,91**	473,75	473,75	II	1507,33	1350,66	1197,91	1051,58	911,66	778,16
	III	**1183,16**	473,75	473,75	III	1064,00	948,16	835,50	726,00	619,83	516,83
	V	**2327,50**	473,75	473,75	IV	1734,75	1656,41	1578,08	1499,75	1421,41	1343,16
	VI	**2371,83**	473,75	473,75							
7553,99	I,IV	**1820,83**	473,75	473,75	I	1664,16	1507,58	1350,91	1198,16	1051,83	911,91
Ost	II	**1671,75**	473,75	473,75	II	1515,08	1358,41	1205,33	1058,75	918,50	784,66
	III	**1189,16**	473,75	473,75	III	1069,83	953,83	841,00	731,33	625,00	521,83
	V	**2335,33**	473,75	473,75	IV	1742,50	1664,16	1585,83	1507,58	1429,25	1350,91
	VI	**2379,58**	473,75	473,75							
7556,99	I,IV	**1814,33**	473,75	473,75	I	1657,66	1501,00	1344,41	1191,91	1045,83	906,16
West	II	**1665,25**	473,75	473,75	II	1508,58	1351,91	1199,08	1052,75	912,75	779,25
	III	**1184,00**	473,75	473,75	III	1065,00	949,00	836,33	727,00	620,66	517,66
	V	**2328,75**	473,75	473,75	IV	1736,00	1657,66	1579,33	1501,00	1422,66	1344,41
	VI	**2373,08**	473,75	473,75							
7556,99	I,IV	**1822,08**	473,75	473,75	I	1665,50	1508,83	1352,16	1199,33	1052,91	913,00
Ost	II	**1673,00**	473,75	473,75	II	1516,33	1359,75	1206,58	1059,83	919,58	785,75
	III	**1190,00**	473,75	473,75	III	1070,83	954,66	841,83	732,33	625,83	522,66
	V	**2336,58**	473,75	473,75	IV	1743,83	1665,50	1587,16	1508,83	1430,50	1352,16
	VI	**2380,83**	473,75	473,75							
7559,99	I,IV	**1815,58**	473,75	473,75	I	1658,91	1502,25	1345,66	1193,08	1047,00	907,25
West	II	**1666,50**	473,75	473,75	II	1509,83	1353,16	1200,33	1053,91	913,83	780,33
	III	**1185,00**	473,75	473,75	III	1065,83	950,00	837,33	727,83	621,50	518,50
	V	**2330,00**	473,75	473,75	IV	1737,25	1658,91	1580,58	1502,25	1423,91	1345,66
	VI	**2374,33**	473,75	473,75							
7559,99	I,IV	**1823,41**	473,75	473,75	I	1666,75	1510,08	1353,41	1200,58	1054,08	914,08
Ost	II	**1674,25**	473,75	473,75	II	1517,58	1361,00	1207,75	1061,00	920,66	786,83
	III	**1191,00**	473,75	473,75	III	1071,66	955,66	842,83	733,16	626,66	523,50
	V	**2337,83**	473,75	473,75	IV	1745,08	1666,75	1588,41	1510,08	1431,75	1353,41
	VI	**2382,16**	473,75	473,75							

* Zur LSt-Berechnung für privat versicherte Arbeitnehmer s. Beispiele **Vorbemerkung S. 4f.**
** Basisvorsorgepauschale KV und PV *** Typisierter Arbeitgeberzuschuss

Lohn/ Gehalt in € bis	Steuerklasse	Lohnsteuer*	BVSP**	TAGZ***	Steuerklasse	Bemessungsgrundlage für Kirchensteuer und Solidaritätszuschlag – Freibeträge für ... Kinder 0,5	1,0	1,5	2,0	2,5	3,0
7562,99 West	I,IV	**1816,83**	473,75	473,75	I	1660,16	1503,50	1346,91	1194,33	1048,16	908,41
	II	**1667,75**	473,75	473,75	II	1511,08	1354,41	1201,50	1055,00	915,00	781,33
	III	**1186,00**	473,75	473,75	III	1066,83	950,83	838,16	728,66	622,33	519,33
	V	**2331,25**	473,75	473,75	IV	1738,50	1660,16	1581,83	1503,50	1425,16	1346,91
	VI	**2375,58**	473,75	473,75							
7562,99 Ost	I,IV	**1824,66**	473,75	473,75	I	1668,00	1511,33	1354,66	1201,75	1055,25	915,16
	II	**1675,58**	473,75	473,75	II	1518,91	1362,25	1209,00	1062,16	921,83	787,83
	III	**1192,00**	473,75	473,75	III	1072,66	956,66	843,66	734,00	627,50	524,33
	V	**2339,08**	473,75	473,75	IV	1746,33	1668,00	1589,66	1511,33	1433,00	1354,66
	VI	**2383,41**	473,75	473,75							
7565,99 West	I,IV	**1818,08**	473,75	473,75	I	1661,41	1504,75	1348,16	1195,50	1049,25	909,50
	II	**1669,00**	473,75	473,75	II	1512,33	1355,66	1202,75	1056,16	916,08	782,41
	III	**1187,00**	473,75	473,75	III	1067,83	951,83	839,00	729,50	623,16	520,16
	V	**2332,50**	473,75	473,75	IV	1739,75	1661,41	1583,08	1504,75	1426,41	1348,16
	VI	**2376,83**	473,75	473,75							
7565,99 Ost	I,IV	**1825,91**	473,75	473,75	I	1669,25	1512,58	1355,91	1203,00	1056,41	916,25
	II	**1676,83**	473,75	473,75	II	1520,16	1363,50	1210,16	1063,33	922,91	788,91
	III	**1193,00**	473,75	473,75	III	1073,66	957,50	844,66	734,83	628,33	525,16
	V	**2340,33**	473,75	473,75	IV	1747,58	1669,25	1590,91	1512,58	1434,25	1355,91
	VI	**2384,66**	473,75	473,75							
7568,99 West	I,IV	**1819,33**	473,75	473,75	I	1662,66	1506,00	1349,41	1196,75	1050,41	910,58
	II	**1670,25**	473,75	473,75	II	1513,58	1356,91	1203,91	1057,33	917,16	783,41
	III	**1188,00**	473,75	473,75	III	1068,83	952,83	840,00	730,33	624,00	520,83
	V	**2333,83**	473,75	473,75	IV	1741,00	1662,66	1584,33	1506,00	1427,66	1349,41
	VI	**2378,08**	473,75	473,75							
7568,99 Ost	I,IV	**1827,16**	473,75	473,75	I	1670,50	1513,83	1357,16	1204,16	1057,58	917,41
	II	**1678,08**	473,75	473,75	II	1521,41	1364,75	1211,41	1064,50	924,00	789,91
	III	**1194,00**	473,75	473,75	III	1074,66	958,50	845,50	735,83	629,16	526,00
	V	**2341,58**	473,75	473,75	IV	1748,83	1670,50	1592,16	1513,83	1435,50	1357,16
	VI	**2385,91**	473,75	473,75							
7571,99 West	I,IV	**1820,58**	473,75	473,75	I	1663,91	1507,33	1350,66	1197,91	1051,58	911,66
	II	**1671,50**	473,75	473,75	II	1514,83	1358,25	1205,16	1058,50	918,25	784,50
	III	**1189,00**	473,75	473,75	III	1069,66	953,66	840,83	731,33	624,83	521,66
	V	**2335,08**	473,75	473,75	IV	1742,25	1663,91	1585,66	1507,33	1429,00	1350,66
	VI	**2379,33**	473,75	473,75							
7571,99 Ost	I,IV	**1828,41**	473,75	473,75	I	1671,75	1515,08	1358,41	1205,33	1058,75	918,50
	II	**1679,33**	473,75	473,75	II	1522,66	1366,00	1212,58	1065,66	925,08	791,00
	III	**1195,00**	473,75	473,75	III	1075,50	959,33	846,33	736,66	630,16	526,83
	V	**2342,83**	473,75	473,75	IV	1750,08	1671,75	1593,41	1515,08	1436,75	1358,41
	VI	**2387,16**	473,75	473,75							
7574,99 West	I,IV	**1821,91**	473,75	473,75	I	1665,25	1508,58	1351,91	1199,08	1052,75	912,75
	II	**1672,75**	473,75	473,75	II	1516,08	1359,50	1206,33	1059,66	919,41	785,58
	III	**1189,83**	473,75	473,75	III	1070,66	954,66	841,83	732,16	625,66	522,50
	V	**2336,33**	473,75	473,75	IV	1743,58	1665,25	1586,91	1508,58	1430,25	1351,91
	VI	**2380,66**	473,75	473,75							
7574,99 Ost	I,IV	**1829,66**	473,75	473,75	I	1673,00	1516,33	1359,75	1206,58	1059,83	919,58
	II	**1680,58**	473,75	473,75	II	1523,91	1367,25	1213,83	1066,83	926,25	792,08
	III	**1195,83**	473,75	473,75	III	1076,50	960,33	847,33	737,50	631,00	527,66
	V	**2344,08**	473,75	473,75	IV	1751,33	1673,00	1594,66	1516,33	1438,00	1359,75
	VI	**2388,41**	473,75	473,75							
7577,99 West	I,IV	**1823,16**	473,75	473,75	I	1666,50	1509,83	1353,16	1200,33	1053,91	913,83
	II	**1674,00**	473,75	473,75	II	1517,41	1360,75	1207,58	1060,83	920,50	786,58
	III	**1190,83**	473,75	473,75	III	1071,66	955,50	842,66	733,00	626,50	523,33
	V	**2337,58**	473,75	473,75	IV	1744,83	1666,50	1588,16	1509,83	1431,50	1353,16
	VI	**2381,91**	473,75	473,75							
7577,99 Ost	I,IV	**1830,91**	473,75	473,75	I	1674,25	1517,58	1361,00	1207,75	1061,00	920,66
	II	**1681,83**	473,75	473,75	II	1525,16	1368,50	1215,00	1067,91	927,33	793,08
	III	**1196,83**	473,75	473,75	III	1077,50	961,16	848,16	738,33	631,83	528,33
	V	**2345,41**	473,75	473,75	IV	1752,58	1674,25	1595,91	1517,58	1439,33	1361,00
	VI	**2389,66**	473,75	473,75							

* Zur LSt-Berechnung für privat versicherte Arbeitnehmer s. Beispiele **Vorbemerkung S. 4 f.**
** Basisvorsorgepauschale KV und PV *** Typisierter Arbeitgeberzuschuss

Lohn/ Gehalt in € bis	Steuerklasse	Lohn-steuer*	BVSP**	TAGZ***	Steuerklasse	Bemessungsgrundlage für Kirchensteuer und Solidaritätszuschlag					
						Freibeträge für ... Kinder					
						0,5	**1,0**	1,5	**2,0**	2,5	**3,0**
7580,99	I,IV	**1824,41**	473,75	473,75	I	1667,75	1511,08	1354,41	1201,50	1055,00	915,00
West	II	**1675,33**	473,75	473,75	II	1518,66	1362,00	1208,75	1061,91	921,58	787,66
	III	**1191,83**	473,75	473,75	III	1072,50	956,50	843,50	733,83	627,50	524,16
	V	**2338,83**	473,75	473,75	IV	1746,08	1667,75	1589,41	1511,08	1432,75	1354,41
	VI	**2383,16**	473,75	473,75							
7580,99	I,IV	**1832,16**	473,75	473,75	I	1675,58	1518,91	1362,25	1209,00	1062,16	921,83
Ost	II	**1683,08**	473,75	473,75	II	1526,41	1369,75	1216,25	1069,08	928,41	794,16
	III	**1197,83**	473,75	473,75	III	1078,33	962,16	849,00	739,16	632,66	529,16
	V	**2346,66**	473,75	473,75	IV	1753,83	1675,58	1597,25	1518,91	1440,58	1362,25
	VI	**2390,91**	473,75	473,75							
7583,99	I,IV	**1825,66**	473,75	473,75	I	1669,00	1512,33	1355,66	1202,75	1056,16	916,08
West	II	**1676,58**	473,75	473,75	II	1519,91	1363,25	1210,00	1063,08	922,66	788,66
	III	**1192,83**	473,75	473,75	III	1073,50	957,33	844,50	734,66	628,33	525,00
	V	**2340,08**	473,75	473,75	IV	1747,33	1669,00	1590,66	1512,33	1434,00	1355,66
	VI	**2384,41**	473,75	473,75							
7583,99	I,IV	**1833,50**	473,75	473,75	I	1676,83	1520,16	1363,50	1210,16	1063,33	922,91
Ost	II	**1684,33**	473,75	473,75	II	1527,66	1371,08	1217,41	1070,25	929,50	795,25
	III	**1198,83**	473,75	473,75	III	1079,33	963,00	850,00	740,16	633,50	530,00
	V	**2347,91**	473,75	473,75	IV	1755,16	1676,83	1598,50	1520,16	1441,83	1363,50
	VI	**2392,25**	473,75	473,75							
7586,99	I,IV	**1826,91**	473,75	473,75	I	1670,25	1513,58	1356,91	1203,91	1057,33	917,16
West	II	**1677,83**	473,75	473,75	II	1521,16	1364,50	1211,16	1064,25	923,75	789,75
	III	**1193,83**	473,75	473,75	III	1074,50	958,33	845,33	735,66	629,16	525,83
	V	**2341,33**	473,75	473,75	IV	1748,58	1670,25	1591,91	1513,58	1435,25	1356,91
	VI	**2385,66**	473,75	473,75							
7586,99	I,IV	**1834,75**	473,75	473,75	I	1678,08	1521,41	1364,75	1211,41	1064,50	924,00
Ost	II	**1685,58**	473,75	473,75	II	1529,00	1372,33	1218,66	1071,41	930,66	796,25
	III	**1199,83**	473,75	473,75	III	1080,33	964,00	850,83	741,00	634,33	530,83
	V	**2349,16**	473,75	473,75	IV	1756,41	1678,08	1599,75	1521,41	1443,08	1364,75
	VI	**2393,50**	473,75	473,75							
7589,99	I,IV	**1828,16**	473,75	473,75	I	1671,50	1514,83	1358,25	1205,16	1058,50	918,25
West	II	**1679,08**	473,75	473,75	II	1522,41	1365,75	1212,41	1065,41	924,91	790,83
	III	**1194,83**	473,75	473,75	III	1075,33	959,16	846,16	736,50	630,00	526,66
	V	**2342,58**	473,75	473,75	IV	1749,83	1671,50	1593,16	1514,83	1436,50	1358,25
	VI	**2386,91**	473,75	473,75							
7589,99	I,IV	**1836,00**	473,75	473,75	I	1679,33	1522,66	1366,00	1212,58	1065,66	925,08
Ost	II	**1686,91**	473,75	473,75	II	1530,25	1373,58	1219,83	1072,58	931,75	797,33
	III	**1200,83**	473,75	473,75	III	1081,16	964,83	851,83	741,83	635,16	531,66
	V	**2350,41**	473,75	473,75	IV	1757,66	1679,33	1601,00	1522,66	1444,33	1366,00
	VI	**2394,75**	473,75	473,75							
7592,99	I,IV	**1829,41**	473,75	473,75	I	1672,75	1516,08	1359,50	1206,33	1059,66	919,41
West	II	**1680,33**	473,75	473,75	II	1523,66	1367,00	1213,58	1066,58	926,00	791,83
	III	**1195,66**	473,75	473,75	III	1076,33	960,16	847,16	737,33	630,83	527,50
	V	**2343,91**	473,75	473,75	IV	1751,08	1672,75	1594,41	1516,08	1437,75	1359,50
	VI	**2388,16**	473,75	473,75							
7592,99	I,IV	**1837,25**	473,75	473,75	I	1680,58	1523,91	1367,25	1213,83	1066,83	926,25
Ost	II	**1688,16**	473,75	473,75	II	1531,50	1374,83	1221,08	1073,75	932,83	798,41
	III	**1201,83**	473,75	473,75	III	1082,16	965,83	852,66	742,66	636,00	532,50
	V	**2351,66**	473,75	473,75	IV	1758,91	1680,58	1602,25	1523,91	1445,58	1367,25
	VI	**2396,00**	473,75	473,75							
7595,99	I,IV	**1830,66**	473,75	473,75	I	1674,00	1517,41	1360,75	1207,58	1060,83	920,50
West	II	**1681,58**	473,75	473,75	II	1524,91	1368,25	1214,83	1067,75	927,08	792,91
	III	**1196,66**	473,75	473,75	III	1077,33	961,00	848,00	738,16	631,66	528,33
	V	**2345,16**	473,75	473,75	IV	1752,33	1674,00	1595,66	1517,41	1439,08	1360,75
	VI	**2389,41**	473,75	473,75							
7595,99	I,IV	**1838,50**	473,75	473,75	I	1681,83	1525,16	1368,50	1215,00	1067,91	927,33
Ost	II	**1689,41**	473,75	473,75	II	1532,75	1376,08	1222,25	1074,91	934,00	799,41
	III	**1202,66**	473,75	473,75	III	1083,16	966,66	853,50	743,66	636,83	533,33
	V	**2352,91**	473,75	473,75	IV	1760,16	1681,83	1603,50	1525,16	1446,83	1368,50
	VI	**2397,25**	473,75	473,75							

* Zur LSt-Berechnung für privat versicherte Arbeitnehmer s. Beispiele **Vorbemerkung S. 4 f.**
** Basisvorsorgepauschale KV und PV *** Typisierter Arbeitgeberzuschuss

Lohn/ Gehalt in € bis	Steuerklasse	Lohn- steuer*	BVSP**	TAGZ***	Steuerklasse	Bemessungsgrundlage für Kirchensteuer und Solidaritätszuschlag					
						Freibeträge für ... Kinder					
						0,5	**1,0**	1,5	**2,0**	2,5	**3,0**
7 598,99 West	I,IV	**1 831,91**	473,75	473,75	I	1 675,33	1 518,66	1 362,00	1 208,75	1 061,91	921,58
	II	**1 682,83**	473,75	473,75	II	1 526,16	1 369,50	1 216,00	1 068,91	928,25	794,00
	III	**1 197,66**	473,75	473,75	III	1 078,16	962,00	849,00	739,16	632,50	529,16
	V	**2 346,41**	473,75	473,75	IV	1 753,66	1 675,33	1 597,00	1 518,66	1 440,33	1 362,00
	VI	**2 390,75**	473,75	473,75							
7 598,99 Ost	I,IV	**1 839,75**	473,75	473,75	I	1 683,08	1 526,41	1 369,75	1 216,25	1 069,08	928,41
	II	**1 690,66**	473,75	473,75	II	1 534,00	1 377,33	1 223,50	1 076,08	935,08	800,50
	III	**1 203,66**	473,75	473,75	III	1 084,00	967,66	854,50	744,50	637,66	534,16
	V	**2 354,16**	473,75	473,75	IV	1 761,41	1 683,08	1 604,75	1 526,41	1 448,08	1 369,75
	VI	**2 398,50**	473,75	473,75							
7 601,99 West	I,IV	**1 833,25**	473,75	473,75	I	1 676,58	1 519,91	1 363,25	1 210,00	1 063,08	922,66
	II	**1 684,08**	473,75	473,75	II	1 527,41	1 370,83	1 217,25	1 070,08	929,33	795,00
	III	**1 198,66**	473,75	473,75	III	1 079,16	962,83	849,83	740,00	633,33	529,83
	V	**2 347,66**	473,75	473,75	IV	1 754,91	1 676,58	1 598,25	1 519,91	1 441,58	1 363,25
	VI	**2 392,00**	473,75	473,75							
7 601,99 Ost	I,IV	**1 841,00**	473,75	473,75	I	1 684,33	1 527,66	1 371,08	1 217,41	1 070,25	929,50
	II	**1 691,91**	473,75	473,75	II	1 535,25	1 378,58	1 224,75	1 077,25	936,16	801,58
	III	**1 204,66**	473,75	473,75	III	1 085,00	968,50	855,33	745,33	638,50	535,00
	V	**2 355,50**	473,75	473,75	IV	1 762,66	1 684,33	1 606,00	1 527,66	1 449,33	1 371,08
	VI	**2 399,75**	473,75	473,75							
7 604,99 West	I,IV	**1 834,50**	473,75	473,75	I	1 677,83	1 521,16	1 364,50	1 211,16	1 064,25	923,75
	II	**1 685,41**	473,75	473,75	II	1 528,75	1 372,08	1 218,41	1 071,16	930,41	796,08
	III	**1 199,66**	473,75	473,75	III	1 080,16	963,83	850,66	740,83	634,16	530,66
	V	**2 348,91**	473,75	473,75	IV	1 756,16	1 677,83	1 599,50	1 521,16	1 442,83	1 364,50
	VI	**2 393,25**	473,75	473,75							
7 604,99 Ost	I,IV	**1 842,25**	473,75	473,75	I	1 685,58	1 529,00	1 372,33	1 218,66	1 071,41	930,66
	II	**1 693,16**	473,75	473,75	II	1 536,50	1 379,83	1 225,91	1 078,41	937,25	802,58
	III	**1 205,66**	473,75	473,75	III	1 086,00	969,50	856,16	746,16	639,33	535,83
	V	**2 356,75**	473,75	473,75	IV	1 763,91	1 685,58	1 607,33	1 529,00	1 450,66	1 372,33
	VI	**2 401,00**	473,75	473,75							
7 607,99 West	I,IV	**1 835,75**	473,75	473,75	I	1 679,08	1 522,41	1 365,75	1 212,41	1 065,41	924,91
	II	**1 686,66**	473,75	473,75	II	1 530,00	1 373,33	1 219,66	1 072,33	931,50	797,08
	III	**1 200,66**	473,75	473,75	III	1 081,00	964,66	851,66	741,66	635,00	531,50
	V	**2 350,16**	473,75	473,75	IV	1 757,41	1 679,08	1 600,75	1 522,41	1 444,08	1 365,75
	VI	**2 394,50**	473,75	473,75							
7 607,99 Ost	I,IV	**1 843,58**	473,75	473,75	I	1 686,91	1 530,25	1 373,58	1 219,83	1 072,58	931,75
	II	**1 694,41**	473,75	473,75	II	1 537,75	1 381,08	1 227,16	1 079,58	938,41	803,66
	III	**1 206,66**	473,75	473,75	III	1 087,00	970,50	857,16	747,00	640,16	536,66
	V	**2 358,00**	473,75	473,75	IV	1 765,25	1 686,91	1 608,58	1 530,25	1 451,91	1 373,58
	VI	**2 402,33**	473,75	473,75							
7 610,99 West	I,IV	**1 837,00**	473,75	473,75	I	1 680,33	1 523,66	1 367,00	1 213,58	1 066,58	926,00
	II	**1 687,91**	473,75	473,75	II	1 531,25	1 374,58	1 220,83	1 073,50	932,66	798,16
	III	**1 201,66**	473,75	473,75	III	1 082,00	965,66	852,50	742,50	635,83	532,33
	V	**2 351,41**	473,75	473,75	IV	1 758,66	1 680,33	1 602,00	1 523,66	1 445,33	1 367,00
	VI	**2 395,75**	473,75	473,75							
7 610,99 Ost	I,IV	**1 844,83**	473,75	473,75	I	1 688,16	1 531,50	1 374,83	1 221,08	1 073,75	932,83
	II	**1 695,66**	473,75	473,75	II	1 539,08	1 382,41	1 228,33	1 080,75	939,50	804,75
	III	**1 207,66**	473,75	473,75	III	1 087,83	971,33	858,00	748,00	641,00	537,50
	V	**2 359,25**	473,75	473,75	IV	1 766,50	1 688,16	1 609,83	1 531,50	1 453,16	1 374,83
	VI	**2 403,58**	473,75	473,75							
7 613,99 West	I,IV	**1 838,25**	473,75	473,75	I	1 681,58	1 524,91	1 368,25	1 214,83	1 067,75	927,08
	II	**1 689,16**	473,75	473,75	II	1 532,50	1 375,83	1 222,08	1 074,66	933,75	799,25
	III	**1 202,50**	473,75	473,75	III	1 083,00	966,50	853,33	743,50	636,66	533,16
	V	**2 352,66**	473,75	473,75	IV	1 759,91	1 681,58	1 603,25	1 524,91	1 446,58	1 368,25
	VI	**2 397,00**	473,75	473,75							
7 613,99 Ost	I,IV	**1 846,08**	473,75	473,75	I	1 689,41	1 532,75	1 376,08	1 222,25	1 074,91	934,00
	II	**1 697,00**	473,75	473,75	II	1 540,33	1 383,66	1 229,58	1 081,83	940,58	805,75
	III	**1 208,50**	473,75	473,75	III	1 088,83	972,33	859,00	748,83	642,00	538,16
	V	**2 360,50**	473,75	473,75	IV	1 767,75	1 689,41	1 611,08	1 532,75	1 454,41	1 376,08
	VI	**2 404,83**	473,75	473,75							

* Zur LSt-Berechnung für privat versicherte Arbeitnehmer s. Beispiele **Vorbemerkung S. 4 f.**
** Basisvorsorgepauschale KV und PV *** Typisierter Arbeitgeberzuschuss

Lohn/ Gehalt in € bis	Steuerklasse	Lohn-steuer*	BVSP**	TAGZ***	Steuerklasse	Bemessungsgrundlage für Kirchensteuer und Solidaritätszuschlag					
						Freibeträge für ... Kinder					
						0,5	**1,0**	1,5	**2,0**	2,5	**3,0**
7616,99	I,IV	**1839,50**	473,75	473,75	I	1682,83	1526,16	1369,50	1216,00	1068,91	928,25
West	II	**1690,41**	473,75	473,75	II	1533,75	1377,08	1223,25	1075,83	934,83	800,25
	III	**1203,50**	473,75	473,75	III	1083,83	967,50	854,33	744,33	637,50	534,00
	V	**2354,00**	473,75	473,75	IV	1761,16	1682,83	1604,50	1526,16	1447,83	1369,50
	VI	**2398,25**	473,75	473,75							
7616,99	I,IV	**1847,33**	473,75	473,75	I	1690,66	1534,00	1377,33	1223,50	1076,08	935,08
Ost	II	**1698,25**	473,75	473,75	II	1541,58	1384,91	1230,75	1083,00	941,75	806,83
	III	**1209,50**	473,75	473,75	III	1089,83	973,16	859,83	749,66	642,83	539,00
	V	**2361,75**	473,75	473,75	IV	1769,00	1690,66	1612,33	1534,00	1455,66	1377,33
	VI	**2406,08**	473,75	473,75							
7619,99	I,IV	**1840,75**	473,75	473,75	I	1684,08	1527,41	1370,83	1217,25	1070,08	929,33
West	II	**1691,66**	473,75	473,75	II	1535,00	1378,33	1224,50	1077,00	936,00	801,33
	III	**1204,50**	473,75	473,75	III	1084,83	968,50	855,16	745,16	638,33	534,83
	V	**2355,25**	473,75	473,75	IV	1762,41	1684,08	1605,75	1527,41	1449,16	1370,83
	VI	**2399,50**	473,75	473,75							
7619,99	I,IV	**1848,58**	473,75	473,75	I	1691,91	1535,25	1378,58	1224,75	1077,25	936,16
Ost	II	**1699,50**	473,75	473,75	II	1542,83	1386,16	1232,00	1084,16	942,83	807,91
	III	**1210,50**	473,75	473,75	III	1090,66	974,16	860,66	750,50	643,66	539,83
	V	**2363,00**	473,75	473,75	IV	1770,25	1691,91	1613,58	1535,25	1456,91	1378,58
	VI	**2407,33**	473,75	473,75							
7622,99	I,IV	**1842,00**	473,75	473,75	I	1685,41	1528,75	1372,08	1218,41	1071,16	930,41
West	II	**1692,91**	473,75	473,75	II	1536,25	1379,58	1225,66	1078,16	937,08	802,41
	III	**1205,50**	473,75	473,75	III	1085,83	969,33	856,16	746,00	639,16	535,66
	V	**2356,50**	473,75	473,75	IV	1763,66	1685,41	1607,08	1528,75	1450,41	1372,08
	VI	**2400,75**	473,75	473,75							
7622,99	I,IV	**1849,83**	473,75	473,75	I	1693,16	1536,50	1379,83	1225,91	1078,41	937,25
Ost	II	**1700,75**	473,75	473,75	II	1544,08	1387,41	1233,16	1085,33	943,91	809,00
	III	**1211,50**	473,75	473,75	III	1091,66	975,00	861,66	751,50	644,50	540,66
	V	**2364,25**	473,75	473,75	IV	1771,50	1693,16	1614,83	1536,50	1458,16	1379,83
	VI	**2408,58**	473,75	473,75							
7625,99	I,IV	**1843,33**	473,75	473,75	I	1686,66	1530,00	1373,33	1219,66	1072,33	931,50
West	II	**1694,16**	473,75	473,75	II	1537,50	1380,91	1226,91	1079,33	938,16	803,50
	III	**1206,50**	473,75	473,75	III	1086,83	970,33	857,00	747,00	640,16	536,50
	V	**2357,75**	473,75	473,75	IV	1765,00	1686,66	1608,33	1530,00	1451,66	1373,33
	VI	**2402,08**	473,75	473,75							
7625,99	I,IV	**1851,08**	473,75	473,75	I	1694,41	1537,75	1381,08	1227,16	1079,58	938,41
Ost	II	**1702,00**	473,75	473,75	II	1545,33	1388,66	1234,41	1086,50	945,08	810,00
	III	**1212,50**	473,75	473,75	III	1092,66	976,00	862,50	752,33	645,33	541,50
	V	**2365,58**	473,75	473,75	IV	1772,75	1694,41	1616,08	1537,75	1459,41	1381,08
	VI	**2409,83**	473,75	473,75							
7628,99	I,IV	**1844,58**	473,75	473,75	I	1687,91	1531,25	1374,58	1220,83	1073,50	932,66
West	II	**1695,41**	473,75	473,75	II	1538,83	1382,16	1228,08	1080,50	939,25	804,50
	III	**1207,50**	473,75	473,75	III	1087,66	971,16	857,83	747,83	641,00	537,33
	V	**2359,00**	473,75	473,75	IV	1766,25	1687,91	1609,58	1531,25	1452,91	1374,58
	VI	**2403,33**	473,75	473,75							
7628,99	I,IV	**1852,33**	473,75	473,75	I	1695,66	1539,08	1382,41	1228,33	1080,75	939,50
Ost	II	**1703,25**	473,75	473,75	II	1546,58	1389,91	1235,66	1087,66	946,16	811,08
	III	**1213,50**	473,75	473,75	III	1093,50	976,83	863,50	753,16	646,16	542,33
	V	**2366,83**	473,75	473,75	IV	1774,00	1695,66	1617,33	1539,08	1460,75	1382,41
	VI	**2411,08**	473,75	473,75							
7631,99	I,IV	**1845,83**	473,75	473,75	I	1689,16	1532,50	1375,83	1222,08	1074,66	933,75
West	II	**1696,75**	473,75	473,75	II	1540,08	1383,41	1229,33	1081,66	940,41	805,58
	III	**1208,50**	473,75	473,75	III	1088,66	972,16	858,83	748,66	641,83	538,16
	V	**2360,25**	473,75	473,75	IV	1767,50	1689,16	1610,83	1532,50	1454,16	1375,83
	VI	**2404,58**	473,75	473,75							
7631,99	I,IV	**1853,58**	473,75	473,75	I	1697,00	1540,33	1383,66	1229,58	1081,83	940,58
Ost	II	**1704,50**	473,75	473,75	II	1547,83	1391,16	1236,83	1088,83	947,25	812,16
	III	**1214,50**	473,75	473,75	III	1094,50	977,83	864,33	754,00	647,00	543,16
	V	**2368,08**	473,75	473,75	IV	1775,33	1697,00	1618,66	1540,33	1462,00	1383,66
	VI	**2412,33**	473,75	473,75							

* Zur LSt-Berechnung für privat versicherte Arbeitnehmer s. Beispiele **Vorbemerkung S. 4 f.**
** Basisvorsorgepauschale KV und PV *** Typisierter Arbeitgeberzuschuss

Lohn/ Gehalt in € bis	Steuerklasse	Lohnsteuer*	BVSP**	TAGZ***	Steuerklasse	Bemessungsgrundlage für Kirchensteuer und Solidaritätszuschlag – Freibeträge für ... Kinder 0,5	1,0	1,5	2,0	2,5	3,0
7634,99 West	I,IV	**1847,08**	473,75	473,75	I	1690,41	1533,75	1377,08	1223,25	1075,83	934,83
	II	**1698,00**	473,75	473,75	II	1541,33	1384,66	1230,50	1082,83	941,50	806,66
	III	**1209,33**	473,75	473,75	III	1089,66	973,00	859,66	749,50	642,66	539,00
	V	**2361,50**	473,75	473,75	IV	1768,75	1690,41	1612,08	1533,75	1455,41	1377,08
	VI	**2405,83**	473,75	473,75							
7634,99 Ost	I,IV	**1854,91**	473,75	473,75	I	1698,25	1541,58	1384,91	1230,75	1083,00	941,75
	II	**1705,75**	473,75	473,75	II	1549,08	1392,50	1238,08	1090,00	948,41	813,16
	III	**1215,50**	473,75	473,75	III	1095,50	978,83	865,16	755,00	647,83	544,00
	V	**2369,33**	473,75	473,75	IV	1776,58	1698,25	1619,91	1541,58	1463,25	1384,91
	VI	**2413,66**	473,75	473,75							
7637,99 West	I,IV	**1848,33**	473,75	473,75	I	1691,66	1535,00	1378,33	1224,50	1077,00	936,00
	II	**1699,25**	473,75	473,75	II	1542,58	1385,91	1231,75	1084,00	942,58	807,66
	III	**1210,33**	473,75	473,75	III	1090,50	974,00	860,66	750,50	643,50	539,66
	V	**2362,75**	473,75	473,75	IV	1770,00	1691,66	1613,33	1535,00	1456,66	1378,33
	VI	**2407,08**	473,75	473,75							
7637,99 Ost	I,IV	**1856,16**	473,75	473,75	I	1699,50	1542,83	1386,16	1232,00	1084,16	942,83
	II	**1707,08**	473,75	473,75	II	1550,41	1393,75	1239,25	1091,16	949,50	814,25
	III	**1216,33**	473,75	473,75	III	1096,50	979,66	866,16	755,83	648,66	544,83
	V	**2370,58**	473,75	473,75	IV	1777,83	1699,50	1621,16	1542,83	1464,50	1386,16
	VI	**2414,91**	473,75	473,75							
7640,99 West	I,IV	**1849,58**	473,75	473,75	I	1692,91	1536,25	1379,58	1225,66	1078,16	937,08
	II	**1700,50**	473,75	473,75	II	1543,83	1387,16	1233,00	1085,16	943,75	808,75
	III	**1211,33**	473,75	473,75	III	1091,50	974,83	861,50	751,33	644,33	540,50
	V	**2364,00**	473,75	473,75	IV	1771,25	1692,91	1614,58	1536,25	1457,91	1379,58
	VI	**2408,33**	473,75	473,75							
7640,99 Ost	I,IV	**1857,41**	473,75	473,75	I	1700,75	1544,08	1387,41	1233,16	1085,33	943,91
	II	**1708,33**	473,75	473,75	II	1551,66	1395,00	1240,50	1092,33	950,58	815,33
	III	**1217,33**	473,75	473,75	III	1097,33	980,66	867,00	756,66	649,50	545,66
	V	**2371,83**	473,75	473,75	IV	1779,08	1700,75	1622,41	1544,08	1465,75	1387,41
	VI	**2416,16**	473,75	473,75							
7643,99 West	I,IV	**1850,83**	473,75	473,75	I	1694,16	1537,50	1380,91	1226,91	1079,33	938,16
	II	**1701,75**	473,75	473,75	II	1545,08	1388,41	1234,16	1086,33	944,83	809,83
	III	**1212,33**	473,75	473,75	III	1092,50	975,83	862,33	752,16	645,16	541,33
	V	**2365,33**	473,75	473,75	IV	1772,50	1694,16	1615,83	1537,50	1459,16	1380,91
	VI	**2409,58**	473,75	473,75							
7643,99 Ost	I,IV	**1858,66**	473,75	473,75	I	1702,00	1545,33	1388,66	1234,41	1086,50	945,08
	II	**1709,58**	473,75	473,75	II	1552,91	1396,25	1241,75	1093,50	951,75	816,41
	III	**1218,33**	473,75	473,75	III	1098,33	981,50	868,00	757,50	650,33	546,50
	V	**2373,08**	473,75	473,75	IV	1780,33	1702,00	1623,66	1545,33	1467,00	1388,66
	VI	**2417,41**	473,75	473,75							
7646,99 West	I,IV	**1852,08**	473,75	473,75	I	1695,41	1538,83	1382,16	1228,08	1080,50	939,25
	II	**1703,00**	473,75	473,75	II	1546,33	1389,66	1235,41	1087,50	945,91	810,91
	III	**1213,33**	473,75	473,75	III	1093,33	976,66	863,33	753,00	646,00	542,16
	V	**2366,58**	473,75	473,75	IV	1773,75	1695,41	1617,16	1538,83	1460,50	1382,16
	VI	**2410,83**	473,75	473,75							
7646,99 Ost	I,IV	**1859,91**	473,75	473,75	I	1703,25	1546,58	1389,91	1235,66	1087,66	946,16
	II	**1710,83**	473,75	473,75	II	1554,16	1397,50	1242,91	1094,66	952,83	817,41
	III	**1219,33**	473,75	473,75	III	1099,33	982,50	868,83	758,50	651,33	547,33
	V	**2374,33**	473,75	473,75	IV	1781,58	1703,25	1624,91	1546,58	1468,25	1389,91
	VI	**2418,66**	473,75	473,75							
7649,99 West	I,IV	**1853,41**	473,75	473,75	I	1696,75	1540,08	1383,41	1229,33	1081,66	940,41
	II	**1704,25**	473,75	473,75	II	1547,58	1390,91	1236,58	1088,66	947,08	811,91
	III	**1214,33**	473,75	473,75	III	1094,33	977,66	864,16	754,00	646,83	543,00
	V	**2367,83**	473,75	473,75	IV	1775,08	1696,75	1618,41	1540,08	1461,75	1383,41
	VI	**2412,16**	473,75	473,75							
7649,99 Ost	I,IV	**1861,16**	473,75	473,75	I	1704,50	1547,83	1391,16	1236,83	1088,83	947,25
	II	**1712,08**	473,75	473,75	II	1555,41	1398,75	1244,16	1095,83	954,00	818,50
	III	**1220,33**	473,75	473,75	III	1100,16	983,33	869,66	759,33	652,16	548,16
	V	**2375,58**	473,75	473,75	IV	1782,83	1704,50	1626,16	1547,83	1469,50	1391,16
	VI	**2419,91**	473,75	473,75							

* Zur LSt-Berechnung für privat versicherte Arbeitnehmer s. Beispiele **Vorbemerkung S. 4f.**
** Basisvorsorgepauschale KV und PV *** Typisierter Arbeitgeberzuschuss

Lohn/ Gehalt in € bis	Steuerklasse	Lohn-steuer*	BVSP**	TAGZ***	Steuerklasse	Bemessungsgrundlage für Kirchensteuer und Solidaritätszuschlag					
						Freibeträge für ... Kinder					
						0,5	**1,0**	1,5	**2,0**	2,5	**3,0**
7652,99	I,IV	**1854,66**	473,75	473,75	I	1698,00	1541,33	1384,66	1230,50	1082,83	941,50
West	II	**1705,50**	473,75	473,75	II	1548,91	1392,25	1237,83	1089,75	948,16	813,00
	III	**1215,33**	473,75	473,75	III	1095,33	978,66	865,16	754,83	647,66	543,83
	V	**2369,08**	473,75	473,75	IV	1776,33	1698,00	1619,66	1541,33	1463,00	1384,66
	VI	**2413,41**	473,75	473,75							
7652,99	I,IV	**1862,41**	473,75	473,75	I	1705,75	1549,08	1392,50	1238,08	1090,00	948,41
Ost	II	**1713,33**	473,75	473,75	II	1556,66	1400,00	1245,41	1097,00	955,08	819,58
	III	**1221,33**	473,75	473,75	III	1101,16	984,33	870,66	760,16	653,00	549,00
	V	**2376,91**	473,75	473,75	IV	1784,08	1705,75	1627,41	1549,08	1470,83	1392,50
	VI	**2421,16**	473,75	473,75							
7655,99	I,IV	**1855,91**	473,75	473,75	I	1699,25	1542,58	1385,91	1231,75	1084,00	942,58
West	II	**1706,83**	473,75	473,75	II	1550,16	1393,50	1239,08	1090,91	949,33	814,08
	III	**1216,16**	473,75	473,75	III	1096,33	979,50	866,00	755,66	648,50	544,66
	V	**2370,33**	473,75	473,75	IV	1777,58	1699,25	1620,91	1542,58	1464,25	1385,91
	VI	**2414,66**	473,75	473,75							
7655,99	I,IV	**1863,66**	473,75	473,75	I	1707,08	1550,41	1393,75	1239,25	1091,16	949,50
Ost	II	**1714,58**	473,75	473,75	II	1557,91	1401,25	1246,58	1098,16	956,16	820,66
	III	**1222,33**	473,75	473,75	III	1102,16	985,16	871,50	761,00	653,83	549,83
	V	**2378,16**	473,75	473,75	IV	1785,33	1707,08	1628,75	1550,41	1472,08	1393,75
	VI	**2422,41**	473,75	473,75							
7658,99	I,IV	**1857,16**	473,75	473,75	I	1700,50	1543,83	1387,16	1233,00	1085,16	943,75
West	II	**1708,08**	473,75	473,75	II	1551,41	1394,75	1240,25	1092,08	950,41	815,08
	III	**1217,16**	473,75	473,75	III	1097,16	980,50	866,83	756,50	649,33	545,50
	V	**2371,58**	473,75	473,75	IV	1778,83	1700,50	1622,16	1543,83	1465,50	1387,16
	VI	**2415,91**	473,75	473,75							
7658,99	I,IV	**1865,00**	473,75	473,75	I	1708,33	1551,66	1395,00	1240,50	1092,33	950,58
Ost	II	**1715,83**	473,75	473,75	II	1559,16	1402,58	1247,83	1099,33	957,33	821,75
	III	**1223,16**	473,75	473,75	III	1103,16	986,16	872,50	762,00	654,66	550,50
	V	**2379,41**	473,75	473,75	IV	1786,66	1708,33	1630,00	1551,66	1473,33	1395,00
	VI	**2423,75**	473,75	473,75							
7661,99	I,IV	**1858,41**	473,75	473,75	I	1701,75	1545,08	1388,41	1234,16	1086,33	944,83
West	II	**1709,33**	473,75	473,75	II	1552,66	1396,00	1241,50	1093,25	951,50	816,16
	III	**1218,16**	473,75	473,75	III	1098,16	981,33	867,83	757,50	650,33	546,33
	V	**2372,83**	473,75	473,75	IV	1780,08	1701,75	1623,41	1545,08	1466,75	1388,41
	VI	**2417,16**	473,75	473,75							
7661,99	I,IV	**1866,25**	473,75	473,75	I	1709,58	1552,91	1396,25	1241,75	1093,50	951,75
Ost	II	**1717,08**	473,75	473,75	II	1560,50	1403,83	1249,00	1100,50	958,41	822,75
	III	**1224,16**	473,75	473,75	III	1104,00	987,16	873,33	762,83	655,50	551,33
	V	**2380,66**	473,75	473,75	IV	1787,91	1709,58	1631,25	1552,91	1474,58	1396,25
	VI	**2425,00**	473,75	473,75							
7664,99	I,IV	**1859,66**	473,75	473,75	I	1703,00	1546,33	1389,66	1235,41	1087,50	945,91
West	II	**1710,58**	473,75	473,75	II	1553,91	1397,25	1242,66	1094,41	952,66	817,25
	III	**1219,16**	473,75	473,75	III	1099,16	982,33	868,66	758,33	651,16	547,16
	V	**2374,08**	473,75	473,75	IV	1781,33	1703,00	1624,66	1546,33	1468,00	1389,66
	VI	**2418,41**	473,75	473,75							
7664,99	I,IV	**1867,50**	473,75	473,75	I	1710,83	1554,16	1397,50	1242,91	1094,66	952,83
Ost	II	**1718,41**	473,75	473,75	II	1561,75	1405,08	1250,25	1101,66	959,58	823,83
	III	**1225,16**	473,75	473,75	III	1105,00	988,00	874,16	763,66	656,33	552,16
	V	**2381,91**	473,75	473,75	IV	1789,16	1710,83	1632,50	1554,16	1475,83	1397,50
	VI	**2426,25**	473,75	473,75							
7667,99	I,IV	**1860,91**	473,75	473,75	I	1704,25	1547,58	1390,91	1236,58	1088,66	947,08
West	II	**1711,83**	473,75	473,75	II	1555,16	1398,50	1243,91	1095,58	953,75	818,33
	III	**1220,16**	473,75	473,75	III	1100,00	983,16	869,66	759,16	652,00	548,00
	V	**2375,41**	473,75	473,75	IV	1782,58	1704,25	1625,91	1547,58	1469,25	1390,91
	VI	**2419,66**	473,75	473,75							
7667,99	I,IV	**1868,75**	473,75	473,75	I	1712,08	1555,41	1398,75	1244,16	1095,83	954,00
Ost	II	**1719,66**	473,75	473,75	II	1563,00	1406,33	1251,50	1102,83	960,66	824,91
	III	**1226,16**	473,75	473,75	III	1106,00	989,00	875,16	764,50	657,16	553,00
	V	**2383,16**	473,75	473,75	IV	1790,41	1712,08	1633,75	1555,41	1477,08	1398,75
	VI	**2427,50**	473,75	473,75							

* Zur LSt-Berechnung für privat versicherte Arbeitnehmer s. Beispiele **Vorbemerkung S. 4 f.**
** Basisvorsorgepauschale KV und PV *** Typisierter Arbeitgeberzuschuss

Lohn/ Gehalt in € bis	Steuerklasse	Lohn-steuer*	BVSP**	TAGZ***	Steuerklasse	Bemessungsgrundlage für Kirchensteuer und Solidaritätszuschlag – Freibeträge für ... Kinder 0,5	**1,0**	1,5	**2,0**	2,5	**3,0**
7670,99	I,IV	**1862,16**	473,75	473,75	I	1705,50	1548,91	1392,25	1237,83	1089,75	948,16
West	II	**1713,08**	473,75	473,75	II	1556,41	1399,75	1245,16	1096,75	954,83	819,33
	III	**1221,16**	473,75	473,75	III	1101,00	984,16	870,50	760,00	652,83	548,83
	V	**2376,66**	473,75	473,75	IV	1783,83	1705,50	1627,16	1548,91	1470,58	1392,25
	VI	**2420,91**	473,75	473,75							
7670,99	I,IV	**1870,00**	473,75	473,75	I	1713,33	1556,66	1400,00	1245,41	1097,00	955,08
Ost	II	**1720,91**	473,75	473,75	II	1564,25	1407,58	1252,66	1104,00	961,75	826,00
	III	**1227,16**	473,75	473,75	III	1106,83	989,83	876,00	765,50	658,00	553,83
	V	**2384,41**	473,75	473,75	IV	1791,66	1713,33	1635,00	1556,66	1478,33	1400,00
	VI	**2428,75**	473,75	473,75							
7673,99	I,IV	**1863,41**	473,75	473,75	I	1706,83	1550,16	1393,50	1239,08	1090,91	949,33
West	II	**1714,33**	473,75	473,75	II	1557,66	1401,00	1246,33	1097,91	956,00	820,41
	III	**1222,16**	473,75	473,75	III	1102,00	985,00	871,33	761,00	653,66	549,66
	V	**2377,91**	473,75	473,75	IV	1785,16	1706,83	1628,50	1550,16	1471,83	1393,50
	VI	**2422,25**	473,75	473,75							
7673,99	I,IV	**1871,25**	473,75	473,75	I	1714,58	1557,91	1401,25	1246,58	1098,16	956,16
Ost	II	**1722,16**	473,75	473,75	II	1565,50	1408,83	1253,91	1105,16	962,91	827,00
	III	**1228,16**	473,75	473,75	III	1107,83	990,83	877,00	766,33	658,83	554,66
	V	**2385,66**	473,75	473,75	IV	1792,91	1714,58	1636,25	1557,91	1479,58	1401,25
	VI	**2430,00**	473,75	473,75							
7676,99	I,IV	**1864,75**	473,75	473,75	I	1708,08	1551,41	1394,75	1240,25	1092,08	950,41
West	II	**1715,58**	473,75	473,75	II	1558,91	1402,33	1247,58	1099,08	957,08	821,50
	III	**1223,16**	473,75	473,75	III	1103,00	986,00	872,33	761,83	654,50	550,50
	V	**2379,16**	473,75	473,75	IV	1786,41	1708,08	1629,75	1551,41	1473,08	1394,75
	VI	**2423,50**	473,75	473,75							
7676,99	I,IV	**1872,50**	473,75	473,75	I	1715,83	1559,16	1402,58	1247,83	1099,33	957,33
Ost	II	**1723,41**	473,75	473,75	II	1566,75	1410,08	1255,16	1106,33	964,00	828,08
	III	**1229,16**	473,75	473,75	III	1108,83	991,66	877,83	767,16	659,83	555,50
	V	**2387,00**	473,75	473,75	IV	1794,16	1715,83	1637,50	1559,16	1480,83	1402,58
	VI	**2431,25**	473,75	473,75							
7679,99	I,IV	**1866,00**	473,75	473,75	I	1709,33	1552,66	1396,00	1241,50	1093,25	951,50
West	II	**1716,91**	473,75	473,75	II	1560,25	1403,58	1248,83	1100,25	958,25	822,58
	III	**1224,00**	473,75	473,75	III	1103,83	987,00	873,16	762,66	655,33	551,33
	V	**2380,41**	473,75	473,75	IV	1787,66	1709,33	1631,00	1552,66	1474,33	1396,00
	VI	**2424,75**	473,75	473,75							
7679,99	I,IV	**1873,75**	473,75	473,75	I	1717,08	1560,50	1403,83	1249,00	1100,50	958,41
Ost	II	**1724,66**	473,75	473,75	II	1568,00	1411,33	1256,33	1107,50	965,16	829,16
	III	**1230,16**	473,75	473,75	III	1109,83	992,66	878,83	768,00	660,66	556,33
	V	**2388,25**	473,75	473,75	IV	1795,41	1717,08	1638,83	1560,50	1482,16	1403,83
	VI	**2432,50**	473,75	473,75							
7682,99	I,IV	**1867,25**	473,75	473,75	I	1710,58	1553,91	1397,25	1242,66	1094,41	952,66
West	II	**1718,16**	473,75	473,75	II	1561,50	1404,83	1250,00	1101,50	959,33	823,66
	III	**1225,00**	473,75	473,75	III	1104,83	987,83	874,16	763,50	656,16	552,16
	V	**2381,66**	473,75	473,75	IV	1788,91	1710,58	1632,25	1553,91	1475,58	1397,25
	VI	**2426,00**	473,75	473,75							
7682,99	I,IV	**1875,08**	473,75	473,75	I	1718,41	1561,75	1405,08	1250,25	1101,66	959,58
Ost	II	**1725,91**	473,75	473,75	II	1569,25	1412,58	1257,58	1108,66	966,25	830,25
	III	**1231,16**	473,75	473,75	III	1110,66	993,66	879,66	769,00	661,50	557,16
	V	**2389,50**	473,75	473,75	IV	1796,75	1718,41	1640,08	1561,75	1483,41	1405,08
	VI	**2433,83**	473,75	473,75							
7685,99	I,IV	**1868,50**	473,75	473,75	I	1711,83	1555,16	1398,50	1243,91	1095,58	953,75
West	II	**1719,41**	473,75	473,75	II	1562,75	1406,08	1251,25	1102,66	960,41	824,66
	III	**1226,00**	473,75	473,75	III	1105,83	988,83	875,00	764,50	657,00	553,00
	V	**2382,91**	473,75	473,75	IV	1790,16	1711,83	1633,50	1555,16	1476,83	1398,50
	VI	**2427,25**	473,75	473,75							
7685,99	I,IV	**1876,33**	473,75	473,75	I	1719,66	1563,00	1406,33	1251,50	1102,83	960,66
Ost	II	**1727,16**	473,75	473,75	II	1570,58	1413,91	1258,83	1109,91	967,41	831,33
	III	**1232,00**	473,75	473,75	III	1111,66	994,50	880,50	769,83	662,33	558,00
	V	**2390,75**	473,75	473,75	IV	1798,00	1719,66	1641,33	1563,00	1484,66	1406,33
	VI	**2435,08**	473,75	473,75							

* Zur LSt-Berechnung für privat versicherte Arbeitnehmer s. Beispiele **Vorbemerkung S. 4 f.**
** Basisvorsorgepauschale KV und PV *** Typisierter Arbeitgeberzuschuss

Lohn/ Gehalt in € bis	Steuerklasse	Lohn- steuer*	BVSP**	TAGZ***	Steuerklasse	Bemessungsgrundlage für Kirchensteuer und Solidaritätszuschlag – Freibeträge für ... Kinder 0,5	**1,0**	1,5	**2,0**	2,5	**3,0**
7688,99	I,IV	**1869,75**	473,75	473,75	I	1713,08	1556,41	1399,75	1245,16	1096,75	954,83
West	II	**1720,66**	473,75	473,75	II	1564,00	1407,33	1252,50	1103,83	961,58	825,75
	III	**1227,00**	473,75	473,75	III	1106,83	989,66	875,83	765,33	657,83	553,66
	V	**2384,16**	473,75	473,75	IV	1791,41	1713,08	1634,75	1556,41	1478,08	1399,75
	VI	**2428,50**	473,75	473,75							
7688,99	I,IV	**1877,58**	473,75	473,75	I	1720,91	1564,25	1407,58	1252,66	1104,00	961,75
Ost	II	**1728,50**	473,75	473,75	II	1571,83	1415,16	1260,00	1111,08	968,50	832,41
	III	**1233,00**	473,75	473,75	III	1112,66	995,50	881,50	770,66	663,16	558,83
	V	**2392,00**	473,75	473,75	IV	1799,25	1720,91	1642,58	1564,25	1485,91	1407,58
	VI	**2436,33**	473,75	473,75							
7691,99	I,IV	**1871,00**	473,75	473,75	I	1714,33	1557,66	1401,00	1246,33	1097,91	956,00
West	II	**1721,91**	473,75	473,75	II	1565,25	1408,58	1253,66	1105,00	962,66	826,83
	III	**1228,00**	473,75	473,75	III	1107,66	990,66	876,83	766,16	658,83	554,50
	V	**2385,50**	473,75	473,75	IV	1792,66	1714,33	1636,00	1557,66	1479,33	1401,00
	VI	**2429,75**	473,75	473,75							
7691,99	I,IV	**1878,83**	473,75	473,75	I	1722,16	1565,50	1408,83	1253,91	1105,16	962,91
Ost	II	**1729,75**	473,75	473,75	II	1573,08	1416,41	1261,25	1112,25	969,58	833,41
	III	**1234,00**	473,75	473,75	III	1113,66	996,33	882,33	771,66	664,00	559,66
	V	**2393,25**	473,75	473,75	IV	1800,50	1722,16	1643,83	1565,50	1487,16	1408,83
	VI	**2437,58**	473,75	473,75							
7694,99	I,IV	**1872,25**	473,75	473,75	I	1715,58	1558,91	1402,33	1247,58	1099,08	957,08
West	II	**1723,16**	473,75	473,75	II	1566,50	1409,83	1254,91	1106,16	963,83	827,91
	III	**1229,00**	473,75	473,75	III	1108,66	991,50	877,66	767,00	659,66	555,33
	V	**2386,75**	473,75	473,75	IV	1793,91	1715,58	1637,25	1558,91	1480,66	1402,33
	VI	**2431,00**	473,75	473,75							
7694,99	I,IV	**1880,08**	473,75	473,75	I	1723,41	1566,75	1410,08	1255,16	1106,33	964,00
Ost	II	**1731,00**	473,75	473,75	II	1574,33	1417,66	1262,50	1113,41	970,75	834,50
	III	**1235,00**	473,75	473,75	III	1114,50	997,33	883,33	772,50	664,83	560,50
	V	**2394,50**	473,75	473,75	IV	1801,75	1723,41	1645,08	1566,75	1488,41	1410,08
	VI	**2438,83**	473,75	473,75							
7697,99	I,IV	**1873,50**	473,75	473,75	I	1716,91	1560,25	1403,58	1248,83	1100,25	958,25
West	II	**1724,41**	473,75	473,75	II	1567,75	1411,08	1256,16	1107,33	964,91	829,00
	III	**1230,00**	473,75	473,75	III	1109,66	992,50	878,66	768,00	660,50	556,16
	V	**2388,00**	473,75	473,75	IV	1795,16	1716,91	1638,58	1560,25	1481,91	1403,58
	VI	**2432,25**	473,75	473,75							
7697,99	I,IV	**1881,33**	473,75	473,75	I	1724,66	1568,00	1411,33	1256,33	1107,50	965,16
Ost	II	**1732,25**	473,75	473,75	II	1575,58	1418,91	1263,75	1114,58	971,83	835,58
	III	**1236,00**	473,75	473,75	III	1115,50	998,16	884,16	773,33	665,66	561,33
	V	**2395,75**	473,75	473,75	IV	1803,00	1724,66	1646,33	1568,00	1489,66	1411,33
	VI	**2440,08**	473,75	473,75							
7700,99	I,IV	**1874,83**	473,75	473,75	I	1718,16	1561,50	1404,83	1250,00	1101,50	959,33
West	II	**1725,66**	473,75	473,75	II	1569,00	1412,41	1257,33	1108,50	966,00	830,00
	III	**1231,00**	473,75	473,75	III	1110,50	993,50	879,50	768,83	661,33	557,00
	V	**2389,25**	473,75	473,75	IV	1796,50	1718,16	1639,83	1561,50	1483,16	1404,83
	VI	**2433,58**	473,75	473,75							
7700,99	I,IV	**1882,58**	473,75	473,75	I	1725,91	1569,25	1412,58	1257,58	1108,66	966,25
Ost	II	**1733,50**	473,75	473,75	II	1576,83	1420,16	1264,91	1115,75	973,00	836,66
	III	**1237,00**	473,75	473,75	III	1116,50	999,16	885,16	774,16	666,50	562,16
	V	**2397,08**	473,75	473,75	IV	1804,25	1725,91	1647,58	1569,25	1490,91	1412,58
	VI	**2441,33**	473,75	473,75							
7703,99	I,IV	**1876,08**	473,75	473,75	I	1719,41	1562,75	1406,08	1251,25	1102,66	960,41
West	II	**1726,91**	473,75	473,75	II	1570,33	1413,66	1258,58	1109,66	967,16	831,08
	III	**1231,83**	473,75	473,75	III	1111,50	994,33	880,50	769,66	662,16	557,83
	V	**2390,50**	473,75	473,75	IV	1797,75	1719,41	1641,08	1562,75	1484,41	1406,08
	VI	**2434,83**	473,75	473,75							
7703,99	I,IV	**1883,83**	473,75	473,75	I	1727,16	1570,58	1413,91	1258,83	1109,91	967,41
Ost	II	**1734,75**	473,75	473,75	II	1578,08	1421,41	1266,16	1116,91	974,08	837,75
	III	**1238,00**	473,75	473,75	III	1117,50	1000,16	886,00	775,16	667,50	563,00
	V	**2398,33**	473,75	473,75	IV	1805,50	1727,16	1648,83	1570,58	1492,25	1413,91
	VI	**2442,58**	473,75	473,75							

* Zur LSt-Berechnung für privat versicherte Arbeitnehmer s. Beispiele **Vorbemerkung S. 4 f.**
** Basisvorsorgepauschale KV und PV *** Typisierter Arbeitgeberzuschuss

Lohn/ Gehalt in € bis	Steuerklasse	Lohnsteuer*	BVSP**	TAGZ***	Steuerklasse	Bemessungsgrundlage für Kirchensteuer und Solidaritätszuschlag – Freibeträge für … Kinder 0,5	1,0	1,5	2,0	2,5	3,0
7706,99	I,IV	**1877,33**	473,75	473,75	I	1720,66	1564,00	1407,33	1252,50	1103,83	961,58
West	II	**1728,25**	473,75	473,75	II	1571,58	1414,91	1259,83	1110,83	968,25	832,16
	III	**1232,83**	473,75	473,75	III	1112,50	995,33	881,33	770,50	663,00	558,66
	V	**2391,75**	473,75	473,75	IV	1799,00	1720,66	1642,33	1564,00	1485,66	1407,33
	VI	**2436,08**	473,75	473,75							
7706,99	I,IV	**1885,08**	473,75	473,75	I	1728,50	1571,83	1415,16	1260,00	1111,08	968,50
Ost	II	**1736,00**	473,75	473,75	II	1579,33	1422,66	1267,41	1118,08	975,25	838,83
	III	**1239,00**	473,75	473,75	III	1118,33	1001,00	886,83	776,00	668,33	563,83
	V	**2399,58**	473,75	473,75	IV	1806,83	1728,50	1650,16	1571,83	1493,50	1415,16
	VI	**2443,83**	473,75	473,75							
7709,99	I,IV	**1878,58**	473,75	473,75	I	1721,91	1565,25	1408,58	1253,66	1105,00	962,66
West	II	**1729,50**	473,75	473,75	II	1572,83	1416,16	1261,00	1112,00	969,41	833,25
	III	**1233,83**	473,75	473,75	III	1113,50	996,16	882,16	771,50	663,83	559,50
	V	**2393,00**	473,75	473,75	IV	1800,25	1721,91	1643,58	1565,25	1486,91	1408,58
	VI	**2437,33**	473,75	473,75							
7709,99	I,IV	**1886,41**	473,75	473,75	I	1729,75	1573,08	1416,41	1261,25	1112,25	969,58
Ost	II	**1737,25**	473,75	473,75	II	1580,58	1424,00	1268,58	1119,25	976,33	839,83
	III	**1240,00**	473,75	473,75	III	1119,33	1002,00	887,83	776,83	669,16	564,66
	V	**2400,83**	473,75	473,75	IV	1808,08	1729,75	1651,41	1573,08	1494,75	1416,41
	VI	**2445,16**	473,75	473,75							
7712,99	I,IV	**1879,83**	473,75	473,75	I	1723,16	1566,50	1409,83	1254,91	1106,16	963,83
West	II	**1730,75**	473,75	473,75	II	1574,08	1417,41	1262,25	1113,16	970,50	834,33
	III	**1234,83**	473,75	473,75	III	1114,33	997,16	883,16	772,33	664,66	560,33
	V	**2394,25**	473,75	473,75	IV	1801,50	1723,16	1644,83	1566,50	1488,16	1409,83
	VI	**2438,58**	473,75	473,75							
7712,99	I,IV	**1887,66**	473,75	473,75	I	1731,00	1574,33	1417,66	1262,50	1113,41	970,75
Ost	II	**1738,58**	473,75	473,75	II	1581,91	1425,25	1269,83	1120,41	977,50	840,91
	III	**1240,83**	473,75	473,75	III	1120,33	1002,83	888,66	777,66	670,00	565,50
	V	**2402,08**	473,75	473,75	IV	1809,33	1731,00	1652,66	1574,33	1496,00	1417,66
	VI	**2446,41**	473,75	473,75							
7715,99	I,IV	**1881,08**	473,75	473,75	I	1724,41	1567,75	1411,08	1256,16	1107,33	964,91
West	II	**1732,00**	473,75	473,75	II	1575,33	1418,66	1263,50	1114,33	971,66	835,41
	III	**1235,83**	473,75	473,75	III	1115,33	998,16	884,00	773,16	665,50	561,16
	V	**2395,50**	473,75	473,75	IV	1802,75	1724,41	1646,08	1567,75	1489,41	1411,08
	VI	**2439,83**	473,75	473,75							
7715,99	I,IV	**1888,91**	473,75	473,75	I	1732,25	1575,58	1418,91	1263,75	1114,58	971,83
Ost	II	**1739,83**	473,75	473,75	II	1583,16	1426,50	1271,08	1121,58	978,58	842,00
	III	**1241,83**	473,75	473,75	III	1121,33	1003,83	889,66	778,66	670,83	566,33
	V	**2403,33**	473,75	473,75	IV	1810,58	1732,25	1653,91	1575,58	1497,25	1418,91
	VI	**2447,66**	473,75	473,75							
7718,99	I,IV	**1882,33**	473,75	473,75	I	1725,66	1569,00	1412,41	1257,33	1108,50	966,00
West	II	**1733,25**	473,75	473,75	II	1576,58	1419,91	1264,66	1115,50	972,75	836,41
	III	**1236,83**	473,75	473,75	III	1116,33	999,00	885,00	774,00	666,50	562,00
	V	**2396,83**	473,75	473,75	IV	1804,00	1725,66	1647,33	1569,00	1490,66	1412,41
	VI	**2441,08**	473,75	473,75							
7718,99	I,IV	**1890,16**	473,75	473,75	I	1733,50	1576,83	1420,16	1264,91	1115,75	973,00
Ost	II	**1741,08**	473,75	473,75	II	1584,41	1427,75	1272,33	1122,83	979,75	843,08
	III	**1242,83**	473,75	473,75	III	1122,16	1004,83	890,50	779,50	671,66	567,16
	V	**2404,58**	473,75	473,75	IV	1811,83	1733,50	1655,16	1576,83	1498,50	1420,16
	VI	**2448,91**	473,75	473,75							
7721,99	I,IV	**1883,58**	473,75	473,75	I	1726,91	1570,33	1413,66	1258,58	1109,66	967,16
West	II	**1734,50**	473,75	473,75	II	1577,83	1421,16	1265,91	1116,66	973,91	837,50
	III	**1237,83**	473,75	473,75	III	1117,33	1000,00	885,83	775,00	667,33	562,83
	V	**2398,08**	473,75	473,75	IV	1805,25	1726,91	1648,66	1570,33	1492,00	1413,66
	VI	**2442,33**	473,75	473,75							
7721,99	I,IV	**1891,41**	473,75	473,75	I	1734,75	1578,08	1421,41	1266,16	1116,91	974,08
Ost	II	**1742,33**	473,75	473,75	II	1585,66	1429,00	1273,50	1124,00	980,83	844,16
	III	**1243,83**	473,75	473,75	III	1123,16	1005,66	891,50	780,33	672,50	568,00
	V	**2405,83**	473,75	473,75	IV	1813,08	1734,75	1656,41	1578,08	1499,75	1421,41
	VI	**2450,16**	473,75	473,75							

* Zur LSt-Berechnung für privat versicherte Arbeitnehmer s. Beispiele **Vorbemerkung S. 4 f.**
** Basisvorsorgepauschale KV und PV *** Typisierter Arbeitgeberzuschuss

Lohn/ Gehalt in € bis	Steuerklasse	Lohn-steuer*	BVSP**	TAGZ***	Steuerklasse	Bemessungsgrundlage für Kirchensteuer und Solidaritätszuschlag – Freibeträge für ... Kinder 0,5	1,0	1,5	2,0	2,5	3,0
7724,99 West	I,IV	**1884,91**	473,75	473,75	I	1728,25	1571,58	1414,91	1259,83	1110,83	968,25
	II	**1735,75**	473,75	473,75	II	1579,08	1422,41	1267,16	1117,83	975,00	838,58
	III	**1238,83**	473,75	473,75	III	1118,16	1000,83	886,66	775,83	668,16	563,66
	V	**2399,33**	473,75	473,75	IV	1806,58	1728,25	1649,91	1571,58	1493,25	1414,91
	VI	**2443,66**	473,75	473,75							
7724,99 Ost	I,IV	**1892,66**	473,75	473,75	I	1736,00	1579,33	1422,66	1267,41	1118,08	975,25
	II	**1743,58**	473,75	473,75	II	1586,91	1430,25	1274,75	1125,16	982,00	845,25
	III	**1244,83**	473,75	473,75	III	1124,16	1006,66	892,33	781,33	673,33	568,83
	V	**2407,08**	473,75	473,75	IV	1814,33	1736,00	1657,66	1579,33	1501,00	1422,66
	VI	**2451,41**	473,75	473,75							
7727,99 West	I,IV	**1886,16**	473,75	473,75	I	1729,50	1572,83	1416,16	1261,00	1112,00	969,41
	II	**1737,00**	473,75	473,75	II	1580,41	1423,75	1268,41	1119,00	976,16	839,66
	III	**1239,83**	473,75	473,75	III	1119,16	1001,83	887,66	776,66	669,00	564,50
	V	**2400,58**	473,75	473,75	IV	1807,83	1729,50	1651,16	1572,83	1494,50	1416,16
	VI	**2444,91**	473,75	473,75							
7727,99 Ost	I,IV	**1893,91**	473,75	473,75	I	1737,25	1580,58	1424,00	1268,58	1119,25	976,33
	II	**1744,83**	473,75	473,75	II	1588,16	1431,50	1276,00	1126,33	983,08	846,33
	III	**1245,83**	473,75	473,75	III	1125,00	1007,50	893,16	782,16	674,33	569,66
	V	**2408,41**	473,75	473,75	IV	1815,58	1737,25	1658,91	1580,58	1502,33	1424,00
	VI	**2452,66**	473,75	473,75							
7730,99 West	I,IV	**1887,41**	473,75	473,75	I	1730,75	1574,08	1417,41	1262,25	1113,16	970,50
	II	**1738,33**	473,75	473,75	II	1581,66	1425,00	1269,58	1120,25	977,25	840,75
	III	**1240,66**	473,75	473,75	III	1120,16	1002,66	888,50	777,66	669,83	565,33
	V	**2401,83**	473,75	473,75	IV	1809,08	1730,75	1652,41	1574,08	1495,75	1417,41
	VI	**2446,16**	473,75	473,75							
7730,99 Ost	I,IV	**1895,16**	473,75	473,75	I	1738,58	1581,91	1425,25	1269,83	1120,41	977,50
	II	**1746,08**	473,75	473,75	II	1589,41	1432,75	1277,25	1127,50	984,25	847,41
	III	**1246,83**	473,75	473,75	III	1126,00	1008,50	894,16	783,00	675,16	570,50
	V	**2409,66**	473,75	473,75	IV	1816,83	1738,58	1660,25	1581,91	1503,58	1425,25
	VI	**2453,91**	473,75	473,75							
7733,99 West	I,IV	**1888,66**	473,75	473,75	I	1732,00	1575,33	1418,66	1263,50	1114,33	971,66
	II	**1739,58**	473,75	473,75	II	1582,91	1426,25	1270,83	1121,41	978,41	841,83
	III	**1241,66**	473,75	473,75	III	1121,16	1003,66	889,50	778,50	670,66	566,16
	V	**2403,08**	473,75	473,75	IV	1810,33	1732,00	1653,66	1575,33	1497,00	1418,66
	VI	**2447,41**	473,75	473,75							
7733,99 Ost	I,IV	**1896,50**	473,75	473,75	I	1739,83	1583,16	1426,50	1271,08	1121,58	978,58
	II	**1747,33**	473,75	473,75	II	1590,66	1434,08	1278,41	1128,66	985,33	848,50
	III	**1247,83**	473,75	473,75	III	1127,00	1009,50	895,00	783,83	676,00	571,16
	V	**2410,91**	473,75	473,75	IV	1818,16	1739,83	1661,50	1583,16	1504,83	1426,50
	VI	**2455,25**	473,75	473,75							
7736,99 West	I,IV	**1889,91**	473,75	473,75	I	1733,25	1576,58	1419,91	1264,66	1115,50	972,75
	II	**1740,83**	473,75	473,75	II	1584,16	1427,50	1272,08	1122,58	979,50	842,91
	III	**1242,66**	473,75	473,75	III	1122,00	1004,66	890,33	779,33	671,50	567,00
	V	**2404,33**	473,75	473,75	IV	1811,58	1733,25	1654,91	1576,58	1498,25	1419,91
	VI	**2448,66**	473,75	473,75							
7736,99 Ost	I,IV	**1897,75**	473,75	473,75	I	1741,08	1584,41	1427,75	1272,33	1122,83	979,75
	II	**1748,58**	473,75	473,75	II	1592,00	1435,33	1279,66	1129,83	986,50	849,50
	III	**1248,83**	473,75	473,75	III	1128,00	1010,33	896,00	784,83	676,83	572,00
	V	**2412,16**	473,75	473,75	IV	1819,41	1741,08	1662,75	1584,41	1506,08	1427,75
	VI	**2456,50**	473,75	473,75							
7739,99 West	I,IV	**1891,16**	473,75	473,75	I	1734,50	1577,83	1421,16	1265,91	1116,66	973,91
	II	**1742,08**	473,75	473,75	II	1585,41	1428,75	1273,25	1123,75	980,66	843,91
	III	**1243,66**	473,75	473,75	III	1123,00	1005,50	891,33	780,16	672,33	567,83
	V	**2405,58**	473,75	473,75	IV	1812,83	1734,50	1656,16	1577,83	1499,50	1421,16
	VI	**2449,91**	473,75	473,75							
7739,99 Ost	I,IV	**1899,00**	473,75	473,75	I	1742,33	1585,66	1429,00	1273,50	1124,00	980,83
	II	**1749,91**	473,75	473,75	II	1593,25	1436,58	1280,91	1131,08	987,58	850,58
	III	**1249,83**	473,75	473,75	III	1129,00	1011,33	896,83	785,66	677,66	572,83
	V	**2413,41**	473,75	473,75	IV	1820,66	1742,33	1664,00	1585,66	1507,33	1429,00
	VI	**2457,75**	473,75	473,75							

* Zur LSt-Berechnung für privat versicherte Arbeitnehmer s. Beispiele **Vorbemerkung S. 4 f.**
** Basisvorsorgepauschale KV und PV *** Typisierter Arbeitgeberzuschuss

Lohn/Gehalt in € bis	Steuerklasse	Lohnsteuer*	BVSP**	TAGZ***	Steuerklasse	Bemessungsgrundlage für Kirchensteuer und Solidaritätszuschlag: Freibeträge für … Kinder 0,5	1,0	1,5	2,0	2,5	3,0
7742,99	I,IV	**1892,41**	473,75	473,75	I	1735,75	1579,08	1422,41	1267,16	1117,83	975,00
West	II	**1743,33**	473,75	473,75	II	1586,66	1430,00	1274,50	1124,91	981,75	845,00
	III	**1244,66**	473,75	473,75	III	1124,00	1006,50	892,16	781,16	673,33	568,66
	V	**2406,91**	473,75	473,75	IV	1814,08	1735,75	1657,41	1579,08	1500,75	1422,41
	VI	**2451,16**	473,75	473,75							
7742,99	I,IV	**1900,25**	473,75	473,75	I	1743,58	1586,91	1430,25	1274,75	1125,16	982,00
Ost	II	**1751,16**	473,75	473,75	II	1594,50	1437,83	1282,16	1132,25	988,75	851,66
	III	**1250,66**	473,75	473,75	III	1129,83	1012,16	897,83	786,50	678,50	573,66
	V	**2414,66**	473,75	473,75	IV	1821,91	1743,58	1665,25	1586,91	1508,58	1430,25
	VI	**2459,00**	473,75	473,75							
7745,99	I,IV	**1893,66**	473,75	473,75	I	1737,00	1580,41	1423,75	1268,41	1119,00	976,16
West	II	**1744,58**	473,75	473,75	II	1587,91	1431,25	1275,75	1126,08	982,91	846,08
	III	**1245,66**	473,75	473,75	III	1125,00	1007,33	893,16	782,00	674,16	569,50
	V	**2408,16**	473,75	473,75	IV	1815,33	1737,00	1658,66	1580,41	1502,08	1423,75
	VI	**2452,41**	473,75	473,75							
7745,99	I,IV	**1901,50**	473,75	473,75	I	1744,83	1588,16	1431,50	1276,00	1126,33	983,08
Ost	II	**1752,41**	473,75	473,75	II	1595,75	1439,08	1283,33	1133,41	989,83	852,75
	III	**1251,66**	473,75	473,75	III	1130,83	1013,16	898,66	787,50	679,33	574,50
	V	**2415,91**	473,75	473,75	IV	1823,16	1744,83	1666,50	1588,16	1509,83	1431,50
	VI	**2460,25**	473,75	473,75							
7748,99	I,IV	**1894,91**	473,75	473,75	I	1738,33	1581,66	1425,00	1269,58	1120,25	977,25
West	II	**1745,83**	473,75	473,75	II	1589,16	1432,50	1277,00	1127,25	984,00	847,16
	III	**1246,66**	473,75	473,75	III	1125,83	1008,33	894,00	782,83	675,00	570,33
	V	**2409,41**	473,75	473,75	IV	1816,66	1738,33	1660,00	1581,66	1503,33	1425,00
	VI	**2453,75**	473,75	473,75							
7748,99	I,IV	**1902,75**	473,75	473,75	I	1746,08	1589,41	1432,75	1277,25	1127,50	984,25
Ost	II	**1753,66**	473,75	473,75	II	1597,00	1440,33	1284,58	1134,58	991,00	853,83
	III	**1252,66**	473,75	473,75	III	1131,83	1014,16	899,66	788,33	680,16	575,33
	V	**2417,16**	473,75	473,75	IV	1824,41	1746,08	1667,75	1589,41	1511,08	1432,75
	VI	**2461,50**	473,75	473,75							
7751,99	I,IV	**1896,25**	473,75	473,75	I	1739,58	1582,91	1426,25	1270,83	1121,41	978,41
West	II	**1747,08**	473,75	473,75	II	1590,41	1433,83	1278,16	1128,41	985,16	848,25
	III	**1247,66**	473,75	473,75	III	1126,83	1009,33	894,83	783,83	675,83	571,16
	V	**2410,66**	473,75	473,75	IV	1817,91	1739,58	1661,25	1582,91	1504,58	1426,25
	VI	**2455,00**	473,75	473,75							
7751,99	I,IV	**1904,00**	473,75	473,75	I	1747,33	1590,66	1434,08	1278,41	1128,66	985,33
Ost	II	**1754,91**	473,75	473,75	II	1598,25	1441,58	1285,83	1135,75	992,16	854,91
	III	**1253,66**	473,75	473,75	III	1132,83	1015,00	900,50	789,16	681,16	576,16
	V	**2418,50**	473,75	473,75	IV	1825,66	1747,33	1669,00	1590,66	1512,33	1434,08
	VI	**2462,75**	473,75	473,75							
7754,99	I,IV	**1897,50**	473,75	473,75	I	1740,83	1584,16	1427,50	1272,08	1122,58	979,50
West	II	**1748,41**	473,75	473,75	II	1591,75	1435,08	1279,41	1129,66	986,25	849,33
	III	**1248,66**	473,75	473,75	III	1127,83	1010,16	895,83	784,66	676,66	572,00
	V	**2411,91**	473,75	473,75	IV	1819,16	1740,83	1662,50	1584,16	1505,83	1427,50
	VI	**2456,25**	473,75	473,75							
7754,99	I,IV	**1905,25**	473,75	473,75	I	1748,58	1592,00	1435,33	1279,66	1129,83	986,50
Ost	II	**1756,16**	473,75	473,75	II	1599,50	1442,83	1287,08	1136,91	993,25	856,00
	III	**1254,66**	473,75	473,75	III	1133,66	1016,00	901,33	790,00	682,00	577,00
	V	**2419,75**	473,75	473,75	IV	1826,91	1748,58	1670,33	1592,00	1513,66	1435,33
	VI	**2464,00**	473,75	473,75							
7757,99	I,IV	**1898,75**	473,75	473,75	I	1742,08	1585,41	1428,75	1273,25	1123,75	980,66
West	II	**1749,66**	473,75	473,75	II	1593,00	1436,33	1280,66	1130,83	987,41	850,41
	III	**1249,66**	473,75	473,75	III	1128,83	1011,16	896,66	785,50	677,50	572,83
	V	**2413,16**	473,75	473,75	IV	1820,41	1742,08	1663,75	1585,41	1507,08	1428,75
	VI	**2457,50**	473,75	473,75							
7757,99	I,IV	**1906,58**	473,75	473,75	I	1749,91	1593,25	1436,58	1280,91	1131,08	987,58
Ost	II	**1757,41**	473,75	473,75	II	1600,75	1444,08	1288,33	1138,16	994,41	857,08
	III	**1255,66**	473,75	473,75	III	1134,66	1016,83	902,33	791,00	682,83	577,83
	V	**2421,00**	473,75	473,75	IV	1828,25	1749,91	1671,58	1593,25	1514,91	1436,58
	VI	**2465,33**	473,75	473,75							

* Zur LSt-Berechnung für privat versicherte Arbeitnehmer s. Beispiele **Vorbemerkung S. 4f.**
** Basisvorsorgepauschale KV und PV *** Typisierter Arbeitgeberzuschuss

Lohn/ Gehalt in € bis	Steuerklasse	**Lohnsteuer***	BVSP**	TAGZ***	Steuerklasse	Bemessungsgrundlage für Kirchensteuer und Solidaritätszuschlag – Freibeträge für ... Kinder 0,5	**1,0**	1,5	**2,0**	2,5	**3,0**
7760,99 West	I,IV	**1900,00**	473,75	473,75	I	1743,33	1586,66	1430,00	1274,50	1124,91	981,75
	II	**1750,91**	473,75	473,75	II	1594,25	1437,58	1281,91	1132,00	988,50	851,50
	III	**1250,66**	473,75	473,75	III	1129,66	1012,00	897,66	786,33	678,33	573,66
	V	**2414,41**	473,75	473,75	IV	1821,66	1743,33	1665,00	1586,66	1508,33	1430,00
	VI	**2458,75**	473,75	473,75							
7760,99 Ost	I,IV	**1907,83**	473,75	473,75	I	1751,16	1594,50	1437,83	1282,16	1132,25	988,75
	II	**1758,66**	473,75	473,75	II	1602,08	1445,41	1289,50	1139,33	995,50	858,16
	III	**1256,66**	473,75	473,75	III	1135,66	1017,83	903,16	791,83	683,66	578,66
	V	**2422,25**	473,75	473,75	IV	1829,50	1751,16	1672,83	1594,50	1516,16	1437,83
	VI	**2466,58**	473,75	473,75							
7763,99 West	I,IV	**1901,25**	473,75	473,75	I	1744,58	1587,91	1431,25	1275,75	1126,08	982,91
	II	**1752,16**	473,75	473,75	II	1595,50	1438,83	1283,16	1133,16	989,66	852,58
	III	**1251,50**	473,75	473,75	III	1130,66	1013,00	898,50	787,33	679,16	574,50
	V	**2415,66**	473,75	473,75	IV	1822,91	1744,58	1666,25	1587,91	1509,58	1431,25
	VI	**2460,00**	473,75	473,75							
7763,99 Ost	I,IV	**1909,08**	473,75	473,75	I	1752,41	1595,75	1439,08	1283,33	1133,41	989,83
	II	**1760,00**	473,75	473,75	II	1603,33	1446,66	1290,75	1140,50	996,66	859,25
	III	**1257,66**	473,75	473,75	III	1136,66	1018,83	904,16	792,66	684,50	579,50
	V	**2423,50**	473,75	473,75	IV	1830,75	1752,41	1674,08	1595,75	1517,41	1439,08
	VI	**2467,83**	473,75	473,75							
7766,99 West	I,IV	**1902,50**	473,75	473,75	I	1745,83	1589,16	1432,50	1277,00	1127,25	984,00
	II	**1753,41**	473,75	473,75	II	1596,75	1440,08	1284,33	1134,33	990,75	853,66
	III	**1252,50**	473,75	473,75	III	1131,66	1014,00	899,50	788,16	680,16	575,33
	V	**2417,00**	473,75	473,75	IV	1824,16	1745,83	1667,50	1589,16	1510,83	1432,50
	VI	**2461,25**	473,75	473,75							
7766,99 Ost	I,IV	**1910,33**	473,75	473,75	I	1753,66	1597,00	1440,33	1284,58	1134,58	991,00
	II	**1761,25**	473,75	473,75	II	1604,58	1447,91	1292,00	1141,66	997,75	860,33
	III	**1258,66**	473,75	473,75	III	1137,50	1019,66	905,00	793,66	685,33	580,33
	V	**2424,75**	473,75	473,75	IV	1832,00	1753,66	1675,33	1597,00	1518,66	1440,33
	VI	**2469,08**	473,75	473,75							
7769,99 West	I,IV	**1903,75**	473,75	473,75	I	1747,08	1590,41	1433,83	1278,16	1128,41	985,16
	II	**1754,66**	473,75	473,75	II	1598,00	1441,33	1285,58	1135,50	991,91	854,66
	III	**1253,50**	473,75	473,75	III	1132,66	1014,83	900,33	789,00	681,00	576,16
	V	**2418,25**	473,75	473,75	IV	1825,41	1747,08	1668,75	1590,41	1512,16	1433,83
	VI	**2462,50**	473,75	473,75							
7769,99 Ost	I,IV	**1911,58**	473,75	473,75	I	1754,91	1598,25	1441,58	1285,83	1135,75	992,16
	II	**1762,50**	473,75	473,75	II	1605,83	1449,16	1293,25	1142,83	998,91	861,41
	III	**1259,66**	473,75	473,75	III	1138,50	1020,66	906,00	794,50	686,16	581,16
	V	**2426,00**	473,75	473,75	IV	1833,25	1754,91	1676,58	1598,25	1519,91	1441,58
	VI	**2470,33**	473,75	473,75							
7772,99 West	I,IV	**1905,00**	473,75	473,75	I	1748,41	1591,75	1435,08	1279,41	1129,66	986,25
	II	**1755,91**	473,75	473,75	II	1599,25	1442,58	1286,83	1136,75	993,00	855,75
	III	**1254,50**	473,75	473,75	III	1133,50	1015,83	901,33	790,00	681,83	577,00
	V	**2419,50**	473,75	473,75	IV	1826,66	1748,41	1670,08	1591,75	1513,41	1435,08
	VI	**2463,75**	473,75	473,75							
7772,99 Ost	I,IV	**1912,83**	473,75	473,75	I	1756,16	1599,50	1442,83	1287,08	1136,91	993,25
	II	**1763,75**	473,75	473,75	II	1607,08	1450,41	1294,50	1144,08	1000,00	862,50
	III	**1260,66**	473,75	473,75	III	1139,50	1021,50	906,83	795,33	687,16	582,00
	V	**2427,25**	473,75	473,75	IV	1834,50	1756,16	1677,83	1599,50	1521,16	1442,83
	VI	**2471,58**	473,75	473,75							
7775,99 West	I,IV	**1906,33**	473,75	473,75	I	1749,66	1593,00	1436,33	1280,66	1130,83	987,41
	II	**1757,16**	473,75	473,75	II	1600,50	1443,91	1288,08	1137,91	994,16	856,83
	III	**1255,50**	473,75	473,75	III	1134,50	1016,66	902,16	790,83	682,66	577,83
	V	**2420,75**	473,75	473,75	IV	1828,00	1749,66	1671,33	1593,00	1514,66	1436,33
	VI	**2465,08**	473,75	473,75							
7775,99 Ost	I,IV	**1914,08**	473,75	473,75	I	1757,41	1600,75	1444,08	1288,33	1138,16	994,41
	II	**1765,00**	473,75	473,75	II	1608,33	1451,66	1295,75	1145,25	1001,16	863,58
	III	**1261,66**	473,75	473,75	III	1140,50	1022,50	907,83	796,33	688,00	582,83
	V	**2428,58**	473,75	473,75	IV	1835,75	1757,41	1679,08	1600,75	1522,41	1444,08
	VI	**2472,83**	473,75	473,75							

* Zur LSt-Berechnung für privat versicherte Arbeitnehmer s. Beispiele **Vorbemerkung S. 4 f.**
** Basisvorsorgepauschale KV und PV *** Typisierter Arbeitgeberzuschuss

Lohn/ Gehalt in € bis	Steuerklasse	Lohn- steuer*	BVSP**	TAGZ***	Steuerklasse	Bemessungsgrundlage für Kirchensteuer und Solidaritätszuschlag – Freibeträge für ... Kinder 0,5	1,0	1,5	2,0	2,5	3,0
7778,99	I,IV	**1907,58**	473,75	473,75	I	1750,91	1594,25	1437,58	1281,91	1132,00	988,50
West	II	**1758,41**	473,75	473,75	II	1601,83	1445,16	1289,33	1139,08	995,33	857,91
	III	**1256,50**	473,75	473,75	III	1135,50	1017,66	903,00	791,66	683,50	578,50
	V	**2422,00**	473,75	473,75	IV	1829,25	1750,91	1672,58	1594,25	1515,91	1437,58
	VI	**2466,33**	473,75	473,75							
7778,99	I,IV	**1915,33**	473,75	473,75	I	1758,66	1602,08	1445,41	1289,50	1139,33	995,50
Ost	II	**1766,25**	473,75	473,75	II	1609,58	1452,91	1296,91	1146,41	1002,33	864,66
	III	**1262,66**	473,75	473,75	III	1141,33	1023,50	908,66	797,16	688,83	583,66
	V	**2429,83**	473,75	473,75	IV	1837,00	1758,66	1680,33	1602,08	1523,75	1445,41
	VI	**2474,08**	473,75	473,75							
7781,99	I,IV	**1908,83**	473,75	473,75	I	1752,16	1595,50	1438,83	1283,16	1133,16	989,66
West	II	**1759,75**	473,75	473,75	II	1603,08	1446,41	1290,50	1140,25	996,41	859,00
	III	**1257,50**	473,75	473,75	III	1136,50	1018,66	904,00	792,50	684,33	579,33
	V	**2423,25**	473,75	473,75	IV	1830,50	1752,16	1673,83	1595,50	1517,16	1438,83
	VI	**2467,58**	473,75	473,75							
7781,99	I,IV	**1916,58**	473,75	473,75	I	1760,00	1603,33	1446,66	1290,75	1140,50	996,66
Ost	II	**1767,50**	473,75	473,75	II	1610,83	1454,16	1298,16	1147,58	1003,41	865,75
	III	**1263,50**	473,75	473,75	III	1142,33	1024,33	909,66	798,00	689,66	584,50
	V	**2431,08**	473,75	473,75	IV	1838,33	1760,00	1681,66	1603,33	1525,00	1446,66
	VI	**2475,33**	473,75	473,75							
7784,99	I,IV	**1910,08**	473,75	473,75	I	1753,41	1596,75	1440,08	1284,33	1134,33	990,75
West	II	**1761,00**	473,75	473,75	II	1604,33	1447,66	1291,75	1141,41	997,58	860,08
	III	**1258,50**	473,75	473,75	III	1137,33	1019,50	904,83	793,50	685,16	580,16
	V	**2424,50**	473,75	473,75	IV	1831,75	1753,41	1675,08	1596,75	1518,41	1440,08
	VI	**2468,83**	473,75	473,75							
7784,99	I,IV	**1917,91**	473,75	473,75	I	1761,25	1604,58	1447,91	1292,00	1141,66	997,75
Ost	II	**1768,75**	473,75	473,75	II	1612,08	1455,50	1299,41	1148,75	1004,58	866,83
	III	**1264,50**	473,75	473,75	III	1143,33	1025,33	910,50	798,83	690,50	585,33
	V	**2432,33**	473,75	473,75	IV	1839,58	1761,25	1682,91	1604,58	1526,25	1447,91
	VI	**2476,66**	473,75	473,75							
7787,99	I,IV	**1911,33**	473,75	473,75	I	1754,66	1598,00	1441,33	1285,58	1135,50	991,91
West	II	**1762,25**	473,75	473,75	II	1605,58	1448,91	1293,00	1142,66	998,66	861,16
	III	**1259,50**	473,75	473,75	III	1138,33	1020,50	905,83	794,33	686,16	581,00
	V	**2425,75**	473,75	473,75	IV	1833,00	1754,66	1676,33	1598,00	1519,66	1441,33
	VI	**2470,08**	473,75	473,75							
7787,99	I,IV	**1919,16**	473,75	473,75	I	1762,50	1605,83	1449,16	1293,25	1142,83	998,91
Ost	II	**1770,08**	473,75	473,75	II	1613,41	1456,75	1300,66	1150,00	1005,75	867,91
	III	**1265,50**	473,75	473,75	III	1144,33	1026,16	911,33	799,83	691,33	586,16
	V	**2433,58**	473,75	473,75	IV	1840,83	1762,50	1684,16	1605,83	1527,50	1449,16
	VI	**2477,91**	473,75	473,75							
7790,99	I,IV	**1912,58**	473,75	473,75	I	1755,91	1599,25	1442,58	1286,83	1136,75	993,00
West	II	**1763,50**	473,75	473,75	II	1606,83	1450,16	1294,25	1143,83	999,83	862,25
	III	**1260,50**	473,75	473,75	III	1139,33	1021,33	906,66	795,16	687,00	581,83
	V	**2427,00**	473,75	473,75	IV	1834,25	1755,91	1677,58	1599,25	1520,91	1442,58
	VI	**2471,33**	473,75	473,75							
7790,99	I,IV	**1920,41**	473,75	473,75	I	1763,75	1607,08	1450,41	1294,50	1144,08	1000,00
Ost	II	**1771,33**	473,75	473,75	II	1614,66	1458,00	1301,91	1151,16	1006,83	869,00
	III	**1266,50**	473,75	473,75	III	1145,33	1027,16	912,33	800,66	692,33	587,00
	V	**2434,83**	473,75	473,75	IV	1842,08	1763,75	1685,41	1607,08	1528,75	1450,41
	VI	**2479,16**	473,75	473,75							
7793,99	I,IV	**1913,83**	473,75	473,75	I	1757,16	1600,50	1443,91	1288,08	1137,91	994,16
West	II	**1764,75**	473,75	473,75	II	1608,08	1451,41	1295,50	1145,00	1000,91	863,33
	III	**1261,50**	473,75	473,75	III	1140,33	1022,33	907,66	796,16	687,83	582,66
	V	**2428,33**	473,75	473,75	IV	1835,50	1757,16	1678,83	1600,50	1522,16	1443,91
	VI	**2472,58**	473,75	473,75							
7793,99	I,IV	**1921,66**	473,75	473,75	I	1765,00	1608,33	1451,66	1295,75	1145,25	1001,16
Ost	II	**1772,58**	473,75	473,75	II	1615,91	1459,25	1303,16	1152,33	1008,00	870,08
	III	**1267,50**	473,75	473,75	III	1146,16	1028,16	913,16	801,50	693,16	587,83
	V	**2436,08**	473,75	473,75	IV	1843,33	1765,00	1686,66	1608,33	1530,00	1451,66
	VI	**2480,41**	473,75	473,75							

* Zur LSt-Berechnung für privat versicherte Arbeitnehmer s. Beispiele **Vorbemerkung S. 4f.**
** Basisvorsorgepauschale KV und PV *** Typisierter Arbeitgeberzuschuss

Lohn/ Gehalt in € bis	Steuerklasse	Lohn-steuer*	BVSP**	TAGZ***	Steuerklasse	Bemessungsgrundlage für Kirchensteuer und Solidaritätszuschlag – Freibeträge für ... Kinder 0,5	1,0	1,5	2,0	2,5	3,0
7796,99	I,IV	**1915,08**	473,75	473,75	I	1758,41	1601,83	1445,16	1289,33	1139,08	995,33
West	II	**1766,00**	473,75	473,75	II	1609,33	1452,66	1296,66	1146,16	1002,08	864,41
	III	**1262,50**	473,75	473,75	III	1141,16	1023,33	908,50	797,00	688,66	583,50
	V	**2429,58**	473,75	473,75	IV	1836,75	1758,41	1680,16	1601,83	1523,50	1445,16
	VI	**2473,83**	473,75	473,75							
7796,99	I,IV	**1922,91**	473,75	473,75	I	1766,25	1609,58	1452,91	1296,91	1146,41	1002,33
Ost	II	**1773,83**	473,75	473,75	II	1617,16	1460,50	1304,33	1153,50	1009,08	871,16
	III	**1268,50**	473,75	473,75	III	1147,16	1029,00	914,16	802,50	694,00	588,66
	V	**2437,33**	473,75	473,75	IV	1844,58	1766,25	1687,91	1609,58	1531,25	1452,91
	VI	**2481,66**	473,75	473,75							
7799,99	I,IV	**1916,41**	473,75	473,75	I	1759,75	1603,08	1446,41	1290,50	1140,25	996,41
West	II	**1767,25**	473,75	473,75	II	1610,58	1453,91	1297,91	1147,33	1003,25	865,50
	III	**1263,33**	473,75	473,75	III	1142,16	1024,16	909,50	797,83	689,50	584,33
	V	**2430,83**	473,75	473,75	IV	1838,08	1759,75	1681,41	1603,08	1524,75	1446,41
	VI	**2475,16**	473,75	473,75							
7799,99	I,IV	**1924,16**	473,75	473,75	I	1767,50	1610,83	1454,16	1298,16	1147,58	1003,41
Ost	II	**1775,08**	473,75	473,75	II	1618,41	1461,75	1305,58	1154,75	1010,25	872,25
	III	**1269,50**	473,75	473,75	III	1148,16	1030,00	915,00	803,33	694,83	589,50
	V	**2438,58**	473,75	473,75	IV	1845,83	1767,50	1689,16	1610,83	1532,50	1454,16
	VI	**2482,91**	473,75	473,75							
7802,99	I,IV	**1917,66**	473,75	473,75	I	1761,00	1604,33	1447,66	1291,75	1141,41	997,58
West	II	**1768,50**	473,75	473,75	II	1611,91	1455,25	1299,16	1148,58	1004,33	866,58
	III	**1264,33**	473,75	473,75	III	1143,16	1025,16	910,33	798,83	690,33	585,16
	V	**2432,08**	473,75	473,75	IV	1839,33	1761,00	1682,66	1604,33	1526,00	1447,66
	VI	**2476,41**	473,75	473,75							
7802,99	I,IV	**1925,41**	473,75	473,75	I	1768,75	1612,08	1455,50	1299,41	1148,75	1004,58
Ost	II	**1776,33**	473,75	473,75	II	1619,66	1463,00	1306,83	1155,91	1011,41	873,33
	III	**1270,50**	473,75	473,75	III	1149,16	1031,00	916,00	804,16	695,66	590,33
	V	**2439,91**	473,75	473,75	IV	1847,08	1768,75	1690,41	1612,08	1533,83	1455,50
	VI	**2484,16**	473,75	473,75							
7805,99	I,IV	**1918,91**	473,75	473,75	I	1762,25	1605,58	1448,91	1293,00	1142,66	998,66
West	II	**1769,83**	473,75	473,75	II	1613,16	1456,50	1300,41	1149,75	1005,50	867,66
	III	**1265,33**	473,75	473,75	III	1144,16	1026,16	911,33	799,66	691,33	586,00
	V	**2433,33**	473,75	473,75	IV	1840,58	1762,25	1683,91	1605,58	1527,25	1448,91
	VI	**2477,66**	473,75	473,75							
7805,99	I,IV	**1926,66**	473,75	473,75	I	1770,08	1613,41	1456,75	1300,66	1150,00	1005,75
Ost	II	**1777,58**	473,75	473,75	II	1620,91	1464,25	1308,08	1157,08	1012,50	874,41
	III	**1271,50**	473,75	473,75	III	1150,00	1031,83	916,83	805,16	696,50	591,16
	V	**2441,16**	473,75	473,75	IV	1848,33	1770,08	1691,75	1613,41	1535,08	1456,75
	VI	**2485,41**	473,75	473,75							
7808,99	I,IV	**1920,16**	473,75	473,75	I	1763,50	1606,83	1450,16	1294,25	1143,83	999,83
West	II	**1771,08**	473,75	473,75	II	1614,41	1457,75	1301,66	1150,91	1006,58	868,75
	III	**1266,33**	473,75	473,75	III	1145,16	1027,00	912,16	800,50	692,16	586,83
	V	**2434,58**	473,75	473,75	IV	1841,83	1763,50	1685,16	1606,83	1528,50	1450,16
	VI	**2478,91**	473,75	473,75							
7808,99	I,IV	**1928,00**	473,75	473,75	I	1771,33	1614,66	1458,00	1301,91	1151,16	1006,83
Ost	II	**1778,83**	473,75	473,75	II	1622,16	1465,58	1309,33	1158,25	1013,66	875,50
	III	**1272,50**	473,75	473,75	III	1151,00	1032,83	917,83	806,00	697,33	592,00
	V	**2442,41**	473,75	473,75	IV	1849,66	1771,33	1693,00	1614,66	1536,33	1458,00
	VI	**2486,75**	473,75	473,75							
7811,99	I,IV	**1921,41**	473,75	473,75	I	1764,75	1608,08	1451,41	1295,50	1145,00	1000,91
West	II	**1772,33**	473,75	473,75	II	1615,66	1459,00	1302,91	1152,08	1007,75	869,83
	III	**1267,33**	473,75	473,75	III	1146,00	1028,00	913,00	801,50	693,00	587,66
	V	**2435,83**	473,75	473,75	IV	1843,08	1764,75	1686,41	1608,08	1529,75	1451,41
	VI	**2480,16**	473,75	473,75							
7811,99	I,IV	**1929,25**	473,75	473,75	I	1772,58	1615,91	1459,25	1303,16	1152,33	1008,00
Ost	II	**1780,08**	473,75	473,75	II	1623,50	1466,83	1310,58	1159,50	1014,83	876,58
	III	**1273,50**	473,75	473,75	III	1152,00	1033,66	918,66	806,83	698,33	592,83
	V	**2443,66**	473,75	473,75	IV	1850,91	1772,58	1694,25	1615,91	1537,58	1459,25
	VI	**2488,00**	473,75	473,75							

* Zur LSt-Berechnung für privat versicherte Arbeitnehmer s. Beispiele **Vorbemerkung S. 4f.**
** Basisvorsorgepauschale KV und PV *** Typisierter Arbeitgeberzuschuss

Lohn/ Gehalt in € bis	Steuerklasse	Lohn-steuer*	BVSP**	TAGZ***	Steuerklasse	Bemessungsgrundlage für Kirchensteuer und Solidaritätszuschlag – Freibeträge für ... Kinder 0,5	**1,0**	1,5	**2,0**	2,5	**3,0**
7814,99 West	I,IV	**1922,66**	473,75	473,75	I	1766,00	1609,33	1452,66	1296,66	1146,16	1002,08
	II	**1773,58**	473,75	473,75	II	1616,91	1460,25	1304,16	1153,33	1008,91	870,91
	III	**1268,33**	473,75	473,75	III	1147,00	1028,83	914,00	802,33	693,83	588,50
	V	**2437,08**	473,75	473,75	IV	1844,33	1766,00	1687,66	1609,33	1531,00	1452,66
	VI	**2481,41**	473,75	473,75							
7814,99 Ost	I,IV	**1930,50**	473,75	473,75	I	1773,83	1617,16	1460,50	1304,33	1153,50	1009,08
	II	**1781,41**	473,75	473,75	II	1624,75	1468,08	1311,83	1160,66	1015,91	877,66
	III	**1274,50**	473,75	473,75	III	1153,00	1034,66	919,66	807,83	699,16	593,66
	V	**2444,91**	473,75	473,75	IV	1852,16	1773,83	1695,50	1617,16	1538,83	1460,50
	VI	**2489,25**	473,75	473,75							
7817,99 West	I,IV	**1923,91**	473,75	473,75	I	1767,25	1610,58	1453,91	1297,91	1147,33	1003,25
	II	**1774,83**	473,75	473,75	II	1618,16	1461,50	1305,33	1154,50	1010,00	872,00
	III	**1269,33**	473,75	473,75	III	1148,00	1029,83	914,83	803,16	694,66	589,33
	V	**2438,41**	473,75	473,75	IV	1845,58	1767,25	1688,91	1610,58	1532,25	1453,91
	VI	**2482,66**	473,75	473,75							
7817,99 Ost	I,IV	**1931,75**	473,75	473,75	I	1775,08	1618,41	1461,75	1305,58	1154,75	1010,25
	II	**1782,66**	473,75	473,75	II	1626,00	1469,33	1313,08	1161,83	1017,08	878,75
	III	**1275,50**	473,75	473,75	III	1154,00	1035,66	920,50	808,66	700,00	594,50
	V	**2446,16**	473,75	473,75	IV	1853,41	1775,08	1696,75	1618,41	1540,08	1461,75
	VI	**2490,50**	473,75	473,75							
7820,99 West	I,IV	**1925,16**	473,75	473,75	I	1768,50	1611,91	1455,25	1299,16	1148,58	1004,33
	II	**1776,08**	473,75	473,75	II	1619,41	1462,75	1306,58	1155,66	1011,16	873,08
	III	**1270,33**	473,75	473,75	III	1149,00	1030,83	915,83	804,00	695,50	590,16
	V	**2439,66**	473,75	473,75	IV	1846,83	1768,50	1690,16	1611,91	1533,58	1455,25
	VI	**2483,91**	473,75	473,75							
7820,99 Ost	I,IV	**1933,00**	473,75	473,75	I	1776,33	1619,66	1463,00	1306,83	1155,91	1011,41
	II	**1783,91**	473,75	473,75	II	1627,25	1470,58	1314,33	1163,00	1018,25	879,83
	III	**1276,50**	473,75	473,75	III	1154,83	1036,50	921,50	809,50	700,83	595,33
	V	**2447,41**	473,75	473,75	IV	1854,66	1776,33	1698,00	1619,66	1541,33	1463,00
	VI	**2491,75**	473,75	473,75							
7823,99 West	I,IV	**1926,41**	473,75	473,75	I	1769,83	1613,16	1456,50	1300,41	1149,75	1005,50
	II	**1777,33**	473,75	473,75	II	1620,66	1464,00	1307,83	1156,83	1012,33	874,16
	III	**1271,33**	473,75	473,75	III	1149,83	1031,66	916,66	805,00	696,33	591,00
	V	**2440,91**	473,75	473,75	IV	1848,16	1769,83	1691,50	1613,16	1534,83	1456,50
	VI	**2485,25**	473,75	473,75							
7823,99 Ost	I,IV	**1934,25**	473,75	473,75	I	1777,58	1620,91	1464,25	1308,08	1157,08	1012,50
	II	**1785,16**	473,75	473,75	II	1628,50	1471,83	1315,58	1164,25	1019,33	880,91
	III	**1277,50**	473,75	473,75	III	1155,83	1037,50	922,33	810,50	701,66	596,16
	V	**2448,66**	473,75	473,75	IV	1855,91	1777,58	1699,25	1620,91	1542,58	1464,25
	VI	**2493,00**	473,75	473,75							
7826,99 West	I,IV	**1927,75**	473,75	473,75	I	1771,08	1614,41	1457,75	1301,66	1150,91	1006,58
	II	**1778,58**	473,75	473,75	II	1621,91	1465,33	1309,08	1158,08	1013,41	875,25
	III	**1272,33**	473,75	473,75	III	1150,83	1032,66	917,66	805,83	697,33	591,83
	V	**2442,16**	473,75	473,75	IV	1849,41	1771,08	1692,75	1614,41	1536,08	1457,75
	VI	**2486,50**	473,75	473,75							
7826,99 Ost	I,IV	**1935,50**	473,75	473,75	I	1778,83	1622,16	1465,58	1309,33	1158,25	1013,66
	II	**1786,41**	473,75	473,75	II	1629,75	1473,08	1316,75	1165,41	1020,50	882,00
	III	**1278,33**	473,75	473,75	III	1156,83	1038,50	923,33	811,33	702,50	597,00
	V	**2450,00**	473,75	473,75	IV	1857,16	1778,83	1700,50	1622,16	1543,83	1465,58
	VI	**2494,25**	473,75	473,75							
7829,99 West	I,IV	**1929,00**	473,75	473,75	I	1772,33	1615,66	1459,00	1302,91	1152,08	1007,75
	II	**1779,91**	473,75	473,75	II	1623,25	1466,58	1310,33	1159,25	1014,58	876,33
	III	**1273,33**	473,75	473,75	III	1151,83	1033,66	918,50	806,66	698,16	592,66
	V	**2443,41**	473,75	473,75	IV	1850,66	1772,33	1694,00	1615,66	1537,33	1459,00
	VI	**2487,75**	473,75	473,75							
7829,99 Ost	I,IV	**1936,75**	473,75	473,75	I	1780,08	1623,50	1466,83	1310,58	1159,50	1014,83
	II	**1787,66**	473,75	473,75	II	1631,00	1474,33	1318,00	1166,58	1021,66	883,08
	III	**1279,33**	473,75	473,75	III	1157,83	1039,33	924,16	812,16	703,50	597,83
	V	**2451,25**	473,75	473,75	IV	1858,41	1780,08	1701,83	1623,50	1545,16	1466,83
	VI	**2495,50**	473,75	473,75							

* Zur LSt-Berechnung für privat versicherte Arbeitnehmer s. Beispiele **Vorbemerkung S. 4 f.**
** Basisvorsorgepauschale KV und PV *** Typisierter Arbeitgeberzuschuss

Lohn/ Gehalt in € bis	Steuerklasse	Lohn-steuer*	BVSP**	TAGZ***	Steuerklasse	Bemessungsgrundlage für Kirchensteuer und Solidaritätszuschlag – Freibeträge für ... Kinder 0,5	1,0	1,5	2,0	2,5	3,0
7 832,99	I,IV	**1 930,25**	473,75	473,75	I	1 773,58	1 616,91	1 460,25	1 304,16	1 153,33	1 008,91
West	II	**1 781,16**	473,75	473,75	II	1 624,50	1 467,83	1 311,58	1 160,41	1 015,75	877,41
	III	**1 274,33**	473,75	473,75	III	1 152,83	1 034,50	919,50	807,66	699,00	593,50
	V	**2 444,66**	473,75	473,75	IV	1 851,91	1 773,58	1 695,25	1 616,91	1 538,58	1 460,25
	VI	**2 489,00**	473,75	473,75							
7 832,99	I,IV	**1 938,08**	473,75	473,75	I	1 781,41	1 624,75	1 468,08	1 311,83	1 160,66	1 015,91
Ost	II	**1 788,91**	473,75	473,75	II	1 632,25	1 475,58	1 319,25	1 167,83	1 022,75	884,16
	III	**1 280,33**	473,75	473,75	III	1 158,66	1 040,33	925,16	813,16	704,33	598,66
	V	**2 452,50**	473,75	473,75	IV	1 859,75	1 781,41	1 703,08	1 624,75	1 546,41	1 468,08
	VI	**2 496,83**	473,75	473,75							
7 835,99	I,IV	**1 931,50**	473,75	473,75	I	1 774,83	1 618,16	1 461,50	1 305,33	1 154,50	1 010,00
West	II	**1 782,41**	473,75	473,75	II	1 625,75	1 469,08	1 312,83	1 161,58	1 016,83	878,50
	III	**1 275,33**	473,75	473,75	III	1 153,83	1 035,50	920,33	808,50	699,83	594,33
	V	**2 445,91**	473,75	473,75	IV	1 853,16	1 774,83	1 696,50	1 618,16	1 539,83	1 461,50
	VI	**2 490,25**	473,75	473,75							
7 835,99	I,IV	**1 939,33**	473,75	473,75	I	1 782,66	1 626,00	1 469,33	1 313,08	1 161,83	1 017,08
Ost	II	**1 790,16**	473,75	473,75	II	1 633,58	1 476,91	1 320,50	1 169,00	1 023,91	885,25
	III	**1 281,33**	473,75	473,75	III	1 159,66	1 041,33	926,00	814,00	705,16	599,50
	V	**2 453,75**	473,75	473,75	IV	1 861,00	1 782,66	1 704,33	1 626,00	1 547,66	1 469,33
	VI	**2 498,08**	473,75	473,75							
7 838,99	I,IV	**1 932,75**	473,75	473,75	I	1 776,08	1 619,41	1 462,75	1 306,58	1 155,66	1 011,16
West	II	**1 783,66**	473,75	473,75	II	1 627,00	1 470,33	1 314,08	1 162,83	1 018,00	879,58
	III	**1 276,33**	473,75	473,75	III	1 154,66	1 036,33	921,33	809,33	700,66	595,16
	V	**2 447,16**	473,75	473,75	IV	1 854,41	1 776,08	1 697,75	1 619,41	1 541,08	1 462,75
	VI	**2 491,50**	473,75	473,75							
7 838,99	I,IV	**1 940,58**	473,75	473,75	I	1 783,91	1 627,25	1 470,58	1 314,33	1 163,00	1 018,25
Ost	II	**1 791,50**	473,75	473,75	II	1 634,83	1 478,16	1 321,75	1 170,16	1 025,08	886,33
	III	**1 282,33**	473,75	473,75	III	1 160,66	1 042,16	927,00	814,83	706,00	600,33
	V	**2 455,00**	473,75	473,75	IV	1 862,25	1 783,91	1 705,58	1 627,25	1 548,91	1 470,58
	VI	**2 499,33**	473,75	473,75							
7 841,99	I,IV	**1 934,00**	473,75	473,75	I	1 777,33	1 620,66	1 464,00	1 307,83	1 156,83	1 012,33
West	II	**1 784,91**	473,75	473,75	II	1 628,25	1 471,58	1 315,33	1 164,00	1 019,16	880,66
	III	**1 277,33**	473,75	473,75	III	1 155,66	1 037,33	922,16	810,33	701,50	596,00
	V	**2 448,50**	473,75	473,75	IV	1 855,66	1 777,33	1 699,00	1 620,66	1 542,33	1 464,00
	VI	**2 492,75**	473,75	473,75							
7 841,99	I,IV	**1 941,83**	473,75	473,75	I	1 785,16	1 628,50	1 471,83	1 315,58	1 164,25	1 019,33
Ost	II	**1 792,75**	473,75	473,75	II	1 636,08	1 479,41	1 323,00	1 171,41	1 026,16	887,41
	III	**1 283,33**	473,75	473,75	III	1 161,66	1 043,16	927,83	815,83	706,83	601,16
	V	**2 456,25**	473,75	473,75	IV	1 863,50	1 785,16	1 706,83	1 628,50	1 550,16	1 471,83
	VI	**2 500,58**	473,75	473,75							
7 844,99	I,IV	**1 935,25**	473,75	473,75	I	1 778,58	1 621,91	1 465,33	1 309,08	1 158,08	1 013,41
West	II	**1 786,16**	473,75	473,75	II	1 629,50	1 472,83	1 316,58	1 165,16	1 020,25	881,75
	III	**1 278,16**	473,75	473,75	III	1 156,66	1 038,33	923,16	811,16	702,50	597,00
	V	**2 449,75**	473,75	473,75	IV	1 856,91	1 778,58	1 700,25	1 621,91	1 543,66	1 465,33
	VI	**2 494,00**	473,75	473,75							
7 844,99	I,IV	**1 943,08**	473,75	473,75	I	1 786,41	1 629,75	1 473,08	1 316,75	1 165,41	1 020,50
Ost	II	**1 794,00**	473,75	473,75	II	1 637,33	1 480,66	1 324,25	1 172,58	1 027,33	888,50
	III	**1 284,33**	473,75	473,75	III	1 162,66	1 044,00	928,83	816,66	707,83	602,00
	V	**2 457,50**	473,75	473,75	IV	1 864,75	1 786,41	1 708,08	1 629,75	1 551,41	1 473,08
	VI	**2 501,83**	473,75	473,75							
7 847,99	I,IV	**1 936,50**	473,75	473,75	I	1 779,91	1 623,25	1 466,58	1 310,33	1 159,25	1 014,58
West	II	**1 787,41**	473,75	473,75	II	1 630,75	1 474,08	1 317,75	1 166,41	1 021,41	882,83
	III	**1 279,16**	473,75	473,75	III	1 157,66	1 039,16	924,00	812,00	703,33	597,83
	V	**2 451,00**	473,75	473,75	IV	1 858,16	1 779,91	1 701,58	1 623,25	1 544,91	1 466,58
	VI	**2 495,25**	473,75	473,75							
7 847,99	I,IV	**1 944,33**	473,75	473,75	I	1 787,66	1 631,00	1 474,33	1 318,00	1 166,58	1 021,66
Ost	II	**1 795,25**	473,75	473,75	II	1 638,58	1 481,91	1 325,50	1 173,75	1 028,50	889,58
	III	**1 285,33**	473,75	473,75	III	1 163,50	1 045,00	929,66	817,50	708,66	602,83
	V	**2 458,75**	473,75	473,75	IV	1 866,00	1 787,66	1 709,33	1 631,00	1 552,66	1 474,33
	VI	**2 503,08**	473,75	473,75							

* Zur LSt-Berechnung für privat versicherte Arbeitnehmer s. Beispiele **Vorbemerkung S. 4f.**
** Basisvorsorgepauschale KV und PV *** Typisierter Arbeitgeberzuschuss

Lohn/ Gehalt in € bis	Steuerklasse	Lohnsteuer*	BVSP**	TAGZ***	Steuerklasse	Bemessungsgrundlage für Kirchensteuer und Solidaritätszuschlag – Freibeträge für ... Kinder 0,5	1,0	1,5	2,0	2,5	3,0
7850,99	I,IV	**1937,83**	473,75	473,75	I	1781,16	1624,50	1467,83	1311,58	1160,41	1015,75
West	II	**1788,66**	473,75	473,75	II	1632,00	1475,41	1319,00	1167,58	1022,58	883,91
	III	**1280,16**	473,75	473,75	III	1158,66	1040,16	925,00	813,00	704,16	598,66
	V	**2452,25**	473,75	473,75	IV	1859,50	1781,16	1702,83	1624,50	1546,16	1467,83
	VI	**2496,58**	473,75	473,75							
7850,99	I,IV	**1945,58**	473,75	473,75	I	1788,91	1632,25	1475,58	1319,25	1167,83	1022,75
Ost	II	**1796,50**	473,75	473,75	II	1639,83	1483,16	1326,75	1175,00	1029,58	890,66
	III	**1286,33**	473,75	473,75	III	1164,50	1046,00	930,50	818,50	709,50	603,83
	V	**2460,08**	473,75	473,75	IV	1867,25	1788,91	1710,58	1632,25	1553,91	1475,58
	VI	**2504,33**	473,75	473,75							
7853,99	I,IV	**1939,08**	473,75	473,75	I	1782,41	1625,75	1469,08	1312,83	1161,58	1016,83
West	II	**1789,91**	473,75	473,75	II	1633,33	1476,66	1320,25	1168,75	1023,66	885,08
	III	**1281,16**	473,75	473,75	III	1159,50	1041,16	925,83	813,83	705,00	599,50
	V	**2453,50**	473,75	473,75	IV	1860,75	1782,41	1704,08	1625,75	1547,41	1469,08
	VI	**2497,83**	473,75	473,75							
7853,99	I,IV	**1946,83**	473,75	473,75	I	1790,16	1633,58	1476,91	1320,50	1169,00	1023,91
Ost	II	**1797,75**	473,75	473,75	II	1641,08	1484,41	1328,00	1176,16	1030,75	891,83
	III	**1287,33**	473,75	473,75	III	1165,50	1046,83	931,50	819,33	710,33	604,66
	V	**2461,33**	473,75	473,75	IV	1868,50	1790,16	1711,83	1633,58	1555,25	1476,91
	VI	**2505,58**	473,75	473,75							
7856,99	I,IV	**1940,33**	473,75	473,75	I	1783,66	1627,00	1470,33	1314,08	1162,83	1018,00
West	II	**1791,25**	473,75	473,75	II	1634,58	1477,91	1321,50	1170,00	1024,83	886,16
	III	**1282,16**	473,75	473,75	III	1160,50	1042,00	926,83	814,66	705,83	600,33
	V	**2454,75**	473,75	473,75	IV	1862,00	1783,66	1705,33	1627,00	1548,66	1470,33
	VI	**2499,08**	473,75	473,75							
7856,99	I,IV	**1948,08**	473,75	473,75	I	1791,50	1634,83	1478,16	1321,75	1170,16	1025,08
Ost	II	**1799,00**	473,75	473,75	II	1642,33	1485,66	1329,25	1177,33	1031,91	892,91
	III	**1288,33**	473,75	473,75	III	1166,50	1047,83	932,33	820,16	711,16	605,50
	V	**2462,58**	473,75	473,75	IV	1869,83	1791,50	1713,16	1634,83	1556,50	1478,16
	VI	**2506,83**	473,75	473,75							
7859,99	I,IV	**1941,58**	473,75	473,75	I	1784,91	1628,25	1471,58	1315,33	1164,00	1019,16
West	II	**1792,50**	473,75	473,75	II	1635,83	1479,16	1322,75	1171,16	1026,00	887,25
	III	**1283,16**	473,75	473,75	III	1161,50	1043,00	927,66	815,66	706,66	601,16
	V	**2456,00**	473,75	473,75	IV	1863,25	1784,91	1706,58	1628,25	1549,91	1471,58
	VI	**2500,33**	473,75	473,75							
7859,99	I,IV	**1949,41**	473,75	473,75	I	1792,75	1636,08	1479,41	1323,00	1171,41	1026,16
Ost	II	**1800,25**	473,75	473,75	II	1643,58	1487,00	1330,50	1178,58	1033,08	894,00
	III	**1289,33**	473,75	473,75	III	1167,50	1048,83	933,33	821,16	712,00	606,33
	V	**2463,83**	473,75	473,75	IV	1871,08	1792,75	1714,41	1636,08	1557,75	1479,41
	VI	**2508,16**	473,75	473,75							
7862,99	I,IV	**1942,83**	473,75	473,75	I	1786,16	1629,50	1472,83	1316,58	1165,16	1020,25
West	II	**1793,75**	473,75	473,75	II	1637,08	1480,41	1324,00	1172,33	1027,08	888,33
	III	**1284,16**	473,75	473,75	III	1162,50	1043,83	928,66	816,50	707,66	602,00
	V	**2457,25**	473,75	473,75	IV	1864,50	1786,16	1707,83	1629,50	1551,16	1472,83
	VI	**2501,58**	473,75	473,75							
7862,99	I,IV	**1950,66**	473,75	473,75	I	1794,00	1637,33	1480,66	1324,25	1172,58	1027,33
Ost	II	**1801,58**	473,75	473,75	II	1644,91	1488,25	1331,75	1179,75	1034,16	895,08
	III	**1290,33**	473,75	473,75	III	1168,33	1049,66	934,16	822,00	713,00	607,16
	V	**2465,08**	473,75	473,75	IV	1872,33	1794,00	1715,66	1637,33	1559,00	1480,66
	VI	**2509,41**	473,75	473,75							
7865,99	I,IV	**1944,08**	473,75	473,75	I	1787,41	1630,75	1474,08	1317,75	1166,41	1021,41
West	II	**1795,00**	473,75	473,75	II	1638,33	1481,66	1325,25	1173,50	1028,25	889,41
	III	**1285,16**	473,75	473,75	III	1163,33	1044,83	929,50	817,33	708,50	602,83
	V	**2458,50**	473,75	473,75	IV	1865,75	1787,41	1709,08	1630,75	1552,41	1474,08
	VI	**2502,83**	473,75	473,75							
7865,99	I,IV	**1951,91**	473,75	473,75	I	1795,25	1638,58	1481,91	1325,50	1173,75	1028,50
Ost	II	**1802,83**	473,75	473,75	II	1646,16	1489,50	1333,00	1180,91	1035,33	896,16
	III	**1291,33**	473,75	473,75	III	1169,33	1050,66	935,16	822,83	713,83	608,00
	V	**2466,33**	473,75	473,75	IV	1873,58	1795,25	1716,91	1638,58	1560,25	1481,91
	VI	**2510,66**	473,75	473,75							

* Zur LSt-Berechnung für privat versicherte Arbeitnehmer s. Beispiele **Vorbemerkung S. 4f.**
** Basisvorsorgepauschale KV und PV *** Typisierter Arbeitgeberzuschuss

Lohn/ Gehalt in € bis	Steuerklasse	Lohn-steuer*	BVSP**	TAGZ***	Steuerklasse	Bemessungsgrundlage für Kirchensteuer und Solidaritätszuschlag – Freibeträge für ... Kinder 0,5	1,0	1,5	2,0	2,5	3,0
7868,99	I,IV	**1945,33**	473,75	473,75	I	1788,66	1632,00	1475,41	1319,00	1167,58	1022,58
West	II	**1796,25**	473,75	473,75	II	1639,58	1482,91	1326,50	1174,75	1029,41	890,50
	III	**1286,16**	473,75	473,75	III	1164,33	1045,83	930,50	818,33	709,33	603,66
	V	**2459,83**	473,75	473,75	IV	1867,00	1788,66	1710,33	1632,00	1553,66	1475,41
	VI	**2504,08**	473,75	473,75							
7868,99	I,IV	**1953,16**	473,75	473,75	I	1796,50	1639,83	1483,16	1326,75	1175,00	1029,58
Ost	II	**1804,08**	473,75	473,75	II	1647,41	1490,75	1334,25	1182,16	1036,50	897,25
	III	**1292,33**	473,75	473,75	III	1170,33	1051,66	936,00	823,83	714,66	608,83
	V	**2467,58**	473,75	473,75	IV	1874,83	1796,50	1718,16	1639,83	1561,50	1483,16
	VI	**2511,91**	473,75	473,75							
7871,99	I,IV	**1946,58**	473,75	473,75	I	1789,91	1633,33	1476,66	1320,25	1168,75	1023,66
West	II	**1797,50**	473,75	473,75	II	1640,83	1484,16	1327,75	1175,91	1030,58	891,58
	III	**1287,16**	473,75	473,75	III	1165,33	1046,66	931,33	819,16	710,16	604,50
	V	**2461,08**	473,75	473,75	IV	1868,25	1789,91	1711,66	1633,33	1555,00	1476,66
	VI	**2505,33**	473,75	473,75							
7871,99	I,IV	**1954,41**	473,75	473,75	I	1797,75	1641,08	1484,41	1328,00	1176,16	1030,75
Ost	II	**1805,33**	473,75	473,75	II	1648,66	1492,00	1335,50	1183,33	1037,66	898,33
	III	**1293,33**	473,75	473,75	III	1171,33	1052,50	937,00	824,66	715,50	609,66
	V	**2468,83**	473,75	473,75	IV	1876,08	1797,75	1719,41	1641,08	1562,75	1484,41
	VI	**2513,16**	473,75	473,75							
7874,99	I,IV	**1947,91**	473,75	473,75	I	1791,25	1634,58	1477,91	1321,50	1170,00	1024,83
West	II	**1798,75**	473,75	473,75	II	1642,08	1485,41	1329,00	1177,16	1031,66	892,66
	III	**1288,16**	473,75	473,75	III	1166,33	1047,66	932,33	820,00	711,00	605,33
	V	**2462,33**	473,75	473,75	IV	1869,58	1791,25	1712,91	1634,58	1556,25	1477,91
	VI	**2506,66**	473,75	473,75							
7874,99	I,IV	**1955,66**	473,75	473,75	I	1799,00	1642,33	1485,66	1329,25	1177,33	1031,91
Ost	II	**1806,58**	473,75	473,75	II	1649,91	1493,25	1336,75	1184,50	1038,75	899,41
	III	**1294,33**	473,75	473,75	III	1172,33	1053,50	937,83	825,50	716,33	610,50
	V	**2470,08**	473,75	473,75	IV	1877,33	1799,00	1720,66	1642,33	1564,00	1485,66
	VI	**2514,41**	473,75	473,75							
7877,99	I,IV	**1949,16**	473,75	473,75	I	1792,50	1635,83	1479,16	1322,75	1171,16	1026,00
West	II	**1800,00**	473,75	473,75	II	1643,41	1486,75	1330,25	1178,33	1032,83	893,75
	III	**1289,16**	473,75	473,75	III	1167,33	1048,66	933,16	821,00	712,00	606,16
	V	**2463,58**	473,75	473,75	IV	1870,83	1792,50	1714,16	1635,83	1557,50	1479,16
	VI	**2507,91**	473,75	473,75							
7877,99	I,IV	**1956,91**	473,75	473,75	I	1800,25	1643,58	1487,00	1330,50	1178,58	1033,08
Ost	II	**1807,83**	473,75	473,75	II	1651,16	1494,50	1338,00	1185,75	1039,91	900,58
	III	**1295,33**	473,75	473,75	III	1173,33	1054,50	938,83	826,50	717,33	611,33
	V	**2471,41**	473,75	473,75	IV	1878,58	1800,25	1721,91	1643,58	1565,33	1487,00
	VI	**2515,66**	473,75	473,75							
7880,99	I,IV	**1950,41**	473,75	473,75	I	1793,75	1637,08	1480,41	1324,00	1172,33	1027,08
West	II	**1801,33**	473,75	473,75	II	1644,66	1488,00	1331,50	1179,50	1034,00	894,83
	III	**1290,16**	473,75	473,75	III	1168,33	1049,50	934,16	821,83	712,83	607,00
	V	**2464,83**	473,75	473,75	IV	1872,08	1793,75	1715,41	1637,08	1558,75	1480,41
	VI	**2509,16**	473,75	473,75							
7880,99	I,IV	**1958,16**	473,75	473,75	I	1801,58	1644,91	1488,25	1331,75	1179,75	1034,16
Ost	II	**1809,08**	473,75	473,75	II	1652,41	1495,75	1339,25	1186,91	1041,08	901,66
	III	**1296,33**	473,75	473,75	III	1174,16	1055,33	939,66	827,33	718,16	612,16
	V	**2472,66**	473,75	473,75	IV	1879,83	1801,58	1723,25	1644,91	1566,58	1488,25
	VI	**2516,91**	473,75	473,75							
7883,99	I,IV	**1951,66**	473,75	473,75	I	1795,00	1638,33	1481,66	1325,25	1173,50	1028,25
West	II	**1802,58**	473,75	473,75	II	1645,91	1489,25	1332,75	1180,75	1035,08	895,91
	III	**1291,16**	473,75	473,75	III	1169,16	1050,50	935,00	822,66	713,66	607,83
	V	**2466,08**	473,75	473,75	IV	1873,33	1795,00	1716,66	1638,33	1560,00	1481,66
	VI	**2510,41**	473,75	473,75							
7883,99	I,IV	**1959,50**	473,75	473,75	I	1802,83	1646,16	1489,50	1333,00	1180,91	1035,33
Ost	II	**1810,33**	473,75	473,75	II	1653,66	1497,08	1340,50	1188,16	1042,25	902,75
	III	**1297,33**	473,75	473,75	III	1175,16	1056,33	940,66	828,16	719,00	613,00
	V	**2473,91**	473,75	473,75	IV	1881,16	1802,83	1724,50	1646,16	1567,83	1489,50
	VI	**2518,25**	473,75	473,75							

* Zur LSt-Berechnung für privat versicherte Arbeitnehmer s. Beispiele **Vorbemerkung S. 4f.**
** Basisvorsorgepauschale KV und PV *** Typisierter Arbeitgeberzuschuss

Lohn/ Gehalt in € bis	Steuerklasse	Lohn- steuer*	BVSP**	TAGZ***	Steuerklasse	Bemessungsgrundlage für Kirchensteuer und Solidaritätszuschlag – Freibeträge für ... Kinder 0,5	1,0	1,5	2,0	2,5	3,0
7 886,99 West	I,IV	**1 952,91**	473,75	473,75	I	1 796,25	1 639,58	1 482,91	1 326,50	1 174,75	1 029,41
	II	**1 803,83**	473,75	473,75	II	1 647,16	1 490,50	1 334,00	1 181,91	1 036,25	897,08
	III	**1 292,16**	473,75	473,75	III	1 170,16	1 051,50	936,00	823,66	714,50	608,66
	V	**2 467,33**	473,75	473,75	IV	1 874,58	1 796,25	1 717,91	1 639,58	1 561,25	1 482,91
	VI	**2 511,66**	473,75	473,75							
7 886,99 Ost	I,IV	**1 960,75**	473,75	473,75	I	1 804,08	1 647,41	1 490,75	1 334,25	1 182,16	1 036,50
	II	**1 811,58**	473,75	473,75	II	1 655,00	1 498,33	1 341,75	1 189,33	1 043,33	903,83
	III	**1 298,33**	473,75	473,75	III	1 176,16	1 057,33	941,50	829,16	719,83	613,83
	V	**2 475,16**	473,75	473,75	IV	1 882,41	1 804,08	1 725,75	1 647,41	1 569,08	1 490,75
	VI	**2 519,50**	473,75	473,75							
7 889,99 West	I,IV	**1 954,16**	473,75	473,75	I	1 797,50	1 640,83	1 484,16	1 327,75	1 175,91	1 030,58
	II	**1 805,08**	473,75	473,75	II	1 648,41	1 491,75	1 335,25	1 183,08	1 037,41	898,16
	III	**1 293,16**	473,75	473,75	III	1 171,16	1 052,33	936,83	824,50	715,33	609,50
	V	**2 468,58**	473,75	473,75	IV	1 875,83	1 797,50	1 719,16	1 640,83	1 562,50	1 484,16
	VI	**2 512,91**	473,75	473,75							
7 889,99 Ost	I,IV	**1 962,00**	473,75	473,75	I	1 805,33	1 648,66	1 492,00	1 335,50	1 183,33	1 037,66
	II	**1 812,91**	473,75	473,75	II	1 656,25	1 499,58	1 343,00	1 190,50	1 044,50	904,91
	III	**1 299,33**	473,75	473,75	III	1 177,16	1 058,16	942,50	830,00	720,66	614,66
	V	**2 476,41**	473,75	473,75	IV	1 883,66	1 805,33	1 727,00	1 648,66	1 570,33	1 492,00
	VI	**2 520,75**	473,75	473,75							
7 892,99 West	I,IV	**1 955,41**	473,75	473,75	I	1 798,75	1 642,08	1 485,41	1 329,00	1 177,16	1 031,66
	II	**1 806,33**	473,75	473,75	II	1 649,66	1 493,00	1 336,50	1 184,33	1 038,58	899,25
	III	**1 294,16**	473,75	473,75	III	1 172,16	1 053,33	937,83	825,33	716,16	610,33
	V	**2 469,91**	473,75	473,75	IV	1 877,08	1 798,75	1 720,41	1 642,08	1 563,75	1 485,41
	VI	**2 514,16**	473,75	473,75							
7 892,99 Ost	I,IV	**1 963,25**	473,75	473,75	I	1 806,58	1 649,91	1 493,25	1 336,75	1 184,50	1 038,75
	II	**1 814,16**	473,75	473,75	II	1 657,50	1 500,83	1 344,25	1 191,75	1 045,66	906,00
	III	**1 300,33**	473,75	473,75	III	1 178,16	1 059,16	943,33	830,83	721,66	615,50
	V	**2 477,66**	473,75	473,75	IV	1 884,91	1 806,58	1 728,25	1 649,91	1 571,58	1 493,25
	VI	**2 522,00**	473,75	473,75							
7 895,99 West	I,IV	**1 956,66**	473,75	473,75	I	1 800,00	1 643,41	1 486,75	1 330,25	1 178,33	1 032,83
	II	**1 807,58**	473,75	473,75	II	1 650,91	1 494,25	1 337,75	1 185,50	1 039,66	900,33
	III	**1 295,16**	473,75	473,75	III	1 173,16	1 054,33	938,66	826,33	717,16	611,16
	V	**2 471,16**	473,75	473,75	IV	1 878,33	1 800,00	1 721,66	1 643,41	1 565,08	1 486,75
	VI	**2 515,41**	473,75	473,75							
7 895,99 Ost	I,IV	**1 964,50**	473,75	473,75	I	1 807,83	1 651,16	1 494,50	1 338,00	1 185,75	1 039,91
	II	**1 815,41**	473,75	473,75	II	1 658,75	1 502,08	1 345,50	1 192,91	1 046,83	907,16
	III	**1 301,33**	473,75	473,75	III	1 179,00	1 060,16	944,33	831,83	722,50	616,33
	V	**2 478,91**	473,75	473,75	IV	1 886,16	1 807,83	1 729,50	1 651,16	1 572,83	1 494,50
	VI	**2 523,25**	473,75	473,75							
7 898,99 West	I,IV	**1 957,91**	473,75	473,75	I	1 801,33	1 644,66	1 488,00	1 331,50	1 179,50	1 034,00
	II	**1 808,83**	473,75	473,75	II	1 652,16	1 495,50	1 339,00	1 186,66	1 040,83	901,41
	III	**1 296,16**	473,75	473,75	III	1 174,00	1 055,16	939,66	827,16	718,00	612,00
	V	**2 472,41**	473,75	473,75	IV	1 879,66	1 801,33	1 723,00	1 644,66	1 566,33	1 488,00
	VI	**2 516,75**	473,75	473,75							
7 898,99 Ost	I,IV	**1 965,75**	473,75	473,75	I	1 809,08	1 652,41	1 495,75	1 339,25	1 186,91	1 041,08
	II	**1 816,66**	473,75	473,75	II	1 660,00	1 503,33	1 346,75	1 194,16	1 048,00	908,25
	III	**1 302,33**	473,75	473,75	III	1 180,00	1 061,00	945,16	832,66	723,33	617,16
	V	**2 480,16**	473,75	473,75	IV	1 887,41	1 809,08	1 730,75	1 652,41	1 574,08	1 495,75
	VI	**2 524,50**	473,75	473,75							
7 901,99 West	I,IV	**1 959,25**	473,75	473,75	I	1 802,58	1 645,91	1 489,25	1 332,75	1 180,75	1 035,08
	II	**1 810,08**	473,75	473,75	II	1 653,41	1 496,83	1 340,25	1 187,91	1 042,00	902,50
	III	**1 297,16**	473,75	473,75	III	1 175,00	1 056,16	940,50	828,00	718,83	612,83
	V	**2 473,66**	473,75	473,75	IV	1 880,91	1 802,58	1 724,25	1 645,91	1 567,58	1 489,25
	VI	**2 518,00**	473,75	473,75							
7 901,99 Ost	I,IV	**1 967,00**	473,75	473,75	I	1 810,33	1 653,66	1 497,08	1 340,50	1 188,16	1 042,25
	II	**1 817,91**	473,75	473,75	II	1 661,25	1 504,58	1 348,00	1 195,33	1 049,08	909,33
	III	**1 303,33**	473,75	473,75	III	1 181,00	1 062,00	946,16	833,50	724,16	618,00
	V	**2 481,50**	473,75	473,75	IV	1 888,66	1 810,33	1 732,00	1 653,66	1 575,33	1 497,08
	VI	**2 525,75**	473,75	473,75							

* Zur LSt-Berechnung für privat versicherte Arbeitnehmer s. Beispiele **Vorbemerkung S. 4 f.**
** Basisvorsorgepauschale KV und PV *** Typisierter Arbeitgeberzuschuss

Lohn/ Gehalt in € bis	Steuerklasse	Lohn-steuer*	BVSP**	TAGZ***	Steuerklasse	Bemessungsgrundlage für Kirchensteuer und Solidaritätszuschlag – Freibeträge für ... Kinder 0,5	1,0	1,5	2,0	2,5	3,0
7904,99	I,IV	**1960,50**	473,75	473,75	I	1803,83	1647,16	1490,50	1334,00	1181,91	1036,25
West	II	**1811,41**	473,75	473,75	II	1654,75	1498,08	1341,50	1189,08	1043,16	903,58
	III	**1298,16**	473,75	473,75	III	1176,00	1057,16	941,50	829,00	719,66	613,66
	V	**2474,91**	473,75	473,75	IV	1882,16	1803,83	1725,50	1647,16	1568,83	1490,50
	VI	**2519,25**	473,75	473,75							
7904,99	I,IV	**1968,25**	473,75	473,75	I	1811,58	1655,00	1498,33	1341,75	1189,33	1043,33
Ost	II	**1819,16**	473,75	473,75	II	1662,50	1505,83	1349,25	1196,58	1050,25	910,41
	III	**1304,16**	473,75	473,75	III	1182,00	1063,00	947,16	834,50	725,00	618,83
	V	**2482,75**	473,75	473,75	IV	1889,91	1811,58	1733,33	1655,00	1576,66	1498,33
	VI	**2527,00**	473,75	473,75							
7907,99	I,IV	**1961,75**	473,75	473,75	I	1805,08	1648,41	1491,75	1335,25	1183,08	1037,41
West	II	**1812,66**	473,75	473,75	II	1656,00	1499,33	1342,75	1190,33	1044,33	904,75
	III	**1299,16**	473,75	473,75	III	1177,00	1058,00	942,33	829,83	720,50	614,50
	V	**2476,16**	473,75	473,75	IV	1883,41	1805,08	1726,75	1648,41	1570,08	1491,75
	VI	**2520,50**	473,75	473,75							
7907,99	I,IV	**1969,58**	473,75	473,75	I	1812,91	1656,25	1499,58	1343,00	1190,50	1044,50
Ost	II	**1820,41**	473,75	473,75	II	1663,75	1507,08	1350,50	1197,75	1051,41	911,50
	III	**1305,16**	473,75	473,75	III	1183,00	1063,83	948,00	835,33	726,00	619,66
	V	**2484,00**	473,75	473,75	IV	1891,25	1812,91	1734,58	1656,25	1577,91	1499,58
	VI	**2528,33**	473,75	473,75							
7910,99	I,IV	**1963,00**	473,75	473,75	I	1806,33	1649,66	1493,00	1336,50	1184,33	1038,58
West	II	**1813,91**	473,75	473,75	II	1657,25	1500,58	1344,00	1191,50	1045,41	905,83
	III	**1300,16**	473,75	473,75	III	1178,00	1059,00	943,33	830,66	721,50	615,33
	V	**2477,41**	473,75	473,75	IV	1884,66	1806,33	1728,00	1649,66	1571,33	1493,00
	VI	**2521,75**	473,75	473,75							
7910,99	I,IV	**1970,83**	473,75	473,75	I	1814,16	1657,50	1500,83	1344,25	1191,75	1045,66
Ost	II	**1821,66**	473,75	473,75	II	1665,08	1508,41	1351,75	1198,91	1052,58	912,58
	III	**1306,16**	473,75	473,75	III	1184,00	1064,83	949,00	836,16	726,83	620,50
	V	**2485,25**	473,75	473,75	IV	1892,50	1814,16	1735,83	1657,50	1579,16	1500,83
	VI	**2529,58**	473,75	473,75							
7913,99	I,IV	**1964,25**	473,75	473,75	I	1807,58	1650,91	1494,25	1337,75	1185,50	1039,66
West	II	**1815,16**	473,75	473,75	II	1658,50	1501,83	1345,25	1192,66	1046,58	906,91
	III	**1301,16**	473,75	473,75	III	1178,83	1060,00	944,16	831,66	722,33	616,16
	V	**2478,66**	473,75	473,75	IV	1885,91	1807,58	1729,25	1650,91	1572,58	1494,25
	VI	**2523,00**	473,75	473,75							
7913,99	I,IV	**1972,08**	473,75	473,75	I	1815,41	1658,75	1502,08	1345,50	1192,91	1046,83
Ost	II	**1823,00**	473,75	473,75	II	1666,33	1509,66	1353,00	1200,16	1053,75	913,75
	III	**1307,16**	473,75	473,75	III	1184,83	1065,83	949,83	837,16	727,66	621,33
	V	**2486,50**	473,75	473,75	IV	1893,75	1815,41	1737,08	1658,75	1580,41	1502,08
	VI	**2530,83**	473,75	473,75							
7916,99	I,IV	**1965,50**	473,75	473,75	I	1808,83	1652,16	1495,50	1339,00	1186,66	1040,83
West	II	**1816,41**	473,75	473,75	II	1659,75	1503,08	1346,50	1193,91	1047,75	908,00
	III	**1302,16**	473,75	473,75	III	1179,83	1060,83	945,16	832,50	723,16	617,00
	V	**2480,00**	473,75	473,75	IV	1887,16	1808,83	1730,50	1652,16	1573,83	1495,50
	VI	**2524,25**	473,75	473,75							
7916,99	I,IV	**1973,33**	473,75	473,75	I	1816,66	1660,00	1503,33	1346,75	1194,16	1048,00
Ost	II	**1824,25**	473,75	473,75	II	1667,58	1510,91	1354,25	1201,33	1054,83	914,83
	III	**1308,16**	473,75	473,75	III	1185,83	1066,66	950,83	838,00	728,50	622,16
	V	**2487,75**	473,75	473,75	IV	1895,00	1816,66	1738,33	1660,00	1581,66	1503,33
	VI	**2532,08**	473,75	473,75							
7919,99	I,IV	**1966,75**	473,75	473,75	I	1810,08	1653,41	1496,83	1340,25	1187,91	1042,00
West	II	**1817,66**	473,75	473,75	II	1661,00	1504,33	1347,75	1195,08	1048,91	909,08
	III	**1303,16**	473,75	473,75	III	1180,83	1061,83	946,00	833,50	724,00	617,83
	V	**2481,25**	473,75	473,75	IV	1888,41	1810,08	1731,75	1653,41	1575,16	1496,83
	VI	**2525,50**	473,75	473,75							
7919,99	I,IV	**1974,58**	473,75	473,75	I	1817,91	1661,25	1504,58	1348,00	1195,33	1049,08
Ost	II	**1825,50**	473,75	473,75	II	1668,83	1512,16	1355,50	1202,58	1056,00	915,91
	III	**1309,16**	473,75	473,75	III	1186,83	1067,66	951,66	839,00	729,33	623,00
	V	**2489,00**	473,75	473,75	IV	1896,25	1817,91	1739,58	1661,25	1582,91	1504,58
	VI	**2533,33**	473,75	473,75							

* Zur LSt-Berechnung für privat versicherte Arbeitnehmer s. Beispiele **Vorbemerkung S. 4f.**
** Basisvorsorgepauschale KV und PV   *** Typisierter Arbeitgeberzuschuss

Lohn/ Gehalt in € bis	Steuerklasse	Lohn- steuer*	BVSP**	TAGZ***	Steuerklasse	Bemessungsgrundlage für Kirchensteuer und Solidaritätszuschlag – Freibeträge für ... Kinder 0,5	**1,0**	1,5	**2,0**	2,5	**3,0**
7922,99	I,IV	**1968,00**	473,75	473,75	I	1811,41	1654,75	1498,08	1341,50	1189,08	1043,16
West	II	**1818,91**	473,75	473,75	II	1662,25	1505,58	1349,00	1196,33	1050,08	910,16
	III	**1304,00**	473,75	473,75	III	1181,83	1062,83	947,00	834,33	724,83	618,66
	V	**2482,50**	473,75	473,75	IV	1889,66	1811,41	1733,08	1654,75	1576,41	1498,08
	VI	**2526,75**	473,75	473,75							
7922,99	I,IV	**1975,83**	473,75	473,75	I	1819,16	1662,50	1505,83	1349,25	1196,58	1050,25
Ost	II	**1826,75**	473,75	473,75	II	1670,08	1513,41	1356,75	1203,75	1057,16	917,00
	III	**1310,16**	473,75	473,75	III	1187,83	1068,66	952,66	839,83	730,33	623,83
	V	**2490,25**	473,75	473,75	IV	1897,50	1819,16	1740,83	1662,50	1584,16	1505,83
	VI	**2534,58**	473,75	473,75							
7925,99	I,IV	**1969,33**	473,75	473,75	I	1812,66	1656,00	1499,33	1342,75	1190,33	1044,33
West	II	**1820,16**	473,75	473,75	II	1663,50	1506,91	1350,25	1197,50	1051,16	911,33
	III	**1305,00**	473,75	473,75	III	1182,83	1063,66	947,83	835,16	725,83	619,50
	V	**2483,75**	473,75	473,75	IV	1891,00	1812,66	1734,33	1656,00	1577,66	1499,33
	VI	**2528,08**	473,75	473,75							
7925,99	I,IV	**1977,08**	473,75	473,75	I	1820,41	1663,75	1507,08	1350,50	1197,75	1051,41
Ost	II	**1828,00**	473,75	473,75	II	1671,33	1514,66	1358,00	1205,00	1058,33	918,08
	III	**1311,16**	473,75	473,75	III	1188,83	1069,50	953,50	840,66	731,16	624,83
	V	**2491,58**	473,75	473,75	IV	1898,75	1820,41	1742,08	1663,75	1585,41	1507,08
	VI	**2535,83**	473,75	473,75							
7928,99	I,IV	**1970,58**	473,75	473,75	I	1813,91	1657,25	1500,58	1344,00	1191,50	1045,41
West	II	**1821,41**	473,75	473,75	II	1664,83	1508,16	1351,50	1198,75	1052,33	912,41
	III	**1306,00**	473,75	473,75	III	1183,83	1064,66	948,83	836,16	726,66	620,33
	V	**2485,00**	473,75	473,75	IV	1892,25	1813,91	1735,58	1657,25	1578,91	1500,58
	VI	**2529,33**	473,75	473,75							
7928,99	I,IV	**1978,33**	473,75	473,75	I	1821,66	1665,08	1508,41	1351,75	1198,91	1052,58
Ost	II	**1829,25**	473,75	473,75	II	1672,58	1515,91	1359,33	1206,16	1059,50	919,25
	III	**1312,16**	473,75	473,75	III	1189,66	1070,50	954,50	841,66	732,00	625,66
	V	**2492,83**	473,75	473,75	IV	1900,00	1821,66	1743,33	1665,08	1586,75	1508,41
	VI	**2537,08**	473,75	473,75							
7931,99	I,IV	**1971,83**	473,75	473,75	I	1815,16	1658,50	1501,83	1345,25	1192,66	1046,58
West	II	**1822,75**	473,75	473,75	II	1666,08	1509,41	1352,75	1199,91	1053,50	913,50
	III	**1307,00**	473,75	473,75	III	1184,66	1065,66	949,66	837,00	727,50	621,16
	V	**2486,25**	473,75	473,75	IV	1893,50	1815,16	1736,83	1658,50	1580,16	1501,83
	VI	**2530,58**	473,75	473,75							
7931,99	I,IV	**1979,58**	473,75	473,75	I	1823,00	1666,33	1509,66	1353,00	1200,16	1053,75
Ost	II	**1830,50**	473,75	473,75	II	1673,83	1517,16	1360,58	1207,41	1060,66	920,33
	III	**1313,16**	473,75	473,75	III	1190,66	1071,50	955,33	842,50	732,83	626,50
	V	**2494,08**	473,75	473,75	IV	1901,33	1823,00	1744,66	1666,33	1588,00	1509,66
	VI	**2538,33**	473,75	473,75							
7934,99	I,IV	**1973,08**	473,75	473,75	I	1816,41	1659,75	1503,08	1346,50	1193,91	1047,75
West	II	**1824,00**	473,75	473,75	II	1667,33	1510,66	1354,00	1201,08	1054,66	914,58
	III	**1308,00**	473,75	473,75	III	1185,66	1066,50	950,66	837,83	728,33	622,16
	V	**2487,50**	473,75	473,75	IV	1894,75	1816,41	1738,08	1659,75	1581,41	1503,08
	VI	**2531,83**	473,75	473,75							
7934,99	I,IV	**1980,91**	473,75	473,75	I	1824,25	1667,58	1510,91	1354,25	1201,33	1054,83
Ost	II	**1831,75**	473,75	473,75	II	1675,08	1518,50	1361,83	1208,58	1061,83	921,41
	III	**1314,16**	473,75	473,75	III	1191,66	1072,33	956,33	843,33	733,66	627,33
	V	**2495,33**	473,75	473,75	IV	1902,58	1824,25	1745,91	1667,58	1589,25	1510,91
	VI	**2539,66**	473,75	473,75							
7937,99	I,IV	**1974,33**	473,75	473,75	I	1817,66	1661,00	1504,33	1347,75	1195,08	1048,91
West	II	**1825,25**	473,75	473,75	II	1668,58	1511,91	1355,25	1202,33	1055,83	915,66
	III	**1309,00**	473,75	473,75	III	1186,66	1067,50	951,50	838,83	729,16	623,00
	V	**2488,75**	473,75	473,75	IV	1896,00	1817,66	1739,33	1661,00	1582,66	1504,33
	VI	**2533,08**	473,75	473,75							
7937,99	I,IV	**1982,16**	473,75	473,75	I	1825,50	1668,83	1512,16	1355,50	1202,58	1056,00
Ost	II	**1833,08**	473,75	473,75	II	1676,41	1519,75	1363,08	1209,83	1062,91	922,50
	III	**1315,16**	473,75	473,75	III	1192,66	1073,33	957,16	844,33	734,66	628,16
	V	**2496,58**	473,75	473,75	IV	1903,83	1825,50	1747,16	1668,83	1590,50	1512,16
	VI	**2540,91**	473,75	473,75							

* Zur LSt-Berechnung für privat versicherte Arbeitnehmer s. Beispiele **Vorbemerkung S. 4 f.**
** Basisvorsorgepauschale KV und PV *** Typisierter Arbeitgeberzuschuss

Lohn/ Gehalt in € bis	Steuerklasse	Lohn-steuer*	BVSP**	TAGZ***	Steuerklasse	Bemessungsgrundlage für Kirchensteuer und Solidaritätszuschlag					
						Freibeträge für ... Kinder					
						0,5	**1,0**	1,5	**2,0**	2,5	**3,0**
7940,99	I,IV	**1975,58**	473,75	473,75	I	1818,91	1662,25	1505,58	1349,00	1196,33	1050,08
West	II	**1826,50**	473,75	473,75	II	1669,83	1513,16	1356,50	1203,50	1056,91	916,83
	III	**1310,00**	473,75	473,75	III	1187,66	1068,50	952,50	839,66	730,16	623,83
	V	**2490,00**	473,75	473,75	IV	1897,25	1818,91	1740,58	1662,25	1583,91	1505,58
	VI	**2534,33**	473,75	473,75							
7940,99	I,IV	**1983,41**	473,75	473,75	I	1826,75	1670,08	1513,41	1356,75	1203,75	1057,16
Ost	II	**1834,33**	473,75	473,75	II	1677,66	1521,00	1364,33	1211,00	1064,08	923,66
	III	**1316,16**	473,75	473,75	III	1193,66	1074,33	958,16	845,16	735,50	629,00
	V	**2497,83**	473,75	473,75	IV	1905,08	1826,75	1748,41	1670,08	1591,75	1513,41
	VI	**2542,16**	473,75	473,75							
7943,99	I,IV	**1976,83**	473,75	473,75	I	1820,16	1663,50	1506,91	1350,25	1197,50	1051,16
West	II	**1827,75**	473,75	473,75	II	1671,08	1514,41	1357,83	1204,75	1058,08	917,91
	III	**1311,00**	473,75	473,75	III	1188,66	1069,33	953,33	840,50	731,00	624,66
	V	**2491,33**	473,75	473,75	IV	1898,50	1820,16	1741,83	1663,50	1585,16	1506,91
	VI	**2535,58**	473,75	473,75							
7943,99	I,IV	**1984,66**	473,75	473,75	I	1828,00	1671,33	1514,66	1358,00	1205,00	1058,33
Ost	II	**1835,58**	473,75	473,75	II	1678,91	1522,25	1365,58	1212,25	1065,25	924,75
	III	**1317,16**	473,75	473,75	III	1194,66	1075,16	959,00	846,16	736,33	629,83
	V	**2499,08**	473,75	473,75	IV	1906,33	1828,00	1749,66	1671,33	1593,00	1514,66
	VI	**2543,41**	473,75	473,75							
7946,99	I,IV	**1978,08**	473,75	473,75	I	1821,41	1664,83	1508,16	1351,50	1198,75	1052,33
West	II	**1829,00**	473,75	473,75	II	1672,33	1515,66	1359,08	1205,91	1059,25	919,00
	III	**1312,00**	473,75	473,75	III	1189,66	1070,33	954,33	841,50	731,83	625,50
	V	**2492,58**	473,75	473,75	IV	1899,75	1821,41	1743,16	1664,83	1586,50	1508,16
	VI	**2536,83**	473,75	473,75							
7946,99	I,IV	**1985,91**	473,75	473,75	I	1829,25	1672,58	1515,91	1359,33	1206,16	1059,50
Ost	II	**1836,83**	473,75	473,75	II	1680,16	1523,50	1366,83	1213,41	1066,41	925,83
	III	**1318,16**	473,75	473,75	III	1195,66	1076,16	960,00	847,00	737,16	630,66
	V	**2500,33**	473,75	473,75	IV	1907,58	1829,25	1750,91	1672,58	1594,25	1515,91
	VI	**2544,66**	473,75	473,75							
7949,99	I,IV	**1979,41**	473,75	473,75	I	1822,75	1666,08	1509,41	1352,75	1199,91	1053,50
West	II	**1830,25**	473,75	473,75	II	1673,58	1516,91	1360,33	1207,16	1060,41	920,08
	III	**1313,00**	473,75	473,75	III	1190,50	1071,33	955,16	842,33	732,66	626,33
	V	**2493,83**	473,75	473,75	IV	1901,08	1822,75	1744,41	1666,08	1587,75	1509,41
	VI	**2538,16**	473,75	473,75							
7949,99	I,IV	**1987,16**	473,75	473,75	I	1830,50	1673,83	1517,16	1360,58	1207,41	1060,66
Ost	II	**1838,08**	473,75	473,75	II	1681,41	1524,75	1368,08	1214,58	1067,58	926,91
	III	**1319,16**	473,75	473,75	III	1196,50	1077,16	960,83	847,83	738,00	631,50
	V	**2501,58**	473,75	473,75	IV	1908,83	1830,50	1752,16	1673,83	1595,50	1517,16
	VI	**2545,91**	473,75	473,75							
7952,99	I,IV	**1980,66**	473,75	473,75	I	1824,00	1667,33	1510,66	1354,00	1201,08	1054,66
West	II	**1831,50**	473,75	473,75	II	1674,91	1518,25	1361,58	1208,33	1061,58	921,25
	III	**1314,00**	473,75	473,75	III	1191,50	1072,16	956,16	843,33	733,66	627,16
	V	**2495,08**	473,75	473,75	IV	1902,33	1824,00	1745,66	1667,33	1589,00	1510,66
	VI	**2539,41**	473,75	473,75							
7952,99	I,IV	**1988,41**	473,75	473,75	I	1831,75	1675,08	1518,50	1361,83	1208,58	1061,83
Ost	II	**1839,33**	473,75	473,75	II	1682,66	1526,00	1369,33	1215,83	1068,75	928,08
	III	**1320,16**	473,75	473,75	III	1197,50	1078,00	961,83	848,83	739,00	632,33
	V	**2502,91**	473,75	473,75	IV	1910,08	1831,75	1753,41	1675,08	1596,83	1518,50
	VI	**2547,16**	473,75	473,75							
7955,99	I,IV	**1981,91**	473,75	473,75	I	1825,25	1668,58	1511,91	1355,25	1202,33	1055,83
West	II	**1832,83**	473,75	473,75	II	1676,16	1519,50	1362,83	1209,58	1062,75	922,33
	III	**1315,00**	473,75	473,75	III	1192,50	1073,16	957,00	844,16	734,50	628,00
	V	**2496,33**	473,75	473,75	IV	1903,58	1825,25	1746,91	1668,58	1590,25	1511,91
	VI	**2540,66**	473,75	473,75							
7955,99	I,IV	**1989,66**	473,75	473,75	I	1833,08	1676,41	1519,75	1363,08	1209,83	1062,91
Ost	II	**1840,58**	473,75	473,75	II	1683,91	1527,25	1370,58	1217,08	1069,91	929,16
	III	**1321,16**	473,75	473,75	III	1198,50	1079,00	962,66	849,66	739,83	633,16
	V	**2504,16**	473,75	473,75	IV	1911,33	1833,08	1754,75	1676,41	1598,08	1519,75
	VI	**2548,41**	473,75	473,75							

* Zur LSt-Berechnung für privat versicherte Arbeitnehmer s. Beispiele **Vorbemerkung S. 4f.**
** Basisvorsorgepauschale KV und PV *** Typisierter Arbeitgeberzuschuss

Lohn/ Gehalt in € bis	Steuerklasse	Lohnsteuer*	BVSP**	TAGZ***	Steuerklasse	Bemessungsgrundlage für Kirchensteuer und Solidaritätszuschlag – Freibeträge für ... Kinder 0,5	1,0	1,5	2,0	2,5	3,0
7958,99	I,IV	**1983,16**	473,75	473,75	I	1826,50	1669,83	1513,16	1356,50	1203,50	1056,91
West	II	**1834,08**	473,75	473,75	II	1677,41	1520,75	1364,08	1210,75	1063,91	923,41
	III	**1316,00**	473,75	473,75	III	1193,50	1074,16	958,00	845,00	735,33	628,83
	V	**2497,58**	473,75	473,75	IV	1904,83	1826,50	1748,16	1669,83	1591,50	1513,16
	VI	**2541,91**	473,75	473,75							
7958,99	I,IV	**1991,00**	473,75	473,75	I	1834,33	1677,66	1521,00	1364,33	1211,00	1064,08
Ost	II	**1841,83**	473,75	473,75	II	1685,16	1528,58	1371,91	1218,25	1071,08	930,25
	III	**1322,16**	473,75	473,75	III	1199,50	1080,00	963,66	850,50	740,66	634,00
	V	**2505,41**	473,75	473,75	IV	1912,66	1834,33	1756,00	1677,66	1599,33	1521,00
	VI	**2549,75**	473,75	473,75							
7961,99	I,IV	**1984,41**	473,75	473,75	I	1827,75	1671,08	1514,41	1357,83	1204,75	1058,08
West	II	**1835,33**	473,75	473,75	II	1678,66	1522,00	1365,33	1212,00	1065,00	924,50
	III	**1317,00**	473,75	473,75	III	1194,50	1075,00	958,83	846,00	736,16	629,66
	V	**2498,83**	473,75	473,75	IV	1906,08	1827,75	1749,41	1671,08	1592,75	1514,41
	VI	**2543,16**	473,75	473,75							
7961,99	I,IV	**1992,25**	473,75	473,75	I	1835,58	1678,91	1522,25	1365,58	1212,25	1065,25
Ost	II	**1843,08**	473,75	473,75	II	1686,50	1529,83	1373,16	1219,50	1072,16	931,41
	III	**1323,16**	473,75	473,75	III	1200,50	1080,83	964,50	851,50	741,50	634,83
	V	**2506,66**	473,75	473,75	IV	1913,91	1835,58	1757,25	1678,91	1600,58	1522,25
	VI	**2551,00**	473,75	473,75							
7964,99	I,IV	**1985,66**	473,75	473,75	I	1829,00	1672,33	1515,66	1359,08	1205,91	1059,25
West	II	**1836,58**	473,75	473,75	II	1679,91	1523,25	1366,58	1213,16	1066,16	925,66
	III	**1318,00**	473,75	473,75	III	1195,50	1076,00	959,83	846,83	737,00	630,50
	V	**2500,08**	473,75	473,75	IV	1907,33	1829,00	1750,66	1672,33	1594,00	1515,66
	VI	**2544,41**	473,75	473,75							
7964,99	I,IV	**1993,50**	473,75	473,75	I	1836,83	1680,16	1523,50	1366,83	1213,41	1066,41
Ost	II	**1844,41**	473,75	473,75	II	1687,75	1531,08	1374,41	1220,66	1073,33	932,50
	III	**1324,16**	473,75	473,75	III	1201,50	1081,83	965,50	852,33	742,50	635,66
	V	**2507,91**	473,75	473,75	IV	1915,16	1836,83	1758,50	1680,16	1601,83	1523,50
	VI	**2552,25**	473,75	473,75							
7967,99	I,IV	**1986,91**	473,75	473,75	I	1830,25	1673,58	1516,91	1360,33	1207,16	1060,41
West	II	**1837,83**	473,75	473,75	II	1681,16	1524,50	1367,83	1214,41	1067,33	926,75
	III	**1319,00**	473,75	473,75	III	1196,33	1077,00	960,66	847,66	738,00	631,33
	V	**2501,41**	473,75	473,75	IV	1908,58	1830,25	1751,91	1673,58	1595,25	1516,91
	VI	**2545,66**	473,75	473,75							
7967,99	I,IV	**1994,75**	473,75	473,75	I	1838,08	1681,41	1524,75	1368,08	1214,58	1067,58
Ost	II	**1845,66**	473,75	473,75	II	1689,00	1532,33	1375,66	1221,91	1074,50	933,58
	III	**1325,16**	473,75	473,75	III	1202,33	1082,83	966,50	853,33	743,33	636,50
	V	**2509,16**	473,75	473,75	IV	1916,41	1838,08	1759,75	1681,41	1603,08	1524,75
	VI	**2553,50**	473,75	473,75							
7970,99	I,IV	**1988,16**	473,75	473,75	I	1831,50	1674,91	1518,25	1361,58	1208,33	1061,58
West	II	**1839,08**	473,75	473,75	II	1682,41	1525,75	1369,08	1215,58	1068,50	927,83
	III	**1320,00**	473,75	473,75	III	1197,33	1077,83	961,66	848,66	738,83	632,16
	V	**2502,66**	473,75	473,75	IV	1909,83	1831,50	1753,16	1674,91	1596,58	1518,25
	VI	**2546,91**	473,75	473,75							
7970,99	I,IV	**1996,00**	473,75	473,75	I	1839,33	1682,66	1526,00	1369,33	1215,83	1068,75
Ost	II	**1846,91**	473,75	473,75	II	1690,25	1533,58	1376,91	1223,08	1075,66	934,66
	III	**1326,16**	473,75	473,75	III	1203,33	1083,83	967,33	854,16	744,16	637,33
	V	**2510,41**	473,75	473,75	IV	1917,66	1839,33	1761,00	1682,66	1604,33	1526,00
	VI	**2554,75**	473,75	473,75							
7973,99	I,IV	**1989,41**	473,75	473,75	I	1832,83	1676,16	1519,50	1362,83	1209,58	1062,75
West	II	**1840,33**	473,75	473,75	II	1683,66	1527,00	1370,41	1216,83	1069,66	928,91
	III	**1321,00**	473,75	473,75	III	1198,33	1078,83	962,50	849,50	739,66	633,00
	V	**2503,91**	473,75	473,75	IV	1911,16	1832,83	1754,50	1676,16	1597,83	1519,50
	VI	**2548,25**	473,75	473,75							
7973,99	I,IV	**1997,25**	473,75	473,75	I	1840,58	1683,91	1527,25	1370,58	1217,08	1069,91
Ost	II	**1848,16**	473,75	473,75	II	1691,50	1534,83	1378,16	1224,33	1076,83	935,83
	III	**1327,16**	473,75	473,75	III	1204,33	1084,66	968,33	855,00	745,00	638,33
	V	**2511,66**	473,75	473,75	IV	1918,91	1840,58	1762,25	1683,91	1605,58	1527,25
	VI	**2556,00**	473,75	473,75							

* Zur LSt-Berechnung für privat versicherte Arbeitnehmer s. Beispiele **Vorbemerkung S. 4 f.**
** Basisvorsorgepauschale KV und PV *** Typisierter Arbeitgeberzuschuss

Lohn/ Gehalt in € bis	Steuerklasse	Lohn-steuer*	BVSP**	TAGZ***	Steuerklasse	Bemessungsgrundlage für Kirchensteuer und Solidaritätszuschlag					
						Freibeträge für ... Kinder					
						0,5	**1,0**	1,5	**2,0**	2,5	**3,0**
7976,99 West	I,IV	**1990,75**	473,75	473,75	I	1834,08	1677,41	1520,75	1364,08	1210,75	1063,91
	II	**1841,58**	473,75	473,75	II	1684,91	1528,33	1371,66	1218,00	1070,83	930,08
	III	**1322,00**	473,75	473,75	III	1199,33	1079,83	963,50	850,33	740,50	633,83
	V	**2505,16**	473,75	473,75	IV	1912,41	1834,08	1755,75	1677,41	1599,08	1520,75
	VI	**2549,50**	473,75	473,75							
7976,99 Ost	I,IV	**1998,50**	473,75	473,75	I	1841,83	1685,16	1528,58	1371,91	1218,25	1071,08
	II	**1849,41**	473,75	473,75	II	1692,75	1536,08	1379,41	1225,50	1078,00	936,91
	III	**1328,16**	473,75	473,75	III	1205,33	1085,66	969,16	856,00	746,00	639,16
	V	**2513,00**	473,75	473,75	IV	1920,16	1841,83	1763,50	1685,16	1606,83	1528,58
	VI	**2557,25**	473,75	473,75							
7979,99 West	I,IV	**1992,00**	473,75	473,75	I	1835,33	1678,66	1522,00	1365,33	1212,00	1065,00
	II	**1842,91**	473,75	473,75	II	1686,25	1529,58	1372,91	1219,25	1072,00	931,16
	III	**1323,00**	473,75	473,75	III	1200,33	1080,83	964,50	851,33	741,50	634,66
	V	**2506,41**	473,75	473,75	IV	1913,66	1835,33	1757,00	1678,66	1600,33	1522,00
	VI	**2550,75**	473,75	473,75							
7979,99 Ost	I,IV	**1999,75**	473,75	473,75	I	1843,08	1686,50	1529,83	1373,16	1219,50	1072,16
	II	**1850,66**	473,75	473,75	II	1694,00	1537,33	1380,66	1226,75	1079,16	938,00
	III	**1329,16**	473,75	473,75	III	1206,33	1086,66	970,16	856,83	746,83	640,00
	V	**2514,25**	473,75	473,75	IV	1921,41	1843,08	1764,83	1686,50	1608,16	1529,83
	VI	**2558,50**	473,75	473,75							
7982,99 West	I,IV	**1993,25**	473,75	473,75	I	1836,58	1679,91	1523,25	1366,58	1213,16	1066,16
	II	**1844,16**	473,75	473,75	II	1687,50	1530,83	1374,16	1220,41	1073,16	932,25
	III	**1324,00**	473,75	473,75	III	1201,33	1081,66	965,33	852,16	742,33	635,50
	V	**2507,66**	473,75	473,75	IV	1914,91	1836,58	1758,25	1679,91	1601,58	1523,25
	VI	**2552,00**	473,75	473,75							
7982,99 Ost	I,IV	**2001,08**	473,75	473,75	I	1844,41	1687,75	1531,08	1374,41	1220,66	1073,33
	II	**1851,91**	473,75	473,75	II	1695,25	1538,58	1382,00	1227,91	1080,33	939,16
	III	**1330,16**	473,75	473,75	III	1207,33	1087,50	971,00	857,66	747,66	640,83
	V	**2515,50**	473,75	473,75	IV	1922,75	1844,41	1766,08	1687,75	1609,41	1531,08
	VI	**2559,83**	473,75	473,75							
7985,99 West	I,IV	**1994,50**	473,75	473,75	I	1837,83	1681,16	1524,50	1367,83	1214,41	1067,33
	II	**1845,41**	473,75	473,75	II	1688,75	1532,08	1375,41	1221,66	1074,33	933,33
	III	**1325,00**	473,75	473,75	III	1202,16	1082,66	966,33	853,16	743,16	636,50
	V	**2508,91**	473,75	473,75	IV	1916,16	1837,83	1759,50	1681,16	1602,83	1524,50
	VI	**2553,25**	473,75	473,75							
7985,99 Ost	I,IV	**2002,33**	473,75	473,75	I	1845,66	1689,00	1532,33	1375,66	1221,91	1074,50
	II	**1853,16**	473,75	473,75	II	1696,58	1539,91	1383,25	1229,16	1081,50	940,25
	III	**1331,16**	473,75	473,75	III	1208,33	1088,50	972,00	858,66	748,50	641,66
	V	**2516,75**	473,75	473,75	IV	1924,00	1845,66	1767,33	1689,00	1610,66	1532,33
	VI	**2561,08**	473,75	473,75							
7988,99 West	I,IV	**1995,75**	473,75	473,75	I	1839,08	1682,41	1525,75	1369,08	1215,58	1068,50
	II	**1846,66**	473,75	473,75	II	1690,00	1533,33	1376,66	1222,83	1075,41	934,50
	III	**1326,00**	473,75	473,75	III	1203,16	1083,66	967,16	854,00	744,00	637,33
	V	**2510,16**	473,75	473,75	IV	1917,41	1839,08	1760,75	1682,41	1604,08	1525,75
	VI	**2554,50**	473,75	473,75							
7988,99 Ost	I,IV	**2003,58**	473,75	473,75	I	1846,91	1690,25	1533,58	1376,91	1223,08	1075,66
	II	**1854,50**	473,75	473,75	II	1697,83	1541,16	1384,50	1230,33	1082,66	941,33
	III	**1332,16**	473,75	473,75	III	1209,16	1089,50	972,83	859,50	749,33	642,50
	V	**2518,00**	473,75	473,75	IV	1925,25	1846,91	1768,58	1690,25	1611,91	1533,58
	VI	**2562,33**	473,75	473,75							
7991,99 West	I,IV	**1997,00**	473,75	473,75	I	1840,33	1683,66	1527,00	1370,41	1216,83	1069,66
	II	**1847,91**	473,75	473,75	II	1691,25	1534,58	1377,91	1224,08	1076,58	935,58
	III	**1327,00**	473,75	473,75	III	1204,16	1084,50	968,16	854,83	744,83	638,16
	V	**2511,50**	473,75	473,75	IV	1918,66	1840,33	1762,00	1683,66	1605,33	1527,00
	VI	**2555,75**	473,75	473,75							
7991,99 Ost	I,IV	**2004,83**	473,75	473,75	I	1848,16	1691,50	1534,83	1378,16	1224,33	1076,83
	II	**1855,75**	473,75	473,75	II	1699,08	1542,41	1385,75	1231,58	1083,83	942,50
	III	**1333,16**	473,75	473,75	III	1210,16	1090,33	973,83	860,50	750,33	643,33
	V	**2519,25**	473,75	473,75	IV	1926,50	1848,16	1769,83	1691,50	1613,16	1534,83
	VI	**2563,58**	473,75	473,75							

* Zur LSt-Berechnung für privat versicherte Arbeitnehmer s. Beispiele **Vorbemerkung S. 4 f.**
** Basisvorsorgepauschale KV und PV *** Typisierter Arbeitgeberzuschuss

Lohn/ Gehalt in € bis	Steuerklasse	Lohn-steuer*	BVSP**	TAGZ***	Steuerklasse	Bemessungsgrundlage für Kirchensteuer und Solidaritätszuschlag – Freibeträge für ... Kinder 0,5	1,0	1,5	2,0	2,5	3,0
7994,99	I,IV	**1998,25**	473,75	473,75	I	1841,58	1684,91	1528,33	1371,66	1218,00	1070,83
West	II	**1849,16**	473,75	473,75	II	1692,50	1535,83	1379,16	1225,25	1077,75	936,66
	III	**1328,00**	473,75	473,75	III	1205,16	1085,50	969,00	855,83	745,83	639,00
	V	**2512,75**	473,75	473,75	IV	1919,91	1841,58	1763,25	1684,91	1606,66	1528,33
	VI	**2557,00**	473,75	473,75							
7994,99	I,IV	**2006,08**	473,75	473,75	I	1849,41	1692,75	1536,08	1379,41	1225,50	1078,00
Ost	II	**1857,00**	473,75	473,75	II	1700,33	1543,66	1387,00	1232,83	1085,00	943,58
	III	**1334,16**	473,75	473,75	III	1211,16	1091,33	974,66	861,33	751,16	644,16
	V	**2520,50**	473,75	473,75	IV	1927,75	1849,41	1771,08	1692,75	1614,41	1536,08
	VI	**2564,83**	473,75	473,75							
7997,99	I,IV	**1999,50**	473,75	473,75	I	1842,91	1686,25	1529,58	1372,91	1219,25	1072,00
West	II	**1850,41**	473,75	473,75	II	1693,75	1537,08	1380,41	1226,50	1078,91	937,83
	III	**1329,00**	473,75	473,75	III	1206,16	1086,50	970,00	856,66	746,66	639,83
	V	**2514,00**	473,75	473,75	IV	1921,16	1842,91	1764,58	1686,25	1607,91	1529,58
	VI	**2558,25**	473,75	473,75							
7997,99	I,IV	**2007,33**	473,75	473,75	I	1850,66	1694,00	1537,33	1380,66	1226,75	1079,16
Ost	II	**1858,25**	473,75	473,75	II	1701,58	1544,91	1388,25	1234,00	1086,16	944,66
	III	**1335,16**	473,75	473,75	III	1212,16	1092,33	975,66	862,16	752,00	645,00
	V	**2521,75**	473,75	473,75	IV	1929,00	1850,66	1772,33	1694,00	1615,66	1537,33
	VI	**2566,08**	473,75	473,75							
8000,99	I,IV	**2000,83**	473,75	473,75	I	1844,16	1687,50	1530,83	1374,16	1220,41	1073,16
West	II	**1851,66**	473,75	473,75	II	1695,00	1538,41	1381,75	1227,75	1080,08	938,91
	III	**1330,00**	473,75	473,75	III	1207,16	1087,33	970,83	857,66	747,50	640,66
	V	**2515,25**	473,75	473,75	IV	1922,50	1844,16	1765,83	1687,50	1609,16	1530,83
	VI	**2559,58**	473,75	473,75							
8000,99	I,IV	**2008,58**	473,75	473,75	I	1851,91	1695,25	1538,58	1382,00	1227,91	1080,33
Ost	II	**1859,50**	473,75	473,75	II	1702,83	1546,16	1389,50	1235,25	1087,33	945,83
	III	**1336,16**	473,75	473,75	III	1213,16	1093,33	976,66	863,16	752,83	645,83
	V	**2523,08**	473,75	473,75	IV	1930,25	1851,91	1773,58	1695,25	1616,91	1538,58
	VI	**2567,33**	473,75	473,75							
8003,99	I,IV	**2002,08**	473,75	473,75	I	1845,41	1688,75	1532,08	1375,41	1221,66	1074,33
West	II	**1852,91**	473,75	473,75	II	1696,33	1539,66	1383,00	1228,91	1081,25	940,00
	III	**1331,00**	473,75	473,75	III	1208,16	1088,33	971,83	858,50	748,33	641,50
	V	**2516,50**	473,75	473,75	IV	1923,75	1845,41	1767,08	1688,75	1610,41	1532,08
	VI	**2560,83**	473,75	473,75							
8003,99	I,IV	**2009,83**	473,75	473,75	I	1853,16	1696,58	1539,91	1383,25	1229,16	1081,50
Ost	II	**1860,75**	473,75	473,75	II	1704,08	1547,41	1390,75	1236,41	1088,50	946,91
	III	**1337,16**	473,75	473,75	III	1214,16	1094,16	977,50	864,00	753,83	646,66
	V	**2524,33**	473,75	473,75	IV	1931,50	1853,16	1774,83	1696,58	1618,25	1539,91
	VI	**2568,58**	473,75	473,75							
8006,99	I,IV	**2003,33**	473,75	473,75	I	1846,66	1690,00	1533,33	1376,66	1222,83	1075,41
West	II	**1854,25**	473,75	473,75	II	1697,58	1540,91	1384,25	1230,16	1082,41	941,16
	III	**1332,00**	473,75	473,75	III	1209,00	1089,33	972,66	859,33	749,33	642,33
	V	**2517,75**	473,75	473,75	IV	1925,00	1846,66	1768,33	1690,00	1611,66	1533,33
	VI	**2562,08**	473,75	473,75							
8006,99	I,IV	**2011,08**	473,75	473,75	I	1854,50	1697,83	1541,16	1384,50	1230,33	1082,66
Ost	II	**1862,00**	473,75	473,75	II	1705,33	1548,66	1392,08	1237,66	1089,66	948,00
	III	**1338,16**	473,75	473,75	III	1215,16	1095,16	978,50	865,00	754,66	647,50
	V	**2525,58**	473,75	473,75	IV	1932,83	1854,50	1776,16	1697,83	1619,50	1541,16
	VI	**2569,83**	473,75	473,75							
8009,99	I,IV	**2004,58**	473,75	473,75	I	1847,91	1691,25	1534,58	1377,91	1224,08	1076,58
West	II	**1855,50**	473,75	473,75	II	1698,83	1542,16	1385,50	1231,33	1083,58	942,25
	III	**1333,00**	473,75	473,75	III	1210,00	1090,16	973,66	860,33	750,16	643,16
	V	**2519,00**	473,75	473,75	IV	1926,25	1847,91	1769,58	1691,25	1612,91	1534,58
	VI	**2563,33**	473,75	473,75							
8009,99	I,IV	**2012,41**	473,75	473,75	I	1855,75	1699,08	1542,41	1385,75	1231,58	1083,83
Ost	II	**1863,25**	473,75	473,75	II	1706,58	1550,00	1393,33	1238,91	1090,83	949,16
	III	**1339,16**	473,75	473,75	III	1216,00	1096,16	979,33	865,83	755,50	648,50
	V	**2526,83**	473,75	473,75	IV	1934,08	1855,75	1777,41	1699,08	1620,75	1542,41
	VI	**2571,16**	473,75	473,75							

* Zur LSt-Berechnung für privat versicherte Arbeitnehmer s. Beispiele **Vorbemerkung S. 4f.**
** Basisvorsorgepauschale KV und PV *** Typisierter Arbeitgeberzuschuss

Lohn/ Gehalt in € bis	Steuerklasse	Lohn- steuer*	BVSP**	TAGZ***	Steuerklasse	Bemessungsgrundlage für Kirchensteuer und Solidaritätszuschlag					
						Freibeträge für ... Kinder					
						0,5	**1,0**	1,5	**2,0**	2,5	**3,0**
8012,99 West	I,IV	**2005,83**	473,75	473,75	I	1849,16	1692,50	1535,83	1379,16	1225,25	1077,75
	II	**1856,75**	473,75	473,75	II	1700,08	1543,41	1386,75	1232,58	1084,75	943,33
	III	**1334,00**	473,75	473,75	III	1211,00	1091,16	974,66	861,16	751,00	644,00
	V	**2520,25**	473,75	473,75	IV	1927,50	1849,16	1770,83	1692,50	1614,16	1535,83
	VI	**2564,58**	473,75	473,75							
8012,99 Ost	I,IV	**2013,66**	473,75	473,75	I	1857,00	1700,33	1543,66	1387,00	1232,83	1085,00
	II	**1864,58**	473,75	473,75	II	1707,91	1551,25	1394,58	1240,08	1092,00	950,25
	III	**1340,33**	473,75	473,75	III	1217,00	1097,00	980,33	866,66	756,33	649,33
	V	**2528,08**	473,75	473,75	IV	1935,33	1857,00	1778,66	1700,33	1622,00	1543,66
	VI	**2572,41**	473,75	473,75							
8015,99 West	I,IV	**2007,08**	473,75	473,75	I	1850,41	1693,75	1537,08	1380,41	1226,50	1078,91
	II	**1858,00**	473,75	473,75	II	1701,33	1544,66	1388,00	1233,75	1085,91	944,50
	III	**1335,00**	473,75	473,75	III	1212,00	1092,16	975,50	862,16	751,83	644,83
	V	**2521,50**	473,75	473,75	IV	1928,75	1850,41	1772,08	1693,75	1615,41	1537,08
	VI	**2565,83**	473,75	473,75							
8015,99 Ost	I,IV	**2014,91**	473,75	473,75	I	1858,25	1701,58	1544,91	1388,25	1234,00	1086,16
	II	**1865,83**	473,75	473,75	II	1709,16	1552,50	1395,83	1241,33	1093,08	951,33
	III	**1341,33**	473,75	473,75	III	1218,00	1098,00	981,16	867,66	757,33	650,16
	V	**2529,33**	473,75	473,75	IV	1936,58	1858,25	1779,91	1701,58	1623,25	1544,91
	VI	**2573,66**	473,75	473,75							
8018,99 West	I,IV	**2008,33**	473,75	473,75	I	1851,66	1695,00	1538,41	1381,75	1227,75	1080,08
	II	**1859,25**	473,75	473,75	II	1702,58	1545,91	1389,25	1235,00	1087,08	945,58
	III	**1336,00**	473,75	473,75	III	1213,00	1093,16	976,50	863,00	752,83	645,66
	V	**2522,83**	473,75	473,75	IV	1930,00	1851,66	1773,33	1695,00	1616,66	1538,41
	VI	**2567,08**	473,75	473,75							
8018,99 Ost	I,IV	**2016,16**	473,75	473,75	I	1859,50	1702,83	1546,16	1389,50	1235,25	1087,33
	II	**1867,08**	473,75	473,75	II	1710,41	1553,75	1397,08	1242,50	1094,25	952,50
	III	**1342,33**	473,75	473,75	III	1219,00	1099,00	982,16	868,50	758,16	651,00
	V	**2530,58**	473,75	473,75	IV	1937,83	1859,50	1781,16	1702,83	1624,50	1546,16
	VI	**2574,91**	473,75	473,75							
8021,99 West	I,IV	**2009,58**	473,75	473,75	I	1852,91	1696,33	1539,66	1383,00	1228,91	1081,25
	II	**1860,50**	473,75	473,75	II	1703,83	1547,16	1390,50	1236,25	1088,25	946,66
	III	**1337,00**	473,75	473,75	III	1214,00	1094,00	977,33	863,83	753,66	646,66
	V	**2524,08**	473,75	473,75	IV	1931,25	1852,91	1774,66	1696,33	1618,00	1539,66
	VI	**2568,33**	473,75	473,75							
8021,99 Ost	I,IV	**2017,41**	473,75	473,75	I	1860,75	1704,08	1547,41	1390,75	1236,41	1088,50
	II	**1868,33**	473,75	473,75	II	1711,66	1555,00	1398,33	1243,75	1095,41	953,58
	III	**1343,33**	473,75	473,75	III	1220,00	1100,00	983,00	869,50	759,00	651,83
	V	**2531,83**	473,75	473,75	IV	1939,08	1860,75	1782,41	1704,08	1625,75	1547,41
	VI	**2576,16**	473,75	473,75							
8024,99 West	I,IV	**2010,91**	473,75	473,75	I	1854,25	1697,58	1540,91	1384,25	1230,16	1082,41
	II	**1861,75**	473,75	473,75	II	1705,08	1548,41	1391,83	1237,41	1089,41	947,83
	III	**1338,00**	473,75	473,75	III	1215,00	1095,00	978,33	864,83	754,50	647,50
	V	**2525,33**	473,75	473,75	IV	1932,58	1854,25	1775,91	1697,58	1619,25	1540,91
	VI	**2569,66**	473,75	473,75							
8024,99 Ost	I,IV	**2018,66**	473,75	473,75	I	1862,00	1705,33	1548,66	1392,08	1237,66	1089,66
	II	**1869,58**	473,75	473,75	II	1712,91	1556,25	1399,58	1245,00	1096,58	954,75
	III	**1344,33**	473,75	473,75	III	1221,00	1100,83	984,00	870,33	759,83	652,66
	V	**2533,08**	473,75	473,75	IV	1940,33	1862,00	1783,66	1705,33	1627,00	1548,66
	VI	**2577,41**	473,75	473,75							
8027,99 West	I,IV	**2012,16**	473,75	473,75	I	1855,50	1698,83	1542,16	1385,50	1231,33	1083,58
	II	**1863,00**	473,75	473,75	II	1706,41	1549,75	1393,08	1238,66	1090,58	948,91
	III	**1339,00**	473,75	473,75	III	1215,83	1096,00	979,16	865,66	755,33	648,33
	V	**2526,58**	473,75	473,75	IV	1933,83	1855,50	1777,16	1698,83	1620,50	1542,16
	VI	**2570,91**	473,75	473,75							
8027,99 Ost	I,IV	**2019,91**	473,75	473,75	I	1863,25	1706,58	1550,00	1393,33	1238,91	1090,83
	II	**1870,83**	473,75	473,75	II	1714,16	1557,50	1400,83	1246,16	1097,83	955,83
	III	**1345,33**	473,75	473,75	III	1222,00	1101,83	985,00	871,16	760,83	653,50
	V	**2534,41**	473,75	473,75	IV	1941,58	1863,25	1784,91	1706,58	1628,33	1550,00
	VI	**2578,66**	473,75	473,75							

* Zur LSt-Berechnung für privat versicherte Arbeitnehmer s. Beispiele **Vorbemerkung S. 4f.**
** Basisvorsorgepauschale KV und PV *** Typisierter Arbeitgeberzuschuss

Lohn/ Gehalt in € bis	Steuerklasse	Lohn-steuer*	BVSP**	TAGZ***	Steuerklasse	Bemessungsgrundlage für Kirchensteuer und Solidaritätszuschlag					
						Freibeträge für ... Kinder					
						0,5	**1,0**	1,5	**2,0**	2,5	**3,0**
8030,99 West	I,IV	**2013,41**	473,75	473,75	I	1856,75	1700,08	1543,41	1386,75	1232,58	1084,75
	II	**1864,33**	473,75	473,75	II	1707,66	1551,00	1394,33	1239,83	1091,75	950,00
	III	**1340,16**	473,75	473,75	III	1216,83	1096,83	980,16	866,66	756,33	649,16
	V	**2527,83**	473,75	473,75	IV	1935,08	1856,75	1778,41	1700,08	1621,75	1543,41
	VI	**2572,16**	473,75	473,75							
8030,99 Ost	I,IV	**2021,16**	473,75	473,75	I	1864,58	1707,91	1551,25	1394,58	1240,08	1092,00
	II	**1872,08**	473,75	473,75	II	1715,41	1558,75	1402,08	1247,41	1099,00	956,91
	III	**1346,33**	473,75	473,75	III	1223,00	1102,83	985,83	872,16	761,66	654,33
	V	**2535,66**	473,75	473,75	IV	1942,83	1864,58	1786,25	1707,91	1629,58	1551,25
	VI	**2579,91**	473,75	473,75							
8033,99 West	I,IV	**2014,66**	473,75	473,75	I	1858,00	1701,33	1544,66	1388,00	1233,75	1085,91
	II	**1865,58**	473,75	473,75	II	1708,91	1552,25	1395,58	1241,08	1092,91	951,16
	III	**1341,16**	473,75	473,75	III	1217,83	1097,83	981,00	867,50	757,16	650,00
	V	**2529,08**	473,75	473,75	IV	1936,33	1858,00	1779,66	1701,33	1623,00	1544,66
	VI	**2573,41**	473,75	473,75							
8033,99 Ost	I,IV	**2022,50**	473,75	473,75	I	1865,83	1709,16	1552,50	1395,83	1241,33	1093,08
	II	**1873,33**	473,75	473,75	II	1716,66	1560,08	1403,41	1248,66	1100,16	958,08
	III	**1347,33**	473,75	473,75	III	1223,83	1103,66	986,83	873,00	762,50	655,16
	V	**2536,91**	473,75	473,75	IV	1944,16	1865,83	1787,50	1709,16	1630,83	1552,50
	VI	**2581,25**	473,75	473,75							
8036,99 West	I,IV	**2015,91**	473,75	473,75	I	1859,25	1702,58	1545,91	1389,25	1235,00	1087,08
	II	**1866,83**	473,75	473,75	II	1710,16	1553,50	1396,83	1242,33	1094,08	952,25
	III	**1342,16**	473,75	473,75	III	1218,83	1098,83	982,00	868,33	758,00	650,83
	V	**2530,33**	473,75	473,75	IV	1937,58	1859,25	1780,91	1702,58	1624,25	1545,91
	VI	**2574,66**	473,75	473,75							
8036,99 Ost	I,IV	**2023,75**	473,75	473,75	I	1867,08	1710,41	1553,75	1397,08	1242,50	1094,25
	II	**1874,58**	473,75	473,75	II	1718,00	1561,33	1404,66	1249,83	1101,33	959,16
	III	**1348,33**	473,75	473,75	III	1224,83	1104,66	987,66	874,00	763,33	656,00
	V	**2538,16**	473,75	473,75	IV	1945,41	1867,08	1788,75	1710,41	1632,08	1553,75
	VI	**2582,50**	473,75	473,75							
8039,99 West	I,IV	**2017,16**	473,75	473,75	I	1860,50	1703,83	1547,16	1390,50	1236,25	1088,25
	II	**1868,08**	473,75	473,75	II	1711,41	1554,75	1398,08	1243,50	1095,25	953,41
	III	**1343,16**	473,75	473,75	III	1219,83	1099,83	983,00	869,33	758,83	651,66
	V	**2531,58**	473,75	473,75	IV	1938,83	1860,50	1782,16	1703,83	1625,50	1547,16
	VI	**2575,91**	473,75	473,75							
8039,99 Ost	I,IV	**2025,00**	473,75	473,75	I	1868,33	1711,66	1555,00	1398,33	1243,75	1095,41
	II	**1875,91**	473,75	473,75	II	1719,25	1562,58	1405,91	1251,08	1102,50	960,33
	III	**1349,33**	473,75	473,75	III	1225,83	1105,66	988,66	874,83	764,33	657,00
	V	**2539,41**	473,75	473,75	IV	1946,66	1868,33	1790,00	1711,66	1633,33	1555,00
	VI	**2583,75**	473,75	473,75							
8042,99 West	I,IV	**2018,41**	473,75	473,75	I	1861,75	1705,08	1548,41	1391,83	1237,41	1089,41
	II	**1869,33**	473,75	473,75	II	1712,66	1556,00	1399,33	1244,75	1096,41	954,50
	III	**1344,16**	473,75	473,75	III	1220,83	1100,66	983,83	870,16	759,83	652,50
	V	**2532,91**	473,75	473,75	IV	1940,08	1861,75	1783,41	1705,08	1626,75	1548,41
	VI	**2577,16**	473,75	473,75							
8042,99 Ost	I,IV	**2026,25**	473,75	473,75	I	1869,58	1712,91	1556,25	1399,58	1245,00	1096,58
	II	**1877,16**	473,75	473,75	II	1720,50	1563,83	1407,16	1252,25	1103,66	961,41
	III	**1350,33**	473,75	473,75	III	1226,83	1106,66	989,50	875,83	765,16	657,83
	V	**2540,66**	473,75	473,75	IV	1947,91	1869,58	1791,25	1712,91	1634,58	1556,25
	VI	**2585,00**	473,75	473,75							
8045,99 West	I,IV	**2019,66**	473,75	473,75	I	1863,00	1706,41	1549,75	1393,08	1238,66	1090,58
	II	**1870,58**	473,75	473,75	II	1713,91	1557,25	1400,58	1245,91	1097,58	955,58
	III	**1345,16**	473,75	473,75	III	1221,83	1101,66	984,83	871,16	760,66	653,33
	V	**2534,16**	473,75	473,75	IV	1941,33	1863,00	1784,66	1706,41	1628,08	1549,75
	VI	**2578,41**	473,75	473,75							
8045,99 Ost	I,IV	**2027,50**	473,75	473,75	I	1870,83	1714,16	1557,50	1400,83	1246,16	1097,83
	II	**1878,41**	473,75	473,75	II	1721,75	1565,08	1408,41	1253,50	1104,83	962,50
	III	**1351,33**	473,75	473,75	III	1227,83	1107,50	990,50	876,66	766,00	658,66
	V	**2541,91**	473,75	473,75	IV	1949,16	1870,83	1792,50	1714,16	1635,83	1557,50
	VI	**2586,25**	473,75	473,75							

* Zur LSt-Berechnung für privat versicherte Arbeitnehmer s. Beispiele **Vorbemerkung S. 4 f.**
** Basisvorsorgepauschale KV und PV *** Typisierter Arbeitgeberzuschuss

Lohn/ Gehalt in € bis	Steuerklasse	Lohn-steuer*	BVSP**	TAGZ***	Steuerklasse	Bemessungsgrundlage für Kirchensteuer und Solidaritätszuschlag – Freibeträge für ... Kinder 0,5	**1,0**	1,5	**2,0**	2,5	**3,0**
8048,99 West	I,IV	**2020,91**	473,75	473,75	I	1864,33	1707,66	1551,00	1394,33	1239,83	1091,75
	II	**1871,83**	473,75	473,75	II	1715,16	1558,50	1401,91	1247,16	1098,75	956,75
	III	**1346,16**	473,75	473,75	III	1222,83	1102,66	985,66	872,00	761,50	654,16
	V	**2535,41**	473,75	473,75	IV	1942,66	1864,33	1786,00	1707,66	1629,33	1551,00
	VI	**2579,75**	473,75	473,75							
8048,99 Ost	I,IV	**2028,75**	473,75	473,75	I	1872,08	1715,41	1558,75	1402,08	1247,41	1099,00
	II	**1879,66**	473,75	473,75	II	1723,00	1566,33	1409,66	1254,75	1106,00	963,66
	III	**1352,33**	473,75	473,75	III	1228,83	1108,50	991,50	877,50	766,83	659,50
	V	**2543,16**	473,75	473,75	IV	1950,41	1872,08	1793,75	1715,41	1637,08	1558,75
	VI	**2587,50**	473,75	473,75							
8051,99 West	I,IV	**2022,25**	473,75	473,75	I	1865,58	1708,91	1552,25	1395,58	1241,08	1092,91
	II	**1873,08**	473,75	473,75	II	1716,41	1559,83	1403,16	1248,41	1099,91	957,83
	III	**1347,16**	473,75	473,75	III	1223,66	1103,50	986,66	872,83	762,33	655,00
	V	**2536,66**	473,75	473,75	IV	1943,91	1865,58	1787,25	1708,91	1630,58	1552,25
	VI	**2581,00**	473,75	473,75							
8051,99 Ost	I,IV	**2030,00**	473,75	473,75	I	1873,33	1716,66	1560,08	1403,41	1248,66	1100,16
	II	**1880,91**	473,75	473,75	II	1724,25	1567,58	1410,91	1255,91	1107,16	964,75
	III	**1353,33**	473,75	473,75	III	1229,83	1109,50	992,33	878,50	767,83	660,33
	V	**2544,50**	473,75	473,75	IV	1951,66	1873,33	1795,00	1716,66	1638,33	1560,08
	VI	**2588,75**	473,75	473,75							
8054,99 West	I,IV	**2023,50**	473,75	473,75	I	1866,83	1710,16	1553,50	1396,83	1242,33	1094,08
	II	**1874,41**	473,75	473,75	II	1717,75	1561,08	1404,41	1249,58	1101,08	958,91
	III	**1348,16**	473,75	473,75	III	1224,66	1104,50	987,50	873,83	763,33	656,00
	V	**2537,91**	473,75	473,75	IV	1945,16	1866,83	1788,50	1710,16	1631,83	1553,50
	VI	**2582,25**	473,75	473,75							
8054,99 Ost	I,IV	**2031,25**	473,75	473,75	I	1874,58	1718,00	1561,33	1404,66	1249,83	1101,33
	II	**1882,16**	473,75	473,75	II	1725,50	1568,83	1412,16	1257,16	1108,33	965,91
	III	**1354,33**	473,75	473,75	III	1230,83	1110,33	993,33	879,33	768,66	661,16
	V	**2545,75**	473,75	473,75	IV	1952,91	1874,58	1796,33	1718,00	1639,66	1561,33
	VI	**2590,00**	473,75	473,75							
8057,99 West	I,IV	**2024,75**	473,75	473,75	I	1868,08	1711,41	1554,75	1398,08	1243,50	1095,25
	II	**1875,66**	473,75	473,75	II	1719,00	1562,33	1405,66	1250,83	1102,25	960,08
	III	**1349,16**	473,75	473,75	III	1225,66	1105,50	988,50	874,66	764,16	656,83
	V	**2539,16**	473,75	473,75	IV	1946,41	1868,08	1789,75	1711,41	1633,08	1554,75
	VI	**2583,50**	473,75	473,75							
8057,99 Ost	I,IV	**2032,58**	473,75	473,75	I	1875,91	1719,25	1562,58	1405,91	1251,08	1102,50
	II	**1883,41**	473,75	473,75	II	1726,75	1570,08	1413,50	1258,41	1109,50	967,00
	III	**1355,33**	473,75	473,75	III	1231,66	1111,33	994,16	880,33	769,50	662,00
	V	**2547,00**	473,75	473,75	IV	1954,25	1875,91	1797,58	1719,25	1640,91	1562,58
	VI	**2591,33**	473,75	473,75							
8060,99 West	I,IV	**2026,00**	473,75	473,75	I	1869,33	1712,66	1556,00	1399,33	1244,75	1096,41
	II	**1876,91**	473,75	473,75	II	1720,25	1563,58	1406,91	1252,08	1103,41	961,16
	III	**1350,16**	473,75	473,75	III	1226,66	1106,50	989,33	875,66	765,00	657,66
	V	**2540,41**	473,75	473,75	IV	1947,66	1869,33	1791,00	1712,66	1634,33	1556,00
	VI	**2584,75**	473,75	473,75							
8060,99 Ost	I,IV	**2033,83**	473,75	473,75	I	1877,16	1720,50	1563,83	1407,16	1252,25	1103,66
	II	**1884,66**	473,75	473,75	II	1728,08	1571,41	1414,75	1259,66	1110,66	968,16
	III	**1356,33**	473,75	473,75	III	1232,66	1112,33	995,16	881,16	770,50	662,83
	V	**2548,25**	473,75	473,75	IV	1955,50	1877,16	1798,83	1720,50	1642,16	1563,83
	VI	**2592,58**	473,75	473,75							
8063,99 West	I,IV	**2027,25**	473,75	473,75	I	1870,58	1713,91	1557,25	1400,58	1245,91	1097,58
	II	**1878,16**	473,75	473,75	II	1721,50	1564,83	1408,16	1253,25	1104,58	962,33
	III	**1351,16**	473,75	473,75	III	1227,66	1107,33	990,33	876,50	765,83	658,50
	V	**2541,66**	473,75	473,75	IV	1948,91	1870,58	1792,25	1713,91	1635,58	1557,25
	VI	**2586,00**	473,75	473,75							
8063,99 Ost	I,IV	**2035,08**	473,75	473,75	I	1878,41	1721,75	1565,08	1408,41	1253,50	1104,83
	II	**1886,00**	473,75	473,75	II	1729,33	1572,66	1416,00	1260,83	1111,83	969,25
	III	**1357,33**	473,75	473,75	III	1233,66	1113,33	996,00	882,00	771,33	663,66
	V	**2549,50**	473,75	473,75	IV	1956,75	1878,41	1800,08	1721,75	1643,41	1565,08
	VI	**2593,83**	473,75	473,75							

* Zur LSt-Berechnung für privat versicherte Arbeitnehmer s. Beispiele **Vorbemerkung S. 4 f.**
** Basisvorsorgepauschale KV und PV *** Typisierter Arbeitgeberzuschuss

Lohn/ Gehalt in € bis	Steuerklasse	Lohn-steuer*	BVSP**	TAGZ***	Steuerklasse	Bemessungsgrundlage für Kirchensteuer und Solidaritätszuschlag – Freibeträge für ... Kinder 0,5	**1,0**	1,5	**2,0**	2,5	**3,0**
8066,99 West	I,IV	**2028,50**	473,75	473,75	I	1871,83	1715,16	1558,50	1401,91	1247,16	1098,75
	II	**1879,41**	473,75	473,75	II	1722,75	1566,08	1409,41	1254,50	1105,75	963,41
	III	**1352,16**	473,75	473,75	III	1228,66	1108,33	991,33	877,33	766,83	659,33
	V	**2543,00**	473,75	473,75	IV	1950,16	1871,83	1793,50	1715,16	1636,83	1558,50
	VI	**2587,25**	473,75	473,75							
8066,99 Ost	I,IV	**2036,33**	473,75	473,75	I	1879,66	1723,00	1566,33	1409,66	1254,75	1106,00
	II	**1887,25**	473,75	473,75	II	1730,58	1573,91	1417,25	1262,08	1113,00	970,33
	III	**1358,33**	473,75	473,75	III	1234,66	1114,16	997,00	883,00	772,16	664,66
	V	**2550,75**	473,75	473,75	IV	1958,00	1879,66	1801,33	1723,00	1644,66	1566,33
	VI	**2595,08**	473,75	473,75							
8069,99 West	I,IV	**2029,75**	473,75	473,75	I	1873,08	1716,41	1559,83	1403,16	1248,41	1099,91
	II	**1880,66**	473,75	473,75	II	1724,00	1567,33	1410,66	1255,75	1106,91	964,58
	III	**1353,16**	473,75	473,75	III	1229,66	1109,33	992,16	878,33	767,66	660,16
	V	**2544,25**	473,75	473,75	IV	1951,41	1873,08	1794,75	1716,41	1638,16	1559,83
	VI	**2588,50**	473,75	473,75							
8069,99 Ost	I,IV	**2037,58**	473,75	473,75	I	1880,91	1724,25	1567,58	1410,91	1255,91	1107,16
	II	**1888,50**	473,75	473,75	II	1731,83	1575,16	1418,50	1263,33	1114,16	971,50
	III	**1359,33**	473,75	473,75	III	1235,66	1115,16	998,00	883,83	773,00	665,50
	V	**2552,00**	473,75	473,75	IV	1959,25	1880,91	1802,58	1724,25	1645,91	1567,58
	VI	**2596,33**	473,75	473,75							
8072,99 West	I,IV	**2031,00**	473,75	473,75	I	1874,41	1717,75	1561,08	1404,41	1249,58	1101,08
	II	**1881,91**	473,75	473,75	II	1725,25	1568,58	1411,91	1256,91	1108,08	965,66
	III	**1354,16**	473,75	473,75	III	1230,66	1110,33	993,16	879,16	768,50	661,00
	V	**2545,50**	473,75	473,75	IV	1952,66	1874,41	1796,08	1717,75	1639,41	1561,08
	VI	**2589,75**	473,75	473,75							
8072,99 Ost	I,IV	**2038,83**	473,75	473,75	I	1882,16	1725,50	1568,83	1412,16	1257,16	1108,33
	II	**1889,75**	473,75	473,75	II	1733,08	1576,41	1419,75	1264,50	1115,33	972,58
	III	**1360,33**	473,75	473,75	III	1236,66	1116,16	998,83	884,83	774,00	666,33
	V	**2553,25**	473,75	473,75	IV	1960,50	1882,16	1803,83	1725,50	1647,16	1568,83
	VI	**2597,58**	473,75	473,75							
8075,99 West	I,IV	**2032,33**	473,75	473,75	I	1875,66	1719,00	1562,33	1405,66	1250,83	1102,25
	II	**1883,16**	473,75	473,75	II	1726,50	1569,91	1413,25	1258,16	1109,25	966,75
	III	**1355,16**	473,75	473,75	III	1231,50	1111,16	994,00	880,16	769,33	661,83
	V	**2546,75**	473,75	473,75	IV	1954,00	1875,66	1797,33	1719,00	1640,66	1562,33
	VI	**2591,08**	473,75	473,75							
8075,99 Ost	I,IV	**2040,08**	473,75	473,75	I	1883,41	1726,75	1570,08	1413,50	1258,41	1109,50
	II	**1891,00**	473,75	473,75	II	1734,33	1577,66	1421,00	1265,75	1116,50	973,75
	III	**1361,33**	473,75	473,75	III	1237,66	1117,16	999,83	885,66	774,83	667,16
	V	**2554,58**	473,75	473,75	IV	1961,75	1883,41	1805,08	1726,75	1648,41	1570,08
	VI	**2598,83**	473,75	473,75							
8078,99 West	I,IV	**2033,58**	473,75	473,75	I	1876,91	1720,25	1563,58	1406,91	1252,08	1103,41
	II	**1884,41**	473,75	473,75	II	1727,83	1571,16	1414,50	1259,41	1110,41	967,91
	III	**1356,16**	473,75	473,75	III	1232,50	1112,16	995,00	881,00	770,33	662,66
	V	**2548,00**	473,75	473,75	IV	1955,25	1876,91	1798,58	1720,25	1641,91	1563,58
	VI	**2592,33**	473,75	473,75							
8078,99 Ost	I,IV	**2041,33**	473,75	473,75	I	1884,66	1728,08	1571,41	1414,75	1259,66	1110,66
	II	**1892,25**	473,75	473,75	II	1735,58	1578,91	1422,25	1267,00	1117,66	974,83
	III	**1362,33**	473,75	473,75	III	1238,66	1118,00	1000,66	886,66	775,66	668,00
	V	**2555,83**	473,75	473,75	IV	1963,00	1884,66	1806,33	1728,08	1649,75	1571,41
	VI	**2600,08**	473,75	473,75							
8081,99 West	I,IV	**2034,83**	473,75	473,75	I	1878,16	1721,50	1564,83	1408,16	1253,25	1104,58
	II	**1885,75**	473,75	473,75	II	1729,08	1572,41	1415,75	1260,58	1111,58	969,00
	III	**1357,16**	473,75	473,75	III	1233,50	1113,16	995,83	882,00	771,16	663,66
	V	**2549,25**	473,75	473,75	IV	1956,50	1878,16	1799,83	1721,50	1643,16	1564,83
	VI	**2593,58**	473,75	473,75							
8081,99 Ost	I,IV	**2042,58**	473,75	473,75	I	1886,00	1729,33	1572,66	1416,00	1260,83	1111,83
	II	**1893,50**	473,75	473,75	II	1736,83	1580,16	1423,58	1268,16	1118,91	976,00
	III	**1363,33**	473,75	473,75	III	1239,66	1119,00	1001,66	887,50	776,50	668,83
	V	**2557,08**	473,75	473,75	IV	1964,33	1886,00	1807,66	1729,33	1651,00	1572,66
	VI	**2601,33**	473,75	473,75							

* Zur LSt-Berechnung für privat versicherte Arbeitnehmer s. Beispiele **Vorbemerkung S. 4 f.**
** Basisvorsorgepauschale KV und PV *** Typisierter Arbeitgeberzuschuss

Lohn/ Gehalt in € bis	Steuerklasse	Lohn-steuer*	BVSP**	TAGZ***	Steuerklasse	Bemessungsgrundlage für Kirchensteuer und Solidaritätszuschlag – Freibeträge für ... Kinder 0,5	1,0	1,5	2,0	2,5	3,0
8084,99 West	I,IV	**2036,08**	473,75	473,75	I	1879,41	1722,75	1566,08	1409,41	1254,50	1105,75
	II	**1887,00**	473,75	473,75	II	1730,33	1573,66	1417,00	1261,83	1112,75	970,16
	III	**1358,16**	473,75	473,75	III	1234,50	1114,00	996,83	882,83	772,00	664,50
	V	**2550,50**	473,75	473,75	IV	1957,75	1879,41	1801,08	1722,75	1644,41	1566,08
	VI	**2594,83**	473,75	473,75							
8084,99 Ost	I,IV	**2043,91**	473,75	473,75	I	1887,25	1730,58	1573,91	1417,25	1262,08	1113,00
	II	**1894,75**	473,75	473,75	II	1738,08	1581,50	1424,83	1269,41	1120,08	977,08
	III	**1364,33**	473,75	473,75	III	1240,50	1120,00	1002,66	888,33	777,50	669,66
	V	**2558,33**	473,75	473,75	IV	1965,58	1887,25	1808,91	1730,58	1652,25	1573,91
	VI	**2602,66**	473,75	473,75							
8087,99 West	I,IV	**2037,33**	473,75	473,75	I	1880,66	1724,00	1567,33	1410,66	1255,75	1106,91
	II	**1888,25**	473,75	473,75	II	1731,58	1574,91	1418,25	1263,08	1113,91	971,25
	III	**1359,16**	473,75	473,75	III	1235,50	1115,00	997,83	883,66	772,83	665,33
	V	**2551,75**	473,75	473,75	IV	1959,00	1880,66	1802,33	1724,00	1645,66	1567,33
	VI	**2596,08**	473,75	473,75							
8087,99 Ost	I,IV	**2045,16**	473,75	473,75	I	1888,50	1731,83	1575,16	1418,50	1263,33	1114,16
	II	**1896,08**	473,75	473,75	II	1739,41	1582,75	1426,08	1270,66	1121,25	978,25
	III	**1365,33**	473,75	473,75	III	1241,50	1121,00	1003,50	889,33	778,33	670,50
	V	**2559,58**	473,75	473,75	IV	1966,83	1888,50	1810,16	1731,83	1653,50	1575,16
	VI	**2603,91**	473,75	473,75							
8090,99 West	I,IV	**2038,58**	473,75	473,75	I	1881,91	1725,25	1568,58	1411,91	1256,91	1108,08
	II	**1889,50**	473,75	473,75	II	1732,83	1576,16	1419,50	1264,25	1115,16	972,41
	III	**1360,16**	473,75	473,75	III	1236,50	1116,00	998,66	884,66	773,83	666,16
	V	**2553,00**	473,75	473,75	IV	1960,25	1881,91	1803,58	1725,25	1646,91	1568,58
	VI	**2597,33**	473,75	473,75							
8090,99 Ost	I,IV	**2046,41**	473,75	473,75	I	1889,75	1733,08	1576,41	1419,75	1264,50	1115,33
	II	**1897,33**	473,75	473,75	II	1740,66	1584,00	1427,33	1271,91	1122,41	979,33
	III	**1366,50**	473,75	473,75	III	1242,50	1121,83	1004,50	890,16	779,16	671,33
	V	**2560,83**	473,75	473,75	IV	1968,08	1889,75	1811,41	1733,08	1654,75	1576,41
	VI	**2605,16**	473,75	473,75							
8093,99 West	I,IV	**2039,83**	473,75	473,75	I	1883,16	1726,50	1569,91	1413,25	1258,16	1109,25
	II	**1890,75**	473,75	473,75	II	1734,08	1577,41	1420,75	1265,50	1116,33	973,50
	III	**1361,16**	473,75	473,75	III	1237,50	1117,00	999,66	885,50	774,66	667,00
	V	**2554,33**	473,75	473,75	IV	1961,50	1883,16	1804,83	1726,50	1648,16	1569,91
	VI	**2598,58**	473,75	473,75							
8093,99 Ost	I,IV	**2047,66**	473,75	473,75	I	1891,00	1734,33	1577,66	1421,00	1265,75	1116,50
	II	**1898,58**	473,75	473,75	II	1741,91	1585,25	1428,58	1273,08	1123,58	980,50
	III	**1367,50**	473,75	473,75	III	1243,50	1122,83	1005,33	891,16	780,16	672,33
	V	**2562,08**	473,75	473,75	IV	1969,33	1891,00	1812,66	1734,33	1656,00	1577,66
	VI	**2606,41**	473,75	473,75							
8096,99 West	I,IV	**2041,08**	473,75	473,75	I	1884,41	1727,83	1571,16	1414,50	1259,41	1110,41
	II	**1892,00**	473,75	473,75	II	1735,33	1578,66	1422,00	1266,75	1117,50	974,66
	III	**1362,16**	473,75	473,75	III	1238,50	1117,83	1000,50	886,50	775,50	667,83
	V	**2555,58**	473,75	473,75	IV	1962,75	1884,41	1806,16	1727,83	1649,50	1571,16
	VI	**2599,83**	473,75	473,75							
8096,99 Ost	I,IV	**2048,91**	473,75	473,75	I	1892,25	1735,58	1578,91	1422,25	1267,00	1117,66
	II	**1899,83**	473,75	473,75	II	1743,16	1586,50	1429,83	1274,33	1124,75	981,58
	III	**1368,50**	473,75	473,75	III	1244,50	1123,83	1006,33	892,00	781,00	673,16
	V	**2563,33**	473,75	473,75	IV	1970,58	1892,25	1813,91	1735,58	1657,25	1578,91
	VI	**2607,66**	473,75	473,75							
8099,99 West	I,IV	**2042,41**	473,75	473,75	I	1885,75	1729,08	1572,41	1415,75	1260,58	1111,58
	II	**1893,25**	473,75	473,75	II	1736,58	1579,91	1423,33	1268,00	1118,66	975,75
	III	**1363,16**	473,75	473,75	III	1239,50	1118,83	1001,50	887,33	776,50	668,66
	V	**2556,83**	473,75	473,75	IV	1964,08	1885,75	1807,41	1729,08	1650,75	1572,41
	VI	**2601,16**	473,75	473,75							
8099,99 Ost	I,IV	**2050,16**	473,75	473,75	I	1893,50	1736,83	1580,16	1423,58	1268,16	1118,91
	II	**1901,08**	473,75	473,75	II	1744,41	1587,75	1431,08	1275,58	1125,91	982,75
	III	**1369,50**	473,75	473,75	III	1245,50	1124,83	1007,16	893,00	781,83	674,00
	V	**2564,58**	473,75	473,75	IV	1971,83	1893,50	1815,16	1736,83	1658,50	1580,16
	VI	**2608,91**	473,75	473,75							

* Zur LSt-Berechnung für privat versicherte Arbeitnehmer s. Beispiele **Vorbemerkung S. 4 f.**
** Basisvorsorgepauschale KV und PV *** Typisierter Arbeitgeberzuschuss

Lohn/ Gehalt in € bis	Steuerklasse	Lohnsteuer*	BVSP**	TAGZ***	Steuerklasse	Bemessungsgrundlage für Kirchensteuer und Solidaritätszuschlag – Freibeträge für ... Kinder 0,5	1,0	1,5	2,0	2,5	3,0
8102,99	I,IV	**2043,66**	473,75	473,75	I	1887,00	1730,33	1573,66	1417,00	1261,83	1112,75
West	II	**1894,50**	473,75	473,75	II	1737,91	1581,25	1424,58	1269,16	1119,83	976,91
	III	**1364,16**	473,75	473,75	III	1240,50	1119,83	1002,50	888,33	777,33	669,50
	V	**2558,08**	473,75	473,75	IV	1965,33	1887,00	1808,66	1730,33	1652,00	1573,66
	VI	**2602,41**	473,75	473,75							
8102,99	I,IV	**2051,41**	473,75	473,75	I	1894,75	1738,08	1581,50	1424,83	1269,41	1120,08
Ost	II	**1902,33**	473,75	473,75	II	1745,66	1589,00	1432,33	1276,83	1127,08	983,83
	III	**1370,50**	473,75	473,75	III	1246,50	1125,66	1008,16	893,83	782,66	674,83
	V	**2565,91**	473,75	473,75	IV	1973,08	1894,75	1816,41	1738,08	1659,83	1581,50
	VI	**2610,16**	473,75	473,75							
8105,99	I,IV	**2044,91**	473,75	473,75	I	1888,25	1731,58	1574,91	1418,25	1263,08	1113,91
West	II	**1895,83**	473,75	473,75	II	1739,16	1582,50	1425,83	1270,41	1121,00	978,00
	III	**1365,16**	473,75	473,75	III	1241,33	1120,83	1003,33	889,16	778,16	670,33
	V	**2559,33**	473,75	473,75	IV	1966,58	1888,25	1809,91	1731,58	1653,25	1574,91
	VI	**2603,66**	473,75	473,75							
8105,99	I,IV	**2052,66**	473,75	473,75	I	1896,08	1739,41	1582,75	1426,08	1270,66	1121,25
Ost	II	**1903,58**	473,75	473,75	II	1746,91	1590,25	1433,58	1278,00	1128,33	985,00
	III	**1371,50**	473,75	473,75	III	1247,50	1126,66	1009,16	894,83	783,66	675,66
	V	**2567,16**	473,75	473,75	IV	1974,33	1896,08	1817,75	1739,41	1661,08	1582,75
	VI	**2611,41**	473,75	473,75							
8108,99	I,IV	**2046,16**	473,75	473,75	I	1889,50	1732,83	1576,16	1419,50	1264,25	1115,16
West	II	**1897,08**	473,75	473,75	II	1740,41	1583,75	1427,08	1271,66	1122,16	979,16
	III	**1366,33**	473,75	473,75	III	1242,33	1121,66	1004,33	890,00	779,00	671,33
	V	**2560,58**	473,75	473,75	IV	1967,83	1889,50	1811,16	1732,83	1654,50	1576,16
	VI	**2604,91**	473,75	473,75							
8108,99	I,IV	**2054,00**	473,75	473,75	I	1897,33	1740,66	1584,00	1427,33	1271,91	1122,41
Ost	II	**1904,83**	473,75	473,75	II	1748,16	1591,58	1434,91	1279,25	1129,50	986,08
	III	**1372,50**	473,75	473,75	III	1248,50	1127,66	1010,00	895,66	784,50	676,50
	V	**2568,41**	473,75	473,75	IV	1975,66	1897,33	1819,00	1740,66	1662,33	1584,00
	VI	**2612,75**	473,75	473,75							
8111,99	I,IV	**2047,41**	473,75	473,75	I	1890,75	1734,08	1577,41	1420,75	1265,50	1116,33
West	II	**1898,33**	473,75	473,75	II	1741,66	1585,00	1428,33	1272,91	1123,33	980,25
	III	**1367,33**	473,75	473,75	III	1243,33	1122,66	1005,16	891,00	780,00	672,16
	V	**2561,83**	473,75	473,75	IV	1969,08	1890,75	1812,41	1734,08	1655,75	1577,41
	VI	**2606,16**	473,75	473,75							
8111,99	I,IV	**2055,25**	473,75	473,75	I	1898,58	1741,91	1585,25	1428,58	1273,08	1123,58
Ost	II	**1906,08**	473,75	473,75	II	1749,50	1592,83	1436,16	1280,50	1130,66	987,25
	III	**1373,50**	473,75	473,75	III	1249,50	1128,66	1011,00	896,50	785,33	677,33
	V	**2569,66**	473,75	473,75	IV	1976,91	1898,58	1820,25	1741,91	1663,58	1585,25
	VI	**2614,00**	473,75	473,75							
8114,99	I,IV	**2048,66**	473,75	473,75	I	1892,00	1735,33	1578,66	1422,00	1266,75	1117,50
West	II	**1899,58**	473,75	473,75	II	1742,91	1586,25	1429,58	1274,08	1124,50	981,41
	III	**1368,33**	473,75	473,75	III	1244,33	1123,66	1006,16	891,83	780,83	673,00
	V	**2563,08**	473,75	473,75	IV	1970,33	1892,00	1813,66	1735,33	1657,00	1578,66
	VI	**2607,41**	473,75	473,75							
8114,99	I,IV	**2056,50**	473,75	473,75	I	1899,83	1743,16	1586,50	1429,83	1274,33	1124,75
Ost	II	**1907,41**	473,75	473,75	II	1750,75	1594,08	1437,41	1281,75	1131,83	988,33
	III	**1374,50**	473,75	473,75	III	1250,50	1129,50	1011,83	897,50	786,33	678,16
	V	**2570,91**	473,75	473,75	IV	1978,16	1899,83	1821,50	1743,16	1664,83	1586,50
	VI	**2615,25**	473,75	473,75							
8117,99	I,IV	**2049,91**	473,75	473,75	I	1893,25	1736,58	1579,91	1423,33	1268,00	1118,66
West	II	**1900,83**	473,75	473,75	II	1744,16	1587,50	1430,83	1275,33	1125,66	982,50
	III	**1369,33**	473,75	473,75	III	1245,33	1124,66	1007,16	892,83	781,66	673,83
	V	**2564,41**	473,75	473,75	IV	1971,58	1893,25	1814,91	1736,58	1658,25	1579,91
	VI	**2608,66**	473,75	473,75							
8117,99	I,IV	**2057,75**	473,75	473,75	I	1901,08	1744,41	1587,75	1431,08	1275,58	1125,91
Ost	II	**1908,66**	473,75	473,75	II	1752,00	1595,33	1438,66	1282,91	1133,00	989,50
	III	**1375,50**	473,75	473,75	III	1251,33	1130,50	1012,83	898,33	787,16	679,16
	V	**2572,16**	473,75	473,75	IV	1979,41	1901,08	1822,75	1744,41	1666,08	1587,75
	VI	**2616,50**	473,75	473,75							

* Zur LSt-Berechnung für privat versicherte Arbeitnehmer s. Beispiele **Vorbemerkung S. 4 f.**
** Basisvorsorgepauschale KV und PV *** Typisierter Arbeitgeberzuschuss

Lohn/ Gehalt in € bis	Steuerklasse	Lohn-steuer*	BVSP**	TAGZ***	Steuerklasse	Bemessungsgrundlage für Kirchensteuer und Solidaritätszuschlag					
						Freibeträge für ... Kinder					
						0,5	**1,0**	1,5	**2,0**	2,5	**3,0**
8120,99	I,IV	**2051,16**	473,75	473,75	I	1894,50	1737,91	1581,25	1424,58	1269,16	1119,83
West	II	**1902,08**	473,75	473,75	II	1745,41	1588,75	1432,08	1276,58	1126,91	983,66
	III	**1370,33**	473,75	473,75	III	1246,33	1125,50	1008,00	893,66	782,50	674,66
	V	**2565,66**	473,75	473,75	IV	1972,83	1894,50	1816,16	1737,91	1659,58	1581,25
	VI	**2609,91**	473,75	473,75							
8120,99	I,IV	**2059,00**	473,75	473,75	I	1902,33	1745,66	1589,00	1432,33	1276,83	1127,08
Ost	II	**1909,91**	473,75	473,75	II	1753,25	1596,58	1439,91	1284,16	1134,16	990,58
	III	**1376,50**	473,75	473,75	III	1252,33	1131,50	1013,83	899,33	788,00	680,00
	V	**2573,41**	473,75	473,75	IV	1980,66	1902,33	1824,00	1745,66	1667,33	1589,00
	VI	**2617,75**	473,75	473,75							
8123,99	I,IV	**2052,41**	473,75	473,75	I	1895,83	1739,16	1582,50	1425,83	1270,41	1121,00
West	II	**1903,33**	473,75	473,75	II	1746,66	1590,00	1433,41	1277,83	1128,08	984,75
	III	**1371,33**	473,75	473,75	III	1247,33	1126,50	1009,00	894,66	783,50	675,50
	V	**2566,91**	473,75	473,75	IV	1974,16	1895,83	1817,50	1739,16	1660,83	1582,50
	VI	**2611,25**	473,75	473,75							
8123,99	I,IV	**2060,25**	473,75	473,75	I	1903,58	1746,91	1590,25	1433,58	1278,00	1128,33
Ost	II	**1911,16**	473,75	473,75	II	1754,50	1597,83	1441,16	1285,41	1135,33	991,75
	III	**1377,50**	473,75	473,75	III	1253,33	1132,50	1014,66	900,16	788,83	680,83
	V	**2574,66**	473,75	473,75	IV	1981,91	1903,58	1825,25	1746,91	1668,58	1590,25
	VI	**2619,00**	473,75	473,75							
8126,99	I,IV	**2053,75**	473,75	473,75	I	1897,08	1740,41	1583,75	1427,08	1271,66	1122,16
West	II	**1904,58**	473,75	473,75	II	1747,91	1591,33	1434,66	1279,00	1129,25	985,91
	III	**1372,33**	473,75	473,75	III	1248,33	1127,50	1009,83	895,50	784,33	676,33
	V	**2568,16**	473,75	473,75	IV	1975,41	1897,08	1818,75	1740,41	1662,08	1583,75
	VI	**2612,50**	473,75	473,75							
8126,99	I,IV	**2061,50**	473,75	473,75	I	1904,83	1748,16	1591,58	1434,91	1279,25	1129,50
Ost	II	**1912,41**	473,75	473,75	II	1755,75	1599,08	1442,41	1286,66	1136,58	992,91
	III	**1378,50**	473,75	473,75	III	1254,33	1133,33	1015,66	901,16	789,83	681,66
	V	**2576,00**	473,75	473,75	IV	1983,16	1904,83	1826,50	1748,16	1669,83	1591,58
	VI	**2620,25**	473,75	473,75							
8129,99	I,IV	**2055,00**	473,75	473,75	I	1898,33	1741,66	1585,00	1428,33	1272,91	1123,33
West	II	**1905,91**	473,75	473,75	II	1749,25	1592,58	1435,91	1280,25	1130,41	987,00
	III	**1373,33**	473,75	473,75	III	1249,33	1128,50	1010,83	896,33	785,16	677,33
	V	**2569,41**	473,75	473,75	IV	1976,66	1898,33	1820,00	1741,66	1663,33	1585,00
	VI	**2613,75**	473,75	473,75							
8129,99	I,IV	**2062,75**	473,75	473,75	I	1906,08	1749,50	1592,83	1436,16	1280,50	1130,66
Ost	II	**1913,66**	473,75	473,75	II	1757,00	1600,33	1443,66	1287,91	1137,75	994,00
	III	**1379,50**	473,75	473,75	III	1255,33	1134,33	1016,50	902,00	790,66	682,50
	V	**2577,25**	473,75	473,75	IV	1984,41	1906,08	1827,83	1749,50	1671,16	1592,83
	VI	**2621,50**	473,75	473,75							
8132,99	I,IV	**2056,25**	473,75	473,75	I	1899,58	1742,91	1586,25	1429,58	1274,08	1124,50
West	II	**1907,16**	473,75	473,75	II	1750,50	1593,83	1437,16	1281,50	1131,58	988,16
	III	**1374,33**	473,75	473,75	III	1250,33	1129,33	1011,83	897,33	786,16	678,16
	V	**2570,66**	473,75	473,75	IV	1977,91	1899,58	1821,25	1742,91	1664,58	1586,25
	VI	**2615,00**	473,75	473,75							
8132,99	I,IV	**2064,08**	473,75	473,75	I	1907,41	1750,75	1594,08	1437,41	1281,75	1131,83
Ost	II	**1914,91**	473,75	473,75	II	1758,25	1601,58	1445,00	1289,08	1138,91	995,16
	III	**1380,50**	473,75	473,75	III	1256,33	1135,33	1017,50	903,00	791,50	683,33
	V	**2578,50**	473,75	473,75	IV	1985,75	1907,41	1829,08	1750,75	1672,41	1594,08
	VI	**2622,83**	473,75	473,75							
8135,99	I,IV	**2057,50**	473,75	473,75	I	1900,83	1744,16	1587,50	1430,83	1275,33	1125,66
West	II	**1908,41**	473,75	473,75	II	1751,75	1595,08	1438,41	1282,75	1132,75	989,25
	III	**1375,33**	473,75	473,75	III	1251,16	1130,33	1012,66	898,16	787,00	679,00
	V	**2571,91**	473,75	473,75	IV	1979,16	1900,83	1822,50	1744,16	1665,83	1587,50
	VI	**2616,25**	473,75	473,75							
8135,99	I,IV	**2065,33**	473,75	473,75	I	1908,66	1752,00	1595,33	1438,66	1282,91	1133,00
Ost	II	**1916,16**	473,75	473,75	II	1759,58	1602,91	1446,25	1290,33	1140,08	996,25
	III	**1381,50**	473,75	473,75	III	1257,33	1136,33	1018,50	903,83	792,50	684,16
	V	**2579,75**	473,75	473,75	IV	1987,00	1908,66	1830,33	1752,00	1673,66	1595,33
	VI	**2624,08**	473,75	473,75							

* Zur LSt-Berechnung für privat versicherte Arbeitnehmer s. Beispiele **Vorbemerkung S. 4 f.**
** Basisvorsorgepauschale KV und PV *** Typisierter Arbeitgeberzuschuss

Lohn/ Gehalt in € bis	Steuerklasse	Lohn-steuer*	BVSP**	TAGZ***	Steuerklasse	Bemessungsgrundlage für Kirchensteuer und Solidaritätszuschlag – Freibeträge für ... Kinder 0,5	1,0	1,5	2,0	2,5	3,0
8138,99 West	I,IV	**2058,75**	473,75	473,75	I	1902,08	1745,41	1588,75	1432,08	1276,58	1126,91
	II	**1909,66**	473,75	473,75	II	1753,00	1596,33	1439,66	1283,91	1134,00	990,41
	III	**1376,33**	473,75	473,75	III	1252,16	1131,33	1013,66	899,16	787,83	679,83
	V	**2573,16**	473,75	473,75	IV	1980,41	1902,08	1823,75	1745,41	1667,08	1588,75
	VI	**2617,50**	473,75	473,75							
8138,99 Ost	I,IV	**2066,58**	473,75	473,75	I	1909,91	1753,25	1596,58	1439,91	1284,16	1134,16
	II	**1917,50**	473,75	473,75	II	1760,83	1604,16	1447,50	1291,58	1141,25	997,41
	III	**1382,66**	473,75	473,75	III	1258,33	1137,16	1019,33	904,66	793,33	685,16
	V	**2581,00**	473,75	473,75	IV	1988,25	1909,91	1831,58	1753,25	1674,91	1596,58
	VI	**2625,33**	473,75	473,75							
8141,99 West	I,IV	**2060,00**	473,75	473,75	I	1903,33	1746,66	1590,00	1433,41	1277,83	1128,08
	II	**1910,91**	473,75	473,75	II	1754,25	1597,58	1440,91	1285,16	1135,16	991,50
	III	**1377,33**	473,75	473,75	III	1253,16	1132,33	1014,50	900,00	788,83	680,66
	V	**2574,50**	473,75	473,75	IV	1981,66	1903,33	1825,00	1746,66	1668,33	1590,00
	VI	**2618,75**	473,75	473,75							
8141,99 Ost	I,IV	**2067,83**	473,75	473,75	I	1911,16	1754,50	1597,83	1441,16	1285,41	1135,33
	II	**1918,75**	473,75	473,75	II	1762,08	1605,41	1448,75	1292,83	1142,50	998,50
	III	**1383,66**	473,75	473,75	III	1259,33	1138,16	1020,33	905,66	794,16	686,00
	V	**2582,25**	473,75	473,75	IV	1989,50	1911,16	1832,83	1754,50	1676,16	1597,83
	VI	**2626,58**	473,75	473,75							
8144,99 West	I,IV	**2061,25**	473,75	473,75	I	1904,58	1747,91	1591,33	1434,66	1279,00	1129,25
	II	**1912,16**	473,75	473,75	II	1755,50	1598,83	1442,16	1286,41	1136,33	992,66
	III	**1378,33**	473,75	473,75	III	1254,16	1133,16	1015,50	901,00	789,66	681,50
	V	**2575,75**	473,75	473,75	IV	1982,91	1904,58	1826,25	1747,91	1669,66	1591,33
	VI	**2620,00**	473,75	473,75							
8144,99 Ost	I,IV	**2069,08**	473,75	473,75	I	1912,41	1755,75	1599,08	1442,41	1286,66	1136,58
	II	**1920,00**	473,75	473,75	II	1763,33	1606,66	1450,00	1294,08	1143,66	999,66
	III	**1384,66**	473,75	473,75	III	1260,33	1139,16	1021,16	906,50	795,00	686,83
	V	**2583,50**	473,75	473,75	IV	1990,75	1912,41	1834,08	1755,75	1677,41	1599,08
	VI	**2627,83**	473,75	473,75							
8147,99 West	I,IV	**2062,50**	473,75	473,75	I	1905,91	1749,25	1592,58	1435,91	1280,25	1130,41
	II	**1913,41**	473,75	473,75	II	1756,75	1600,08	1443,41	1287,66	1137,50	993,75
	III	**1379,33**	473,75	473,75	III	1255,16	1134,16	1016,50	901,83	790,50	682,33
	V	**2577,00**	473,75	473,75	IV	1984,16	1905,91	1827,58	1749,25	1670,91	1592,58
	VI	**2621,25**	473,75	473,75							
8147,99 Ost	I,IV	**2070,33**	473,75	473,75	I	1913,66	1757,00	1600,33	1443,66	1287,91	1137,75
	II	**1921,25**	473,75	473,75	II	1764,58	1607,91	1451,25	1295,33	1144,83	1000,83
	III	**1385,66**	473,75	473,75	III	1261,33	1140,16	1022,16	907,50	796,00	687,66
	V	**2584,75**	473,75	473,75	IV	1992,00	1913,66	1835,33	1757,00	1678,66	1600,33
	VI	**2629,08**	473,75	473,75							
8150,99 West	I,IV	**2063,83**	473,75	473,75	I	1907,16	1750,50	1593,83	1437,16	1281,50	1131,58
	II	**1914,66**	473,75	473,75	II	1758,00	1601,41	1444,75	1288,91	1138,66	994,91
	III	**1380,33**	473,75	473,75	III	1256,16	1135,16	1017,33	902,83	791,33	683,16
	V	**2578,25**	473,75	473,75	IV	1985,50	1907,16	1828,83	1750,50	1672,16	1593,83
	VI	**2622,58**	473,75	473,75							
8150,99 Ost	I,IV	**2071,58**	473,75	473,75	I	1914,91	1758,25	1601,58	1445,00	1289,08	1138,91
	II	**1922,50**	473,75	473,75	II	1765,83	1609,16	1452,50	1296,50	1146,00	1001,91
	III	**1386,66**	473,75	473,75	III	1262,33	1141,00	1023,16	908,33	796,83	688,50
	V	**2586,08**	473,75	473,75	IV	1993,25	1914,91	1836,58	1758,25	1679,91	1601,58
	VI	**2630,33**	473,75	473,75							
8153,99 West	I,IV	**2065,08**	473,75	473,75	I	1908,41	1751,75	1595,08	1438,41	1282,75	1132,75
	II	**1915,91**	473,75	473,75	II	1759,33	1602,66	1446,00	1290,08	1139,83	996,08
	III	**1381,33**	473,75	473,75	III	1257,16	1136,16	1018,33	903,66	792,33	684,16
	V	**2579,50**	473,75	473,75	IV	1986,75	1908,41	1830,08	1751,75	1673,41	1595,08
	VI	**2623,83**	473,75	473,75							
8153,99 Ost	I,IV	**2072,83**	473,75	473,75	I	1916,16	1759,58	1602,91	1446,25	1290,33	1140,08
	II	**1923,75**	473,75	473,75	II	1767,08	1610,41	1453,75	1297,75	1147,16	1003,08
	III	**1387,66**	473,75	473,75	III	1263,16	1142,00	1024,00	909,33	797,66	689,33
	V	**2587,33**	473,75	473,75	IV	1994,50	1916,16	1837,83	1759,58	1681,25	1602,91
	VI	**2631,58**	473,75	473,75							

* Zur LSt-Berechnung für privat versicherte Arbeitnehmer s. Beispiele **Vorbemerkung S. 4 f.**
** Basisvorsorgepauschale KV und PV *** Typisierter Arbeitgeberzuschuss

Lohn/ Gehalt in € bis	Steuerklasse	Lohn-steuer*	BVSP**	TAGZ***	Steuerklasse	Bemessungsgrundlage für Kirchensteuer und Solidaritätszuschlag – Freibeträge für ... Kinder 0,5	**1,0**	1,5	**2,0**	2,5	**3,0**
8156,99	I,IV	**2066,33**	473,75	473,75	I	1909,66	1753,00	1596,33	1439,66	1283,91	1134,00
West	II	**1917,25**	473,75	473,75	II	1760,58	1603,91	1447,25	1291,33	1141,08	997,16
	III	**1382,50**	473,75	473,75	III	1258,16	1137,00	1019,16	904,66	793,16	685,00
	V	**2580,75**	473,75	473,75	IV	1988,00	1909,66	1831,33	1753,00	1674,66	1596,33
	VI	**2625,08**	473,75	473,75							
8156,99	I,IV	**2074,08**	473,75	473,75	I	1917,50	1760,83	1604,16	1447,50	1291,58	1141,25
Ost	II	**1925,00**	473,75	473,75	II	1768,33	1611,66	1455,08	1299,00	1148,41	1004,16
	III	**1388,66**	473,75	473,75	III	1264,16	1143,00	1025,00	910,16	798,66	690,33
	V	**2588,58**	473,75	473,75	IV	1995,83	1917,50	1839,16	1760,83	1682,50	1604,16
	VI	**2632,83**	473,75	473,75							
8159,99	I,IV	**2067,58**	473,75	473,75	I	1910,91	1754,25	1597,58	1440,91	1285,16	1135,16
West	II	**1918,50**	473,75	473,75	II	1761,83	1605,16	1448,50	1292,58	1142,25	998,33
	III	**1383,50**	473,75	473,75	III	1259,16	1138,00	1020,16	905,50	794,00	685,83
	V	**2582,00**	473,75	473,75	IV	1989,25	1910,91	1832,58	1754,25	1675,91	1597,58
	VI	**2626,33**	473,75	473,75							
8159,99	I,IV	**2075,41**	473,75	473,75	I	1918,75	1762,08	1605,41	1448,75	1292,83	1142,50
Ost	II	**1926,25**	473,75	473,75	II	1769,58	1613,00	1456,33	1300,25	1149,58	1005,33
	III	**1389,66**	473,75	473,75	III	1265,16	1144,00	1026,00	911,16	799,50	691,16
	V	**2589,83**	473,75	473,75	IV	1997,08	1918,75	1840,41	1762,08	1683,75	1605,41
	VI	**2634,16**	473,75	473,75							
8162,99	I,IV	**2068,83**	473,75	473,75	I	1912,16	1755,50	1598,83	1442,16	1286,41	1136,33
West	II	**1919,75**	473,75	473,75	II	1763,08	1606,41	1449,75	1293,83	1143,41	999,41
	III	**1384,50**	473,75	473,75	III	1260,16	1139,00	1021,16	906,33	795,00	686,66
	V	**2583,25**	473,75	473,75	IV	1990,50	1912,16	1833,83	1755,50	1677,16	1598,83
	VI	**2627,58**	473,75	473,75							
8162,99	I,IV	**2076,66**	473,75	473,75	I	1920,00	1763,33	1606,66	1450,00	1294,08	1143,66
Ost	II	**1927,58**	473,75	473,75	II	1770,91	1614,25	1457,58	1301,50	1150,75	1006,50
	III	**1390,66**	473,75	473,75	III	1266,16	1145,00	1026,83	912,00	800,33	692,00
	V	**2591,08**	473,75	473,75	IV	1998,33	1920,00	1841,66	1763,33	1685,00	1606,66
	VI	**2635,41**	473,75	473,75							
8165,99	I,IV	**2070,08**	473,75	473,75	I	1913,41	1756,75	1600,08	1443,41	1287,66	1137,50
West	II	**1921,00**	473,75	473,75	II	1764,33	1607,66	1451,00	1295,08	1144,58	1000,58
	III	**1385,50**	473,75	473,75	III	1261,16	1140,00	1022,00	907,33	795,83	687,50
	V	**2584,50**	473,75	473,75	IV	1991,75	1913,41	1835,08	1756,75	1678,41	1600,08
	VI	**2628,83**	473,75	473,75							
8165,99	I,IV	**2077,91**	473,75	473,75	I	1921,25	1764,58	1607,91	1451,25	1295,33	1144,83
Ost	II	**1928,83**	473,75	473,75	II	1772,16	1615,50	1458,83	1302,75	1151,91	1007,58
	III	**1391,66**	473,75	473,75	III	1267,16	1145,83	1027,83	913,00	801,33	692,83
	V	**2592,33**	473,75	473,75	IV	1999,58	1921,25	1842,91	1764,58	1686,25	1607,91
	VI	**2636,66**	473,75	473,75							
8168,99	I,IV	**2071,33**	473,75	473,75	I	1914,66	1758,00	1601,41	1444,75	1288,91	1138,66
West	II	**1922,25**	473,75	473,75	II	1765,58	1608,91	1452,25	1296,33	1145,75	1001,75
	III	**1386,50**	473,75	473,75	III	1262,16	1141,00	1023,00	908,16	796,66	688,33
	V	**2585,83**	473,75	473,75	IV	1993,00	1914,66	1836,33	1758,00	1679,66	1601,41
	VI	**2630,08**	473,75	473,75							
8168,99	I,IV	**2079,16**	473,75	473,75	I	1922,50	1765,83	1609,16	1452,50	1296,50	1146,00
Ost	II	**1930,08**	473,75	473,75	II	1773,41	1616,75	1460,08	1304,00	1153,16	1008,75
	III	**1392,66**	473,75	473,75	III	1268,16	1146,83	1028,66	913,83	802,16	693,66
	V	**2593,58**	473,75	473,75	IV	2000,83	1922,50	1844,16	1765,83	1687,50	1609,16
	VI	**2637,91**	473,75	473,75							
8171,99	I,IV	**2072,58**	473,75	473,75	I	1915,91	1759,33	1602,66	1446,00	1290,08	1139,83
West	II	**1923,50**	473,75	473,75	II	1766,83	1610,16	1453,50	1297,50	1147,00	1002,83
	III	**1387,50**	473,75	473,75	III	1263,00	1141,83	1023,83	909,16	797,66	689,16
	V	**2587,08**	473,75	473,75	IV	1994,25	1915,91	1837,66	1759,33	1681,00	1602,66
	VI	**2631,33**	473,75	473,75							
8171,99	I,IV	**2080,41**	473,75	473,75	I	1923,75	1767,08	1610,41	1453,75	1297,75	1147,16
Ost	II	**1931,33**	473,75	473,75	II	1774,66	1618,00	1461,33	1305,16	1154,33	1009,83
	III	**1393,66**	473,75	473,75	III	1269,16	1147,83	1029,66	914,83	803,00	694,50
	V	**2594,83**	473,75	473,75	IV	2002,08	1923,75	1845,41	1767,08	1688,75	1610,41
	VI	**2639,16**	473,75	473,75							

* Zur LSt-Berechnung für privat versicherte Arbeitnehmer s. Beispiele **Vorbemerkung S. 4f.**
** Basisvorsorgepauschale KV und PV *** Typisierter Arbeitgeberzuschuss

Lohn/ Gehalt in € bis	Steuerklasse	Lohn- steuer*	BVSP**	TAGZ***	Steuerklasse	Bemessungsgrundlage für Kirchensteuer und Solidaritätszuschlag – Freibeträge für ... Kinder 0,5	1,0	1,5	2,0	2,5	3,0
8174,99 West	I,IV	**2073,91**	473,75	473,75	I	1917,25	1760,58	1603,91	1447,25	1291,33	1141,08
	II	**1924,75**	473,75	473,75	II	1768,08	1611,41	1454,83	1298,75	1148,16	1004,00
	III	**1388,50**	473,75	473,75	III	1264,00	1142,83	1024,83	910,00	798,50	690,16
	V	**2588,33**	473,75	473,75	IV	1995,58	1917,25	1838,91	1760,58	1682,25	1603,91
	VI	**2632,66**	473,75	473,75							
8174,99 Ost	I,IV	**2081,66**	473,75	473,75	I	1925,00	1768,33	1611,66	1455,08	1299,00	1148,41
	II	**1932,58**	473,75	473,75	II	1775,91	1619,25	1462,58	1306,41	1155,50	1011,00
	III	**1394,83**	473,75	473,75	III	1270,16	1148,83	1030,66	915,66	804,00	695,33
	V	**2596,08**	473,75	473,75	IV	2003,33	1925,00	1846,66	1768,33	1690,00	1611,66
	VI	**2640,41**	473,75	473,75							
8177,99 West	I,IV	**2075,16**	473,75	473,75	I	1918,50	1761,83	1605,16	1448,50	1292,58	1142,25
	II	**1926,00**	473,75	473,75	II	1769,41	1612,75	1456,08	1300,00	1149,33	1005,08
	III	**1389,50**	473,75	473,75	III	1265,00	1143,83	1025,83	911,00	799,33	691,00
	V	**2589,58**	473,75	473,75	IV	1996,83	1918,50	1840,16	1761,83	1683,50	1605,16
	VI	**2633,91**	473,75	473,75							
8177,99 Ost	I,IV	**2082,91**	473,75	473,75	I	1926,25	1769,58	1613,00	1456,33	1300,25	1149,58
	II	**1933,83**	473,75	473,75	II	1777,16	1620,50	1463,83	1307,66	1156,66	1012,16
	III	**1395,83**	473,75	473,75	III	1271,16	1149,66	1031,50	916,50	804,83	696,33
	V	**2597,41**	473,75	473,75	IV	2004,58	1926,25	1847,91	1769,58	1691,33	1613,00
	VI	**2641,66**	473,75	473,75							
8180,99 West	I,IV	**2076,41**	473,75	473,75	I	1919,75	1763,08	1606,41	1449,75	1293,83	1143,41
	II	**1927,33**	473,75	473,75	II	1770,66	1614,00	1457,33	1301,25	1150,50	1006,25
	III	**1390,50**	473,75	473,75	III	1266,00	1144,83	1026,66	911,83	800,16	691,83
	V	**2590,83**	473,75	473,75	IV	1998,08	1919,75	1841,41	1763,08	1684,75	1606,41
	VI	**2635,16**	473,75	473,75							
8180,99 Ost	I,IV	**2084,16**	473,75	473,75	I	1927,58	1770,91	1614,25	1457,58	1301,50	1150,75
	II	**1935,08**	473,75	473,75	II	1778,41	1621,75	1465,08	1308,91	1157,91	1013,25
	III	**1396,83**	473,75	473,75	III	1272,16	1150,66	1032,50	917,50	805,66	697,16
	V	**2598,66**	473,75	473,75	IV	2005,83	1927,58	1849,25	1770,91	1692,58	1614,25
	VI	**2642,91**	473,75	473,75							
8183,99 West	I,IV	**2077,66**	473,75	473,75	I	1921,00	1764,33	1607,66	1451,00	1295,08	1144,58
	II	**1928,58**	473,75	473,75	II	1771,91	1615,25	1458,58	1302,50	1151,75	1007,41
	III	**1391,50**	473,75	473,75	III	1267,00	1145,66	1027,66	912,83	801,16	692,66
	V	**2592,08**	473,75	473,75	IV	1999,33	1921,00	1842,66	1764,33	1686,00	1607,66
	VI	**2636,41**	473,75	473,75							
8183,99 Ost	I,IV	**2085,50**	473,75	473,75	I	1928,83	1772,16	1615,50	1458,83	1302,75	1151,91
	II	**1936,33**	473,75	473,75	II	1779,66	1623,08	1466,41	1310,16	1159,08	1014,41
	III	**1397,83**	473,75	473,75	III	1273,16	1151,66	1033,50	918,33	806,66	698,00
	V	**2599,91**	473,75	473,75	IV	2007,16	1928,83	1850,50	1772,16	1693,83	1615,50
	VI	**2644,25**	473,75	473,75							
8186,99 West	I,IV	**2078,91**	473,75	473,75	I	1922,25	1765,58	1608,91	1452,25	1296,33	1145,75
	II	**1929,83**	473,75	473,75	II	1773,16	1616,50	1459,83	1303,75	1152,91	1008,50
	III	**1392,50**	473,75	473,75	III	1268,00	1146,66	1028,66	913,66	802,00	693,50
	V	**2593,33**	473,75	473,75	IV	2000,58	1922,25	1843,91	1765,58	1687,25	1608,91
	VI	**2637,66**	473,75	473,75							
8186,99 Ost	I,IV	**2086,75**	473,75	473,75	I	1930,08	1773,41	1616,75	1460,08	1304,00	1153,16
	II	**1937,58**	473,75	473,75	II	1781,00	1624,33	1467,66	1311,41	1160,25	1015,58
	III	**1398,83**	473,75	473,75	III	1274,16	1152,66	1034,33	919,33	807,50	698,83
	V	**2601,16**	473,75	473,75	IV	2008,41	1930,08	1851,75	1773,41	1695,08	1616,75
	VI	**2645,50**	473,75	473,75							
8189,99 West	I,IV	**2080,16**	473,75	473,75	I	1923,50	1766,83	1610,16	1453,50	1297,50	1147,00
	II	**1931,08**	473,75	473,75	II	1774,41	1617,75	1461,08	1304,91	1154,08	1009,66
	III	**1393,50**	473,75	473,75	III	1269,00	1147,66	1029,50	914,66	802,83	694,33
	V	**2594,58**	473,75	473,75	IV	2001,83	1923,50	1845,16	1766,83	1688,50	1610,16
	VI	**2638,91**	473,75	473,75							
8189,99 Ost	I,IV	**2088,00**	473,75	473,75	I	1931,33	1774,66	1618,00	1461,33	1305,16	1154,33
	II	**1938,91**	473,75	473,75	II	1782,25	1625,58	1468,91	1312,66	1161,41	1016,66
	III	**1399,83**	473,75	473,75	III	1275,16	1153,66	1035,33	920,16	808,33	699,66
	V	**2602,41**	473,75	473,75	IV	2009,66	1931,33	1853,00	1774,66	1696,33	1618,00
	VI	**2646,75**	473,75	473,75							

* Zur LSt-Berechnung für privat versicherte Arbeitnehmer s. Beispiele **Vorbemerkung S. 4f.**
** Basisvorsorgepauschale KV und PV *** Typisierter Arbeitgeberzuschuss

Lohn/ Gehalt in € bis	Steuerklasse	Lohn-steuer*	BVSP**	TAGZ***	Steuerklasse	Bemessungsgrundlage für Kirchensteuer und Solidaritätszuschlag					
						Freibeträge für ... Kinder					
						0,5	**1,0**	1,5	**2,0**	2,5	**3,0**
8192,99 West	I,IV	**2081,41**	473,75	473,75	I	1924,75	1768,08	1611,41	1454,83	1298,75	1148,16
	II	**1932,33**	473,75	473,75	II	1775,66	1619,00	1462,33	1306,16	1155,25	1010,75
	III	**1394,66**	473,75	473,75	III	1270,00	1148,66	1030,50	915,50	803,83	695,33
	V	**2595,91**	473,75	473,75	IV	2003,08	1924,75	1846,41	1768,08	1689,75	1611,41
	VI	**2640,16**	473,75	473,75							
8192,99 Ost	I,IV	**2089,25**	473,75	473,75	I	1932,58	1775,91	1619,25	1462,58	1306,41	1155,50
	II	**1940,16**	473,75	473,75	II	1783,50	1626,83	1470,16	1313,91	1162,66	1017,83
	III	**1400,83**	473,75	473,75	III	1276,16	1154,50	1036,16	921,16	809,16	700,50
	V	**2603,66**	473,75	473,75	IV	2010,91	1932,58	1854,25	1775,91	1697,58	1619,25
	VI	**2648,00**	473,75	473,75							
8195,99 West	I,IV	**2082,66**	473,75	473,75	I	1926,00	1769,41	1612,75	1456,08	1300,00	1149,33
	II	**1933,58**	473,75	473,75	II	1776,91	1620,25	1463,58	1307,41	1156,50	1011,91
	III	**1395,66**	473,75	473,75	III	1271,00	1149,66	1031,33	916,50	804,66	696,16
	V	**2597,16**	473,75	473,75	IV	2004,33	1926,00	1847,66	1769,41	1691,08	1612,75
	VI	**2641,41**	473,75	473,75							
8195,99 Ost	I,IV	**2090,50**	473,75	473,75	I	1933,83	1777,16	1620,50	1463,83	1307,66	1156,66
	II	**1941,41**	473,75	473,75	II	1784,75	1628,08	1471,41	1315,16	1163,83	1019,00
	III	**1401,83**	473,75	473,75	III	1277,16	1155,50	1037,16	922,00	810,16	701,50
	V	**2604,91**	473,75	473,75	IV	2012,16	1933,83	1855,50	1777,16	1698,83	1620,50
	VI	**2649,25**	473,75	473,75							
8198,99 West	I,IV	**2083,91**	473,75	473,75	I	1927,33	1770,66	1614,00	1457,33	1301,25	1150,50
	II	**1934,83**	473,75	473,75	II	1778,16	1621,50	1464,91	1308,66	1157,66	1013,08
	III	**1396,66**	473,75	473,75	III	1272,00	1150,50	1032,33	917,33	805,50	697,00
	V	**2598,41**	473,75	473,75	IV	2005,66	1927,33	1849,00	1770,66	1692,33	1614,00
	VI	**2642,75**	473,75	473,75							
8198,99 Ost	I,IV	**2091,75**	473,75	473,75	I	1935,08	1778,41	1621,75	1465,08	1308,91	1157,91
	II	**1942,66**	473,75	473,75	II	1786,00	1629,33	1472,66	1316,33	1165,00	1020,08
	III	**1402,83**	473,75	473,75	III	1278,16	1156,50	1038,16	923,00	811,00	702,33
	V	**2606,16**	473,75	473,75	IV	2013,41	1935,08	1856,75	1778,41	1700,08	1621,75
	VI	**2650,50**	473,75	473,75							
8201,99 West	I,IV	**2085,25**	473,75	473,75	I	1928,58	1771,91	1615,25	1458,58	1302,50	1151,75
	II	**1936,08**	473,75	473,75	II	1779,41	1622,83	1466,16	1309,91	1158,83	1014,16
	III	**1397,66**	473,75	473,75	III	1273,00	1151,50	1033,33	918,16	806,50	697,83
	V	**2599,66**	473,75	473,75	IV	2006,91	1928,58	1850,25	1771,91	1693,58	1615,25
	VI	**2644,00**	473,75	473,75							
8201,99 Ost	I,IV	**2093,00**	473,75	473,75	I	1936,33	1779,66	1623,08	1466,41	1310,16	1159,08
	II	**1943,91**	473,75	473,75	II	1787,25	1630,58	1473,91	1317,58	1166,25	1021,25
	III	**1403,83**	473,75	473,75	III	1279,00	1157,50	1039,00	923,83	811,83	703,16
	V	**2607,50**	473,75	473,75	IV	2014,66	1936,33	1858,00	1779,66	1701,33	1623,08
	VI	**2651,75**	473,75	473,75							
8204,99 West	I,IV	**2086,50**	473,75	473,75	I	1929,83	1773,16	1616,50	1459,83	1303,75	1152,91
	II	**1937,41**	473,75	473,75	II	1780,75	1624,08	1467,41	1311,16	1160,00	1015,33
	III	**1398,66**	473,75	473,75	III	1274,00	1152,50	1034,16	919,16	807,33	698,66
	V	**2600,91**	473,75	473,75	IV	2008,16	1929,83	1851,50	1773,16	1694,83	1616,50
	VI	**2645,25**	473,75	473,75							
8204,99 Ost	I,IV	**2094,25**	473,75	473,75	I	1937,58	1781,00	1624,33	1467,66	1311,41	1160,25
	II	**1945,16**	473,75	473,75	II	1788,50	1631,83	1475,16	1318,83	1167,41	1022,41
	III	**1405,00**	473,75	473,75	III	1280,00	1158,50	1040,00	924,83	812,83	704,00
	V	**2608,75**	473,75	473,75	IV	2015,91	1937,58	1859,33	1781,00	1702,66	1624,33
	VI	**2653,00**	473,75	473,75							
8207,99 West	I,IV	**2087,75**	473,75	473,75	I	1931,08	1774,41	1617,75	1461,08	1304,91	1154,08
	II	**1938,66**	473,75	473,75	II	1782,00	1625,33	1468,66	1312,41	1161,25	1016,50
	III	**1399,66**	473,75	473,75	III	1275,00	1153,50	1035,16	920,00	808,16	699,50
	V	**2602,16**	473,75	473,75	IV	2009,41	1931,08	1852,75	1774,41	1696,08	1617,75
	VI	**2646,50**	473,75	473,75							
8207,99 Ost	I,IV	**2095,58**	473,75	473,75	I	1938,91	1782,25	1625,58	1468,91	1312,66	1161,41
	II	**1946,41**	473,75	473,75	II	1789,75	1633,08	1476,50	1320,08	1168,58	1023,50
	III	**1406,00**	473,75	473,75	III	1281,00	1159,33	1041,00	925,66	813,66	704,83
	V	**2610,00**	473,75	473,75	IV	2017,25	1938,91	1860,58	1782,25	1703,91	1625,58
	VI	**2654,33**	473,75	473,75							

* Zur LSt-Berechnung für privat versicherte Arbeitnehmer s. Beispiele **Vorbemerkung S. 4 f.**
** Basisvorsorgepauschale KV und PV *** Typisierter Arbeitgeberzuschuss

Lohn/ Gehalt in € bis	Steuerklasse	Lohn-steuer*	BVSP**	TAGZ***	Steuerklasse	Bemessungsgrundlage für Kirchensteuer und Solidaritätszuschlag – Freibeträge für ... Kinder 0,5	1,0	1,5	2,0	2,5	3,0
8210,99	I,IV	**2089,00**	473,75	473,75	I	1932,33	1775,66	1619,00	1462,33	1306,16	1155,25
West	II	**1939,91**	473,75	473,75	II	1783,25	1626,58	1469,91	1313,66	1162,41	1017,58
	III	**1400,66**	473,75	473,75	III	1276,00	1154,33	1036,16	921,00	809,16	700,50
	V	**2603,41**	473,75	473,75	IV	2010,66	1932,33	1854,00	1775,66	1697,33	1619,00
	VI	**2647,75**	473,75	473,75							
8210,99	I,IV	**2096,83**	473,75	473,75	I	1940,16	1783,50	1626,83	1470,16	1313,91	1162,66
Ost	II	**1947,66**	473,75	473,75	II	1791,08	1634,41	1477,75	1321,33	1169,83	1024,66
	III	**1407,00**	473,75	473,75	III	1282,00	1160,33	1041,83	926,66	814,50	705,66
	V	**2611,25**	473,75	473,75	IV	2018,50	1940,16	1861,83	1783,50	1705,16	1626,83
	VI	**2655,58**	473,75	473,75							
8213,99	I,IV	**2090,25**	473,75	473,75	I	1933,58	1776,91	1620,25	1463,58	1307,41	1156,50
West	II	**1941,16**	473,75	473,75	II	1784,50	1627,83	1471,16	1314,91	1163,58	1018,75
	III	**1401,66**	473,75	473,75	III	1277,00	1155,33	1037,00	921,83	810,00	701,33
	V	**2604,66**	473,75	473,75	IV	2011,91	1933,58	1855,25	1776,91	1698,58	1620,25
	VI	**2649,00**	473,75	473,75							
8213,99	I,IV	**2098,08**	473,75	473,75	I	1941,41	1784,75	1628,08	1471,41	1315,16	1163,83
Ost	II	**1949,00**	473,75	473,75	II	1792,33	1635,66	1479,00	1322,58	1171,00	1025,83
	III	**1408,00**	473,75	473,75	III	1283,00	1161,33	1042,83	927,50	815,50	706,66
	V	**2612,50**	473,75	473,75	IV	2019,75	1941,41	1863,08	1784,75	1706,41	1628,08
	VI	**2656,83**	473,75	473,75							
8216,99	I,IV	**2091,50**	473,75	473,75	I	1934,83	1778,16	1621,50	1464,91	1308,66	1157,66
West	II	**1942,41**	473,75	473,75	II	1785,75	1629,08	1472,41	1316,16	1164,83	1019,91
	III	**1402,66**	473,75	473,75	III	1278,00	1156,33	1038,00	922,83	810,83	702,16
	V	**2606,00**	473,75	473,75	IV	2013,16	1934,83	1856,50	1778,16	1699,83	1621,50
	VI	**2650,25**	473,75	473,75							
8216,99	I,IV	**2099,33**	473,75	473,75	I	1942,66	1786,00	1629,33	1472,66	1316,33	1165,00
Ost	II	**1950,25**	473,75	473,75	II	1793,58	1636,91	1480,25	1323,83	1172,16	1026,91
	III	**1409,00**	473,75	473,75	III	1284,00	1162,33	1043,83	928,50	816,33	707,50
	V	**2613,75**	473,75	473,75	IV	2021,00	1942,66	1864,33	1786,00	1707,66	1629,33
	VI	**2658,08**	473,75	473,75							
8219,99	I,IV	**2092,75**	473,75	473,75	I	1936,08	1779,41	1622,83	1466,16	1309,91	1158,83
West	II	**1943,66**	473,75	473,75	II	1787,00	1630,33	1473,66	1317,33	1166,00	1021,00
	III	**1403,66**	473,75	473,75	III	1278,83	1157,33	1038,83	923,66	811,83	703,00
	V	**2607,25**	473,75	473,75	IV	2014,41	1936,08	1857,75	1779,41	1701,16	1622,83
	VI	**2651,50**	473,75	473,75							
8219,99	I,IV	**2100,58**	473,75	473,75	I	1943,91	1787,25	1630,58	1473,91	1317,58	1166,25
Ost	II	**1951,50**	473,75	473,75	II	1794,83	1638,16	1481,50	1325,08	1173,41	1028,08
	III	**1410,00**	473,75	473,75	III	1285,00	1163,33	1044,66	929,33	817,16	708,33
	V	**2615,00**	473,75	473,75	IV	2022,25	1943,91	1865,58	1787,25	1708,91	1630,58
	VI	**2659,33**	473,75	473,75							
8222,99	I,IV	**2094,00**	473,75	473,75	I	1937,41	1780,75	1624,08	1467,41	1311,16	1160,00
West	II	**1944,91**	473,75	473,75	II	1788,25	1631,58	1474,91	1318,58	1167,16	1022,16
	III	**1404,83**	473,75	473,75	III	1279,83	1158,33	1039,83	924,66	812,66	703,83
	V	**2608,50**	473,75	473,75	IV	2015,66	1937,41	1859,08	1780,75	1702,41	1624,08
	VI	**2652,75**	473,75	473,75							
8222,99	I,IV	**2101,83**	473,75	473,75	I	1945,16	1788,50	1631,83	1475,16	1318,83	1167,41
Ost	II	**1952,75**	473,75	473,75	II	1796,08	1639,41	1482,75	1326,33	1174,58	1029,25
	III	**1411,00**	473,75	473,75	III	1286,00	1164,16	1045,66	930,33	818,16	709,16
	V	**2616,25**	473,75	473,75	IV	2023,50	1945,16	1866,83	1788,50	1710,16	1631,83
	VI	**2660,58**	473,75	473,75							
8225,99	I,IV	**2095,33**	473,75	473,75	I	1938,66	1782,00	1625,33	1468,66	1312,41	1161,25
West	II	**1946,16**	473,75	473,75	II	1789,50	1632,91	1476,25	1319,83	1168,33	1023,33
	III	**1405,83**	473,75	473,75	III	1280,83	1159,16	1040,83	925,50	813,50	704,66
	V	**2609,75**	473,75	473,75	IV	2017,00	1938,66	1860,33	1782,00	1703,66	1625,33
	VI	**2654,08**	473,75	473,75							
8225,99	I,IV	**2103,08**	473,75	473,75	I	1946,41	1789,75	1633,08	1476,50	1320,08	1168,58
Ost	II	**1954,00**	473,75	473,75	II	1797,33	1640,66	1484,00	1327,58	1175,75	1030,41
	III	**1412,00**	473,75	473,75	III	1287,00	1165,16	1046,50	931,16	819,00	710,00
	V	**2617,58**	473,75	473,75	IV	2024,75	1946,41	1868,08	1789,75	1711,41	1633,08
	VI	**2661,83**	473,75	473,75							

* Zur LSt-Berechnung für privat versicherte Arbeitnehmer s. Beispiele **Vorbemerkung S. 4 f.**
** Basisvorsorgepauschale KV und PV *** Typisierter Arbeitgeberzuschuss

Lohn/ Gehalt in € bis	Steuerklasse	Lohn-steuer*	BVSP**	TAGZ***	Steuerklasse	Bemessungsgrundlage für Kirchensteuer und Solidaritätszuschlag					
						Freibeträge für ... Kinder					
						0,5	**1,0**	1,5	**2,0**	2,5	**3,0**
8228,99	I,IV	**2096,58**	473,75	473,75	I	1939,91	1783,25	1626,58	1469,91	1313,66	1162,41
West	II	**1947,41**	473,75	473,75	II	1790,83	1634,16	1477,50	1321,08	1169,58	1024,41
	III	**1406,83**	473,75	473,75	III	1281,83	1160,16	1041,66	926,50	814,50	705,66
	V	**2611,00**	473,75	473,75	IV	2018,25	1939,91	1861,58	1783,25	1704,91	1626,58
	VI	**2655,33**	473,75	473,75							
8228,99	I,IV	**2104,33**	473,75	473,75	I	1947,66	1791,08	1634,41	1477,75	1321,33	1169,83
Ost	II	**1955,25**	473,75	473,75	II	1798,58	1641,91	1485,25	1328,83	1177,00	1031,50
	III	**1413,00**	473,75	473,75	III	1288,00	1166,16	1047,50	932,16	819,83	711,00
	V	**2618,83**	473,75	473,75	IV	2026,00	1947,66	1869,33	1791,08	1712,75	1634,41
	VI	**2663,08**	473,75	473,75							
8231,99	I,IV	**2097,83**	473,75	473,75	I	1941,16	1784,50	1627,83	1471,16	1314,91	1163,58
West	II	**1948,75**	473,75	473,75	II	1792,08	1635,41	1478,75	1322,33	1170,75	1025,58
	III	**1407,83**	473,75	473,75	III	1282,83	1161,16	1042,66	927,33	815,33	706,50
	V	**2612,25**	473,75	473,75	IV	2019,50	1941,16	1862,83	1784,50	1706,16	1627,83
	VI	**2656,58**	473,75	473,75							
8231,99	I,IV	**2105,58**	473,75	473,75	I	1949,00	1792,33	1635,66	1479,00	1322,58	1171,00
Ost	II	**1956,50**	473,75	473,75	II	1799,83	1643,16	1486,58	1330,08	1178,16	1032,66
	III	**1414,16**	473,75	473,75	III	1289,00	1167,16	1048,50	933,00	820,83	711,83
	V	**2620,08**	473,75	473,75	IV	2027,33	1949,00	1870,66	1792,33	1714,00	1635,66
	VI	**2664,33**	473,75	473,75							
8234,99	I,IV	**2099,08**	473,75	473,75	I	1942,41	1785,75	1629,08	1472,41	1316,16	1164,83
West	II	**1950,00**	473,75	473,75	II	1793,33	1636,66	1480,00	1323,58	1171,91	1026,75
	III	**1408,83**	473,75	473,75	III	1283,83	1162,16	1043,66	928,33	816,16	707,33
	V	**2613,50**	473,75	473,75	IV	2020,75	1942,41	1864,08	1785,75	1707,41	1629,08
	VI	**2657,83**	473,75	473,75							
8234,99	I,IV	**2106,91**	473,75	473,75	I	1950,25	1793,58	1636,91	1480,25	1323,83	1172,16
Ost	II	**1957,75**	473,75	473,75	II	1801,08	1644,50	1487,83	1331,33	1179,33	1033,83
	III	**1415,16**	473,75	473,75	III	1290,00	1168,16	1049,33	934,00	821,66	712,66
	V	**2621,33**	473,75	473,75	IV	2028,58	1950,25	1871,91	1793,58	1715,25	1636,91
	VI	**2665,66**	473,75	473,75							
8237,99	I,IV	**2100,33**	473,75	473,75	I	1943,66	1787,00	1630,33	1473,66	1317,33	1166,00
West	II	**1951,25**	473,75	473,75	II	1794,58	1637,91	1481,25	1324,83	1173,16	1027,91
	III	**1409,83**	473,75	473,75	III	1284,83	1163,16	1044,50	929,16	817,16	708,16
	V	**2614,75**	473,75	473,75	IV	2022,00	1943,66	1865,33	1787,00	1708,66	1630,33
	VI	**2659,08**	473,75	473,75							
8237,99	I,IV	**2108,16**	473,75	473,75	I	1951,50	1794,83	1638,16	1481,50	1325,08	1173,41
Ost	II	**1959,08**	473,75	473,75	II	1802,41	1645,75	1489,08	1332,58	1180,58	1035,00
	III	**1416,16**	473,75	473,75	III	1291,00	1169,00	1050,33	934,83	822,50	713,50
	V	**2622,58**	473,75	473,75	IV	2029,83	1951,50	1873,16	1794,83	1716,50	1638,16
	VI	**2666,91**	473,75	473,75							
8240,99	I,IV	**2101,58**	473,75	473,75	I	1944,91	1788,25	1631,58	1474,91	1318,58	1167,16
West	II	**1952,50**	473,75	473,75	II	1795,83	1639,16	1482,50	1326,08	1174,33	1029,00
	III	**1410,83**	473,75	473,75	III	1285,83	1164,00	1045,50	930,16	818,00	709,00
	V	**2616,00**	473,75	473,75	IV	2023,25	1944,91	1866,58	1788,25	1709,91	1631,58
	VI	**2660,33**	473,75	473,75							
8240,99	I,IV	**2109,41**	473,75	473,75	I	1952,75	1796,08	1639,41	1482,75	1326,33	1174,58
Ost	II	**1960,33**	473,75	473,75	II	1803,66	1647,00	1490,33	1333,83	1181,75	1036,08
	III	**1417,16**	473,75	473,75	III	1292,00	1170,00	1051,33	935,83	823,50	714,33
	V	**2623,83**	473,75	473,75	IV	2031,08	1952,75	1874,41	1796,08	1717,75	1639,41
	VI	**2668,16**	473,75	473,75							
8243,99	I,IV	**2102,83**	473,75	473,75	I	1946,16	1789,50	1632,91	1476,25	1319,83	1168,33
West	II	**1953,75**	473,75	473,75	II	1797,08	1640,41	1483,75	1327,33	1175,50	1030,16
	III	**1411,83**	473,75	473,75	III	1286,83	1165,00	1046,50	931,00	818,83	709,83
	V	**2617,33**	473,75	473,75	IV	2024,50	1946,16	1867,83	1789,50	1711,16	1632,91
	VI	**2661,58**	473,75	473,75							
8243,99	I,IV	**2110,66**	473,75	473,75	I	1954,00	1797,33	1640,66	1484,00	1327,58	1175,75
Ost	II	**1961,58**	473,75	473,75	II	1804,91	1648,25	1491,58	1335,08	1182,91	1037,25
	III	**1418,16**	473,75	473,75	III	1293,00	1171,00	1052,16	936,66	824,33	715,16
	V	**2625,08**	473,75	473,75	IV	2032,33	1954,00	1875,66	1797,33	1719,00	1640,66
	VI	**2669,41**	473,75	473,75							

* Zur LSt-Berechnung für privat versicherte Arbeitnehmer s. Beispiele **Vorbemerkung S. 4f.**
** Basisvorsorgepauschale KV und PV *** Typisierter Arbeitgeberzuschuss

Lohn/ Gehalt in € bis	Steuerklasse	Lohnsteuer*	BVSP**	TAGZ***	Steuerklasse	Bemessungsgrundlage für Kirchensteuer und Solidaritätszuschlag – Freibeträge für ... Kinder 0,5	**1,0**	1,5	**2,0**	2,5	**3,0**
8246,99	I,IV	**2104,08**	473,75	473,75	I	1947,41	1790,83	1634,16	1477,50	1321,08	1169,58
West	II	**1955,00**	473,75	473,75	II	1798,33	1641,66	1485,00	1328,58	1176,75	1031,33
	III	**1412,83**	473,75	473,75	III	1287,83	1166,00	1047,33	932,00	819,83	710,83
	V	**2618,58**	473,75	473,75	IV	2025,75	1947,41	1869,16	1790,83	1712,50	1634,16
	VI	**2662,83**	473,75	473,75							
8246,99	I,IV	**2111,91**	473,75	473,75	I	1955,25	1798,58	1641,91	1485,25	1328,83	1177,00
Ost	II	**1962,83**	473,75	473,75	II	1806,16	1649,50	1492,83	1336,33	1184,16	1038,41
	III	**1419,16**	473,75	473,75	III	1294,00	1172,00	1053,16	937,66	825,16	716,16
	V	**2626,33**	473,75	473,75	IV	2033,58	1955,25	1876,91	1798,58	1720,25	1641,91
	VI	**2670,66**	473,75	473,75							
8249,99	I,IV	**2105,41**	473,75	473,75	I	1948,75	1792,08	1635,41	1478,75	1322,33	1170,75
West	II	**1956,25**	473,75	473,75	II	1799,58	1642,91	1486,33	1329,83	1177,91	1032,41
	III	**1413,83**	473,75	473,75	III	1288,83	1167,00	1048,33	932,83	820,66	711,66
	V	**2619,83**	473,75	473,75	IV	2027,08	1948,75	1870,41	1792,08	1713,75	1635,41
	VI	**2664,16**	473,75	473,75							
8249,99	I,IV	**2113,16**	473,75	473,75	I	1956,50	1799,83	1643,16	1486,58	1330,08	1178,16
Ost	II	**1964,08**	473,75	473,75	II	1807,41	1650,75	1494,08	1337,58	1185,33	1039,58
	III	**1420,16**	473,75	473,75	III	1295,00	1173,00	1054,16	938,50	826,16	717,00
	V	**2627,58**	473,75	473,75	IV	2034,83	1956,50	1878,16	1799,83	1721,50	1643,16
	VI	**2671,91**	473,75	473,75							
8252,99	I,IV	**2106,66**	473,75	473,75	I	1950,00	1793,33	1636,66	1480,00	1323,58	1171,91
West	II	**1957,50**	473,75	473,75	II	1800,91	1644,25	1487,58	1331,08	1179,08	1033,58
	III	**1415,00**	473,75	473,75	III	1289,83	1168,00	1049,16	933,83	821,50	712,50
	V	**2621,08**	473,75	473,75	IV	2028,33	1950,00	1871,66	1793,33	1715,00	1636,66
	VI	**2665,41**	473,75	473,75							
8252,99	I,IV	**2114,41**	473,75	473,75	I	1957,75	1801,08	1644,50	1487,83	1331,33	1179,33
Ost	II	**1965,33**	473,75	473,75	II	1808,66	1652,00	1495,33	1338,83	1186,50	1040,66
	III	**1421,16**	473,75	473,75	III	1296,00	1173,83	1055,00	939,50	827,00	717,83
	V	**2628,91**	473,75	473,75	IV	2036,08	1957,75	1879,41	1801,08	1722,83	1644,50
	VI	**2673,16**	473,75	473,75							
8255,99	I,IV	**2107,91**	473,75	473,75	I	1951,25	1794,58	1637,91	1481,25	1324,83	1173,16
West	II	**1958,83**	473,75	473,75	II	1802,16	1645,50	1488,83	1332,33	1180,33	1034,75
	III	**1416,00**	473,75	473,75	III	1290,83	1168,83	1050,16	934,66	822,50	713,33
	V	**2622,33**	473,75	473,75	IV	2029,58	1951,25	1872,91	1794,58	1716,25	1637,91
	VI	**2666,66**	473,75	473,75							
8255,99	I,IV	**2115,66**	473,75	473,75	I	1959,08	1802,41	1645,75	1489,08	1332,58	1180,58
Ost	II	**1966,58**	473,75	473,75	II	1809,91	1653,25	1496,58	1340,08	1187,75	1041,83
	III	**1422,16**	473,75	473,75	III	1297,00	1174,83	1056,00	940,33	828,00	718,66
	V	**2630,16**	473,75	473,75	IV	2037,33	1959,08	1880,75	1802,41	1724,08	1645,75
	VI	**2674,41**	473,75	473,75							
8258,99	I,IV	**2109,16**	473,75	473,75	I	1952,50	1795,83	1639,16	1482,50	1326,08	1174,33
West	II	**1960,08**	473,75	473,75	II	1803,41	1646,75	1490,08	1333,58	1181,50	1035,91
	III	**1417,00**	473,75	473,75	III	1291,83	1169,83	1051,16	935,66	823,33	714,16
	V	**2623,58**	473,75	473,75	IV	2030,83	1952,50	1874,16	1795,83	1717,50	1639,16
	VI	**2667,91**	473,75	473,75							
8258,99	I,IV	**2117,00**	473,75	473,75	I	1960,33	1803,66	1647,00	1490,33	1333,83	1181,75
Ost	II	**1967,83**	473,75	473,75	II	1811,16	1654,58	1497,91	1341,33	1188,91	1043,00
	III	**1423,33**	473,75	473,75	III	1298,00	1175,83	1057,00	941,33	828,83	719,50
	V	**2631,41**	473,75	473,75	IV	2038,66	1960,33	1882,00	1803,66	1725,33	1647,00
	VI	**2675,75**	473,75	473,75							
8261,99	I,IV	**2110,41**	473,75	473,75	I	1953,75	1797,08	1640,41	1483,75	1327,33	1175,50
West	II	**1961,33**	473,75	473,75	II	1804,66	1648,00	1491,33	1334,83	1182,75	1037,00
	III	**1418,00**	473,75	473,75	III	1292,83	1170,83	1052,00	936,50	824,16	715,16
	V	**2624,83**	473,75	473,75	IV	2032,08	1953,75	1875,41	1797,08	1718,75	1640,41
	VI	**2669,16**	473,75	473,75							
8261,99	I,IV	**2118,25**	473,75	473,75	I	1961,58	1804,91	1648,25	1491,58	1335,08	1182,91
Ost	II	**1969,08**	473,75	473,75	II	1812,50	1655,83	1499,16	1342,58	1190,16	1044,16
	III	**1424,33**	473,75	473,75	III	1299,00	1176,83	1057,83	942,16	829,66	720,50
	V	**2632,66**	473,75	473,75	IV	2039,91	1961,58	1883,25	1804,91	1726,58	1648,25
	VI	**2677,00**	473,75	473,75							

* Zur LSt-Berechnung für privat versicherte Arbeitnehmer s. Beispiele **Vorbemerkung S. 4 f.**
** Basisvorsorgepauschale KV und PV *** Typisierter Arbeitgeberzuschuss

Lohn/ Gehalt in € bis	Steuerklasse	Lohn-steuer*	BVSP**	TAGZ***	Steuerklasse	Bemessungsgrundlage für Kirchensteuer und Solidaritätszuschlag – Freibeträge für ... Kinder 0,5	1,0	1,5	2,0	2,5	3,0
8264,99	I,IV	**2111,66**	473,75	473,75	I	1955,00	1798,33	1641,66	1485,00	1328,58	1176,75
West	II	**1962,58**	473,75	473,75	II	1805,91	1649,25	1492,58	1336,08	1183,91	1038,16
	III	**1419,00**	473,75	473,75	III	1293,83	1171,83	1053,00	937,50	825,16	716,00
	V	**2626,08**	473,75	473,75	IV	2033,33	1955,00	1876,66	1798,33	1720,00	1641,66
	VI	**2670,41**	473,75	473,75							
8264,99	I,IV	**2119,50**	473,75	473,75	I	1962,83	1806,16	1649,50	1492,83	1336,33	1184,16
Ost	II	**1970,41**	473,75	473,75	II	1813,75	1657,08	1500,41	1343,83	1191,33	1045,25
	III	**1425,33**	473,75	473,75	III	1300,00	1177,83	1058,83	943,16	830,66	721,33
	V	**2633,91**	473,75	473,75	IV	2041,16	1962,83	1884,50	1806,16	1727,83	1649,50
	VI	**2678,25**	473,75	473,75							
8267,99	I,IV	**2112,91**	473,75	473,75	I	1956,25	1799,58	1642,91	1486,33	1329,83	1177,91
West	II	**1963,83**	473,75	473,75	II	1807,16	1650,50	1493,83	1337,33	1185,08	1039,33
	III	**1420,00**	473,75	473,75	III	1294,83	1172,83	1054,00	938,33	826,00	716,83
	V	**2627,41**	473,75	473,75	IV	2034,58	1956,25	1877,91	1799,58	1721,25	1642,91
	VI	**2671,66**	473,75	473,75							
8267,99	I,IV	**2120,75**	473,75	473,75	I	1964,08	1807,41	1650,75	1494,08	1337,58	1185,33
Ost	II	**1971,66**	473,75	473,75	II	1815,00	1658,33	1501,66	1345,08	1192,50	1046,41
	III	**1426,33**	473,75	473,75	III	1301,00	1178,66	1059,83	944,00	831,50	722,16
	V	**2635,16**	473,75	473,75	IV	2042,41	1964,08	1885,75	1807,41	1729,08	1650,75
	VI	**2679,50**	473,75	473,75							
8270,99	I,IV	**2114,16**	473,75	473,75	I	1957,50	1800,91	1644,25	1487,58	1331,08	1179,08
West	II	**1965,08**	473,75	473,75	II	1808,41	1651,75	1495,08	1338,58	1186,33	1040,50
	III	**1421,00**	473,75	473,75	III	1295,83	1173,66	1054,83	939,33	826,83	717,66
	V	**2628,66**	473,75	473,75	IV	2035,83	1957,50	1879,16	1800,91	1722,58	1644,25
	VI	**2672,91**	473,75	473,75							
8270,99	I,IV	**2122,00**	473,75	473,75	I	1965,33	1808,66	1652,00	1495,33	1338,83	1186,50
Ost	II	**1972,91**	473,75	473,75	II	1816,25	1659,58	1502,91	1346,33	1193,75	1047,58
	III	**1427,33**	473,75	473,75	III	1302,00	1179,66	1060,66	945,00	832,33	723,00
	V	**2636,41**	473,75	473,75	IV	2043,66	1965,33	1887,00	1808,66	1730,33	1652,00
	VI	**2680,75**	473,75	473,75							
8273,99	I,IV	**2115,41**	473,75	473,75	I	1958,83	1802,16	1645,50	1488,83	1332,33	1180,33
West	II	**1966,33**	473,75	473,75	II	1809,66	1653,00	1496,41	1339,83	1187,50	1041,58
	III	**1422,00**	473,75	473,75	III	1296,83	1174,66	1055,83	940,16	827,83	718,50
	V	**2629,91**	473,75	473,75	IV	2037,16	1958,83	1880,50	1802,16	1723,83	1645,50
	VI	**2674,25**	473,75	473,75							
8273,99	I,IV	**2123,25**	473,75	473,75	I	1966,58	1809,91	1653,25	1496,58	1340,08	1187,75
Ost	II	**1974,16**	473,75	473,75	II	1817,50	1660,83	1504,16	1347,58	1194,91	1048,75
	III	**1428,33**	473,75	473,75	III	1303,00	1180,66	1061,66	945,83	833,33	723,83
	V	**2637,66**	473,75	473,75	IV	2044,91	1966,58	1888,25	1809,91	1731,58	1653,25
	VI	**2682,00**	473,75	473,75							
8276,99	I,IV	**2116,75**	473,75	473,75	I	1960,08	1803,41	1646,75	1490,08	1333,58	1181,50
West	II	**1967,58**	473,75	473,75	II	1810,91	1654,33	1497,66	1341,08	1188,66	1042,75
	III	**1423,16**	473,75	473,75	III	1297,83	1175,66	1056,83	941,16	828,66	719,50
	V	**2631,16**	473,75	473,75	IV	2038,41	1960,08	1881,75	1803,41	1725,08	1646,75
	VI	**2675,50**	473,75	473,75							
8276,99	I,IV	**2124,50**	473,75	473,75	I	1967,83	1811,16	1654,58	1497,91	1341,33	1188,91
Ost	II	**1975,41**	473,75	473,75	II	1818,75	1662,08	1505,41	1348,83	1196,16	1049,91
	III	**1429,33**	473,75	473,75	III	1303,83	1181,66	1062,66	946,83	834,16	724,83
	V	**2639,00**	473,75	473,75	IV	2046,16	1967,83	1889,50	1811,16	1732,83	1654,58
	VI	**2683,25**	473,75	473,75							
8279,99	I,IV	**2118,00**	473,75	473,75	I	1961,33	1804,66	1648,00	1491,33	1334,83	1182,75
West	II	**1968,91**	473,75	473,75	II	1812,25	1655,58	1498,91	1342,33	1189,91	1043,91
	III	**1424,16**	473,75	473,75	III	1298,83	1176,66	1057,66	942,00	829,50	720,33
	V	**2632,41**	473,75	473,75	IV	2039,66	1961,33	1883,00	1804,66	1726,33	1648,00
	VI	**2676,75**	473,75	473,75							
8279,99	I,IV	**2125,75**	473,75	473,75	I	1969,08	1812,50	1655,83	1499,16	1342,58	1190,16
Ost	II	**1976,66**	473,75	473,75	II	1820,00	1663,33	1506,66	1350,08	1197,33	1051,00
	III	**1430,33**	473,75	473,75	III	1304,83	1182,66	1063,50	947,66	835,00	725,66
	V	**2640,25**	473,75	473,75	IV	2047,41	1969,08	1890,83	1812,50	1734,16	1655,83
	VI	**2684,50**	473,75	473,75							

* Zur LSt-Berechnung für privat versicherte Arbeitnehmer s. Beispiele **Vorbemerkung S. 4f.**
** Basisvorsorgepauschale KV und PV *** Typisierter Arbeitgeberzuschuss

Lohn/ Gehalt in € bis	Steuerklasse	Lohn-steuer*	BVSP**	TAGZ***	Steuerklasse	Bemessungsgrundlage für Kirchensteuer und Solidaritätszuschlag — Freibeträge für ... Kinder 0,5	1,0	1,5	2,0	2,5	3,0
8 282,99	I,IV	**2 119,25**	473,75	473,75	I	1 962,58	1 805,91	1 649,25	1 492,58	1 336,08	1 183,91
West	II	**1 970,16**	473,75	473,75	II	1 813,50	1 656,83	1 500,16	1 343,58	1 191,08	1 045,08
	III	**1 425,16**	473,75	473,75	III	1 299,83	1 177,66	1 058,66	943,00	830,50	721,16
	V	**2 633,66**	473,75	473,75	IV	2 040,91	1 962,58	1 884,25	1 805,91	1 727,58	1 649,25
	VI	**2 678,00**	473,75	473,75							
8 282,99	I,IV	**2 127,08**	473,75	473,75	I	1 970,41	1 813,75	1 657,08	1 500,41	1 343,83	1 191,33
Ost	II	**1 977,91**	473,75	473,75	II	1 821,25	1 664,58	1 508,00	1 351,33	1 198,58	1 052,16
	III	**1 431,50**	473,75	473,75	III	1 305,83	1 183,66	1 064,50	948,66	836,00	726,50
	V	**2 641,50**	473,75	473,75	IV	2 048,75	1 970,41	1 892,08	1 813,75	1 735,41	1 657,08
	VI	**2 685,83**	473,75	473,75							
8 285,99	I,IV	**2 120,50**	473,75	473,75	I	1 963,83	1 807,16	1 650,50	1 493,83	1 337,33	1 185,08
West	II	**1 971,41**	473,75	473,75	II	1 814,75	1 658,08	1 501,41	1 344,83	1 192,33	1 046,25
	III	**1 426,16**	473,75	473,75	III	1 300,83	1 178,50	1 059,66	943,83	831,33	722,00
	V	**2 634,91**	473,75	473,75	IV	2 042,16	1 963,83	1 885,50	1 807,16	1 728,83	1 650,50
	VI	**2 679,25**	473,75	473,75							
8 285,99	I,IV	**2 128,33**	473,75	473,75	I	1 971,66	1 815,00	1 658,33	1 501,66	1 345,08	1 192,50
Ost	II	**1 979,16**	473,75	473,75	II	1 822,58	1 665,91	1 509,25	1 352,58	1 199,75	1 053,33
	III	**1 432,50**	473,75	473,75	III	1 306,83	1 184,50	1 065,50	949,50	836,83	727,33
	V	**2 642,75**	473,75	473,75	IV	2 050,00	1 971,66	1 893,33	1 815,00	1 736,66	1 658,33
	VI	**2 687,08**	473,75	473,75							
8 288,99	I,IV	**2 121,75**	473,75	473,75	I	1 965,08	1 808,41	1 651,75	1 495,08	1 338,58	1 186,33
West	II	**1 972,66**	473,75	473,75	II	1 816,00	1 659,33	1 502,66	1 346,08	1 193,50	1 047,33
	III	**1 427,16**	473,75	473,75	III	1 301,83	1 179,50	1 060,50	944,83	832,16	722,83
	V	**2 636,16**	473,75	473,75	IV	2 043,41	1 965,08	1 886,75	1 808,41	1 730,08	1 651,75
	VI	**2 680,50**	473,75	473,75							
8 288,99	I,IV	**2 129,58**	473,75	473,75	I	1 972,91	1 816,25	1 659,58	1 502,91	1 346,33	1 193,75
Ost	II	**1 980,50**	473,75	473,75	II	1 823,83	1 667,16	1 510,50	1 353,83	1 200,91	1 054,50
	III	**1 433,50**	473,75	473,75	III	1 307,83	1 185,50	1 066,33	950,50	837,66	728,16
	V	**2 644,00**	473,75	473,75	IV	2 051,25	1 972,91	1 894,58	1 816,25	1 737,91	1 659,58
	VI	**2 688,33**	473,75	473,75							
8 291,99	I,IV	**2 123,00**	473,75	473,75	I	1 966,33	1 809,66	1 653,00	1 496,41	1 339,83	1 187,50
West	II	**1 973,91**	473,75	473,75	II	1 817,25	1 660,58	1 503,91	1 347,33	1 194,66	1 048,50
	III	**1 428,16**	473,75	473,75	III	1 302,83	1 180,50	1 061,50	945,66	833,16	723,83
	V	**2 637,50**	473,75	473,75	IV	2 044,66	1 966,33	1 888,00	1 809,66	1 731,33	1 653,00
	VI	**2 681,75**	473,75	473,75							
8 291,99	I,IV	**2 130,83**	473,75	473,75	I	1 974,16	1 817,50	1 660,83	1 504,16	1 347,58	1 194,91
Ost	II	**1 981,75**	473,75	473,75	II	1 825,08	1 668,41	1 511,75	1 355,08	1 202,16	1 055,66
	III	**1 434,50**	473,75	473,75	III	1 308,83	1 186,50	1 067,33	951,33	838,66	729,16
	V	**2 645,25**	473,75	473,75	IV	2 052,50	1 974,16	1 895,83	1 817,50	1 739,16	1 660,83
	VI	**2 689,58**	473,75	473,75							
8 294,99	I,IV	**2 124,25**	473,75	473,75	I	1 967,58	1 810,91	1 654,33	1 497,66	1 341,08	1 188,66
West	II	**1 975,16**	473,75	473,75	II	1 818,50	1 661,83	1 505,16	1 348,58	1 195,91	1 049,66
	III	**1 429,16**	473,75	473,75	III	1 303,83	1 181,50	1 062,50	946,66	834,00	724,66
	V	**2 638,75**	473,75	473,75	IV	2 045,91	1 967,58	1 889,25	1 810,91	1 732,66	1 654,33
	VI	**2 683,00**	473,75	473,75							
8 294,99	I,IV	**2 132,08**	473,75	473,75	I	1 975,41	1 818,75	1 662,08	1 505,41	1 348,83	1 196,16
Ost	II	**1 983,00**	473,75	473,75	II	1 826,33	1 669,66	1 513,00	1 356,33	1 203,33	1 056,83
	III	**1 435,50**	473,75	473,75	III	1 309,83	1 187,50	1 068,33	952,33	839,50	730,00
	V	**2 646,50**	473,75	473,75	IV	2 053,75	1 975,41	1 897,08	1 818,75	1 740,41	1 662,08
	VI	**2 690,83**	473,75	473,75							
8 297,99	I,IV	**2 125,50**	473,75	473,75	I	1 968,91	1 812,25	1 655,58	1 498,91	1 342,33	1 189,91
West	II	**1 976,41**	473,75	473,75	II	1 819,75	1 663,08	1 506,41	1 349,83	1 197,08	1 050,83
	III	**1 430,16**	473,75	473,75	III	1 304,66	1 182,50	1 063,33	947,50	834,83	725,50
	V	**2 640,00**	473,75	473,75	IV	2 047,16	1 968,91	1 890,58	1 812,25	1 733,91	1 655,58
	VI	**2 684,25**	473,75	473,75							
8 297,99	I,IV	**2 133,33**	473,75	473,75	I	1 976,66	1 820,00	1 663,33	1 506,66	1 350,08	1 197,33
Ost	II	**1 984,25**	473,75	473,75	II	1 827,58	1 670,91	1 514,25	1 357,58	1 204,58	1 057,91
	III	**1 436,50**	473,75	473,75	III	1 310,83	1 188,50	1 069,16	953,16	840,50	730,83
	V	**2 647,75**	473,75	473,75	IV	2 055,00	1 976,66	1 898,33	1 820,00	1 741,66	1 663,33
	VI	**2 692,08**	473,75	473,75							

* Zur LSt-Berechnung für privat versicherte Arbeitnehmer s. Beispiele **Vorbemerkung S. 4 f.**
** Basisvorsorgepauschale KV und PV *** Typisierter Arbeitgeberzuschuss

Lohn/ Gehalt in € bis	Steuerklasse	Lohn-steuer*	BVSP**	TAGZ***	Steuerklasse	Bemessungsgrundlage für Kirchensteuer und Solidaritätszuschlag – Freibeträge für ... Kinder 0,5	**1,0**	1,5	**2,0**	2,5	**3,0**
8300,99	I,IV	**2126,83**	473,75	473,75	I	1970,16	1813,50	1656,83	1500,16	1343,58	1191,08
West	II	**1977,66**	473,75	473,75	II	1821,00	1664,41	1507,75	1351,08	1198,33	1052,00
	III	**1431,33**	473,75	473,75	III	1305,66	1183,50	1064,33	948,50	835,83	726,33
	V	**2641,25**	473,75	473,75	IV	2048,50	1970,16	1891,83	1813,50	1735,16	1656,83
	VI	**2685,58**	473,75	473,75							
8300,99	I,IV	**2134,58**	473,75	473,75	I	1977,91	1821,25	1664,58	1508,00	1351,33	1198,58
Ost	II	**1985,50**	473,75	473,75	II	1828,83	1672,16	1515,50	1358,91	1205,75	1059,08
	III	**1437,50**	473,75	473,75	III	1311,83	1189,50	1070,16	954,16	841,33	731,66
	V	**2649,08**	473,75	473,75	IV	2056,25	1977,91	1899,58	1821,25	1742,91	1664,58
	VI	**2693,33**	473,75	473,75							
8303,99	I,IV	**2128,08**	473,75	473,75	I	1971,41	1814,75	1658,08	1501,41	1344,83	1192,33
West	II	**1978,91**	473,75	473,75	II	1822,33	1665,66	1509,00	1352,33	1199,50	1053,08
	III	**1432,33**	473,75	473,75	III	1306,66	1184,33	1065,33	949,33	836,66	727,16
	V	**2642,50**	473,75	473,75	IV	2049,75	1971,41	1893,08	1814,75	1736,41	1658,08
	VI	**2686,83**	473,75	473,75							
8303,99	I,IV	**2135,83**	473,75	473,75	I	1979,16	1822,58	1665,91	1509,25	1352,58	1199,75
Ost	II	**1986,75**	473,75	473,75	II	1830,08	1673,41	1516,75	1360,16	1207,00	1060,25
	III	**1438,66**	473,75	473,75	III	1312,83	1190,33	1071,16	955,00	842,16	732,50
	V	**2650,33**	473,75	473,75	IV	2057,50	1979,16	1900,83	1822,58	1744,25	1665,91
	VI	**2694,58**	473,75	473,75							
8306,99	I,IV	**2129,33**	473,75	473,75	I	1972,66	1816,00	1659,33	1502,66	1346,08	1193,50
West	II	**1980,25**	473,75	473,75	II	1823,58	1666,91	1510,25	1353,58	1200,75	1054,25
	III	**1433,33**	473,75	473,75	III	1307,66	1185,33	1066,16	950,33	837,66	728,16
	V	**2643,75**	473,75	473,75	IV	2051,00	1972,66	1894,33	1816,00	1737,66	1659,33
	VI	**2688,08**	473,75	473,75							
8306,99	I,IV	**2137,08**	473,75	473,75	I	1980,50	1823,83	1667,16	1510,50	1353,83	1200,91
Ost	II	**1988,00**	473,75	473,75	II	1831,33	1674,66	1518,08	1361,41	1208,16	1061,41
	III	**1439,66**	473,75	473,75	III	1313,83	1191,33	1072,00	956,00	843,16	733,50
	V	**2651,58**	473,75	473,75	IV	2058,83	1980,50	1902,16	1823,83	1745,50	1667,16
	VI	**2695,83**	473,75	473,75							
8309,99	I,IV	**2130,58**	473,75	473,75	I	1973,91	1817,25	1660,58	1503,91	1347,33	1194,66
West	II	**1981,50**	473,75	473,75	II	1824,83	1668,16	1511,50	1354,83	1201,91	1055,41
	III	**1434,33**	473,75	473,75	III	1308,66	1186,33	1067,16	951,16	838,50	729,00
	V	**2645,00**	473,75	473,75	IV	2052,25	1973,91	1895,58	1817,25	1738,91	1660,58
	VI	**2689,33**	473,75	473,75							
8309,99	I,IV	**2138,41**	473,75	473,75	I	1981,75	1825,08	1668,41	1511,75	1355,08	1202,16
Ost	II	**1989,25**	473,75	473,75	II	1832,58	1676,00	1519,33	1362,66	1209,41	1062,58
	III	**1440,66**	473,75	473,75	III	1314,83	1192,33	1073,00	956,83	844,00	734,33
	V	**2652,83**	473,75	473,75	IV	2060,08	1981,75	1903,41	1825,08	1746,75	1668,41
	VI	**2697,16**	473,75	473,75							
8312,99	I,IV	**2131,83**	473,75	473,75	I	1975,16	1818,50	1661,83	1505,16	1348,58	1195,91
West	II	**1982,75**	473,75	473,75	II	1826,08	1669,41	1512,75	1356,08	1203,16	1056,58
	III	**1435,33**	473,75	473,75	III	1309,66	1187,33	1068,16	952,16	839,33	729,83
	V	**2646,25**	473,75	473,75	IV	2053,50	1975,16	1896,83	1818,50	1740,16	1661,83
	VI	**2690,58**	473,75	473,75							
8312,99	I,IV	**2139,66**	473,75	473,75	I	1983,00	1826,33	1669,66	1513,00	1356,33	1203,33
Ost	II	**1990,58**	473,75	473,75	II	1833,91	1677,25	1520,58	1363,91	1210,58	1063,75
	III	**1441,66**	473,75	473,75	III	1315,83	1193,33	1074,00	957,83	844,83	735,16
	V	**2654,08**	473,75	473,75	IV	2061,33	1983,00	1904,66	1826,33	1748,00	1669,66
	VI	**2698,41**	473,75	473,75							
8315,99	I,IV	**2133,08**	473,75	473,75	I	1976,41	1819,75	1663,08	1506,41	1349,83	1197,08
West	II	**1984,00**	473,75	473,75	II	1827,33	1670,66	1514,00	1357,41	1204,33	1057,75
	III	**1436,33**	473,75	473,75	III	1310,66	1188,33	1069,00	953,00	840,33	730,66
	V	**2647,50**	473,75	473,75	IV	2054,75	1976,41	1898,08	1819,75	1741,41	1663,08
	VI	**2691,83**	473,75	473,75							
8315,99	I,IV	**2140,91**	473,75	473,75	I	1984,25	1827,58	1670,91	1514,25	1357,58	1204,58
Ost	II	**1991,83**	473,75	473,75	II	1835,16	1678,50	1521,83	1365,16	1211,83	1064,83
	III	**1442,66**	473,75	473,75	III	1316,83	1194,33	1074,83	958,66	845,83	736,00
	V	**2655,33**	473,75	473,75	IV	2062,58	1984,25	1905,91	1827,58	1749,25	1670,91
	VI	**2699,66**	473,75	473,75							

* Zur LSt-Berechnung für privat versicherte Arbeitnehmer s. Beispiele **Vorbemerkung S. 4f.**
** Basisvorsorgepauschale KV und PV *** Typisierter Arbeitgeberzuschuss

Lohn/ Gehalt in € bis	Steuerklasse	Lohnsteuer*	BVSP**	TAGZ***	Steuerklasse	Bemessungsgrundlage für Kirchensteuer und Solidaritätszuschlag – Freibeträge für ... Kinder 0,5	1,0	1,5	2,0	2,5	3,0
8318,99 West	I,IV	**2134,33**	473,75	473,75	I	1977,66	1821,00	1664,41	1507,75	1351,08	1198,33
	II	**1985,25**	473,75	473,75	II	1828,58	1671,91	1515,25	1358,66	1205,50	1058,91
	III	**1437,33**	473,75	473,75	III	1311,66	1189,33	1070,00	954,00	841,16	731,50
	V	**2648,83**	473,75	473,75	IV	2056,00	1977,66	1899,33	1821,00	1742,66	1664,41
	VI	**2693,08**	473,75	473,75							
8318,99 Ost	I,IV	**2142,16**	473,75	473,75	I	1985,50	1828,83	1672,16	1515,50	1358,91	1205,75
	II	**1993,08**	473,75	473,75	II	1836,41	1679,75	1523,08	1366,41	1213,00	1066,00
	III	**1443,66**	473,75	473,75	III	1317,83	1195,33	1075,83	959,66	846,66	737,00
	V	**2656,58**	473,75	473,75	IV	2063,83	1985,50	1907,16	1828,83	1750,50	1672,16
	VI	**2700,91**	473,75	473,75							
8321,99 West	I,IV	**2135,58**	473,75	473,75	I	1978,91	1822,33	1665,66	1509,00	1352,33	1199,50
	II	**1986,50**	473,75	473,75	II	1829,83	1673,16	1516,50	1359,91	1206,75	1060,00
	III	**1438,50**	473,75	473,75	III	1312,66	1190,16	1071,00	954,83	842,00	732,50
	V	**2650,08**	473,75	473,75	IV	2057,25	1978,91	1900,66	1822,33	1744,00	1665,66
	VI	**2694,33**	473,75	473,75							
8321,99 Ost	I,IV	**2143,41**	473,75	473,75	I	1986,75	1830,08	1673,41	1516,75	1360,16	1207,00
	II	**1994,33**	473,75	473,75	II	1837,66	1681,00	1524,33	1367,66	1214,25	1067,16
	III	**1444,66**	473,75	473,75	III	1318,83	1196,16	1076,83	960,50	847,50	737,83
	V	**2657,83**	473,75	473,75	IV	2065,08	1986,75	1908,41	1830,08	1751,75	1673,41
	VI	**2702,16**	473,75	473,75							
8324,99 West	I,IV	**2136,91**	473,75	473,75	I	1980,25	1823,58	1666,91	1510,25	1353,58	1200,75
	II	**1987,75**	473,75	473,75	II	1831,08	1674,41	1517,83	1361,16	1207,91	1061,16
	III	**1439,50**	473,75	473,75	III	1313,66	1191,16	1071,83	955,83	843,00	733,33
	V	**2651,33**	473,75	473,75	IV	2058,58	1980,25	1901,91	1823,58	1745,25	1666,91
	VI	**2695,66**	473,75	473,75							
8324,99 Ost	I,IV	**2144,66**	473,75	473,75	I	1988,00	1831,33	1674,66	1518,08	1361,41	1208,16
	II	**1995,58**	473,75	473,75	II	1838,91	1682,25	1525,58	1368,91	1215,41	1068,33
	III	**1445,83**	473,75	473,75	III	1319,83	1197,16	1077,66	961,50	848,50	738,66
	V	**2659,08**	473,75	473,75	IV	2066,33	1988,00	1909,66	1831,33	1753,00	1674,66
	VI	**2703,41**	473,75	473,75							
8327,99 West	I,IV	**2138,16**	473,75	473,75	I	1981,50	1824,83	1668,16	1511,50	1354,83	1201,91
	II	**1989,00**	473,75	473,75	II	1832,41	1675,75	1519,08	1362,41	1209,16	1062,33
	III	**1440,50**	473,75	473,75	III	1314,66	1192,16	1072,83	956,66	843,83	734,16
	V	**2652,58**	473,75	473,75	IV	2059,83	1981,50	1903,16	1824,83	1746,50	1668,16
	VI	**2696,91**	473,75	473,75							
8327,99 Ost	I,IV	**2145,91**	473,75	473,75	I	1989,25	1832,58	1676,00	1519,33	1362,66	1209,41
	II	**1996,83**	473,75	473,75	II	1840,16	1683,50	1526,83	1370,16	1216,66	1069,50
	III	**1446,83**	473,75	473,75	III	1320,83	1198,16	1078,66	962,50	849,33	739,50
	V	**2660,41**	473,75	473,75	IV	2067,58	1989,25	1910,91	1832,58	1754,33	1676,00
	VI	**2704,66**	473,75	473,75							
8330,99 West	I,IV	**2139,41**	473,75	473,75	I	1982,75	1826,08	1669,41	1512,75	1356,08	1203,16
	II	**1990,33**	473,75	473,75	II	1833,66	1677,00	1520,33	1363,66	1210,33	1063,50
	III	**1441,50**	473,75	473,75	III	1315,66	1193,16	1073,83	957,66	844,66	735,00
	V	**2653,83**	473,75	473,75	IV	2061,08	1982,75	1904,41	1826,08	1747,75	1669,41
	VI	**2698,16**	473,75	473,75							
8330,99 Ost	I,IV	**2147,16**	473,75	473,75	I	1990,58	1833,91	1677,25	1520,58	1363,91	1210,58
	II	**1998,08**	473,75	473,75	II	1841,41	1684,75	1528,08	1371,50	1217,83	1070,66
	III	**1447,83**	473,75	473,75	III	1321,83	1199,16	1079,66	963,33	850,33	740,33
	V	**2661,66**	473,75	473,75	IV	2068,83	1990,58	1912,25	1833,91	1755,58	1677,25
	VI	**2705,91**	473,75	473,75							
8333,99 West	I,IV	**2140,66**	473,75	473,75	I	1984,00	1827,33	1670,66	1514,00	1357,41	1204,33
	II	**1991,58**	473,75	473,75	II	1834,91	1678,25	1521,58	1364,91	1211,58	1064,66
	III	**1442,50**	473,75	473,75	III	1316,66	1194,16	1074,66	958,66	845,66	735,83
	V	**2655,08**	473,75	473,75	IV	2062,33	1984,00	1905,66	1827,33	1749,00	1670,66
	VI	**2699,41**	473,75	473,75							
8333,99 Ost	I,IV	**2148,50**	473,75	473,75	I	1991,83	1835,16	1678,50	1521,83	1365,16	1211,83
	II	**1999,33**	473,75	473,75	II	1842,66	1686,08	1529,41	1372,75	1219,08	1071,83
	III	**1448,83**	473,75	473,75	III	1322,83	1200,16	1080,66	964,33	851,16	741,33
	V	**2662,91**	473,75	473,75	IV	2070,16	1991,83	1913,50	1835,16	1756,83	1678,50
	VI	**2707,25**	473,75	473,75							

* Zur LSt-Berechnung für privat versicherte Arbeitnehmer s. Beispiele **Vorbemerkung S. 4 f.**
** Basisvorsorgepauschale KV und PV *** Typisierter Arbeitgeberzuschuss

Lohn/ Gehalt in € bis	Steuerklasse	Lohn-steuer*	BVSP**	TAGZ***	Steuerklasse	Bemessungsgrundlage für Kirchensteuer und Solidaritätszuschlag – Freibeträge für ... Kinder 0,5	**1,0**	1,5	**2,0**	2,5	**3,0**
8336,99 West	I,IV	**2141,91**	473,75	473,75	I	1985,25	1828,58	1671,91	1515,25	1358,66	1205,50
	II	**1992,83**	473,75	473,75	II	1836,16	1679,50	1522,83	1366,16	1212,75	1065,83
	III	**1443,50**	473,75	473,75	III	1317,66	1195,16	1075,66	959,50	846,50	736,83
	V	**2656,33**	473,75	473,75	IV	2063,58	1985,25	1906,91	1828,58	1750,25	1671,91
	VI	**2700,66**	473,75	473,75							
8336,99 Ost	I,IV	**2149,75**	473,75	473,75	I	1993,08	1836,41	1679,75	1523,08	1366,41	1213,00
	II	**2000,58**	473,75	473,75	II	1844,00	1687,33	1530,66	1374,00	1220,25	1073,00
	III	**1449,83**	473,75	473,75	III	1323,83	1201,16	1081,50	965,16	852,00	742,16
	V	**2664,16**	473,75	473,75	IV	2071,41	1993,08	1914,75	1836,41	1758,08	1679,75
	VI	**2708,50**	473,75	473,75							
8339,99 West	I,IV	**2143,16**	473,75	473,75	I	1986,50	1829,83	1673,16	1516,50	1359,91	1206,75
	II	**1994,08**	473,75	473,75	II	1837,41	1680,75	1524,08	1367,41	1214,00	1067,00
	III	**1444,50**	473,75	473,75	III	1318,66	1196,00	1076,66	960,50	847,50	737,66
	V	**2657,58**	473,75	473,75	IV	2064,83	1986,50	1908,16	1829,83	1751,50	1673,16
	VI	**2701,91**	473,75	473,75							
8339,99 Ost	I,IV	**2151,00**	473,75	473,75	I	1994,33	1837,66	1681,00	1524,33	1367,66	1214,25
	II	**2001,91**	473,75	473,75	II	1845,25	1688,58	1531,91	1375,25	1221,50	1074,16
	III	**1450,83**	473,75	473,75	III	1324,83	1202,00	1082,50	966,16	853,00	743,00
	V	**2665,41**	473,75	473,75	IV	2072,66	1994,33	1916,00	1837,66	1759,33	1681,00
	VI	**2709,75**	473,75	473,75							
8342,99 West	I,IV	**2144,41**	473,75	473,75	I	1987,75	1831,08	1674,41	1517,83	1361,16	1207,91
	II	**1995,33**	473,75	473,75	II	1838,66	1682,00	1525,33	1368,66	1215,16	1068,08
	III	**1445,66**	473,75	473,75	III	1319,66	1197,00	1077,66	961,33	848,33	738,50
	V	**2658,91**	473,75	473,75	IV	2066,08	1987,75	1909,41	1831,08	1752,75	1674,41
	VI	**2703,16**	473,75	473,75							
8342,99 Ost	I,IV	**2152,25**	473,75	473,75	I	1995,58	1838,91	1682,25	1525,58	1368,91	1215,41
	II	**2003,16**	473,75	473,75	II	1846,50	1689,83	1533,16	1376,50	1222,66	1075,33
	III	**1452,00**	473,75	473,75	III	1325,83	1203,00	1083,50	967,00	853,83	743,83
	V	**2666,66**	473,75	473,75	IV	2073,91	1995,58	1917,25	1838,91	1760,58	1682,25
	VI	**2711,00**	473,75	473,75							
8345,99 West	I,IV	**2145,66**	473,75	473,75	I	1989,00	1832,41	1675,75	1519,08	1362,41	1209,16
	II	**1996,58**	473,75	473,75	II	1839,91	1683,25	1526,58	1369,91	1216,41	1069,25
	III	**1446,66**	473,75	473,75	III	1320,66	1198,00	1078,50	962,33	849,16	739,33
	V	**2660,16**	473,75	473,75	IV	2067,33	1989,00	1910,66	1832,41	1754,08	1675,75
	VI	**2704,41**	473,75	473,75							
8345,99 Ost	I,IV	**2153,50**	473,75	473,75	I	1996,83	1840,16	1683,50	1526,83	1370,16	1216,66
	II	**2004,41**	473,75	473,75	II	1847,75	1691,08	1534,41	1377,75	1223,91	1076,41
	III	**1453,00**	473,75	473,75	III	1326,83	1204,00	1084,33	968,00	854,83	744,83
	V	**2667,91**	473,75	473,75	IV	2075,16	1996,83	1918,50	1840,16	1761,83	1683,50
	VI	**2712,25**	473,75	473,75							
8348,99 West	I,IV	**2146,91**	473,75	473,75	I	1990,33	1833,66	1677,00	1520,33	1363,66	1210,33
	II	**1997,83**	473,75	473,75	II	1841,16	1684,50	1527,91	1371,25	1217,58	1070,41
	III	**1447,66**	473,75	473,75	III	1321,66	1199,00	1079,50	963,16	850,16	740,33
	V	**2661,41**	473,75	473,75	IV	2068,66	1990,33	1912,00	1833,66	1755,33	1677,00
	VI	**2705,75**	473,75	473,75							
8348,99 Ost	I,IV	**2154,75**	473,75	473,75	I	1998,08	1841,41	1684,75	1528,08	1371,50	1217,83
	II	**2005,66**	473,75	473,75	II	1849,00	1692,33	1535,66	1379,00	1225,08	1077,58
	III	**1454,00**	473,75	473,75	III	1327,83	1205,00	1085,33	968,83	855,66	745,66
	V	**2669,16**	473,75	473,75	IV	2076,41	1998,08	1919,75	1841,41	1763,08	1684,75
	VI	**2713,50**	473,75	473,75							
8351,99 West	I,IV	**2148,25**	473,75	473,75	I	1991,58	1834,91	1678,25	1521,58	1364,91	1211,58
	II	**1999,08**	473,75	473,75	II	1842,41	1685,83	1529,16	1372,50	1218,83	1071,58
	III	**1448,66**	473,75	473,75	III	1322,66	1200,00	1080,50	964,16	851,00	741,16
	V	**2662,66**	473,75	473,75	IV	2069,91	1991,58	1913,25	1834,91	1756,58	1678,25
	VI	**2707,00**	473,75	473,75							
8351,99 Ost	I,IV	**2156,00**	473,75	473,75	I	1999,33	1842,66	1686,08	1529,41	1372,75	1219,08
	II	**2006,91**	473,75	473,75	II	1850,25	1693,58	1536,91	1380,25	1226,33	1078,75
	III	**1455,00**	473,75	473,75	III	1328,83	1206,00	1086,33	969,83	856,50	746,50
	V	**2670,50**	473,75	473,75	IV	2077,66	1999,33	1921,00	1842,66	1764,33	1686,08
	VI	**2714,75**	473,75	473,75							

* Zur LSt-Berechnung für privat versicherte Arbeitnehmer s. Beispiele **Vorbemerkung S. 4f.**
** Basisvorsorgepauschale KV und PV *** Typisierter Arbeitgeberzuschuss

Lohn/ Gehalt in € bis	Steuerklasse	Lohn-steuer*	BVSP**	TAGZ***	Steuerklasse	Bemessungsgrundlage für Kirchensteuer und Solidaritätszuschlag					
						Freibeträge für ... Kinder					
						0,5	**1,0**	1,5	**2,0**	2,5	**3,0**
8 354,99	I,IV	**2 149,50**	473,75	473,75	I	1 992,83	1 836,16	1 679,50	1 522,83	1 366,16	1 212,75
West	II	**2 000,41**	473,75	473,75	II	1 843,75	1 687,08	1 530,41	1 373,75	1 220,00	1 072,75
	III	**1 449,66**	473,75	473,75	III	1 323,66	1 201,00	1 081,33	965,00	851,83	742,00
	V	**2 663,91**	473,75	473,75	IV	2 071,16	1 992,83	1 914,50	1 836,16	1 757,83	1 679,50
	VI	**2 708,25**	473,75	473,75							
8 354,99	I,IV	**2 157,25**	473,75	473,75	I	2 000,58	1 844,00	1 687,33	1 530,66	1 374,00	1 220,25
Ost	II	**2 008,16**	473,75	473,75	II	1 851,50	1 694,83	1 538,16	1 381,58	1 227,50	1 079,91
	III	**1 456,00**	473,75	473,75	III	1 329,83	1 207,00	1 087,16	970,66	857,50	747,33
	V	**2 671,75**	473,75	473,75	IV	2 078,91	2 000,58	1 922,33	1 844,00	1 765,66	1 687,33
	VI	**2 716,00**	473,75	473,75							
8 357,99	I,IV	**2 150,75**	473,75	473,75	I	1 994,08	1 837,41	1 680,75	1 524,08	1 367,41	1 214,00
West	II	**2 001,66**	473,75	473,75	II	1 845,00	1 688,33	1 531,66	1 375,00	1 221,25	1 073,91
	III	**1 450,66**	473,75	473,75	III	1 324,66	1 202,00	1 082,33	966,00	852,83	742,83
	V	**2 665,16**	473,75	473,75	IV	2 072,41	1 994,08	1 915,75	1 837,41	1 759,08	1 680,75
	VI	**2 709,50**	473,75	473,75							
8 357,99	I,IV	**2 158,58**	473,75	473,75	I	2 001,91	1 845,25	1 688,58	1 531,91	1 375,25	1 221,50
Ost	II	**2 009,41**	473,75	473,75	II	1 852,75	1 696,08	1 539,50	1 382,83	1 228,75	1 081,08
	III	**1 457,00**	473,75	473,75	III	1 330,83	1 208,00	1 088,16	971,66	858,33	748,16
	V	**2 673,00**	473,75	473,75	IV	2 080,25	2 001,91	1 923,58	1 845,25	1 766,91	1 688,58
	VI	**2 717,33**	473,75	473,75							
8 360,99	I,IV	**2 152,00**	473,75	473,75	I	1 995,33	1 838,66	1 682,00	1 525,33	1 368,66	1 215,16
West	II	**2 002,91**	473,75	473,75	II	1 846,25	1 689,58	1 532,91	1 376,25	1 222,41	1 075,08
	III	**1 451,83**	473,75	473,75	III	1 325,66	1 202,83	1 083,33	966,83	853,66	743,66
	V	**2 666,41**	473,75	473,75	IV	2 073,66	1 995,33	1 917,00	1 838,66	1 760,33	1 682,00
	VI	**2 710,75**	473,75	473,75							
8 360,99	I,IV	**2 159,83**	473,75	473,75	I	2 003,16	1 846,50	1 689,83	1 533,16	1 376,50	1 222,66
Ost	II	**2 010,66**	473,75	473,75	II	1 854,08	1 697,41	1 540,75	1 384,08	1 230,00	1 082,25
	III	**1 458,16**	473,75	473,75	III	1 331,83	1 208,83	1 089,16	972,50	859,16	749,16
	V	**2 674,25**	473,75	473,75	IV	2 081,50	2 003,16	1 924,83	1 846,50	1 768,16	1 689,83
	VI	**2 718,58**	473,75	473,75							
8 363,99	I,IV	**2 153,25**	473,75	473,75	I	1 996,58	1 839,91	1 683,25	1 526,58	1 369,91	1 216,41
West	II	**2 004,16**	473,75	473,75	II	1 847,50	1 690,83	1 534,16	1 377,50	1 223,66	1 076,25
	III	**1 452,83**	473,75	473,75	III	1 326,66	1 203,83	1 084,16	967,83	854,66	744,66
	V	**2 667,66**	473,75	473,75	IV	2 074,91	1 996,58	1 918,25	1 839,91	1 761,58	1 683,25
	VI	**2 712,00**	473,75	473,75							
8 363,99	I,IV	**2 161,08**	473,75	473,75	I	2 004,41	1 847,75	1 691,08	1 534,41	1 377,75	1 223,91
Ost	II	**2 012,00**	473,75	473,75	II	1 855,33	1 698,66	1 542,00	1 385,33	1 231,16	1 083,41
	III	**1 459,16**	473,75	473,75	III	1 332,83	1 209,83	1 090,16	973,50	860,16	750,00
	V	**2 675,50**	473,75	473,75	IV	2 082,75	2 004,41	1 926,08	1 847,75	1 769,41	1 691,08
	VI	**2 719,83**	473,75	473,75							
8 366,99	I,IV	**2 154,50**	473,75	473,75	I	1 997,83	1 841,16	1 684,50	1 527,91	1 371,25	1 217,58
West	II	**2 005,41**	473,75	473,75	II	1 848,75	1 692,08	1 535,41	1 378,75	1 224,91	1 077,41
	III	**1 453,83**	473,75	473,75	III	1 327,66	1 204,83	1 085,16	968,66	855,50	745,50
	V	**2 669,00**	473,75	473,75	IV	2 076,16	1 997,83	1 919,50	1 841,16	1 762,83	1 684,50
	VI	**2 713,25**	473,75	473,75							
8 366,99	I,IV	**2 162,33**	473,75	473,75	I	2 005,66	1 849,00	1 692,33	1 535,66	1 379,00	1 225,08
Ost	II	**2 013,25**	473,75	473,75	II	1 856,58	1 699,91	1 543,25	1 386,58	1 232,41	1 084,58
	III	**1 460,16**	473,75	473,75	III	1 333,83	1 210,83	1 091,00	974,50	861,00	750,83
	V	**2 676,75**	473,75	473,75	IV	2 084,00	2 005,66	1 927,33	1 849,00	1 770,66	1 692,33
	VI	**2 721,08**	473,75	473,75							
8 369,99	I,IV	**2 155,75**	473,75	473,75	I	1 999,08	1 842,41	1 685,83	1 529,16	1 372,50	1 218,83
West	II	**2 006,66**	473,75	473,75	II	1 850,00	1 693,33	1 536,66	1 380,00	1 226,08	1 078,58
	III	**1 454,83**	473,75	473,75	III	1 328,66	1 205,83	1 086,16	969,66	856,33	746,33
	V	**2 670,25**	473,75	473,75	IV	2 077,41	1 999,08	1 920,75	1 842,41	1 764,16	1 685,83
	VI	**2 714,50**	473,75	473,75							
8 369,99	I,IV	**2 163,58**	473,75	473,75	I	2 006,91	1 850,25	1 693,58	1 536,91	1 380,25	1 226,33
Ost	II	**2 014,50**	473,75	473,75	II	1 857,83	1 701,16	1 544,50	1 387,83	1 233,58	1 085,75
	III	**1 461,16**	473,75	473,75	III	1 334,83	1 211,83	1 092,00	975,33	862,00	751,66
	V	**2 678,00**	473,75	473,75	IV	2 085,25	2 006,91	1 928,58	1 850,25	1 771,91	1 693,58
	VI	**2 722,33**	473,75	473,75							

* Zur LSt-Berechnung für privat versicherte Arbeitnehmer s. Beispiele **Vorbemerkung S. 4f.**
** Basisvorsorgepauschale KV und PV *** Typisierter Arbeitgeberzuschuss

Lohn/ Gehalt in € bis	Steuerklasse	Lohn-steuer*	BVSP**	TAGZ***	Steuerklasse	Bemessungsgrundlage für Kirchensteuer und Solidaritätszuschlag — Freibeträge für ... Kinder 0,5	**1,0**	1,5	**2,0**	2,5	**3,0**
8372,99 West	I,IV	**2157,00**	473,75	473,75	I	2000,41	1843,75	1687,08	1530,41	1373,75	1220,00
	II	**2007,91**	473,75	473,75	II	1851,25	1694,58	1537,91	1381,33	1227,33	1079,75
	III	**1455,83**	473,75	473,75	III	1329,66	1206,83	1087,00	970,50	857,33	747,16
	V	**2671,50**	473,75	473,75	IV	2078,66	2000,41	1922,08	1843,75	1765,41	1687,08
	VI	**2715,75**	473,75	473,75							
8372,99 Ost	I,IV	**2164,83**	473,75	473,75	I	2008,16	1851,50	1694,83	1538,16	1381,58	1227,50
	II	**2015,75**	473,75	473,75	II	1859,08	1702,41	1545,75	1389,08	1234,83	1086,91
	III	**1462,16**	473,75	473,75	III	1335,83	1212,83	1093,00	976,33	862,83	752,66
	V	**2679,25**	473,75	473,75	IV	2086,50	2008,16	1929,83	1851,50	1773,16	1694,83
	VI	**2723,58**	473,75	473,75							
8375,99 West	I,IV	**2158,33**	473,75	473,75	I	2001,66	1845,00	1688,33	1531,66	1375,00	1221,25
	II	**2009,16**	473,75	473,75	II	1852,50	1695,91	1539,25	1382,58	1228,50	1080,83
	III	**1456,83**	473,75	473,75	III	1330,66	1207,83	1088,00	971,50	858,16	748,16
	V	**2672,75**	473,75	473,75	IV	2080,00	2001,66	1923,33	1845,00	1766,66	1688,33
	VI	**2717,08**	473,75	473,75							
8375,99 Ost	I,IV	**2166,08**	473,75	473,75	I	2009,41	1852,75	1696,08	1539,50	1382,83	1228,75
	II	**2017,00**	473,75	473,75	II	1860,33	1703,66	1547,00	1390,33	1236,00	1088,08
	III	**1463,16**	473,75	473,75	III	1336,83	1213,83	1093,83	977,16	863,66	753,50
	V	**2680,58**	473,75	473,75	IV	2087,75	2009,41	1931,08	1852,75	1774,41	1696,08
	VI	**2724,83**	473,75	473,75							
8378,99 West	I,IV	**2159,58**	473,75	473,75	I	2002,91	1846,25	1689,58	1532,91	1376,25	1222,41
	II	**2010,41**	473,75	473,75	II	1853,83	1697,16	1540,50	1383,83	1229,75	1082,00
	III	**1458,00**	473,75	473,75	III	1331,66	1208,66	1089,00	972,50	859,16	749,00
	V	**2674,00**	473,75	473,75	IV	2081,25	2002,91	1924,58	1846,25	1767,91	1689,58
	VI	**2718,33**	473,75	473,75							
8378,99 Ost	I,IV	**2167,33**	473,75	473,75	I	2010,66	1854,08	1697,41	1540,75	1384,08	1230,00
	II	**2018,25**	473,75	473,75	II	1861,58	1704,91	1548,25	1391,58	1237,25	1089,25
	III	**1464,33**	473,75	473,75	III	1337,83	1214,83	1094,83	978,16	864,66	754,33
	V	**2681,83**	473,75	473,75	IV	2089,00	2010,66	1932,33	1854,08	1775,75	1697,41
	VI	**2726,08**	473,75	473,75							
8381,99 West	I,IV	**2160,83**	473,75	473,75	I	2004,16	1847,50	1690,83	1534,16	1377,50	1223,66
	II	**2011,75**	473,75	473,75	II	1855,08	1698,41	1541,75	1385,08	1230,91	1083,16
	III	**1459,00**	473,75	473,75	III	1332,66	1209,66	1090,00	973,33	860,00	749,83
	V	**2675,25**	473,75	473,75	IV	2082,50	2004,16	1925,83	1847,50	1769,16	1690,83
	VI	**2719,58**	473,75	473,75							
8381,99 Ost	I,IV	**2168,58**	473,75	473,75	I	2012,00	1855,33	1698,66	1542,00	1385,33	1231,16
	II	**2019,50**	473,75	473,75	II	1862,83	1706,16	1549,58	1392,91	1238,50	1090,41
	III	**1465,33**	473,75	473,75	III	1338,83	1215,66	1095,83	979,00	865,50	755,16
	V	**2683,08**	473,75	473,75	IV	2090,33	2012,00	1933,66	1855,33	1777,00	1698,66
	VI	**2727,33**	473,75	473,75							
8384,99 West	I,IV	**2162,08**	473,75	473,75	I	2005,41	1848,75	1692,08	1535,41	1378,75	1224,91
	II	**2013,00**	473,75	473,75	II	1856,33	1699,66	1543,00	1386,33	1232,16	1084,33
	III	**1460,00**	473,75	473,75	III	1333,66	1210,66	1090,83	974,33	860,83	750,66
	V	**2676,50**	473,75	473,75	IV	2083,75	2005,41	1927,08	1848,75	1770,41	1692,08
	VI	**2720,83**	473,75	473,75							
8384,99 Ost	I,IV	**2169,91**	473,75	473,75	I	2013,25	1856,58	1699,91	1543,25	1386,58	1232,41
	II	**2020,75**	473,75	473,75	II	1864,08	1707,50	1550,83	1394,16	1239,66	1091,58
	III	**1466,33**	473,75	473,75	III	1340,00	1216,66	1096,66	980,00	866,50	756,16
	V	**2684,33**	473,75	473,75	IV	2091,58	2013,25	1934,91	1856,58	1778,25	1699,91
	VI	**2728,66**	473,75	473,75							
8387,99 West	I,IV	**2163,33**	473,75	473,75	I	2006,66	1850,00	1693,33	1536,66	1380,00	1226,08
	II	**2014,25**	473,75	473,75	II	1857,58	1700,91	1544,25	1387,58	1233,33	1085,50
	III	**1461,00**	473,75	473,75	III	1334,66	1211,66	1091,83	975,16	861,83	751,66
	V	**2677,75**	473,75	473,75	IV	2085,00	2006,66	1928,33	1850,00	1771,66	1693,33
	VI	**2722,08**	473,75	473,75							
8387,99 Ost	I,IV	**2171,16**	473,75	473,75	I	2014,50	1857,83	1701,16	1544,50	1387,83	1233,58
	II	**2022,08**	473,75	473,75	II	1865,41	1708,75	1552,08	1395,41	1240,91	1092,75
	III	**1467,33**	473,75	473,75	III	1341,00	1217,66	1097,66	980,83	867,33	757,00
	V	**2685,58**	473,75	473,75	IV	2092,83	2014,50	1936,16	1857,83	1779,50	1701,16
	VI	**2729,91**	473,75	473,75							

* Zur LSt-Berechnung für privat versicherte Arbeitnehmer s. Beispiele **Vorbemerkung S. 4 f.**
** Basisvorsorgepauschale KV und PV *** Typisierter Arbeitgeberzuschuss

Lohn/ Gehalt in € bis	Steuerklasse	Lohn-steuer*	BVSP**	TAGZ***	Steuerklasse	Bemessungsgrundlage für Kirchensteuer und Solidaritätszuschlag – Freibeträge für ... Kinder 0,5	1,0	1,5	2,0	2,5	3,0
8 390,99 West	I,IV	**2 164,58**	473,75	473,75	I	2 007,91	1 851,25	1 694,58	1 537,91	1 381,33	1 227,33
	II	**2 015,50**	473,75	473,75	II	1 858,83	1 702,16	1 545,50	1 388,83	1 234,58	1 086,66
	III	**1 462,00**	473,75	473,75	III	1 335,66	1 212,66	1 092,83	976,16	862,66	752,50
	V	**2 679,00**	473,75	473,75	IV	2 086,25	2 007,91	1 929,58	1 851,25	1 772,91	1 694,58
	VI	**2 723,33**	473,75	473,75							
8 390,99 Ost	I,IV	**2 172,41**	473,75	473,75	I	2 015,75	1 859,08	1 702,41	1 545,75	1 389,08	1 234,83
	II	**2 023,33**	473,75	473,75	II	1 866,66	1 710,00	1 553,33	1 396,66	1 242,16	1 093,91
	III	**1 468,33**	473,75	473,75	III	1 342,00	1 218,66	1 098,66	981,83	868,16	757,83
	V	**2 686,83**	473,75	473,75	IV	2 094,08	2 015,75	1 937,41	1 859,08	1 780,75	1 702,41
	VI	**2 731,16**	473,75	473,75							
8 393,99 West	I,IV	**2 165,83**	473,75	473,75	I	2 009,16	1 852,50	1 695,91	1 539,25	1 382,58	1 228,50
	II	**2 016,75**	473,75	473,75	II	1 860,08	1 703,41	1 546,75	1 390,08	1 235,83	1 087,83
	III	**1 463,00**	473,75	473,75	III	1 336,66	1 213,66	1 093,66	977,00	863,66	753,33
	V	**2 680,33**	473,75	473,75	IV	2 087,50	2 009,16	1 930,83	1 852,50	1 774,16	1 695,91
	VI	**2 724,58**	473,75	473,75							
8 393,99 Ost	I,IV	**2 173,66**	473,75	473,75	I	2 017,00	1 860,33	1 703,66	1 547,00	1 390,33	1 236,00
	II	**2 024,58**	473,75	473,75	II	1 867,91	1 711,25	1 554,58	1 397,91	1 243,33	1 095,08
	III	**1 469,33**	473,75	473,75	III	1 343,00	1 219,66	1 099,66	982,83	869,16	758,66
	V	**2 688,08**	473,75	473,75	IV	2 095,33	2 017,00	1 938,66	1 860,33	1 782,00	1 703,66
	VI	**2 732,41**	473,75	473,75							
8 396,99 West	I,IV	**2 167,08**	473,75	473,75	I	2 010,41	1 853,83	1 697,16	1 540,50	1 383,83	1 229,75
	II	**2 018,00**	473,75	473,75	II	1 861,33	1 704,66	1 548,00	1 391,41	1 237,00	1 089,00
	III	**1 464,16**	473,75	473,75	III	1 337,66	1 214,66	1 094,66	978,00	864,50	754,16
	V	**2 681,58**	473,75	473,75	IV	2 088,75	2 010,41	1 932,16	1 853,83	1 775,50	1 697,16
	VI	**2 725,83**	473,75	473,75							
8 396,99 Ost	I,IV	**2 174,91**	473,75	473,75	I	2 018,25	1 861,58	1 704,91	1 548,25	1 391,58	1 237,25
	II	**2 025,83**	473,75	473,75	II	1 869,16	1 712,50	1 555,83	1 399,16	1 244,58	1 096,25
	III	**1 470,50**	473,75	473,75	III	1 344,00	1 220,66	1 100,50	983,66	870,00	759,66
	V	**2 689,33**	473,75	473,75	IV	2 096,58	2 018,25	1 939,91	1 861,58	1 783,25	1 704,91
	VI	**2 733,66**	473,75	473,75							
8 399,99 West	I,IV	**2 168,41**	473,75	473,75	I	2 011,75	1 855,08	1 698,41	1 541,75	1 385,08	1 230,91
	II	**2 019,25**	473,75	473,75	II	1 862,58	1 705,91	1 549,33	1 392,66	1 238,25	1 090,16
	III	**1 465,16**	473,75	473,75	III	1 338,66	1 215,66	1 095,66	978,83	865,33	755,16
	V	**2 682,83**	473,75	473,75	IV	2 090,08	2 011,75	1 933,41	1 855,08	1 776,75	1 698,41
	VI	**2 727,16**	473,75	473,75							
8 399,99 Ost	I,IV	**2 176,16**	473,75	473,75	I	2 019,50	1 862,83	1 706,16	1 549,58	1 392,91	1 238,50
	II	**2 027,08**	473,75	473,75	II	1 870,41	1 713,75	1 557,08	1 400,41	1 245,75	1 097,41
	III	**1 471,50**	473,75	473,75	III	1 345,00	1 221,66	1 101,50	984,66	871,00	760,50
	V	**2 690,58**	473,75	473,75	IV	2 097,83	2 019,50	1 941,16	1 862,83	1 784,50	1 706,16
	VI	**2 734,91**	473,75	473,75							
8 402,99 West	I,IV	**2 169,66**	473,75	473,75	I	2 013,00	1 856,33	1 699,66	1 543,00	1 386,33	1 232,16
	II	**2 020,50**	473,75	473,75	II	1 863,91	1 707,25	1 550,58	1 393,91	1 239,41	1 091,33
	III	**1 466,16**	473,75	473,75	III	1 339,66	1 216,50	1 096,66	979,83	866,33	756,00
	V	**2 684,08**	473,75	473,75	IV	2 091,33	2 013,00	1 934,66	1 856,33	1 778,00	1 699,66
	VI	**2 728,41**	473,75	473,75							
8 402,99 Ost	I,IV	**2 177,41**	473,75	473,75	I	2 020,75	1 864,08	1 707,50	1 550,83	1 394,16	1 239,66
	II	**2 028,33**	473,75	473,75	II	1 871,66	1 715,00	1 558,33	1 401,66	1 247,00	1 098,58
	III	**1 472,50**	473,75	473,75	III	1 346,00	1 222,66	1 102,50	985,50	871,83	761,33
	V	**2 691,91**	473,75	473,75	IV	2 099,08	2 020,75	1 942,41	1 864,08	1 785,83	1 707,50
	VI	**2 736,16**	473,75	473,75							
8 405,99 West	I,IV	**2 170,91**	473,75	473,75	I	2 014,25	1 857,58	1 700,91	1 544,25	1 387,58	1 233,33
	II	**2 021,83**	473,75	473,75	II	1 865,16	1 708,50	1 551,83	1 395,16	1 240,66	1 092,50
	III	**1 467,16**	473,75	473,75	III	1 340,83	1 217,50	1 097,50	980,83	867,16	756,83
	V	**2 685,33**	473,75	473,75	IV	2 092,58	2 014,25	1 935,91	1 857,58	1 779,25	1 700,91
	VI	**2 729,66**	473,75	473,75							
8 405,99 Ost	I,IV	**2 178,66**	473,75	473,75	I	2 022,08	1 865,41	1 708,75	1 552,08	1 395,41	1 240,91
	II	**2 029,58**	473,75	473,75	II	1 872,91	1 716,25	1 559,58	1 403,00	1 248,25	1 099,75
	III	**1 473,50**	473,75	473,75	III	1 347,00	1 223,50	1 103,33	986,50	872,66	762,16
	V	**2 693,16**	473,75	473,75	IV	2 100,33	2 022,08	1 943,75	1 865,41	1 787,08	1 708,75
	VI	**2 737,41**	473,75	473,75							

* Zur LSt-Berechnung für privat versicherte Arbeitnehmer s. Beispiele **Vorbemerkung S. 4 f.**
** Basisvorsorgepauschale KV und PV *** Typisierter Arbeitgeberzuschuss

Lohn/ Gehalt in € bis	Steuerklasse	Lohn-steuer*	BVSP**	TAGZ***	Steuerklasse	Bemessungsgrundlage für Kirchensteuer und Solidaritätszuschlag					
						Freibeträge für ... Kinder					
						0,5	**1,0**	1,5	**2,0**	2,5	**3,0**
8408,99	I,IV	**2172,16**	473,75	473,75	I	2015,50	1858,83	1702,16	1545,50	1388,83	1234,58
West	II	**2023,08**	473,75	473,75	II	1866,41	1709,75	1553,08	1396,41	1241,91	1093,66
	III	**1468,16**	473,75	473,75	III	1341,83	1218,50	1098,50	981,66	868,16	757,66
	V	**2686,58**	473,75	473,75	IV	2093,83	2015,50	1937,16	1858,83	1780,50	1702,16
	VI	**2730,91**	473,75	473,75							
8408,99	I,IV	**2180,00**	473,75	473,75	I	2023,33	1866,66	1710,00	1553,33	1396,66	1242,16
Ost	II	**2030,83**	473,75	473,75	II	1874,16	1717,58	1560,91	1404,25	1249,41	1100,91
	III	**1474,50**	473,75	473,75	III	1348,00	1224,50	1104,33	987,33	873,66	763,16
	V	**2694,41**	473,75	473,75	IV	2101,66	2023,33	1945,00	1866,66	1788,33	1710,00
	VI	**2738,75**	473,75	473,75							
8411,99	I,IV	**2173,41**	473,75	473,75	I	2016,75	1860,08	1703,41	1546,75	1390,08	1235,83
West	II	**2024,33**	473,75	473,75	II	1867,66	1711,00	1554,33	1397,66	1243,08	1094,83
	III	**1469,16**	473,75	473,75	III	1342,83	1219,50	1099,50	982,66	869,00	758,66
	V	**2687,83**	473,75	473,75	IV	2095,08	2016,75	1938,41	1860,08	1781,75	1703,41
	VI	**2732,16**	473,75	473,75							
8411,99	I,IV	**2181,25**	473,75	473,75	I	2024,58	1867,91	1711,25	1554,58	1397,91	1243,33
Ost	II	**2032,08**	473,75	473,75	II	1875,50	1718,83	1562,16	1405,50	1250,66	1102,08
	III	**1475,66**	473,75	473,75	III	1349,00	1225,50	1105,33	988,33	874,50	764,00
	V	**2695,66**	473,75	473,75	IV	2102,91	2024,58	1946,25	1867,91	1789,58	1711,25
	VI	**2740,00**	473,75	473,75							
8414,99	I,IV	**2174,66**	473,75	473,75	I	2018,00	1861,33	1704,66	1548,00	1391,41	1237,00
West	II	**2025,58**	473,75	473,75	II	1868,91	1712,25	1555,58	1398,91	1244,33	1096,00
	III	**1470,33**	473,75	473,75	III	1343,83	1220,50	1100,33	983,50	869,83	759,50
	V	**2689,08**	473,75	473,75	IV	2096,33	2018,00	1939,66	1861,33	1783,00	1704,66
	VI	**2733,41**	473,75	473,75							
8414,99	I,IV	**2182,50**	473,75	473,75	I	2025,83	1869,16	1712,50	1555,83	1399,16	1244,58
Ost	II	**2033,41**	473,75	473,75	II	1876,75	1720,08	1563,41	1406,75	1251,91	1103,25
	III	**1476,66**	473,75	473,75	III	1350,00	1226,50	1106,33	989,33	875,50	764,83
	V	**2696,91**	473,75	473,75	IV	2104,16	2025,83	1947,50	1869,16	1790,83	1712,50
	VI	**2741,25**	473,75	473,75							
8417,99	I,IV	**2175,91**	473,75	473,75	I	2019,25	1862,58	1705,91	1549,33	1392,66	1238,25
West	II	**2026,83**	473,75	473,75	II	1870,16	1713,50	1556,83	1400,16	1245,58	1097,16
	III	**1471,33**	473,75	473,75	III	1344,83	1221,50	1101,33	984,50	870,83	760,33
	V	**2690,41**	473,75	473,75	IV	2097,58	2019,25	1940,91	1862,58	1784,25	1705,91
	VI	**2734,66**	473,75	473,75							
8417,99	I,IV	**2183,75**	473,75	473,75	I	2027,08	1870,41	1713,75	1557,08	1400,41	1245,75
Ost	II	**2034,66**	473,75	473,75	II	1878,00	1721,33	1564,66	1408,00	1253,08	1104,41
	III	**1477,66**	473,75	473,75	III	1351,00	1227,50	1107,16	990,16	876,33	765,66
	V	**2698,16**	473,75	473,75	IV	2105,41	2027,08	1948,75	1870,41	1792,08	1713,75
	VI	**2742,50**	473,75	473,75							
8420,99	I,IV	**2177,16**	473,75	473,75	I	2020,50	1863,91	1707,25	1550,58	1393,91	1239,41
West	II	**2028,08**	473,75	473,75	II	1871,41	1714,75	1558,08	1401,41	1246,75	1098,33
	III	**1472,33**	473,75	473,75	III	1345,83	1222,50	1102,33	985,33	871,66	761,16
	V	**2691,66**	473,75	473,75	IV	2098,83	2020,50	1942,16	1863,91	1785,58	1707,25
	VI	**2735,91**	473,75	473,75							
8420,99	I,IV	**2185,00**	473,75	473,75	I	2028,33	1871,66	1715,00	1558,33	1401,66	1247,00
Ost	II	**2035,91**	473,75	473,75	II	1879,25	1722,58	1565,91	1409,25	1254,33	1105,58
	III	**1478,66**	473,75	473,75	III	1352,00	1228,50	1108,16	991,16	877,33	766,66
	V	**2699,41**	473,75	473,75	IV	2106,66	2028,33	1950,00	1871,66	1793,33	1715,00
	VI	**2743,75**	473,75	473,75							
8423,99	I,IV	**2178,41**	473,75	473,75	I	2021,83	1865,16	1708,50	1551,83	1395,16	1240,66
West	II	**2029,33**	473,75	473,75	II	1872,66	1716,00	1559,41	1402,75	1248,00	1099,50
	III	**1473,33**	473,75	473,75	III	1346,83	1223,33	1103,33	986,33	872,66	762,16
	V	**2692,91**	473,75	473,75	IV	2100,16	2021,83	1943,50	1865,16	1786,83	1708,50
	VI	**2737,25**	473,75	473,75							
8423,99	I,IV	**2186,25**	473,75	473,75	I	2029,58	1872,91	1716,25	1559,58	1403,00	1248,25
Ost	II	**2037,16**	473,75	473,75	II	1880,50	1723,83	1567,16	1410,50	1255,58	1106,75
	III	**1479,66**	473,75	473,75	III	1353,00	1229,50	1109,16	992,00	878,16	767,50
	V	**2700,66**	473,75	473,75	IV	2107,91	2029,58	1951,25	1872,91	1794,58	1716,25
	VI	**2745,00**	473,75	473,75							

* Zur LSt-Berechnung für privat versicherte Arbeitnehmer s. Beispiele **Vorbemerkung S. 4f.**
** Basisvorsorgepauschale KV und PV *** Typisierter Arbeitgeberzuschuss

Lohn/ Gehalt in € bis	Steuerklasse	Lohn-steuer*	BVSP**	TAGZ***	Steuerklasse	Bemessungsgrundlage für Kirchensteuer und Solidaritätszuschlag – Freibeträge für ... Kinder 0,5	1,0	1,5	2,0	2,5	3,0
8426,99 West	I,IV	**2179,75**	473,75	473,75	I	2023,08	1866,41	1709,75	1553,08	1396,41	1241,91
	II	**2030,58**	473,75	473,75	II	1873,91	1717,33	1560,66	1404,00	1249,16	1100,66
	III	**1474,33**	473,75	473,75	III	1347,83	1224,33	1104,16	987,16	873,50	763,00
	V	**2694,16**	473,75	473,75	IV	2101,41	2023,08	1944,75	1866,41	1788,08	1709,75
	VI	**2738,50**	473,75	473,75							
8426,99 Ost	I,IV	**2187,50**	473,75	473,75	I	2030,83	1874,16	1717,58	1560,91	1404,25	1249,41
	II	**2038,41**	473,75	473,75	II	1881,75	1725,08	1568,41	1411,75	1256,75	1107,91
	III	**1480,83**	473,75	473,75	III	1354,00	1230,50	1110,16	993,00	879,00	768,33
	V	**2702,00**	473,75	473,75	IV	2109,16	2030,83	1952,50	1874,16	1795,83	1717,58
	VI	**2746,25**	473,75	473,75							
8429,99 West	I,IV	**2181,00**	473,75	473,75	I	2024,33	1867,66	1711,00	1554,33	1397,66	1243,08
	II	**2031,91**	473,75	473,75	II	1875,25	1718,58	1561,91	1405,25	1250,41	1101,83
	III	**1475,50**	473,75	473,75	III	1348,83	1225,33	1105,16	988,16	874,33	763,83
	V	**2695,41**	473,75	473,75	IV	2102,66	2024,33	1946,00	1867,66	1789,33	1711,00
	VI	**2739,75**	473,75	473,75							
8429,99 Ost	I,IV	**2188,75**	473,75	473,75	I	2032,08	1875,50	1718,83	1562,16	1405,50	1250,66
	II	**2039,66**	473,75	473,75	II	1883,00	1726,33	1569,66	1413,08	1258,00	1109,08
	III	**1481,83**	473,75	473,75	III	1355,00	1231,33	1111,00	993,83	880,00	769,16
	V	**2703,25**	473,75	473,75	IV	2110,41	2032,08	1953,83	1875,50	1797,16	1718,83
	VI	**2747,50**	473,75	473,75							
8432,99 West	I,IV	**2182,25**	473,75	473,75	I	2025,58	1868,91	1712,25	1555,58	1398,91	1244,33
	II	**2033,16**	473,75	473,75	II	1876,50	1719,83	1563,16	1406,50	1251,66	1103,00
	III	**1476,50**	473,75	473,75	III	1349,83	1226,33	1106,16	989,16	875,33	764,66
	V	**2696,66**	473,75	473,75	IV	2103,91	2025,58	1947,25	1868,91	1790,58	1712,25
	VI	**2741,00**	473,75	473,75							
8432,99 Ost	I,IV	**2190,08**	473,75	473,75	I	2033,41	1876,75	1720,08	1563,41	1406,75	1251,91
	II	**2040,91**	473,75	473,75	II	1884,25	1727,58	1571,00	1414,33	1259,25	1110,25
	III	**1482,83**	473,75	473,75	III	1356,00	1232,33	1112,00	994,83	880,83	770,16
	V	**2704,50**	473,75	473,75	IV	2111,75	2033,41	1955,08	1876,75	1798,41	1720,08
	VI	**2748,83**	473,75	473,75							
8435,99 West	I,IV	**2183,50**	473,75	473,75	I	2026,83	1870,16	1713,50	1556,83	1400,16	1245,58
	II	**2034,41**	473,75	473,75	II	1877,75	1721,08	1564,41	1407,75	1252,83	1104,16
	III	**1477,50**	473,75	473,75	III	1350,83	1227,33	1107,00	990,00	876,16	765,66
	V	**2697,91**	473,75	473,75	IV	2105,16	2026,83	1948,50	1870,16	1791,83	1713,50
	VI	**2742,25**	473,75	473,75							
8435,99 Ost	I,IV	**2191,33**	473,75	473,75	I	2034,66	1878,00	1721,33	1564,66	1408,00	1253,08
	II	**2042,16**	473,75	473,75	II	1885,58	1728,91	1572,25	1415,58	1260,41	1111,41
	III	**1483,83**	473,75	473,75	III	1357,00	1233,33	1113,00	995,83	881,83	771,00
	V	**2705,75**	473,75	473,75	IV	2113,00	2034,66	1956,33	1878,00	1799,66	1721,33
	VI	**2750,08**	473,75	473,75							
8438,99 West	I,IV	**2184,75**	473,75	473,75	I	2028,08	1871,41	1714,75	1558,08	1401,41	1246,75
	II	**2035,66**	473,75	473,75	II	1879,00	1722,33	1565,66	1409,00	1254,08	1105,33
	III	**1478,50**	473,75	473,75	III	1351,83	1228,33	1108,00	991,00	877,16	766,50
	V	**2699,16**	473,75	473,75	IV	2106,41	2028,08	1949,75	1871,41	1793,08	1714,75
	VI	**2743,50**	473,75	473,75							
8438,99 Ost	I,IV	**2192,58**	473,75	473,75	I	2035,91	1879,25	1722,58	1565,91	1409,25	1254,33
	II	**2043,50**	473,75	473,75	II	1886,83	1730,16	1573,50	1416,83	1261,66	1112,58
	III	**1484,83**	473,75	473,75	III	1358,00	1234,33	1114,00	996,66	882,66	771,83
	V	**2707,00**	473,75	473,75	IV	2114,25	2035,91	1957,58	1879,25	1800,91	1722,58
	VI	**2751,33**	473,75	473,75							
8441,99 West	I,IV	**2186,00**	473,75	473,75	I	2029,33	1872,66	1716,00	1559,41	1402,75	1248,00
	II	**2036,91**	473,75	473,75	II	1880,25	1723,58	1566,91	1410,25	1255,33	1106,50
	III	**1479,50**	473,75	473,75	III	1352,83	1229,33	1109,00	991,83	878,00	767,33
	V	**2700,50**	473,75	473,75	IV	2107,66	2029,33	1951,00	1872,66	1794,33	1716,00
	VI	**2744,75**	473,75	473,75							
8441,99 Ost	I,IV	**2193,83**	473,75	473,75	I	2037,16	1880,50	1723,83	1567,16	1410,50	1255,58
	II	**2044,75**	473,75	473,75	II	1888,08	1731,41	1574,75	1418,08	1262,91	1113,75
	III	**1486,00**	473,75	473,75	III	1359,00	1235,33	1114,83	997,66	883,50	772,83
	V	**2708,25**	473,75	473,75	IV	2115,50	2037,16	1958,83	1880,50	1802,16	1723,83
	VI	**2752,58**	473,75	473,75							

* Zur LSt-Berechnung für privat versicherte Arbeitnehmer s. Beispiele **Vorbemerkung S. 4 f.**
** Basisvorsorgepauschale KV und PV *** Typisierter Arbeitgeberzuschuss

Lohn/ Gehalt in € bis	Steuerklasse	Lohn-steuer*	BVSP**	TAGZ***	Steuerklasse	Bemessungsgrundlage für Kirchensteuer und Solidaritätszuschlag – Freibeträge für ... Kinder 0,5	1,0	1,5	2,0	2,5	3,0
8444,99 West	I,IV	**2187,25**	473,75	473,75	I	2030,58	1873,91	1717,33	1560,66	1404,00	1249,16
	II	**2038,16**	473,75	473,75	II	1881,50	1724,83	1568,16	1411,50	1256,50	1107,66
	III	**1480,66**	473,75	473,75	III	1353,83	1230,33	1110,00	992,83	878,83	768,16
	V	**2701,75**	473,75	473,75	IV	2108,91	2030,58	1952,25	1873,91	1795,66	1717,33
	VI	**2746,00**	473,75	473,75							
8444,99 Ost	I,IV	**2195,08**	473,75	473,75	I	2038,41	1881,75	1725,08	1568,41	1411,75	1256,75
	II	**2046,00**	473,75	473,75	II	1889,33	1732,66	1576,00	1419,33	1264,08	1115,00
	III	**1487,00**	473,75	473,75	III	1360,00	1236,33	1115,83	998,50	884,50	773,66
	V	**2709,50**	473,75	473,75	IV	2116,75	2038,41	1960,08	1881,75	1803,41	1725,08
	VI	**2753,83**	473,75	473,75							
8447,99 West	I,IV	**2188,50**	473,75	473,75	I	2031,91	1875,25	1718,58	1561,91	1405,25	1250,41
	II	**2039,41**	473,75	473,75	II	1882,75	1726,08	1569,41	1412,83	1257,75	1108,83
	III	**1481,66**	473,75	473,75	III	1354,83	1231,33	1110,83	993,66	879,83	769,16
	V	**2703,00**	473,75	473,75	IV	2110,16	2031,91	1953,58	1875,25	1796,91	1718,58
	VI	**2747,25**	473,75	473,75							
8447,99 Ost	I,IV	**2196,33**	473,75	473,75	I	2039,66	1883,00	1726,33	1569,66	1413,08	1258,00
	II	**2047,25**	473,75	473,75	II	1890,58	1733,91	1577,25	1420,58	1265,33	1116,16
	III	**1488,00**	473,75	473,75	III	1361,00	1237,33	1116,83	999,50	885,33	774,50
	V	**2710,75**	473,75	473,75	IV	2118,00	2039,66	1961,33	1883,00	1804,66	1726,33
	VI	**2755,08**	473,75	473,75							
8450,99 West	I,IV	**2189,83**	473,75	473,75	I	2033,16	1876,50	1719,83	1563,16	1406,50	1251,66
	II	**2040,66**	473,75	473,75	II	1884,00	1727,41	1570,75	1414,08	1259,00	1110,08
	III	**1482,66**	473,75	473,75	III	1355,83	1232,16	1111,83	994,66	880,66	770,00
	V	**2704,25**	473,75	473,75	IV	2111,50	2033,16	1954,83	1876,50	1798,16	1719,83
	VI	**2748,58**	473,75	473,75							
8450,99 Ost	I,IV	**2197,58**	473,75	473,75	I	2040,91	1884,25	1727,58	1571,00	1414,33	1259,25
	II	**2048,50**	473,75	473,75	II	1891,83	1735,16	1578,50	1421,83	1266,58	1117,33
	III	**1489,00**	473,75	473,75	III	1362,00	1238,33	1117,66	1000,33	886,33	775,33
	V	**2712,08**	473,75	473,75	IV	2119,25	2040,91	1962,58	1884,25	1805,91	1727,58
	VI	**2756,33**	473,75	473,75							
8453,99 West	I,IV	**2191,08**	473,75	473,75	I	2034,41	1877,75	1721,08	1564,41	1407,75	1252,83
	II	**2041,91**	473,75	473,75	II	1885,33	1728,66	1572,00	1415,33	1260,16	1111,25
	III	**1483,66**	473,75	473,75	III	1356,83	1233,16	1112,83	995,66	881,66	770,83
	V	**2705,50**	473,75	473,75	IV	2112,75	2034,41	1956,08	1877,75	1799,41	1721,08
	VI	**2749,83**	473,75	473,75							
8453,99 Ost	I,IV	**2198,83**	473,75	473,75	I	2042,16	1885,58	1728,91	1572,25	1415,58	1260,41
	II	**2049,75**	473,75	473,75	II	1893,08	1736,41	1579,75	1423,08	1267,83	1118,50
	III	**1490,00**	473,75	473,75	III	1363,00	1239,33	1118,66	1001,33	887,16	776,33
	V	**2713,33**	473,75	473,75	IV	2120,50	2042,16	1963,83	1885,58	1807,25	1728,91
	VI	**2757,58**	473,75	473,75							
8456,99 West	I,IV	**2192,33**	473,75	473,75	I	2035,66	1879,00	1722,33	1565,66	1409,00	1254,08
	II	**2043,25**	473,75	473,75	II	1886,58	1729,91	1573,25	1416,58	1261,41	1112,41
	III	**1484,66**	473,75	473,75	III	1357,83	1234,16	1113,83	996,50	882,50	771,66
	V	**2706,75**	473,75	473,75	IV	2114,00	2035,66	1957,33	1879,00	1800,66	1722,33
	VI	**2751,08**	473,75	473,75							
8456,99 Ost	I,IV	**2200,08**	473,75	473,75	I	2043,50	1886,83	1730,16	1573,50	1416,83	1261,66
	II	**2051,00**	473,75	473,75	II	1894,33	1737,66	1581,08	1424,41	1269,00	1119,66
	III	**1491,16**	473,75	473,75	III	1364,00	1240,33	1119,66	1002,33	888,16	777,16
	V	**2714,58**	473,75	473,75	IV	2121,83	2043,50	1965,16	1886,83	1808,50	1730,16
	VI	**2758,83**	473,75	473,75							
8459,99 West	I,IV	**2193,58**	473,75	473,75	I	2036,91	1880,25	1723,58	1566,91	1410,25	1255,33
	II	**2044,50**	473,75	473,75	II	1887,83	1731,16	1574,50	1417,83	1262,66	1113,58
	III	**1485,83**	473,75	473,75	III	1358,83	1235,16	1114,66	997,50	883,50	772,66
	V	**2708,00**	473,75	473,75	IV	2115,25	2036,91	1958,58	1880,25	1801,91	1723,58
	VI	**2752,33**	473,75	473,75							
8459,99 Ost	I,IV	**2201,41**	473,75	473,75	I	2044,75	1888,08	1731,41	1574,75	1418,08	1262,91
	II	**2052,25**	473,75	473,75	II	1895,58	1739,00	1582,33	1425,66	1270,25	1120,83
	III	**1492,16**	473,75	473,75	III	1365,00	1241,16	1120,66	1003,16	889,00	778,00
	V	**2715,83**	473,75	473,75	IV	2123,08	2044,75	1966,41	1888,08	1809,75	1731,41
	VI	**2760,16**	473,75	473,75							

* Zur LSt-Berechnung für privat versicherte Arbeitnehmer s. Beispiele **Vorbemerkung S. 4f.**
** Basisvorsorgepauschale KV und PV *** Typisierter Arbeitgeberzuschuss

Lohn/ Gehalt in € bis	Steuerklasse	Lohn- steuer*	BVSP**	TAGZ***	Steuerklasse	Bemessungsgrundlage für Kirchensteuer und Solidaritätszuschlag – Freibeträge für ... Kinder 0,5	1,0	1,5	2,0	2,5	3,0
8462,99	I,IV	**2194,83**	473,75	473,75	I	2038,16	1881,50	1724,83	1568,16	1411,50	1256,50
West	II	**2045,75**	473,75	473,75	II	1889,08	1732,41	1575,75	1419,08	1263,91	1114,75
	III	**1486,83**	473,75	473,75	III	1359,83	1236,16	1115,66	998,33	884,33	773,50
	V	**2709,25**	473,75	473,75	IV	2116,50	2038,16	1959,83	1881,50	1803,16	1724,83
	VI	**2753,58**	473,75	473,75							
8462,99	I,IV	**2202,66**	473,75	473,75	I	2046,00	1889,33	1732,66	1576,00	1419,33	1264,08
Ost	II	**2053,58**	473,75	473,75	II	1896,91	1740,25	1583,58	1426,91	1271,50	1122,00
	III	**1493,16**	473,75	473,75	III	1366,16	1242,16	1121,50	1004,16	890,00	778,83
	V	**2717,08**	473,75	473,75	IV	2124,33	2046,00	1967,66	1889,33	1811,00	1732,66
	VI	**2761,41**	473,75	473,75							
8465,99	I,IV	**2196,08**	473,75	473,75	I	2039,41	1882,75	1726,08	1569,41	1412,83	1257,75
West	II	**2047,00**	473,75	473,75	II	1890,33	1733,66	1577,00	1420,33	1265,08	1115,91
	III	**1487,83**	473,75	473,75	III	1360,83	1237,16	1116,66	999,33	885,16	774,33
	V	**2710,50**	473,75	473,75	IV	2117,75	2039,41	1961,08	1882,75	1804,41	1726,08
	VI	**2754,83**	473,75	473,75							
8465,99	I,IV	**2203,91**	473,75	473,75	I	2047,25	1890,58	1733,91	1577,25	1420,58	1265,33
Ost	II	**2054,83**	473,75	473,75	II	1898,16	1741,50	1584,83	1428,16	1272,66	1123,16
	III	**1494,16**	473,75	473,75	III	1367,16	1243,16	1122,50	1005,00	890,83	779,83
	V	**2718,33**	473,75	473,75	IV	2125,58	2047,25	1968,91	1890,58	1812,25	1733,91
	VI	**2762,66**	473,75	473,75							
8468,99	I,IV	**2197,33**	473,75	473,75	I	2040,66	1884,00	1727,41	1570,75	1414,08	1259,00
West	II	**2048,25**	473,75	473,75	II	1891,58	1734,91	1578,25	1421,58	1266,33	1117,08
	III	**1488,83**	473,75	473,75	III	1361,83	1238,16	1117,50	1000,33	886,16	775,16
	V	**2711,83**	473,75	473,75	IV	2119,00	2040,66	1962,33	1884,00	1805,66	1727,41
	VI	**2756,08**	473,75	473,75							
8468,99	I,IV	**2205,16**	473,75	473,75	I	2048,50	1891,83	1735,16	1578,50	1421,83	1266,58
Ost	II	**2056,08**	473,75	473,75	II	1899,41	1742,75	1586,08	1429,41	1273,91	1124,33
	III	**1495,16**	473,75	473,75	III	1368,16	1244,16	1123,50	1006,00	891,66	780,66
	V	**2719,58**	473,75	473,75	IV	2126,83	2048,50	1970,16	1891,83	1813,50	1735,16
	VI	**2763,91**	473,75	473,75							
8471,99	I,IV	**2198,58**	473,75	473,75	I	2041,91	1885,33	1728,66	1572,00	1415,33	1260,16
West	II	**2049,50**	473,75	473,75	II	1892,83	1736,16	1579,50	1422,91	1267,58	1118,25
	III	**1489,83**	473,75	473,75	III	1362,83	1239,16	1118,50	1001,16	887,00	776,16
	V	**2713,08**	473,75	473,75	IV	2120,25	2041,91	1963,66	1885,33	1807,00	1728,66
	VI	**2757,33**	473,75	473,75							
8471,99	I,IV	**2206,41**	473,75	473,75	I	2049,75	1893,08	1736,41	1579,75	1423,08	1267,83
Ost	II	**2057,33**	473,75	473,75	II	1900,66	1744,00	1587,33	1430,66	1275,16	1125,58
	III	**1496,33**	473,75	473,75	III	1369,16	1245,16	1124,50	1007,00	892,66	781,50
	V	**2720,83**	473,75	473,75	IV	2128,08	2049,75	1971,41	1893,08	1814,75	1736,41
	VI	**2765,16**	473,75	473,75							
8474,99	I,IV	**2199,91**	473,75	473,75	I	2043,25	1886,58	1729,91	1573,25	1416,58	1261,41
West	II	**2050,75**	473,75	473,75	II	1894,08	1737,41	1580,83	1424,16	1268,75	1119,41
	III	**1491,00**	473,75	473,75	III	1363,83	1240,16	1119,50	1002,16	888,00	777,00
	V	**2714,33**	473,75	473,75	IV	2121,58	2043,25	1964,91	1886,58	1808,25	1729,91
	VI	**2758,66**	473,75	473,75							
8474,99	I,IV	**2207,66**	473,75	473,75	I	2051,00	1894,33	1737,66	1581,08	1424,41	1269,00
Ost	II	**2058,58**	473,75	473,75	II	1901,91	1745,25	1588,58	1431,91	1276,41	1126,75
	III	**1497,33**	473,75	473,75	III	1370,16	1246,16	1125,33	1007,83	893,50	782,50
	V	**2722,08**	473,75	473,75	IV	2129,33	2051,00	1972,66	1894,33	1816,00	1737,66
	VI	**2766,41**	473,75	473,75							
8477,99	I,IV	**2201,16**	473,75	473,75	I	2044,50	1887,83	1731,16	1574,50	1417,83	1262,66
West	II	**2052,00**	473,75	473,75	II	1895,41	1738,75	1582,08	1425,41	1270,00	1120,58
	III	**1492,00**	473,75	473,75	III	1364,83	1241,00	1120,50	1003,00	888,83	777,83
	V	**2715,58**	473,75	473,75	IV	2122,83	2044,50	1966,16	1887,83	1809,50	1731,16
	VI	**2759,91**	473,75	473,75							
8477,99	I,IV	**2208,91**	473,75	473,75	I	2052,25	1895,58	1739,00	1582,33	1425,66	1270,25
Ost	II	**2059,83**	473,75	473,75	II	1903,16	1746,50	1589,83	1433,16	1277,58	1127,91
	III	**1498,33**	473,75	473,75	III	1371,16	1247,16	1126,33	1008,83	894,50	783,33
	V	**2723,41**	473,75	473,75	IV	2130,58	2052,25	1973,91	1895,58	1817,33	1739,00
	VI	**2767,66**	473,75	473,75							

* Zur LSt-Berechnung für privat versicherte Arbeitnehmer s. Beispiele **Vorbemerkung S. 4f.**
** Basisvorsorgepauschale KV und PV *** Typisierter Arbeitgeberzuschuss

Lohn/ Gehalt in € bis	Steuerklasse	Lohn-steuer*	BVSP**	TAGZ***	Steuerklasse	Bemessungsgrundlage für Kirchensteuer und Solidaritätszuschlag					
						Freibeträge für ... Kinder					
						0,5	**1,0**	1,5	**2,0**	2,5	**3,0**
8480,99	I,IV	**2202,41**	473,75	473,75	I	2045,75	1889,08	1732,41	1575,75	1419,08	1263,91
West	II	**2053,33**	473,75	473,75	II	1896,66	1740,00	1583,33	1426,66	1271,25	1121,75
	III	**1493,00**	473,75	473,75	III	1365,83	1242,00	1121,33	1004,00	889,83	778,83
	V	**2716,83**	473,75	473,75	IV	2124,08	2045,75	1967,41	1889,08	1810,75	1732,41
	VI	**2761,16**	473,75	473,75							
8480,99	I,IV	**2210,16**	473,75	473,75	I	2053,58	1896,91	1740,25	1583,58	1426,91	1271,50
Ost	II	**2061,08**	473,75	473,75	II	1904,41	1747,75	1591,08	1434,50	1278,83	1129,08
	III	**1499,33**	473,75	473,75	III	1372,16	1248,16	1127,33	1009,66	895,33	784,16
	V	**2724,66**	473,75	473,75	IV	2131,83	2053,58	1975,25	1896,91	1818,58	1740,25
	VI	**2768,91**	473,75	473,75							
8483,99	I,IV	**2203,66**	473,75	473,75	I	2047,00	1890,33	1733,66	1577,00	1420,33	1265,08
West	II	**2054,58**	473,75	473,75	II	1897,91	1741,25	1584,58	1427,91	1272,50	1123,00
	III	**1494,00**	473,75	473,75	III	1367,00	1243,00	1122,33	1004,83	890,66	779,66
	V	**2718,08**	473,75	473,75	IV	2125,33	2047,00	1968,66	1890,33	1812,00	1733,66
	VI	**2762,41**	473,75	473,75							
8483,99	I,IV	**2211,50**	473,75	473,75	I	2054,83	1898,16	1741,50	1584,83	1428,16	1272,66
Ost	II	**2062,33**	473,75	473,75	II	1905,66	1749,08	1592,41	1435,75	1280,08	1130,25
	III	**1500,33**	473,75	473,75	III	1373,16	1249,16	1128,33	1010,66	896,33	785,00
	V	**2725,91**	473,75	473,75	IV	2133,16	2054,83	1976,50	1898,16	1819,83	1741,50
	VI	**2770,25**	473,75	473,75							
8486,99	I,IV	**2204,91**	473,75	473,75	I	2048,25	1891,58	1734,91	1578,25	1421,58	1266,33
West	II	**2055,83**	473,75	473,75	II	1899,16	1742,50	1585,83	1429,16	1273,66	1124,16
	III	**1495,00**	473,75	473,75	III	1368,00	1244,00	1123,33	1005,83	891,50	780,50
	V	**2719,33**	473,75	473,75	IV	2126,58	2048,25	1969,91	1891,58	1813,25	1734,91
	VI	**2763,66**	473,75	473,75							
8486,99	I,IV	**2212,75**	473,75	473,75	I	2056,08	1899,41	1742,75	1586,08	1429,41	1273,91
Ost	II	**2063,58**	473,75	473,75	II	1907,00	1750,33	1593,66	1437,00	1281,33	1131,41
	III	**1501,50**	473,75	473,75	III	1374,16	1250,16	1129,16	1011,66	897,16	786,00
	V	**2727,16**	473,75	473,75	IV	2134,41	2056,08	1977,75	1899,41	1821,08	1742,75
	VI	**2771,50**	473,75	473,75							
8489,99	I,IV	**2206,16**	473,75	473,75	I	2049,50	1892,83	1736,16	1579,50	1422,91	1267,58
West	II	**2057,08**	473,75	473,75	II	1900,41	1743,75	1587,08	1430,41	1274,91	1125,33
	III	**1496,16**	473,75	473,75	III	1369,00	1245,00	1124,33	1006,83	892,50	781,33
	V	**2720,58**	473,75	473,75	IV	2127,83	2049,50	1971,16	1892,83	1814,50	1736,16
	VI	**2764,91**	473,75	473,75							
8489,99	I,IV	**2214,00**	473,75	473,75	I	2057,33	1900,66	1744,00	1587,33	1430,66	1275,16
Ost	II	**2064,91**	473,75	473,75	II	1908,25	1751,58	1594,91	1438,25	1282,58	1132,58
	III	**1502,50**	473,75	473,75	III	1375,16	1251,00	1130,16	1012,50	898,00	786,83
	V	**2728,41**	473,75	473,75	IV	2135,66	2057,33	1979,00	1900,66	1822,33	1744,00
	VI	**2772,75**	473,75	473,75							
8492,99	I,IV	**2207,41**	473,75	473,75	I	2050,75	1894,08	1737,41	1580,83	1424,16	1268,75
West	II	**2058,33**	473,75	473,75	II	1901,66	1745,00	1588,33	1431,66	1276,16	1126,50
	III	**1497,16**	473,75	473,75	III	1370,00	1246,00	1125,16	1007,66	893,33	782,33
	V	**2721,91**	473,75	473,75	IV	2129,08	2050,75	1972,41	1894,08	1815,75	1737,41
	VI	**2766,16**	473,75	473,75							
8492,99	I,IV	**2215,25**	473,75	473,75	I	2058,58	1901,91	1745,25	1588,58	1431,91	1276,41
Ost	II	**2066,16**	473,75	473,75	II	1909,50	1752,83	1596,16	1439,50	1283,75	1133,83
	III	**1503,50**	473,75	473,75	III	1376,16	1252,00	1131,16	1013,50	899,00	787,66
	V	**2729,66**	473,75	473,75	IV	2136,91	2058,58	1980,25	1901,91	1823,58	1745,25
	VI	**2774,00**	473,75	473,75							
8495,99	I,IV	**2208,66**	473,75	473,75	I	2052,00	1895,41	1738,75	1582,08	1425,41	1270,00
West	II	**2059,58**	473,75	473,75	II	1902,91	1746,25	1589,58	1432,91	1277,41	1127,66
	III	**1498,16**	473,75	473,75	III	1371,00	1247,00	1126,16	1008,66	894,33	783,16
	V	**2723,16**	473,75	473,75	IV	2130,33	2052,00	1973,66	1895,41	1817,08	1738,75
	VI	**2767,41**	473,75	473,75							
8495,99	I,IV	**2216,50**	473,75	473,75	I	2059,83	1903,16	1746,50	1589,83	1433,16	1277,58
Ost	II	**2067,41**	473,75	473,75	II	1910,75	1754,08	1597,41	1440,75	1285,00	1135,00
	III	**1504,50**	473,75	473,75	III	1377,16	1253,00	1132,16	1014,33	899,83	788,66
	V	**2730,91**	473,75	473,75	IV	2138,16	2059,83	1981,50	1903,16	1824,83	1746,50
	VI	**2775,25**	473,75	473,75							

* Zur LSt-Berechnung für privat versicherte Arbeitnehmer s. Beispiele **Vorbemerkung S. 4 f.**
** Basisvorsorgepauschale KV und PV *** Typisierter Arbeitgeberzuschuss

Lohn/ Gehalt in € bis	Steuerklasse	Lohn- steuer*	BVSP**	TAGZ***	Steuerklasse	Bemessungsgrundlage für Kirchensteuer und Solidaritätszuschlag					
						Freibeträge für ... Kinder					
						0,5	**1,0**	1,5	**2,0**	2,5	**3,0**
8498,99 West	I,IV	**2209,91**	473,75	473,75	I	2053,33	1896,66	1740,00	1583,33	1426,66	1271,25
	II	**2060,83**	473,75	473,75	II	1904,16	1747,50	1590,91	1434,25	1278,58	1128,83
	III	**1499,16**	473,75	473,75	III	1372,00	1248,00	1127,16	1009,50	895,16	784,00
	V	**2724,41**	473,75	473,75	IV	2131,66	2053,33	1975,00	1896,66	1818,33	1740,00
	VI	**2768,75**	473,75	473,75							
8498,99 Ost	I,IV	**2217,75**	473,75	473,75	I	2061,08	1904,41	1747,75	1591,08	1434,50	1278,83
	II	**2068,66**	473,75	473,75	II	1912,00	1755,33	1598,66	1442,00	1286,25	1136,16
	III	**1505,66**	473,75	473,75	III	1378,16	1254,00	1133,00	1015,33	900,83	789,50
	V	**2732,16**	473,75	473,75	IV	2139,41	2061,08	1982,75	1904,41	1826,08	1747,75
	VI	**2776,50**	473,75	473,75							
8501,99 West	I,IV	**2211,25**	473,75	473,75	I	2054,58	1897,91	1741,25	1584,58	1427,91	1272,50
	II	**2062,08**	473,75	473,75	II	1905,41	1748,83	1592,16	1435,50	1279,83	1130,00
	III	**1500,16**	473,75	473,75	III	1373,00	1249,00	1128,16	1010,50	896,16	785,00
	V	**2725,66**	473,75	473,75	IV	2132,91	2054,58	1976,25	1897,91	1819,58	1741,25
	VI	**2770,00**	473,75	473,75							
8501,99 Ost	I,IV	**2219,00**	473,75	473,75	I	2062,33	1905,66	1749,08	1592,41	1435,75	1280,08
	II	**2069,91**	473,75	473,75	II	1913,25	1756,58	1599,91	1443,25	1287,50	1137,33
	III	**1506,66**	473,75	473,75	III	1379,16	1255,00	1134,00	1016,33	901,66	790,33
	V	**2733,50**	473,75	473,75	IV	2140,66	2062,33	1984,00	1905,66	1827,33	1749,08
	VI	**2777,75**	473,75	473,75							
8504,99 West	I,IV	**2212,50**	473,75	473,75	I	2055,83	1899,16	1742,50	1585,83	1429,16	1273,66
	II	**2063,41**	473,75	473,75	II	1906,75	1750,08	1593,41	1436,75	1281,08	1131,16
	III	**1501,33**	473,75	473,75	III	1374,00	1250,00	1129,00	1011,50	897,00	785,83
	V	**2726,91**	473,75	473,75	IV	2134,16	2055,83	1977,50	1899,16	1820,83	1742,50
	VI	**2771,25**	473,75	473,75							
8504,99 Ost	I,IV	**2220,25**	473,75	473,75	I	2063,58	1907,00	1750,33	1593,66	1437,00	1281,33
	II	**2071,16**	473,75	473,75	II	1914,50	1757,83	1601,16	1444,58	1288,75	1138,50
	III	**1507,66**	473,75	473,75	III	1380,16	1256,00	1135,00	1017,16	902,66	791,33
	V	**2734,75**	473,75	473,75	IV	2141,91	2063,58	1985,33	1907,00	1828,66	1750,33
	VI	**2779,00**	473,75	473,75							
8507,99 West	I,IV	**2213,75**	473,75	473,75	I	2057,08	1900,41	1743,75	1587,08	1430,41	1274,91
	II	**2064,66**	473,75	473,75	II	1908,00	1751,33	1594,66	1438,00	1282,33	1132,41
	III	**1502,33**	473,75	473,75	III	1375,00	1250,83	1130,00	1012,33	898,00	786,66
	V	**2728,16**	473,75	473,75	IV	2135,41	2057,08	1978,75	1900,41	1822,08	1743,75
	VI	**2772,50**	473,75	473,75							
8507,99 Ost	I,IV	**2221,58**	473,75	473,75	I	2064,91	1908,25	1751,58	1594,91	1438,25	1282,58
	II	**2072,41**	473,75	473,75	II	1915,75	1759,08	1602,50	1445,83	1289,91	1139,66
	III	**1508,66**	473,75	473,75	III	1381,16	1257,00	1136,00	1018,16	903,50	792,16
	V	**2736,00**	473,75	473,75	IV	2143,25	2064,91	1986,58	1908,25	1829,91	1751,58
	VI	**2780,33**	473,75	473,75							
8510,99 West	I,IV	**2215,00**	473,75	473,75	I	2058,33	1901,66	1745,00	1588,33	1431,66	1276,16
	II	**2065,91**	473,75	473,75	II	1909,25	1752,58	1595,91	1439,25	1283,50	1133,58
	III	**1503,33**	473,75	473,75	III	1376,00	1251,83	1131,00	1013,33	898,83	787,50
	V	**2729,41**	473,75	473,75	IV	2136,66	2058,33	1980,00	1901,66	1823,33	1745,00
	VI	**2773,75**	473,75	473,75							
8510,99 Ost	I,IV	**2222,83**	473,75	473,75	I	2066,16	1909,50	1752,83	1596,16	1439,50	1283,75
	II	**2073,66**	473,75	473,75	II	1917,08	1760,41	1603,75	1447,08	1291,16	1140,91
	III	**1509,83**	473,75	473,75	III	1382,33	1258,00	1136,83	1019,00	904,50	793,00
	V	**2737,25**	473,75	473,75	IV	2144,50	2066,16	1987,83	1909,50	1831,16	1752,83
	VI	**2781,58**	473,75	473,75							
8513,99 West	I,IV	**2216,25**	473,75	473,75	I	2059,58	1902,91	1746,25	1589,58	1432,91	1277,41
	II	**2067,16**	473,75	473,75	II	1910,50	1753,83	1597,16	1440,50	1284,75	1134,75
	III	**1504,33**	473,75	473,75	III	1377,00	1252,83	1132,00	1014,16	899,66	788,50
	V	**2730,66**	473,75	473,75	IV	2137,91	2059,58	1981,25	1902,91	1824,58	1746,25
	VI	**2775,00**	473,75	473,75							
8513,99 Ost	I,IV	**2224,08**	473,75	473,75	I	2067,41	1910,75	1754,08	1597,41	1440,75	1285,00
	II	**2075,00**	473,75	473,75	II	1918,33	1761,66	1605,00	1448,33	1292,41	1142,08
	III	**1510,83**	473,75	473,75	III	1383,33	1259,00	1137,83	1020,00	905,33	793,83
	V	**2738,50**	473,75	473,75	IV	2145,75	2067,41	1989,08	1910,75	1832,41	1754,08
	VI	**2782,83**	473,75	473,75							

* Zur LSt-Berechnung für privat versicherte Arbeitnehmer s. Beispiele **Vorbemerkung S. 4 f.**
** Basisvorsorgepauschale KV und PV *** Typisierter Arbeitgeberzuschuss

Lohn/ Gehalt in € bis	Steuerklasse	Lohn- steuer*	BVSP**	TAGZ***	Steuerklasse	Bemessungsgrundlage für Kirchensteuer und Solidaritätszuschlag – Freibeträge für ... Kinder 0,5	1,0	1,5	2,0	2,5	3,0
8516,99 West	I,IV	**2217,50**	473,75	473,75	I	2060,83	1904,16	1747,50	1590,91	1434,25	1278,58
	II	**2068,41**	473,75	473,75	II	1911,75	1755,08	1598,41	1441,75	1286,00	1135,91
	III	**1505,50**	473,75	473,75	III	1378,00	1253,83	1132,83	1015,16	900,66	789,33
	V	**2732,00**	473,75	473,75	IV	2139,16	2060,83	1982,50	1904,16	1825,83	1747,50
	VI	**2776,25**	473,75	473,75							
8516,99 Ost	I,IV	**2225,33**	473,75	473,75	I	2068,66	1912,00	1755,33	1598,66	1442,00	1286,25
	II	**2076,25**	473,75	473,75	II	1919,58	1762,91	1606,25	1449,58	1293,66	1143,25
	III	**1511,83**	473,75	473,75	III	1384,33	1260,00	1138,83	1021,00	906,33	794,83
	V	**2739,75**	473,75	473,75	IV	2147,00	2068,66	1990,33	1912,00	1833,66	1755,33
	VI	**2784,08**	473,75	473,75							
8519,99 West	I,IV	**2218,75**	473,75	473,75	I	2062,08	1905,41	1748,83	1592,16	1435,50	1279,83
	II	**2069,66**	473,75	473,75	II	1913,00	1756,33	1599,66	1443,00	1287,25	1137,08
	III	**1506,50**	473,75	473,75	III	1379,00	1254,83	1133,83	1016,16	901,50	790,16
	V	**2733,25**	473,75	473,75	IV	2140,41	2062,08	1983,75	1905,41	1827,16	1748,83
	VI	**2777,50**	473,75	473,75							
8519,99 Ost	I,IV	**2226,58**	473,75	473,75	I	2069,91	1913,25	1756,58	1599,91	1443,25	1287,50
	II	**2077,50**	473,75	473,75	II	1920,83	1764,16	1607,50	1450,83	1294,91	1144,41
	III	**1512,83**	473,75	473,75	III	1385,33	1261,00	1139,83	1021,83	907,16	795,66
	V	**2741,00**	473,75	473,75	IV	2148,25	2069,91	1991,58	1913,25	1834,91	1756,58
	VI	**2785,33**	473,75	473,75							
8522,99 West	I,IV	**2220,00**	473,75	473,75	I	2063,41	1906,75	1750,08	1593,41	1436,75	1281,08
	II	**2070,91**	473,75	473,75	II	1914,25	1757,58	1600,91	1444,33	1288,50	1138,25
	III	**1507,50**	473,75	473,75	III	1380,00	1255,83	1134,83	1017,00	902,50	791,16
	V	**2734,50**	473,75	473,75	IV	2141,66	2063,41	1985,08	1906,75	1828,41	1750,08
	VI	**2778,75**	473,75	473,75							
8522,99 Ost	I,IV	**2227,83**	473,75	473,75	I	2071,16	1914,50	1757,83	1601,16	1444,58	1288,75
	II	**2078,75**	473,75	473,75	II	1922,08	1765,41	1608,75	1452,08	1296,08	1145,58
	III	**1513,83**	473,75	473,75	III	1386,33	1262,00	1140,83	1022,83	908,00	796,50
	V	**2742,25**	473,75	473,75	IV	2149,50	2071,16	1992,83	1914,50	1836,16	1757,83
	VI	**2786,58**	473,75	473,75							
8525,99 West	I,IV	**2221,33**	473,75	473,75	I	2064,66	1908,00	1751,33	1594,66	1438,00	1282,33
	II	**2072,16**	473,75	473,75	II	1915,50	1758,91	1602,25	1445,58	1289,66	1139,50
	III	**1508,50**	473,75	473,75	III	1381,00	1256,83	1135,83	1018,00	903,33	792,00
	V	**2735,75**	473,75	473,75	IV	2143,00	2064,66	1986,33	1908,00	1829,66	1751,33
	VI	**2780,08**	473,75	473,75							
8525,99 Ost	I,IV	**2229,08**	473,75	473,75	I	2072,41	1915,75	1759,08	1602,50	1445,83	1289,91
	II	**2080,00**	473,75	473,75	II	1923,33	1766,66	1610,00	1453,33	1297,33	1146,83
	III	**1515,00**	473,75	473,75	III	1387,33	1262,83	1141,66	1023,66	909,00	797,50
	V	**2743,58**	473,75	473,75	IV	2150,75	2072,41	1994,08	1915,75	1837,41	1759,08
	VI	**2787,83**	473,75	473,75							
8528,99 West	I,IV	**2222,58**	473,75	473,75	I	2065,91	1909,25	1752,58	1595,91	1439,25	1283,50
	II	**2073,41**	473,75	473,75	II	1916,83	1760,16	1603,50	1446,83	1290,91	1140,66
	III	**1509,50**	473,75	473,75	III	1382,16	1257,83	1136,83	1018,83	904,33	792,83
	V	**2737,00**	473,75	473,75	IV	2144,25	2065,91	1987,58	1909,25	1830,91	1752,58
	VI	**2781,33**	473,75	473,75							
8528,99 Ost	I,IV	**2230,33**	473,75	473,75	I	2073,66	1917,08	1760,41	1603,75	1447,08	1291,16
	II	**2081,25**	473,75	473,75	II	1924,58	1767,91	1611,25	1454,58	1298,58	1148,00
	III	**1516,00**	473,75	473,75	III	1388,33	1263,83	1142,66	1024,66	909,83	798,33
	V	**2744,83**	473,75	473,75	IV	2152,00	2073,66	1995,33	1917,08	1838,75	1760,41
	VI	**2789,08**	473,75	473,75							
8531,99 West	I,IV	**2223,83**	473,75	473,75	I	2067,16	1910,50	1753,83	1597,16	1440,50	1284,75
	II	**2074,75**	473,75	473,75	II	1918,08	1761,41	1604,75	1448,08	1292,16	1141,83
	III	**1510,66**	473,75	473,75	III	1383,16	1258,83	1137,66	1019,83	905,16	793,83
	V	**2738,25**	473,75	473,75	IV	2145,50	2067,16	1988,83	1910,50	1832,16	1753,83
	VI	**2782,58**	473,75	473,75							
8531,99 Ost	I,IV	**2231,58**	473,75	473,75	I	2075,00	1918,33	1761,66	1605,00	1448,33	1292,41
	II	**2082,50**	473,75	473,75	II	1925,83	1769,16	1612,58	1455,91	1299,83	1149,16
	III	**1517,00**	473,75	473,75	III	1389,33	1264,83	1143,66	1025,66	910,83	799,16
	V	**2746,08**	473,75	473,75	IV	2153,33	2075,00	1996,66	1918,33	1840,00	1761,66
	VI	**2790,33**	473,75	473,75							

* Zur LSt-Berechnung für privat versicherte Arbeitnehmer s. Beispiele **Vorbemerkung S. 4 f.**
** Basisvorsorgepauschale KV und PV *** Typisierter Arbeitgeberzuschuss

Lohn/ Gehalt in € bis	Steuerklasse	Lohn- steuer*	BVSP**	TAGZ***	Steuerklasse	Bemessungsgrundlage für Kirchensteuer und Solidaritätszuschlag – Freibeträge für ... Kinder 0,5	1,0	1,5	2,0	2,5	3,0
8534,99 West	I,IV	**2225,08**	473,75	473,75	I	2068,41	1911,75	1755,08	1598,41	1441,75	1286,00
	II	**2076,00**	473,75	473,75	II	1919,33	1762,66	1606,00	1449,33	1293,41	1143,00
	III	**1511,66**	473,75	473,75	III	1384,16	1259,83	1138,66	1020,83	906,16	794,66
	V	**2739,50**	473,75	473,75	IV	2146,75	2068,41	1990,08	1911,75	1833,41	1755,08
	VI	**2783,83**	473,75	473,75							
8534,99 Ost	I,IV	**2232,91**	473,75	473,75	I	2076,25	1919,58	1762,91	1606,25	1449,58	1293,66
	II	**2083,75**	473,75	473,75	II	1927,08	1770,50	1613,83	1457,16	1301,08	1150,33
	III	**1518,00**	473,75	473,75	III	1390,33	1265,83	1144,66	1026,50	911,66	800,16
	V	**2747,33**	473,75	473,75	IV	2154,58	2076,25	1997,91	1919,58	1841,25	1762,91
	VI	**2791,66**	473,75	473,75							
8537,99 West	I,IV	**2226,33**	473,75	473,75	I	2069,66	1913,00	1756,33	1599,66	1443,00	1287,25
	II	**2077,25**	473,75	473,75	II	1920,58	1763,91	1607,25	1450,58	1294,66	1144,16
	III	**1512,66**	473,75	473,75	III	1385,16	1260,83	1139,66	1021,66	907,00	795,50
	V	**2740,75**	473,75	473,75	IV	2148,00	2069,66	1991,33	1913,00	1834,66	1756,33
	VI	**2785,08**	473,75	473,75							
8537,99 Ost	I,IV	**2234,16**	473,75	473,75	I	2077,50	1920,83	1764,16	1607,50	1450,83	1294,91
	II	**2085,08**	473,75	473,75	II	1928,41	1771,75	1615,08	1458,41	1302,33	1151,58
	III	**1519,16**	473,75	473,75	III	1391,33	1266,83	1145,50	1027,50	912,66	801,00
	V	**2748,58**	473,75	473,75	IV	2155,83	2077,50	1999,16	1920,83	1842,50	1764,16
	VI	**2792,91**	473,75	473,75							
8540,99 West	I,IV	**2227,58**	473,75	473,75	I	2070,91	1914,25	1757,58	1600,91	1444,33	1288,50
	II	**2078,50**	473,75	473,75	II	1921,83	1765,16	1608,50	1451,83	1295,91	1145,41
	III	**1513,66**	473,75	473,75	III	1386,16	1261,83	1140,66	1022,66	908,00	796,33
	V	**2742,00**	473,75	473,75	IV	2149,25	2070,91	1992,58	1914,25	1835,91	1757,58
	VI	**2786,33**	473,75	473,75							
8540,99 Ost	I,IV	**2235,41**	473,75	473,75	I	2078,75	1922,08	1765,41	1608,75	1452,08	1296,08
	II	**2086,33**	473,75	473,75	II	1929,66	1773,00	1616,33	1459,66	1303,58	1152,75
	III	**1520,16**	473,75	473,75	III	1392,33	1267,83	1146,50	1028,50	913,50	801,83
	V	**2749,83**	473,75	473,75	IV	2157,08	2078,75	2000,41	1922,08	1843,75	1765,41
	VI	**2794,16**	473,75	473,75							
8543,99 West	I,IV	**2228,83**	473,75	473,75	I	2072,16	1915,50	1758,91	1602,25	1445,58	1289,66
	II	**2079,75**	473,75	473,75	II	1923,08	1766,41	1609,75	1453,08	1297,08	1146,58
	III	**1514,83**	473,75	473,75	III	1387,16	1262,83	1141,50	1023,66	908,83	797,33
	V	**2743,33**	473,75	473,75	IV	2150,50	2072,16	1993,83	1915,50	1837,16	1758,91
	VI	**2787,58**	473,75	473,75							
8543,99 Ost	I,IV	**2236,66**	473,75	473,75	I	2080,00	1923,33	1766,66	1610,00	1453,33	1297,33
	II	**2087,58**	473,75	473,75	II	1930,91	1774,25	1617,58	1460,91	1304,75	1153,91
	III	**1521,16**	473,75	473,75	III	1393,33	1268,83	1147,50	1029,33	914,50	802,66
	V	**2751,08**	473,75	473,75	IV	2158,33	2080,00	2001,66	1923,33	1845,00	1766,66
	VI	**2795,41**	473,75	473,75							
8546,99 West	I,IV	**2230,08**	473,75	473,75	I	2073,41	1916,83	1760,16	1603,50	1446,83	1290,91
	II	**2081,00**	473,75	473,75	II	1924,33	1767,66	1611,00	1454,41	1298,33	1147,75
	III	**1515,83**	473,75	473,75	III	1388,16	1263,66	1142,50	1024,50	909,66	798,16
	V	**2744,58**	473,75	473,75	IV	2151,75	2073,41	1995,16	1916,83	1838,50	1760,16
	VI	**2788,83**	473,75	473,75							
8546,99 Ost	I,IV	**2237,91**	473,75	473,75	I	2081,25	1924,58	1767,91	1611,25	1454,58	1298,58
	II	**2088,83**	473,75	473,75	II	1932,16	1775,50	1618,83	1462,16	1306,00	1155,08
	III	**1522,16**	473,75	473,75	III	1394,50	1269,83	1148,50	1030,33	915,33	803,66
	V	**2752,33**	473,75	473,75	IV	2159,58	2081,25	2002,91	1924,58	1846,25	1767,91
	VI	**2796,66**	473,75	473,75							
8549,99 West	I,IV	**2231,41**	473,75	473,75	I	2074,75	1918,08	1761,41	1604,75	1448,08	1292,16
	II	**2082,25**	473,75	473,75	II	1925,58	1768,91	1612,33	1455,66	1299,58	1148,91
	III	**1516,83**	473,75	473,75	III	1389,16	1264,66	1143,50	1025,50	910,66	799,00
	V	**2745,83**	473,75	473,75	IV	2153,08	2074,75	1996,41	1918,08	1839,75	1761,41
	VI	**2790,16**	473,75	473,75							
8549,99 Ost	I,IV	**2239,16**	473,75	473,75	I	2082,50	1925,83	1769,16	1612,58	1455,91	1299,83
	II	**2090,08**	473,75	473,75	II	1933,41	1776,75	1620,08	1463,41	1307,25	1156,33
	III	**1523,33**	473,75	473,75	III	1395,50	1270,83	1149,50	1031,16	916,33	804,50
	V	**2753,58**	473,75	473,75	IV	2160,83	2082,50	2004,16	1925,83	1847,50	1769,16
	VI	**2797,91**	473,75	473,75							

* Zur LSt-Berechnung für privat versicherte Arbeitnehmer s. Beispiele **Vorbemerkung S. 4 f.**
** Basisvorsorgepauschale KV und PV *** Typisierter Arbeitgeberzuschuss

Für handschriftliche Notizen

Für handschriftliche Notizen

Für handschriftliche Notizen

Für handschriftliche Notizen

Für handschriftliche Notizen

Für handschriftliche Notizen

Für handschriftliche Notizen

Für handschriftliche Notizen